U0153098

租稅處罰法釋論

——以營業稅所得稅之租稅行政罰為範圍

吳金柱 著

作者簡介

現職：智勤會計師事務所會計師

學歷：國立政治大學財政研究所碩士

　　　稅務行政人員高考及格

　　　會計師高考及格

經歷：高雄市、桃園縣稅捐稽徵處稅務員、股長

　　　賦稅改革委員會（76年）研究員

　　　德昌聯合會計師事務所會計師

　　　眾智聯合會計師事務所會計師

　　　輔仁大學、文化大學、中國技術學院兼任講師

　　　（主授稅務法規、租稅理論、租稅制度）

著作：營利事業所得額取決之研究（碩士論文）

　　　統一發票實用法令彙編

　　　新制營業稅實用：會計處理‧申報實務

　　　所得稅扣繳實用全書：實務手冊‧法令彙編

　　　租稅法要論

　　　所得稅法之理論與實用（上、下冊）

自　序

　　著者於2003年開始撰寫「**所得稅法之理論與實用**」一書（該書分上、下冊，已於2008年由五南圖書公司出版），在撰寫過程中，即決定將所得稅法中之「獎懲」規定中的「處罰」部分（該法第106條至第120條），另行以專書論述。蓋所得稅法之獎懲規定，絕大部分係「租稅行政罰」之規定。該處罰規定之規範性質係「租稅處罰法」，然而租稅處罰法又屬於「行政罰法」之次法域，其與所得稅法之實體及程序等規定之理論內容，迥然不同，故而實以分開論述為宜。如今本書出版，使著者對整部所得稅法之理論及實用的論述，終告全部完成。

　　2008年著者完成「所得稅法之理論與實用」之撰寫後，即針對所得稅法之租稅行政罰規定，由學理與實務之二方面著手，開始撰寫本書。著手不久，即體認到下述事實：僅就**所得稅法之「租稅行政罰」**規定論述，有欠完整。蓋違反所得稅法之懲罰規定者，大半同時違反**加值型及非加值型營業稅法之「租稅行政罰」**規定（該法第45條至第53條）。另外，違反營業稅法、所得稅法之獎懲、罰則規定者，部份同時亦違反**稅捐稽徵法之「租稅行政罰」**規定（該法第44條至第46條）。為使讀者獲得完整之瞭解，實有必要將三部稅法中之租稅行政罰規定，同時於一書中論述。是以本書論述之範圍，非僅限於所得稅法之租稅行政罰規定，而是擴及三部稅法之租稅行政罰規定。

　　租稅處罰法之範圍，尚包括租稅刑事罰之規定，而其探究應同時以租稅法及刑事法之學理與實務為依據。本書之論述並不包括租稅刑事罰之規定在內，合應說明。

　　我國所有稅法均有租稅行政罰之規定，而本書之論述僅以營業稅法、所得稅法及稅捐稽徵法之租稅行政罰規定為範圍，並非三部稅法以外之稅法的租稅行政罰規定不重要，因而予以略去，而是基於下述考慮：一是避免篇幅過鉅，二是在各稅法中，營業稅法等三法中租稅行政罰之規定，條文數量最多，而其租稅行政罰之種類亦最為多樣，堪為所有稅捐的租稅行政罰之代表；又營業稅法等三法之租稅行政罰案件，其數量約占全部租稅行政罰案件之八成以上。因此，對於營業稅法等三法規定之租稅行政罰，如能有通盤而深入之了解，則對於其他稅法規定之租稅行政罰，自不難觸類旁通。實際上著者亦期盼日後有機會將本書論述範圍擴及所有稅法之租稅行政罰規定，俾使租稅處罰法之研究範圍，趨於完整。

※　　　　※　　　　※　　　　※

　　租稅處罰法是租稅法的一個次法域，然而其規範性質又是一種行政罰規範，是以

租稅處罰法也是行政罰法的一個次法域。因此，租稅處罰法兼具租稅法與行政罰法之內涵，故其研究必須兼及租稅法與行政罰法之學理與實務，從而倍增困難。我國行政罰法於2006年2月5日施行之前，國內關於租稅處罰法學理與實務之研究，專書極少（1980年迄今，著者所經眼者不出五本），期刊亦僅有零星之文章，且多偏重於實務細節，是以謂其研究乏人問津，並非過甚其詞。

大約自1990年起，國內對於租稅法學理與實務之研究，日趨蓬勃，然而相對於租稅法之其他次法域（如租稅實體法、租稅程序法等），租稅處罰法學理與實務之研究則較為冷寂。行政罰法於2006年2月5日施行後，關於行政罰法學理與實務之研究，漸受重視，有關論述行政罰法學理與實務之專著，逐漸增多。然而論述租稅處罰法學理與實務之專著，仍尚未出現。著者不揣譾陋，擬以本書之出版，權作拋磚，以期引玉：希望引出國內行政罰法及租稅處罰法之學術界及實務界諸先進進一步專精之撰述。敬祈稅法學、行政法學界以及會計師同道、稽徵機關實務界諸先進、方家，不吝指教。

※   ※   ※   ※

本書之完成，尚有一個意義，即本書之出版使著者實現一個宿願。此一宿願，說來話長。1988年之前著者任職於稅捐稽徵機關，前後15年，其間擔任之主要工作之一，即是辦理違章漏稅案件（即租稅行政罰案件）之審理及裁罰。1990年前後，坊間並無論述租稅處罰法學理與實務之專書，新手面對違章漏稅案件，只能向老手請教，老手率謂：「不會辦，看舊案」，至如缺乏前例之案件，則唯有自行摸索處理，於今思之，不免感慨。職是之故，著者當時即期盼論述租稅處罰法學理與實務之專書出現，俾供工作上之參考。其後著者辭去公職轉而執行會計師業務，亦常受託辦理違章漏稅案件，因而此一期盼，始終存在，並萌生自行撰書之念頭。1990年之後，著者基於興趣與業務、教學上之需要，逐漸用心於租稅法學、行政法學、法學方法論及法理學等理論之研讀，而時間已久，猶未見租稅處罰法專書問世；兼以行政罰法施行後，論述行政罰法學理與實務之專著漸多，亦可作為研究租稅處罰法之基礎，是以自行撰寫租稅處罰法專書之想法，漸趨具體。2003年開始，著者撰寫「所得稅法之理論與實用」一書，對於所得稅法之租稅行政罰規定，勢不能闕而不論，遂不自量力，進而完成本書之撰寫。如今本書出版，得遂宿願，快何如之！

吳 金 柱
謹識於台北
2010年8月

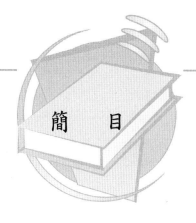

簡　目

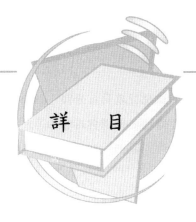

詳　目

第　一　篇

行政罰與租稅處罰規範導論

第一章

行政罰規範導論

壹、行政罰規範概說

一、行政罰規範之概念

　　國家與地方自治團體為維護社會秩序或增進公共利益，常以國家之「法律」與地方自治團體之「自治條例」等法規範限制人民之自由或權利，賦予人民行政法上義務。為了督促人民履行行政法上義務，法律、自治條例等中規定行政法上義務之外，同時亦訂定相關之處罰規定，俾可據以對違反行政法上義務之行為，加以制裁。此類制裁，係基於違反行政法上義務而施加者，故在學理及實證法上，稱為「**行政罰**」（Verwaltungsstrafe）；而由於行政罰之裁處，係為維持行政秩序，故而對違反行政法上義務者所為之制裁，亦稱「**秩序罰**」（Ordnungsstrafe）。因此「違反行政法上義務之行為」可稱為「**違反秩序行為**」（Ordnungswidrigkeit），而為行文之便，以下簡稱為「**違序行為**」。

　　行政罰係以限制人民之自由權利作為其制裁之手段，須符合憲法第23條之「法律保留原則」，即其處罰之構成要件與法律效果，應以法律、自治條例定之。法律、自治條例若授權行政機關訂定「法規命令」、「自治規則」予以規範者，亦須為具體明確之授權。如未經法律、自治條例之具體明確授權，行政機關逕行訂定「**裁罰性行政處分**」之構成要件及法律效果者，即與憲法保障人民權利及憲法第23條法律保留原則之意旨不符（參見司法院大法官會議釋字第394號、第402號解釋）。

　　綜上所述可知，**基於法治國家之要求，國家與地方自治團體應制定法律位階之「行政罰規範」**，以作為行政機關裁處行政罰之依據及準繩，並能使人民預見違反其行政法上義務之後果。**所謂「行政罰規範」，係指國家與地方自治團體所制定，對違反行政法上義務者加以制裁的法律位階之所有法規範**。以實證法而言，行政法規範之範圍包括現行之「行政罰法」，以及現行各種法律、自治條例暨其授權行政機關訂定之法規命令、自治規則中之「個別處罰規定」。「**行政法規範**」係「**行政罰法**」之上位概念，不可混淆。

　　國家所制定之制裁性質之法規範，最具代表性者即為「刑法」。我國刑法乃是用以制裁與處遇犯罪之刑事制裁法，在刑事立法上，係將刑法之所有條文區分為「總則」與「分則」兩編，而共同構成一部法律。刑法總則乃是規定適用刑法以制裁與處遇犯罪之共通原則，而刑法分則是明確地描述各種不同之犯罪行為與其法律效果，使刑事司法得

以據之定罪科刑，並得以界限或區隔各個不同之犯罪行為[1]。

行政罰規範亦是制裁性質之法規範，然而由於行政之內容及性質之繁複與多樣，向來即是依行政之不同領域，個別訂定法律、自治條例作為行政機關執行之規範依據，從而違反各該法律、自治條例所規定之義務的處罰規定，自然亦同時訂定於各該法律、自治條例中。目前法律與自治條例中之行政罰規定，其內容大多規定處罰對象、處罰要件及處罰效果（包括處罰種類、數額或程度等）。個別法律、自治條例之主管機關基於各個法律或自治條例所規範事項之特性、實務運作之情形、政策上需要等因素，不僅在處罰要件方面，有各種不同之敘述，而且在處理種類之選擇方面，亦呈現多樣化之現象。復以個別法律與自治條例所規定之義務主體不同，處罰對象亦有不同。究實言之，由於行政之內容及性質的繁複與多樣之本質，行政罰規範之「分則」，不可能如同刑法之「分則」然，以一部法律而盡數容納之，反而各類行政罰之規定，散見於各種行政法規中，乃屬常態。

在94年2月5日總統公布「行政罰法」之前，我國多數行政作用之法律、自治條例等中，對於違序行為，雖都設有行政罰之處罰規定，然而除社會秩序維護法有簡單之「總則」規定外，並無一般總則性規定。由於並無統一之總則規定可供依循，以致經常發生如下問題：行政罰之範圍與種類如何？行政罰應否以行為人有故意或過失為條件？行為人之責任能力如何，在何種情形下可以免予處罰或減輕處罰？一行為同時違反數個行政法上義務而受同種類或不同種類之處罰時得否併罰？行為人為組織（如法人）時，代表組織之自然人應否併罰？行政罰之裁處有無時效之限制？裁處沒入時應否受一定條件之限制？行政罰裁處之管轄機關及裁處程序應否因處罰種類不同而有差異？發生行政機關管轄競合時，應如何處理？等等。對於上開共通問題，因欠缺一般總則性之規定可資遵循，以致實務上常生行政罰基本法理之爭議，而聲請司法院大法官解釋。例如行政罰是否不以故意或過失為責任條件，大法官會議即作成釋字第275號解釋，又如一行為同時符合租稅法上行為罰及漏稅罪之處罰要件，而處罰種類相同時，得否重複處罰，大法官會議亦作成釋字第503號解釋等，雖對上述行政罰共通問題之基本法理爭議之一、二有所解決，然此種現象，亦顯示由於缺乏行政罰規範之「總則」以適用於各類行政罰（類似刑法總則適用於各種犯罪），致使行政罰之處罰常生法理爭議，不僅影響政府執法之品質與效能，亦使受處罰之人民權益未獲確切保障[2]。

我國朝野深切瞭解上開行政罰法制之缺陷，是以經朝野多年努力，終於在94年初完成「行政罰法」之立法（94年2月5日總統公布），並自95年2月5日開始施行。行政罰法係基於下列目標而制定：(1)本於行政罰特徵，將相關原則具體化。(2)綜合現行各種處罰規定，歸納共通原則而予明文化。(3)橫向接合其他法律規定，以避免重複規定。(4)補充

1　林山田，刑法各罪論，上冊，5版，2006年11月，19頁。

2　參見廖義男，行政法之制定與影響，收錄於廖義男編，行政罰法，2007年11月，2-3頁。

現行行政罰規定之缺漏[3]。由此可見，「行政罰規範之總則之法典化」，雖不能說是制定行政罰法之唯一目標，但可謂係最主要之目標。

　　行政罰法制訂施行後，我國已建立行政罰規範體系。質言之，**行政罰規範可謂已形成如下之體系：以「行政罰法」為行政罰規範之「總則」，以及以各種法律、自治條例暨其授權行政機關訂定之法規命令、自治規則中之「個別處罰規定」為行政罰規範之「分則」**[4]。

二、行政罰規範存在之目的

　　討論行政罰規範存在之目的，係欲探究行政罰規範之存在，於社會有何實益或好處之問題。在學理上，**對於制裁性法規範存在之目的，一般認為是「法益保護」**[5]，**行政罰規範係制裁性法規範之一種，則其存在之目的，應無不同**。由法治國家之角度觀之，國家、地方自治團體之制定行政罰規範，自然是意在賦予國家、地方自治團體處罰權之依據。然而在層次上，保護法益之目的應認係行政罰規範之間接目的，但亦是最終目的。行政罰規範本身則有其直接目的存在，是即「處罰法定」，猶如刑法之直接目的在於「罪刑法定」然。

　　㈠直接目的「處罰法定」：

　　如上面一、所述，在法治國家概念下，國家與地方自治團體應制定法律位階之行政罰規範。現行行政罰法制定以前，我國行政法規中之處罰規定，比比皆是，尋繹其憲法上依據，似屬闕如。惟中央法規標準法第5條第5款明文規定：「左列事項應以法律定之：五、關於人民之權利義務者。」，故而行政法規中之處罰規定，當以此一規定為法規範上之最終依據。由於此一規定過於空泛，加上以往威權體制下行政權獨大之歷史積習，此一規定並未獲得應有之重視；是以行政命令制定之實務上，不乏於未經明確授權之法規命令中規定行政罰，甚至不乏於行政規則中規定行政罰之情形。

　　現行行政罰法第4條規定：「違反行政法上義務之處罰，以行為時之法律或自治條例有明文規定者為限。」，具體直接揭櫫**「處罰法定原則」**，行政罰法施行以後，所有行政法規中之處罰規定，當以此為法規範上之最終依據。**本條規定之處罰法定原則，不得僅視為總則性質，而應認為係屬具有「基本法性質」之規定，不得違逆。**

　　國家、地方自治團體制定行政罰規範，確立處罰權之標準之後，行政罰規範未規定應予處罰之行為，國家、地方自治團體即不得裁處行政罰。因此，對於人民而言，行政罰規範之存在，一方面固然是明白揭示處罰之標準，而另一方面同時亦是人民自由、權

3　參見林錫堯，行政罰法，2005年6月，6-8頁。

4　參見蔡震榮、鄭善印二人，行政罰法逐條釋義，2版，2008年5月，128頁。

5　此在刑法最為明確，一般認為刑法存在之目的係保護「個人法益」與「超個人法益」（或稱「整體法益」）。參見林山田，註1書，30-32頁；黃榮堅，基礎刑法學（上），3版，2006年9月，26-27頁；以及陳志龍，法益與刑事立法，1992年，151-155頁。

利之保障。**制定行政罰規範之直接目的，即意在實現「處罰法定原則」，以落實法治國家之要求。**

(二)間接及最終目的「保護法益」：

關於行政罰規範存在之目的，除了意在實現「處罰法定原則」之外，尚應進一步探究行政罰規範應有之最終目的。為此可以詢問：**為何國家、地方自治團體要對人民施以行政罰，**此亦是行政罰規範存在之最終根本問題。

按行政罰具有三種功能：(1)**確認功能，**即確認行為人之違法行為；(2)**干涉功能，**即使行為人承擔因處罰而產生之不利益，意在對違序行為予以非難；(3)**預防功能，**即嚇阻行為人將來再度違法[6]。確認功能僅具有宣示作用，可略而不論。干涉之觀念，類似刑法學上「報應理論」之思想（行為人因違法而獲有利益，故處以罰鍰或沒入等，類似「以眼還眼，以牙還牙」之觀念）；而預防功能之性質，則與刑法學上「預防犯罪」理論相同（使行為人受罰而記取教訓，對其他人則意在發生殺雞儆猴之效）。然而「干涉」本身僅是表明一種行動態度：「要施加行政罰以制裁之」，而並未回答「行政罰之目的」為何之問題；蓋所謂行政罰目的，係問：為何要對行為人施加行政罰，實係施加行政罰要追求何種實益或好處之意。至於以「預防」為行政罰之目的（使行為人受罰而記取教訓，對其他人則是殺雞儆猴），固無不妥。然而在技術上，預防觀念並未完全表達行政罰之目的的意涵。

按行政法領域有行政意義之法益，刑法領域有刑事意義之法益，民法領域亦有民事意義之法益，而各類法益之本質或共通性質即「**社會生活利益**」[7]；**所有法規範之制定莫不意在維護法益，即維護「社會生活利益」。**以行政法領域而言，行政罰規範藉行政罰為制裁侵害或破壞法益者之手段，以保護行政意義之法益，對於法益之保護，其效果勝於其他非制裁性之行政法規範。**預防之所以可以成為行政罰之目的，其最終意義應是：在無侵害或破壞之情況下，希冀達到行政法規範所設想的「社會生活利益」之完整性。**行政法規所設想的社會生活利益之完整性，即是實益或好處，亦即「**法益**」（至於法益之內容如何，則係法益具體化之問題）。因此，以「**保護法益**」為行政罰之目的，實較僅以「預防」為行政罰之目的，**更為周至妥適。**由實證法之角度言之，**行政罰規範之目的，在於確認行政機關可以對行為人施加行政罰之範圍、內容、標準、程序等，期望最後達到保護「行政法規所設想的社會生活利益之完整性」之功能。**無論是在立法、司法或行政行為上，此一命題均有重要意義，亦即行政罰規範之立法及解釋，不應逾越法益保護之必要性，而行政機關執行行政罰規範時，亦應謹記法益保護之必要

---

6 洪家殷，行政罰法論，2版，2006年11月，11頁。

7 「社會生活利益」是社會秩序之抽象價值，而其價值是社會生活之安全、福祉與尊嚴等所依賴。此係帶有「理念」意義之定義方式。然而處在民主國家之今日，由於人類生活經驗中過於頻繁之利害衝突，故而現實上，理念內容之確認必須訴諸多數決；惟多數決是技術上之需求，而不是理念本身之需求。參見黃榮堅，註5書，25-26頁。

性，理由無他，貫徹法治國家之「比例原則」。

　　從行政罰規範以法益保護為目的出發，邏輯上自然可以形成**「行政罰規定必須有其保護之法益」**之結論，質言之，不應有欠缺保護法益之行政罰規範立法。此係參酌刑法學上**「犯罪規定必須有其保護之法益」**之原則，而事理上得以在行政罰規範領域確立之原則[8]。不應有欠缺保護「法益」之行政罰規範立法，其嚴謹意義應是：不應有欠缺保護**「合理利益」**之行政罰規範立法。當然，所謂合理利益本身是一個高度價值判斷之概念，此一概念意義在於理念之宣示，在於提供立法主張時之論述工具，希望可以警惕各個角度之立法參與者對於立法保護（就整個社會而言）最大生活利益之立場有所理解與堅持。其實此一原則，亦是公法上最基本之「比例原則」之貫徹[9]。

三、行政罰規範保護之法益

　　如上面二、所述，行政罰規範最終之目的係保護法益，則一個絕對重要之問題自然是：行政罰規範要保護何種法益，其內容又係如何。由於國內行政罰規範之專著、文獻上殊少此一問題之探討，而與行政罰規範同為制裁性法規範之刑法對法益之討論，國內專著、文獻不少，並已有完備之見解；因此，自可借鑑刑法學上之法益概念，予以探討。

　　㈠刑法保護之法益：

　　在刑法學上，一般認為刑法存在之目的係保護**「個人法益」**（Individualrechtsgüter）與**「超個人法益」**（Überindividualrechtsgüter，或稱**「整體法益」**（Universalrechtsgüter））。個人法益之內容，可分為生命、身體、自由、名譽與信用、財產法益等。超個人法益一般分為**「社會法益」**與**「國家法益」**。侵害「社會法益」之犯罪，意謂侵害社會上不確定範圍多數人利益之犯罪，即為侵害社會法益之犯罪；例如污染空氣土壤水體、縱火、酒醉駕駛、製造或持有危險物品、妨害公眾交通安全、偽造貨幣、偽造文書等，均是屬於侵害整個社會法益之犯罪。又在侵害整個社會法益之犯罪當中，有部分犯罪類型又特別涉及國家統治權機制之利益，即侵害「國家法益」之犯罪；例如妨害公務罪、內亂罪、外患罪、洩漏國防機密罪、公務員收受賄賂罪、參與犯罪結社罪、藏匿人犯罪等[10]。

　　就刑法之基本正當性而言，超個人法益應是「個人法益之集合」；蓋社會、國家

8　刑法學上討論「犯罪規定必須有其保護之法益」時，經常以「毒品罪」或「賭博罪」等為例說明，此類犯罪類型中，事實上並無任何何人之利益會遭受損害（以吸食毒品為例，行為人傷害的是自己之身體健康，以賭博為例，行為人損害的是自己之財富，甚至可能透過賭博行為反而賺取財富），因此是所謂「無被害人之犯罪」。參見黃榮堅，註5書，23頁。基於保護人權之理念，行政罰規範上亦應確立如是之原則。

9　參見黃榮堅，註5書，24頁。

10　林山田，註1書，32頁；黃榮堅，基礎刑法學（上），3版，2006年9月，26-27頁。

均係由個人組成，故社會法益、國家法益之保護，根本無法獨立於「個人」之外而加以保護，二者僅能當作「個人之集合全體」（die Gesamtheit der Bürger）之保護。是則似可形成一個結論：多數個人法益之集合體，最後應可還原為個人法益之項目。然而由實證法觀察，超個人法益之項目有部分確實可還原為個人法益之項目。例如「公共危險罪」之設定，即使說是在「保護公共安全」，然而終究是「保護社會中不確定範圍之每一個人之生命、身體或財產等之安全」，而不管生命、身體或財產等之保護，均在刑法原來個人法益保護範圍之內。惟不可否認亦有部分超個人法益之項目，似乎不一定可以還原為個人法益之項目。例如「偽造變造文書罪」諸犯罪類型均係對於社會之文書制度之損害等，而保護社會之文書制度似無法還原為保護個人法益。至於「妨害公務罪」章、「內亂罪」章等對於國家公務執行、統治機制之保護，似亦無法還原為保護個人法益。事實上偽造、變造文書本身似乎並不至於造成利益侵害，使用偽造或變造之文書方會造成損害。然而一個社會之文書制度是社會中多數人之利益，應無疑問；因其行為已經足以破壞社會人對於文書證明功能之信賴，從而動搖文書制度存在之可能性，故而對偽造變造文書之行為施以處罰（而非俟其使用偽造或變造之文書而造成利益侵害，方予處罰），其最終之意義在於文書制度之保護，蓋文書制度已是今日社會生活之一個基本前提，是多數社會人可以具體感覺到的多數人之利益。至於國家之公務遭妨害、統治機制被推翻，嚴重者能影響多數人民之生命、身體或財產安全，次要者可能影響多數人民之種種利益（如公共安全、交通順暢、健保、受教育或使用公物之種種利益等），則亦不能謂完全與多數人民之利益無關[11]。因此，就超個人法益而言，其中不一定可以還原為個人法益之項目，事實上必須承認有部分與「社會制度之正常運作」有關，部分特別與「國家體制之正常運作」有關，而均值得刑法加以保護；而其前提自然是必須承認「社會法益」與「國家法益」之存在。

　　㈡行政罰規範保護之法益：

　　行政罰規範存在之目的為何，國內行政罰規範之專著、文獻上殊少探討。我國行政罰之處罰規定，除「行政罰法」及「道路交通管理處罰條例」以外，均係散見於所有個別行政法中，是以可由檢視所有個別行政法之「立法目的」著手。茲舉數部法律之立法目的（均係規定於第1條）如下：

　　道路交通管理處罰條例：加強道路交通管理，維護交通秩序，確保交通安全。

　　環境影響評估法：預防及減輕開發行為對環境造成不良影響，藉以達成環境保護。

　　全民健康保險法：增進全體國民健康，辦理全民健康保險，以提供醫療保健服務。

　　社會秩序維護法：維護公共秩序，確保社會安寧。

11 參見黃榮堅，註5書，27-32頁。

集會遊行法：保障人民集會遊行之自由，維持社會秩序。

土地徵收條例：實施土地徵收，促進土地利用，增進公共利益，保障私人財產。

著作權法：保障著作人著作權益，調和社會公共利益，促進國家文化發展。

公平交易法：維護交易秩序與消費者利益，確保公平競爭，促進經濟之安定與繁榮。

商標法：保障商標權及消費者利益，維護市場公平競爭，促進工商企業正常發展。

銀行法：健全銀行業務經營，保障存款人權益，適應產業發展，並使銀行信用配合國家金融政策。

貿易法：發展對外貿易，健全貿易秩序，以增進國家之經濟利益。

建築法：實施建築管理，以維護公共安全、公共交通、公共衛生及增進市容觀瞻。

歸納上開法律之立法目的，約可概分爲三類：第一類是「**保障個人之法益**」，如著作權法之「保障著作人著作權益」，土地徵收條例之「保障私人財產」，銀行法之「保障存款人權益」等。第二類是「**保障、增進或促進社會之利益**」，上開法律雖其用語各有不同（如「公共利益」、「公共秩序」、「交通安全」、「環境保護」等等），然均可納入「社會法益」（即「多數人法益之集合體」）之範疇，並無疑義。第三類是「**實現或增進國家之法益**」，如銀行法之「使銀行信用配合國家金融政策」，貿易法之「增進國家之經濟利益」等。在此國家應做廣義解釋，即兼指國家與地方自治團體。由於**各該法律中均有行政罰規定**，是以引申言之，**可謂所有行政罰規範存在之目的，不外「保護個人法益」、「保護社會法益」及「保護國家與地方自治團體法益」**；其與刑法存在之目的，在概念上並無大異。

就概念之位階而言，「保護個人法益」、「保護社會法益」及「保護國家與地方自治團體法益」係所有行政罰規範存在之目的，階層最高。其次，個別行政法中之處罰規定，均係欲保護該行政法立法目的所顯示而欲追求之社會生活目標或狀態（即該行政法所設想之「特定社會生活利益」之完整性）；由於個別行政法之規制領域不同，自然呈現各異之目的。此係**第二階之行政罰規範存在之目的**，顯現較爲具體之內涵，比對上開所引述各法律之立法目的，即可了然。在實務上，通常稱其爲「**行政目的**」，此或係沿用行政罰法第24條第2項但書規定之用語：「但其處罰種類相同，如從一重處罰已足以達成行政目的者，……。」是以在此位階之行政罰，淺言之，即係指對侵害或妨礙**個別行政法之「行政目的」**之達成者，所施加之處罰。

惟須注意者，我國個別行政法亦有未在條文中明示其立法目的者（例如所有內地稅法即均無其立法目的之條文）；從而其中處罰規定存在之目的，即無法自該法之立法目的直接導出。因此，惟有觀察**所有處罰規定**之構成要件，以知悉或推論出其所欲保護之**法益**；有時則必須經過解釋後，方能知悉或推論出其所欲保護之法益。

　　然而須加注意者，行政罰規範中之個別法條，亦有其所要保護之法益。例如建築法第1條之立法目的係「實施建築管理，以維護公共安全、公共交通、公共衛生及增進市容觀瞻」。然而其第90條第1項之處罰規定，違反其第73條規定者，「處建築物所有權人或使用人新台幣六萬元以上三十萬元以下罰鍰，並勒令停止使用」（現已刪除），（最高）行政法院87年判字第1806號判決謂其行政目的係「維護建築物之使用用途合於都市計畫之使用分區，其結構安全合於建築技術規則」，顯然此一目的較同法第1條之立法目的更為具體，更為具技術性之考慮。**此類行政罰規範中個別法條存在之目的所欲維護之法益，在概念之位階自應屬於更低階之法益。此類法益，學理上可稱為**「法條益」（Gesetzesgut）[12]。在實務上，亦常稱其為「行政目的」，或稱其為「處罰目的」。由於係特指行政罰規範中個別法條存在之目的，故稱其為**「特定行政目的」**或**「特定處罰目的」**，較為妥適。

　　個別處罰規定欲保護之法益，必須自該法之立法目的直接導出；如該法未在條文中明示其立法目的（例如所有內地稅法即均無其立法目的之條文），則必須觀察**個別處罰規定**之構成要件，以知悉或推論出其所欲保護之**法條益**；有時則必須經過解釋後，方能知悉或推論出其所欲保護之法條益。例如加值型及非加值型營業稅法（以下簡稱「營業稅法」）未有立法目的之規定，而司法院大法官會議第356號解釋則謂：該法第49條就營業人未依該法規定期限申報銷售額或統一發票明細表者，應加徵滯報金、怠報金之規定，「旨在促使營業人履行其依法申報之義務，俾能確實掌握稅源資料，建立合理之查核制度」[13]。是以在此位階之行政罰，淺言之，即係指對侵害或妨礙**特定條文之行政目的或處罰目的**之達成者，所施加之處罰。

　　綜上所述，行政罰規範欲保護之法益，依其涵蓋範圍可做如下之位階劃分：

　　第一階：**全部行政罰規範欲保護之法益**：個人法益、社會法益以及國家與地方自治團體法益。

　　第二階：**個別行政罰規範欲保護之法益**：個別行政法之「立法目的」所顯示而欲追求之社會生活目標或狀態（即個別行政法所設想之「特定社會生活利益」之完整性），或如實務上所稱之「行政目的」。

　　第三階：**個別處罰規定欲保護之法條益**：如實務上所稱之「特定行政目的」或

---

12 陳志龍指出，在刑法典中任何一個規定至少能有一個保護之對象物，或稱要保護之「權益」，這是按照實務之解釋或立法者之解釋，均可以找到這種「權益」。但是在此所言之「權益」，只能稱之為「法條益」。毫無疑問地，刑法任何一個條文規定均包含有一個「法條益」，而其範圍可能包羅萬象。「法條益」和「法益」並不是必定相一致。由於法條益之形成係受到立法者之動機而影響其內容，換言之，法條益係繫於立法者之考慮應否許可或其所欲處刑而定，所以即使是有「法條益」，但並不是可以直接將其與「法益」等質視之（見陳志龍，註5書，128-129頁）。在同為制裁規範之行政罰規範中，亦存在法條益，學理上應無疑問。

13 惟應注意，目前學理及實務見解均認為滯報金及怠報金之性質，並非行政罰（參見下面本書第二篇第一章，壹、二、（四）、2、所述），此處引用此一解釋，意在幫助說明而已。

「特定處罰目的」，須視個別處罰規定之構成要件而定。

貳、行政罰規範之「總則」與「分則」之內容、任務與其關係

在實證法上，行政罰規範之**總則**係指「行政罰法」，而**分則**則係指「散見於各領域行政法規中之個別處罰規定」。行政罰規範之總則與分則共同構成一個完整之法規範體系，二者各有其內容與任務，並且二者關係密切，彼此相輔相成，缺一不可。

一、二者之內容與其任務

行政罰規範之總則（即行政罰法）係以分則之規定為基礎，加以一般化、概念化與抽象化所得出之條款，而得以一般性地適用於所有與分則規定構成要件相合致之違反秩序行為。由於總則條款具有一般化、概念化與抽象化之特質，故其解釋或適用上，留存有相當之彈性空間，而需學說或理論與判例之補充。因此，總則所規定之條款中，往往有待學理之研究發展與實務之運用，以具體落實法律條文之規定；例如「保證人地位」（行政罰法第10條），「免責事由」（行政罰法第11條至第13條），「裁處之審酌」（行政罰法第18條）等；甚至有總則未設明文規定之事項，例如行為與結果之因果關係等問題。

在行政罰學理之通說上，係將違序行為定義為具有「**構成要件該當性**」（Tabestabdsmäßigkeit）（即「行為與處罰之構成要件相合致」）、「**違法性**」（Rechtswidrigkeit）（即「欠缺阻卻違法之正當事由」）與「**可非難性**」（Vorwerfbarkeit）（包括須有責任能力，須有故意或過失）等三個違反秩序行為要素，而應處以行政罰之行政不法行為。違序行為即依據構成要件該當性、違法性與可非難性先後相續之三個評價層次，從事判斷。一個行政不法行為必先經過構成要件該當性判斷，而確認為係屬「構成要件該當」之行為後，始進而從事違法性判斷；經確認構成要件該當行為具有「違法性」之後，方再進行可非難性判斷；經確認具有「可非難性」之後，始能確定應處之行政罰，並在應處之行政罰種類確定之後，從事行政罰裁量之裁處工作。因此，行政罰規範的總則之規定與理論，即係提供實務上確定應處之行政罰種類與裁量罰鍰數額或程度之工作程序與方法。

行政罰規範之分則（即散見於各領域行政法規範中之個別處罰規定）乃是各形各色的構成要件之集合體，明確羅列行政法所欲加以制裁之各種不同違序行為及其處罰；亦即使用構成要件要素描述破壞法益或對於法益構成危險，而應處以行政罰之行為模式。如此一方面落實「處罰法定原則」之明確性，建立「法安定性」，以發揮行政法之保障功能；另一方面則可使行政機關、法院客觀而妥適地裁處行政罰，以實現行政罰之確認、干涉及預防功能。

行政罰規範之功能乃在於保護法益不為違反秩序行為所破壞，以建立並維護社會共同生活之法律秩序。行政罰規範之分則是將所有可能破壞法益之違序行為，逐一加以列

舉而定為明文，以作為行政機關、法院裁處行政罰之法律依據。

行政罰規範之分則規定各種行政罰之法律要件，並針對各個違反秩序行為之不法內涵與罰責內涵，定出各種處罰之法律效果，使行政機關、法院得以在法定處罰之彈性空間裡，就具體個案情節之輕重，從事行政罰之裁量，以決定對行為人所應裁處並執行之行政罰種類與處罰數額或程度等。惟雖是同一個構成要件該當行為，然而個案之違法情節輕重程度，往往出入甚鉅，故分則規定之法律效果，應避免毫無裁量空間之絕對規定，而是宜設定上限與下限之一定處罰程度，賦予行政機關、法院相當程度之裁量空間，方不致發生情輕罰重或情重罰輕之現象，有失公平。

二、二者之關係

行政罰規範之總則是所有規定在分則之構成要作均可適用而必須遵守之共通原則，行政罰規範之分則規定則受制於總則之共通性、原則性規定。蓋有總則之共通性、原則性規定存在，在解釋上或適用上，分則之構成要件才會有客觀而一致之標準，亦因此方不致使行政機關、法院僅以文字說明或概念分析之方式，從事行政罰規範解釋，進而適用構成要件，致作出不符行政罰規範原理或行政罰意義與目的之裁罰、判決，甚或作出錯誤之裁罰、判決。

行政罰規範之總則在於處理分則領域中均會出現之共同問題，其關於行政罰規範之原理原則，可使適用分則規定裁處各種行政罰之實務，更能符合「法治國原則」及確保「法安定性」；並能使各行政機關之執法人員、法官，對於情節相同或類似之違反秩序行為，作出較為一致之裁罰、判決，而不致於因為各有其不同之見解或主張，竟然作出南轅北轍、高度歧異之裁罰、判決，導致人民失去對於法律之信賴。

行政罰規範之總則將分則所規定之違序行為當作一個整體，觀察研究其一般性問題，以做為分則所定各種行政罰之哲學基礎，以及解釋或適用任何一個構成要件所必須共同遵守之原理原則。分則之規定則係實現總則之原理原則，亦即分則是總則理論之具體化。分則之規定僅係為其自己，而總則係為分則而制定。總則僅在配合分則之規定而適用下，始有其規範意義；若無分則，則總則之規定即成為無用之法規範。相對而言，如無總則之共通性、原則性規定，則僅僅依據分則之規定，並無法精確而一致性地掌握應處以行政罰之違反秩序行為。因此，行政罰規範之總則與分則兩者之間，乃形成一種互為依存之緊密關係。

第二章

租稅處罰法與租稅行政罰規範導論

壹、租稅處罰法與租稅行政罰規範概說

一、租稅處罰法與租稅行政罰規範之概念與關係

租稅法之外部體系，通常區分為：(1)租稅實體法（或租稅債法），(2)租稅程序法，(3)租稅爭訟法（或租稅救濟法），(4)租稅處罰法（或租稅制裁法）等四個部分。其中**「租稅處罰法」**（Steuerstrafrecht）**係對於納稅人等違反稅法上義務之行為所為「行政罰」與「刑事罰」的制裁之法律**，其規定內容包括構成要件及法律效果（處罰或科刑之種類、額度或程度等）之實體法，以及調查及裁處之程序法兩者[14]。

人民依據租稅法之規定負有各種義務（繳納義務（包括納稅義務與給付義務）、行為義務等），當人民違背其租稅法上義務時，國家、地方自治團體為維護其租稅債權之實現及維持有關秩序，採用各種「行政罰」或「刑事罰」之手段予以制裁，以達到使人民履行其租稅法上義務之目的。對於違反租稅法上義務而應受制裁之人，即為**「租稅犯」**（Steuerdelikt）。租稅犯之構成及處罰，本於法律保留原則，必須有法律上之明確規定[15]。基於法治國家之要求，**國家與地方自治團體應制定法律位階之「租稅行政罰規範」及「租稅刑事罰規範」**，以作為稽徵機關裁處行政罰、法院科以刑事罰之依據及準繩，並能使人民預見不履行其租稅法上義務之後果。所謂**「租稅行政罰規範」及「租稅刑事罰規範」**，係指國家與地方自治團體所制定，對不履行租稅法上義務者加以制裁的法律位階之所有法規範。此種制裁性規範之整體，即為**「租稅處罰法」**。

關於租稅課徵之法律，**我國係採分稅立法**（另外制定稅捐稽徵法）其規定雖係各稅共同適用，惟規定內容並未遍及所有租稅之共同事項），**故租稅法係一個統稱**，是所有的個別稅法之集合體；其範圍包括稅捐稽徵法與所有的個別稅法（如營業稅法、所得稅法、遺產及贈與稅法、土地稅法、房屋稅條例等十餘部法律）。因分稅立法之故，**違反租稅法上義務之行政罰**（稱為「租稅行政罰」或「租稅秩序罰」）**亦分開規定於稅捐稽徵法與所有個別稅法中**。在法規範體系上，租稅法係行政法之一支，是以**租稅行政罰規範自然是行政罰規範之一支**（至於**租稅刑事罰規範**則是刑事罰規範之一種，屬性有

---

14 參見陳清秀，稅法總論，4版，2006年10月，15頁；以及金子宏著，戰憲斌、鄭林根譯，日本稅法（日文書名「租稅法」），2004年3月，北京法律出版社，21-22頁。陳清秀另列有「稅捐基礎法」一類，本書不採。

15 洪家殷，稅法上有關行政秩序罰規定之研析（行政院國家科學委員會研究計畫成果報告，東吳大學法律學系執行，計畫主持人洪家殷），1999年7月，3頁。

異，應予區分）。

在法規範結構上，個別稅法中之各個處罰規定係**行政罰規範之「分則」**（而租稅行政罰規範則係「分則之集合體」，僅是一個統稱）。因此，租稅行政罰之裁處等，除應依據個別稅法中之各個處罰規定為之外，同時亦適用應**行政罰規範之「總則」**（即行政罰法）之有關規定，二者緊密相關，相輔相成。

二、租稅行政罰規範存在之目的

㈠租稅法係關於國家、地方自治團體與人民間之租稅權利義務關係之規範，透過租稅法中之各種規定，課以人民**繳納租稅之義務**；相對之，國家、地方自治團體即享有對人民之**租稅請求權**。國家與地方自治團體制定之租稅行政罰規範，其存在之目的如何，有待究明。此一問題之探究，追本溯源，應探詢租稅法（指全部稅法）與個別稅法存在之目的，瞭解二者存在之目的，自然隨之可瞭解租稅行政罰規範存在之目的。

正如所有法律然，個別稅法自有其意欲保障之法益，而全部稅法則應有所有的個別稅法意欲保障之共同法益。在法治國家中，課稅不得基於實現任意之目的，而必需按照法律上屬於正當意義之秩序，亦即按照**「正義」**之原則，加以執行。由稅法學之法理言之，租稅法最終欲實現者是**「租稅正義」**（Steuergerechtigkeit），即關於在國家、地方自治團體與人民之租稅關係中之**「分配正義」**（austeilende Gerechtigkeit）。租稅正義尋求下述問題之解答：⑴國家、地方自治團體可對人民課以多少之租稅負擔；⑵人民應當作出何種程度之財政貢獻。對此二問題之解答是：**必須根據每個人民之經濟能力以分配租稅負擔；易言之，租稅正義之具體化是「量能課稅原則」**（Leistungfähikeitsprinzip）[16]。因此，**租稅法存在之目的即「實現租稅正義」**。租稅正義之實現，是一種**「超個人法益」**，比較特殊者是其兼有雙重性質：既存在**「國家與地方自治團體法益」**（即「租稅請求權順利完整實現乃是國家與地方自治團體之利益」）；復存在**「社會法益」**（即「租稅之量能負擔乃是全體社會中所有個人之利益」），而二者具有同等之重要性。實則由於課稅係對人民財產權之限制，故在今日之法治國家與民主國家，更應強調後一目的，以體現憲法上人民財產權保障之意旨。

為了確保「國家、地方自治團體在法定期間順暢完整實現其租稅請求權（此係「法益」」，乃有租稅行政罰規範之存在。因此，**租稅行政罰規範之存在，其直接目的在於「處罰法定」**（參見上面本篇第一章、壹、二、㈠），**而其間接及最終目的則在於「助成國家與地方自治團體租稅請求權之圓滿實現」**（此係由租稅債權方面言之）[17]。

---

16 參見Norbert Horn著，羅莉譯，法律科學與法哲學導論，2005年3月，北京法律出版社，302-303頁；以及陳清秀，稅法總論，4版，2006年10月，22-23頁。

17 參見洪家殷，註15文，6頁。陳敬宏指出：租稅法上處罰規定之條文縱有千萬，其主要與終極目的應該同一，即「稅捐債權之圓滿實現」（參見陳敬宏，稅捐秩序罰之想像競合問題（下），植根雜誌，20卷12期，2004年12月，12頁）。「稅捐債權之圓滿實現」與「助成租稅請求權之圓滿實現」相較，實質上

所謂「**圓滿實現**」，係指「依限按實實現」之意，亦即國家與地方自治團體能在稅法規定之期限內，收到實際應徵收之租稅數額。在此情形，此一「**保護客體**」（即「法益」）依附之法律主體（即「法益持有者」）與「**行為客體**」（或稱「**侵害客體**」，即「違序行為之被害人」），同為國家與地方自治團體[18]。

其次，違反租稅法上義務之行為（以下簡稱「**租稅法上違序行為**」）之應受處罰，不僅是其行為係對於租稅法之不服從，更重要者在於：個人之**租稅法上違序行為**無異於造成其他誠實納稅義務人之損害。蓋在納稅義務人間，由於繳納租稅之行為而形成一種彼此互相牽連之關係，亦即所有的納稅義務人構成一個「**社會連帶團體**」（Solidargemeinschaft）。故對個別人民而言，僅當國家、地方自治團體保證租稅義務將依照「量能課稅原則」而貫徹在其他個人身上時，才願意承擔此種義務。所有個人願意承擔租稅義務，方有益於社會連帶團體之存在與發展。因此，基於維護所有納稅義務人之共同利益（即社會連帶團體之利益），國家、地方自治團體即須採取適當及必要之手段，使所有納稅義務人皆願意依照其納稅能力而負擔租稅[19]。準此，**租稅行政罰規範存在之間接及最終目的，亦在於「促成全體社會中所有個人間正當合理的租稅負擔分配之實現**」（此係由租稅債務方面言之）。在此情形，欠缺客觀可見之「行為客體」（侵害客體）（即「違序行為之被害人」），但仍有「保護客體」（即「法益」）存在，而該法益依附之法律主體（即「法益持有者」）為全體社會。

租稅行政罰規範存在之間接及最終目的，同時在於「助成國家與地方自治團體租稅請求權之實現」（此係由租稅債權方面言之），以及「促成全體社會中所有個人間正當合理的租稅負擔分配之實現」（此係由租稅債務方面言之），二者具有同等之重要性，不得偏重於前者。簡言之，**租稅行政罰規範之存在，乃是希冀其對「法益」發生「助成作用**」（此係由租稅債權方面言之）**與「促成作用**」（此係由租稅債務方面言之）。實則由於租稅行政罰是對人民自由、權利之限制或剝奪，故在今日之法治國家與民主國家，更應強調後一目的，以體現憲法上人民自由、權利保障之意旨。從而**全部租稅法中之處罰規定所欲達成之目的，即為「助成租稅正義之實現**」，此係最高層次之目的。

㈡相對於其它個別行政法大部分均有有其立法目的之規定，我國所有內地稅法均未有其立法目的之規定，是以無法自實證法知悉個別稅法存在之目的，遑論知悉個別稅法中行政罰規定存在之目的。基於上面一、所述，由學理言之，個別稅法存在之目的與個別稅法中租稅行政罰規定存在之目的，在於保護「**個別租稅之租稅正義之實現**」；而其所欲達成之目的即「**助成個別租稅請求權之圓滿實現**」。茲分析說明如下：

二者涵義並無差異，惟後者揭示其「助成作用」，概念上較為明晰。

18 「保護客體」係指法律所欲保護之各種法益（抽象之社會生活利益），「行為客體」則係指違序行為所侵害之具體對象（人或物），其概念詳見林山田，刑法總論，上冊，10版，2008年1月，269-270頁。

19 洪家殷，註15文，6-7頁。

1.國稅之稅法如加值型及非加值型營業稅法（以下簡稱「營業稅法」）、所得稅法等存在之目的，在於「實現**營業稅**之租稅正義」、「實現**所得稅**之租稅正義」等。地方稅之稅法如土地稅法（包含地價稅、土地增值稅之稽徵在內）、房屋稅條例等存在之目的，在於「實現**地價稅**之租稅正義」、「實現**土地增值稅**之租稅正義」、「實現**房屋稅**之租稅正義」等。

個別稅法中處罰規定所欲保護之法益，係**「個別租稅請求權之圓滿實現」**。

2.個別稅法中租稅行政罰規定存在之直接目的為「處罰法定」，而其間接及最終目的，在於「助成國家與地方自治團體個別租稅請求權之圓滿實現」與「促成全體社會中所有個人間正當合理的個別租稅負擔分配之圓滿實現」。實質上，上述即為**個別稅法中處罰規定所欲達成之第二層次目的**。分言之：

(1)營業稅法中租稅行政罰規定所欲達成之目的，係「助成國家**營業稅**請求權之圓滿實現」與「促成全體社會中所有個人間正當合理的**營業稅**負擔分配之實現」。所得稅法中租稅行政罰規定所欲達成之目的，係「助成國家**所得稅**請求權之圓滿實現」與「促成全體社會中所有個人間正當合理的**所得稅**負擔分配之實現」。

其餘國稅之稅法中租稅行政罰規定所欲達成之目的，可以類推而知之。

(2)土地稅法中租稅行政罰規定所欲達成之目的，係「助成地方自治團體**地價稅、土地增值稅**請求權之圓滿實現」與「促成全體社會中所有個人間正當合理的**地價稅、土地增值稅**負擔分配之實現」。房屋稅條例中租稅行政罰規定所欲達成之目的，係「助成地方自治團體**房屋稅**請求權之圓滿實現」與「促成全體社會中所有個人間正當合理的**房屋稅**負擔分配之圓滿實現」。

其餘地方稅之稅法中租稅行政罰規定所欲達成之目的，可以類推而知之。

(三)所有稅法之處罰規定欲保護之法益，必須觀察其構成要件，以知悉或推論出其所欲保護之法益，有時則必須經過解釋後，方能知悉或推論出其所欲保護之法益，進而據以獲知違反個別義務之處罰規定所欲達成之目的。

所有稅法之處罰規定欲保護之法益，如因違反義務之處罰規定繁多，而其規定顯然有**「事務性質」**不同之情形，則各類處罰規定即有不同之目的，是以應依其事務性質分類，分別闡明各類處罰規定欲保護之法益。此外，不論是繳納義務或行為義務，基於國庫調度、稽徵方式及技術等之考慮，各稅法規定之各種稅捐繳納義務或各種行為義務係**「週期性或非週期性履行」**，從而其處罰規定亦隨之而異。因此，**「助成每期每種稅捐請求權之圓滿實現」**及**「助成每期、每次每類事務性質相同之行為義務之依限如實履行」**，即為處罰規定所欲達成之第三層次目的。茲以營業稅法、所得稅法與稅捐稽徵法之處罰規定為範圍，詳予說明處罰規定所欲達成之第三層次目的：

1.租稅法之義務，可分為**「繳納義務」**與**「行為義務」**二大類（應先予說明者為，稅捐稽徵法中僅有「行為罰」，而由於稅捐稽徵法適用於各內地稅之稅目，故其行為罰應視其係違反何一稅法上之行為義務，而論為係該稅法中之行為罰）。

　　營業稅法與所得稅法規定之**繳納義務**，或爲單數，或爲複數。營業稅法規定之營業稅繳納義務係單數，即「營業稅繳納義務」；而所得稅法規定之所得稅繳納義務則係複數，即「綜合所得稅（結算申報）繳納義務」、「營利事業所得稅（結算申報）繳納義務」、「扣繳所得稅繳納義務」。每一種稅捐繳納義務之要求，均有其法益：「營業稅請求權之圓滿實現」、「綜合所得稅請求權之圓滿實現」、「營利事業所得稅請求權之圓滿實現」、「扣繳所得稅請求權之圓滿實現」。

　　惟基於國庫調度、稽徵方式及技術等之考慮，各個稅法明定稅捐「定期」或「隨機」徵收。因此，作爲租稅徵收依據之每部稅法，均各自設定其自有之「**每種稅捐之繳納義務之週期或次數**」與「**每種行爲義務之週期或次數**」。以營業稅與所得稅之**繳納義務**言之，其係採定期課徵之「**週期稅**」，原則上係規定納稅義務人、扣繳義務人應「定期」履行每期之繳納義務（「每期」係指每一課稅期間，如營業稅係二個月（自動報繳之稅）、三個月（查定課徵之稅），所得稅係一會計年度（結算申報之稅）、一個月（扣繳之稅）等）。

　　（順便言之，其他週期稅尚有貨物稅、菸酒稅、地價稅、房屋稅、使用牌照稅、娛樂稅等採。另有非定期課徵（或稱隨機課徵）之「非週期稅」（或稱「機會稅」），有遺產稅、贈與稅、契稅、土地增值稅、證券交易稅、期貨交易稅、關稅等，各該稅法係規定「發生之課稅事實而與課稅構成要件合致時」始應履行繳納義務）。

　　將「稅捐種類」與「義務履行之週期或次數」合併考慮，**對違反上述繳納義務之處罰規定所欲達成之目的，在於「助成」每期每種稅捐請求權之圓滿實現**（每種稅捐即營業稅、綜合所得稅、營利事業所得稅、扣繳所得稅），此屬於**第三層次之目的**。

　　2.營業稅法、所得稅法與稅捐稽徵法規定之**行爲義務**，均係複數，對違反行爲義務之處罰規定，綜合言之即「**助成每類事務性質相同之行爲義務之依限如實履行**」。惟因行爲義務規定繁多，故而應依照「**事務性質**」分類，以確認該類處罰規定所欲達成之目的，既然每類事務性質有異，則仍應就每類處罰規定所欲達成之目的分別論之。

　　又如上面1、所述，作爲租稅徵收依據之每部稅法，均各自設定其自有之「**每種行爲義務之週期或次數**」。以營業稅與所得稅稽徵上之**行爲義務**言之，有規定應「定期」履行行爲義務者，例如所得稅之扣繳義務人應定期履行填報所得扣繳憑單之義務。有規定發生特定事件時，即應履行行爲義務者，例如營業稅法第30條第1項規定，營業人登記事項有變更時，即應履行變更登記義務。亦有規定「於稽徵機關依法要求爲一定行爲時」始應履行行爲義務者，例如稽徵機關依所得稅法第83條第2項規定通知納稅義務人提示帳簿文據。

　　（順便言之，其他週期稅亦相同。至於「非週期稅」則通常各該稅法係規定「於稽徵機關依法要求爲一定行爲時」始應履行行爲義務）。

　　將「行爲義務種類」與「義務履行之週期或次數」合併考慮，**對違反上述每期、每次之每種行爲義務之處罰規定所欲達成之目的**，綜合言之即「**助成每期、每次每類事務**

性質相同之行為義務之依限如實履行」。

惟既然每類事務性質有異，則仍應究明「每類」處罰規定所欲達成之目的，茲分別解析如下：

(1)規定「稅籍登記與報備之義務」，意在「掌握納稅義務人本身暨其經濟活動，以便於正確核課與徵收稅捐」[20]，其法益係「每次確認真正擁有或獲得稅捐財之人」。因此，**對違反此類行為義務之處罰規定，其所欲達成之目的為「助成每次確認真正擁有或獲得稅捐財之人」。**

(2)規定「統一發票使用、憑證給與、取得及保存之義務」，意在「使交易前後手稽徵資料臻於翔實完整」[21]，其法益係「稅源資料每次以完備之憑證詳實顯示」。因此，**對違反此類行為義務之處罰規定，其所欲達成之目的為「助成關於營業交易之稅源資料每次以完備之憑證詳實顯示」。**

(3)規定「帳簿設置、記載、驗印及保存之行為義務」，意在「使每期課稅資料詳實完整揭露」（「每期」係指每一課稅期間，如營業稅係二個月（自動報繳之稅）、三個月（查定課徵之稅），所得稅係一會計年度（結算申報之稅）等），其法益係「每期課稅資料以完備之帳簿詳實揭露」。因此，**對違反此類行為義務之處罰規定，其所欲達成之目的為「助成每期課稅資料以完備之帳簿詳實揭露」。**

(4)規定「關於課稅資料報告與告知之義務」，意在「經由第三人之每期報告與告知，以確實、及時掌握稅源資料」，其法益係「確實、及時掌握第三人每期報告與告知之稅源資料」。因此，**對違反此類行為義務之處罰規定，其所欲達成之目的為「助成確實、及時掌握第三人報每期告與告知之稅源資料」。**

(5)規定「接受調查之義務」，意在「經由各種調查手段以確證課稅基礎內容」，其法益係「課稅基礎內容每次順利、及時之查核」。因此，**對違反此類義務之處罰規定，其所欲達成之目的為「助成課稅基礎內容每次順利、及時之查核」。**

(6)上述以外之行為義務之規定，其所欲保護之法益，以及違反此類義務之處罰規定，其所欲達成之目的，應就每種違序行為探究之，例如：

A.規定「接受稅單義務」，意在「使稅捐之徵收如期、順利」，其法益係「每期、每次稅捐之如期、順利徵收」。因此，**對「拒收稅單」之處罰規定，其所欲達成之目的為「助成每期、每次稅捐之如期、順利徵收」。**

---

20 我國稅法上之稅籍登記與報備規定，相當於德國租稅通則第四章第一節「納稅義務人之掌握」（其中第一款「身分登記及營業登記」、第二款「組織、營利活動等之報告」）之規定；其規定明白揭示立法目的為「用以掌握應對其課徵租稅之人及營業」（見陳敏譯，德國租稅通則（Abgbenordnung' 77），1985年3月，151-152頁），可為參證。

21 司法院大法官會議釋字第642號解釋（97.5.9）謂：稅捐稽徵法第44條規定「係為使營利事業據實給與、取得及保存憑證，俾交易前後手稽徵資料臻於翔實，建立正確課稅憑證制度，以實現憲法第十九條之意旨」（釋字第252號解釋意旨相同），可為參證。

　　B.規定「納稅義務人財產、納稅資料等之保守秘密義務」，意在「保守納稅義務人財產、納稅資料等之秘密」，其法益係「納稅義務人有關納稅事務之隱私權」。因此，**對「洩漏納稅義務人財產、納稅資料等之秘密」之處罰規定，其所欲達成之目的為「保護納稅義務人有關納稅事務之隱私權」**。

　　㈣租稅法中之個別處罰規定所欲保護之法條益，必須觀察其構成要件，以知悉或推論出其所欲保護之法條益，有時則必須經過解釋後，方能知悉或推論出其所欲保護之法條益，進而據以獲知違反個別義務之處罰規定所欲達成之目的。**「保護個別義務規定之法條益之目的」，即為處罰規定所欲達成之第四層次目的**。惟應注意，有時一條法條之處罰所欲保護者同時是「法益」（第三層次）與「法條益」（第四層次）。茲舉例說明之：

　　1.稅捐稽徵法第44條規定：「營利事業依法規定應給與他人憑證而未給與，應自他人取得憑證而未取得，或應保存憑證而未保存者，應就其未給與憑證、未取得憑證或未保存憑證，經查明認定之總額，處百分之五罰鍰。……」。司法院大法官會議釋字第642號解釋（97.5.9）即謂：該條規定「係為使營利事業據實給與、取得及保存憑證，俾交易前後手稽徵資料臻於翔實，建立正確課稅憑證制度，以實現憲法第十九條之意旨」（釋字第252號解釋意旨相同），此即透過司法解釋推論出個別處罰規定之存在目的之例。依此解釋，稅捐稽徵法第44條之處罰規定係欲保護三個法條益：「銷售之稅源資料以完備之憑證詳實顯示」（未給與憑證之處罰）、「購買之稅源資料以完備之憑證詳實顯示」（未取得憑證之處罰）及「所有稅源資料限期保存以供事後之查核」（未保存憑證之處罰）；**所欲達成之目的，在於助成「三個法條益之實現」**（惟其所欲保護者亦係「正確課稅憑證制度之法益」，實非僅個別之法條益而已）。

　　2.稅捐稽徵法第46條第2項之處罰規定所欲保護之「法條益」，即「稽徵機關詢問權之實施」。

　　㈤尚應注意者，**在租稅法中，亦存在以「個人法益」為個別處罰規定所欲保護之客體之規定**，例如所得稅法第119條第1項及第4項、第120條關於「稅務稽徵人員、政府機關人員保守納稅義務人財產、納稅等資料義務」之規定，即屬保護個人法益之規定；對違反此一義務之處罰規定所欲達成之目的，係「保護納稅義務人財產、納稅等方面之隱私權」。此一租稅法上違序行為中，行為客體（違序行為之被害人）與違序行為所侵害之法益持有者，均為納稅義務人；其法益雖性質屬於**「法條益」**，然而卻有**「隱私權」**保護之憲法上依據。

貳、租稅行政罰概說

一、租稅行政罰之意義

　　對於租稅犯之制裁，國家與地方自治團體所採行之手段主要有二，即刑事罰與行政

罰；在稅法上可稱為「租稅刑事罰」與「租稅行政罰」（或稱「租稅秩序罰」）。租稅刑事罰係對人民之「**租稅刑罰行為**」（Steuerstraftaten）之處罰，相關之法規即上面本章、壹、所述之「租稅刑事罰規範」，如稅捐稽徵法第41條、第42條等之刑事罰規定。租稅行政罰則係以「**租稅違反秩序行為**」（Steuerordnungswidrigkeiten）為處罰對象，係對違反租稅法上義務之人，採用刑事罰以外之手段予以制裁，相關之法規即上面本章、壹、所述之「租稅行政罰規範」，如稅捐稽徵法第44條至第46條、營業稅法第45條至第52條、所得稅法第106條至第111條等之行政罰規定[22]。

比較租稅刑事罰與租稅行政罰，除了違反租稅義務之行為態樣具有量之差異外，應仍有質之差異存在。租稅刑罰行為對法益之侵害較為嚴重，而其行為具有倫理上之「良知非價」性質。至於租稅違反秩序行為並未涉及法益之嚴重侵害，且與社會倫理無涉。惟最後則取決於立法政策，由立法者依立法裁量決定違反租稅法上義務之行為究應處以刑事罰或行政罰[23, 24]。

二、租稅行政罰之分類：行為罰與漏稅罰

(一)行為罰與漏稅罰之區分與差異：

在對於租稅法上違序行為之租稅行政罰中，依其處罰對象之性質，可以區分為「**行為罰**」與「**漏稅罰**」兩類。

行政罰係對違反租稅法上各種**行為義務**所施加之處罰。由於在租稅法上要求人民為一定之行為，此種行為具有「**協力義務**」之性質，即藉由人民之協力，使稽徵機關得以掌握各種資料、發現課稅事實、減輕稽徵成本，以達到國家、地方自治團體正確課稅之目的，故租稅法上之行為義務在課稅上占有重要之地位。對於此類租稅法上違序行為所施加之行政罰，即為行為罰[25]。就國家、地方自治團體一方而言，**租稅法上行為義務規定之行政目的，可大別為兩類**，即「**掌握課稅事實及有關關係**」（如申報基礎課稅事實、稅籍登記、開立憑證、保存憑證等涵蘊之用意），以及「**協助課稅事實查核及證實**」（如提示帳簿文據、通知備詢等涵蘊之用意）。租稅法上規定之稅籍登記（營業稅法第28條、第30條），使用統一發票（營業稅法第32條），設置帳簿並記載（所得稅法第21條），填報所得扣繳憑單（所得稅法第92條），提供有關文件或到達辦公處所備詢（稅捐稽徵法第30條）等義務，即屬行為義務。

---

22 洪家殷，註15文，16頁。

23 洪家殷，註15文，17頁。

24 行政法學界大抵均認為「刑事不法」與「行政不法」二者，其行為態樣並無質之差異，僅有量之差異，即所謂「量之差別說」。刑法學界則有持「質量之差別說」者（參見林山田，註18書，173頁）。洪家殷於註15文中係持「質量之差別說」（如該文之註21），惟其後則改採「量之差別說」（見洪家殷，註6書，9頁）。

25 洪家殷，註15文，30頁；以及陳清秀，註14書，639頁。

　　漏稅罰係對違反租稅法上**稅捐申報及繳稅義務**所施加之處罰。納稅義務人未依稅法之規定申報及繳納其應負擔之稅款，或未盡其應盡之行為義務，乃使稅捐稽徵機關不知有關課稅事實，而在核定時減少應納稅額，致影響國家、地方自治團體租稅請求權之行使，並發生短漏租稅之結果，對於此類租稅法上違序行為所施加之行政罰，即為漏稅罰[26]。就國家、地方自治團體一方而言，**租稅法上之稅捐申報及繳納義務規定之行政目的，在於「租稅請求權之實現」**。營業稅法規定之申報及繳納營業稅（營業稅法第35條），所得稅法規定之申報及繳納所得稅（如所得稅法第71條）等義務，即屬之。嚴格而言，申報及繳納義務亦是一種行為義務，惟**申報及繳納義務是最主要之租稅法上義務**，除此以外之租稅法上各種行為義務，對申報及繳納義務而言，均係**「目的從屬義務」**[27]，故通常將申報及繳納義務獨立為一類，以顯現其係租稅法上主要義務之重要性。

　　關於行為罰與漏稅罰之差異，**行為罰**係針對**「行為犯」**（Tätigkeitsdelikt），即行為人只要單純地實現處罰之構成要件所描述之行為，無待任何結果之發生，即足以構成行為犯，而得予以處罰。就行為罰而言，僅須有違反租稅法所規定之行為（包括作為與不作為）義務，即可構成租稅法上違序行為，而受到處罰。故在行為罰中，應無未遂問題。如稅捐稽徵法第45條第1項對於依規定應設置帳簿而不設置之行為，處以3,000元以上7,500元以下罰鍰；只要有經查獲有未設置帳簿之情事，即屬既遂，應受處罰。**漏稅罰**係針對**「結果犯」**（Erfolgsdelikt），即行為必須發生處罰之構成要件所預定的逃漏稅捐之結果，始構成既遂之犯行，而得予以處罰。既屬結果犯，則自須有稅法所規定違反結果之發生（即已形成漏稅），始為既遂，而得加以處罰。縱使行為人之行為已經開始實施，惟仍未有發生結果（即尚未形成漏稅）時，則尚未至既遂，亦不得加以處罰。是否已發生構成要件所定之結果（即已形成漏稅），則須視租稅法中個別規定之內容而定。至於未遂行為是否加以處罰，則必須有法律明文規定時，始得受處罰。我國現行稅法中有關漏稅罰之規定，尚未見有處罰未遂之情形，故漏稅罰在我國應不罰及未遂[28]。

　　對於**結果犯**處罰之構成行為中，或明定**「行為客體」**（侵害客體），或雖未明文規定，但依條文之意旨明顯可見。例如漏稅行為之侵害客體，為「國家或地方自治團體之租稅請求權」，法條縱無明文，亦可明顯推論而知。至於**行為犯**處罰之構成要件，則常欠缺客觀可見之行為客體（侵害客體）。例如營利事業未保存帳簿之行為，其行為客體（侵害客體）並非明朗可知。此亦為行為罰與漏稅罰之差異。

　　關於漏稅罰與行為罰之區分，司法院大法官會議釋字第337號解釋（83.2.4）有詳

26　洪家殷，註15文，30-31頁；以及陳清秀，註14書，639頁。
27　戰憲斌等二人，註14書，109頁。
28　洪家殷，註15文，31頁。

細之闡明，該號解釋雖係針對營業稅法第51條第5款規定及有關行政解釋之違憲疑義而作，惟其中關於漏稅罰與行為罰部分之解釋，對所有稅法規定之租稅行政罰，均有其適用（對於貨物稅之漏稅罰，另有釋字第339號解釋，惟亦同此意旨）。茲引述如下：

「解釋文：

營業稅法第五十一條第五款規定，納稅義務人虛報進項稅額者，除追繳稅款外，按所漏稅額處五倍至二十倍罰鍰，並得停止其營業。依此規定意旨，自應以納稅義務人有虛報進項稅額，並因而逃漏稅款者，始得據以追繳稅款及處罰。財政部中華民國七十六年五月六日台財稅第七六三七三七六號函，對於有進貨事實之營業人，不論其是否有虛報進項稅額，並因而逃漏稅款，概依首開條款處罰，其與該條款意旨不符部分，有違憲法保障人民權利之本旨，應不再援用。至首開法條所定處罰標準，尚未逾越立法裁量範圍，與憲法並無牴觸。」

「解釋理由書：

違反稅法之處罰，有因逃漏稅捐而予處罰者，亦有因違反稅法上之作為或不作為義務而予處罰者，營業稅法第五十一條第一項本文規定：「納稅義務人有左列情形之一者，除追繳稅款外，按所漏稅額處五倍至二十倍罰鍰，並得停止其營業。」依其意旨，乃係就漏稅行為所為之處罰規定，因之，對同條項第五款之「虛報進項稅額者」加以處罰，自應以有此行為，並因而發生漏稅之事實為處罰要件，此與稅捐稽徵法第四十四條僅以未給付或未取得憑證為處罰要件，不論其有無虛報進項稅額並漏稅之事實者，尚有不同。財政部七十六年五月六日台財稅第七六三七三七六號函未明示上述意旨，對於有進貨事實之營業人，不論是否有虛報進項稅額，並因而逃漏稅款，概依首開條款處罰，其與該條款意旨不符部分有違憲法保障人民權利之意旨，應不再援用。至營業稅法第五十一條之處罰，乃在防止漏稅，以達正確課稅之目的，其處罰標準，尚未逾越立法裁量範圍，與憲法尚無牴觸。

營利事業銷售貨物，不對直接買受人開立統一發票，應依稅捐稽徵法第四十四條規定論處，財政部六十九年八月八日（六九）臺財稅字第三六六二四號函所採之見解，業經本院大法官會議釋字第二五二號解釋，認與憲法並無牴觸。營業人買受貨物，不向直接出賣人取得統一發票，依同一法理，適用稅捐稽徵法第四十四條處罰，與上開解釋意旨相符。此項行為罰與漏稅罰，其處罰之目的不同，處罰之要件亦異，前者係以有此行為即應處罰，與後者係以有漏稅事實為要件者，非必為一事。其違反義務之行為係漏稅之先行階段者，如處以漏稅罰已足達成行政上之目的，兩者應否併罰，乃為適用法律之見解及立法上之問題，併予說明。」

區分行為罰與漏稅罰之另一個意義，即**「行為罰應輕於漏稅罰」，方符合租稅行政罰之法理**。蓋租稅法上之「繳納義務」（包括「納稅義務」與「給付義務」）係租稅法律關係中之「核心義務」，而「行為義務」對於繳納義務而言，係「目的從屬義

務」[29]；因此，違反「行為義務」之行為罰，自應輕於「繳納義務」之漏稅罰，否則處罰輕重失衡。

　　(二)行為罰與漏稅罰之處罰方式：

　　行為罰與漏稅罰之區分，可謂係租稅行政罰之一大特色。行為罰與漏稅罰之處罰，均以「罰鍰」為主，即稽徵機關責令違反義務之人繳納一定之金錢，作為處罰。由此引申一個特別之問題：在立法上，行為罰與漏稅罰罰鍰之數額應以如何之方式訂定，方屬合理妥適。

　　有關行為罰與漏稅罰之判斷上，在我國係依照稅法上處罰方式之不同作為標準。**漏稅罰**由於係針對結果犯，故須有漏稅結果之發生，始為既遂，而得予處罰。因此，在立法時應依所漏稅額之一定倍數或比率，作為處罰之方式。此一處罰方式之事理基礎，當在於納稅義務人之漏稅行為，是對國家、地方自治團體租稅請求權之侵害，故對其侵害行為之處罰，自應以其所造成侵害之結果（即所漏稅額）為基準而決定之。如所漏稅額較大，對國家租稅之侵害自可認為較為嚴重，按所漏稅額之一定倍數或比率施加之罰鍰數額必然較鉅，可顯示其受到較重之制裁。如所漏稅額較少，按所漏稅額之一定倍數或比率施加之罰鍰數額必然較小，可顯示其受到較輕之制裁。是以，此種按所漏稅額之倍數或比率以決定罰鍰數額之處罰方式，應係「比例原則」之表現。相對而言，**行為罰**既然是對不涉及漏稅之違反租稅法上義務之行為而處罰，則在立法上，其罰鍰之處罰方式自不宜採取按所漏稅額一定倍數或比率之處罰方式，並且應有罰鍰數額之上限，以免與「比例原則」發生衝突[30]。

　　基於上面所述，根據行為罰與漏稅罰之不同性質，而採用不同之罰鍰處罰方式，應係值得肯定之作法。現行稅法上行為罰與漏稅罰罰鍰之規定，是否均遵守上述之原則，於下面本書第三篇各章中，隨處再予檢視討論。

參、本書論述之架構與內容

　　我國營業稅法、所得稅法與稅捐稽徵法中，訂有「罰則」與「獎懲」之專章，其內容為：

　　1.營業稅法第6章「罰則」，條文自第45條起至第53條之1，其內容均為營業稅稽徵上之各類型「行政罰」之要件、法律效果與有關事項之規定。

　　2.所得稅法第5章「獎懲」，條文自第103條起至第120條，其內容可分二類：一類為「處罰」之規定，即所得稅稽徵上之各類型「行政罰」之要件、法律效果與有關事項之規定；另一類為「獎勵」與「懲戒」之規定。

---

29 戰憲斌等二人，註14書，109頁；以及吳金柱，所得稅法之理論與實用，上冊，2008年4月，9頁。

30 洪家殷，註15文，34頁；以及劉宜人，淺論租稅秩序罰之充實與整備，財稅研究，41卷3期，2009年5月，193頁。

　　3.稅捐稽徵法第6章「罰則」，條文自第41條至第48條之3，其內容可分二類：一類為各稅稽徵上之各類型「行政罰」之要件、法律效果與有關事項之規定；另一類為各稅稽徵上之各類型「刑事罰」之要件、法律效果與有關事項之規定。

　　營業稅法等三法所規定之行政罰，屬於「租稅行政罰」之範疇。關於行政罰，我國目前已訂有統一性之法規範：行政罰法，並已於95年2月5日開始實施，依其第1條規定：「違反行政法上義務而受罰鍰、沒入或其他種類行政罰之處罰時，適用本法。但其他法律有特別規定者，從其規定。」，是以我國所有行政法（包括租稅法）上之行政罰，均應適用行政罰法。因此，**營業稅法等三法所規定之各類型「租稅行政罰」，不但應適用營業稅法等三法關於租稅行政罰之規定，亦應適用行政罰法之全部規定。**

　　本書主要係以營業稅與所得稅稽徵上之各類型**租稅行政罰**為範圍，依照行政罰法、營業稅法與所得稅法之規定內容，予以論述解析。其次，因營業稅與所得稅之稽徵亦適用稅捐稽徵法（參見稅捐稽徵法第1條），故在營業稅與所得稅稽徵上之各類型租稅行政罰，亦應適用稅捐稽徵法中有關租稅行政罰之規定；因此稅捐稽徵法中之相關規定，亦一併納入而予討論解析。至於稅捐稽徵法中之「刑事罰」規定，則不在本書論述範圍之內，合先說明。

　　本書分為三篇，各篇均以各實證法條文為本，綜合有關學理、論者見解等予以討論，並就相關實務見解（包括行政法院之判例、判決，大法官會議解釋，行政機關之行政解釋等），加以解析，俾求融貫理論與實務，以供處理我國租稅稽徵上之租稅行政罰案件之實務操作之參考。各篇論述之內容及架構如下：

　　第一篇行政罰與租稅行政罰規範導論，先就行政罰規範、租稅處罰法與租稅行政罰規範之概念、內容、彼此之關係等，作一綜合之說明。

　　第二篇行政罰法於租稅行政罰上之適用，主要係依照行政罰法之條文順序，解析每一條文如何適用於營業稅與所得稅稽徵上之租稅行政罰案件。營業稅法等三法中屬於行政罰法中特定條文之特別規定者，亦同時加以說明，以作為第三篇各章討論之基礎。

　　第三篇營業稅與所得稅稽徵上之租稅行政罰，分為五章，各章論述之內容及架構如下：

　　第一章營業稅法規定之租稅行政罰，本章主要是按照營業稅法中之租稅行政罰，予以歸類，再就各類中每一種處罰之個別「構成要件」（即「違序行為之形態及內容」）與「法律效果」（即「處罰之種類及內容」）予以論述，並解析相關問題。

　　第二章所得稅法規定之租稅行政罰，本章按照所得稅法中之租稅行政罰，予以歸類，再就各類中每一種處罰之個別「構成要件」與「法律效果」予以論述，並解析相關問題。

　　第三章稅捐稽徵法規定之租稅行政罰與減免處罰規定，由於稅捐稽徵法僅有行為罰之規定，故按照稅捐稽徵法中關於行為罰規定之條文次序，論述每一行為罰之個別「構成要件」與「法律效果」，並解析其第1條之1、第48條之1、第48條之2及第48條之

3等條文之相關問題。

　　第四章租稅行政罰之法規競合、想像競合與不罰之前後行為，本章專就違序行為同時涉及營業稅法等三法之租稅行政罰規定之情形，說明其成立「法規競合」之情形，成立「想像競合」之要件、想像競合如何適用「一行為不二罰」原則等問題，以及探究租稅行政罰的「不罰之前行為」及「不罰之後行為」之型態。

　　第五章調查及裁決程序，本章就營業稅及所得稅稽徵上之租稅行政罰事件，論述其調查程序與裁決程序；即將營業稅法等三法中屬於行政罰法中裁處程序之特別規定以及行政罰法中裁處程序規定之條文，同時加以解析。

第 二 篇

行政罰法於租稅行政罰上之適用

我國營業稅（包括加值型營業稅與非加值型營業稅，以下同）與所得稅（包括綜合所得稅與營利事業所得稅，以下同）稽徵上之各類型「租稅行政罰」案件，應適用加值型與非加值型營業稅法（以下簡稱「營業稅法」）與所得稅法中關於租稅行政罰之規定，乃屬應然。其次，由於營業稅與所得稅之稽徵亦適用稅捐稽徵法（參見稅捐稽徵法第1條），因此，營業稅與所得稅稽徵上之各類型租稅行政罰案件，亦應適用稅捐稽徵法之相關規定。

我國行政罰法已於95年2月5日開始施行，而依其第1條規定：「違反行政法上義務而受罰鍰、沒入或其他種類行政罰之處罰時，適用本法。但其他法律有特別規定者，從其規定。」。因此，**營業稅與所得稅稽徵上之各類型租稅行政罰案件，不但應適用營業稅法、所得稅法與稅捐稽徵法中關於租稅行政罰之規定，同時亦應應適用行政罰法之全部規定**。行政罰法係營業稅法等三法中租稅行政罰規定之「**總則**」（其實本法是所有行政法（包括租稅法）中行政罰規定之總則），營業稅法等三法中租稅行政罰之規定，則係「**分則**」；職是之故，欲探究營業稅法等三法所有租稅行政罰規定之內容，並能妥洽適用其規定，非先了解行政罰法之所有條文不可。

本篇就行政罰法如何適用於營業稅與所得稅稽徵上之租稅行政罰，予以論述。論述方式係就行政罰法各條文逐條予以說明解析，營業稅法等三法中屬於行政罰法特定條文之特別規定者，亦同時加以說明；其次再就該條規定如何適用於營業稅與所得稅稽徵上之租稅行政罰，予以解析說明。

為行文之便，**本篇之所有內文中，凡稱「本法」者，均係指「行政罰法」而言**，不再一一指明。

第一章
法　例

壹、行政罰之概念與行政罰法適用範圍

行政罰法第1條：「違反行政法上義務而受罰鍰、沒入或其他種類行政罰之處罰時，適用本法。但其他法律有特別規定者，從其規定。」。此係規定行政罰法之適用範圍，同時亦表明行政罰法之地位。

第2條：「本法所稱其他種類行政罰，指下列裁罰性之不利處分：一、限制或禁止行為之處分：限制或停止營業、吊扣證照、命令停工或停止使用、禁止行駛、禁止出入港口、機場或特定場所、禁止製造、販賣、輸出入、禁止申請或其他限制或禁止為一定行為之處分。二、剝奪或消滅資格、權利之處分：命令歇業、命令解散、撤銷或廢止許

可或登記、吊銷證照、強制拆除或其他剝奪或消滅一定資格或權利之處分。三、影響名譽之處分：公布姓名或名稱、公布照片或其他相類似之處分。四、警告性處分：警告、告誡、記點、記次、講習、輔導教育或其他相類似之處分。」。此係就行政罰法第1條所稱「其他種類行政罰」予以明文例示其範圍。

一、條文說明解析

(一)行政法上義務之涵義：

本法第1條揭示違反**「行政法上義務」**而受行政罰之處罰時，應適用行政罰法；另外行政罰法諸多條文中，均有「違反行政法上義務」或「實施違反行政法上義務之行為」之語，為了解行政罰之涵義，首先要了解「行政法上義務」之涵義。

行政罰法之內容係（行政罰之）「總則」規定，並無個別之義務規定與相關之處罰規定；相對而言，各行政法規方有個別之義務與處罰規定，故其性質屬於行政法義務與行政罰之「分則」規定。因此，**本法各條文所謂「行政法上義務」，均係指「個別行政法規所規定之義務」**；析言之，**即個別行政法規直接規定行為人負有一定之行為或忍受義務，或行政機關依行政法規所為之行政處分規定行為人負有一定之行為或忍受義務**[1]。

個別行政法規所定之義務，其在規範上呈現之方式，約有如下數種：

(1)在法規中以獨立之條文規定義務內容。

(2)在法規中以同一條文規定義務內容與處罰內容。

(3)以經授權之法規命令規定義務內容。此一規定方式即所謂**「空白構成要件」**（Blankettatbestand）之設定，涉及法律授權之問題。

(4)以行政機關依法規作成之行政處分規定義務內容。此一規定方式亦是所謂**「空白構成要件」**之設定，涉及法律授權之問題。

關於「行政法上義務」之規定是**「行為規範」**（Handlungsnorm），而關於「行政罰」之規定是**「制裁規範」**（Sanktionsnorm）。**制裁規範之適用，以行為規範之存在為前提**。在論及行政法上義務時，行為規範應取廣義之概念，上述四種型態之規定均屬行為規範。

(二)行政法概念之解析：

本法第1條揭示違反行政法上義務而受**「行政罰」**之處罰時，應適用行政罰法。何謂行政罰，行政罰法並無定義。由本法之立法說明與本法第2條之立法理由可知，**本法規定之行政罰，不包括下列類型之不利行政處分**：(1)除去違法狀態或違法行為之命令，(2)非因制裁目的對違法授益處分之撤銷，(3)非因制裁目的對合法授益處分之廢止，(4)行政法上之保全措施，(5)行政執行法上之強制方法，(6)預防性之不利處分，(7)

1　蔡震榮、鄭善印，行政罰法逐條釋義，2版，2008年5月，181頁。

違反內部紀律之懲戒（即懲戒罰）。是以綜合考察本法之立法意旨、第1條至第4條條文內容等，可試作**實證法上之定義**如下：**行政罰是在一般行政法法律關係內，為維持行政上之秩序，達成國家行政之目的，對過去違反行政法上義務之人民，於上開七類不利處分以外，以下命或強制之行政處分所科加之非刑名制裁。**由於行政罰之裁處，係為維持行政秩序，故而對違反行政法上義務者所為之制裁，亦稱「**秩序罰**」（Ordnungsstrafe）。所謂「**制裁**」（Sanktion），乃指對違反法規規定之人民，為非難其違法行為，以發揮嚇阻將來再犯之作用，而對其所施加（即宣告並執行）額外之不利益之法律效果[2]。

　　本法規定之行政罰，計分三類，即「罰鍰」、「沒入」與「其他種類行政罰」。關於**罰鍰**，本法並無定義，**其係指對於違反行政法上義務者所施加具有制裁性質之公法上金錢負擔，其本質係「財產罰」**。關於**沒入**，本法亦乏定義，**其係指對於違反行政法上義務者，將其私有財產的物之占有以公權力手段解除，並將所有權及相關權利以公權力手段剝奪，而移轉國家所有，其本質亦係「財產罰」**[3]。惟在學理上，「權利」應亦得為沒入之客體，至於實定法是否將權利亦定為沒入之客體，則屬立法之形成空間。關於沒入之概念，另於下面本篇第四章、肆、一、㈠、1、詳予說明。至於其他種類行政罰，本法第2條已明示其種類及型態，於此不再析述。

　　本法第1條及第2條使用行政罰之形式名稱，基本上是屬於「**目的性概念**」或「**實質性名稱**」，其他法規使用之名稱（形式名稱），雖然和本法第1條及第2條所定者不同，惟如在實質上相同，亦應認為屬於行政罰[4]。例如醫師法第25條之1、會計師法第40條及技師法第40條所規定之「懲戒」，法務部行政罰法諮詢小組第7次會議（96.4.20）結論即謂：「懲戒罰與行政罰之區隔，須從處罰之組織、程序、要件及種類予以實質

2　洪家殷，行政罰法論，2版，2006年11月，10-11頁；以及林錫堯，行政罰法，2005年6月，21頁。
　　　學者對行政罰直接予以定義者，如吳庚：「行政罰乃為維持行政上之秩序，達成國家行政之目的，對違反行政上義務者，所科之制裁」（見吳庚，行政法之理論與實用，10版，2008年2月，479頁）。又陳敏：「行政罰乃在一般行政法法律關係內，對違反行政義務之人民，原則上由行政機關，依法律或自治條例之規定，所科處之非刑名制裁」（見陳敏，行政法總論，5版，2007年10月，697頁）。前者之定義較為寬泛，後者之定義顯然係參酌行政罰法之條文而形成，較為具體。另外，詹振榮則認為應由實證法觀點思考，將本法立法時指明以及現行實證法確認之「不具制裁性質之不利處分」一一排除後，即可抽象的歸納出「制裁罰性之不利處分」之概念（見詹振榮，「裁罰性」不利處分之概念及其範圍界定—兼論菸害防制法第二三條「戒菸教育」之法律性質，台灣本土法學，93期，2007年4月，132-134頁）。本書對行政罰之定義，係參酌陳敏及詹振榮之見解而擬定。
3　參見黃俊杰，行政罰法，2006年3月，21頁；李惠宗，行政罰法之理論與案例，2005年6月，23頁；以及高秀真就法務部行政罰法諮詢小組第6次會議（96.2.13）提出之書面意見。
4　蔡志方，行政罰法適用與運用解說，2006年11月，20頁。另陳清秀指出，觀察大法官會議有關解釋，一項不利之行政處分是否屬於行政處性質，大法官會議解釋是從「功能性」之解釋觀點出發，只要是對於違反行政法上義務所為金錢負擔之制裁，即屬於「罰鍰」之一種，並不以法律條文所表達罰鍰之「文字意義」為準；見陳清秀，行政罰實務問題之研討（上）—以行政罰法為中心，月旦法學雜誌第157期，2008年6月，149頁。

觀察，惟因現行法規中對於專技人員懲戒制度之選擇及設計，故非能以名稱定為「懲戒」，即認為其屬懲戒罰。各主管機關仍應就主管法規相關規定予以檢視，釐清其性質，如係因違反行政法上義務而予制裁者，應屬行政罰；如非違反行政法上義務，而純係因違反內部紀律所為之制裁者，則屬懲戒，而無行政罰法之「適用」。……」。

(三)行政罰之構成要件：

本法規範之行政罰，由其第1條條文觀之，其**構成要件**為「違反行政法上義務」，而**法律效果**為「處以罰鍰、沒入及本法第2條規定之其他種類行政罰」（三者得單獨裁罰，亦得併同裁罰）。**行政罰以「實施違反行政法上義務之行為」為要件，而所謂違反行政法上義務之行為又以有「行政法上義務」之存在為前提**。易言之，必先有「行政法上義務」，始有「違反行政法上義務之行為」可言，亦因而始有施加「行政罰」之可能。因此，倘若「行政法上義務」尚未發生，則尚無「違反行政法上義務之行為」可言。至於**違反行政法上義務之行為，則具有如下三個特徵**：(1)**內在之意志決定**：受人類意志所引導之行為，即有「行為人之內在決意」之行為，始為行政罰中之行為。行為人之內在決意，包括「故意」及「過失」二種型態。(2)**有意志之對外表露括動**：除行為人之決意外，尚須有表現於外之特徵，始構成違反行政法上義務之行為。行為包括「積極行為」（即「作為」）及「消極行為」（即「不作為」）。(3)**法規範之評價**：人類有意志之對外行為，須經法規範基於違反義務導致「法益之侵害或有遭侵害之危險」之評價，認為應予制裁[5]。

行政罰之成立須符合**「一般構成要件」**（亦即**「成立要件」**），一般構成要件包括**「合乎構成要件」**、**「違法」**及**「可受非難」**三者。因而構成違反行政法上義務之行為的成立，應具備如下三者：

1. **「構成要件該當性」**（Tabestabdsmäßigkeit）：行為人之「客觀行為」與「主觀心態」，如與處罰之構成要件所描述之客觀行為情狀與主觀心態完全一致者，則其行為即具有「構成要件該當性」，而其行為成為**「構成要件該當行為」**。析言之，在客觀上，行為人之行為（包括「作為」（Begehung）與「不作為」（Unterlassung）），須符合處罰之構成要件所描述之客觀行為情狀；在主觀上，行為人係出於「故意、過失」而為該行為，方符合處罰之構成要件（此即**「責任要件」**）。

關於處罰之構成要件所描述之客觀行為情狀，均係規定於個別行政法中。

本法第7條規定行政罰以行為出於故意或過失者，方予處罰。惟個別行政法中對責任要件有明文規定者（例如僅以故意為責任要件，或僅以過失為責任要件等），應優先適用。另外，本法第14條及第15條有責任要件之之規定，亦優先適用。

2. **「違法性」**（Rechtswidrigkeit）：係指行為對於法規範具有對立否定之本質。在違法性上，必須論及有無**「阻卻違法事由」**之存在；如欠缺阻卻違法之正當事由，其行

5　林錫堯，註2書，12-13頁；以及洪家殷，註2書，236-238頁。

為即具有「違法性」。

關於阻卻違法事由，本法規定於第11條至第13條。

3.「可非難性」（或「可歸責性」，Vorwerfbarkeit）：在可非難性上，必須論及有無「責任能力」；責任能力係以年齡大小與精神狀態正常與否為準，而劃定其行政罰責任之有無與輕重。另外，亦須論及「不知法規之責任」。

關於可非難性，本法第8條規定責任能力，第9條規定不知法規之責任。

違反行政法上義務之行為成立與否之判斷，有先後順序，其順序是先判斷行為是否具有「構成要件該當性」，次而判斷是否具有「違法性」（通常行為具有構成要件該當性，即推定具有違法性），**之後再判斷是否具有「可非難性」（「可歸責性」）。**

相對於一般構成要件，在個別行政法所規定之不同處罰之構成要件，可稱為**「狹義構成要件」**[6]。

(四)依據本法第1條但書規定，關於違反行政法上義務而受處罰，其他法律有特別規定者，不適用行政罰法之規定。又第1條立法理由說明：「本法之立法目的，乃在於制定共通適用於各類行政罰之統一性、綜合性法典，期使行政罰之解釋與適用有一定之原則與準繩。」。據此，一般認為相對於含有行政罰規定之個別行政法而言，行政罰法係屬**普通法、總則性規定**，以及係屬個別行政法上制裁漏洞之**補充規定**。其次，行政罰法既是各種行政罰之總則性規定，當然屬於**實體法**。另外，本法亦是**程序法**，其第八章（裁處程序）之第33條至第44條規定，即是程序規定，故本法兼具實體法與程序法功能。復次，本法是**「一般行政法」**，而含有個別行政罰規定之行政法則是**「特別行政法」**。在特別行政法中規定者，乃是行政罰之「分則」規定，即個別處罰之「處罰對象」、「特定處罰要件」、「處罰種類、數額或程度」等[7]。

----

6 吳庚，註2書，497頁，509-512頁；蔡震榮等二人，註1書，77-94頁；洪家殷，註2書，15-18頁；以及陳敏，註2書，725頁。關於「狹義構成要件」，吳庚稱為「特別構成要件」（見吳庚，註2書，496頁）。
7 林錫堯，註2書，9頁；蔡志方，註4書，15頁；蔡震榮等二人，註1書，129頁；以及吳庚，註2書，486，487頁。

李震山指出，從行政罰法第1條之立法理由中，吾人不難發現甚多用語，有意將行政罰法視托為具有特殊性質與意涵的「普通法」，例如：「共通適用」、「統一性」、「綜合性」「原則與準繩」、「一般總則性規定」。如果其他法律有別於行政罰法規定，而有破壞行政制裁體系之一致性、原則性，甚至架空行政罰法，是否仍應接受特別法優先適用之理論，或應將行政罰法定位為「基本法」性質，應有探討價值（見李震山，行政罰法之適用範圍，收錄於廖義男編，行政罰法，2007年11月，34-35頁）。又蔡震榮、鄭善印亦認為定位為普通法無法解決現存問題，且行政罰法定義為普通法難與本條所稱之特別法劃清界限等，故應將行政罰法定位為基本法（見蔡震榮等二人，註1書，126-128頁）。

另外，陳新民與蔡志方則認為，行政罰法原則上應作為行政處罰之「準據法」，其他法律若有與本法相牴觸時，應該優先適用行政罰法。林明鏘亦認為行政罰法原則上應該優先適用（轉引自李震山，行政罰法之適用範圍，收錄於廖義男編，行政罰法，2007年11月，35頁）。蔡志方亦認為，行政罰法應該以「準據法」之地位出現（見蔡志方，註4書，175頁）。

總之，目前行政罰法普通法與其他特別法兩者之界限，由於主管機關（法務部）並未明確解釋，仍處於不明之狀態，亦尚有待實務之發展以逐漸釐清。

二、此二法條規定在營業稅與所得稅稽徵上租稅行政罰之適用

(一)本法與營業稅法、所得稅法與稅捐稽徵法之關係：

營業稅與所得稅稽徵上之各類型租稅行政罰案件，優先適用營業稅法、所得稅法與稅捐稽徵法之「分則」規定，其次方適用本法關於「總則性質」、「制裁漏洞補充」與「裁處程序」之規定。營業稅法等三法有關租稅行政罰之分則規定，見諸營業稅法第6章（罰則）之第45條至第53條之1等，所得稅法第5章（獎懲）之第106條至第120條等，以及稅捐稽徵法第6章（罰則）之第43條至第46條、第48條至第48條之3等；其內容於下面本書第三篇第一章至第三章再詳予解析討論。

另外尚須注意者，相對於行政程序法而言，依本法第33條至第44條規定踐行之程序，仍屬行政程序。因此，本法之程序規定屬於行政程序法之特別規定。同時本法之程序規定，亦為行政程序法之補充規定，凡本法明定應適用行政程序法者（如第42條第1款、第43條第3款），固無疑問；凡本法未予規定之事項，諸如公務員之迴避、調查事實與證據、期日與期間、聽證手續、文書送達等，均有行政程序法之適用。故而營業稅與所得稅稽徵上之各類型租稅行政罰案件，亦有行政程序法之適用，自不待言。

(二)營業稅與所得稅稽徵上租稅行政罰之處罰客體：

就營業稅與所得稅稽徵上之租稅行政罰而言，其處罰客體是「違反營業稅法、所得稅法與稅捐稽徵法所明定之義務之行為」。

由於租稅法之性質係行政法，故租稅法中所規定之義務，性質亦屬行政法上義務，其可特稱為「租稅法上義務」，分言之，即「營業稅法上義務」、「所得稅法上義務」、「稅捐稽徵法上義務」等。營業稅與所得稅稽徵上之租稅法上義務，其在規範上呈現之方式，概略析述如下：

1.在法規中以獨立之條文規定義務內容：例如營業稅法第28條：「營業人之總機構及其他固定營業場所，應於開始營業前，分別向主管稽徵機關申請營業登記。……」。本條規定營業人「辦理營業登記」之營業稅法上義務。

2.在法規中以同一條文規定義務內容與處罰內容：例如所得稅法第107條第2項：「納稅義務人未經提出正當理由，拒絕接受繳款書者，稽徵機關除依稅捐稽徵法第十八條規定送達外，並處以一千五百元以下之罰鍰。」。本條前段規定納稅義務人「收受稅單」之所得稅法上義務。

3.以經授權之「法規命令」規定義務內容：例如營業稅法第19條第3項：「營業人因兼營第八條第一項免稅貨物或勞務，或因本法其他規定而有部分不得扣抵情形者，其進項稅額不得扣抵銷項稅額之比例與計算辦法，由財政部定之。」；而兼營營業人未遵照財政部訂定之辦法規定計算可扣抵之進項稅額，致發生虛報進項稅額而漏稅者，依同法第51條第5款規定處罰。是以其處罰構成要件係由財政部依營業稅法第19條第3項授權訂定之法規命令：「兼營營業人稅額計算辦法」填補，而該辦法中所規定之義務，即為

營業稅法上義務。

　　4.**以行政機關依法作成之行政處分規定義務內容**：例如稅捐稽徵法第46條第2項：「納稅義務人經稅捐稽徵機關或財政部賦稅署指定之調查人員通知到達備詢，納稅義務人本人或受委任之合法代理人，如無正當理由而拒不到達備詢者，處新台幣三千元以下罰鍰。」。本條之處罰，以納稅義務人違反備詢義務（即「無正當理由而拒不到達備詢」）為前提。稽徵機關或財政部賦稅署指定之調查人員經依稅捐稽徵法第30條第1項規定作成「要求納稅義務人依指定之時間、地點等備詢」之行政處分，課以納稅義務人之備詢義務，此即為稅捐稽徵法上義務。

　　㈢租稅行政罰之概念暨其與本法上行政罰之關係：

　　1.由「違反行政法上義務」一端觀之，可區分為「**行為違法**」與「**結果違法**」兩類。所謂**行為違法**，係指只要有違反行政法上義務之行為，即完成法定構成要件。所謂**結果違法**，係指除有違反行政法上義務之「行為」外，尚須發生與行為分離之「外在結果」（包括具體之危險結果），始完成法定構成要件。結果違法之類型，必須進一步證明行為與結果之間具有因果關係[8]。

　　租稅行政罰（亦稱「**租稅秩序罰**」）係行政罰之下位概念，**乃指對於違反租稅法上義務之行為，依據租稅法規所施加刑罰以外之制裁**。租稅行政罰既係行政罰之下位概念，則其具有上面㈠所述之行政罰所有特徵，自不待言。因此「違反租稅法上義務」自亦有「**行為違法**」與「**結果違法**」之區分，從而**租稅行政罰可區分為「行為罰」與「漏稅罰」兩類**。稅法為掌握納稅義務人之有關資料，並確實查明課稅事實關係，乃課予納稅義務人或其他人（如扣繳義務人、代徵人等）一系列之「**行為義務**」（包括稅籍登記、帳簿設置登載、發票開立取得及保存、課稅基礎事實申報、接受調查或備詢等義務；但不包括稅捐申報及繳納義務），**在義務人違反此類行為義務之情形，稅法多規定應予處罰。由於此種處罰，並不以發生短漏稅款之結果為要件，因此歸類為「行為罰」**。反之，倘如稅法上負繳納稅捐義務之人（如納稅義務人、扣繳義務人、代徵人等）因故意或過失違反稅法上「**納稅義務**」、「**給付義務**」，或違背行為義務致使稽徵機關不知有關課稅之重要事實，而減少核定應納稅額以致發生短漏稅捐結果，**對於此種租稅法上之違反秩序行為而導致漏稅時所科加之處罰，一般即稱之為「漏稅罰」**。就受處罰主體之性質而言，**行為罰之受處罰主體為「行為犯」**（Tätigkeitsdelikt），即行為人只要單純地實現構成要件所描述之行為，無待任何結果之發生即足以構成既遂之犯行。**漏稅罰之受處罰主體則為「結果犯」**（Erfolgsdelikt），即行為必須發生構成要件所預定之結果（即「漏稅」），始構成既遂之犯行[9]。司法院大法官會議釋字第337號解

8　林錫堯，註2書，29頁。

9　洪家殷，租稅秩序罰上之行為罰與漏稅罰，財稅研究34卷6期，2002年11月，45-46頁；以及陳清秀，稅法總論，4版，2006年10月，639頁。陳清秀之定義中，受罰人均指「納稅義務人」。惟在行為罰方面，負租稅法上行為義務之人不限於納稅義務人，尚包括納稅義務人以外之第三人；在漏稅罰方面，負租稅

釋對於租稅法上行為罰與漏稅罰之區分，即有詳細之闡明（解釋文及解釋理由書見前面本書第一篇第二章、貳、二、㈠）。

　　2.營業稅與所得稅稽徵上之各類型租稅行政罰，屬於行政罰之一類，自有本法之適用。本法規範之範圍為行政罰，而依本法第1條立法理由之說明，行政罰並不包括行政法上之刑事罰、懲戒罰與執行罰等在內；從而本法之適用範圍自，亦不包括營業稅與所得稅稽徵上刑事罰、懲戒罰與執行罰等在內。

　　營業稅與所得稅稽徵上各類型租稅行政罰之成立，須符合「一般構成要件」，自屬當然。至於規定於營業稅法、所得稅法與稅捐稽徵法規定處罰之**「特定違序行為」**，則屬於**「狹義構成要件」**。

　　㈣**營業稅法、所得稅法與稅捐稽徵法規定之租稅行政罰種類：**

　　關於如何辨明一項行政處分是否為行政罰，大抵有下列兩項原則可循：⑴在法規形式上規定於「罰則」章節者，大抵應視為行政罰，蓋制定法規者原本有此意思，在本法實施後，此類條文即是典型之行政罰規範之分則。⑵在「罰則」章節以外之規定，則以有無裁罰性為準。惟此二原則非無例外[10]。所謂裁罰性，如前所述，係指造成當事人財產上之不利，或造成當事人權利、資格之限制或剝奪，或科予告誡性、強制教示性處分等。

　　據此觀察營業稅法第6章（罰則）之第45條至第53條之1等，所得稅法第5章（獎懲，「懲」之規定部分即為罰則）之第106條至第120條等，以及稅捐稽徵法第6章（罰則）之第44條至第46條、第48條至第48條之3等，其使用之名稱（形式名稱）計有「罰鍰」、「停止營業」、「滯報金」、「怠報金」、「滯納金」、「議處」、「懲處」、「公告姓名或名稱」與「停止獎勵」等，惟其性質是否均屬行政罰，茲辨明如下：

　　1.**罰鍰、停止營業、公告姓名或名稱與停止獎勵屬於租稅行政罰。**

　　罰鍰即行政罰法第1條規定之罰鍰，有屬於租稅行政罰中之「行為罰」者，有屬於租稅行政罰中之「漏稅罰」者。

　　停止營業屬於行政罰法第2條第1款規定之「禁止行為之處分」。

　　公告姓名或名稱指公告欠稅人或逃漏稅捐人之姓名或名稱與內容，屬於本法第2條第3款規定之「影響名譽之處分」。

　　停止獎勵指停止其所得稅減免等之優惠，屬於本法第2條第2款規定之「消滅權利之處分」。

　　2.**滯報金與怠報金二者**，司法實務上認為屬於行政罰（租稅行政罰中之行為

　　法上繳納稅款之人亦不僅納稅義務人而已。

10 吳庚，註2書，494頁。惟陳敏則認為應就有關規定之精神認定之，而不以其形式上是否分布於法規之罰則章節為斷；參見陳敏，註2書，701頁。

罰），而**學者則認為非屬行政罰**；在租稅行政實務上，以前亦認爲屬於行政罰，**惟目前財政部已變更其見解，認為非屬行政罰**[11]。

　　3.**滯納金之性質，應非屬租稅行政罰**。法務部95.3.8法律字第950700170號函釋示：「經本部召開行政罰法諮詢小組第3次會議研商獲致結論略以：㈠應視各法律之立法原意而定。多數委員認為滯納金不是現行行政罰法上之行政罰。……」。財政部隨後亦表示滯納金似非屬行政罰性質[12]。

　　4.所得稅法中：⑴第111條規定：政府機關、公立學校或公營事業未填報、填發免扣繳憑單者，稽徵機關應通知其主管機關議處機關、學校之責應扣繳單位主管或事業之負責人。⑵第118條規定：會計師、其他合法代理人違反所得稅法規定時，由該管稽徵機關移送財政部依法懲處（應附帶指出者，所得稅法對會計師、其他合法代理人應履行何種義務，其實並無任何明文）。⑶第119條第1項及第4項規定：稽徵機關人員、政府機關人員違反所得資料等保密規定時，由其主管長官予以懲處、議處。

　　上開「議處」或「懲處」，雖並非均由稽徵機關直接作成之處罰，惟其係源於違反所得稅法有關規定，而所得稅法已課以其主管機關或主管長官應予議處或懲處之義務，且會對受議處者或受懲處者發生不利之效果，並具有裁罰性，**亦應認為係屬行政罰之一種**[13]。蓋如上面一、㈡所述，法規使用之名稱（形式名稱），雖然和本法第1條及第2條所定者不同，惟如在實質上與行政罰相同，亦應認為屬於行政罰。上開「議處」或「懲處」正是法務部行政罰法諮詢小組第7次會議（96.4.20）結論所謂之「係因違反行政法上義務而予制裁者，應屬行政罰」（參見法務部96.6.22法律字第960700463號

----

11 大法官會議釋字第356號解釋（83.7.8）認為：加值型及非加值型營業稅法第49條規定之滯報金及怠報金，乃是行為罰（屬租稅行政罰之一種）；又釋字第616號解釋（95.9.15）亦認為：依所得稅法第108條及第108條之1規定加徵之滯報金，係對納稅義務人違反作為義務所為之制裁，乃罰鍰之一種。
　　惟陳敏、葛克昌與陳清秀等則認為滯報金及怠報金，乃是租稅之附帶給付，並非租稅行政罰（分別見陳敏，註2書，728頁；陳清秀，註9書，433-434頁；以及葛克昌，行政程序與納稅人基本權，2002年10月，213-216頁）。
　　另外，財政部78.9.1台財稅第780231335號函曾釋示：滯報金及怠報金為行政罰。惟96年版之稅捐稽徵法令彙編則已予免列（亦即不再適用），其免列理由為：行政罰法施行（見該彙編，2007年11月，533頁）。
12 財政部78.9.1台財稅第780231335號函曾釋示：滯納金為行政罰。惟96年版之稅捐稽徵法令彙編則已予免列（亦即不再適用），其免列理由為：行政罰法施行後，依法務部諮詢小組決議，滯納金似非屬行政罰性質（見該彙編，2007年11月，533頁）。
13 洪家殷認為所得稅法第111條所規定之「議處」，性質係屬行政罰（見洪家殷，行政罰法之施行對租稅法規之影響，財稅研究，38卷1期，2006年1月，15頁）。又依據所得稅法第118條規定對會計師之懲處，係由會計師懲戒委員會及會計師懲戒覆審委員會為之，而二會隸屬於行政機關（參見會計師法第67條），其所為懲戒性質仍為行政機關所為之行政處分（見行政訴訟法逐條釋義（盛子龍撰第2條釋義），翁岳生主編，2002年11月，50-51頁），是以其性質係屬行政罰。綜而論之，所得稅法第111條、第118條至第120條所規定之「懲處」或「議處」，性質均屬於行政罰，應無疑義。又娛樂稅法第13條亦有稽徵機關通知主管機關「懲處」機關、團體、公營機構或學校之負責人之規定，其性質亦應相同。

函）。

　　5.所得稅法第120條規定稽徵人員違反同法第68條、第78條、第86條或第103條之規定者，應予以懲處。本條規定之**「懲處」**，其性質是否行政罰，論者未有論及，亦乏實務見解。依本書之見解，似不可一概而論。

　　按所得稅法第68條係規定「稽徵機關之核定暫繳稅款」，第78條係規定「稽徵機關應催促辦理結算申報」，第86條係規定「稽徵機關調閱相對人帳簿文據之期限」，第103條規定內容有二，一是「稽徵機關之核發檢舉獎金及應爲舉發人保守秘密」，一是「不得核發檢舉獎金予公務員」。應注意者，此四條文之規範對象均係「稽徵機關」，並非稽徵人員。是則同法第120條所定「稽徵人員」違反上開四法條之規定，其意涵應解爲係「稽徵人員基於稽徵機關之屬員（公務員）身分執行職務時，因故意或疏忽，致未執行或履行上開四法條規定之任務或義務」。

　　由於稽徵人員違反上開四法條之規定，除未爲舉發人保守秘密部分外，均係基於職務上身分而發生，其應負責之對象係稽徵機關，故而稽徵機關之主管長官得處以公務員管理法規（如公務員懲戒法等）規定之懲罰。因此，**其懲處之性質，應解爲係「懲戒罰」，而非本法上之行政罰**。

　　至於稽徵人員基於稽徵機關之屬員（公務員）身分執行職務時，因故意或疏忽，致有**「未爲舉發人保守秘密」之行爲**，其應負責之對象包括稽徵機關與舉發人二者；是則依據所得稅法第120條規定**對稽徵人員之懲處**，應如同同法第119條規定稽徵機關人員、政府機關人員之未履行保密義務之懲處、議處然，**宜解爲其性質係屬行政罰**。

　　6.關於部分罰則中同時要求相對人「限期補辦」、「改正」、「限期設置帳簿」及「限期記載帳簿」等，雖亦使相對人負有在期限內補辦等之義務，固屬不利處分，惟其目的係要求履行其原來應盡之義務或除去違法之狀態，目的不在處罰，故其性質並非行政罰。至於不補辦、不改正、不補載等，法規有「再予處罰」、「連續處罰」之規定者，其性質如何，論者有認爲行政執行法修正前對公法金錢債權以及怠金之強制執行，全無規定，因此，對於不行爲義務以及不能代履行之行爲義務之不履行，並無有效之強制執行方法，遂有甚多法律對違反義務行爲採取「連續違反連續處罰」之規範方式，此種行政罰在性質上具有濃厚之「執行罰」色彩，至爲明顯[14]。惟法務部則認爲法規有「再予處罰」、「連續處罰」之規定者，再予處罰、連續處罰亦係對於違反過去義務之處罰，其性質即屬行政罰（見95.6.20法律字第950012743號函）。

---

14 關於「連續處罰」之性質，目前法務部雖認爲係屬行政罰；惟洪家殷、劉宜人則持否定見解（見洪家殷，註13文，14頁；以及劉宜人，淺論租稅秩序罰之充實與整備，財稅研究，41卷3期，2009年5月，196頁）。劉宜人認爲係屬執行罰，並在該文同頁之註33說明：行政法院向採執行罰之見解，如78年判第444號、80年判第1142號、84年判第840號、84年判第1618號等判決。惟應注意者，行政罰法施行後，行政法院之見解是否變更，似不明朗。

貳、行為人之範圍、行政法上義務之涵義與行為之概念

　　行政罰法第3條：「本法所稱行為人，係指實施違反行政法上義務行為之自然人、法人、設有代表人或管理人之非法人團體、中央或地方機關或其他組織。」。此係定義本法所規範的主體之範圍，即構成行政罰裁罰原因及應受處罰的「行為人」之範圍。

一、條文說明解析

㈠行為人之範圍：

　　一般法規對於行為人，分成「事實上之行為人」和「法律上之行為人」。本法對於行為人之概念，由「**責任歸屬原則**」出發，在本條係以「**法律上之行為人**」而作為「**行為人**」的統一概念。至於「**事實上之行為人**」，行政罰法則使用「**為他人的利益而實施……行為的人**」，或者直接使用該事實上行為人之職稱來描述，例如董事、有代表權之人、職員、受僱人或從業人員（參見本法第7條、第15條等）。行為人應負違反行政法上義務之責任，即應負「**行政法上責任**」。行政法上責任分為：⑴「**行為責任**」（Verhaltenshaftung）指依對自己或他人之行為而負責，故又有「**自己責任**」（Verhaltsschuld，即自己有違反行政義務之行為即須承擔之責任）與「**代位責任**」（行為人雖非本人，因法規之規定本人仍須承擔之責任）之分。⑵「**狀態責任**」（Zustandsverantwortung），係指人民依法規規定，對某種狀態之維持，負有義務，因違背此種義務，故須受行政罰之處罰。狀態責任因此是一種「結果責任」。狀態責任往往具有「**屬物之性質**」，如此情形之狀態責任可稱為「**對物處罰之責任**」，即因物本身之瑕疵，以致構成違反行政法上義務，而須由主管機關對物施以某種實力者（例如拆除違建、撲殺病豬等），物之所有人因之而有此類責任；並且物之所有權移轉時，受讓人亦須繼受存在於該物之行政責任[15]。

　　依本條規定，本法所規範之主體，其範圍可大別為「**自然人**」與「**組織**」二類。組織包括：⑴法人（如公司、合作社、其他社團法人、財團法人等），⑵（設有代表人或管理人之）非法人團體，⑶中央或地方政府機關，⑷其他組織，包括個別行政法規定之「事業」、「機構」、「公私場所」，以及行政罰法第17條規定之「其他公法組織」等。

　　關於非法人團體、其他組織之概念，以及代表人或管理人之認定等，於下面本篇第三章、貳、一、㈦、1、及2、再予說明，此處略之。

　　本條規定之行為人，係由「**實施……行為**」一面而界定。本條所稱「**違反行政法上義務之行為**」，係指實現法定構成要件，應裁處行政罰之違法及可非難之行為。由於行

---

15 蔡志方，註4書，29頁；李惠宗，註3書，71-77頁；以及林明鏘，論行政罰之處罰對象，收錄於廖義男編，行政罰法，2007年11月，153頁。

政罰之裁處，乃為維持行政秩序，而受處罰之人係因其行為「違反行政秩序」之故。因此，「違反行政法上義務之行為」可稱為**「違反秩序行為」**（Ordnungswidrigkeit，簡稱**「違序行為」**）。從而**「違反行政法上義務行為之人」**，實可稱之為**「違反秩序之人」**，或簡稱為**「違序人」**，更能名符其實。因違序行為而遭行政罰處罰之人，即「受處罰之人」則可稱為**「受罰人」**。為行文之便，本篇以下文中視情況或逕行稱為「違序行為」、「違序人」、「受罰人」。

　　為論述探討之便，在此參考刑法上「×××罪」之取名方式，對於各個特定型態之違序行為，均賦予一個定名，例如「××××**違序**」，以簡潔顯示該「違反秩序」（可簡化為**「違序」**）之「行為內容與特徵」。以租稅法所規定之違序行為為例，如：

　　1.營業稅法第45條所定「營業人未申請營業登記而營業」此一行為之「違序秩序」，可稱為**「擅自營業違序」**；易言之，營業人未申請營業登記而營業者，構成擅自營業違序。

　　2.所得稅法第110條所定「納稅義務人申報時漏報短報所得額或未申報所得額而致漏繳短繳所得稅」此一行為之「違反秩序」，可稱為「漏報短報、未申報所得額違序」；易言之，納稅義務人申報時漏報短報所得額，或未申報所得額，致漏繳短繳所得稅者，構成漏報短報、未申報所得額違序。

　　3.稅捐稽徵法第46條第2項所定「納稅義務人未依通知到達備詢」此一行為之「違反秩序」，可稱為**「拒絕備詢違序」**；易言之，納稅義務人未依通知到達備詢者，構成拒絕備詢違序。

　　附帶說明，行政罰係對於行為人過去違序行為所施加之裁罰性不利處分，因其具有「裁罰性」，**故行政罰可認係屬專屬義務人本身之義務**（參見法務部96.5.9法律字第960010498號函）。因此，**除法律另有特別規定者外，行政罰（尤其是罰鍰）不得為繼承之對象**。故義務人死亡後，尚未裁罰者，不得再行裁罰；已經裁罰而尚未確定者，應予註銷，不得強制執行；已經執行者（例如查封登記處分），應予撤銷執行。最高行政法院90年12月份第2次庭長法官聯席會議決議（90.12.7）即明示斯旨：「行政罰鍰係國家為確保行政法秩序之維持，對於違規之行為人所施之財產上制裁，而違規行為之行政法上責任，性質上不得作為繼承之對象。如違規行為人於罰鍰處分之行政訴訟程序中死亡者，其當事人能力即行喪失。尚未確定之罰鍰處分，對該違規行為人也喪失繼續存在之意義而失效。……」。

　　惟義務人死亡時，行政罰已確定者，依照行政執行法第15條規定：「義務人死亡遺有財產者，行政執行處得逕對其遺產強制執行。」。司法院大法官會議釋字第621號解釋（95.12.22）亦明示：「行政執行法第十五條規定：「義務人死亡遺有財產者，行政執行處得逕對其遺產強制執行」，係就負有公法上金錢給付義務之人死亡後，行政執行處應如何強制執行，所為之特別規定。罰鍰乃公法上金錢給付義務之一種，罰鍰之處

分作成而具執行力後，義務人死亡並遺有財產者，依上開行政執行法第十五條規定意旨，該基於罰鍰處分所發生之公法上金錢給付義務，得為強制執行，其執行標的限於義務人之遺產。」。

(二)行為之概念：

本條中之「**實施違反行政法上義務之行為**」，係明示行政罰成立的要件之一：「**行為具有違法性**」。因此「行為」之概念為何，應先予探明。由於本法對行為並無定義性之明文，因此，須從學理見解推論其概念之內容。

1.所謂行為（Handlung），**乃指出於意思所主宰支配，而形諸於客觀可見之人類「行止」**（menschliches Verhalten，行即「行動」，止即「靜止」），**此種行動或靜止，會引致外界發生具有行政罰規範重要性之後果**。行為之內在要素，包括意思決定與意思活動。行為之外在要素包括客觀可見之身體行動或靜止，以及此種行止對於外界所發生之具有行政罰規範重要性之後果。**行為形態可分為**（以「行」為要素之）「**作為**」（Begehung）與（以「止」為要素之）「**不作為**」（Unterlassung）。行為人在意思主宰支配下，積極地有所動作，即構成「作為」之行為形態。反之，行為人在意思主宰支配下，消極地不做任何動作，即形成「不作為」之行為形態。就行政罰之行為概念而論，作為乃指在人類之意思主宰支配下，針對特定目的，運用身體體力而形成之行動，以違反義務，而致法益受到侵害或有遭侵害之危險。不作為則指在人類之意思支配下，針對特定目的，不運用身體體力而呈現身體靜止，以違反義務，而致法益受到侵害或有遭侵害之危險。故「**作為**」稱為「**積極行為**」，而「**不作為**」稱為「**消極行為**」。作為並非單純地「動作」，而是唯有法規禁止不得為之行為，始屬作為。相對言之，不作為亦非單純地「完全靜止、無動作等」，而是唯有不為法規規定應為之行為，始有不作為可言[16]。

本條中之「**實施違反……行為**」，包括違序之「積極行為」（即依法有不作為或容忍之義務而竟作為）與**違序之「消極行為」**（即依法有作為之義務而竟不作為）。積極行為之違序人可稱為「**作為違序人**」，消極行為之違序人可稱為「**不作為違序人**」，而二者均屬於「**違序人**」。

2.就行為之不同階段而言，違序行為發生結果者為「**行為既遂**」，已實施違序行為而未生結果者為「**行為未遂**」。本法並無處罰未遂行為之規定，而個別行政法規亦鮮有處罰未遂行為之規定。行政法上違序行為之階段性並不明顯，如何認定行為已達「既遂」階段，似尚無學理上之理論可據。在實務上，我國（最高）行政法院之判例（判決）建立「**重要行為階段理論**」與「**一個整體行為理論**」，用以合理界定既遂之階段。茲摘引如下：

(1)46年判第54號判例：「船舶飛機服務人員禁帶金銀外幣出境，並無免罰規定。如

---

16 參見林山田，刑法總論（上冊），10版，2008年1月，195-196，199-200頁。

已著手實施攜帶出境，而達於重要階段之行為，即得予以沒收之處分。」。

(2)55年判第12號判例：「藉口製造成品外銷，……其報運原料進口及偽報成品出口，以至申請沖銷進口原料稅捐之記帳，均屬逃避原料進口稅捐之一個整體不法行為，故雖僅有偽報出口行為，而尚未據以申請沖銷原料進口記帳稅捐，亦即應依海關緝私條例第二十二條第四款之規定處罰。」。

(3)70年判第48號判決：「將偽報成品出口（包括虛報所運貨物品質在內）認係一個整體行為中之一個階段法理，斷不因修正後之海關緝私條例第三十七條第四項有更詳盡具體之規定而有所變更。原告謂其尚未著手申請退稅，不應依該條項之規定處罰云云，殊屬誤解。」[17]。

二、本條規定在營業稅與所得稅稽徵上租稅行政罰之適用

㈠就營業稅與所得稅稽徵上之租稅行政罰而言，**其受罰主體自然是營業稅法、所得稅法與稅捐稽徵法有關條文所明定之「違序人」**，亦即實施違反營業稅法等三法所定義務之自然人、法人、設有代表人或管理人之非法人團體、中央或地方機關或其他組織。

在營業稅法等三法中，違序人之身分有「納稅義務人」、「扣繳義務人」、「營業人」、「營利事業」、「信託之受託人」、「執行業務者」、「私立學校」、「破產財團」等。以下概略說明其在營業稅與所得稅稽徵上之租稅行政罰案件中，屬於本法第3條規定之何類違序人。

1.**「自然人」類之違序人**，有如下所述之個人：

(1)營業稅法上（納稅義務人中之）進口貨物之收貨人或持有人為個人（參見營業稅法第3條第2款），而有違序行為者。

(2)所得稅法上之綜合所得稅納稅義務人，而有違序行為者。

(3)執行業務者、營利事業之負責人、破產管理人或機關團體學校之責應扣繳單位主管，其依所得稅法規定係所得稅扣繳義務人，而有違序行為者。

(4)營業代理人與給付人為個人，其依所得稅法規定係所得稅扣繳義務人，而有違序行為者。

(5)稽徵機關為辦理營業稅或所得稅案件，依稅捐稽徵法規定通知提示文件或備詢之個人，有違序行為者。

(6)會計師、其他合法代理人（如律師、記帳士、記帳及報稅代理業務人等）為納稅義務人代辦稅務事項，有違序行為者。

---

17 吳庚，註2書，506-507頁；以及李惠宗，註3書，82頁。另外，李惠宗在同頁並指出：行政法上違序行為如果以發生損害結果為要件，則沒有不承認未遂行為之理。又陳敏認為：結果犯方有行為既遂或未遂之問題，行為犯則無此問題（見陳敏，註2書，728頁）；惟按之實際，似不盡然。

(7)稽徵機關人員、政府機關人員有違反所得資料等保密規定之行為者。

2.**「法人」類之違序人**，有如下所述之社團法人與財團法人：

(1)營業稅法上之納稅義務人，其組織型態為公司、合作社或營利社團法人，而有違序行為者。

(2)營業稅法上之納稅義務人，其組織型態為已辦理財團法人登記之團體，而有違序行為者。

(3)所得稅法上之營利事業所得稅納稅義務人，其組織型態為公司、合作社或營利社團法人，而有違序行為者。

(4)所得稅法上之營利事業所得稅納稅義務人，其組織型態為已辦理財團法人登記之私立教育、文化、公益、慈善團體，而有違序行為者。

(5)營利事業組織型態為公司、合作社或營利社團法人，依所得稅法或其他法律規定係所得稅扣繳義務人，有違序行為者。

(6)營業代理人與給付人為公司、合作社或營利社團法人，依所得稅法規定係所得稅扣繳義務人，而有違序行為者。

(7)稽徵機關為辦理營業稅或所得稅案件，依稅捐稽徵法規定通知提示文件或備詢之法人，有違序行為者。

3.**「非法人團體」類之違序人**，有如下所述之各類型非法人團體：

(1)營業稅法上之納稅義務人，其組織型態為獨資、合夥，而有違序行為者（惟目前稽徵機關與行政法院之實務上，對於獨資型態之營業人，係以出資之資本主為處罰對象）。

(2)營業稅法上之納稅義務人，其組織型態為未辦理財團法人登記之團體，而有違序行為者。

(3)所得稅法上之營利事業所得稅納稅義務人，其組織型態為獨資、合夥，而有違序行為者（惟目前稽徵機關與行政法院之實務上，對於獨資型態之營利事業，係以出資之資本主為處罰對象）。

(4)所得稅法上之營利事業所得稅納稅義務人，其組織型態為未辦理財團法人登記之私立教育、文化、公益、慈善團體，而有違序行為者。

(5)稽徵機關為辦理營業稅或所得稅案件，依稅捐稽徵法規定通知提示文件或備詢之非法人團體，有違序行為者。

4.**「中央或地方機關」類之違序人**，有如下所述之政府機關：

(1)營業稅法上（納稅義務人中之）非以營利為目的而有銷售貨物或勞務之機關，而有違序行為者。

(2)稽徵機關為辦理營業稅或所得稅案件，依稅捐稽徵法規定通知提示文件或備詢之政府機關，有違序行為者。

5.**「其他組織」類之違序人**，似僅有營業稅法（納稅義務人中之）非以營利為目

的而有銷售貨物或勞務之（事業、機關、團體以外之）組織（參見營業稅法第6條第2款），而有違序行爲者。

㈡**營業稅與所得稅稽徵上之違序行為，包括「積極行為」，也包括「消極行為」在內**。惟營業稅與所得稅稽徵上之違序行爲，大部分屬於消極行爲，例如：「應申請營業登記而未申請」（參見營業稅法第28條及第45條）；「應依限填報所得扣繳資料而逾限申報」（參見所得稅法第92條及第114條）；「應依稽徵機關通知提示文件而拒不提示」（參見稅捐稽徵法第30條及第46條）等。

營業稅法、所得稅法與稅捐稽徵法所規定應裁處行政罰之違序行爲，其違序行爲型態不一，一般而言多未明定專名，以顯示其行爲之違反秩序特徵。爲論述探討之便，對於各個特定型態之違序行爲，可賦予一個定名，以顯示其行爲之違反秩序特徵。上面一、㈠已有舉例說明，如**「擅自營業違序」**、**「轉用統一發票違序」**、**「漏報短報、未申報所得額違序」**、**「未扣繳所得稅違序」**、**「拒絕備詢違序」**等等，不贅。

㈢營業稅法等三法並無處罰「未遂」之違序行爲之規定；因此，營業稅與所得稅稽徵上之租稅行政罰，自係僅處罰「既遂」之違序行爲。

如上面本章、壹、二、㈢所述，租稅行政罰有「行爲罰」與「漏稅罰」之分，前者係對違反行爲義務（不包括納稅義務）之處罰，後者係對違反納稅義務之處罰。營業稅與所得稅稽徵上之違序行爲，由於租稅行政罰之特性，其「行爲既遂」之界定，上面一、㈡、2、所述之**「重要行為階段理論」**與**「一個整體行為理論」**，應如何應用於租稅行政罰上，尚須進一步探討。

在行爲罰方面，營業稅法等三法所定**「作為義務」**之履行，通常均有時限，時限或爲法規條文所明定（如營業稅法第18條規定：營業人應於「開業前」申請營業登記，又如所得稅法第92條第1項規定：扣繳義務人應於「每年一月底前」填報扣繳憑單），或係稽徵機關之行政處分或意思通知所指定（如所得稅法第83條第2項規定：納稅義務人應依「稽徵機關規定時間」提示帳簿文據，又如稅捐稽徵法第30條第1項規定：稽徵機關得通知個人備詢，稽徵機關自須指定「到達時限」）。因此，**行為人違反作為義務者，自可以「應履行時限終了而未履行」之時點，為其違序行為之「既遂時點」**。至於營業稅法等三法所定**「不作為義務」**，並無履行之問題（蓋不作爲即是履行），是以**行為人違反不作為義務者，自可以「實施作為完成」之時點，為其違序行為之「既遂時點」**。

在漏稅罰方面，營業稅法與所得稅法所定納稅義務之履行（稅捐稽徵法並無有關納稅義務履行之規定），因營業稅與所得稅係採納稅義務人**「自動報繳」**制度（參見營業稅法第35條、所得稅法第71條等。惟營業稅另有「查定課稅」制度，適用於一小部分之營業人，不在此論之列），而稽徵機關審查後如發現有漏報、短報稅捐，則再予補徵稅款（參見營業稅法第43條、所得稅法第100條第1項等），其情形較爲複雜。因此，納稅義務人如有漏稅事實，其漏稅行爲之既遂時點，可能有下列數種：⑴納稅義務人實際

自動報繳之時點，⑵法定自動報繳期間屆滿之時點，⑶稽徵機關內部核定補徵稅款之時點，⑷補稅繳納通知書寄達納稅義務人之時點，⑸補稅繳納通知書所記載之補繳期間屆滿之時點。參照上述「重要行為階段理論」與「一個整體行為理論」，**行為人不履行納稅義務者，自以⑵之「法定自動報繳期間屆滿之時點」為漏稅行為之既遂時點，較為妥適**。蓋自動報繳制度係納稅義務人應依法定期限履行繳納義務，故如在該時點履行繳納義務時有漏報、短報稅捐之事實，自係在該時點之「違反納稅義行為」實現「漏稅處罰規定之構成要件」。以⑵之時點為漏稅行為之既遂時點，可兼顧納稅義務人與稽徵機關雙方之利益，較為公平。至於⑴及⑶之時點，時點過早，極不利於納稅義務人而極有利於稽徵機關；而⑷及⑸之時點，則時點過遲，極不利於稽徵機關而極有利於納稅義務人，均有欠妥適[18]。

（四）附帶說明，財政部92.9.23台財稅第920456111號函釋示，依法務部92.8.27法律字第920030676號函見解，「納稅義務人違反稅法規定，於裁處罰鍰確定後死亡者，稅捐稽徵機關不就繼承人之固有財產移送執行，惟仍依行政執行法第十五條規定，就其遺產移送執行。」。又上面一、㈠末段引述之法務部96.5.9法律字第960010498函、大法官會議釋字第621號解釋亦均同此見解。凡此見解，均適用於營業稅法等三法之租稅行政罰案件，自屬當然。

參、處罰法定原則之內涵

行政罰法第4條：「違反行政法上義務之處罰，以行為時之法律或自治條例有明文規定者為限。」。此係揭示「處罰法定原則」（Gesetzlichkeitsprinzip）。

一、條文說明解析：

（一）關於處罰法定原則之內涵，應涵蓋下列**次原則**：行政罰不得溯及既往，不適用類推解釋，尤其禁止擴張解釋，基本上不允許空白處罰條款、也不允許對尚未出現之違法行為採預防措施[19]。

（二）**行為時之認定**：

本條規定以違反行政法上義務之**「行為時」**（即「違序行為時」）之法規，作為行政罰裁處之判斷基準，行為時之法規不處罰者（不論行為後之法規處罰與否），即不生本法有關規定之適用問題。

違序之「行為時」如何認定，應以「行為」之概念為基礎。有關違反行政法上義務之「行為」之概念，已於上面本章、貳、一、㈡中予以闡明。關於違反行政法上義務之「行為時」之認定，本法並未規定。承前述本法第3條之違序行為之概念，學理上認

---

18 參見洪家殷，註9文，48-49頁。

19 吳庚，註2書，488頁。

為「違序行為時」係指行為人「依法應作為而不作為之時，或依法不應作為而作為之時」，而非結果發生之時。又行為時只問行為人之作為或不作為，而不問其結果何時發生；蓋結果何時發生，經常並非行為人所能影響。職是之故，倘如行為人依法規規定不應作為而作為，或應依法規規定作為而不作為，該違序行為係在處罰法規生效之前已存在一段時間，而在處罰法規生效之後始發生「結果」者，則不得加以處罰。

此外，**繼續性違序行為**（其涵義詳見下面本篇第五章、壹、一、㈠、2、⑵、B、所述）之行為時，其認定以「行為終了時」為準，而不論行為終了時法規所定之處罰係較輕或較重，均應適用行為終了時之法規[20]。法務部96.3.6法律字第960700156號函釋示：「……如行為人同一個持續違反行政法上義務正在進行中，尚未終了，法規之處罰規定變更，因同一違反行政法上義務行為尚未完成，仍屬行為時，應以違反行政法上義務行為終了時之法律規定為準，據以裁罰。……」。

本條規定裁處行政罰之判斷基準以「行為時」為準，故排除「計畫行為」與「準備行為」之處罰。其次，本法對於「未遂行為」、「預備行為」與「中止行為」均無處罰規定。是以除非其他法規對上開行為有處罰之明文（參見行政罰法第1條但書），否則即不應處罰[21]。

㈢法律與自治條例之範圍：

1.本條所稱法律，不限於經立法院通過，總統公布之「法律」（參見憲法第170條及中央法規標準法第4條）；解釋上，**法律之範圍尚包含經法律就處罰之「構成要件」或「法律效果」為具體明確授權訂定之「法規命令」**。此係採納大法官會議釋字第313、349及402號等解釋之見解（見本條立法理由之說明三）。惟法規命令本身須將具體、可以預見之處罰規定直接明文規定，而「**禁止再授權**」，亦即不得再授權下一級行政機關制定處罰之構成要件或處罰效果（參見大法官會議釋字第524號解釋）。倘如法律僅「**概括授權**」時，其授權內容固應就該項法律整體所表現之關聯意義為判斷，而非拘泥於特定法條之文字；惟依此種概括授權所訂定之命令祇能就執行母法有關之細節性及技術性事項加以規定，尚不得超越法律授權之外，逕行訂定制裁性之條款（參見大法官會議釋字第367、394號解釋）[22]。因此，**法律「概括授權」之施行細則（或其他名稱之法規命令），即不得有行政罰之規定**。

2.由於或係基於立法技術之簡約考量，或係因所規制之內容涉及高度專業性、技術性等，並須隨時因應社會環境、科技水準等發展而變更，行政罰之構成要件以「**空**

20　林錫堯，註2書，32-33頁；以及陳清秀，處罰法定主義，收錄於廖義男編，行政罰法，2007年11月，51頁。林錫堯係舉德國違反秩序罰法第6條關於行為時之認定之規定為依據，因我國行政罰法係參考該法而制定之故。

21　蔡志方，註4書，33頁；以及洪家殷，註2書，256-261頁就此有詳細說明。

22　參見李惠宗，註3書，39-40頁；洪家殷，行政秩序罰上空白構成要件之探討，載於法治斌教授紀念論文集「法治與現代行政法學」，2004年5月，625，642頁；以及陳清秀，註20文，55頁。

白構成要件」（Blankettatbestand）之方式存在，亦不悖於處罰法定原則。所謂空白構成要件，係指法律對於違序行為之處罰，將構成要件及處罰分開，法律僅規定如何處罰，並未具體規定應受處罰之行為，而將此以指示之方式，授權由「其他法律」、「法規命令」或「行政處分」予以補充。易言之，即藉由在其他法規中被實現之構成要件，而滿足處罰之規定。有關處罰之規定，即為**「制裁規範」**。有關須被實現之構成要件之法規，稱為**「實現規範」**（或稱**「補充規範」**，Ausfüllungsnorm）；而在實現規範中，對於違序人應受何種法規而處罰之規定，則可稱為**「溯及指示條款」**（Rükverweisungsklausel）。另外，法律中尚有一種**「非真正之空白構成要件」**，即在處罰規定中，指示以同一法規所規定之某一條文為構成要件。相對言之，一般所稱之空白構成要件，應稱為**「真正之空白構成要件」**。真正之空白構成要件之設定，形成**「外部指示」**（Außenverweisung），非真正之空白構成要件之設定，則形成**「結合指示」**（Binnenverweisung）。按之實際，非真正之空白構成要件之訂定，在法律中更為常見[23]。惟由行政機關之「解釋函令」補充之空白構成要件，因行為人對之實無認識之可能，則即與法律保留原則有違，應不予容許。

　　法律中之**「空白構成要件」**規定之例，如關稅法第84條第1項規定：「報關業者之變更登記、證照之申請、換發、辦理報關業務或其他應遵行事項，違反依第二十二條第三項所定之辦法者，海關得予以警告並限期改正或處新臺幣六千元以上三萬元以下罰鍰；……。」，本條即為具空白構成要件之處罰規定，其對於應受處罰之行為並不自行規定，而僅規定違反同法第22條第3項所定之辦法為構成要件，並將此要件授權由財政部訂定法規（即「報關業設置管理辦法」），於該辦法之條文中再具體規定應受處罰之行為，如該辦法第34條中所規定者。準此，關稅法84條應屬**「制裁規範」**，而報關業設置辦法屬**「實現規範」**。另關稅法第84條第1項所規定之「違反依第22條第3項所定之辦法者」屬**「對外指示」**，報關業設置辦法第34條第1項規定之「海關得依關稅法第84條規定」屬**「溯及指示條款」**。由於關稅法第84條第1項係以制裁規範以外之法規為其構成要件，故屬**「真正之空白構成要件」**。

　　法律中之**「非真正之空白構成要件」**規定之例，如廢棄物清理法第50條規定：「有下列情形之一者，處新臺幣一千二百元以上六千元以下罰鍰。經限期改善，屆期仍未完成改善者，按日連續處罰：一、不依第十一條第一款至第七款規定清除一般廢棄物。二、違反第十二條之規定。三、為第二十七條各款行為之一。」，本條規定中因其構成

---

23 洪家殷，註22文，622-623頁；蔡進良，論行政罰之處罰法定原則，載於曾華松大法官古稀祝壽論文集「義薄雲天，誠貫金石－論權益保護之理論與實踐」，2006年6月，106，126頁；以及葛克昌，所得稅與憲法，增訂版，2003年2月，237-238頁。

　　行政罰之法律規定「真正之空白構成要件」或「非真正之空白構成要件」者，其規定即為「空白規範」（Blankettsnorm)（參見陳清秀，註20文，62-63頁）或「空白處罰規定」（Blankettstrafvorschriften）（參見陳敏，註2書，707頁）。

要件係以同法所規定之條文爲構成要件，故屬「非眞正之空白構成要件」，而本條中之三款規定，則屬「**結合指示**」。

　　3.地方自治團體之自治條例亦得就違反屬於地方自治事項之行政法上義務設定處罰規定（參見地方制度法第26條第2項、第3項），故本條亦納入「自治條例」得爲裁處行政罰之依據。**但自治條例僅得規定處罰構成要件、處罰對象與處罰種類，且除行政罰法另有授權規定**（如第18條第3項但書）**外，不得另設規定而排除行政罰法之適用**；蓋依行政罰法第1條規定，僅限於法律有特別規定者，始排除行政罰法規定之適用，此與基於處罰法定原則而容許自治條例設處罰規定，二者應有區別[24]。**基於法律授權法規命令之同一法理，亦得經自治條例具體明確授權「自治規則」訂定處罰之構成要件或法律效果。**

　　4.綜上所述，本條所謂「法律或自治條例有明文規定」，其中「**法律或自治條例**」，其範圍宜解爲係「**法律、法規命令、自治條例或自治規則**」，而四者可合併簡稱爲「**行政法規**」或「**法規**」。至於「**明文規定**」，應是指：(1)處罰之構成要件應由法規具體明確規定。(2)處罰之法律效果應由法規具體明確規定，且應明定處罰之類別、數額（處罰係罰鍰、沒入者）或期間（處罰係其他種類行政罰者）等。(3)容許法律或自治條例以空白構成要件方式，指示由其他法律、法規命令、自治規則或行政處分加以補充[25]。

　　行政罰之構成要件及法律效果均應由法律或法律具體明確授權訂定之法規命令明文規定，始足當之。行政法規之規定如僅泛稱「得依法處以罰鍰」，對於罰鍰之額度並未規定，即有違處罰法定原則，尚不得直接作爲處罰之依據（法務部96.1.30法律決字第960003339號書函）。

二、本條規定在營業稅與所得稅稽徵上租稅行政罰之適用

　　(一)營業稅與所得稅稽徵上之租稅行政罰應適用處罰法定原則：

　　上面一、(二)所述「違序行爲時」之認定原則，在營業稅與所得稅稽徵上之違序行爲，自有其適用。

　　營業稅與所得稅稽徵上之租稅行政罰，其處罰以行為時之營業稅法、所得稅法與稅捐稽徵法有明文規定者為限。惟經營業稅法等三法具體明確授權之法規命令，亦得訂定處罰之構成要件或法律效果。至於營業稅法等三法「概括授權」之施行細則（或其他名稱之法規命令），則不得有租稅行政罰之規定。

　　營業稅法等三法得規定「**空白構成要件**」，而藉由其他法律、法規命令或行政處分而補充。至於得於同法中訂定「**非真正之空白構成要件**」，更不待言。在營業稅法等三

----

24 林錫堯，註2書，31頁。
25 參見蔡震榮等二人，註1書，169頁；以及陳清秀，註20文，52-53頁。

法之處罰規定中，有訂定空白構成要件、非眞正之空白構成要件者，於下面本書第三篇各章中再予以說明之。

（二）營業稅與所得稅稽徵上之租稅行政罰，似尙無由地方自治團體之自治條例或自治規則設定處罰規定之可能；蓋營業稅與所得稅均係國稅，本無由地方自治團體之自治條例或自治規則加以規範之餘地。

（三）法務部95.6.28法律字第950018449號函釋示：「主旨：關於實質質課稅原則之運用及依所得稅法第66條之8規定調整所得之案件，可否依該法第110條有關短、漏報所得相關規定予以處罰疑義乙案，本部意見如說明二、三。請查照參考。說明：二、按行政罰法第4條規定：『違反行政法上義務之處罰，以行為時之法律或自治條例有明文規定者為限。』明文揭示處罰法定原則。所稱『明文規定』包括處罰之構成要件及法律效果。合先敘明。三、所得稅法第66條之8之規定，係為正確計算相關納稅義務人之應納稅金額，於個人或營利事業與國內外其他個人或營利事業、教育、文化、公益、慈善機關或團體相互間，以股權之移轉或其他虛偽之安排等手段，不當規避或減少納稅義務時，賦予稅捐稽徵機關報經財政部核准，依查得資料，按實際應分配或應獲配之股利、盈餘或可扣抵稅額予以調整之權限與法律依據，而據此要求納稅人義務補稅，藉以防堵納稅義務人假藉法律形式要件，隱藏實質交易關係以規避稅負之行為（葛克昌著『稅法基本問題』，2005年9月增訂版，第344頁；陳清秀著『稅法總論』，93年9月第3版，第255頁均同此意旨，請參照）。至於納稅義務人利用上述方法為手段規避或減少稅納義務時，如該行為手段經主管機關依其職權調查認定後經涵攝結果，已符合各該相關法律（如所得稅法、稅捐稽徵法）處罰規定之構成要件，自當以該法律為處罰之明文依據（陳清秀著『稅法總論』，93年9月第3版，第236頁參照）。惟若與各相關稅法處罰規定之構成要件不符，稅捐稽徵機關尙僅以抽象之實質課稅原則加以處罰，即與前開處罰法定原則相違，難認適法。」。

此一解釋之重點，在於稽徵機關不得僅以抽象之「實質課稅原則」爲依據而裁處租稅行政罰，否則即違反「處罰法定原則」。稽徵機關依據實質課稅原則所認定的納稅義務人之行爲，必須進一步審究該行爲是否符合各該相關法律（如所得稅法、稅捐稽徵法）處罰規定之構成要件，如屬肯定，方得以該法律爲處罰之明文依據。

進一步言之，應注意此一解釋雖係就所得稅法第66條之8規定而作，然其解釋意旨應適用於所有依據「實質課稅原則」而課稅之案件（營業稅與所得稅案件自然包括在內），乃屬當然。

肆、行政罰裁處之判斷基準、法規變更之涵義

行政罰法第5條：「行為後法律或自治條例有變更者，適用行政機關最初裁處時之法律或自治條例。但裁處前之法律或自治條例有利於受處罰者，適用最有利於受處罰者之規定。」。此係明定處罰係以「最初裁處時法規」爲基準，而非以「行爲時法規」爲

基準，故係採處罰之「從新原則」。但書則揭示處罰之「從輕原則」。合言之，此係明定處罰之「從新從輕原則」。

一、條文解析說明

(一)行為後之涵義：

本法第4條規定以違反行政法上義務之「**行為時**」之法規，作為行政罰裁處之判斷基準。承前述行政罰法第4條「違序行為時」之概念，本條開首所謂「**行為後**」，即應係指「**違序行為完成之後**」，即行為人「**依法不應作為而已完成作為之後，或依法應作為而已完成不作為之後**」。從而違序行為完成之後，有關處罰法規有變更者，即應依行為後之法規處罰。

在繼續性違序行為，其「行為時」之認定既以「行為終了時」為準（參見上面本章、參、一、(二)之說明），則行為進行開始後、結束前，有關處罰法規有變更（亦即處罰法規在行為進行中有變更）者，並非「行為後」法規有變更，故無本條之適用。

(二)法規變更之涵義：

1. 本條條文中之「**法律或自治條例變更**」，應擴張解為係指「**法律、法規命令、自治條例或自治規則變更**」，亦即「**法規變更**」（「法規」之涵義，參見上面本章、參、一、(三)、4、）。

2. 本條所定之「**裁處之法規變更**」，係包括「行政法上義務規定」與「處罰規定」之變更；亦即包括「**行為規範**」與「**制裁規範**」之變更。蓋依立法體例，義務規定與處罰規定經常分開規定，但要確實掌握處罰構成要件、處罰對象與處罰種類，必須一併觀察義務規定與處罰規定，始能充分明瞭，尤其處罰構成要件與處罰對象之認定，經常必須從義務規定著手，故不論是義務規定或處罰規定之變更，均足以影響行政罰之裁處，從而均屬本條之法規變更[26]。

由法規之文本形態觀察，裁處之法規變更係指下列之變更：

(1)已公布或發布且已施行之「實體法規」之變更。

(2)「補充規範」（或「實現規範」）內容之變更。蓋於前述之「空白構成要件」，經法律授權法規命令或經自治條例授權自治規則，或授權以行政處分補充處罰之構成要件，倘該法規命令、自治規則或行政處分有所變更時，因其已屬處罰規定的「制裁規範」之一部分，如有足以影響行政罰裁處之變更，應亦屬本條之法規變更。分言之：

A.法規命令之變更，應視同法律變更處理。具言之，經法律授權由法規命令補充處罰之構成要件時，或補充義務規定或處罰規定之一部分，倘該法規命令有所變更，亦屬之（參見法務部96.3.6法律字第960700154號函）。

---

26 林錫堯，註2書，32-33頁；以及蔡志方，註4書，36頁。

如以「公告」補充法規命令之要件，在性質上係屬該法規命令義務規定之一部；且該公告仍屬對多數不特定人民就一般事項所做抽象之對外發生法律效果之規範，其性質應屬法規命令。故該公告之變更，亦屬法律變更，而有本法第5條規定之適用（參見法務部行政罰法諮詢小組第10次會議（97.9.10）結論）。

B.自治規則之變更，應視同自治條例變更處理。具言之，經自治條例授權由自治規則補充處罰之構成要件時，倘該自治規則有所變更，亦屬之。

C.經法律授權由「行政處分」填補處罰之構成要件時（即法律訂定「空白構成要件」），倘該行政處分有所變更，亦屬之[27]。

3.**下列規範之變更，不屬於本條所定之裁處之法規變更」**：

⑴程序法規之變更；蓋程序法規之變更，除另有過渡條款之規定者外，一律採**「從新原則」**。

⑵證據證明之規定變更。

⑶判例、判決見解之變更[28]。

4.行政機關變更其**「解釋函令」**（即**「解釋性行政規則」**）之見解，如該解釋函令係對於法規中**「義務規定」**或**「處罰規定」**之解釋，因行政機關就行政法規所為之釋示，應自法規生效之日起有其適用（參見大法官會議釋字第287號解釋），是以解釋函令見解之變更，應視同法規變更處理。

5.行政機關發布之**「裁罰標準」**（或**「裁罰基準」**），有經法律授權而訂定者（如依道路交通管理處罰條例第92條第3項規定授權交通部會同內政部訂定之「違反道路交通管理事件統一裁罰基準及處理細則」等）；亦有未經法律授權，而係由行政機關（或其上級機關）或地方政府依職權自行訂定者（如台北市政府社會局訂定之「台北市政府社會局處理違反老人福利法事件統一裁罰基準」等）。前者之性質應係法規命令，後者之性質則應係行政規則（即行政程序法第159條第2項第2款規定之**「裁量性行政規則」**）[29]。

----

27 林錫堯，註2書，67-68頁；吳庚，註2書，491頁；陳敏，註2書，712頁；洪家殷，註2書，93頁；以及陳清秀，註20文，68頁。

　　蔡進良及林三欽均指出，實務上之見解（如大法官會議第376號解釋、最高行政法院94年判第47判決、台北高等行政法院91年訴第133號判決等）認為行政機關填充空白構成要件之「公告」，其內容之變更係屬「事實變更」，並非妥適。蓋公告係一般處分，在此情形屬「補充規範」，其內容變更，導致人民之義務或行為之調整；因此，公告之變更，應屬於裁處之法規變更之範圍（見蔡進良，註23文，126-127頁；以及林三欽，行政裁罰條款變更時之法律適用－行政罰法第五條「從新從輕原則」規定評析，載於曾華松大法官古稀祝壽論文集「義薄雲天，誠貫金石－論權益保護之理論與實踐」，2006年6月，89-90頁）。

28 林錫堯，註2書，67頁；吳庚，註2書，491頁；洪家殷，註2書，93頁；以及陳清秀，註20文，68頁。

29 蔡進良，行政裁罰標準表之規制、適用與司法審查，月旦法學雜誌，141期，2007年2月，64-65頁。

　　洪家殷不贊同以法律授權與否而認定裁罰標準之性質，而主張宜以裁罰標準之內容是否直接涉及人民之權益而認定。因裁罰標準主要拘束及適用對象為行政機關而非人民，故裁罰標準僅具間接或事實上之對外效力，可歸類於行政程序法第159條第2項第2款之裁量基準，即該法所稱之行政規則之一種。惟

法規命令性質之裁罰標準，其內容之變更，屬於本條所定之裁處之法規變更。至於行政規則之裁罰標準，其內容之變更，應不屬於本條所定之裁處之法規變更。

(三)法規變更內容之比較：

法規變更之「內容」比較，原則上是法規變更前後，在處罰事項之規範內容上，必須具有「同一性」（Identität），方具有處罰規定變更前後有利與否之「比較可能性」（Vergleichbarkeit），而得適用從新從輕原則。關於新舊法規是否具有「同一性」之判斷，大抵如下：

1.宜具體比較新舊法規之處罰要件，**如處罰要件不同，則新舊法規即不具有同一性**。

2.如新法規僅係將原涵蓋於舊法規處罰要件中之某種構成要件特別明列為獨立之處罰要件，而形成擴張構成要件之規定，或新法規僅將舊法之處罰要件予以限縮，而新法規之處罰要件可涵蓋於舊法之處罰要件之中，則新舊法規仍具有同一性。法務部95.3.27法律字第950007851號函釋示：「……本條之適用以新舊法規之處罰要件具有同一性為必要，變更後新法處罰要件較舊法處罰要件擴張或限縮之情形均可認為具有同一性，亦即行為須同時符合舊法及新法處罰之要件，始有適用本條之餘地。……」。又同部95.12.19法律字第950700927號函釋示：「……就整個法律狀態作審查，其審查必須就不同之受處罰者，分別進行。惟仍須考量，就同一法規整體適用之原則而言，不可將同一法規割裂適用，尤其不可就同一法規中不同處罰種類分別比較而予適用。……」。

3.如新舊法規之處罰要件不變，而新法規僅就處罰之種類、數額或程度予以變更，或僅是將原要處罰之行為變更為不處罰，則新舊法規具有同一性[30]。

如因處罰對象或行為之不同，依舊法規不處罰，而依新法規要處罰，則已屬行政罰法第4條規定「處罰法定原則」之適用問題，而與本條無涉。

(四)最初裁處時之涵義暨其例外規定：

所謂「**裁處**」，係指行政機關依法作成行政罰之「裁處書」，並合法送達（參見本法第44條）。裁處書所表彰之實體法行政處分，不以具備「合法性」為必要，僅具備「**有效性**」（亦即並非無效之行政處分）即為已足。因此，「**最初裁處時**」即係指最初合法送達裁處書之時。如因其裁處有瑕疵，而經訴願機關、行政法院或裁處機關之上級機關等有權機關予以撤銷，並命其為適當之處分而再度為裁處者，或係以原裁處違法為理由，並以撤銷或變更原裁處為目的，依申請「重新進行政程序」而為「第二次裁決」者（參見行政程序法第128條），**均仍以原來第一次裁處時為最初裁處時**。是以行

如此種裁罰標準經對外發布之程序，並表明其授權之依據，顯然其目的並不只是在拘束行政機關本身而已，應亦意欲將其直接適用於人民身上，有意將其視為法規命令，故應視其為法規命令而適用（見洪家殷，論裁罰標準表之性質及目的－高雄高等行政法院九十年度簡字第三八四○號判決評釋，台灣本土法學，41期，2002年12月，28-29頁）。

30　參見林錫堯，註2書，69-70頁。

政機關最初裁處後之時點，包括訴願先行程序（如復查）之決定、訴願決定、行政訴訟裁判之時點，乃至於經上述決定或裁判發回原處分機關另為適當之處分等時點，除法規另有規定外，均非行政機關最初裁處時（法務部94.12.1法律字第940045176號函，96.3.6法律字第960700154號函）[31]。

對於行為後法規變更應適用何時之法規，如各別法規另有不同於本條規定之「最初裁處時之法規」，自應依其規定；本條於此雖無明文，而依本法第1條但書規定，應作是解；蓋各別法規之不同規定，乃本條之特別規定，應優先適用。現行各別法規另有規定者，如台北市法規標準自治條例第21條規定之以「行為時之規定」為準。至於社會秩序維護法第3條規定之「裁處時之規定」，稅捐稽徵法第48條之3規定之「裁處時之法律」，營業稅法第53條之1規定之「裁處時之罰則規定」等，除指「最初裁處時之法規」外，亦指訴願先行程序（如稅捐稽徵法第35條規定之「復查」）之決定時、訴願決定時、行政判決時之法規。

本法施行前違反行政法上義務之行為，經行政機關處罰後，嗣後原裁罰處分因行政救濟撤銷溯及失其效力，而應於本法施行後重為裁處，此時與未經裁處時相同，依本法第45條第1項規定，應有本條從新從輕原則之適用（法務部95.5.9法律決字第950700354號書函，法務部行政罰法諮詢小組第4次會議（95.2.7）結論）。

㈤**處罰輕重之比較：**

本條中之**「受處罰者」**，係指實施違序行為而受行政罰的裁罰之人，以下稱為**「受罰人」**。「行為人」、「違序人」與「受罰人」三者之關係如下：實施違序行為之行為人，即為違序人；實施違序行為而受行政罰的裁處之人，即為受罰人。

關於如何比較而確定「最有利於受罰人」之處罰，析述如下：

1.從輕之比較，限於法規規定之比較，而不及於違序事實之比較。因此，單純有關法律適用之「事實之變更」，並不存在法規變更，並不適用本條「從輕原則」之規定[32]。

2.從輕之比較，法務部95.5.22法律字第950015029號函釋示：「……所指「對最有利於受處罰者之規定」，應就具體個案比較何種法規之構成要件及法律效果對受處罰者最有利，亦即應就整個法律狀態加以審認。……」。實則應就全部實體法規定，包括加重、減輕等綜其全部之結果，而為為整體之比較；亦即對於該項具體行為有關之全部實體法狀態均應加以斟酌，而非僅抽象地就法規之構成要件與法律效果為比較。例如法律有對於該項行為阻卻處罰之規定時，則該法律規定應屬較輕[33]。

3.在**「行為時法」**與**「最初裁處時法」**之間，容有業經廢止之**「中間法」**

---

31 並見林錫堯，註2書，65頁，67頁；洪家殷，註2書，94頁；以及蔡震榮等二人，註1書，170頁。

32 陳清秀，註20文，71-72頁。

33 林錫堯，註2書，70頁；以及陳清秀，註20文，70頁。吳庚謂應從一切法律效果加以比較而後判斷（見吳庚，註2書，491頁），未包括構成要件之比較，其見解較為特殊。

（Zwischengesetze）存在，或可能中間法處罰最輕甚至不處罰，因而成為「對受罰人最有利之法」。質言之，在行為後，至裁罰之前，中間有法規變更，而其中一次法規規定之處罰最輕，甚至並不處罰（如取消處罰規定，或法規廢止）時，則以該次法規規定視為最有利之規定[34]。

4.如處罰法規並未修正變更，但行政規則之「裁罰基準」修正，加重處罰時，則基於信賴保護原則，並參酌本條之從新從輕原則，對於裁罰基準修正前發生之違序行為，似應適用舊裁罰基準之規定[35]。

5.相對於犯罪行為，**違序行為比較不具有反社會倫理性之不法內涵，因此刑事罰規定與行政罰規定比較，行政罰規定較輕**。具體言之，行為時法規規定應科處刑事罰（主刑），而行為後裁處前，法規規定變更為應裁處行政罰者，基於刑事罰重於行政罰之**「量之差別說」**理論，不以受罰人主觀的不利益之感覺作為判斷標準，應認為行政罰之處罰較輕。是以如前之刑事罰係「罰金」，後之行政罰係「罰鍰」，而縱然罰鍰金額大於罰金金額，仍應認為罰鍰較輕[36]。

至如行為時法規規定應裁處行政罰，而行為後裁處前，法規規定變更為應科處刑事罰（主刑）者，則依本條之從新從輕原則，應以行為時法規規定之行政罰予以裁罰，自不待言。

6.法規規定變更前後均應裁處行政罰，應以相同種類行政罰而比較其處罰之輕重[37]。如法規規定變更前後雖均為行政罰，然而其處罰種類不同，則無從比較其輕重，在此情形，應以裁處時之處罰種類裁罰之。

7.行政罰中之「沒入」，因個案不同，難以比較。至於「罰鍰」與「其他種類行政罰」處罰輕重之比較如下：

(1)罰鍰之比較：(A)逕以法定最高罰鍰金額比較輕重。(B)以基準金額（如「漏稅金額」）之倍數或比率方式規定罰鍰者，以法定最高倍數或比率比較輕重。(C)原先規定「倍數或比率處罰」，後改為「定額處罰」；或原先「定額處罰」，後改為「倍數或比率處罰」，因比較基礎不同，故無從比較其輕重，此時應適用最初裁處時之法規規定裁罰之。

(2)其他種類行政罰之比較：由本法第2條規定各款所例示之處罰手段觀之，應以

---

34 林錫堯，註2書，71頁；以及陳清秀，註20文，72頁。

35 陳清秀，註20文，68頁。

36 行政法學界大抵均認為「刑事不法」與「行政不法」二者，其行為態樣並無質之差異，僅有量之差異，即所謂「量之差別說」；參見陳清秀，註20文，72頁；以及李惠宗，註3書，51-52頁。刑法學界則有持「質量之差別說」者（參見林山田，註16書，173頁）。

洪家殷之見解，前後似有變更；其原係持「質量之差別說」（見洪家殷，稅法上有關行政秩序罰規定之研析（行政院國家科學委員會研究計畫成果報告，東吳大學法律學系執行，計畫主持人洪家殷）），惟其後則改採「量之差別說」（見洪家殷，註2書，9頁）。

37 參見林錫堯，註2書，71頁。

「剝奪或消滅資格、權利之處分」（如停止營業等）為最重，其次為「限制或禁止行為之處分」（如取消租稅減免之獎勵等），再其次為「影響名譽之處分」（如公告姓名或名稱等）、最輕為「警告性處分」。

⑶違序行為應同時或得同時裁處罰鍰及其他種類行政罰者，應以罰鍰數額為比較基礎；蓋罰鍰係主要之行政罰方式，其他種類行政罰性質上宜認為屬於「**從屬性處罰**」，故應以罰鍰為主要比較依據。罰鍰數額相同，始繼續比較其他種類行政罰之干預程度之深淺。

⑷違序行為應同時裁處罰鍰及沒入者，應以罰鍰數額為比較基礎；蓋罰鍰係主要之行政罰方式，沒入性質上宜認為屬於「**從屬性處罰**」，故應以罰鍰為主要比較依據。如一為僅應裁處罰鍰，另一為應同時裁處罰鍰及沒入，自以前者為輕[38]。

㈥限時法有效期間屆滿時之處罰與否問題：

所謂「**限時法**」，專指法律明確規定於一定期間內施行，施行期滿即告自行失效之法律。行政法中不乏限時法者，例如促進產業升級條例等。行政法上之限時法在失效後，對於期滿前之違法行為，究應如何處理，行政罰法並無明文。

就此問題，學者之見解有肯定說與否定說[39]。目前我國實務上之見解，有法務部96.3.13法律字第0960700155號函釋示：限時法與一般法律規定之變動（修正、廢止）有別，除其他法律有特別規定者外，自無本條「從新從輕原則」（即本條後段規定）之適用問題，並述及有學者持否定見解，予以贊同。此一問題尚有待實務之發展及驗證。

二、本條規定在營業稅與所得稅稽徵上租稅行政罰之適用

㈠關於「行為後」、「法規變更」之涵義，在營業稅與所得稅稽徵上之租稅行政罰上，應如上面一、㈠與㈡所述，不贅。

㈡對於行為後，有關營業稅與所得稅稽徵之法規有變更，應適用何時之法規裁罰，稅捐稽徵法第48條之3規定：「納稅義務人違反本法或稅法之規定，適用裁處時之法

----

38 李惠宗，註3書，53-54頁。
39 持否定說（即認為「限時法施行期滿後不應處罰」）者所持理由，係行政罰法草案第5條第2項原設有規定：「法律或自治條例定有施行期間，因期間屆滿而失效者，對於有效施行期間內違反行政法上義務之行為，仍適用之。」，而立法院審議時予以刪除，顯然立法者欲貫徹從新及最有利之原則意向甚明，並且基於法安定性之考慮，故違序行為在行為後法規因施行期限屆滿而失效，行為人即免受處罰（見吳庚，註2書，492頁；以及蔡震榮等二人，註1書，171頁）。
　　持「肯定說」者認為，為避免限時法即將失效時，啟發僥倖之心，致使期滿前之違序行為不斷發生，故違序行為在行為後法規因施行期限屆滿而失效，行為人仍應受處罰。復且由立法過程中對此一問題之討論可知，原來僅係對在該法失效後施以處罰，其處罰時效不宜過長之討論；本來只是一項修正意見，但其後不知為何原因卻導致行政罰法草案第5條第2項刪除（見林錫堯，註2書，71頁；蔡志方，註4書，35頁；陳敏，註2書，713頁；以及林三欽，註27文，98-100頁）。
　　德國違反秩序罰法第2條第4項條文即採肯定見解（見林錫堯，註2書，72頁）；日本判例則持否定見解（見蔡震榮等二人，註1書，171頁）。

律。但裁處前之法律有利於納稅義務人者，適用最有利於納稅義務人之法律。」。又營業稅法第53條之1規定：「營業人違反本法後，法律有變更者，適用裁處時之罰則規定。但裁處前之法律有利於營業人者，適用有利於營業人之規定。」。

依本法第1條但書規定，上開二個規定均係特別規定，應優先適用。又依稅捐稽徵法第1條規定：「稅捐之稽徵，依本法之規定，本法未規定者，依其他有關法律之規定。」，是以在營業稅與所得稅稽徵上之租稅行政罰上，均應優先適用稅捐稽徵法第48條之3規定。實務上，亦採相同見解，如法務部95.7.25法律字第950028035號函：「……稅捐稽徵法第48條之3規定：『……』，其所謂『裁處時之法律』與本法第5條之『最初裁處時之法律或自治條例』有所不同，依本法首揭規定，稅捐稽徵法第48條之3應屬本法第5條之特別規定而優先適用之。貴部來函說明三有關納稅義務人違反稅捐稽徵法或稅法於行為後，稅捐稽徵法或稅法發生變更，涉及從新從輕原則部分，優先適用稅捐稽徵法第48之3規定之結論，本部敬表贊同。」（函中所稱「貴部來函」，係指財政部95.7.12台財稅字第9504536440號函）。

㈢有關營業稅與所得稅稽徵之法規有變更，如何比較變更前後之規定，而確定「最有利於受罰人」之處罰，應如上面一、㈤所述原則為之，不贅。

㈣現行租稅法上之「限時法」，如促進產業升級條例第72條第2項規定：「本條例中華民國八十八年十二月三十一日修正條文，自申中華民國八十九年一月一日施行；申中華民國八十九年一月一日以後修正條文，自公布日施行。但第二章及第七十條之一施行至中華民國九十八年十二月三十一日止。」。該條例第二章（自第5條至第20條之1）及第70條之1均係「租稅減免」之規定，有施行期限，故其性質係屬限時法，而其內容包括營業稅與所得稅之減免規定在內。因此，在營業稅與所得稅稽徵上，亦有此一限時法之適用。如依上開法務部96年第960700155號函釋示之意旨，促進產業升級條例中之營業稅與所得稅之減免事項，而在促進產業升級條例施行期限屆滿失效後，稽徵機關始發現納稅義務人有違序行為者，納稅義務人仍應受處罰。此一問題尚有待稽徵實務及司法實務見解之發展。

伍、處罰之屬地主義

行政罰法第6條：「（第1項）在中華民國領域內違反行政法上義務應受處罰者，適用本法。（第2項）在中華民國領域外之中華民國船艦、航空器或依法得由中華民國行使管轄權之區域內違反行政法上義務者，以在中華民國領域內違反論。（第3項）違反行政法上義務之行為或結果，有一在中華民國領域內者，為在中華民國領域內違反行政法上義務。」。此係明定行政罰之處罰採「屬地主義」之原則。

一、條文説明解析

㈠本條規定行政罰法適用之空間範圍，即「地之效力」，基本上係以國際法上之主

權範圍爲準，即採「**屬地主義**」。由於違反行政法上義務行爲處罰權之行使，本屬國家主權作用之一，故不論違反行政法上義務之行爲人國籍爲何，衹要是在中華民國領域內違反行政法上義務應受罰鍰、沒入或其他種類行政罰之處罰者，即有本法之適用。

本條第1項之「中華民國領域」，係指我國國界以內，受我國主權支配之地域而言，包括領土、領空與領海。此係「**真實領域**」。惟在現實上，中華民國領域應以依台灣地區與大陸地區人民關係條例之規定之範圍爲準，在行政管轄上恐怕無法及於大陸地區。至於中華民國領域外，自係指不屬於我國主權支配之地域而言。

(二)本條第2項規定將我國的「**浮動領土**」（我國籍之船艦和航空器）與「**擴張的主權領域**」（如我國駐外使領館），擬制爲本國領域（所謂「**想像（或擬制）領域**」），而有本法之適用。倘如大陸籍船隻在我國政府實際可管領之範圍內違反我國行政法上的義務，仍然適用本條第1項規定。至於大陸當局能否主張大陸籍船隻等是其領域或是其「浮動領土」範圍，則涉及兩岸之事務協商範圍，並非本條所能解決[40]。

在我國駐外使領館內有刑法上之犯罪行爲，實務上認爲如駐在國同意放棄其管轄權，即得以在我領域內犯罪論之。惟依行政罰與刑事罰性質差異而言，在我國駐外使領館內有違序行爲，似可視同在國內之違序行爲[41]。

所謂航空器，依民用航空法第2條第1款規定，係指任何藉空氣之反作用力，而非藉空氣對地球表面之反作用力，得以飛航於大氣中之器物。

(三)本條第3項規定之情形，學說上稱「**隔地犯**」，意指行爲或結果有一在中華民國領域外，亦即「行爲地」與「結果地」所屬國不同之謂。爲了避免屬地原則究係以行爲地或結果地爲認定標準而生爭執，本法遂特設本條第3項規定以定紛爭。因此，無論爲行爲地或結果地，只要其中有一在我國領域內者，即視爲在我國領域內之違序行爲，而應適用本法規定裁處之（例如行爲人在國外利用網際網路刊登違規醫療廣告，民眾在我國國內均得上網瀏覽該廣告，其廣告效果已在國內發生，我國對之有行政罰裁處之管轄權）[42]。

本條第3項之「行爲地」或「結果地」，與本法第4條規定之「行爲時」之關係如何，應予究明。如果違反行政法上義務之「行爲」或「結果」二者之一在我國領域內，就屬於在我國領域內違反行政法上義務，則尚須是「行爲時」，我國法律已經將該行爲定性爲違反行政法上之義務（不論該行爲是否在我國領域內從事），而不是「行爲時」上不構成違反行政法上義務，但是「結果發生時」才將之定性爲違反行政法上之義務，否則恐怕會與本法第4條規定不合。除非本法第4條所規定之「行爲時」係包括「行爲之結果時」；然而如作此解釋，或將違背本條分別使用「行爲」與「結果」之概念之

40 蔡志方，註4書，38頁；以及蔡震榮等二人，註1書，179頁。
41 參見蔡震榮等二人，註1書，180頁；以及陳清秀，註20文，48-49頁。
42 參見陳清秀，註20文，49頁；以及蔡震榮等二人，註1書，179-180頁。

用意[43]。

二、本條規定在營業稅與所得稅稽徵上租稅行政罰之適用

　　營業稅與所得稅稽徵上之租稅行政罰，適用本條規定之屬地主義，乃屬當然。惟本條第2項及第3項之適用，實務上或較少見；蓋營業稅法、所得稅法或稅捐稽徵法之租稅法上義務，大部分是須向稽徵機關申請、申報、填報或報告特定事項之義務，稽徵機關係我國之政府機關，均在我國領域內；或是應自行履行義務，而其履行應在我國境內為之（如設置帳簿、保存帳簿憑證等義務是）。是以納稅義務人、扣繳義務人等未依規定履行義務之行為，通常其「行為地」均係在我國之「真實領域」內。

　　茲約舉營業稅與所得稅稽徵上之租稅行政罰，適用本條第2項及第3項規定之事例如下：

　　1.在我國之「浮動領土」或「擴張的主權領域」違反營業稅法等三法上義務之例，有如稽徵機關為調查所得稅案件之需要，依稅捐稽徵法第30條第1項規定要求某君提示有關文件，並經合法送達通知文書（此係以行政處分設定義務）。某君係任職於我國駐外大使館，接獲稽徵機關之通知時，亦身在館內，而屆時未提示有關文件。其拒絕提示有關文件係違反稅捐稽徵法上義務，而其行為地係在我國駐外大使館內，即有本條第2項「視同在我國領域內違反行政法上之義務」規定之適用。

　　2.營業稅與所得稅稽徵上「隔地犯」之例，有如國內總公司申報××年度營利事業所得額（包括其國外分公司之所得額），稽徵機關調查時，要求該總公司提示其國外分公司之帳簿憑證，發現其國外分公司並未依「稅捐稽徵機關管理營利事業會計帳簿憑證辦法」第4條規定設置帳簿，以致總公司申報之國外所得額部分無從查核。在此情形，國外分公司未設置帳簿之「行為地」在我國領域外，然而其效果已在國內發生，可認為係「結果地」在我國領域內。其未依規定設置帳簿，係違反所得稅法上義務（蓋稅捐稽徵機關管理營利事業會計帳簿憑證辦法係依據所得稅法第21條第2項之授權所訂定者），其「行為地」雖在我國領域外，然而其「結果地」係在我國領域內，即符合本條第3項規定之「在我國領域內違反行政法上義務」。

---

43 蔡志方，註4書，39頁。

第二章

責　任

壹、責任要件：故意、過失與組織之故意、過失推定

行政罰法第7條：「（第1項）違反行政法上義務之行為非出於故意或過失者，不予處罰。（第2項）法人、設有代表人或管理人之非法人團體、中央或地方機關或其他組織違反行政法上義務者，其代表人、管理人、其他有代表權之人或實際行為之職員、受僱人或從業人員之故意、過失，推定為該等組織之故意、過失。」。此係規定行政罰之責任要件：故意、過失，以及組織違序時其責任要件之推定。

一、條文說明解析

(一)人民因違反行政法上義務而應受處罰，係屬對人民之制裁，原則上行為人應有可歸責之原因（即「可歸責性」）。所謂**可歸責性，包括「責任條件」與「責任能力」二者。責任條件指行為人有無故意、過失；責任能力指行為人之年齡與精神狀態如何。**本條規定行政罰之責任條件，而行為人之責任能力則規定於第9條。

本條可謂係大法官會議釋字第275、508及521號解釋意旨：「行政法上之處罰應以行為人之故意或過失為其責任要件」之明文化，但不採第275號解釋中之「推定過失」（見行政罰法立法理由四：「……為提升人權之保障，國家欲處罰行為人者，應由行政機關就行為人之故意、過失負舉證責任，本法不採「推定過失責任」之立法，……。」），對於人民違序責任之成立，相對可以減輕舉證負擔。

行政罰以行為人有故意或過失為必要，其事理依據在於：法律作為社會生活規範，旨在藉由懲罰而防止或誘導行為人之行為，以達規範之目的。因此，對於行為人違反法規範之處罰，除行為人本身必須具有「成熟完整之自我決斷之自由意思能力」（此為「責任能力」問題）外，必須其行為出於「故意」或「過失」（此為「責任條件」問題），始得予以懲罰[44]。**違序行為故意出於故意或過失，乃是行政罰主觀構成要件之一。**

除本條第1項規定之「故意」與「過失」外，在本法第15條第1項、第2項與第22條第1項等，另有「重大過失」之規定。因此，**本法實有「故意」、「重大過失」與「過失」三類責任要件**，在此一併討論。

---

44 陳愛娥，行政處分的構成要件效力與行政罰中之不作為、故意或過失─最高行政法院九十年度判字第一五九四號判決評釋，台灣本土法學，34期，2002年5月，60頁。

(二)本條第1項之適用,須注意下述幾點:

1.如行政罰之個別法規明定在有「故意」(或「明知」)、「重大過失」之情況始符合裁罰之構成要件時,自應從其規定,亦即其時對於因「過失」而導致之違序行為,**即不得予以處罰**。法規雖未明示僅處罰故意而不處罰過失,但依法規之文義及探尋法規之立法意旨,亦僅有處罰故意而不處罰過失之意涵者,亦同[45]。至於在具體案件中如何判定其違序行為係出於故意、重大過失或過失,則係另一問題。

以租稅法為例,遺產及贈與稅法第46條規定:「納稅義務人有故意以詐欺或其他不正當方法,逃漏遺產稅或贈與稅者,除依繼承或贈與發生年度稅率重行核計補徵外,並應處以所漏稅額一倍至三倍之罰鍰。」,條文中已明示以「故意」為責任要件。又證券交易稅條例第10條規定:「有價證券買賣人違反本條例規定,以詐欺或其他不正當行為逃避稅負者,各處以應納稅額二十倍之罰鍰。代徵人有同一行為者,加倍處以罰鍰。」,條文中之「詐欺或其他不正當行為」必出於「故意」行為,故等於是已明示以「故意」為責任要件。此二法條均以在有「故意」之情況始符合裁罰之構成要件,自應從其規定。

2.本法之立法,雖已排除大法官會議釋字第275號所揭示之「推定過失」;惟如**各別行政法規有「推定過失」之特別規定時,仍應優先於本條第1項而適用之**。

3.民法上之**「與有過失」**與**「過失相抵」**之概念,對於行政罰是否適用,正反見解均有。學者有認為並不適用者,亦即對於行為人責任條件之構成,並不影響,並引述最高行政法院91年判第1091號判決之實務見解[46]。惟最高行政法院94年判第643號判決則謂:「……邱○○代被上訴人(即稽徵機關)收件,似可同時視為被上訴人之使用人,因此,其於指導上訴人申報如有過失,參酌民法第224條之規定,應視為被上訴人之過失,而民法有過失相抵法理,於公法事件亦得類推適用,……」。此一問題之解決,尚待實務之發展與驗證。

4.國家、地方自治團體欲處罰行為人時,**應由行政機關就行為人之故意、過失負舉證責任**(見上述本法立法理由四、及「行政處罰標準化作業流程」說明2、(2)、I)。

5.本法並無「過失減罰或免罰」之明文,但對於行為人過失行為之處罰,則有本法第18條第1項「審酌違序行為應受責難程度」規定之適用。惟如個別行政法規有「過失減罰或免罰」之特別規定時,則應優先於本條第1項而適用之。

(三)故意、重大過失與過失之概念:

1.本條第1項規定之「故意」,本法並無定義之明文。關於故意之概念,一般均認為可採刑法上之故意概念。參照我國刑法第13條有關故意之規定及相關實務之見解,**行政罰法上之故意,可解為係如下之主觀心態:對於違反行政法上義務之構成要件事**

----

45 蔡震榮等二人,註1書,190頁。

46 洪家殷,註2書,206頁。

實，「明知並有意使其發生」，或「預見其發生而其發生並不違背其本意」。前者爲「**直接故意**」，行爲人有積極使違反行政法上義務事實發生之心理狀態；後者爲「**間接故意**」，行爲人只是一種放任或容認其發生之心態。故意之判斷標準，有關行爲人之「明知」、「預見」等認識範圍，原則上均以「**違反行政法上義務之構成要件事實**」爲準。有無「違法性認識」，則非所問，是以雖不知法規之禁止規定，而有意爲之者，亦不能認其無故意[47]。

　2.**一般而言，行政罰之「過失」（不論何種過失）必須具備下列三個要件**：

　⑴在未認識之情況下，實現行政處罰之構成要件。

　⑵客觀的違反注意義務：依個案之客觀情事，審愼守法之國民應該可以認識且可以避免而乃未避免實現行政罰之構成要件。

　⑶有主觀之過失，即依行爲人本身之能力、情境，其得以認識且可以避免而乃未避免實現行政罰之構成要件（亦即具有「可歸責性」）[48]。

　3.關於本法之「**重大過失**」，其概念應與民法上之「重大過失」（die grobe Fahrlässigkeit）相當。重大過失之認定標準，本法既缺乏明文，則惟有如民法然，**以行爲人顯然欠缺「一般人（或普通人）之注意」**（一般人係指「社會通念認係謹愼且認眞之人」）**爲認定標準。其注意義務爲「一般人之注意義務」，其注意可能性爲「稍加注意即可避免」**[49]。

　4.關於本法之「過失」，一般均認爲可採刑法上之過失概念。參照我國刑法第14條有關過失之規定及相關法實務之見解，**本法上之過失，可解係如下之主觀心態：對於違反行政法上義務之構成要件事實之發生，雖非故意，「但按其情節應注意、能注意而不**

---

47 蔡震榮等二人，註1書，182-183頁；林錫堯，註2書，87頁；以及陳敏，註2書，747頁。其他學者如吳庚、李惠宗、洪家殷、蔡志方等人之見解，大抵相同，故不一一俱引。

　　吳庚與陳愛娥另提出德國文獻上較新的故意之三種類型：⑴「意圖」（Absicht）：指行爲人有強烈之「意願」（Wollen）完成或有意積極導致客觀之構成要件實現。⑵「明知」（Wissenlichkeit）：指行爲人「認識」（Wissen）（知悉或明確預見）其行爲將實現法定構成要件。⑶「未必故意」（Eventualvorsate）：行爲人在「認識」上縮小爲可能實現構成要件，在「意願」上則有實現構成要件亦無妨之意。以行政罰作爲處罰手段，一般均採「明知」及「未必故意」爲準，「意圖」作爲主觀要件者極少。須注意者爲，如行政罰之法規明定在有「意圖」或「明知」之情況始符合處罰要件時，自應從其規定（見吳庚，註3書，511頁；以及陳愛娥，行政罰的違法性與責任，收錄於廖義男編，行政罰法，2007年11月，94-95頁）。

　　比較二分法與三分法，似可謂三分法之「意圖」與「明知」，可同歸類於二分法之「直接故意」，僅其關於行爲之「認識」與「意願」較強與較弱之差異而已。

48 陳愛娥，註47文，96頁。

49 參見洪家殷，註2書，207頁；以及陳敏，註2書，747頁。陳敏在同頁指出：在刑法及行政法中，一般僅區分「重大過夫」與「過失」。

　　另外，陳愛娥指出民法上之「重大過失」，與德國文獻上普遍提及「輕率」（die Leichtfertigkeit）之過失類型相當。倘如行爲人不尋常地重大違反義務，例如未認識到一般人均可認識的情事、漏未考量明顯應斟酌之事項，即構成此處所稱的「輕率」（見陳愛娥，註47文，97-98頁）。

注意」，或「雖預見其能發生而確信其不發生」。前者係「**有認識之過失**」，後者係「**無認識之過失**」。對於注意範圍，原則上以「違反行政法上義務之構成要件事實」為準，此從相關法規明文規定可以察知；如缺乏相關法規明文規定，則宜從「預見可能性」觀察，視該違反行政法上義務之構成要件事實是否客觀上可得認識，而定其應注意範圍[50]。

對於過失之輕、重程度，即其認定標準，本法亦缺乏明文。由於民法對於過失之認定標準，已有完熟之概念，故宜取資民法而構建之。民法上之過失，分為「重大過失」、「具體過失」與「抽象過失」，由「**注意義務**」與「**注意可能性**」交互形成：(1)**重大過失**已說明如上述3。(2)**具體過失**以行為人顯然欠缺「與處理本身事務同一之注意」為認定標準，其注意義務為「與處理本身事務同一之注意義務」，而其注意可能性則係因人而異。(3)**抽象過失**以行為人顯然欠缺「善良管理人之注意」為認定標準，其注意義務為「善良管理人之注意義務」，而其注意可能性為「須具備高度之專業智能始能注意及之」。行政罰既以過失為責任條件，則應注重行為人怠於注意之主觀標準。復且由於行政法規之複雜性，注意義務不應太過廣泛，亦不應過於狹隘。因此，**一般行為人是否有過失，應以行為人之注意能力為準，亦即以「處理本身職業上或業務上之事務同一之注意」為準，而應採「具體過失」**；蓋在此程度之注意義務下，對行為人違背其注意義務而加以處罰，方能期待其改善注意，避免繼續發生過錯。關於**具體過失之歸責，在個案情形，應以行為人對於該事務之注意義務具有「期待可能性」為前提，以判斷是否存有具體過失**；亦即在正常情況下，依行為人本身之情狀（如處理事務之經驗、教育程度、職務地位、心智狀態等），對應注意之事項能夠注意及之者，方得歸責。至如**行為人依法應具備特別或較為高深之知識或能力者**（例如醫師之從事醫療、建築師及結構技師之從事建物設計、律師及會計師之承辦案件等，依法均需具備特別或較為高深之知識或能力），則應提高其注意程度；在此情形，**對於行為人是否有過失，應以行為人應有之專業知識或能力為準，亦即以「善良管理人之注意」為準，而宜採「抽象過失」**[51]。所謂善良管理人，即具有其所屬專業或業務通常應有之知識或能力之

---

50 林錫堯，註2書，87頁；以及蔡震榮等二人，註1書，183-185頁。其他學者如吳庚、洪家殷、蔡志方等人之見解，大抵相同，故不一一俱引。

51 李惠宗認為：過失之意義與刑法並無二致，惟過失中之「注意義務」與「注意可能性」之類型，應採民法之要求（見李惠宗，註3書，64-65頁）。林三欽亦贊成將民法上三種過失型態納入行政罰法中（見林三欽，行政法裁罰案件「故意過失」舉證責任之探討，台灣法學雜誌，138期，2009年10月，134頁）。陳愛娥似不贊同（見陳愛娥，註47文，95頁）。洪家殷則謂：同一部法律中在有關責任條件之認定上，兼容刑法及民法之概念，理論上實欠缺一致，並不妥適。宜回到刑法之體系，而以減輕處罰方式降低其責任（見洪家殷，註2書，207頁）。

　　陳清秀認為應採「具體過失」（見陳清秀，註9書，648頁）。又林錫堯謂：如依法行為人應具備特別的知識或能力者，則相應地提高其注意標準（見林錫堯，註2書，87頁），似有認為應採「抽象過失」之注意程度之意，本書從之。另陳敏謂：如著眼於行政秩序之維持及行政目的之達成，應以能期待於一般平均人之注意程度為標準，而採「抽象過失」（見陳敏，註2書，747頁）。

人。故上例之醫師，以一位正常醫師之注意義務為準，其餘建築師、結構技師、律師及會計師等，均同。

（四）行為人有無故意、過失之判斷：

如何判斷行為人之違序行為係因故意或過失（包括重大過失，以下同）所致，由於行政法規之複雜性、技術性等，似無法提出一般性之具體標準，僅能概述略為抽象之判斷準則。

1.**故意、過失之判斷，係以「符合構成要件之情事」是否行為人行為時「故意為之」或「不小心為之」來判斷。**知悉法規規定與否，並非故意、過失判斷之問題。惟如行政法規之處罰條文已將「知悉法規與否」納入構成要件中者（例如處罰之要件是「明知不得為某種行為，卻故意為之」，或「明知應該如何行為而不作為」），亦即強調「法之認知」為構成要件，其時則需判斷行為人知悉法規與否。

2.**在具體個案中，行政機關須述明行為人係有故意或過失。通常行政機關描述情節，即可看出其故意或過失；而行為人如特別有爭執認為其無故意或過失時，行政機關即須特別說明何以行為人有故意或過失。**通常生活經驗中，從客觀行為上其即可看出有無故意或過失。例如開車闖紅燈或超速之行為，只要行為人心神正常，而現場有正常之燈號或足以辨識之速限標誌，若主張其無故意或過失，即不合事理。是以從經驗法則中大略可判斷行為人有無故意或過失[52]。

3.行為人是否違反其注意義務，取決於在行為人所處之情境下，客觀上得對守法、有理解力且謹慎之人提出之要求為何。因此，假使由於行為人特定地位或活動（例如機動車輛駕駛人、公司行號雇主、貨物進出口人、營業人等）將產生一定之義務（如駕駛人應遵守行車速度限制、雇主應為員工辦理勞保、進出口人應辦理進出口貨物報關、營業人應辦理營業稅及營利事業所得稅申報等），行為人（義務人）即必須獲取各該義務之相關知識；如其不知相關法定義務而有違序行為，則即得對之為過失之非難，而推論其有過失[53]。

4.在實務上存在一種「單純有故意之嫌，而不能確證」之情況，即雖然懷疑行為人存有故意，然而無法確切證實。在此情形，基於「可疑時應作有利於被告之認定」之原則（in dubio pro reo），並且**只有不存在故意之情況，才能成立過失行為**；因此，既然無法認確證行為人有故意行為，即只能認定其有過失行為存在。實務上，最高行政法院即持此見解（參見其91年判第2146號、94年判第440號、第676號判決等，即在此情況下認定行為人有過失行為）[54]。

---

52 蔡震榮等二人，註1書，191頁。

53 陳愛娥，註47文，96頁。

54 陳愛娥，註47文，101頁。

(五)組織之故意、過失推定：

1.本條第2項係特就「**組織**」（條文中之法人、非法人團體、中央機關、地方機關、其他組織，係不同類型之組織）規定「組織之故意、過失推定」。在解釋上，所謂「過失」，舉輕明重，應包括「重大過失」在內。

組織之本質，無論採取何種學說，均無法掩蓋其並無手足之事實，既無手足，則不可能有自然之行為，當然無法證明組織本身有故意或過失。組織之行為必須藉由其代表人等或職員等為之；且職員等所為行為之利益，亦常歸屬於組織。此外，職員等為一定之行為時，往往出於組織之意思決定，即便非出於組織之意思決定，組織對於其職員等本有監督義務，故本條第2項乃規定代表人等或職員等之故意、過失，**推定**為組織之故意、過失，而歸責於組織，對組織處罰之。又本項係規定「推定」，而非「視為」，因此自可舉證推翻之。至於應由何人舉證，析述如下：(1)在代表人等有故意或過失時，如組織欲舉證推翻該事實，由實施違序行為之自然人舉證。另外參酌公司法第223條公司董事為自己與公司為法律行為時，由監察人為公司的代表之法理，亦得由組織中其他有代表權之人（如公司之監察人等）代表舉證。(2)在職員等有故意或過失時，如組織欲舉證推翻該事實，由實施違序行為之自然人舉證，亦可由組織舉證（由有代表權之人代表舉證）[55]。

惟須注意，**本條第2項之適用，應係以組織之代表人等或職員等「為組織執行職務」或「為組織之利益而行為」為前提**。本條第2項於此雖無明文，而參酌本法第15條規定，應作此解釋。是以代表人等或職員等如有違序行為，而其並非為組織執行職務或非為組織之利益而行為時，自無本條第2項規定之適用，而應歸責於代表人等或職員等

---

55 蔡震榮等二人，註1書，194頁；洪家殷，註2書，210頁；以及簡珮君，行政罰上多數受罰對象之競合——以私法人之受罰為例，政治大學法律學研究所碩士論文，2007年6月，87頁。

　　謹按本條第2項原草案係規定「視為」，立法院審查時改為「推定」（其立法說明亦稱「推定」），既係「推定」，自可舉反證推翻。李惠宗對此提出批評，認為「推定」屬證據方法之一種，被推定之事實不存在者，仍得舉反證推翻被推定之事實。組織之「代表人、管理人、其他有代表權之人」其執行職務之行為，在法理上本即應「視為」其所代表的組織之行為，其故意、過失在法律上即應「擬制」為組織之故意、過失，故使用「推定」，並非妥適。相對於此，「實際行為之職員、受僱人或從業人員」之行為，依法並不被直接「視為」組織之行為，故無妨由其故意、過失推定組織之故意、過失，故「推定」，尚屬適當（見李惠宗，註3書，67-68頁）。

　　由於本條第2項規定有立法技術上之瑕疵，故李惠宗、蔡震榮等二人認為在適用時，宜予修正如下：(1)代表人、管理人或其他有代表權之人係組織體之代表人，其故意、過失行為本即應視為組織體之故意、過失行為，無待於推定。(2)組織之所以應受處罰，應係對職員、受僱人或從業人員之「監督義務」有故意、過失之故。因此，無妨由實際行為之職員、受僱人或從業人員之故意、過失，推定組織之有代表權人在監督上之故意、過失，而對此推定之事實，組織並得舉證推翻之。李惠宗並認為本條第2項條文，應區分二類而予修改成如下：「法人、設有代表人或管理人之非法人團體、中央或地方機關或其他組織違反行政法上義務者，其代表人、管理人、其他有代表權之人之故意、過失，視同該等組織之故意、過失。但其實際行為之職員、受僱人或從業人員之故意、過失，推定為該等組織之故意、過失。」（分別見李惠宗，註3書，67-68頁；以及蔡震榮等二人，註1書，194，199頁。）

自身。

　　本條第2項規定之主體，計有三類，第一類是法人、非法人團體、中央或地方機關或其他組織；第二類是（法人、非法人團體、中央或地方機關或其他組織之）代表人、管理人或其他有代表權之人；第三類是（法人、非法人團體、中央或地方機關或其他組織之）職員、受僱人或從業人員。

　　本法第15條規定之主體是私法人與其董事或其他有代表權之人；第16條規定之主體是非法人團體或其他私法組織與代表人或管理人；第17條規定之主體是中央或地方機關或其他公法組織。

　　比較本條第2項規定之主體與本法之第15條至第17條規定之主體，其實範圍一致，然而用詞稍有差異，茲比較如下：

　　⑴本條第2項之「法人、非法人團體、中央或地方機關或其他組織」，範圍應等於本法第15條第1項規定之「私法人」、第16條規定之「非法人團體或其他私法組織」與第17條規定之「中央或地方機關或其他公法組織」。

　　⑵本條第2項之「代表人、管理人或其他有代表權之人」，範圍應等於本法第15條第1項規定之「董事或其他有代表權之人」與第16條規定之「代表人或管理人」。

　　⑶本條第2項之「職員、受僱人或從業人員」，與本法第15條第2項規定之「職員、受僱人或從業人員」完全相同。

　　由於本法第15條至第17條規定之主體，較為具體細緻，是以關於各類主體之涵義，分別於解析本法第15條至第17條規定內容時，再個別說明（詳見下面本篇第三章、貳、一、㈠與參、一、㈠），此處略之。

　　2.行政法上義務之義務人係組織者，義務之履行實際上係由其代表人、管理人、職員、受僱人或從業人員為之，其是否均有本條第2項「組織故意、過失推定」規定之適用，茲進一步析述如下：

　　⑴為組織執行職務或為組織之利益而行為時，行為人係代表人等者，其係組織之機關，其行為即組織之行為，無效力歸屬之問題（故而有論者認為本條第2項「推定組織之故意、過失」之規定欠妥，應規定「視為組織之故意、過失」，方符法理，參見註55）。惟代表人等終究並非組織本身，故本法第15條第1項、第16條另有規定：代表人或其他有代表權之人（管理人即屬之）有故意或重大過失之違序行為，以致組織應受罰緩之處罰時，代表人等應受同一罰緩之處罰（即與組織併同受罰）。簡言之，**義務由代表人等履行者，其違序行為有本條第2項「組織之故意、過失推定」規定之適用**（如由「代表」之法理言之，代表人等、之故意、過失應直接認定為組織之故意、過失）。

　　⑵為組織執行職務或為組織之利益而行為時，行為人係職員等者，其係組織之「代理人」，其行為並非組織本身之行為，僅其效力歸屬於組織而已。職員等代理組織履行行政法上義務，其型態有二，一種是**職員等代理組織履行義務時，無須向主管行政機關為「意思表示」或「知之表示」**，另一種是**職員等代理組織履行義務時，須向主管**

行政機關為「意思表示」或「知之表示」。茲分述之：

A.職員等代理組織履行義務時，組織無須向主管行政機關為意思表示或知之表示者；**在此情形組織本身自係處於「不作為」之狀態，則如有違序行為之事實，即無從就組織本身認定有無故意、過失，而需就職員等認定有無故意、過失。因此，在此情形，自有本條第2項「推定組織之故意、過失」規定之適用。**

B.職員等代理組織履行義務時，須向主管行政機關為意思表示或知之表示者，基於**代理之「顯名主義」**（Offenheitsprinzip），此種型態之代理組織履行義務，其意思表示或知之表示必須以本人（即組織）名義為之（即此類義務均應以組織名義履行之，代理之職員等則可不具名或具名），其效力歸屬於組織。**在此情形，宜認為組織本身已有「作為」，**似應不得認為組織本身係處於「不作為」之狀態。因此，**如有違序行為之事實，均應認係組織本身所為，是以違序行為有無故意、過失，應就組織本身認定之。因而在此情形，即無本條第2項「推定組織之故意、過失」規定之適用。**

3.組織將行政法上義務委託組織外之第三人（即受託人）處理時，受託人之故意、過失，不得適用本條第2項規定，推定為委託人（即組織）之故意、過失。在此情形，受託人係「意定代理權人」，並非「意定代表權人」（其他有代表權人之一種），故非本條第2項之規範對象，此其一。其次，委託人如係自然人，即無從援用本條第2項規定對該自然人之委託人課責。第三，委託人因委託他人處理事務，而居於「保證人地位」（保證人之涵義，見下面本章、肆、一、㈡），故應適用本法第10條規定，對委託人課責[56]。

二、本條規定在營業稅與所得稅稽徵上租稅行政罰之適用

㈠營業稅與所得稅稽徵上之租稅行政罰，應適用本條關於故意、過失之規定，乃屬當然。關於營業稅與所得稅稽徵上之違序行為，其故意、過失之判斷，除適用如上面一、㈣、所述之判斷準則外，宜依其法領域之特性構建較為具體之判斷方法。茲分別析述並約舉事例說明如下。惟對於營業稅與所得稅稽徵上之違序行為，似向無存在「抽象過失」之責任要件存在的案例，故關於「抽象過失」部分，暫時存而不論。

1.檢視「故意」之核心要素存在與否：

故意之核心要素為「認識」（Wissen）與「意願」（Wollen），前者即行為人認知租稅法上義務之違反，後者即行為人逃漏稅捐或不履行行為義務之意圖。**營業稅與所得稅稽徵上之違序行為，應探詢行為人是否了解其應履行之義務（此係「認識」要素之究明），並探究其行為是否出於逃漏稅捐或規避行為義務之動機（此係「意願」要素之究明），以判斷是否存有故意。**

---

56 陳愛娥，註47文，110-112頁。林錫堯、蔡震榮等二人認為在此情形應適用第7條第2項規定（林錫堯，註2書，99頁；蔡震榮等二人，註1書，197-198頁），惟未說明其論據。

　　例如：（最高）行政法院64年判第727號判例：「……原告之妻另設戶籍，其六十二年綜合所得稅結算申報，夫妻分別申報，且申報書內配偶一欄互不填載，具見其係故意規避累進稅負，而有法律上規定應作為而不作為之違法行為。……」。此判例關於故意之論定，固非不可接受，惟其論證過程至為單薄，不無「判決理由不備」之嫌。本案例關於故意之論證，試擬如下：該夫妻往年綜合所得稅均係合併申報，足見其並非不知夫妻應合併申報（此係「認識」要素之究明）；申報書有配偶一欄，其往年申報均有填載，乃本年申報時均不予填載，足見其並非疏忽，而係有意如此，以規避累進稅負（此係「意願」要素之究明）；據此二端，可見其所為係出於故意。

　　行為人行為時，不知其行為係法規處罰規定之構成要件事實而為之者，即產生**「構成要件錯誤」**（Tatbestandsirrtum），無以成立故意之違法行為。但行為人應注意能注意而不注意，以致不認識者，仍可成立過失之違序行為[57]。

　　2.檢視「重大過失」之核心要素存在與否：

　　由於故意與過失不能並存，只有不存在故意之情況，才能成立過失行為。因此，在確證行為人無故意行為後，方得檢視其是否存有過失行為。**過失之核心要素為「注意義務」與「注意可能性」**，而在租稅法之違序行為上，因過失型態之不同，其注意義務與注意可能性有所差異。

　　目前營業稅法、所得稅法與稅捐稽徵法所規定之租稅行政罰，並無以重大過失為責任條件者。惟本法第15條第1項及第2項規定：「（第1項）私法人之董事或其他有代表權之人，因執行其職務或為私法人之利益為行為，致使私法人違反行政法上義務應受處罰者，該行為人如有故意或重大過失時，除法律或自治條例另有規定外，應並受同一規定罰鍰之處罰。（第2項）私法人之職員、受僱人或從業人員，因執行其職務或為私法人之利益為行為，致使私法人違反行政法上義務應受處罰者，私法人之董事或其他有代表權之人，如對該行政法上義務之違反，因故意或重大過失，未盡其防止義務時，除法律或自治條例另有規定外，應並受同一規定罰鍰之處罰。」。因此，私法人之董事或其他有代表權之人，在營業稅法等三法所規定之租稅行政罰事件上，仍可能需要檢視其有否重大過失。

　　在此情形，**應探究行為人**（指私法人之董事或其他有代表權之人）**對於營業稅法等三法所規定之義務是否已盡「一般人之注意」**（反面觀察，即行為人有無「不尋常程度之疏忽」、「特別之草率、漫不經心」），**以判斷是否其存有重大過失**[58]。例如公司銷貨，會計人員開立統一發票疏未注意發生錯誤，申報營業稅時短報稅額，以致應依營業稅法第51條第3款規定對公司處以罰鍰。由於銷貨收入必須編製傳票呈核，經理應加以審核。經理是就公司納稅事務有代表權之人，如經查明經理係將印章交由會計人員加

---

57 陳敏，註2書，748頁。
58 參見陳清秀，註9書，647-648頁。

蓋,而未親自審核,則其即有「不尋常程度之疏忽」,而存有重大過失(因而亦應依本法第15條第2項規定對經理處以罰鍰)。

  3.檢視「具體過失」之核心要素存在與否:

  對於營業稅與所得稅稽徵上之違序行為,應以行為人之具體過失為責任條件,即其注意義務為「與處理本身事務同一之注意義務」,然而處理本身事務必然因人而異。因此,關於**具體過失之歸責,在個案情形,應以行為人對於該稅捐事務之注意義務具有「期待可能性」為前提**,以判斷是否存有具體過失;亦即在正常情況下,必須依行為人本身之情狀(如處理事務之經驗、教育程度、職務地位等),對應注意之稅捐事項能夠注意及之者,方得歸責。例如納稅義務人為營業人、營利事業者,其注意能力應考量其營業或組織規模之大小;蓋企業規模愈大,愈可期待其會計制度愈加健全,對於有關營業稅、所得稅事務所能注意之程度愈高;是以如果申報銷售額、所得金額與實際應課稅金額相距愈遠,則應愈可期待其能發現該項差異,從而發現其申報錯誤[59]。

  下面所舉判例,均係基於「行為人本身之注意可能性」,檢視行為人過失之核心要素,而論證其「具體過失」之存在。

  (1)最高行政法院89年判第1205號判決(89.4.21):「……本件原告於八十五年十二月十七日完成八十五年十一月份營業稅申報,至被告所屬新店分處於八十六年五月一日查獲止,歷時四個半月,原告顯未針對該公司的帳務,作內部之審核,又原告以電腦處理進、銷項稅額之帳務,於登錄完畢後,亦未作應有之核對措施,如原告於申報前、後對該公司之帳務資料,曾作必要之審核,將不致產生短漏報銷項稅額之情事,或得以在被告所屬新店分處查獲漏報稅額前,自動補報補繳。故,原告難謂無過失,……」。此係以「公司對於帳務、稅務資料未作內部審核」以證實其「未盡與處理本身事務同一之注意義務」。

  (2)最高行政法院91年判第2146號判決(91.11.28):「……上訴人為昌○公司之大股東,參與該公司增減資之會議決議,對公司議決事項即迴避租稅之安排,均已知悉,非一般股東可比。從而,雖股票背面附記有不於當年度課所得稅,上訴人漏未申報系爭營利所得,縱非故意,亦屬過失,……」。此係以「身為大股東已知悉租稅迴避之安排,而竟未申報所得」,縱然無法認確證有故意行為,即宜認定有過失行為存在,以證實其「未盡與處理本身事務同一之注意義務」。

  (3)最高行政法院93年判第1593號判決(93.12.16):「……原審認定上訴人執有系爭緩課股票轉讓所得申報憑單為第二聯,即為申報聯,其上載明:交原增資記名股票股東申報所得稅用,是上訴人對此所得予申報,客觀上自難諉為不知。況上訴人若對系爭所得應否列入申報有疑義,亦應在提出所得稅結算申報書之時,詢問稽徵機關予以確認,其捨此未由,客觀上亦難謂為無過失,……」。此係以「疏忽申報憑單之納稅說

---

59 參見陳清秀,註9書,647-648頁。

明，且申報時有疑義而未予詢明，乃是應注意而未注意」，以證實其「未盡與處理本身事務同一之注意義務」。

(二)在營業稅與所得稅稽徵上租稅行政罰之訴訟案件中，關於認定責任要件之論證，實務上存有如下之問題，頗值檢討。

1.常見對於責任要件論證之疏漏，亦即僅說明或陳述違序行為之事實內容，而對於責任要件之存在與否，未有論證，即認定有故意、過失：

此類責任要件論證之疏漏，約舉數例說明如下：

(1)在最高行政法院89年判第2932號判決（89.10.12）中，詳述如何認定行為人（原告）有轉包工程、未辦營業登記，以及未申報銷售額之行為後，即逕謂：「原告既有營業之事實，竟而未依法辦理營業登記，未申報銷售額，未繳納營業稅，其不作為不能謂無故意或過失之歸責條件。」。本案之行為人如何而有逃漏營業稅之「故意或過失」，判決中未見片語隻字之說明，實無「責任要件」之審究或論證可言。未辦理營業登記、未申報銷售額、未繳納營業稅等違序行為存在之認定，並非「違序行為係故意或過失為之」之論證（即「故意或過失而逃漏營業稅」之論證），二者不可混為一談。

(2)在最高行政法院91年判第1385號判決（91.7.26）中，縷述行為人（上訴人）有未辦營業登記並有借用營造業牌照實際營業之事實，以及如何認定有實際營業行為之後，即逕謂：「原判決認定上訴人實際從事營業行為，卻未辦理營業登記，而未依規定申報銷售額致逃漏營業稅，即有故意不為申報繳納營業稅之歸責條件，與司法院釋字第二七五號解釋無違。」。本案之行為人如何而有逃漏營業稅之「故意」，未見片語隻字之說明，實無責任要件審究或論證之可言。有實際營業行為而未申報營業稅之認定，並非「違序行為係故意為之」之論證（即「故意逃漏營業稅」之論證），二者不可混為一談。

(3)最高行政法院94年判第702號判決（94.5.24）：「……原審斟酌全辯論意旨及調查證據之結果以：……上訴人承攬系爭大樓興建工程，銷售額達一億餘萬元，其未申請營業登記逕行營業，銷售勞務，則就此漏報銷售額逃漏營業稅之行為，縱無故意，亦有過失，……」。本案之行為人如何而有逃漏營業稅之「故意或過失」，原審判決中未見片語隻字之說明，實無責任要件審究或論證之可言。

關於責任要件審究或論證之疏漏，在最高行政法院92年判第1089號判決（92.8.21）中，罕見地指出原審判決對於責任要件之合致與否，未有審究或論證，僅說明違序行為之內容，即認定有過失，並非妥適，殊值肯定：「按『人民違反法律上之義務而應受行政罰之行為，法律無特別規定時，雖不以出於故意為必要，仍須以過失為其責任條件。』觀之司法院釋字第二七五號解釋自明。所謂『過失』係指行為人雖非故意，但按其情節應注意並能注意，而不注意者而言。至於本件上訴人有無過失，自應以上訴人於八十三年至八十七年間，以系爭發票申報扣抵銷項稅額時，有無應注意並能注意，而不注意之情形，為其判斷之論據。原審未調查審究上訴人於本件申報扣抵銷項稅額時有無

過失，徒以行為時營業稅法第五十一條第五款所謂『虛報進項稅額』者，只要營業人以不得扣抵之進項稅額申報扣抵銷項稅額，使應繳稅額虛減，造成漏稅，即符合其要件云云，已有判決適用法規不當之逮法。」。

2.常見以「反面推論」方式認定故意、過失：

本法立法理由四、說明：「……為提升人權之保障，國家欲處罰行為人者，應由行政機關就行為人之故意、過失負舉證責任，……。」。由於租稅法上違序行為之證據方法通常為行為人所掌握，稽徵機關較難舉證行為人主觀上具有故意、過失。因此，稽徵與司法實務常以違序之客觀事實（如稅捐申報內容不正確、計算錯誤等）作為主觀要件故意、過失之「表面證據」（Prima-facie Beweis），認為人民應瞭解且遵守稅法規定，故如有違序行為，縱非故意，亦難謂無過失。此一透過「反面推論」（Umkehrshluß）方式，認定行為人主觀上具有故意、過失之實務作法，實質上減輕甚至免除稽徵機關裁罰之舉證責任，顯有商榷餘地。蓋故意、過失作為租稅法上違序行為之主觀要件，旨在嚇阻逃漏稅捐或規避行為義務之意圖，同時也在過濾不符合目的之裁罰，避免處罰之過度（如對申報時誤寫、誤算等無心之過的處罰）或不當聯結（如藉由營業稅處罰來管制營造業借牌行為等）。**倘若僅以客觀違章事實之存在，即可逕予推定行為人主觀上至少存有過失，如此之實務操作，無異於採「無過失責任」（Haftung ohne Verschulden），自不符本法之立法精神。**再者，租稅法上違序行為之裁罰，非如同稅捐核課事件之具有大量性行政之特性或有即時核課之時限壓力。**如僅因故意、過失舉證困難，而容許稽徵機關不顧行為人之主觀「可歸責性」，而可逕為裁罰，將全然淘空主觀不法要件之規範功能。**質言之，主觀要件故意、過失舉證上之困難，按租稅行政罰裁處之目的性而言，實不足以排除稽徵機關積極之舉證責任[60]。

茲約舉數則行政法院判決，以顯現上述不當之實務操作之一斑：

(1)最高行政法院94年判第1157號判決（94.7.28）：「……三、被上訴人則以：系爭補助款依所得稅法第24條第1項規定及財政部56年12月10日台財稅發第13055號令、86年7月12日台財稅第861906345號函釋意旨，應列為其他收入申報，上訴人漏未申報，已違反行為時所得稅法第71條第1項規定，其縱非故意，難謂無過失，……」，「……本件上訴人既屬營利事業機構，對於所得稅相關法令自應十分熟稔，其87、88年度受領補助款，應列入其他收入，上訴人竟漏未申報，縱無故意，亦難辭過失之責任，……」。前段係稽徵機關以反面推論方式認定故意、過失之例，後段係最高行政法院以反面推論方式認定故意、過失之例。行為人「對於所得稅相關法令自應十分熟稔」，縱屬事實（實則「營利事業機構對於所得稅相關法令自應十分熟稔」之認定，即與我國社會現實不符），並非即可據以論斷「行為人有故意或過失」；蓋其仍應提出「行為人有故意或過失」之論據，方謂完成論證過程。

---

60 黃士洲，行政罰法應如何適用於稅捐裁罰，財稅研究，37卷6期，2005年11月，161-162頁。

　　(2)最高行政法院94年判第1308號判決（94.8.25）：「……參、原審斟酌全辯論意旨及調查證據之結果，以………上訴人對補償費部分固已於申報時申報土地補償費125,276,544元，惟上訴人實際並未繳納土地增值稅，卻虛列成本即土地增值稅74,972,164元，列報所得額5,034,380元，短報所得，其縱非故意，亦難謂無過失，……」。此為高等行政法院以反面推論方式認定故意、過失之例，蓋其雖已說明行為人（上訴人）「虛列成本」，惟並未論證行為人係出於如何之意圖或由於如何之疏忽所致。

　　㈢關於租稅稽徵上之違序行為，何種情形可認為係故意為之，何種情形可認為係過失所致，我國所有內地稅法均無明文規定。在實務上，故意、過失之論斷是極為棘手之問題，而實務界亦似未有較為明確、一致之見解。

　　在租稅稽徵上之違序行為之具體個案上，故意、過失行為之形態，其細節固然極端複雜多樣；惟正因如此，故而有建立**「認定故意、過失之準繩」**之必要，俾可供徵納雙方作為認定故意、過失之依據。對於此一課題，國內已有論者嘗試建立初步（惟並非完整）之認定準繩。

　　論者謂在下述七種情況，應可推論出有企圖故意逃漏稅：⑴保持兩種帳簿，例如公帳、私帳。⑵製作不實之帳簿登載或變更。⑶製作不實之發票或文件。⑷湮滅帳簿、憑證或會計紀錄。⑸隱匿資產或掩飾所得來源。⑹處理其事務，迴避製作該類交易通常應有之紀錄。⑺其行為可能發生之效果，將被誤導或隱藏課稅資料，例如使用現金購置財產，並以其家屬或成員之名義持有該財產[61]。惟此七種認定依據，尚有商榷之處。首先，何以僅依七類行為之外觀，即可直接認定行為人存有逃漏稅捐之故意，並未加以說明。其次，未論及如何認定逃漏稅捐之過失。第三，在行為罰之行為方面，如何論定故意、過失，完全闕如。

　　按故意、過失是主觀之心態，除行為人自認或經追詢後承認外，僅能由客觀之行為、外在環境等加以觀察。此外，租稅法上義務之樣態與內容，亦會對行為發生程度不一之影響。因此，欲認定租稅稽徵上之違序行為是否出於故意、過失，宜由以下諸端考察：**一是行為人本身之情狀，二是行為人所處之外在環境，三是義務之樣態與內容，四是行為之違序樣態與程度，再「推論」或「認定」有無故意、過失。「推論」有故意或過失者，係因由違序行為本身尚不能直接判定，而需同時考察其他因素，綜合判斷以獲得有故意或過失之結論。「認定」有故意或過失者，係因由違序行為本身可直接判斷而獲得有故意或過失之結論。**茲說明如下：

　　1.行為人本身之情狀：

　　以行為人係自然人而言，所謂行為人本身之情狀，係指個人處理稅捐事務之經驗、教育程度、財產與所得之狀況、行為時之注意等。**在正常情形下，個人處理稅捐事**

---

61 陳清秀，註9書，647頁。

務之經驗愈多（如個人已有多年申報綜合所得稅之經驗等）、教育程度愈高、財產與所得並無重大變動，則如發生違反租稅法上義務之行為，當可推論其係疏忽所致（即有**過失**）之可能性較高。

以行為人係組織而言，所謂行為人本身之情狀，係指組織處理稅捐事務之單位、人員是否專責、處理稅捐事務之紀錄、營業狀況、歷年經營之成果、行為時之注意等。**在正常情形下**，組織有專責之單位或人員處理稅捐事務、往年處理稅捐事務尚屬正常（如歷年申報營業稅、營利事業所得稅均屬正常等）、營業狀況尚屬穩定（如收入並無大起大落等）、歷年經營盈多虧少，則如發生違反租稅法上義務之行為，當可推論其係疏忽所致（即有**過失**）之可能性較高。譬如上市、上櫃公司，其逃漏稅捐所獲經濟利益，顯然低於因此所冒之商譽與名譽風險等；又如違序人就交易憑證之取得，已履行「一般商業交易上合理之慎重及注意」，則如發生違反租稅法上義務之行為，當可推論其係疏忽所致（即有**過失**）之可能性較高。

上述推論係立基於一個前提：「行為人本身之情狀正常」。倘如發生違反租稅法上義務的行為之當時或之前，行為人本身之情狀有重大或不尋常之變動（尤其是負面之變動，例如營收鉅幅衰退，以致造成鉅額虧損等），即會大幅提高**故意**而為違反租稅法上義務的行為之可能性。

惟須注意實務上亦存在逆反之事例，即個人歷年均有極高所得，或組織歷年均有鉅額盈餘，多年繳納高額稅捐（如營業稅、所得稅、貨物稅等），覺得不勝負荷，乃有減少納稅之舉措（例如公司某類收入全部不開統一發票，俾減少可觀之稅額等）。此類違反租稅法上義務之行為，其出於**故意**所為之可能性較高。此類逆反事例，應細心辨識。

2.行為人所處之外在環境：

行為人所處之外在環境發生重大事故或變化（如天災、事變（如戰爭、暴動等）、交通管制、意外事故等），行為人對於租稅法上行為義務之履行，必然或通常遭受影響，甚至完全無法履行，是以即不得則認定有「故意行為」；至於是否有「過失行為」，則應視外在環境變動之緣故如何而定，如非行為人之疏忽所致者，即應認定「無過失」（既無過失，則更無故意可言）。

以「帳簿憑證之保存義務」為例：(1)如係因水災、地震等而滅失，通常可認定無不保存行為之**故意**、**過失**。(2)如係因本身辦公室失火而焚毀，則通常可認定有不保存行為之**過失**。(3)如係隔鄰失火殃及本身辦公室而焚毀，則通常可認定對於不保存行為並**無過失**。

再以「稽徵機關指定日期通知備詢」為例：(1)被通知人在收到通知前已經出國，該日身在國外而未前往，則其不履行備詢義務通常可認定並非**故意**為之。(2)被通知人在收到通知後方始出國，該日身在國外而未前往，如未委託他人代理，則通常可認定有不履行備詢義務之**過失**。(3)被通知人在收到通知後方始出國，該日身在國外而未前往，如未

事先請求稽徵機關改期，亦未委託他人代理，則其不履行備詢義務通常可認定係**故意**為之。

　　3.**義務之樣態與內容：**

　　租稅法上義務之型態、義務之履行頻率、義務內容之複雜程度等，對於違序行為之故意、過失之認定，有莫大關係。

　　⑴**就義務之型態言之**，譬如稽徵機關如已掌握納稅義務人之所得扣繳資料，納稅義務人縱有漏報或短報所得，然而其既無逃漏可能，不宜認定有逃漏之故意；至於是否應論以過失，則宜就個案情形審究判斷之。又如土地、房屋之轉讓，必須繳清土地增值稅、契稅，方能辦理產權移轉登記，是以其未履行土地增值稅、契稅之申報義務，則出於**過失**之可能性較高。

　　⑵**就義務之履行頻率言之，通常履行頻率愈密者，其故意不履行之可能性愈高。**蓋除非行為人有重大變故，否則租稅法上義務之履行已屬行為人日常事務之一部分，不易疏忽或忘卻。**履行頻率愈低者，相對較易疏忽或忘卻，即出於過失之可能性較高。**例如：⑴證券交易稅、期貨交易稅之代徵義務，須每日履行。代徵人業務正常，某日竟未代徵稅款，則通常可認定有不代徵之**故意**。⑵營業稅每二個月應自動報繳一次，以往各期均如期報繳，本期則竟全部未報繳，則通常可認定有不報繳之**故意**。或如本期有報繳，然而有少部分常態之銷售額未納入申報，則通常可推論有不報繳之**故意**。又或如本期有報繳，然而本期新增之某類收入未納入申報，則通常可推論有不報繳之**故意**（如明知該收入係銷售額而未報繳營業稅），或推論有不報繳之**過失**（例如自行判斷該收入並非銷售額而不報繳營業稅，而稽徵機關則認定其性質為銷售額）。⑶綜合所得稅及營利事業所得稅每年應自動報繳一次，往年均如期報繳，今年之所得則竟全部未報繳，則可認定有不報繳之**故意**。或如今年有報繳，然而有少部分經常性之所得或某類所得，往年均有納入申報，今年則未納入，則通常可推論有不報繳之**故意**。⑷購買房屋之契稅申報義務，個人一生可能發生數次。如係首次購屋未申報契稅，則通常出於**過失**之可能性較高。如首次購屋有申報契稅，而距上次購屋時間不久，第二次購屋未申報契稅，則可推論出於**故意**之可能性較高。⑸遺產稅之申報義務，通常個人一輩子大約發生一次。是以其某類遺產未申報，出於**過失**之可能性較高。

　　⑶**就義務內容之複雜程度而言，通常租稅法上義務內容如較複雜，即意味其義務較為重要，而事務愈複雜，即愈容易發生疏忽而出錯，故除全部不履行者外，其不履行係出於過失之可能性較高。義務內容愈簡單者，其故意不履行之可能性愈高。**例如：⑴營利事業每年應辦理所得額結算申報，其義務內容最為複雜；原因是所得之構成內容（即收入、成本、費用、損失等之金額）極為複雜，所需製備之報表等，數量既多，內容亦繁複等。是以營利事業在辦理結算申報時，最容易出錯（如申報書中某類收入少列等），以致未如實列報所得額，可推論出於**過失**之可能性最高。⑵營利事業應保存帳簿、憑證，其義務內容相對複雜。是以如無天災、事變等，其帳簿、憑證滅失，可推論

出於**過失**之可能性較高。⑶稽徵機關指定日期通知備詢，此一義務內容最為單純，極易踐履；受通知人如未於該日前往備詢，可推論出於**故意**之可能性較高。

　4.行為之違序樣態與程度：

　部分租稅稽徵上之違序行為，觀察行為之樣態、行為違序之嚴重程度等，由一般之生活經驗、會計處理之常理等，亦可直接認定或加以推論其故意或過失。茲舉例說明：

　⑴稽徵機關查獲營利事業在依稅法規定應設置之帳簿（俗稱「**外帳**」）外，另設帳簿置記載全部或部分未記載於外帳之交易、會計事項（俗稱「**內帳**」，通常記載未開立統一發票之收入等。惟營利事業是否「保持」兩種帳簿，則有先予查明之必要）[62]。**營利事業保持「外帳」、「內帳」兩種帳簿，而內帳登載全部或部分未登載於外帳之銷售額、所得額等，全未申報或未如實申報，則依企業會計處理之常理等，自可認定行為人存有企圖逃漏稅捐之「故意」。**蓋營利事業有依稅法規定設置並記載帳簿之義務，因而在事理上，自應將其所有交易、會計事項登載於一套帳簿內。保持兩種帳簿，實難以聲稱係屬**過失**而為之。

　⑵營利事業**製作虛偽之統一發票**，例如偽造統一發票而使用（通常是有交易事實而使用偽造之統一發票，故而不予申報繳納營業稅）、虛偽開立（真正之）統一發票（通常是並無交易事實而開立，而由收票人據以申請退還加值型營業稅等）等；或**製作虛偽之其他文據**，例如虛偽開立普通收據、虛偽編製記帳憑證、虛偽書立交易合約（例如並無財產之交易，而書立財產之買賣合約）等。**其相關之銷售額、所得額等，全未申報或未如實申報，則依一般之生活經驗或會計處理之常理等，自可認定行為人存有企圖逃漏稅捐之「故意」，實難以再諉稱係屬過失而為之。**

　⑶營利人如係應使用統一發票，而有銷貨等收入時，有開立統一發票之義務（參見營業稅法第32條等）。由於稅法中有開立統一發票之義務規定，並且統一發票直接與納稅義務有關，故營業人之銷售額未開立統一發票（即「漏開統一發票」）或未如實開立統一發票（即「短開統一發票」）時，除涉及行為罰外，亦可能涉及漏稅罰。

　營利人漏開或短開統一發票，固然通常導致未申報或未如實申報課稅事實（如營業人某筆銷售額漏開統一發票，致未申報該筆銷售額，或有短開統一發票，致有短報銷售額）；但亦可能並未發生未報告或未如實報告課稅事實之情事（如營業人未開或短開統一發票在先，但其後仍如實申報該筆銷售額（因應開立統一發票之時日在前，申報銷售額之時日在後之故））。因此，**在前一情形，可推論營業人存有企圖不開立統一發票之「故意」，亦有逃漏稅捐之「故意」。在後一情形，既未漏繳該漏開或短開銷售額之稅捐，則可推論營業人有疏忽致未開立統一發票之「過失」。**

62 通常內帳未必書明何人所有，且帳簿中未必有權責人員之簽名或蓋章，故自應先確定該內帳係違序人所有。此係屬實務上調查、取證等之技術問題，在此不予細述。

⑷個人（除執行業務者外）並無設帳之義務，而依稅法規定有申報特定課稅事實（如申報全年個人所得額、遺產金額、贈與金額等）之義務。未申報或未如實申報課稅事實之行為，固然通常導致漏繳稅捐之情事；但亦可能並未發生漏繳稅捐之情事（例如無應納稅額、未達起徵點而無需納稅等）。前一情形涉及漏稅罰，而在後一情形，視稅法之規定，或涉及行為罰，或無須處罰。因此：

A.如全然未申報，導致漏繳稅捐，當可推論其有企圖逃漏稅捐之「故意」。

B.如已申報，而有短報、漏報，導致漏繳稅捐，因個人並非有帳簿之記載可據以申報，則可推論其有疏忽以致形成漏繳稅捐之「過失」。

C.未申報或未如實申報，然而未形成漏繳稅捐之結果，而稅法如有處罰未踐履報告義務之行為罰規定者，則如上面A、及B、所述，可推論其係存有未申報或未如實申報課稅事實之「故意」或「過失」。

以上所述之故意、過失之認定準繩，並未涵蓋我國稅法上之全部違序行為（事實上亦不可能全部涵蓋），僅係舉部分案例加以解說，俾能作為其他案例中故意、過失認定之借鏡。

上述故意、過失之認定準繩，適用於我國全體稅法上之違序行為；至於營業稅與所得稅稽徵上違序行為，亦可適用，自屬當然。關於營業稅法、所得稅法與稅捐稽徵法中個別條文規定之違序行為，其故意、過失之論斷，則留待於下面本書第二章至第四章中析述之。

㈣關於租稅稽徵上之違序行為，何種情形可認為納稅義務人已經盡其注意義務，而無過失，不應處罰，我國所有稅法均無明文規定。在實務上，無過失之認定亦是相當困難之問題，而實務界亦似未有較為明確、一致之見解。

對於此一課題，國內已有論者嘗試建立「一般性之無過失認定原則」，茲引述如下，並續而概略說明我國實務界之一般見解，以及其可否及如何適用於營業稅與所得稅稽徵上之違序行為。

1.違序行為具有「合理理由」（或「正當理由」，Reasonable Cause）：

參照美國內地稅局（Internal Revenue Service，IRS）見解，下述情形可認為具有合理的正當理由，亦即已盡其注意義務，如因而發生租稅法上之違序行為者，可以「無過失」論之，而免予科處處罰[63]：

---

63 參見陳清秀，註9書，650-651頁。惟其所述係限於「未申報稅捐或納稅」之行為，在此則為擴大，及於所有類型之租稅法上違序行為。

另外，洪家殷亦提出「較常見可排除過失之情形」如下（因其過於籠統，洪家殷亦自承其仍嫌簡略，故僅轉錄於此，以供參考）：1.個人因素：如車禍、重病等。2.外在不可抗力因素：如地震、颱風等天災。3.事實認定之爭議：如有無課稅事實之發生、有無該筆所得存在等。4.法律見解不同：如前後之解釋函不一致、對該筆所得之性質或所得歸屬之年度看法不同等。5.機關本身之行為：如行政機關未發出必要之通知、送達不合法、機關本身之錯誤行為所致等。6.其他：如有無行政罰法第8條但書之特殊情形（見洪家殷，註13文，18-19頁）。

⑴因為火災或其他災害，以致營業紀錄等毀滅。

此一理由在我國亦應適用，自屬當然。實務上亦有類似見解，例如財政部79.12.11台財稅第790431705號函：「貴轄××公司憑證遭火燒毀，既於申報期限內向主管稽徵機關報備，其因故未能如期申報78年11、12月份銷售額、應納或溢付稅額乙案，准予補稅免罰。」。惟此釋函未指明在此情形可論以「無過失」，故可免予處罰。

⑵納稅義務人本人或其親近家屬死亡或罹患重病。

在營業稅與所得稅之稽徵上，納稅義務人為個人或獨資事業者，方會發生此一情形。在我國實務上，除本人死亡外，通常稽徵機關均不接受此一理由而免除處罰。以我國社會常情而言，納稅義務人如有此一情形以致發生違序行為，稽徵機關實宜接受此一理由而免除處罰。稽徵機關常以「非不可委託他人代理」為由，不接受此一理由而免除處罰。惟納稅義務人之稅捐事務，是否委託他人代理，應由其本身斟酌，並非有此情形時，納稅義務人即有「應委託他人代理」之法律上義務。

⑶不可避免之缺席（absence）。缺席應係指納稅人有某一作為義務而未作為，例如稽徵機關通知備詢而未到等。

在我國實務上，通常僅以「天災、事變」以致缺席者為限而免除處罰。至如因「重病」、「身在國外」等以致缺席者，稽徵機關常以「非不可委託他人代理」為由，不接受此一理由而免除處罰，此一處理方式甚為不妥，其理由如上面⑵所述。

⑷不諳法律，並有其他因素足以支持其「不諳法律」之主張者，例如納稅義務人為第一次申報稅捐之人。

由於營業稅與所得稅之報繳極為複雜，是以營業人開業後第一次申報營業稅、營利事業第一次開業後第一次申報營利事業所得稅、個人成年後第一次申報綜合所得稅等，最常發生此一情形。在我國實務上，通常稽徵機關均不接受此一理由而免除處罰。

如上面一、㈣、3、所述，營業人係營業稅之納稅義務人、個人與營利事業係所得稅之納稅義務人，必須獲取各該稅捐報繳義務之相關知識；如其不知相關法定義務而有違序行為，則即得對之為過失之非難，而認定其有過失。按在此情形，如論以過失而適用本法第18條規定予以減輕處罰，固非無據。惟如考慮對納稅義務人之第一次申報營業稅、所得稅，缺乏「申報內容鉅細靡遺均無疏漏或錯誤」之「期待可能性」，則以「無過失」論之，而免予處罰，實較妥適。

台北高等行政法院90年訴第102號判決（90.12.13）即有相同之見解：「……本件原告經營之營業外觀為舞廳，僅因其有供應酒與小菜，致應予認定歸類為有娛樂節目之餐飲店，而適用特種飲食業稅率課徵營業稅，故本件既係就原告之營業應按如何之稅率課稅之爭執，且原告甫開始營業，第一次申報營業稅，自不能期待其對於應繳納較一般營業稅率為高之稅率一節，有所認識，尚難認原告有逃漏稅之故意或過失，……。」。

⑸稅捐申報雖準時提出，但誤向非該管稽徵機關提出申報。

　我國行政程序法第17條有受理機關應主動移送有管轄權之機關之明文,在實務上,對於營業稅與所得稅等之申報案件,亦係如此處理,一向未以違序而處罰。因此,在我國無須再依此一理由而免罰。

　⑹**稅捐申報雖在期限內準時郵寄,但因郵資不足被退件。**

　在我國實務上,通常之處理是稽徵機關仍予收件,但通知申報人補付郵資;因此,在我國無須再依此一理由而免罰。

　⑺**從稽徵官員獲得錯誤之訊息。**

　在我國稽徵實務上,通常稽徵機關均不接受此一理由而免除處罰。惟在行政法院實務上,有以「辦理申報業務之公務員提供錯誤之訊息」為由,同意納稅義務人所主張信賴保護之判決,如最高行政法院94年判第643號判決(94.5.12)略以:「……本件上訴人於原審起訴時主張其於申報時,受苗栗縣銅鑼鄉公所負責辦理申報業務之公務員邱秀琴之行政指導,始將夫妻分開於各自戶籍地申報,且未填載配偶姓名資料,並提出邱秀琴出具之聲明書、銅鑼鄉公所出具之邱秀琴經歷證明書為證。查上訴人該項證據主張涉及其是否確實信賴邱秀琴之指導而於申報綜合所得稅時,始與其配偶分開申報及未於申報書內填載配偶相關資料,原審就此事實原應依上訴人之聲請通知邱秀琴到庭訊明,如經查明確有此事實,則上訴人未於申報書內填載配偶資料,是否有故意或過失,即有待斟酌。……」。

　⑻**需要適當的空白表格或申報書,而稽徵機關未予準時提供者。**

　在我國營業稅與所得稅實務上,果有此一情形時,亦應予免罰。惟在實務上,似難想像存在「缺乏空白表格或申報書」之情形。

　⑼**親自前往稽徵機關辦公室,請求提供必要之協助或資訊,以完成稅捐申報,但納稅人並非因可歸責於自己之事由,無法獲得稽徵機關人員之見面協助。**

　在我國營業稅與所得稅實務上,果有此一情形時,亦應予免罰。

　2.**存在應予「信賴保護」之情形:**

　如果納稅義務人對於該項目之稅務處理方式,乃是以對於有關現行法規、行政解釋函令、國會立法者之意圖(表現在委員會報告中)、稽徵機關書面之釋示說明、草擬完成之行政命令等具有「**實質之權威**」(substantial authority)見解為基礎時,就該部分之稅務處理,縱然經稽徵機關認定短報、漏報稅捐,應予調整補稅,但考慮人民對於法律秩序之信賴保護,應認為具有合理之正當理由,不應處以短漏報稅捐之處罰。所謂實質之權威,依美國實務見解,乃是指不嚴於「**較有可能之標準**」(more likely than not)(指在訴訟上超過50%之勝訴機率),而嚴於「**合理基礎之標準**」(reasonable basis standard);因此,倘若法院經審查各項事實及法源之後,雖有爭議,但完全不太可能勝訴時,則不具備實質之權威的要件[64]。

----

64 參見陳清秀,註9書,651頁。

　　上述見解，其意涵與我國實證法上之**「信賴保護原則」**（Der Grundsatz des Vertrauenschutzes）相近。關於信賴保護原則，行政程序法第8條定有明文，是以在我國之租稅行政罰案件，亦有信賴保護原則之適用。

　　適用信賴保護原則，須具備以下四個要件：⑴**信賴基礎**：即必須有使行政行為之相對人產生信賴之行政法規、行政處分等，以作為信賴基礎。行政機關「單純之沈默」與「以往重覆之錯誤行為」，不得作為相對人之信賴基礎。⑵**信賴表現**：行政行為之相對人須有客觀上因信賴而展開具體之行為（包括作為與不作為），致產生法律上之變動。又信賴表現必須建立在「信賴基礎」上者，方受保護，亦即兩者之間必須有因果關係存在。⑶**信賴基礎之去除**：行政行為之相對人已有對信賴基礎表現信賴之行為，但行政機關欲除去該信賴基礎，或做出違反該信賴基礎之行為，因此等行政機關出爾反爾之行為，以致造成行政行為之相對人受有損害。⑷**信賴值得保護**：行政行為的相對人之信賴必須值得保護。信賴基礎之獲得，如可歸責於行政行為之相對人者，則其信賴不值得保護。行政行為之相對人之信賴表現亦不得基於惡意而為，否則其信賴亦不值得保護。另外，就信賴保護之法律效果而言，通常有兩種情形：⑴**存續保護**：在信賴利益大於公益之前提下，予以維持信賴基礎之法律效力，或仍予實現信賴基礎之內容。⑵**財產保護**：此係在承認「公益優先性」之前提下，認為以不維持構成信賴基礎之行政行為之效力為宜時，所為之損失補償[65]。

　　司法院大法官會議釋字第525號解釋（90.5.4）並例示「信賴不值得保護」之情形：⑴信賴基礎方面：法規如訂有施行期兼或因情事變更而停止適用者，無信賴保護問題。⑵信賴表現方面：純屬願望、期待者，非屬信賴表現。⑶信賴值得保護：有下列情事之一者，其信賴不值得保護：A、經廢止或變更之法規重大明顯違反上位規範。B、法規係因主張權益受害者以不正當方法或提供不正確資料而發布[66]。

　　對於營業稅與所得稅之違序行為，信賴保護原則亦有其適用，乃屬當然。

　　我國實務上，在營業稅與所得稅之租稅行政罰案件中，稽徵機關對於違序人之請求適用信賴保護，均予拒絕，幾無例外。至於行政法院對於違序人訴請適用信賴保護，近年來已漸能正面審究，而非如以往之一概拒絕，如下列判決[67]：

----

65 關於信賴保護原則之內容，詳見蔡茂寅、李建良、林明鏘、周志宏合著，行政程序法實用，3版，2006年10月，33-34頁；以及吳坤城，公法上信賴保護原則初探，載於成仲模謀主編「行政法之一般法律原則（二）」，1997年8月，239-241、249-250頁。又彭鳳至及林文舟均認為：行政機關「單純之沈默」與「以往重覆之錯誤行為」，不得作為相對人之信賴基礎；參見行政訴訟法研究會第13次研討會紀錄，台灣法學雜誌，138期，2009年10月，149及頁155頁。

66 轉引自蔡茂寅等四人，註65書，35-36頁。

67 在90.5.4大法官會議釋字第525號解釋發布前，行政法院概均以課稅及租稅行政罰係「負擔處分」（或稱「侵益處分」），並無信賴保護原則之適用，而拒絕違序人之訴請適用信賴保護。由於釋字第525號解釋指明：信賴保護原則不限於授益行政處分之撤銷或廢止，行政行為應保護人民正當合理之信賴，行政程序法第8條定有明文：信賴保護原則之適用，不限於授益行政處分之撤銷或廢止，即行政法規之廢止

①高雄高等行政法院89年訴第435號判決（90.11.21）略以：「……縱認司法院釋字第四二七號，就公司合併不得追溯扣抵合併前各該公司虧損之解釋，係在闡明法規（所得稅法第三十九條但書）之原意，應自法規生效之日起有其適用，不生「不得溯及既往」之問題，惟本件原告早在上開司法院解釋發布前即已完成合併，是時，對於合併後存續公司之前五年虧損，被告機關仍准予扣除，業如前述，則基於「信賴保護原則」之行政法理，原告於上開司法院釋字第四二七號解釋發布前所為之公司合併，其本身為存續公司，亦應准予扣除其本身前五年之虧損，併予敘明。……」。惟在上訴審中，最高行政法院92年判第140號判決（92.2.13）則以：「原判決對於上訴人是否具備信賴基礎、信賴表現及其信賴值得保護等條件，未加審酌，遽認本件有信賴保護原則之適用，亦有疏漏」為由，而廢棄原判決。

②最高行政法院92年判第30號判決（92.1.16）、92年判第1089號判決（92.8.20）等，略以：「……本件上訴人於八十七年以前取得系爭購買股東會贈品之發票申報扣抵銷項稅額時，如稽徵機關立即依規定查處，豈有於相隔多年之後，再追溯累積各期漏稅金額予以處罰之可能！本件主管稽徵機關就稽核系爭發票是否虛報情事，究竟有無違背誠實信用之方法，並損及納稅義務人正當合理之信賴，自有研究斟酌之餘地。本件既遲至財政部八十七年十二月三日台財稅第八七一九七六四六五號函發布後，始明確釋示公司於召開股東會時，以紀念品贈送股東，其進項稅額不得申報扣抵銷項稅額。則於該函釋前，財政部所屬各稽徵機關對該發票是否可以扣抵銷項稅額，似欠明確之依據，能否事後回溯課予納稅義務人高於主管稽徵機關之法律責任，並據以認定上訴人有過失，均有再詳予斟酌之必要。……」。

又最高行政法院94年度判字第00131號判決（94.4.28）略以：「……又稅捐稽徵機關固得於稅捐稽徵法第二十一條所定之稅捐核課期間內，依法補徵稅捐或並予處罰，但補稅及處罰之要件並不完全相同，前者只須客觀上有應稅未稅之原因事實存在即足，而處罰尚須具備故意或過失之責任條件，故為了增進人民對行政之信賴，主管稽徵機關應於營業人每期申報銷售額後，依有關規定儘速辦理稽核，不宜於相隔多年後，再追溯累積各期漏稅金額予以處罰。查被上訴人自八十三年四月一日取得第一張購買股東會贈品之發票申報扣抵銷項稅額起，已多年按相同方式為申報，發票上亦註明為購買「股東會贈品」（有該發票附原處分卷可稽），然而於此段期間，主管機關除未對該等發票可否扣抵銷項稅額為釋示外，原處分機關復未於被上訴人每期申報銷售額後即時加以查核更正，為上訴人（按指台北市國稅局）所不否認，原判決乃據此認為被上訴人既有信賴基礎（稅捐稽徵機關未曾否准營業人以其股東會紀念品發票之進項稅額扣抵銷項稅額

或變更亦有其適用。此後行政法院之見解方隨同改變，願意對於違序人之訴請適用信賴保護，加以斟酌。是以在此僅搜尋釋字第525號解釋發布後之（與營業稅法、所得稅法及稅捐稽徵法有關之）行政法院判決。

之實務）、信賴表現（八十三至八十七年間以股東會紀念品之進項稅額申報扣抵銷項稅額），且無信賴不值得保護之情形，即應受信賴原則之保護，尚難認定其有過失，經核於法並無不合。上訴人主張本案仍於稅捐稽徵法第二十一條規定之核課期間內，於該等期間內，自得本於職權為核課云云，顯係忽略被上訴人有受信賴保護之原因存在，並混淆補徵稅捐及處罰之要件，尚不足取。……」。

③最高行政法院94年判第520號判決（94.4.14）略以：「二、本案經函准教育部…、行政院國家科學委員會…及經濟部…函復，財團法人亞洲土地改革與農村發展中心非屬經教育部、行政院國家科學委員會或經濟部核准設立之學術、科技研究機構，尚無營業稅法第8條第1項第31款免稅規定之適用」意旨，據以認定被上訴人受託辦理污水處理工程及土地重劃業務所取得之勞務收入，並無營業稅法第8條第1項第31款免徵營業稅之適用，僅足以證明被上訴人有依法繳納營業稅之義務，惟尚不足以證明被上訴人漏稅有故意或過失。況原審依財政部台北市國稅局松山稽徵所於71年10月9日以財北國稅松審字第13936號函復台北縣稅捐稽徵處謂：「本轄財團法人「亞洲土地改革與農村發展中心」合乎所得稅法第4條第13款規定，其免稅所得包括執行業務所得在內，該組織核准免納時間係於71年4月7日向本所申請核准，復請查照」，及台北縣政府於71年8月5日以71北府主二字第168485號函副本通知被上訴人謂：「本府委託財團法人『亞洲土地改革與農村發展中心』代辦本轄三峽、林口等社區市地重劃工作，其支付該中心之服務費內扣繳3筆計743,333元，該中心既合乎所得稅法第4條第13款免納所得稅之規定，請將以上扣繳稅款退還本府，請查照辦理。」兩函釋意旨，認定被上訴人自71年間起，既信賴稅捐稽徵機關以其受託辦理市地重劃相關業務收入為「執行業務所得」，且無行政程序法第119條所規定信賴不值得保護情形。被上訴人因基於信賴稅捐機關對被上訴人收入性質之認定，未辦理營業登記及報繳營業稅，即難認被上訴人有過失等情，揆諸上開說明，核無違誤。上訴人既無法證明被上訴人漏稅有故意或過失，則其依營業稅法第51條第1款，按其所漏稅額處3倍罰鍰14,110,000元，即非有理由，訴願決定，予以維持，亦有不合，原審判決均予以撤銷，尚無不合。」。

至於行政機關有關租稅法之解釋函令之變更，有無信賴保護原則之適用，行政機關（主要是財政部）之態度較為正面，在其發布新解釋函令變更舊解釋函令時，常同時指示：「本令（函）發布前未確定案件，依本令（函）之規定辦理」（但並非絕無例外，亦有未作此一指示者）。此一指示雖未明言，實質上形同於新解釋函令發布前已確定之案件，適用信賴保護原則，殊值贊同。反之，行政法院則似均持否定見解，略如：「首揭所得稅法相關財政部之函釋縱有變更，未及於法規之制定或修正，則上開函釋之變更應追溯至稅法頒布時生效適用，自無行政法信賴保護原則之適用」（參見最高行政法院90年判第24號判決、90年判第203號判決、90年判第989號判決等）。

謹按如上面本篇第一章、肆、一、㈡、4、所述，行政機關變更其解釋函令之見解，如該解釋函令係對於法規中**「義務規定」**或**「處罰規定」**之解釋，因行政機關就行

政法規所為之釋示，應自法規生效之日起有其適用，是以解釋函令見解之變更，應視同法規變更處理。**由於行政法規係信賴基礎，是則視同法規之解釋函令亦是信賴基礎；因此，解釋函令之不利變更，即是信賴基礎之去除，自應有信賴保護原則之適用。**上開諸判決以「解釋函令之變更應追溯至稅法頒布時生效適用」為理由，而否定信賴保護原則之適用，法理依據何在，實值檢討。

　　3.**合理善意信賴稅務專家之顧問諮詢意見：**

　　美國最高法院1985年在United States v. Boyle案件之判決，揭櫫如下見解：「如果一位會計師或律師就某一稅法問題，例如是否有納稅責任存在，提供納稅人諮詢意見時，則對於納稅人而言，信賴此項諮詢意見，乃屬合理。大部分納稅義務人並無能力辨別會計師或律師在實質的諮詢意見中之錯誤；因此，要求納稅人挑戰律師，以尋求第二個意見，或自行監控有關法律條文之顧問意見，將使原先尋求諮詢專家意見之本來目的落空。「通常營業上之注意及慎重」（Ordinary business care and prudence）並不要求此種作法。」因此，納稅義務人合理善意信賴會計師或律師之諮詢意見，即具有合理之正當理由，已盡其通常營業上應盡之義務。縱其嗣後經稽徵機關認定違反租稅法上義務，也不得處以租稅行政罰[68]。

　　我國所得稅法有**營利事業所得稅「委託查核簽證申報」**之規定，即營利事業所得稅之申報，納稅義義務人得委託會計師或其他合法代理人查核並經其簽證後，向稽徵機關提出申報（參見所得稅法第102條第2項及第3項、營利事業委託會計師查核簽證申報所得稅辦法）。營業稅法雖無類似之明文，惟實務上財政部則依職權訂定「會計師代理營業稅查核申報注意事項」，是以營業稅之申報，納稅義義務人得委託會計師查核後，向稽徵機關提出申報，即**營業稅「委託查核申報」。**

　　參酌上述見解美國最高法院判決之見解，我國營業稅與所得稅之納稅義務人委託會計師等辦理營業稅「查核」與所得稅之「查核簽證」，會計師等在該項「查核簽證」中，所表達對課稅事項或問題之法律見解，可謂是營業法與所得稅法正式承認之「稅務專家之顧問諮詢意見」。因此，**營業稅之查核申報案件與所得稅之查核簽證申報案件，如嗣後經稽徵機關認定違反租稅法上義務，則應以納稅義務人已合理善意信賴稅務專家之顧問諮詢意見，而以「無過失」論之，而不得處以租稅行政罰。**目前在我國實務上，稽徵機關與行政法院概均無上述認識；因而仍一律以納稅義務人有故意或過失，而處以租稅行政罰（主要是漏稅罰），實值商榷。

　　至如在非屬查核申報、查核簽證申報之情形中，對於營業稅、所得稅之稅務問

---

68 參見陳清秀，註9書，651-652頁。在此有一問題，即納稅義務人是否有「諮詢稅務專家之義務」？陳清秀引用德國稅法學者之見解，認為納稅義務人如果不諳稅法令（包括稅法規定、相關判例及財稅主管機關之解釋函令等）時，應有諮詢合格稅務專家（會計師、律師等合法稅務代理人）意見之義務（見陳清秀，註4文，160頁）。本書不贊同此一見解，蓋人民之法律上義務應由法律規定，不得以解釋或推論方式創設。

題，納稅義務人亦常徵詢會計師或律師等之意見。在實務上，嗣後如經稽徵機關認定違反租稅法上義務，縱然納稅義務人主張已徵詢會計師或律師之書面「法律意見書」，稽徵機關與行政法院概仍一律以納稅義務人有故意或過失，而處以租稅行政罰，遑論納稅義務人已徵詢會計師或律師之「口頭意見」。此一實務作法，實亦有待探討。

4.租稅報告已充分及誠實之揭露（Disclosure）：

納稅義務人倘若在稅捐申報書或其附件說明書上，已充分完整說明與課稅基礎之個別項目有關之事實及或法律問題，甚至以誠信之方式挑戰解釋函令之合法性，則其見解雖與稽徵機關不同，而遭調整補稅，但因其已對於有關課稅事實已充分及誠實揭露，故不構成短報、漏報稅捐行為，自不應裁處漏稅罰。如美國內地稅法第6662(d)條第2項(B)(ii)即明文規定：任何項目如果影響該項目之稅務處理的相關事實，已經充分的揭露開示於稅捐申報書或其所附具於稅捐申報之說明書中，而且納稅人對於該項目之稅務處理，具有合理的基礎，則該部分所生短漏報金額應自短漏報金額中扣除，亦即就已經揭示說明部分，不構成短漏報稅捐的違章行為[69]。

在我國實務上，行政機關及行政法院對此之態度，分述如下：

(1)財政部92.5.6台財稅第920453012號令：「營利事業領取政府發給之拆遷補償費，未依本部84/08/16台財稅第841641639號函規定申報課稅，其已於營利事業所得稅結算申報書帳載結算金額欄內註明揭露上述所得者，可免依所得稅法第110條規定處罰。……」。

(2)財政部高雄市國稅局92.9.1財高國稅法字第920062391號函訂定「營利事業所得稅短漏報所得揭露免罰之處理原則」，其中之說明二、㈡規定：「㈡已於結算申報書（損益表及稅額計算表）或會計師簽證報告書適當表逑，且有左列情形之一，經審查單位依據違章情節或屬會計師簽證案件會計師已進行相當之查核程序，可證明無過失責任者，免依所得稅法第一百一十條規定處罰：1、其他收益因法令未有明文規定致對收益性質認知差異，而未於申報書（損益表及稅額計算表）自行依法調整欄計列繳稅，惟已於帳載結算金額欄相關科目項下填報者。2、其他收益或應課稅之所得，因法令未有明文規定致對所得性質認知差異而誤報於申報書（損益表及稅額計算表）未分配盈餘加減項目之免徵或免稅所得科目，經查核通知補證內容時，據實提示資料供核者。3、短漏報課稅所得，其屬會計師簽證案件，如營利事業已於申報書（損益表及稅額計算表）帳載結算金額列報為課稅所得，而會計師簽證報告因法令未有明文規定致對所得性質認知差異，敘明理由調整減列致漏報者。4、其他因法令未有明文規定致對所得性質認知差異而未申報課稅所得，但經查明已於結算申報表（損益表及稅額計算表）或會計師簽證報告書中申報或揭露者。」，免予處罰（實務上其他各國稅局概均同此處理）。

---

[69] 陳清秀，註9書，652頁。

⑶最高行政法院93年判第1135號判決（93.9.9）、93年判第1205號判決（93.9.9）、94年判第172號判決（93.9.9）等，有謂：「……次按所得稅法法條中並無『充分揭露』一語，遑論有所謂充分揭露免罰之規定。現行實務上，雖有論者主張『營利事業所得稅漏報所得揭露免罰』之說，係因營利事業所得稅結算申報課稅所得額較具複雜性，惟綜合所得稅課稅所得額明確，並不具有所謂充分揭露原則之特性，故應無短漏報所得揭露免罰之可言。……」

綜觀上開釋函及判決內容，可歸納如下，並加以探討：

A.上開釋函及判決似可謂已建立如下原則：「關於營利事業所得稅之租稅報告，已充分及誠實之揭露者，可以免罰」，至於其他各稅則均不適用。

何以其他各稅不適用「租稅報告充分誠實揭露者免罰」之原則，行政法院之判決似以「營利事業所得稅結算申報課稅所得額較具複雜性」作為得予免罰之理由。實則任何租稅之申報，對於（非稅務專家之）一般個人、組織（如公司、獨資事業、合夥事業等）而言，均具有複雜性，固不僅綜合所得稅之申報課稅所得額複雜而已；蓋不應假設所有納稅義務人均為嫻熟租稅法令之專家。因此，**如一般個人、組織申報各種稅捐時已充分及誠實揭露，亦宜適用同一原則而予免罰，方不致出現差別待遇而違反平等原則**。

B.上開國稅局之認定原則中所謂：「經審查單位依據違章情節或屬會計師簽證案件會計師已進行相當之查核程序，可證明無過失責任者」，究係指證明「本人（即營利事業）」抑係指「會計師」無過失責任，有欠明晰。至於上開判決「如已充分及誠實之揭露，即得免罰」之論證，忽略問題之核心係「營利事業有無過失」之「責任要件」部分，實有欠週。**較為周全之論證，應是「營利事業如已充分及誠實之揭露，即得論為無過失，而予免罰」**。

關於此一問題，行政法院判決於法規適用之審查，未有較周全深入之論證，令人惋惜。另外，財政部實應考慮參考美國內地稅法第6662（d）條第2項(B)(ii)規定，訂定「各稅申報充分及誠實揭露免罰之處理原則」，適用於各稅，一則避免出現差別待遇，二則避免各下屬機關各行其是。

㈤本法實施前，實務上對於組織之職員代理組織履行營業稅法、所得稅法與稅捐稽徵法上義務而有違序之事實時，最高行政法院判決之歸責組織，多係直接歸責而未說明理由，如89年判第1504號判決（89.5.12）：營業人之業務員在外銷售貨物漏開統一發票，遂予認為係營業人漏開統一發票，而予處罰。又90年判第237號判決（90.2.15）：營業人之會計小姐未依限申報營業稅，遂予認為係營業人未依限申報營業稅，而予處罰。

職員代理組織履行營業稅法等三法之義務而有違序行為，如係本法實施後發生者，即應適用本條第2項規定。**在適用時，稽徵機關應先論究代理組織履行義務之「職員」是否存有故意、過失**（稽徵機關對之應負舉證責任）**；有之時，稽徵機關方得推定**

組織有故意、過失（但組織可以用反證推翻稽徵機關之推定），**而對之處罰**。上開最高行政法院對職員之故意、過失直接歸責組織之見解，應不再持續採用。

此外，本法實施前，會計師、記帳業者代理組織履行營業稅法等三法之義務，而有違序之事實，最高行政法院判決有將會計師、記帳業者論為組織之「受僱人」之判決（參見94年判第1310號判決、96年判第2096號判決）。此一見解，並非妥適；蓋會計師、記帳業者係組織外具有獨立身分之代理人。尤其在本法實施後，組織之職員、受僱人之代理組織履行稅法上義務而有違序之事實時，應適用本條第2項規定；至於**會計師、記帳業者代理組織履行稅法上義務而有違序之事實時，則應適用本法第10條規定，各有分際，更不得將會計師、記帳業者論為組織之受僱人，否則適用本法即屬錯誤。**

㈥營業稅法、所得稅法與稅捐稽徵法上之義務，其義務人係組織（如公司、獨資事業、合夥事業、社團法人等）者，義務之履行實際上係由其代表人、管理人、職員、受僱人或從業人員為之。茲本上面一、㈤、2、所述，舉例說明組織之故意、過失之推定。

營利事業之帳簿憑證，應留置於營業場所，帳簿應保存10年（參見稅捐稽徵機關管理營利事業會計帳簿憑證辦法第25條、第26條）。此二義務係「營利事業履行義務時無須向稽徵機關為意思表示」之情形。營利事業不依規定保存帳簿或無正當理由而不將帳簿留置於營業場所者，應依稅捐稽徵法第45條第3項規定處罰。

假設公司有下述違序之情事，其故意、過失之推定，說明如下：

1.帳簿係由公司之董事長親自保管（放置於公司內董事長辦公室），而某日遍尋不獲（但並未發現有遭竊之跡象）。稽徵機關如發現董事長有故意或過失情事，進而可推定公司對於未保存帳簿有故意或過失（如由法理論之），董事長是公司之代表人，其過失應視為公司之過失（參見註55之說明）。

2.帳簿係由公司之董事長親自保管（放置於公司內董事長辦公室），而發覺帳簿係下班後遭竊，乃向警察局報案。報案文件可證明遭竊事實，一般而言，遭竊當非故意所致；但如稽徵機關查明公司之門禁管理有疏忽之處（如下班後董事長辦公室未上鎖等），則仍可認定董事長有過失，因而可推定公司對於未保存帳簿有過失。倘如公司之門禁管理並無疏忽之處，則董事長並無過失，進而推定公司對於未保存帳簿無過失。

3.帳簿係由公司之會計人員保管（放置於公司內會計部門辦公室），而某日遍尋不獲（但並未發現有遭竊之跡象）。稽徵機關如發現會計人員有故意或過失情事，進而可推定公司對於未保存帳簿有故意或過失。

4.會計人員將公司以前年度之帳簿全部攜回放置於其自宅，而為稽徵機關發現。不論會計人員係出於故意或過失，均推定公司對於帳簿憑證未留置於營業場所有故意或過失。

貳、不知法規之責任及處罰減免

行政罰法第8條：「不得因不知法規而免除行政處罰責任。但按其情節，得減輕或免除其處罰。」。此係明定行政罰法不採「禁止錯誤免除責任」之立法例，但輔以「得減輕或免除處罰」之規定。

一、條文說明解析

(一)本條係參考我國現行刑法第16條：「除有正當理由而無法避免者外，不得因不知法律而免除刑事責任。但按其情節，得減輕其刑」之規定而制定，行為人因不知法規之存在或適用，進而不知其行為違反行政法上義務（即行為人產生「禁止錯誤」（Verbostsirrtum）或「違法性認識錯誤」、「法律錯誤」）時，仍不得免除行政處罰責任，惟但書規定得按其情節減輕免除其處罰。

(二)本條之「不知法規」係指行為人不知法規所「禁止」或「要求應為」之行作為義務為何而言，並非指行為人必須要對自己的行為究係違反何一法規之規定有所認知。是以行為人如已知法規所禁止或要求應為之行為義務為何，就該違序行為而言，行為人即已具備違法意識，應無本條但書規定之適用（法務部95.10.5法律決字第950037688號書函）。

本條之「不知法規」中之「不知」，在解釋上應指心智正常，可以知悉、可以了解，惟因資訊不發達而不知該法規之存在。如係行為人即使有機會接觸，仍然無能力認識或認知之情況，乃是「心智有缺陷」。因心智有缺陷而不知（不可能知道、無法期待其能夠知悉等）有法規禁止該項行為，應適用本法第9條第3項不予處罰之規定。是以本法第9條第3項規定，應優先於本條而適用[70]。

本條所謂「法規」，如前面本篇第一章、參、一、(三)、4、所說明者，應包括「法律、法規命令、自治條例或自治規則」四者。

(三)本條但書「按其情節，得減輕或免除其處罰」之情況，應限於「行為人有具體特殊情況存在，而導致其無法得知法規之存在」之情形。現行刑法第16條對「禁止錯誤」之規定方式較為精確，在適用本條但書規定時，允宜參酌其意旨而解為：「除有正當理由而無法避免者外，不得因不知法律而免除行政罰責任。但按其情節，得減輕其處罰」。蓋於「行為人之禁止錯誤有正當理由而無法避免」之情況下，行為人之「不知法規」（等於欠缺「違法意識」（Unrechtsbußtsein））已欠缺主觀之可歸責性，自應免除其責任；而在未達此程度之「禁止錯誤」情形，宜僅減輕處罰[71]。析言之，在有禁止錯誤時，不論可能違序之行為係出於故意或過失，行為人並無「違法性認識」。倘如其錯

---

70 蔡志方，註4書，47頁。

71 陳愛娥，註47文，99頁；以及蔡震榮等二人，註1書，203-204頁。

誤無法避免，行為人即無責任可言，應免予處罰；如係原可避免而乃發生錯誤，則可減輕處罰。

在行為人「不能避免之禁止錯誤」，其行為即無可歸責而不應處罰。何種情形屬於不能避免之法律錯誤，應個案審究判斷之。**惟行為人在下述情形之行為，應認為不可歸責，而不應處罰：**

1.行為人之前曾經向主管機關查詢其本身之情狀適用某一法律規定與否之疑問，獲得清楚明確之回答（其回答不限於以書面為之），而依照該回答行事，縱然事後主管機關認為構成違序時。

2.行為人信賴主管機關對同一法律規定之唯一行政解釋所為之行為，縱然事後主管機關認為構成違序時。

3.行為人信賴最高行政法院對同一行為之統一見解的決議或裁判（尤其是「判例」）所為之行為，縱然事後主管機關認為構成違序時。

4.由於行為人可以信賴法律規定一般所涵蓋之文字意義，故如行為人依法條或其中文字之一般文義所為之行為，而法條或其中文字應限縮解釋或適用等，倘若經詢問或請教合格之專家（如會計師、律師、建築師、專利師等，以下同）後，仍不能排除錯誤時。

5.一個法律規定如有不同的解釋可能性，而欠缺行政法院之裁判、主管機關之行政解釋等，其法律狀態並非清晰明白，而如行為人之行為係以其中一種可能之解釋為基礎，倘若經詢問或請教主管機關或合格之專家後，仍不能排除錯誤時。

6.對於一個法律規定存在見解紛歧之情形，於法律狀態明確澄清之前行為人之行為，倘若經詢問或請教合格之專家後，仍不能排除錯誤時。

其次，在上開1.至3.之情形，如行為人未詢問或請教合格之專家，以致發生法律錯誤，則屬於原可避免而乃發生之錯誤，至少應減輕處罰，始不致過苛。又如最高行政法院、高等行政法院對同一行為之諸多裁判見解不一，或主管機關對同一法律規定之數個行政解釋見解歧異，而行為人信賴其中一種見解時，縱然事後認為構成違序行為，則至少亦應減輕處罰，方不致過苛[72]。

㈣行政罰依本條但書規定得予減輕者，於一定金額（罰鍰）或期間（如停止營業等）等得以量化之處罰，方有其適用，此為事理之當然，觀諸本法第18條第3項、第4項之規定亦明，故於無法量化之處罰類型，行政罰之減輕即無適用餘地。另外，行政罰依本條但書規定得予免除處罰部分，於無法量化之處罰類型，亦有其適用。實務上，應由行政機關本於職權依具體個案審酌衡量，加以裁斷[73]。

---

72 本書以上見解，係參考陳清秀，註9書，652-653頁所述之見解，酌加修改並擴充而成。
73 蔡震榮等二人，註1書，200-201頁；以及洪家殷，註2書，214頁。

二、本條規定在營業稅與所得稅稽徵上租稅行政罰之適用

(一)上面一、(一)至(四)所論,適用於我國全體稅法上之違序行為;至於營業稅與所得稅稽徵上違序行為,亦可適用,自屬當然。

(二)關於營業稅與所得稅稽徵上違序行為,適用本條時,有一個問題值得探討。在實務上,常見稽徵機關以納稅義務人違反稅法之解釋函令為由而裁罰。在此情形,形同將本條所稱之法規之範圍,擴張到包括財稅機關之解釋函令在內。此一實務見解及作法,是否妥適,誠有疑問。由於財稅機關就營業稅法、所得稅法與稅捐稽徵法適用所發布之解釋函令,與其他稅法相較數量比例允稱最多;因此,在營業稅與所得稅稽徵上,此一問題特別值得進一步探討。

按稅法與稅法明確授權之法規命令,始得構成人民租稅法上義務之內容與範圍,同時作為人民認知義務之基礎。其次,解釋函令之性質僅為行政規則,並無直接拘束人民之效力,**自不得將違反解釋函令之行為,逕自等同於違反租稅法上義務之行為**。惟解釋函令在實務之操作上,具有指導稽徵機關如何適用稅法之重要功能,亦有形塑和具體化部分處罰規定中之不確定法律概念或幾近於空白處罰條款(如漏報、短報課稅基礎(如銷售額、所得額等))內容之功能。復且大法官會議釋字第287號解釋肯認解釋函令溯及法規生效時有其適用,儼然賦予其實定法之地位。在此一客觀背景下,上開不得將違反解釋函令等同於違反租稅法上義務之見解,恐難為稽徵實務接受。惟即便承認解釋函令亦得作為處罰之構成要件之內涵,然而解釋函令多如牛毛,其解釋均傾向稽徵便利與財政收入,前後頒布自相矛盾之情況,亦所在多有,縱然是稅法專家亦容易迷失於解釋函令之叢林中,遑論要求納稅義務人對所有解釋函令瞭若指掌,其欠缺期待可能性,事理甚明。是以退步言之,縱認為因不熟悉解釋函令以致違序仍不得免除裁罰,則仍應論以過失,而適用本條但書規定予以減輕處罰為宜[74]。

參、責任能力:年齡及精神狀態

行政罰法第9條:「(第1項)未滿十四歲人之行為,不予處罰。(第2項)十四歲以上未滿十八歲人之行為,得減輕處罰。(第3項)行為時因精神障礙或其他心智缺陷,致不能辨識其行為違法或欠缺依其辨識而行為之能力者,不予處罰。(第4項)行為時因前項之原因,致其辨識行為違法或依其辨識而行為之能力,顯著減低者,得減輕處罰。(第5項)前二項規定,於因故意或過失自行招致者,不適用之。」此係有關行為人受處罰之責任能力規定。

---

74 黃士洲,註60文,163頁。

一、條文説明解析

㈠本條根據「年齡」或「精神狀態」以定行為人之責任能力，依事物本質，**僅適用於自然人**，而不適用於法人、非法人及其他團體等。蓋法人、非法人及其他團體等，在法制上必然由有行為能力者擔任代表人或管理人，故法人只發生如何認定其屬故意或過失責任條件問題而已。

㈡本條第1項及第2項係規定「無責任」、「減輕責任」與「完全責任」之年齡，合併説明解析之。

第1項規定係揭示「未滿14歲之人無行政罰之責任能力」之意旨；蓋通常未滿14歲之人，一般認為其生理與心理發育尚未臻成熟健全，是非善惡之辨別能力尚有未足之故。至於年齡達14歲而未滿18歲之人，由於該等年齡之行為人，涉世未深，思慮有欠周延，辨識行為是否違法之能力較低。惟不容否認由於當代教育普及，資訊發達，故14歲以上未滿18歲之（特別是城市中之）青少年，並不見得均係如此，故第2項規定「得」減輕其行政罰之責任。

由上可知，**行為人已滿18歲即具有行政罰之完全責任能力，故年齡達14歲而未滿18歲之人，當然亦具有行政罰之責任能力，僅其行為得經主管機關依職權裁量而「減輕處罰」而已**。至於行為人之年齡是否已滿14歲、未滿18歲，應以戶籍登記資料為準。

㈢本條第3項及第4項係規定「無責任精神狀態」時之免除責任，以及「精神狀態減弱」時之減輕責任，合併説明解析之。

第3項係規定行為人行為時，因為精神有障礙（例如精神病發作而瘋言瘋語）或心智有缺陷（例如患有弱智），導致完全無法判別其行為違法，或無法根據其辨識而行為（即對其行為違法**無辨識之能力，或缺乏**依其辨識而**行為之能力**），其違序行為即不受處罰。進而第4項規定，行為人行為時，因為精神有障礙或心智有缺陷，導致判別其行為違法之能力顯著減低，或根據其辨識而行為之能力顯著減低（即對行為違法之**辨識能力顯著減低，或依其辨識而行為之能力顯著減低**），其違序行為即得減輕處罰。[75]

本法第8條與本條第3項同有「行為人不處罰」之規定，惟本條第3項應優先於第8條而適用，上面本章、貳、一、㈡已有説明，不贅。

本條第1項和第3項規定之情況，是絕對的不處罰，而第2項和第4項規定之情況，僅是可以減輕處罰，但是否減輕，仍須依據一般之裁量法則，如比例原則、誠實信用原則、有利不利一律注意原則和裁量之界限等而為之（參見行政程序法第7條至第10條）。

㈣本條第5項係規定故意或過失而自陷於精神障礙時，仍應負責。行為人行為時，縱然行為人在行為時有因精神障礙致不能辨識其行為違法或欠缺依其辨識而為行為之能

---

75 蔡志方，註4書，48-49頁；以及蔡震榮等二人，註1書，212-213頁。

力，或此等能力顯著減低，惟如精神障礙係因自己「故意」（例如明知吸食迷幻藥會導致精神恍惚，竟然照吸不誤）或「過失」（例如沒有注意處方說明，在開車前竟然服用感冒藥，導致嗜睡而違反交通規則）所造成，則即不適用第3項之免除處罰與第4項之減輕處罰規定。本項係採取學理上**「原因自由行為」**（actio libero in causa）理論而規定。所謂原因自由行為，原係刑法上之概念，意指利用自己無責任能力狀態實行犯罪者，應追究其原因行為時之責任。**依原因自由行為理論，得將行為區分為「原因階段」及「行為階段」**；對於違序事實之實現，行為人雖然在**行為階段**處於無責任能力或限制責任能力之狀態，但**於原因階段對違序事實之實現有預見或預見可能性，而因故意或過失自陷於精神障礙狀態者，則應加以課責**。至於究應負故意或過失責任，則仍須視其原因階段究係故意或過失而定。具體而言，行為人在原因階段如已預見且意欲發生違法行為，則屬「故意犯」；如行為人對行為階段之違法行為，在原因階段應能預見而未預見者，則屬「過失犯」[76]。

此外，在「行為（意思）不自由」之情形，例如行為人遭持槍脅迫（如以生命相逼）致失意思自律性，而作違序之行為，即屬之；此一情形下之違序行為，亦應免除處罰。本法對此並無明文，顯然存有法律漏洞，應該類推適用精神障礙，或根據舉輕明重之法理，認為此時行為人之違序行為不應處罰[77]。

㈤未滿18歲之人並無行政程序之行為能力（參見行政程序法第22條第1項第1款），而行政程序法第22條第2項規定：「無行政程序行為能力者，應由其法定代理人代為行政程序行為。」。按未滿18歲之人的行政法上義務，可分為兩類：**一類是所負義務無須或無從由其法定代理人代為履行者**，通常是「事實上之行為義務」（例如遵守交通號誌行車或行走、收受通知文書等）。**另一類是所負義務須由其法定代理人代為履行者**，通常是須向行政機關等為「意思表示」或「知之表示」之行為義務（例如申請登記、申報稅捐、填報資料等），須依照行政程序法第22條第2項規定，由其法定代理人代為履行[78]。

未滿18歲之人違反第一類之行為義務者，即可直接適用本條第1項或第2項規定。至於違反第二類之行為義務者，由於其義務係由其法定代理人代為履行，故如有違序行為，其故意或過失究係本人（未滿18歲之人）之故意或過失，抑係法定代理人之故意或過失，又如係法定代理人之故意或過失，其效果是否歸屬於本人等，則除有本條第1項或第2項規定適用問題外，同時涉及本法第10條規定之適用問題，此一問題於下面本章、肆、一、㈣再予解析，此處略之。

---

76 蔡志方，註4書，49頁；蔡震榮等二人，註1書，214頁；以及陳愛娥，註47文，92-93頁。

77 蔡志方，註4書，181頁。

78 參見陳清秀，在法務部行政罰法諮詢小組第8次會議之發言，載於行政罰法解釋及諮詢小組會議紀錄彙編，2版，2007年12月，588-590頁。

二、本條規定在營業稅與所得稅稽徵上租稅行政罰之適用

㈠營業稅與所得稅稽徵上之租稅行政罰，如何適用本條規定，分說如下：

1. **就納稅義務人應履行之義務而言：**

⑴營業稅方面之租稅行政罰，納稅義務人為「營業人」者，其違序行為並無適用本條規定之可能；蓋營業人並非自然人，而本條僅適用於自然人之故。**至如營業稅之納稅義務人為「自然人」者**（如持有進口貨物之個人），**其違序行為自可適用本條規定。**

⑵綜合所得稅方面之租稅行政罰，**因其納稅義務人係「自然人」，其違序行為自可適用本條規定。**

⑶營利事業所得稅方面之租稅行政罰，其違序行為並無適用本條規定之可能；蓋營利事業所得稅之納稅義務人係營利事業（實際上尚包括不合免稅標準之教育、文化、慈善、公益機關或團體），並非自然人，而本條僅適用於自然人之故。

2. **就扣繳義務人應履行之義務而言**，所得稅方有扣繳義務人，而扣繳義務人依規定或為自然人，或為組織（如營利事業、團體等）。**扣繳義務人為「自然人」而涉及租稅行政罰時，其違序行為自可適用本條規定。**

3. 稽徵機關為營業稅或所得稅稽徵上之需要，依據法規規定或依法所為之行政處分**要求**（納稅義務人以外之）**第三人履行之其他義務**（例如提示文件、備詢等），**僅在該第三人為自然人而涉及租稅行政罰時，其違序行為可適用本條規定。**

㈡如同上面一、㈤所述，營業稅與所得稅稽徵上之行為義務，其義務人為未滿18歲之人，而其所負義務無須由其法定代理人代為履行者，當行為人（未滿18歲之人）未履行義務者，可直接適用本條第1項免除處罰或第2項減輕處罰之規定。

惟按之實際，此類情形之違序行為，大約僅有「拒絕收受稅單」（參見營業稅法第47條第3款、所得稅法第107條第2項）、「拒絕接受調查」（參見稅捐稽徵法第46條第1項）、「拒絕提示文件」（參見稅捐稽徵法第46條第1項）、「拒絕備詢」（參見稅捐稽徵法第46條第2項）等而已。

㈢如同上面一、㈤所述，營業稅與所得稅稽徵上之行為義務，其義務人為未滿18歲之人，而其所負義務須由其法定代理人代為履行者，由於其義務係由其法定代理人代為履行，故如有違序行為，其故意或過失究係本人（未滿18歲之人）之故意或過失，抑係法定代理人之故意或過失，又如係法定代理人之故意或過失，其效果是否歸屬於本人等，則除有本條第1項或第2項規定適用問題外，同時涉及本法第10條規定之適用問題，此一問題於下面本章、肆、二、㈤再予解析，此處略之。

肆、不作為之責任

行政罰法第10條：「（第1項）對於違反行政法上義務事實之發生，依法有防止之義務，能防止而不防止者，與因積極行為發生事實者同。（第2項）因自己行為致有發

生違反行政法上義務事實之危險者，負防止其發生之義務。」。此係規定「違反防止義務」與「積極違序行為」之等價，以及「防止危險義務」之產生。

一、條文說明解析

(一)本條第1項之規範意旨，係將「違反防止義務」與「積極違序行為」等價，即在本法上將二者作相等之評價。第2項之規範意旨，則係例示規定產生「防止危險義務」之情形。

本條第1項規定對於**「本人」**或**「有關之非行為人」**以**「不作為」**（消極行為）之方式，以達到發生與違序行為之「行為人」「作為」（積極行為）相同之結果者（即**對前者之「不作為」與後者之「作為」作相同評價**），對之處以與行為人積極違序行為相同之處罰。本條第2項規定則係例示規定，蓋因自己行為致有發生違反行政法上義務事實之危險者，負防止其發生之義務，係防止義務類型之一，特規定於第2項，以為其例。

本人或有關之非行為人以不作為之方法，以達到行為人積極行為相同之違反行政法上義務事實者，為**「不純正不作為犯」**（unechtes Unterlassungsdelikt）。**對於「不純正不作為」，本條以其不作為符合積極行為之行政罰構成要件，裁處行政罰。**惟此處之不純正不作為不以有「結果」發生為限，舉凡對於「違反行政法上義務事實」之發生，有防止之義務即足。是以**適用本條之前提係本人或有關之非行為人「依法有防止之義務」，並且「能為必要之防止而不防止」。**其次，**必須不作為與結果間有相當因果關係存在，而所謂相當因果關係，以「假設性因果關係」（Quasi-Kausalität）為準，**意即如果行為人採取依法應為之行為，依常理判斷，可能防止或制止發生違序行為（即構成要件該當之結果即可能不致發生）[79]。

(二)所謂**「依法有防止之義務」**，舉凡本人或有關之非行為人對違反行政法上義務事實之不發生，依法居於**「保證人地位」**（Garantenstellung）者，即有防止之義務。**在判斷居於保證人地位之人，其不作為之違序行為是否有故意、過失，自應以其對違反防止義務是否是否有故意、過失為斷**（參見本法第7條第1項）。

保證人地位係「依法」而發生，首先自然是必須個別之行政法規有明文規定防止違序行為發生之危險的義務。其次，本條第2項：「因自己行為致有發生違反行政法上義務事實之危險者，負防止其發生之義務。」，係「依法有防止之義務」之一種類型，因其防止義務非出自法規之明文，而係出自**「危險之前行為」**，故特予定明定，其性質可謂係另一種「保護規範」，而與個別行政法規之「保護法規」並存。因（本人或有

---

[79] 林錫堯，註2書，13-17頁；陳愛娥，註47文，112-113頁；以及黃翰義，論不作為犯，全國律師，2008年9月，169-171頁。黃翰義於其文中（171頁）指出：不作為與結果間之相當因果關係，學說不少，其中「假設性因果關係」理論較為可採，其亦為我國刑法實務所採。

關之非行為人）**自己行為致有發生違反行政法上義務事實之危險者**（即為「危險之前行為」者），**即對該前行為有防止「發生危險」**（即「發生違序行為之危險」）**之義務，而居於保證人地位。**由此可知，**防止義務一是依據行政法規之明文規定而產生**，本法第15條第2項規定，是其一例：「私法人之職員、受僱人或從業人員，因執行其職務或為私法人之利益為行為，致使私法人違反行政法上義務應受處罰者，私法人之董事或其他有代表權之人，如對該行政法上義務之違反，因故意或重大過失，未盡其防止義務時，除法律或自治條例另有規定外，應並受同一規定罰鍰之處罰。」。**另一是由於「危險之前行為」之存在而產生。**第二種防止義務之產生，其理據在於除先前有一個造成危險之行為外，並無任何事由可以使「不作為」與「作為」等價；是以「不作為」若要與「作為」等價，必須（在該不作為之前）有一個「危險之前行為」存在，且以危險之前行為為充要條件。本人或有關之非行為人為「危險之前行為」者，方成為保證人，而負有防止義務[80]。

　　㈢**由「危險前行為防止」之理論推論，本人或有關之非行為人具有下列身分時，產生保證人地位，而負有防止之義務：**

　　1.**危險源監督者。**

　　所謂危險源監督者，係指對於某一具有破壞法益可能之物（如設備、機具、車輛等）或動物等危險源，有監督及控制該危險源權能之人。該危險源之使用、運作或活動，存在發生違序結果之危險，則依**「危險前行為防止」**之理論，對危險源監督者應課予防止該危險源發生危險之義務；蓋以該危險係源自危險源監督者，而其亦有能力可防止之，當然應由其負消滅此一法益侵害風險之義務[81]。危險源監督者如以不作為之方式，放任該危險源運作或活動，以致發生違序之事實，即應科以與危險源監督者積極之違序行為相同之處罰。危險源監督者所負擔之行政法上責任，乃是**「狀態責任」**（參見上面本篇第一章、貳、一、㈠）。

　　2.**場所控制者。**

　　所謂場所控制者，係指得以控制一定場所或管理一定場所之人；亦即對於場所之運作或狀態，負有控制或管理之權能之人。該場所之運作或狀態，存在發生違序結果

80　林錫堯，註2書，15頁；以及蔡志方，註4書，52-53頁。另參見黃翰義，註79文，165-166頁。

81　參見黃翰義，註79文，168頁。

　　　國內部分學者本法第10條之立法理由中有謂：「第一項所謂依法有防止之義務，不以法律有明文規定之義務為限，凡基於現行法令衍生之防止義務均屬之。」，而認為所謂依法有防止之義務，除法令之明文、危險源監督者與場所控制者外，尚得因事實上承擔責任、共同生活關係等而發生（見林錫堯，註2書，14頁；陳敏，註2書，727頁；蔡志方，註4書，51頁；以及陳愛娥，註47文，112頁）。此一見解將「依法」之意涵高度擴張之，本書不贊同此一見解。蔡震榮、鄭善印即指出：本法採「處罰法定原則」，立法理由中所謂法令衍生之防止義務，如意謂由法令尚可衍生其他防止義務，恐非適宜。為達行政罰法保障人權之目的，該條防止義務之範圍宜限縮解釋始可（見蔡震榮等二人，註1書，218，223頁）。

之危險，依「**危險前行為防止**」之理論，對場所控制者應課予防止該場所發生危險之義務；蓋以該場所係由場所控制者控制或管理，而其亦有能力可防止之，當然應由其負消滅此一法益侵害風險之義務[82]。場所控制者如以不作為之方式，放任場所運作或任令場所處於某種狀態，以致發生違序之事實，即應科以與場所控制者積極之違序行為相同之處罰。場所控制者所負擔之行政法上責任，乃是「**狀態責任**」（參見上面本篇第一章、貳、一、㈠）。

　　3.藉由運用他人履行其自身所負行政法上義務之人。

　　在「負行政法上義務之人藉由運用他人履行其自身所負義務」之情形下，「本人」（即負行政法上義務之人，包括自然人與組織，以下同）對其所運用之「他人」（包括自然人與組織）有監督之責任，應居於保證人之地位，而對於該他人發生違序行為之危險，本人依本條第2項規定負有防止義務；其因故意或過失未採取必要之防止行為，任由他人行為以致發生違序之事實，即應處以與本人積極之違序行為相同之處罰。本人所負擔之行政法上責任，乃是「**代位責任**」（參見上面本篇第一章、貳、一、㈠）。

　　按本人與他人之身分，有如下之型態（箭號左邊為本人，右邊為他人）：⑴自然人←→另一自然人。⑵自然人←→組織。⑶組織←→（組織內部之）自然人（如職員、受僱人或從業人員）。⑷組織←→（組織外部之）自然人。⑸組織←→另一組織。

　　所有型態之代理，本人之運用他人履行其自身所負義務，係因本人與他人間有訂立契約，同時明示或默示的授與代理權，或單獨授與代理權（此係「**意定代理權**」），而使他人得以本人名義履行行政法上義務[83]。因而**本人對「獲得本人授與代理權之他人」負有「選任、監督」責任，從而居於保證人地位，而負有防止義務**。是以本人藉由運用他人履行其行政法上義務時，**該授與代理權之行為，可論為一種「危險之前行為」**。

　　惟須注意者，**上開型態⑶之代理**，因本法第7條第2項規定，組織之職員、受僱人或從業人員之故意、過失，推定為組織本身之故意、過失，而直接歸責於組織本身，對組織處罰，故而**無須再適用本條之規定以歸責組織**。易言之，第7條第2項係本條之特別規定，優先適用[84]。

----

83 學者均謂依契約可發生保證人地位，惟未有進一步之說明（見林錫堯，註2書，14頁；陳敏，註2書，727頁；蔡志方，註4書，51頁；以及陳愛娥，註47文，110頁）。
　　代理權得以明示或默示方式為之。通常於本人與他人訂立基本法律關係（如契約關係）時，同時授與代理權，但雖無基本法律關係，本人亦得單獨授與代理權。通常宜認為成立契約關係即同時含有授權之默示意思表示，例如在委任、僱傭或承攬等契約，可解釋為成立契約關係時，委任人、僱用人或定作人同時即向受任人、受僱人或承攬人為授權行為，使其能完成約定之事務、勞務或工作（參見施啟揚，民法總則，修訂版，2003年9月，295-296頁；以及王澤鑑，民法總則，2000年9月，493，500頁）。

84 蔡震榮、鄭善印指出：組織之所以受罰，應係對其職員、受僱人或從業人員之「監督義務」有故意、過失。本法第7條第2項規定，不顧「自己責任原則」，且對組織之故意、過失採推定模式，非但在法理上

至於在型態(1)、(2)、(4)及(5)之代理中，如同上面本章、壹、一、(五)、2、所述者，他人代理本人履行行政法上義務，其型態有二，一種是**他人代理本人履行義務時，本人無須向主管行政機關為意思表示**，另一種是**他人代理本人履行義務時，本人須向主管行政機關為意思表示**。二種型態之代理，是否均有本條第2項規定之適用，茲進一步析述如下：

A.他人代理本人履行義務時，本人無須向主管行政機關為意思表示者，本人**本身自係處於「不作為」之狀態，依本條第1項或第2項規定負有防止義務，故對於違序行為之發生，應論究本人（在防止義務上）之故意、過失，以決定處罰本人與否。**

至於代為履行行政法義務之他人，違序行為固係他人所實施，惟對之並不處罰（而係處罰本人），則是否亦應論究實施違序行為之他人是否有故意、過失，非無疑問。由邏輯上言之，在此情形依本條第2項規定之處罰本人，係源於他人之違序行為，而該違序行為如非出於該他人之故意、過失，本即無處罰問題，遑論再以「不作為之歸責」處罰本人。因此，**在此情形，應先論究他人（行為）之故意、過失；他人如有故意、過失，再進一步論究本人（在防止義務上）之故意、過失，有之時再處罰本人。**

B.他人代理本人履行義務時，本人須向主管行政機關為意思表示或知之表示者，基於**代理之「顯名主義」**（Offenheitsprinzip），此種型態之代理本人履行義務，其意思表示或知之表示必須以本人名義為之（即此類義務均應以本人名義履行之，代理之他人則可不具名或具名），其效力歸屬於本人。在此情形，應認為本人本身係處於「作為」之狀態，抑應認為本人係處於「不作為」之狀態，實有解明之必要。

由於在此情形下，義務之履行固然係以本人名義為之，而實際上履行行為則是他人所實施，亦即代理人係法律行為之實際行為人。因此，法律乃有要求「本人對於他人實施（履行行為）而發生違序之危險，負有防止義務」之必要。否則如有違反行政法上義務之事實，本人即得以「違序行為非本人所實施」抗辯，而規避法律責任。因此，**在此情形，本人係依本條第2項規定負有防止義務；與上面A、相同，應先論究他人（行為）之故意、過失，他人如有故意、過失，再進一步論究本人有無違反防止義務之行為，如有之，其行為是否出於故意、過失，如屬肯定，即應處罰本人。**

對此情形，實務上最高行政法院91年判第172號（營業稅案件）、94年判第91號（營業稅案件）、94年判第685號（區域計畫案件）、95年判第1744號（關稅案件）判決等（均係發生於行政罰法實施前案件之判決），亦持相同見解。

至於本法實施之前，實務上最高行政法院部分判決以民法債權編第244條規定：「債務人之代理人或使用人，關於債之履行有故意或過失時，債務人應與自己之故意或過失負同一責任。但當事人另有訂定者，不在此限。」為依據，持「代理人之故意、過

難以一貫，且勢將使組織易於受罰（見蔡震榮等二人，註1書，218，195頁）。實則本法第7條第2項並無存在之必要，未有該條項，反可使第10條之適用更為完整，規範之法理得以一貫。

失視同本人之故意、過失」之見解（參見最高行政法院90年判第444號（公平交易法案件）、台北高等行政法院95訴4381號判決（漏報所得案件）等），在本法實施後，實應不再採用。

（四）下列情形有無本條「不作為之歸責」規定之適用，有待探討：

1.論者有謂：對無責任能力之人（即未滿14歲之人）負有監督義務之人（即法定代理人或監護人），原則上有防止其實施違序行為之義務[85]。惟由於法定代理人等並未有「危險之前行為」，是以並未居於保證人地位，故此一見解缺乏理據。尤其**在未滿14歲之人的行政法上義務無須或無從由其法定代理人等代為履行之情形**（例如國小學生獨自行走時應遵守交通規則等義務），**課法定代理人等以監督責任，並無「期待可能性」，因此，其法定代理人應無本條不作為之歸責規定之適用。**

2.滿14歲未滿18歲之人的行政法上義務無須或無從由其法定代理人代為履行者，**對於滿14歲未滿18歲之人的違序行為，其法定代理人無本條不作為之歸責規定之適用。**理由同上面1.所述。

3.依行政程序法第22條第1項第1款規定反面解釋，未成年人無行政程序之行為能力；而依同條第2項規定：「*無行政程序之行為能力者，應由其法定代理人代為行政程序行為。*」，故未成年人負有行政法上義務者，其義務應由法定代理人代為履行（事實上通常是須向行政機關等為「意思表示或知之表示」之行為義務，例如申請、申報、填報等）。**在此情形，未滿18歲之未成年人是否對法定代理人有監督之責任，而居於保證人之地位，而適用本條不作為之歸責之規定，答案應屬否定。**蓋行政程序法第22條第2項規定，係因未成年人無辨別行政法上法律效果之能力或辨別能力較弱，為保障其利益，乃設有法定代理人制度以維護之。如未成年人事實上有能力監督法定代理人，則無須由法定代理人代為履行義務。因此，不論由行政程序法或由行政罰法之規範意旨論之，如要未成年人負監督法定代理人之責任，正與法定代理人制度之法理邏輯相背反[86]。另外，未成年人並未有「危險之前行為」，是以並未居於保證人地位。

4.以上開「未滿18歲之未成年人無防止義務」之結論為基礎，尚有兩個相關問題，一併探討：

⑴法定代理人未代為履行未成年人之行政法上義務，而法定代理人有故意、過失，其效果是否歸屬於本人（即未成年人），亦即論為未成年人之故意、過失；如屬肯定，是否排除本法第9條免罰、減輕處罰規定之適用，而處罰未成年人。關於此一問題，在96.4.27法務部行政罰法諮詢小組第8次會議，出席之學者等有詳細之討論，大部分出席者認為：**法定代理人之故意、過失，其效果不得歸屬於未成年人，亦即不得論為**

---

85 林錫堯，註2書，17頁。

86 參見洪家殷、陳清秀，在法務部行政罰法諮詢小組第8次會議之發言，分別載於行政罰法解釋及諮詢小組會議紀錄彙編，2版，2007年12月，584，589頁。

未成年人之故意、過失，從而不處罰未成年人（是以並無適用本法第9條第1項、第2項規定與否之問題）。該會議最後並未做成結論，惟亦謂：「如果有明確規定之必要，建議修法途徑解決為宜」。

　　(2)法定代理人未代為履行未成年人之行政法上義務，而法定代理人有故意或過失，是否處罰法定代理人。關於此一問題，在法務部行政罰法諮詢小組第8次會議，出席之學者等有詳細之討論，大部分出席者認為：**依照「處罰法定原則」，本法既無處罰法定代理人之明文，除個別行政法規對此一情形有處罰法定代理人之規定者外，不處罰法定代理人**；在此有法律漏洞，宜修法解決之，不宜透過解釋而處罰法定代理人。該會議最後並未做成結論，惟亦謂：「如果有明確規定之必要，建議修法途徑解決為宜」[87]。

　　(3)行政院94.8.8台規字第940020908號函發布「行政機關因應行政罰法施行應注意之法制事項」，其中第5點規定：「各機關就主管法律或自治條例訂定行政罰時，有關責任能力部分，應檢視下列情形：㈠未滿14歲人之行為，不予處罰。㈡18歲以下之未成年人，違反行政法上義務行為，於監督不周或行使親權、管教不當時，得以其「法定代理人」為處罰對象。」。此一「得逕行處罰法定代理人」之規定，並未說明法律依據為何，實有違反本法第4條之「處罰法定原則」[88]。在法務部行政罰法諮詢小組第8次會議作成修法之建議後，此一規定實以刪除為宜。

二、本條規定在營業稅與所得稅稽徵上租稅行政罰之適用

　　㈠在營業稅法、所得稅法與稅捐稽徵法中，均無「防止義務」之明文，故無本條第1項規定之適用。

　　關於本條第2項規定之「防止危險義務」，在營業稅與所得稅稽徵上違序行為之可否適用，分析如下：

　　1.關於「危險源監督者」身分之防止義務，在營業稅與所得稅稽徵上，似無其例；蓋營業稅與所得稅之課徵，均與物之使用、運作與動物之活動無關。

　　2.關於「場所控制者」身分之防止義務，在營業稅與所得稅稽徵上，似無其例；蓋營業稅與所得稅之課徵，均與場所之運作或狀態無關。

　　3.關於「藉由運用他人履行其自身所負行政法上義務之人」之防止義務，在營業稅與所得稅稽徵上，則甚為常見，且其型態亦非單一；詳細說明於下面㈡及㈢。

---

87 蔡震榮、鄭善印則指出：處罰法定雖屬基本原則，但本法第10條規定之意旨，就是要循解釋方式讓消極行為轉變成「負有積極行為之義務而不為」之違法行為。倘如既不處罰未成年人，亦不處罰法定代理人，則本法第10條即喪失其作用，即便再如何保障人權，此一說法可能已偏離法條意旨（見蔡震榮等二人，註1書，218、225頁）。此一見解，殊值參考。

88 相同見解，見劉宜人，註14文，202頁（註55），其認為此一規定，有違「依法行政原則（法律保留）」。

　㈡**在此先說明營業稅與所得稅之納稅義務人與行為義務人**（包括自然人與組織，以下同）**運用他人履行其自身所負營業稅法、所得稅法與稅捐稽徵法上之納稅義務或行為義務之情形**。至於各種情形下，如何適用本條「防止義務」與「不作為之歸責」之規定，兼及故意、過失之認定等問題，則於下面㈢說明解析之。

　　1.他人為「會計師」：

　　⑴在營業稅方面，營業人可依照財政部發布之「會計師代理營業稅查核申報注意事項」（此一注意事項之訂定，並無營業稅法之授權，其性質係行政規則）規定，**運用會計師「代理營業稅申報」**。

　　會計師代理營業稅申報，屬於代理履行納稅義務，其範圍依上開注意事項第二點規定：「本代理申報之範圍包括營業人每月營業稅之申報、存貨退稅申報及註銷登記營業稅之申報。」（按目前已無存貨退稅申報）。又其第十五點規定，會計師代理方法，分為「代辦申報」與「查核申報」兩種；而查核申報會計師應提出適當之查核報告書，並作成查核工作底稿，以利稽徵機關之審查。

　　⑵在所得稅方面，納稅義務人與行為義務人可照依財政部發布之「會計師代理所得稅事務辦法」（此一辦法之訂定，有所得稅法第102條第1項之授權，其性質係法規命令）規定，**運用會計師**（須經申請登記為「稅務代理人」）**「代理所得稅事務」**。

　　會計師代理所得稅事務，其屬於代理履行納稅義務或行為義務者，依上開辦法第3條規定，**目前有**：A.辦理資產估價、重估價以及會計方法之申請與變更。B.代理所得稅暫繳、結算、股東可扣抵稅額帳戶變動明細、未分配盈餘及決清算申報；納稅、退稅、留抵以及申請獎勵減免等事務。C.有關所得稅案件之更正、申請復查、提起訴願及行政訴訟。D.充任清算人、破產管理人、遺囑執行人或其他有關所得稅事務之受託人。E.其他有關所得稅事務之代理。**其中B.項之代理申報，委託人限於營利事業**（依財政部84.11.8台財稅第841657411號函規定，教育、文化、慈善、公益機關或團體亦可委託會計師代理申報），其代理方法，依該辦法第13條規定，分為「查核簽證申報」與「代辦申報」兩種；而查核簽證申報會計師應提出簽證申報查核報告書，並作成查核工作底稿，以利稽徵機關之查核。

　　⑶上開「會計師代理營業稅查核申報注意事項」係行政規則，並無外部效力（即對營業稅納稅義務人並無拘束力）。又「會計師代理所得稅事務辦法」雖係法規命令，惟並非強制規定。因此，營業稅與所得稅之納稅義務人與行為義務人自得不依上開規定，而自行委託會計師履行營業稅法等三法上之納稅義務或行為義務。

　　2.他人為「其他合法代理人」中之「記帳士」：

　　⑴依記帳士法第1條規定：「為建立記帳士制度，協助納稅義務人履行納稅義務，特制定本法。」。又依其第13條規定：「（第1項）記帳士得在登錄區域內，執行下列業務：一、受委任辦理營業、變更、註銷、停業、復業及其他登記事項。二、受委任辦理各項稅捐稽徵案件之申報及申請事項。三、受理稅務諮詢事項。四、受委任辦理商

業會計事務。五、其他經主管機關核可辦理與記帳及報稅事務有關之事項。（第2項）前項業務不包括受委任辦理各項稅捐之查核簽證申報及訴願、行政訴訟事項。」。因此，依記帳士法規定執業之記帳士，實即所得稅法第102條所稱之「其他合法代理人」中之一種。

記帳士接受委任辦理上開記帳士法第13條第1款、第2款及第5款之事項，即屬代理納稅義務人履行納稅義務或行為義務。

⑵由於記帳士法第13條並非強制規定，所以營業稅與所得稅之納稅義務人與行為義務人自得不依該法規定，而自行委託記帳士履行營業稅法、所得稅法與稅捐稽徵法上之納稅義務或行為義務。

3.他人為「取得稅務代理人資格」之「律師」：

律師如依法取得「稅務代理人」資格，納稅義務人與行為義務人自得**運用律師「代理營業稅、所得稅事務」**。

惟在實務上，財稅主管機關並未訂定有關之代理辦法等規章。解釋上，律師之代理營業稅、所得稅事務，似唯有類推適用會計師代理營業稅、所得稅事務之有關規定。

4.除上面1.至3.所述之會計師、記帳士與律師外，營業稅與所得稅之納稅義務人與行為義務人得運用任何他人（包括組織、自然人（如（未取得稅務代理人資格之）律師、記帳及報稅業務代理人、其他個人））履行其營業稅法等三法上之納稅義務或行為義務。惟任何他人並不包括組織內部之職員、受僱人或從業人員在內，其理由已於上面一、㈢、3、說明，不贅。

㈢如同上面一、㈢、3、所述，他人代理營業稅與所得稅之納稅義務人與行為義務人（即本人，以下同）履行營業稅法等三法上義務，其型態有二，**一種是他人代理本人履行義務時，本人無須向稽徵機關為意思表示或知之表示**（例如設置帳簿、登載帳簿、開立統一發票依規定記載等）；**另一種是他人代理本人履行義務時，本人須向稽徵機關為意思表示或知之表示**（例如申報銷售額、申報所得額、申請報備、申請稅籍登記、填報課稅資料、備詢、提示文件等）。**第一種型態之代理**，本人本身自係處於「不作為」之狀態，故本人對於違序行為之發生，依本條第1項或第2項規定負有防止義務（惟目前營業稅法等三法均無防止義務之明文，故本法第10條第1項並無適用之機會）；**應論究本人（在防止義務上）之故意、過失**。至於**第二種型態之代理**係以本人名義履行（代理之他人則可不具名或具名），其效力歸屬於本人。惟**本人對於他人實施（履行行為）而發生違序之危險，依本條第2項規定負有防止義務，故對於違序行為之發生，應論究本人（在防止義務上）之故意、過失。整體言之，在兩種情形中，均應先論究他人（行為）之故意、過失。他人如並無故意、過失，自不得處罰委託本人。他人如有故意、過失，再進一步論究本人有無違反防止義務之行為，如有之，其行為是否出於故意、過失，如屬肯定，即應處罰本人。**

會計師、記帳士、律師與任何他人代理本人，以履行本人之營業稅法等三法上義務

者，本人對於代理人，均有監督責任，皆居於保證人地位，而負有防止義務。關於他人代理行為時之有無故意、過失，即依一般認定準則認定之（詳見上面本章、壹、一、㈢及㈣之討論說明），不予贅述。

　　至於本人之未盡防止義務，其故意、過失之認定，是否不問代理人之身分差異而採取完全相同之標準，則似非無疑問，而國內論者對此問題之見解，一般均甚為籠統，難以供實務參考[89]。以下試作較為細膩深入之解析，以構建明確之認定準則，期能提供實務參採。

　　按會計師、記帳士與（取得稅務代理人資格之）律師皆經考試認定其專業智識與能力，如要求一般租稅法上義務人之本人「監督」會計師、記帳士或律師履行代理稅捐有關事務，事實上存有困難。惟會計師、記帳士與律師之專業智識與能力，尚有差異（此並無歧視之意，然而由取得會計師、律師與記帳士資格之考試言之，會計師、律師須經國家高等考試及格，記帳士須經國家普通考試（或相當於普通考試之丙等特考）及格，是以一般而言，會計師、律師與記帳士之專業智識與能力存有差異，容係事實），故**要求本人監督會計師、律師之執行代理事務，一般而言，實不具有「期待可能性」；而要求本人監督記帳士之執行代理事務，一般而言，則有強人所難之處**。至於其他代理人，未經考試認定其專業智識與能力，則僅能視為一般人，其對於租稅法之智能，僅與租稅法上義務人大約相等而已（惟在個案上，可能有例外情形，則須個案斟酌之），本人自有監督之能力。進一步言之，租稅法上義務之型態不一，專業及複雜程度亦各有不同，上述三類身分之他人之代理履行，所應投入之專業智能、注意程度等，亦隨之有異。

　　基於上述理由，在本人運用代理人以履行營業稅法等三法上義務時，關於本人履行防止義務時有無故意、過失之認定，宜有合理之差別。茲分述如下：

　　1.所得稅法上之營利事業及教育、文化、慈善、公益機關或團體**委任會計師或單獨授與會計師代理權，以「查核簽證申報」方式履行營利事業所得稅報繳義務，以及營業稅法上之營業人以「查核申報」方式履行營業稅報繳義務**，而會計師由於故意或過失，以致發生違序行為（如漏報所得、短報銷售額等）之情形：

----

89 如陳清秀，註9書，649頁之說明謂：「如果是委託會計師稅務代理人辦理其稅捐事件，而該代理人的可靠性並不值得懷疑時，則已盡其注意義務，而不應要求納稅義務人（稅務的門外漢）對於該稅務專家之會計師再加以監督，查核其所代為提出的稅捐申報有無瑕疵及錯誤。但稅捐義務人應使其稅務代理人正確瞭解各項情況，提供完整的證件資料及誠實的提供所必要的資訊。如果其所委託的稅務代理人已經顯示並不可靠或其所制作的決算及稅捐申報顯然不正確時，則稅捐義務人即可能負有義務共同參與審查。換言之，納稅義務人對於所選任之代理人應負擔有管理監督責任，如果對於代理人的選任監督有過失時，則應認為本人有過失。反之，如果對於代理人的選任監督並無過失時，則不應認定義務人有過失。尤其在義務人如人如果已經選任專業的具有合格證照的專門職業人員例如律師，會計師代理處理事務以履行其義務時，則單純屬於代理人因執行業務之過失所導致違反義務之行為，不應轉嫁由義務人承擔，應可認為義務人本人無過失。」，類此見解，有欠具體，指導實務之功能有限。

⑴**倘如本人**（在此情形僅指營利事業，教育、文化、慈善、公益機關或團體，營業人）**「選任」會計師時存有故意**（如明知會計師尚在禁止執業期間而仍委任之等）**或過失**（如將未具會計師資格之人誤認為具有會計師資格、疏未注意會計師尚在禁止執業期間等），**則即是本人在防止義務上存有故意或過失，應受處罰。**

⑵倘如本人在選任會計師時並無故意或過失，則本人尚有**「監督」**會計師之責任。由於營利事業所得稅之「查核簽證申報」與營業稅之「查核申報」，僅會計師方能勝任（此係在制度上規定限於會計師方得接受委任之主要理由），此二項稅捐查核申報之代理，可謂其專業性與複雜性之程度最高，而會計師應投入之注意程度亦最高（此由會計師須製作查核之工作底稿，並須提出「查核報告」予稽徵機關可知）。是以在事理上，誠難以要求一般納稅義務人之本人具有更高度之租稅法上之專業智識與能力，以「監督」會計師履行代理稅捐申報事務。質言之，**在會計師代為「查核簽證申報」與「查核申報」之情形，要求一般納稅義務人之本人加以監督，事實上可謂欠缺「期待可能性」。**惟本人應誠實提供完整之課稅資料與必要之資訊予會計師，俾使會計師正確了解所有情況。倘如本人提供課稅資料與必要資訊實有所隱瞞，可認為存有「故意」（即知情或任其發生）時，會計師在執行查核時自必隨之陷於錯誤，以致發生漏報稅捐之情事，則本人自不得諉責。是以應分別情形而論：

A.**因本人提供課稅資料與必要資訊時故意有所隱瞞，直接導致會計師代理履行申報時發生違序行為，則本人有未履行防止義務上之故意，自應處罰。**

B.除上面A.所述之情形外，會計師由於故意或過失，以致發生違序行為，由於**本人履行防止義務欠缺「期待可能性」，應可認為本人並無防止義務上之過失**（既無過失，則更無故意可言），**不予處罰。**

2.除上述查核簽證申報與查核申報之代理情形外，**本人**（在此情形不限於營利事業，教育、文化、慈善、公益機關或團體，營業人）**得委任會計師或記帳士，或單獨授與會計師或記帳士代理權，以履行營業稅法等三法上義務。**此類義務之專業性與複雜性之程度，低於查核簽證申報與查核申報事務。大略而言，此類義務又可分成二小類，一小類如申報銷售額與申報所得額（此指非採上述「查核簽證申報」與「查核申報」方式之一般申報）、申請報備、申請稅籍登記、設置帳簿、登載帳簿等事項之代理履行，具有相當之專業性與複雜性。另一小類如填報課稅資料、開立統一發票、備詢、提示文件等事項之代理履行，行為之內容單純。茲分述之：

⑴對於第一小類事項，**倘如本人「選任」會計師或記帳士時存有故意**（如明知會計師或記帳士尚在禁止執業期間而仍委任之等）**或過失**（如將未具會計師或記帳士資格之人誤認為具有會計師資格、疏未注意會計師或記帳士尚在禁止執業期間等），**則即是本人在防止義務上存有故意或過失，應受處罰。**

倘如本人在選任會計師或記帳士時並無故意或過失，由於第一小類事項之代理履行，仍有相當之專業性與複雜性，故而本人對於會計師或記帳士僅具有**較低程度之**

「監督」責任。在此情形，會計師或記帳士由於故意或過失，以致發生違序行為，則本人於未提供完整之資料與必要資訊上有「故意」（即知情或任其發生）、「重大過失」（即未盡一般人之注意義務）時，方認定本人有違防止義務，而予處罰，較為合理。

　　(2)對於第二小類事項，倘如本人「選任」會計師或記帳士時存有故意（如明知會計師或記帳士尚在禁止執業期間而仍委任之等）或過失（如將未具會計師或記帳士資格之人誤認為具有會計師資格、疏未注意會計師或記帳士尚在禁止執業期間等），則即是本人在防止義務上存有故意或過失，應受處罰。

　　倘如本人在選任會計師或記帳士時並無故意或過失，由於第二小類事項之代理履行，行為之內容單純，故而本人對於會計師或記帳士應具有一般或中等程度之「監督」責任。在此情形，會計師或記帳士由於故意或過失，以致發生違序行為，則本人於有「具體過失」（即未盡與處理自己事務同一之注意義務）時，方得認定本人有違防止義務，而予處罰（如有故意，自然更應處罰）。

　　3.本人得委任（取得稅務代理人資格之）律師，或單獨對之授與代理權，以履行營業稅法等三法上義務。在本人運用律師以履行營業稅法等三法上義務時，關於本人履行防止義務時有無故意、過失，應類推適用上面1.及2.所述以認定之。

　　4.本人得委任（會計師、記帳士或律師以外之）他人，或單獨對之授與代理權，以履行營業稅法等三法上義務。在此情形，由於代理人未具有法律承認之專業資格，是以不論何類稅捐有關事務之代理履行，本人對於代理人應具有一般或中等程度之「監督」責任。在此情形，代理人由於故意或過失，以致發生違序行為，則本人於有「具體過失」（即未盡與處理自己事務同一之注意義務）時，即得認定本人有違防止義務，而予處罰（如有故意，自然更應處罰）。

　　㈣本法實施前，實務上對於代理人（組織之職員、受僱人或從業人員除外）代理本人（包括自然人與組織，以下同）履行營業稅法、所得稅法與稅捐稽徵法之義務而有違序之事實時，行政法院判決之歸責本人，概有三種方式：

　　第一種是直接歸責本人而未說明理由，如最高行政法院89年判第1242號判決（89.4.27）：代理購買統一發票之會計師，將統一發票轉供他人使用，逕予認為係營業人所為，而予處罰。

　　第二種是以本人有「選任、監督責任」而直接歸責，然而未進一步說明理由，如：(1)最高行政法院91年判第172號判決（91.1.24）：代理購買統一發票之記帳業者（是否記帳士，判決中並無說明），將統一發票轉供他人使用，認為營業人未盡選任、監督責任，應予歸責，而予處罰。(2)最高行政法院94年判第91號判決（94.1.27）：代理報稅之記帳業者（是否記帳士，判決中並無說明）虛報進項稅額而致漏報營業稅，認為營業人未盡選任、監督責任，應予歸責，而予處罰。(3)台北高等行政法院97年訴第985號判決（97.10.9）：代理報稅之自然人漏報所得致漏報綜合所得稅，認為本人

未盡選任、監督責任，應予歸責，而予處罰。

　　第三種是以民法債權編第244條：「債務人之代理人或使用人，關於債之履行有故意或過失時，債務人應與自己之故意或過失負同一責任。但當事人另有訂定者，不在此限。」之規定為依據，持「代理人之過失視同本人之過失」之見解（有時亦謂組織有「選任、監督責任」），以歸責組織。如：⑴最高行政法院89年判第1677號判決（89.5.26）：代理購買統一發票之記帳業者（是否記帳士，判決中並無說明），將統一發票轉供他人使用，依據民法債權編第244條規定，應視同營業人所為，而予處罰。⑵台北高等行政法院95年訴第4381號判決（96.6.14）：代理報稅之記帳業者（是否記帳士，判決中並無說明）虛報營業成本致漏報營利事業所得稅，營利事業未盡選任、監督責任，且依據民法債權編第244條規定，應予歸責，而予處罰。⑶台北高等行政法院96年訴更一第35號判決（96.10.11）：代理報稅之會計師虛報營業成本致漏報營利事業所得稅，營利事業未盡選任、監督責任，且依據民法債權編第244條規定，應予歸責，而予處罰。

　　由上開各判決可見，代理人代理本人履行營業稅法等三法之義務而有違序之事實者，行政法院判決歸責本人時，不論代理人係會計師、記帳業者或一般人，均無視其專業知識與能力之差別，而要求本人均負相同之選任、監督責任而歸責之；同時亦不問代理履行之不同義務有專業及複雜程度上之差別，均要求本人負相同之選任、監督責任而歸責之；既不顧選任、監督之「期待可能性」，復無視稅捐事務之專業性及複雜性，誠非妥適。會計師、記帳士與一般人代理本人履行營業稅法等三法之義務而有違序行為者，適用本條「本人不作為之歸責」之規定時，關於本人之履行防止義務，其有無故意、過失之如何認定，上面㈢已分別構建一般之認定準則，可資參採。是以行政法院之前「平頭平等式」、「取形式不顧實質」之認定方式，亟應改弦易轍。

　　代理人代理本人履行營業稅法等三法之義務而有違序行為，如係本法實施後發生者，本條既有「本人不作為之歸責」之明文，即應適用。是以行政法院之前以民法債權編第244條規定為依據，「代理人之故意、過失視同本人之故意、過失」之見解，在本法施行後，即應不再持續採用。

　　㈤未滿18歲之未成年人有營業稅與所得稅稽徵上之違序行為時，其負有監督義務之人（即法定代理人或監護人）有無本條「不作為之歸責」規定之適用，有待探討：

　　1.如上面一、㈣、1、及2、所述，營業稅法、所得稅法與稅捐稽徵法上義務無須或無從由其法定代理人等代為履行之情形（例如備詢、提示文件等），課法定代理人等以監督責任，並無「期待可能性」，因此，**其法定代理人應無本條不作為之歸責規定之適用。**

　　2.未成年人負有營業稅法等三法上義務者，其義務應由法定代理人代為履行（事實上通常是須向行政機關等為意思表示或知之表示的行為義務，例如申請稅籍登記、申報稅捐、填報資料等）；在此情形，**未成年人是否對法定代理人有監督之責任，而居於保**

證人之地位，而適用本條不作為之歸責之規定，其答案如同上面一、㈣、3、所述，應屬否定。

　　3.營業稅與所得稅稽徵上，有無「未成年人係營業稅法等三法上之納稅義務人或行為義務人」之情形存在，茲先解析如下：

　　⑴**未成年人為納稅義務人之情形：**

　　A.營業稅法上之納稅義務人，依營業稅法第3條規定：「營業稅之納稅義務人如下：一、銷售貨物或勞務之營業人。二、進口貨物之收貨人或持有人。三、外國之事業、機關、團體、組織，在中華民國境內無固定營業場所者，其所銷售勞務之買受人。但外國國際運輸事業，在中華民國境內無固定營業場所而有代理人者，為其代理人。」，而「營業人」之範圍，同法第6條規定：「有下列情形之一者，為營業人：一、以營利為目的之公營、私營或公私合營之事業。二、非以營利為目的之事業、機關、團體、組織，有銷售貨物或勞務者。三、外國之事業、機關、團體、組織，在中華民國境內之固定營業場所。」。

　　由上開條文觀之，**似僅在「未成年人為進口貨物之收貨人或持有人」之情形，未成年人方為營業稅之納稅義務人。在此情況，方有上開問題之存在。**

　　B.所得稅法上綜合所得稅之納稅義務人，依所得稅法第2條規定係「個人」（自然人）；而個人有「中華民國境內居住之個人」（以下簡稱「**境內居住者**」）與「非中華民國境內居住之個人」（以下簡稱「**非境內居住者**」）（參見所得稅法第7條第2項及第3項）之分。茲分述之：

　　(A)所得稅法對於境內居住者係採「**家戶合併報繳制**」[90]，故境內居住者之未成年人，其所得應由其父、母合併申報綜合所得稅（參見財政部59.1.30台財稅第20855號令、60.7.23台財稅第35877號函、87.2.19台財稅第871927162函），而以其父母自行選擇一方為納稅義務人（參見所得稅法第15條）。是以一般而言，境內居住者之未成年人本身縱有所得，亦非綜合所得稅之納稅義務人。**惟有所得之境內居住者之未成年人，如父母均歿或父母不詳時，則在解釋上，其本身即應屬綜合所得稅之納稅義務人**[91]。**在此情況，方有上開問題之存在。**

　　(B)非境內居住者之未成年人，其屬於扣繳範圍之所得，本身固為納稅義務人，惟均係由扣繳義務人扣繳（參見所得稅法第73條第1項前段）；**僅在扣繳義務人未履行扣繳義務且行蹤不明時，稽徵機關方得逕向其徵收**（參見所得稅法第89條第2項）。其屬於非扣繳範圍之所得，則不適用扣繳規定，應自行辦理申報，其本身為納稅義務人（參見所得稅法第73條第1項後段）。**在此二情況，方有上開問題之存在。**

---

90 關於綜合所得稅之「家戶合併報繳制」之內容，參見吳金柱，所得稅法之理論與實用，上冊，2008年4月，33頁以下。

91 參見吳金柱，註90書，77-78頁。

　　C.所得稅法上營利事業所得稅之納稅義務人，依所得稅法第3條規定係「在中華民國境內經營之營利事業」。又教育、文化、慈善、公益記關或團體不符行政院規定免稅標準者，亦應繳納營利事業所得稅，故亦為營利事業所得稅之納稅義務人（參見所得稅法第4條第1項第13款及第71條之1第3項）。因此，營利事業所得稅之納稅義務與未成年人無關。

　　(2)**未成年人為行為義務人之情形：**

　　除納稅義務外，未成年人亦因營業稅法等三法之規定，或稽徵機關依據營業稅法等三法規定所為行政處分之要求，而負有各種行為義務，如接受調查、備詢、提示文件等。

　　如上面3、所述，在若干情況下之未成年人，仍負有營業稅法等三法上之納稅義務或行為義務。現以上面2、所述「未滿18歲之未成年人無防止義務」之結論為基礎，探討兩個相關問題：第一個問題：法定代理人未代為履行未成年人之營業稅法等三法上義務，而法定代理人有故意、過失，其效果是否歸屬於本人（即未成年人），亦即論為未成年人之故意、過失，如屬肯定，是否排除本法第9條對未成年人免罰、減輕處罰規定之適用。第二個問題：法定代理人未代為履行未成年人之營業稅法等三法上義務，而法定代理人有故意或過失，是否處罰法定代理人。

　　此二問題之答案，亦如同上面一、(四)、4、所述，即：A.**法定代理人之故意、過失，其效果不得歸屬於未成年人，亦即不得論為未成年人之故意、過失，從而不處罰未成年人**（自亦無本法第9條之適用問題）。B.**依照「處罰法定原則」，行政罰法既無處罰法定代理人之明文，除個別行政法規對此一情形有處罰法定代理人之規定者外，不處罰法定代理人**；在此有法律漏洞，宜修法解決之，不宜透過解釋而處罰法定代理人。96.4.27法務部行政罰法諮詢小組第8次會議之結論按語，亦適用於此二問題：「如果有明確規定之必要，建議修法途徑解決為宜」[92]。

----

[92] 此一會議係因下述案例而召開：所有人出資興建建築物，完工前贈與3歲之未成年人，依契稅條例第7條規定係以受贈人為納稅義務人，而其法定代理人未代為申報，致該未成年人違反契稅條例第26條規定，然而該未成年人依本法第9條規定，不予處罰，是否應處罰其法定代理人。法務部依據會議結論而發布96.6.7法律字第960700427號函，略以：「說明二：……查契稅條例（以下簡稱本條例）對於違反同條例第2條所定申報繳納契稅之納稅義務人並未設有責任能力之特別規定，則本件契稅之納稅義務人如未滿14歲，因欠缺責任能力，依本法（指行政罰法）第9條第1項規定，不予處罰。三、至於前揭因納稅義務人未滿14歲不予處罰時，其法定代理人應否受罰乙節，案經提請本部行政罰法諮詢小組第8次會議討論，多數委員意見認為，法律就納稅義務主體已有明文規定，不包括法定代理人。又行政程序法第22條第2項規定：「無行政程序行為能力者，應由其法定代理人代為行政程序行為。」係為使無行政程序行為能力人在行政程序上仍得有效從事或接受行政程序行為而設之規定。法定代理人未依規定代為行政程序行為，並不因而成為本條例規定之納稅義務主體及受罰主體。是以，該法定代理人除與未滿14歲之納稅義務人有本法（指行政罰法）第14條所定故意共同違反行政法上義務行為之情形外，自不得逕以本條例第26條第2項規定處罰之。……」。此一情形，在稅法規定自然人為納稅義務人者，均有可能發生，法務部此一釋示，自亦可適用之。

伍、免責事由：依法令及依上級命令之行為、正當防衛及緊急避難

　　行政罰法第11條：「（第1項）依法令之行為，不予處罰。（第2項）依所屬上級公務員職務命令之行為，不予處罰。但明知職務命令違法，而未依法定程序向該上級公務員陳述意見者，不在此限。」。此係規定「依法令行為不罰」及「公務員依上級命令不罰」之原則與例外。

　　第12條：「對於現在不法之侵害，而出於防衛自己或他人權利之行為，不予處罰。但防衛行為過當者，得減輕或免除其處罰。」。此係規定「正當行為不罰」與防衛行為過當時之處罰減免。

　　第13條：「（第1項）因避免自己或他人生命、身體、自由、名譽或財產之緊急危難而出於不得已之行為，不予處罰。但避難行為過當者，得減輕或免除其處罰。」。此係規定「緊急避難行為不罰」與避難行為過當時之處罰減免。

一、條文說明解析

(一)第11條規定內容之說明解析：

　　1.所謂「**法令**」，其範圍較「法規」為廣，除包括「**法律、法規命令、自治條例或自治規則**」外，**尚包括「行政規則」在內**，亦即包括所有一般性、抽象性之外部法、內部法等有法拘束力之法規範。惟不包括習慣法，蓋如已有強制規定之法令存在，即不可能有習慣法之存在。行為人所依據之法令，必須是行為時有效之法令。至於行為後，所依據之法令是否因遭宣告違反上級規範而歸於無效，則在所不問[93]。此外，法令亦不包括「職務命令」在內。

　　所謂「**職務命令**」，係指上級公務員對下級公務員執行職務之個別具體指示。

　　2.本條第1項規定與本法第4條規定之「行為時法律或者自治條例有處罰規定」之間，是處於「阻卻違法」之關係。易言之，「依法令之行為」必須是依行為時之法規規

　　另外，財政部80.11.13台財稅第801261590號函釋示：「主旨：遺產稅納稅義務人全部均為未成年之繼承人時，其法定代理人未代為申報遺產稅者，如屬繼承人於申報期限屆滿時均仍尚未成年之情形，准免予移罰。說明：二、遺產及贈與稅法第四十四條處罰之對象為納稅義務人，法定代理人依同法施行細則第二十二條第一項規定，雖應代未成年之納稅義務人申報遺產稅，惟因其並非納稅義務人，故若未代為申報，亦無該條罰則之適用。至於未成年之納稅義務人，於同法第二十三條所定申報期限屆滿時如仍均尚未成年，則依本部69台財稅第36276號函釋，無法自為有效之申報，且其對法定代理人復無選任、指揮、監督之權，故法定代理人縱然未代為申報，亦不能課該等未成年納稅義務人以過失責任，依司法院大法官會議釋字第275號解釋，應予免罰。」，其中未成年人不罰部分之釋示，可供參考，惟仍未及於處罰其法定代理人與否。洪家殷則認為：本法對於未滿18歲之未成年人並非完全不罰，而係得減輕處罰；此一釋函不處罰未成年人之規定，即與本法之規定不合（見洪家殷，註2書，213頁（註33），併可參考。

93 林錫堯，註2書，80頁；蔡志方，註4書，54，56頁；以及蔡震榮等二人，註1書，218，225頁。林錫堯謂法令尚包括「職權命令」在內。

定原來屬於違法而應受罰，而僅在其行為係依據其他法令而實施，始基於「特別法優於普通法」之原則，阻卻行為時法規所規定之「違法性」[94]。本條第1項規定亦優先於本法第5條規定而適用，亦即行為有本條第1項規定之適用時，即不予處罰，則無須再究問行政法規有無變更。

　3.本條第2項前段所定**依上級公務員命令之職務行為，其成立要件如下：**

　⑴執行命令者必須具有公務員身分。

　⑵發布命令者必須為上級公務員。

　⑶命令之內容必須屬於下級公務員之職務。

　⑷命令必須具備法定程式。如僅係口頭命令，即因該命令欠缺形式要件，下級公務員若據以執行，則非依命令之職務行為，故不能阻卻違法。

　⑸下級公務員須非明知命令為違法。若下級公務員明知上級公務員所發布之命令違法，而仍依照違法命令行事，則係違法曲從，可能與上級公務員成立共同實施違反行政法上義務之行為，自無阻卻違法之餘地[95]。

　4.本條第2項但書中「明知職務命令違法」，必須是下級公務員明確知悉上級公務員之職務命令違法；**如果僅係「懷疑」，則尚不構成「明知上級公務員之職務命令違法」之要件**。其次，所謂「不依法定程序向該上級公務員陳述意見」，須作合目的性解釋，並非僅於依法定程序陳述意見後即可依照命令執行，而須視該上級公務員有何進一步指示。如該上級公務員承認其命令違法，自不可再明知違法仍予執行。僅當該上級公務員仍堅持其命令合法，而依照其命令執行，下級公務員方得不受處罰[96]。

本條第2項規定兼具「阻卻違法性」與「阻卻有責性」之性質；蓋本項規定從前後段觀之，上級公務員之職務命令，不一定要屬於合法而據之執行方不予處罰，而是即使命令違法，但下級公務員並非明知該命令違法而仍予執行時，基於建立有效行政與服從命令之行政基本體制之目的，方始不予歸責執行命令之公務員。按命令是否違法，有**「形式違法」與「實質違法」**之分。前者係指命令之發布有違法定程式，而欠缺命令之形式要件；後者則指命令之實質內容違法。**命令無論係形式違法或實質違法，下級公務員一旦「明知」而仍執行該命令者，即非屬依上級命令之職務行為，不能阻卻違法**。惟命令有無形式違法，下級公務員固極易判斷；然而命令有無實質違法，下級公務員往往難以或根本無從判斷。刑法通說乃以為**下級公務員不應負擔命令是否「實質違法」之審查義務**，否則不但妨礙行政效率，紊亂行政體系，並使權責混淆，滋生弊端。此種刑法上之通說，應可成為解釋本條第2項時之參考[97]。

------

94 蔡志方，註4書，56頁。
95 蔡震榮等二人，註1書，229-230頁。
96 蔡志方，註4書，57頁。
97 蔡志方，註4書，56頁；以及蔡震榮等二人，註1書，232-233頁。

(二)第12條規定內容之說明解析：

1.所謂「現在不法之侵害」，可區分為「侵害之現在性」及「侵害之不法性」。前者係指侵害或攻擊即將發生，或者侵害或攻擊業已開始，而仍繼續進行中者而言。後者係指侵害行為或攻擊行為在客觀上違背法律（刑事法及行政法）之評價，並無使其合法化之容許規範存在，受侵害者或受攻擊者對於此種侵害或攻擊，亦無忍受之義務而言。關於「現在侵害」，應指該侵害行為已經到達防衛者最後有效之防衛時間點；而最後有效防衛時間點意謂如果超過此一時間點，防衛者即無法達到防衛之目的，或必須承擔風險，或必須付出額外之代價。所謂「防衛行為過當」，係指行為人對於現在不法之侵害所採取之防衛行為，超過必要程度，欠缺客觀必要性，亦即行為人所採擇之防衛行為，須係諸多有效防衛手段中最小損害者，否則即逾越必要性，而為防衛行為過當[98]。

2.本法之正當防衛應有行政程序法第7條「比例原則」規定之適用，至於其如何適用，首先，**適用比例原則中之「適當性原則」與「必要性原則」**，即一方面行為人之防衛行為對於法益保護必須是有效之行為，否則即非正當防衛；另一方面行為人之防衛行為，必須是可以採取之各種有效防衛手段當中最溫和者。其次，**比例原則中之「狹義比例原則」不必適用之**；蓋防衛行為對於侵害者所造成之法益損害，與其所要保護的法益之間的衡平關係，並非成立正當防衛所必須考慮之事項[99]。至如**行為人出於「迷惑」、「恐懼」或「驚駭」而防衛過當者**，在現實上事所常有，**解釋上，在此情形應有本條但書得減輕或免除其處罰規定之適用**。

3.**行為人不得假借為維護「公共利益」或「公共秩序」名義而實施正當防衛**；蓋維護公共利益或公共秩序係行政機關（後者尤其是治安機關）之專責職務，如任由民眾扮演或執行，不但無助於公益，反而將成為公共秩序之亂源[100]。

4.本條之適用，應該進行二個階段之審究。第一個階段是審究是否具備「阻卻違法性事由」（即是否存在「現在不法之侵害」及「防衛行為」）。第二個階段是審究是否存在「阻卻違法性事由之弱化」（即是否有「防衛行為過當」），以致不得完全阻卻違法性。行為人之正當防衛並無過當者，自應依本條前段規定而免予處罰。行為人之正當防衛過當者，依本條但書規定得減輕或免除其處罰；如其處罰係罰鍰、期間者，主管機關應依照本法第18條、第19條規定斟酌裁量，如其處罰係（罰鍰、期間以外之）其他處罰者，則主管機關應依照行政程序法第7條至第10條規定斟酌裁量之。

(三)第13條規定內容之說明解析：

1.所謂「緊急避難」，係指倘如行為人未立即採取避難措拖，即有可能喪失救助法益之機會，而無法阻止損害之發生，或有可能造成擴大損害之狀況。所謂「不得

98 蔡震榮等二人，註1書，235頁；以及李惠宗，註3書，87頁。
99 蔡震榮等二人，註1書，239-241頁。
100 蔡震榮等二人，註1書，238-239頁。

已」，係指在具體情況下，行為人除了採取該措施外別無其他更適當之選擇。故不得已係在描述行為人面對利益衝突時，不得不選擇犧牲某利益以保護特定法益之主觀心態。所謂「**避難行為過當**」，係指行為人所採取之避難措施並非諸多有效避難措施中最小損害者，亦即其所採取之避難措施逾越必要程度，或雖未逾越必要程度，但其所欲保護之法益與其所犧牲之法益顯失平衡[101]。

2.本條前段所定之**緊急避難，其成立要件如下**：

(1)**避難行為必須客觀上不得已**：所謂「客觀上不得已」，乃指緊急避難行為在客觀上必須是為達到避難目的之必要手段；亦即所犧牲法益與所保全之法益間，已經呈現出不可避免之利益衝突現象，兩者只能擇一存在，不是喪失所要保全之法益，就是犧牲法益，此時方屬所謂「必要」。

(2)**緊急避難行為必須不過當**：緊急避難行為在客觀上除須出於不得已之外，尚須不過當。判斷有無過當之標準，通常都以最後結果為衡量，亦即考量所侵害之法益與所保全之法益間的衡平關係。

(3)**避難行為必須出於救助意思**：緊急避難行為必須出於避難者主觀上係對於自己或他人之生命、身體、自由、名譽、財產之「救助意思」而為之者，始能成立緊急避難，此與正當防衛之需有「防衛意思」者相同。否則雖在客觀上存有緊急避難情狀，但避難者主觀上並非出於救助意思者，即不構成緊急避難。避難意思至少必須包含對緊急危難情狀之「認知」，故在客觀上雖有此情狀，但行為人主觀上完全欠缺認知者（即「**偶然避難**」），不得主張阻卻違法之緊急避難[102]。

3.本法之緊急避難應有行政程序法第7條「**比例原則**」規定之適用，至於其如何適用，首先，**緊急避難**與正當防衛同樣**適用比例原則中之「適當性原則」與「必要性原則」**（說明同上面㈡、2、所述）。其次，**緊急避難亦適用比例原則中之「狹義比例原則」**；蓋緊急避難最後必須衡量所損害之法益與所保全之法益間之衡平關係之故，此與正當防衛有異[103]。

4.刑法學理上認為危難若係自己故意招致者，則因無緊急避難情狀可言，故無適用緊急避難之餘地。在本法上，由於行政罰畢竟不如刑罰之具有強烈倫理色彩，故在此情形似以准許其主張緊急避難而阻卻違法為宜[104]。

此外，在公務或業務上或因其他特定關係，負有承擔危險之特別義務者（如檢察官、軍人、警察、消防隊員、保全公司之保全人員、私人僱用之安全警衛、船長、醫生、救生員、登山隊領隊等），於其**自己**之生命、身體、自由、財產遭受緊急危難時，不得為避難行為。蓋該等人因係專業人員，並且負有特別義務，故在專業能力及處

101　蔡震榮等二人，註1書，243頁。
102　蔡震榮等二人，註1書，246-247頁。
103　蔡震榮等二人，註1書，249頁。
104　蔡震榮等二人，註1書，248頁。

理該事件之道德上，理應予一般人不同，似宜與刑法學理同，認為該等人在本法上亦不得主張緊急避難較妥[105]。**惟如係對於他人之生命等之避難行為，則得主張緊急避難而阻卻違法。**

5.本條之適用，應該進行二個階段之審究。第一個階段是審究是否具備「**阻卻違法性事由**」（即是否存在「自己或他人生命等之緊急危難」及「救助行為」）。第二個階段是審究是否存在「**阻卻違法性事由之弱化**」（即是否有「緊急避難過當」），以致不得完全阻卻違法性。行為人之緊急避難並無過當者，自應依本條前段規定而免予處罰。行為人之緊急避難過當者，依本條但書規定得減輕或免除其處罰；如其處罰係罰鍰、期間者，主管機關應依照本法第18條、第19條規定斟酌裁量，如其處罰係（罰鍰、期間以外之）其他處罰者，則主管機關應依照行政程序法第7條至第10條規定斟酌裁量之。

(四)三法條之綜合說明：

1.三法條均具有「阻卻違法性」之性質，亦即依法令之行為、正當防衛行為與緊急避難行為均有「阻卻違法」之效力，從而不予處罰。惟第11條尚兼具「阻卻有責性」之性質（參見上面(一)、4、之說明）。

2.第12條之**正當防衛**，係「**正之行為對不正之行為**」，而第13條之**緊急避難，係「正之行為對正之行為」**。此為正當防衛不適用比例原則中之「狹義比例原則」，而緊急避難則應適用「狹義比例原則」之理由。蓋前者係以正之行為對抗不正之行為，故不考慮兩者法益間之衡平；而後係以正之行為對抗正之行為，故須考慮兩者法益間之衡平[106]。

3.刑法上有「超法規阻卻違法事由」（如「被害人之同意或承諾」、「自損行為」、「自力救濟」、「義務衝突」等），尚有「符合社會相當性之行為」。本法既無明文，則各該行為可否阻卻違法，頗值探討。上開行為，**似僅限於「義務衝突」與「符合社會相當性原理之行為」二者方得阻卻違法較妥**，略述如下：

(1)**義務衝突之行為**：行政罰處罰之行為，多為「超個人法益」之案例。現實上有可能出現兩個「超個人法益」衝突之情形，致使義務人在無法兼顧情形下，違反其中一個超個人法益。在此情形，其違序行為宜認為可以阻卻違法。例如駕駛人聞消防車鳴笛疾駛而至，雖欲避讓，但因道路狹窄，乃不得已而駛上人行道，其駛上人行道之違規行為，應屬義務衝突案例，而可以阻卻違法。

(2)**符合社會相當性原理之行為**：所謂「**社會相當性原理**」，係指行為人之行為若符合「社會相當性」，即可阻卻違法，而實務上該等行為類皆為侵害法益之質或量甚為輕微之行為，且為日常社會所習以為常者。在此情形，其違序行為宜認為可以阻卻違

105 蔡震榮等二人，註1書，248-249頁。
106 參見蔡震榮等二人，註1書，245頁。

法。例如中小學校上、下學時，由教師或家長進行之交通管制，不能認爲係違反交通管理處罰條例之行爲；又如鄉村農夫之自行堆肥，亦不能認爲違反廢棄物清理法[107]。

二、此三法條規定在營業稅與所得稅稽徵上租稅行政罰之適用

(一)本法第11條規定之適用：

1.對於**稅捐**（包括營業稅、所得稅在內）之「**規避行爲**」（或稱「**避免行為**」），應否論爲「**逃漏稅捐行為**」而予處罰，本法施行之前，學界之見解不一，而實務上稽徵機關及行政法院則概持應予處罰之見解；例如最高行政法院94年判第646號判決（94.5.12）：「……公司法第一六八條第一項規定，公司辦理減資乃純爲股份之銷除，並不具備交易之性質，非股票之轉讓，易言之，公司減資乃係註銷股票，使股份所表彰之股東權絕對消滅，此與股票轉讓第三人時，股票仍屬存續之態樣顯然不同。從而，本件被上訴人以××公司以現金收回資本公積轉配發增資股票之作爲，與將出售土地增益之盈餘分配予各股東之行爲實無二致，而認上訴人所爲，並非股票轉讓性質，應可採據。××公司假減資之名，行分派現金股利之實，此種有意規避租稅構成要件之行爲，自應評價爲逃漏應納稅捐情事。……」。此種將「稅捐之規避行爲」與「逃漏行爲」混同之見解，在法理上實有待商榷。

本法施行後，避稅行爲自應遵照本法之規定認定及處理。本法第11條第1項明定依法令之行爲係「阻卻違法事由」，不予處罰，而該條所稱之「法令」，其範圍既然包括法律、法規命令、自治條例、自治規則及行政規則（行政規則包括財稅主管機關發布之解釋函令），**是則如納稅義務人進行租稅規劃，其整體規劃中各個行為之實施，均符合有關法令（包括稅捐與其他行政領域之法令）規定，自應依照本法第11條第1項明定，不予處罰，方為妥適**。縱然依照稅法上之「**實質課稅原則**」而否認其避稅行爲之效果，而得對納稅義務人補徵稅款，仍應尊重納稅義務人稅捐及其他行政法令之信賴。是以如稽徵機關於補稅之外再論爲漏稅科罰，合法性即有疑義；**至少應參照本法第8條但書規定，按其情節予以減輕處罰或免除處罰**[108]。

稽徵機關依照稅法上之實質課稅原則而對納稅義務人補徵稅款後，不得再論爲漏稅而處罰，其理據如何，值得探討。按納稅義務人之實施稅捐規劃，如有避免利用通常用以達到一定經濟結果的法律行爲之情形，其所從事的法律關係之形成活動（即法律行爲），相對於其引起之經濟結果之間，在租稅法規範上將遭稽徵機關論爲手段與目的不相當，亦即不符合常規方法，從而定性爲「**濫用法律關係之形成自由**」，構成「**稅捐規**

---

107 對此問題，學者意見解不一，李惠宗持全部可阻卻違法之見解（詳見李惠宗，註3書，88-90頁）；蔡震榮、鄭善印持部分可阻卻違法之見解（詳見蔡震榮等二人，註1書，233-234頁）。本書從後者。

108 黃士洲，稅捐稽徵還在威權時代－95年施行行政罰法以來的法律爭議分析，稅務旬刊，2022期，2007年11月，19頁。黃士洲於文中指摘：稽徵機關甚至行政法院不無由「如不予處罰，無異鼓勵脫法避稅」之租稅政策觀點出發，以論定避稅行爲應處以漏稅罰之嫌，顯非妥適。

避」（die Steuerumgehung）（屬於一種「脫法行為」（die Gesetzesumgehung））。然而合法手段之採取，如同權利之行使，在何種情形與其目的會被評價為不相當，而構成濫用，此在理論與實務上均是一個難題。此一難題之邏輯構造為：納稅義務人從事一個或數個法律行為，依其效力產生一定之經濟結果，其法律行為乃是「有稅捐優惠或無須課稅」之類型，但另外亦能成為「無稅捐優惠或應予課稅」之類型；亦即從經濟結果層次論之，在此有**「法規競合」**情形。對納稅義務人而言，在此存有對自己「比較有利」與「比較不利」之法律行為類型競合；倘如認為該競合並無賦予納稅義務人**「手段選擇權」**之意，則其競合成為一種衝突性競合，則僅能適用稅法中之一套法律規定。既然稅法對此並無明確之一套法律規定，則屬於**「法律漏洞之填補」**問題[109]。在未對此立法補救之前，理論上與實務上均肯認稽徵機關得依照稅法上之實質課稅原則，否認避稅行為之經濟結果得適用稅法上之稅捐優惠或免稅規定，而予以課稅。

　　惟按稅法上之**實質課稅原則之功能**，係在於「矯正避稅行為之經濟效果，使該經濟效果回歸到未實施租稅規避行為時應有之經濟效果」，**其並不具有「否認整體規劃中各個法律行為符合有關法令（包括稅捐及其他行政法令）」之功能**。須注意依據整體規劃所實施之各個法律行為，如並無隱匿真實之情事，而均符合有關法令（包括稅捐及其他行政法令），則實質課稅原則對之根本無予以否認之效力；否則實質課稅原則變成所有租稅法域之「帝王條款」，決無是理。**實質課稅原則適用之界限，止於「否認避稅行為之經濟結果適用稅法上之稅捐優惠或免稅規定，而予以課稅」**；是以如進而認為僅依據實質課稅原則，即得認定納稅義務人有「逃漏稅捐行為」而予處罰，則行政罰法上**「行政罰之構成要件」**之規定，即完全遭實質課稅原則架空，如此之法律適用，**實屬濫用實質課稅原則，絕非妥適**。

　　行政罰法施行後，法務部95.6.28法律字第0950018449號函釋示：「主旨：關於實質課稅原則之運用及依所得稅法第66條之8規定調整所得之案件，可否依該法第110條有關短、漏報所得相關規定予以處罰疑義乙案，本部意見如說明二、三。請查照參考。說明……二、案行政罰法第4條規定：「違反行政法上義務之處罰，以行為時之法律或自治條例有明文規定者為限。」明文揭示處罰法定原則。所稱「明文規定」包括處罰之構成要件及法律效果。合先敘明。三、所得稅法第66條之8之規定，係為正確計算相關納稅義務人之應納稅金額，於個人或營利事業與國內外其他個人或營利事業、教育、文化、公益、慈善機關或團體相互間，以股權之移轉或其他虛偽之安排等手段，不當規避或減少納稅義務時，賦予稅捐稽徵機關報經財政部核准，依查得資料，按實際應分配或應獲配之股利、盈餘或可扣抵稅額予以調整之權限與法律依據，而據此要求納稅人義務補稅，藉以防堵納稅義務人假藉法律形式要件，隱藏實質交易關係以規避稅負之行為（葛克昌著「稅法基本問題」，2005年9月增訂版，第344頁；陳清秀著「稅法總論」，

109 黃茂榮，稅法總論：法學方法與現代稅法，第1冊，增訂2版，2005年9月，483-484頁。

93年9月第3版，第255頁均同此意旨，請參照）。至於納稅義務人利用上述方法為手段規避或減少稅納義務時，如該行為手段經主管機關依其職權調查認定後經涵攝結果，已符合各該相關法律（如所得稅法、稅捐稽徵法）處罰規定之構成要件，自當以該法律為處罰之明文依據（陳清秀著「稅法總論」，93年9月第3版，第236頁參照）。惟若與各相關稅法處罰規定之構成要件不符，稅捐稽徵機關倘僅以抽象之實質課稅原則加以處罰，即與前開處罰法定原則相違，難認適法。」。此一釋函表明「若與各相關稅法處罰規定之構成要件不符，稅捐稽徵機關倘僅以抽象之實質課稅原則加以處罰，即與前開處罰法定原則相違，難認適法」之見解，極為明確，可以支持上面所述之結論。

　　2.本法第11條第2項規定，係以「公務員之職務行為」為規範之對象。公務員之職務行為果有違反營業稅法、所得稅法與稅捐稽徵法上義務者，自應有本法第11條第2項規定之適用。茲就現行有關規定解說如下：

　　⑴依所得稅法第89條第3項規定，政府機關、公立學校或公營事業有填報與填發免扣繳憑單之義務。如其違反此一義務時，依所得稅法第111條前段規定，稽徵機關應通知其主管機關議處（處關、學校之）責應扣繳單位主管或（事業之）負責人（二者之身分應係公務員）。**此項議處，性質屬於行政罰**（參見上面本篇第一章、壹、二、㈣、4、之說明）。在此情形，本法第11條第2項規定，對該公務員即有其適用。

　　⑵所得稅法第119條第1項規定：「稽徵機關人員對於納稅義務人之所得額、納稅額及其證明關係文據以及其他方面之陳述與文件，除對有關人員及機構外，應絕對保守秘密，違者經主管長官查實或於受害人告發經查實後，應予以嚴屬懲處，……。」。**此項懲處，性質屬於行政罰**（參見上面本篇第一章、壹、二、㈣、4、之說明）。在此情形，本法第11條第2項規定，對該稽徵機關人員即有其適用。

　　又稅捐稽徵法第43條第3項規定：「稅務稽徵人員違反第三十三條規定者，除觸犯刑法者移送法辦外，處一萬元以上五萬元以下罰鍰。」。**此項罰鍰係行政罰**，在此情形，行政罰法第11條第2項規定，對該稅務稽徵人員即有其適用（本條項與所得稅法第119條第1項有部分**「法規競合」**之情形，在此暫置不論）。

　　⑶所得稅法第119條第4項規定：「政府機關人員對稽徵機關所提供第一項之資料，如有洩漏情事，比照同項對稽徵機關人員洩漏秘密之處分議處。」。**此項懲處，性質屬於行政罰**（參見上面本篇第一章、壹、二、㈣、4、之說明）。在此情形，本法第11條第2項規定，對該政府機關人員即有其適用。

　　⑷所得稅法第120條規定：「稽徵人員違反第六十八條、第七十八條、第八十六條或第一百零三條之規定者，應予懲處。」。**此項懲處，性質屬於行政罰**（參見上面本篇第一章、壹、二、㈣、4、之說明）。在此情形，本法第11條第2項規定，對該稽徵人員即有其適用。

　　⑸稅捐稽徵法上納稅義務（如第12條規定管理人之納稅義務）與行為義務（如第30條規定之接受調查、備詢與提示文件之義務），公務員之職務行為則亦有違反之可

能。例如稽徵機關為稽徵所得稅之需要，通知某位公務員提示職務上之文件，而其上級公務員指示不必提示，以致該公務員違反稅捐稽徵法第30條第1項規定。在此情形，該公務員是否依稅捐稽徵法第46條第1項規定處以罰鍰，本法第11條第2項規定，對該公務員即有其適用。

(二)本法第12條規定之適用：

在營業稅與所得稅之稽徵上，存在本法第12條正當防衛規定之情形，甚為罕見。姑舉一例。營業人之帳簿憑證存放於辦公室，某日有人闖入意圖搶奪帳簿憑證（緣故不明），營業人為防避帳簿憑證遭搶奪，乃迅予移至（非營業場所之）其他處所存放，此時即違反「帳簿憑證應留置營業場所」之規定（參見稅捐稽徵機關管理營利事業會計帳簿憑證辦法第25條）。在此情形，營業人是否依稅捐稽徵法第45條第3項規定處罰，斯時本法第12條正當防衛之規定，對該營業人即有其適用。

(三)本法第13條規定之適用：

在營業稅與所得稅之稽徵上，存在本法第13條緊急避難規定之情形，甚為罕見。姑舉一例。營業人之帳簿憑證存放於辦公室，某日鄰房失火，火勢即將延及辦公室，營業人乃迅將帳簿憑證移至（非營業場所之）其他處所存放，此時即違反「帳簿憑證應留置營業場所」之規定（參見稅捐稽徵機關管理營利事業會計帳簿憑證辦法第25條）。在此情形，營業人是否依稅捐稽徵法第45條第3項規定處罰，斯時本法第13條緊急避難之規定，對該營業人即有其適用。

第三章

共同違法及併同處罰

壹、共同實施違序行為之處罰

行政罰法第14條：「（第1項）故意共同實施違反行政法上義務之行為者，依其行為情節之輕重，分別處罰之。（第2項）前項情形，因身分或其他特定關係成立之違反行政法上義務行為，其無此身分或特定關係者，仍處罰之。（第3項）因身分或其他特定關係致處罰有重輕或免除時，其無此身分或特定關係者，仍處以通常之處罰。」。此係規定義務主體與外部人共同實施違序行為之處罰。

一、條文說明解析

㈠本條第1項中之**「故意共同實施」**，係指二位以上之行為人在主觀上基於故意，**在客觀上共同完成而言**。**「實施」**係指行為全體，包括陰謀、預備、著手、實行等階段，非僅侷限於直接從事構成違序事實之行為（即「實行」）。**「二位以上行為人」係指義務主體與義務主體以外之第三人**，可以是二位以上自然人，或二個以上之組織，亦可以是自然人與組織。二位以上行為人不包括義務主體與該義務主體內部之成員（如公司與其職員）之情形；蓋義務主體內部成員所為之行為，其法律效果應歸屬於該義務主體（結果即僅處罰該義務主體，參見本法第15條），自無將其內部成員與義務主體論為「共同實施」之理[110]。

㈡本條規定之**故意共同實施違序行為，除應具備違序行為之全部構成要件**（即「構成要件該當」、「違法性」及「有責性」）**外，尚須具備下列要件：**

1.**各行為人須均具有「故意」**：二位行為人共同實施違序行為，無論僅係一人故意而另一人過失，或二人均屬過失，均不構成「共同違序行為」，而無過失共同處罰問題（但各個行為人所為之行為，仍得單獨依法認定其是否成立違序行為，而分別決定是否處罰）。是以本條規定可視為係本法第7條（故意、過失皆可成立違序行為規定）之特別規定。

2.**各行為人須有共同實施之「內部意思」**：即二位以上之行為人，於實施某違序行為時，彼此認識對方之行為，並有互為利用或補充之意思。析言之，即各行為人：⑴**意思合致**：指對於實現某構成要件事實，二位以上之行為人須意思一致。⑵**彼此知情**：知情不限於明示之方法，只要具有暗默之認識即已足。行為人中若有不知違序行為之情事

---

110 林錫堯，註2書，92-93頁；以及陳春生，論行政罰法中之共同違法，收錄於廖義男編，行政罰法，
   2007年11月，126頁。

者，仍不能認為有共同實施之意思。⑶**共同謀議**：共同違序行為之成立，須以意思聯絡為要件。意思之聯絡不限於事前有所協議，於行為當時基於相互之認識，以共同違序之意思參與，或僅於行為當時有共同犯意之聯絡者，亦屬之。⑷**相互存在**：共同實施違序之意思，須存在於各行為人間。

　　3.**各行為人須有共同實施之「外部行為」**：共同違序行為之成立，客觀上須各行為人有共同實施違反行政法上義務之「外部行為」。如各行為人僅有共同實施違序之「內部意思」，而無共同實施之「外部行為」，仍無法成立共同違序行為。各行為人所實施者，並不以「實行」處罰的構成要件之行為為限，其所實施者縱屬構成要件以外之行為，若係以自己共同違序之意思而參與，亦得成立共同違序行為。至於**行為之形態**，首先，不問其係一齊合力實施，或各分別分擔一部分行為之實施，均得成立共同違序行為。其次，僅須分擔行為或其中某一階段行為，即得成立共同違序。第三，共同違序所參與之行為，可能全係作為或均係不作為，亦有可能有的作為，有的不作為。最後，行為不問其係出於物理之原因或心理之原因，均得成立共同違序行為[111]。

　　縱然將各個行為人所為之行為單獨依法認定，未必可滿足違序行為之構成要件，但因其係出於故意，主觀上有互相利用他方行為作為己用之意，因而各該故意行為人構成「共同違序」（例如某甲完成一部分要件，某乙完成另一部分要件，但將某甲與某乙所為合併觀察，則完成違序之全部要件），均應依各該法規處罰。法務部95.8.18法律字第950024788號函即釋示：「……所稱『故意共同實施』，係指違反行政法上義務構成要件之事實或結果由二以上行為人故意共同完成者而言，縱使將二以上行為人之行為，分別個別獨立觀察，未必均充分滿足違反行政法上義務行為之構成要件（亦即個別行為只該當於一部分之構成要件），僅須該二以上行為人之行為均係出於故意，且共同完成違反行政法上義務行為之構成要件，即屬當之。至於共同完成違反行政法上義務構成要件事實或結果之各個行為人，其法律責任係分別依其行為情節之輕重裁處。……」。又同部96.9.27法律字第960031856號書函亦釋示：「……申言之，數行為人之間均有故意而成『共同違法』者，均應處罰，而不論各個行為人所為之行為單獨依法認定均係符合處罰之構成要件，或各個行為人所為之行為單獨依法認定未必均可滿足處罰之構成要件，但因其均係出於故意，主觀上有互相利用他方行為作為己用之意，因而各該故意行為人構成『共同違法』（例如：某甲完成一部分要件，某乙完成另一部分要件，但將某甲與某乙所為合併觀察，則完成全部要件），均應依各該法律或自治條例處罰。……」。

　　㈢本條係規定**義務主體之「外部」共同實施違序行為之處罰**；至於義務主體之「內部」共同實施違序行為之處罰，則規定於本法第15條。

　　本條採用「單一違序人」概念，而建立「共同違序，分別處罰」（即採「分別處

---

111 林錫堯，註2書，93頁；以及陳春生，註110文，125-127頁。

罰制」）之原則。「單一違序人」係指所有違序行為之「參與人」（Beteiligen），皆論為「主要違序人」（全體可稱為「共同違序人」），不予區分各個參與人係主要行為者、教唆者或幫助者[112]。所謂「共同違序，分別處罰」，即倘如共同行為人均有故意而構成「共同違序」，則所有共同行為人「分別予以處罰」。最高行政法院91年判第2310號判決（92.1.2）略以：「……按數人參與實施違反行政法之行為者，並不區分其共犯之身分，即不問其為共同實施、利用他人實施、教唆或幫助等，均直接依其參與行為之作用與可非難性之程度，各別處罰之，……。」，足供參考。惟本條第1項規定「依其行為之輕重，分別處罰」，乃因其行為情節（行為之程度及其可非難性之程度等）可能有輕重之別，**相關處罰規定如尚有裁量空間，裁罰機關仍應分別裁量而分別考慮對其處罰之程度，不必一律相同**，以期符合正義。又「分別處罰」並非「分擔處罰」，亦非「平均處罰」[113]。法務部95.11.27法律字第950037473號函釋示：「……既謂『分別處罰』，各違反義務之行為人自應依各該規定之罰鍰額度處罰之，無罰鍰分配之問題，亦無各受處分人罰鍰總合應限制在罰鍰最高額度以下之問題。」。

　　惟須注意，法規有特別規定者，則應依其規定，而不適用本條之規定。茲分述之：

　　1.「**共同處罰制**」之特別規定：例如依遺產及贈與稅法第47條規定，對於所處之罰鍰設有上限，足見於遺產稅之納稅義務人有多人共同繼承之情況，如有違反該法所課予之納稅義務而受罰鍰之處罰時，該法應係採「**共同處罰制**」（即「由數位納稅義務人共同分擔」）之規定，應優先適用。

　　2.**對教唆者、幫助者處罰之特別規定**：本條規定之共同違序行為，並不採教唆犯、幫助犯之概念；惟如行政法規有處罰教唆者、幫助者之明文者（如社會秩序維護法第16條、第17條規定等），則自應從其規定，而不適用本條規定。

　　3.共同違序行為之成立，必須二位行為人以上「參與」實施，此可稱為「**必要參與**」（notweodige Beteiligung）。必要參與可再區分為「**聚合參與**」（Konvergeoz Beteiligung）與「**對立參與**」（Begegnung Beteiligung），前者係指所有參與者皆具相同之目標，共同實現構成要件之情形（如社會秩序維護法第73條第3款規定之「於發生災變之際，停聚圍觀，妨礙救助或處理，不聽禁止」）；後者則係指在違反秩序之過程中，所有參與者係扮演相對之角色而言（如社會秩序維護法第87條第2款規定之「互相鬥毆」）[114]。**不論「聚合參與」或「對立參與」，如法規有依個別之構成要件（包括各參與人之不同身分）分別處罰之明文，即應依其規定分別處罰，而不適用本條規定。**

　　(四)本條係仿現行刑法第31條第1項及第2項之立法例而制定，故宜先了解刑法第31條

112　參見洪家殷，註2書，173頁。蔡震榮、鄭善印循刑法理論稱之為「單一正犯概念」（見蔡震榮等二人，註1書，255頁），李惠宗則稱之為「獨立正犯化」（見李惠宗，註3書，78頁）。

113　林錫堯，註2書，93-94頁。

114　洪家殷，註2書，191-192頁。

第1項及第2項規定之意涵，進而方能了解本條規定之意涵。

1.刑法第31條第1項規定：「因身分或其他特定關係成立之罪，其共同實行、教唆或幫助者，雖無特定關係者，仍以正犯或共犯論。但得減輕其刑。」。因身分或其他特定關係方能成立某罪者，通常稱為「**純正身分犯**」；而無身分或其他特定關係亦能成立同罪者，通常稱為「**不純正身分犯**」。純正身分犯之規範上意涵是：以「純正身分」（即某種身分或其他特定關係）為犯罪之構成要素，若無純正身分即不可能成立該罪。因此，**不純正身分之行為人**（即不具某種身分或其他特定關係之人）與**純正身分之行為人**（即具有某種身分或其他特定關係之人）共為犯罪時，唯有依刑法第31條第1項規定之擬制，將不純正身分之行為人亦論為純正身分之行為人，而成為「**不純正身分犯**」，否則不純正身分之行為人無法成立該種類型之犯罪[115]。

本法在仿刑法第31條第1項「純正身分犯」與「不純正身分犯」規定之同時，為兼顧本法處罰「**共同違序人**」（亦即不採刑法上教唆犯及幫助犯之概念）之立法原則，乃分別制定本條第1項及第2項規定，是以因身分或其他特定關係方能成立某違序行為者，乃可稱為「**純正身分違序人**」；而無身分或其他特定關係亦能成立相同違序行為者，乃可稱為「**不純正身分違序人**」。純正身分違序人之規範上意涵是：「以「純正身分」（即某種身分或其他特定關係）為違序行為之構成要素，若無純正身分即不可能成立該違序行為」。因此，**不純正身分之行為人**（即不具某種身分或其他特定關係之人）與**純正身分之行為人**（即具有某種身分或其他特定關係之人）共同實施違序行為時，即依本條第2項規定之擬制，將不純正身分之行為人亦論為純正身分之行為人，而成為「**不純正身分違序人**」，得予裁處行政罰。

本條第1項但書規定共同違序人依其行為情節之輕重，分別處罰之，可謂採取**共同違序人「處罰之可分性」原則**，各自按照各參與人違序情節之輕重，負擔行政罰之責任。

2.刑法第31條第2項規定：「因身分或其他特定關係致刑有重輕或免除者，其無特定關係之人，科以通常之刑。」。本條項之規範上意涵是：「某種身分或特別關係僅係刑罰加重處罰之事由，而非犯罪構成要件之必要要素，缺乏該身分或特別關係仍能成立該犯罪，惟法定刑有輕重之不同而已」[116]。

----

115 參見蔡震榮等二人，註1書，258頁。

116 參見蔡震榮等二人，註1書，259頁。刑法上之「純正身分犯」與「不純正身分犯」之科刑，常以下例說明：直系血親卑親屬之甲與非直系血親卑親屬之乙，共同殺害甲之父親，依刑法第31條第2項規定，甲係「純正身分犯」，應以刑法第272條之殺害直系血親尊親屬罪科刑，乙係「不純正身分犯」，則僅以刑法第271條之殺害普通人罪科刑（最高法院70年台上第2481號判例）。惟此案例中，乙之殺人行為獨立成立第271條之殺害普通人罪之「正犯」，何須先依第31條規定擬制其為第272條之「不純正身分犯」，再回頭以「不純正身分犯」而依第271條之殺害普通人罪科刑？必也刑法上對乙之殺人行為無罪刑之明文，方須依第31條規定擬制其為「不純正身分犯」，而得科以與「純正身分犯」之甲相同之刑。是以此論顯然尚有待商榷。

　　本法仿刑法第31條第2項制定本法第14條第3項規定，其規範上意涵是：共同實施違序行為之所有參與人，只要其中任何一位參與人具有行政法中處罰規定所明定之「身分或其他特定關係」，則所有參與人皆論為違序人，因此皆得成為處罰之對象。易言之，只要其中一個參與人具有此種特別人身特徵，故意地共同促成構成要件之實現時，即為已足。例如企業主或貨車所有人參與一項違序行為，而該處罰規定係以「企業主或貨車所有人」此項人身特徵為要件時，則其他不具此特徵之參與人，皆同樣得予處罰[117]。**對於不純正身分違序人「處以通常之處罰」，係指依照對於純正身分違序人之「原本處罰」規定而處罰不純正身分違序人。所謂「原本處罰」係指未有加重或減輕時之處罰**（例如勞工安全衛生法第5條規定：「雇主對左列事項應有符合標準之必要安全衛生設備：一、防止機械、器具、設備等引起之危害。……」。其中所謂雇主乃「純正身分」，如有非雇主（例如廠長）與雇主（例如公司）故意共同違反該條規定，非雇主即可擬制為雇主。惟勞工安全衛生法並無對於非雇主此一違序行為之處罰規定，是以，非雇主即應與雇主相同，均依勞工安全衛生法第5條規定處罰）。

　　本條第3項規定，亦係採取**共同違序人「處罰之可分性」原則**，即對純正身分之行為人與對不純正身分之行為人之處罰，予以分離。

二、本條規定在營業稅與所得稅稽徵上租稅行政罰之適用

　　㈠在稅捐（包括營業稅與所得稅）之稽徵上，其可能發生本法第14條規定之「共同實施」違序行為者，約有如下各種情況，各情況舉數例加以說明應否適用本條規定：

　　1.依租稅法之規定二人以上為同一案件的義務人共同實施違序行為：

　　在營業稅與所得稅方面，似不存在此種情況。惟其他稅捐（如遺產稅、印花稅等可能同時有數位納稅義務人）則可能存在此一情況，倘稅法有如何處罰之明文，即應依其規定處罰；否則應適用行政罰法第14條第1項規定，分別處罰[118]。

117　洪家殷，註2書，188頁。

118　例如被繼承人死亡，如無遺囑執行人、受遺贈人時，其遺產稅以繼承人為納稅義務人。如繼承人有二人以上，而未辦理遺產稅申報，可能構成全體繼承人共同實施「未申報遺產稅」之行為。在此情況是「聚合參與」，全體繼承人均是「純正身分違序人」。在此情形，因遺產及贈與稅法第47條有共同處罰之明文，故無本法第14條第1項規定之適用。
　　又如二人以上訂立承攬契約或買賣不動產契約，依印花稅法第7條規定，應由立約人貼用印花稅票，如契約有未貼用印花稅票者，可能構成全體立約人共同實施「未貼用印花稅票」之行為。在此情況是「對立參與」，全體立約人均是「純正身分違序人」。按契約書立二份以上而未貼用印花稅票者，實務上，稽徵機關依據財政部77.1.7台財稅第761155822號函：「如僅書立一份，應由立約人或立據人中之持有人負責貼用印花稅票」以及同部88.1.4台財稅第871983402號函：「同憑證二份以上均屬正本，雙方各持一份應各別貼花」之釋示，係以持有合約之一方為受戳人；故如契約書立二份，雙方各持一份而均未貼花，分別對雙方處罰。本法施行後，稽徵機關處罰之實務，是否符合本法第14條之意旨，台北市政府訴願審議委員會舉辦之座談會曾有討論，出席者中，林錫堯贊成維持原來實務之作法，惟曾華松、董保誠、陳淑芳則認為應以雙方立約人為共同行為人，有本法第14條第1項規定之適

2.**租稅法上未成年之義務人與其法定代理人共同實施違序行為：**

依行政程序法第22條第2項規定，未成年之義務人之申報稅捐、其他申請等義務之履行，須由其法定代理人代理之；因此，可能構成租稅法上未成年之義務人與其法定代理人共同實施違序行為。幾乎所有稅目均存在此種情況，惟在實務上可能甚為罕見。在此情況均是「聚合參與」。

未成年之義務人是「純正身分違序人」，應依營業稅法、所得稅法與稅捐稽徵法中未履行申報稅捐、其他申請等義務之處罰規定處罰之。惟應注意，純正身分違序人係未成年人，故如係未滿14歲者，可依本法第9條第1項規定不予處罰；如係滿14歲未滿18歲者，依本法第9條第2項規定得減輕處罰。**法定代理人是「不純正身分違序人」，因營業稅法、所得稅法與稅捐稽徵法均無處罰之明文，故應依本條第2項及第3項規定，裁處與未成年之義務人相同之原本處罰。**

3.**租稅法上義務人與（非其意定代理人之）他人共同實施違序行為：**

租稅法上之義務人與（非其意定代理人之）他人可能構成共同實施違序行為。在營業稅與所得稅方面，亦可能存在此種情況。例如：

⑴不屬同一申報戶之成年女兒故意提供無捐贈事實之收據與其父，以之列報列舉扣除額，逃漏綜合所得稅。本案例是「聚合參與」。父親是「純正身分違序人」，應依所得稅法第110條第1項規定處罰。**女兒是「不純正身分違序人」，因所得稅法無處罰之明文，故應依本條第2項及第3項規定，裁處與父母相同之原本處罰**（在此案例，父親以不正當方法逃漏稅捐，涉及稅捐稽徵法第41條規定之刑責，而女兒教唆或幫助父親短報稅捐，涉及稅捐稽徵法第43條第1項規定之刑責，均暫置不論）。

⑵甲營業人故意將其所有之統一發票轉供乙營業人使用。本案例是「對立參與」。甲營業人是「純正身分違序人」，應依營業稅法第47條第2款規定處罰。乙營業人是「不純正身分違序人」，因營業稅法無處罰之明文，故應依本條第2項及第3項規定，似得對乙營業人裁處與甲營業人相同之原本處罰。甲、乙營業人之行為，如僅係一人故意而另一人過失，或二人均屬過失，均不構成「共同違序行為」，而即無處罰乙營業人之問題。

惟應注意，上例中之乙營業人，其使用甲營業人之統一發票所開立之銷售額，通常即未申報及納稅，而係列入甲營業人之銷售額而申報及納稅（故而甲營業人有因溢報銷售額而致溢繳應納稅額之情事）。因此，**乙營業人成立本法第51條第3款規定「短報漏報銷售額致漏稅違序」，應予處罰；從而對於乙營業人，並無依照本條規定予以處罰之必要**。相對而言，甲營業人溢報銷售額而溢繳之稅額，則應予退還；然而由於其應依

用，雙方均應處罰，但未有結論（見「行政罰法施行對訴願業務之影響」演講及座談會，收錄於台北市政府編，訴願專論選輯－訴願新制專論系列之六，2005年12月，71-73頁）。此一問題有待主管機關透過解釋或另行修法以解決之。

本條第2款處以罰鍰，故其退稅與罰鍰有稅捐稽徵法第29條、稅捐稽徵法施行細則第8條「退稅抵繳」規定之適用。

⑶甲營利事業並無銷貨事實而故意開立統一發票與乙營利事業，由乙營利事業虛報進項稅額及虛列進貨，逃漏營業稅及營利事業所得稅。本案例是「對立參與」。乙營利事業是「純正身分違序人」，應依營業稅法第51條第5款、所得稅法第110條第1項規定處罰。**甲營利事業是「不純正身分違序人」，因營業稅法、所得稅法均無處罰之明文，故應依本條第2項規定，裁處與乙營業人相同之原本處罰**（在此案例甲營利事業教唆或幫助乙營利事業短報稅捐，涉及稅捐稽徵法第43條第1項規定之刑責，暫置不論）。

⑷甲營利事業向（未辦設立登記之）乙自然人購買原料（並已給付進項稅額），而乙自然人故意給予丙營利事業所虛開之統一發票（乙並未報繳營業稅及營利事業所得稅，而丙營利事業已報繳該銷項稅額），由甲營利事業申報進項稅額及進貨。

本案例中之乙自然人、丙營利事業構成共同實施「逃漏營業稅及營利事業所得稅」之行為。乙自然人、丙營利事業關係是「聚合參與」。乙自然人是「純正身分違序人」，應依營業稅法第51條第1款、所得稅法第110條第2項規定處罰。**丙營利事業是「不純正身分違序人」，因營業稅法、所得稅法均無處罰之明文，故應依本條第2項及第3項規定，裁處與乙自然人相同之原本處罰**（在此案例丙營利事業教唆或幫助乙自然人匿報稅捐，涉及稅捐稽徵法第43條第1項規定之刑責，暫置不論）。

至於本案例中之甲營利事業、乙自然人，雖然構成共同實施「未取得進貨憑證及未給予銷貨憑證」之行為（甲營利事業、乙自然人關係是「對立參與」，雙方均是「純正身分違序人」），惟由於銷貨之乙自然人與購貨之甲營利事業，分別應依稅捐稽徵法第44條中「未給予銷售憑證」與「未取得進貨憑證」之處罰規定分別裁罰，故此一共同違序行為不適用本條第1項規定。

另外，甲營利事業、丙營利事業則並未構成共同實施違序行為，自無適用本法第14條規定之問題。

⑸扣繳義務人甲答應所得人乙之要求，故意不對乙之租賃所得扣繳稅款，構成共同實施「未扣繳所得稅款」之行為。本案例是「對立參與」。扣繳義務人甲是「純正身分違序人」，應依所得稅法第114條第1款規定處罰。**所得人乙是「不純正身分違序人」，因所得稅法無處罰之明文，故應依本條第2項及第3項規定，裁處與扣繳義務人甲相同之原本處罰。**

4.租稅法上義務人與其意定代理人之共同實施違序行為：

會計師、其他合法代理人（如記帳士、律師等）或其他人經租稅法上之義務人授與代理權，代為辦理各種稅捐事務，可能構成租稅法上之義務人與其意定代理人共同實施違序行為。幾乎所有稅目均存在此種情況，而其可能之共同行為型態繁多，不克枚舉。在此情況均是「聚合參與」。

受營業稅法、所得稅法與稅捐稽徵法上之義務人委託，代為辦理各種稅捐事務之意定代理人，有會計師、記帳士與（會計師、記帳士以外之）其他人三類，茲分別說明如下：

(1)會計師為意定代理人：

會計師代理營業稅與所得稅事務時，可能構成租稅法上義務人共同實施違序行為。租稅法上義務人為「純正身分違序人」，應依營業稅法、所得稅法或稅捐稽徵法有關處罰規定裁罰。**會計師則為「不純正身分違序人」，因營業稅法、所得稅法或稅捐稽徵法均無處罰之明文，故應依本條第2項及第3項規定，裁處與租稅法上義務人相同之原本處罰**[119]。

惟應注意者，所得稅法第118條規定：「會計師或其他合法代理人，為納稅義務人代辦有關應行估計、報告、申報、申請複查、訴願、行政訴訟，證明帳目內容及其他有關稅務事項，違反本法規定時，得由該管稽徵機關層報財政部依法懲處。」。然而所得稅法中並無關於會計師代辦稅務事項之任何規定，因此**本條中之「會計師……違反本法規定」，究係何指，無從索解**。此外，財政部發布「會計師代理所得稅事務違失移付懲戒作業要點」，其內容有二部分，一部分係明定會計師應移付懲戒之十四種情事，另一部分是各地區國稅局函報金融監督管理委員會交付懲戒之程序（按會計師之主管機關原係財政部，故所得稅法第118條規定由該管稽徵機關層報財政部依法懲處。目前主管機關已改為金融監督管理委員會，而所得稅法第118條迄未配合修正）。此一作業要點顯然與所得稅法第118條規定有關，然則**此一作業要點是否可解為係所得稅法第118條中之「本法規定」，答案顯然應屬否定**。

不論如何，以目前而言，會計師代理營業稅與所得稅事務時，如與租稅法上義務人共同實施違序行為，而應依本條第2項及第3項規定，裁處與租稅法上義務人相同之原本處罰。倘如會計師（與租稅法上義務人共同實施）之違序行為，同時符合會計師代理所得稅事務違失移付懲戒作業要點規定之某一應移付懲戒之情事，進而與會計師法第61條六款中某款應付懲戒之要件相合致，應予以懲戒；而此一懲戒之性質亦屬行政罰（參見上面本篇第一章、壹、二、(四)、4、）。因此，將形成**「一行為二罰」**，而牴觸本法第24條規定。此一情形，宜儘早由主管機關透過解釋或另行修法以解決之。

(2)記帳士為意定代理人：

記帳士代理營業稅與所得稅事務時，可能構成租稅法上義務人共同實施違序行為。租稅法上義務人為「純正身分違序人」，應依營業稅法、所得稅法或稅捐稽徵法有關處罰規定裁罰。**記帳士則為「不純正身分違序人」，因營業稅法等三法均無處罰之明文，故應依本條第2項及第3項規定，裁處與租稅法上義務人相同之原本處罰**。

---

119 陳清秀，註9書，653頁；洪家殷，註13文，21-22頁；黃士洲，註60文，164頁；以及張本德，共同違法處罰在稅法之運用，稅務旬刊，2034期，2008年5月，9-10頁。

惟應注意者，所得稅法第118條規定：「會計師或其他合法代理人，為納稅義務人代辦有關應行估計、報告、申報、申請複查、訴願、行政訴訟，證明帳目內容及其他有關稅務事項，違反本法規定時，得由該管稽徵機關層報財政部依法懲處。」然而所得稅法中並無關於其他合法代理人代辦稅務事項之任何規定，因此**所得稅法第118條中之「其他合法代理人……違反本法規定」，究係何指，無從索解**。

不論如何，以目前而言，記帳士代理營業稅與所得稅事務時，如與租稅法上義務人共同實施違序行為，而應依本條第2項及第3項規定，裁處與租稅法上義務人相同之原本處罰。倘如記帳士（與租稅法上義務人共同實施）之違序行為，同時與記帳士法第26條六款中某款應付懲戒之要件相合致，應予以懲戒；而此一懲戒之性質亦屬行政罰（參見上面本篇第一章、壹、二、㈣、4、）。因此，將形成**「一行為二罰」**，而牴觸本法第24條規定。此一情形，與上述會計師之情形雷同，宜儘早由主管機關透過解釋或另行修法以解決之。

(3)取得稅務代理人資格之律師為意定代理人：

律師代理營業稅與所得稅事務時，可能構成租稅法上義務人共同實施違序行為。租稅法上義務人為「純正身分違序人」，應依營業稅法、所得稅法或稅捐稽徵法有關處罰規定裁罰。**律師則為「不純正身分違序人」，因營業稅法等三法均無處罰之明文，故應依本條第2項及第3項規定，裁處與租稅法上義務人相同之原本處罰。**

惟應注意者，所得稅法第118條規定：「會計師或其他合法代理人，為納稅義務人代辦有關應行估計、報告、申報、申請複查、訴願、行政訴訟，證明帳目內容及其他有關稅務事項，違反本法規定時，得由該管稽徵機關層報財政部依法懲處。」然而所得稅法中並無關於其他合法代理人代辦稅務事項之任何規定，因此**所得稅法第118條中之「其他合法代理人……違反本法規定」，究係何指，無從索解**。

不論如何，以目前而言，律師代理營業稅與所得稅事務時，如與租稅法上義務人共同實施違序行為，而應依本條第2項及第3項規定，裁處與租稅法上義務人相同之原本處罰。

現行律師法對於律師（與租稅法上義務人共同實施之）違序行為，並無懲戒規定。

(4)會計師、記帳士、律師以外之其他人為意定代理人：

其他人（包括**「記帳及報稅業務代理人」**）代理營業稅與所得稅事務時，可能構成租稅法上義務人共同實施違序行為。租稅法上義務人為「純正身分違序人」，應依營業稅法、所得稅法或稅捐稽徵法有關處罰規定裁罰。**其他人則為「不純正身分違序人」，因營業稅法等三法均無處罰之明文，故應依本條第2項及第3項規定，裁處與租稅法上義務人相同之原本處罰。**

應說明者，在租稅稽徵實務上所承認**「記帳及報稅業務代理人」**，與「記帳士」相同，亦可代理納稅義務人等辦理營業稅與所得稅事務，惟其並無專業規範之法律。記帳

及報稅業務代理人代理營業稅與所得稅事務時，可能構成租稅法上義務人共同實施違序行為。然而因其並無專業規範之法律，故對其違序行為，並無懲戒之法規存在，此點與「記帳士」有異。

㈡二位以上獨立之租稅法上義務人雖共同實施違序行為，惟因法規有依個別之構成要件（包括各參與人之不同身分）分別處罰之明文，即應依其規定分別處罰，而不適用本條第1項條規定；復且各參與人均是「純正身分違序人」，故亦無本條第2項及第3項規定之適用。在營業稅與所得稅方面，存在此種情況不少，例如：

1.二家以上營利事業聯合標購商品等，而未取得進貨憑證，可能構成二家以上營利事業共同實施「未取得進貨憑證」之行為。本例是「聚合參與」，而參與人均是「純正身分違序人」。**由於依照稅捐稽徵法第44條規定，此一共同違序行為應依「未取得進貨憑證」之處罰規定，分別處罰各家營利事業，故不適用本條規定。**

2.二家以上建築業者共同投資興建房屋出售，收取訂戶繳交之購屋價款，而未開立統一發票（但均未逃漏營業稅及營利事業所得稅），可能構成二家以上建築業者共同實施「未給予銷貨憑證」之行為。本例是「聚合參與」，而參與人均是「純正身分違序人」。**由於依照稅捐稽徵法第44條規定，此一共同違序行為應依「未給予銷貨憑證」之處罰規定，分別處罰各建築業者，故不適用本條規定。**

3.甲營利事業銷售原料等與乙營利事業，甲營利事業未開立統一發票與乙營利事業，可能構成甲、乙二營利事業共同實施「未給予銷貨憑證及未取得進貨憑證」之行為。本例是「對立參與」，而參與人均是「純正身分違序人」。**由於依照稅捐稽徵法第44條規定，甲營利事業應依「未給予銷售憑證」之處罰規定裁罰，而乙營利事業應依「未取得進貨憑證」之處罰規定裁罰，故不適用本條規定。**

4.稅務稽徵人員與其他機關人員對於納稅義務人之所得額等，同有保密之義務，可能構成共同實施「洩漏所得額等」之行為。本例是「聚合參與」，而參與人均是「純正身分違序人」。

本案例中之稅務稽徵人員，稅捐稽徵法第43條第3項有處罰規定，另所得稅法第119條第1項亦有懲處規定，稅捐稽徵法第43條第3項規定應優先適用，其條文為：「稅務稽徵人員違反第三十三條規定者，除觸犯刑法者移送法辦外，處一萬元以上五萬下罰鍰。」。此一規定之適用，應依本法第26條「**刑事罰優先原則**」規定而予變更，即應先依刑法有關規定訴究。如經科以刑罰，則免再裁處罰鍰。如經不起訴處分或為無罪、免訴、不受理、不付審理之裁判確定者，則依本法第26條第2項規定，再依稅捐稽徵法第43條第3項之罰鍰規定，予以處罰。

本案例中之其他機關人員，應依所得稅法第119條第4項規定懲處。

對此案例，由於稅捐稽徵法與所得稅法各有處罰之明文，故不適用本條規定。

㈢如上面㈠所述，在營業稅與所得稅稽徵上，可能存在形形色色之故意共同實施違序行為。**故意共同實施違序行為的構成要件之要素不少，而稽徵機關須對之負舉證責**

任。關於故意共同實施違序行爲的構成要件之各項要素，上面一、㈡已詳爲說明，不再複述。

　　由於本法僅處罰「共同違序行爲」，不採「教唆違序」及「幫助違序」之概念，而稅捐稽徵法第43條第1項及第2項則定有「教唆逃漏稅捐」及「幫助逃漏稅捐」科刑之規定，加上本法第24條**「刑事罰優先原則」**之規定；故稽徵機關如依據各項事證認定**他人**有教唆或幫助租稅法上義務人逃漏稅捐之情事，自應依稅捐稽徵法第43條第1項及第2項規定，向檢調機關告發。如經科刑確定，則不得再裁處罰鍰（惟依本法第26條第1項但書規定，仍得裁處其他種類之行政罰）。如經不起訴處分或爲無罪、免訴、不受理、不付審理之裁判確定者，其時稽徵機關仍得再依本法第26條第2項規定，察究**他人**與租稅法上義務人是否構成本條規定之故意共同實施違序行爲[120]。至如稽徵機關認定**他人**未有教唆或幫助租稅法上義務人逃漏稅捐之情事時，並非表示即不構成故意共同實施違序行爲。不論何種情況，對於租稅法上義務人及他人故意共同實施違序行爲的構成要件之各項要素，稽徵機關均須負舉證責任，乃屬當然。

　　惟在審究是否成立營業稅與所得稅稽徵上之故意共同實施違序行爲時，則須考慮營業稅與所得稅稅務事項之某些特性，以免過苛或輕縱。茲分述如下：

　　1.會計師依會計師代理營業稅查核申報注意事項規定，替營業人代爲辦理「查核申報」營業稅，以及依會計師代理所得稅事務辦法、會計師辦理所得稅查核簽證申報須知規定，替營利事業等代爲辦理「查核簽證申報」營利事業所得稅者，除營業人、營利事業等應於申報書具名簽章外，**實務上亦要求會計師於申報書具名簽章**（按上述法令對此並無明文）。倘如稽徵機關認定營業人、營利事業等有**故意**漏報銷售額、所得額之情事，則可否以會計師業於申報書具名簽章，而認定會計師有故意共同參與漏報之行爲，答案應屬否定。蓋稽徵機關必須**證明**會計師查核時**明知**營業人、營利事業等有漏列銷售額、所得額之情事，而乃「有意使其發生漏報」（亦即「有意不於申報書中列報該銷售額、所得額」），或與營業人、營利事業等**共謀**逃漏稅捐，方得認定會計師有故意共同參與漏報之行爲；**並非得以「會計師業於申報書具名簽章」之事實，而間接推論會計師有故意共同參與漏報之行爲。**

　　其次，如營業人、營利事業等之漏列銷售額、所得額，乃會計師所不知，而在查核時亦未查察覺，則稽徵機關極其量僅能認定會計師之代理行爲存有過失。由於「過失共同實施爲序行爲」並無本條之適用，故不得對會計師處罰（惟可能依所得稅法第118條與會計師代理所得稅事務違失移付懲戒作業要點之有關規定，將會計師移付懲戒）。

　　2.記帳士、律師或其他人爲營業稅法、所得稅法或稅捐稽徵法上義務人代爲辦理營業稅或所得稅有關事務，現行稅務法規中均無必須具名代理之明文，實務上亦無此要求，故記帳士、律師或其他人於有關文件上可具名簽章，亦可不具名簽章。是則如上

----

120 參見張本德，註119文，10-11頁。

面1、所述然，稽徵機關必須**證明**記帳士、律師或其他人代理時**明知**營業稅法等三法上義務人有違反租稅法上義務之情事，而乃「有意使其發生違序」，或與營業稅法等三法上義務人**共謀**實施違序行為，方得認定記帳士、律師或其他人有故意共同參與違序行為；並非得以「記帳士、律師或其他人代理」（不論具名簽章與否）之事實，而間接推論記帳士、律師或其他人有故意共同參與違序行為。

其次，如營業人、營利事業等之違序行為，乃記帳士、律師或其他人所不知，則稽徵機關極其量僅能認定記帳士、律師或其他人之代理行為存有過失。由於「過失共同實施為序行為」並無本條之適用，故不得對記帳士、律師或其他人處罰（惟可能依所得稅法第118條規定，將記帳士移付懲戒）。

3.有關營業稅與所得稅之稅務事項，會計師、記帳士或律師等為租稅法上義務人提供諮詢（其型態形形色色，從提供完整之「**租稅規劃**」到僅提供粗略之「**口頭諮詢**」，不一而足），最為常見。租稅法上義務人依據會計師、記帳士或律師等提供之意見或建議，實施各種與稅捐有關之法律行為，而經稽徵機關認定有違序行為（其認定是否妥適係另一問題）時，會計師、記帳士或律師等是否構成故意共同實施違序行為？**按故意共同實施違序行為的構成要件之要素，除各行為人均係故意外，尚須各行為人有共同實施之「內部意思」與有共同實施之「外部行為」**（詳見上面一、㈢所述）。**因此，應察究會計師、記帳士或律師等是否具有所有構成要件之要素，以論斷之。**

如僅以**與課稅有關之事項**而言，會計師、記帳士或律師等為**納稅義務人**提供有關課稅事項之諮詢（尤其是提供完整之「租稅規劃」），納稅義務人據以實施各種與稅捐有關之法律行為，稽徵機關固得依照稅法上之實質課稅原則，否認其法律行為之經濟結果得適用稅法上之稅捐優惠或免稅規定，而予以課稅。然而稽徵機關是否得進而認定納稅義務人有違反納稅義務，同時認定會計師、記帳士或律師等與納稅義務人共同實施逃漏稅捐行為之情事，答案則應屬否定。蓋如上面本篇第二章、伍、二、㈠、1、所述，依據整體規劃所實施之各個法律行為，並無隱匿事實之情事，而均符合有關法令（包括稅捐及其他行政法令），「實質課稅原則」對之並無予以否認之效力；否則實質課稅原則變成所有租稅法領域之「帝王條款」，決無是理。實質課稅原則適用之界限，止於「否認避稅行為之經濟結果適用稅法上之稅捐優惠或免稅規定，而予以課稅」；是以如認為僅依據實質課稅原則，即得認定納稅義務人有逃漏稅捐行為而予處罰，則本法上「行政罰之構成要件」之規定，即完全遭實質課稅原則架空。**在此情形，既然連納稅義務人之行為尚不得論為逃漏稅捐行為，則將會計師、記帳士或律師等之提供租稅規劃論以「故意共同實施逃漏稅捐行為」，絕非妥適。**

應與上述情形區別者為，會計師、記帳士或律師等因**過失**而向租稅法上義務人提供**錯誤**之法律意見，或因**誤解法令**而向租稅法上義務人提供**錯誤**之租稅規劃或建議等，因而導致租稅法上義務人實現逃漏稅捐之構成要件，乃屬會計師、記帳士或律師等之

「過失行為」，自更無本條之適用[121]。

（四）對營業稅與所得稅稽徵上之故意共同實施違序行為，依據各項事證已證明各行為人實現其構成要件者，應依營業稅法、所得稅法與稅捐稽徵法有關罰則處罰各行為人（即共同違序人）。由於營業稅法等三法並無關於故意共同實施違序行為如何處罰之規定，是以應否適用本條之**分別處罰**規定，有待進一步探究。

關於稅法上共同違序人處罰之案件，在本法施行前，法務部持「分別處罰」之見解（參見法務部89.7.10法律字第20292號函、91.6.4法律字第910020510號函）。最高行政法院則見解並不統一，採「分別處罰」見解之判決較多（參見91年判第2363號、93年判第742號、97年判第313號判決等），而採「共同處罰」見解之判決較少（參見92年判第2310號判決）。本條之立法理由明示法規有特別規定共同處罰者，即應共同處罰[122]。至如法規未有共同處罰之明文者，則學者見解不一。有謂：對共同違序人應一概「分別處罰」。有謂：在漏稅罰方面，由於現行稅法普遍規定按所漏稅額之「倍數」或「一定比例」裁罰，處罰相當嚴厲，足以剝奪違序者之不法利益，並達到制裁目的。因此，在解釋上，依比例原則可認為係採「共同違序人共同分擔」，不應對共同違序人均分別處罰（其涵意即：以漏稅額之倍數或一定比例為罰鍰之處罰規定，乃本條所定分別處罰之特別規定），較為合理。謹按現行租稅法規中之罰鍰，除了行為罰有採定額之處罰外，以漏稅額之倍數或一定比例為罰鍰之處罰，極為普遍。依稅法規定對共同違序人處以罰鍰，該處罰可否認為係「對共同違序人共同處罰」，由於本法施行不久，似宜由主管機關解釋，或另行修法，俾有明確依據[123]。

對共同違序人之處罰，如（租稅法規無共同處罰之明文而）確定應一概**分別處罰**時，應有本條第1項但書與第3項所定**處罰之可分性**之適用；亦即：(1)共同違序人「依其行為情節之輕重，分別處罰」，而非分別各裁處相同之處罰。(2)共同違序人有因身分或其他特定關係致處罰有重輕或免除時，其無此身分或特定關係之共同違序人，僅處以通常之處罰（即未加重或減輕時之原本處罰）。例如部分共同違序人是首次違序，部分共同違序人是多次違序，則在罰鍰額度上，對因首次違序者，得從輕處罰，對其餘多次違序者，則可從重處罰（例如應依營業稅法第51條處罰時，首次違序者處漏稅額一倍之罰鍰，多次違序者處漏稅額三倍之罰鍰）。又如納稅義務人與其他人共同逃漏稅捐，納稅義務人在稽徵機關發覺之前，自動補報補繳稅款，可依據稅捐稽徵法

121　陳清秀，註9書，653-654頁。

122　本法第14條立法理由三、說明遺產稅法第47條規定之罰鍰，應係「由數納稅義務人共同分擔」（見林錫堯，註2書，91-92頁）。惟洪家殷則謂其係對「分別處罰」抑係對「共同處罰」之罰鍰上限，並不明確（見洪家殷，註2書，187頁（註85））。

123　張本德持分別處罰之見解（見張本德，註119文，9,10頁）；陳清秀持共同違序共同分擔之見解（轉引自洪家殷，註2書，186-187頁）。洪家殷認為有待解釋或修法以澄清之（見洪家殷，註2書，187頁）。

第48條之1規定免罰，其他人則仍處以通常之處罰[124]。

貳、私法組織的有代表權之人之併同處罰

行政罰法第15條：「（第1項）私法人之董事或其他有代表權之人，因執行其職務或為私法人之利益為行為，致使私法人違反行政法上義務應受處罰者，該行為人如有故意或重大過失時，除法律或自治條例另有規定外，應並受同一規定罰鍰之處罰。（第2項）私法人之職員、受僱人或從業人員，因執行其職務或為私法人之利益為行為，致使私法人違反行政法上義務應受處罰者，私法人之董事或其他有代表權之人，如對該行政法上義務之違反，因故意或重大過失，未盡其防止義務時，除法律或自治條例另有規定外，應並受同一規定罰鍰之處罰。（第3項）依前二項並受同一規定處罰之罰鍰，不得逾新台幣一百萬元。但其所得之利益逾新台幣一百萬元者，得於其所得利益之範圍內裁處之。」。此係規定符合一定要件時，私法人之董事或其他有代表權之人應受併同處罰，乃是行政罰之「兩罰制」規定之一。

第16條：「前條之規定，於設有代表人或管理人之非法人團體，或法人以外之其他私法組織，違反行政法上義務者，準用之。」。此係規定符合一定要件時，非法人團體或其他私法組織之代表人或管理人應受併同處罰，乃是行政罰之「兩罰制」規定之二。

一、條文說明解析

本法第15條及第16條係以「私法組織」為規範之對象，即第15條以私法組織中之「私法人」為規範之對象，第16條以私法組織中之「非法人團體與其他私法組織」為規範之對象，故予以合併說明解析之。

㈠第15條中若干名詞之意涵暨其適用上之疑義等，應先予說明：

1.第1項、第2項中之**「私法人」**，係指基於法律（私法）之承認，與自然人同樣視為具有人格，可為權利義務主體之組織。私法人包括社團法人（又分營利社團法人，如公司、合作社等，公益社團法人，如農會、漁會、商會、工會等，以及中間社團法人，如同鄉會、宗親會等）與財團法人。

其次，**「私法人之董事」**就私法人一切事務對外代表私法人，其應指已依管理該法人之法規登記，有代表權之董事。**「私法人其他有代表權之人」**，應係指董事以外之「法定代表權人」（即「依法規規定具有代表權之人」，例如公司之清算人），以及經私法人「授權代表私法人為行為之內部人員」（例如公司授權其經理、廠長等代表公司為行為）。有認為經私法人「授與代理權之人」（即「代理人」）（例如公司對律師、會計師等授與代理權以代為辦理有關事務），亦為其他有代表權之人，並非妥

適；蓋一則代理人通常對私法人之職員等並無指揮、監督之權，二則將代理人納入其他有代表權之人之範圍，將使私法人概括承擔（其基於契約委託之）第三人之行爲後果責任，既違反**「自己責任原則」**，亦有失事理之平[125]。

　　以股份有限公司爲例，董事指已依公司法規定登記，有代表權之董事。其他有代表權之人，指在公司法規定之特定事務上或特定期間之內，具有代表公司執行職務之人，如（執行監察職務之）監察人、（發起期間之）發起人、（重整期間之）重整人與重整監督人、（清算期間之）清算人等。但檢查人、總經理與經理雖在其執行職務範圍內屬於公司負責人（參見公司法第8條），然除非經授權代表私法人爲行爲，否則應解爲並非公司之代表權人爲妥。至於其他私法人之「董事或其他有代表權之人」應如何具體認定，尚有待明確界定。

　　本法施行後，各領域行政法之主管機關實宜通盤整理其主管法規之私法人各種型態之有代表權之，並明確解釋有多數之代表權人時如何處理等，以利各機關於處罰私法人時，其有代表權之人的認定不致錯誤，以避免裁罰處分發生錯誤或存有瑕疵。

　　2.第1項、第2項中之「爲私法人利益之行爲」，係指「執行職務」以外之行爲而言。關於**「執行職務」**，其判斷基準有**「客觀說」**（應就客觀情形判斷該行爲是否屬於職務執行行爲）、**「主觀說」**（應就客觀情形判斷該行爲是否屬於職務執行行爲）與**「綜合說」**（客觀或主觀任一要件均可構成職務執行行爲）之分。**「爲私法人利益之行爲」**之判斷基準，亦然。因此，即應先明確建立判斷基準，以便適用時可以遵循。由行政罰之「兩罰制」之規範而言，似宜採取「綜合說」，即不論從客觀上判斷，或從行爲人主觀意念出發，凡有構成「執行職務或爲私法人利益之行爲」者，均屬之，以擴大「兩罰制」適用之機會，俾有效利用組織力量，約束自己組織內人員之行止[126]。

　　3.第1項、第2項中之**「故意」**、**「重大過失」**，其涵義於上面本篇第二章、壹、一、㈢、1、至3、已有說明，不再複述。

　　4.第2項中之**「職員、受僱人或從業人員」**其涵義如何，本法並無明文，有待辨明。由本條第2項規定之意旨推論，並參酌本法第15條規定，**職員、受僱人或從業人員均屬（依據法令或契約等）受組織指揮、監督，以執行組織所定職務或爲組織之利益而行爲之人**（組織之指揮、監督由其代表人等爲之，自不待言）。倘非如此，本條第2項規定職員等之故意、過失，推定爲組織之故意、過失，即無事理上之基礎，亦無期待可

125 林錫堯認爲：私法人之「意定代表權人」（包括經私法人「授權代表私法人爲行爲之內部人員」與經私法人「授與代表權之人」），亦爲其他有代表權之人；張本德亦同意其見解（見林錫堯，註2書，99頁，以及張本德，註119文，15頁）。陳愛娥則指出：所謂「意定代表權人」中之經私法人「授與代表權之人」，依林錫堯之說明，實係「授與代理權」，該人實僅爲「意定代理權人」，而將私法人之意定代理權人亦認爲係其他有代表權之人，並非妥適，並說明其理由（如本書所引述）（見陳愛娥，註47文，111頁）。本書從陳愛娥之見解。
126 林明鏘，註15文，147-148頁。

能性。惟「職員」、「受僱人」與「從業人員」三者，有何區別，並無行政解釋，則尚有待實務發展以澄清界定之。

5.第3項中之「**所得利益**」，參照本法第20條規定，應指「**所獲得之財產上利益**」；而財產上利益則係指「**可用金錢衡量之利益**」，不包括精神上之利益。利益兼指「積極利益」與「消極利益」，前者即實際所獲得之利益，後者即應喪失而未喪失之利益[127]。

㈡第15條第1項係對私法人之「**董事或其他有代表權之人**」「**自為行為**」時之併同處罰，亦即對「**自己責任**」之處罰。**適用本項規定之要件如下：**

1.行為人係私法人之董事或其他有代表權之人。

2.該董事或其他有代表權之人係執行其職務或為私法人之利益為行為。行為須是利用或應運用而未運用其法律上或事實上可能有影響力之行為，且其行為與其代表權地位間須有因果關係。

3.該董事或其他有代表權之人之行為而使私法人違反行政法上義務。

4.該董事或其他有代表權之人之行為係出於故意或重大過失。

5.依法規規定應處罰私法人，而未處罰為該行為董事或其他有代表權之人。如依法規規定可擇一處罰該董事或其他有代表權之人，則應依其規定，而不適用本項規定。又如董事或其他有代表權之人就同一行為可追訴其刑事責任，則依「**一行為不二罰**」原則（參見本法第26條第1項）[128]，僅依刑事法律處罰。

㈢第15條第2項係對私法人之「**董事或其他有代表權之人**」「**未盡防止義務**」時之併同處罰，亦即對「**代位責任**」之處罰。**適用本項規定之要件如下：**

1.行為人係私法人之職員、受僱人或從業人員。

2.私法人之職員、受僱人或從業人員，因執行其職務或為私法人之利益為行為，而有故意或過失，致使該私法人構成違反行政法上義務而應受處罰。

3.私法人之董事或其他有代表權之人對於該職員、受僱人或從業人員之違反行政法上義務行為，未盡其防止義務。所謂未盡其防止義務，係指依法規或私法人之內部分工規定，董事或其他有代表權之人對該職員、受僱人或從業人員所為違反行政法上義務之行為，有義務採行監督措施予以防止，而其未採行監督措施或採行之監督措施不適當，足認其有違反監督義務。董事或其他有代表權之人「違反監督義務」，與職員、受僱人或從業人員「違反行政法上義務之行為」，兩者之間須有因果關係。

4.須董事或其他代表權人有故意或重大過失。

5.須法規未針對董事或其他有代表權之人設有處罰規定。如依法規規定可擇一處罰該董事或其他有代表權之人，則應依其規定，而不適用本項規定。又如董事或其他有代

---

127 參見蔡震榮等二人，註1書，311頁；林錫堯，註2書，114頁；以及蔡志方，註4書，73頁。
128 林錫堯，註2書，99-102頁。

表權之人就同一行為可追訴其刑事責任，則依**「一行為不二罰」**原則（參見本法第26條第1項），僅依刑事法律處罰[129]。

㈣第15條第1項及第2項規定之適用，應注意如下各點：

1.兩項中除書規定之「法律或自治條例另有規定」，有欠清晰。由法律條文整體觀察，應解為係指：倘如法規規定董事或有代表權之人僅以有「故意」，或僅以有「過失」，或僅以有「無過失」為要條件，而須負行政責任，則即不適用兩項規定。

2.兩項雖均規定「應」併同處罰私法人之董事或其他有代表權之人，而無選擇餘地；惟主管機關仍應依本法第18條第1項規定，斟酌其應受責難程度而裁處之。

3.私法人有多數之董事或有代表權之人時，是否全體均應負責？原則上，如對多數之董事或有代表權人有內部業務分配、職務分工或授權之事實，自不宜再令其他非屬其責任範圍之人負責，而應以負責該事務者為對象，予以歸責[130]。惟如並無內部業務分配等，則是否即應全體負責，如全體處罰，是否有違比例原則，因並無行政解釋，尚有待實務發展以澄清之。

4.私法人之董事或有代表權之人符合併同處罰之要件者，應對之處以同一規定（指處罰私法人之規定）之「罰鍰」（故不得裁處罰鍰以外之處罰），惟並非裁處罰鍰金額亦須相同。因「重大過失」而併受處罰之罰鍰金額，應低於因「故意」而併受處罰之罰鍰金額，方屬合理。裁處之罰鍰金額應依董事或有代表權之人的經濟狀況決定之，而非以私法人之財產狀況為準。復且縱然董事或有代表權之人的行為對私法人帶來不當利益，亦不應加以考量（此種私法人之不當利益，應於處罰私法人時，為剝奪其不法利益而在處罰金額應加以考慮之因素）[131]。尚應注意者，**併同處罰之罰鍰金額應受二個限制**，一是不得高於處罰私法人之罰鍰金額，蓋如此方符事理之平；另一是尚應受本條第3項規定之限制（詳見下面㈤所述）。

5.第2項規定私法人之董事或其他有代表權之人的**「防止義務」**，涉及**「監督義務」**，其涵義析述如下：

⑴監督義務之範圍，須就具體個案視私法人之大小與組織、法規內容與意義、監督可能性等因素而定，但必須能達於使私法人遵守行政法上義務之程度。

⑵監督通常係指**「必要之監督」**，指監督措施以客觀上有必要者為限；亦即所採取之監督指施係客觀上能適當地防止違反行政法上義務之行為而言。如有多數適當之監督指施，則以有採取最溫和之監督指施即為已足。如已發現所選任之人員不能勝任、發生重大之法律疑義等之特殊情況，則應提高其要求標準。

⑶監督措施執行時，客觀上須具有**「期待可能性」**。

.29　林錫堯，註2書，106-110頁。

.30　洪家殷，註2書，197，198頁；林錫堯，註2書，101頁；以及陳清秀，註9書，656頁。

.31　陳清秀，註9書，657頁；以及洪家殷，註2書，199頁。

(4)監督措施包括：A.選任適當之人員；B.有適當之組織與分工、訓練、說明、指示、察看等；C.對不正行為有糾正乃至處罰等之規定等。「組織上欠缺」亦可能構成違反監督義務，此包括分工未周致無人負責、責任重疊致互相推諉、權責過度下放等。

(5)董事或其他有代表權之人不因其另任命監督人員而免除其應自行監督之責任，亦不因放棄指揮權而免除監督義務[132]。

6.關於第15條第1項與本法第7條第2項適用上之關係，私法人為行政法上之義務人者，其有「故意」或「過失」即應處罰；但其董事或有代表權之人則須有「故意」或「過重大失」方應併同處罰。然而董事或有代表權之人之故意或過失，依本法第7條第2項本即應推定為私法人之故意或過失。因此，董事或有代表權之人有「故意」或「重大過失」時，私法人本身與其董事或有代表權之人均須處罰（此即「**兩罰制**」之表現）；**而如董事或有代表權之人僅有「過失」時，則僅處罰私法人，而不必處罰董事或有代表權之人。**

7.第15條第2項與本法第10條間有**法規競合**。在法律適用上，第15條第2項應認為係屬本法第10條之**補充規定**；如私法人之董事或其他有代表權之人依本法第10條規定應受處罰，則不再適用第15條第2項之處罰規定[133]。

(五)第15條第3項之適用，說明如下：

1.本項條文所謂「**所得之利益**」，係指私法人之**董事或其他有代表權之人所獲得之財產上利益**。因此，主管機關在依第15條第1項或第2項規定，對私法人之董事或其他有代表權之人併同裁處罰鍰時，應先查就其是否因私法人之違序行為而獲得財產上利益，以及其利益之金額。其次，**董事或其他有代表權之人「所得之利益」與私法人「違反之義務」之間，應存有直接因果關係或合理之關聯**；倘如二者之間已出現質的變化，則不得認為係違反義務時董事或其他有代表權人所獲得之財產上利益[134]。對董事或其他有代表權之人併同處罰時，如其獲有財產上利益，則其罰鍰之金額應受第15條第3項規定之限制；如其未獲得財產上利益者，則裁罰時即無須考慮第15條第3項之規定。

2.依第15條第1項或第2項規定併同處罰之罰鍰金額，應受同條第3項規定之限制，析述如下：

(1)檢視私法人應裁處罰鍰金額與董事或其他有代表權之人所獲得之利益金額是否超過100萬元。

A.如均超過，而應裁處罰鍰金額低於其所獲得之利益金額，則在應裁處罰鍰金額內裁處。

B.如均超過，而應裁處罰鍰金額高於其所獲得之利益金額，則在其所獲得之利益金

----

132 林錫堯，註2書，108-109頁。

133 林錫堯，註2書，18頁；以及蔡志方，註4書，73頁。

134 參見蔡震榮等二人，註1書，285，311頁。

額內裁處。

(2)如應裁處罰鍰金額度低於100萬元，所獲得之利益金額高於100萬元，則在應裁處罰鍰金額內裁處。

(3)如應裁處罰鍰超過100萬元，所獲得之利益金額低於100萬元，則在100萬元內裁處[135]。

3.本項規定罰鍰之金額限度，除考量受併同處罰者之資力，限制同一罰鍰最高金額外，並從「不當利得」之觀點，再予以放寬。惟本項規定與本法第20條第1項、第2項規定，並不相同；前者屬於併受罰鍰之處罰，後者則屬於「不當利得」之追繳。前者因對於主體有特別限定，在故意、重大過失之範圍內，應解為是後者之**特別規定**，而且不是補充或擇一適用之關係[136]。

(六)第16條係準用第15條規定，故應審視準用事項與被準用規定之事項，性質上是否相容，以確定可否準用。第15條規定應該全部可為第16條準用，蓋並無性質不相容之問題。從而第16條之非法人團體或其他私法組織之「代表人或管理人」、「職員、受僱人或從業人員」，即分別相當於第15條之私法人之「董事或其他有代表權之人」、「職員、受僱人或從業人員」。

關於「（私法上）非法人團體」、或「其他私法組織」，其概念參見上面本篇第一章、貳、一、㈠之說明。

(七)關於第16條適用之要件及有關事項等，除下述各點外，參見上面㈠至㈤之說明，不再複述。

1.本條之「**非法人團體**」、「**其他私法組織**」之概念如何，有說明之必要。

首先，非法人團體應僅限於私部門之團體。其次，本條之立法理由謂：「一、設有代表人或管理人之非法人團體或法人以外之其他私法組織，雖無權利能力，惟因具有一定成員、目的、名稱、事務所或營業所，且擁有獨立之財產，依行政程序法第21條、第22條第1項規定，亦得成為行政法上之義務主體，如有發生違反行政法上義務之行為時，其受罰能力與處罰條件應與私法人相當，……。」，似未明顯區分「非法人團體」與「其他私法組織」之概念。解釋上，**非法人團體解為僅係其他私法組織之例示為妥**。其他私法組織應包括個別行政法規定之「事業」、「機構」、「私人場所」等。由上述立法理由可知，凡獨立之經濟個體具備「**設有代表人或管理人**」、「**一定成員**」、「**一定目的**」、「**一定名稱**」、「**一定事務所或營業所**」及「**獨立財產**」諸要件

135 張本德，併同處罰在稅法上之適用，稅務旬刊，2042期，2008年6月，16頁。林錫堯、黃俊杰均以「法定最高罰鍰金額」與所獲得之利益金額相比較（見林錫堯，註2書，102-103頁；以及黃俊杰，註3書，53頁（註69））。本書從張本德之見解，蓋誠如張本德指出者，第15條第3項並未如第18條規定以「所得之利益」與「法定罰鍰最高額度」比較，解釋上應是以具體個案上私法人「應受裁處之罰鍰額度」與所獲得之利益比較為妥。

136 蔡志方，註4書，183頁。

者，即可認為屬於行政罰法上之其他私法組織[137]。

2.關於非法人團體或其他私法組織之「**代表人**」、「**管理人**」如何認定，有待澄清。原則上，如對特定之非法團體、其他私法組織定有管理之行政法規，自得依據法規之明文或規範意旨以認定之。如未定有管理之行政法規，則唯有依據非法人團體、其他私法組織之內部規章、職務文件或管理案卷等資料或事實而個案認定之。

3.第16條與本法第10條間有**法規競合**。在法律適用上，第16條應認為係屬第10條之**補充規定**；如非法人團體、其他私法組織之代表人或管理人依本法第10條規定應受處罰，則不再適用第16條之處罰規定。

(八)本法第15條與第16條係行政罰之「兩罰制」規定，意在矯正或補充以往行政法對「私法組織」（即私法人、非法人團體或其他私法組織）採「轉嫁罰」所形成之制裁漏洞。所謂「**兩罰制**」（或稱「**併罰制**」），即私法組織有違序行為者，除處罰私法組織外，併同處罰其「有代表權之人」（即董事、其他有代表權之人、代表人或管理人，亦即私法組織中有領導、指揮或監督地位之自然人）。兩罰制之規範目的，係避免誘發私法組織之有代表權之人利用人頭充當機關，於私法組織之背後專營私利，竟無須因私法組織之違序行為而遭非難與歸責，故併同處罰其有代表權之人，以避免其在轉嫁罰制度下規避行政罰之責任。

惟私法組織之有代表權之人之行為，推定（應是視為）該私法組織之行為，因而同時處罰私法組織與其有代表權之人，是否違反「一行為不二罰」原則，不無疑義；蓋一行為不二罰係禁止對同一行為人之一行為作二次處罰，而組私法組織與其有代表權之人雖為二個不同之受罰主體，但因行為只有一個，故仍不無違反一事不二罰之嫌[138]。此一疑問，似尚有待實務之發展以驗證之。

---

137 林明鏘，註15文，153頁；以及張本德，註135文，15頁。

關於非法人團體之概念內涵，有：(1)「最狹義說」：認為非法人團體須為三人以上之團體、有一定名稱、一定事務所或營業所、有一定目的、有獨立財產，設有代表人或管理人者始足稱之。(2)「狹義說」：認為有一定名稱、有事務所或營業所、有獨立財產，設有代表人或管理人者即可稱為非法人團體，而不需要有人數及團體目的之限制。(3)「廣義說」：認為非法人團體應僅須對外是一個獨立之經濟個體，並得隨時選任代表人或管理人之多數人團體為已足（見蔡震榮等二人，註1書，276頁）。非法人團體既是其他私法組織之一個例示，則其他私法組織自然同樣有三說之不同。

上述非法人團體之概念之三說，均有學者採用：(1)黃俊杰採最狹義說（見黃俊杰，註3書，53-54頁），顯係以第16條之立法理由為據。(2)蔡震榮、鄭善印採狹義說，理由是較符合實務之見解（見蔡震榮等二人，註1書，277頁）。(3)張本德採廣義說，理由是較能貫徹個別行政法規之立法目的，有效管制非法人（見張本德，註135文，18-19頁）。惟林明鏘對非法人團體之概念採廣義說，而對其他私法組織則採最狹義說（見林明鏘，註15文，153頁及157頁），似有不一貫之處。關於其他私法組織（或其例示之非法人團體）之概念，本書依據第16條立法理由所述之特徵，以構建非法人團體、其他私法組織之概念（其內涵近乎最狹義說）；蓋行政罰法係新近立法，墨跡猶新，施行不久，實務見解尚無系統，故無理由不依據其立法理由以作解釋。

138 蔡震榮等二人，註1書，271頁。

二、此二法條規定在營業稅與所得稅稽徵上租稅行政罰之適用

(一)營業稅與營利事業所得稅稽徵上之租稅行政罰，適用本法第15條及第16條規定，乃屬當然；蓋私法組織均為營業稅與營利事業所得稅之納稅義務人。惟綜合所得稅稽徵上之租稅行政罰，則不適用之；蓋適用此二條文之前提係「私法組織有違序行為而受處罰」，而併同處罰其有代表權之人；課徵綜合所得稅之自然人並非組織，自無適用餘地。

(二)由於營業稅與營利事業所得稅稽徵上之特性，本法第15條第1項、第2項及第16條規定之適用，並非理所當然，其適用上存在若干特殊問題，尚須加以探討。

1.**獨資商號**與**合夥商號**均係營業稅與營利事業所得稅之納稅義務人（參見營業稅法第3條第1款及第6條第1款，所得稅法第3條第1項及第11條第2項），其在私法上並非法人，自與第15條無涉；惟其是否屬於本法第16條之其他私法組織（或其例示之非法人團體），有無該條併同處罰代表人規定之適用，似有疑義。茲分述之。

(1)關於獨資商號，論者有謂獨資商號如因違反租稅法上義務（或其他行政法上義務）而應受處罰，則其獨資資本主（即負責人）即不應再予併同處罰；其見解之理據為獨資商號在民法上並無權利能力，獨資資本主與其獨資商號實際上為同一主體，如再併同處罰獨資資本主，將發生一行為重複處罰之情形[139]。按**獨資商號係營業稅與營利事業所得稅之納稅義務人**，自有營業稅法與所得稅法上之權利能力。其次，**獨資資本主係綜合所得稅之納稅義務人**，有其自己之所得稅法上之權利能力。是則謂「獨資商號在民法上並無權利能力，獨資資本主與齊獨資商號實際上為同一主體」為理據，並非妥適。既然在課稅上，獨資商號與獨資資本主係不同之主體，分別課稅。是則何以在租稅行政罰上，卻可否認獨資商號（稅法上之）權利能力，而謂獨資資本主與其獨資商號實際上為同一主體，顯然此一見解在法理上有欠一貫。

其次，有認為依據（最高）行政法院68年度8月份庭長評事聯席會議（68.8.25）決議：「獨資商號……，在行政訴訟裁判當事人欄，……應以獨資商號主人為當事人，記載為「○○○即○○商號」。……」。又最高行政法院93年判第339號判決（93.4.8）謂：「……獨資商號並無當事人能力，而應以商業負責人為處罰之對象，始符法律規定。……」（同院96年判第1029號、97年判第394號判決同此見解）。依照上開決議、判決之意旨，本法第16條併同處罰代表人之規定，不適用獨資商號[140]。此一見解並非否定獨資商號提起行政訴訟之資格，而是認為應由獨資資本主提起；亦即認為「獨資商號無行政訴訟之當事人能力」，而獨資資本主方有之。本法施行前，財政部86.5.7台財稅第861894479號函釋示：「……說明：二、獨資組織營利事業對外雖以所經營之商號名義營業，實際上仍屬個人之事業，應以該獨資經營之自然人為權利義務之主體，又獨

---

139 陳清秀，註9書，659頁。

140 蔡震榮等二人，註1書，275頁；以及張本德，註135文，19頁。

資商號如有觸犯稅法上之違章事實應受處罰時，亦應以該獨資經營之自然人為對象。是故，本案應以違章行為發生時登記之負責人為論處對象。」，同此見解。因此，自然導致如下結論：**獨資商號違反租稅法上義務而受處罰，不得再依本法第16條併同處罰獨資資本主**。此一結論符合司法實務，並且對獨資商號（或是說對「獨資資本主」）有利。惟此一見解之論據並不清楚，應予補充。

現行行政訴訟法第22條規定：「自然人、法人、中央及地方機關、非法人之團體，有當事人能力。」，獨資商號並非自然人、法人、中央及地方機關甚明，惟其是否「非法人之團體」，則應視行政訴訟法上之非法人團體之概念如何為斷。按行政訴訟法並未如民事訴訟法第40條第3項規定：「非法人之團體，設有代表人或管理人者，有當事人能力。」，但學者認為在解釋上應相同。又依司法院大法官釋字第486號解釋，「非具有權利能力之「團體」，如有一定之名稱、組織而有自主意思，以其團體名稱對外為一定商業行為或從事事務有年」，亦受憲法對人格權及財產權之保障，而有當事人能力。學界因此歸納認為有當事人能力之非法人團體，必須具備之要件有四：⑴該團體設有代表人或管理人。⑵該團體有一定之組織、名稱及事務所或營業所。⑶該團體有一定之獨立財產。⑷該團體之存在有一定目的或宗旨[141]。

按獨資商號應依照商業登記法及營業登記規則辦理登記，而依兩法之第9條及第3條規定觀之，獨資商號具備「負責人」、「一定目的」、「一定名稱」、「資本額」及「一定事務所或營業所」等。其中「資本額」即其財產之全部或一部分。其中「負責人」為「出資人」（所得稅法稱為「獨資資本主」）（出資人係未成年人者，負責人則為其法定代理人，參見商業登記法第9條第1項第6款及第10條第1項，營業登記規則第3條第2款及第4條第1款第3目）。故獨資資本主應解為即本法第16條中之「代表人」。與上面一、㈦、1、所述之本法上其他私法組織（或其例示之非法人團體）概念之要素相比對，**獨資商號欠缺「一定成員」、「獨立財產」此二要素**。與上述行政訴訟法上之非法人團體概念之要素相比對，**獨資商號欠缺「一定之獨立財產」此一要素**。蓋獨資商號之資本主僅有一人；而獨資商號並非法人，其依照商業登記法及營業登記規則辦理登記之「資本額」，固屬財產之全部或一部分，然而在私法上，其所有權仍屬於「獨資資本主」。因此，**由嚴格之概念分析，自可得出如下結論：獨資商號非屬本法第16條規定之其他私法組織（或其例示之非法人團體），是以獨資商號違反營業稅、所得稅法與稅捐稽徵法上義務而受處罰，依照本法第24條第1項規定之「一行為不二罰」原則，不得再依本法第16條併同處罰獨資資本主。**同時亦可導出如下結論：獨資商號非屬行政訴訟法第22條規定之非法人團體，並無當事人能力，而係其背後之自然人（即獨資資本主），方有當事人能力。

⑵關於合夥商號，由概念之要素分析，合夥商號有「一定成員」（合夥商號必然

---

141 林騰鷂，行政訴訟法，2004年6月，188頁。

有二位以上合夥人）、有「獨立財產」（各合夥人之出資及其他合夥財產為合夥人全體之公同共有，與各合夥人之財產分離獨立，參見民法債編第668條、第682條第1項）。其依照商業登記法及營業登記規則登記之「負責人」（亦即「執行業務之合夥人」）即為其代表人。是以**合夥商號屬於本法第16條規定之其他私法組織（或其例示之非法人團體），合夥商號違反營業稅法等三法上義務而受處罰，得再依本法第16條併同處罰合夥人**。順便言之，行政訴訟實務上，一向承認合夥商號有當事人能力。

　　2. 數人欲成立公司而依公司法辦理「公司登記」未獲核准，或數人欲成立合夥商號而依商業登記法辦理「商業登記」未經獲准，或個人欲成立獨資商號而依商業登記法辦理「商業登記」未經獲准，其營業稅法第28條規定之「營業登記」亦隨同未獲核准，而事實上從事營業活動者，甚為常見；或在辦理公司登記、商業登記前，事實上從事營業活動者。更屬常見。未辦理公司登記之公司（實務上論為「合夥」）與未辦理商業登記之合夥、獨資商號，因其實際上從事營業活動，故均具有租稅法上之權利能力，基於租稅法定原則及實質課稅原則，應予課稅；因而營業稅及所得稅之稽徵實務上，乃有「**設籍課稅**」之制度。設籍者，設立稅籍之謂。設籍課稅之制度，並無稅法之明文依據，乃依主管機關之行政解釋為之。如財政部75.7.24台財稅第7556622號函、75.9.15台財稅第7564122號函、81.1.3台財稅第800769604號函等，均有准予設籍課稅之釋示。又在實務上，營利事業亦可主動要求稽徵機關予以設籍課稅，通例亦均予准許[142]。其他型態之組織（如未辦理營業登記之教育、文化、慈善、公益機構等），亦可設籍課稅，乃屬當然。

　　經稽徵機關設籍課稅之組織，其在營業稅法等三法上之義務，一如經合法辦理稅籍登記之組織然。故如有違反營業稅法等三法上義務時，一如經合法辦理稅籍登記之組織然，應裁處租稅行政罰；並得依本法第16條規定併同處罰其「實質上有代表權之人」。至於**設籍課稅之獨資組織，則仍如上面1、(1)所述，不得再依本法第16條規定併同處罰獨資資本主**。

　　3. 數人或個人實際上經商、營業等，而未依公司法或商業登記法辦理「公司登記」或「商業登記」，亦未主動向稽徵機關申請設籍課稅，而稽徵機關亦未發現其營業事實而予以設籍課稅，此一情形即營業稅與營利事業所得稅稽徵實務所謂之「**擅自營業**」。擅自營業之組織，因其實際上從事營業活動，故均具有租稅法上之權利能力，基於租稅法定原則及實質課稅原則，仍應予課稅。

　　擅自營業之組織通常少有主動履行其在營業稅法等三法上義務者，從而經稽徵機關查明其有擅自營業之事實，並有銷售額、所得額等，自然構成違反營業稅法等三法上義務，應對擅自營業之組織裁處租稅行政罰。在行政罰上，擅自營業之組織應論為本法第16條之其他私法組織，而因其並無依法登記之代表人或管理人，故得依本法第16條規定

---

142 詳見吳金柱，註90書，114-117頁。

併同處罰其「實質上有代表權之人」。至於**擅自營業之獨資組織，則仍如上面1、⑴所述，不得再依本條規定併同處罰獨資資本主。**

4.私法人董事如果僅係掛名登記，實際上公司負責人另有其人時，可否認為該實際負責人屬於「其他有代表權之人」，因而亦得依本法第16條規定併同處罰，似有疑問。有謂實際負責人對私法人之職員、受僱人或從業人員，實際上既然有指揮監督之責，則應受併同處罰。惟究實以論，擁有實質控制力之實際負責人既然並無法律上指揮監督之權責，故如安排人頭擔任董事等，以掌握私法人作為逃漏稅工具者，**就該實際負責人應裁處罰鍰與否，毋寧係審究有無本法第14條「故意共同實施違序行為」之適用問題**，似不宜以本法第16條繩之，較為妥洽[143]。此一問題，亦涉及本法第20條之適用與否，另於下面本篇第四章、參、二、㈡、2、一併解析說明，此處略之。

㈢所得稅法第73條第2項規定：「在中華民國境內無固定營業場所，而有營業代理人之營利事業，除依第二十五條及第二十六條規定計算所得額，並依規定扣繳所得稅款者外，其營利事業所得稅應由其營業代理人負責，依本法規定向該管稽徵機關申報納稅。」。國外營利事業之營業代理人之報繳義務，論其性質係屬由法律直接規定之**「法定之代理義務」**，蓋此一條文使用「負責」之字樣，並非將所得歸屬於營業代理人而使其負報繳義務。實務上，財政部69.11.13台財稅第39371號函，以及74.9.20台財稅第22406號函，均表明**營業代理人「代為」申報**等，見解相同，在此情形，該國外營利事業仍係納稅義務人，但係由其營業代理人負報繳義務[144]。

然而所得稅法第113條規定：「本法第七十三條規定之代理人及營業代理人，違反本法有關各條規定時，適用有關納稅義務人之罰則處罰之。」。條文中有「第73條規定之代理人及營業代理人」，惟第73條有兩項，其條文中並無「代理人」，僅其第2項有「營業代理人」，並無「代理人」，故條文中之「代理人」，似屬贅詞。依本條規定，國外營利事業之營業代理人違反所得稅法上報繳義務等時，應以該營業代理人為對象，裁處租稅行政罰。在此情形，該營業代理人如係私法組織（如公司、合夥商號等），可否依本法第16條規定併同處罰其有代表權之人，此一問題，似未見論者探討及之，亦尚無任何實務見解可據。依本書之見解，**營業代理人之報繳義務，其性質既係「法定之代理義務」，則依所得稅法第113條處罰營業代理人本身，法理上原已超出代理之本質，如再依本法第16條併同處罰其有代表權之人，實屬過苛，不符比例原則，故以作否定解釋為妥。**

對照而言，營業稅法第2條第3款規定：「營業稅之納稅義務人如下：三、外國之事業、機關、團體、組織，在中華民國境內無固定營業場所者，其所銷售勞務之買受

---

143 陳清秀認為實際負責人應併同處罰（轉引自張本德，註135文，16頁）。黃士洲認為適用第14條為妥（見黃士洲，註60文，165頁）。

144 詳見吳金柱，註90書，128頁。

人。但外國國際運輸事業，在中華民國境內無固定營業場所而有代理人者，為其代理人。」。此一條文第3款但書規定係將代理人直接列為納稅義務人，與所得稅法之規定不同。因此，該代理人如係私法組織（如公司、合夥商號等），則得依本法第16條規定併同處罰其有代表權之人。

至於獨資商號或個人可否為營業稅法第2條第3款但書規定之代理人，以及獨資商號或個人可否為所得稅法第73條第2項規定之營業代理人，兩法均無明文，亦無實務見解可據。惟不論如何，要之均無本法第16條併同處罰規定之適用。

㈣私法組織違反營業稅法、所得稅法與稅捐稽徵法上義務時，其有代表權之人是否可能獲得本法第15條第3項所稱之「財產上之利益」，有待辨明，而論者似無加以探討者。

按私法組織違反營業稅法等三法上義務，其結果可分二類，第一類是該組織違反營業稅法等三法上之**「行為義務」**，通常其本身並無獲得財產上利益之可言。第二類是該組織違反營業稅法等三法上之**「納稅義務」**，以致本身獲有財產上利益，一般而言，逃漏或短報短繳營業稅、營利事業所得稅之違序行為，直接使該組織獲得某一金額之財產上利益，即「所逃漏或短繳之稅額」[145]。

由此申論，私法組織實施第一類違序行為者，私法組織本身既無獲得財產上利益之可言，則似難想像其有代表權人可能（因該私法組織之違序行為而）獲得財產上利益。

至於私法組織實施第二類違序行為而出現之財產上利益（即「所逃漏或短繳之稅額」），係歸屬於該私法組織，而最終成為其漏稅年度之「所得」之一部分，並非歸屬於其有代表權人。惟該私法組織實施第二類違序行為而出現之「所得」，則可能透過支付薪資、分配股利等，而成為其有代表權人之「所得」之一部分。是則有代表權人之所獲得之該部分「薪資所得」、「股利所得」等，可否論為有代表權人（因該組織之違序行為而）獲得之財產上利益，此一問題因本法之施行方始出現，尚無學者論及，亦乏實務見解可據。依本書之見解，應作否定解釋。蓋一則有代表權人所獲得之該部分「薪資所得」、「股利所得」等，與私法組織「違反之義務」之間，並無直接因果關係；二則私法組織所獲得之財產上利益，已與私法組織之所有其他型態之所得混合，而在其以薪資、股利等給付有代表權人時，已出現質的變化，故不得認為係私法組織違反義務時其有代表權人所獲得之財產上利益。

對上述結論，可再依私法組織之不同型態，進一步解析如下：

1.獨資商號：如上面㈡、1、⑴所述，獨資商號有第二類違序行為而應受罰時，不得再併同處罰獨資資本主。因此，不論獨資商號係合法登記設立、設籍課稅或擅自營業，根本無須再追問獨資資本主有無獲得財產上利益。

---

145 參見張本德，善用行政罰法加重逃稅成本，稅務旬刊，2043期，2008年7月，8頁。

2.合夥商號、公司、合作社、其他營利社團法人：此類私法組織有第二類違序行為而應受罰時，如上所述，其有代表權之人並未獲得財產上利益。

3.未辦理財團法人登記之私立教育、文化、公益、慈善機關或團體：此類私法組織有第二類違序行為而應受罰時，如上所述，其有代表權之人並未獲得財產上利益[146]。

依據上述之解析說明，**由於營業稅與營利事業所得稅之特性，私法組織違反營業稅法等三法上義務時，其有代表權之人並無獲得財產上利益之可言。是以稽徵機關依法對私法組織裁處罰鍰，並依本法第15條第1項或第2項規定對其有代表權人併同處罰時，根本無須考慮本法第15條第3項之規定。**

參、機關或公法組織之處罰

行政罰法第17條：「中央或地方機關或其他公法組織違反行政法上義務者，依各該法律或自治條例規定處罰之。」。此係宣示中央或地方機關或其他公法組織具有「受罰能力」。

一、條文解析說明

㈠本條所謂**「中央或地方機關」**，係指中央政府各機關、直轄市或各縣市政府各機關。機關需有以下幾個要件：⑴有組織法規以為依據，⑵獨立之編制及預算，⑶有對外行文之獨立印信。實務上，最高行政法院94年6月份庭長法官聯席會議決議文認為即使無獨立之編制及預算，亦為機關。所謂**「其他公法組織」**，係指非為中央或地方機關而有公法人地位之組織，例如農田水利會、工業技術研究院、中華經濟研究院等公法社團或財團，或公立圖書館、博物館等營造物[147]。

㈡依本條條文觀之，似與本法第3條（規定行為人包括中央或地方機關或其他組織）、第4條（規定處罰法定原則）不無重複。惟依據本條立法理由之說明，其立法目的並非如此，茲說明如下：

1.明確規定中央或地方機關或其他公法組織有受罰能力，而得成為行政罰之對象。

2.中央或地方機關或其他公法組織可否受罰，仍視法律或自治條例是否將其列為處罰對象而定，亦即依個別法律解決，以杜爭議。從而若無權限爭議問題，一般而言中央

---

146 此類組織以實現公益為目的，依照行政院發布之「教育文化公益慈善機關或團體免納所得稅適用標準」第2條第1項第2款規定，此類組織不得對任何人為盈餘分配。因此，其有代表權人較諸公司等之有代表權人，更無可能在此類組織違反義務時獲得財產上利益。

陳清秀謂非法人團體中之公益團體，其有代表權人如有為該團體之利益而為違反租稅法上義務行為時，由於違序行為之不法利益通常歸屬於該非法人團體享有，其有代表權人一般並未獲得不法利益或者受益極少，然而依據第16條規定，其代表人應與該非法人團體一併接受同一規定之罰鍰，其罰責似過於嚴苛（見陳清秀，註9書，658頁）。此論未探究公益團體之有代表權人，有無可能在此類組織違反義務時獲得財產上利益。

147 蔡震榮等二人，註1書，278頁。

或地方機關或其他公法組織應皆可成為行政罰之對象；但若出現權限爭議問題時，則宜依各法規決定。法務部95.9.8法律字第950034297號書函釋示：「……說明二、……法律或自治條例對於違反行政義務規定之處罰，如已有明文特別規定時，例如空氣污染防制法第51條以下之規定係以「公私場所」為處罰對象，政府機關之「場所」違規，自不能免責。……」。

　　處罰機關與受罰機關屬不同行政主體時，例如中央機關與地方機關，或地方機關相互間之處罰，因主體不同，最後法律效果歸屬不同，尚不成問題。如處罰機關與受罰機關屬同一行政主體時，即可能發生「自己訴訟」之法律問題。例如台北市政府「環保局」處罰台北市「警察局」因查扣車輛久未清理之違反廢棄物清理法行為時，此一處罰因環保局係以台北市政府名義處罰，對象又是台北市政府所屬之警察局，此時難免出現自己處罰自己之情形，此一情形雖在名義人部分會出現法理上難以解決之問題。但在實務處理上，兩機關有各別功能及各別預算，故若以實際行為機關為處罰對象，似尚不成問題[148]。

　　3.本條規定之目的，特別強調**中央或地方機關或其他公法組織違反行政法上之義務時**，係依各該法律或自治條例規定處罰，**不適用本法第15條及第16條之規定**，亦即除各該法律或自治條例對於中央或地方機關或其他公法組織違反行政法上義務時，對於該機關或組織之人員設有併罰之規定外，對於該人員並不當然併予處罰。

二、本條規定在營業稅與所得稅稽徵上租稅行政罰之適用

　　(一)依照營業稅法第2條及第6條第1款規定，政府機關或其他公法組織有銷售貨物或勞務者，為營業稅之納稅義務人。

　　依照所得稅法第4條第1項第13款規定，各級政府設立之教育、文化、公益、慈善機關或團體，符合行政院規定之免稅標準者，其所得免納營利事業所得稅。又同項第18款及第19款規定，各級政府機關之所得及各政府公有事業之所得，免納營利事業所得稅。因此，除上開機關、團體或事業以外之其他公法組織之所得，應課徵營利事業所得稅，而為營利事業所得稅之納稅義務人。

　　此外，政府機關或其他公法組織對於營業稅法、所得稅法與稅捐稽徵法所規定之行為義務，仍有履行之義務。

　　綜上所述，中央或地方機關或其他公法組織既仍有營業稅法等三法規定之「納稅義務」及「行為義務」，則如有違反義務之行為者，依本條規定之意旨，營業稅與營利事業所得稅之主管稽徵機關（即各地區之國稅局），**得依營業稅法等三法之處罰規定，予以處罰**。至於中央或地方機關或其他公法組織之代表人，則不得依本法第16條（準用第15條）規定予以併同處罰。

---

148 蔡震榮等二人，註1書，279-283頁。

　　關於營業稅與營利事業所得稅之主管稽徵機關本身違反營業稅法等三法規定之義務（例如甲地區國稅局在自己轄區銷售貨物，未申報繳納營業稅），應否自行處罰，則有待行政解釋或實務之發展及驗證（至如甲地區國稅局在乙地區國稅局轄區銷售貨物，未申報繳納營業稅，則如上所述，乙地區國稅局可處罰甲地區國稅局）。

　　本條規定不適用於綜合所得稅之納稅義務人，自屬當然。

第四章

裁處罰鍰之審酌加減、追繳不當利益及沒入

壹、裁處之審酌及加減

行政罰法第18條：「（第1項）裁處罰鍰，應審酌違反行政法上義務行為應受責難程度、所生影響及因違反行政法上義務所得之利益，並得考量受處罰者之資力。（第2項）前項所得之利益超過法定罰鍰最高額者，得於所得利益之範圍內酌量加重，不受法定罰鍰最高額之限制。（第3項）依本法規定減輕處罰時，裁處之罰鍰不得逾法定罰鍰最高額之二分之一，亦不得低於法定罰鍰最低額之二分之一；同時有免除處罰之規定者，不得逾法定罰鍰最高額之三分之一，亦不得低於法定罰鍰最低額之三分之一。但法律或自治條例另有規定者，不在此限。（第4項）其他種類行政罰，其處罰定有期間者，準用前項之規定。」。此係規定裁處「罰鍰」時：(1)應斟酌之因素，(2)罰鍰之加重，(3)罰鍰減輕之最高及最低限制與其例外，以及「定有期間之處罰」之準用罰緩規定。

一、條文說明解析

(一)本條第1項規定內容之說明解析：

1.本條第1項規定，**僅適用於行政機關就裁處罰鍰享有裁量權之情形**，行政機關如無裁量權，即應依法規裁處唯一之法定罰鍰（法務部94.12.27法律字第940044612號書函）。

本項列舉裁處罰鍰時「應」審酌及「得」審酌之事項，其規定實係**比例原則**之要求。裁處罰鍰時**應審酌之事項為**：(1)**行為本身之可非難程度**：此係就行為人主觀之惡性及客觀之行為，考量應給予多少之不利益，始屬允當。例如行為人主觀上之心態究係故意或過失，客觀上之行為有無重複為之，即影響其行為之可非難程度。(2)**行為所生之影響**：係指行為人之違反行政法上義務行為，客觀上產生影響之嚴重程度，故應綜合考量行為前與行為後對法益產生之變化，決定其所生影響之程度（例如未經許可盜採沙石達五年，破壞河川整體環境，已難憑自然力回復地貌，其行為自屬嚴重影響。此與僅盜採一個月，破壞一小部分河川景觀，數月後即回復原狀者，自有不同）。(3)**因行為所得之利益**：係指法規範對行為人課予一定之義務，而行為人因違反該義務獲有之財產上利益（即「可用金錢衡量之利益」），不包括精神上之利益。利益兼指「積極利益」與「消極利益」，前者即實際所獲得之利益，後者即應喪失而未喪失之利益。應注意者，違反之義務與所得之財產上利益之間，應存有直接因果關係或合理之關聯。另

外,**裁處罰鍰時亦得考量受罰人之資力,惟此僅屬於得審酌之事項**,而非必須斟酌。受罰人之資力係指受罰人自身之財產多寡。由於四個標準純為抽象概念,須就具體個案予以裁量,故數人違反同一義務,審酌結果分別裁處不同之罰鍰金額,亦不能指為不當。復且如主管關機有裁量權時,則非謂不得以法未明文規定之其他標準作為裁量標準。惟須注意者,個別法規所設之各種罰鍰規定,如有將違序行為之應受責難程度、所生影響、所得利益,乃至受罰人之資力等因素列入考慮,而分別形成具有不同高低額度之罰鍰法律效果之獨立構成要件,是則這些相關因素,已經成為立法者規範個別違序行為之構成要件與法律效果之評價基礎,則同一因素,即不應在行政機關為裁處罰鍰時,重複作為裁量行使之審酌基礎[149]。

　　主管機關如就本項規定之應審酌事項,以制定行政命令方式予以具體化,應無不可(法務部94.9.28法律決字第940037246號書函)。另外,主管機關於法規中訂定「違法類型曾否經中央主管機關宣示或公告加重處分」之規定,應可歸類為上開應審酌事項「行為應受責難程度」之範疇,而為首揭規定應審酌事項之具體化,應無不可(參見法務部95.9.6法律決字第950031706號函)。

　　2.本項罰鍰裁處審酌原則規定之適用,尚須配合行政程序法第6條之合理差別待遇之要求,以及第7條之比例原則,原則上其**操作順序**如下:(1)先依各法規所定之罰鍰高低額限制,得出最大可能之裁罰額度;(2)次之適用相關裁量基準,確定系爭個案所屬之類型範疇;(3)再次之依據本項審酌個案相關之特殊要素,並進而決定個案所將擬定之實際罰鍰金額,是否符合行政程序法第6條之合理差別待遇之要求與第7條之比例原則。惟**本項規定之本質,應屬「訓示規定」**,是以違反本項規定所為之裁處,仍屬有效;倘如有違法裁量之情形者,當因違法裁量而屬有瑕疵(通常為得撤銷)之行政處分[150]。

　　(二)本條第2項規定內容之說明解析:

　　1.**本條第2項加重裁處罰緩之規定,僅適用於行政機關就裁處罰鍰享有裁量權之情形**,行政機關如無裁量權,即應依法規裁處唯一之法定罰鍰。**行為人符合下列四個要件時,行政機關方得依本項規定加重裁處罰鍰**:(1)行為人有違序行為;(3)行為人因違序行為而獲得一定之財產上利益;(3)違序行為與所獲利益之間有直接因果關係或合理之關聯;(4)該利益超過法定罰鍰最高金額之上限[151]。解釋上,**行政罰法第14條之共同違序人,各人均有本項加重裁處罰鍰規定之適用**。行政機關依本項規定加重裁處罰鍰時,於行政處分書及後續之訴願答辯書中,應明確載明理由依據(法務部95.7.6法律字第950017001號函)。

---

149 蔡震榮等二人,註1書,284-285,292,311頁;林錫堯,註2書,129頁;蔡志方,註4書,81-83頁;吳庚,註2書,512頁;以及林明昕,裁處之審酌加減及不法獲利之追繳,收錄於廖義男編,行政罰法,2007年11月,193頁。

150 林明昕,註149文,195頁;以及蔡震榮等二人,註1書,292頁。

151 林錫堯,註2書,129頁;蔡志方,註4書,83頁;以及蔡震榮等二人,註1書,292頁。

2.關於**財產上利益如何計算**，涉及是否必須同時扣除受罰人在獲致該利益之過程中所支付之費用或其他支出。就此問題，理論上有「**總額主義**」（Bruttoprinzip）與「**淨額主義**」（Nettoprinzip）之分。考諸本項以剝奪不法利益為主之立法目的，採「**收入減除成本、費用、損失及稅捐後之餘額**」為計算基礎之淨額主義，來確定罰鍰之可能最高金額限制，似較符合立法本意。另外，在我國現行行政法規中，不乏立法者已將行為人因違反行政法上義務所得之利益，具體列為各相關處罰法規之不同法定罰鍰額者，例如菸酒管理法第46條、第49條以及大部分稅法上之漏稅罰規定等。該不法利益既已為立法者確定法定罰鍰高低金額之最主要評價因素，則各該行政法規應視為本項之特別規定，優先適用[152]。

3.本項所稱所得利益，係指受罰人本身獲得利益。如受罰人本身並未獲得利益，而係行為人或他人獲得利益，則自無本項對受罰人加重裁處罰鍰規定之適用。至於獲得利益之行為人或他人，則視其身分，可能有本法第15條、第16條或20條等規定之適用；詳細說明於下面本章、參、一、㈤，此處略之。

4.本項加重裁處罰鍰之規定，其立法意旨在於裁處罰鍰，除督促行為人注意其行政法上義務外，尚有警戒貪婪之作用，此對於經濟及財稅行為，尤其重要。故如因違反行政法上義務而獲有利益，且所得之利益超過法定罰鍰最高額者，為使行為人不能保有該不法利益，乃於本項明定准許裁處超過法定最高額之罰鍰。惟本項規定之適用，不但牽涉「違反義務與所得利益間有無合理關連性」之爭執，以及「所得利益如何確認」等事實問題，並且此種立法，似仍有憲法上之疑慮。申言之，基於憲法上「**法律明確性**」之要求，國家以法律限制人民權利時，該法律之構成要件與法律效果應使人民可得預見。嚴格言之，**就本項規定之法律效果（即得加重裁處罰鍰之額度），人民其實無法預見；蓋罰鍰額度之最高上限，將取決於行政機關或法院對行為人不法利益之事實認定，而非取決於法律本身之規定**，是以行為人實無從自法律預見受罰最高金額範圍之可能，此於「**法律之安定性**」恐怕亦有妨礙[153]。

㈢本條第3項規定內容之說明解析：

1.本條第3項規定中之「逾」應含本數計算，又「低於」亦應含本數計算。故「不得逾」即指不得超過，「不得低於」即指不得少於。例如「不得逾最高罰鍰二分之一」，指不得超過二分之一，故裁處最高罰鍰之二分之一，為法律所許。又如「罰鍰不得低於一萬元」，指不得少於一萬元，故如裁處罰鍰一萬元，為法律所許。

2.本法有規定在一定條件下「得減輕其處罰」者（如本法第9條第2項及第4項等），亦有規定在一定條件下「得減輕或免除其處罰」者（如本法第8條但書、第12條

---

152 參見林明昕，註149文，198頁；以及陳清秀，註4文，164頁。林明昕認為應以「扣除費用或其他支出之實際所得」為計算基礎，稍嫌籠統。陳清秀認為應以「營業淨利潤」（即營業收入減除成本費用損失及稅捐後之餘額）為計算基礎，較為具體。

153 蔡震榮等二人，註1書，296-297頁。

但書及第13條但書等），兩者相較，顯然後者較前者可非難性更低。因此，究竟兩者減輕之標準各為如何，為避免行政機關適用該等規定，有恣意輕重之虞，本項乃規定統一之減輕標準。本項之減輕標準規定，係指行政機關在處理個案，遇有本法法第8條但書等處罰減免事由時，其罰鍰之裁處，得減輕至本項分別所規定之額度而言；至於在此上下額度範圍內，行政機關仍應依據同條第1項之規定，合義務行使裁量權，以確定個案中應受處罰人實際應受裁處之罰鍰金額（法務部95.2.23法律字第950006240號函）。易言之，**本項僅宜視為本法第8條但書等規定的補充條文**。是以行政機關在依本項規定行使裁量權時，不得直接以本項之存在為依據，任意突破法定罰鍰最低額之限制，而為酌量減輕之裁處。本項規定之適用，例示如下：⑴**適用「得減輕其處罰」之規定**時，將罰鍰之法定額度降低為2分之1。例如：原規定「1,000元以上，10,000元以下」，降低為「500元以上，5,000元以下」，並依此降低後之範圍，依職權裁量決定其罰鍰金額（法務部95.2.23法律字第950006240號函）。如依法無裁量權，法定罰鍰數額僅有一個（如3,000元），則降低為2分之1（即1,500元）作為其罰鍰金額。⑵**適用「得減輕或免除其處罰」之規定**時，將罰鍰法定額度之上、下限各降低為3分之1，並依此降低後之範圍，依職權裁量決定其罰鍰金額。如依法無裁量權，法定罰鍰數額僅有一個，則降低為3分之1，作為其罰鍰金額[154]。應注意者，不得以本條第1項之事由，作為同條第3項減輕或免除處罰之依據（法務部94.11.30法律字第940044078號函）。

3.本項但書規定「但法律或自治條例另有規定者，不在此限」，應係僅指其他法規另定有（本法第8條但書等以外之）「減免處罰事由」，以及相關之「罰鍰減輕標準」等情形者，得優先於本項而適用。至於當其他法規雖有其他「減免處罰事由」之規定，惟不另含特別的「罰鍰減輕標準」之規定時，其如何減輕，則應可**類推適用**本項減輕標準之規定（法務部94.11.30法律字第940044078號函）。又地方自治團體不得於無地方制度法或其他法律的授權下，自行制定「自治條例」以規範罰鍰減輕標準，而規避本項之適用；蓋但書規定並非授權條款規定之故（法務部95.2.23法律字第950006240號函）。

　㈣**本條第4項規定內容之說明解析：**
　本項規定處罰定有期間之其他種類行政罰，其前之第3項前段之減輕標準及但書規定，均可準用。所謂處罰定有期間之其他種類行政罰，諸如停止營業、吊扣證照、吊銷駕照、吊扣牌照等均是。至於禁止行駛、命令歇業、命令解散、撤銷或廢止許可或登記、警告、告誡等處罰，因無數量關係，自無準用本條第3項規定之餘地。
　㈤本條第1項及第3項明定「僅適用於罰鍰」，而第4項則明定「處罰定有期間之其他種類行政罰，準用第3項前段之減輕標準及但書規定」。如此之立法是否妥適，有待商榷。按處罰定有期間之其他種類行政罰，在許多情形如停止營業、吊扣證照等，亦

---

154 林明昕，註149文，200頁；以及林錫堯，註2書，130頁。

將影響受罰人之生計，具有經濟性質之意義，而得以在裁處之際，同時斟酌受罰人之資力，甚至斟酌因違反行政法上義務所得之利益。因本條第4項僅明文規定準用同條第3項，以致同條第1項罰鍰裁處審酌原則之規定無法準用於處罰定有期間之其他種類行政罰，但處罰定有期間之其他種類行政罰似無排斥類推適用第1項規定之必要，此其一。本條第1項罰鍰裁處審酌原則之規定，原屬行政機關裁處任何種類行政罰時宜加以審酌之標準，並無絕對侷限在裁處罰鍰情形之必要，此其二。此外，現行規定對於應受無法量化之其他種類處罰而具有減輕事由之受罰人，顯然存在不公平之現象，此其三[155]。綜而言之，本條第1項、第3項及第4項規定，有立法考慮欠周之處，實應修正改善。

二、本條規定在營業稅與所得稅稽徵上租稅行政罰之適用

(一)關於本條第1項規定之適用，就有關部分解析如下：

1.**所生影響**：就稅務案件（包括營業稅與所得稅案件）而言，除非係有組織、有計畫之集團規劃，或大規模企業經由複雜之交易流程等設計，而故意或過失逃漏稅捐，可能對社會風氣造成嚴重影響外，實難以想像單純偶發之漏稅罰案件與行為罰案件對法益將產生何種變化。行為罰案件毋論矣，單純偶發之漏稅罰案件毋寧只能以逃漏稅捐之絕對金額，判別其對法益侵害之結果，則其結論將與「所得利益」之衡量相同。

2.**因違反租稅法上義務所得之利益**：就稅務案件（包括營業稅與所得稅案件）而言，如係「違反行為義務」之處罰（即**行為罰**），因受罰人並無涉及逃漏稅捐情事，**當無「所得之財產上利益」可言**。至於「違反繳納義務」（包括「納稅義務」與「給付義務」）之處罰（即漏稅罰），**其所得之財產上利益應是指受罰人因而逃漏之應納稅額**；蓋受罰人所違反之租稅法上義務為「申報及繳納應納稅額之義務」，有應納稅額而逃漏之，其所得之利益自係其所漏稅額[156]。**從而租稅法上漏稅罰案件中之所得利益計算，並無扣除成本費用稅捐等之問題**，蓋漏稅金額即等於所得的利益之故。此可謂係其特色，而與違反其他行政法上義務案件的所得之利益計算有異。

關於營業稅與所得稅漏稅罰案件中之漏稅金額（等於所得之利益）之如何計算暨其有關問題，分別於後面本書第三篇第一章與第二章論述各類型漏稅罰之規定時，再行說明探討，此處略之。

3.如上面一、(一)、1、所述，主管關機有裁量權時，得以法未明文規定之其他標準作為裁量標準。現行「稅務違章案件減免處罰標準」與「稅務違章案件裁罰金額或倍數參考表」，即為專門適用於各稅（包括營業稅與所得稅）之租稅行政罰案件之裁量標準。前者係依稅捐稽徵法第48條之2授權而制定法規命令，後者則無法律授權，乃屬於行政規則。關於此二法規所設裁量標準之內容，暨其與本條第1項裁罰審酌因素之規定

155 參見林明昕，註149文，202頁。
156 參見張本德，註145文，8頁；以及洪家殷，註9文，24-25頁。

如何配合等，於下面本書第三篇各章中隨處予以說明解析，此處略之。

(二)由於漏稅罰案件中受罰人所得之利益即為其所漏稅額，故稽徵機關要求其補繳所漏稅額，即等於欲追回其所得之利益（至如受罰人未繳納補徵稅額，則屬欠稅執行之問題，係屬另事），從而受罰人應已無其他因逃漏稅捐而獲得之不法利益存在。**是以不論其法定罰鍰最高金額如何，要之均無受罰人所得之利益超過法定罰鍰最高金額之可能；因此，自無適用本條第2項規定之餘地。**此外，本條第2項規定雖有「無從自法律預見受罰最高金額範圍之可能」之嫌，惟在漏稅罰案件，因所得之利益與所漏稅額相同，是以漏稅罰案件應無此一問題存在[157]。

(三)現行**「稅務違章案件減免處罰標準」**係依據稅捐稽徵法第48條之2授權所制定之**法規命令**，即為專門適用於各稅（包括營業稅與所得稅）之租稅行政罰案件之減輕或免除處罰之規定，依本條第3項但書規定，應優先適用。至於本法所設在一定條件下「得減輕其處罰」之規定（如本法第9條第2項及第4項等），或在一定條件下「得減輕或免除其處罰」之規定（如本法第8條但書、第12條但書及第13條但書等），於各稅（包括營業稅與所得稅）之租稅行政罰案件當然有其適用。從而本條第3項前段規定之統一減輕標準，自亦適用於各稅（包括營業稅與所得稅）之租稅行政罰案件。

至於現行**「稅務違章案件裁罰金額或倍數參考表」**（以下稱「裁罰參考表」），雖係專門適用於各稅（包括營業稅與所得稅）之租稅行政罰案件，惟因其性質係**「裁量基準」**之行政規則，故其**「效力位階」**低於本條，乃屬當然。然而在實務上，本條係原則性規定，而裁罰參考表則係細節性規定；故在實務上之**「適用順序」**，裁罰參考表反而必須先於本條而適用，僅在裁罰參考表所未明定之情形，方應適用本條。

關於營業稅與所得稅稽徵上之租稅行政罰案件，於裁處其罰鍰時，如何適用「稅務違章案件減免處罰標準」、「稅務違章案件裁罰金額或倍數參考表」之規定，於後面本書第三篇第一章至第三章中論述各種違序行為之處罰時，隨處予以說明解析，此處略之。

(四)如上面本篇第一章、壹、二、(四)所述，營業稅法、所得稅法與稅捐稽徵法規定之租稅行政罰種類，除「罰鍰」外，有「停止營業」、「公告姓名或名稱」、「停止獎勵」，以及（所得稅法第111條、第119條至第120條規定之）「議處」與「懲處」。「罰鍰」係直接適用本條第3項本文規定之統一減輕標準，固不待言。「停止營業」之處罰，必然定有期間，可適用本條第4項規定，從而可準用本條第3項本文規定之統一減輕標準，並無疑義。其他種類之處罰則不能一概而論，茲析述如下：

1. 「停止獎勵」之處罰，其法律依據之稅捐稽徵法第48條係規定「得停止其享受獎勵之待遇」；在解釋上，其處罰非不可定有期間。如是，則可適用本條第4項規定，從而可準用本條第3項本文規定之統一減輕標準。如否，則無適用本條第4項規定之餘地。

---

157 洪家殷，註13文，24-25頁；以及張本德，註145文，9頁。

2.「公告姓名或名稱」之處罰，無期間之可言，自無適用本條第4項規定之餘地。

3.「議處」之處罰，在解釋上，其處罰非不可定有期間。如是，則可適用本條第4項規定，從而可準用本條第3項本文規定之統一減輕標準。如否，則無適用本條第4項規定之餘地。

4.「懲處」之處罰，在解釋上，其處罰非不可定有期間。如是，則可適用本條第4項規定，從而可準用本條第3項本文規定之統一減輕標準。如否，則無適用本條第4項規定之餘地。

貳、職權不處罰

行政罰法第19條：「（第1項）違反行政法上義務應受法定最高額新台幣三千元以下罰鍰之處罰，其情節輕微，認以不處罰為適當者，得免予處罰。（第2項）前項情形，得對違反行政法上義務者施以糾正或勸導，並作成紀錄，命其簽名。」。此係明定行政機關職權不處罰之要件及其處理。

一、條文説明解析

㈠本條第1項中之**「法定最高額3,000元以下罰鍰」**，包括：⑴以法規明定之罰鍰最高額度係3,000元以下之情形，⑵法規規定之最高罰鍰金額係依具體個案事實（通常為「一個金額」）以「最高倍數」換算之得裁處最高金額在3,000元以下之情形。但**不包括**裁罰機關依調查具體個案之事實，經審酌各種情形決定裁罰倍數後換算之裁罰金額在3,000元以下者（參見法務部95.9.7法律決字第950034131號書函）。另外，尚應包括：⑶法規規定之最高罰鍰金額係依具體個案事實（通常為「一個金額」）以「固定比例」換算之得裁處最高金額在3,000元以下之情形。注意「3,000元以下」應含本數計算，即法定最高罰鍰金額3,000元者，亦得適用本條第1項規定。

本條第1項中之**「以不處罰為適當」**，指行政機關審究行為人違反行政法上義務之情狀後，認為不處罰更能達成法規之行政目的。**此與違反行政法上義務行為之「構成要件是否合致」，係屬兩事，不可混淆**。在確認該行為與「違序行為之構成要件合致」（即「該行為確屬違序行為」）後，始有認定該違序行為「是否輕微而不必處罰」之問題。

適用本條第1項之要件為：⑴法定最高罰鍰金額3,000元以下，⑵違序行為之具體情節輕微，⑶以不處罰為適當。準此，如主管機關依職權調查違規具體案件事實符合處罰構成要件，且未具備上開職權不處罰之要件，而個別法規亦無得免除處罰之特別規定者，即應予處罰，主管機關並無裁量不處罰之權限（法務部95.8.18法律字第950024788號函）。對於⑵、⑶兩要件，行政機關應依據本法第18條第1項審酌各項因素，為合法

之裁量[158]。法務部94.11.30法律字第940044078號函即釋示：「……行政機關就違反行政法上義務事實、裁處時應審酌之各項因素及減輕或免除處罰事由之有無等，本應依職權調查，無裁量之餘地。至於裁處機關依職權調查事證所得之心證，決定是否依本法第19條第1項規定不予處罰，仍有裁量權。」。

　　本條第1項有關「職權不處罰」之規定，係賦予行政機關得斟酌具體個案情況，免予處罰。因此，如行政機關訂定免予處罰之統一規定，形同排除本條第1項之適用，即與立法意旨有違。惟各主管機關則得就違序行為之情節輕微，訂定裁量基準，作為下級機關或屬官認定情節是否輕微之基準（法務部94.9.28法律決字第940037246號函）。

　　依據本條第1項規定職權不處罰者，僅就以罰鍰作為違反行政法義務制裁之法律效果時，始有適用。**沒入及其他種類行政罰並不適用職權不處罰規定**。因此，如法規規定處以「罰鍰」外，同時或另有「沒入物品」之規定者，雖依本條第1項規定免予裁處罰鍰，仍應依規定沒入物品（法務部96.1.24法律決字第960003428號函）。

　　㈡行為人之違序行為必須已經具備本條第1項之要件，行政機關決定免予裁處罰鍰，而經過斟酌後，認為仍然有加以糾正或勸導之必要，方適用本條第2項規定。依據本條第2項規定予以糾正或勸導後，並應作成紀錄。解釋上，此一紀錄應以書面為之，內容應敘述行為人之違序事實、免予處罰之理由，並命行為人在該紀錄上簽名，以為警惕。此之「糾正」或「勸導」，其性質可認為係屬行政程序法第165條規定之**「行政指導」**，蓋其僅具有「促請注意勿再出現違序行為」之作用而已[159]。

　　㈢本法中有在一定條件下「不予處罰」之規定（如第7條第1項、第9條第1項及第3項、第11條第1項及第2項前段、第12條前段、第13條前段），或在一定條件下「得免除其處罰」之規定（如第8條但書、第12條但書、第13條但書）。行為人之違序行為如符合上開「不予處罰」或「得免除其處罰」之規定者，即無須再適用本條「免予處罰」之規定。具言之，個案之違序行為應先審究是否符合上開「不予處罰」或「得免除其處罰」之規定；如不符合，方再審究是否符合本條「免予處罰」之規定。

　　㈣本條規定內容之妥適與否，規定之性質如何，尚有值得探討之處，茲分論如下：

　　1.論者有認為本條第1項規定之「法定罰鍰最高金額3,000元」，係「訓示規定」，應非法定限制之唯一列舉項目，其他事項似亦可以作為便宜原則之適用對象[160]。惟3,000元係訓示規定之見解，未說明理據，似難贊同。

　　2.本條明定僅適用於「罰鍰」，然而諸如「影響名譽之處分」及「警告處分」

158　林明昕，註149文，199頁。

159　蔡志方，註4書，84-85頁；以及蔡震榮等二人，註1書，306頁。蔡志方認為糾正、勸導仍屬行政罰法第2條第4款所稱之其他類似於「警告性處分」之不利處分；惟未說明理據。

160　黃俊杰，註3書，58-59頁。黃俊杰在註3書59頁（註82）引述洪家殷所持「法定罰鍰最高金額三千元係訓示規定」之見解。

等，純屬制裁，對行政處分目的之達成，較無直接關係，並無行政機關不可裁量決定免予處罰之堅強理由。因此，本條完全排除適用於他種類之處罰，是否必要，實值商榷[161]。

3.本條之性質，雖然本條在草案之說明中認屬「便宜主義」規定，惟就其內容而言，實較接近刑事罰中之「微罪不罰」，此由本條之立法理由之說明一、可以得知：「鑑於情節輕微之違反行政法上義務行為，有以糾正或勸導較之罰鍰具有效果者，且刑事處罰基於微罪不舉之考量，亦採取職權不起訴，宥恕輕微犯罪行為，因本法係規範行政罰裁處之統一性、綜合性法典，對於違反行政法上義務應受法定罰鍰最高額新台幣三千元以下罰鍰之處罰，其情節輕微，認以不處罰為適當者，允宜授權行政機關按具體情況妥適審酌後，免予處罰，並得改以糾正或勸導措施，以發揮導正效果，爰於本條就職權不處罰之要件及其處理明定之。」。是以本條規定不應與「便宜原則」等同視之，**本條規定應屬於行政罰中之「輕微違序不罰」之性質**（正如刑事罰中之「**微罪不罰**」）。

按「**便宜原則**」之概念，係基於在特定情形下，違反秩序之不法內涵甚為輕微，而其危險則甚為遙遠，以致加以追訴及處罰並非恰當或甚至並非必要，故基於公益上之考量，例外地允許行政機關裁量決定，得對行為人不予追訴及處罰。因此，**行政罰上之便宜原則，可普遍適用在所有種類之行政罰案件上，而非僅適用於罰鍰件而已**。從而上述「**輕微違序不罰**」雖可以成為適用便宜原則之理由，惟便宜原則應非僅是表現於「**輕微違序不罰**」而已。當論及行政罰上之「**便宜原則**」時，必須與行政罰上之「**法定原則**」相提並論，在處理違反行政法上義務之案件時，**此二原則具有相同之地位，並非應優先適用法定原則，而使便宜原則居於補充地位**。蓋行為人之行為符合違反秩序之構成要件時，行政機關須同時考慮兩方面問題，其一，是否本於法定原則，予以處罰；其二，是否不予處罰或採取其他措施，比起處罰更為有利。因此，行政機關在處理違反行政法上義務之案件時，皆需經過此雙方面之考慮，不得完全專注於法定原則，而忽略便宜原則適用之可能[162]。

在我國現行法制上，並無一般性之便宜原則規定，且未受到重視，當然亦無法發揮其應有之功能。在我國目前實務上，經常可見行政機關某些變通做法，例如：(1)法律所規定之處罰經公布施行後，主管機關對外宣稱將給予一定期間之宣導期，在此期間內之違法者，採先予勸導，等宣導期過後再行開罰。(2)由於擔心部分處罰過重，對初次違序者即使處以最低之額度仍嫌過重時，乃對初次查獲之違序人開出所謂「勸導單」，於

----

161 李惠宗，註3書，92頁；以及洪家殷，註2書，68頁。

162 參見洪家殷，註2書，60-64頁較詳細深入之說明。洪家殷在65頁並指出：目前僅有社會秩序維護法第45條第2項規定：「前項警察機關移請裁定之案件，該管簡易庭認為不應處罰或以不處拘留、勒令歇業、停止營業為適當者，得逕為不罰或其他處罰之裁定。」，為較具便宜原則精神者；惟本項規定排除警察機關，只容許法院行使，在適用之機關上受相當之限制。

再次查獲時，才加以處罰。(3)違序人之違序行為經查獲後，在尚未正式作成裁罰前，因違序人已自行主動配合改善，且態度良好，行政機關乃不予處罰或減輕等。上述行政機關作法，不論是自行訂定宣導期、初次違序者之先予勸導或因表現良好之不罰或減輕等，在相關之法規中皆無明文，是則若嚴守本法中「**法定原則**」之觀點，行政機關之作法本身將構成違法。即使本法通過後，幫助亦甚有限，除非對該違序行為之處罰，係罰鍰之法定最高金額3,000元以下，始有本法第19條之適用，或是納入本法第18條裁量之範圍，可處以較低之罰鍰，或是有本法第8條之可因不知法規而減輕或免除之情形等。之所以有上述實務上變通作法之存在，與行政事務本質具複雜性有密切關係，立法者並無法針對各種不同之情形，鉅細靡遺完全規定在法規中。因此，應容許行政機關有在個案中裁量之空間，一方面可緩和法定原則過於嚴苛之要求；另一方面亦可較為務實地達到行政罰之目的。是以，**在行政罰中導入「便宜原則」，即有必要**。否則若僅嚴守法定原則，而完全無視於適用便宜原則之可能，除使行政機關之作法陷於僵化外，對人民權利之干涉有時亦顯過苛。**總而言之，在行政罰之領域中，應正視「便宜原則」之存在，並賦予其應有之內涵，使其具有與「法定原則」同等之地位，而可普遍適用在所有行政罰案件中。比較妥當之做法，可於本法中增訂相關條文，為明確之規範及根據**[163]。

二、本條規定在營業稅與所得稅稽徵上租稅行政罰之適用

(一)如上面一、(一)所述，本條第1項輕微違序不罰規定之適用，有三類情形，分述如下：

1. **「法定罰鍰最高金額3,000元以下」情形之適用**：

(1)營業稅法中未有法定罰鍰最高金額3,000元以下之規定。

(2)所得稅法中有下列法定罰鍰最高金額3,000元以下之規定：

A.所得稅法第106條：1,500元以下。

B.所得稅法第107條：1,500元以下。

C.所得稅法第111條中段（私人團體、私立學校、私營事業、破產財團或執行業務者，違反第89條第3項規定，未依限填報或未據實申報或未依限填發免扣繳憑單者，首次處罰）：1,500元。

(3)稅捐稽徵法中法定罰鍰最高金額3,000元以下之規定，有第46條第2項：3,000元以下。

上開罰鍰規定中，所得稅法第111條中段規定「處罰鍰1,500元」，稽徵機關對於罰鍰金額雖無裁量權（即如審酌後認為應予處罰，則必須裁處罰鍰1,500元），惟如稽徵機關審酌後認為違序行為之具體情節輕微，以不處罰為適當，則仍可適用輕微違序不罰

---

163 洪家殷，註2書，69-70頁。

規定。至於其餘處罰規定，有輕微違序不罰規定之適用，應無疑義。

2.「**法規規定之最高罰鍰金額係依「所漏稅額」以「最高倍數」換算之得裁處最高金額在3,000元以下**」情形之適用：

(1)營業稅法中可能符合此一情形者，有第51條及第52條。此二條文之最高罰鍰金額係「所漏稅額最高10倍」；故如個案中逃漏營業稅在300元以下，即符合此一情形，而有輕微違序不罰規定之適用。

(2)所得稅法中可能符合此一情形者，有第110條之2、第114條第1款、第114條之2。此三條文之最高罰鍰金額係（固定處罰）「所漏稅額1倍」；故如個案中逃漏所得稅在3,000元以下，即符合此一情形，而有輕微違序不罰規定之適用。

另外，所得稅法中可能符合此一情形者，有第110條第1項、第2項。此二項條文之最高罰鍰金額分別係「所漏稅額最高二倍」、「所漏稅額最高三倍」；故如個案中逃漏所得稅分別在1,500元、1,000元以下，即符合此一情形，而有輕微違序不罰規定之適用。

(3)稅捐稽徵法中並無符合此一情形之規定。

3.「**法規規定之最高罰鍰金額係依「一定金額」以「固定比例」換算之得裁處最高金額在3,000元以下**」情形之適用：

(1)營業稅法中可能符合此一情形者，有第48條。此一條文之最高罰鍰金額係「統一發票所載銷售額×1%或2%」（第1項為1%，第2項為2%）；故如個案中統一發票所載銷售額分別在300,000元、150,000元以下，即符合此一情形，而有輕微違序不罰規定之適用。

(2)所得稅法中可能符合此一情形者，有第114條第2款、第114條之3第1項。此二條文之最高罰鍰金額分別係「扣繳稅額20%」、「股利憑單所載可扣抵稅額之總額20%」；故如個案中扣繳稅額、股利憑單所載可扣抵稅額之總額在15,000元以下，即符合此一情形，而有輕微違序不罰規定之適用。

(3)稅捐稽徵法中可能符合此一情形者，有第44條。此一條文之最高罰鍰金額係「經查明認定之總額5%」（「經查明認定之總額」分別係未給予他人憑證之金額、未自他人取得憑證之金額、未保存憑證之金額）；故如個案中經查明認定之總額在60,000元以下，即符合此一情形，而有輕微違序不罰規定之適用。

(二)稅捐稽徵法第48條之2規定：「依本法或稅法規定應處罰鍰之行為，其情節輕微，或漏稅在一定金額以下者，得減輕或免予處罰。前項情節輕微、金額及減免標準，由財政部擬訂，報請行政核定後發布之。」財政部據此授權訂定「稅務違章案件減免處罰標準」，此一減免標準適用於所有稅目（包括營業稅與所得稅）之租稅行政罰，對於情節輕微減免處罰之案件，並不限於法定罰鍰最高金額3,000元以下之案件。此亦屬「輕微違序不罰」之規定。財政部所訂定之減免處罰標準來自法律之一般性授權，其適用之情形亦已各別明確規範，故稽徵機關欠缺再針對個案情形，裁量是否不予

處罰之空間[164]。此一減免處罰標準中,其規定法定罰鍰最高金額在3,000元以上而免予處罰者,應優先於本條第1項而適用;其規定法定罰鍰最高金額未達3,000元而免予處罰者,如法定罰鍰最高金額在3,000元以下,則就該部分差額之罰鍰,應仍有本條第1項輕微違序不罰規定適用。

如稽徵機關對於個案已依照上開減免處罰標準減輕處罰,而實際裁罰金額在3,000元以下者,應不得再適用本條第1項「輕微違序不罰」之規定;蓋其裁罰金額3,000元以下係實際裁罰金額,並非法定罰鍰最高金額。

關於本條第1項規定與稅務違章案件減免處罰標準之有關規定,如何配合適用,於後面本書第三篇各章中隨處予以說明解析,此處略之。

㈢現行稅務違章案件減免處罰標準第23條規定:「稅務違章案件應處罰鍰金額在新台幣三百元以下者,免予處罰。」,此一規定應否優先於本條第1項規定而適用,不無疑義。按減免處罰標準係稅捐稽徵法第48條之2具體明確授權訂定之法規命令,依本法第1條但書規定,應優先適用。惟法務部94.9.28法律決字第940037246號書函指出:行政機關如統一規定排除本條第1項之適用,恐與本條之立法意旨有違。減免處罰標準似有「統一規定排除適用」之嫌,而與本條之立法意旨有違。然在廢止或修正減免處罰標準此一規定之前,仍應以該標準優先適用[165]。

㈣對所有稅目(包括營業稅與所得稅)之租稅行政罰案件,稽徵機關依據本條第1項規定免予處罰者,自有本條第2項規定之適用。至如稽徵機關依據稅務違章案件減免處罰標準有關規定免予處罰之案件,亦應有本條第2項規定之適用,亦屬應然。

參、不當利益之追繳

行政罰法第20條:「(第1項)為他人利益而實施行為,致使他人違反行政法上義務應受處罰者,該行為人因其行為受有財產上利益而未受處罰時,得於其所受財產上利益價值範圍內,酌予追繳。(第2項)行為人違反行政法上義務應受處罰,他人因該行為受有財產上利益而未受處罰時,得於其所受財產上利益價值範圍內,酌予追繳。(第3項)前二項追繳,由為裁處之主管機關以行政處分為之。」。此係明定行為人及他人「不當利益」之追繳暨追繳之方式。

一、條文解析說明

㈠行為人為他人之利益所為之行為,致使他人違反行政法上義務應受處罰時,如行為人因該行為受有財產上利益,而無法對該行為人裁罰,即形成**制裁漏洞**。反之,行為人違反行政法上義務應受處罰,但未受處罰之他人卻因該行為受有財產上利益時,如未

---

164 洪家殷,註13文,26頁;以及陳清秀,註9書,74-75頁。
165 張本德,註145文,12頁。

剝奪該他人所得之利益，顯失公平正義。

　　為填補制裁之漏洞，並防止脫法行為，故本法一方面於本條第1項規定，行政機關得單獨對**未受處罰之行為人**於其所受財產上利益價值範圍內，酌予追繳，以避免其違法取得不當利益，俾求得公平正義。另一方面於本條第2項規定，行政機關得單獨對**未受處罰之他人**於其所受財產上利益價值範圍內，酌予追繳，避免他人因而取得不當利益，以防止脫法及填補制裁漏洞。第1項與第2項規定可互相配合。

　　本條第3項規定則具有宣示作用，意在促進行政行為之明確性，以避免發生行政機關究應以行政訴訟上「給付訴訟」，抑或應以「行政處分」實施追繳之爭議。

　　㈡本條第1項係規定**「行為人不當利益」之追繳**，其適用之要件如下：

　　1.**須行為人實施違序行為**：行為人指本法第3條所定實施違序行為之自然人、法人、設有代表人或管理人之非法人團體、中央或地方機關或其他組織。必須上述行為人實現違序行為之構成要件，始可能有本項追繳規定之適用。

　　2.**須行為人係為他人利益而實施行為**：行為人可能係他人的有代表權之人、受僱人或受任人等，不一而足。所稱**「為他人利益而實施行為」**，並未限制需有雇用或委任關係，亦即行為人與他人之法律關係如何，在所不問，只要事實上係為他人利益而為行為，即為已足；且不以該他人在行為人之行為進行中有與行為人接觸或知情為必要。至於行為人執行受僱之職務上行為，自屬為他人利益而實施行為；惟如行為人係「非」為他人利益而實施行為，即無第1項規定之適用。

　　3.**須因行為人實施之行為致使他人違反行政法上義務應受處罰，而行為人未受處罰**：必須對於行為人實施之行為，依法規規定處罰對象係「他人」；或是雖然行為人亦為法定處罰對象，但因其他法律之理由，未受處罰（即何以未受處罰，在所不問）。此之「他人」，包括自然人、法人、設有代表人或管理人之非法人團體、中央或地方機關或其他組織。所稱他人**「應受處罰」**，乃指已具備處罰之各種要件，而依法規規定應予裁處或（於是否裁處尚有裁量權之情形）得予裁處而言；不以「已受處罰」為必要。所稱行為人**「未受處罰」**，不包括因裁處權消滅或處罰要件以外之事由，而未予裁罰之情形。

　　4.**須未受處罰之行為人因其實施之行為而直接受有財產上利益**：**「財產上利益」**應指可用金錢衡量之利益，不包括精神上之利益。**利益包括「積極利益」及「消極利益」**，前者係實際所獲之利益，後者係應喪失而未喪失之利益（如節省費用）。行為人受有財產上利益，可能係出自其行為之對價或報酬，亦可能係直接因其行為而獲得財產上利益，但如行為人獲得財產上利益後因其他行為再獲利益（即間接獲得財產上利益）則不屬之。行為人實施之行為與其本身所獲財產上利益之間，須有直接因果關係或合理之關聯（例如公司以較高一倍之薪資僱用司機盜採砂石，而依法規規定，此項盜採行為應處罰之對象為公司（不處罰司機），司機卻因此項盜採行為而獲得多出一倍之薪資。因公司受罰與司機盜採行為而多得之薪資間具有「相當因果關係」，則司機成為

「因其實施之行為而直接受有財產上利益（而未受罰）之行為人」，而得對其為追繳處分）。**財產上利益之計算，採「收入減除成本、費用、損失及稅捐後之餘額」為計算基礎之「淨額主義」**，亦即必須同時扣除（未受處罰之）行為人在獲致該利益之過程中所支付之費用或其他支出，似較符剝奪不法利益之立法本意。

　　行為人如具備上述要件，由（對應受處罰之他人裁罰之）主管機關裁量決定是否對（未受處罰之）行為人予以追繳。追繳之範圍，以行為人因其行為「所受財產上利益價值範圍內」（包括追繳處分作成時所得財物之增值）為限，在此範圍內，追繳多少，亦屬主管機關之裁量權。所得之利益如係物品，如不全部追繳，則宜另計價值，決定應追繳之金額。主管機關**裁量時應斟酌之因素**，包括：違序反行為之意義與效果、所受財產上利益之範圍、第三人之請求權、他人重複實施之危險、符合法秩序之必要性、追繳對關係人之影響、為追繳而調查事實所需費用、比例原則等。如認無追繳之必要，或行為人所受財產上利益甚微，或追繳對行為人過苛（尤其是行為人所受財產上利益因正常利用或其他正當理由已不復存在，或將因追繳而破產）等情形，則得不予追繳[166]。

　　法務部95.12.19法律字第950700927號函釋示，所謂「出自其行為之對價或報酬」：「……係指直接因其違反行政法上義務之行為而獲得者（例如會計師之違法會計簽證），如屬基於受處罰者與其私法人間之內部關係（例如僱傭契約）所生之對價，則不屬之。」。

　　㈢本條第2項係規定**「他人不當利益」之追繳**，其適用之要件如下：

　　1.**須有行為人因違反行政法上義務應受處罰**：行為人、應受處罰之涵義，參見上面㈡、1、及3。

　　2.**須他人直接因行為人之違序行為而受有財產上利益**：財產上利益之涵義、計算等，參見上面㈡、4。行為人實施之行為與他人所獲財產上利益之間，須有直接因果關係或合理之關聯（例如行為人係某一公司之職員，出售公司所有之違禁品，而依法規規定，此項出售行為應處罰之對象為職員（不處罰公司），公司卻因此項出售行為而獲得利潤。因買賣法律效果直接歸屬公司，職員之違序行為與公司所獲利潤之間即具有「直接關係」，則該公司成為「直接因行為人之違反行政法上義務行為而受有財產上利益之他人」，而得對其為追繳處分）。

　　3.**須該獲得利益之他人未受處罰**：未受處罰之涵義，參見上面㈡、3。

　　如具備上述要件，由（對應受處罰之行為人裁罰之）主管機關裁量決定是否對（未受處罰之）他人予以追繳、追繳多少財產上利益價值。**本項與第1項之差別在於，行為人不需「為他人利益」而實施行為**，只要「違序行為」與「利益」間有合理關

166　林錫堯，註2書，112-117頁。並參見蔡震榮等二人，註1書，311頁；林明昕，註149文，198，205頁；以及陳清秀，註4文，164頁。

連，即得追繳。主管機關為追繳之裁量時，其應斟酌之因素等，亦同上面㈡所述[167]。

㈣本條第1項及第2項規定之**追繳**，本質上並非行政罰，是以本條第3項規定由為裁處之主管機關以「行政處分」為之。

追繳係行政機關以行政處分命為一定之給付，此係獨立於行政罰之行政處分，應於（處罰之裁處書之外）作成追繳處分之文書。此一追繳既非行政罰，故而：⑴不以被追繳之行為人或他人有無責任能力，或有無（故意、過失之）責任條件為要件。⑵無本法第27條裁罰時效規定之適用[168]。

㈤本條規定之適用，應注意與本法第15條、第16條及第18條第2項規定之配合，且應辨明其間法規競合之情形。茲分述如下：

1.實際行為人並非受罰人，惟依法規規定他人方為受罰人；在他人（受罰人）並未因該違序行為而獲有不法利益，而係實際行為人（因該違序行為而）獲有不當利益之情形，應視該實際行為人與他人之關係，分別依下述處理：

⑴**他人係私法人、非法人團體或其他私法組織**（以下合稱「**私法上組織**」），**而實際行為人係董事、其他有代表權之人、代表人或管理人**（以下合稱「**有代表權之人**」）：實際行為人（即有代表權之人）因執行其職務或為私法上組織（即他人）之利益為行為，致使私法上組織違反行政法上義務應受處罰者：

A.因該違序行為而獲有不當利益之實際行為人，如有故意或重大過失，應依本法第15條第1項、第16條規定（與私法上組織）併受處罰，而不再適用本條第1項追繳不法利益之規定。

B.因該違序行為而獲有不當利益之實際行為人，如僅有過失，則不得依本法第15條第1項、第16條規定對該實際行為人併同處罰；惟因該有代表權之人未受處罰，故行政機關依本條第1項規定得對該實際行為人追繳不當利益。

C.注意獨資商號之違序行為，係以「獨資資本主」為受罰人（參見上面本篇第三章、貳、二、㈡、1、⑴之說明），而獨資資本主即是獨資商號之有代表權之人。如該商號依法登記之獨資資本主，名實相符，則並無行政機關依本條第1項規定對獨資資本主追繳不當利益之問題。惟行政機關依本法第18條第2項規定，得於獨資資本主所得利益之範圍內，對其加重裁處罰鍰（租稅行政罰案件則無適用本法第18條第2項加重裁處罰鍰規定之可能，係屬例外，參見上面本章、壹、二、㈡之說明）。

⑵**他人係私法上組織，而實際行為人係其職員、受僱人或從業人員**：實際行為人（即職員等）因執行其職務或為私法上組織（即他人）之利益為行為，致使私法上組織違反行政法上義務應受處罰者，實際行為人如因該違序行為而獲有不當利益未受處罰時，行政機關依本第1項規定，得對該實際行為人追繳不法利益。

---

167 林錫堯，註2書，118-120頁；以及蔡震榮等二人，註1書，312頁。
168 林錫堯，註2書，112，115-116頁；以及蔡志方，註4書，87頁。

　　(3)**他人係自然人或組織，而實際行為人係其意定代理人**（如會計師、記帳士、律師或其他人）：實際行為人（即意定代理人）為他人（即自然人或組織）之利益而實施行為，致使他人違反行政法上義務應受處罰者，實際行為人如因該違序行為而獲有不當利益未受處罰時，行政機關依本條第1項規定，得對該實際行為人追繳不法利益。

　　2.實際行為人依法規規定係受罰人，他人因該違序行為獲有不當利益而未受處罰時，行政機關依本條第2項規定，得對該他人追繳不法利益。

　　3.實際行為人依法規規定係受罰人，而實際行為人本身因該違序行為而獲有不當利益，行政機關應適用本法第18條第2項規定，即得於實際行為人所得利益之範圍內，對其加重裁處罰鍰，而無本條規定之適用。惟在此情形，（未受處罰之）他人是否可能（亦因該違序行為而）獲有不當利益，非無疑問；又如有此可能，因已對實際行為人加重裁處罰鍰以剝奪其不當利益，則可否依本條第2項規定再追繳該他人所獲不當利益，似有疑問。目前尚乏實務見解，唯有待實務之發展與驗證。

　　附帶說明，實際行為人實施違序行為，如：(1)依個別行政法規規定，實際行為人（如公司之職員、意定代理人等）及他人（如公司）均應受處罰；(2)依個別行政法規定，僅實際行為人（如公司之意定代理人等）應受處罰而已，惟他人（如公司）違反本法第10條之防止義務，故亦應受罰；在此二情形，實際行為人或他人因該違序行為獲有不當利益，應適用本法第18條第2項，即得於實際行為人或他人所得利益之範圍內，對其加重裁處罰鍰，而無本條規定之適用；蓋因實際行為人與他人均應受處罰，已與本條規定之構成要件不符。

　　(六)本條規定之行為人、他人所獲得之不當利益，其性質如何，又本條授與行政機關追繳之權限，該權限暨其追繳之行政處分，二者性質又係如何，值得探討。

　　首先，本條規定之（未受處罰之）**行為人、他人所獲得之利益，並非「公法上不當得利」**。因行政機關所為追繳之行政處分，始發生行政法上法律關係，而使受處分人發生行政法上義務。**追繳之行政處分為「形成處分」，追繳之權限係「形成權」，而非公法上金錢請求權之行使**。其次，因行政機關之追繳權限，本身並非公法上給付義務之請求權，故無行政程序法第131條規定請求權消滅時效之適用。惟行政機關為追繳之處分，不得無時間限制。在未明文規定得追繳之期限前，似可類推適用本法第27條規定之裁處權時效。如因追繳之權限係形成權，以致類推適用裁處權時效之途徑不可採，則可暫以**「權利失效」**之法理以濟其窮，亦即仍得基於誠信原則而有「權利失效」之可能[169]。

---

169 陳敏，註2書，751-752頁；以及林錫堯，註2書，116-117頁。林錫堯認為追繳之處分係「命令處分」。惟因行政機關所為追繳之處分，而使受處分人發生行政法上義務，亦即以追繳之處分設定行政法上法律關係，故實較符合「形成處分」之定義。另林明昕引述德國文獻指出：「不法獲利之追繳」為「一種不具處罰成分的準不當得利之措施」，以之說明其與處罰之非難目的無關，而純粹以剝奪不當所得為目標之特殊性質（見林明昕，註149文，204頁），足資參考。

二、本條規定在營業稅與所得稅稽徵上租稅行政罰之適用

（一）在營業稅與所得稅稽徵上之租稅行政罰，本條有無適用之可能，茲依照上面一、（五）所述各種情形，分析如下：

1.實際行為人並非受罰人，惟依營業稅法、所得稅法與稅捐稽徵法規定，他人（即營業稅法等三法上義務人）方為受罰人；在營業稅法等三法上義務人並未因該違序行為而獲有不當法利益，而係實際行為人（因該違序行為而）獲有不法利益之情形，應視該實際行為人與營業稅法等三法上義務人之關係，分別依下述處理：

(1)**他人係「組織型態」之營業稅法等三法上義務人（如公司、合作社、合夥商號、營利社團法人等，惟獨資商號除外），而實際行為人係有代表權之人**：有代表權之人因執行其職務或為組織之利益為行為，致使營業稅法等三法上義務人違反營業稅法等三法上義務應受處罰者：

A.因該違序行為而獲有不當利益之有代表權之人，如有故意或重大過失，應依本法第15條第1項、第16條規定（與營業稅法等三法上義務人）併受處罰，而不再適用本條第1項追繳不當利益之規定。

B.因該違序行為而獲有不當利益之有代表權之人，如僅有過失，則不得依本法第15條第1項、第16條規定對該有代表權之人併同處罰。惟因對該有代表權之人未受處罰，故稽徵機關依本條第1項規定得對該有代表權之人追繳不當利益。

C.注意獨資商號之違序行為，係以「獨資資本主」為受罰人（參見上面本篇第三章、貳、二、（二）、1、(1)之說明），而獨資資本主即是獨資商號之有代表權之人。如該商號依法登記之獨資資本主，名實相符，則並無稽徵機關依本條第1項規定對獨資資本主追繳不當利益之問題，係屬例外。

(2)**他人係「組織型態」之營業稅法等三法上義務人，而實際行為人係其職員、受僱人或從業人員**：職員等因執行其職務或為營業稅法等三法上義務人之利益為行為，致使營業稅法等三法上義務人違反營業稅法等三法上義務應受處罰者，職員等如因該違序行為而獲有不當利益未受處罰時，行政機關依本條第1項規定，得對該職員等追繳不當利益。

(3)**他人係自然人或組織，而實際行為人係其意定代理人（如會計師、記帳士、律師或其他人）**：意定代理人為自然人或組織之利益而實施行為，致使自然人或組織違反營業稅法等三法上義務應受處罰者，意定代理人如因該違序行為而獲有不當利益未受處罰時，稽徵機關依本條第1項規定，得對該意定代理人追繳不當利益。

2.實際行為人依營業稅法等三法規定係受罰人，他人因該違序行為獲有不法利益而未受處罰時，稽徵機關依本條第2項規定，得對該他人追繳不當利益。

3.實際行為人依營業稅法等三法規定係受罰人，而實際行為人本身因該違序行為而獲有不當利益，稽徵機關應適用本法第18條第2項規定，即得於實際行為人所得利益之

範圍內，對其加重裁處罰鍰，而無本條規定之適用。惟在此情形，（未受處罰之）他人是否可能（亦因該違序行為而）獲有不當利益，非無疑問；又如有此可能，因已對實際行為人加重裁處罰鍰以剝奪其不當利益，則可否依本條第2項規定再追繳該他人所獲不當利益，似有疑問。目前尚乏實務見解，唯有待實務之發展與驗證。

(二)茲就營業稅與所得稅稽徵上常見之若干事態，進一步解析說明本條之適用與否暨有關問題之處理。

1.會計師、記帳士、律師等，為營業稅法、所得稅法與稅捐稽徵法上義務人之利益而實施行為，致使營業稅法等三法上義務人應受營業稅法等三法有關規定處罰，事所常有。該等人士之法律上身分係**「意定代理人」**，其行為有無本法有關規定（尤其是本條規定）之適用，值得探討。

(1)如有事證足認意定代理人係與營業稅法等三法上義務人「故意共同實施」違序行為，依第14條規定，意定代理人（與營業稅法等三法上義務人）應受併同處罰，稽徵機關並得分別依本法第18條第2項規定，在其所獲利益範圍內加重裁處罰鍰；而無須適用本條第1項之規定。

(2)如查無故意共同實施違序行為之情事，則稽徵機關應查明意定代理人是否因其代理行為受有「財產上之不當利益」。如未受有不當利益，自無適用本條第1項規定之餘地。

(3)如查明意定代理人受有不當利益，則稽徵機關進一步應查明是否已受處罰。按現行營業稅法等三法並無就意定代理人之代理行為加以處罰之明文，則稽徵機關依本條第1項規定，得追繳意定代理人所獲不當利益。此即上面(一)、1、(3)所述之情形。

就本條第1項規定之適用而言，稽徵機關查明意定代理人是否受有不法利益，如屬肯定，進一步認定不當利益之範圍如何，方是實務上之問題重點所在。論者認為意定代理人所收取超出通常水準之報酬部分，方應應適用本條第1項規定追繳之；至於通常報酬水準之認定，財政部每年發布之「稽徵機關核算執行業務者收入標準」，可做為認定之依據[170]。又會計師公會所定之「公費標準」，亦得作為認定會計師通常收費水準之依據。如二者有高低之差異，則宜從高認定。

2.現實上，基於種種原因，經營事業之**「真正資本主」**安排「人頭」登記為「營利組織之負責人」，此乃營利組織（即營業稅法上之營業人、所得稅法上之營利事業，包括商號、公司、營利社團法人等）**「人頭負責人」**（如公司之人頭董事長，商號之人頭資本主等）之問題。同此而可能更常見之問題，即基於種種原因，公司之**「真正股東」**安排「人頭」登記為**「人頭股東」**。由於二者之問題本質相同，故可一併討論。

實務上存在之人頭負責人、人頭股東問題，真正資本主、真正股東與人頭負責人、人頭股東之行為，有無本法有關規定（尤其是本條規定）之適用，值得探討。

---

170 張本德，註145文，14頁。

本條第2項規定，能否解決現實上人頭負責人之問題，似有疑問[171]。按之實際，人頭負責人、人頭股東不易查明，復且營利組織存在人頭負責人、人頭股東者，並非該營利組織必然逃漏營業稅、營利事業所得稅等。依租稅法之觀點，人頭負責人、人頭股東問題之本質，在於真正資本主、股東與人頭負責人、人頭股東二者間之關係，應如何認定，方能進一步論定二者在租稅法上之責任。稽徵機關調查之重點，應該有二，一是人頭負責人、人頭股東之擔任「人頭」，是否知情及同意，如不知情，自無同意之可言。一是人頭負責人、人頭股東擔任「人頭」後，每年度商號之應有盈餘、公司分配之股利等，形式上必然歸屬於人頭負責人、人頭股東，而實際上究係由人頭負責人、人頭股東掌控或支配，抑或由真正資本主、真正股東掌控或支配（例如公司分配之現金股利，雖存入人頭負責人、人頭股東之銀行帳戶，然而該銀行帳戶係由真正資本主、真正股東掌管、使用提領等，或隨即轉出，交與真正資本主、真正股東等）。

由上述二個重點，觀察真正資本主、股東與人頭負責人、人頭股東二者之關係，大致有下列型態，而各關係型態在租稅法上應論定為實現何類之課稅構成要件，即可明朗，從而應適用之法條即可獲得結論。茲分述如下：

(1)**人頭負責人、人頭股東之擔任人頭，知情及同意，而商號之應有盈餘、公司分配之股利等是由人頭負責人、人頭股東掌控或支配**。在此情形，真正資本主、股東為人頭負責人、人頭股東安排之出資或認股之金額，宜認定為係對人頭負責人、人頭股東之贈與財產。人頭負責人、人頭股東就所獲商號之應有盈餘、公司分配之股利等，報繳綜合所得稅，自屬應然（如未報繳，即涉及漏稅，然係另事）。此係「**漏報贈與稅**」之案型，而真正資本主、真正股東與人頭負責人、人頭股東係「**共同違序人**」。對此案型，宜如下述處理：

A.真正資本主、真正股東必然未申報贈與稅，則應依遺產稅及贈與稅法第46條規定，補徵贈與稅，並予處罰。

B.人頭負責人、人頭股東（與真正資本主、真正股東）「故意共同實施」違反遺產稅及贈與稅法上義務之行為，人頭負責人、人頭股東應依本法第14條（與真正資本主、股東）併同處罰，稽徵機關並得分別依本法第18條第2項規定，在其所獲利益範圍內加重裁處罰鍰。在此情形，本條追繳之規定則無適用之餘地。

(2)**人頭負責人、人頭股東之擔任人頭，知情及同意，惟商號之應有盈餘、公司分配之股利等是由真正資本主、真正股東掌控或支配**。商號之應有盈餘、公司分配之股利等，形式上歸屬於人頭負責人、人頭股東（並以之報繳綜合所得稅），實際上商號之應有盈餘、公司分配之股利等，真正資本主、真正股東等方有實質之處置權能。此係

「分散所得」之案型，而眞正資本主、眞正股東與人頭負責人、人頭股東係「**共同違序人**」。對此案型，宜如下述處理：

A.商號之應有盈餘、公司分配之股利，依**經濟觀察法（或實質課稅原則）**將之「**實質歸屬**」於眞正資本主、眞正股東，本諸「**所得實質歸屬者課稅原則**」[172]，依所得稅法第110條規定，對之補徵綜合所得稅，並處以罰鍰。

在此情形，商號之應有盈餘、公司分配之股利等實質上係眞正資本主、眞正股東等之所得，而其未申報該所得以致少納之綜合所得稅，即其所獲之財產上利益，依所得稅法有關規定對之補稅，即係意在追回其所得之利益，則已無適用本條追繳規定之餘地或必要。

B.在事理上，形式歸屬於人頭負責人、人頭股東之所得如已報繳綜合所得稅，稽徵機關應予退稅[173]。惟人頭負責人、人頭股東（與眞正資本主、眞正股東）「故意共同實施」違反所得稅法上義務之行爲，人頭負責人、人頭股東應依行政罰法第14條（與眞正資本主、眞正股東）併同處罰（惟依稅捐稽徵法第29條規定，退稅可以抵繳罰鍰，乃屬當然）。在此情形，人頭負責人、人頭股東並未獲得不當利益，自無本法第18條第2項加重裁處罰鍰規定之適用；同時本條追繳之規定，亦無適用餘地。

(3)**人頭負責人、人頭股東之擔任人頭，並不知情，而商號之應有盈餘、公司分配之股利等是由人頭負責人、人頭股東掌控或支配**。在此情形，眞正資本主、眞正股東爲人頭負責人、人頭股東安排之出資或認股之金額，宜認定爲係對人頭負責人、人頭股東之贈與財產。人頭負責人、人頭股東就所獲商號之應有盈餘、公司分配之股利，報繳綜合所得稅，自屬應然（如未報繳，即涉及漏稅，然係另事）。此亦係「**漏報贈與稅**」之案型，惟眞正資本主、眞正股東與人頭負責人、人頭股東並非共同違序人。對此案型，宜如下述處理：

---

172 經濟觀察法或實質課稅原則之概念，參見陳清秀，註9書，204-206頁。所得實質歸屬與所得實質歸屬者課稅原則之概念，參見吳金柱，註90書，388-392頁。

173 財政部62.2.26台財稅第31471號函、62.3.21台財稅第32131號函、63.4.24台財稅第32684號函及63.8.12台財稅第35954號函等，釋示分散人（即「眞正股東」）利用已成年子女、其他直系親屬或三親等以內旁系血親之名義，投資認股為公司股東（即「人頭股東」）者，其「人頭股東」所獲分配之股利，認定係屬「眞正股東利用他人名義分散股利所得」，該股利應歸屬於「眞正股東」，對之課稅。至於稅款之補徵，則採「應補徵稅額先扣除人頭股東溢繳稅額」之方式為之。經認定為分散股利所得者，實務上並有由稽徵機關發給證明，憑以辦理股份名義之轉回手續之作法（參見財政部80.5.27台財稅第801275079號函），自屬應然，否則豈非年年發生分散所得之情事。

　　上開各函雖均係發佈於本法施行前，然而本法施行後，應可繼續適用。惟上開函釋中關於人頭股東溢繳稅額可扣抵眞正股東之應補稅款乙節，則尚待斟酌。蓋在此情形，人頭股東既無該項股利所得，就其已繳稅款部分而言，稽徵機關應查明該稅款是否由眞正股東繳納。如確係由眞正股東繳納，則函釋之補徵稅款方式，尚無問題。倘如人頭股東不察而繳納該股利部分之稅款，則稽徵機關即有「公法上不當得利」，應退還稅款予人頭股東，另外向眞正股東補徵稅款，方不致混淆租稅義務主體及稅款之歸屬關係。

　　A.眞正資本主、眞正股東必然未申報贈與稅，則依遺產稅及贈與稅法第46條規定，補徵贈與稅，並予處罰。

　　B.人頭負責人、人頭股東並無（與眞正資本主、眞正股東）故意共同實施違反遺產稅及贈與稅法上義務之行爲，故無本法第14條併同處罰規定之適用。此外，人頭負責人、人頭股東並未因該爲序行爲而獲得不當利益，故亦無適用本條追繳規定之餘地。

　　⑷**人頭負責人、人頭股東之擔任人頭，並不知情，而商號之應有盈餘、公司分配之股利等是由眞正資本主、眞正股東掌控或支配**。商號之應有盈餘、公司分配之股利等，形式上歸屬於人頭負責人、人頭股東（並以之報繳綜合所得稅），實際上商號之應有盈餘、公司分配之股利等，眞正資本主、眞正股東方有實質之處置權能。此亦係**「分散所得」**之案型，惟眞正資本主、眞正股東與人頭負責人、人頭股東並非共同違序人。對此案型，宜如下述處理：

　　A.商號之應有盈餘、公司分配之股利等，依**經濟觀察法（或實質課稅原則）**，將之**「實質歸屬」**於眞正資本主、眞正股東，本諸**「所得實質歸屬者課稅原則」**，依所得稅法第110條規定，對之補徵綜合所得稅，並處以罰鍰。商號之應有盈餘、公司分配之股利等，實質上係眞正資本主、眞正股東等之所得，而其未申報該所得以致少納之綜合所得稅，即其所獲之財產上利益，依所得稅法有關規定對之補稅，即係意在追回其所得之利益，則已無適用本條追繳規定之餘地或必要。

　　B.在事理上，形式歸屬於人頭負責人、人頭股東之所得如已報繳綜合所得稅，稽徵機關則應予退稅。人頭負責人、人頭股東並無（與眞正資本主、眞正股東）故意共同實施違反所得稅法上義務之行爲，故無本法第14條併同處罰規定之適用。此外，人頭負責人、人頭股東並未因該爲序行爲而獲得不當利益，故亦無適用本條追繳規定之餘地。

　　由上述之解析可知，本條規定對於人頭負責人、人頭股東問題之解決，毫無作用；反而本法第14條、第18條第2項規定，方有一定之作用。

　　或謂人頭負責人、人頭股東之充任人頭，似不可能不知情；按之實際，其實不然。眞正資本主、眞正股東以年邁並且鄉居之父、母等或以年幼之子、女掛名出資或認股，或購買游民之身分證掛名出資或認股，父、母等或子、女、游民不知情者，在我國社會中，事所常有。又或謂商號之應有盈餘、公司分配之股利由人頭負責人、人頭股東掌控或支配，似屬少見；按之實際，非無例外。眞正資本主、眞正股東以近親（如子、女等）掛名出資或認股者，商號之應有盈餘、公司分配之股利等由人頭之子、女使用，實務上不乏其例。上開情形，稽徵機關本於職權有確實查明證實之必要。總而言之，上開四類案型基本上均能成立；惟不否認可能尚有其他案型存在，而此正是稽徵機關應確實查明者。

　　3.論者認爲公司逃漏稅捐，公司之董事或股東未參與或無責任而未受處罰，但卻因此受有利益，則得予以追繳。惟如公司漏報營業收入、虛報營業成本、費用，其帳載盈餘多亦虛減，公司縱然分配盈餘與股東，必然不會依所得稅法規定列單申報股利憑

單，股東亦不會主動申報該筆股利。是以稽徵機關如查獲此類案件，並證實股東有獲配股利，應依所得稅法第110條規定對股東裁處罰鍰，似無適用本條第2項餘地[174]。

肆、沒入、擴大沒入及追徵沒入

行政罰法第21條：「沒入之物，除本法或其他法律另有規定者外，以屬於受處罰者所有為限。」。此係對何人所有之物方得沒入之原則與例外規定。

第22條：「（第1項）不屬於受處罰者所有之物，因所有人之故意或重大過失，致使該物成為違反行政法上義務行為之工具者，仍得裁處沒入。（第2項）物之所有人明知該物得沒入，為規避沒入之裁處而取得所有權者，亦同。」。此係規定對不屬於受罰人所有之物得沒入之要件。

第23條：「（第1項）得沒入之物，受處罰者或前條物之所有人於受裁處沒入前，予以處分、使用或以他法致不能裁處沒入者，得裁處沒入其物之價額；其致物之價值減損者，得裁處沒入其物及減損之差額。（第2項）得沒入之物，受處罰者或前條物之所有人於受裁處沒入後，予以處分、使用或以他法致不能執行沒入者，得追徵其物之價額；其致物之價值減損者，得另追徵其減損之差額。（第3項）前項追徵，由為裁處之主管機關以行政處分為之。」。此係規定對於物不能沒入時改為裁處沒入物的價值或追徵減損的差額之要件。

一、條文說明解析

(一)本法規定之「沒入」發生使相對人之財產受有不利之效果，相當於刑罰上之「沒收」，惟本法對其概念並無明文。是以宜先構建其概念，並就有關之基本問題，予以解析。

1.學理上，行政罰之「沒入」，係指針對私有財產之「物」或「權利」，將該物之所有權及相關權利或權利本身，以公權力手段剝奪，而移轉為國家所有之一種行政罰。作為行政罰之沒入，具有下列三種目的：一是處罰之目的，即以沒入作為制裁手段；二是維護大眾及法秩序之目的，即剝奪之以避免危及大眾以及維護法秩序；三是預防之目的，即防止其被利用於同種類之違序行為。在不同情形下，沒入可能涉及各種不同之目的，彼此間應無區分孰先孰後之必要。關於「物」之沒入，當某物經裁處沒入生效時，即發生將該物之所有權及相關之權利移轉於國家之效力。該物的所有人之權利亦因此而喪失，不得再行主張。國家則得依該沒入之性質，分別為不同之處置，如留作公用、拍賣或變賣、廢棄或銷燬、移送有關機關等方式處理。國家依沒入而取得物之所有權，從相關規定觀之，向來認為係國家「原始取得」。然而對於在該物物上享有權利（例如擁有租賃權或質權等）之第三人而言，由於其並未有任何違法行為，若只因他人

---

174 張本德，註145文，15頁。

之違序行為受處罰而連帶使第三人權利亦遭剝奪，則顯有不公；故國家原始取得之觀點並不妥當，否則當該沒入之物移轉為國家所有，而國家之處置將影響第三人在該物上之權利時，應給與適當之補償[175]。

　　物之沒入的機能主要在於剝奪私人之財產權，將之移轉給國家，並藉此達到懲罰或預防、保全之目的，如沒入之物毫無經濟價值，甚或將造成危害者（如有毒食品、污染物等），則此時裁處沒入不但喪失處罰違序人之意義，甚至反而讓違序人因此得以卸責，在結果上無異懲罰有處理之責的行政機關，如此一來，與沒入之制度目的即屬有悖。是以在實定法上，乃有將之銷毀或視同廢棄物清理即為已足之規定，並無再裁處沒入之必要，甚至有時尚有課違序人以善後處理義務之必要。因此，**似可將此種剝奪私人財產權，但不將之移轉予國家之形態，歸類為「準沒入」**[176]。

　　關於「權利」之沒入，例如礦業權、特許等權利在理論上亦可予以沒入，惟現實上此等權利只需加以撤銷或廢止，即可達到剝奪違反義務人財產權之目的，因而無施以沒入之必要。惟如沒入之主要目的係將違反義務人之財產權移轉給公法人，則因撤銷、廢止通常僅造成違序人權利之消滅，並不當然發生權利移轉之效果，此時即有考慮沒入之必要。例如在撤銷特許權、許可等權利之情形，由於其屬公權利，特定人之該等權利一經消滅，國家當然可再行創設該等權利，因此無施以沒入之必要。但如地役權、地上權等私權，一方面較難想像由行政機關加以撤銷、廢止；另一方面，撤銷、廢止該等權利之效果，僅在於剝奪違序人之權利，並不生將該等權利移轉於國家之效果，此時即有考慮裁處沒入此等權利之必要[177]。國家依沒入而取得之權利，應如同依沒入而取得物之所有權然，當該沒入之權利移轉為國家所有，而國家之處置將影響第三人在該權利上之權利時，應給與適當之補償。**惟現行個別行政法規似無以「權利」為沒入之客體者，而本法第21條至第23條亦僅明定沒入之客體係「物」，並未包括權利，此當非立法之疏漏，而是立法時有意排除。**

　　本法將沒入定為行政罰之一種「主罰」，可以單獨裁罰，亦得與其他種類之行政罰一併裁罰。因此，諸如海關緝私條例第11條第1項規定：「報運貨物進口而有左列情事之一者，得視情節輕重，處以所漏進口稅額二倍至五倍之罰鍰，或沒入或併沒入其貨物。……」，或類似之其他規定，使沒入兼具「主罰」及「從罰」之性質，在行政罰總則性規範之本法施行後，實有修正之必要。

　　行政法規之處罰規定如係「處以罰鍰，並沒入違規之物」，如查明並無故意、過失，而不予處罰，自不得再為沒入之處分（參見法務部96. 4.30法律字第960010866號書函）。

----

175 洪家殷，註2書，46-48，53-54頁。
176 蔡茂寅，沒入，收錄於廖義男編，行政罰法，2007年11月，175-176頁。
177 蔡茂寅，註176文，171頁。

2.本法對何種物品或權利得為沒入，並未作一般性之規定，而委諸個別行政法規規定，此一立法例，固屬適當。惟各行政法規規定之沒入，其性質是否均屬行政罰，則尚有待辨明。對此問題，法務部行政罰法諮詢小組第六次會議（96.2.13）中多數出席者支持下列見解：「國家行政多元任務之達成，未必均以制裁為惟一、必要且有效之手段，現行行政法律中有關「沒入」規定，雖多數具有裁罰目的；惟亦有基於維護社會安全與公共秩序或預防目的而為沒入之規定，甚或兼具多種性質。至於行政罰法所定沒入，則係制裁違反行政法上義務行為為目的所賦予之法律效果，因此，現行行政法律規定中雖名為「沒入」，仍應視其是否係對於違反行政法上義務之規定所為之裁罰性不利處分，如非屬裁罰性不利處分，縱名為「沒入」，亦無本法之適用。」。**從而如係以制裁為目的之沒入，即須以具備行政罰之要件為前提，即行為必須符合「構成要件該當性」、「違法性」與「有責性」。**

3.**何種情況下得處以沒入，此為沒入之構成要件問題。**由於沒入具有重大之**「侵益行政」**性質，行政機關為裁處時，應有個別法律之依據方得為之，不得僅以本法第21條至第23條有沒入之規定，即引為法律上之依據。沒收在刑法上設有要件規定，因而可以明確得知物於何種況下得為沒收之對象；然而沒入在本法上並未設要件規定，是則究竟於何種情況下，行政機關得將物沒入，即需委諸個別行政法規之規定。

在諸多規定沒入之行政法規中，社會秩序維護法設有相關沒入要件之總則性規定，可供參照。社會秩序維護法第22條規定：「（第1項）左列之物沒入之：一、因違反本法行為所生或所得之物。二、查禁物。（第2項）前項第一款沒入之物，以屬於行為人所有者為限；第二款之物，不問屬於行為人與否，沒入之。（第3項）供違反本法行為所用之物，以行為人所有者為限，得沒入之。但沒入，應符合比例原則。」。據此可知，社會秩序維護法得裁處沒入之物，有以行為人所有者為限之「因違反社會秩序維護法行為所生或所得之物」與「供違反社會秩序維護法行為所用之物」，以及不拘所有人之「查禁物」兩大類三種型態。**此一規定僅適用於社會秩序維護案件，因而雖然上揭要件有其合理性，但在其他違反行政法上義務之案件，除「查禁物」外，仍不得任意比附援引。**更進一步言之，縱令在本法上有相當於上揭社會秩序維護法之要件規定，鑒於行政罰應該有個別法規之依據之要求，此等規定是否具有統一性之效力，仍應存疑。**依社會秩序維護法第22條第1項規定，凡屬「查禁物」，均得依社會秩序維護法裁處沒入，而無待本法之規範，亦無須個別行政法規之依據。**蓋查禁物為物之本身具有法律上之瑕疵（即違法性），故適於作為**「對物處罰」**之客體，而得被沒入。至於查禁物之範圍如何，依社會秩序維護法案件處理辦法第6條規定：「本法所稱查禁物，係指刑法第三十八條第一項第一款所定違禁物以外，依法令禁止製造、運輸、販賣、陳列或持有之物。」。據此可知，**凡依法令禁止製造、運輸、販賣、陳列或持有之物均屬查禁物，如構成要件該當，均得裁處沒入。**例如禁止製造之物，任何人製造均得對之裁處沒入；但禁止販賣之物，如僅持有而未販賣，則不得對之裁處沒入；又與此相同者，禁止陳列

之物，如僅持有或於同好間流通，而未公開陳列者，仍不得對之裁處沒入。**惟此一辦法規定「依法令禁止」，其中「行政規則之禁止規定」部分，與本法第21條但書規定不合，應不予適用。**尚應分辨者，查禁物之沒入與「因行為人之行為而沒入物」之情形不同，在後者之情形，由於物之本身並無合法性瑕疵，係因行為人之不當使用而蒙受**「反射不利益」**，因而行政機關應慎為沒入。至於第三人之物之情形，更必須有法定原因，通常需該第三人有故意或重大過失，才得以行為人之行為瑕疵而予以沒入[178]。

　　(二)**第21條規定內容之說明解析：**

　　本條明定沒入之物，以屬於受罰人所有為限，是否屬受罰人所有，應以裁處時為準。此乃沒入之原則性規定。蓋以處罰對象（受罰人）係以違反行政法上義務者為原則，而沒入係剝奪財產所有權，亦當以受處罰者所有為限，方符事理，並得以避免侵害第三人財產。然如法律基於特殊需要，有特別規定沒入之物不以屬於受罰人所有為限時，亦當依其規定。本條即其例外規定之一，又上述社會秩序維護法第22條第2項後段規定亦為其例外規定之一。本條但書規定之**「其他法律」，不包括自治條例在內，但包括為法律所明文授權之法規命令在內**，此係本於「法律保留」之要求。沒入之裁處，必須符合「比例原則」。因此，行政法院當然得審查行政機關之沒入處分是否因違反比例原則而構成違法[179]。

　　沒入之物以屬於受罰人所有為限之規定，雖在保障第三人財產權，然而亦形成僥倖之徒取巧脫法之可能，即或利用他人所有之物從事違序行為，或於知悉所有物將遭沒入之際，甚至於遭裁罰後，設法處置將遭沒入之物，使裁處沒入之要件欠缺，或使沒入之執行效果受不利之影響，而第三人或因有利可圖，亦可能願意配合。倘如法律無特別規定，則形成**制裁漏洞**。是以本法乃另於22條設「擴大沒入」之規定，於第23條規定設「沒入價值與追徵價額」之規定，以補充該制裁漏洞。

　　(三)**第22條規定內容之說明解析：**

　　本條係學理上所稱之**「擴大沒入」**（或「擴張沒入」），係指在某些條件下，沒入之物不以受罰人所有之物為限。**擴大沒入之性質仍屬制裁，係以「非違反行政法上義務者」為受罰人，屬獨立之行政罰**，其前提要件為：依各該法律或自治條例之處罰規定，原有實施違序行為而應予處罰，且倘如該物屬於應受處罰之人所有（即各該法律或自治條例規定之處罰對象），則得沒入該物；惟因該物非屬依各該法律或自治條例規定應受處罰之人所有，是則即得依本條之擴大沒入規定，予以裁處沒入。設如依法律或自治條例之規定，縱該物係屬法律或自治條例所定應受處罰之人所有，亦不得沒入該物者，則當然無本條擴大沒入規定之適用。因此，**本條係屬「補充性規定」，而並非得以**

---

178 蔡茂寅，註176文，173-174頁。

179 林錫堯，註2書，120-121頁；以及洪家殷，註2書，54-55頁。蔡志方則謂其他法律不包括法規命令在內（見蔡志方，註4書，88頁），惟未進一步說明。

獨立適用，且如其他法律已有規定不得擴大沒入時，本條即不能適用。非違反行政法上義務者所有之物，有下述二種情形時，行政機關得依本條規定裁處沒入：(1)**物之所有人故意或重大過失而使其物供他人實施違序行為之用**：此係本條第1項所規定者，此種情形係因物之所有人對他人實施違序行為有共謀性或幫助性行為，但均非本法第14條所規定之共同違法（例如故意或重大過失提供船舶供走私之用）。(2)**物之所有人係於（他人實施）違反行政法上義務之事實發生後，惡意取得該物**：此係本條第2項所規定者，此種情形係因物之所有人客觀上明知該物得沒入，而主觀上係基於協助違反行政法上義務者規避沒入之裁處的意思而取得所有權（例如明知係仿冒名牌之產品，仍然予以購買）。所謂**明知，僅指直接故意**，不含間接故意。**惟如物之所有人係善意取得者，即不能對該物裁處沒入**。此兩種情形，第三人係不正當使用其所有物，或以不光明手段協助違序人，均有違公平正義，而得予以適度非難，否則不足以杜絕僥倖。由於主觀意思證明不易，行政機關之調查權亦屬有限，將來如何適用，值得觀察[180]。

　　倘如依本條規定得沒入之物價值高昂，由於行政機關有裁量權，故似應有相當限制為宜，例如屢次以該項工具違法，或以利用該項工具違法為主要目的等；台灣地區與大陸地區人民關係條例第79條第6項以及海關緝私條例第27條第2項均規定「以供違序行為使用為主要目的」之工具等始得沒入，可為參證[181]。

　　㈣**第23條規定內容之說明解析**：

　　1.本條條文中之下列概念，先行闡述如下：

　　(1)**得沒入之物**：指法律或自治條例設有「應沒入或得沒入之規定」（即以沒入為其處罰種類），而依違序行為時之事實狀態，得予裁處沒入之物，以及依本法第22條規定得擴大沒入之物。得沒入之物通常係「作為行政法上違序行為之工具」與「查禁物」；而基於事物之本質，應不含不動產。

　　(2)**破壞行為**：即本條條文所指以處分（如出售、毀滅等）、使用或其他方法（如隱匿、故意安排被盜等），致使該物於裁處時不能裁處沒入或價值減損，或裁處後不能執行沒入者。破壞行為不以其行為具有可罰性為必要，且不限於積極行為，即使是他人之使用行為或其他破壞行為，而物之所有人同意或默認，亦可將其不作為解為破壞行為。另如受罰人或物之所有人係公法上組織或私法上組織，其有代表權之人或實際行為之職員、受僱人或從業人員所為之破壞行為，亦可認為公法上組織或私法上組織之破壞行為。所謂**以他法致不能裁處沒入**，在解釋上必須物之所有人主觀上有規避沒入裁處之意圖，方足當之，因此應以**「故意」**為要件。如所有人僅因過失而遺失該物，或無過失而遭竊，結果致使不能為沒入之裁處，由於此時所有人實際上並未享受不利益之免

---

180 林錫堯，註2書，122-123頁；蔡志方，註4書，90-91頁；蔡茂寅，註176文，181頁；以及蔡震榮等二人，註1書，320，323頁。

181 蔡震榮等二人，註1書，323-324頁。

除，亦無主觀上規避沒入之惡意，如再沒入其物之價額，似與比例原則有違。

（3）**不能裁處沒入、不能執行沒入**：指沒入、執行有法律上障礙或事實上障礙而言（例如行為人將其所有物轉與不知情之第三人，使標的物不復存在、或不能尋得、或因毀損而喪失經濟價值、或沒入之執行有極大之困難等）。倘如得依本法第22條予以擴大沒入，則非屬不能裁處沒入。又倘如僅物之一部分不能裁處沒入，則僅就該部分沒入價額，其他部分乃沒入物之本身。

（4）**價值減損**：指物之經濟價值事實上減少而言（例如對第三人設定擔保物權等）[182]。

　2.依本法第21條規定因受罰人所有而沒入，或依本法第22條規定擴大沒入，其物之所有人如為避免其物被沒入之命運，而以各種方法（包括處分、使用或其他方法），使該物形成全部或一部不能沒入之狀態（例如讓與善意第三人或銷燬該物等），或雖尚能沒入但其價值已減損（例如設定負擔或過度使用致其效能劇減等），而失去沒入之制裁意義。在此情形，如不予適當調整沒入標的，冒然作成無效之沒入處分，或作成不合制裁目的之沒入處分，均有失公平，而易啟僥倖心理，故於本條規定得沒入該物之價額，或除沒入其物之外，另沒入其物減損之差額，以為代替或補充。本條係「追徵沒入」之規定，用以代替或補充本法第21條之沒入、第22條之擴大沒入。**適用本條「追徵沒入」規定之前提要件為：該物係屬依法律或自治條例規定得沒入之物，或依本法第22條規定得擴大沒入之物，因有破壞行為以致得沒入之物全部或部分已不能裁處沒入或不能執行沒入。符合「裁處前」發生破壞行為之要件者，適用本條第1項規定，法律效果為「得裁處沒入其物之價額及減損之差額」。** 如全部或一部不能裁處沒入，則全部或一部沒入其價額（其中一部分沒入其價額者，其餘部分仍裁處沒入）。如價值減損，則裁處沒入其物及其物之價值差額。其價額或差額之計算，均以交易價格為準；且原則上以裁處沒入時為計算價格之基準時。**符合「裁處後」發生破壞行為之要件者，適用本條第2項及第3項規定，法律效果有二，一是「得追徵其物之價額」，另一是「（其致物之價值減損者）得另追徵其減損之差額」。** 蓋於此情形，既經裁處沒入而不能執行，或執行效果不符制裁目的，又因已不能再為沒入處分，故明文規定得以行政處分命受罰人或物之所有人繳納不能執行的「物之全部或一部價額」，或繳納雖能執行但價值已減損的「物之減損差額」，以填補「擴大沒入」與「沒入該物之價值」之漏洞，俾符社會公平正義[183]。第3項規定具有宣示作用，意在促進行政行為之明確性，以避免發生行政機關究應以行政訴訟上「給付訴訟」，抑或應以「行政處分」實施追徵之爭議。

　3.行政機關依本條第1項規定所為**「沒入」**物之價額及減損之差額，係屬原應沒入物之代替或補充，故屬於行政罰，應無疑義。若該物原被藏匿。但事後發現時，因已有

182　林錫堯，註2書，126頁；蔡茂寅，註176文，183頁；以及蔡志方，註4書，200頁。

183　林錫堯，註2書，124-128頁。

「沒入物之價額及減損之差額」之替代性處罰,故亦不得再裁處沒入,否則即為一事二罰[184]。

　　行政機關依本條第2項規定所為「**追徵**」物之價額或減損之差額,因係於已為處罰(即沒入)後,另以行政處分命為給付應沒入物之價額或差額,故稱為「追徵」。本條第2項及第3項授與行政機關追徵之權限,該權限暨其追徵之行政處分,二者性質應予究明。首先,行政機關之**追徵,其性質係行政處分**,然而並非行政罰。其次,因行政機關所為追徵之行政處分,始發生行政法上法律關係,而使受處分人發生行政法上義務。**追徵之行政處分為「形成處分」,追徵之權限係「形成權」,而非公法上金錢請求權之行使**。第三,行政機關之追徵權限,本身並非公法上給付義務之請求權,故無行政程序法第131條規定請求權消滅時效之適用。惟行政機關為追徵之處分,不得無時間限制。在未明文規定得追繳之期限前,似可類推適用本法第27條規定之裁處權時效。如因追徵之權限係形成權,以致類推適用裁處權時效之途徑不可採,則可暫以「**權利失效**」之法理以濟其窮,亦即仍得基於誠信原則而有「權利失效」之可能[185]。

　　法務部95.3.8法律字第950700184號函釋示:「……三、本件所詢疑義,經本部於本95年1月20日召開行政罰法諮詢小組第3次會議研商獲致結論在案,多數委員認為:違反行政法上義務之行為在本法施行前,得沒入之物主管機關未依法裁處沒入者(符合第45條第1項規定應受裁處而未裁處之情況),應視受處罰者或物之所有人予以處分、使用或以他法致不能裁處沒入,是否亦於本法施行前所為而定;如係於本法施行前予以處分、使用或以他法致不能裁處沒入者,依信賴保護及不溯及既往原則,即不得為價額沒入之裁處;如係於本法施行後始予以處分、使用或以他法致不能裁處沒入,既係於本法施行後所為,主管機關仍應為價額沒入之裁處,不生溯及既往之問題。……」。

　　㈤三法條之其他綜合說明:

　　1.物如為數人共有,尤其是價值不斐之物而為數人所共有,而僅其中一位或部分共有人違反行政法上義務時,得否對該共有物裁處沒入,實堪研究。刑法對供犯罪所用或供犯罪預備之物,雖不問其是否共有而均得予以沒收;但行政罰畢竟不同於刑罰,**故於法無明文規定不問屬於何人所有均得沒入時,似以不得沒入共有之物為妥**。惟如其他共有人有本法第22條所定之情形,或該物屬查禁物之情形,則應另當別論[186]。

　　2.本法規定之沒入並非從罰,故得單獨裁處沒入,而非必須與其他行政罰併處。惟法律或自治條例有特別規定者(例如社會秩序維護法第23條規定以併同裁處為原則,單獨裁處沒入為例外),自應從其規定。行政機關依本法第23條第1項及第2項規定裁處

184　蔡震榮等二人,註1書,329頁。

185　參見林錫堯,註2書,128頁。林錫堯認為追徵之處分係「命令處分」。惟因行政機關所為追徵之處分,而使受處分人發生行政法上義務,亦即以追徵之處分設定行政法上法律關係,故實較符合「形成處分」之定義。

186　蔡震榮等二人,註1書,318頁;以及蔡茂寅,註176文,185頁。

之追徵沒入，係獨立於沒入之行政處分。沒入之物為受罰人所有者，得將「沒入」及「追徵處分」合併作成一份裁處書。惟如沒入之物為受罰人以外之其他人所有，則即須另外作成追徵處分，並於（沒入之裁處書之外）作成處分書[187]。

　　3.由於沒入前通常均先經**「扣留」**之程序，故較無違序人違反義務而應經行政執行之情形。惟扣留並非沒入前必要之先行程序（參見本法第36條第1項），因此被裁處沒入之違序人亦有可能拒絕交付沒入物，此時即有行政執行之必要。按如違序人當場被查獲查禁物或違反義務之行為，就其被裁處沒入之物，此時違序人所負之義務主要為**「容忍」**，亦即不妨礙其所有物之移轉占有及所有權，但亦不排除有交付該物之義務，此一義務之性質與**「行為義務」**類似（參見行政執行法第33條）。但如該物並未被當場扣留或查獲，被裁處沒入後，違序人所負之義務似乎主要為交付沒入物之義務。惟不論係容忍義務或交付之行為義務，均得依照行政執行法第三章之規定執行，實務上應無疑義。此外，就沒入後之行政救濟問題而言，由於**沒入**應以行政處分為之，因此其救濟應循訴願、行政訴訟之程序為之。但就**「準沒入」**之情形而言，由於是以事實行為將該物逕行處置，此時之救濟應為損害賠償，而以國家賠償法為主要依據[188]。

二、此三法條規定在營業稅與所得稅稽徵上租稅行政罰之適用

　　現行營業稅法、所得稅法與稅捐稽徵法均無「沒入」之規定，又不得僅以本法第21條至第23條有沒入之規定，即引為裁處沒入之法律依據。因此，此三法條之規定，對於營業稅與所得稅稽徵上之租稅行政罰，並無適用餘地，故可存而不論（其他各內地稅法似亦均無沒入之規定）。

　　（附帶說明，關稅法第96條之1第3項規定：「已繳納保證金或徵稅放行之貨物，經海關查明屬第1項應責令限期辦理退運，而納稅義務人無法辦理退運出口者，海關得沒入其保證金或追繳其貨價。」，其中「沒入其保證金或追繳其貨價」是否行政罰，經法務部96.4.12法律字第960700301號函釋示：「……本案經提請本部行政罰法諮詢小組第6次會議討論，多數委員意見認為該項規定之「沒入其保證金」不具裁罰性質，沒入保證金既不具裁罰性質，與其並列之「追繳其貨價」解釋上亦應與沒入相同，不具裁罰性。準此，該項規定之「沒入其保證金或追繳其貨價」非屬行政罰，自不生本法第24條規定之適用問題。……」，從而自亦與本法第21條至第23條規定無涉）。

---

187 蔡茂寅，註176文，184頁；以及蔡志方，註4書，93頁。
188 蔡茂寅，註176文，185-186頁。

第五章

一行爲及數行爲之處罰

壹、一行爲及數行爲之行政罰

行政罰法第24條：「（第1項）一行爲違反數個行政法上義務規定而應處罰鍰者，依法定罰鍰額最高之規定裁處。但裁處之額度，不得低於各該規定之罰鍰最低額。（第2項）前項違反行政法上義務行爲，除應處罰鍰外，另有沒入或其他種類行政罰之處罰者，得依該規定併爲裁處。但其處罰種類相同，如從一重處罰已足以達成行政目的者，不得重複裁處。（第3項）一行爲違反社會秩序維護法及其他行政法上義務規定而應受處罰，如已裁處拘留者，不再受罰鍰之處罰。」。此係「複數行政罰之想像競合」適用「一行爲不二罰」原則之明文化。

第25條：「數行爲違反同一或不同行政法上義務之規定者，分別處罰之。」。此係明定數行爲應分別處罰。

一、條文說明解析

(一)一行爲之概念與實定法上之設定：

1.本法第24條規定「一行爲」同時違反數個行政法上義務規定時應如何處罰，第25條規定數行爲應分別處罰；就廣義而言，此二條文均涉及**「一行為不二罰」**（ne bis in idem）**原則**（或稱**「禁止雙重處罰原則」**（der Prinzip des Doppelbestrafungsverbot））之適用。

一行爲不二罰原則爲本法第24條所明定，然則其在憲法上之基礎爲何，論者有不同見解。有認爲其僅屬「比例原則」之特殊類型者。按我國憲法定有明文或承認之重要基本原則，有人性尊嚴之維護、自由權之保障、法治國家原則中之法安定原則、比例原則及信賴保護原則等。就其內容而言，一行爲不二罰原則應可在上述我國憲法所承認之基本原則中尋得根據，而具有我國憲法上之基礎。惟應注意，一行爲不二罰原則並非將國家第二次制裁之可能性完全排除，亦即在特殊之情形下，應容許國家對人民重複處罰。此種特殊例外情形，最主要乃出於國家任務之達成，且不悖於一行爲不二罰原則在憲法原則上之要求。由於一行爲不二罰原則並不具絕對優先之地位，經權衡之後，有可能在優先適用其他原則之情形下，發生重複處罰之結果，成爲適用此原則之例外[189]。

---

189 「一行爲不二罰原則」、「一事不二罰原則」、「一事不再理原則」三個概念，涵義近似，而論者之見解紛紜。有謂一行爲不二罰原則又稱一事不二罰原則，即二者相等。有謂就程序法面向而言，一事即一個案件，而一個案件當然未必是一個行爲，因此二者並不相等。有謂一事不再理原則係訴訟法上

惟法務部95.5.16法律決字第950700373號函則謂：「說明：……二、來函所詢疑義，業經本部召開行政罰法諮詢小組第4次會議研商在案，……前揭會議獲致結論略以：㈠行政罰法第26條揭示之一行為不二罰及刑事程序優先原則是否為憲法原則；或一般法律適用原則；或僅係法律規定之原則，學說容有不同見解，惟如其他特別行政法律欲以立法為一行為二罰之規定或排除刑事程序優先原則之適用，必須在符合比例原則、正當法律程序原則等憲法及行政法一般原則下，始得為之。……」。對於一行為不二罰（以及刑事程序優先原則），此一釋示則似未承認其為憲法原則。

2.何謂「**一行為**」，又如何「**不二罰**」，須先予解明。本法對於一行為並無定義，在此先論述學理上的一行為之概念，並說明其在實定法上之設定。不二罰之概念於下面㈡論述之。又行為究竟如何認定其係一行為抑係數行為，即「**行為個數**」之判斷問題，同等重要，另於下面㈤論述之。

所謂「**行為**」，乃指出於意思所主宰支配，而形諸於客觀可見之人類「行止」（行者即行動，止者即靜止），此種行動或靜止，會引致外界發生具有本法重要性之後果。行為形態一般分為（以「行」為要素之）「**作為**」與（以「止」為要素之）「**不作為**」（詳見上面本篇第一章、貳、一、㈠、1、之說明）。

在法理上，所謂「**一行為**」（Handlungseinheit）包含「**自然之一行為**」與「**法律上一行為**」。行政罰上之一行為，或為自然之一行為，或為法律上一行為。自然之一行為、法律上一行為之概念，宜先分析[190]。

⑴**自然之一行為**（natürliche Handlungseinheit）：

單純之一自然行止可構成自然之一行為，且此係最基本型態之一行為（例如行為人行經一個亮紅燈的路口）。惟此類自然之一行為，無須探討。所需探究者係**由多個行止所構成的自然之一行為**，其係指在時間上及空間上密接，並且具有內在關聯之多個行止，而在客觀上以自然之方式觀察，其整體可視為一個統一之行為者。構成自然之一行為的多個行止，無須基於一個統一之行為決定或概括之故意，但仍須出於一個同方向之統一意思（例如在同一時間對多數勞工之所得未予扣繳所得稅）。其判斷之要素有三項：(A)多個行止有直接、密切之時間及空間關係，(B)多個行止之間有內在之關聯，(C)

或程序法上之概念，而一行為不二罰原則、一事不二罰原則可謂源自一事不再理原則等等；文獻甚夥，不一一俱引（可參見蔡震榮等二人，註1書，333頁（註139，140））。洪家般指出：由於行政罰法之施行及司法院大法官會議第604號解釋之公布，國內在概念之使用上，應會較傾向「一行為不二罰原則」之使用，為避免概念上之日益分歧，亦宜採之（見洪家般，註2書，121頁（註3））。本書認同其見解。

關於一行為不二罰原則之憲法基礎，詳見洪家般，註2書，124-133頁；以及蔡震榮等二人，註1書，333-337頁之探討說明。

190 關於「一行為」之概念，洪家般論述最詳，此處之概述，主要是摘引洪家般，註2書，221-229頁；並參考林錫堯，註2書，51-58頁；陳敏，註2書，715-719頁；以及劉建宏，大法官釋字第604號解釋之研究─行政法法上「單一行為」概念之探討，台北大學法學論叢，64期，2007年12月，10-15頁。

第三者以自然方式觀察其外在過程，可以認為其整體之行止是一個單一之行為。

(2)**法律上一行為**（rechtliche Handlungseinheit）：

法律上一行為係指行為雖不符合自然之一行為的要件，惟基於立法政策之考慮，仍將其評價為一行為者。其可分成下類型：

A.**構成要件之一行為**（tatbestandliche Handlungseinheit，或稱**「多次實現構成要件之行為」**）：行為人實現以相同或不同之多數行止為要素之構成要件，或在時間及空間之緊密關聯下，多次地實現同一構成要件，在經立法政策考量之法律規範上，論為法律上一行為（例如製造、運輸及販賣違禁品（即將製造、運輸及販賣三者合併而論為一行為））。又依法定構要件判斷，長期或狀態持續之多數行為，因其均發生同一結果，區分個別行為並無重大意義，顯可綜合視其為一行為之**「綜合性單一行為」**（ganze Handlungskomplexe）（例如未辦理登記而營業，「營業」必由多數之活動而構成，故總合而論為一行為，亦屬廣義的構成要件之一行為。

B.**繼續行為**（Dauerordnungswidrigkeit, dauere Handlung）：行為人之行為在已實現一個處罰構成要件之後，仍有意或無意地繼續維持該行為，未有中斷、消滅，其整體為法律上一行為（例如未帶駕照行車）。行為之繼續是否因中斷、消滅而終了，須依個案自然觀察，視後續行為是否與先前行為係屬同一而繼續。依自然觀察，其行為不得再視為一行為者，其行為中斷、消滅，中斷、消滅後之行為係另一行為。是以暫時中斷、消滅並不影響繼續行為之單一性，但長時間之中斷、消滅可能使一行為終了。當違序狀態中斷、消滅或行為義務免除時，繼續行為方告結束。

繼續行為除**故意行為**外，在**過失行為**亦可能發生，即行為人持續的不注意，且由於其不從事法律所要求之行止，致使違法狀態一直延續下去。因此，繼續行為之判斷，與其責任型態究係故意或過失無關。

應注意者，「繼續行為」與**「狀態行為」**（zuständlich Handlung）似同而實異。前者構成要件之實現仍在繼續中（如行車中未帶駕照），後者構成要件已經完全實現（如違章建築已興建完成），然而實際上其**「違法之結果」**（即「法益受害之狀態」）仍然持續存在而已（如建好之房屋形成違章建築之狀態）。**違序行為之結果可能持續存在，以致形成狀態行為**。繼續行為係於**「行為終了時」**（或違法狀態結束或行為義務免除時）（如自行發現未帶駕照而將駕照攜帶在身時）起算時效；狀態行為則係於**「行為完成時」**（如違章建築興建完成時）起算時效。法務部96.3.6法律字第960700156號函對此亦有說明：「……如係因違反行政法上義務行為完成後所造成之違法狀態持續，除另有課予行為人排除違法狀態的行政法上義務（按：此可能有另一個不行為違反行政法上行為義務之問題）外，此僅為違反行政法上義務行為所致之結果狀態持續，並非違反行政法上義務行為本身之持續，兩者應予區別，……。」。

C.**持續行為**（fortdauerende Handlung, fotwährende Handlung），或稱**「重複行為」**（Wiederholungstat）：基於相同之行為動機，並以時間及空間上緊密關聯之多數行為，

重複地實現同一處罰構成要件時，構成法律上一行為（例如多次向多人違法蒐集個人資料、多次非法僱用外勞）。

　　D.連續行為（fortgesetze Handlung）：指多個本質相同之個別行為，各行為存有時間與空間之關聯，以相同之方式實現同一構成要件，侵害同一法益，且行為人有「**整體故意**」存在，構成法律上一行為（例如連續於電線桿上張貼廣告）。

　　在作為與不作為之間，不可能存有連續行為之關係。又由於過失無法滿足「整體故意」之要件，所以故意行為與過失行為之間，亦不可能存有連續行為之關係。

　　3.行為人維持「自然的一行為」一段時間，其繼續時間多久，方始脫離自然的一行為，而可轉變成「法律之一行為」（尤其是轉變成「繼續行為」），係理論上之難題，迄無定論。然而在實定法上，則無從逃避此一問題，立法上必須有所取捨決定。

　　一行為不二罰原則之理據，在於對於一行為如給予一個處罰即能達到「規範目的」（指行政目的、管制目的或處罰目的），則無施加二個處罰之必要。將規範目的之達成，作為判斷應否二罰之依據，應可贊同。**行政罰只是達到「規範目的」之手段，而「法益保護」則是「目的」之實質理由，否則所謂規範目的並無實質基礎。判斷二個不同行政秩序罰規定之「目的」是否相同，即是在判斷所保護之「法益」是否相同**。將「法益」作為「目的」的實質理由，方能與「**想像競合**」（詳見下面㈡、1、所述）理論接軌。根本而言，一行為不二罰原則之出發點，在於一行為觸犯二法條，惟對於一行為施加一個處罰，即足以保護法益。**然而若非落實到具體條文之「構成要件」之解釋，則無法知悉立法者究竟想要保護如何之「法益」。法益係由法規條文之構成要件而呈現，因此，法益之是否同一，即必須由考察、解釋構成要件著手。**

　　如何在行政法規條文之文字上描述以設定「法律上一行為」，並非完全服膺學理上之概念。在若干行政法規中，基於行政法規之合目的性與技術性之考慮等，在某種程度上，將一行為以切割、集合、量化等方式予以類型化，設定為法條中之「**構成要件**」；而觀察構成要件即可知悉法規要求之「**行為義務個數**」，從而法條中設定之「**一個行為義務**」，即可據以認定「**一個**」「**法律上一行為**」。茲舉例說明如下[191]：

　　⑴**依「時間」予以切割，某段時間內之行為定為法律上一行為**。例如違規停車自開始至結束，係「自然之一行為」（如停車時間三十分鐘）或係「繼續行為」（如停車時間八小時）。然而道路交通管理處罰條例第85條之1則規定，違規停車於同一地點，以每二小時為一違反行政法義務之行為（即將長時間違規停車之行為（自然之一行為），立法時設想其「超過二小時違規停車」者已失去「時空關聯性」，故而予以切割將「二小時違規停車」定為「法律上一行為」之違規行為）；又連續超速，以每六分鐘為一個獨立的超速行為（即將長時間超車之行為（自然之一行為），立法時設想

其「超車逾六分鐘」者已失去「時空關聯性」，故而予以切割將「六分鐘超速」定為「法律上一行為」之違規行為）。

　　(2)依「數量」予以切割，就實施行為之客體數量，某一定量以上或以下之數量定為法律上一行為。例如大量解僱勞工保護法第2條第1項規定：「本法所稱大量解僱勞工，係指事業單位有勞動基準法第1條所列各款情形之一、或因併購、改組而解僱勞工，且有下列情形之一：一、同一事業單位之同一廠場僱用勞工人數未滿三十人者，於六十日內解僱勞工逾十人。二、同一事業單位之同一廠場僱用勞工人數在二百人以上者，於六十日內解僱勞工逾所僱用勞工人數三分之一或單日逾五十人；其僱用勞工人數在三十人以上未滿二百人者，於六十日內解僱勞工逾所僱用勞工人數三分之一或單日逾二十人。三、同一事業單位僱用勞工人數在五百人以上者，於六十日內解僱勞工逾所僱用勞工人數五分之一。」其各款規定係兼採「人數」及「天數」以定行為義務個數。

　　(3)依「空間」予以切割，不同地點之同樣行為分別定為法律上一行為。例如（最高）行政法院77年判第1307號判決認為：同一樣式之廣告於兩個不同之處所張貼，自屬兩次違規行為。又同院80年判第351號判決認為：廢棄物清理法第12條之立法意旨，在維護定著物之不被污染，若污染定著物二處以上時，應按被污染定著物之處數，分別處罰。此均係由立法目的所推導之結論。

　　(4)將類似之行為或狀態予以集合，而類型化為法律上一行為。例如勞工安全衛生法第5條規定：「雇主對左列事項應有符合標準之必要安全衛生設備：一、防止機械、器具、設備等引起之危害。二、防止爆炸性、發火性等物質引起之危害。三、防止電、熱及其他之能引起之危害。……」，其各款規定均是「類型化」之「法律上一行為」。

　　(二)不二罰之概念：

　　1. 「想像競合」之概念與處理：

　　行為人之「一行為」同時該當數個構成要件，而有關之各處罰規定所欲保護之法益或所欲達成之目的不同（其實「法益」即是「目的」之實質理由）時，構成法理上之「想像競合」（Idealkonkurrenz）。申言之，行為人之「一行為」，同時實現數個相同之構成要件，而觸犯數個處罰種類相同之處罰規定者，或同時實現數個不同之構成要件，而觸犯數個處罰種類相同之處罰規定者，構成想像競合；亦即行為人之一行為違反「多數相同」或「多數不同」之行政法上義務所形成之競合；前者為「同種想像競合」（例如同時雇用若干非法外勞），後者為「異種想像競合」（例如行車違反限速之違規超車）。想像競合之成立，有二個前提：一係必須是「一行為」，二係必須是觸犯多數之處罰規定。想像競合在本質上具有「複數違序行為性質」，即數個處罰均得成立，而發生「行政罰之競合」；惟基於憲法上「比例原則」之考量，原則上應不得重複處罰，即應採「一行為不二罰」（或稱「禁止雙重處罰原則」）。不二罰，通常即

以「**擇一從重處罰**」方式處理[192]。在刑法上，由於想像競合在本質上具有數罪性，因此，法官在判決主文對行為人之行為所為之犯罪宣告上，應該表明行為人係構成多數犯罪，而非僅論以重罪，捨棄輕罪；否則將無法釐清行為之整體不法內涵與罪責內涵。在本法上，行政機關是否亦應在裁處書對行為人之行為所為之裁罰上，表明行為人之一行為係構成多數違反行政法上義務應受處罰，而非僅論以重罰，捨棄輕罰，則乏實務見解，尚有待實務之發展與驗證。

各領域法規規定之處罰，有行政罰、刑事罰、懲戒罰、執行罰等之不同，以行政罰為中心，法理上，一行為不二罰之原則是否均一體適用，有待辨明。茲說明如下[193]：

⑴**行政罰與行政罰之競合**：如對同一行為有數個相同種類之行政罰，不得重複裁處，即適用一行為不二罰之原則。如對同一行為有數個不同種類之行政罰，學理上則仍非不得併罰；實定法上究應併罰與否，係屬立法之形成空間。

對此類競合，本法係於第24條規定其如何處理。

⑵**行政罰與刑事罰之競合**：行政罰與刑事罰同屬對不法行為之制裁，刑事罰為較高度之制裁，其處罰手段亦較嚴厲，一行為同時違反刑事罰及行政罰規定時，科處刑事罰應即足以產生儆戒作用，無須再科處行政罰。惟個別行政法規另有應分別科處行政罰及刑事罰之特別規定者，仍應依其規定論處。

對此類競合，本法係於第26條規定其如何處理。

⑶**行政罰與懲戒罰之競合**：行政法係為維持一般行政秩序，對一般人民所為之制裁，懲戒罰則係為維持內部之紀律，對有特別身分者所為之制裁，二者之目的及制裁手段不同。因此，對同一行為得同時或先後分別處以行政罰與懲戒罰。

惟應注意，個別行政法規規定之懲戒，亦有其性質係屬**行政罰**者，則該類懲戒即有本法第24條規定之適用。

⑷**行政罰與執行罰之競合**：行政罰在於追究行為人過去違反行政法上義務行為之責任。所謂之執行罰（怠金）則在於促使尚未履行行政法上義務之人履行義務，本質上並非處罰，二者之性質不同。因此，對同一行為不得重複裁處相同種類之行政罰；而對同一未履行義務之行為，則得反覆科處怠金。對未履行義務之人，除得就其過去未履行義務之行為裁處行政罰外，仍得科處怠金，以促使其履行義務，並無一行為二罰之問題（參見法務部95.7.3法律字第950018795號書函）。惟在裁處罰鍰及怠金之情形，仍應注意不得違反比例原則。

---

192 「想像競合」之概念，詳見林山田，刑法通論（下冊），10版，2008年1月，292，307-316，319-32頁；陳敏，註2書，714頁；以及洪家殷，註2書，229-231頁（其稱為「行為單一」（Tateinheit））。關於想像競合之涵義，陳敏謂：一行為同時該當數行政罰之構成要件，而有關之各處罰規定，所保護之法益或所欲達成之目的不同時，構成法理上之想像競合。此一見解，重在法益或目的之區別，概念較為清晰。

193 詳見林錫堯，註2書，35-42頁；陳敏，註2書，714，721-724頁；以及李惠宗，註3書，114-117頁。

2.「法規競合」之概念與型態：

由僅生一個處罰之結果觀之，與上面1、所述之「想像競合」相類者，即法理上之「**法規競合**」（Gesetzeskonkurrenz，或稱「**法律單數**」（Gesetzeseinheit））。行為人之「一行為」同時該當數個構成要件，而有關之各處罰規定，所保護之法益或所欲達成之目的相同時，構成法理上之法規競合。由構成要件觀察，行為人之一行為同時該當數個構成要件，該當之數個構成要件存有重疊關係，即構成法規競合，而僅生一個處罰之結果。如該二法規均予適用，將失去法規特別規定之意義，或將造成相同非難之不當重疊，即牴觸「**雙重評價禁止原則**」（Doppelbewertungsverbot）。在此情形，僅適用最妥適之構成要件即為已足，其餘該當之構成要件，即被排斥而不適用。**法規競合係構成要件之重疊現象，僅涉及「數個構成要件間之選擇適用」問題，而非「擇一從重處罰」**，故與上述之「想像競合」性質不同，而二者產生一個處罰之原因亦有異。在法規競合關係，應優先適用其中一個處罰規定（應優先適用之規定，縱使其處罰雖較其他規定為輕，亦應優先適用）。不被適用之處罰規定，在處罰決定無須特別表明。惟本應優先適用之處罰規定，因有一定事由依法不予適用時，其他處罰規定仍得適用之。此外，**應優先適用之處罰規定如無停止營業、沒入規定，則其他處罰規定之停止營業、沒入，亦仍得適用之**。法規競合之型態，有如下數種情形[194]：

(1)**特別關係**：指一個構成要件在法概念上必然包括另一構成要件之所有構成要件要素者，或係就前一構成要件除包括後一構成要件外，尚有附加其他構成要件者，則前一構成要件對後一構成要件，即具特別關係。二法規形成「特別法」（或「特別規定」）與「普通法」（或「普通規定」）之關係。

一行為違反二以上行政法上義務規定，而該二以上規定之間存有特別法與普通法關係者，除法律別有規定外，於此情形應依「**特別法優先於普通法適用**」之原則，**優先適用該特別規定，而不再適用一行為不二罰原則**。申言之，特別法優先適用之原則，為更重要之法規適用原則，在法規適用之順序上，應更高於從一重處罰之原則，故特別法中對於同一行為雖其法定罰鍰額較低，仍應優先適用該特別法，並由該特別法之主管機關為裁罰之管轄機關（法務部95.10.4法律決字第950035207號書函，並參見法務部行政罰法諮詢小組第2次會議紀錄結論）。

(2)**補充關係**：指一個構成要件僅是輔助性地加以適用，則此一構成要件對主要構成要件而言，即具補充關係。例如法規上明文規定「該行為無其他法律處罰之規定時，適用本條規定」，即屬此種補充關係。二法規形成「基本規定」與「補充規定」之關係。

(3)**吸收關係**：指某一處罰規定，依其性質與含義，可吸納另一處罰規定，因而應優

94 「法規競合」之概念，詳見林山田（其使用「法律單數」一詞取代「法規競合」一詞），註192書，324-345頁；陳敏，註2書，709-711頁；林錫堯，註2書，58-61頁；以及洪家殷，註2書，233-235頁。

先適用。另一處罰規定，則僅於前者不適用時，始予以補充適用。

在法規競合之判斷上，首先應判斷是否為「特別關係」；如否，再判斷是否為「補充關係」，僅在既非特別關係亦非補充關係之情況下，方進一步判斷是否為「吸收關係」。

一行為違反多個義務，形式上觸犯多個處罰種類相同（如同為罰鍰）之處罰規定，而多個處罰規定之構成要件相同或不同者，多個處罰規定究係**「法規競合」或「想像競合」，應如下判別**：如多個處罰規定所擬保護之法益或所欲達成之目的**相同**，此時應屬**「法規競合」**之問題。如多個處罰規定所擬保護之法益或所欲達成之目的**不同**，則此時應屬**「想像競合」**之問題。

如經認定係一行為，繼之如查明有數個不同法規或在同一法規中有數條文，將該行為明定為「處罰規定之構成要件」，即形成本法第24條第1項規定之「一行為違反數個行政法上義務規定」。再繼之則係**先考察有無「法規競合」**之問題，以決定處罰規定之適用；如無法規競合問題，則**再考察有無「想像競合」之問題**，以決定處罰規定之適用。

（三）第24條規定內容之說明解析：

本條規定係處理一行為違反數個行政法上義務規定，而均應處以行政罰時，**「行政罰與行政罰之競合」**問題。由於本法第1條規定之行政罰有三類，即罰鍰、沒入及其他種類行政罰，故本條配合之就三類行政罰分別規定。

1. 本條第1項明定**「罰鍰與罰鍰之競合」**之處理，採取**「吸收制」**（Kumulationsprunzip，或稱**「吸收主義」**），有一行為不二罰之適用，即不同處罰規定之罰鍰不併罰，而依法定罰鍰最高額之規定裁處。由何一機關裁處，應依本法第31條規定協調之（法務部95.7.13法律決字第950025235號書函）。本項條文中之**「一行為」**，係指同一行為人之一行為；如非同一行為主體，則無一行為不二罰之適用（法務部95.7.26法律決字第950023442號書函）（本條第3項及本法第26條第1項條文中之「一行為」，涵義應均相同）。

法務部94.11.18法律字第940043047號函釋示：「……三、本件營造業因停業未辦理停業登記（公司法第387條第4項、公司之登記及認許辦法第10條參照），經公司法主管機關依公司法第387條第6項規定裁罰，其對象為「代表公司之負責人」，營造業因同一停業行為未依營造業法第20條規定將營造業登記證書及承攬工程手冊送繳主管機關註記，營造業主管機關依營造業法第55條第1項第4款規定對違法之營造業裁罰，其裁罰對象為「營造業」，二者裁罰之對象既不相同，並無前揭一行為不二罰原則之適用。」。本函係認為營造業同一停業行為，法規分別要求「營造業」與「營造業之負責人」履行不同之特定義務，而均未履行，依各該法規裁罰（二者均為罰鍰）。由於受罰人不同，故並無本項規定之適用。

本項之規範意旨，係因行為單一，且違反數個規定之效果均為罰鍰，處罰種類相

同，從其一重處罰已足以達成行政目的，故僅得裁處一個罰鍰，並明定裁處最低額之限制。所謂「**法定最高額**」係指該法規所定可處以罰鍰之最高金額。但如出現某一規定裁罰金額雖係該法規之最高法定額度，然而就其他法規而言卻屬最低法定額度，此時就應考量以其他法規之最高法定額度為裁罰基準。

　　個別行政法規所定罰鍰如非定額，應由該法之裁罰機關就具體個案調查認定依該條規定所應處罰鍰金額為基礎，再以之與其他行政法上義務規定之罰鍰額度為比較，據以適用本項規定（法務部95.7.17法律決字第950023015號書函）。

　　2.本條第2項前段明定「**罰鍰與沒入之競合**」、「**罰鍰與其他種類行政罰之競合**」之處理，採取「**併罰制**」（Absorptionsprinzip，或稱「**併罰主義**」），即可以依各個處罰規定予以併罰，無一行為不二罰之適用。此係因處罰之種類不同，自得採用不同之處罰方法，以達行政目的。

　　專門職業人員違反管理法規相關規定移付懲戒，如認定該懲戒係因違反行政法上義務所為之制裁，性質上屬行政罰，而如無以罰鍰為懲戒種類之規定者，該項懲戒自得與其他罰鍰之處罰規定合併裁處（參見法務部96.8.6法律字第960700572號函）。

　　本項但書明定「**沒入與沒入之競合**」、「**沒入與其他種類行政罰之競合**」、「**其他種類行政罰與其他種類行政罰之競合**」之處理，採取「**吸收制**」，即如從一重處罰已足以達成行政目的者，不得重複裁處。例如依該處罰之本質，作成一個處罰後即無作第二個處罰之可能或必要時，僅須處罰一個，乃當然之理（如吊銷執照、廢止許可或撤銷許可之處罰等即是）。又如對同一標的物，二個規定同有沒入之處罰，則裁處沒入一次即可（本質上亦無須重複裁處沒入）。再如二個規定同有停止營業之處罰，而其法定期間分別為6個月以下與3個月以下，如經裁量裁處停止營業6個月已足以達成制裁目的，則不必併罰為9個月。

　　3.本條第3項係一特殊規定，**明定拘留之處罰排除罰鍰之處罰，即拘留優先**。此係因依據社會秩序維護法裁處之拘留，涉及人身自由之拘束，其處罰較重，且其裁處程序係由法院為之，因此本法所定之行政罰種類並未將拘留納入規範；基於「**司法程序優先**」及「**重罰吸收輕罰**」之原則，乃作本條第3項規定，性質上亦屬採「**吸收制**」。另外應予指出者，本項規定有明顯之**法律漏洞**，即在條文中「應受罰鍰」後，應加上「或拘留」三字，否則將造成依法僅能處罰鍰，事實上卻處拘留之非法情形。

　　一行為違反社會秩序維護法及其他行政法上義務規定而應受處罰，如已裁處拘留者，僅不再受罰鍰之處罰。至於沒入或其他種類行政罰，仍應由各該主管機關分別裁處（法務部95.7.6法律字第950017001號函）。

　　由上述本條文之分析可知，**行政罰法之立法雖採納「一行為不二罰」之原則，惟並非採純粹之「吸收主義」，在沒入及其他種類行政罰部分，仍兼採「併罰主義」**，故可

稱為「綜合主義」[195]。

㈣第25條規定內容之說明解析：

1.本條揭示「**數行為分別處罰**」原則。所謂「**數行為**」（Handlungsmehrheit），自係指其行為不構成「一行為」者而言。不論同一行為人之數行為均違反同一行政法上義務規定，或數行為係違反不同行政法上義務規定，均予以分別處罰。

本條之重點於「數行為」違反同一或不同行政法上義務之「規定」。數行為違反同一行政法上義務之規定，其「同一法規之處罰種類」可能相同，亦可能不同。相類似地，數行為違反不同行政法上義務之規定，其「不同法規之處罰種類」可能相同，亦可能不同。本條所謂「分別處罰」，依法律之體系解釋，應解為不論數行為之違序名目是否相同或處罰種類是否相同，均應依據該當之處罰規定，個別裁處該當之處罰種類，而不予「分別裁處行政罰，併合而定應執行之整體處罰」（即不採類似刑法第50條、第51條規定之「數罪併罰」）。

當事人提供不實資料，經依戶籍法第54條規定處以罰鍰，行為人先以「作為」違反不行為義務，再以「不作為」違反行為義務（如其先申報不實資料，經催告申報資料後，又不申報），二者係屬不同之行為，應分別處罰（參見法務部95.6.12法律字第950022324號函，95.8.22法律字第950028761號函）。

依照大法官會議釋字第604號解釋理由書之見解，違反行政法上義務之行為，經主管機關作成行政處分裁罰或法院判決者，其後所為之行為，係屬另一行為（法務部96.7.3法律字第950018795號書函）。又行為人之一行為已依法科以刑事罰者，於判決既判力時點（通常程序之判決，以最後審理事實法院宣示判決日為既判力時點；簡易程序之判決，以簡易判正本送達時間為刑事判決確定既判力之時點等）後，再實施相同之違法行為，後一行為既為刑事判決既判力所不能及，係屬另一違反行政法上義務行為（法務部95.5.30法律字第950012081號書函）。

2.在行政罰規範評價上，可能存在下述情形：行為人之數行為實現數個行政罰之構成要件，而其中一個行為會涵蓋另一個不同的「**前行為**」之違序內涵及罰責，或涵蓋另一個不同的「**後行為**」之違序內涵及罰責，而發生排斥前行為之處罰規定，或排斥後行為之處罰規定之現象；此即學理上之「**不罰之前行為**」（Straflose Vortat）及「**不罰之後行為**」（Straflose Nachrtat）。本法對此並無明文。由於此一問題相當複雜，而在行政罰法法域中，國內探討之文獻甚為罕見，尚有待實務之發展以驗證之，除對營業稅法、所得稅法與稅捐稽徵法規定之租稅行政罰，於後面本書第三篇第四章、參、嘗試探討「不罰之前行為」及「不罰之後行為」外，其全面性之探討，超出本書範圍，故在此予以略之。

(五)一行爲之判斷標準：

行爲人之違序行爲應適用本法第24條規定處罰，或是應適用本法第25條規定處罰，端在其行爲經認定係「**一行爲**」或係「**數行爲**」。因此，行爲人之行爲究竟如何認定其係一行爲抑係數行爲，即「**行爲個數**」之判斷問題，遂成一事不二罰原則適用之關鍵問題。

1.在實務上，我國司法機關及行政機關關於判斷是否一行爲之標準之見解，數量不少，然而本法施行之前，即已見解紛紜，並非一致，而本法施行後迄今不久，違序事實發生於施行後之案例仍少，然而見解似未見變更。實務上較常見而可歸納成類型之見解，約有如下各類型，茲概述之，並參以學理，略加檢討[196]，進而嘗試構建一行爲之判斷標準：

(1)以行爲是否符合「同一構成要件」爲判斷標準（可稱爲「構成要件說」）：

此一見解認爲當行爲人之行爲同時符合不同法規之構成要件時，由於各該法規本身之構成要件不同，因此應屬不同之行爲。（最高）行政法院之84年判第3208號判決、85年判第1988號判決，最高行政法院之91年判第1978號判決、93年裁第1488號裁定、97年判第1024號判決等，均採此見解。又（最高）行政法院85年6月份庭長評事聯席會議決議、最高行政法院91年6月份庭長法官聯席會議決議，亦採此見解。

例如最高行政法院91年判第1978號判決（91.11.13）：「……因再審原告違反營業稅法第五十一條第一款及所得稅法第一百十條第一項之構成要件不同，應屬實質數行爲，依司法院釋字第五〇三號解釋意旨，再審原告仍得併合處罰，……。」

又如最高行政法院91年6月份庭長法官聯席會議決議（91.6.24）：「司法院釋字第五〇三號解釋僅就原則性爲抽象之解釋，並未針對稅捐稽徵法第四十四條所定爲行爲罰，與營業稅法第五十一條第一款規定之漏稅罰，二者競合時，應如何處罰爲具體之敘明，尚難遽認二者應從一重處罰。按稅捐稽徵法第四十四條所定爲行爲罰，以依法應給與他人憑證而未給與爲構成要件，與營業稅法第五十一條第一款規定之漏稅罰，以未依規定申請營業登記而營業爲構成要件，二者性質構成要件各別，非屬同一行爲，且其處罰之目的各異，原告等以個別之行爲分別違反此兩種處罰之規定，併予處罰，並無違背一事不二罰之法理，自無司法院該號解釋之適用。本院就此問題於八十五年四月十七日庭長評事聯席會議之決議仍予援用，不予廢止。」

對此見解之疑問，在於一行爲係毋待以構成要件規定加以判斷之事實，乃是前於構成要件之純事實概念，以是否符合「同一構成要件」爲一行爲之判斷標準，實係將「事實問題」與「法律問題」混爲一談。復且依此見解判斷行爲個數，將造成依據該

---

196 各類型見解及批評，係參照洪家殷及呂月瑛二人所整理者而略有改述。洪家殷及呂月瑛二人所整理之類型，分見洪家殷，行政罰一行爲與數行爲問題之探討─以行政罰法施行後之實務見解爲中心，月旦法學雜誌，155期，2008年4月，16-22頁；呂月瑛，一事不二罰原則之研究，中正大學財經法律學研究所碩士論文，2006年7月，84-101頁。

行為所違反之法規數量，判斷其違法行為個數之後果，形成規避一行為不二罰原則之適用，似有商榷餘地。

(2)**以法規之「行政或處罰目的是否相同」作為是否一行為之判斷標準（可稱為「處罰之行政目的說」）：**

此一見解認為行政法上所謂「一事」或「一行為」，係以一項法律之一個行政目的或處罰目的為認定基礎，當法規之行政目的或處罰目的不同時，應構成不同之行為。最高行政法院95年判第908號判決、97年判第1024號判決等，均採此見解。

又如最高行政法院97年判第1024號判決（97.11.20）：「三者規範保護之法益、違反行政法上之義務各不相同，處罰之目的、違規構成要件亦不同，雖於貨物進口時應將進口稅、營業稅、貨物稅申報於同一紙進口報單上之不同稅目欄，上訴人未據實申報致「原申報貨物」與「實到貨物」不符，逃漏進口稅、營業稅、貨物稅，構成海關緝私條例第37條第1項第1、2款、加值型及非加值型營業稅法第51條第7款、貨物稅條例第32條第10款規定情事，仍係屬實質上之數行為違反數法條而處罰結果不一者，揆諸上開司法院解釋理由書意旨，自得併合處罰，並無違反一事不二罰之法理。……」。此一判決係將處罰目的與違規構成要件並列為判斷標準。

對此見解之疑問，誠如法務部96.11.21法律字第960037390號函指出者：一行為不二罰原則之適用，重點在於是否為「一行為」，法益、規範目的相同與否，與行為之個數何涉？其次，「處罰之行政目的說」究係何指，亦未有說明。復次，處罰之行政目的說與「管制目的說」有相同之問題，詳見下面(3)之批評。

(3)**以法規之「管制目的是否相同」作為是否一行為之判斷標準（可稱為「管制目的說」）：**

此一見解認為行政法上所謂「一事」或「一行為」，係以一項法律之一個行管制目的為認定基礎，當法規之管制目的不同時，應構成不同之行為。最高行政法院之92年判第665號判決、92年判第1290號判決、93年判第1309號判決、93年判第1694號判決等，均採此見解。

例如最高行政法院92年判第1290號判決（92.9.25）：「……行政法上所謂「一事」或「一行為」，係以一項法律之一個管制目的為認定基礎。因此，一事實行為分別違反不同法律之規定者，即非屬一事，或一行為，應分別處罰，除有法律明文規定免罰者外，尚無一事不二罰法理之適用。……」。

又如最高行政法院93年判第1309號判決（93.10.14）：「……行政法上所謂「一事」或「行為」，係以一項法律之一個管制目的為認定基礎。因此，分別違反變更使用及超過登記經營範圍之一事實行為，即非屬單純一事，或一行為，應分別處罰，無一事不二罰法理之適用。……」。

對此見解之疑問，首先，誠如法務部96.11.21法律字第960037390號函指出者：一行為不二罰原則之適用，重點在於是否為「一行為」，管制目的相同與否，與行為之個數

何涉？其次，「管制目的」究係指義務規定之目的，抑係指處罰規定之目的，未有說明，管制目的又作何解，亦未有說明。復次，倘以行為人所違反行政法規之行政目的或管制目的、處罰目的為判斷行為個數之標準時，由於不同法規有不同之行政目的、處罰目的或管制目的，必然會導致如下後果：按其違反之法規數目計算其行為個數。倘此說可以成立，則一行為不二法原則將完全失其意義。另外，有論者力斥「管制目的」論點之非：「果如上述終審判決所云，則行政罰上所謂「法規競合」、「想像競合」公認之法律概念即無存在餘地。至以管制目的，排除一事不二罰之適用，亦非正確。試問刑法保護之國家、社會及個人法益重要乎？抑行政目的重要乎？刑法尚採從重處斷之吸收主義，何以行政罰無適用之餘地。按現代國家公共政策之推行，主要依賴公民之合作意願，而非處罰手段，不得已而用之，擇其一已足，縱使視人如瓜果，「黃台之瓜，豈堪三折」！」[197]。

(4)以行為是否出於「同一意思決定」為判斷標準（可稱為「同一意思決定說」）：

此一見解認為行為人係基於概括意思為同一目的而實施行為者，或基於單一之意思決定而實施行為者，可認為是一行為。（最高）行政法院之24年判第71號判例、45年判第4號判例、84年判第1944號判決，最高行政法院96年裁第2682號裁定等，均採此見解。法務部96.11.7法律字第960035553號函亦傾向此一見解。

例如（最高）行政法院24年判第71號判例：「人民違反法令所定之義務，該管官署對之而科以一定之制裁，應以所發生之行為為標準。如其所為之數個行為，均係基於一個意思所發動，而無獨立之性質，則雖有目的與手段之不同，亦僅為組成違反義務行為之個別動作，仍應視為一個行為，……。」。

又如（最高）行政法院84年判第1944號判決（84.8.8）：「……違反稅法上義務的人，如基於單一的意思決定，為逃漏同一稅捐債務而先後為違反義務的行為，例如營業人銷售貨物，為逃漏營業稅之同一目的，而漏開發票，並進而短漏報銷售額短漏營業稅時，則其雖有數個對於法律上所要求之行為的不作為，但可謂係基於概括犯意為同一漏稅目的而實施，故在法律上應可評價為一個違法行為，僅應受單一處罰，即為已足……。」。

再如最高行政法院96年裁第2682號裁定（961115）：「……所謂「一事不二罰原則」，係指違法行為人之同一違法行為，其基於單一之決定，或自然意義之單一行為，違反數個法律，不得以同一事實或同一依據，給予兩次以上行政處罰。……」。

論者亦主張是否為一行為，主要應以「內在的意志決定之多寡」與「對外表露活動之數量」為判斷標準，概亦屬採此見解[198]。

---

197 吳庚，註2書，504頁（註35之1）。
198 洪家殷，註2書，145，236-238頁；蔡震榮等二人，註1書，355頁；以及陳敬宏，註191文，16頁。

對此見解之疑問，在於違法意思決定之時點應如何界定，並且在實務操作上欠缺客觀標準。另外，（最高）行政法院早在24年判第71號及45年判第4號二個判例即已確立「同一意思決定說」，二個判例有拘束通案之效力；然而其後最高行政法院之諸多判決不予遵從，豈非可怪；最高行政法院不遵從本身所創之判例，司法救濟自然治絲益棼。

2.論者有提出下述行為個數之判斷標準：「違反行政法上義務之行為是否為「一行為」，係個案判斷之問題，應必須就具體個案之事實情節，依據行為人主觀的犯意、構成要件之實現、受侵害法益及所侵害之法律效果，斟酌被違反行政法上義務條文之文義、立法意旨、制裁之意義、期待可能性與社會通念等因素綜合判斷決定之」[199]。法務部96.11.7法律字第960035553號函中，即明示採用此一見解（法務部同此釋示之釋函至少有五、六則，不一一俱引）。

此一見解四平八穩，似欲面面俱到。惟其所設標準多端，流於籠統，無助於實務之應用。復且**一行為之判斷，係屬「事實問題」**，而上開判斷要素中，除「行為人主觀的犯意」部分外，其餘均與事實問題無涉，而將之作為事實問題的一行為之判斷標準，在法理上實欠妥適。

3.衡酌上述所有實務與學理見解，本書認為**本法上「一行為」之判斷標準，首先，宜以「同一意思決定說」為「基本判斷標準」**。原則上，應以行為人之多數行止，在主觀上是否基於**「同一意思」**而實施，來判斷行為是否為「一行為」。「同一意思」係指構成行為中之多數行止是出於一個統一意思，而彼此間有「緊密之內在關聯」。

其次，由於事物本質、立法政策或行政技術上之考慮，行政法規規定在一定時間、空間或距離等，必須履行特定義務一次；易言之，**所定每一次應履行之義務，即是設定「一個」「法律上一行為」**。此類情形，即是**在實定法上，形成「法益數之認定」逆向影響「行為個數」**之判斷。例如交通管理處罰法規設定停車每二小時應繳費一次；如行為人違規停車七小時，原係一個行為，則須切割成「四個」「法律上一行為」。司法院大法官會議釋字第604號解釋（94.10.21），釋示違規停車之「一行為」，即以交通管理處罰法規所定「二小時」為一違規停車行為之判斷標準，即係出於法益保護及行政技術上之考慮，尚屬有據[200]。

經此實定法之安排，關於違法意思決定之時點應如何界定，以及在實務操作上欠缺客觀標準之疑問，即可適度解決。因此，**個別行政法規如有以一定時間、空間或距離**

---

199 洪家殷，註2書，145頁；以及林錫堯，註2書，51頁。
200 關於大法官會議第604號解釋，認為道路交通管理處罰條例有關「對於違規停車之行為得為連續認定」之規定，並無違憲，除有許玉秀、楊仁壽二位大法官提出不同意見書外，論者對解釋之見解批評甚多；可參見洪家殷，違規停車連續處罰相關問題之探討─以釋字第64號解釋為中心，月旦法學雜誌，129期，2006年2月，179頁以下；劉建宏，註190文，1頁以下等。

等設定特定義務之履行次數者，則即應以「同一意思決定說」為基礎（即仍以行為人原本即有基於「同一意思」而實施行為為前提），**再輔以如下之「輔助判斷標準」：以個別行政法規設定之「法律上一行為」之「行為個數」為準，以認定行為人之「各個獨立」之「一行為」。**

　　4.有關一行為之判斷標準之其他問題，說明如下：

　　(1)不作為亦可能違反數個行政法上義務（即違反作為義務），如何認定係一行為，其判斷不以不作為是否同一時間為準，而係視法規為防止不作為之發生而要求之作為是否同一（Gleichheit）而定。如單一之作為可防止多數不作為效果之發生，該不作為係一行為違反數個行政法上（作為）義務。如必須有多數作為始能完成多數義務，則通常可認其不作為構成數行為，違反數個行政法上（作為）義務，而不問其義務內容是否相同[201]。

　　(2)作為義務與不作為義務，分別屬不同義務。倘如某一事實狀態，同時由作為與不作為義務所構成，且分別該當於不同行政法規者，作為及不作為即不可視為一行為（例如商業登記係屬「作為義務」，建築物不可變更結構而使用係屬「不作為義務」；不辦理商業登記與改變建築物結構而使用，二者不會構成一行為）[202]。

　　(3)行為人行為之實施中，產生「作為」與「不作為」混雜之情形，而該行為之實施同時符合二個法律構成要件，產生相互重疊之情形，則應論為「一行為」（例如提出錯誤之資料以避免其應負之如實申報義務）。若無相互重疊或緊密關聯，而可分開評價，則屬於「數行為」（例如車輛不作檢驗，又違規超速）。

二、此二法條規定在營業稅與所得稅稽徵上租稅行政罰之適用

　　租稅行政罰係行政罰之下位概念，因此，本法第24條「一行為」之處罰（「一行為不二罰」原則及其他）及第25條「數行為」之處罰之規定，自亦適用於所有租稅法（包括營業稅法、所得稅法與稅捐稽徵法）所規定之租稅行政罰。

　　由上面一、所述可知，適用本法第24條及第25條時，其核心問題為「是否一行為」之判斷標準問題與「是否不二罰」之認定問題。**惟租稅法終究是獨立之法律領域，每種租稅各有其特性，是以租稅稽徵上租稅行政罰適用本法第24條及第25條規定時，關於「是否一行為」之判斷與「是否不二罰」之認定，除應立基於本法關於「行為個數」之判斷標準外，尚須進一步考慮租稅之特性。**將範圍限縮於營業稅與所得稅，對於營業稅與所得稅稽徵上租稅行政罰適用本法第24條及第25條規定時，自應有相同之考慮。以下即分述之（為獲得整體了解，以下所述不限於以營業稅法等三法上租稅行政罰為對象）。

201　林錫堯，註2書，57-58頁。
202　參見蔡震榮等二人，註1書，345頁。

㈠如上面一、㈤、3、所述，本法上「一行爲」之判斷標準，首先，宜以**「同一意思決定說」**爲**「基本判斷標準」**；而其同一意思決定之範圍劃分，應以單一生活事實行爲（指從事經濟活動之行爲）之**「同一性」**爲準而判定；亦即按照自然之觀點觀察，行爲人在主觀上係基於「同一意思」而實施者，其行爲屬於「一行爲」。茲舉最高行政法院94年6月份庭長法官聯席會議決議（94.6.21）爲例說明：「……本件行爲人並未改變建築物結構，僅有一未經許可擅將系爭建物變更營業而使用之行爲（如僅擺放電子遊戲機），而同時符合建築法第九十一條第一項第一款及商業登記法第三十三條第一項之處罰規定，應擇一從重處斷。」，此即是由自然之觀點觀察之，行爲人僅有一個「擺放電子遊戲機而營業」之行爲。此一決議雖非針對租稅行政罰而作，然而仍可作爲租稅行政罰案件中判定「是否一行爲」之參考。

其次，個別行政法規如有以一定時間、空間或距離等設定特定義務之履行次數者，則即應以「同一意思決定說」爲基礎（即仍以行爲人原本即有基於「同一意思」而實施行爲爲前提），再輔以如下之**「輔助判斷標準」**：以個別行政法規設定之「法律上一行爲」之「行爲個數」爲準，以認定行爲人之「各個獨立」之「一行爲」。此二判斷標準，於所有租稅法（包括營業稅法、所得稅法與稅捐稽徵法）所規定之租稅行政罰上一行爲之判斷，自同有其適用。惟關於**輔助判斷標準**，既然是以個別行政法規設定之法律上一行爲之行爲個數爲準，以認定行爲人之各個獨立之一行爲，則應考察租稅法係如何依照每種租稅之特性以設定各個繳納義務與各個行爲義務，亦即如何設定租稅法上各個「法律上一行爲」。

㈡我國現行租稅法所規定之各種義務，相對於其他行政法領域，概有三個特點，第一個特點暨其與「行爲個數」判斷及併罰與否之關係，先在此說明。至於第二個與第三個特點暨其與「行爲個數」判斷及併罰與否之關係，則分別於下面㈢與㈣說明之。

我國之租稅制度係採**「複合稅制」**，即租稅之立法政策係分別選擇「財產」、「所得」（即「財產之增加」）與「消費等行爲」三類具有納稅能力之經濟財，再進一步基於國庫調度、稽徵方式及技術等之考慮，而細分爲各種租稅，定期或非定期（隨機）徵收。基於**「租稅法定原則」**之要求，每種租稅分別訂定各個稅法，作爲稽徵之法律依據。在複合稅制之租稅立法政策下，每種租稅代表國家或地方自治團體之一種**「整體法益」**，各個稅法各自設定相應之稅捐繳納義務與行爲義務，自屬當然。對於各個稅法所規定之行政罰，其整體目的即在於欲保護該種租稅之整體法益。

因此，租稅法所規定之各種義務，其**第一個特點**即爲：作爲每種租稅稽徵依據之每部稅法，各自設定其自有之稅捐繳納義務與行爲義務。從而一行爲同時違反或不履行二個以上不同租稅法上之義務者，在**「同一意思決定說」**之基本判斷標準下，面對每種租稅分別訂定各個稅法之法制度設計，所謂同一意思決定之範圍劃分，應以違反個別稅法規定之繳納義務或行爲義務作爲計算「行爲個數」之基準；如一部稅法中又有不同種

類之稅捐（例如所得稅法中有「結算申報之綜合所得稅」、「結算申報之營利事業所得稅」與「扣繳所得稅」三種），則應以違反不同種類之稅捐繳納義務作為計算「行為個數」之基準。因此，**違反或不履行繳納義務或行為義務之意思，係針對不同種類之稅捐者，應認為非屬同一行為**[203]。因此，在此層次之租稅行政罰，行為係違反何一稅法規定之納稅義務或行為義務，對於「行為個數」之認定，極關重要。

實務上，對於行為違反不同稅法所規定之納稅義務或行為義務者，蓋均認定屬「數行為」，而予分別處罰（如係罰鍰之處罰，其裁處之金額可能合併計算）；而以目前而論，其法律依據自係本法第25條。下述財政部二則釋函堪為財稅機關見解之代表（惟釋函中均未說明理由，無從知悉其理據）：

85.12.19台財稅第851923829號函「主旨：營業人未辦理營業登記，擅自經營電動玩具遊樂場，且未依規定辦理代徵報繳娛樂稅手續，既已同時觸犯營業稅法第45條及娛樂稅法第12條之規定，尚無擇一從重處罰之適用。」。

92.3.10.台財稅第910457523號函：「××公司因銷售貨物收取違約金及手續費等，未依法開立統一發票，經按所漏營業稅額核處3倍之罰鍰，嗣因該公司累積留抵稅額大於所漏稅額，所漏稅額為0，改按稅捐稽徵法第44條規定處5%罰鍰，如該案同時涉及所得稅法第110條第1項規定者，應予以併罰，尚無擇一從重處罰之適用。」（其後財政部以此函係屬個案當然核示，乃予廢止）。

另外，最高行政法院之見解亦與財稅機關見解相同，下述二個判決堪為其見解之代表（惟判決中均未說明理由，無從知悉其理據）：

91年判第1978號（91.10.31）：「……況縱再審原告另有依營業稅法第五十一條規定科處罰鍰之情事，亦因再審原告違反營業稅法第五十一條第一款及所得稅法第一百十條第一項之構成要件不同，應屬實質數行為，依司法院釋字第五○三號解釋意旨，再審原告仍得併合處罰，此為本院最近之見解，……。」。

94年判第00504號（94.4.7）：「……按營利事業所得稅與營業稅分屬不同之稅目，其違章處罰之行為及構成要件各有不同，法律規定不同之處罰，係為達不同之行政目的所必要，並無重複處罰之問題，……。」。

㈢如上面㈡所述，基於國庫調度、稽徵方式及技術等之考慮，各個稅法明定稅捐定期或隨機徵收。因此，租稅法所規定之各種義務，其**第二個特點**即為：作為每種租稅徵收依據之每部稅法，各自設定其自有之繳納義務之週期或次數與行為義務之週期或次數。詳言之：

首先，**在稅捐繳納義務方面**，採定期課徵之「**週期稅**」（有營業稅、所得稅、貨物

203 參見黃士洲，論租稅秩序罰之併罰－行為數界定方式、租稅行為罰與漏稅罰之併罰，財稅研究，34卷2期，2002年3月，34-35頁；以及黃茂榮，稅法總論－稅捐法律關係（第三冊），2版，2008年2月，727頁（註16）。

稅、菸酒稅、地價稅、房屋稅、使用牌照稅、娛樂稅等），原則上係規定應「定期」履行繳納義務；採非定期課徵（或稱隨機課徵）之**「非週期稅」**（或稱**「機會稅」**，有遺產稅、贈與稅、契稅、土地增值稅、證券交易稅、期貨交易稅、關稅等），係規定「發生課稅事實而與課稅構成要件合致時」始應履行繳納義務。

其次，**在行為義務方面**，**「週期稅」**稽徵上有規定應「定期」履行行為義務者（例如所得稅之扣繳義務人應定期履行填報所得扣繳憑單之行為義務），亦有規定「於稽徵機關依法要求為一定行為時」始應履行行為義務者（例如稽徵機關依所得稅法第83條第2項規定通知納稅義務人提示帳簿文據）。**「非週期稅」**稽徵上則通常規定「於稽徵機關依法要求為一定行為時」始應履行行為義務。

因此，一行為違反或不履行同一租稅法上之納稅義務或行為義務者，在**「同一意思決定說」**之基本判斷標準下，面對「週期稅」與「非週期稅」稽徵上之繳納義務與行為義務，所謂同一意思決定之範圍劃分，應以違反週期稅繳納義務之「納稅期間數」，或違反非週期稅納稅義務之「應履行次數」，或違反行為義務之「應履行次數」，作為計算「行為個數」之基準。因此，**違反或不履行繳納義務或行為義務之意思，係針對（週期稅）不同納稅期間之稅捐者，或針對（非週期稅）不同之應納稅次數者，或針對不同之應行為次數者，應認為非屬同一行為**[204]。

在此層次之租稅行政罰，行為係違反（週期稅）何一期間之繳納義務或行為義務，或違反（非週期稅）何次繳納義務，或違反何次行為義務，對於**「行為個數」**之認定，相當重要。

實務上，對於行為違反（週期稅）不同課稅期間之繳納義務或行為義務，或違反（非週期稅）之不同次繳納義務，**或違反不同次之行為義務者，蓋均認定屬「數行為」，而予分別處罰**（如係罰鍰之處罰，其可能合為一次之裁處，而將裁處之金額合併計算）；而以目前而論，其法律依據自係本法第25條。

又在實務上，稽徵機關之裁處書通常並不特別說明行為人之「行為個數」，然而均會指明行為人違反（週期稅）何一期間或涵蓋數個課稅期間之某段期間之繳納義務或行為義務，或指明何時違反（非週期稅）繳納義務，或何時違反行為義務；如此方式之陳述，乃使行為人之「行為個數」，隱而不顯。最高行政法院之判決，對此陳述方式向無異辭，視為理所當然。此類判決，不勝枚舉，以下摘引二則判決，以為代表。

96年度判字第01195號判決（96.7.5）：「……上訴人對不同年度「可扣抵稅額」科目餘額之申報義務各自獨立，如有違反，乃是不同之違章行為，並無一事不二罰之議題存在，……。」。

97年度判字第1112號判決（97.12.11）：「……被上訴人……於民國（下同）87年2月至88年6月間，無進銷貨事實，卻開立統一發票予……等公司，銷售額達新臺幣（下

---

204 參見黃士洲，註203文，35頁。

同）134,144,200元，並申報銷貨退回金額計78,845,000元，另取得……等公司虛開之統一發票金額達351,541,744元，並申報進貨退出金額計284,124,420元，致虛報進項稅額605,906元。上訴人初查據以核定補徵營業稅額605,906元，並分別按所漏稅額422,251元及183,656元處3倍及7倍之罰鍰，合計2, 552,300元（計至百元止）。……」。本案例係營業人在87年2月至88年6月間有虛報進項稅額，以致短報營業稅，其行為個數計有九個（營業稅之課稅期間為二個月，故87年2月至12月計有六個行為，88年1月至6月計有三個行為）。原裁處罰鍰之稽徵機關並未指明行為人之行為個數，且將九個行為合為一次之裁罰，而裁處之罰鍰金額則合併計算為一個金額。驟然視之，似為對「一個」營業稅漏稅行為之處罰，其實是對「九個」營業稅漏稅行為之處罰。稽徵機關對於違序行為以此方式陳述，乃使「行為個數」隱而不顯。

　　(四)租稅法所規定之各種義務，其**第三個特點**為：有「行為義務」與「繳納義務」之分，相應而有「行為罰」與「漏稅罰」之分；而同一稅法中均是「行為罰」與「漏稅罰」並存（應予說明者為，稅捐稽徵法中僅有「行為罰」，而由於稅捐稽徵法適用於各內地稅之稅目，故其行為罰應視其係違反何一稅法上之行為義務，而論為係該稅法中之行為罰）。

　　在此層次之租稅行政罰，其問題之重點在於：行為人之行為如經判定係「一行為」，如何判定其係同時違反同一稅法之（一個或多個）行為義務與（一個或多個）繳納義務。

　　應先說明者，租稅行政罰之前提是租稅法上義務之存在，而該租稅法上義務之違反，成為租稅行政罰之構成要件。關於「是否同時違反同一稅法之（一個或多個）行為罰與（一個或多個）漏稅罰規定」之判定問題，其判斷應如下進行：**經審查該「一行為」與不同處罰規定之構成要件均相合致，而不同處罰規定所擬保護者為不同之法益或所欲達成之目的不同者，即形成「一行為違反數個租稅法上義務而有不同處罰規定」，構成「想像競合」。**

　　茲以下述二個（最高）行政法院庭長評事聯席會議決議為例，說明**「一行為違反數個租稅法上義務」**之認定：

　　84年3月份庭長評事聯席會議決議（84.3.8）「營業稅法第四十五條前段之規定屬行為罰，同法第五十一條第一款之規定乃漏稅罰，兩者處罰之條件固不盡相同，惟均以「未依規定申報營業登記而營業」為違規構成要件，第四十五條係就未達漏稅階段之違規為處罰，第五十一條第一款則係對已達漏稅階段之違規為處罰，祇依第五十一條第一款處罰鍰已足達成行政上之目的，毋庸二者併罰。」。此係行為人有「未辦營業登記而營業」之事實，既違反營業登記義務（行為義務）而應依營業稅法第45條前段之規定處罰（行為罰），同時又違反報繳營業稅義務（繳納義務）而應依同法第51條第1款之規定處罰（漏稅罰）；然而此二處罰規定所擬保護者為不同之法益或所欲達成之目的不同。由於確認二個處罰規定均以「未依規定申報營業登記而營業」為構成要件（惟此

一決議則未指出：此二處罰規定所擬保護者為不同之法益或所欲達成之目的不同）；因此，「未辦營業登記而營業」之行為係「一行為同時違反二個營業稅法上義務」。決議中末段所謂「處罰鍰已足達成行政上之目的」，應解為：罰鍰係以「剝奪財產權」為處罰目的，而不同處罰規定均以罰鍰為處罰手段，是以「從一重處罰」即可達成剝奪財產權之處罰目的之意。

84年9月份第1次庭長評事聯席會議決議（84.9.13）：「稅捐稽徵法第四十四條規定係屬行為罰，營業稅法第五十一條第三款及第五款之規定係屬漏稅罰。兩者處罰之條件固不盡相同，惟稅捐稽徵法第四十四條與營業稅法第五十一條第三款之情形，通常以『漏開或短開統一發票』致生短報或漏報銷售額之結果，又稅捐稽徵法第四十四條與營業稅法第五十一條第五款之情形，亦皆以『應自他人取得統一發票而未取得』致以不實發票生虛報進項稅額之結果，稅捐稽徵法第四十四條係就未達漏稅階段之違規為處罰，營業稅法第五十一條第三款或第五款則係對已達漏稅階段之違規為處罰，祇依營業稅法第五十一條第三款或第五款規定處罰鍰已足達成行政上之目的，勿庸二者併罰。」此一決議亦係確認「一行為與不同處罰規定之構成要件均相合致」（惟此一決議則未指出：此二處罰規定所擬保護者為不同之法益或所欲達成之目的不同）；因此，「漏開或短開統一發票」之行為係「一行為同時違反二個營業稅法上義務」；「應自他人取得統一發票而未取得」之行為亦係「一行為同時違反二個營業稅法上義務」（注意在此情形稅捐稽徵法第44條規定之行為罰，係因違反營業稅法上行為義務（即營業稅法上「銷貨應開立統一發票」與「進貨應取得統一發票」之義務），故其性質係屬營業稅法上之行為罰）。

財政部依照（最高）行政法院庭長評事聯席會議決議，而發布85.4.26台財稅第851903313號函，規定若干情形適用「一行為不二罰」原則（惟其中係引用84年5月份第2次庭長評事聯席會議決議（84.5.10）、84年9月份第2次庭長評事聯席會議決議（84.9.20），似均有不符）。此一釋函之內容，於下面本書第二篇第四章再詳予討論說明。

反之，下面摘引之行政法院判決與財政部行政解釋，可以說明**「數行為違反數個租稅法上義務」**之認定：

（最高）行政法院85年判第378號判決（85.2.15）「……再按稅捐稽徵法第四十四條係對營利事業依法規定應給與他人憑證而未給與者所處之行為罰，營業稅法第五十一條第一款係對未依規定申請營業登記而營業就其漏稅所處之漏稅罰，二者之立法目的及處罰條件各不相同，不生法條競合之關係，參照司法院釋字第三五六號解釋，被告分別予以處罰，要無不合。……」。此一見解即係以「銷貨未給予憑證」之行為罰規定與「未申請登記而營業逃漏營業稅」之漏稅罰規定，二者構成要件各不相同，應屬「二個行為同時違反二個營業稅法上義務」。關於此一見解，其後之（最高）行政法院85年4月庭長評事聯席會議決議（85.4.17）以及最高行政法院91年6月份庭長法官聯席會議決

議（91.6.24），均予以支持（其後相同事實之案件，概均爲相同見解之判決）。

　　財政部85.6.19台財稅第850290814號函釋示：「關於營業人進貨未依規定取得進貨憑證，並於銷貨時漏開統一發票之漏進漏銷案件，其銷貨漏開統一發票，同時觸犯稅捐稽徵法第44條及營業稅法第51條第3款規定部分，應依本部85/04/26台財稅第851903313號函釋採擇一從重處罰。至其進貨未依規定取得進貨憑證部分，仍應依稅捐稽徵法第44條規定處罰。」。此一釋函以行爲人同時有「進貨未取得憑證」與「銷貨未給予憑證」之行爲（姑且不論逃漏營業稅之行爲部分），應依稅捐稽徵法第44條規定分別處罰（此係因進貨未取得憑證之處罰與銷貨未給予憑證之處罰，合併規定於稅捐稽徵法第44條中之故），然而未說明何以應分別處罰。論者指出其故在於「二個處罰規定之構成要件不同」，係屬「二個行爲同時違反二個營業稅法上義務」[205]；然而此一見解似有待商榷，蓋「二個處罰規定之構成要件不同」，仍可能成立想像競合之故。

　　㈤上面㈣中段所述之**「一行為違反數個租稅法上義務」**，即法理上之**「想像競合」**。在此情形，依照本法第24條規定，處罰種類僅係罰鍰者，應適用其第1項規定，即擇一從重處罰（所摘引之實務見解，即係如此處理）。如處罰種類除罰鍰外，尚有其他種類之處罰者，應適用其第2項規定，即得併予裁罰。例如營業稅法第51條規定有二種處罰：罰鍰與停止營業，則即得二者併罰。又如對重大逃漏稅捐案件已裁處漏稅罰，經確定後，依據稅捐稽徵法第34條第1項規定，得再裁處「公告其逃漏稅捐人姓名或名稱與內容」之處罰，即是得二者併罰。

　　上面㈣後段所述之**「數行為違反數個租稅法上義務」**，應適用本法第25條「分別處罰」之規定（所摘引之實務見解，即係如此處理）。

　　㈥如何認定租稅法上之違序行爲之「行爲個數」，在本法施行前後，迄無一般性之認定準則。上面㈠至㈣由解析本法之「行爲個數」之概念解析入手，並充分考慮租稅法之特性（其實是租稅之特性），嘗試構建租稅法上違序的「一行爲」之判斷標準，獲得之結論如下：

　　在**「同一意思決定說」**基本判斷標準下，應再益以如下之輔助判斷標準：違序行爲之「行爲個數」應先經**第一層次**及**第二層次**之判定，即**「其違序行為係違反何一稅法或何一種類稅捐繳納義務」**，以及**「其違序行為係違反週期性或非週期性之義務」**。通常此二層次之判斷並無困難，惟仍應予以辨明。經依上述第一層次及第二層次之判斷，行爲人之行爲經判定係「一行爲」者，如經查明該**「一行為」與不同處罰規定之構成要件均相合致，而處罰規定所擬保護者為不同之法益或所欲達成之目的不同者，即形成「一行為違反數個租稅法上義務」**；否則即應論爲數行爲，而形成「數行為違反數個租稅法上義務」。最後之判斷較爲困難，主要係因涉及不同處罰規定「所擬保護

205 洪家殷，對營業人漏進、漏銷及逃漏營業稅之處罰－行政法院八十九年度判字第三六四號判決及司法院大法官釋字第五○三號解釋評釋，台灣本土法學，2001年4月，36頁。

之法益」或「所欲達成之目的」之判斷或認定，並非清晰了然，甚至見仁見智，事所常見。

以上㈠至㈥係就營業稅法等三法之租稅行政罰規定，涉及應否及如何適用「一行為不二罰」原則者，做一**總括性之探討說明**。至於營業稅法等三法之**各個租稅行政罰規定成立想像競合**時，其涉及如何適用「一行為不二罰」原則者，因其關係交錯，問題複雜，故另於後面本書第三篇第四章、貳、詳予探討說明，此處略之。

㈦營業稅法等三法之處罰規定中，亦存有**「法規競合」**，其與「想像競合」似同而實異，不可混淆。

關於營業稅法等三法之處罰規定之法規競合，其時處罰規定如何適用，另於後面本書第三篇第四章、壹、解析說明，此處略之。

㈧學理上之**「不罰之前行為」**（Straflose Vortat）及**「不罰之後行為」**（Straflose Nachrtat），在租稅行政罰上同樣可能存在；即在租稅行政罰規範評價上，存在下述情形：行為人之數行為實現數個租稅行政罰之構成要件，其中一個行為會涵蓋另一個不同的「前行為」之違序內涵及罰責，或涵蓋另一個不同的「後行為」之違序內涵及罰責，而發生排斥前行為之處罰規定，或排斥後行為之處罰規定之現象。稅法上對此亦無明文，而實務見解則頗為隱晦不明，論者亦罕有論及，是以尚有待作學理之探討，同時待實務之發展以驗證之。

關於於營業稅法等三法規定之違序行為，其不罰之前行為及不罰之後行為之概念，以及其具體之事例之說明，另於後面本書第三篇第四章、參、詳予探討說明，此處略之。

貳、刑事罰與行政罰競合之處理

行政罰法第26條：「（第1項）一行為同時觸犯刑事法律及違反行政法上義務規定者，依刑事法律處罰之。但其行為應處以其他種類行政罰或得沒入之物而未經法院宣告沒收者，亦得裁處之。（第2項）前項行為如經不起訴處分或為無罪、免訴、不受理、不付審理之裁判確定者，得依違反行政法上義務規定裁處之。」。此係揭示「一行為不二罰原則」之第二個規定，作為「刑事罰與行政罰」間一行為不二罰之規範。

一、條文說明解析

㈠本條規定**「同一行為人」**之**「一行為」**同時觸犯刑事法律及違反行政法上義務規定時，應如何處罰，亦涉及**「一行為不二罰」**原則。本條明定**「刑事罰優先原則」**與**「行政罰補充原則」**（參見法務部95.2.9法律字第940049063號書函）。倘非一行為，而係「數行為」分別該當刑事法律及行政法規之構成要件者，或行政罰懲罰之行為係犯罪以外之另一獨立行為，雖屬同一行為人所為，仍應分別處罰之，而無一行為不二罰原則、刑事罰優先原則之適用（參見法務部95.5.30法律字第950012081號書函）。

本條規定係處理「**刑事罰與行政罰之競合**」問題。析言之，本條規定內容有三：首先，規定刑事責任和行政法上責任「想像競合」時，刑事罰優先，惟係刑事罰吸收「罰鍰」。其次，規定沒入或其他種類行政罰與刑事罰「想像競合」時，沒入或其他種類行政罰可另行裁處之。第三，規定刑事責任及行政法上責任「想像競合犯」，刑事責任不成立或未受罰時，行政罰之裁處。

倘如組織之同一行為同時構成刑事罰與行政罰規定之處罰要件，而**法律規定刑事罰與行政罰之受罰主體不同**（如刑事罰之受罰主體明定為組織之負責人，行政罰之受罰主體明定為組織），即無本條所揭同一人不能以同一行為而受二次以上處罰之「一行為不二罰」原則之適用，**仍應依各該規定分別處罰之**。

(二)**本條第1項規定內容之說明解析：**

1.首應說明者，本項條文中之「一行為」，其概念與判斷標準，應與本法第24條所規定之一行為相同，其詳參見上面本章、壹、一、(一)，不再複述。

2.由於立法意旨係採「**刑事罰優先**」，故行為人之一行為同時觸犯刑事法律及違反行政法上義務規定者，應先進行刑事訴訟程序。

關於行政機關適用本項規定時之處理程序，依本法第32條第1項規定：「一行為同時觸犯刑事法律及違反行政法上義務規定者，應將涉及刑事部分移送該管司法機關。」。相關之法務部解釋如下：

(1)95.1.18法律字第950000798號函：「……按刑事訴訟法第241條規定：「公務員因執行職務知有犯罪嫌疑者，應為告發。」第228條第1項規定：「檢察官因告訴、告發、自首或其他情事知有犯罪嫌疑者，應即開始偵查。」檢察官依同法第251條規定，於偵查所得之證據，足認被告有犯罪嫌疑者，應提起公訴。雖檢察官依同法第252條、第253條可為不起訴或第253條之1規定為緩起訴之處分，惟均應經偵查程序終結後，審酌偵查結果所為之決定，綜觀刑事訴訟法並未賦予檢察官對於已有犯罪嫌疑者，可免於發動偵查之權限。上開刑事訴訟法及本法第26條之明文規定，在無其他法律有特別規定排除並具體明確之授權下，各行政機關訂定之微罪不移送刑事偵查之相關規定，恐與法律優位原則有違。」。

(2)95.2.9法律字第940049063號書函：「……該規定（指第26條第1項）係以「一行為同時觸犯刑事法律及違反行政法上義務規定」為要件，其重點在於「一行為」符合犯罪構成要件與行政罰構成要件時，使行政罰成為刑罰之補充，只要該行為之全部或一部構成犯罪行為之全部或一部，即有刑罰優先原則之適用，規範目的是否相同，在所不問。……」。

(3)96.2.12法律字第960003606號函：「……復按上開規定（指第26條第1項）舉凡於違反行政法上義務之「一行為」之「全部」或「一部」同時構成犯罪行為之全部或一部時，原則上即有其適用，……。另由於現行行政法規甚多，行政機關將一行為同時觸犯刑事法律及違反行政法上義務規定之案件移送司法機關時，為使司法機關知悉此一案件

同時違反其他行政法上相關義務規定，如未受刑事處罰時，應依本法第32條第2項規定通知原移送行政機關，由行政機關依本法第26條第2項規定裁處，……。」。

3.對於刑事罰與行政罰之競合，罰鍰、沒入與其他種類行政罰分別依下述處理：

(1)**「罰鍰」**部分係採**「吸收制」**，亦即**刑事罰吸收罰鍰**；因此，進行刑事訴訟程序後，一經刑事罰確定，即不得再處以罰鍰。

惟如行政法規有刑事罰與行政罰之罰鍰分別處罰之明文者（例如廢棄物清理法第64條規定），則其即係本項之特別規定，應優先適用。法務部95.5.16法律決字第950700373號函則謂：「說明：……二、來函所詢疑義，業經本部召開行政罰法諮詢小組第4次會議研商在案，……前揭會議獲致結論略以：(一)行政罰法第26條揭示之……刑事程序優先原則是否為憲法原則；或一般法律適用原則；或僅係法律規定之原則，學說容有不同見解，惟如其他特別行政法律欲以立法……排除刑事程序優先原則之適用，必須在符合比例原則、正當法律程序原則等憲法及行政法一般原則下，始得為之。(二)廢棄物清理法第64因係行政罰法公布施行前之舊立法例，是否可解釋為係行政罰法第26條之特別規定？能否排除一行為不二罰之適用？如認該規定係行政罰法第26條之特別規定，是否合乎憲法原則；或是一般法律原則，宜由主管機關依上開結論(一)，本於職權審慎解釋，如有必要亦應檢討修正。……」，似有依違兩可之嫌。

另應注意者，諸如兒童及少年福利法第67條規定：「依本法應受處罰者，除依本法處罰外，其有犯罪嫌疑者，應移送司法機關處理。」，目前不乏類此規定者（如醫療法第106條等），應解為僅在提示告發移送義務，尚難認為係分別處罰之特別規定，從而仍應依本項規定，優先適用刑事罰處罰。

(2)對於依行政法規規定得**「沒入」**之物，而未經法院宣告**「沒收」**者，行政機關得另為**「沒入」**之裁罰。易言之，對於行政罰之**「沒入」**，亦係採**「吸收制」**，即**刑事罰之「沒收」吸收行政罰之「沒入」**；因此，一經刑事罰之沒收確定，即不得再處以沒入。行政機關則必須等到法院之判決未宣告沒收時，方得裁處沒入。

對禁止輸入之檢疫物或有害物於法院裁判沒收前，或主管機關裁處沒入前，主管機關得先予以扣留或毀棄，以避免發生危植物疾病流行之情事（法務部94.9.6法律字第940033309號書函）。又如屬本法第36條之得沒入之物，即得扣留，並非須裁處沒入始得扣留。惟除該扣留物顯不符刑法38條規定而法院絕無可能宣告沒收外，未經法院宣告沒收前，仍不得先行裁處沒入，以符合正當法律程序（參見法務部94.10.17法律字第940034386號函）。

(3)對於依行政法規規定應處以**「其他種類之行政罰」**者，行政機關得另為其他種類行政罰之裁罰，亦即採**「併罰制」**。此係因其他種類之行政罰並非刑罰所能涵蓋或替代，故行政機關可不待法院判決，即為裁處，以達行政目的（參見法務部95.7.6法律字第950017001號函）。

4.一行為觸犯刑事法律及違反行政法上義務，固應先進行刑事訴訟程序，惟行政

法規規定**非行政罰性質之其他處理或處置**，自無本條規定之適用；因其非刑罰所能涵蓋或替代，**行政機關得不待法院裁判，即為處理**（法務部95.7.6法律字第950017001號函，95.12.27法律字第950044982號函）。

　　另外，一行為觸犯刑事法律及違反行政法上義務，已依刑事法律處罰，雖未處以行政罰，其效果應已涵蓋於刑事罰中；故如行政罰之處罰規定，繼處罰之後設有**其他後續效果規定**（如強制拆除、恢復原狀等），當可視同已處罰而繼續適用（法務部95.5.30法律字第950012081號書函）。

　　5.就維護社會秩序之功能言，刑事罰顯然為主要手段，行政罰相對於刑事罰僅具有補充性，故本條乃採刑罰優先原則，此係以行政犯與刑事犯之區別為**「量之區別」**之理論為基礎。如嚴格貫徹**「量之區別說」**，在實務上可能出現輕重極端失衡之情事。例如某君未經許可盜採土石，主管機關依刑法第320條移送司法機關偵辦（如依土石採取法第36條規定，則可裁處一百萬元罰鍰）。倘如法院判決成立竊佔罪，科罰金五千元，此時依行政罰法法第26條規定，必須由五千元之**罰金**吸收同屬剝奪財產權之一百萬元之**罰鍰**，其中之輕重失衡，至為顯然，且有架空行政罰之虞。因此，對於若干例外情形，未來似宜在本法增訂條款，規定行政罰優先處理，排除刑事罰優先之適用。

　　(三)第2項規定內容之說明解析：

　　行為人之一行為同時觸犯刑事法律及違反行政法上義務規定者，經先進行刑事訴訟程序，如**檢察官不起訴處分確定**，或經**法院為無罪、免訴、不受理、不付審理之裁判確定者**，行政機關仍得另因其違反行政法上義務，依行政法規規定裁處「罰鍰」及「沒入」。在此之前，行政機關應停止裁處罰鍰（法務部95.5.10法律字第950700277號函，95.12.19法律字第950700927號函）。如法規有處以「其他種類行政罰」之規定，而行政機關尚未裁處，則在此情形，自亦可裁處其他種類行政罰。

　　關於檢察官不起訴處分是否包括**「緩起訴處分」**在內而有本項規定之適用，論者見解不一。法務部95.2.10.法律字第950000533號函則釋示：「……上開所稱「不起訴處分」者，是否包括「緩起訴處分」在內，業經94年7月28日本部行政罰法諮詢小組第1次會議決議略以：「緩起訴者乃附條件的不起訴處分，亦即是不起訴的一種，因此，刑事案件經檢察官為緩起訴處分確定後，宜視同不起訴處分確定，依行政罰法第26條第2項規定，得依違反行政法上義務規定裁處之。……」。又同部96.2.16法律決字第960005671號函再釋示：「……嗣因實務有不同見解，本部爰於95年12月22日就上開議題再提經諮詢小組第5次會議討論，其結論並未變更第1次會議結論，是本部95年2月10日法律字第0950000533號函仍予維持。……」。

　　上開法務部95.2.10.法律字第950000533號函並釋示：「……緩起訴處分書製作並送達後，倘告訴人或被告未於法定期間內聲請再議，或原檢察官未依職權逕送再議，或再議為無理由而遭駁回者，該緩起訴處分即為確定；……是故，一行為構成刑事罰部分如經檢察官為緩起訴處分確定者，行政機關即得就違反行政法上義務部分科處罰鍰，非謂

須待緩起訴期間屆滿始得為之。……」。所謂「緩起訴處分確定」，應指緩起訴處分發生形式上確定力。詳言之，如發生聲請再議或交付審判之情形，應至再議或交付審判被駁回後；如無聲請再議，則經7日後（參見刑事訴訟法第256條第1項），發生緩起訴處分形式上確定力，次日即為行政機關得裁處行政罰之開始時點[206]。

惟96.3.20台北地方法院96年度交聲字第106號判決則認為：「……應受行政罰之行為，就行政罰鍰部分，於緩起訴處分尚未實質確定（即緩起訴尚未經過猶豫期間）時，不得逕為與刑罰相類之行政罰鍰處分。」。由於「猶豫期間」長達一至三年（參見刑事訴訟法第253條之1第1項），如依台北地方法院之見解，可能造成已逾裁罰期間以致無法裁處行政罰之情形，是則司法見解亟須統一，以免實務處理上所適從。

此外，法院為「**有罪判決之緩刑宣告**」，因緩刑期滿，該刑之宣告雖失其效力，惟行為人之行為仍屬有罪，其行為仍已受國家處罰，自不宜再行通知行政機關加以處罰[207]。

二、本條規定在營業稅與所得稅稽徵上租稅行政罰之適用

㈠租稅行政罰係行政罰之下位概念，因此，本條對於「一行為同時觸犯刑事法律及違反行政法上義務規定」，依「刑事罰優先原則」與「行政罰補充原則」處理之規定，自亦適用於所有租稅法（包括營業稅法、所得稅法與稅捐稽徵法）所規定之租稅行政罰。

行為人之一行為同時觸犯刑事法律及違反租稅法上義務規定，其刑事法律應包括「刑法中之刑事罰規定」（例如偽造變造統一發票逃稅，即觸犯刑法第210條規定之偽造變造私文書罪）及「租稅法中之刑事罰規定」。在營業稅與所得稅稽徵上，**營業稅法並無刑事罰規定。所得稅法第119條第1項及第4項有刑事罰規定。稅捐稽徵法第41條至第43條以及第47條有刑事罰規定，依其第1條規定，自得適用於營業稅與所得稅案件。**

所得稅法與稅捐稽徵法之各該刑事罰規定，其有無可能與營業稅法等三法上之租稅行政罰發生想像競合，斯時又應如何適用本法第26條規定，有待解析說明，以下即分述之。

㈡所得稅法第119條第1項規定：「稽徵機關人員對於納稅義務人之所得額、納稅額及其證明關係文據以及其他方面之陳述與文件，除對有關人員及機構外，應絕對保守秘密，違者經主管長官查實或於受害人告發經查實後，應予以嚴厲懲處，觸犯刑法者，並應移送法院論罪。」。

本項規定中之「觸犯刑法者，並應移送法院論罪」，係刑事罰；又「懲處」，其性

206 參見謝友仁，逃稅緩起訴與行政罰有待釐清，稅務旬刊，2028期，2008年1月，21頁。
207 蔡震榮等二人，註1書，413頁。李惠宗見解相反，認為仍應處以行政罰（見李惠宗，註3書，1287頁）。

質係行政罰（參見本篇第一章、壹、二、㈣、4、之說明）；**故本項係刑事罰與租稅行政罰**（係「**行為罰**」，因未涉及漏稅之故）**併列而競合**。

依本項規定，稽徵機關人員或係觸犯刑法第132條規定之「**洩漏國防以外之秘密罪**」，或係觸犯第318條規定之「**洩漏職務上工商秘密罪**」等。至於主管長官對稽徵機關人員之懲處（行政罰），本條並未明定處罰種類。故而：

1.主管長官對稽徵機關人員之懲處（租稅行政罰），**其處罰種類如係屬罰鍰**，稽徵機關應依本法第26條第1項前段與第32條規定，先行移送檢察處偵辦刑事責任。

2.經進行刑事訴訟程序，如檢察官不起訴處分、緩起訴處分確定，或經法院為無罪、免訴、不受理、不付審理之裁判確定，主管長官即得裁處罰鍰。

3.主管長官對稽徵機關人員之懲處（租稅行政罰），**其處罰種類如非屬罰鍰**，則得逕行裁罰。

4.刑法第12條第2項規定：「過失行為之處罰，以有特別規定者為限。」。因過失行為而觸犯「洩漏國防以外之秘密罪」者，刑法第132條第2項即有處罰之明文。除此之外，稽徵機關人員因過失行為而觸犯之其他罪名，如無處罰過失行為之明文，則不得訴究其刑事責任。從而主管長官對稽徵機關人員之懲處（租稅行政罰），**其處罰種類如係罰鍰**，即得逕行裁罰；蓋依本法第7條第1項規定，行政罰得處罰過失行為。

㈢所得稅法第119條第4項規定：「政府機關人員對稽徵機關所提供第一項之資料，如有洩漏情事，比照同項對稽徵機關人員洩漏秘密之處分議處。」。

本項規定政府機關人員「比照同項對稽徵機關人員洩漏秘密之處分議處」，似應解為亦「應予以嚴厲懲處，觸犯刑法者，並應移送法院論罪」；**是則本項亦係刑事罰與租稅行政罰**（係「**行為罰**」，因未涉及漏稅之故）**併列而競合**。果係如此，則政府機關人員與稽徵機關人員相同，或係觸犯刑法第132條規定之「洩漏國防以外之秘密罪」，或係觸犯第318條規定之「洩漏職務上工商秘密罪」等。至於主管長官對政府機關人員之懲處（行政罰），本條並未明定處罰種類。因此，其處理應與上㈠、所述者相同。

㈣稅捐稽徵法第41條規定：「納稅義務人以詐術或其他不正當方法逃漏稅捐者，處五年以下有期徒刑、拘役或科或併科新台幣六萬元以下罰金。」。依此一規定，**係刑事罰與租稅行政罰**（係「**漏稅罰**」，因涉及漏稅之故）**競合**。在營業稅與所得稅稽徵上，本條規定之刑事罰係與營業稅法第51條、第52條規定之「**罰鍰**」，以及與所得稅法第110條、第110條之2規定之「**罰鍰**」競合，依本法第26條第1項前段規定應優先進行刑事罰程序，稽徵機關不得裁處罰鍰。至於營業稅法第51條、第52條規定之「**停業處分**」，稽徵機關則得逕行裁罰之。

關於此一規定之適用，分別說明如下：

1.稅捐稽徵法第50條規定：「本法對於納稅義務人之規定，除第四十一條規定外，於扣繳義務人、代徵人、代繳人及其他依本法負繳納稅捐義務之人準用之。」。惟：

⑴對於「扣繳義務人」與「代徵人」，同法第42條另有刑事罰之規定，故二者應不在準

用之列。⑵「代繳人」僅係「代為繳納稅捐」，無所謂「逃漏稅捐」之可言（營業稅法及所得稅法亦無代繳人之規定），故亦應不在準用之列。⑶「其他依本法負繳納稅捐義務之人」，係指同法第12條至第15條規定之「共有財產之管理人」、「法人、合夥或非法人團體之清算人」、「遺囑執行人、繼承人、受遺贈人或遺產管理人」與「合併後另立或存續之營利事業」。在營業稅與所得稅案件，並無所謂「共有財產之管理人」，應予除外。從而在營業稅與所得稅稽徵上，稅捐稽徵法第41條刑事罰之規定，亦準用於：A.稅捐稽徵法第13條規定之法人、合夥或非法人團體之清算人（此在營業稅與營利事業所得稅案件有之）。B.稅捐稽徵法第14條規定之遺囑執行人、繼承人、受遺贈人或遺產管理人（此僅在綜合所得稅案件有之）。C.稅捐稽徵法第15條規定之合併後另立或存續之營利事業（此在營業稅與營利事業所得稅案件有之）。惟按之實際，依稅捐稽徵法第13條至第15條規定負納稅義務之人，係承接他人之欠稅，是以殊難想像其行為能與稅捐稽徵法第41條所定「以詐術或其他不正當方法逃漏稅捐」之要件合致，實務上亦乏案例。總之，**扣繳義務人、代徵人、代繳人及其他依稅捐稽徵法負繳納稅捐義務之人，實際上無從準用稅捐稽徵法第41條科以刑事罰規定**（至於其可能觸犯刑法上之刑事罰規定，則係另事）。

　　2.稅捐稽徵法第47條規定：「（第1項）本法關於納稅義務人……應處徒刑之規定，於下列之人適用之：一、公司法規定之公司負責人。二、民法或其他法律規定對外代表法人之董事或理事。三、商業登記法規定之商業負責人。四、其他非法人團體之代表人或管理人。（第2項）前項規定之人與實際負責業務之人不同時，以實際負責業務之人為準。」。稽徵機關擬依稅捐稽徵法第41條規定訴究納稅義務人刑事責任時，應注意同法第47條之規定。二者如何配合，茲分述如下：

　　⑴在營業稅與所得稅稽徵上，**納稅義務人如係個人**（例如綜合所得稅之納稅義務人），**並無稅捐稽徵法第47條規定之適用**。納稅義務人如觸犯稅捐稽徵法第41條規定，即得直接對個人身分之納稅義務人訴究刑事責任。

　　稽徵機關應依本法第26條第1項前段與第32條規定，移送檢察處偵辦「個人身分之納稅義務人」之刑事責任，不得裁處罰鍰。經進行刑事訴訟程序，如檢察官不起訴處分、緩起訴處分確定，或經法院為無罪、免訴、不受理、不付審理之裁判確定，稽徵機關即得裁處罰鍰。

　　刑法第12條第2項規定：「過失行為之處罰，以有特別規定者為限。」。故如個人身分之納稅義務人因過失行為而觸犯稅捐稽徵法第41條規定之罪名，因其未有處罰過失行為之明文，故不得訴究其刑事責任（實則以詐術或其他不正當方法逃漏稅捐，必出於故意，無出於過失之情形）。從而稽徵機關對個人身分之納稅義務人，即得逕行裁處罰鍰；蓋依本法第7條第1項規定，行政罰得處罰過失行為。

　　⑵財政部86.5.7台財稅第861894479號函釋示：「……說明：二、獨資組織營利事業對外雖以所經營之商號名義營業，實際上仍屬個人之事業，應以該獨資經營之自然人為

權利義務之主體，又獨資商號如有觸犯稅法上之違章事實應受處罰時，亦應以該獨資經營之自然人為對象。是故，本案應以違章行為發生時登記之負責人為論處對象。」。又（最高）行政法院68年度8月份庭長評事聯席會議（68.8.25）決議：「獨資商號……，在行政訴訟裁判當事人欄，……應以獨資商號主人為當事人，記載為「○○○即○○商號」。……」。又最高行政法院93年判第339號判決（93.4.8）謂：「……獨資商號並無當事人能力，而應以商業負責人為處罰之對象，始符法律規定。……」（同院96年判第1029號、97年判第394號判決同此見解）。

按獨資商號應依照商業登記法及營業登記規則辦理登記，而依兩法之第9條及第3條規定觀之，獨資商號具備「負責人」、「一定目的」、「一定名稱」、「資本額」及「一定事務所或營業所」等。其中「負責人」為「出資人」，所得稅法則稱為「獨資資本主」。因此，**納稅義務人如係獨資商號，而觸犯稅捐稽徵法第41條規定，應對「登記之負責人」（即「獨資資本主」）訴究刑事責任**。因而稅捐稽徵法第47條第1項第4款規定之「其他非法人團體」，應做限縮解釋，不包括「獨資商號」在內。從而，在營業稅與所得稅稽徵上，**納稅義務人如係獨資商號**，而觸犯稅捐稽徵法第41條規定，因應直接對獨資資本主訴究刑責，故**即無須再適用稅捐稽徵法第47條第1項規定**。

稽徵機關應依本法第26條第1項前段與第32條規定，移送檢察處偵辦「獨資資本主」之刑事責任，不得裁處罰鍰。經進行刑事訴訟程序，如檢察官不起訴處分、緩起訴處分確定，或經法院為無罪、免訴、不受理、不付審理之裁判確定，稽徵機關即得裁處罰鍰。

刑法第12條第2項規定：「過失行為之處罰，以有特別規定者為限。」。故如獨資資本主因過失行為而觸犯稅捐稽徵法第41條規定之罪名，因其未有處罰過失行為之明文，故不得訴究其刑事責任（實則以詐術或其他不正當方法逃漏稅捐，必出於故意，無出於過失之情形）。從而稽徵機關對獨資資本主，即得逕行裁處罰鍰；蓋依本法第7條第1項規定，行政罰得處罰過失行為。

(3)**納稅義務人如係「公司、法人（社團法人、財團法人）、合夥商號、其他非法人團體」（以下稱「公司等組織」），即有稅捐稽徵法第47條第1項規定之適用**。因此，在營業稅與所得稅稽徵上，納稅義務人如係公司等組織，觸犯稅捐稽徵法第41條規定，**刑事罰方面**，依同法第47條第1項規定應對「公司負責人、對外代表法人之董事或理事、商業負責人、其他非法人團體之代表人或管理人」（以下稱**「公司負責人等個人」**）訴究。然而在**租稅行政罰方面**，則是以「公司等組織」為受罰人。因此，遂生下列問題：「公司等組織」觸犯稅捐稽徵法第41條規定，已對「公司負責人等個人」訴究刑事責任，稽徵機關是否再依本法第26條規定處理。

關於此一問題，法務部96.3.27法律決字第960005858號函釋示：「主旨：有關公司組織營業人，涉嫌無進貨事實取得統一發票作為進項憑證扣抵稅額，經依稅捐稽徵法第41條規定移送司法機關偵辦刑責後，應如何適用行政罰法第26條規定疑義乙案，復如說

明二，請查照參考。說明：……二、……倘同一行為同時構成稅捐稽徵法第41條及營業稅法第51條規定之處罰要件者，因稅捐稽徵法第47條第1款係採取「轉嫁罰」之體例，明定受處罰之主體為公司負責人，而營業稅法第51條則規定受處罰之主體為公司，二者處罰主體既有不同，自無行政罰法第26條所揭同一人不能以同一行為而受二次以上處罰之「一行為不二罰」原則之適用，仍應依各該規定分別處罰之。」。財政部並依據法務部此一解釋，發布96.4.11台財稅第9600142790號函，指示「請依法務部函釋辦理」。此二函雖僅以「公司」為對象而解釋，惟「法人、合夥商號、其他非法人團體」亦有其適用（或得類推適用此二釋函），自不待言。又此二函雖僅以「營業稅法第51條規定之漏稅罰」為對象而解釋，惟其他漏稅罰亦有其適用（或得類推適用此二釋函），自不待言。

　　本法施行後，行政法院對此問題之態度並未清楚呈現，似尚無明確之判決見解（或係有意迴避？）。

　　上開法務部及財政部之解釋，均有待商榷。稅捐稽徵法第47條對組織之**刑事罰**採「轉嫁罰」之規定，制定於民國65年，現在有無與行政罰同樣放棄「轉嫁罰」之必要，實值進一步思考。稅捐稽徵法第47條第1項規定之適用，應與時俱轉，不可拘泥於「刑事罰與行政罰可以併罰」之以往見解，合則無法與三十年後制定之本法之整體規範意旨互相融貫。復且**稅捐稽徵法第41條科處刑事罰對象為納稅義務人之「公司等組織」，並非「公司負責人等個人」**。然而由於同法第47條第1項「轉嫁罰」規定之存在，導致在實務上稽徵機關每每誤以為科處刑事罰對象為係「公司負責人等個人」，而竟直接以「公司負責人等個人」為對象，移送檢察機關偵辦刑責，致有前揭刑事罰與租稅行政罰（漏稅罰）受罰主體不同之結果。稅捐稽徵法第41條規定之刑事罰種類包括徒刑、拘役及罰金，法院本即可直接對「公司等組織」科以罰金，並無轉向「公司負責人等個人」科以罰金之必要；故對刑事罰之罰金而言，稅捐稽徵法第47條第1項所定之轉嫁罰，實屬有欠妥當之立法。惟法院無從對「公司等組織」科以徒刑或拘役，斯時方有依照稅捐稽徵法第47條第1項轉嫁罰規定，改對「公司負責人等個人」科以徒刑或拘役之必要。**稽徵機關應以「公司等組織」為移送偵辦刑事罰之對象，而留待法院如要科以徒刑或拘役，方得再依據稅捐稽徵法第47條規定，轉而以「公司負責人等個人」為科以徒刑或拘役之對象**。如此處理，則於稽徵機關移送檢察機關偵辦時，即不存在受罰主體不同之情形[208]。

　　另外，財政部81.7.16台財稅第81021790號函釋示：「主旨：××有限公司既已依法清算完結，並經法院准予備查，法人人格消滅，則未獲分配之罰鍰得准予註銷；至該公司涉及違反稅捐稽徵法第41條規定部分，仍可依同法第47條規定追究其負責人刑責。說明：二、××有限公司既已依法清算完結，並經法院准予備查，法人人格消滅，則

---

208 參見張雲軒，論刑事罰與租稅秩序罰之競合，稅務旬刊，2027期，2008年1月，16頁。

未獲分配之罰鍰，參照本部79/10/27台財稅字第790321383號函及80/03/06台財稅字第800067431號函規定得准予註銷。至該公司短、漏開統一發票，涉嫌逃漏營業稅，既經法院裁處罰鍰（目前罰鍰已改由稽徵機關自行處分）確定，即表示該公司有逃漏稅捐之事實，嗣後縱因該公司已依法清算完結，並經法院准予備查，法人人格消滅，而註銷未獲分配之罰鍰，仍不影響該公司違章漏稅之事實，故該公司涉及違反稅捐稽徵法第41條規定部分，仍可依主旨規定追究其負責人刑責。」。此一釋函正是財政部誤以為科處刑事罰對象為係「公司負責人等個人」，才會作出「逃漏營業稅之公司依法清算完結，並經法院准予備查，法人人格消滅後，仍得依稅捐稽徵法第41條規定，追究其負責人刑責」之解釋。**按公司依法清算完結，法人人格既已消滅，自無從再訴究其刑事責任，正如同個人死亡，自然人人格既已消滅，自無從再訴究其刑事責任，其理甚明。**縱使稅捐稽徵法第47條第1項規定繼續存在，在法律適用上，上開財政部見解之之妥適性，實仍大有疑問。

依本書之見解，「公司等組織」觸犯稅捐稽徵法第41條規定，為形成整體一致之法律適用，原則上應同於上面(1)、(2)所述之處理，茲說明如下：

A.稽徵機關應依本法第26條第1項前段與第32條規定，移送檢察處偵辦「公司等組織」之刑事責任，不得裁處罰鍰。法院可直接對「公司等組織」科以罰金。法院如擬科以徒刑或拘役，方再依照稅捐稽徵法第47條第1項規定，對「公司負責人等個人」科以徒刑或拘役。在此情形，關於公司等組織之責任條件之認定，稽徵機關、檢察機關得參照本法第7條第2項規定，公司負責人等個人或實際行為之職員、受僱人之故意、過失，推定為公司等組織之故意、過失。

B.經進行刑事訴訟程序，如檢察官不起訴處分、緩起訴處分確定，或經法院為無罪、免訴、不受理、不付審理之裁判確定，稽徵機關即得對「公司等組織」裁處罰鍰。另外，「公司負責人等個人」如有故意或重大過失，稽徵機關得依本法第15條規定，對其裁處與「公司等組織」「同一規定罰鍰之處罰」。

C.稅捐稽徵法第41條規定之「以詐術或其他不正當方法逃漏稅捐」，其行為之實施，須出於納稅義務人之故意[209]。又刑法第12條第2項規定：「過失行為之處罰，以有特別規定者為限。」。故如「公司等組織」因過失行為而觸犯稅捐稽徵法第41條規定之罪名，因稅捐稽徵法第41條未有處罰過失行為之明文，故不得訴究其刑事責任。從而稽徵機關對公司等組織，即得逕行裁處罰鍰；蓋依本法第7條第1項規定，行政罰得處罰過失行為。另外，「公司負責人等個人」如有重大過失，稽徵機關得依本法第15條規定，對其裁處與「公司等組織」「同一規定罰鍰之處罰」。

以目前而言，如遵從上開法務部及財政部之解釋，納稅義務人係公司等組織，觸犯稅捐稽徵法第41條規定時，稽徵機關即得移送檢察機關偵辦「公司負責人等個人」之刑

---

209 張昌邦，稅捐稽徵法論，3版，1984年7月，193-149頁。

事責任（但以其係出於故意行為者為限），同時對「公司等組織」裁處行政罰（依本第7條第1項規定，不論其係出於故意或過失行為，均得裁罰）。

　　尚應注意者，「公司等組織」有故意以詐術或其他不正當方法逃稅、漏稅情事，**如遵從上開法務部及財政部之解釋**，已經對「公司負責人等個人」科以刑事罰後，依本法第26條揭櫫之「刑事罰優先原則」，稽徵機關應不得再依本法第15條規定，對「公司負責人等個人」裁處與「公司等組織」「同一規定罰鍰之處罰」[210]。

　　⑷稅捐稽徵法第47條第2項規定：「前項規定之人與實際負責業務之人不同時，以實際負責業務之人為準。」。在實務上，稽徵機關移送司法機關偵辦時，自然是以公司登記、商業登記等之負責人（包括獨資資本主）為對象。倘如稽徵機關移送司法機關偵辦時，引用稅捐稽徵法第47條第2項規定，則自須敘明實際負責業務之人與公司登記、商業登記等之負責人不同，並應提供所查獲之證據等予司法機關。如係司法機關查獲實際負責業務之人與公司登記、商業登記等之負責人不同，引用稅捐稽徵法第47條第2項規定而起訴，則自應於起訴書敘明事實及所查獲之證據。因此，此一規定之適用，不僅是事實問題，同時亦是舉證問題。

　　㈤稅捐稽徵法第42條規定：「（第1項）代徵人或扣繳義務人以詐術或其他不正當方法匿報、短報、短徵或不為代徵或扣繳稅捐者，處五年以下有期徒刑、拘役或科或併科新台幣六萬元以下罰金。（第2項）代徵人或扣繳義務人侵占已代繳或已扣繳之稅捐者，亦同。」。依本條規定，**係刑事罰與租稅行政罰**（係「漏稅罰」[211]）**競合**。在營業稅與所得稅稽徵上，本條規定之刑事罰係與所得稅法第110條第1款規定（扣繳義務人未依規定扣繳稅款）之**「罰鍰」**競合（營業稅法並無扣繳義務規定；又營業稅法及所得稅法均無代徵規定），依本法第26條第1項前段規定應優先進行刑事罰程序，稽徵機關不得裁處罰鍰。

　　稽徵機關擬依稅捐稽徵法第42條規定訴究（所得稅之）扣繳義務人刑事責任時，同樣應注意同法第47條轉嫁罰之規定（營業稅法及所得稅法均無代徵規定，故關於代徵人部分置之不論）。按扣繳義務人之身分可能是個人，亦可能是組織[212]；二者如何配合，茲分述如下：

　　1.**扣繳義務人如係個人**（例如營利事業之責人、執行業務者、機關團體學校之責應扣繳單位主管等），**並無稅捐稽徵法第47條規定之適用**。扣繳義務人如觸犯稅捐稽徵法第42條規定，即得直接對個人身分之扣繳義務人訴究刑事責任。

210　參見張本德，註135文，18頁。

211　所得稅法第114條第1款所定扣繳義務人未依規定扣繳稅款之處罰，洪家殷認為係「漏稅罰」（見東吳大學法學院法律學系，行政院國家科學委員會專題研究計畫成果報告（計畫主持人洪家殷），稅法上有關行政秩序罰規定之研析，1999年7月，85頁）。黃茂榮則認為係「行為罰」（見黃茂榮，稅法總論（第一冊），2002年，5月，313頁）。在此從洪家殷之見解。

212　關於各種事態中之所得稅扣繳義務人，其有關之法規規定暨扣繳義務人身分係個人抑係組織，詳見吳金柱，註90書，143-149頁。

稽徵機關應依本法第26條第1項前段與第32條規定，移送檢察處偵辦「個人身分之納稅義務人」之刑事責任，不得裁處罰鍰。經進行刑事訴訟程序，如檢察官不起訴處分、緩起訴處分確定，或經法院為無罪、免訴、不受理、不付審理之裁判確定，稽徵機關即得裁處罰鍰。

刑法第12條第2項規定：「過失行為之處罰，以有特別規定者為限。」。故如個人身分之扣繳義務人因過失行為而觸犯稅捐稽徵法第42條規定之罪名，因其未有處罰過失行為之明文，故不得訴究其刑事責任。從而稽徵機關對個人身分之扣繳義務人，即得逕行裁處罰鍰；蓋依本法第7條第1項規定，行政罰得處罰過失行為。

2.**扣繳義務人如係公司、法人、其他非法人團體，即有稅捐稽徵法第47條規定之適用**。因此，在所得稅稽徵上，扣繳義務人如係公司、法人、其他非法人團體，觸犯稅捐稽徵法第42條規定，**刑事罰方面**，依同法第47條規定應對「公司負責人、對外代表法人之董事或理事、其他非法人團體之代表人或管理人」訴究。然而在**租稅行政罰方面**，則是以「扣繳義務人」（即「公司、法人、其他非法人團體織」）為受罰人。因此，遂生下列問題：「公司、法人、其他非法人團體」觸犯稅捐稽徵法第42條規定，已對「公司負責人、對外代表法人之董事或理事、其他非法人團體之代表人或管理人」訴究刑事責任，稽徵機關是否依本法第26條規定處理。

關於此一問題，其問題之性質及內容，實與上面(四)、2、(3)所述者相同。因此，上面(四)、2、(3)所摘引之法務部與財政部之釋函見解、其見解之妥適性，以及本書對於此一問題之法律適用、處理方式之見解等，均可運用於此一問題，故不予複述。

3.稅捐稽徵法第47條第2項規定：「前項規定之人與實際負責業務之人不同時，以實際負責業務之人為準。」。**扣繳義務人如係公司、法人、其他非法人團體，即有本項規定之適用**。此一規定之適用，不僅是事實問題，同時亦是舉證問題；上面(四)、2、(4)已有說明，不再贅述。

(六)稅捐稽徵法第43條第1項及第2項規定：「（第1項）教唆或幫助犯第四十一條或第四十二條之罪者，處三年以下有期徒刑、拘役或科新台幣六萬元以下罰金。（第2項）稅務人員、執行業務之律師、會計師或其他合法代理人犯前項之罪者，加重其刑至二分之一。」。

本法不採刑法有關教唆犯、幫助犯之概念，但並非對於違序行為之教唆者或幫助者不予處罰。本法於其第14條採用**「單一違序人」**概念，而建立**「共同違序，分別處罰」**之原則。「單一違序人」係指所有違序行為之**「參與人」**，皆論為**「主要違序人」**（全體可稱為**「共同違序人」**），不予區分各個參與人係主要行為者、教唆者或幫助者（詳見上面本篇第三章、壹、一、(三)所述）。因此，**所有違序行為之參與人（即共同違序人）觸犯稅捐稽徵法第41條或第42條之罪時，稽徵機關須先辨明主要行為者、教唆者或幫助者；主要行為人適用第41條或第42條規定，而教唆者或幫助者則適用第43條第1項及第2項規定。**

　　稽徵機關應依本法第26條第1項前段與第32條規定，移送檢察處偵辦共同違序行為之「各教唆者或幫助者」之刑事責任，不得裁處罰鍰。經進行刑事訴訟程序，如檢察官不起訴處分、緩起訴處分確定，或經法院為無罪、免訴、不受理、不付審理之裁判確定，稽徵機關即得依本法於第14條規定裁處罰鍰。

　　由於須有「教唆故意」、「幫助故意」方構成教唆犯、幫助犯，亦即過失行為不成立教唆、幫助，故應無因「過失」（教唆、幫助）而觸犯稅捐稽徵法第41條或第42條規定之罪之可言，自亦無訴究其刑事責任之可言。又本法第14條規定共同違序人「故意共同實施」違序行為，方予處罰；故稽徵機關對共同違序人中之教唆者、幫助者，亦不得裁處租稅行政罰（在此情形，本法第7條第1項得處罰過失行為之規定，自無適用餘地）。

　　㈦稅捐稽徵法第43條第3項規定：「稅務稽徵人員違反第三十三條規定者，除觸犯刑法者移送法辦外，處一萬元以上五萬元以下罰鍰。」。

　　同法第33條則係規定：「稅捐稽徵人員對於納稅義務人提供之財產、所得、營業及納稅等資料，除對下列人員及機關外，應絕對保守秘密，違者應予處分；觸犯刑法者，並應移送法院論罪：

　　一、納稅義務人本人或其繼承人。

　　二、納稅義務人授權代理人或辯護人。

　　三、稅捐稽徵機關。

　　四、監察機關。

　　五、受理有關稅務訴願、訴訟機關。

　　六、依法從事調查稅務案件之機關。

　　七、經財政部核定之機關與人員。

　　八、債權人已取得民事確定判決或其他執行名義者。

　　稅捐稽徵機關對其他政府機關為統計目的而供應資料，並不洩漏納稅義務人之姓名或名稱者，不受前項之限制。

　　……且第一項第四款至第七款之機關人員及第八款之人，對稽徵機關所提供第一項之資料，如有洩漏情事，準用同項對稽徵人員洩漏秘密之規定。」。

　　首先應予說明者，稅捐稽徵法第33條第1項中之「稅捐稽徵人員」、「處分」，應分別指同法第43條第3項規定之「稅務稽徵人員」、「處一萬元以上五萬元以下罰鍰」。

　　其次，由於稅捐稽徵法第33條第3項之準用規定，結果下列人員亦準用同法第43條第3項關於洩漏秘密科處刑事罰與行政罰之規定：⑴監察機關之人員，⑵受理有關稅務訴願、訴訟機關之人員，⑶依法從事調查稅務案件之機關之人員，⑷經財政部核定之機關之人員，⑸經財政部核定之人員，⑹已取得民事確定判決或其他執行名義之債權人（可能是個人，亦可能是組織）。綜而言之，稅捐稽徵法第43條第3項規定之**適用對**

象，除稅務稽徵人員外，尚應包括監察機關之人員、受理有關稅務訴願訴訟機關之人員、依法從事調查稅務案件之機關之人員、經財政部核定之機關之人員、經財政部核定之人員、已取得民事確定判決或其他執行名義之債權人（以下簡稱「稅務稽徵人員等」）。

稅捐稽徵法第43條第3項規定中之「觸犯刑法者移送法辦」，係刑事罰；「罰鍰」係行政罰，**故係刑事罰與租稅行政罰**（係「**行為罰**」，因未涉及漏稅之故）**併列而競合**。

依稅捐稽徵法第43條第3項規定，稅務稽徵人員等或係觸犯刑法第132條規定之「**洩漏國防以外之秘密罪**」，或係觸犯第318條規定之「**洩漏職務上工商秘密罪**」等。至於行政罰種類則為「罰鍰」。故而：

1.稽徵機關應依本法第26條第1項前段與第32條規定，先行移送檢察處偵辦刑事責任。

2.經進行刑事訴訟程序，如檢察官不起訴處分、緩起訴處分確定，或經法院為無罪、免訴、不受理、不付審理之裁判確定，主管長官即得裁處罰鍰。

3.刑法第12條第2項規定：「過失行為之處罰，以有特別規定者為限。」。因過失行為而觸犯「洩漏國防以外之秘密罪」者，刑法第132條第2項即有處罰之明文。除此之外，稅務稽徵人員等因過失行為而觸犯之其他罪名，如無處罰過失行為之明文，則不得訴究其刑事責任。從而稽徵機關對稅務稽徵人員等即得逕行裁罰罰鍰，蓋依本法第7條第1項規定，行政罰得處罰過失行為。

最後，所得稅法第119條第1項、第4項，與稅捐稽徵法第43條第3項是否法規競合，應予辨明。三條文規定之內容，除刑事罰方面之法律效果同為「觸犯刑法者應移送法院論罪」外，有下列差異：

1.受罰主體：所得稅法第119條第1項、第4項規定之受罰主體，分別為「稽徵機關人員」、「政府機關人員」。稅捐稽徵法第43條第3項（連同同法第33條第3項）規定之受罰主體，係「稅務稽徵人員、監察機關之人員、受理有關稅務訴願訴訟機關之人員、依法從事調查稅務案件之機關之人員、經財政部核定之機關之人員、經財政部核定之人員、已取得民事確定判決或其他執行名義之債權人」。

2.法律構成要件：所得稅法第119條第1項、第4項係規定「對於納稅義務人之所得額、納稅額及其證明關係文據以及其他方面之陳述與文件，未予絕對保守秘密」。稅捐稽徵法第43條第3項則係規定「對於納稅義務人提供之財產、所得、營業及納稅等資料，未予絕對保守秘密」。

3.行政罰方面之法律效果：所得稅法第119條第1項、第4項係規定「主管長官予以懲處、議處」，並未明定處罰種類。稅捐稽徵法第43條第3項則係明定處以「罰鍰」。

綜上所述，**稅捐稽徵法第43條第3項之構成要件，無法包括所得稅法第119條第1項、第4項之構成要件，反之亦然，彼此之間並未存在「特別關係」；而亦未存在「補**

充關係」或「吸收關係」。因此,三條文應各別適用。

(八)稅捐稽徵法第41條、第42條規定以詐術逃漏稅捐或侵占已代徵、已扣繳之稅捐之罪,係獨立犯罪類型,屬於刑法之特別規定,如有觸犯,應不適用刑法上有關詐欺罪或侵占罪之規定。又稅捐稽徵法第43條規定教唆或幫助他人犯第41條或第42條之罪,亦係獨立犯罪類型,屬於刑法之特別規定,如有觸犯,應不適用刑法總則教唆犯或幫助犯有關處罰之規定(參見最高法院68年台上字第65號判例,以及(已廢止之)辦理稅捐稽徵法有關刑事及財務罰鍰案件應行注意事項六、及九、之說明)。

應注意者,上面(二)至(八)所述所得稅法與稅捐稽徵法各法條中之違序行為人,其行為雖不符各法條所定刑事罰之構成要件,然而與**刑法規定之某罪(如偽造文書罪)之構成要件**合致者,在此情形,仍有本法第26條規定之適用。財政部67.5.24台財稅第33378號即釋示:「主旨:核復營利事業虛報職工薪資逃漏所得稅涉及刑責案件移送處罰疑義一案。說明:二、營利事業列支職工之薪資,經職工提出異議(檢舉或陳情),如經查明確有虛報情事,或雖經該營利事業否認,但被害人所提證據確鑿,應依所得稅法第110條規定移送處罰(罰鍰已改由稽徵機關自行處分),並就涉嫌偽造文書部分移送法辦。……三、稽徵機關對營利事業列支職工之薪資,經查明確有虛報情事,認有觸犯刑法偽造文書印文罪章之嫌疑,依刑事訴訟法第241條規定告發時,應敘明犯罪嫌疑之事實,並檢具有關證據,移請司法機關偵辦。四、營利事業虛報工資經被害人檢舉之案件,應由營利事業總機構所在地之該管稽徵機關審查後,分別依所得稅法及刑法有關條文規定移送管轄法院偵辦。」。

又上面(二)至(八)所述所得稅法與稅捐稽徵法各法條中之違序行為人,其行為可能同時觸犯刑法規定之某罪,在此情形,亦應一併依本法第26條規定辦理。財政部78.8.3台財稅第780195193號函即釋示:營業人無銷貨事實出售統一發票牟取不法之利益,但其虛開或非法出售統一發票之犯行,應視情節依刑法偽造文書罪、詐欺罪及稅捐稽徵法第4條或第43條規定辦理(惟如上面第一段所述,函中所述之詐欺罪,應不得與稅捐稽徵法第41條或第43條規定之罪同時訴究)。

(九)法務部95.1.18法律字第950000798號函:「……按刑事訴訟法第241條規定:「公務員因執行職務知有犯罪嫌疑者,應為告發。」。……上開刑事訴訟法及本法(指行政罰法)第26條之明文規定,在無其他法律有特別規定排除並具體明確之授權下,各行政機關訂定之微罪不移送刑事偵查之相關規定,恐與法律優位原則有違。」。財政部93.7.12台財稅第930452381號令發布之「稅捐稽徵機關查獲稅捐稽徵法第四十三條所定教唆或幫助他人逃漏稅捐行為移送偵辦注意事項」,其中二、規定「前項各款行為,致納稅義務人逃漏稅額未達新台幣十萬元,且情節輕微者,得免予移送偵辦。」,其規定雖對人民有利,然已與法務部之上開函釋不符,如任令互相衝突之二個規定同時存在,終究不妥。在未修法之前提下,或法務部變更見解,或財政部刪除此一規定;根本之計,宜在稅捐稽徵法中增訂微罪不移送刑事偵查之明文。

第六章

裁處權時效

壹、裁處權時效之期間暨其起算

行政罰法第27條：「（第1項）行政罰之裁處權，因三年期間之經過而消滅。（第2項）前項期間，自違反行政法上義務之行為終了時起算。但行為之結果發生在後者，自該結果發生時起算。（第3項）前條第二項之情形，第一項期間自不起訴處分或無罪、免訴、不受理、不付審理之裁判確定日起算。（第4項）行政罰之裁處因訴願、行政訴訟或其他救濟程序經撤銷而須另為裁處者，第一項期間自原裁處被撤銷確定之日起算。」。此係就行政罰之「裁處權」，規定其行使之期限、屆滿未行使之效果暨期限起算日期。

一、條文說明解析

(一)行政罰之「**裁處權**」（Verfolgungsverjährung），本法並無定義性規定，其應**係指國家及地方自治團體對違反行政法上義務者得裁處行政罰之權力**（參見法務部95.6.8法律字第950016915號書函）。本法第5條中有「行政機關裁處」之明文，故行使裁處權者為（國家及地方自治團體之）行政機關。因行政機關本於「**裁處權**」，依據行政法規作成行政罰裁處（性質係行政處分），始發生法律關係（「**處罰關係**」），而使行政機關享有「**公法上請求權**」，故裁處權之性質係屬「**形成權**」[213]。

法律上之「**時效**」制度，係指在一定期間內繼續占有而發生權利之制度，或是繼續不行使權利而發生權利減損效力或歸於消滅之制度；前者為「**取得時效**」，後者為「**消滅時效**」[214]。在行政罰中，如同刑事罰然，僅有消滅時效，並不存在取得時效。法律上消滅時效制度之規範目的，係對在相當長久之一定期間內怠於行使權利者，剝奪其權利，以尊重長久以來建立之社會生活狀態，並維持法秩序之安定。

本條係關於行政罰「**裁處權時效**」之規定。因時效之完成而使行政罰之裁處權消滅者，稱為裁處權時效，**其係屬消滅時效**。本法訂定行政罰裁處權時效，寓有提醒行政機關勿「長久怠於行使公權力」之意旨。裁罰權時效與行政程序法第131條之「已發生且得行使」之「公法上請求權消滅時效」有別，不可混淆（參見法務部95.6.8法律字第950016915號書函）。

---

13 林錫堯，註2書，74頁。
14 參見施啟揚，民法總則，修訂版，2003年8月，340，342頁。

　　㈡本條第1項規定內容之說明解析：

　　本條第1項規定行政罰裁處權之行使期限為3年，3年屆滿而行政機關不行使或未行使，裁處權歸於消滅；其立法理由為：行政罰裁處權之行使與否，不宜懸之過久，而使處罰關係處於不確定狀態，影響人民權益，惟亦不宜過短，以免對社會秩序之維護有所影響，故定為3年。**裁處權因時效完成而罹於消滅，其效果係絕對消滅**；因係絕對消滅，故行政機關喪失裁處權，不得再做行政罰之裁處。罰鍰、沒入及其他種類型政罰，均在行政罰裁處權範圍內，自有本條之適用。另外，本法第22條及第23條規定之「擴大沒入」和「追徵沒入」，亦屬於行政罰之裁處權範圍，有本條之適用。惟應注意者，本法第20條規定之對行為人「不當利益之追繳」，其性質並非行政罰，故並無裁處權時效之適用[215]。

　　依本條第1項規定，不分行政罰種類和法定之裁罰上下限，一律採取相同之3年裁處權時效。惟如個別行政法規有不同期限之規定者（如社會秩序維護法第31條規定係2個月，道路交通管理處罰條例第90條規定係3個月等），依行政罰法第1條但書規定，應優先適用。

　　此外，財政部95.2.16台財稅第9504508130號函（法務部95.1.18法律字第950000798號函內容相同）釋示：租稅行政罰之裁處權時效，稅捐稽徵法第49條明定準用同法第21條「稅捐核課期間」（分別為5年或7年）之規定，故其期間為應分別為5年或7年，解釋上應為本法第27條第1項3年裁處權之特別規定，應優先適用。又87.8.19台財稅第871960445號函釋示：行為罰處罰期間（即裁處期間）應一律為5年。關於此二行政解釋是否妥適，於下面二、㈡至㈣再詳予討論，此處略之。

　　行政罰裁處權之行使期限統一規定為3年，不再區別處罰之種類及輕重而規定不同期限，此種立法方式固有利於時效期間之判斷，然行政罰對人民權利之干涉程度有極大之差異，若全部只適用一種時效期間，是否符合公平原則之要求，不無疑問。本條第1項規定3年裁處權時效，若比較上述違反社會秩序與交通秩序案件之2個月與3個月裁罰權時效，則可謂係針對「重大事件」而設。復且本法既採多種類行政罰之立法方式，似宜針對不同種類行政罰規定不同期限之裁處權時效，較為適宜。因此，立法者似宜在未來修訂本法時，增加不同裁處權時效之規定；或者在立法政策上，可針對裁罰之目的及輕重，在個別行政法規中自定不同之裁處權時效，俾符公平原則[216]。

　　㈢本條第2項至第4項規定各種情形下裁處權時效之起算，茲先就第2項規定內容訵明解析如下：

　　1.本條第2項係規定**一般情況下之裁處權時效，以違反行政法上義務之行為**（以下簡稱「違序行為」）**終了時或結果發生時起算**。

---

215 林錫堯，註2書，115，128頁；以及蔡志方，註4書，116頁。

216 洪家殷，註2書，308-309頁；以及蔡震榮等二人，註1書，378-379頁。

　　例如會計師因違反證券交易法第37條第3項規定，其裁處權時效之起算點，應以會計師爲錯誤或疏漏之簽證行爲終了時起算。又如醫師如有醫師法第25條各款情事而依同法第25條之1所爲之懲戒，如有本法之適用或類推適用者，則其裁處權時效之起算點，應以醫師爲業務上重大過失或重複發生過失等行爲之行爲終了或結果發生時起算。主管機關查獲或發現簽證錯誤或疏漏、醫療業務上過失等之時點，並非屬本項所定之「行爲終了時」或「結果發生時」（參見法務部96.6.22法律字第960700463號函，96.8.9法律決字第960700579號書函）。

　　2.違序行爲之形態複雜，有**行爲終了**即實現構成要件者，有於行爲終了後尚須**發生一定結果**始實現構成要件者，故其裁處權時效之起算，應分別以論：

　　⑴在**危險行爲**，於實現構成要件時，通常即已產生具體之危險結果，該結果縱然存續甚久，其裁處權時效亦自實現構成要件時起算，亦即**自行爲終了時起算**（例如不依規定堆積廢棄物，自堆積完成時日起算）。

　　⑵在**繼續行爲**，**自違法狀態終了時起算**。

　　⑶在**狀態行爲**，處罰構成要件係違序行爲本身，而非行爲後之違法狀態（參見法務部95.10.2法律決字第950032475號函），故其裁處權時效應**自產生或加重該違序狀態時起算**（例如搭蓋違章建築物，自搭蓋行爲終了時起算）。

　　⑷**連續行爲**並非一行爲，故而各個實現構成要件之行爲，故裁處權時效**各別自行爲終了時起算**[217]。

　　⑸在**「純正之不作爲」**之違序行爲，即義務人對於「行政法規規定之作爲義務」，不予履行（即「不作爲」），係以作爲義務爲基礎之不作爲。對於「純正之不作爲」之違序行爲，其裁罰權時效之起算，析述如下：

　　A.論者有謂「純正之不作爲」之違序行爲，如在作爲義務之履行期限、履行日期、履行時點過後，該作爲義務並不消滅，故而依法仍得要求義務人行義務，然而義務人有意或無意繼續或持續地不予履行，故其違序行爲亦稱爲**「不作爲之繼續違序行爲」**（Unterlassungsdauerdelikt）。對於此一類型之違序行爲，其裁罰權時效之起算，論者有不同見解，茲分述之：

　　(A)有認爲應自作爲義務消滅時起算；蓋法規規定有應作爲之期間，如非義務已履行或已無履行之必要，該期間雖已經過，作爲義務並不消滅，故其裁處權時效應自履行作爲義務時（蓋其時作爲義務方始消滅）起算。例如未依限辦理登記，其登記期限雖已經過，然而其登記義務仍然存在，而於登記期限過後辦理登記時，登記義務方告消滅，故其裁處權時效應自登記時起算[218]。

　　惟在此有一問題，義務人繼續或持續不作爲而違反作爲義務（如已逾辦理登記期

17　以上⑴至⑷四者，參見陳敏，註2書，753頁。

18　參見陳敏，註2書，753頁。

限，而始終不辦理登記），此一見解認為應俟義務人履行作為義務時，開始起算裁處權時效。惟如此一來，豈非義務人一日未為行政法規要求之作為，則裁處權時效即無起算之日，進而如其永遠不為行政法規要求之作為，則裁處權時效豈非永無起算之日。簡言之，既然義務人履行作為義務之時日難以掌握或不可預料，則裁處權時效起算之時日，自亦淪於難以掌握或不可預料，實務操作必發生困難。

(B)論者有認為外國實務採義務人對義務之履行，已不復存於其記憶中時起，認為其不作為已經終了，而開始起算裁處權時效，如此方符合人性，不致使不作為之違法永世存在[219]。此一見解，似可解決上開(1)、見解之問題；然而此一見解中之「對義務之履行不復存於其記憶中時起，認為其不作為已經終了」，如何操作，乃是一個難題，其見解是否能為我國實務接受，恐有疑問。

B.按社會秩序維護法第31條規定：「（第1項）違反本法行為，逾二個月者，警察機關不得訊問、處罰，並不得移送法院。（第2項）前項期間，自違反本法行為成立之日起算。但其行為有連續或繼續之狀態者，自行為終了之日起算。」。另道路交通管理處罰條例第90條規定：「違反本條例之行為，自行為成立之日起；行為有連續或繼續之狀態者，自行為終了之日起，逾三個月不得舉發。……」。租稅法方面並無類似之明文，而租稅行政罰之實務上，本法施行前所依據者，係財政部74.3.20台財稅第13298號函之釋示：「納稅義務人違反稅法規定裁罰期間之起算，規定如左：……㈢行為罰：……2.依法受處分人應為一定行為而不為……者，自應行為……之日起算；如其……不行為有連續或繼續之狀態者，自……不行為終了之日起算。」。

依本書之見解，在實證法上，行政法規規定之作為義務通常定有履行期限、履行日期或履行時點。以上開規定之意旨而予以具體化，由於基礎之作為義務有履行之期限、日期或時點，自須俟履行基礎作為義務之期限或日期屆滿，或履行時點經過，方能確切認定義務人應為一定行為而不為；**故而實際上，其裁罰權時效應自履行期限屆滿之翌日、履行日期之翌日或履行時點起算。**

倘如「純正之不作為」之違序行為並無基礎之作為義務，或基礎之作為義務未訂有履行期限、履行日期或履行時點（似難想像存在此一情形），則似唯有以**「行政機關查知或獲悉（義務人有作為義務而不作為）之日期或時點」**（實務上多稱為**「查獲日期」、「查獲時點」**）**為裁處權時效起算之日**。蓋行政機關在查獲日期、時點方能確認義務人已有「不作為」之情事。如此作法固然存在「行政機關一日未查獲或不知悉，裁處權時效即無從起算」之問題。然而衡之實際，依照「以查獲日為裁處權時效起算日」之實務作法，有數項優點，實有可取之處；蓋「不作為」並無可見之舉動，故以主管機關查知或獲悉「義務人有不作為」之日期、時點，推論其「不作為」之存在，符

---

219 吳庚，註2書，518頁；以及吳志光，行政罰之裁罰權時效，收錄於廖義男編，行政罰法，2007年1月，236頁。

合事理，此其一。如此之裁處權時效之起算時日，最為明確，此其二。裁處權時效之行使，在實務上最易操作，此其三。

　　(6)在「**不應為一定行為而作為**」**之違序行為**，由於僅在行為人有所作為，方始實現處罰構成要件；因此，依本項所「以行為終了時或結果發生時起算」規定之意旨，**裁罰權時效應自**（不應為一定行為而作為之）「**該作為終了時**」起算。

　　在實務上，「不應為一定之行為而為之」之違序行為，行政機關「查知或獲悉該違序之作為」後，應立即進一步查明「該違序之作為係於何一日期、何一時點開始，又於何一日期、何一時點終了」。**惟可能無法查明違序之作為何時終了**（例如行為人逃逸等），**在此情形，唯有退而求其次，將**「**查獲之日**」、「**查獲之時**」**論為**「**作為終了時**」，以解決實務上無法查明「作為終了時」之困境。

　　3.另外應注意者，裁處權時效之起算，應以依行政法規規定已經得予處罰為前提，倘如雖違序行為已經終了，惟依行政法規規定尚不能裁處行政罰（例如依有關規定，尚須給行為人改正或勸導期間），則處罰要件尚未完全合致，必待處罰要件客觀上完全合致而得處罰時，方得開始計算時效[220]。

　　(四)本條第3項及第4項係規定**特殊情況下裁處權時效之起算**。茲分別說明解析如下：

　　1.本條第3項係規定如一行為同時觸犯刑事法律及行政罰規定，而擬依刑事法律處罰，已進入司法程序者，倘若經司法程序後，檢察官為不起訴處分確定，或法院為無罪、免訴不受理、不付審理之裁罰確定，此際刑事處罰已不可能，仍得施予行政罰（參見本法第26條第1項）。因此，於此情形，裁處權時效**自不起訴處分或無罪、免訴、不受理、不付審理之裁判確定日起算**。

　　刑事案件經檢察官**緩起訴處分**確定者，實務上視同不起訴處分確定（參見上面本篇第五章、貳、一、(三)之說明），則有關行政罰之時效期間，則應自緩起訴處分確定時起算。

　　行政機關發現行為人有一行為同時觸犯刑事罰及行政罰規定時，已逾行政罰裁罰權時效期間，而刑事罰之追訴期間尚未逾期者，行政機關仍應依本法第26條第1項規定，移送檢察官偵辦。惟經司法程序後，檢察官為不起訴處分，或無罪判決等裁判確定者，倘如此際因時效已完成，行政罰裁罰權已罹於消滅，行政機關自不得再重行起算裁罰權時效而裁罰（參見法務必95.10.2法律決字第950032475號函）。

　　反之，行政機關發現行為人有違序行為，而已裁處行政罰；嗣後發現該行為同時觸犯刑事罰及行政罰規定時，倘如：(1)刑事罰之追訴期間尚未逾期，應依法務部96.11.20法律字第960041826號函解釋意旨，原處分機關應本於職權儘速主動撤銷之（縱令原裁罰經行政救濟程序而已告確定，亦然），並宜於撤銷函中敘明該行政罰裁處權係因本法第26條第1項規定而一時不能發動，如有該條第2項規定情事仍得裁處云云。嗣後，該觸

----
20 林錫堯，註2書，76頁。

犯刑事法律部分如經不起訴處分、緩起訴處分或為無罪、免訴、不受理、不付審理之裁判確定者，原裁處機關仍得依本法第26條第2項規定就違反行政法上義務部分裁處之。⑵刑事罰之追訴期間已經逾期，應如何處理，尚乏實務見解可據，似宜認為原裁處之行政罰，不必撤銷；蓋原裁罰並無違背「一行為不二罰原則」之故。

2.本條第4項係規定行政罰之裁處因訴願、行政政訴訟或其他救濟程序經撤銷而須另為裁處者，本條第1項之三年裁處權時效，**自原裁處行政罰被撤銷確定之日起算**。蓋於此情形，原裁罰（行政處分）已被撤銷，新裁罰之時效期間如不另行起算，將因救濟期間過長以致時效完成，將對行政目的之實現有不良影響。

本項中之**「其他救濟程序」**，係指訴願、行政政訴訟以外之救濟程序，如（警察職權行使法第29條、行政程序法第35條之）**「現場異議」**、（稅捐稽徵法第35條、關稅法第44條、海關緝私條例第47條之）**「復查」**等是。

㈤適用本條時，必須注意本法第45條「裁處權時效過渡條款」之規定，另於下面本篇第九章、壹、一、㈣再予說明，此處略之。

㈥附帶說明，本法僅規定行政罰裁處權時效，對於已裁處之行政罰，本法則並無**「執行時效」**之規定。因此，目前對於已裁處之行政罰，其執行時效應適用行政執行法第7條規定：「（第1項）行政執行，自處分、裁定確定之日或其他依法令負有義務經通知限期履行之文書所定期間屆滿之日起，五年內未經執行者，不再執行；其於五年期間屆滿前已開始執行者，仍得繼續執行。但自五年期間屆滿之日起已逾五年尚未執行終結者，不得再執行。（第2項）前項規定，法律有特別規定者，不予適用之。」。

按行政罰有「罰鍰」、「沒入」及「其他種類型政罰」三類，性質各異，是否適用一致之執行時效，實有討論餘地。5年之執行時效，除罰鍰外，實嫌過長，亦欠合理。本法自行訂定各種類行政罰之不同執行時效，或較妥適。

二、本條規定在營業稅與所得稅稽徵上租稅行政罰之適用

㈠本法施行前，我國稅法對於**租稅行政罰之裁處權時效**，並無規定。惟在稅捐稽徵法第49條則規定：「滯納金、利息、滯報金、怠報金、短估金及罰鍰等，除本法另有規定者外，準用本法有關稅捐之規定。但第六條關於稅捐優先及第三十八條，關於加計利息之規定，對於罰鍰不在準用之列。」。

同法第21條係關於**「稅捐之核課權時效」**之規定：「（第1項）稅捐之核課期間，依下列規定：一、依法應由納稅義務人申報繳納之稅捐，已在規定期間內申報，且無故意以詐欺或其他不正當方法逃漏稅捐者，其核課期間為五年。二、依法應由納稅義務人實貼之印花稅，及應由稅捐稽徵機關依稅籍底冊或查得資料核定課徵之稅捐，其核課期間為五年。三、未於規定期間內申報，或故意以詐欺或其他不正當方法逃漏稅捐者，其核課期間為七年。（第2項）在前項核課期間內，經另發現應徵之稅捐者，仍應依法補徵或並予處罰，在核課期間內未經發現者，以後不得再補稅處罰。」。又第22條係關

於「稅捐核課權時效之起算」之規定：「前條第一項核課期間之起算，依下列規定：一、依法應由納稅義務人申報繳納之稅捐，已在規定期間內申報者，自申報日起算。二、依法應由納稅義務人申報繳納之稅捐，未在規定期間內申報繳納者，自規定申報期間屆滿之翌日起算。三、印花稅自依法應貼用印花稅票日起算。四、由稅捐稽徵機關按稅籍底冊或查得資料核定徵收之稅捐，自該稅捐所屬徵期屆滿之翌日起算。」。

　　財政部乃依據上開條文發布如下之二則釋函，**補充解釋各稅法**（當然包括營業稅法、所得稅法與稅捐稽徵法）**中罰鍰案件之裁處權時效暨其起算：**

　　74.3.20台財稅第13298號函：「納稅義務人違反稅法規定裁罰期間之起算，規定如左：㈡關於稅捐核課期間及其起算之規定，於罰鍰案件依稅捐稽徵法第49條準用時，應準用同法第21條規定，視其有無故意以詐欺或其他不正當方法逃漏稅捐，分別認定為5年或7年。㈢行為罰：1.依法受處分人應於一期限內為一定之行為而不行為者，自期限屆滿之翌日起算。2.依法受處分人應為一定行為而不為或不應為一定行為而為之者，自應行為或不應行為之日起算；如其行為或不行為有連續或繼續之狀態者，自行為或不行為終了之日起算。」。

　　87.8.19台財稅第871960445號函：「『關於稅捐核課期間及其起算之規定，於罰鍰案件依稅捐稽徵法第49條準用時，應準用同法第21條規定，視其有無故意以詐術或其他不正當方法逃漏稅捐，分別認定為5年或7年』，前經本部74/3/20台財稅第13298號函釋有案。而罰鍰案件，可分為行為罰及漏稅罰，漏稅罰係以納稅人有逃漏稅為要件，其處罰期間依本部前開函釋規定，應視該納稅人有無故意以詐術或其他不正當方法逃漏稅捐，分別認定為5年或7年；而行為罰則係對不依稅法規定為一定行為或不為一定行為之處罰，並不以行為人有逃漏稅為處罰要件，則其處罰期間，依本部前開函釋規定應一律為5年，而無須視有無故意以詐術或其他不正當方法逃漏稅捐，予以區分該行為罰期間為5年或7年。」。

　　本法即將施行前（施行日期為95年2月5日），財政部就此問題函請法務部研提意見，法務部遂以95.1.18法律字第950000798號函答復：「主旨：有關貴部主管法規涉及行政罰法第26條適用疑義，囑本部研提意見乙案，本部意見如說明二，請查照參考。說明：……二、本部意見如次：㈠關於序號1部分：1.按行政罰法（以下簡稱本法）第1條規定：『違反行政法上義務而受罰鍰、沒入或其他種類行政罰之處罰時，適用本法。但其他法律有特別規定者，從其規定。』稅捐稽徵法第49條規定：『滯納金、利息、滯報金、怠報金、短估金及罰鍰等，除本法另有規定者外，準用本法有關稅捐之規定。但第6條關於稅捐優先及第38條，關於加計利息之規定，對於罰鍰不在準用之列。』稅捐核課期間於同法第21條各款依不同情形，已分別規定為5年或7年。至具體案件違反行政法上義務應裁處行政罰時，裁處權期間於該法第21條各款已有規定之情形，即應分別為5年或7年，解釋上應為本法第27條第1項3年裁處權之特別規定，應優先適用。2.另稅捐裁處期間之起算，稅捐稽徵法第49條既已明文準用同法第22條各款規定，依本法第1條

規定，自應優先於本法第27條第2項規定適用之。3.至於一行為同時觸犯刑事法律及違反行政法上義務者，依本法第32條第1項規定，移送司法機關處理，並因刑事案件部分已為不起訴處分、無罪、免訴、不受理或不付審理之裁判確定，是類情形之裁處權期間起算，稅捐稽徵法既未有明文，依本法第1條本文規定，自有本法第27條第3項之適用，即自不起訴處分、無罪、免訴、不受理或不付審理之裁判確定日起算。惟其裁處權期間仍應依稅捐稽徵法第21條各款規定之情形，分別為5年或7年。……」。

隨後財政部95.2.16台財稅第9504508130號函釋示：「行政罰法施行後，有關稅捐違章案件罰鍰之裁處期間，依行政罰法第1條但書規定，應優先適用稅捐稽徵法第49條準用同法第21條第1項核課期間之規定，分別為5年或7年，不適用行政罰法第27條第1項3年裁處權時效之規定；稅捐罰鍰裁處期間之起算，應優先適用稅捐稽徵法第49條準用同法第22條各款之規定。至於一行為同時觸犯刑事法律及違反行政法上義務，經依行政罰法第32條第1項規定，移送司法機關處理後，刑事部分已為不起訴處分、無罪、免訴、不受理或不付審理之裁判確定者，是類案件之裁處期間，應依行政罰法第27條第3項規定，自不起訴處分、無罪、免訴、不受理或不付審理之裁判確定之日起算。惟其裁處期間仍應依稅捐稽徵法第21條第1項各款規定，分別為5年或7年。」。

應注意者，財政部95年第9504508130號函發布後，上述同部74年第13298號函及87年第871960445號函，並未廢止，仍繼續有效（財政部稅制委員會96年11月編印出版之「稅捐稽徵法令彙編」仍繼續收列此二釋函）。

檢視財政部在行政罰法施行前、後上開所有行政解釋，可知對於各稅法中「罰鍰」案件之裁處權時效長度暨時效起算，其見解並無變更。至於法務部之見解，可謂係支持財政部在本法施行前之見解。

就上開所有行政解釋詳予審視，其有若干應先予澄清之處，分別解析說明如下：

1.法務部95年第950000798號函中說明二、㈠、2.之「另稅捐裁處期間之起算，稅捐稽徵法第49條既已明文準用同法第22條各款規定，依本法第1條規定，自應優先於本法第27條第2項規定適用之」，其中「稅捐裁處期間之起算」部分，實有錯誤；蓋財政部所詢係「罰鍰案件」，而非「課稅案件」，法務部答以「稅捐裁處期間之起算」，自屬張冠李戴。惟財政部隨後發布之95年第9504508130號函中，則自行解釋謂「稅捐罰鍰裁處期間之起算，應優先適用稅捐稽徵法第49條準用同法第22條各款之規定」，自屬符合原意。

2.本法施行前，財政部87年第871960445號函釋示：**漏稅罰罰鍰之裁處權時效**，應視該納稅人有無故意以詐術或其他不正當方法逃漏稅捐，分別認定為**5年或7年**；而**行為罰罰鍰之裁處權時效，應一律為5年**。

本法施行後，財政部95年第9504508130號函釋示：**稅捐違章案件罰鍰**（實即**漏稅罰罰鍰**）**之裁處期間**（即裁處權時效），依本法第1條但書規定，應優先適用稅捐稽徵法第49條準用同法第21條第1項核課期間之規定，分別為**5年或7年**；易言之，漏稅罰罰

鍰之裁處權時效，其期間與稅捐之核課權時效之期間相同。至於**非稅捐違章案件罰鍰**（實即**行為罰罰鍰**）之裁處期間，則未提及，似有遺漏。惟財政部於95.7.26台財稅第9504540330號函，則釋示略以：「……二、查使用牌照稅法第28條第2項規定，報停、繳銷或註銷牌照之交通工具使用公共水陸道路經查獲者，除責令補稅外，處以應納稅額2倍之罰鍰。該項規定係以作為方式違反行政法之不作為義務，核屬行為罰之裁處規定，依本部87/08/19台財稅第871960445號函釋之處罰期間為5年，至其處罰期間之起算日，依本部87/06月/04台財稅第871947198號函釋，依法受處分人不應為一定行為而為之者，自不應為一定行為之日起算，亦即應自查獲日起算。……。」應注意此一釋函係發布於同部95年第9504508130號函之後，則顯然本法施行後，財政部仍維持87年第871960445號函釋示**「行為罰罰鍰之裁處權時效，應一律為5年」**之見解（95年第9504540330號函雖係對使用牌照稅法違章案件之罰鍰而解釋，但其關於行為罰罰鍰之裁處權時效之見解，應適用於所有稅法之行為罰罰鍰案件）。

　　3.上開所有行政解釋，均僅就各稅法「罰鍰」案件之裁處權時效暨其起算問題，表示其見解。蓋其解釋之出發點係稅捐稽徵法第49條規定，其規定中述及「滯納金、利息、滯報金、怠報金、短估金及罰鍰等」。目前之實務見解，「滯納金、滯報金、怠報金」之性質並非行政罰（參見上面本篇第一章、壹、二、㈣、2、及3、之說明），故對之不作解釋，自無問題。「利息」並非行政罰，又目前稅法中並無「短估金」，故對之不作解釋，亦無問題。

　　惟應注意，目前各稅法中之租稅行政罰種類，不僅「罰鍰」而已，以營業稅法等三法言之，尚有「停止營業」、「公告姓名或名稱」、「停止獎勵」與「懲處、議處」（參見上面本篇第一章、壹、二、㈣、之說明），均未在稅捐稽徵法第49條規定之範圍內。從而未在上開所有行政解釋中有所說明之問題為：「停止營業」、「公告姓名或名稱」、「停止獎勵」與「懲處、議處」之租稅行政罰，其裁處權時效之長度暨其起算日期應為如何，均陷於不明之狀態；而學界亦未有論及者。

　　關於各稅法（包括營業稅法等三法）中租稅行政罰，除無「沒入」外，其中**「罰鍰」**之裁處權時效暨其起算，綜合上面之說明解析，可予整理條列之。然而**罰鍰以外之「各種租稅行政罰」**，其裁處權時效暨其起算，實定法並無明文，而實務見解闕如，學界亦未論及，則應予補充論述。至於實務見解是否妥適，又各種租稅行政罰裁處權時效起算之規範如何適用或操作，亦有待解析說明。下面㈡至㈣分別就「漏稅罰之罰鍰」、「行為罰之罰鍰」、「行為罰之停止營業、公告姓名或名稱、停止獎勵與懲處、議處」解析探討之。

　　㈡漏稅罰罰鍰裁處權時效之期間暨其起算：

　　1.整理上述法務部95年第950000798號函與財政部95年第9504508130號函實務見解，其認為**漏稅罰之罰鍰**應視行為人有無故意以詐欺或其他不正當方法逃漏稅捐，**裁處權時效分別5年或7年**；而其時效起算如下：

⑴漏稅之一行為僅觸犯漏稅罰之規定者，罰鍰之第一次裁處：

A.依法應由納稅義務人申報繳納之稅捐，已在規定期間內申報者，其發生漏稅而應裁處罰鍰者，裁處權時效自申報日起算。營業稅法與所得稅法之罰鍰適用之。

B.依法應由納稅義務人申報繳納之稅捐，未在規定期間內申報繳納者，其發生漏稅而應裁處罰鍰者，裁處權時效自規定申報期間屆滿之翌日起算。營業稅法與所得稅法之罰鍰適用之。

C.印花稅之漏稅而應裁處罰鍰者，裁處權時效自依法應貼用印花稅票日起算（此僅適用於印花稅法之罰鍰）。

D.由稅捐稽徵機關按稅籍底冊或查得資料核定徵收之稅捐，其發生漏稅而應裁處罰鍰者，裁處權時效自該稅捐所屬徵期屆滿之翌日起算。依營業稅法第21條至第23條規定查定課稅者，其漏稅之罰鍰適用之。

⑵漏稅行為同時觸犯刑事罰及漏稅罰之規定者，依本第32條第1項規定，移送司法機關處理，並因刑事案件部分已為不起訴處分或緩起訴處分、無罪、免訴、不受理或不付審理之裁判確定者，自不起訴處分或緩起訴處分、無罪、免訴、不受理或不付審理之裁判確定日起算。

⑶罰鍰之裁處，因訴願、行政訴訟或其他救濟程序（如復查）經撤銷而須另為裁處者，自原裁處被撤銷確定之日起算。

2.合併法務部95年第950000798號函與財政部95年第9504508130號函而觀之，**二函之釋示漏稅罰之罰鍰5年或7年裁處權時效，其論證係**：「稅捐稽徵法第49條規定：罰鍰準用同法第21條第1項稅捐核課期間之規定，而同法第21條第1項則係視納稅義務人有無故意以詐欺或其他不正當方法逃漏稅捐，將其「稅捐核課期間」分別規定為5年或7年；故「漏稅罰裁處期間」（亦應視違序行為人有無故意以詐欺或其他不正當方法逃漏稅捐），而分別為5年或7年，優先於本法第27條第1項3年裁處權時效而適用」。

按稅捐稽徵法第49條係將關於「稅捐」之稽徵規定，全盤準用於租稅行政罰之「罰鍰」；又本法第1條後段但書規定：「但其他法律有特別規定者，從其規定。」，自我設限定位為普通法。因此，在法律解釋上，自然導向產生上開法務部及財政部二函所釋示「漏稅罰裁處期間分別為5年或7年，優先於本法第27條第1項3年裁處權時效而適用」之結論。然而法務部及財政部二函之見解，有待商榷。

謹按罰鍰係因人民違法而國家施加之財產權剝奪，租稅則係人民基於稅法所定納稅義務而對國家之貨幣給付，二者具有本質上之不同，故罰鍰之裁處權時效與租稅之核課權時效本即無作相同處理之合理理由。其次，稅捐稽徵法第21條第1項依照是否有無故意以詐欺或其他不正當方法逃漏稅捐區分5年及7年之核課權時效，其設定較長時效之規範目的應係為確保財政收入，故而容留較長之時效。現將漏稅罰罰鍰之裁處權時效同樣解釋為5年或7年，豈非同樣考慮財政收入；然而罰鍰裁處考慮財政收入，違反行政法上之**「不當聯結禁止原則」**（Kopplungsverbot），至為顯然。是否故意以詐欺或其他不

正當方法逃漏稅捐，係本法第18條所定「應受責難程度」問題，而得作為裁罰之斟酌因素。如以之做為加長裁處權時效之期間的理由，乃屬不當聯結，違反行政法上之「不當聯結禁止原則」，更無疑問。此外，攸關社會大眾生命財產安全之重要行政法規，諸如食品衛生管理法、環境保護法或證券交易法等，無論其所定罰鍰之裁罰額度多少，其裁罰均適用本法第27條第1項之3年裁處權時效；相形之下，唯獨租稅法之漏稅罰罰鍰之裁處採用較長之裁處權時效，有違平等原則；蓋上開法務部及財政部二函均未說明如此差別待遇之理由為何。因此，鑑於本法第27條第1項3年裁處權時效之規定，係貫徹人民權利保護，同時平衡社會秩序維護目的之重要條文，實不宜單純地認為係屬「普通法」之規定，毋寧應視為具有「基本法」之性質；復且衡酌漏稅罰罰鍰並無明顯、重大之理由而應適用較長之消滅時效[221]。綜上所述，**宜認為本法施行後，關於漏稅罰罰鍰之裁處權時效，稅捐稽徵法第49條之準用規定範圍，其準用範圍應排除消滅時效部分，而回歸本法所定3年之裁處權時效**，俾使行政罰之法制能趨於融貫一致。

　　3.漏稅罰「罰鍰」裁處權時效之起算，依上面1、所述，應視情形不同而分別為：(1)自稅捐申報日起算，(2)自規定申報稅捐期間屆滿之翌日起算，(3)自依法應貼用印花稅票日起算，(4)自該稅捐所屬徵期屆滿之翌日起算。茲進一步設例詳予解析如下：

　　甲、納稅義務人對於(4)之稅捐，並無自動申報繳納之義務（係由稽徵機關依稅法規定之期限，查定應納稅額而填發稅單通知納稅義務人繳納）。因此，納稅義務人對於(4)之稅捐，其行為已實現漏稅罰構成要件而應裁處罰鍰者，其裁處權時效之起算，非得「自該稅捐所屬徵期屆滿之翌日起算」不可。是以其時效**自該稅捐所屬徵期屆滿之翌日起算**，自無問題。茲舉例說明(4)之裁處權時效之計算。

　　例：小規模營業人之營業稅，主管稽徵機關除每3個月（分別於1月、4月、7月、10月）查定其應納營業稅額一次（參見營業稅法第32條第1項，營業稅特種稅額查定辦法第3條第2項），故其營業稅之徵期係3個月（各徵期屆滿之日分別為3.31，6.30，9.30，12.31）。某商店係查定課稅之小規模營業人，登記營業項目係建材買賣。稽徵機關於98.7.11查獲其另有從事食品買賣，其銷售食品之期間為93.1.10至93.11.15，該期間銷售額不在原查定銷售額內，故有漏稅情事，應補稅並應處以漏稅罰之罰鍰（參見財政部81.2.28台財稅第810756713號函）。茲計算各該期漏稅應處罰鍰之裁處權時效（採目前實務見解之5年）之屆滿日期如下：

　　A.裁處權時效起迄日之計算：

　　93.1.10－93.3.31期間營業稅徵期屆滿日為93.3.31，應處罰鍰之裁處權時效（自該稅捐所屬徵期屆滿之翌日起算）起算日期為93.4.1，屆滿日期為98.3.31。

　　93.4.1－93.6.30期間營業稅徵期屆滿日為93.6.30，應處罰鍰之裁處權時效起算日

221 參見黃士洲，註60文，170-171頁；以及吳承學：稅捐違章裁罰時效有問題，稅務旬刊，2035期，2008年4月，24-25頁。

期為93.7.1，屆滿日期為98.6.30。

93.7.1－93.9.30期間營業稅徵期屆滿日期為93.9.30，應處罰鍰之裁處權時效起算日期為93.10.1，屆滿日期為98.9.30。

93.10.1－93.11.15期間營業稅徵期屆滿日期為93.12.31，應處罰鍰之裁處權時效起算日期為94.1.1，屆滿日期為98.12.31。

B.裁處權時效屆滿與否之判斷：

93.1.10－93.6.30二個徵期漏稅應處罰鍰之裁處權時效，屆滿日期分別為98.3.31及98.6.30，在查獲日98.7.11已屆滿5年，其裁處權應罹於消滅，稽徵機關不得裁處罰鍰。至於93.7.1－93.11.15二個徵期漏稅應處罰鍰之裁處權時效，屆滿日期分別為98.9.30及98.12.31，因在查獲日98.7.11尚未屆滿5年，稽徵機關仍有罰鍰之裁處權。

　　乙、納稅義務人對於⑴至⑶之稅捐，有應於一定期限自動申報繳納之義務，而未於期限內履行其義務，實現漏稅罰構成要件之漏稅行為，其性質係屬上面一、㈢、2、⑸、所述之**「純正之不作為」**之違序行為。依上面一、㈢、2、⑸、B、之說明，因作為義務並未履行，故其裁罰權時效應**「自履行期限屆滿之翌日，或自履行日期之翌日，或自履行時點」**起算。

　　由於上述實務見解認為漏稅罰罰鍰之裁處權時效，應「自稅捐申報日、自規定申報稅捐期間屆滿之翌日、自依法應貼用印花稅票日」起算，其中「自稅捐申報日期算」、「自依法應貼用印花稅票日起算」，提早一日起算，實有減輕之意，自可從之。茲舉例說明裁處權時效之計算。

　　例一：使用統一發票之某公司，每年應自動申報繳納營利事業所得稅一次，申報期限係次年5.31（參見所得稅法第71條第1項）。該公司每年均依限申報有案。稽徵機關於98.11.5查獲該公司申報92年及93年之所得額時，均有漏報部分所得額，應依所得稅法第110條第1項規定處以漏稅罰之罰鍰。茲計算各年漏稅應處罰鍰之裁罰權時效（採目前實務見解之5年）之屆滿日期如下：

　　A.裁處權時效起迄日之計算：

92年所得稅申報期限為93.5.31，應處罰鍰之裁處權時效（自稅捐申報日起算）起算日期為93.5.31，屆滿日期為98.5.30。

93年所得稅申報期限為94.5.31，應處罰鍰之裁處權時效起算日期為94.5.31，屆滿日期為99.5.30。

　　B.裁處權時效屆滿與否之判斷：

92年度漏稅應處罰鍰之裁處權時效，屆滿日期為98.5.30，在查獲日98.11.5已屆滿五年，其裁處權應罹於消滅，稽徵機關不得裁處罰鍰。至於93年度漏稅應處罰鍰之裁處權時效，屆滿日期為99.5.30，因在查獲日98.11.5尚未屆滿5年，稽徵機關仍有罰鍰之裁處權。

　　例二：使用統一發票之某公司，每二個月應自動報繳營業稅一次，申報期限係次

月十五日（分別為1.15，3.15，5.15，7.15，9.15，11.15）（參見營業稅法第35條第1項）。稽徵機關於98.6.15查獲該公司91年各月分均有銷貨，而均未自動報繳各期營業稅，應依營業稅法第51條第3款規定處以漏稅罰之罰鍰。茲計算各該期漏稅應處罰鍰之裁罰權時效（採目前實務見解之7年）之屆滿日期如下：

A.裁處權時效起迄日之計算：

91.1.1－91.2.28期間營業稅申報期限為91.3.15，應處罰鍰之裁處權時效（自規定申報稅捐期間屆滿之翌日起算）起算日期為91.3.16，屆滿日期為98.3.15。

91.3.1－91.4.30期間營業稅申報期限為91.5.15，應處罰鍰之裁處權時效起算日期為91.5.16，屆滿日期為98.3.15。

91.5.1－91.6.30期間營業稅申報期限為90.7.15，應處罰鍰之裁處權時效起算日期為91.7.16，屆滿日期為98.7.15。

91.7.1－91.8.31期間營業稅申報期限為90.9.15，應處罰鍰之裁處權時效起算日期為91.9.16，屆滿日期為98.9.15。

91.9.1－91.10.31期間營業稅申報期限為90.11.15，應處罰鍰之裁處權時效起算日期為91.11.16，屆滿日期為98.11.15。

91.11.1－91.12.31期間營業稅申報期限為92.1.15，應處罰鍰之裁處權時效起算日期為92.1.16，屆滿日期為99.1.15。

B.裁處權時效屆滿與否之判斷：

91.1.1－91.4.30二個課稅期間漏稅應處罰鍰之裁處權時效，屆滿日期分別為98.3.15及98.5.15，在查獲日98.6.15已屆滿7年，其裁處權應罹於消滅，稽徵機關不得裁處罰鍰。至於91.5.1－91.12.31四個課稅期間漏稅應處罰鍰之裁處權時效，屆滿日期分別為98.7.15，98.9.15，98.11.15及99.1.15，因在查獲日98.6.15尚未屆滿7年，稽徵機關仍有罰鍰之裁處權。

㈢行為罰罰鍰裁處權時效之期間暨其起算：

1.依上述財政部74年第13298號函、87年第871960445函與95年第9504540330號函之實務見解，其認為**行為罰之罰鍰裁處權時效一律為五年，而其時效之起算如下**：

⑴罰鍰之第一次裁處：

A.依法受處分人應於一期限內為一定之行為而不行為者，自期限屆滿之翌日起算。

B.依法受處分人應為一定行為而不為者：

(A)自應行為之日起算。

(B)其不行為有連續或繼續之狀態者，自不行為終了之日起算。

C.依法受處分人不應為一定行為而為之者：

(A)自不應行為之日起算。

(B)其行為有連續或繼續之狀態者，自行為終了之日起算。此係依上述財政部74年第13298號函之解釋，惟依上述財政部95年第9504540330號函釋示，則應以「查獲日」

（應係指：不應為一定行為而為之，而「稽徵機關查獲或知悉該行為終了之日」），為裁處權時效起算之日：蓋新令應優於舊令而適用之故。

　　(2)違序行為同時觸犯刑事罰及行為罰之規定者，依本法第32條第1項規定，移送司法機關處理，並因刑事案件部分已為不起訴處分或緩起訴處分、無罪、免訴、不受理或不付審理之裁判確定者，自不起訴處分、無罪、免訴、不受理或不付審理之裁判確定日起算。

　　(3)罰鍰之裁處，因訴願、行政訴訟或其他救濟程序（如復查）經撤銷而須另為裁處者，自原裁處被撤銷確定之日起算。

　　2.上述財政部釋示**行為罰之罰鍰5年裁處權時效，其論據如何，其實欠明**。財政部87年第871960445函中固有說明謂：「行為罰則係對不依稅法規定為一定行為或不為一定行為之處罰，並不以行為人有逃漏稅為處罰要件，則其處罰期間，依本部前開74/3/20台財稅第13298號函釋規定應一律為5年，而無須視有無故意以詐術或其他不正當方法逃漏稅捐，予以區分該行為罰期間為5年或7年」。惟檢視同部74年第13298號函內容，其中並無「函釋規定應一律為5年」之字樣，此其一。又「行為罰並不以行為人有逃漏稅為處罰要件」，此說固然正確，然而僅可能獲得「行為罰罰鍰之裁罰期間，宜與漏稅罰罰鍰之裁罰期間有所不同」，卻並不必然即可獲得「行為罰罰鍰之處罰期間5年」之結論，此其二。惟此函釋示行為罰罰鍰之5年處罰期間，係準用稅捐稽徵法第21條第1項第1款及第2款之5年核課期間，應無疑問。然而財政部此函之見解，有待商榷。

　　謹按罰鍰係因人民違法而國家施加之財產權剝奪，租稅則係人民基於稅法所定納稅義務而對國家之貨幣給付，二者具有本質上之不同，故罰鍰之裁處權時效與租稅之核課權時效本即無作相同處理之合理理由。其次，行為罰之罰鍰係對違反租稅法上行為義務（不包括繳納義務）之處罰，與稅捐之核課並無直接關聯；因此，現將行為罰罰鍰之處罰期間準用稅捐之核課期間5年，完全違反行政法上之**「不當聯結禁止原則」**。

　　按財政部87年第871960445函係發布於本法施行之前，而本法施行之後，主管之行政機關（財政部及法務部）對於行為罰之罰鍰裁處權時效，既無行政解釋，**自應回歸本法，依本法第27條第1項規定，以「3年」為行為罰之罰鍰裁處權時效**，而將財政部87年第871960445函廢棄，方是妥適之法律適用之道。進一步言之，縱然主管之行政機關（財政部及法務部）日後重新發布行政解釋，倘如新解釋仍持「行為罰罰鍰之裁處權時效5年」之見解，其見解亦並非妥適。是以上述探討所獲之結論，同樣適用於行為罰之罰鍰，亦即「行為罰罰鍰之裁處，應適用本法第27條第1項之3年裁處權時效」，不再複述。

　　綜而言之，本法施行後，**縱然稅捐稽徵法第49條繼續存在，所有種類之行為罰之裁處，應一律適用本法第27條第1項規定之3年裁處權時效，方始妥適**。

　　3.行為罰之**「罰鍰」裁處權時效之起算**，如上面1、所述，應視情形不同而分別為：(1)依法受處分人應於一期限內為一定之行為而不行為者，自期限屆滿之翌日起

算。按受處分人應於一期限內爲一定之行爲而不行爲者，其不行爲亦有「連續或繼續之狀態者」，然而未及之，實有闕漏。故可擴張成爲：依法受處分人應於一期限內爲一定之行爲而不行爲者，自期限屆滿之翌日起算。如其不行爲有連續或繼續之狀態者，自不行爲終了之日起算。(2)依法受處分人應爲一定行爲而不爲者，自應行爲之日起算。如其不行爲有連續或繼續之狀態者，自不行爲終了之日起算。(3)依法受處分人不應爲一定行爲而爲之者，自不應行爲之日起算。如其行爲有連續或繼續之狀態者，應自查獲日起算。

上述財政部二函雖將租稅法上之違序行爲分爲三類，其實可分爲兩大類，即第一大類是「應爲一定之行爲而不爲」之違序行爲（包括二函中之(1)及(2)），第二大類是「不應爲一定之行爲而爲之」之違序行爲（即二函中之(3)）。茲分別進一步詳予解析如下：

甲、關於**第一大類「應爲一定之行爲而不爲」之違序行爲**，按上開財政部二函中，(1)及(2)之差別在於(1)之作爲義務有一定之「**期限**」，(2)之作爲義務有一定之「**日期**」。其實尚有一種情形，上述財政部二函未及之者，即「義務人應於一定之「**時點**」爲一定之行爲而不行爲者」，其裁處權時效亦宜解爲自應行爲之日起算。綜而言之，義務人應爲一定行爲，其類型有三：「**應於一期限內爲一定行爲**」、「**應於一日期爲一定行爲**」及「**應於一時點爲一定行爲**」。然而三者僅有應爲一定行爲之時間長短久暫之別，而其義務之性質並無不同，故可合併討論。

次按行爲義務人有上開三類應爲一定行爲之義務，而未於一定期限、一定日期或一定時點履行義務，實現行爲罰構成要件之違序行爲，其性質係屬上面一、㈡、2、(5)、所述之「**純正之不作爲**」之違序行爲。茲分述之：

(1)行爲義務人未依規定履行行爲義務，其行爲罰罰鍰之裁處權時效之起算，依上述財政部二函釋示係「自期限屆滿之翌日起算」、「自應行爲之日起算」，其實既欠周全，亦欠妥適。應如本法第27條第1項規定，**其裁罰權時效自行爲終了時起算；行爲之結果發生在後者，自該結果發生時起算**。然而由於原來之作爲義務有履行之期限、日期或時點，故須俟履行之期限或日期屆滿，或履行時點經過，方能認定義務人應爲一定行爲而不爲；故依上面一、㈢、2、(5)、B、所述，**實際上其裁罰權時效應自履行期限屆滿之翌日、履行日期之翌日或履行時點起算**。茲舉例說明之。

例一：營業稅法第30條第1項規定：「營業人依第二十八條申請營業登記之事項有變更，或營業人合併、轉讓、解散或廢止時，均應於事實發生之日起十五日內填具申請書，向主管稽徵機關申請變更或註銷營業登記。」。同法第46條第1款規定：「營業人有下列情形之一者，除通知限期改正或補辦外，處五百元以上五千元以下罰鍰；逾期仍未改正或補辦者，得連續處罰至改正或補辦爲止：一、未依規定申請變更、註銷登記或申報暫停營業、復業者。」。

此一罰鍰之裁處權時效，應自營業人「登記事項變更日或營業人合併、轉讓、解散

或廢止日後第16日」起算。

　　例二：所得稅法第3條之4第1項及第2項規定：「（第1項）信託財產發生之收入，受託人應於所得發生年度，按所得類別依本法規定，減除成本、必要費用及損耗後，分別計算受益人之各類所得額，由受益人併入當年度所得額，依本法規定課稅。（第2項）前項受益人有二人以上時，受託人應按信託行為明定或可得推知之比例計算各受益人之各類所得額；其計算比例不明或不能推知者，應按各類所得受益人之人數平均計算之。」。同法第111條之1第2項規定：「信託行為之受託人未依第三條之四第二項規定之比例計算各受益人之各類所得額者，應按其計算之所得額與依規定比例計算之所得額之差額，處受託人百分之五之罰鍰。但最低不得少於一萬五千元。」。

　　按所得稅法第92條之1規定：「信託行為之受託人應於每年一月底前，填具上一年度各信託之財產目錄、收支計算表及依第三條之四第一項、第二項、第五項、第六項應計算或分配予受益人之所得額、第八十九條之一規定之扣繳稅額資料等相關文件，依規定格式向該管稽徵機關列單申報。……」。因此，信託人計算受益人之各類所得額之期限，應以受託人申報扣繳暨免扣繳憑單之期限，即次年1月底為準。從而此一罰鍰之裁處權時效，應自「次年1月底之翌日（即次年2月1日）」起算。

　　例三：所得稅法第107條第1項規定：「納稅義務人違反第八十三條之規定，不按規定時間提送各種帳簿，文據者，稽徵機關應處以一千五百元以下之罰鍰。」。所謂規定時間，通常是一定日期或一定時點（如某日上午十時）。此一罰鍰之裁處權時效，應自「稽徵機關所定日期之翌日或所定時點」起算。

　　例四：所得稅法第114條之3第1項規定：「營利事業未依第一百零二條之一第一項規定之期限，按實填報或填發股利憑單者，除限期責令補報或填發外，應按股利憑單所載可扣抵稅額之總額處百分之二十罰鍰，但最高不得超過三萬元，最低不得少於一千五百元；逾期自動申報或填發者，減半處罰。」。

　　按所得稅法第102條之1第1項規定：「依第六十六條之一規定，應設置股東可扣抵稅額帳戶之營利事業，應於每年一月底前，將上一年內分配予股東之股利或社員之盈餘，填具股利憑單、全年股利分配彙總資料，一併彙報該管稽徵機關查核；並應於二月十日前將股利憑單填發納稅義務人。但營利事業有解散或合併時，應隨時就已分配之股利或盈餘填具股利憑單，並於十日內向該管稽徵機關辦理申報。」。因此，此一罰鍰之裁處權時效，應自「次年1月底之翌日（即次年2月1日）」或「解散或合併日後第11天」起算。

　　例五：稅捐稽徵法第46條第1項規定：「拒絕稅捐稽徵機關或財政部賦稅署指定之調查人員調查，或拒不提示有關課稅資料、文件者，處新台幣三千元以上三萬元以下罰鍰。」。通常稽徵機關會指定提示資料、文件之期限或日期。此一罰鍰之裁處權時效，應自「稽徵機關所定期限屆滿之翌日或日期之翌日」起算。

　　乙、關於第二大類「不應為一定之行為而為之」之違序行為，由於僅在行為人有

所作為，方始實現處罰構成要件；因此，依本法第27條第1項「以行為終了時或結果發生時起算」規定之意旨，**裁罰權時效應自**（不應為一定行為而作為之）**「該作為終了時」起算**。

租稅行政罰之實務上，本法施行前所依據者，係財政部74.3.20台財稅第13298號函釋示：「納稅義務人違反稅法規定裁罰期間之起算，規定如左：……(三)行為罰：……2.依法受處分人……不應為一定行為而為之者，自不應行為之日起算；如其行為……有連續或繼續之狀態者，自行為……終了之日起算。」，此一規定，與本法第27條第1項並無不同。

然而本法施行後，財政部95.7.26台財稅第9504540330號函則釋示：「……該項規定係以作為方式違反行政法之不作為義務，核屬行為罰之裁處規定，依本部87/08/19台財稅第871960445號函釋之處罰期間為5年，至其處罰期間之起算日，依本部87/06/04台財稅第871947198號函釋，依法受處分人不應為一定行為而為之者，自不應為一定行為之日起算，亦即應自查獲日起算。……。」。此一釋函中之**「查獲日」**，宜擴張為**「查獲日期」**、**「查獲時點」**，而應解為係指不應為一定行為而為之，而稽徵機關**「查知或獲悉該作為之日期、時點」**，方符合實際。

比較財政部前後二函，95年第9504540330號函中之「查獲日期」、「查獲時點」，顯然較74年第13298號函中之「不應行為之日」、「行為終了之日」明確，並易於操作，復且基於後令優於前令之原則，故應以95年第9504540330號函釋示為準。

在此裁罰權時效之起算日，財政部95年第9504540330號函釋示之「查獲日期」、「查獲時點」，與符合上述本法第27條第1項「以行為終了時或結果發生時起算」規定意旨之「作為終了時」，似非相符；蓋「查獲作為之日」通常晚於「作為終了時」（當然亦有二者同一天之情形）。因此，除二者同一天之情形外，以查獲之日期、時點起算裁罰權時效，等於是延後起算裁罰權時效，對於人民不利。其實對於租稅法上「不應為一定之行為而為之」之違序行為，稽徵機關**「查知或獲悉該違序之作為」後，應立即進一步查明「該違序之作為係於何一日期、何一時點開始，又於何一日期、何一時點終了」**；僅在無法查明時，退而求其次，將**「查獲之日」**、**「查獲之時」**論為**「違序之作為終了時」**，以解決實務上無法查明「作為終了時」之困境。上開財政部95年第9504540330號函之釋示謂「自不應為一定行為之日起算，亦即應自查獲日起算」，將查獲日直接等同於不應為一定行為之日，實大有商榷餘地。

茲舉例說明之。

例一：營業稅法第47條第2款規定：「納稅義務人，有下列情形之一者，除通知限期改正或補辦外，處一千元以上一萬元以下罰鍰；逾期仍未改正或補辦者，得連續處罰，並得停止其營業：二、將統一發票轉供他人使用者。」。

營業人經核定使用統一發票，其購買之統一發票不得轉供他人使用；稽徵機關查知或獲悉營業人將統一發票轉供他人使用，其行為係屬「不應為一定之行為而為之」之違

序行為。由於統一發票有使用期限（2個月或1個月），開立統一發票必須依時序開立，並須載明日期，而至次期15日前，必須將當期使用或開立之統一發票內容，填製統一發票明細表，向該管稽徵機關申報（參見統一發票使用辦法第8條及第9條，本法第35條第3項）。因此，統一發票如有轉供他人使用之情事，必然發生在「每期首日至次期15日之間」。稽徵機關必須查明其轉供他人使用（或開立）之確切日期，其裁處權時效應自統一發票轉供他人使用（或開立）之「行為終了時」，亦即「他人使用（或開立）日之翌日」起算。

　　例二：稅捐稽徵法第43條第3項規定：「*稅務稽徵人員違反第三十三條規定者，除觸犯刑法者移送法辦外，處一萬元以上五萬元以下罰鍰。*」。稅捐稽徵法第33條係規定稅務稽徵人員「保守納稅義務人提供之課稅有關資料的秘密之義務」，其義務係「不作為義務」，故而「洩密行為」係「不應為一定之行為而為之」之違序行為，其裁處權時效應自洩密行為之「行為終了時」（何時洩密可能無法查明者，則可以「查獲洩密之日」）起算。

　　㈣行為罰之停止營業、公告姓名或名稱、停止獎勵與懲處、議處裁處權時效之期間暨其起算：

　　目前各稅法中之租稅行政罰種類，除「罰鍰」之外，以營業稅法等三法言之，尚有「停止營業」、「公告姓名或名稱」、「停止獎勵」與「懲處、議處」，其裁處權時效暨其起算，實定法均無明文，實務見解闕如，學界亦未論及，茲在此予以補充論述。

　　各稅法中之**停止營業、公告姓名或名稱、停止獎勵與懲處、議處**，其性質均為行政罰（見上面本篇第一章、壹、二、㈣之說明），而為租稅行政罰中之行為罰（依本法之歸類，則屬於「其他種類行政罰」），依本書之見解，其裁處權時效之長度暨其起算日期，各稅法既均無明文，則依本法第1條前段規定，**自應適用本法第27條第1項規定之「3年」裁處權時效，以及第2項至第4項時效起算之規定**。茲分述各種處罰裁處權時效之起算如下：

　　1.**停止營業：**

　　⑴第1次裁處：

　　A.停止營業之處罰構成要件如係與「漏稅罰」罰鍰之處罰構成要件相同者，應與上面㈡、3、所述漏稅罰罰鍰相同。

　　例：營業稅法第51條規定：「*納稅義務人，有下列情形之一者，除追繳稅款外，按所漏稅額處一倍至十倍罰鍰，並得停止其營業：……。*」，應與上述1、漏稅罰罰鍰相同，即停止營業裁處權時效，應視情形自該稅捐所屬徵期屆滿之翌日，或自履行期限屆滿之翌日，或自履行日期之翌日，或自履行時點起算。

　　B.停止營業之處罰構成要件如係與「行為罰」罰鍰之處罰構成要件相同者，其裁處權時效之起算，應與上面㈢、3、所述行為罰罰鍰相同。

　　例：營業稅法第47條規定：「*納稅義務人，有下列情形之一者，除通知限期改正或*

補辦外，處一千元以上一萬元以下罰鍰；逾期仍未改正或補辦者，得連續處罰，並得停止其營業：一、核定應使用統一發票而不使用者。二、將統一發票轉供他人使用者。三、拒絕接受營業稅繳款書者。」，其各款違序行為裁處停止營業之裁處權時效，分別如下起算：

第1款係第二類之「應行為而不行為」，應自「查知或獲悉（應使用統一發票而未使用）之日」起算。

第2款係「不應行為而行為」，應自其統一發票轉供他人使用之「行為終了時」（無法查明者，以「查獲之日」）起算。

第3款係第二類之「應行為而不行為」，應自「查知或獲悉（不接受營業稅繳款書）之日期（或時點）」起算。

C.法規規定停止營業之獨立處罰構成要件者，其裁處權時效之起算，應與上面㈢、3、所述「行為罰」罰鍰相同。

例：稅捐稽徵法第45條第1項規定：「依規定應設置帳簿而不設置，或不依規定記載者，處新台幣三千元以上七千五百元以下罰鍰，並應通知限於一個月內依規定設置或記載；期滿仍未依照規定設置或記載者，處新台幣七千五百元以上一萬五千元以下罰鍰，並再通知於一個月內依規定設置或記載；期滿仍未依照規定設置或記載者，應予停業處分，至依規定設置或記載帳簿時，始予復業。」，其中停止營業之構成要件係「再通知於一個月內依規定設置或記載，而期滿仍未為之」，係第二類之「應行為而不行為」，其裁處權時效應自「查知或獲悉（再通知後仍不設置或記載帳簿）之日」起算。

⑵停止營業之裁處，因訴願、行政訴訟或其他救濟程序（如復查）經撤銷而須另為裁處者，自原裁處被撤銷確定之日起算。

附帶說明，如另為裁處之停止營業已告確定，然而停止營業時間短於第一次裁處之停止營業時間（依訴願法第81條第1項及行政訴訟法第195條第2項「行政救濟不利益變更禁止」之規定，應不存在另為裁處之停止營業時間長於第一次裁處之停止營業時間），倘如其第一次裁處後「實際」停止營業時間長於另為裁處之停止營業時間者，則其多出之「實際」停止營業時間，已造成受罰人之損害，受罰人得依國家賠償法規定，請求國家賠償。

2.公告姓名或名稱：

⑴第一次裁處：

公告姓名或名稱之租稅行政罰，僅見於稅捐稽徵法第34條第1項及第3項規定：「（第1項）財政部或經其指定之稅捐稽徵機關，對重大欠稅案件或重大逃漏稅捐案件經確定後，得公告其欠稅人或逃漏稅捐人姓名或名稱與內容，不受前條第一項限制。……（第3項）第一項所稱確定，係指左列各種情形：一、經稅捐稽徵機關核定之案件，納稅義務人未依法申請復查者。二、經復查決定，納稅義務人未依法提起訴願

者。三、經訴願決定，納稅義務人未依法提起再訴願者。四、經再訴願決定，納稅義務人未依法提行政訴訟者。五、經行政訴訟判決者。」。

此一條文中所謂「重大欠稅案件或重大逃漏稅捐案件確定」，其中「重大」及「確定」之涵義須進一步界定。關於「確定」之涵義，其第3項已有明文。至於「重大」之涵義，此一條文則闕如。惟財政部發布之91.12.5台財稅第910454400號函，已規定重大欠稅金額之標準：「主旨：請就轄內個人欠稅1千萬元及營利事業欠稅1億元以上之確定案件，依說明二事項公告欠稅人資料，並將辦理情形復知本部。說明：二、為作業一致起見，本次公告以按稅目別之欠稅（含罰鍰），個人累計在1千萬元或營利事業累計在1億元以上，且符合稅捐稽徵法第34條第3項規定之確定案件為範圍；……。」。此一認定標準固有必要，惟因其係處罰構成要件的要素之一，實應於稅捐稽徵法第34條中規定（或明文授權行政機關訂定認定標準），俾不致違反處罰法定原則。

公告姓名或名稱之處罰，以「重大欠稅案件確定」或「重大逃漏稅捐案件確定」為處罰構成要件；**其裁處權時效應「自重大欠稅案件確定之翌日」或「重大逃漏稅捐案件確定之翌日」起算。**

(2)公告姓名或名稱之裁處，因訴願、行政訴訟或其他救濟程序（如復查）經撤銷而須另為裁處者，自原裁處被撤銷確定之日起算。

附帶說明，如另為裁處之公告姓名或名稱已告確定，然而公告之內容、範圍等小於第一次裁處之內容、範圍等（依訴願法第81條第1項及行政訴訟法第195條第2項「行政救濟不利益變更禁止」之規定，應不存在另為裁處之公告姓名或名稱之內容、範圍等大於第一次裁處之內容、範圍等），則其多出內容、範圍等之公告，已造成受罰人之損害，受罰人得依國家賠償法規定，請求國家賠償。

3.停止獎勵：

(1)第一次裁處：

停止獎勵之租稅行政罰，僅見於稅捐稽徵法第48條規定：「納稅義務人逃漏稅捐情節重大者，除依有關稅法規定處理外，財政部並得停止其享受獎勵之待遇。」。條文中所謂「逃漏稅捐情節重大」，其涵義須進一步界定，而此一條文則闕如，迄今主管機關亦未訂有認定標準。

停止獎勵之租稅行政罰，以「逃漏稅捐情節重大」為處罰構成要件，其裁處權時效無從起算。蓋稽徵機關對於納稅義務人逃漏稅捐行為，必須依照有關稅法規定處理，其處理有一定之過程、期限等。是則在經過如何之過程、期限等，「逃漏稅捐情節重大」之認定方告確然無疑，必須明白規定，否則「逃漏稅捐情節重大」云云，淪於空言，無法形成處罰構成要件。稅捐稽徵法第48條於此完全闕如，自然徒成具文，進而停止獎勵之裁處權時效自亦無從起算。

由上可知，稅捐稽徵法第48條規定之停止獎勵，其處罰構成要件顯然不明確，實應於稅捐稽徵法第48條中增訂認定標準（或明文授權行政機關訂定認定標準），俾不致違

反處罰法定原則。

　　在實務上，稅捐稽徵法第48條未修訂之前，似可類推適用稅捐稽徵法第34條及上述財政部91年第910454400號函，即以「個人逃漏稅捐1千萬元及營利事業逃漏稅捐1億元以上」為重大逃漏稅捐情節之認定標準，並且以其案件業經「確定」（確定之涵義，則從稅捐稽徵法第34條第3項之規定）者，方得裁處停止獎勵之處罰。**如依此處理，則停止獎勵之處罰構成要件即為「重大逃漏稅捐情節案件確定」，而其裁處權時效應「自逃漏稅捐情節重大案件確定之翌日」起算。**

　　⑵停止獎勵之裁處，因訴願、行政訴訟或其他救濟程序（如復查）經撤銷而須另為裁處者，自原裁處被撤銷確定之日起算。

　　附帶說明，如另為裁處之停止獎勵已告確定，然而停止獎勵之內容、範圍等小於第一次裁處之內容、範圍等，則其多出內容、範圍等之停止獎勵，已造成受罰人之損害，受罰人得依國家賠償法規定，請求國家賠償（依訴願法第81條第1項及行政訴訟法第195條第2項「行政救濟不利益變更禁止」之規定，應不存在另為裁處之停止獎勵之內容、範圍等大於第一次裁處之內容、範圍等）。

　　4.懲處、議處：

　　⑴第一次裁處：

　　所得稅法對會計師、其他合法代理人、稽徵機關人員、政府機關人員違反所得稅法規定事項者，有得予懲處、議處之規定，其部分懲處、議處之性質係行政罰，上面本篇第一章、壹、二、㈣、4、及5、已詳為說明。

　　懲處、議處之處罰，有以「應於一期限內為一定之行為而不行為」為處罰構成要件者（如應於法定期限填報所得免扣繳憑單，而未履行），亦有以「不應為一定行為而為之」為處罰構成要件者（如不應洩漏納稅義務人之所得資料或舉發人資料，而予以洩漏），**其裁處權時效之起算，應與上面㈢、3、所述「行為罰」罰鍰相同。**茲舉例說明之。

　　例一：所得稅法第111條前段規定：「政府機關、公立學校或公營事業違反第八十九條第三項規定，未依限或未據實申報或未依限填發免扣繳憑單者，應通知其主管機關議處該機關或學校之責應扣繳單位主管或事業之負責人。……」，

　　其議處之構成要件係「未依限或未據實申報或未依限填發免扣繳憑單」，係第二類之「應行為而不行為」，其裁處權時效應自「查知或獲悉（未依限或未據實申報或未依限填發）之日」起算。

　　例二：所得稅法第120條規定：「稽徵人員違反……第一百零三條之規定者，應予懲處。」，其議處之構成要件係「不應洩漏舉發人資料，而予洩漏」，係「不應行為而行為」，應自其洩漏舉發人資料之「行為終了時」（無法查明者，以「查獲之日」）起算。

　　⑵違序行為同時觸犯刑事罰及行為罰之規定者，依本法第32條第1項規定，移送司

法機關處理，並因刑事案件部分已為不起訴處分或緩起訴處分、無罪、免訴、不受理或不付審理之裁判確定者，自不起訴處分或緩起訴處分、無罪、免訴、不受理或不付審理之裁判確定日起算。

　　(3)懲處、議處之裁處，因訴願、行政訴訟或其他救濟程序（如復查）經撤銷而須另為裁處者，自原裁處被撤銷確定之日起算。

　　附帶說明，如另為裁處之懲處、議處已告確定，然而懲處、議處之內容、範圍等小於第一次裁處之內容、範圍等（依訴願法第81條第1項及行政訴訟法第195條第2項「行政救濟不利益變更禁止」之規定，應不存在另為裁處之懲處、議處之內容、範圍等大於第一次裁處之內容、範圍等），則其多出內容、範圍等之懲處、議處，已造成受罰人之損害。在此情形，如受罰人係會計師、其他合法代理人，則得依國家賠償法規定，請求國家賠償。惟如受罰人係政府機關、公立學校或公營事業責應扣繳單位主管或事業之負責人、稽徵機關人員、政府機關人員，其得否依國家賠償法規定，請求國家賠償，似有疑問；此一問題似有待實務發展以澄清之。

貳、裁處權時效之停止進行與恢復進行

　　行政罰法第28條：「（第1項）裁處權時效，因天災、事變或依法律規定不能開始或進行裁處時，停止其進行。（第2項）前項時效停止，自停止原因消滅之翌日起，與停止前已經過之期間一併計算。」。此係規定行政罰裁處權時效停止進行之事由，以及時效恢復進行後期限之計算方法。

一、條文說明解析

　　㈠本法第27條規定之行政罰裁罰權時效，性質係**消滅時效**，消滅時效之涵義，上面壹、一、㈠已有說明。消滅時效可能因種種原因以致其進行發生障礙，稱為「**時效之障礙**」。消滅時效之障礙有二種，第一種是「**時效中斷**」，第二種是「**時效停止**」。消滅時效之停止又可分為二類，一類是消滅時效進行中遇一定障礙事由時，均得停止進行；另一類是僅在消滅時效將完成時，遇一定障礙事由，始予停止進行，特稱為「**時效不完成**」[222]。

　　關於行政罰裁處權時效之障礙，**本法僅採用「時效停止」制度**，規定於本條，而不採用「時效中斷」制度。此一立法裁量應係欲簡化裁罰權時效問題，而其規範意旨則係考慮行政機關之裁罰權如懸之過久而不行使，將失去其制裁之警惕作用，亦影響人民權益；其次，裁處權時效停止之規定亦可督促行政機關及早行使公權力。惟如事實上不能執行職務或法律另有規定之事由，無法開始或進行裁罰時，因非屬行政機關之懈怠，自宜停止時效進行，以維衡平。

---

222 參見施啟揚，註214書，366頁。

　　行政罰裁罰權時效進行之停止原因，其發生之時間不外「發生於時效開始之前」、「發生於時效進行中」及「發生於時效將完成之前」。檢視本條第1項條文：「裁處權時效，因天災、事變或依法律規定不能開始或進行裁處時，停止其進行。」，其時效之停止進行，包括「停止原因發生於時效開始之前」及「停止原因發生於時效進行中」兩種情況，而不包括「停止原因發生於時效將完成之前」之情況，質言之，即本法不採用「時效不完成」制度。

　　(二)本條規定內容之說明解析：

　　1.本條第1項規定**行政罰裁處權時效進行之停止原因**，分言之：

　　(1)因「天災」以致不能開始或進行行政罰之裁處時，裁處權時效停止進行。「天災」係指因自然原因引起之災害，包括風災、火災、水災、旱災、震災、寒害、土石流災害等天然災害（參見災害防救法第2條第1款第1目）。

　　(2)因「事變」以致不能開始或進行行政罰之裁處時，裁處權時效停止進行。「事變」係指人為因素引發之變故或事實上障礙，而為違序人所不可避免者，例如戰爭、暴動、罷工、瘟疫、國家發布緊急處分或緊急命令等。

　　(3)因「依法律規定」以致不能開始或進行行政罰之裁處時，裁處權時效停止進行。所謂「法律規定」，應個案判斷。例如同一違序行為之刑事程序尚未終了確定、外交人員具有豁免權等。又如行政機關尚未成立（參見法務部96.6.13法律字第960700432號函），另如訴願法第93條第2項及第3項規定：「（第2項）原行政處分之合法性顯有疑義者，或原行政處分之執行將發生難以回復之損害，並非為維護重大公共利益所必要者，受理訴願機關或原行政處分機關得依職權或依申請，就原行政處分之全部或一部，停止執行。（第3項）前項情形，行政法院亦得依聲請，停止執行。」，亦屬之[223]。

　　裁處權時效停止進行，即在該停止原因存在之期間，裁處權時效之進行暫時中止，時效停止計算。對於裁處權時效進行之停止原因，本條第1項並無存續期間之限制；因此，適用時應注意停止原因係於何時發生，俾確認**「時效停止之開始時點」**，並計算**「時效已進行之期間」**與**「賸餘之時效期間」**。如同一行政罰案件有多數違序人，則應分別確認與計算。

　　2.本條第2項規定裁處權時效進行之停止原因消滅後，自停止原因消滅之翌日起，再繼續進行時效，而與時效停止前已進行之時效，一併計算。

　　如因有裁處權時效進行之停止原因，以致行政罰不能開始裁處者，即不開始計算時效，直至時效進行之停止原因消滅之翌日起，方開始計算時效。如裁處權時效已在進行中，而發生時效進行之停止原因，則即應停止計算時效，直至時效進行之停止原因消滅

223 「天災」、「事變」、「其他法律規定」之涵義，參見吳志光，註219文，239-240頁；蔡震榮等二人，註1書，383-384頁；以及張昌邦，註209書，88頁。

之翌日起，方恢復繼續計算時效。

　　適用本條第2項規定時，應注意停止原因係於何時消滅，俾確定「**時效停止之結束時點**」，亦即「**時效進行之恢復時點**」。

　　㈢本條之適用，必須同時考慮本法第26條之規定，茲說明如下：

　　　1.處理行政罰裁處權時效之問題，必須先確定同一違序行為，是否同時觸犯刑事罰之規定。如屬肯定，即應在確定行政罰「裁處權時效」之期間，依據刑事罰之種類，同時確定刑事罰「追訴權時效」之期間；蓋在此情形涉及本法第26條之適用。

　　　2.行政罰之裁處權時效與刑事罰之追訴權時效，原則上各自進行，二者之中任何一個因時效經過而消滅，並不當然構成另一個消滅。具體言之，行政罰裁處權因為時效消滅，刑事罰追訴權如果尚在時效內，依然可以進行追訴。反之，刑事罰追訴權因為時效經過而消滅，而行政罰裁處權如果尚在時效內，依然可以進行行政罰之裁處。

　　　3.在行政罰裁罰權依法尚在時效期間內（包括原本之時效期間，以及因為本法第28條第1項規定而事實上拉長之情況），而刑事罰追訴權已經消滅之情況，本法第26條第1項前段「刑事罰優先於行政罰」之規定，即例外不適用；否則將徒然增加不必要之程序，以及延緩行政罰裁處權程序之及早進行。

　　　4.構成不能開始或不能繼續行政罰裁處權時效進行之停止原因，如果同時構成刑事罰追訴權時效不能開始或不能繼續進行，則二者各自適用其恢復開始進行時效或者恢復計算時效之規定。惟如同一違序行為涉及刑事罰，依本法第26條第1項前段，必須先移送司法機關處理。倘如刑事罰追訴權時效進行發生停止原因，則即構成本法第28條第1項「依法律不能開始裁處行政罰」之情況，結果追訴權時效與裁處權時效即同時停止進行[224]。

二、本條規定在營業稅與所得稅稽徵上租稅行政罰之適用

　　如上面本章、壹、二、㈡所述，租稅行政罰中「漏稅罰罰鍰」之裁處權時效暨其起算，依據稅捐稽徵法第49條規定、法務部95年第950000798號函與財政部95年第9504508130號函釋示，目前係準用稅捐稽徵法第21條及第22條關於稅捐之核課權時效暨其起算之規定。除此之外，稅捐稽徵法並無任何關於稅捐核課權時效之障礙之規定，從而關於漏稅罰罰鍰之裁處權時效，自亦無時效障礙之規定可資準用。

　　又如上面本章、壹、二、㈢所述，租稅行政罰中之「行為罰罰鍰」之裁處權時效暨其起算，目前係依據財政部74年第13298號函、87年第871960445函與95年第9504540330號函為規範依據。除此之外，我國稅法並無任何關於行為罰罰鍰之裁處權時效之障礙之規定。

　　至於租稅行政罰中「其他種類行政罰」，我國稅法並無任何關於其裁處權時效之障

---

224 蔡志方，註4書，121-122頁。

礙之規定。

　　綜上所述，所有種類租稅行政罰之裁處權時效，我國稅法既無任何關於其時效障礙之規定，則依本法第1條規定，自應適用本條關於裁處權時效停止進行與恢復進行之規定。營業稅與所得稅稽徵上所有種類之租稅行政罰，並無例外，自屬當然。

第七章

管轄機關

壹、一般性地域管轄

行政罰法第29條：「（第1項）違反行政法上義務之行為，由行為地、結果地、行為人之住所、居所或營業所、事務所或公務所所在地之主管機關管轄。（第2項）在中華民國領域外之中華民國船艦或航空器內違反行政法上義務者，得由船艦本籍地、航空器出發地或行為後在中華民國領域內最初停泊地或降落地之主管機關管轄。（第3項）在中華民國領域外之外國船艦或航空器於依法得由中華民國行使管轄權之區域內違反行政法上義務者，得由行為後其船艦或航空器在中華民國領域內最初停泊地或降落地之主管機關管轄。（第4項）在中華民國領域外依法得由中華民國行使管轄權之區域內違反行政法上義務者，不能依前三項規定定其管轄機關時，得由行為人所在地之主管機關管轄。」此係規定行政機關對於違反行政法上義務之「地域管轄」之各種決定因素。

一、條文說明解析

(一)依照「**管轄法定主義**」，行政機關僅於其管轄權之範圍內，始得行使其權限；行政程序法第11條第1項即規定：「行政機關之管轄權，依其組織法規或其他行政法規定之。」。所謂「**管轄**」，係指依法規將一定之事務分配於各行政機關之準據，其一方面劃分各個行政機關之任務範圍，他方面確定各該行政機關處理行政事務之權責領域（即「權限」）。處理行政事務之權責領域，即為「**管轄權**」；對於特定行政事務有管轄權之行政機關，即為「**管轄機關**」[225]。有關行政事務之各種管轄，如「事務管轄」、「層級管轄」及「地域管轄」等，均須依個別機關之組織法規等之規定而定。惟由於法律規定之錯綜複雜或因行為態樣之不同表現，導致管轄權不易判斷，因此即有賴明確之規定，以資解決。

行政罰之管轄權，即行政機關處理違序行為案件事務之權責領域；對於違序行為案件事務有管轄權之行政機關，即為行政罰之管轄機關。行政罰之管轄機關涉及「事物管轄權」或「層級管轄權」部分，原則上依據處罰之相關作用法規、組織法規而定之。首先，決定**事務管轄**，其應依個別行政法規之規定，以判斷何一行政機關具有行政罰之**事務管轄權**。其次，決定**層級管轄**，其亦可由各級政府之組織法規及個別行政法規，以決定何一層級行政機關具有行政罰之**層級管轄權**。本法對於行政罰之事物管轄權與層級管轄權，不予規定。惟各該法規中若遺漏此種規定時，應如何處理，則須回歸各該法規本

---

225 蔡茂寅等四人，註65書，41頁。

身，透過法律解釋或修法等，尋求解決。

　　當有數個機關對行為人之違序行為皆擁有**事務管轄權**時，由於依據本法「一行為不二罰」原則，僅能處以一個處罰，是則究竟何一機關在其地域內對該事件具有管轄權，即涉及**地域管轄權**之問題。在多數有地域管轄權之機關中，何一機關有優先之管轄權，如何認定其歸屬，亦有明文規定之必要。因此，本法乃於本條及第30條設「地域管轄」之規定，以為依據。

　　㈡本條第1項規定違序行為之**「一般性地域管轄」**，乃是「屬地主義」下之原則性規定。一般性地域管轄係以「土地區域」作為決定行政罰管轄機關之因素，亦即同級行政機關間於違序行為案件管轄之分配，以土地區域決定之。其決定管轄機關之因素為：行為地、結果地、行為人之住所（即戶籍登記地）、行為人之居所（即實際上居住之地方）、營業所（針對營利性組織）、事務所（針對非營利性組織）、公務所（針對公法上組織）所在地，而由該所在地之主管機關管轄。所謂主管機關，係指個別行政法所規定之目的事業主管機關，亦即有「事務管轄權」之機關。因此，**對於行為人之違序行為，其「行為地、結果地、行為人之住所、居所或營業所、事務所或公務所所在地」之有「事務管轄權」之機關，皆為有「地域管轄權」之機關。**關於住所、居所地之認定，悉依民法之相關規定，惟民法總則編第20條第2項單一住所原則毋須貫徹至本法，而可認為數住所之主管機關均有管轄權。另應注意者，上開七個地域應均係本法第6條第1項規定之「在中華民國領域內」[226]。

　　由於本條第1項將七個決定行政罰管轄機關之地域因素並列，而不分別其先後優先順序（惟在個人無住所時，方得以居所為決定因素，是為例外），自然會發生**「競合管轄」**的問題，而需進一步適用本法第31條「管轄競合之處理」之規定。

　　㈢本條第2項及第3項係規定在我國之**「想像（或擬制）領域」**上發生行政罰原因事實時，決定管轄機關之因素。茲分述之：

　　1.本法第6條第2項規定將我國之**「浮動領土」**（指我國籍之船艦和航空器）擬制為本國領域，而有本法之適用。本條第2項即是配合規定我國浮動領土上發生行政罰原因事實時，決定管轄機關之因素。

　　根據本條第2項規定，在我國領域外之我國船艦、航空器（指船艦、航空器設籍在我國）內違反行政法上義務者，得由船艦之本籍地、航空器之出發地，或行為後在我國領域內最初停泊地（海港或領海所屬行政區），或航空器降落地（降落之機場或迫降地所屬行政區）之主管機關管轄。

　　2.本法第6條第2項規定將我國之**「擴張的主權領域」**（如我國駐外使領館）擬制為本國領域，而有本法之適用；本條第3項即是配合規定我國擴張之主權領域上發生行政罰原因事實時，決定管轄機關之因素。

----

226 蔡震榮等二人，註1書，387-388頁；蔡志方，註4書，125-126頁；以及洪家殷，註2書，299-300頁。

　　根據本條第3項規定，在我國領域外之外國船艦、航空器，在依法（通常是根據國際法、中華民國專屬經濟海域及大陸礁層法、海洋污染防治法、本法第6條第2項後段及第3項等）得由中華民國行使管轄權之區域內違反行政法上義務者，得由行為後該船艦在我國領域內最初停泊地（海港或領海所屬行政區），或航空器降落地（降落之機場或迫降地所屬行政區）之主管機關管轄。

　　3.本條第2項及第3項係規定「得」管轄，即其僅係「**具裁量性之管轄**」，而與本條第1項規定之管轄係屬於「**強制性管轄**」不同。因此，有管轄權之機關可否裁量不為管轄，如屬肯定，則管轄是否須回到第1項規定，非無疑問。由於本條第1項規定之管轄屬於「**基本管轄**」或「**主要管轄**」，而本條第2項及第3項規定之管轄，則屬於「**補充性管轄**」，是故以作肯定解釋為妥。倘如解為無法適用本條第1項時，即發生無管轄機關之情況，此時恐須應用「**裁量收縮到零**」之原則，強制有關機關管轄[227]。

　　(四)本條第4項係規定在我國領域外發生行政罰原因事實，依法我國有管轄權而不能依照本條第1項至第3項決定管轄機關時，決定行政罰管轄機關之因素為行為人所在地。**本條第4項揭示「管轄權補充原則」**。所謂「依法我國有管轄權」係指依據國際法、中華民國專屬經濟海域及大陸礁層法、海洋污染防治法、本法第6條第2項後段及第3項等之規定，我國享有管轄權。根據本條第4項規定，在我領域外依法可以由我行使管轄權之區域內違反行政法上義務，而不能依據本條第1項至第3項規定來決定其管轄機關時，得由行為人所在地之主管機關管轄。所謂「行為人所在地」，係指行為人身體現實所在地，行為人究竟係因為何種緣故而在該地，在所不問。如果行為人是在國外，則行為人所在地之主管機關應為本國駐外之使領館、辦事處等[228]。

二、本條規定在營業稅與所得稅稽徵上租稅行政罰之適用

　　(一)營業稅與所得稅稽徵上租稅行政罰之管轄機關：事務管轄權與層級管轄權部分：

　　稅捐稽徵法第50條之2規定：「依本法或稅法規定應處罰鍰者，由主管稽徵機關處分之，……。」。本條僅規定租稅行政罰中「罰鍰」之事務管轄，至於「罰鍰以外之租稅行政罰」（如停止營業等），並未及之，實有疏漏。在解釋上，罰鍰以外租稅行政罰之處分機關，應類推適用稅捐稽徵法第50條之2規定，亦以主管稽徵機關為處分機關。根本之道，稅捐稽徵法第50條之2應予修正增列之。

　　營業稅與所得稅均係國稅（參見財政收支劃分法第8條第1項），而依據財政部組織法第12條規定：「財政部設各地區國稅局；其組織以法律定之。」，財政部各地區國稅局組織通則第3條第9款則規定：「各地區國稅局掌理左列事項：九、國稅違章案件及稅

務爭議之處理事項。」。既然本款規定「各地區國稅局處理國稅違章案件事項」，則稅捐稽徵法第50條之2規定之「主管稽徵機關」，自然即為「各地區國稅局」。從而關於營業稅與所得稅之違序行為案件，**其所有種類租稅行政罰之事務，自然均由「財政部各地區國稅局」管轄**。營業稅法、所得稅法與稅捐稽徵法之處罰規定中，有明定由「稽徵機關」、「主管稽徵機關」或「該管稽徵機關」等處罰者，均應作是解。以目前而言，財政部各地區國稅局，係指財政部台北市國稅局、財政部高雄市國稅局、財政部台灣省北區國稅局、財政部台灣省中區國稅局、財政部台灣省南區國稅局。

　　惟應注意者，如營業稅法等三法之處罰規定另有（稽徵機關以外之）「處罰機關」之明文者，各該規定即應視為係特別規定，應優先適用。例如：

　　1.所得稅法第111條前段規定由（稽徵機關以外之）「主管機關議處（責應扣繳單位主管等）」，是即主管機關方有該處罰之事務管轄權。

　　2.所得稅法第118條規定由「財政部懲處（會計師或其他合法代理人）」，是即財政部方有該處罰之事務管轄權。

　　3.所得稅法第119條第1項規定由「主管長官懲處（稽徵機關人員）」，是即稽徵機關方有該處罰之事務管轄權。

　　4.所得稅法第119條第4項規定由（稽徵機關以外之）「主管機關議處（政府機關人員）」，是即主管機關方有該處罰之事務管轄權。

　　5.稅捐稽徵法第34條規定由「財政部公告（欠稅人或逃漏稅捐人）姓名或名稱」，是即財政部方有該處罰之事務管轄權（惟同條規定財政部亦得指定稅捐稽徵機關為之）。

　　6.稅捐稽徵法第48條規定由「財政部停止獎勵（納稅義務人）」，是即財政部方有該處罰之事務管轄權。

　　關於營業稅與所得稅稽徵上之租稅行政罰案件，**其所有種類租稅行政罰之層級管轄**，除稅捐稽徵法第34條外，有關法律並無層級管轄之規定，故自係**上述各該機關有該處罰之層級管轄權**。至於稅捐稽徵法第34條規定之「公告姓名或名稱」，條文中規定由財政部裁處，而財政部亦得指定稅捐稽徵機關為之。是則財政部有該處罰之層級管轄權，而稅捐稽徵機關（即各地區國稅局）亦得因財政部之指定，而有該處罰之層級管轄權（實際上係一種**「指定管轄」**）。

　　㈡營業稅與所得稅稽徵上租稅行政罰之管轄機關：地域管轄權部分：

　　如上面㈠所述，關於營業稅與所得稅之違序行為案件，財政部各地區國稅局具有（所有種類）租稅行政罰之事務管轄權。各地區國稅局雖係以「管轄之行政區域」而定其行使其權限之地域，然而各稅法（包括營業稅法、所得稅法與稅捐稽徵法）均無關於一般性地域管轄權之決定因素之規定；因此，關於營業稅與所得稅之違序行為案件，何一地區國稅局具有**「地域管轄權」**，自應適用本條之規定。惟須注意營業稅法等三法上義務之履行，有不同型態，可大別為三類：一為**「依法規規定須向稽徵機關為一定行為**

之義務」，二為「經稽徵機關依法規要求始應（向稽徵機關）為一定行為之義務」，三為「依法規規定應自行為一定行為之義務」；相關之違序行為自亦不同。是以在依照本條第1項所定七種地域因素決定管轄機關時，應配合各種義務不同履行型態而確認妥適之決定因素。茲分述之：

1.關於「依法規規定須向稽徵機關為一定行為之義務」之違序行為：最常見者，例如關於違反稅籍登記、自動報繳稅捐、填報所得扣繳憑單、填報免扣繳憑單等義務之行為。按此類義務之履行，應向稽徵機關為之（如向稽徵機關提出登記申請書、向稽徵機關提出所得申報書等），是以義務履行地應認為係在「稽徵機關之辦公處所」。茲因義務人故意或過失而未向稽徵機關履行此類義務，則應解為違序行為係發生在「稽徵機關之辦公處所」，而其即為違序行為之「行為地」。因此，違反此類義務的「行為地」之認定，即應確認此類義務「應對何一稽徵機關」履行。

上開各案例之違序行為之租稅行政罰，其決定管轄機關之因素，說明如下（其餘未述及之同類型違序行為之案例，可參照下面所述以決定管轄之地區國稅局）：

(1)辦理稅籍登記，應向「實際之營業所所在地」之地區國稅局為之。因此，關於違反營業稅法上稅籍登記義務的行為之處罰（參見營業稅法第45條），應由營利性組織（營業人、營利事業等）「實際之營業所所在地之地區國稅局」管轄。

惟應注意者，營利性組織之分支機構應單獨辦理稅籍登記（參見營業稅法第28條），而未辦理者，則應依分支機構「實際之營業所所在地」決定管轄之地區國稅局。

(2)關於違反營業稅法、所得稅法上自動報繳稅捐義務的行為之處罰：

A.營業人辦理營業稅自動報繳，依照營業稅法第35條規定，應向「主管稽徵機關」為之；解釋上，主管稽徵機關即為營業人「稅籍登記所在地之地區國稅局」。因此，關於營業人違反營業稅自動報繳義務之行為之處罰（參見營業稅法第51條），應依其「應申報時稅籍登記地地區國稅局管轄」決定。

惟應注意者，營業人之分支機構應單獨辦理報繳營業稅（參見營業稅法第38條第1項），而未辦理者，則應由分支機構「應申報時稅籍登記地之地區國稅局」管轄。

B.個人辦理綜合所得稅自動報繳，依照所得稅法施行細則第49條第1項規定，應向「申報時之戶籍所在地」之地區國稅局為之。因此，關於個人違反綜合所得稅自動報繳義務之行為之處罰（參見所得稅法第110條），應由「應申報時戶籍所在地之地區國稅局」管轄。戶籍所在地應解為等同於本法第29條第1項之「住所」。個人如無住所，則應由「應申報時居所之地區國稅局」管轄[229]。

----

29 外國人一年內在我國境內居住滿183天者，即為中華民國境內居住之個人，有自動報繳綜合所得稅之義務（參見所得稅法第7條第1項第2款，第72條第1項），其可能在我國境內並無住所，僅有居所，故非得以居所決定管轄機關不可。惟如稅法別有規定者，自應從其規定；例如遺產及贈與稅法第23條第2項規定：「被繼承人為經常居住中華民國境外之中華民國國民或非中華民國國民死亡時，在中華民國境

C.營利事業辦理營利事業所得稅自動報繳，依照所得稅法施行細則第49條第2項規定，應向「申報時之稅籍登記地」之地區國稅局為之。因此，關於營利事業違反營利事業所得稅自動報繳義務之行為之處罰（參見所得稅法第110條），應由「應申報時稅籍登記地之地區國稅局」管轄。

非營利組織（即教育、文化、公益、慈善機關或團體等，以下同）亦應辦理營利事業所得稅自動報繳（參見所得稅法第71條之1第3項），惟所得稅法及其施行細則並未規定應向何一機關申報。關於非營利組織違反營利事業所得稅自動報繳義務之行為之處罰（參見所得稅法第110條），解釋上，應類推適用所得稅法施行細則第49條第2項規定，即應由「應申報時事務所所在地之地區國稅局」管轄。

D.稽徵機關查獲關於自動報繳稅捐義務之違序行為時，違序人之住所或居所（個人）、營業所（營利性組織）、事務所（非營利性組織）之所在地可能已有變動。例如住所或居所、營業所、事務所之所在地在台北市時，漏報96年度之所得，而98年查獲時，已遷至高雄市。在此情形，其違序行為之處罰，應由「應申報時」稅籍登記地之地區國稅局管轄（例中即為台北市國稅局），以符行政罰法第29條第1項之規範意旨。惟在實務上，似常由「查獲時」稅籍登記地之地區國稅局裁罰；此一作法之地域管轄，似與本條第1項之規範意旨有間。究應如何處理，尚有待行政解釋，或待實務之發展以驗證之。

(3)關於違反所得稅法上填報所得扣繳憑單義務的行為之處罰，按所得稅扣繳義務人有填報所得扣繳憑單之義務，規定於所得稅法第92條；依該條規定，扣繳義務人應向「該管稽徵機關」（由於所得稅係國稅，故應解為係指「該地區國稅局」）填報。所得係由「給付人」所給付，而扣繳義務人可能是給付人（如執行業務者）；然而大部分扣繳義務人並非給付人，而係給付人（如營利事業、機關、團體、學校等）之「事業負責人、責應扣繳單位主管」（參見所得稅法第89條第1項第2款）。不論給付人即為扣繳義務人，或是扣繳義務人並非給付人，所得稅法第92條規定之「該管地區國稅局」，究何所指，其實不明；蓋身為扣繳義務人之人（不論其是否為給付人），並無向稽徵機關辦理「扣繳義務人登記」之規定，是則實無「扣繳義務人之該管地區國稅局」可言。

在實務上，各地區國稅局向來之作法，如給付人係營利性組織（如營利事業等），因其必須辦理稅籍登記，則即以「申報時給付人稅籍登記地之地區國稅局」，作為「扣繳義務人之該管地區國稅局」。財政部69.9.1台財稅第37284號函：「所得稅法第89條規定之扣繳義務人未履行扣繳義務者，其審理之管轄機關，應為所得給付單位登記所在地之主管稽徵機關。」。又69.12.26台財稅第40451號函：「××公司支付63年至6年房屋租金未依規定扣繳案，依本部 69/09/01台財稅第37284號函規定應由該公司登記

內遺有財產者，應向中華民國中央政府所在地之主管稽徵機關辦理遺產稅申報。」，故未履行此一申報遺產稅義務者，其處罰之管轄機關應依此一規定決定之。

所在地之主管稽徵機關辦理，而本案該公司違反扣繳義務時，既仍在××縣登記，且由該縣稅捐稽徵處逕予營業設籍在案，依前引函釋規定，自應由該處辦理。」（函中之稅捐稽徵處，目前應改為該市（區）國稅局），即為此一實務作法之法令依據。

如給付人係執行業務者、機關、團體、學校等者，因其並無辦理稅籍登記之義務，自無稅籍登記地之可言。實務上，執行業務者、機關、團體、學校等所在地之地區國稅局則要求申請配發「扣繳義務人統一編號」或「扣繳單位統一編號」（參見所得稅法施行細則第3條之1，財政部74.12.31台財稅第27066號函等），再以配發「扣繳義務人統一編號」或「扣繳單位統一編號」之地區國稅局，作為「扣繳義務人之該管地區國稅局」。扣繳義務人再向之填報所得扣繳憑單。從而扣繳義務人違反填報扣繳憑單義務之行為之處罰（參見所得稅法第114條），實務上即由「扣繳義務人之該管地區國稅局」裁罰；而似從未思索其中存有裁罰之管轄機關疑義之法律問題。

綜上所述，所得稅法第92條實存有法律漏洞，基於「管轄法定原則」，實應修法，明確規定「扣繳義務人之該管稽徵機關」；例如規定「扣繳義務人應向給付人稅籍登記地之該管稽徵機關，或配發扣繳單位統一編號之稽徵機關，填報扣繳所得資料」，即可解決此一管轄機關之法律漏洞問題[230]。

⑷關於違反所得稅法上填報所得免扣繳憑單義務的行為之處罰，按所得稅法第89條第3項規定：「機關、團體、學校、事業、破產財團或執行業務者每年所給付依前條規定應扣繳稅款之所得，及第十四條第一項第十類之其他所得，因未達起扣點，或因不屬本法規定之扣繳範圍，而未經扣繳稅款者，應於每年一月底前，將受領人姓名、住址、國民身分證統一編號及全年給付金額等，依規定格式，列單申報主管稽徵機關；……。」，依此規定，負有「填報免扣繳憑單義務」者，為「機關、團體、學校、事業、破產財團」（執行業務者可置之不論，蓋因其並下面所述之問題）。

然而所得稅法第111條後段則規定：「……私人團體、私立學校、私營事業、破產財團……，違反第八十九條第三項規定，未依限填報或未據實申報……免扣繳憑單者，處該團體或學校之責應扣繳單位主管、事業之負責人、破產財團之破產管理人……一千五百元之罰鍰，並通知限期補報或填發；……。」，依此規定，受罰人係（私人團體、私立學校、私營事業、破產財團）之「責應扣繳單位主管、事業之負責人、破產財團之破產管理人」。

姑且暫置此二條文間違序人與受罰人不一致，有違行政罰上「自己責任原則」之法理問題不論，在此對違反填報免扣繳憑單義務的行為之處罰，即發生究應以何一機關為管轄機關之疑問。蓋所得稅法第111條後段並未規定由何一機關裁罰，此其一。然而

---

30 關於現行所得稅法「以非給付人為扣繳義務人」之絕大部分規定，其帶來之法理上問題以及修法之建議，詳見吳金柱，註90書，151-154頁之探討。如採該書所提建議，所得稅法改為規定「一律以給付人為扣繳義務人」，則此處所述之管轄機關之問題，自然亦消失於無形，而無庸單獨為管轄機關之問題而修法。

可否以所得稅法第89條第3項規定中之「主管稽徵機關」（由於所得稅係國稅，故應解為係指「主管地區國稅局」）為裁罰之「主管稽徵機關」（即主管地區國稅局），則應作否定解釋；蓋應對「主管地區國稅局」負填報免扣繳憑單義務者為「私人團體、私立學校、私營事業、破產財團」，而非（私人團體、私立學校、私營事業、破產財團之）「責應扣繳單位主管、事業之負責人、破產財團之破產管理人」，故即無理由以該「主管地區國稅局」作為對「責應扣繳單位主管、事業之負責人、破產財團之破產管理人」裁罰之機關，此其二。

在實務上，各地區國稅局向來之作法，係由（私人團體、私立學校、私營事業、破產財團之）「稅籍所在地之地區國稅局」對「責應扣繳單位主管、事業之負責人、破產財團之破產管理人」裁罰；而似從未思索其中存有裁罰之管轄機關疑義之法律問題。

綜上所述，所得稅法第111條後段實存有法律漏洞，基於「管轄法定原則」，實應修法，明確規定「應由何一機關裁罰」；例如規定「應由私人團體、私立學校、私營事業、破產財團之主管稽徵機關裁罰」，即可解決此一管轄機關之法律漏洞問題[231]。

2.關於「經稽徵機關依法規要求始應（向稽徵機關）為一定行為之義務」之違序行為：最常見者，例如關於違反提示帳簿文據、備詢、提示有關文件等義務之行為。**按此類義務之履行，應向稽徵機關為之**（如向稽徵機關提出帳據、到稽徵機關備詢等），**是以義務履行地應認為係在「稽徵機關之辦公處所」。茲因義務人故意或過失而未向稽徵機關履行此類義務，則應解為違序行為係發生在「稽徵機關之辦公處所」，而其即為違序行為之「行為地」。因此，違反此類義務的「行為地」之認定，即應確認此類義務「應對何一稽徵機關」履行。**

上開各案例之違序行為之租稅行政罰，其決定管轄機關之因素，說明如下（其餘未述及之同類型違序行為之案例，可參照下面所述以決定管轄之地區國稅局）：

⑴營利事業與非營利性組織應依通知之時間、內容等，向通知之地區國稅局提示帳簿文據。因此，關於違反所得稅法上提示帳簿文據義務的行為之處罰（參見所得稅法第107條第1項），應由「通知提示帳簿文據之地區國稅局」管轄。

⑵有關機關、團體或個人依通知之時間、內容等，到達通知之地區國稅局備詢，或向通知之地區國稅局提示有關文件。因此，關於違反稅捐稽徵法上備詢、提示有關文件義務的行為之處罰（參見稅捐稽徵法第46條），應由「通知備詢、提示有關文件之地區國稅局」管轄。

3.關於「依法規規定應自行為一定行為之義務」之違序行為：

---

231 按現行所得稅法第111條後段條文，在95.5.30修訂以前係規定應對「私人團體或事業」本身處罰，故與第89條第3項規定條文間違序人與受罰人一致，是以由該「主管地區國稅局」作為對「私人團體或事業」裁罰之機關，自無問題。95.5.30所得稅法第111條後段修訂成現行條文，乃使違序人與受罰人不一致，以致引發上述由何一機關裁罰之疑問。此一修法實屬治絲益棼之舉。倘如恢復對給付免扣繳所得之給付人處罰，管轄機關之問題自然消失於無形。

(1)**違反作為義務之處罰**：最常見者，例如關於違反設置帳簿、記載帳簿、給予銷售憑證、取得購貨憑證、保存帳簿、保存憑證、填發扣繳憑單、填報免扣繳憑單等義務之行為。**按此類義務之履行，並非向稽徵機關為之，而係應自我履行。茲因義務人故意或過失而未自我履行此類義務，則應解為違序行為通常係發生在「義務人之住所或居所、營業所、事務所」。惟亦可能發生於其他處所，是則即應依實際情況以判斷違序行為之「行為地」。**

上開各案例之違序行為之租稅行政罰，其決定管轄機關之因素，說明如下（其餘未述及之同類型違序行為之案例，可參照下面所述以決定管轄之地區國稅局）：

A.營業人、營利事業有設置帳簿、記載帳簿、保存帳簿、保存憑證之義務，通常應在營業所履行此類義務。因此，關於違反營業稅法、所得稅法上設置帳簿、記載帳簿、保存帳簿、保存憑證義務的行為之處罰（參見稅捐稽徵法第44條、第45條等），應依違序人「營業所所在地」決定管轄之地區國稅局。

B.營業人、營利事業對外營業事項之發生，應於發生時自他人取得原始憑證，如進貨發票，或給與他人原始憑證，如銷貨發票（參見營業稅法第32條第1項、稅捐稽徵機關管理營利事業會計帳簿憑證辦法第21條第1項）。由於對外營業事項未必均發生於營業所，故如有未給予銷售憑證、未取得購貨憑證之違序行為，可能發生於營業所，亦可能發生於其他處所。因此，關於違反營業稅法、所得稅法上給予銷售憑證、取得購貨憑證義務的行為之處罰（參見稅捐稽徵法第44條），其地域管轄之決定因素，應分別而論：

(A)於營業所銷貨、購貨時，未給予銷售憑證、未取得購貨憑證，其處罰應依違序人「營業所所在地」決定管轄之地區國稅局。

(B)於營業所以外之處所銷貨、購貨時，未給予銷售憑證、未取得購貨憑證，應予處罰。在此情形，違序人之「行為地」與「營業所所在地」之二個地區國稅局，均有管轄權。此時即發生「管轄競合」之情況，應依本法第31條第1項規定處理之。

C.扣繳義務人扣繳所得稅並填報扣繳憑單後，有填發扣繳憑單與所得人之義務，而應在給付人（可能即是扣繳義務人，亦可能不是扣繳義務人）之營業所、事務所履行此一義務。關於違反所得稅法上填發扣繳憑單義務的行為之處罰（參見所得稅法第114條），目前之實務，係依（給付人）「營業所、事務所所在地」決定管轄之地區國稅局。

關於違反所得稅法上填發扣繳憑單義務的行為之處罰，存有與上面1、(3)所述之管轄機關欠明之問題，不再複述。

D.給付人填報免扣繳憑單後，有填發免扣繳憑單與所得人之義務，而應在給付人之營業所、事務所履行此一義務。關於違反所得稅法上填發免扣繳憑單義務的行為之處罰（參見所得稅法第111條），目前之實務，係依（給付人）「營業所、事務所所在地」決定管轄之地區國稅局。

關於違反所得稅法上填發免扣繳憑單義務的行爲之處罰，存有與上面1、(4)所述之管轄機關欠明之問題，不再複述。

(2)違反不作爲義務之處罰：其例有違反不洩漏（課稅等資料之）秘密、不將統一發票轉供他人使用等義務之行爲。各案例之違序行爲之租稅行政罰，其決定管轄機關之因素，說明如下（其餘未述及之同類型違序行爲之案例，可參照下面所述以決定管轄之地區國稅局）：

A.稅務人員有保守課稅等資料之秘密之義務，而此類義務之履行，必無特定處所之要求，反面言之，在任何處所均應履行此一義務。稅務人員洩密之處所與洩密之結果地點，或許不同，例如在其桃園縣之住所洩密，而洩密之資料於台北市使用，即洩密之結果出現於台北市。因此，關於違反不洩漏（課稅等資料之）秘密義務之處罰（參見稅捐稽徵法第43條第2項，所得稅法第119條第1項等），違序人洩密之「行爲地」與洩密之「結果地」之二個地區國稅局，均有管轄權。此時即發生「管轄競合」之情況，應依本法第31條第1項規定處理之。

B.營業人向營業所所在地之地區國稅局領用統一發票，有不將統一發票轉供他人使用之義務，而此類義務之履行，必無特定處所之要求，反面言之，在任何處所均應履行此一義務。營業人可能將其向台北市國稅局購買之統一發票，攜至桃園縣轉供他人使用。在此情形，關於違反不將統一發票轉供他人使用之義務處罰（參見營業稅法第47條第2款），違序人之「行爲地」（桃園縣）與「營業所所在地」（台北市）之二個地區國稅局，均有管轄權。此時即發生「管轄競合」之情況，應依本法第31條第1項規定處理之。

(三)營業稅與所得稅稽徵上之租稅行政罰，適用本條第2項至第4項規定之情形，甚爲罕見。蓋營業稅法、所得稅法或稅捐稽徵法之租稅法上義務，大部分是須向稽徵機關申請、申報、填報或報告特定事項之義務，稽徵機關係我國之政府機關，均在我國領域內；或是應自行履行之義務，其履行應在我國境內爲之（如設置帳簿、保存帳簿憑證等義務是）。是以納稅義務人、扣繳義務人等未依規定履行義務之行爲，通常其「行爲地」均係在我國之**「真實領域」**內。

茲約舉營業稅與所得稅稽徵上之租稅行政罰，適用行政罰法條第29條第2項至第4項規定之事例如下：

1.在我國的**「浮動領土」**或**「擴張的主權領域」**違反營業稅法等三法上租稅法上義務之例，有如某地區國稅局爲調查所得稅案件之需要，依稅捐稽徵法第30條第1項規定要求某君提示有關文件，並經合法送達通知文書。某君係任職於我國駐外大使館，接獲某地區國稅局之通知時，亦身在館內，而屆時未提示有關文件。其拒絕提示有關文件係違反稅捐稽徵法上之義務，而其行爲地係在我國駐外大使館內，即符合本法第6條第1項「視同在我國領域內違反行政法上之義務」之規定，進而有本條第4項規定之適用。從而依照上面(二)、2、(2)所述，某君違反稅捐稽徵法上提示有關文件義務的行爲之處罰

（參見稅捐稽徵法第46條），應由「通知提示有關文件之地區國稅局」管轄。

2.營業稅與所得稅稽徵上**「隔地犯」**之例，有如國內總公司申報××年度營利事業所得額（包括其國外分公司之所得額），主管地區國稅局調查時，要求該總公司提示其國外分公司之帳簿憑證，發現其國外分公司並未依「稅捐稽徵機關管理營利事業會計帳簿憑證辦法」第4條規定設置帳簿，以致總公司申報之國外所得額部分無從查核。在此情形，國外分公司未設置帳簿之「行為地」在我國領域外，然而其效果已在國內發生，可認為係「結果地」在我國領域內。其未依規定設置帳簿，係違反所得稅法上之義務（蓋稅捐稽徵機關管理營利事業會計帳簿憑證辦法係依據所得稅法第21條第2項之授權所訂定者），其「行為地」雖在我國領域外，然而其「結果地」係在我國領域內，即符合本法第6條第3項規定之「在我國領域內違反行政法上之義務」，進而有本條第4項規定之適用。從而依照上面㈡、2、⑵所述，公司違反所得稅法上提示帳簿文據義務的行為之處罰（參見所得稅法第107條第1項），應由「通知提示帳簿文據之地區國稅局」管轄。

貳、共同違序行為之地域管轄

行政罰法第30條：「*故意共同實施違反行政法上義務之行為，其行為地、行為人之住所、居所或營業所、事務所或公務所所在地不在同一管轄區內者，各該行為地、住所、居所或所在地之主管機關均有管轄權。*」。此係規定故意共同實施違反行政法上義務之行為之「地域管轄」之各種決定因素。

一、條文說明解析

本條規定係配合本法第14條「故意共同違法義務行為分別處罰」之規定，而規定故意共同違序行為的地域管轄之決定因素，為「行為地」、「住所」、「居所」或「營業所」、「事務所」、「公務所」之所在地（注意較本法第29條第1項規定少「結果地」）。然而本條進一步明定共同違序行為涉及多數不同管轄之主管機關者，各主管機關均有管轄權。從而可知本條與本法第29條之差異，在於**本條適用於故意共同違序行為，而第29條則適用於個別違序行為**。值得注意者，本條不同於本法第29條第1項規定，將「結果地」之主管機關排除在管轄機關範圍之外。

故意共同違序行為必然發生在一個地方，然而有數位行為人，惟各行為人之住所、居所或營業所、事務所、公務所之所在地，未必均在同一個管轄區域內，依照本法第29條分別判斷其管轄權，未必一致；因此，另設本條規定各地域之主管機關均有管轄權。蓋故意共同違序行為案件因其屬於同一紛爭，而存有證據調查之共通性，故規定各該主管機關均有管轄權。本條之如此規定，固然可避免無任何機關願意管轄之窘境，惟亦可能發生所有機關均爭相管轄之情況。

由於本條規範之故意共同違序行為之行為人必有數位，復且本條將六個決定行政罰

管轄機關之地域因素並列，而不分別其先後優先順序（惟在個人無住所時，方得以居所為決定因素，是為例外）；是以故意共同違序行為之行政罰案件，必然會發生「**競合管轄**」的問題。因此，事實上本條規定無法單獨適用，必須與本法第31條「管轄競合之處理」之規定同時適用。

二、本條規定在營業稅與所得稅稽徵上租稅行政罰之適用

關於在稅捐（包括營業稅與所得稅）之稽徵上，其可能發生本法第14條規定之「故意共同實施違序行為」之情況，上面本篇第三章、壹、二、已有詳細說明，不在此複述。其中所述之故意共同實施違序行為之租稅行政罰案件，必然會發生「競合管轄」的問題。由於對於故意共同實施違序行為之租稅行政罰案件，營業稅法、所得稅法與稅捐稽徵法均無管轄權之明文；因此，自應適用本條規定。進一步言之，事實上本條規定無法單獨適用，必須與本法第31條「管轄競合之處理」之規定同時適用，乃屬當然。

參、管轄競合之處理

行政罰法第31條：「（第1項）一行為違反同一行政法上義務，數機關均有管轄權者，由處理在先之機關管轄。不能分別處理之先後者，由各該機關協議定之；不能協議或有統一管轄之必要者，由其共同上級機關指定之。（第2項）一行為違反數個行政法上義務而應處罰鍰，數機關均有管轄權者，由法定罰鍰額最高之主管機關管轄。法定罰鍰額相同者，依前項規定定其管轄。（第3項）一行為違反數個行政法上義務，應受沒入或其他種類行政罰者，由各該主管機關分別裁處。但其處罰種類相同者，如從一重處罰已足以達成行政目的者，不得重複裁處。（第4項）第一項及第二項情形，原有管轄權之其他機關於必要之情形時，應為必要之職務行為，並將有關資料移送為裁處之機關；為裁處之機關應於調查終結前，通知原有管轄權之其他機關。」。此係規定「競合管轄」時之裁罰機關之決定基準，分別裁處時之管轄與重複裁處之限制，以及機關間之職務協助。

一、條文說明解析

(一)本條第1項至第3項規定內容之說明解析：

1.本條第1項是與本法第29條第1項「一般性地域管轄」規定相聯結之規定，係「**土地管轄競合**」之處理原則。

行為人違反行政法上義務之行為，其行為地、結果地、行為人之住所、居所或營業所、事務所、公務所所在地可能均在不同地方，而依本法第29條第1項之規定，各該所在地之主管機關對於行為人該同一違序行為，均取得管轄權，均得本於各該主管機關之法定職權，對該違序行為加以處罰（不論應受處罰之種類是否相同），此時即產生同一行為違反同一行政法上義務而有數個機關均有管轄權之「管轄競合」情形。例如甲君

住永和市，某日至中和市小吃店飲酒，與其他客人爭執，甲之家人得知，乃請求永和市警察局處理。嗣因雙方喧鬧加劇，大打出手，小吃店歲就進請求中和市警察局處理。在此案例，「行為人住所地」之永和市警察局與「行為地」之中和市警察局，均有管轄權。基於「一行為不二罰」之原則，應僅能由各該有管轄權之機關其中之一行使管轄權，避免各該行政機關均行使管轄權而對同一行為重複裁處，造成重複處罰。是以本條第1項乃規定，一行為違反同一行政法上義務，而：(1)數機關均有管轄權者，由處理在先之機關管轄。(2)數機關均已進行處理，而不能分別處理之先後者，由各該機關協議定之。(3)數機關不能協議或有統一管轄之必要者，由其共同上級機關指定之[232]。

倘數機關不能分別處理之先後，有統一管轄之必要者，基於共同上級機關立場，共同上級機關通函或訂定行政規則指定管轄之機關，與本條第1項之規定並無牴觸（參見法務部95.6.15法律字第950019195號書函）。

2. 本條第2項是與本法第24條第1項「一行為不二罰（罰鍰）」規定相聯結之規定，係**「事務管轄競合」之處理原則**。

本條第2項係針對行為人之同一行為觸犯數行政法規，而各該主管機關對此一違序行為應處以「罰鍰」均有管轄權，則應由法定罰鍰額最高之主管機關管轄；法定罰鍰額相同者，則依本條第1項規定定其管轄，即：(1)由處理在先之機關管轄。(2)數機關均已進行處理，而不能分別處理之先後者，由各該機關協議定之。(3)數機關不能協議或有統一管轄之必要者，由其共同上級機關指定之。

同一行為觸犯數行政法規，個別行政法規所定罰鍰如非定額，應由該法之裁罰機關就具體個案調查認定依該條規定所應處罰鍰金額為基礎，再以之與其他行政法上義務規定之罰鍰額度為比較，以認定法定最高罰鍰額（法務部95.7.17法律決字第950023015號書函）。如有數個較高罰鍰額之規定，應依本條第1項規定由數機關協調之（參見法務部95.7.13法律決字第950025235號書函）。

3. 本條第3項是與本法第24條第2項「罰鍰以外之行政罰分別裁處」規定相聯結之規定，且係補充本條第2項之規定。

在一行為違反數個行政法上義務而有處罰較重之法規時，由法定罰鍰額最高之主管機關管轄；有優先管轄權之機關如僅就「罰鍰」部分處理，則「沒入」或「其他種類之行政罰」，其處罰種類與罰鍰不同，為達行政目的，各該主管機仍保有管轄權，可分別裁處之。但其處罰種類相同者，如從一重處罰已足以達成行政目的者，不得重複裁處。

本條第3項規定與本法第24條第2項條文部分重複，並非必要，實可刪除。又由本項規定可知，遇有應裁處罰鍰以外的行政罰之案件，既然係採分別裁處，則本即非屬真正之「管轄競合」，故而亦可謂並非「管轄競合之例外」，至多僅具有澄清「非真正競

合」情況知正確處理方法而已[233]。

4.行為人一行為違反同一行政法上義務，數機關均有管轄權者，依本條第1項、第2項規定應由受理在先之機關管轄。**倘如處理在後不應管轄之機關已裁處完畢**，此時該行政裁處係違反土地管轄之規定，依行政程序法第115條規定：「行政處分違反土地管轄之規定者，除依第一百一十一條第六款規定而無效者外，有管轄權之機關如就該事件仍應為相同之處分時，原處分無須撤銷。」，故行為人一行為違反同一行政法上義務，僅違反單一行政攻法規，是則：

⑴**有管轄權機關為裁處前發現者：**

A.如有管轄權機關對該違序行為**仍應為相同處罰**時，則該有管轄權之機關知有該情形存在時，即對於該違序行為不得再裁處，而無管轄權機關所為有瑕疵之裁罰處分，視同治癒。

B.如有管轄權機關對該違序行為**應為不同之處罰**時，此時有管轄權機關應通知受理在後不應管轄之機關，依職權撤銷該違法之裁罰處分，並將案件移轉予有管轄權之機關裁處。

⑵**有管轄權機關為裁處後發現者：**

A.有管轄權機關之裁處與無管轄權機關之**裁處不同者：**

在此情形，無管轄權機關本不得為裁處，且其所為之裁處又與有管轄權機關之裁處不同，則此時如受罰人針對無管轄權機關所為之裁處提起行政救濟，無管轄權機關或其上級機關自應撤銷該裁罰處分。如受罰人針對有管轄權機關所為之裁處提起行政救濟，此時有管轄權機關應通知無管轄權機關撤銷其所為之裁罰處分。

B.有管轄權機關之裁處與無管轄權機關之**裁處相同者：**

在此情形應如何處理，有數種不同之見解：

(A)甲說：在有管轄權機關為相同裁處同時，則無管轄權機關所為有瑕疵之裁罰，視同治癒。此時有兩個相同行政裁處存在，則行為人得選擇對其中之一提起行政救濟，請求撤銷之。

(B)乙說：無管轄權機關本不得為裁處卻為裁處，此時有兩個相同行政裁處存在，不論受裁處人對何一裁罰處分提起行政救濟，均應撤銷無管轄權機關所為之裁罰。

(C)丙說：無管轄權機關雖本不得為裁處，但在有管轄權機關為相同裁處時，則無管轄權機關所為有瑕疵之裁罰，視同治癒。有管轄權機關係針對相同事件為重複裁處，係屬違法，且前裁處已確定，應尊重既存之法秩序，故應撤銷有管轄權機關所為之裁罰[234]。

對於此一問題，本書採乙說之見解，蓋其較符合立法意旨之故。

----

233 蔡志方，註4書，132頁。

234 蔡震榮等二人，註1書，403-405頁。

5.在實務上，應裁處「罰鍰」之案件，如發生依本條第1項及第2項規定處理在後或法定罰鍰額較低之主管機關先為裁處時，則如處理在先或法定罰鍰額最高之主管機關復為裁處時，受罰人將會依法提出行政救濟，屆時處理在後或法定罰鍰額較低而先為裁處之主管機關，可依申請撤銷其裁罰處分。不得裁罰之機關或其上級機關亦可依職權撤銷其裁罰處分（本條立法說明二、）。如已逾行政救濟期間，該先為裁罰之機關或其上級機關，亦可依行政程序法第117條規定，本於職權自行撤銷裁罰處分。惟倘如先前裁處較低之法定罰鍰已告確定，而受罰人並已繳納完畢者，則應不得撤銷之，較為合理。

　　(二)本條第4項係「**緊急事務管轄權保全**」之規定。本項明定依照本條第1項及第2項「管轄競合處理」規定以致失其管轄權之主管機關，有為必要之職務行為及移送有關資料之義務，相對之有管轄權之主管機關則有通知義務。析言之，本項係針對不應管轄之機關乃為管轄，經發現有真正應管轄之主管機關，而在將相關資料移送有管轄權之主管機關前，為避免危害之發生或達成相關行政目的，基於「**行政一體原則**」，在移轉前仍應為必要之職務行為，不得坐視不管，並將有關資料移送有管轄權之主管機關，俾憑處理。至於有管轄權之主管機關於調查終結前，則有通知移送機關之義務。

　　本條第4項條文雖然限於「原有管轄權之其他機關於必要之情形時，應為必要之職務行為」，然而既然原有管轄權，本即有為必要行為之義務，是以本條第4項之規定，僅有宣示意義。按基於行政一體原則，對於特定事務本無管轄權之機關，因執行其他有管轄權之事務，而取得非其管轄事務之違序行為之事證資料，亦有保全之義務，此項義務並不因有無本條第1項、第2項情況而有所不同。故論者建議將本項改成如下：「*無管轄權之其他機關，於執行其職務，發現有違反行政法義務行為之情事者，應為保全證據之必要行為，並將有關資料移送有管轄權機關。*」，實值贊同[235]。

二、本條規定在營業稅與所得稅稽徵上租稅行政罰之適用

　　(一)一行為違反同一營業稅法、所得稅法與稅捐稽徵法上義務之情形：

　　營業稅法、所得稅法與稅捐稽徵法上義務，如上面本章壹、二、(二)所述，有「依法規規定須向稽徵機關為一定行為之義務」、「經稽徵機關依法規要求始應（向稽徵機關）為一定行為之義務」與「依法規規定應自行為一定行為之義務」三類。營業稅法等三法規定之前二類義務之履行，應向地區國稅局為之（第一類如向地區國稅局提出登記申請書、向地區國稅局提出所得申報書等；第二類如向地區國稅局提出帳據、到地區國稅局備詢等），是以義務履行地應認為係在「地區國稅局之辦公處所」。設如義務人故意或過失而未向地區國稅局履行此二類義務，則應解為違序行為係發生在「地區國稅局之辦公處所」，而其即為違序行為之「行為地」。因此，確認各該類義務「應對何一地區國稅局」履行，而未履行，則依未履行義務之「何一行為地」（亦即「何一地區國稅

---

235 李惠宗，註3書，126-127頁，以及蔡震榮等二人，註1書，403頁。

局之辦公處所」）決定管轄之地區國稅局，即十分明確。因此，關於前二類義務之違序行為之處罰，殊罕有「管轄競合」之問題存在。

至於第三類「依法規規定應自行為一定行為之義務」，其義務之履行，並非向稽徵機關為之，而係應自我履行。設如義務人故意或過失而未自我履行此類義務，則應解為違序行為通常係發生在「義務人之住所或居所、營業所、事務所」。惟亦可能發生於其他處所，是則即應依實際情況以判斷違序行為之「行為地」。從而可能存在「管轄競合」之問題，是即應本條第1項規定處理之。例如：

1.營業人、營利事業於營業所以外之處所銷貨、購貨時，未給予銷售憑證、未取得購貨憑證，應予處罰（參見稅捐稽徵法第44條）。在此情形，違序人之「行為地」與「營業所所在地」之二個地區國稅局，均有管轄權。此時即發生「管轄競合」之情況，應依本條第1項規定處理之。

惟在此一情形下之違序行為，實務上向來均是由違序人「稅籍登記地」之地區國稅局裁罰（例如台北市國稅局查獲稅籍在高雄市之公司購貨未取得發票，向來均是將全案移至高雄市國稅局裁罰）。此一實務作法或有現實上之需要，卻不免與本條第1項規定有間。

2.稅務人員違反不洩漏（課稅等資料之）秘密義務，應予處罰（參見稅捐稽徵法第43條第2項，所得稅法第118條第1項等）。稅務人員洩密之處所與洩密之結果地點，或許不同，例如在其桃園縣之住所洩密，而洩密之資料於台北市使用，即洩密之結果出現於台北市。因此，違序人洩密之「行為地」（桃園縣）與洩密之「結果地」（台北市）之二個地區國稅局，均有管轄權。此時即發生「管轄競合」之情況，應依本條第1項規定處理之。

在實務上，似均由稅務人員任職之機關裁罰，此一作法之地域管轄，似與本條第1項之規範意旨有間。

3.營業人向營業所所在地之地區國稅局領用統一發票，有不將統一發票轉供他人使用之義務，違反此一義務者應予處罰（參見營業稅法第47條第2款）。營業人可能將其向台北市國稅局購買之統一發票，攜至桃園縣轉供他人使用。在此情形，違序人之「行為地」（桃園縣）與「營業所所在地」（台北市）之二個地區國稅局，均有管轄權。此時即發生「管轄競合」之情況，應依本法第31條第1項規定處理之。

在實務上，似均由違序人稅籍登記地（即營業所所在地）之地區國稅局裁罰，此一作法之地域管轄，似與本條第1項之規範意旨有間。

(二)一行為同時違反營業稅法、所得稅法與稅捐稽徵法上義務，或同時違反營業稅等三法與其他稅法或其他行政法規上義務之情形：

1.一行為同時違反營業稅法、所得稅法與稅捐稽徵法上義務之情形：

行為人一行為同時違反營業稅法等三法上義務之情形，雖可能營業稅法等三法均有處罰規定，然而由於營業稅法等三法之違序行為均屬於地區國稅局管轄，尚無「管轄競

合」之問題存在。例如營業人銷貨漏開統一發票，對於此一違序行為，營業稅法第52條與稅捐稽徵法第44條同有處罰規定，而二個處罰均應由同一地區國稅局管轄，故並無管轄競合之問題存在（至於二個處罰應否併罰，係屬另一問題）。又如國稅局通知納稅義務人備詢，納稅義務人拒絕，所得稅法第107條第1項與稅捐稽徵法第46條第2項同有處罰規定，而二個處罰均應由同一地區國稅局管轄，故並無管轄競合之問題存在（至於二個處罰應否併罰，係屬另一問題）。

　　2.一行為同時違反營業稅法等三法與其他稅法或行政法規上義務之情形：

　　一行為同時違反營業稅法等三法與其他稅法或行政法規上義務之情形，如其處罰涉及「罰鍰」，即有「管轄競合」之問題（至於數個處罰應否併罰，係屬另一問題）。在此情形，關於管轄競合之問題，自應依本條有關規定處理之。茲舉例如下：

　　⑴數人合資擬組成公司經營服飾買賣，而未依法辦理公司登記（亦未辦理營業稅法規定之稅籍登記）。同時違反公司法及營業稅法規定，應依公司法第387條第6項及營業稅法第45條規定處以罰鍰；兩個處罰之管轄機關，分別為經濟部、地區國稅局。

　　本案例中，公司法第387條第6項規定之最高罰鍰為5萬元，營業稅法第45條規定之最高罰鍰為3萬元，故依本條第2項規定，應由經濟部裁罰。

　　⑵某君出資擬經營服飾買賣，而未依法辦理商業登記（亦未辦理營業稅法規定之稅籍登記）。同時違反商業登記法及營業稅法規定，應依商業登記法第31條及營業稅法第45條規定處以罰鍰；兩個處罰之管轄機關，分別為縣（市）政府、地區國稅局。

　　本案例中，商業登記法第31條規定之最高罰鍰為5萬元，營業稅法第45條規定之最高罰鍰為3萬元，故依本條第2項規定，應由縣（市）政府裁罰。

　　⑶數人合資擬組成合夥製造酒類出售，而未依法辦理商業登記（亦未辦理營業稅法及菸酒稅法規定之稅籍登記）。同時違反商業登記法、營業稅法及菸酒稅法規定，應依商業登記法第31條、營業稅法第45條及菸酒稅法第16條第1款規定處以罰鍰；三個處罰之管轄機關，分別為縣（市）政府、地區國稅局、地區國稅局。

　　本案例中，商業登記法第31條規定之最高罰鍰為5萬元，營業稅法第45條規定之最高罰鍰為3萬元，菸酒稅法第16條第1款規定之最高罰鍰為5萬元。商業登記法第31條及菸酒稅法第16條第1款規定之最高罰鍰，同為5萬元，故依本條第2項後段規定，應依本條第1項規定定其管轄，茲分析如下：

　　A.由處理在先之機關管轄。本案例如係地區國稅局先查獲未辦登記之情事，即應由地區國稅局裁罰（地區國稅局應依本條第4項規定通知縣（市）政府）。

　　B.不能分別處理之先後者（本案例如係有人同時分別向縣（市）政府與地區國稅局檢舉販賣私酒，即可能無法分別處理之先後），由縣（市）政府與地區國稅局協議定其管轄機關。

　　C.本案例如縣（市）政府與地區國稅局不能達成管轄之協議，因縣（市）政府之上級機關為內政部，地區國稅局之上級機關為財政部，則應由內政部與財政部協議定其管

轄機關。如亦不能協議，則應由其共同上級機關之行政院指定管轄之機關。

㈢本條第4項緊急事務管轄權保全之規定，在營業稅與所得稅稽徵上之租稅行政罰案件，自應有其適用。

本法施行前，財政部90.2.16台財稅第900450462號函訂定發布之「各級稽徵機關處理違章漏稅及檢舉案件作業要點」，其中有若干相關規定如下：「十一、受理之案件，如國稅、地方稅互有牽連，應於收案後影印有關文件相互移送核辦或採會審方式進行，由收案單位負責主辦，以後違章事項有變更時亦同，並得自訂連繫作業規定。……三十一、非屬本轄之應處罰鍰案件，應退回審理單位迅移管轄稽徵機關辦理。……三十七、違章漏稅案件經核定、議決或行政救濟確定不罰者，審理單位應通知原查單位或移案機關，如屬檢舉案件並由原查單位或移案機關通知檢舉人。」。

由其內容可知，數點規定均侷限於各稽徵機關間之移送及通知義務而已。本法施行後，此一作業要點應參照本條第4項規定意旨，予以擴張及修訂，納入與其他機關間之移送及通知、移送前必要事務處理、管轄競合之協議等程序，俾使租稅行政罰之裁罰程序更趨完備。

肆、刑事罰部分之移送及司法機關之通知義務

行政罰法第32條：「（第1項）一行為同時觸犯刑事法律及違反行政法上義務規定者，應將涉及刑事部分移送該管司法機關。（第2項）前項移送案件，司法機關就刑事案件為不起訴處分或為無罪、免訴、不受理、不付審理之裁判確定者，應通知原移送之行政機關。」。

一、條文說明解析

㈠依本法第26條第1項規定，行政罰與刑罰之間亦適用「一行為不二罰」原則，且採用「刑事罰優先原則」，故行為人之一行為同時觸犯刑事法律及行政罰規定者，應先進行刑事訴訟程序；本條第1項即係配合明定行政機關之移送程序。行政機關對某一行為是否同時觸犯刑事法律，如尚有疑義時，宜先移請司法機關依其法定程序處理為宜。

關於本條第1項行政機關之移送規定，法務部有下引之行政解釋，作較詳細之釋示：

1.95.11.24法律決字第950044387號書函：……「三、有關類此一行為同時觸犯刑事法律及違反（一個或數個）行政法上義務規定案件之處理，且各行政法規之主管機關本有不同，如有涉及數個主管機關之權限，為爭取時效，各行政機關遇有上開情形之案件時，建議於依行政罰法第32條第1項移送司法機關時，一併載明：㈠其行為同時違反行政法上義務之規定、主管機關；㈡如司法機關為不起訴處分、緩起訴處分、無罪、免訴、不受理或不付審理之裁判確定時，應通知原移送機關之意旨，俾利後續移送處

理。」。

　　2.96.2.12法律字第960003606號函：「……復按上開規定（指第26條第1項）舉凡於違反行政法上義務之「一行為」之「全部」或「一部」同時構成犯罪行為之全部或一部時，原則上即有其適用，……。另由於現行行政法規甚多，行政機關將一行為同時觸犯刑事法律及違反行政法上義務規定之案件移送司法機關時，為使司法機關知悉此一案件同時違反其他行政法上相關義務規定，如未受刑事處罰時，應依本法第32條第2項規定通知原移送行政機關，由行政機關依本法第26條第2項規定裁處，爰建議各行政機關將涉及刑事部分移送該管司法機關，並應於移送時載明㈠同時違反行政法上之義務與本法之規定；及其主管機關。㈡如司法機關為不起訴處分、緩起訴處分、無罪、免訴、不受理或不付審理之裁判確定時，應依本法第32條第2項規定通知原移送機關之意旨，俾便後續處理。」。

　　㈡依本法第26條第2項規定，行政機關移送之刑事案件，司法機關就刑事案件為不起訴處分或為無罪、免訴、不受理、不付審理之裁判確定者，行政機關仍得另因其違反行政法上義務，依行政法規規定裁罰。是以司法機關有通知原移送之行政機關之必要，本條第2項即係配合明定司法機關之通知程序。為有效執行上開規定，行政機關與司法機關之間宜建立連繫機制。

　　檢察官就刑事案件為**「緩起訴處分」**確定，視同不起訴處分確定（參見法務部95.2.10.法律字第950000533號函、96.2.16法律決字第960005671號函），故於此情形，司法機關亦有依本條第2項規定通知原移送之行政機關之必要。

　　至於法院為**「有罪判決之緩刑宣告」**，因緩刑期滿，該刑之宣告雖失其效力，惟行為人之行為仍屬有罪，其行為仍已受國家處罰，自不宜再行通知行政機關加以處罰，從而在此情形即無本條第2項規定之適用[236]。

　　行政機關可能認為違序行為未觸犯刑事法律而予以處罰，其後確知違序行為觸犯刑事法律，應如何處理；就此問題，法務部96.11.20法律字第960041826號函釋示：「……貴會來函說明二所詢：「行政機關逕行認定其未觸犯刑事法律而予以行政處分後，未來司法機關若因他人告發而偵辦並予以起訴後，行政機關已為之行政處分如何處理？」乙節，查該罰鍰處分既已違反本法第26條規定，即屬違法之行政處分，倘尚未經行政救濟程序（訴願、行政訴訟）撤銷者，原處分機關仍應本於職權儘速主動撤銷之（行政程序法第117條、第121條參照），並宜於撤銷函中敘明該行政罰裁處權係因本法第26條第1項規定而一時不能發動，如有該條第2項規定情事仍得裁處云云。嗣後，該觸犯刑事法律部分如經不起訴處分或為無罪、免訴、不受理、不付審理之裁判確定者，原裁處機關乃得依本法第26條第2項規定就違反行政法上義務部分裁處之，惟應注意裁處權之時效（本法第27條規定參照）。……」。進一步言之，縱令行政機關原為之行政處分經行政

36　蔡震榮等二人，註1書，413頁。

救濟程序而告確定，行政機關依法仍應另為行政處分予以撤銷之。

二、本條規定在營業稅與所得稅稽徵上租稅行政罰之適用

(一)依本條規定，行為人之一行為同時觸犯刑事法律及違反營業稅法、所得稅法與稅捐稽徵法上義務規定者，應先進行刑事訴訟程序。稽徵機關對某一行為是否同時觸犯刑事法律，如尚有疑義時，宜先移請司法機關依其法定程序處理為宜。其次，稽徵機關移送之刑事案件，司法機關就刑事案件為不起訴處分、緩起訴處分，或為無罪、免訴、不受理、不付審理之裁判確定者，稽徵機關仍得另因其違反營業稅法等三法上義務，依法裁罰；司法機關則應通知原移送之稽徵機關，乃屬當然。至於稽徵機關移送之刑事案件，法院為「有罪判決之緩刑宣告」者，則無本條第2項規定之適用，亦即不得再裁處租稅行政罰。

(二)本法施行之前，對於納稅義務人、扣繳義務人等違反租稅法上義務涉及刑事罰之案件，既無如何處理之法規，財稅主管機關亦未定有統一之處理及移送司法機關之規範。本法施行以後，對於納稅義務人、扣繳義務人等違反租稅法上義務涉及刑事罰之案件，已有本條作為處理之基本依據；惟本條僅係原則性規定，尚有待進一步增訂詳細之處理及移送之規範。目前財稅主管機關尚未訂定。

目前僅有下引之個別行政釋示函令，均係財政部訂定發布者，茲依各函令訂定發布日期之先後，引錄如下：

1.67.5.24台財稅第33378號函，就「**虛報薪資逃漏所得稅涉及刑事案件**」予以規定：「主旨：核復營利事業虛報職工薪資逃漏所得稅涉及刑責案件移送處罰疑義一案。說明：二、營利事業列支職工之薪資，經職工提出異議（檢舉或陳情），如經查明確有虛報情事，或雖經該營利事業否認，但被害人所提證據確鑿，應依所得稅法第110條規定移送處罰（罰鍰已改由稽徵機關自行處分），並就涉嫌偽造文書部分移送法辦。至經查明並無虛報情事者，既無法證明其有犯罪事實，雖檢舉人或陳情人仍持異議，亦不宜遽予移送法辦。三、稽徵機關對營利事業列支職工之薪資，經查明確有虛報情事，認有觸犯刑法偽造文書印文罪章之嫌疑，依刑事訴訟法第241條規定告發時，應敘明犯罪嫌疑之事實，並檢具有關證據，移請司法機關偵辦。四、營利事業虛報工資經被害人檢舉之案件，應由營利事業總機構所在地之該管稽徵機關審查後，分別依所得稅法及刑法有關條文規定移送管轄法院偵辦。」。

2.76.5.28台財稅第7621746號函，就「**無進貨事實而使用虛設行號或偽造變造發票虛增成本之案件**」予以規定：「稽徵機關依據財稅資料中心產出之「營業人取得虛設行號進項憑證歸戶清單」資料或其他方式，查獲營利事業使用虛設行號開立之統一發票或偽造、變造之統一發票申報扣抵（或退還）營業稅者，除逃漏營業稅部分之漏稅罰、行為罰或刑事罰，應依刑法、營業稅法及稅捐稽徵法之規定辦理外，有關營利事業所得稅部分，並應依下列規定辦理：(一)經查無進貨事實而係虛增成本者，應依所得稅法第110

條及稅捐稽徵法第41條之規定辦理。㈡經查有進貨事實者，應依所得稅法第27條規定，按當年度當地該項貨品之最低價格核定其進貨成本。並依稅捐稽徵法第44條規定，以未依規定取得憑證論處；其知情者並應依稅捐稽徵法第41條或第43條規定辦理。……」。

　　3.78.8.3台財稅第780195193號函，就「**虛開或非法出售統一發票之案件**」予以規定：「營業人無銷貨事實出售統一發票牟取不法之利益，但其虛開或非法出售統一發票之犯行，應視情節依刑法偽造文書罪、詐欺罪及稅捐稽徵法第41條或第43條規定辦理。」。

　　4.93.7.12台財稅第930452381號令發佈「**稅捐稽徵機關查獲稅捐稽徵法第四十三條所定教唆或幫助他人逃漏稅捐行為移送偵辦注意事項**」：「稅捐稽徵機關查獲稅捐稽徵法第四十三條所定教唆或幫助他人逃漏稅捐行為之案件，應依下列規定辦理：一、有下列教唆或幫助他人逃漏稅捐情形者，應予移送偵辦：㈠販售、提供空白或填載不實之統一發票、收據或其他證明文件，交付與無交易事實之納稅義務人作為進貨、銷貨或費用憑證使用者。㈡偽造變造統一發票、照證、印戳、票券、帳冊或其他文據，供納稅義務人申報納稅使用者。㈢教唆納稅義務人使用第一款或第二款之統一發票、照證、印戳、票券、帳冊或其他文據者。㈣教唆或幫助納稅義務人利用他人名義從事交易、隱匿財產、分散所得或為其他行為者。㈤教唆或幫助納稅義務人偽造、變造或使用不實之契約、交易憑證、債務憑證、捐贈收據或其他文據者。㈥其他教唆或幫助納稅義務人逃漏稅捐之行為，對納稅風氣有重大不良影響者。二、前項各款行為，致納稅義務人逃漏稅額未達新台幣十萬元，且情節輕微者，得免予移送偵辦。」。

　　5.95.2.6台財稅第9504508090號函發布「**稅捐稽徵法第四十一條所定納稅義務人逃漏稅行為移送偵辦注意事項**」：「納稅義務人有下列情形之一而故意逃漏稅捐者，應予移送偵辦：一、無進貨或支付事實，而虛報成本、費用或進項稅額者。二、偽造變造統一發票、照證、印戳、票券、帳冊或其他文據者。三、開立收執聯金額大於存根聯金額之統一發票或收據者。四、漏開或短開統一發票同一年內達三次以上者。五、利用他人名義從事交易、隱匿財產、分散所得或其他行為者。六、使用不實之契約、債務憑證或其他文據者。七、其他逃漏稅捐行為，對納稅風氣有重大不良影響者。」。

　　㈢茲就上面㈡所引之各行政釋示函令，說明探討如下：

　　1.各號釋示函令，或規定移送司法機關偵辦刑事責任之「標準」，或僅規定應移送偵辦而已（如78年第780195193號函），而對於「案件處理及移送程序」之細節，均付之闕如。

　　2.67年第33378號函係三十餘年前所規定者，76年第7621746號函係二十餘年前所規定者，迄未修正。二函均係釋示「除依稅法規定處罰外，另移送司法機關偵辦刑責」（78年第780195193號函就此雖未明言，實務上亦同此處理），蓋因當時之實務見解係認為租稅行政罰及刑事罰可以併罰，與目前行政罰與刑罰之間亦適用「**一行為不二罰**」原則，且採用「**刑事罰優先原則**」之本法第26條第1項規定不同，應注意辦別。因

此，本法施行後，上開三函實應廢止，而本於本法第26條之規範意旨，另行解釋。

　　3.法務部95.1.18法律字第950000798號函：「……按刑事訴訟法第241條規定：「公務員因執行職務知有犯罪嫌疑者，應為告發。」。……上開刑事訴訟法及本法（指行政罰法）第26條之明文規定，在無其他法律有特別規定排除並具體明確之授權下，各行政機關訂定之微罪不移送刑事偵查之相關規定，恐與法律優位原則有違。」。上開財政部93年第930452381號令中：「二、前項各款行為，致納稅義務人逃漏稅額未達新台幣十萬元，且情節輕微者，得免予移送偵辦。」，之規定，雖對人民有利，然已與法務部之上開函釋不符，如任令互相衝突之二個規定同時存在，終究不妥。在未修法之前提下，或法務部變更見解，或財政部刪除此一規定；根本之計，宜在稅捐稽徵法中增訂微罪不移送刑事偵查之明文。

　　4.對於納稅義務人、扣繳義務人等違反租稅法上義務涉及刑事罰之案件，為有效執行本條規定，根本之道，財稅主管機關與司法機關之間除應儘速建立連繫機制外，並應及早統一訂定各稽徵機關處理及移送司法機關之規範，俾所遵循，而杜爭執。

第八章

裁處程序

關於行政罰之裁處程序，本法僅規定若干共通之程序而已。個別行政法之行政罰之裁處，應依個別行政法規所規定裁處程序爲之。**本法第33條至第44條之規定，實質上係補充性規定，補充個別行政法規所定裁處程序之所無。**至於行政程序法相關之行政程序規定，於行政罰之裁處程序中，則僅在個別行政法規與本法未有規定時，方有其適用。

稽徵機關依據營業稅法、所得稅法與稅捐稽徵法規定裁處租稅行政罰時，所應遵行之裁處程序，除依據營業稅法等三法之有關規定外，主要係依據財政部90.2.16台財稅第900450462號函發布之「各級稽徵機關處理違章漏稅及檢舉案件作業要點」（以下稱「處理違章漏稅案件作業要點」）實施之。營業稅法等三法所定租稅行政罰之裁罰程序，需要專章予以詳細說明解析，故於後面本書第三篇中另闢第五章爲之。

因此，**本章之解析體例予以變更，僅就本法第33條至第44條規定之裁處程序予以解析說明；至於本法第33條至第44條規定如何適用營業稅與所得稅稽徵上租稅行政罰，則予略之，**而移列於後面本書第三篇第五章、貳。如此之安排，係基於下列考慮：使營業與所得稅稽徵上租稅行政罰裁處程序之解析說明，集中於一處，以便完整解析說明，而避免割裂於二處，閱讀之造成不便，合應先予說明。

（後面本書第三篇第五章、壹、即先就處理違章漏稅案件作業要點之內容解說；而貳、則繼之解說本法第33條至第44條規定如何與違章漏稅案件作業要點之規定配合。）

壹、執法人員表明身分及告知法規義務

行政罰法第33條：「行政機關執行職務之人員，應向行爲人出示有關執行職務之證明文件或顯示足資辨別之標誌，並告知其所違反之法規。」。此係規定執行行政罰之行政機關人員表明身分義務與方法，以及告知行爲人違反之法規之義務。

茲解析說明如下：

(一)行政程序法第34條規定：「行政程序之開始，由行政機關依職權定之。但依本法或其他法規之規定有開始行政程序之義務，或當事人已依法規之規定提出申請者，不在此限。」。行政罰裁處程序之發動，本法並無規定；惟因行政罰裁處程序亦爲行政程序之一，故而應有行政程序法第34條「由行政機關依職權定之」規定之適用，亦即行政罰裁處程序之發動與停止，係採**「職權進行主義」**，均由行政機關本於職權而決定。縱然行政機關之所以發動行政裁處程序之原因，乃是來自於民眾檢舉、被害人報案、行爲

人自首、其他機關移送或其他情形等，然而此係行政機關之所以為職權進行之原因，與當事人主義無關[237]。

關於行政罰之裁處程序，本法僅規定若干共通之程序而已。個別行政法之行政罰之裁處，應依個別行政法規所規定裁處程序為之。**本法第33條至第44條之規定，實質上係補充性規定，補充個別行政法規所定裁處程序之所無**。至於行政程序法相關之行政程序規定，於行政罰之裁處程序中，則僅在個別行政法規與本法未有規定時，方有其適用。

行政罰裁處程序之發動，取決於**「開始嫌疑」**（Anfangsverdachts）**之存在**，即一個違反行政法上義務之行為，已經存在充分之事實上根據；只要行政機關知有違序嫌疑之存在，而採取必要之調查措施時（例如對嫌疑人就地詢問、檢查等，或對嫌疑人寄發通知書，或函請其他機關提供相關資料等），行政罰裁處程序即為開始[238]。例如社會秩序維護法第39條規定：「警察機關因警察人員發現、民眾舉報、行為人自首或其他情形知有違反本法行為之嫌疑者，應即開始調查。」。由此亦可見，行政罰裁處程序之第一步，即為**「事實之調查」**，而事實上**本法第33條至第43條均屬於「事實調查」之規定**。本章僅就本法第33條至第44條規定內容予以說明解析，以下不再一一指明。

㈡根據本條規定，行政機關執行職務之人員（亦即執行行政罰規定之有關人員，簡稱**「執法人員」**），應該向行為人表明其身分；縱然在行政機關辦公處所內執行職務，亦然。執法人員表明方法為出示有關執行職務之證明文件（如執法人員之識別證、服務證、稽查證、檢查證等，或機關之公函（應載明實施調查之意旨）），或顯示足以辨別執法人員身分之標誌（如警察制服和服務單位標章、環保人員制服和配件、交通管理人員的標誌、衛生稽查人員服裝或標誌、公務車之標誌、公務船之標誌等），並且須告知行為人所違反之法規。

本條執法人員表明身分之規定，一方面可避免行為人之疑慮，減少不必要之紛爭，另一方面亦可保障行為人免於受騙。至於告知行為人所違反之法規，主要是**「正當法律程序」**之要求，保障行為人之**「防禦權」**。落實言之，一方面可促使行為人配合執行行政罰規定之有關人員處理，以減少現場處理之爭執，另一方面亦可提供行為人即時主張救濟（例如本法第35條規定之「即時異議」）之參考。

個別行政法規如有類似之規定，自應優先於本條而適用；惟如其規定內容少於本條規定內容（例如僅規定執法人員應出示證件而已），則就其未規定部分，自仍有本條規定之適用，應屬當然。反之，如個別行政法規有類似而較為詳細之規定，則其規定內容中有本條所未規定者，自仍應優先適用。

㈢本條規定之**表明身分與告知違反之法規，屬於執法人員應本於職權主動實施之事**

---

237 葛克昌，行政罰之裁處程序，收錄於廖義男編，行政罰法，2007年11月，244頁。
238 參見洪家殷，註2書，283頁。

項，不必等待相對人之請求。又本條後段**告知違反之法規之規定，係行政機關裁處前之必要程序**，執法人員不得因裁處書將會依據行政程序法第96條規定記載受罰人違反之法規，而不作裁處前之告知；蓋本條後段規定之目的和行政程序法第96條第1項第2款之規範目的，並不盡相同[239]。所謂「違反之法規」，應指違反何一行政法規及該法規之何一法條。惟因行政法規內容龐多繁雜，執法人員調查時未必均能確認行為人違反之行政法規及法條條次，在此情形，稽查人員至少應說明可能違反之行政法規及法條範圍。

（三）本條係參考刑事訴訟法第95條規定而訂定，依刑事訴訟法第95條規定，訴追機關在執行訊問職務時，對於人民之應告知事項，除所犯法條外，尚有人民得保持緘默、得選任辯護人等。由於若干行政罰之嚴厲不下於刑罰，故是否於解釋上類推適用上述刑事訴訟法之規定，學理上應有探討之空間，茲分述如下：

1.行為人是否有緘默權：按緘默權主要係源自於法治國家正當刑事訴訟程序之「不自證己罪原則」。**基於不自證己罪之意旨，係要避免行為人因其自身之陳述，而證明其自身之違序行為，於人權保障較為周到，故應賦予行為人緘默權。**行政機關應以其他方法證明行為人違反行政法上之義務，禁止行政機關以任何手段，強迫行為人為任何之陳述。

2.行政機關應否告知行為人有緘默權：刑事訴訟法第95條告知緘默權之規定，主要係考量刑罰對人身所帶來之高度痛苦，避免行為人因不知其可不陳述而證明己身犯罪，遭致高度程序不利益。行政罰通常僅為罰鍰或短暫拘留等，對行為人帶來之痛苦雖不若刑罰強烈；**惟若干行政法規之罰鍰金額極高，或停止營業導致行為人生計發生問題等，其帶給行為人之痛苦不下於刑事罰，有時甚而過之，是則似仍以課予行政機關告知行為人有緘默權之義務為妥。**

3.行為人得否選任辯護人：在刑事案件偵查程序中，辯護人僅得依照刑事訴訟法第245條之規定在場，而在訴訟程序中，始得抄錄與閱卷。在偵查程序選任辯護人之功能，主要為保障人權、避免刑求發生；而在訴訟程序中，辯護人始有依照其法律專業參與辯論之功能。就此觀之，在行政機關裁處期間，似乎無須特別要求行政機關應告知行為人得選任辯護人，且選任辯護人之實質利益，亦不明顯（惟在行為人已受裁罰，以及在訴願、行政訴訟期間，行為人衡量自身利益狀況，得依法選任辯護人（或訴訟代理人），以彌補其自身法律知識之不足，則屬當然）。至於課予行政機關告知得選任辯護人之義務，則因行政罰案件通常較為輕微，應無必要[240]。

本法對於上述1、及2、所述緘默權及緘默權告知二者，均未規定，似有於本條將之增訂明文之必要。

---

[239] 蔡志方，註4書，141-142頁。

[240] 蔡震榮等二人，註1書，419-421頁。關於選任辯護人乙節，葛克昌認為行為人得在調查程序中選任辯護人（見葛克昌，註236文，247頁）。

貳、行政機關對違序人之即時處置與處置之救濟

行政罰法第34條：「（第1項）行政機關對現行違反行政法上義務之行為人，得為下列之處置：一、即時制止其行為。二、製作書面紀錄。三、為保全證據之措施。遇有抗拒保全證據之行為且情況急迫者，得使用強制力排除其抗拒。四、確認其身分。其拒絕或規避身分之查證，經勸導無效，致確實無法辨認其身分且情況急迫者，得令其隨同到指定處所查證身分；其不隨同到指定處所接受身分查證者，得會同警察人員強制為之。（第2項）前項強制，不得逾越保全證據或確認身分目的之必要程度。」。此係規定行政機關對於現行違反行政法上義務之行為人可以處置之方法，以及其抗拒處置時實施強制之方法與必要範圍。

第35條：「（第1項）行為人對於行政機關依前條所為之強制排除抗拒保全證據或強制到指定處所查證身分不服者，得向該行政機關執行職務之人員，當場陳述理由表示異議。（第2項）行政機關執行職務之人員，認前項異議有理由者，應停止或變更強制排除抗拒保全證據或強制到指定處所查證身分之處置；認無理由者，得繼續執行。經行為人請求者，應將其異議要旨製作紀錄交付之。」。此係規定行為人對於行政機關實施強制等之救濟方法，以及行政機關對於救濟之處置方法。

茲解析說明如下：

(一)第**34**條規定內容之說明解析：

1.本條之規範意旨，在於賦與行政機關作成違序裁處以前，對於現行違反行政法上義務之行為人（可稱為「**現行違序人**」）可以「**即時處置**」之各項權力，包括即時制止（旨在防止現行違序行為之持續或損害之擴大）、保全措施（旨在形成證據及保全證據等）、強制到所（旨在確認現行違序人身分）等（本條第1項規定）。惟上開權力之行使，均應受「比例原則」之拘束（本條第2項規定）。

2.本條第1項第1款規定，行政機關得即時制止現行違序人之行為。此一「**即時制止行為**」之措施，對於所有即將發生或在進行中之違序行為（包括作為及不作為），均可實施，而最常運用於將造成危害，且嗣後不易或需耗費甚高方能恢復原狀之違序行為；例如行為人正在傾倒廢毒液到河之行為等，行政機關得即時制止其繼續傾倒。

基於行政機關並非亦不得以處罰人民為樂之理念，本款規定之適用，應以「防範或制止」違序行為之角度出發，以適時防止違序行為之發生或持續，避免行為人遭受處罰，減少後續可能之爭訟，期能在總體上有助於行政程序之經濟[241]。至如執法人員到達現場時，行為人之違序行為已經終了者，自仍應依法予以裁處。

3.本條第1項第2款規定，係屬於「**證據形成**」之方法。行政機關對於現行違序人得製作書面紀錄，命令其簽名或蓋章承認違序事實；尤其在無法採取諸如照相、錄音或

---

241 蔡志方，註4書，141，143頁。

錄影之取證行爲時，非採此一措施不可，以便於將來裁處時作爲證據。書面記錄之對象，並不限於現行違序人，也可對現場目擊者等人爲之。例如有人製造惡臭，違反空氣污染防制法有關規定，「惡臭」無法用照相、錄影來取證，故須對現行違序人（或現場共同聞得惡臭之人）作成書面紀錄，以作爲裁罰的根據。

應注意者，本法第19條第2項亦有作成紀錄之規定，惟其屬於已經作成「警告性處分」（即糾正或勸導）之書面紀錄。又警察人員攔下違反交通法規者，開立書面之告發單，已屬於裁罰之作成。此二者之書面記錄，與本條第1項第2款規定之書面紀錄，係用以作爲證據，俾憑裁罰，性質及用意有異，不可混淆。

4. 本條第1項第3款規定，行政機關對於現場已存在之證據，爲了避免遭受破壞或滅失，得採取之保全證據手段。實施保全證據之對象，除現行違序人外，亦包括現場目擊者。保全證據之措施，諸如依本法第36條規定扣留行爲人持有之違禁物品或可以作爲證據之物品，或詢問現場目擊者等。

行政機關實施保全證據措施，而遇到抗拒保全證據之行爲，且情況急迫，非採取強制力排除不可時，得使用強制力以排除抗拒行爲。抗拒保全證據措施之人，不限於現行違序人，應包括所有採取抗拒保全證據行爲之任何人。

5. 本條第1項第4款規定，行政機關對於現行違序人得進行確認其身分之措施（如命令提示國民身分證、駕駛執照、行車執照、健保卡、學生證等），以防止現行違序人爲逃避責任而冒名頂替或誣陷他人。如現行違序人拒絕接受確認身分或規避身分之查證（例如意圖逃逸、裝聾作啞、呼喊執法人員施暴等），經過勸導仍無效果，導致確實無法辨認其身分，且情況急迫者，得命令其隨執法人員一齊到達指定之處所（如一般人到戶政事務所或警察局查證，或駕駛人到監理站或監埋所查證等）查證身分。如果現行違序人不隨同到達指定之處所接受身分查證，執法人員即得會同警察人員以用強制方法進行查證。所稱「警察」，依司法院大法官會議釋字第588號解釋，應不限於組織上形式意義之警察（即一般人所理解之在警察局上班之警員），而包括職務機能上爲維護社會秩序、增進公益而享有公權力之人員[242]。

執法人員適用本條第1項第4款規定時，其程序上之步驟順序應如下：確認身分——拒絕或規避——勸導——不聽勸導，無法辨識身分且情況急迫，命令隨同到指定地點查證——拒絕隨同執法人員前往指定地點查證——會同警員強制現行違序人隨同前往指定地點查證。

6. 本條第2項規定，根據本條第1項第3款進行之強制保全證據措施，以及依據同項第4款所進行之強制隨同到指定處所查證身分措施，不得超過爲保全證據或確認身分之目的所必要之程度，亦即均必須遵守行政法上之**「比例原則」**中之**「合目的性原則」**及**「必要性原則」**（參見行政程序法第7條）。

----
242 林錫堯，註2書，141頁。

262 租稅處罰法釋論──以營業稅所得稅之租稅行政罰為範圍

(二)第35條規定內容之說明解析：

1.本條第1項規定，行為人對於行政機關依照本法第34條第1項第3款規定「強制排除抗拒保全證據」之措施，或依照本法第34條第1項第4款規定「強制到達指定場所查證身分」之措施，可以**「當場異議」**，以資救濟。根據本項規定，行為人對於行政機關之此二強制措施不服時，可向該行政機關執法人員當場陳述（口頭、書面均可）不服之理由，表示異議。**行為人不服之客體，應包括強制措施違法或不當。「即時異議」之救濟，限於受到強制措施之行為人方得為之，且必須在執行強制措施之「當場」，向執法人員以陳述理由之方式為之。**至於對在場協助之警察人員，雖亦在可以表示異議之範圍，惟僅能一併提出異議，而不得單獨主張；蓋警察人員僅是協助者，而非執行強制措施之主要主體[243]。

至如行為人對於行政機關依照本法第34條第1項第1款規定「即時制止其行為」之措施，或依照本法第34條第1項第2款規定「製作書面記錄」之措施，本條則無行政機關有「強制排除抗拒即時制止其行為或製作書面記錄」之規定。因此，似應解為行政機關在現場認為宜即時制止其行為或製作書面記錄，而行為人拒而不從者，行政機關不得強制排除抗拒，而應另尋他途以補充處置之。

2.本條第2項規定，執法人員對於行為人「當場異議」之處置方法。根據本項規定，行政機關之執法人員應即時判斷，如認為行為人提出之異議有理由，即應停止或變更該強制措施；如認為無理由，則得繼續執行該強制措施。如經行為人請求，應該將其異議要旨製作紀錄交付之，以便行為人可以在其後之救濟程序（如國家賠償程序或其他程序等）中，作為證明。

行為人之當場異議經執法人員認為無理由，而繼續執行該強制措施者，行為人得否據以提起爭訟，應視該管行政機關是否作成裁罰而定。如行政機關最後作成裁處書處罰時，行為人得一併聲明不服。惟進一步言之，對行為人人身活動之制止或強制，較對物之扣留關係更為重大，後者本法第41條第2項尚且有救濟途徑之設，則本條宜作相同之解釋。是以行為人之當場異議經執法人員認為無理由者，宜認為得類推適用本法第41條第2項「……若扣留機關認為異議之人所陳述者為無理由，則應加具意見，送直接上級機關決定之。」之規定而處之[244]。

依本項規定，僅有具管轄權之行政機關方可製作此異議要旨紀錄。在實務上，現場處理違序行為者經常是警察機關，然而警察機關未必是行政法規之主管機關，則並無權限製作異議要旨紀錄，是以本項規定，執行上將發生困難。因此，應於本條增列警察機關之**「即時處置權」**，方能解決此一問題[245]。

---

243 蔡志方，註4書，145-146頁。
244 吳庚，註2書，525頁。蔡震榮等二人則認為得對實體決定（即行政罰之處分）聲明不服時，一併聲明不服（見蔡震榮等二人，註1書，437頁）。
245 蔡震榮等二人，註1書，436頁。

參、行政機關對物之扣留、處理與扣留之救濟

行政罰法第36條：「（第1項）得沒入或可為證據之物，得扣留之。（第2項）前項可為證據之物之扣留範圍及期間，以供檢查、檢驗、鑑定或其他為保全證據之目的所必要者為限。」。此係規定「得沒入之物」或「可為證據之物」之扣留，以及扣留證物之限制。

第37條：「對於應扣留物之所有人、持有人或保管人，得要求其提出或交付；無正當理由拒絕提出、交付或抗拒扣留者，得用強制力扣留之。」。此係規定「應扣留物」之所有人等之配合，以及其拒絕配合時之強制。

第38條：「（第1項）扣留，應作成紀錄，記載實施之時間、處所、扣留物之名目及其他必要之事項，並由在場之人簽名、蓋章或按指印；其拒絕簽名、蓋章或按指印者，應記明其事由。（第2項）扣留物之所有人、持有人或保管人在場或請求時，應製作收據，記載扣留物之名目，交付之。」。此係規定實施扣留應記錄之事項，以及扣留收據之給予。

第39條：「（第1項）扣留物，應加封緘或其他標識，並為適當之處置；其不便搬運或保管者，得命人看守或交由所有人或其他適當之人保管。得沒入之物，有毀損之虞或不便保管者，得拍賣或變賣而保管其價金。（第2項）易生危險之扣留物，得毀棄之。」。此係規定扣留物之加封或加標識與處置，看守或保管、拍賣、變賣、毀棄。

第40條：「（第1項）扣留物於案件終結前無留存之必要，或案件為不予處罰或未為沒入之裁處者，應發還之；其經依前條規定拍賣或變賣而保管其價金或毀棄者，發還或償還其價金。但應沒入或為調查他案應留存者，不在此限。（第2項）扣留物之應受發還人所在不明，或因其他事故不能發還者，應公告之；自公告之日起滿六個月，無人申請發還者，以其物歸屬公庫。」。此係規定扣留物或代替物之發還方法，以及扣留物無法發還等之公告、逾期領取之歸屬公庫。

第41條：「（第1項）物之所有人、持有人、保管人或利害關係人對扣留不服者，得向扣留機關聲明異議。（第2項）前項聲明異議，扣留機關認有理由者，應發還扣留物或變更扣留行為；認無理由者，應加具意見，送直接上級機關決定之。（第3項）對於直接上級機關之決定不服者，僅得於對裁處案件之實體決定聲明不服時一併聲明之。但第一項之人依法不得對裁處案件之實體決定聲明不服時，得單獨對第一項之扣留逕行提起行政訴訟。（第4項）第一項及前項但書情形，不影響扣留或裁處程序之進行。」。此係規定不服扣留之異議，對於異議之處理，對於異議處理不服之救濟，以及異議與不服異議處理進行救濟之效力。

茲解析說明如下：

(一)第36條規定內容之說明解析：

本條第1項規定行政機關得扣留「得沒入之物」與「可為證據之物」（簡稱「證

物」）。扣留係指行政機關對特定物之占有加以剝奪，使暫時歸行政機關占有之狀態。得沒入之物包括查禁物、用來預備或從事違序行為所用之物、因為違序行為而獲得之物等。得沒入之物尚包括本法第22條規定之「擴大沒入之物」在內（詳見上面本篇第四章、肆、一、㈠、2、與3，以及㈡、1、(1)所述）。證物係指可用來證明行為人違序行為之物，應視個案而認定之由本條第1項中「得扣留之」之文句可知，**行政機關對於得扣留之物，須經斟酌而認為有扣留該物之必要時，方可實施扣留。**

本條第2項規定行政機關扣留「證物」之限制。證物扣留之範圍與期間，以能夠用來供檢查、檢驗、鑑定或其他為保全證據之目的所必要者為限。易言之，證物之扣留，必須遵守行政法上之**「比例原則」**中之**「合目的性原則」**及**「必要性原則」**（參見行政程序法第7條）。例如文書類之證物，予以複印或拍照即可取得證據時，則即不必扣留。

㈡**第37條規定內容之說明解析：**

依據本條之規定，行政機關對於**「應扣留物」**（包括得沒入之物與證物）實施扣留時，對於應扣留物之所有人、持有人或保管人，得要求其提出或交付應扣留物。倘如無正當理由而拒絕提出、交付或抗拒扣留，行政機關得用強制力加以扣留。應扣留物之所有人如係組織，則得對其有代表權之人要求提出或交付應扣留物，乃屬當然。

行政機關適用本條規定時，其程序上之步驟順序應如下：尋找扣留之法規依據──→判斷依法得否扣留──→如得扣留，判斷應提出或交付應扣留物之人──→認為有扣留之必要者，要求提出或交付應扣留物──→應提出或交付應扣留物之人無正當理由拒絕提出、交付或抗拒扣留時，以強制力實施扣留。**由於扣留之實施有階段性之程序，類似「直接強制」之程序，故宜認係行政處分，而其性質係裁處程序之「中間決定」**（Zwischenentscheidung od.-bescheid）[246]。

㈢**第38條規定內容之說明解析：**

本條第1項規定，行政機關對得沒入之物、證物實施扣留時，應作成紀錄，記載實施扣留之時間、處所、扣留物之名目（如扣留物之名稱、項目、數量等），以及其他必要之事項（如扣留之原因，扣留物之特徵、新舊程度、是否易於保存等），並由在場之人簽名、蓋章或者按指印，以便取信；如在場之人拒絕簽名、蓋章或按指印，應記明拒絕之事由。在場之人包括實施扣留之人員（如執法人員、警察人員等），扣留物之所有人、持有人或保管人，以及見證人。本項規定在於，藉由書面之作成確保整個扣留程序之合法性，並避免可能發生之紛爭。

本條第2項規定，扣留物之所有人（所有人係組織者其有代表權之人）、持有人或者保管人在扣留時之現場，或雖未在現場，但嗣後提出請求時，行政機關即應製作必

---

246 蔡志方，註4書，149-150頁；以及蔡震榮等二人，註1書，452，463頁。林錫堯則認為扣留之性質係「程序上之事實行為」（見林錫堯，註2書，147頁）。

據，記載被扣留物之名目而交付之。本項規定之目的，一方面可以減少違序人、行政機關之間可能發生之紛爭，另一方面亦可避免執法人員中飽私囊，或嗣後遭誣陷。

本條規定之「**製作紀錄**」與「**扣留物所有人等在場時製作收據交付**」，行政機關應**依職權主動作成，並均應使用書面**。扣留物所有人等未在場時，解釋上，行政機關得免予製作收據，惟嗣後扣留物所有人等請求時，製作收據交付之[247]。

本條並無執行扣留程序時必須有人在場之明文，故如扣留物之所有人、持有人或保管人不在場，是否得仍得進行扣留程序，顯有疑義。為符合人民權利之保障與避免衍生事後相關執行扣留程序之爭執，參照刑事訴訟法第148條之法理，宜在本條增訂明文，規定行政機關執行扣留程序時，應命扣留物之所有人、持有人或保管人或其有代表權之人在場；如無此等人在場時，得命鄰居之人或就近自治團體之職員在場。在未修法前，期盼行政機關亦能本此法理之意旨為之[248]。

(四)**第39條規定內容之說明解析：**

本條第1項規定，行政機關對扣留物應加封緘（即將特定物貼上封條）或其他標識，並作適當之處置。對扣留物加封緘或其他標識，意在公示該物已受行政機關扣留。如扣留物不便搬運或保管，得命人看守或交由所有人或者其他適當之人保管。此之保管，屬於「**公法上寄托關係**」，行政機關應本於「**善良管理人之注意義務**」為之[249]。得沒入之物有毀損之可能或顧慮，或不便於保管，則行政機關得以拍賣或變賣之方法予以變現，而保管其價金。

本條第2項規定，行政機關對易生危險之扣留物，得加以毀棄。例如扣留物係土製炸彈、爆竹等，得於安全處所加以引爆；又如扣留物係容易傳染疾病之感染物品，得送至焚化爐加以焚燬。

(五)**第40條規定內容之說明解析：**

本條第1項規定扣留物或其代替物之發還。行政機關認為扣留物在案件終結前無留存之必要（例如經證明該物不屬於查禁物，或不屬於可充為證物之物等），或案件為不予處罰（例如有本法第7條第1項、第9條第1項及第3項、第11條第1項及第2項前段、第12條前段、第13條前段等規定之情況，而不予處罰），或未作成沒入之裁處者，即應將扣留物發還。如扣留物經行政機關依本法第39條規定予以拍賣或者變賣，而保管其價金，則即應發還其價金。如扣留物經行政機關毀棄，則即應償還其價金。至如扣留物係應沒入之物，或是為調查其他案件所需要而仍應留存者，不在此限，亦即行政機關仍得繼續扣留。何人為「**應受發還人**」，本法並無明文。解釋上，應指行政機關扣留時，扣留物之所有人、持有人或保管人。

47　蔡志方，註4書，152頁；以及蔡震榮等二人，註1書，452頁。

48　蔡震榮等二人，註1書，452頁。

49　林錫堯，註2書，145頁。

　　本條第2項規定扣留物無法發還時行政機關之處理。扣留物之應受發還人所在不明，或因其他事故不能發還（例如應受發還人係未成年人而其法定代理人所在不明等）時，行政機關應以公告之方法使應該受發還人知悉。自公告之日起算已經滿6個月，而無人申請發還者，即由國家或地方自治團體取得所有權，行政機關應將扣留物歸屬於公庫（視行政機關之所屬，歸屬於中央政府之國庫或地方政府之公庫（縣庫、市庫等））。

　　本法未有扣留物何時發還之規定。扣留物經裁處沒入者，自無發還之問題。扣留物未經裁處沒入者，以及扣留物係證物者，除已依本條第1項規定於「案件終結前」發還者外，解釋上，應於「案件終結後」發還。所謂「案件終結」，應指個別行政罰之事件已具有形式確定力；亦即人民無從再以通常救濟程序（諸如訴願、行政訴訟）對該行政罰加以聲明不服。至案件終結之時點，亦即案件確定之時，應以提起訴願、行政訴訟之法定時間已過為斷[250]。

　　法務部95.10.14法律字第950037871號函釋示：「……二、按行政罰法（以下簡稱本法）第40條第1項規定……。是以，本條第1項本文之扣留物，如為「得沒入之物」時，係指主管機關於尚未經裁處沒入前，因有毀損之虞或不便保管而可得沒入之物。倘已經裁處沒入之物，即非屬上開條文所欲規範之列。如主管機關已為沒入之裁處，嗣後於救濟程序經撤銷原處分確定時，法律上主管機關已失其保有管領該原沒入處分標的物之法律基礎，雖應返還，惟此情形仍與本法第40條第1項規範之情形有別，應予辨明。三、另主管機關已為沒入之裁處，嗣後於救濟程序經撤銷原處分確定時，該裁處沒入之行政處分溯及失其效力，主管機關因失其法律基礎而保有管領該原沒入處分標的物，為公法上之不當得利，主管機關應予返還原沒入處分之標的物。至於沒入處分之標的物不存在，如構成國家賠償責任時，即應予賠償；反之，國家賠償責任不成立時，是否發還價金乙節，如各該相關法規有特別規定時，依其規定辦理，未設特別規定者，宜由主管機關按行政法相關法理就個案本於權責審酌之。」。

　　(六)第41條規定內容之說明解析：

　　扣留僅係裁處程序之「中間決定」之性質，為免延宕案件之進行，並保障人民權益，故訂定本條第1項及第2項之較簡速之二級救濟程序。本條第1項規定，扣留物之所有人、持有人、保管人或利害關係人對扣留不服者，得向為扣留決定之行政機關「聲明異議」。注意得對扣留聲明異議之人，除扣留物之所有人、持有人、保管人外，尚包括扣留物之利害關係人。聲明異議必須向扣留機關提出，至於聲明之方式，本法並無明文，依行政程序法第35條規定，似得以書面或言詞為之。惟在本條第2項有「扣留機關對聲明異議應加具意見」之規定，則聲明異議得以言詞或書面為之；其係以言詞提出者，依行政程序法第35條規定，扣留機關應作成紀錄，經向提出者朗讀或使閱覽，確認

250　參見蔡震榮等二人，註1書，458頁。

其內容無誤後，由其簽名或蓋章。

本條第2項規定行政機關對於異議之處理。對於聲明異議，扣留機關如認為有理由，即應發還扣留物或變更扣留行為（如減少扣留物之數量，或縮短扣留之期間等）；如認為無理由，則即應加具意見，送直接上級機關決定之。

本條第3項規定扣留物之所有人等不服行政機關就異議之處理時之救濟方法。對於直接上級機關之決定不服，僅可在對於裁處案件之實體決定聲明不服時，一併聲明不服。如依法得對裁處案件之實體決定聲明不服時，則得單獨對於扣留機關之扣留決定，依照行政訴訟法第8條第1項規定，提起返還扣留物之**「給付訴訟」**。聲明異議係本法規定之特別救濟方法，而根據本條第3項規定，其分別屬於訴願之先行程序與行政訴訟之先行程序。

本條第4項規定異議和不服異議處理進行救濟之效力。扣留物之所有人等依照本條第1項聲明異議，以及依據本條第3項但書規定提起行政訴訟，均不影響扣留或行政罰裁處程序之進行。

本條條文中有下述疑義：⑴第1項條文中之**「對扣留不服」**，範圍如何並不明確，若僅指第36條規定之物之扣留，則顯然失之過嚴，致使強制扣留、扣留物之歸還等部分，無從救濟。因此，在解釋上，應包括不行行政機關依照本法第36條至第40條所為有關物之扣留、強制扣留、扣留紀錄、扣留物處理、扣留物發還等之各種決定或行為。⑵第1項規定之聲明異議，未規定扣留機關處理之時限。基於本條「聲明異議簡速救濟」之規範意旨，應解為相對人向扣留機關提出後，扣留機關應立即處理。至於第2項規定，未規定直接上級機關決定之時限，似應適用行政程序法第51條規定，定其處理期間兩個月。惟如此似與「聲明異議簡速救濟」之規範意旨不洽，顯不妥當。第2項未修去明定處理時間之前，以另訂處理時間為宜[251]。

肆、行為人陳述意見或聽證之程序暨其例外

行政罰法第42條：「行政機關於裁處前，應給予受處罰者陳述意見之機會。但有下列情形之一者，不在此限：一、已依行政程序法第三十九條規定，通知受處罰者陳述意見。二、已依職權或依第四十三條規定，舉行聽證。三、大量作成同種類之裁處。四、情況急迫，如給予陳述意見之機會，顯然違背公益。五、受法定期間之限制，如給予陳述意見之機會，顯然不能遵行。六、裁處所根據之事實，客觀上明白足以確認。七、法律有特別規定。」此係規定行政罰裁處前應給予行為人陳述意見之機會暨其例外。

第43條：「行政機關為第二條第一款及第二款之裁處前，應依受處罰者之申請，舉行聽證。但有下列情形之一者，不在此限：一、有前條但書各款情形之一。二、影響自

---

51 蔡震榮等二人，註1書，469頁。

由或權利之內容及程度顯屬輕微。三、經依行政程序法第一百零四條規定，通知受處罰者陳述意見，而未於期限內陳述意見。」。此係規定裁處限制或禁行為人之行為、剝奪或消滅行為人之資格、權利前，應本於行為人之申請進行聽證暨其例外。

　　茲解析說明如下：

（一）第42條規定內容之說明解析：

　　1.行政罰係行政機關作成限制或剝奪人民自由或權利之行政處分，依行政程序法第102條規定，原則上應給予行為人陳述意見之機會，但有同法第102條規定之除外情形，或第103條規定之例外情形時，得不給予陳述意見之機會。

　　本條前段明示行政機關於裁處前，應給予受處罰者陳述意見之機會之原則，蓋藉以避免行政機關之專斷，並保障人民之權益。**行政機關應依職權提供行為人陳述意見之機會，而不待行為人之請求**。本條但書則列舉規定不給予陳述意見機會之七款情形，較行政程序法第102條除外規定與第103條例外所定狹窄，用示裁處程序之嚴謹。本條係行政程序法第102條及第103條之特別規定，應優先適用。

　　2.本條但書之七款「得不給予陳述意見之機會」之規定，依次說明解析如下：

　　(1)第1款：行政罰裁處前，行政機關已依行政程序法第39條規定通知受處罰者陳述意見者，不必再給予陳述意見之機會。條文中之「受處罰者」，立法時用詞欠妥；蓋既然是「行政罰裁處前」，其時尚未能確認為行為人應受處罰，則何來「受處罰者」，實僅能稱為「行為人」而已。

　　所謂「已通知受處罰者（應指「行為人」，以下同）陳述意見」，重點應不在於已通知，而是行為人已陳述意見。如雖已通知，而尚未經行為人陳述意見，則仍應給予陳述意見之機會[252]。

　　(2)第2款：行政罰裁處前，行政機關已依職權舉行聽證，或已依本法第43條規定舉行聽證，不必再給予陳述意見之機會。由於聽證之程序不僅已經有當事人陳述之機會與功能，甚至有過之而無不及，故作此一規定，以避免重複。

　　(3)第3款：行政罰之裁罰，要作成大量相同種類之裁處者，不必給予陳述意見之機會。此一規定應係基於程序之經濟之考慮。惟所謂「大量」，本法並無進一步規定，有待在個案中具體化，或由行政機關明定具體化之認定規則。

　　(4)第4款：行政罰之裁罰，情況急迫，如給予陳述意見之機會，顯然違背公益者，不必給予陳述意見之機會。例如行為人有數人，而其中有將要逃逸者，則給予一部分行為人陳述意見之機會，顯然會違背公益，在此情形，可不必給予陳述意見之機會。

　　(5)第5款：行政罰之裁罰，受處理之法定期限之限制，如給予行為人陳述意見之機會，顯然即無法遵行該項法定期限之規定者，不必給予陳述意見之機會。

　　(6)第6款：行政罰之裁罰，如所根據之事實，客觀上已經足以明白確認者，不必給

----

252 林錫堯，註2書，150頁。

予陳述意見之機會。

　　(7)第7款：行政罰之裁罰，如法律已有特別規定者，不必給予陳述意見之機會。

　　法律特別規定之情形，應包括「得不給予陳述意見之機會」之明文或意旨，但不包括行政程序法之規定（例如第103條第6款）在內；蓋本款規定係基於**「特別法優於普通法」**原則而作之規定，而行政程序法相對於本法係普通法之故[253]。法律特別規定之例，如社會秩序維護法第44條規定：「警察機關對於情節輕微而事實明確之違反本法案件，得不經通知、訊問逕行處分。但其處罰以新臺幣一千五百元以下罰鍰或申誡為限。」。

　　(二)第43條規定內容之說明解析：

　　1.本條前段明示行政機關為本法第2條第1款規定之裁處（即「限制或禁止行為人行為之處分」）及第2款規定之裁處（即「剝奪或消滅行為人之資格、權利之處分」）前，應舉行聽證之原則。聽證係以聽取雙方（行為人及行政機關）意見，避免行政機關之專斷，並保障人民之權益。**行政機關應應依行為人之申請，而舉行聽證，亦即本條前段規定之聽證，屬於「請求乃論」**。本條但書則列舉規定不舉行聽證之三款情形。惟如有法律另外規定應該主動舉行聽證，或主管機關認為有必要舉行聽證，則即應依照行政程序法第107條規定舉行聽證，不受本條但書規定之限制。

　　2.本條但書「不必舉行聽證」之規定，依次說明解析如下：

　　(1)第1款：行政機關已依據本法第42條但書各款規定，給予行為人陳述意見之機會者，不必舉行聽證。

　　將本法第42條但書與第43條但書第1款規定合併觀之，顯然易引起「陳述意見與聽證等價」之錯覺。其次，本法第42條但書第3款係規定「已依職權或依第43條規定，舉行聽證」者，不必再給予陳述意見之機會。然而第43條但書第1款卻又將有第42條但書第3款規定情形者，列為不必舉行聽證情形之一。結果二個規定均形成「有你即可無我」之「法規適用反致」情形，在立法技術上，顯然矛盾[254]。在未修法之前，本款規定之適用，解釋上有予限縮之必要，即宜將第42條但書第3款規定排除之。

　　(2)第2款：行政機關認定所作之裁處影響行為人之自由或權利之內容及程度顯然輕微者，不必舉行聽證。行政機關對於「裁處影響顯屬輕微」有裁量權，但仍應遵守比例原則。

　　行政機關適用本款規定時，雖可拒絕舉行聽證，惟應否主動給予行為人陳述意見之機會，似非明白。依本法第42條規定之意旨論之，似應容許。惟依行政程序法第103條第6款規定，則行政機關仍可裁量不給予陳述意見之機會[255]。

53　蔡志方，註4書，162，163頁；以及林錫堯，註2書，150頁。
54　蔡志方，註4書，164-165頁。
55　蔡志方，註4書，165頁。

(3)第3款：行政機關裁處前，已依行政程序法第104條規定通知行為人陳述意見，而行為人未在期限內陳述意見者，不必舉行聽證。

　　3.行政機關為本法第2條第3款規定及第2款規定以外之裁處（即裁處罰鍰、沒入、影響名譽之處分或警告性處分）前，可否請求進行聽證，依照本條之文義及基於「**明示其一，排除其他**」之法理，或行政程序法第102條規定，似應不予容許。惟如罰鍰金額極高，沒入物之價額不低，或處罰影響名譽甚鉅，則行政機關似仍以裁量容許進行聽證為宜[256]。

伍、裁處書之製作及送達

　　行政罰法第44條：「行政機關裁處行政罰時，應作成裁處書，並為送達。」。此係規定行政罰之裁處應以書面為之與裁處書送達。

　　茲解析說明如下：

　　本條揭櫫行政罰「**裁處要式主義**」，明定行政機關作成裁處行政罰之行政處分，應該作成書面，亦即「**裁處書**」，並送達受罰人。此一規定屬於行政程序法第95條第1項規定「行政處分法規另有要式之規定」之情形。

　　對於受罰人而言，行政罰之裁處屬於「課予義務」之「不利處分」，受罰人依法可以提出行政救濟（包括提起訴願、行政訴訟等）。書面裁處書之記載內容，使受罰人得以知悉處罰之原因與處罰之法規依據，以判斷處罰之合法性、妥適性等。復且處罰之內容涉及要求受罰人為一定行為者（如繳納罰鍰、拆除違章建築等），亦須有一份書面之裁處書表明該要求，故而有本條規定。

　　行政機關所作行政罰之裁處書，其應記載之事項，應依據個別行政法規規定；如個別行政法規未有規定，由於本法對此並無規定，故應適用行政程序法第96條之規定為之。

　　行政機關作成行政罰之裁處書後，須送達受罰人方能對外發生效力。關於裁處書之送達，應依據個別行政法規規定為之；如個別行政法規未有規定，由於本法對此並無規定，故應適用行政程序法第67條至第91條之規定為之。

256　蔡志方，註4書，165頁；以及蔡震榮等二人，註1書，479頁。

第九章

附　則

壹、過渡條款

行政罰法第45條：「（第1項）本法施行前違反行政法上義務之行為應受處罰而未經裁處，於本法施行後裁處者，除第十五條、第十六條、第十八條第二項、第二十條及第二十二條規定外，均適用之。（第2項）前項行政罰之裁處權時效，自本法施行之日起算。」此係規定過渡時期裁罰事件之準據及裁處權時效之計算。

一、條文說明解析

(一)本條係斟酌「法安定性原則」（Rechtssicherheitsprinzip）、「法律不溯及既往原則」（Prinzip der Nichtsrückwirkung）及「實體從舊，程序從新」原則，並考量其溯及適用有利於人民，能實現保障人權等所作之過渡條款規定[257]。

(二)本條第1項規定，本法施行前（即在95年2月5日以前），違反行政法上義務之行為，依法應受處罰而尚未經行政機關裁處（依法務部95.5.9法律決字第960015478號書函釋示，行政罰之裁處書未合法送達，自不生效力，而屬於「未經裁處」之情形），在本法施行日（即95年2月5日）後始予裁處者，本法規定均適用之；**惟下述本法各條規定，立法者認為較不利於當事人，故予以除外，而不予適用**：

　　1.第15條關於（私法人之）法律上之行為人與事實上之行為人的併同處罰之規定。

　　2.第16條關於（設有代表人或管理人的非法人團體之）法律上之行為人與事實上之行為人的併同處罰之規定。

　　3.第18條第2項關於因違序行為而獲得超過處罰最高金額時的加重裁罰之規定。

　　4.第20條關於為他人利益而實施行為，導致他人違反行政法上義務而受罰，而行為人未受處罰，並獲得利益者，以及行為人受處罰，而他人未受罰，並獲得利益者，均在獲得財產利益價值內酌予追徵之規定。

　　5.第22條關於所有人因故意或重大過失，而使所有物成為從事違反行政法上義務行為之工具，或明知物得沒入，為規避該物之沒入，而取得該物之所有權者，行政機關均得裁處沒入之規定。

(三)行政罰裁處後被撤銷，是否亦屬於本條第1項規定之「未經裁處」，涉及得否適用本法第5條從新從輕原則之規定。就此問題，法務部95.5.9法律決字第950700354號書函釋示：「……經提請本部行政罰法（以下簡稱本法）諮詢小組第4次會議討論，獲致

57　林錫堯，註2書，153頁。

結論略以：本法施行前違反行政法上義務之行為，行政機關雖已於本法施行前已為處罰，嗣後原裁罰處分，因行政救濟撤銷溯及失其效力，而應於本法施行後重為裁處，此時與未經裁處時相同，依本法第45條第1項規定，自有本法第5條從新從輕原則之適用。……」。

　　(四)行政罰法施行日（即95年2月5日）前違反行政法上義務之行為應受處罰，而未經裁處者，於行政罰法施行後，仍得裁處之。關於此一裁處之裁處權時效，仍為3年（參見本法第27條），而依本條第2項規定，其裁處權時效自本法施行日開始計算。

　　個別行政法規規定之裁處權時效，如較本法第27條規定之3年為長（如租稅行政罰之5年）或短於3年（如社會秩序維護法規定之2個月等），本法施行後，其裁處權時效是否適用本條第2項規定，法務部96.6.21法律字第960015313號函釋示：「……行政罰法施行（95年2月5日）前違反行政罰法上義務行為業已終了，其行為應受處罰而未受處罰者，其3年之裁處權時效自行政罰法施行日起算，如法律另特別規定裁處時效者，則依其規定計算期間，不適用行政罰法第45條第2項規定。……」。

二、本條規定在營業稅與所得稅稽徵上租稅行政罰之適用

　　行為人在本法施行前，違反租稅法（包括營業稅法、所得稅法與稅捐稽徵法）上義務之行為應受處罰而未經裁處，於本法施行後裁處者，有本條第1項規定之適用，亦即於行政罰法施行後，稽徵機關仍得裁處之，而除本法第15條、第16條、第18條第2項、第20條及第22條規定外，本法其餘條文之規定均適用之。由於租稅行政罰之裁處權時效為5年或7年（詳見上面本篇第六章、壹、二、(一)），長於本法第27條第1項規定之3年，故依據上開法務部96.6.21法律字第960015313號函釋示，不適用本條第2項規定，而仍依原起算日計算時效期間。

貳、施行日期

　　行政罰法第46條：「本法自公布後一年施行。」此係規定本法開始施行之日期。

一、條文說明解析

　　根據中央法規標準法第14條規定，法規特定有施行日期，或以命令特定施行日期者，自該特定日期開始發生效力。本法既經總統於94年2月5日公布，從公布後算足一年，才開始生效，則應自95年2月5日凌晨起開始生效。

二、本條規定在營業稅與所得稅稽徵上租稅行政罰之適用

　　本法施行前（即在95年2月5日以前），違反租稅法（包括營業稅法、所得稅法與稅捐稽徵法）上義務之行為，依法應受處罰而尚未經稽徵機關裁處者，依本法第45條第項規定，除本法第15條、第16條、第18條第2項、第20條及第22條規定外，本法其餘條

文之規定均適用之。惟依本法第1條但書規定,租稅法規關於租稅行政罰之規定,優先適用之,乃屬當然。

　本法施行後,違反租稅法(包括營業稅法、所得稅法與稅捐稽徵法)上義務之行為,依法應受處罰者,適用本法所有條文之規定。惟依本法第1條但書規定,租稅法規關於租稅行政罰之規定,優先適用之,乃屬當然。

第 三 篇

營業稅與所得稅稽徵上之租稅行政罰

導　論

一、租稅行政罰之行為罰與漏稅罰區分

　　租稅行政罰（租稅秩序罰）係行政罰之下位概念，乃指對於違反租稅法上義務之行為，依據租稅法規所施加刑罰以外之制裁。違反租稅法上義務之行為有「**行為違法**」與「**結果違法**」之區分，因而**租稅行政罰可區分為「行為罰」與「漏稅罰」兩類**。就受處罰主體之性質而言，**行為罰之受處罰主體為「行為犯」**（Tätigkeitsdelikt），即行為人只要單純地實現構成要件所描述之行為，無待任何結果之發生即足以構成既遂之犯行。**漏稅罰之受處罰主體則為「結果犯」**（Erfolgsdelikt），即行為必須發生構成要件所預定之結果（即「漏稅」），始構成既遂之犯行。

　　關於租稅法上行為罰與漏稅罰之區分，參見前面本書第一篇第二章、貳、二、一)之詳細說明。行為罰與漏稅罰之區分，適用於營業稅與所得稅稽徵上所有種類之租稅行政罰，自屬當然。

二、租稅行政罰之一般構成要件

　　行政罰之成立須符合「**一般構成要件**」（亦即「**成立要件**」），一般構成要件包括「合乎構成要件」、「違法」及「可受非難」三者。因而構成違反行政法上義務之行為的成立，應具備：⑴「**構成要件該當性**」（Tabestabdsmäßigkeit）：係指行為人之「客觀行為」與「主觀心態」（故意、過失），與處罰之構成要件所描述者完全符合。⑵「**違法性**」（Rechtswidrigkeit）：係指欠缺阻卻違法之正當事由。⑶「**可非難性**」（或「**可歸責性**」，Vorwerfbarkeit）：係指行為人須有責任能力等（詳見前面本書第二篇第一章、壹、一、㈡所述）。

　　違反租稅法上義務之行為（以下稱「**租稅法上違序行為**」）成立之一般構成要件，概述其內容如下；營業稅與所得稅稽徵上所有種類之違序，其成立亦須與一般構成要件合致，乃屬當然：

　　1.**構成要件該當性：**

　　行為人因係違反租稅法所規定之義務，始受制裁，故其是否存在租稅法上違序行為，當然須依租稅法之規定而認定之。行為人之「客觀行為」與「主觀心態」（故意、過失），可為租稅法中處罰規定之「構成要件」所涵攝（亦即客觀行為、主觀心態與構成要件相合致），方屬具有租稅法上違序行為之「構成要件該當性」。

　　租稅法上違序行為之構成要件該當性，往往受所違反之稅法規定之影響。在租稅行政罰規範中，有關構成要件部分大多是「**空白規定**」（Blnketvorschrift），即處罰規定

本身不對構成要件部分加以規定，而以同一稅法或其他稅法規定作為其構成要件[1]。

對於租稅法上違序行為之構成要件，法制上有下述主要要求：

(1)**構成要件明確性之要求**。構成要件必須於租稅法中明確規定。例如稅捐稽徵法第44條規定「未給予他人憑證」之處罰，而何謂「未給予他人憑證」，稅捐稽徵法並無明文，因而尚須以其他稅法關於「給予他人憑證」之明確規定為依據。

(2)**溯及既往禁止**（Rückwirkungsverbot）。但在裁判前之法律對行為人為有利之變更時，則例外可以溯及。

(3)**禁止以「行政規則」處罰租稅法上違序行為**[2]。

2.**違法性**：

在租稅法上違序行為之中，幾乎罕有存在行政罰法第11條至第13條規定正當防衛、緊急避難等免責事由之情形；故在租稅法上違序行為中，通常「構成要件該當性」與「違法性」係結合在一起，即只要行為具有構成要件該當性，可認為即構成違法[3]。惟在具體個案上，仍有可能存在免責事由之情形，必須個案判斷認定之。

3.**可非難性（可歸責性）**：

在租稅法上違序行為中，可非難性之有無，在具體個案中，應依行政罰法第8條至第13條關於責任能力、不知法規之責任與免責事由之規定，予以判斷認定之。

三、租稅法上違序與其處罰之判斷程序

租稅法上違序與其處罰之**判斷程序**，首先應進行**「構成要件該當性」判斷**，審酌行為人之行為是否具有構成要件該當性。其次，在判定行為具有構成要件該當性之後，即應進行**「違法性」判斷**，審查行為人之構成要件該當行為是否具有違法性（惟在租稅法上違序行為中，構成要件該當性與違法性通常結合在一起）。最後，經判定構成要件該當行為具有違法性之後，始進行**「罰責」（即「可歸責性」）判斷**，以認定行為人是否具有罰責（即其行為是否構成××稅法○○條之違序，而應受處罰）[4]。

上述租稅法上違序與其處罰之判斷程序，適用於營業稅與所得稅稽徵上所有種類之租稅行政罰，自不待言。

1　洪家殷，稅法上有關秩序罰規定之研析，行政院國科會專題研究計畫成果報告（行政院國家科學委員會研究計畫成果報告，東吳大學法律學系執行，計畫主持人洪家殷），1999年7月，17-18頁。

2　洪家殷，註1文，18-19頁。

3　洪家殷，註1文，19頁。

4　參見蔡震榮、鄭善印，行政罰法逐條釋義，2版，2008年5月，77，94頁；以及林山田，刑法總論上冊，10版，2008年1月，265頁。

第一章
營業稅法規定之租稅行政罰

　　本章以義務內容之類型為準，將所有加值型及非加值型營業稅法（以下簡稱「營業稅法」）規定之租稅行政罰歸納為四個類型，再就各類型中之各種處罰分別論述。每種處罰均賦予一個定名，例如「××××違序」，以簡潔顯示該「違反秩序」（即「**違序**」）之「行為內容與特徵」，以便於指稱及論述（參見前面本書第二篇第一章、貳、一、㈠之說明）。

　　本章以下文中之「**本法**」，係指「營業稅法」。其次，本章以下文中之「**營業稅法上違序行為**」或「**違序行為**」，係指「違反營業稅法上義務之行為」。復次，本章以下文中之「**元**」，係指「新台幣」（因本法規定之罰鍰金額均係「國幣」，故首次述及某一規定之罰鍰金額時，另以括號標明相等之國幣，以後即予略之）。此係基於行文之方便，不再一一說明。

第一目　關於稅籍登記與報備義務之違序與其處罰

緒　　說

一、關於稅籍登記與報備義務之違序種類與其處罰之性質

　　本法規定之違序與其處罰，其中與「**稅籍登記與報備**」有關者，可合稱為「**關於稅籍登記與報備義務之違序與其處罰**」之類型；其中違序之型態，計有如下八種（依本法規定之條文次序排列）：⑴擅自營業違序，⑵未辦變更登記違序，⑶未辦註銷登記違序，⑷未報備停業違序，⑸未報備復業違序，⑹營業登記不實違序，⑺變更登記不實違序，⑻註銷登記不實違序。

　　在本目中，⑴擅自營業違序，⑵未辦變更登記違序，⑶未辦註銷登記違序三者，各立一子目論述。⑷未報備停業違序、⑸未報備復業違序二者，則併成一子目「**未報備停業、復業違序**」論述；而⑹營業登記不實違序，⑺變更登記不實違序、⑻註銷登記不實違序三者，亦併成一子目「**稅籍登記不實違序**」論述，以節省篇幅，此係基於其受罰人相同，處罰相同之故。

　　本類型違序之處罰均係「罰鍰」，其性質係「行為罰」，蓋其違反之義務均係「行為義務」。因此，營業人之行為構成本類型中各種違序者，無待任何結果之發生（例如發生漏稅等），稽徵機關即得予以處罰。本目以下各子目中即均不再一一說明。

本類型中各種違序，均係違反本法規定之**「稅籍登記與報備義務」**，而稅籍登記與報備義務主要之法律依據係本法第28條至第31條等。由於本類型各種違序，均係以本法第28條至第31條等條文之義務規定為構成要件，故屬**「非真正之空白構成要件」**，而各該處罰規定則係**「結合指示」**（參見前面本書第二篇第一章，參、一、㈢、2、之說明）。本目之各子目中即均不再一一說明。

二、行為人之責任能力、不之法規之責任與有無免責事由

在本類型違序中，行為人（亦是受罰人）均係營業人，故而其**「責任能力」**、**「不之法規之責任」**與**「有無免責事由」**，完全相同，因而一併在此先行說明，本目以下各子目即均不再一一說明。

㈠責任能力：

擅自營業違序之行為人係營業人，受罰人係營業人本身。由於營業人係組織，是以並無行政罰法第9條所定自然人責任能力問題。

惟有一個例外，獨資商號係以出資之資本主（自然人）為受罰人（參見下面本章第一目、壹、一、㈠、1、所述）；因此，**獨資商號有本類型中各種違序者，有無行政罰法第9條規定之適用，即須就獨資資本主本身審究。**茲分述如下：

1.年齡年滿18歲與否：

⑴獨資資本主滿18歲者，有責任能力，其各種違序自應依法受罰。

⑵獨資資本主未滿18歲者，並無行政程序之行為能力，故其各種稅籍登記與報備之義務，應由法定代理人代為履行（參見行政程序法第22條）。在此情形，獨資資本主之責任能力如何，依前面本書第二篇第二章、肆、一、㈣、4、所述（參照96.4.27法務部行政罰法諮詢小組第8次會議之多數意見），說明如下：

A.法定代理人之故意、過失，其效果不得歸屬於未滿18歲之獨資資本主，亦即不得論為獨資資本主之故意、過失，自不得處罰（並無適用行政罰法第9條第1項、第2項規定與否之問題）。

B.法定代理人未代為履行各種稅籍登記與報備義務之義務，縱然法定代理人有故意或過失，因法無處罰之明文，亦不得處罰法定代理人。

惟應注意者，行政院94.8.8台規字第940020908號函發布「行政機關因應行政罰法施行應注意之法制事項」，其中第5點規定：「各機關就主管法律或自治條例訂定行政罰時，有關責任能力部分，應檢視下列情形：㈠未滿14歲人之行為，不予處罰。㈡18歲以下之未成年人，違反行政法上義務行為，於監督不周或行使親權、管教不當時，得以其「法定代理人」為處罰對象。」。對於未滿18歲之獨資資本主之各種違序，可否依此規定逕行處罰其法定代理人，依本書之見解，應作否定解釋。蓋此一「得逕行處罰法定代理人」之規定，並未說明法律依據為何，實有違反行政罰法第4條之「處罰法定

原則」。在法務部行政罰法諮詢小組第8次會議作成修法之建議後[5]，此一規定實以刪除為宜。

　　2.精神狀態：

　　⑴獨資資本主滿18歲者，有完全責任能力，其各種違序自應依法受罰。因而在具體個案中，應查明獨資資本主有無行政罰法第9條第3項規定「無責任精神狀態」與第4項規定「精神狀態減弱」之情形，以決定是否免除或減輕處罰。又應查明其有無同條第5項規定「故意或過失而自陷於精神障礙」之情形，以決定可否適用同條第3項或第4項免除或減輕處罰之規定。

　　⑵獨資資本主未滿18歲者，如上面1、⑵所述，其各種違序不予處罰，則自無須再審究其有無行政罰法第9條第3項至第5項所規定之情事。

　　㈡**不知法規之責任**：

　　行政罰法第8條規定：「不得因不知法規而免除行政處罰責任。但按其情節，得減輕或免除其處罰。」。本類型中各種違序之營業人，限於「有具體特殊情況存在，而導致無法得知各種稅籍登記與報備義務之法規存在」之「不能避免之禁止錯誤」，方得依行政罰法第8條但書規定免除其處罰；如係原可避免而乃發生錯誤，則可減輕處罰。

　　各種違序之營業人在何種情形之行為，可認為存在不能避免之法律錯誤，無可歸責而不應處罰，參見前面本書第二篇第二章、貳、一、㈢所述。

　　㈢**有無免責事由**：

　　行政罰法第11條至第13條規定「依法令及依上級命令之行為」、「正當防衛」及「緊急避難」之免責事由。在營業人有本類型中之各種違序時，應審究有無存在行政罰法第11條至第13條規定免責事由之情事，乃屬當然。

壹、擅自營業違序與其處罰

　　營業人未依規定申請營業登記，構成**擅自營業之初次違序**，除通知限期補辦外，處3,000元以上30,000元以下（國幣1,000元以上10,000元以下）罰鍰；逾期仍未補辦，構成**擅自營業之連續違序**，得連續處罰（本法第45條）。

一、受罰人

　　㈠本法第45條（以下稱**「本條」**）所規定之擅自營業違序，其行為人係營業人，自然係以營業人為受罰人。

　　所謂營業人，係指本法第6條所定之營業人：「有下列情形之一者，為營業人：一、以營利為目的之公營、私營或公私合營之事業。二、非以營利為目的之事業、機關、團體、組織，有銷售貨物或勞務者。三、外國之事業、機關、團體、組織，在中華

該會議最後並未做成結論，惟有謂：「如果有明確規定之必要，建議修法途徑解決為宜」。

民國境內之固定營業場所。」。關於營業人之概念，有深入探究之必要，其詳見下面
㈡及㈢所述。

　　受罰人係營業人，固然係指「以營業人本身為受罰人」，惟有時仍不無疑義；茲引
述有關問題之實務見解如下：

　　1.營業人為「獨資商號」者，實務見解均認為「獨資商號」與「出資之個人」係同
一之權義主體；從而**獨資商號未依規定辦理營業登記者，即應以出資之個人（或商業負
責人）為受罰人**。茲摘引實務見解如下：

　　⑴（最高）行政法院68年度8月份庭長評事聯席會議（68.8.25）決議：「獨資商
號……，在行政訴訟裁判當事人欄，……應以獨資商號主人為當事人，記載為『○○○
即○○商號』。……」。

　　⑵（最高）行政法院84年判第1446號判決（84.6.13）：「按營業稅法所稱之營業
人，其形態之為公司、為合夥、為獨資或為其他組織，均不置論，凡屬事業，以營利為
目的者即屬之。觀營業稅法第六條規定可知。其為獨資商號者，並無獨立之人格，以該
商號為營業，所生權利義務仍歸諸出資之個人，是商號與個人名稱雖異，實非不同權義
主體，至應否課徵營業稅、營利事業所得稅，個人綜合所得稅及應否辦理營業登記，乃
因其所得、因其行為之不同而異，非可因此不同，謂為獨資商號與出資之個人乃不同之
權義主體也。本件再審原告林肇珍出資申辦獨資商號永泰企業社之登記，永泰企業社
即係再審原告林肇珍，原判決因認前判決認定二者為同一納稅主體為無不合，洵非無
據。」。

　　⑶財政部86.5.7台財稅第861894479號函：「……說明：二、獨資組織營利事業對外
雖以所經營之商號名義營業，實際上仍屬個人之事業，應以該獨資經營之自然人為權利
義務之主體，又獨資商號如有觸犯稅法上之違章事實應受處罰時，亦應以該獨資經營之
自然人為對象。是故，本案應以違章行為發生時登記之負責人為論處對象。」。

　　⑷最高行政法院93年判第339號判決（93.4.8）：「……獨資商號並無當事人能力，
而應以商業負責人為處罰之對象，始符法律規定。……」（同院96年判第1029號、97年
判第394號判決同此見解）。

　　2.外國公司在台營業，未申請營業登記者，受罰人之認定：

　　財政部59.7.28台財稅第25683號函：「查本案×××股份有限公司在我國既未辦營
業登記，由該公司副理×××負責承辦工程業務，業經稽徵機關查獲該公司涉嫌違章帳
冊憑證，可資證明，如該外國公司未經依法取得認許，其外國法人資格無從認定，應即
責由實際行為人負責，依法予以課稅並予處罰。」。

　　3.總機構與其分支機構分開報繳，如有涉及違章，受罰人之認定：

　　財政部85.8.2台財稅第851912894號函：「……說明：三、涉及營業稅部分，依據營
業稅法第28條及第38條第1項規定，營業人之總機構及其他固定營業場所，應分別向所
在地主管稽徵機關申請營業登記，並按期申報銷售額，應納或溢付營業稅額。故總機構

與其分支機構如有涉及違章情事，應以其實際發生違章行為之總機構或分支機構為違章主體，由各該主管稽徵機關辦理。……」。

4.總機構與其分支機構經核准合併報繳，如有涉及違章，受罰人之認定：

財政部90.10.9台財稅第900456200號令：「主旨：一、經本部核准由總機構合併申報銷售額、應納或溢付稅額之營業人，其分支機構如有涉及營業稅法第51條逃漏稅之違章情事，應由總機構所在地主管稽徵機關對該總機構予以補稅裁罰；至總、分支機構應分別申報銷售額、應納或溢付稅額之營業人，其分支機構如有涉及違章情事，仍應依本部85/08/02台財稅第851912894號函規定辦理。……」。

(二)營業人之概念：

從事銷售活動者之情狀，如何得以認定為營業人，取決於營業人之概念，然而本法第6條關於營業人範圍之規定，不足以了解營業人之概念內涵。因此，有必要先構建營業人之概念。茲說明解析如下：

1.行政法院判決對於營業人之概念，摘引較具代表性之見解如下：

(1)最高行政法院96年判第870號判決（96.5.17）：「……有關營業稅稅捐主體之判斷，並非以自然人、法人或組織之資格或身分為準，而是以其從事之行為是否為營業稅法所規範之『銷售行為』為準。從事銷售行為者即屬營業稅之稅捐主體，並不會因為其資格為公益法人、合作社或祭祀公業或有無事前辦理登記而異其判斷。……。因此只要是以獲取利潤為目的，長期持續從事交易行為者，均屬營業稅法上所稱之『營業人』稅捐主體。……」。

(2)最高行政法院98年判第171號判決（98.2.26）謂：「……營業稅法第6條第1款規定所稱事業包括自然人，……。」。

(3)最高行政法院98年判第227號判決（98.3.12）：「……營業稅法上之『銷售營業行為』，其定義為『以貨幣為對價（但包括對向抵銷貨幣之互易），反覆持續之有償交易（標的包括貨物、勞務與權利）行為』，有此行為者，即屬營業人。本案上訴人於87年至90年間，持續銷售廢棄物，銷售金額高達27,619,764元，當然符合『反覆從事貨物有償交易』之營業人定義。……」。

(4)台北高等行政法院95年訴第4498號判決（96.7.10）：「……所謂營業人，並不以公、私法人團體之事業為限，即個人以營利為目的之私營事業亦包括在內。又社會上之交易活動所在多有，其中一時偶發性之交易，既無長期持續營利之意思存在，且在稽徵技術上，如何發現此等交易而掌握其稅源，亦有其實際上之困難，自無將其視為『營業行為』，而課徵營業稅之必要。基此，營業稅法規範之稅捐主體『營業人』及稅捐客體『銷售行為』，應具備『持續』及『營利』之特徵，如特定人所為之一次性偶發交易，即不屬營業稅法規範之對象至明。惟關於『在土地上建屋出售房地』之交易類型，其外觀雖僅有最後一次之銷售房屋行為，然該房屋自規劃興建迄出售完畢，須歷經較長之時間，其間會持續發生委請建築師設計、購買建材、催工興建、發包工程或委託

銷售等多個進貨行為存在，且其營業規模常高達數百餘萬元以上。因此，為完成建屋銷售之目標，須配合多個進貨行為，且整個活動須歷經較長之期間，自己符合『持續』及『營利』之要件，難謂為一時性及偶發性之交易行為，即屬營業稅法規範之銷售行為，自應依法課徵營業稅。……」。

綜合上開判決之見解，似可歸納如下：基於「營利」之目的，「持續從事銷售行為」者，即為營業人；而營業人不以公、私法人團體之事業為限，以營利為目的之個人（或自然人）亦包括在內。

2.財稅主管機關對於營業人之概念之見解，摘引較具代表性者如下：

⑴財政部63.4.20台財稅第32628號函：「凡利用自己原有住宅，以提供勞務為主（包括人力或應用簡單機器），不僱用家庭成員以外人員，接受廠商或合作社之委託加工，而不直接對外銷售其產品，並不具備營利事業型態者，為家庭手工藝副業，非屬營利事業；均免辦營業登記，並免徵營業稅。」。

⑵財政部賦稅署77.3.7台稅二發第770044235號函：「盲人投資經營按摩院（中心），如具有按摩院之設備並僱用按摩人者，自應依法辦理營業登記，課徵營業稅。……」。

⑶財政部77.5.30台財稅第770529824號函：「主旨：美商××股份有限公司台灣分公司之直系直銷商，如無固定營業場所者，可免辦理營業登記，並免徵營業稅及營利事業所得稅，依法課徵個人綜合所得稅。……」。

⑷財政部78.4.6台財稅第781143103號函：「個人利用自用住宅從事理髮、燙髮、美容、洋裁等家庭手工藝副業，如未具備營業牌號，亦未僱用人員，及其每月銷售額未達營業稅起徵點者，准予免辦營業登記。」。

⑸財政部94.8.2台財稅第9400362430號函：「個人以自身勞力受託於喪家或殯葬禮儀服務業，協助或代為處理部分殯葬相關事項，並無僱用他人者，應不發生辦理營業登記、課徵營業稅問題。惟如與上開要件未符者，則應依法辦理營業登記課徵營業稅。」。

⑹財政部賦稅署95.10.16台稅二發第9504556400號函：「㈠有關自然人、政府機構或公立醫院設置太陽光電發電系統，與貴公司（××電力公司）簽訂購售電契約進行電能買賣行為，既以自用為主，於有賸餘時，始有收購電能之情事，尚非以銷售電能為目的，可免辦營業登記。……」。

綜合上開釋函見解，除認為須有「對外銷售」外，尚須「具有設備」、「僱用他人」、「有營業牌號」、「有固定營業場所」等[6]，方屬營業人。按「具有設備」、

----

6 惟財政部93.1.16台財稅第920457998號函則釋示：「主旨：關於函為『利用自宅從事早餐店、麵攤、點心或泡沫紅茶店等，因未具備牌號及僱用員工，且收入不多，每月銷售額未達起徵點者』之營業人，可否免辦理營業登記乙案。說明：二、按將貨物之所有權移轉與他人，以取得代價者，為銷售貨物；提供勞務予他人，或提供貨物與他人使用、收益，以取得代價者，為銷售勞務；分別為加值型及非加值型營

「僱用他人」、「有營業牌號」、「有固定營業場所」等情狀，統合而抽象言之，實係在形式上因取向於其目標而表現出人力與物力組合之結構，以成為組織，是以得綜合以「組織性」稱之。

　　3.結合上開行政法院判決與財稅主管機關釋函之見解，可構建**本法第6條第1款及第3款規定之營業人之概念**如下：基於「營利」之目的，「持續從事銷售行為」之「組織」，即為營業人。析言之，**營業人之構成要件之要素有四：**

　　(1)「組織性」，係指在形式上因取向於其目標而表現出人力與物力組合之結構，以成為組織。人力物力之組合係組織之「結構特徵」，即構成員（股東、出資人等，以下同）備具資金，聘僱人員，購置各種器具設備等，並於一定空間中予以組合，依規定之職掌與行為規則等，從事銷售活動。惟並非「具有設備」等所有情狀均須具備（例如可能向未對外僱用人員），在足以形成人力與物力組合之結構，以從事銷售活動時，即可認係已具備「組織性」之要素。

　　(2)「營利性」，係指「以營利為目的」。所謂「營利」，係指將組織於銷售活動中所獲得之經濟利益分配予構成員。所謂「經濟利益」，除指構成員財產之積極增加外，亦包括購成原財產之消極之不減少或減少支出。所謂「目的」，指終局之目的而言。

　　(3)「**銷售活動**」，係指組織以銷售貨物、勞務等之活動，追求營利目的。「銷售」之定義，本法第3條第1項及第2項已有明文，即移轉物之所有權以取得代價之行為，以及為他人提供勞務，或提供物予他人使用、收益以取得代價之行為。

　　(4)「**持續性**」，係指其銷售活動具備「反覆從事，以之為業」之「持續性」。在構成員之主觀上，組織應有永續性，或至少有一定程度之持續性，方需將人力與物力（資本、器具等）組合，形成組織，以便在一段時間內反覆持續地從事銷售活動。是否具備持續性，應依客觀事實及社會經驗法則認定之。

　　4.本法第6條第2款規定：「有下列情形之一者，為營業人：二、非以營利為目的之事業、機關、團體、組織，有銷售貨物或勞務者。」，條文中已明示「非以營利為目的」。在稽徵實務上，非以營利為目的之事業等銷售貨物或勞務，不論係「偶發為之」或「持續為之」，均屬於本法第6條第2款規定之營業人，如未有免徵營業稅之規定，應課徵營業稅（參見財政部75.9.30台財稅第7535812號函）。因此，**本法第6條第2款規定之營業人，其構成要件之要素僅為「組織性」及「銷售活動」**[7]。

業稅法第三條第一項及第二項所明定：本案係屬銷售貨物行為，與本部78.4.6.台財稅第781143103號函規範之「個人手工藝」性質並不相同，不宜比照辦理。」本函僅以「有銷售貨物行為」即應辦理營業登記，而未述及「未具備牌號及僱用員工」之情況，見解有異。此係財政部疏於建立概念以為判斷標準，而僅淪於個案解釋，以致對於營業人概念之見解不一。

[7] 國內稅法學界似僅有黃茂榮曾以一短文探討營業人之概念，其謂營業人概念之特徵為：持續的為獲取收入之目的，而從事於一個獨立的經濟活動。為獲取收入而持續的從事，而非偶一為之，表現其活動

5.以往財政部對於「個人交易行為」之案件有多則行政解釋，均未就個人如何而已成為本法規定之營業人予以說明，易言之，究竟應具備如何之要件得使個人成為營業人，均未有充分明白之解釋。惟財政部95.12.29台財稅字第9504564000號令釋示：「個人以營利為目的，購買房屋或標購法拍屋再予銷售，如符合下列要件之一者，自97年1月1日起，應依法課徵營業稅：一、設有固定營業場所（除有形營業場所外，亦包含設置網站或加入拍賣網站等）。二、具備「營業牌號」（不論是否已依法辦理登記）。三、經查有僱用員工協助處理房屋銷售事宜。四、其他經查核足以構成以營利為目的之營業人。」。**此一釋示，依據營業人之構成要件以認定個人是否成為本法規定之營業人，方是妥適之法律解釋。**

至如數人合資經營買賣等，其是否營業人，亦應如同上述，審究其與營業人之構成要件是否合致，亦即是否具有「組織性」、「營利性」、「銷售活動」及「持續性」之特徵，以認定數人合資經營買賣等是否成為本法規定之營業人。

關於擅自營業違序之處罰案件，行政法院之判決大多依從稽徵機關以行為人「有甚高金額之銷售」、「持續從事銷售」，即為本法規定之營業人之見解，罕見在判決中審究行為人如何而已成為本法規定之營業人，亦顯未認識「有甚高金額之銷售」僅符合「銷售活動」特徵，「持續從事銷售」僅符合「銷售活動」及「持續性」特徵而已，不足以使行為人成為本法規定之營業人，其法律解釋與論證之闕如或疏略，令人費解之至。

㈢營業人概念之其他問題：

1.營業人是否包括自然人在內，最高行政法院98年判第171號判決（98.2.26）謂：「……營業稅法第6條第1款規定所稱事業包括自然人，……。」。按營業稅法第6條之三款均規定有「事業」，以通常之文義而論，實難謂其包括「自然人」在內。此一判決就此未詳予論證，故「事業包括自然人」之結論，有待商榷。

倘如自然人「以營利為目的」，「持續」從事「銷售活動」，似宜認係已符合「獨資商號」之構成要件，則可謂「事業包括獨資商號」，而無疑義。最高行政法院96

之「職業性」或「營業性」，獨立的從事，表現其活動之「自主性」亦即自負盈虧的企業責任，至於該活動是否帶來利潤，或是以獲取利潤為目的，則非所問。參見黃茂榮，稅捐法論衡，1991年，8月，186-188頁。按此說中之「職業性」及「營業性」，相當於本書之「持續性」及「營利性」。此說述及「獨立之經濟活動」，本書則認為「銷售活動」更為精確；蓋本法係對「銷售額」課稅，而銷售額之基礎在於營業人從事銷售活動故也。至於「自主性」，營業人當然是自負盈虧，故似未能成為其特徵。其後黃茂榮在另文中，則未再以「自主性」為營業人之特徵；參見黃茂榮，稅捐法專題研究（各論部分），2001年12月，197頁。

另外，對於本法第6條第2款規定：「有下列情形之一者，為營業人：二、非以營利為目的之事業、機關、團體、組織，有銷售貨物或勞務者。」，黃茂榮認為亦應具有「繼續從事銷售行為」，方可論為營業人；參見黃茂榮，稅捐法專題研究（各論部分），2001年，12月，419頁。按本法第6條第2款之規定，意在防杜利用非營利組織等銷貨而逃避營業稅，故非營利組織等一有銷售行為，即予課稅。如謂必須其有「持續性銷售行為」，則與組織之「非營利性」相悖。

年判第2043號判決（96.12.6）謂：「……（營業稅法）第6條第1款亦明定以營利為目的之公營、私營或公私合營之事業為營業人。所稱事業，並不限於法人或合夥組織，自然人獨資經營商號，銷售貨物或勞務，亦不失為事業之一種，自係營業人，應辦理營業登記，依法繳納營業稅。……」；又台北高等行政法院95年訴第4498號判決（96.7.10）謂：「所謂營業人，並不以公、私法人團體之事業為限，即個人以營利為目的之私營事業亦包括在內。……」，或較妥適，蓋所謂**「個人亦得為事業」，實質上無非是「以營利為目的之獨資商號」**。

2.本法第6條規定之營業人，**不以完成稅籍登記者為要件**。（最高）行政法院78年判第2570號判決（78.12.15）即謂：「……惟按營業稅法第六條所指之「營業人」，不以辦理營利事業登記者為限，……」。

3.本法第6條規定之營業人，是否必須具有營業稅法以外之法律上人格，似乏實務見解。惟按（最高）行政法院56年判第376號判例：「……又營利事業所得稅之納稅義務人為營利事業，此在所得稅法第三條規定甚明。到該營利事業是否具有法律上之人格，則在所不問。原告主張其係合夥組織，無營利事業所得稅之納稅義務，其見解顯屬錯誤。」。**此判例雖係對於所得稅法上之「營利事業」而表示其見解，惟在解釋上，應可類推適用於本條規定之營業人**。

二、客觀構成要件

㈠本條規定之處罰包括「初次處罰」與「連續處罰」，故其處罰之構成要件亦有**「初次違序」**與**「連續違序」**之分。其違序之行為如下：

1.營業人依法有申請營業登記之義務者，而未依規定申請，成立**「擅自營業之初次違序」**。

茲說明如下：

⑴營業人依法申請營業登記之義務，其主要之法律依據係本法第28條，另外，法規命令之營業登記規則之有關規定，亦是規範依據。

關於申請營業登記義務規定之內容，於下面㈡與㈣詳述。

⑵營業人亦有免辦理營業登記之義務者，其法律依據為本法第29條。此類營業人自無成立「擅自營業之初次違序」之可言。

關於免辦理營業登記義務之營業人之規定，於下面㈤詳述。

⑶擅自營業之初次違序之成立，必須違序之行為具有**「構成要件該當性」**；違序之行為在何一時日方成為**「構成要件該當行為」**，自應予以審究。

關於擅自營業之初次違序之構成要件該當行為成立時日，於下面㈢、1、說明。

2.營業人有上面1、之違序，經主管稽徵機關通知限期補辦營業登記者，逾期仍未補辦，成立**「擅自營業之連續違序」**。

茲說明如下：

　　⑴依據稽徵機關依法所作「通知補辦營業登記」之行政處分，營業人負有補辦營業登記之義務。

　　本條規定「得連續處罰」，因此，在營業人未補辦營業登記前，稽徵機關得連續通知補辦，次數不限。

　　⑵擅自營業之連續違序之成立，必須違序之行為具有「**構成要件該當性**」；違序之行為在何一時日方成為「**構成要件該當行為**」，自應予以審究。

　　關於擅自營業之連續違序之構成要件該當行為成立時日，於下面㈢、2、說明。

　　㈡**營業人申請營業登記之義務**：

　　關於營業人申請營業登記之義務，本法第28條規定：「營業人之總機構及其他固定營業場所，應於開始營業前，分別向主管稽徵機關申請營業登記。登記有關事項，由財政部定之。」，故其義務內容，實際上係規定於財政部依本條授權訂定之「營業登記規則」之中。

　　營業登記規則第2條第1項至第4項規定：「（第1項）營業人有下列情形之一者，應於開始營業前，向主管稽徵機關申請營業登記：一、新設立。二、因合併而另設立。三、因受讓而設立。四、因變更組織而設立。五、設立分公司。（第2項）公司、獨資及合夥組織者之營業登記，由上管稽徵機關依據公司或商業登記主管機關提供登記基本資料辦理，並視為已依本法第二十八條規定申請辦理營業登記。（第3項）營業人之管理處、事務所、工廠、保養廠、工作場、機房、倉棧、礦場、建築工程場所、展售場所、連絡處、辦事處、服務站、營業所、分店、門市部、拍賣場及類似之其他固定營業場所如對外營業，應於開始營業前依本規則規定，分別向主管稽徵機關申請營業登記。（第4項）事業、機關、團體、組織之總機構在中華民國境外，其在中華民國境內之固定營業場所，應向所在地主管稽徵機關申請營業登記。」。

　　財政部63.7.18台財稅第35248號函：「營利事業申請註銷營利事業登記經核准註銷後，尚無發還營利事業登記證准予繼續營業之規定，如該營利事業欲回復營業時，應重新申請營業登記。」。

　　茲就上開規定綜合說明解析如下：

　　1.**營業登記之義務人**：

　　⑴我國之營業人有下列情形者，應辦理營業登記：A.新設立，B.因合併而另設立，C.因受讓而設立，D.因變更組織（如有限公司變更組織為股份有限公司等）而設立。是以所謂「營業登記」，實係指「**設立登記**」而言。

　　⑵我國之營業人為公司組織者，設立**分公司**時，應辦理營業登記。

　　⑶我國之營業人（包括公司組織）設立**分支機構**（指管理處、事務所、工廠、保養廠、工作場、機房、倉棧、礦場、建築工程場所、展售場所、連絡處、辦事處、服務站、營業所、分店、門市部、拍賣場及類似之其他固定營業場所）時，僅在分支機構「**對外營業**」之情形時，方須辦理營業登記。在此情形，「對外營業」乃是「**特別構成**

要件」。

　　所謂對外營業，本法與營業登記規則均未有定義。依照財政部75.11.25台財稅第7557138號、81.8.19台財稅第810826274號、84.8.16台財稅第841642368號等函釋示，係指「**對外銷售貨物或勞務、提供信用等**」而言，如僅從事產品生產、製造、工程施工、採購等，則非屬對外營業。

　　上開⑵及⑶之規定，應係配合本法第38條第1項規定：「營業人之總機構及其他固定營業場所，設於中華民國境內各地區者，應分別向主管稽徵機關申報銷售額、應納或溢付營業稅額。」，是以營業人之總機構與分支機構應有各自之稅籍，故而要求分別辦理營業登記。

　　⑷外國之事業、機關、團體、組織在我國境內之固定營業場所，應辦理營業登記。其實「外國之事業、機關、團體、組織在我國境內之固定營業場所」本即是（本法第6條第3款規定之）營業人。

　　此類固定營業場所雖無「對外營業方須辦理營業登記」之規定，惟財稅主管機關亦有「如無對外營業及得免辦營業登記」之行政解釋（參見財政部賦稅署75.2.17台稅二發第7521389號函，財政部75.7.30台財稅第7557083號函、75.9.2台財稅第7558643號函等，而依各函所釋，所謂對外營業亦係指「對外銷售貨物或勞務、提供信用等」而言）。

　2.**營業登記義務發生之要件暨義務履行期限：**

　⑴**營業登記義務之發生**，其**要件**係營業人「**設立組織準備開始營業**」（適用於我國之營業人），以及「**設立組織準備開始對外營業**」（適用於我國之營業人成立分支機構，以及外國之事業、機關、團體、組織在境內成立固定營業場所）。

　　由於本法第28條規定「應於開始營業前申請營業登記」，是以營業登記義務之**履行期限**，應係「開始營業日之前1日」（適用於我國之營業人）、「開始對外營業日之前1日」（適用於我國之營業人成立分支機構，以及外國之事業、機關、團體、組織在國境內成立固定營業場所）。

　　為確定營業登記義務之履行期限，必須先確定「開始營業之日」、「開始對外營業之日」。解釋上，開始營業之日應指「開始為營業所必要的活動之日」，此應在個案中整體觀察，諸如已經聘雇人員、已經設妥營業場所（如辦公室、店面、工廠等），已經購入商品、已經製造產品、已經開始銷售貨物等，均屬營業所必要之活動，惟諸項活動並非必須同時具備。通常而言，**最早在聘雇人員及設妥營業場所之日，最遲在開始銷售貨物等之日，即可認係開始營業之日。**

　　至於開始對外營業之日，參照上述財政部75.11.25台財稅第7557138號、81.8.19台財稅第810826274號、84.8.16台財稅第841642368號等函釋示，應指「開始對外銷售貨物或勞務、提供信用等之日」；故而**在開始銷售貨物等之日，即可認係開始對外營業之日。**

　　⑵本法施行細則第51條規定：「本法第四十五條……規定限期改正或補辦事項，其

期限不得超過通知送達之次日起十五日。」，因此，補辦營業登記義務之**履行期限**係「稽徵機關補辦通知送達之次日起第15日」，所稱送達，當然係指合法送達而言。

　　為確定補辦營業登記義務之履行期限，必須先確定主管稽徵機關補辦通知之送達日期。

　　㈢**擅自營業違序之構成要件該當行為成立時日：**

　　1.營業登記義務之履行期限，係「開始營業日之前1日」（適用於我國之營業人）、「開始對外營業日之前1日」（適用於我國之營業人成立分支機構，以及外國之事業、機關、團體、組織在國境內成立固定營業場所）。因此，營業登記義務人在「開始營業日之前1日」、「開始對外營業日之前1日」仍未提出營業登記之申請者，原則上成立「擅自營業之初次違序」。

　　惟應注意者，營業登記規則第2條第1項規定：「公司、獨資及合夥組織者之營業登記，由主管稽徵機關依據公司或商業登記主管機關提供登記基本資料辦理，並視為已依本法第二十八條規定申請辦理營業登記。」。因此，營業人在「開始營業日之前1日」、「開始對外營業日之前1日」仍未提出「公司設立登記」、「商業登記」之申請，而其不作為係出於故意或過失者，**其行為即具有構成要件該當性，而屬「擅自營業之初次違序」之構成要件該當行為。**

　　2.補辦營業登記義務之履行期限，係「稽徵機關補辦通知送達之次日起第15日」。因此，營業人在「補辦通知送達之次日起第15日」仍未提出補辦營業登記之申請，而其不作為係出於故意或過失者，**其行為即具有構成要件該當性，而屬「擅自營業之連續違序」之構成要件該當行為。**

　　㈣營業稅稽徵實務上，應辦理營業登記之營業人，如因其他法令之限制等，以致未辦理公司設立登記、商業登記，循致未辦理營業登記，而經稽徵機關予以**「設籍課稅」**者，視為已辦理營業登記（參見財政部75.7.24台財稅第7556622號函、75.9.15台財稅第7564122號函）。在此情形，**應認為並不成立構成要件該當行為。**

　　㈤本法第29條規定：「專營第八條第一項第二款至第五款、第八款、第十二款至第十五款、第十七款至第二十款、第三十一款之免稅貨物或勞務者及各級政府機關，得免辦營業登記。」。本條免辦營業登記之規定，屬於本法第28條之特別規定，優先適用。是以**下列營業人並無辦理營業登記之義務：**

　　1.提供之教育勞務及政府委託代辦之文化勞務之「學校、幼稚園與其他教育文化機構」（本法第8條第1項第5款）。

　　2.銷售貨物或勞務之「職業學校不對外營業之實習商店」（本法第8條第1項第8款）。

　　3.標售或義賣之貨物與舉辦之義演，其收入除支付標售、義賣及義演之必要費用外，全部供作該事業本身之用之「依法組織之慈善救濟事業」（本法第8條第1項第12款）。

　4.銷售之貨物或勞務之「政府機構、公營事業及社會團體，依有關法令組設經營不對外營業之員工福利機構」（本法第8條第1項第13款）。

　　財政部賦稅署78.9.29台稅二發第780334002號函：「機關員工消費合作社依法經營銷售與社員之貨物或勞務及政府委託其代辦之業務，除辦理合作社登記外，應依營業稅法第28條之規定，於開始營業前向主管稽徵機關申請營業登記。」。又財政部84.3.27台財稅第841613716號函：「主旨：學校及設置於機關內之員生（工）消費合作社，應依法辦理營業登記及按期申報銷售額。……」。依照此二行政解釋推論，本法第8條第1項13款之「員工福利機構」，係指非依合作社法規成立者而言。

　5.銷售貨物或勞務之「監獄工廠及其作業成品售賣所」（本法第8條第1項第14款）。

　6.依法經營之業務及政府核定之代辦業務之「郵政、電信機關」（本法第8條第1項第15款）。

　7.代銷印花稅票或郵票之勞務之「營業人」（本法第8條第1項第17款）。

　8.銷售貨物或勞務之「肩挑負販沿街叫賣者」（本法第8條第1項第18款）。

　9.銷售飼料及未經加工之生鮮農、林、漁、牧產物、副產物之「營業人」；以及銷售其收穫、捕獲之農、林、漁、牧產物、副產物之「農、漁民」（本法第8條第1項第19款）[8]。

　10.銷售其捕獲之魚介之「漁民」（本法第8條第1項第20款）。

　11.提供研究勞務之「經主管機關核准設立之學術、科技研究機構」（本法第8條第1項第31款）。

　12.各級政府機關。

　　應注意者，本法第29條係規定「專營第8條第1項第2款等之免稅貨物或勞務者，得免辦營業登記」，是以除上開2、之「職業學校不對外營業之實習商店」，4、之「政府機構、公營事業及社會團體，依有關法令組設經營不對外營業之員工福利機構」，8、之「肩挑負販沿街叫賣者」及12之「各級政府機關」以外，**其餘之營業人必須係從事本法第8條第1項各款規定之「特定貨物或勞務之銷售」**（例如第5款規定學校、幼稚園與其他教育文化機構「提供教育勞務及政府委託代辦之文化勞務」）**者，方得免除辦理營業登記之義務**；如係銷售各該款規定之特定貨物或勞務以外之貨物或勞務，仍應辦理營業登記。

財政部84.6.29台稅第841631706號函：「主旨：營業稅法第8條第1項第19款修正條文於84年3月1日起實施後，專營該條項款免稅貨物之營業人，仍應辦理營業登記。說明：二、至農民或農地出租人如專營銷售其收穫或佃租收入之農、林、漁、牧產物、副產物者，核非屬營業人範圍，仍得依營業稅法第29條規定免辦營業登記。」此一釋函主旨牴觸營業稅法第29條：「專營第八條第一項……第十九款……之免稅貨物或勞務者……，得免辦營業登記。」之規定，實非妥適。

三、主觀構成要件

㈠對於本條規定之擅自營業違序，依行政罰法第7條第1項規定，應以營業人有「故意或過失」而未申請營業登記，方得加以處罰。

我國開徵營業稅已超過半世紀以上，因此，有意經營工商業之人民，如有一般中、上教育水準，概均有「應向稅務機關辦理登記」之認識。惟教育水準較低（如國中以下）之人民，除非已有經營工商業之經驗，否則未必有「應向稅務機關辦理登記」之認識，尤其是初次開設商號（如獨資商號、合夥商號等）者為然。此係社會之現實情況，稽徵機關不能不知。由此可概略認為在前類情形，其擅自營業違序之行為，出於**故意或過失**之可能性較高；而在後類情形，其擅自營業違序之行為，出於**過失**之可能性較高。

故意、過失既是主觀心態，本來即不易查明，尤其在知悉擅自營業違序將受處罰時，擅自營業之營業人（或其有代表權之人）為脫免處罰，聲稱不知應辦理登記，事所難免。惟縱係如此，最低限度即可認係存有過失。蓋營業人因經營工商業之活動，將產生一定之義務（辦理登記、申報納稅等義務），是以即必須獲取各該義務之相關知識；如其不知相關法定義務而有違序行為，則即得對之為過失之非難，而推論其有過失（參見前面本書第二篇第二章、壹、一、㈣、3、所述）。

㈡按營業人係組織者，依行政罰法第7條第2項規定，組織之故意、過失係以其有代表權之人或其職員等之故意、過失推定之。因此，營業人擅自營業違序之行為是否出於故意、過失，如營業人說明或主張違序之行為係由其有代表權之人或其職員等所為，稽徵機關應不得逕予否認，而應審究其有代表權之人或其職員等是否確實負責處理營業登記事務，而其未依規定辦理營業登記，是否存有故意、過失，以推定營業人之是否故意、過失（如依代表之法理，其實有代表權之人之行為即應視為組織之行為，無須推定；參見前面本書第二篇第二章、壹、一、㈤、2、⑴之說明）。惟在獨資商號之擅自營業違序，係以其出資之資本主（自然人）為受罰人（參見上面一、㈠、1、所述）；因此，應直接審究資本主（自然人）之有無故意、過失，而無須再適用行政罰法第7條第2項推定故意、過失之規定。

㈢個人或數人合資偶發性從事商品買賣、非經常性從事財產交易或從事不動產出租等，並依所得稅法申報「**一時貿易盈餘**」、「**財產交易所得**」或「**租賃所得**」等，繳納綜合所得稅。時間日久，個人或合資之數人申報之一時貿易盈餘、財產交易所得或租賃所得金額等逐年增加。稽徵機關或因他人之檢舉，或因自行察覺，乃將其論為營業人（論為獨資商號或合夥商號），而認定其有擅自營業違序。在實務上，此種擅自營業違序案件頗為常見。稽徵機關對於此種擅自營業違序，類多認定其行為係出於故意（惟稽徵機關多未用心查證，遑論於裁處書中說明其係如何認定），而予處罰。

按此種擅自營業違序，在客觀行為上，個人或合資之數人如何而已成為本法規定

之營業人，應依上面一、㈡所述營業人概念，查證個人其是否同時符合「**組織性**」、「**營利性**」、「**銷售活動**」及「**持續性**」之特徵，以認定其是否營業人。如個人或合資之數人並未同時符合營業人之四個特徵，則其即非本法規定之營業人，從而自無成立擅自營業違序之可言。倘如個人同時符合營業人之四個特徵，固然成為本法規定之營業人，然而尚須在主觀心態上，其未辦理營業登記之行為係出於故意或過失，方應予處罰。

其次，由於個人或合資之人歷年均依法申報綜合所得稅，足見其並非不知存在納稅義務，然而可能存在其「**不知法規**」（即不知其已成為營業人，而有辦理營業登記之規定存在，係屬「**禁止錯誤**」）之情形，不論違序之行為係出於故意或過失，行為人（個人或合資之數人）並無「**違法性認識**」。是以稽徵機關應查明行為人之禁止錯誤究係「不可避免」抑或「可以避免」（不可避免之禁止錯誤，其典型之情形，參見前面本書第二篇第二章、貳、一、㈢之說明），如係不可避免，行為人即無責任可言，應依行政罰法第8條但書規定，免予處罰；如係可以避免，則應依行政罰法第8條但書規定，應予減輕處罰。

實務上，對於此種擅自營業違序，不論在行為人之客觀行為（是否構成營業人）或主觀心態（有無故意、過失，有無禁止錯誤），稽徵機關少有依上述詳予查證者（遑論於裁處書中說明其係如何認定）[9]，其觀念實有待改進。

㈣行政法院判決中，對於行為人「擅自營業違序之行為出於故意、過失者」之情形，詳予審究論證而認定者，甚為少見。下面引述之行政法院判決，對於擅自營業違序之行為出於故意、過失之認定，則有較詳細之審究論證，而未必完全妥適而無可商榷。茲摘引並評析如下：

1.台北高等行政法院96年訴第2392號判決（97.2.19）（標成三段，以便說明）：「……本件原告於91年4月28日銷售系爭房屋，銷售額6,586,233元，（第一段）本應向主管稽徵機關申請營業登記，並於所定時限內，開立統一發票交付買受人，向主管稽徵機關申報銷售額、應納或溢付營業稅額，惟其未依規定辦理，嗣經被告所屬新竹市分局查獲，已如前述，自難謂無違反營業稅法第51條第1款未依規定申請營業登記而營業之故意。（第二段）縱認原告主觀上並無違章之故意，然其對其是否為營業人，應否向主管稽徵機關申請營業登記，開立統一發票交付買受人，向主管稽徵機關申報銷售額、應

---

[9] 財政部對於「個人建屋出售」之案件有多則行政解釋，均未就個人如何而已成為本法規定之營業人予以說明，易言之，究竟應具備如何之要件得使個人成為營業人，均未有充分明白之解釋。例如63年台財稅第37710號函（已廢止）、65.9.6台財稅第36032號函（已廢止）、81.1.31台財稅第811657956號函、84.3.22台財稅第841601122號函等。又關於「個人出租房屋」之案件，（最高）行政法院60年判字第644號判例，對於營業人之構成要件完全置之不問，亦有相同之問題。

財政部95.12.29台財稅字第9504564000號令，即以符合營業人構成要件者，個人方論為營業人，如此方是妥適之法律解釋。

納或溢付營業稅額等，理應存疑，並積極查閱相關法令規定，或向相關專業機構及人員查詢，於獲得正確及充分之資訊後因應之，其應注意、能注意，而不注意，即難謂無過失責任。（第三段）況原告亦於93年12月24日出具違章承諾書，以書面承認違章事實及承諾繳清罰鍰，更見原告有本件違章之主觀責任。……」。

謹按此一判決表示之見解，可分三段論析之：

(1)首段結論謂「自難謂無未依規定申請營業登記而營業之故意」，未知論據何來。蓋「應向主管稽徵機關申請營業登記，並於所定時限內，開立統一發票交付買受人，向主管稽徵機關申報銷售額、應納或溢付營業稅額」係法律上義務規定之說明；而「其未依規定辦理，嗣經被告所屬新竹市分局查獲」係違序事實之陳述，均非對於主觀心態如何之查明或審究，誠難作為獲得「自難謂無故意」之結論的論據。

(2)中段論述，事實上係一種**「過失之推論」**，而與前面本書第二篇第二章、壹、一、㈣、3、所述者相同，尚可接受。

(3)末段結論謂「更見原告有本件違章之主觀責任」，按除非原告在違章承諾書中自己承認「有故意或過失」致未申請營業登記（判決中對此未有說明），否則不能僅以原告書面承認違章事實及承諾繳清罰鍰，即得認定原告有本件違章之主觀責任。

據上所論，此依判決之上述(1)及(3)之理由，缺乏妥適之論證，其關於主觀責任認定之見解，實非可採。

2.最高行政法院98年判第728號判決（98.7.2）：「……縱認上訴人主觀上並無違章之故意，然其對其是否為營業人，應否向主管稽徵機關申請營業登記，開立統一發票交付買受人，向主管稽徵機關申報銷售額、應納或溢付營業稅額等，理應存疑，並積極查閱相關法令規定，或向相關專業機構及人員查詢，於獲得正確及充分之資訊後因應之，其應注意、能注意，而不注意，即難謂無過失責任。……」。

謹按此一判決表示之見解，事實上係一種**「過失之推論」**，而與前面本書第二篇第二章、壹、一、㈣、3、所述者相同，尚可接受。

四、法律效果

㈠對營業人擅自營業之**初次違序，處**3,000元以上30,000元以下（國幣1,000元以上10,000元以下）**罰鍰。**

稽徵機關在「3,000元以上30,000元以下」範圍內，有罰鍰金額之裁量權。

財政部83.1.4台財稅第821506638號函：「營業人申請註銷登記，於稽徵機關依法准予註銷登記前，其經查獲有營業行為者，應適用營業稅法第46條第2款申請註銷登記之事項不實規定處罰；如於稽徵機關依法准予註銷登記後，查獲有營業行為者，應適用同法第45條未依規定申請營業登記規定處罰。」。

㈡對營業人擅自營業之**連續違序，得連續處罰。**此一連續處罰之規定，並無處罰次數之限制。解釋上，此一連續處罰應類推適用本法第46條「得連續處罰至補辦為止」之

規定，否則即不符「比例原則」。

　　稽徵機關對於連續處罰，有「處罰與否」之裁量權。稽徵機關依裁量而決定予以處罰時，關於連續處罰之如何實施，本條未有明文。參照「稅務違章案件裁罰金額或倍數參考表」中關於本條裁罰金額之規定，通知限期補辦營業登記一次而逾期未補辦者，即得處罰一次；又連續處罰之每次處罰種類及內容，仍是「3,000元以上30,000元以下罰鍰」；而在「3,000元以上30,000元以下」範圍內，稽徵機關有罰鍰金額之裁量權。

　　惟稽徵機關對本條規定連續處罰罰鍰金額之裁量權，實際上受限於財政部訂定之「稅務違章案件裁罰金額或倍數參考表」中關於本條裁罰金額統一裁量之規定，其規定如下：

　　　1.第一次通知未依限補辦者：處3,000元罰鍰。

　　此一3,000元罰鍰係已經過裁量後所決定者，故不得再依行政罰法第19條第1項罰鍰3,000元以下職權不處罰之規定而予免罰。

　　　2.第二次通知未依限補辦者：處15,000元罰鍰。

　　　3.第三次以及以後再通知未依限補辦者：處30,000元罰鍰。

　　關於連續處罰裁罰次數之計算，財政部85.8.14台財稅第851914382號函釋示：「……『稅務違章案件裁罰金額或倍數參考表』有關營業稅法第45條營業人未依規定申請營業登記案件，係以稽徵機關通知其限期補辦之次數作為認定適用裁罰之標準；稽徵機關對營業人未依規定申請營業登記案件，於通知補辦期限內，陸續接獲同一違章事實之通報資料，應併計按一次裁罰；逾限仍未辦理營業登記，經再次通知補辦者，亦應依上開原則辦理。」。

五、免予處罰之例外規定暨其評析

　　對於本條規定之擅自營業違序，法規中有免予處罰之規定，行政解釋中有免予處罰之釋示，茲摘述如下，並予以評析。

　　(一)稅務違章案件減免處罰標準第16條之1規定：「營業稅法第四十五條……規定應處罰鍰案件，營業人經主管稽徵機關第一次通知後即依限補辦者，免予處罰。」。所謂免予處罰，參照稅務違章案件裁罰金額或倍數參考表中關於本條裁罰金額之規定，應係指「免除初次處罰」而言。

　　按稅務違章案件減免處罰標準係財政部依據稅捐稽徵法第48條第2項之授權而制定者，故上開免罰規定，優先於本條第1款之處罰規定而適用。

　　惟應注意，同標準第24條復規定：「納稅義務人……有下列情事之一者，不適用本標準……免予處罰：一、一年內有相同違章事實三次以上者。二、故意違反稅法規定者。……」，此一規定又係同標準第16條之1之特別規定，優先適用。

　　(二)免予處罰之行政解釋：

　　　1.財政部75.7.24台財稅第7556622號函：「經函准法務部75/06/16法參字第7077號函

復略以：「公司組織之營業人，於開始營業前，已依營利事業統一發證辦法之規定申請營業登記，並經稅捐單位核准設籍課稅，但未完成統一發證手續，辦妥營利事業登記前，即行營業，此與營利事業統一發證辦法固有未合；惟事實上稅捐單位既已准其設籍課稅，即不宜再依營業稅法第45條之規定處罰。……」。應參照該部意見辦理。」。

此一免罰解釋之理據，應在於：稽徵機關已予以**「設籍課稅」**者，視為已辦理營業登記，自與「未申請營業登記」之構成要件不符，故並無**構成要件該當行為**，並未成立擅自營業違序，從而自不得處罰。

2.財政部84.6.14台財稅第841627751號函：「××傢俱製造廠未辦理營業登記，即僱工製造傢俱，惟於查獲時尚無發現有實際銷售行為，應免依營業稅法第45條規定處罰。」。

按倘若工廠係營業人之唯一營業場所（即營業人所有之生產、銷售、行政管理等，均在工廠內為之），則其在「開始營業以前」（不論有無銷售行為），即應申請營業登記（參見上面二、㈡、1、⑴所述）。如係此一情形，此一釋函之見解即非妥適。

工廠如係營業人之分支機構，通常係從事產品之生產、製造工作，而不從事產品之銷售。因此，工廠因並未從事「銷售活動」，並無「對外營業」，工廠本身自無辦理營業登記之義務（參見上面二、㈡、1、⑶所述）。工廠本身既無辦理營業登記之義務，即無從實現本條處罰之構成要件，自亦無依本條規定處罰之可言。

此一釋函未說明既然傢俱製造廠「應辦理營業登記」，何以又因其「無發現有實際銷售行為」，而得予免除本條規定之處罰。其所述免罰之理由，有倒果為因之嫌。

貳、未辦變更登記違序與其處罰

營業人未依規定申請變更營業登記，構成**未辦變更登記之初次違序**，除通知限期補辦外，處1,500元以上15,000元以下（國幣500元以上5,000元以下）罰鍰；逾期仍未補辦，構成**未辦變更登記之連續違序**，得連續處罰（本法第46條第1款）。

一、受罰人

本法第46條（以下稱**「本條」**）第1款規定之處罰，其受罰人係「營業人」。

關於受罰人之認定，詳見上面本目、壹、一、㈠之說明解析。

獨資商號之出資人有所異動者，應如何確定受罰人，財政部有下列釋示：

86.5.7台財稅第861894479號函：「主旨：關於獨資組織營利事業於辦妥負責人或商號變更登記後，經查獲變更前有違反稅法規定情事，究應以變更前抑或以變更後之商號及負責人為處罰對象乙案，復如說明。說明：二、獨資組織營利事業對外雖以所經營之商號名義營業，實際上仍屬個人之事業，應以該獨資經營之自然人為權利義務之主體，又獨資商號如有觸犯稅法上之違章事實應受處罰時，亦應以該獨資經營之自然人為對象。是故，本案應以違章行為發生時登記之負責人為論處對象。」。

　　86.11.13台財稅第861924939號函：「……本案違章行為發生時之（獨資組織營利事業之）負責人，既於發單補徵前即已死亡，因課稅主體已不存在，應可免予處罰；至原負責人死亡之日起至新負責人辦妥負責人變更登記止所發生之違章行為，自應以違章行為時實際負責人為處分對象。」。

　　關於營業人之概念，詳見上面本目、壹、一、㈡及㈢之說明解析。

二、客觀構成要件

　　㈠本條第1款規定之處罰包括「初次處罰」與「連續處罰」，故其處罰之構成要件亦有「初次違序」與「連續違序」之分，其違序之行為如下：

　　1.營業人依法有申請變更營業登記之義務者，而未依規定申請，成立「**未辦變更登記之初次違序**」。

　　茲說明如下：

　　⑴營業人申請變更營業登記之義務，其主要之法律依據係本法第30條第1項，另外，法規命令之營業登記規則之有關規定，亦是規範依據。

　　關於營業人營業登記事項、以及申請變更營業登記之義務規定之內容，於下面㈡、㈢及㈤詳述。

　　⑵營業人亦有免辦理變更營業登記之義務者，此類營業人自無成立未辦變更登記之初次違序之可言。

　　關於營業人如何而無辦理變更營業登記之義務，於下面㈥說明。

　　⑶未辦變更登記之初次違序之成立，必須違序之行為具有「**構成要件該當性**」；違序之行為在何一時日方成為「**構成要件該當行為**」，自應予以審究。

　　關於未辦變更登記之初次違序之構成要件該當行為成立時日，於下面㈣、1、說明。

　　⑷營業人如係已依規定申請變更營業登記，因本法第30條第2項規定（或有上開行政解釋所示否准登記）之情形，故而未獲核准，不得認係成立未辦變更登記之初次違序，詳見下面㈦、2、所述。

　　2.營業人有上面1、之違序，經主管稽徵機關通知限期補辦營業登記者，逾期仍未補辦，成立「**未辦變更登記之連續違序**」。

　　茲說明如下：

　　⑴依據稽徵機關依法所作「通知補辦變更營業登記」之行政處分，營業人負有補辦變更營業登記之義務。

　　本條規定「得連續處罰」，因此，在營業人未補辦變更登記前，稽徵機關得連續通知補辦，次數不限。

　　⑵未辦變更登記之連續違序之成立，必須違序之行為具有「**構成要件該當性**」；違序之行為在何一時日方成為「**構成要件該當行為**」，自應予以審究。

關於未辦變更登記之連續違序之構成要件該當行為成立時日，於下面㈣、2、說明。

㈡營業人營業登記之事項：

關於營業人「**營業登記之事項**」，本法並無明文，而係規定於依本法第28條授權由財政部訂定之「營業登記規則」中，其規定如下：

1.營業登記規則第3條：「營業人申請營業登記，應填具申請書，載明下列登記事項：一、營業人名稱及地址。二、負責人姓名、出生年月日、身分證統一編號及戶籍所在地地址。三、組織種類：獨資、合夥、公司或其他組織。四、資本額。五、營業種類。六、有總機構之固定營業場所，其總機構之名稱、地址及其營利事業統一編號。但總機構在中華民國境外者，免予載明營利事業統一編號。」。

2.營業登記規則第6條第2項：「合夥組織之營業人，其合夥人遇有增減、變更或出資比例變更，而名稱、負責人及資本總額均未變更者，應自事實發生之日起十五日內，檢具合夥契約副本，向主管稽徵機關申報。」；又未依此一規定未申報者，依營業登記規則第8條規定，得予處罰。

按此一規定中之「合夥人遇有增減、變更」，應論為「組織種類變更」；而「出資比例變更」，應論為「資本額變更」，方有本法之依據。倘如不做此解釋，以法規命令性質之營業登記規則設定營業人之義務以及處罰，恐有牴觸行政罰法第4條「處罰法定原則」規定之嫌。

3.財政部92.4.23台財稅第920024110號函釋示，公司組織經重整裁定後，負責人應變更登記為重整人。

4.財政部90.3.19台財稅第900451908號函釋示，公司同時辦理增減資變更後實收資本額維持不變，仍應辦理變更營業登記。

㈢營業人申請變更營業登記之義務：

關於營業人申請變更營業登記之義務，本法第30條規定：「營業人依第二十八條申請營業登記之事項有變更，……均應於事實發生之日起十五日內填具申請書，向主管稽徵機關申請變更……營業登記。（第2項）前項營業人申請變更登記……，應於繳清稅款或提供擔保後為之。但因合併、增加資本或營業種類變更而申請變更登記者，不在此限。」。

營業登記規則第6條有較詳細之規定：「（第1項）營業登記事項有變更者，應自事實發生之日起十五日內，填具變更登記申請書，檢同有關證件，向所在地稽徵機關申請變更登記。但遷移地址者，應向遷入地稽徵機關申請變更登記。（第2項）合夥組織之營業人，其合夥人遇有增減、變更或出資比例變更，而名稱、負責人及資本總額均未變更者，應自事實發生之日起十五日內，檢具合夥契約副本，向主管稽徵機關申報。（第3項）公司組織之營業人對於已登記之事項申請變更登記者，應於辦妥公司變更登記之日起十五日內為之。」。

　　財政部92.2.24台財稅第920450799號函：公司清算程序中，如已辦公司變更登記者，應申辦變更營業登記。

　　上開規定說明解析如下：

　　1.**變更營業登記之義務人**，與「營業登記之義務人」完全相同。營業登記之義務人之範圍，詳見上面本目、壹、二、㈡、1、之說明，不再複述。

　　2.變更營業登記義務之履行期限：

　　⑴公司變更營業登記義務之履行期限，雖然本法第30條第1項有「營業登記事項變更之事實發生之日起15日內申請變更營業登記」之規定，惟營業登記規則第6條第3項則規定：「公司組織之營業人對於已登記之事項申請變更登記者，應於辦妥公司變更登記之日起十五日內為之。」，實際上均係依照此一規定辦理，故**公司**之營業人變更營業登記義務之**履行期限**係「辦妥公司變更登記之日起第15日」。

　　所謂「辦妥公司變更登記之日」，究係何指，有待澄清，而尚乏行政解釋可據。按財政部83.8.17台財稅第831606355號函釋示：「營利事業遇有解散、廢止、合併或轉讓情事，依據所得稅法第75條第1項規定辦理當期決算申報之時限，應以主管機關核准之日為準起算。所稱核准之日，係指核准文書發文日。」。參考此一解釋，在此情形可認為辦妥公司變更登記之日，亦以「公司主管機關核准公司變更登記文書發文日」為宜。

　　為確定公司變更營業登記義務之履行期限，必須先確定公司辦妥公司變更登記之日期（即公司主管機關核准公司變更登記文書發文日期）。

　　公司以外之營業人變更營業登記義務之**履行期限**係「營業登記事項變更之事實發生之日起第15日」。又合夥組織合夥人有增減、變更或出資比例變更，其申報義務之履行期限係「自該事實發生之日起第15日」。

　　為確定（公司以外之）營業人變更營業登記義務之履行時限，必須先確定（公司以外之）營業人營業登記事項變更之事實發生之日期。

　　⑵本法施行細則第51條規定：「本法……第四十六條……規定限期改正或補辦事項，其期限不得超過通知送達之次日起十五日。」，因此，補辦變更營業登記義務之履行期限係「稽徵機關補辦通知送達之次日起第15日」，所稱送達，當然係指合法送達而言。

　　為確定補辦變更營業登記義務之履行時限，必須先確定主管稽徵機關補辦通知之送達日期。

　　財政部87.8.13台財稅第871958335號函：「……分支機構辦理營業變更登記，應於該分支機構登記事項變更之事實發生日起十五日內為之，與總機構辦妥變更登記之日無涉。」。

　　㈣未辦變更登記違序之構成要件該當行為成立時日：

　　1.公司變更營業登記義務之履行期限，係「辦妥公司變更登記之日起第15日」。因

此，公司在「辦妥公司變更登記之日起第15日」仍未提出「公司變更登記」之申請，而其不作為係出於故意或過失者，**其行為即具有構成要件該當性，而屬「未辦變更登記違序之初次違序」之構成要件該當行為。**

公司以外之營業人變更營業登記義務之履行期限，係「營業登記事項變更之事實發生之日起第15日」。又合夥組織合夥人有增減、變更或出資比例變更，其申報義務之履行時限係「自該事實發生之日起第15日」。據此，（公司以外之）營業人在「營業登記事項變更之事實發生之日起第15日」仍未提出變更營業登記之申請，而不作為係出於故意或過失者，**其行為即具有構成要件該當性，而屬「未辦變更登記之初次違序」之構成要件該當行為。**

2.補辦變更營業登記義務之履行期限係「稽徵機關補辦通知送達之次日起第15日」，因此，營業人在「補辦通知送達之次日起第15日」仍未提出補辦變更營業登記之申請者，**其行為即具有構成要件該當性，而屬「未辦變更登記之連續違序」之構成要件該當行為。**

㈤營業人如係（未辦理營業登記而）經稽徵機關**「設籍課稅」**者，如有營業登記規則第3條規定原應申請登記之事項有變更時，（因其原未辦理營業登記，故無從依規定辦理變更營業登記），應如何處理，本法及營業登記規則並無明文，亦乏實務見解可據。解釋上，似應類推適用本法及營業登記規則關於申請變更營業登記之規定，要求營業人以「報備變更事項」之方式，向稽徵機關報備。根本解決之道，應在本法或營業登記規則增訂如何處理之明文。

以目前而言，經稽徵機關設籍課稅之營業人未報備變更事項，本法既無處罰之明文，依據行政罰法第4條「處罰法定原則」之規定，應認為並不構成違序。

㈥本法第29條規定：「專營第八條第一項第二款至第五款、第八款、第十二款至第十五款、第十七款至第二十款、第三十一款之免稅貨物或勞務者及各級政府機關，得免辦營業登記。」（「免辦理營業登記義務之營業人」之範圍，詳見上面本目、壹、二、㈤所述）。依此一規定免辦理營業登記義務之營業人，在解釋上，自亦無辦理變更營業登記之義務。

財政部88.5.12台財稅第881915006號函：「營業人因戶政機關門牌整編發生營業地址異動之案件，得由稽徵機關逕依戶政機關通報之資料釐正營業稅稅籍，免通知營業人辦理變更登記；惟應通知營業人辦理更正其統一發票專用章、統一發票購買證等相關證件。」。

㈦本法第30條第2項規定：「前項營業人申請變更登記……，應於繳清稅款或提供擔保後為之。但因合併、增加資本或營業種類變更而申請變更登記者，不在此限。」。此依規定之意旨在於「欠稅之保全」。所稱稅款，以依法應繳納之營業稅為限，不包括罰鍰在內（參見財政部86.10.16台財稅第861915964號函）。解釋上，稅款包括營業稅之滯納金、利息、滯報金及怠報金在內。

惟財政部96.1.27台財稅第861882111號函釋示：「……說明：二、至於營利事業如欠繳應納稅捐，依據稅捐稽徵法第24條第1項後段規定，得限制其減資……登記；又依同法第49條規定罰鍰準用有關稅捐之規定，營利事業如欠繳罰鍰，應準用上開規定，得限制其減資……登記。」依此一釋函意旨，營業人欠繳罰鍰，雖不得依本法第30條第2項規定限制辦理減資之變更營業登記，但可適用稅捐稽徵法之有關規定限制辦理減資之變更營業登記。

以本法第30條第2項規定為依據，實務上乃有下列行政解釋：

1. **「准許變更營業登記」**之行政解釋：

⑴財政部84.6.29台財稅第841632915號函：公司漏稅已繳清稅款者，罰鍰部分雖尚在行政救濟中，申請地址變更登記應予受理

⑵財政部85.3.13台財稅第851898141號函：營業人申請分公司設立登記時，無須先行繳清欠稅。

⑶財政部86.5.14台財稅第861895955號函：總公司欠繳營利事業所得稅於未繳清稅款或提供擔保前，應准其辦理分公司負責人變更登記。

2. **「不准變更營業登記」**之行政解釋：

⑴財政部75.6.17台財稅第7551719號函：「公司組織營利事業涉嫌違章漏稅，核定補繳稅款，於繳款書送達前已向主管機關辦妥公司名稱及負責人變更登記者，應對變更公司登記後之新公司發單課徵，惟稽徵機關仍應依法不准其辦理營業變更登記。」。

⑵財政部77.3.11台財稅第761157590號函：「主旨：公司組織之營利事業涉有違章或欠稅未結，雖已向公司登記之主管機關辦妥變更登記，依營業稅法第30條第2項規定，除因合併、增資或營業種類變更外，仍應於繳清稅款或提供擔保後為之。……」。

⑶財政部80.8.26台財稅第800260922號函：「營利事業繳納半數應納稅款，提起行政救濟，在行政救濟尚未確定前，其未繳納之半數稅款，仍屬欠稅，依營業稅法第30條第2項規定，應於繳清稅款或提供擔保後，始得申請變更登記。」。

營業人如係已依規定申請變更營業登記，因本法第30條第2項（或行政解釋）規定否准登記之情形，故而未獲核准，則在解釋上，自不得認係成立「未辦變更登記之初次違序」。蓋營業人已申請變更營業登記，縱然格於本法第30條第2項（或行政解釋）規定而不准變更營業登記，則並未成立**構成要件該當行為**。至於因法令限制以致未獲核准，係稽徵機關適用法令之結果，與營業人之責任無涉。

三、主觀構成要件

㈠關於獨資商號之營業人與其他組織型態之營業人，其未辦變更登記違序之行為是否出於故意或過失，稽徵機關應以何人之行為審究之，上面本目、壹、三、㈡所述亦適用於此一違序。

(二)對於本條第1款規定之未辦變更登記違序，依行政罰法第7條第1項規定，應以營業人有「故意或過失」而致未辦變更營業登記，方得加以處罰。

未辦變更登記違序之得以成立，必然是營業人之前已辦妥營業登記。因此，既然營業人已辦過營業登記，則在事理上，其即應有「原登記事項如有變更，應變更營業登記（之內容）」之認識。現在原登記事項已有變更之事實，而竟未申請變更營業登記，則至少似可推論營業人存有過失。

四、法律效果

(一)對營業人未辦變更登記之**初次違序**，處1,500元以上15,000元以下（國幣500元以上5,000元以下）**罰鍰**。

稽徵機關在「1,500元以上15,000元以下」範圍內，有罰鍰金額之裁量權。

(二)對營業人未辦變更登記之**連續違序，得連續處罰**，至補辦為止。

稽徵機關對於連續處罰，有「處罰與否」之裁量權。稽徵機關依裁量而決定予以處罰時，關於連續處罰之如何實施，本條未有明文。參照「稅務違章案件裁罰金額或倍數參考表」中關於本條裁罰金額之規定，通知限期補辦營業登記一次而逾期未補辦者，即得處罰一次；又連續處罰之每次處罰種類及內容，應仍是「1,500元以上15,000元以下罰鍰」；而在「1,500元以上15,000元以下」範圍內，稽徵機關有罰鍰金額之裁量權。

惟稽徵機關對本條規定連續處罰罰鍰金額之裁量權，實際上受限於財政部訂定之「稅務違章案件裁罰金額或倍數參考表」中關於本條裁罰金額統一裁量之規定，其規定如下：

　　1.第一次通知未依限補辦者：處1,500元罰鍰。

　　2.第二次通知未依限補辦者：處9,000元罰鍰。

　　3.第三次以及以後再通知未依限補辦者：每次處15,000元罰鍰。

(三)營業人如係（未辦理營業登記而）經稽徵機關「**設籍課稅**」者，如有營業登記規則第3條規定申請營業登記事項變更之事實時，解釋上，似應類推適用本法及營業登記規則關於申請變更營業登記之規定，營業人以「報備變更事項」之方式，向稽徵機關報備（參見上面二、(五)所述）。

倘如營業人「未報備變更事項」，或經稽徵機關通知後仍未辦理，則是否適用本條規定處罰，即值得探討。依本書之見解，參照財政部75.7.24台財稅第7556622號函：營業人獲准設籍課稅者即不依本法第45條之規定處罰之釋示，以及行政罰法第4條「處罰法定原則」規定之意旨，應以不予處罰為宜。

(四)如營業人自知不符本法第30條第2項（或行政解釋）否准登記規定之情形（參見上面二、(七)、2、所述），故雖然營業登記事項有變更之事實，乃未申請變更營業登記。在此情形，其未申請變更營業登記之不作為，是否構成未辦變更登記之初次違序，而應依本條第1款規定予以處罰，似有疑義，亦乏實務見解可據。依本書之見解，

依照行政罰法第4條「處罰法定原則」規定之意旨，似以作否定解釋為宜。

五、免予處罰之例外規定暨其評析

對於本條第1款規定之未辦變更登記違序，法規中有免予處罰之規定，行政解釋中有免予處罰之釋示，茲摘述如下，並予以評析。

(一)稅務違章案件減免處罰標準第16條之1規定：「營業稅法……第四十六條第一款規定應處罰鍰案件，營業人經主管稽徵機關第一次通知後即依限補辦者，免予處罰」。所謂免予處罰，參照稅務違章案件裁罰金額或倍數參考表中關於本條裁罰金額之規定，應係指「免除初次處罰」而言。

按稅務違章案件減免處罰標準係財政部依據稅捐稽徵法第48條第2項之授權而制定者，故上開免罰規定，優先於本條第2款之處罰規定而適用。

惟應注意，同標準第24條復規定：「納稅義務人……有下列情事之一者，不適用本標準……免予處罰：一、一年內有相同違章事實三次以上者。二、故意違反稅法規定者。……」，此一規定又係同標準第16條之1之特別規定，優先適用。

(二)免予處罰之行政解釋：

財政部84.7.26台財稅第841637291號函：「××有限公司如經該管稽徵機關查明確係郵件投遞日期延誤，致於經濟部公司執照核發日期之日起15日後，始收到公司執照，但已於收到執照之日起15日內辦理營業變更登記，准予免依營業稅法第46條第1款規定處罰。」。

此一免罰解釋之理據，應在於：營業人未能於經濟部公司執照核發日起15日內辦理變更營業登記，並無故意或過失，故其行為不具有**「可非難性」**（或**「可歸責性」**），並不構成未辦變更登記違序，自不得處罰。

參、未辦註銷登記違序與其處罰

營業人未依規定申請註銷營業登記，構成**未辦註銷登記之初次違序**，除通知限期補辦外，處1,500元以上15,000元以下（國幣500元以上5,000元以下）罰鍰；逾期仍未補辦，構成**未辦註銷登記之連續違序**，得連續處罰（本法第46條第1款）。

一、受罰人

本法第46條（以下稱**「本條」**）第1款規定之處罰，其受罰人係「營業人」。
關於受罰人之認定，詳見上面本目、壹、一、(一)之說明解析。
關於營業人之概念，詳見上面本目、壹、一、(二)及(三)之說明解析。

二、客觀構成要件

(一)本條第1款規定之處罰包括「初次處罰」與「連續處罰」，故其處罰之構成要件

亦有「**初次違序**」與「**連續違序**」之分，其違序之行爲如下：

　　1.營業人合併、轉讓、解散或廢止，依法有申請註銷營業登記之義務者，而未依規定申請，成立「**未辦註銷登記之初次違序**」。

　　茲說明如下：

　　⑴關於「合併、轉讓、解散或廢止」之涵義，於下面㈡詳述。

　　⑵營業人申請註銷營業登記之義務，其主要之法律依據係本法第30條第1項，另外，法規命令之營業登記規則之有關規定，亦是規範依據。

　　關於申請註銷營業登記之義務規定之內容，於下面㈢及㈤詳述。

　　⑶營業人亦有免辦理註銷營業登記之義務者，此類營業人自無成立未辦註銷登記之初次違序之可言。

　　關於營業人如何而無辦理註銷營業登記之義務，於下面㈥說明。

　　⑷營業人如係已依規定申請註銷營業登記，因本法第30條第2項規定（或有上開行政解釋所示否准登記）之情形（詳見下面㈦所述），故而未獲核准，不得認係成立未辦註銷登記之初次違序。

　　⑸未辦註銷登記之初次違序之成立，必須違序之行爲具有「**構成要件該當性**」；違序之行爲在何一時日方成爲「**構成要件該當行為**」，自應予以審究。

　　關於未辦註銷登記之初次違序之構成要件該當行爲成立時日，於下面㈣、1、說明。

　　2.營業人有上面1、之違序，經主管稽徵機關通知限期補辦註銷營業登記者，逾其仍未補辦，成立「**未辦註銷登記之連續違序**」。

　　茲說明如下：

　　⑴依據稽徵機關依法所作「通知補辦註銷營業登記」之行政處分，營業人負有補辦註銷營業登記之義務。

　　本條規定「得連續處罰至補辦爲止」，因此，在營業人未補辦註銷登記前，稽徵機關得連續通知補辦，次數不限。

　　⑵未辦註銷登記之連續違序之成立，必須違序之行爲具有「**構成要件該當性**」；違序之行爲在何一時日方成爲「**構成要件該當行為**」，自應予以審究。

　　關於未辦註銷登記之連續違序之構成要件該當行爲成立時日，於下面㈣、2、說明。

　　㈡合併、轉讓、解散或廢止之涵義：

　　所謂「**合併、轉讓、解散或廢止**」，本法與營業登記規則均未有定義，亦乏實務見解可據。

　　按財政部對所得稅法第19條所稱營利事業「解散、廢止、合併或轉讓」之涵義，曾經發布65.8.27台財稅第35770號函予以釋示（內容如下面引述）。目前所得稅法第19條業已刪除（95.5.30修訂所得稅法時，以其與營業稅法第30條第1項規定重複立法而予刪

除），是則此一釋函似應隨同廢止。惟本法第30條第1項中之營業人「解散、廢止、合併或轉讓」，與刪除前之所得稅法第19條中之營利事業「解散、廢止、合併或轉讓」，文字完全相同，且本法之營業人與所得稅法之營利事業絕大部分同一，似尚無作不同解釋之理。因此，財政部65.8.27台財稅第35770號函關於「解散、廢止、合併或轉讓」之涵義之釋示，至少得類推適用於本法第30條第1項中「解散、廢止、合併或轉讓」。

　　財政部65.8.27台財稅第35770號函：「主旨：核復所得稅法第19條有關解散、廢止、合併、轉讓之意義。說明：二、解散係以使法人人格消滅為目的之一種程序，經解散後之法人應即開始清算，其已完成清算者，法人人格即因而消滅。合併則係二個以上之公司以歸併成一個公司為目的之法律行為，因合併而消滅之公司，其權利與義務概括移轉於因合併而存續或因合併而新設立之公司（請參閱公司法有關規定）。至廢止係獨資或合夥事業以永久停止營業為目的之法律程序，經廢止之事業即歸消滅，不再存在。轉讓則係將獨資或合夥事業移轉給他人經營之法律行為。又所謂歇業，係指終止營業而言，其意義與營利事業登記規則所指『解散』、『廢止』相同。」。

　　此一函釋應再略加說明。合作社有合併之情形（參見合作社法第58條）；而獨資或合夥事業亦有合併之情形（參見民法債編306條）；因此，此一函釋將「合併」限於「公司合併」，並非妥適，合併應指任何法律所准許之組織或營業之合併，此其一。此一函釋所謂之「歇業」，係一通俗用語，實際上則有使用於「設籍課稅之營利事業歇業」之事例，參見財政部89.4.1台財稅第890450284號函，此其二。又財政部83.5.18台財稅第831593563號函釋示：「二、獨資組織之營利事業變更負責人，因原負責人已將獨資事業之全部資產負債移轉予新負責人，核屬所得稅法第19條規定所稱之轉讓，……」，此其三。

　　本法第30條第1項規定之營業人「合併、轉讓、解散或廢止」，應認係例示規定，亦即「解散、廢止、合併或轉讓」係事態之例示，而非列舉。在實務上，營業人尚有非「解散、轉讓、解散或廢止」所能涵蓋者。例如財政部83.5.18台財稅第831593563號函釋示：「……三、依民法第667條第1項規定意旨，合夥組織之成立、存續須有合夥人二人以上。合夥組織之營利事業，若因合夥人退夥或負責人將其出資額轉讓，致合夥人祗剩1人者，其存續要件即有欠缺，合夥自應解散辦理註銷登記，並應依前揭規定辦理當期決算及清算申報；……。」。是以在「合夥人祗剩一人」之事態，合夥組織應視為與「廢止」相同。本法第30條第1項按理應在解散、廢止、合併或轉讓之後加一「等」字，其例示規定之意旨，方較明確，此係立法時所慮欠周。

　　另外，財政部62.6.13台財稅第34381號函釋示：「獨資經營之營利事業改組為合夥組織，如經商業主管機關，依商業登記法規定，核准辦理變更登記者，毋庸分別飭辦設立及註銷登記；……。」。所謂「獨資經營之營利事業改組為合夥組織」，應係指有增資本主加入經營，獨資事業改組為合夥事業（新、舊資本主則隨同成為合夥人）而言。

(三)營業人申請註銷營業登記之義務：

關於營業人申請註銷營業登記之義務，本法第30條第1項規定：「營業人……合併、轉讓、解散或廢止時，均應於事實發生之日起15日內填具申請書，向主管稽徵機關申請……註銷營業登記。」。營業登記規則第7條規定相同。

上開規定之說明解析如下：

1.**註銷營業登記之義務人**，與「營業登記之義務人」完全相同。營業登記之義務人之範圍，詳見上面本目、壹、二、(三)、1、之說明，不再複述。

2.註銷營業登記義務之履行期限：

(1)公司之營業人註銷營業登記義務之**履行期限**，雖然本法第30條第1項有「合併、轉讓、解散或廢止之事實發生之日起15日內申請註銷營業登記」之規定，惟財政部73.1.25台財稅第50569號函釋示：「公司組織之營利事業在未經主管機關核准解散前向稽徵機關申請註銷登記者，應通知其先向主管機關補辦解散登記，經主管機關核准解散後，始可核准其註銷登記。」，實務上均係依照此一釋函規定辦理。然而所謂「主管機關核准解散」，究係指何一日期，仍然不明，亦乏行政解釋可據。按財政部83.8.17台財稅第831606355號函釋示：「營利事業遇有解散、廢止、合併或轉讓情事，依據所得稅法第75條第1項規定辦理當期決算申報之時限，應以主管機關核准之日為準起算。所稱核准之日，係指核准文書發文日。」。參考此一解釋，在此情形可認為係指「辦妥公司解散登記之日」，而其亦以「公司主管機關核准公司解散登記文書發文日」為宜。

為確定註銷營業登記義務之履行期限，必須先確定公司辦妥公司解散登記之日期（即公司主管機關核准公司解散登記文書發文日期）。

公司以外之營業人註銷營業登記義務之**履行期限**係「合併、轉讓或廢止之事實發生之日起第15日」。

為確定申請註銷營業登記義務之履行時限，必須先確定（公司以外之）營業人合併、轉讓或廢止事實發生之日期。

(2)本法施行細則第51條規定：「本法……第四十六條……規定限期改正或補辦事項，其期限不得超過通知送達之次日起十五日。」，因此，補辦註銷營業登記義務之**履行時限**係「稽徵機關補辦通知送達之次日起第15日」，所稱送達，當然係指合法送達而言。

為確定補辦註銷營業登記義務之履行期限，必須先確定主管稽徵機關補辦通知之送達日期。

(四)未辦註銷登記違序之構成要件該當行為成立時日：

1.公司註銷營業登記義務之履行期限，係「辦妥公司解散登記之日起第15日」。因此，公司在辦妥公司解散登記之日起第15日仍未提出公司解散登記之申請，而其不作為係出於故意或過失者，**其行為即具有構成要件該當性，而屬「未辦註銷登記違序之初次違序」**之構成要件該當行為。

　　公司以外之營業人註銷營業登記義務之履行時限，係「合併、轉讓或廢止之事實發生之日起第15日」。因此，公司以外之營業人在「合併、轉讓或廢止之事實發生之日起第15日」仍未提出註銷營業登記之申請，而其不作為係出於故意或過失者，**其行為即具有構成要件該當性，而屬「未辦註銷登記之初次違序」之構成要件該當行為。**

　　2.補辦註銷營業登記義務之履行時限係「稽徵機關補辦通知送達之次日起15日以前」。因此，營業人在「補辦通知送達之次日起第15日」仍未提出補辦註銷營業登記之申請，而其不作為係出於故意或過失者，**其行為即具有構成要件該當性，而屬「未辦註銷登記之連續違序」之構成要件該當行為。**

　　㈤營業人如係（未辦理營業登記而）經稽徵機關「設籍課稅」者，如解散、廢止、合併或轉讓時，（因其原未辦理營業登記，故無從依規定辦理註銷營業登記），應如何處理，本法及營業登記規則並無明文，亦乏實務見解可據。解釋上，似應類推適用本法及營業登記規則關於申請註銷營業登記之規定，要求營業人以「報備註銷稅籍」之方式，向稽徵機關報備。根本解決之道，應在本法或營業登記規則增訂如何處理之明文。

　　以目前而言，經稽徵機關設籍課稅之營業人未報備註銷，本法既無處罰之明文，依據行政罰法第4條「處罰法定原則」之規定，應認為並不構成違序。

　　㈥本法第29條規定：「專營第八條第一項第二款至第五款、第八款、第十二款至第十五款、第十七款至第二十款、第三十一款之免稅貨物或勞務者及各級政府機關，得免辦營業登記。」（關於「免辦理營業登記義務之營業人」之範圍，詳見上面本目、壹、二、㈤所述）。依本條規定無辦理營業登記義務之營業人，在解釋上，自亦無辦理註銷營業登記之義務。

　　財政部96.9.29台財稅第9604535980號函：「主旨：農、漁會經行政院農業委員會依據農業金融法規定，命令合併於其他設有信用部之農、漁會，被合併之農、漁會無需解散，其稅籍資料請按變更登記方式辦理。說明：二、按農業金融法第36條規定之「命令合併」，係中央主管機關以公權力介入，命令經營不善之農、漁會信用部合併於其他設有信用部之農、漁會，乃具有強制性之行政處分，非由合併雙方自行決定，且被合併之農、漁會無需解散，亦無解散之事實，故該被合併之農、漁會無需辦理註銷登記。」。

　　㈦本法第30條第2項前段規定：「前項營業人申請……註銷登記，應於繳清稅款或提供擔保後為之。」。此依規定之意旨在於「欠稅之保全」。所稱稅款，以依法應繳納之營業稅為限，不包括罰鍰在內（參見財政部86.10.16台財稅第861915964號令）。解釋上，稅款包括營業稅之滯納金、利息、滯報金及怠報金在內。

　　惟財政部96.1.27台財稅第861882111號函釋示：「……說明：二、至於營利事業如欠繳應納稅捐，依據稅捐稽徵法第24條第1項後段規定，得限制其……註銷登記；又依同法第49條規定罰鍰準用有關稅捐之規定，營利事業如欠繳罰鍰，應準用上開規定，

得限制其⋯⋯註銷登記。」。依此一釋函意旨，營業人欠繳罰鍰，雖不得依本法第30條第2項規定限制辦理註銷營業登記，但可適用稅捐稽徵法有關規定限制辦理註銷營業登記。

　　財政部86.8.27台財稅第861913554號函：營業稅採總繳方式報繳者，如總機構欠稅，其分支機構仍得為註銷營業登記。

三、主觀構成要件

　　㈠關於獨資商號之營業人與其他組織型態之營業人，其未辦註銷登記違序之行為是否出於故意或過失，稽徵機關應以何人之行為審究之，上面本目、壹、三、㈡所述亦適用於此一違序。

　　㈡對於本條第1款規定之未辦註銷登記違序，依行政罰法第7條第1項規定，應以營業人有「故意或過失」而致未辦註銷營業登記，方得加以處罰。

　　未辦註銷登記違序之得以成立，必然是營業人之前已辦妥營業登記。因此，既然營業人已辦過營業登記，則在事理上，其即應有「如有合併、轉讓、解散或廢止營業，應註銷營業登記」之認識。現在有合併、轉讓、解散或廢止之事實，而竟未申請註銷營業登記，則至少似可推論營業人存有過失。

四、法律效果

　　㈠對營業人未辦註銷登記之**初次違序，處1,500元以上15,000元以下（國幣500元以上5,000元以下）罰鍰**。

　　稽徵機關在「1,500元以上15,000元以下」範圍內，有罰鍰金額之裁量權。

　　財政部63.3.27台財稅第32075號函：「營利事業⋯⋯於申報暫停營業時，未載明復業日期或未如期復業者，仍應於復業時，向主管稽徵機關申報核備，其不為申報核備者，應即依照營業稅法第42條第1項第1款（現行法第46條第1款）之規定處罰。」。

　　財政部83.1.4台財稅第821506638號函：「營業人申請註銷登記，於稽徵機關依法准予註銷登記前，其經查獲有營業行為者，應適用營業稅法第46條第2款申請註銷登記之事項不實規定處罰；如於稽徵機關依法准予註銷登記後，查獲有營業行為者，應適用同法第45條未依規定申請營業登記規定處罰。」。

　　㈡對營業人未辦註銷登記之**連續違序，得連續處罰**，至補辦為止。

　　稽徵機關對於連續處罰，有「處罰與否」之裁量權。稽徵機關依裁量而決定予以處罰時，關於連續處罰之如何實施，本條未有明文。參照「稅務違章案件裁罰金額或倍數參考表」中關於本條裁罰金額之規定，通知限期補辦營業登記一次而逾期未補辦者，即得處罰一次；又連續處罰之每次處罰種類及內容，應仍是「1,500元以上15,000元以下罰鍰」；而在「1,500元以上15,000元以下」範圍內，稽徵機關有罰鍰金額之裁量權。

　　惟稽徵機關對本條規定連續處罰罰鍰金額之裁量權，實際上受限於財政部訂定之

「稅務違章案件裁罰金額或倍數參考表」中關於本條裁罰金額統一裁量之規定，其規定如下：

　　1.第一次通知未依限補辦者：處1,500元罰鍰。

　　2.第二次通知未依限補辦者：處9,000元罰鍰。

　　3.第三次以及以後再通知未依限補辦者：每次處15,000元罰鍰。

　　㈢營業人如係（未辦理營業登記而）經稽徵機關**設籍課稅**者，如有合併、轉讓、解散或廢止，之事實時，解釋上，似應類推適用本法及營業登記規則關於申請註銷營業登記之規定，營業人以「報備註銷登記」之方式，向稽徵機關申報（參見上面二、㈤所述）。

　　倘如營業人未「申報註銷登記」，或經稽徵機關通知後仍未辦理，則是否適用本條第1款規定處罰，即值得探討。依本書之見解，參照財政部75.7.24台財稅第7556622號函：營業人獲准設籍課稅者，即不依本法第45條之規定處罰之釋示，以及行政罰法第4條「處罰法定原則」規定之意旨，應以不予處罰為宜。

　　㈣如營業人自知不符本法第30條第2項前段（或行政解釋）否准登記規定之情形（參見上面二、㈦所述），故雖然有解散、廢止、合併或轉讓之事實，乃未申請註銷營業登記。在此情形，其未申請註銷營業登記之不作為，是否構成未辦註銷登記之初次違序，而應依本條第1款規定予以處罰，似有疑義，亦乏實務見解可據。依本書之見解，衣照行政罰法第4條「處罰法定原則」規定之意旨，似以作否定解釋為宜。

五、免予處罰之例外規定

　　對於本條第1款規定之未辦註銷登記違序，稅務違章案件減免處罰標準第16條之1與第24條有免罰及其例外之規定，與本條第1款規定之未辦變更登記違序適用者相同，詳見上面本目、貳、五、㈠之說明，不再複述。

肆、未報備停業、復業違序與其處罰

　　營業人未於停業、復業前向主管稽徵機關申報核備，構成**未報備停業、復業之初次違序**，除通知限期補辦外，處1,500元以上15,000元以下（國幣500元以上5,000元以下）罰鍰；逾期仍未補辦，構成**未報備停業、復業之連續違序**，得連續處罰（本法第46條第款）。

一、受罰人

　　本法第46條（以下稱**本條**）第1款規定之處罰，其受罰人係「營業人」。

　　關於受罰人之認定，詳見上面本目、壹、一、㈠之說明解析。

　　關於營業人之概念，詳見上面本目、壹、一、㈡及㈢之說明解析。

二、客觀構成要件

㈠本條第1款規定之處罰包括「初次處罰」與「連續處罰」，故其處罰之構成要件亦有**「初次違序」**與**「連續違序」**之分，其違序之行為如下：

1.**初次違序**：

⑴營業人依法有報備停業之義務者，而未依規定報備，成立**「未報備停業之初次違序」**。

茲說明如下：

A.營業人報備停業之義務，其主要之法律依據是本法第31條。

關於報備停業之義務規定之內容，於下面㈡詳述。

營業人暫停營業，事所常有，惟應暫停營業多少時日，方須依本法第31條規定報備，以免過分干擾營業人之營業自由，本法及營業登記規則均無明文。

財政部93.3.11台財稅第930450894號函釋示：「按營業人暫停營業，應於停業前，向主管稽徵機關申報核備；復業時，亦同；為「加值型及非加值型營業稅法」第31條所明定。另按商業暫停營業1個月以上者，應於停業前申請為停業之登記，並於復業前為復業之登記。但已依營業稅法規定申報核備者，不在此限；及公司暫停營業1個月以上者，應於停止營業前或停止營業之日起15日內申請為停業之登記，並於復業前或復業後15日內申請為復業之登記。但已依加值型或非加值型營業稅法規定申報核備者，不在此限；分別為「商業登記法」第16條第1項（現為第17條）及「公司之登記及認許辦法」第10條第1項所明定。準此以言，營業人向稽徵機關申報核備暫停營業前，尚無必須先向商業主管機關辦妥停業登記之規定。」。

按此一釋函亦未明示本法之營業人暫停營業多少時日，方須依本法第31條規定報備。惟函中引用之商業登記法及公司之登記及認許辦法中，均明定「暫停營業一個月以上」者，應辦理商業登記法及公司之登記及認許辦法規定之「停業登記」。由於本法規定之營業人，亦受商業登記法及公司之登記及認許辦法規範；因此，**似宜解為本法之營業人「暫停營業一個月以上」者，方應辦理本法第31條規定之「停業報備」，以期一致**，以免過分干擾營業人之營業自由。

B.營業人亦有免報備停業之義務者，此類營業人自無成立未報備停業之初次違序之可言。關於「無報備停業義務之營業人」之規定，於下面㈤說明。

C.未報備停業之初次違序之成立，必須違序之行為具有**「構成要件該當性」**；違序之行為在何一時日方成為**「構成要件該當行為」**，自應予以審究。

關於**未報備停業之初次違序之構成要件該當行為成立時日**，於下面㈢、2、說明。

⑵營業人復業，依法有報備復業之義務者，而未依規定報備，成立**「未報備復業之初次違序」**。

茲說明如下：

A.營業人報備復業之義務，其主要之法律依據係本法第31條。

關於「報備復業之義務」規定之內容，於下面㈡詳述。

B.營業人亦有「無報備復業之義務者」，此類營業人自無成立未報備復業之初次違序之可言。

關於「無報備復業義務之營業人」之規定，於下面㈢說明。

C.未報備復業之初次違序之成立，必須違序之行為具有「**構成要件該當性**」；違序之行為在何一時日方成為「**構成要件該當行為**」，自應予以審究。關於**未報備復業之初次違序之構成要件該當行為成立時日**，於下面㈢、2、說明。

2.營業人有上面1、所述違序之一，經主管稽徵機關通知限期補辦者，逾期仍未補辦，成立「**未報備停業、復業之連續違序**」。

茲說明如下：

⑴依據稽徵機關依法所作「通知補辦停業、復業報備」之行政處分，營業人負有補辦停業、復業報備之義務。

本條規定「得連續處罰至補辦為止」，因此，在營業人未補辦停業、復業報備前，稽徵機關得連續通知補辦，次數不限。

⑵未報備停業、復業之連續違序之成立，必須違序之行為具有「**構成要件該當性**」；違序之行為在何一時日方成為「**構成要件該當行為**」，自應予以審究。

關於**未報備停業、復業之連續違序之構成要件該當行為成立時日**，於下面㈢、3、說明。

㈡營業人報備停業、復業之義務：

關於營業人「**報備停業、復業之義務**」，本法第31條規定：「營業人暫停營業，應於停業前，向主管稽徵機關申報核備；復業時，亦同。」。茲解析如下：

1.**報備暫停營業、復業之義務人**，與「營業登記之義務人」完全相同。營業登記之義務人之範圍，詳見上面本目、壹、二、㈡、1、之說明，不再複述。

2.報備停業、復業義務發生之要件暨義務履行期限：

⑴如上面㈠、1、所述，解釋上，營業人須預定暫停營業1個月以上，方應要求其報備停業。因此，營業人**報備停業義務之發生**，其**要件**應為「預定暫停營業1個月以上」。由於本法第31條規定「應於停業前報備」，因此，報備停業義務之**履行期限**，應係「開始停業日之前1日」。

為確定報備停業義務之履行時限，必須先確定營業人開始暫停營業、復業之日期。

⑵**報備復業義務之發生**，其**要件**應為「暫停營業後預定恢復營業」。應注意者，營業人報備停業後，未滿1個月之前即欲復業者，即有於復業前報備復業之義務。由於本法第31條規定「應於復業前報備」，因此，報備復業義務之**履行期限**為「開始復業日之

前1日」。

　　爲確定報備復業義務之履行期限，必須先確定營業人開始暫停營業、復業之日期。

　　財政部63.3.27台財稅第32075號函：「營利事業申報暫停營業時，如同時載明復業日期並如期復業者，應免再申報復業，其於申報暫停營業時，未載明復業日期或未如期復業者，仍應於復業時，向主管稽徵機關申報核備，……。」。

　　(3)本法施行細則第51條規定：「本法……第四十六條……規定限期改正或補辦事項，其期限不得超過通知送達之次日起十五日。」，因此，**補辦停業、復業報備之義務之發生**，其**要件**係主管稽徵機關之通知業已送達。**義務履行時限**係「稽徵機關補辦通知送達之次日起第15日」，所稱送達，當然係指合法送達而言。

　　爲確定補辦報備停業、復業義務之履行期限，必須先確定主管稽徵機關補辦通知之送達日期。

　　(三)未報備停業、復業違序之構成要件該當行爲成立時日：

　　1.報備停業義務之履行期限，係「開始停業日之前1日」。因此，營業人在「停業開始日之前1日」仍未提出停業報備，而其不作爲係出於故意或過失者，**其行為即具有構成要件該當性，而屬「未報備停業之初次違序」之構成要件該當行為。**

　　2.報備復業義務之履行期限，係「開始復業日之前1日」。因此，營業人在「復業開始日之前1日」仍未提出復業報備，而其不作爲係出於故意或過失者，**其行為即具有構成要件該當性，而屬「未報備復業之初次違序」之構成要件該當行為。**

　　3.補辦停業、復業報備之履行期限，係「稽徵機關補辦通知送達之次日起第15日」。因此，營業人在「補辦通知送達之次日起第15日」仍未提出補辦停業、復業之報備，而其不作爲係出於故意或過失者，**其行為即具有構成要件該當性，而屬「未報備停業、復業之連續違序」之構成要件該當行為。**

　　(四)營業人如係（未辦理營業登記而）經稽徵機關**「設籍課稅」**者，如預定暫停營業一個月以上、暫停營業後預定恢復營業時，應如何處理，本法並無明文，亦乏實務見解可據。解釋上，似應類推適用本法關於報備停業、復業之規定，要求營業人向稽徵機關報備停業、復業。根本解決之道，應在本法或營業登記規則增訂如何處理之明文。

　　以目前而言，經稽徵機關設籍課稅之營業人未報備停業、復業，本法既無處罰之明文，依據行政法第4條「處罰法定原則」之規定，應認爲並不構成違序。

　　(五)本法第29條規定：「專營第八條第一項第二款至第五款、第八款、第十二款至第十五款、第十七款至第二十款、第三十一款之免稅貨物或勞務者及各級政府機關，免辦營業登記。」（「免辦理營業登記義務之營業人」之範圍，詳見上面本目、壹、二、(五)所述）。依本條規定無辦理營業登記義務之營業人，在解釋上，自亦無報備停業、復業之義務。

　　財政部63.3.27台財稅第32075號函：「營利事業申報暫停營業時，如同時載明復業

日期並如期復業者，應免再申報復業，……。」。

三、主觀構成要件

(一)關於獨資商號之營業人與其他組織型態之營業人，其未報備停業、復業違序之行為是否出於故意或過失，稽徵機關應以何人之行為審究之，上面本目、壹、三、(二)所述亦適用於此一違序。

(二)對於本條第1款規定之未報備停業、復業違序，依行政罰法第7條第1項規定，應以營業人有「故意或過失」而致未報備暫停營業、復業，方得加以處罰。

通常營業人對於暫停營業、復業報備之義務，未必知悉；因此，稽徵機關自應查明未報備停業、復業違序之行為是否出於故意或過失。

倘如查明營業人在本次違序之前，曾經報備停業、復業，則營業人自難再諉稱不知有暫停營業、復業報備之義務，至少可推論營業人存有過失。

四、法律效果

(一)對營業人未報備停業、復業之**初次違序，處**1,500元以上15,000元以下（國幣500元以上5,000元以下）**罰鍰。**

稽徵機關在「1,500元以上15,000元以下」範圍內，有罰鍰金額之裁量權。

財政部63.3.27台財稅第32075號函：「營利事業……於申報暫停營業時，未載明復業日期或未如期復業者，仍應於復業時，向主管稽徵機關申報核備，其不為申報核備者，應即依照營業稅法第42條第1項第1款（現行法第46條第1款）之規定處罰。」。

(二)對營業人未報備停業、復業之**連續違序，得連續處罰**，至補辦為止。

稽徵機關對於連續處罰，有「處罰與否」之裁量權。稽徵機關依裁量而決定予以處罰時，關於連續處罰之如何實施，本條未有明文。參照「稅務違章案件裁罰金額或倍數參考表」中關於本條裁罰金額之規定，通知限期補辦營業登記一次而逾期未補辦者，即得處罰一次；又連續處罰之每次處罰種類及內容，應仍是「1,500元以上15,000元以下罰鍰」；而在「1,500元以上15,000元以下」範圍內，稽徵機關有罰鍰金額之裁量權。

惟稽徵機關對本條規定連續處罰罰鍰金額之裁量權，實際上受限於財政部訂定之「稅務違章案件裁罰金額或倍數參考表」中關於本條裁罰金額統一裁量之規定，其規定如下：

1. 第一次通知未依限補辦者：處1,500元罰鍰。
2. 第二次通知未依限補辦者：處9,000元罰鍰。
3. 第三次以及以後再通知未依限補辦者：每次處15,000元罰鍰。

(三)營業人如係（未辦理營業登記而）經稽徵機關「**設籍課稅**」者，如有暫停營業、復業之事實時，解釋上，似應類推適用本法報備停業、復業之規定，要求營業人以報備停業、復業之方式，向稽徵機關報備（參見上面二、(四)所述）。

　　倘如營業人未報備停業、復業，或經稽徵機關通知後仍未補辦報備，則是否適用本條第1款規定處罰，即值得探討。依本書之見解，參照財政部75.7.24台財稅第7556622號函：營業人獲准設籍課稅者，即不依本法第45條之規定處罰之釋示，以及行政罰法第4條「處罰法定原則」規定之意旨，應以不予處罰為宜。

五、免予處罰之例外規定

　　對於本條第1款規定之未報備停業、復業違序，稅務違章案件減免處罰標準第16條之1與第24條有免罰及其例外之規定，與本條第1款規定之未辦變更登業違序適用者相同，詳見上面本目、貳、五、㈠之說明，不再複述。

伍、稅籍登記不實違序與其處罰

　　營業人申請營業、變更或註銷登記之事項不實，構成**稅籍登記不實之初次違序**，除通知限期改正或補辦外，處1,500元以上15,000元以下（國幣500元以上5,000元以下）罰鍰；逾期仍未改正或補辦，構成**稅籍登記不實之連續違序**，得連續處罰（本法第46條第2款）。

一、受罰人

　　本法第46條（以下稱**「本條」**）第2款規定之處罰，其受罰人係「營業人」。
　　關於受罰人之認定，詳見上面本目、壹、一、㈠之說明解析。
　　關於營業人之概念，詳見上面本目、壹、一、㈡及㈢之說明解析。

二、客觀構成要件

　　㈠本條第2款規定之違序行為有四種，分別為**「營業登記不實違序」**、**「變更登記不實違序」**與「註銷登記不實之初次違序」，合稱**「稅籍登記不實違序」**。
　　本條第2款規定之處罰包括「初次處罰」與「連續處罰」，故其處罰之構成要件亦有「初次違序」與「連續違序」之分。其違序之行為如下：
　　1.初次違序：
　　⑴營業人對於營業登記之事項有按實申請登記之義務，已依限登記者，而登記事項不實，成立**「營業登記不實之初次違序」**。
　　⑵營業人對於營業登記事項變更有按實申請變更登記之義務，已依限登記者，而登記事項不實，成立**「變更登記不實之初次違序」**。
　　⑶營業人對於合併、轉讓、解散或廢止有按實申請註銷登記之義務，已依限登記者，而登記事項不實，成立**「註銷登記不實之初次違序」**。
　　茲說明如下：
　　⑴本法並無「營業人對於營業、變更或註銷登記之事項，應按實登記」之明文。惟

本法第28條規定「營業人開業前，應申請營業登記」，第30條第1項規定「營業人營業登記事項變更，應申請變更營業登記」、「營業人合併、轉讓、解散或廢止，應申請註銷營業登記」，**在規範意旨上，應涵蘊「按實申請登記」之要求在內**。復且本條第2款規定「營業人申請營業、變更或註銷登記之事項不實，處以罰鍰」，**在規範意旨上，亦應涵蘊「按實申請登記」之要求在內**。是以依本法第28條、第30條第1項與本條第2款規定之規範意旨，營業人有「**按實辦理各種稅籍登記之義務**」，尚無疑義。

　　為符合「**法律明確性原則**」[10]，本法第28條、第30條第1項條文中之「申請營業登記」、「申請變更、註銷營業登記」，應增加「按實」二字（增加後成為「按實申請營業登記」、「按實申請變更、註銷營業登記」），以臻明確，俾可杜絕疑義。

　　為獲得清晰之了解，本條第2款條文可試拆解如下：「營業人營業、變更或註銷登記之事項，應按實申請登記。申請登記事項不實者，除通知限期改正或補辦外，處500元以上5,000元以下罰鍰；逾期仍未改正或補辦者，得連續處罰至改正或補辦為止。」。前段明示其「按實辦理稅籍登記事項之義務」，中段明示「初次違序與其處罰」，後段明示「連續違序與其處罰」。

　　關於營業登記、變更營業登記中之「營業登記之事項」，規定於營業登記規則第3條，其內容詳見上面本目、貳、二、㈡之說明。另外，註銷營業登記之事項係「合併、轉讓、解散或廢止」，關於合併、轉讓、解散或廢止之涵義，參見上面本目、參、二、㈡之說明解析。

　　⑵各種稅籍登記不實，應係指「登記事項內容錯誤」與「登記事項缺漏」等而言。例如營業地址、負責人姓名、資本額等錯誤，或負責人之年籍、營業種類等遺漏。

　　財政部83.1.4台財稅第821506638號函：「營業人申請註銷登記，於稽徵機關依法准予註銷登記前，其經查獲有營業行為者，應適用營業稅法第46條第2款申請註銷登記之事項不實規定處罰；……。」，亦即在此情形成立註銷登記不實違序。

　　⑶稅籍登記不實之初次違序之成立，必須違序之行為具有「**構成要件該當性**」；違序之行為在何一時日方成為「**構成要件該當行為**」，自應予以審究。

　　關於稅籍登記不實之初次違序之構成要件該當行為成立時日，於下面㈡說明。

　　2.營業人有上面1、所述違序之一，經主管稽徵機關通知限期改正或補辦者，逾期乃未改正或補辦，成立「**稅籍登記不實之連續違序**」。

　　茲說明如下：

　　⑴所謂**改正**，係就登記事項內容錯誤而言，應指「更正登記事項之錯誤」。所謂**補辦**，係就登記事項缺漏而言，應指「就原漏未登記之事項補辦登記」。

　　⑵依據稽徵機關依法所作「通知改正或補辦稅籍登記事項」之行政處分，營業人負

---

[10] 「法律規定明確性」原則之涵義，參見吳庚，憲法的解釋與適用，3版，2008年12月，169頁。

有改正或補辦稅籍登記事項之義務。

　　本條規定「得連續處罰至改正或補辦為止」，因此，在營業人未改正或補辦稅籍登記事項前，稽徵機關得連續通知改正或補辦，次數不限。

　　⑶稅籍登記不實之連續違序之成立，必須違序之行為具有「**構成要件該當性**」；違序之行為在何一時日方成為「**構成要件該當行為**」，自應予以審究。

　　關於稅籍登記不實之連續違序之構成要件該當行為成立時日，於下面㈢說明。

　　㈡**按實辦理各種稅籍登記事項之義務**並非獨立發生，而是隨同「申請營業、變更或註銷登記義務」之發生而發生；因此，其發生之**要件**，即與「申請營業、變更或註銷登記義務」發生之要件相同。從而按實辦理稅籍登記事項之**義務履行期限**，自亦與申請營業、變更與註銷登記義務之履行期限相同。

　　關於發生申請營業、變更或註銷登記義務之要件與其義務履行期限，分別詳見上面本目、壹、二、㈡、2；貳、二、㈢、2；以及參、二、㈢、2、所述（僅有一差異，即在「連續違序」時，為確定**改正或補辦**稅籍登記義務之履行時限，必須先確定主管稽徵機關**改正或補辦**通知之送達日期）。

　　由於按實辦理稅籍登記事項義務之履行期限，與申請營業、變更與註銷登記義務之履行期限相同；因此，稅籍登記不實違序之構成要件該當行為成立時日，亦與擅自營業、未辦變更登記與未辦註銷登記違序之構成要件該當行為成立時日相同。

　　關於擅自營業、未辦變更登記與未辦註銷登記違序之構成要件該當行為成立時日，分別詳見上面本目、壹、二、㈡、3；貳、二、㈢、3；以及參、二、㈢、3、所述（僅有一差異，即在「連續違序」時，營業登記義務人在「改正或補辦通知送達之次日起第15日」仍未提出**改正或補辦**稅籍登記之申請者，該日其行為具有構成要件該當性，而屬「稅籍登記不實之連續違序」之構成要件該當行為）。

三、主觀構成要件

　　㈠關於獨資商號之營業人與其他組織型態之營業人，其稅籍登記不實違序之行為是否出於故意或過失，稽徵機關應以何人之行為審究之，上面本目、壹、三、㈠所述亦適用於此一違序。

　　㈡對於本條第2款規定之稅籍登記不實違序，依行政罰法第7條第1項規定，應以營業人有「故意或過失」而致各種稅籍登記不實，方得加以處罰。

四、法律效果

　　㈠對營業人稅籍登記不實之**初次違序，**處1,500元以上15,000元以下（國幣500元以上5,000元以下）**罰鍰。**

　　稽徵機關在「1,500元以上15,000元以下」範圍內，有罰鍰金額之裁量權。

　　㈡對營業人稅籍登記不實之**連續違序，得連續處罰，**至改正或補辦為止。

　　稽徵機關對於連續處罰，有「處罰與否」之裁量權。稽徵機關依裁量而決定予以處罰時，關於連續處罰之如何實施，本條未有明文。惟參照「稅務違章案件裁罰金額或倍數參考表」中關於本條裁罰金額之規定，通知限期補辦營業登記一次而逾期未補辦者，即得處罰一次；又連續處罰之每次處罰種類及內容，應仍是「1,500元以上15,000元以下罰鍰」；而在「1,500元以上15,000元以下」範圍內，稽徵機關有罰鍰金額之裁量權。

　　惟稽徵機關對本條規定連續處罰罰鍰金額之裁量權，實際上受限於財政部訂定之「稅務違章案件裁罰金額或倍數參考表」中關於本條裁罰金額統一裁量之規定，其規定如下：

　　1.第一次通知未依限補辦者：處1,500元罰鍰。
　　2.第二次通知未依限補辦者：處9,000元罰鍰。
　　3.第三次以及以後再通知未依限補辦者：每次處15,000元罰鍰。

第二目　關於使用發票有關義務之違序與其處罰

緒　　說

一、關於使用發票有關義務之違序種類與其處罰之性質

　　本法規定之違序行為與其處罰，其中與「**統一發票使用**」有關者，可合稱為「**關於使用發票有關義務之違序與其處罰**」之類型；其中違序之型態，計有下五種（依本法規定之條文次序排列）：⑴不使用發票違序，⑵轉用發票違序，⑶發票未記載違序，⑷發票記載不實違序，⑸漏開短開發票違序。

　　在本目中，⑴不使用發票違序，⑵轉用發票違序、⑶漏開短開發票違序三者，各立一子目論述；至於⑷發票記載不實違序、⑸發票記載不實違序二者，則併成一子目「**發票未記載、記載不實違序**」論述，以節省篇幅，此係基於其受罰人相同，處罰相同之故。

　　本類型違序之處罰有「罰鍰」與「停止營業」，除「漏開短開發票違序之處罰」外，性質均係行為罰，蓋其違反之義務均係「行為義務」。因此，營業人之行為構成本類型中各種違序者，無待任何結果之發生（例如發生漏稅等），稽徵機關即得予以處罰，本目以下各子目中即均不再一一指明。至於「漏開短開發票違序之處罰」，實務上雖認為其性質係行為罰，然似不無商榷餘地，尚有待辨明，詳見下面本目、肆、所述。

　　本類型違序之處罰，有單處以「罰鍰」者（如「發票未記載、記載不實違序」），亦有併處以「罰鍰」與「停止營業」者（如「發票未記載、記載不實違序」以外之各種違序）。由於行政罰法並不採主罰、從罰之區分，故罰鍰與停止營業均係主

罰。惟本法均係規定「處××罰鍰，並得停止其營業」，停止營業與否稽徵機關有裁量權，足見處罰係以罰鍰為主，停止營業為輔。因此，倘如行為人之違序因有違法阻卻事由或依法規規定等而免除罰鍰之處罰，稽徵機關得否仍予裁處停止營業，似有疑義，而本法並無明文，亦乏行政解釋可據。依本書之見解，既然主要處罰之罰鍰已經免除，表示其行為不具有「可非難性」；因此，應解為亦應免除停止營業之處罰，方符制裁之法理。

　　本類型中各種違序，均係違反本法規定之**「使用發票有關義務」**，而使用發票有關義務主要之法規依據係本法第32條與統一發票使用辦法等。由於本類型各種違序，大部分係以本法第32條與統一發票使用辦法等義務規定為構成要件，故屬**「非真正之空白構成要件」**，而各該處罰規定則係**「結合指示」**（參見前面本書第二篇第一章，參、一、㈢、2、之說明）。本目之各子目中即均不再一一說明。**惟亦有行為義務係與處罰規定在同一法條中，並無獨立之義務規定，此類情形即分別在該子目中加以說明。**

二、行為人之責任能力、不知法規之責任與有無免責事由

　　在本類型違序中，行為人（亦是受罰人）均是營業人，故而其「責任能力」、「不知法規之責任」與「有無免責事由」完全相同。由於上面本章第一目「關於稅籍登記與報備義務之違序與其處罰」類型之行為人（受罰人）亦均是營業人，因此，上面本章第一目、緒說、二、關於行為人（受罰人）之「責任能力」、「不知法規之責任」與「免責事由」之整體解析說明，同樣適用於本類型中之各種違序，本目以下各子目中即均不再一一說明。

壹、不使用發票違序與其處罰

　　納稅義務人經核定應使用統一發票而不使用者，構成**不使用發票之初次違序**，除通知限期改正或補辦外，處3,000元以上30,000元以下（國幣1,000元以上10,000元以下）罰鍰；逾期仍未改正或補辦，構成**不使用發票之連續違序**，得連續處罰，並得停止其營業（本法第47條第1款）。

一、受罰人

　　本法第47條（以下稱**「本條」**）第1款規定處罰之受罰人為「納稅義務人」。

　　納稅義務人之概念與其範圍，本法第2條規定：「營業稅之納稅義務人如下：一、銷售貨物或勞務之營業人。二、進口貨物之收貨人或持有人。三、外國之事業、機關、團體、組織，在中華民國境內無固定營業場所者，其所銷售勞務之買受人。但外國國際運輸事業，在中華民國境內無固定營業場所而有代理人者，為其代理人。」。其中第1款所稱之營業人，係指本法第6條規定：「有下列情形之一者，為營業人：一、以營利為目的之公營、私營或公私合營之事業。二、非以營利為目的之事業、機關、團

體、組織，有銷售貨物或勞務者。三、外國之事業、機關、團體、組織，在中華民國境內之固定營業場所。」。

本條第1款規定之受罰人為納稅義務人，然而是否稽徵機關對納稅義務人均「應予核定使用統一發票」，則有待辨析說明：

　　1.依據本法第24條第3項、統一發票使用辦法第2條、第3條、第25條以及營業人使用收銀機辦法第3條等規定，稽徵機關對「營業人」應（或得）「核定應使用統一發票」（詳見下面二、㈡所述）；而營業人自係指本法第2條第1款規定之納稅義務人（即營業人），亦即本法第6條規定之營業人。

　　2.本法第2條第2款規定之納稅義務人（即進口貨物之收貨人或持有人），以及第3款前段規定之納稅義務人（即外國之事業、機關、團體、組織，在我國境內無固定營業場所者，其所銷售勞務之買受人），係購買貨物或勞務之人，與核定使用統一發票無涉。惟如其銷售所購入之貨物或勞務者，則即為本法第2條第1款規定之納稅義務人（即營業人），從而稽徵機關應依有關規定核定其應使用統一發票。

　　3.本法第2條第3款但書規定，「在我國境內無固定營業場所之外國國際運輸事業之代理人」為納稅義務人，然而通常代理人本身即為本法第2條第1款規定之納稅義務人（即營業人），而其銷售代銷勞務，視為銷售勞務，應開立統一發票（參見本法第3條第4項，修正營業稅法實施注意事項四、㈠、2、），從而稽徵機關應依有關規定核定其應使用統一發票。

倘如代理人本身並無從事（本身之）銷售貨物或勞務，則因身為代理人而成為納稅義務人，亦需開立統一發票予（外國國際運輸勞務之）買受人，故而稽徵機關應依有關規定核定其應使用統一發票。

綜上所述，**納稅義務人中之「營業人」，稽徵機關方應「核定應使用統一發票」**。因此，本條第1款規定之受罰人，表面上係「本法第2條規定之納稅義務人」，事實上僅係「**本法第2條第1款規定之納稅義務人**」，亦即本法第6條規定之「**營業人**」。**以下即直接以「營業人」取代「本法第2條第1款規定之納稅義務人」**。

關於受罰人之認定，詳見上面本章第一目、壹、一、㈠之說明解析。

關於營業人之概念，詳見上面本章第一目、壹、一、㈡及㈢之說明解析。

二、客觀構成要件

㈠本條第1款規定之處罰包括「初次處罰」與「連續處罰」，故其處罰之構成要件亦有「**初次違序**」與「**連續違序**」之分。其違序之行為如下：

　　1.營業人經稽徵機關依法核定，有使用統一發票之義務者，而不使用，成立「**不使用發票之初次違序**」。

茲說明如下：

⑴本條第1款規定之處罰係以「違反使用統一發票之義務」為構成要件，而營業人

之此一義務，則係基於稽徵機關之核定而產生。稽徵機關所為「營業人應使用統一發票」之核定（性質係「行政處分」），其法規依據係本法第24條第3項、統一發票使用辦法第2條、第3條、第25條以及營業人使用收銀機辦法第3條等。是以本條第1款規定處罰之構成要件，係屬**「空白構成要件」**，而由稽徵機關核定使用統一發票之**行政處分**予以補充（參見前面本書第二篇，第一章，參、一、㈢、2、之說明）。

　　有關營業人使用統一發票之法規規定內容，於下面㈡說明。

　　⑵營業人亦有免用統一發票者，此類營業人自無成立不使用發票之初次違序之可言。

　　關於營業人免用統一發票者，於下面㈣及㈤說明。

　　⑶稽徵機關核定使用統一發票，有依法規規定主動核定者，亦有依營業人之申請而核定者（參見下面㈡、1、之說明）；**其不使用發票違序之行為型態**，說明如下：

　　A.稽徵機關依本法第24條第3項、統一發票使用辦法第2條、第3條以及營業人使用收銀機辦法第3條第2項規定，主動核定使用統一發票，營業人接獲核定之通知，而不使用者，構成本條第1款規定之不使用發票違序。

　　營業人使用收銀機辦法辦法第16條規定：「營業人經稽徵機關核定使用收銀機開立統一發票而不使用者，按核定使用統一發票而不使用論處。」，僅具有重申本條第1款規定不使用發票違序之作用。

　　B.營業人依統一發票使用辦法第25條規定申請核准以電腦開立統一發票，經稽徵機關核准，營業人接獲核准之通知，而不使用者，構成本條第1款規定之不使用發票違序。

　　C.營業人依營業人使用收銀機辦法第3條第1項規定申請核定以收銀機開立統一發票，經稽徵機關核定後，營業人接獲核定之通知，而不使用者，構成本條第1款規定之不使用發票違序。

　　同辦法第16條規定：「營業人經稽徵機關核定使用收銀機開立統一發票而不使用者，按核定使用統一發票而不使用論處。」，僅具有重申本條第1款規定不使用發票違序之作用。

　　⑷不使用發票之初次違序之成立，必須違序之行為具有**「構成要件該當性」**；違序之行為在何一時日方成為**「構成要件該當行為」**，自應予以審究。

　　關於不使用發票之初次違序之構成要件該當行為成立時日，於下面㈢、1、說明。

　　⑸稽徵實務上，將「營業人銷售貨物或勞務與營業人，未依規定開立三聯式統一發票，而開立二聯式統一發票」之情事，論為本法第48條規定之「開立統一發票應記載事項未依規定記載或所載不實」（參見財政部78.3.16台財稅第781142042號函、89.9.27台財稅第890456653號函）。其實此一行為係「應使用三聯式統一發票，而使用二聯式統一發票」，將之論為本條第1款規定之「核定應使用統一發票而不使用」，似較妥適；蓋其實質係「應使用三聯式統一發票開立，而實際上使用二聯式統一發票開

立」，並不存在所謂「未依規定記載或所載不實」之行為。

　　2.營業人有上面1、所述違序，經主管稽徵機關通知限期補辦者，逾期仍未補辦，成立**「不使用發票之連續違序」**。

　　本條規定「得連續處罰」，因此，在營業人未補辦使用統一發票手續前，稽徵機關得連續通知補辦，次數不限。

　　茲說明如下：

　　⑴所謂**補辦**，係指「向稽徵機關補辦使用統一發票之有關手續」。

　　⑵依據稽徵機關依法所作「通知補辦使用統一發票之有關手續」之行政處分，營業人負有補辦使用統一發票之有關手續之義務。

　　⑶不使用發票之連續違序之成立，必須違序之行為具有**「構成要件該當性」**；違序之行為在何一時日方成為**「構成要件該當行為」**，自應予以審究。

　　關於**不使用發票之連續違序之構成要件該當行為成立時日**，於下面㈢、2、說明。

　　㈡營業人使用統一發票之法規規定內容：

　　稽徵機關應有本法之依據，方得為「營業人應使用統一發票」之核定（行政處分），而營業人係依稽徵機關之核定，方有**「使用統一發票之義務」**。

　　稽徵機關**核定營業人使用統一發票，其法規依據如下：**

　　本法第23條規定：「農產品批發市場之承銷人、銷售農產品之小規模營業人、小規模營業人及其他經財政部規定免予申報銷售額之營業人，除申請按本章第一節規定計算營業稅額並依第三十五條規定申報繳納者外，就主管稽徵機關查定之銷售額按第十三條規定之稅率計算營業稅額。」，依本條除書規定，原係查定課徵之營業人，得申請「按本章第一節規定計算營業稅額並依第35條規定申報繳納」。又本法第24條第1項及第2項規定：「（第1項）銀行業、保險業、信託投資業，經營本法營業人開立銷售憑證時限表特別規定欄所列非專屬本業之銷售額部分，得申請依照本章第一節規定計算營業稅額，並依第三十五條規定申報繳納。（第2項）依前項及第二十三條規定，申請依照本章第一節規定計算營業稅額者，經核准後三年內不得申請變更。」。

　　營業人依照上開二規定申請「按本章第一節規定計算營業稅額並依第35條規定申報繳納」者，依據本法施行細則第32條第1項規定：「營業人依本法第二十三條及第二十四條第一項規定申請改按本法第四章第一節規定計算稅額者，主管稽徵機關應於一個月內核定。該營業人應於主管稽徵機關指定變更課稅方式之月一日起，依照規定使用統一發票、設置帳簿，並依本法第三十五條規定按期自行申報納稅。」。因此，稽徵機關依職權裁量如決定准許，則即應先作成「使用統一發票」之核定，自不待言。

　　本法第24條第3項規定：「財政部得視小規模營業人之營業性質與能力，核定其依本章第一節規定計算營業稅額，並依第三十五條規定，申報繳納。」。按本條規定之立法理由謂：「五、小規模營業人中之照相業、中西藥業、書店及旅宿業等，多有使用統一發票及申報之能力，為擴大統一發票使用面，加強相互勾稽作用，爰於第4項（現為

第3項）規定由財政部斟酌實際情形，核定其按進銷差額為稅基申報納稅。」。按依據統一發票使用辦法第4條第1款規定，小規模營業人原係免用統一發票。然而依據本法第24條第3項之規定及其立法理由可知，財政部核定小規模營業人依本法本章第一節規定計算營業稅額，並依第35條規定申報繳納，自須指示主管稽徵機關在此前或同時「核定小規模營業人使用統一發票」。

本法第32條第1項第3項及第4項之規定：「（第1項）營業人銷售貨物或勞務，應依本法營業人開立銷售憑證時限表規定之時限，開立統一發票交付買受人。但營業性質特殊之營業人及小規模營業人，得掣發普通收據，免用統一發票。……（第3項）統一發票，由政府印製發售，或核定營業人自行印製；其格式、記載事項與使用辦法，由財政部定之。（第4項）主管稽徵機關，得核定營業人使用收銀機開立統一發票，或以收銀機收據代替逐筆開立統一發票；其辦法由財政部定之。」。

財政部依據本法第32條第3項及第4項之授權，制定「統一發票使用辦法」與「營業人使用收銀機辦法」；**依此二辦法之下述規定，稽徵機關應（或得）核定營業人使用統一發票：**

統一發票使用辦法第2條規定：「營業人使用統一發票，除本法已有規定者外，應依本辦法之規定。」；第3條規定：「營業人除依第四條規定免用統一發票者外，主管稽徵機關應核定其使用統一發票。」；第25條第1項規定：「營業人利用電子計算機製作進銷紀錄，按月列印進貨、銷貨及存貨清單，並置有專業會計人員者，得申請主管稽徵機關核准以電子計算機開立統一發票。……」。

營業人使用收銀機辦法第3條規定：「（第1項）營業人具備下列條件者，得向主管稽徵機關申請核定使用收銀機開立統一發票：一、依本法第四章第一節規定計算稅額者。二、經營零售業務者。三、銷售之貨物或勞務可編號並標示價格者。（第2項）主管稽徵機關，得視營業人之性質與能力，核定其使用收銀機開立統一發票。」。

茲就上開規定綜合說明解析如下：

1.**應（或得）核定使用統一發票之營業人：**

⑴稽徵機關應**主動核定**使用統一發票之營業人：

對於下述情形之營業人，稽徵機關應主動核定使用統一發票：

A.本法第24條第3項規定：「財政部得視小規模營業人之營業性質與能力，核定其依本章第一節規定計算營業稅額，並依第三十五條規定，申報繳納。」，如上所述，在此情形，主管稽徵機關應主動核定小規模營業人使用統一發票。

B.統一發票使用辦法第3條規定：「營業人除依第四條規定免用統一發票者外，主管稽徵機關應核定其使用統一發票。」，此一規定係採「負面表列」方式，即**凡營業人不在統一發票使用辦法第4條規定「免用統一發票之營業人範圍」**者，主管稽徵機關即應主動核定其使用統一發票。

關於免用統一發票之營業人範圍，詳見下面㈣及㈤所述。

C.營業人使用收銀機辦法第3條第2項規定：「主管稽徵機關，得視營業人之性質與能力，核定其使用收銀機開立統一發票。」，此亦係主管稽徵機關主動核定。通常係核定使用政府機關印製及發售之收銀機統一發票。

核定應使用之統一發票種類如下（參見統一發票使用辦法第7條第1項第1款至第4款）：

(A)三聯式統一發票：專供營業人銷售貨物或勞務予營業人，並依本法第四章第一節規定計算稅額（即加值型營業稅之稅額）時使用。

(B)二聯式統一發票：專供營業人銷售貨物或勞務予非營業人，並依本法第四章第一節規定計算稅額（即加值型營業稅之稅額）時使用。

(C)特種統一發票：專供營業人銷售貨物或勞務，並依本法第四章第二節規定計算稅額（即非加值型營業稅之稅額）時使用。

(D)收銀機統一發票：專供依本法第四章第一節規定計算稅額（即加值型營業稅之稅額）之營業人，銷售貨物或勞務時使用。

上開種類統一發票均是由政府印製及發售（實際上係財政部印刷廠印製及發售，參見統一發票使用辦法第31條），營業人憑稽徵機關核發之**「統一發票購買證」**逐期（1個月或1個月）購買

(2)稽徵機關**依申請而核准或核定**使用統一發票之營業人：

對於下述情形之營業人，稽徵機關依申請而核准或核定使用統一發票：

A.原係查定課徵之營業人，得申請按本章第一節規定計算營業稅額並依第35條規定申報繳納。解釋上，稽徵機關有核准與否之裁量權。稽徵機關應依職權裁量如決定准許，則即應先作成「使用統一發票」之核定。

B.銀行業、保險業、信託投資業，經營本法營業人開立銷售憑證時限表特別規定欄所列非專屬本業之銷售額部分，得申請依照本章第一節規定計算營業稅額，並依第35條規定申報繳納。解釋上，稽徵機關有核准與否之裁量權。稽徵機關應依職權裁量如決定准許，則即應先作成「使用統一發票」之核定。

C.營業人符合統一發票使用辦法第25條第1項規定之條件者，得申請主管稽徵機關核准以電子計算機開立統一發票。解釋上，稽徵機關有核准與否之裁量權。

核定應使用之統一發票種類係電子計算機統一發票，專供營業人銷售貨物或勞務，並依本法第四章第一節規定計算稅額（即加值型營業稅之稅額）時使用（參見統一發票使用辦法第7條第1項第5款）。

D.營業人符合營業人使用收銀機辦法第3條規定之條件者，得向主管稽徵機關申請核定使用收銀機開立統一發票。解釋上，稽徵機關有核准與否之裁量權。。通常係核定營業人自行印製之收銀機統一發票（參見統一發票使用辦法第31條）。

核定應使用之統一發票種類係收銀機統一發票，專供營業人銷售貨物或勞務，並依本法第四章第一節規定計算稅額（即加值型營業稅之稅額）時使用（參見統一發票使用

辦法第7條第1項第4款）。

　　2.使用統一發票義務發生之要件暨義務履行期限：

　　⑴**使用統一發票義務之發生**，其**要件**係營業人「經稽徵機關依法核定應使用統一發票」。

　　本法施行細則第32條第1項規定：「營業人依本法第二十三條及第二十四條第一項規定申請改按本法第四章第一節規定計算稅額者，主管稽徵機關應於一個月內核定。該營業人應於主管稽徵機關指定變更課稅方式之月一日起，依照規定使用統一發票、⋯⋯。」，依此一規定核定使用統一發票，自應解為「**於主管稽徵機關指定變更課稅方式之月1日起使用統一發票**」。

　　營業人如係新設立者，本法與統一發票使用辦法均無稽徵機關應於「何時」核定營業人應使用統一發票之明文。稽徵實務上，稽徵機關均係於核准營業人營業登記（即開業之設立登記）後，核定營業人應使用統一發票；解釋上，營業登記應包括「設籍課稅」。在此情形，應解為「**於核准營業登記後指定使用統一發票之日**」。

　　上述以外其他稽徵機關核定或核准使用統一發票之情形，本法及本法施行細則均無稽徵機關應於「何時」核定營業人應使用統一發票之明文。解釋上，似應類推適用本法施行細則第32條第1項規定，**均係「於主管稽徵機關指定變更課稅方式之月一日起使用統一發票」**，蓋其便於營業稅課稅期間之起算之故。

　　綜上所述，既然營業人使用統一發票之義務，係因稽徵機關之核定而發生，是則義務之**履行期限**應係「稽徵機關核定時，指定開始使用統一發票之日」，而視情況其或為「於核准營業登記後指定之日」或「於主管稽徵機關指定變更課稅方式之月1日」。

　　為確定使用統一發票義務之履行期限，必須先確定稽徵機關指定期限終了之日期。

　　⑵本法施行細則第51條規定：「本法⋯⋯第四十七條⋯⋯規定限期改正或補辦事項，其期限不得超過通知送達之次日起十五日。」，因此，補辦使用統一發票義務之**履行期限**係「稽徵機關補辦通知送達之次日起第15日」，所稱送達，當然係指合法送達而言。

　　為確定補辦使用統一發票義務之履行期限，必須先確定主管稽徵機關補辦通知之送達日期。

　　㈢**不使用發票違序之構成要件該當行為成立時日：**

　　1.使用統一發票義務之履行期限，係「稽徵機關核定時，指定開始使用統一發票之日」。因此，營業人在「該指定之日」仍未向稽徵機關辦理使用統一發票之有關手續，而其不作為係出於故意或過失者，**其行為即具有構成要件該當性，而屬「不使用發票之初次違序」之構成要件該當行為**。

　　2.補辦使用統一發票手續義務之履行期限，係「稽徵機關補辦通知送達之次日起第15日」。因此，營業人在「補辦通知送達之次日起第15日」仍未補辦使用統一發票之有

關手續，其不作為係出於故意或過失者，**其行為即具有構成要件該當性，而屬「不使用發票之連續違序」之構成要件該當行為**。

(四)統一發票使用辦法第4條規定：「合於下列規定之一者，得免用或免開統一發票。……」，故其三十三款規定實包含「得免用統一發票」與「得免開統一發票」兩類。所謂**「得免用統一發票」**，應包括「得核定全部銷售額免用統一發票」與「得核定各款規定之特定種類銷售額免用統一發票」兩種情形。所謂**「得免開統一發票」**應係指「使用統一發票之營業人，就各款規定之特定種類銷售額得免予開立統一發票」而言。然而三十三款規定中各款究竟係三種情形中之何種情形，並非清晰。

以下就三十三款規定，嘗試予以區分（括號中係統一發票使用辦法第4條之款次）：

1.得核定全部銷售額免用統一發票之營業人如下。**經核定免用統一發票之營業人自無使用統一發票之義務。**

(1)小規模營業人（第1款）。
(2)計程車業（第2款）。
(3)依法設立之免稅商店（第3款）。
(4)職業學校不對外營業之實習商店（第8款）。
(5)監獄工廠及其作業成品售賣所（第10款）。
(6)經核准登記之攤販（第12款）。
(7)理髮業及沐浴業（第14款）。
(8)按查定課徵之特種飲食業（第15款）。
(9)銀行業（第22款）。
(10)保險業（第23款）。
(11)信託投資業、證券業及短期票券業（第24款）。
(12)農產品批發市場之承銷人（第31款）。
(13)其他經財政部核定免者（第33款）。

另外，統一發票使用辦法第4條第19款「各級政府發行之債券及依法應課徵證券交易稅之證券」，第20款「各級政府機關標售賸餘或廢棄之物資」及第21款「法院、海關及其他機關拍賣沒入或查封之財產、貨物或抵押品」三者，各級政府機關、法院與海關，原本即是非以營利為目的之組織，縱然有銷售貨物或勞務，在稽徵實務上，亦不要求其使用統一發票（參見財政部75.9.30台財稅第7535812號函）。

2.得核定各款規定之特定種類銷售額免用統一發票之營業人如下。此種情形即該營業人**「經營本業之銷售額」**得核定免用（或免開）統一發票，至於**「非經營本業之銷售額」**，仍應核定使用統一發票（參見下面(五)之行政解釋）。**經核定經營本業之銷售額免用統一發票之營業人，就該部分銷售額自無使用統一發票之義務。**

(1)醫院、診所、療養院提供之醫療勞務、藥品、病房之住宿及膳食（第5款）。

　　⑵托兒所、養老院、殘障福利機構提供之育養勞務（第6款）。

　　⑶學校、幼稚園及其他教育文化機構提供之教育勞務，及政府委託代辦之文化勞務（第7款）。

　　⑷政府機關、公營事業及社會團體依有關法令組設經營，不對外營業之員工福利機構（第9款）。

　　⑸郵政、電信機關依法經營之業務及政府核定代辦之業務，政府專賣事業銷售之專賣品（第11款）。

　　⑹公用事業（第13款）。

　　⑺依法登記之報社、雜誌社、通訊社、電視臺及廣播電臺銷售其本事業之報紙、出版品、通訊稿、廣告、節目播映、節目播出（第16款）。

　　⑻合作社、農會、漁會、工會、商業會、工業會依法經營銷售與社員、會員之貨物或勞務及政府委託其代辦之業務（第18款）。

　　⑼典當業之利息收入及典物孳生之租金（第25款）。

　　⑽娛樂業之門票收入、說書場、遊藝場、撞球場、桌球場、釣魚場及兒童樂園等收入（第26款）。

　　⑾外國國際運輸事業在中華民國境內無固定營業場所，而由代理人收取自國外載運客貨進入中華民國境內之運費收入（第27款）。

　　⑿經主管機關核准設立之學術、科技研究機構提供之研究勞務（第30款）。

　　3.使用統一發票之營業人，就各款規定之特定種類銷售額得免予開立統一發票者：

　　⑴營業人取得之賠償收入（第28款）。

　　⑵營業人外銷貨物、與外銷有關之勞務或在國內提供而在國外使用之勞務（第32款）。

　　另外，依法組織之慈善救濟事業原本即是非以營利為目的之組織，在稽徵實務上，其銷售貨物或勞務以外之收入（伽會費收入、捐贈收入等），免用統一發票，而銷售貨物或勞務之銷售額，仍應核定使用統一發票。是以統一發票使用辦法第4條第29款規定之「標售或義賣之貨物與舉辦之義演，其收入除支付標售、義賣及義演之必要費用外，全部供作該事業本身之用者」，性質上應屬「免開統一發票」。

　　最後，統一發票使用辦法第4條第29款規定之「供應之農田灌溉用水」，未明定供應用水之「主體」，無從說明，故存而不論。

　　㈤有關核定使用或免用、免開統一發票之行政解釋，摘要引述如下：

　　1.貨物稅廠商不論規模大小，應一律使用統一發票（財政部74.4.20台財稅第14748號函）。

　　2.瓦斯業收取之瓦斯設計費等，依據統一發票使用辦法第4條第13款規定得免用統一發票（財政部賦稅署75.43台稅二發第7521799號函）。

　　3.職工福利社兼營場所出租，應使用統一發票（財政部賦稅署75./5.30台稅二發第7524567號函）。

　　4.信用卡公司得免用或免開統一發票（財政部91.1.25台財稅字第900458045號令）。

　　5.期貨業得免用統一發票（財政部88.7.15台財稅第881925796號函）。

　　6.高爾夫球場採擊球券或娛樂票券方式收取入場費，屬統一發票使用辦法第4條第26款所稱娛樂業之門票收入，得免開立發票（財政部85.3.27台財稅第851899669號函）。

　　7.機票所含免費運送行李及額外收取之超重行李票收入，可視為旅客機票之一部分，屬交通運輸事業客票收入，依統一發票使用辦法第4條第2款規定，得免開立統一發票（財政部91.8.2台財稅字第910454632號令）。

　　8.酒品產製廠商不論銷售額是否達使用統一發票標準，仍應領用統一發票（財政部96.8.22台財稅第9604538800號函）。

　　(六)營業人使用收銀機辦法第10條規定：「營業人具備下列條件者，得向主管稽徵機關申請核定使用收銀機開立收據代替逐筆開立統一發票：一、股份有限公司組織且會計制度健全者。二、經營零售業務者。三、銷售之貨物或勞務可編號並標示價格者。」。

　　倘如稽徵機關依申請而核定後，營業人竟不使用（惟殊難想像有此情形），應不構成本條第1款規定之不使用發票違序；蓋其核定者係「使用收銀機開立收據」，並非核定使用統一發票。惟在此情形，稽徵機關或應改為主動核定使用統一發票。

三、主觀構成要件

　　(一)關於獨資商號之營業人與其他組織型態之營業人，其不使用發票違序之行為是否出於故意或過失，稽徵機關應以何人之行為審究之，上面本章第一目、壹、三、(二)所述亦適用於此一違序。

　　(二)對於本條第1款規定之不使用發票違序，依行政罰法第7條第1項規定，應以營業人有「故意或過失」而致不使用統一發票，方得加以處罰。

　　營業人使用統一發票之義務，係由於稽徵機關之核定（行政處分）而發生。稽徵機關核定使用統一發票，本法及有關法規並無以書面作成核定之規定；惟在稽徵實務上，通常係以書面作成核定，通知營業人。如營業人確實未接獲核定之通知，自不能責以故意或過失之主觀責任。如營業人已接獲核定之通知，其不使用發票違序之行為，稽徵機關自應查明其行為是否出於故意或過失。

四、法律效果

　　(一)對營業人不使用發票之**初次違序**，處3,000元以上30,000元以下（國幣1,000元以

上10,000元以下）**罰鍰**。

　　稽徵機關在「3,000元以上30,000元以下」範圍內，有罰鍰金額之裁量權。

　　財政部84.8.26台財稅第841644352號函：「關於貴轄營業人××醬園經核定使用統一發票後，在未領用前申請停業，其停業期間經查獲仍繼續營業乙案，同意依本部82/08/04台財稅第821493201號函釋規定，按稅率百分之五計算銷項稅額。」。營業人是否依本條規定處罰，此一釋函未有說明。按本函引用之82.8.4台財稅第821493201號函末段有「補徵稅款，並依營業稅法第四十七條之規定予以處罰」之釋示。是以營業人之行為，可論為拒絕使用統一發票，而依本條第1款規定處罰。

　　㈡對營業人不使用發票之**連續違序，得連續處罰**。此一連續處罰之規定，並無處罰次數之限制。解釋上，此一連續處罰應類推適用本法第46條「得連續處罰至補辦為止」之規定，否則即不符「比例原則」。

　　稽徵機關對於連續處罰，有「處罰與否」之裁量權。稽徵機關依裁量而決定予以處罰時，關於連續處罰之如何實施，本條未有明文。參照「稅務違章案件裁罰金額或倍數參考表」中關於本條裁罰金額之規定，通知限期補辦營業登記一次而逾期未補辦者，即得處罰一次；又連續處罰之每次處罰種類及內容，應仍是「3,000元以上30,000元以下罰鍰」；而在「3,000元以上30,000元以下」範圍內，稽徵機關有罰鍰金額之裁量權。

　　惟稽徵機關對本條連續處罰罰鍰金額之裁量權，實際上受限於財政部訂定之「稅務違章案件裁罰金額或倍數參考表」中關於本條裁罰金額統一裁量之規定，其規定如下：

　　1.第一次通知未依限補辦者：處3,000元罰鍰。

　　2.第二次通知未依限補辦者：處9,000元罰鍰。

　　3.第三次以及以後再通知未依限補辦者：每次處30,000元罰鍰。

　　㈢營業人**有上面㈠、㈡之違序者，除處以罰鍰外，並得同時裁處停止營業之處罰**；蓋罰鍰與停止營業係不同種類之處罰，可以併罰（參見行政罰法第24條第2項前段）。

　　稽徵機關對於停止營業，有「處罰與否」之裁量權。

　　本法第53條規定：「（第1項）主管稽徵機關，依本法規定，為停止營業處分時，應訂定期限，最長不得超過六個月。但停業期限屆滿後，該受處分之營業人，對於應履行之義務仍不履行者，得繼續處分至履行義務時為止。（第2項）前項停止營業之處分，由警察機關協助執行，並於執行前通知營業人之主管機關。」。

　　財政部訂定「稽徵機關辦理營業人違反營業稅法停止營業處分作業要點」，其訂定目的係「使稽徵機關對違法之營業人，依法執行停止營業處分之處理一致」。營業人不使用發票違序之行為，其**處以停止營業之標準**係：經稽徵機關核定應使用統一發票而不使用，經二次通知限期改正或補辦，逾期仍未改正或補辦者（要點四、㈠）。

　　有關停止營業作業之要點如下：

　　1.應經稽徵機關裁量：依營業稅法規定得停止營業處分之案件，於經稽徵機關審理

後，認有停止營業處分之必要者，依本要點之規定辦理（要點三）。

　2.裁罰前之通知：稽徵機關於依要點四、㈠之標準核定停止營業處分前，應將營業人已符合上開停止營業處分標準之事實通知營業人，並限於十日內就要點四、㈠改正或補辦者，始得核定停業處分。

　3.停止營業之期限：

　⑴營業人於一年內第一次受停止營業之處分者，其期限爲7日至14日；第二次爲停止營業之處分者，其期限爲14日至18日；第三次以後爲停止營業之處分者，其期限爲2個月以上，最長不得超過6個月。

　惟財政部臺北市國稅局訂定之「辦理營業人違反加值型及非加值型營業稅法停止營業處分注意事項」一、則規定：「停止營業之期限為：營業人於一年內第一次受停止營業處分者，其期限為10日；第二次為停止營業之處分者，其期限為20日，第三次以後為停止營業之處分者，其期限為4個月。」。

　⑵營業人於一年內受停止營業處分達三次以上者，次年再爲停止營業處分，不受前項規定之限制，其期限爲3個月以上，但最長仍不得超過6個月。

　⑶前開⑴、⑵各項所訂停止營業期限屆滿後，受處分人對於應履行之義務仍不履行者，得繼續處分至履行義務時爲止。

　⑷所稱一年爲每年1月1日起至12月31日止。

　4.停止營業處分後，如營業人已改正或補辦，則免予執行停業，其已開始執行停業者，應即停止執行。

五、免予處罰之例外規定暨其評析

　　財政部78.4.7台財稅第780079908號函：「二、營業人申請營業登記，經核定應使用統一發票後，如確無銷售貨物與勞務之情事，尚無須使用統一發票，雖未於限期內領用統一發票購票證購買統一發票及申報統一發票明細表，應免依營業稅法第47條第1款『核定應使用統一發票而不使用者』之規定處罰。」。

　　此一釋函雖對營業人有利，惟在租稅行政罰之法理上，並非妥適。蓋本條第1款規定之處罰，性質係**行為罰**，其處罰不以其違序行爲發生任何結果爲要件。然而此一釋函以「確無銷售貨物與勞務之情事」爲由而予免罰，等於未使用統一發票之處罰是以「有銷售貨物與勞務之發生」爲要件，與行爲罰之法理有悖。

　　此外，釋函中謂「無銷售貨物與勞務之情事，尚無須使用統一發票」，亦欠妥適；蓋既已核定使用統一發票，何能再准許「無須使用統一發票」，豈非稽徵機關自我否定先前之核定（行政處分）。其實在此情形，應是「無銷售貨物與勞務之情事，無須開立統一發票」，亦即營業人仍應使用（實即「購買」）統一發票，而因無銷售貨物與勞務之情事，故而無須開立統一發票。釋函中將「使用」（實即「購買」）與「開立」統一發票混爲一談，有概念不清之疵。

貳、轉用發票違序與其處罰

納稅義務人將統一發票轉供他人使用者，構成**轉用發票之初次違序**，除通知限期改正或補辦外，處3,000元以上30,000元以下（國幣1,000元以上10,000元以下）罰鍰；逾期仍未改正或補辦，構成**轉用發票之連續違序**，得連續處罰，並得停止其營業（本法第47條第2款）。

一、受罰人

本法第47條（以下稱**「本條」**）第2款規定處罰之受罰人為「納稅義務人」，其實應僅係「**本法第2條第1款規定之納稅義務人**」，亦即本法第6條規定之「**營業人**」而已，詳見上面本目、壹、一、之說明。**以下即直接以「營業人」取代「本法第2條第1款規定之納稅義務人」。**

關於受罰人之認定，詳見上面本章第一目、壹、一、㈠之說明解析。

關於營業人之概念，詳見上面本章第一目、壹、一、㈡及㈢之說明解析。

二、客觀構成要件

㈠本條第2款規定之處罰包括「初次處罰」與「連續處罰」，故其處罰之構成要件亦有「**初次違序**」與「**連續違序**」之分。其違序之行為如下：

1.將本身使用之統一發票，轉供他人使用，成立**「轉用發票之初次違序」**。

茲說明如下：

⑴營業人之統一發票，係向政府購買（參見本法第32條第3項，統一發票辦法第5條第1項及第31條，營業人使用收銀機辦法第9條第2項），或經申請核准後自行以電腦開立（參見統一發票辦法第5條第1項），或經申請核准後自行印製（參見稽徵機關辦理營業人自行印製收銀機統一發票注意事項二、）。因此，本條第2款規定之「**統一發票**」，應包括「**向政府購買、自行以電腦開立與自行印製**」之統一發票。

⑵所謂統一發票「轉供使用」，應係指「**轉供他人開立**」。

⑶本法及統一發票使用辦法並無「營業人不得將領用之統一發票轉供他人使用」之明文，故營業人「不得將統一發票轉供他人使用」，應以本條第2款規定為其法律依據。

為符合「**法律明確性原則**」，實應於法規命令性質之統一發票使用辦法中，增訂「營業人不得將購買、自行印製等之統一發票轉供他人使用」之明文，以臻明確，俾可杜絕疑義。

為獲得清晰之了解，本條第2款條文可試拆解如下：「納稅義務人領用或依規定自行印製之統一發票，不得轉供他人使用。如有將統一發票轉供他人使用者，除通知限期改正或補辦外，處一千元以上一萬元以下罰鍰；逾期仍未改正或補辦者，得連續處

罰，並得停止其營業」。前段明示其「不將統一發票轉供他人使用之義務」，中段明示「初次違序行為暨其處罰」，後段明示「連續違序行為暨其處罰」。

⑷營業人所用之統一發票來源不同，**轉用發票違序之行為型態**亦隨之而有異，說明如下：

　　A.**向政府購買之統一發票**，其轉用發票違序之行為型態係「**在開立之統一發票上，加蓋其他營業人之統一發票專用章**」（統一發票專用章內有營業人之名稱、地址及統一編號等）。

　　收銀機統一發票係向政府購買者，如開立時可列印營業人之名稱、地址及統一編號者，免加蓋統一發票專用章（參見營業人使用收銀機辦法第6條第3項）。如開立收銀機統一發票時可列印營業人之名稱、地址及統一編號者，由於其係收銀機預先設定此一功能，因此似無「在開立之收銀機統一發票上，列印其他營業人之名稱、地址及統一編號」之可能。惟如收銀機並無列印營業人之名稱、地址及統一編號之功能者，則開立之收銀機統一發票須加蓋統一發票專用章，因此，仍有將收銀機統一發票轉交其他營業人使用（開立）（即「**在開立之收銀機統一發票上，加蓋其他營業人之統一發票專用章**」）之可能，稽徵機關應在具體個案中，調查認定。

　　B.**經申請核准後自行以電腦開立統一發票**：營業人開立時，係逐張以電腦列印統一發票。由於統一發票上均係是預先印就統一發票專用章，開立時無須加蓋統一發票專用章；因此，應無「在開立之電腦統一發票上，加蓋其他營業人之統一發票專用章」之可能。惟仍有將空白電腦統一發票轉交其他營業人使用（開立）之可能，而其時統一發票上仍顯示（將之轉交他人使用之）營業人之名稱與統一發票專用章，外觀上無法看出電腦統一發票業經轉用。在此情形，稽徵機關應在具體個案中，細心調查認定。

　　C.**經申請核准後自行印製收銀機統一發票**：此類統一發票上均係是預先印就營業人之名稱、地址及統一編號（惟並不預先印就統一發票專用章），開立時無須加蓋統一發票專用章；因此，應無「在開立之收銀機統一發票上，加蓋其他營業人之統一發票專用章」之可能。惟仍有將空白收銀機統一發票轉交其他營業人使用（開立）之可能，而其時統一發票上仍顯示（將之轉交他人使用之）營業人之名稱、地址及統一編號，外觀上無法看出收銀機統一發票業經轉用。在此情形，稽徵機關應在具體個案中，細心調查認定。

⑸不使用發票之初次違序之成立，必須違序之行為具有「**構成要件該當性**」；違序之行為在何一時日方成為「**構成要件該當行為**」，自應予以審究。

　　關於轉用發票之初次違序之構成要件該當行為成立時日，於下面㈢、1、說明。

　2.營業人有上面1、所述違序，經主管稽徵機關通知限期改正者，逾期仍未改正，成立「**轉用發票之連續違序**」。

　　茲說明如下：

⑴所謂「**改正**」，應包括「將轉用之統一發票內容予以更正」，以及「停止將統一

發票轉用」二者。

　　⑵依據稽徵機關依法所作「通知改正統一發票內容」之行政處分，營業人負有改正統一發票內容之義務。

　　本條規定「得連續處罰」，因此，在營業人未改正違序行為前，稽徵機關得連續通知改正，次數不限。

　　⑶不使用發票之連續違序之成立，必須違序之行為具有「**構成要件該當性**」；違序之行為在何一時日方成為「**構成要件該當行為**」，自應予以審究。

　　關於轉用發票之連續違序之構成要件該當行為成立時日，於下面㈢、2、說明。

　　本法及統一發票使用辦法並無「營業人不得將領用之統一發票轉供他人使用」之明文，故營業人「不將統一發票轉供他人使用之義務」，應以本條第2款規定為其法律依據。申言之，本條第2款條文可展開改寫如下，俾獲得清晰之了解：「納稅義務人領用或依規定核准自行印製之統一發票，不得轉供他人使用。如有將統一發票轉供他人使用者，除通知限期改正或補辦外，處1,000元以上10,000元以下罰鍰；逾期仍未改正或補辦者，得連續處罰，並得停止其營業」。前段明示其「不將統一發票轉供他人使用之義務」，中段明示「初次違序行為暨其處罰」，後段明示「連續違序行為暨其處罰」。

　　㈡不將統一發票轉供他人使用義務發生之要件暨義務履行期限：

　　1.營業人之統一發票係每2個月為一期（或1個月為一期）購買一次（此係配合本法第35條規定每二個月或一個月自動申報銷售額一次之故），依指定使用之月分而使用。其係自行印製或自行以電腦開立統一發票者，亦須區分使用之月分而使用或開立（參見統一發票辦法第21條）。因此，在解釋上，每期（2個月或1個月）開始，營業人即發生**不將統一發票轉供他人使用之義務**；是以其義務發生之**要件**係：⑴營業人「購買統一發票」及「每期開始」（營業人之統一發票向政府購買使用者），⑵「每期開始」（營業人之統一發票自行印製或自行以電腦開立者）。此一義務係「**不作為義務**」。

　　至於不將統一發票轉供他人使用義務之履行期限，本法並無明文。由於營業人每期（2個月或1個月）購買、印製統一發票一次，開立統一發票必須依時序開立，並須載明日期，而至次期15日前，必須將當期使用或開立之統一發票內容，填製統一發票明細表，向該管稽徵機關申報，未使用或開立之統一發票亦須同時申報核銷（參見本法第35條第3項，統一發票使用辦法第8條、第9條及第23條第1項）。因此，在事理上，營業人不將統一發票轉供他人使用義務之**履行期限，應認係次期15日**。

　　為確定不將統一發票轉供他人使用義務之履行時限，必須先確定轉用之統一發票使用之月分。

　　2.本法施行細則第51條規定：「本法……第四十七條……規定限期改正或補辦事項，其期限不得超過通知送達之次日起十五日。」，因此，**改正統一發票內容義務之發生**，其**要件**係主管稽徵機關之改正通知業已送達。**義務履行時限**係「稽徵機關改正通知送達之次日起第15日」，所稱送達，當然係指合法送達而言。

　　為確定改正統一發票內容義務之履行期限，必須先確定主管稽徵機關改正通知之送達日期。

　　至於「停止將統一發票轉用」之改正義務，係**「不作為義務」**，通常並無義務履行期限。當然稽徵機關仍可訂定不作為義務之履行期限，是則有必要在履行期限前，檢查營業人是否仍有「違序之繼續作為」（即「繼續轉用統一發票」之行為）。

　　(三)**轉用發票違序之構成要件該當行為成立時日：**

　　1.由於統一發票轉用無非是用來開立，而開立統一發票應載明日期，是以即應以該日為違序之作為日。從而在開立發票日有轉用統一發票之行為，而其作為係出於故意或過失者，**其行為即具有構成要件該當性，而屬「轉用發票之初次違序」之構成要件該當行為。**

　　倘如轉用之統一發票並未載明開立日期，則應以不將統一發票轉供他人使用義務之履行期限（即次期15日），認定為違序之作為日。從而轉用統一發票之行為在次期15日成為**「構成要件該當行為」**。

　　2.改正統一發票內容義務之履行期限，係「稽徵機關改正通知送達之次日起第15日」。因此，營業人在「改正通知送達之次日起第15日」仍未改正統一發票內容，其不作為係出於故意或過失者，**其行為即具有構成要件該當性，而屬「轉用發票之連續違序」之構成要件該當行為。**

　　如稽徵機關之通知，同時訂有停止將統一發票轉用義務之履行期限，而營業人仍有繼續轉用統一發票之行為者，其轉用發票違序之構成要件該當行為成立時日，依上面1、2之說明認定之。

三、主觀構成要件

　　(一)關於獨資商號之營業人與其他組織型態之營業人，其轉用發票違序之行為是否出於故意或過失，稽徵機關應以何人之行為審究之，上面本章第一目、壹、三、(二)所述亦適用於此一違序。

　　(二)對於本條第2款規定之轉用發票違序，依行政罰法第7條第1項規定，應以營業人有「故意或過失」而致轉用發票，方得加以處罰。

　　不論是政府印製發售之統一發票、營業人自行印製或以電腦列印之統一發票，每張統一發票均有編號，其編號則由政府登錄管制，並紀錄購買人或印製人。是以在事理上，營業人故意將所購買、自行印製或以電腦列印之統一發票轉給其他營業人使用之可能性甚低；蓋營業人均了解政府對於所有統一發票均有登錄管制，難以想像營業人故意轉用。因此，通常而言，轉用發票違序之行為出於過失所致之可能性甚高。

四、法律效果

　　(一)對營業人轉用發票之**初次違序**，處3,000元以上30,000元以下（國幣1,000元以上

10,000元以下）**罰鍰**。

　　稽徵機關在「3,000元以上30,000元以下」範圍內，有罰鍰金額之裁量權。

　　㈡對營業人轉用發票之**連續違序，得連續處罰**。此一連續處罰之規定，並無處罰次數之限制。解釋上，此一連續處罰應類推適用本法第46條「得連續處罰至補辦為止」之規定，否則即不符「比例原則」。

　　稽徵機關對於連續處罰，有「處罰與否」之裁量權。稽徵機關依裁量而決定予以處罰時，關於連續處罰之如何實施，本條未有明文。解釋上，通知限期改正一次而逾期未補辦者，即得處罰一次；又連續處罰之每次處罰種類及內容，應仍是「3,000元以上30,000元以下罰鍰」；而在「3,000元以上30,000元以下」範圍內，稽徵機關有罰鍰金額之裁量權。

　　惟稽徵機關對本條連續處罰罰鍰金額之裁量權，實際上受限於財政部訂定之「稅務違章案件裁罰金額或倍數參考表」中關於本條裁罰金額統一裁量之規定，其規定如下：

　　1.查獲前報備者：處3,000元罰鍰。

　　此一3,000元罰鍰係已經過裁量後所決定者，故不得再依行政罰法第19條第1項3,000元以下罰鍰職權不處罰之規定而予免罰。

　　2.查獲前報備以外之情形：處6,000元罰鍰。

　　㈢營業人**有上面㈠、㈡之違序者，除處以罰鍰外，並得同時裁處停止營業之處罰**；蓋罰鍰與停止營業係不同種類之處罰，可以併罰（參見行政罰法第24條第2項前段）。

　　惟對於本條三款規定之停止營業，財政部訂定之「稽徵機關辦理營業人違反營業稅法停止營業處分作業要點」，其要點四、「停止營業之標準」僅列入本條第1款（核定應使用統一發票而不使用）及第3款（拒絕接受營業稅繳款書）而已；至於本條第2款（將統一發票轉供他人使用）則未列入；因此，宜認為係有意排除。**從而對於本條第2款規定之停止營業，稽徵機關原有之「處罰與否」之裁量權，受稽徵機關辦理營業人違反營業稅法停止營業處分作業要點四、之限制，不得行使。**

參、發票未記載、記載不實違序與其處罰

　　營業人開立統一發票，應行記載事項未依規定記載或所載不實，構成**發票未記載、記載不實之初次違序**，除通知限期改正或補辦外，按統一發票所載銷售額，處1%罰鍰，其金額最低不得少於1,500元（國幣500元），最高不得超過15,000元（國幣5,000元）。經主管稽徵機關通知補正而未補正或補正後仍不實，構成**發票未記載、記載不實之連續違序**，連續處罰之。未依規定記載事項為買受人名稱、地址或統一編號者，其連續處罰部分之罰鍰為統一發票所載銷售額之2%，其金額最低不得少於3,000元（國幣1,000元），最高不得超過30,000元（國幣10,000元）（本法第48條）。

一、受罰人

本法第48條（以下稱「**本條**」）規定之處罰，其受罰人係「營業人」。

財政部83.10.19台財稅第831616032號函：「關於經核准自行印製二聯式收銀機統一發票之營業人，開立統一發票應行記載事項未依規定記載或所載不實者，應如何依營業稅法第48條規定處罰乙案，應以其實際開立發票之總機構或其他固定營業場所為違章主體分別處罰。」。

關於受罰人之認定，詳見上面本章第一目、壹、一、㈠之說明解析。

關於營業人之概念，詳見上面本章第一目、壹、一、㈡及㈢之說明解析。

二、客觀構成要件

㈠本條規定之違序行為，係「開立統一發票，應行記載事項未依規定記載或所載不實」，故其包括二種違序行為，一是「**發票未記載之初次違序**」，二是「**發票記載不實之初次違序**」，合稱「**發票未記載、記載不實違序**」。

本條規定之處罰包括「初次處罰」與「連續處罰」，故其處罰之構成要件亦有「**初次違序**」與「**連續違序**」之分。其違序之行為如下：

1.**初次違序**係指下列行為之一：

⑴開立統一發票未依規定記載應載事項，成立「**發票未記載之初次違序**」。

茲說明如下：

A.營業人開立統一發票應依規定記載應載事項，其前提自係「營業人經稽徵機關核定使用統一發票」（應使用統一發票之營業人，其範圍詳見上面本目、壹、一、以及二、㈡、2、與㈣、㈤之說明）。

營業人開立統一發票依規定記載應載事項之義務，其主要法律依據係本法第32條第項，另外，法規命令之統一發票使用辦法之有關規定，亦是規範依據。

關於開立統一發票依規定記載應載事項義務之內容，詳見下面㈡及㈢之說明解析。

B.營業人開立統一發票應依規定記載之事項，雖然包括「銷售額之記載」（參見下面㈡、2、所述），惟發票未記載、記載不實違序之行為，並不包括「未記載銷售額」或「銷售額記載不實」之行為；蓋未記載銷售額等於未開立統一發票，而如係短載銷售額之不實，等於短開統一發票，其行為另外構成本法第52條與稅捐稽徵法第44條規定之「未給予憑證違序」。如係溢載銷售額之不實，則並無違序可言。

C.發票未記載之初次違序之成立，必須違序之行為具有「**構成要件該當性**」；違序之行為在何一時日方成為「**構成要件該當行為**」，自應予以審究。

關於發票未記載之初次違序之構成要件該當行為成立時日，於下面㈣、1、說明。

⑵開立統一發票應行記載事項，所載不實，成立「**發票記載不實之初次違序**」。

茲說明如下：

A.營業人開立統一發票應按實記載應載事項，其前提自係「營業人經稽徵機關核定使用統一發票」（應使用統一發票之營業人，其範圍詳見上面本目、壹、一、以及二、(二)、2、與(四)、(五)之說明）。

本法及統一發票使用辦法並無「營業人開立統一發票，應按實記載應載事項」之明文。惟本法第32條規定營業人銷售貨物或勞務應開立統一發票，統一發票使用辦法並詳細規定開立統一發票應載事項（詳見下面(二)之說明），**在規範意旨上，應涵蘊「應按實記載應載事項」之要求在內**。復且本條條文規定「營業人開立統一發票所載事項不實，處以罰鍰」，**在規範意旨上，亦應涵蘊「應按實記載應載事項」之要求在內**。是以依本法第32條第3項與本條規定之規範意旨，營業人有「**開立統一發票按實記載應載事項之義務**」，尚無疑義。

為符合「**法律明確性原則**」，本法第32條第1項、第2項條文中之「開立統一發票」，應增加「按實」二字（增加後成為「按實開立統一發票」），以臻明確，俾可杜絕疑義。

為獲得清晰之了解，本條第1項條文可試拆解如下：「營業人開立統一發票，應按實記載應載事項，其應行記載事項未依規定記載或所載不實者，除通知限期改正或補辦外，按統一發票所載銷售額，處百分之一罰鍰，其金額最低不得少於500元，最高不得超過5,000元。經主管稽徵機關通知補正而未補正或補正後仍不實者，連續處罰之。」。前段明示其「按實記載應載事項之義務」，中段明示「初次違序與其處罰」，後段明示「連續違序與其處罰」。

B.發票記載不實之初次違序之成立，必須違序之行為具有「**構成要件該當性**」；違序之行為在何一時日方成為「**構成要件該當行為**」，自應予以審究。

關於發票記載不實之初次違序之構成要件該當行為成立時日，於下面(四)說明。

C.司法院大法官會議釋字第252號解釋（79.2.16）略以：「營業稅法第四十八條有關「營業人開立統一發票應行記載事項未依規定或所載不實」之規定，係指營業人已依營業稅法第三十二條規定開立統一發票交付買受人，惟其應行記載事項未依規定記載或所載不實，如應書立抬頭而未書立，或應填寫買受人統一編號而未填寫等情形而言，並不包括對於直接買受人不給予憑證之情形在內。」。

依本號解釋之見解，限於「營業人已依規定開立交付買受人」之統一發票，有應行記載事項未依規定記載或所載不實，方始構成本條規定之發票記載不實違序。此一見解尚有商榷餘地，另於下面(五)討論之。

2.有上面1、所述違序之一，經主管稽徵機關通知限期補正者，逾期仍未補正，成立「**發票未記載、記載不實之連續違序**」。

茲說明如下：

(1)所謂「**補正**」，兼指補載及改正。所謂**補載**，係就未依規定記載而言，指「將未

依規定記載之事項予以補充記載」。所謂**改正**，係就未按實記載而言，指「將記載錯誤之事項更正」之意。

(2)依據稽徵機關依法所作「通知補載應載事項或改正記載事項」之行政處分，營業人負有補載或改正之義務。

本條規定「得連續處罰」，因此，在營業人未改正或補載統一發票應記載事項前，稽徵機關得連續通知補正，次數不限。

(3)發票未記載、記載不實之連續違序之成立，必須違序之行為具有「**構成要件該當性**」；違序之行為在何一時日方成為「**構成要件該當行為**」，自應予以審究。

關於發票未記載、記載不實之連續違序之構成要件該當行為成立時日，於下面(四)說明。

　3.統一發票使用辦法第7條第1項第1款及第2款規定，銷售貨物或勞務與營業人，應使用三聯式統一發票而開立；銷售貨物或勞務與非營業人，應使用二聯式統一發票而開立。

稽徵實務上，將「營業人銷售貨物或勞務與營業人，未依規定開立三聯式統一發票，而開立二聯式統一發票」之情事，論為本條規定之「開立統一發票應行記載事項未依規定記載或所載不實」（參見財政部78.3.16台財稅第781142042號函，89.9.27台財稅第890456653號函）。其實將之論為本法第47條第1款規定之「核定應使用統一發票而不使用」，似較妥適；蓋其實質係「應使用三聯式統一發票開立，而實際上使用二聯式統一發票開立」，並不存在所謂「未依規定記載或所載不實」之行為。

(二)**營業人開立統一發票依規定記載應載事項之義務：**

營業人經稽徵機關核定使用統一發票者，其開立統一發票有記載應載事項之義務。關於營業人開立統一發票依規定記載應載事項之義務，散見於本法與統一發票使用辦法中，其有關條文如下：

本法第32條第3項規定：「統一發票，由政府印製發售，或核定營業人自行印製；其格式、記載事項與使用辦法，由財政部定之。」。

統一發票使用辦法第8條、第9條、第11條、第15條及第17條規定如下：

第8條：「（第1項）營業人使用統一發票，應按時序開立，並於扣抵聯及收執聯加蓋規定之統一發票專用章。但使用電子計算機統一發票或以網際網路或其他電子方式開立、傳輸之電子發票者，得以條列方式列印其名稱、地址及統一編號於『營業人蓋用統一發票專用章』欄內，免加蓋統一發票專用章。（第2項）依本法第四章第一節規定計算稅額之營業人，於使用統一發票時，應區分應稅、零稅率或免稅分別開立，並於統一發票明細表課稅別欄註記。」。

第9條：「（第1項）營業人開立統一發票，除應分別依規定格式據實載明交易日期、品名、數量、單價、金額、銷售額、課稅別、稅額及總計外，應依下列規定辦理。但其買受人為非營業人者，稅額應與銷售額合計開立。一、營業人使用三聯式統一

發票或電子計算機統一發票者,並應載明買受人名稱及統一編號。但電子計算機不能列印買受人名稱者,得僅列印買受人之營利事業統一編號。二、製造業或經營進口貿易之營業人,銷售貨物或勞務與非營業人開立之統一發票,應載明買受人名稱及地址,或身分證統一編號。三、營業人對買受人為非營業人所開立之統一發票,除前款規定外,得免填買受人名稱及地址。但經買受人要求者,不在此限。四、營業人銷售貨物或勞務與持用簽帳卡之買受人者,應於開立統一發票時,於發票備註欄載明簽帳卡號末四碼。但開立二聯式收銀機統一發票者不在此限。(第2項)營業人開立統一發票以分類號碼代替品名者,應先將代替品名之分類號碼對照表,報請主管稽徵機關核備,異動亦同。」。

第11條:「(第1項)外國國際運輸事業在中華民國境內無固定營業場所而有代理人者,其在中華民國境內載貨出境,應由代理人於船舶開航日前開立統一發票,並依下列規定填載買受人:一、在中華民國境內收取運費者,以付款人為買受人。二、未在中華民國境內收取運費者,以國外收貨人為買受人。(第2項)前項第二款未在中華民國境內收取運費者,得以每航次運費收入總額彙開統一發票,並於備註欄註明航次及彙開字樣。」。

第15條:「(第1項)營業人每筆銷售額與銷項稅額合計未滿新台幣五十元之交易,除買受人要求者外,得免逐筆開立統一發票。但應於每日營業終了時,按其總金額彙開一張統一發票,註明『彙開』字樣,並應在當期統一發票明細表備考欄註明『按日彙開』字樣,以供查核。(第2項)營業人使用收銀機開立統一發票或使用收銀機收據代替逐筆開立統一發票者,不適用前項規定。」。

第17條:「(第1項)營業人經營代購業務,將代購貨物送交委託人時,除按佣金收入開立統一發票外,應依代購貨物之實際價格開立統一發票,並註明『代購』字樣,交付委託人。(第2項)營業人委託代銷貨物,應於送貨時依合約規定銷售價格開立統一發票,並註明『委託代銷』字樣,交付受託代銷之營業人,作為進項憑證。受託代銷之營業人,應於銷售該項貨物時,依合約規定銷售價格開立統一發票,並註明『受託代銷』字樣,交付買受人。(第3項)前項受託代銷之營業人,應依合約規定結帳期限,按銷售貨物應收手續費或佣金開立統一發票及結帳單,載明銷售貨物品名、數量、單價、總價、日期及開立統一發票號碼,一併交付委託人,其結帳期間不得超過二個月。(第4項)營業人委託農產品批發市場交易之貨物,得於結帳時按成交之銷售額開立統一發票,交付受託交易之批發市場。」。

第24條:「營業人開立統一發票書寫錯誤者,應另行開立,並將誤寫之統一發票收執聯及扣抵聯註明『作廢』字樣,黏貼於存根聯上,於當期之統一發票明細表註明。」。

上開規定中所有開立統一發票應載明之事項,可分為「相對免載明事項」、「特定應載明事項」與「一般應載明事項」三類;茲分別說明解析如下:

1.**特定應載明事項**：係指特定行業之營業人與特定銷售行為之營業人，開立統一發票時必須記載之事項，如下：

(1)營業人銷售貨物或勞務與持用簽帳卡之買受人者，應於統一發票備註欄載明**簽帳卡號末四碼**；但開立二聯式收銀機統一發票者，**免予載明**。

(2)外國國際運輸事業在我國境內無固定營業場所而有代理人，且未在我國境內收取運費者，代理人得以每航次運費收入總額彙開統一發票，並於備註欄註明「**航次**」及「**彙開**」字樣。

(3)營業人每筆銷售額與銷項稅額合計未滿50元之交易，除買受人要求者外，得免逐筆開立統一發票；但應於每日營業終了時，按其總金額彙開一張統一發票，註明「**彙開**」字樣。

(4)營業人經營代購業務，將代購貨物送交委託人時，除按佣金收入開立統一發票外，應依代購貨物之實際價格開立統一發票，並註明「**代購**」字樣，交付委託人。

(5)營業人委託代銷貨物，應於送貨時依合約規定銷售價格開立統一發票，並註明「**委託代銷**」字樣，交付受託代銷之營業人，作為進項憑證。

(6)受託代銷之營業人，應於銷售該項貨物時，依合約規定銷售價格開立統一發票，並註明「**受託代銷**」字樣，交付買受人。

(7)受託代銷之營業人按銷售貨物應收手續費或佣金開立統一發票，應載明「**受託代銷所開立之統一發票號碼**」。

2.**一般應載明事項**：

(1)**絕對應記載事項**：**營業人統一發票專用章**（以加蓋之方式代替填寫。以電腦開立之統一發票，可預先以條列方式列印其名稱、地址及統一編號於「蓋用統一發票專用章」欄內，參見統一發票使用辦法第8條第1項但書）、**交易日期、品名、數量、單價、金額、銷售額、課稅別及總計金額**。

關於「蓋用統一發票專用章」部分，如未加蓋，然而已在開立之統一發票載明其開立人之事業名稱、地址及統一編號者，可論為已依規定記載（參見財政部71.11.26台財兌第38583號函）。在實務上，營業人自行印製之收銀機統一發票，預先印妥營業人名稱、地址及統一編號者，開立時均免再加蓋統一發票專用章。

(2)**相對應載明事項**：係指開立統一發票時應載明之事項，惟於符合規定之情形時，可免予載明。營業人如符合下列相對免載明事項規定之情形，對於該事項自可免予載明：

(1)統一發票應載明**銷項稅額**。惟買受人為非營業人者，銷項稅額應與銷售額合計填載（亦即載明合計後之銷售額，而**銷項稅額無須載明**）。

(2)開立統一發票時應載明**買受人名稱及統一編號**。但使用電子計算機統一發票不能列印買受人名稱者，得僅列印買受人之營利事業統一編號，**免予載明買受人名稱**。

(3)製造業或經營進口貿易之營業人，銷售貨物或勞務與非營業人開立之統一發

票，應載明**買受人名稱及地址，或身分證統一編號**。製造業及經營進出口貿易以外之營業人，其貨物或勞務買受人為非營業人者，除經買受人要求載明**買受人名稱及地址**者外，**得免填載**。

　　4.統一發票使用辦法第24條規定開立統一發票書寫錯誤者，應將誤寫之統一發票收執聯及扣抵聯註明**「作廢」**字樣，亦屬於**一般應載明事項**。

　　㈢營業人使用收銀機辦法第4條規定：「營業人使用收銀機開立統一發票者，其收銀機應具備下列性能：一、能使用政府印製之收銀機統一發票。二、能印出買受人之營利事業統一編號，及分別或合計列示銷售額及營業稅額。三、統一發票收執聯與存根聯之列印，係採同步操作。四、統一發票未正確放妥或操作程序錯誤時能自動停機。五、能將統一發票收執聯逐張自動切斷，存根聯整券留存。六、有合計、日計及月計等統計性能，於遇有需要登錄二張以上之發票時，能逐張印出順序號碼，於最後一張印出合計金額。七、能記載折扣紀錄，更正錯誤時，並具有明顯記號。八、有密封不能歸零之金額累積記憶及無減帳之性能，其記憶金額位數應為十位以上。九、有密封不能歸零之交易次數連續紀錄。十、能作讀帳及結帳之操作，但操作時應將統一發票收執聯及存根聯取出，換裝自備紙帶。十一、應裝置可作二七〇度以上旋轉之交易金額顯示器。十二、能將應稅銷售額作T×記號、零稅率銷售額作TZ記號。十三、營業人使用收銀機開立統一發票，應具備於停電後能繼續使用八小時以上之設備。」。

　　按此一規定之應載明事項，其實是對於收銀機性能之要求。如收銀機性能完整正常，而營業人操作開立時有漏未登打或登打錯誤之事項（如銷售額、稅額等），自係成立本條規定之違序行為。

　　惟如營業人之收銀機性能有所遺漏，而申請核定使用時，稽徵機關疏忽而竟予核准使用，使用後方始發現有部分應載事項項無法列印。對於此一情形，財政部89.77.9台財稅第890457719號函釋示：「主旨：稽徵機關查獲營業人開立之收銀機統一發票未載明『課稅別記號』且經查明該行為未涉及逃漏稅者，應先行輔導其改正，如限期未予改善，仍應依營業稅法第48條第1項規定處罰。……」，「先行輔導其改正（而不予處罰）」，自係不論為有違序情事之意；蓋在此情形，因係營業人信賴稽徵機關之核准使用，自不宜論為有違序情事。

　　㈣依本法第35條至第38條規定，營業稅自動報繳係以2個月或1個月為一期，營業人於次期15日前，必須將當期使用或開立之統一發票內容，填製統一發票明細表，向該管稽徵機關申報。又統一發票使用辦法第9條及第23條第1項規定，未使用或開立之統一發票亦須同時申報核銷。在事理上，在申報統一發票之期限前，如有統一發票記載事項錯誤或遺漏等，營業人自得自行補正。因此，在解釋上，應與申報統一發票之期限相同，開立統一發票應記載、按實記載應載事項義務之**履行期限**為「次期第15日」，始屬合理。

　　倘如未屆次期15日以前，稽徵機關即發現營業人有開立統一發票未記載、記載不實

之情事，其時是否成立違序，非無疑義，本法既無明文，亦乏行政解釋可據。依本書之見解，宜認係尚未成立發票未記載、記載不實記載違序；蓋因其時尚未屆申報統一發票之期限之故。在此情形，稽徵機關宜勸導指正營業人補正，方為妥適；如論以構成違序，則屬誤解規範意旨。

　　開立統一發票應記載、按實記載應載事項之履行期限，係「次期第15日」。因此，營業人開立統一發票未記載、未按實記載，在「次期第15日」仍未自行補載或改正應記載事項，其作為係出於故意或過失者，**其行為即具有構成要件該當性，而屬「發票未記載、記載不實之初次違序」之構成要件該當行為。**

　　補載應載事項或改正記載事項義務之履行期限，係「稽徵機關補正通知送達之次日起第15日」，所稱送達，當然係指合法送達而言。

　　為確定補載或改正統一發票應記載事項義務之履行期限，必須先確定主管稽徵機關改正通知之送達日期。

　　因此，營業人在「補正通知送達之次日起第15日」仍未補載或改正，其不作為係出於故意或過失者，**其行為即具有構成要件該當性，而屬「發票未記載、記載不實之連續違序」之構成要件該當行為。**

　　(五)營業人發票記載不實違序之如何認定，涉及其與稅捐稽徵法第44條規定「未給憑證之違序」之區別，實務上之下述見解是否妥適，頗值探討。

　　司法院大法官會議釋字第252號解釋（79.2.16）之解釋文：「財政部中華民國六十九年八月八日（六九）台財稅字第三六六二四號函，認為營利事業銷售貨物，不對直接買受人開立統一發票，而對買受人之客戶開立統一發票，應依稅捐稽徵法第四十四條規定論處，與憲法尚無牴觸。」；而其解釋理由書有謂：「……稅捐稽徵法第四十四條所謂『依法』，係指依營業稅法第三十二條第一項：『營業人銷售貨物或勞務，應依本法營業人開立銷售憑證時限表規定之時限，開立統一發票交付買受人』之規定而言。而所謂『他人』，則指貨物或勞務之直接買受人或直接銷售人，非指直接買受人或直接銷售人以外之他人。……營業稅法第四十八條有關『營業人開立統一發票應行記載事項未依規定或所載不實』之規定，則係指營業人已依營業稅法第三十二條規定開立統一發票交付買受人，惟其應行記載事項未依規定記載或所載不實，如應書立抬頭而未書立，或應填寫買受人統一編號而未填寫等情形而言，並不包括對於直接買受人不給予憑證之情形在內，……。」。

　　依本號解釋之見解，限於「營業人已依規定開立交付買受人」之統一發票，有應行記載事項未依規定記載或所載不實，方始構成本條規定之發票記載不實違序，此一見解尚有商榷餘地。

　　按財政部69.8.8台財稅第36624號函中所未說明之案情，乃營業人開立統一發票時，填寫之買受人名稱及統一編號，與（經查明之）真正買受人名稱及統一編號不符，而營業人將所開立之統一發票交付統一發票上填寫之買受人。此一釋函與釋字第252號解釋

則將此情形論為「對於直接買受人不給予憑證」。

　　謹按倘如營業人開立統一發票時，買受人名稱及統一編號填寫錯誤，該統一發票固然通常係交付眞正買受人，然而決不能否認事實上存在「將統一發票交付（填寫錯誤之）買受人」之可能。如係前一情形，構成本條規定之發票記載不實違序，至為明確，自無疑義。如係後一情形，即逕行論為「對於直接買受人不給予憑證」，而構成稅捐稽徵法第44條規定之「未給憑證違序」，恐怕是淪於「只論形式，不問實質」之法律適用。

　　以銷售貨物為例，對於營業人聲稱「統一發票買受人名稱及統一編號填寫錯誤，而將其交付（填寫錯誤之）買受人」時，稽徵機關**應依職權由實質面調查其眞實性如何。調查之重點**在於：有無實際銷貨與營業人所稱之眞正買受人，而其證據不外：眞正買受人及錯誤買受人之說明或證明、訂貨文據（如訂單等）、送貨文據（交外界運送之送貨單據，或自行運送之內部文件等）、收款紀錄（支票兌現、銀行匯款等資金流程），必要時亦得依法實地盤查其買賣標的之貨物存於何人之手中等，綜合所有證據而判斷營業人之陳述是否可信。如稽徵機關未經由實質面調查其眞實性，僅依「營業人開立之統一發票交付（營業人聲稱填寫錯誤之）買受人」之外觀，即認定其成立稅捐稽徵法第44條規定之「未給憑證違序」，而非成立本條規定之「發票記載不實違序」，絕非妥適之法律見解。

　　對於發票記載不實違序案件，台北高等行政法院95年度訴字第1138號判決，即為上述「只論形式，不問實質」之典型判決。該案營業人開立統一發票予「乙商號」，金額頗鉅，經稽徵機關調查，營業人聲稱係應開給「甲商號」，因兩家商號均係同一老闆，商號名稱均為四字，而前二字相同，致有此錯誤。稽徵機關原先同意其屬「開立不實統一發票」之行為，惟後又變更認定係「對於直接買受人不給予憑證」。由判決內文觀之，稽徵機關均未就實質面調查營業人「開立統一發票填寫買受人名稱錯誤」陳述之眞實性，台北高等行政法院亦未審究，僅以營業人所開立之統一發係交付「甲商號」乙節，即認定營業人「對於「乙商號」不給予憑證」，其事實及證據調查之粗糙程度，令人難以相信。

三、主觀構成要件

　　㈠關於獨資商號之營業人與其他組織型態之營業人，其發票未記載、記載不實違序之行為是否出於故意或過失，稽徵機關應以何人之行為審究之，上面本章第一目、壹、三、㈡所述亦適用於此一違序。

　　㈡對於本條規定之發票未記載、記載不實違序，依行政罰法第7條第1項規定，應以營業人有「故意或過失」而致開立統一發票未記載、記載不實，方得加以處罰。

四、法律效果

(一)對營業人發票未記載、記載不實違之**初次違序**，按統一發票所載銷售額處1%**罰鍰**，**其金額最低不得少於**1,500元（國幣500元），**最高不得超過**15,000元（國幣5,000元）。

稽徵機關在「1,500元以上15,000元以下」範圍內，有罰鍰金額之裁量權。

有關本條處罰規定之行政解釋，摘述如下：

1.營利事業開立之統一發票未蓋用統一發票專用章，亦未載明其事業名稱、地址及統一編號者，應依有關開立統一發票應行記載事項未依規定記載之規定論處（參見財政部71.11.26台財稅第38583號函）。

2.營業人銷售貨物或勞務與營業人，未依規定開立三聯式統一發票，而開立二聯式統一發票，應先依本條第1項規定論處，經通知補正而未補正或補正後仍不實者，始依本條第2項規定論處（參見財政部78.3.16台財稅第781142042號函，89.9.27台財稅第890456653號函）。

按此二釋函將「營業人銷售貨物或勞務與營業人，未依規定開立三聯式統一發票，而開立二聯式統一發票」之情事，論為本條規定之違序行為而予處罰。其實將之論為本法第47條第1款規定「核定應使用統一發票而不使用」之違序行為而予處罰，似較妥適；蓋應開立三聯式而開立二聯式統一發票，並不存在所謂「未依規定記載或所載不實」之行為，而係「實際上使用統一發票錯誤」之行為之故。

3.開立收銀機統一發票，既對名稱、地址或統一編號不注意列印清晰，亦未加蓋統一發票專用章，致無從辨認，已屬違反統一發票使用辦法第8條第1項及營業人使用收銀機辦法第6條第3項之規定，應依本條規定處罰（參見財政部79.3.24台財稅第780402040號函）。

4.查獲營業人開立統一發票，有應行記載事項而未依規定記載或所載不實之情事者，應以查獲次數為準，依本條規定處罰（參見財政部83.4.27台財稅第831590955號函）。

5.營業人開立二聯式統一發票金額書寫錯誤，未依規定作廢重開，應以該張統一發票之「正確銷售額」為罰鍰計算基準（參見財政部90.11.22台財稅第900456423號函）。

(二)對營業人發票未記載、記載不實違之**連續違序**，依下列規定連續處罰：

1.未依規定記載事項為買受人名稱、地址或統一編號者，**罰鍰為統一發票所載銷售額之2%**，**其金額最低不得少於**3,000元（國幣1,000元），**最高不得超過**30,000元（國幣10,000元）。

2.未依規定記載買受人名稱、地址或統一編號以外之事項者，連續處罰部分之罰鍰如何，本條未有明文，亦乏行政解釋可據。解釋上，連續處罰之每次處罰內容，應與初次處罰相同，亦即**按統一發票所載銷售額處**1%**罰鍰**，**其金額最低不得少於**1,500元（國

幣500元），最高不得超過15,000元（國幣5,000元）。

關於連續處罰之如何實施，本條未有明文，亦乏行政解釋可據。解釋上，通知限期改正或補辦而逾期未補正者，即得處罰一次。又此一連續處罰之規定，並無處罰次數之限制。解釋上，此一連續處罰應類推適用本法第46條「得連續處罰至改正或補辦為止」之規定，否則即不符「比例原則」。

稽徵機關對於連續處罰，並無處罰與否之裁量權；而對於罰鍰金額在「1,500元以上15,000元以下」、「3,000元以上30,000元以下」範圍內，則有裁量權。

五、免予處罰之例外規定暨其評析

對於本條規定之違序行為，法規中有免予處罰之規定，行政解釋中有免予處罰之釋示，茲摘述如下，並予以評析。

(一)稅務違章案件減免處罰標準第16條規定：「依加值型及非加值型營業稅法第四十八條規定應處罰鍰案件，有下列情事之一者，免予處罰：一、營業人開立統一發票，每張所載之銷售額在新臺幣一千元以下、銷售額較實際銷售額短（溢）開新台幣一千元以下或營業稅較實際營業稅短（溢）開新台幣五十元以下者。二、營業人開立統一發票金額錯誤，於未經檢舉、未經稽徵機關或財政部指定之調查人員進行調查前，已於統一發票之各聯錯誤處更正，更正後買賣雙方就該筆交易所申報之進項、銷項金額及稅額並無不符且無短報、漏報、短開、溢開營業稅額。」。所謂免予處罰，參照稅務違章案件裁罰金額或倍數參考表中關於本條裁罰金額之規定，應係指「免除初次處罰」而言。

按稅務違章案件減免處罰標準係財政部依據稅捐稽徵法第48條第2項之授權而制定者，故上開免罰規定，優先於本條第1項之處罰規定而適用。

惟應注意，稅務違章案件減免處罰標準第24條復規定：「納稅義務人……有下列情事之一者，不適用本標準……免予處罰：一、一年內有相同違章事實三次以上者。二、故意違反稅法規定者。……」，此一規定又係同標準第16條之特別規定，優先適用。

(二)免予處罰之行政解釋：

1.財政部76.1.14台財稅第7519142號函（77.9.17台財稅第770661420號函同）：「……營業人開立統一發票所載買受人名稱正確，僅買受人營利事業統一編號填載錯誤，其更正後經稽徵機關查明屬實者，准予免罰。但經更正而仍發生錯誤者，應依營業稅法第48條規定處罰。……」。又87.3.19台財稅第871932948號函：「主旨：某五金行開立統一發票，所載買受人名稱及地址正確，僅買受人營利事業統一編號填載錯誤，其於交查產出異常清單後，由稽徵機關通知更正，可依本部76/01/14台財稅第7519142號函規定辦理。說明：二、所稱『更正』包括稽徵機關發現後通知更正在內。」。

按本條第1項規定並無「稽徵機關發現後通知更正，更正後經查明屬實者，准予免

罰」之明文，復且稽徵機關並無「初次處罰與否」之裁量權。此一釋函雖對違序之營業人有利，然而卻超越本條第1項規定。本條第1項條文應予修訂，納入此一「初次補正後經查明屬實者免罰」之免罰要件，方是根本解決之道。

2.財政部78.6.21台財稅第780165413號函：「……貴轄××汽車商行於77年×月×日銷售汽車予基隆市農會，未將書寫錯誤之收執聯及扣抵聯收回作廢重開，僅在發票存根聯更正，以致產生進銷銷項稅額不符之異常現象，顯已違反上開條文規定，應依營業稅法第48條第1項規定處罰。」。

3.財政部89.11.9台財稅第890457719號函：「主旨：稽徵機關查獲營業人開立之收銀機統一發票未載明「課稅別記號」且經查明該行為未涉及逃漏稅者，應先行輔導其改正，如限期未予改善，仍應依營業稅法第48條第1項規定處罰。……」。

此一釋函之問題與根本解決之道，同上面1.所述。

4.財政部90.10.23台財稅第900456230號函：「主旨：關於專營應稅貨物之營業人，其所使用之收銀機，已報經主管稽徵機關核准者，如該收銀機統一發票未能將銷售額作T×記號，同意照貴處擬具之處理意見，輔導其嗣後汰換重購或新增購之收銀機，始需具備載明「課稅別記號」之功能，並暫免依營業稅法第48條第1項規定處罰。」。

此一免罰之解釋，其理據應在於**「信賴保護原則」**；蓋在此情形，具備適用信賴保護原則之四個要件：(1)有信賴基礎（即稽徵機關已核准使用收銀機開立統一發票），(2)有信賴表現（即營業人已使用經核准之收銀機開立統一發票），(3)信賴值得保護（即營業人信賴經稽徵機關核准之收銀機，其持續使用收銀機開立統一發票之行為，值得保護），(4)信賴基礎之去除（即稽徵機關如予處罰，即是去除信賴基礎）（參見前面本書第二篇第二章、壹、二、㈣、2、）[11]。

5.財政部91.6.28台財稅第910453833號函：「主旨：營業人使用電子計算機開立發票，其字軌或號碼錯誤，應更正後重新開立，尚無加值型及非加值型營業稅法第48條處罰規定之適用。說明：……二、本案營業人使用電子計算機統一發票，誤用前一年度編配之字軌或號碼一節，相關稅法雖無處罰規定，惟主管稽徵機關可視情節輕重考量撤銷其核准。」。

肆、漏開短開發票違序與其處罰

本法第52條規定：「營業人漏開統一發票或於統一發票上短開銷售額經查獲者，除應就短漏開銷售額按規定稅率計算稅額通知營業人繳納稅款外，處所漏稅額1倍至10倍罰鍰。一年內經查獲達三次者，並停止其營業。」。

----

1 關於「信賴保護原則」之概念，詳見蔡茂寅、李建良、林明鏘、周志宏合著，行政程序法實用，3版，2006年10月，33-34頁；以及吳坤城，公法上信賴保護原則初探，載於成仲模謀主編「行政法之一般法律原則（二）」，1997年8月，239-241，249-250頁。

　　惟稅捐稽徵法第44條規定：「（第1項）營利事業依法規定應給與他人憑證而未給與……者，應就其未給與憑證……，經查明認定之總額，處百分之五罰鍰。……（第2項）前項處罰金額最高不得超過新臺幣一百萬元。」。

　　關於此二規定之適用，財政部78.7.24台財稅第781148237號函釋示：「主旨：營業人漏、短開統一發票銷售額經查獲者，依營業稅法第52條規定應就其銷售額按規定稅率計算補稅並處所漏稅額5倍至20倍罰罰鍰（現行法為1倍至10倍），1年內經查獲達3次者，並停止其營業，免再併依稅捐稽徵法第44條規定處罰。說明：二、營業稅法第52條規定營業人漏、短開統一發票與稅捐稽徵法第44條規定營利事業應給予他人憑證而未予之處罰要件雷同，係屬法條競合，可採從重處罰，不宜分別適用各有關法條之規定同時處罰。」。

　　按稅捐稽徵法第44條規定之處罰係「行為罰」，財政部此一釋函顯然認為本條規定之處罰亦係「行為罰」，而二者處罰要件雷同，因而係屬**法條競合**（即**法規競合**）。行政法院亦肯認財政部之見解（如高雄高等行政法院95年訴第1065號判決等）。然而上開財政部78年第781148237號函釋示「係屬法條競合，可採從重處罰」，並非正確，蓋**「想像競合」**方有從重處罰之可言[12]。

　　惟杳本條之立法理由謂：「……在當月份經稽徵機關查獲漏短開統一發票，雖合併該月份銷售額申報，仍應認定有漏稅之事實，按漏稅處罰，爰增訂本條以資適用。……」，**顯然立法原意係視其為「漏稅罰」**[13]。倘如採此見解，則本法第51條與本法第52條之關係如何，即有待探討；此一問題另於下面本篇第四章、貳、四、㈡、1、解析，此處略之。

第三目　關於其他行為義務之違序與其處罰

緒　　說

　　本法規定之違序行為與其處罰，除上面本章第一目及第二目所述者外，尚有難以歸

---

12 「法規競合」係一行為與數個處罰之構成要件合致，而彼此間有優先關係，其處理是適用其中最妥適之構成要件，而予以處罰，並非擇一從重處罰。「想像競合」係一行為與數個處罰之構成要件合致，然而彼此間並無優先關係，其處理是裁處最重之處罰，即擇一從重處罰（參見林山田，刑法總論，下冊，10版，2008年1月，307-308，324-326頁。林山田將法規競合稱為「法律單數」）。

13 莊義雄、陳佳玲認為本法第52條係漏稅罰，見莊義雄、陳佳玲，一事不二罰在租稅行政罰上之適用，法令月刊，58卷11期，2007年11月，102頁。

　　黃茂榮謂當加害之客體同一時，本法第51條與第52條會構成「想像競合」或「方法結果牽連」之情形，從而應論為「裁決上之一個違章行為」；參見黃茂榮，稅捐法專題研究，1991年8月，353頁。惟其後於另一文中先謂：本法第52條係對於無漏稅額而處以漏稅罰，惟又謂其係具有漏稅罰內容之行為罰，見解不一，令人困惑；參見黃茂榮，稅法總論—稅捐法律關係（第三冊），2版，2008年2月，前者見743，786頁，後者見790，795頁。

類之二種違序型態：⑴帳簿未驗印違序，⑵拒絕接受稅單違序；其違序之處罰，性質均係**行為罰**。因此，行為人之行為構成本類型中各種違序者，無待任何結果之發生（例如發生漏稅等），稽徵機關即得予以處罰，本目以下各子目中即均不再一一指明。

帳簿未驗印違序係單處以「罰鍰」，而拒絕接受稅單違序則係併處以「罰鍰」與「停止營業」。**「罰鍰」**與**「停止營業」**之性質均係行為罰。因此，行為人之行為構成此二種違序者，無待任何結果之發生（例如發生漏稅等），稽徵機關即得處罰。倘如行為人之違序因有違法阻卻事由或依法規規定等而免除罰鍰之處罰，則亦應免除停止營業之處罰，參見上面本章第二目之緒說、一、之說明，不贅。

在上述二種違序中，行為人（亦是受罰人）為營業人或納稅義務人，而納稅義務人或為自然人，或營業人。因此，上面本章第一目、緒說、二、關於獨資事業資本主與營業人之**「責任能力」**、**「不知法規之責任」**與**「有無免責事由」**之解析說明，同樣適用於此二種違序。以下即均不再一一說明。

壹、帳簿未驗印違序與其處罰

本法第46條第3款規定：「營業人有下列情形之一者，除通知限期改正或補辦外，處五百元以上五千元以下罰鍰；逾期仍未改正或補辦者，得連續處罰至改正或補辦為止：三、使用帳簿未於規定期限內送請主管稽徵機關驗印者。」。

惟稅捐稽徵法第45條第2項規定：「依規定應驗印之帳簿，未於規定期限內送請主管稽徵機關驗印者，除通知限期補辦外，處新台幣一千五百元以上一萬五千元以下罰鍰；逾期仍未補辦者，得連續處罰至補辦為止。」。

觀察本法第46條第3款與稅捐稽徵法第45條第2項條文，可知二者之間存有**「法規競合」**。因此，本法第46條第3款之適用，必須一併考慮稅捐稽徵法第45條第2項之規定。惟避免重複及節省篇幅，關於本法第46條第3款規定與稅捐稽徵法第45條第2項規定適用之分際，於下面本篇第三章第一目、參、五、說明，此處即予略之。

貳、拒絕接受繳款書違序與其處罰

納稅義務人拒絕接受營業稅繳款書，構成**拒絕接受繳款書之初次違序**，除通知限期改正或補辦外，處3,000元以上30,000元以下（國幣1,000元以上10,000元以下）罰鍰；逾期仍未改正或補辦，構成**拒絕接受繳款書之連續違序**，得連續處罰，並得停止其營業（本法第47條第3款）。

一、受罰人

本法第47條（以下稱**「本條」**）第3款規定處罰之受罰人為「納稅義務人」。納稅義務人範圍規定於本法第2條，已如前述。

注意此一違序之受罰人，或為營業人，或為自然人；例如進口貨物之收或人或持有

人為自然人，而拒絕接受進口貨物之營業稅繳款書者，即屬之。

　　關於受罰人之認定，詳見上面本章第一目、壹、一、㈠、1、之說明解析。

　　關於營業人之概念，詳見上面本章第一目、壹、一、㈡及㈢之說明解析。

二、客觀構成要件

　　㈠稽徵機關所填發之營業稅繳款書，應受送達人無法律上之理由，而拒絕接受，成立「拒絕接受稅單違序」。

　　茲說明如下：

　　1.本條第3款規定之處罰包括「初次處罰」與「連續處罰」，故其處罰之構成要件亦有初次違序」與「連續違序」之分，其違序之行為如下：

　　⑴納稅義務人依法有接受營業稅繳款書之義務者，而未依接受，成立「拒絕接受繳款書之初次違序」。

　　營業稅法在本條第3款規定外，別無規定納稅義務人有接受營業稅繳款書義務之條文。因此，應認為接受營業稅繳款書義務之法律依據，即是本條第3款本身。質言之，本條第3款條文乃是「在法規中以同一條文規定義務內容與處罰內容」之規範形式（參見前面本書第二篇第一章，壹、二、㈡之說明）。

　　⑵納稅義務人有上面⑴之違序，經主管稽徵機關通知限期補辦（即接受營業稅繳款書）者，逾期仍未補辦，成立「拒絕接受繳款書之連續違序」。

　　依據稽徵機關依法所作「通知補辦（即接受營業稅繳款書）」之行政處分，營業人負有接受營業稅繳款書之義務。

　　本條規定「得連續處罰至改正或補辦為止」，因此，在營業人未收受營業稅繳款前，稽徵機關得連續通知，次數不限。

　　2.本條第3款規定之受罰人係納稅義務人，因此，納稅義務人「本人」拒絕接受營業稅繳款書，即屬本條第3款規定納稅義務人拒絕接受繳款書之行為，並無疑問。惟依照稅捐稽徵法第19條與行政程序法第69條至第71條、第73條、第83條等規定，繳納稅捐之文書（即「××稅繳款書」）得以納稅義務人本人以外之人為「應受送達人」，是則如稽徵機關依規定向「納稅義務人本人以外之應受送達人」遞送營業稅繳款書，而該應受送達人拒絕接受，則是否論為「納稅義務人本人」拒絕接受營業稅繳款書之行為，即有疑義，宜先辨明。

　　按稅捐稽徵法與行政程序法中關於納稅義務人本人以外之應受送達人，其資格可分為三類，分別如下：

　　第一類是應受送達人之接受或拒絕營業稅繳款書送達之行為，即是納稅義務人本人之行為。此類應受送達人有稅捐稽徵法第19條第1項、行政程序法第69條第1項及第2項、第71條規定之：A.法定代理人，B.機關、法人或非法人之團體之代表人或管理人，C.法人或非法人之團體（有處理稅捐事務權限之）之經理人，D.受稅單送達之權限未

限制之代理人。

　　第二類是應受送達人接受或拒絕營業稅繳款書送達之行為，法律上「擬制」為納稅義務人本人之行為。此類應受送達人有稅捐稽徵法第19條第1項規定服兵役之納稅義務人之：A.父母，B.配偶。

　　第三類則是應受送達人之接受或拒絕營業稅繳款書送達之行為，並不直接對納稅義務人本人發生效力，亦不「擬制」為納稅義務人本人之行為。此類應受送達人有稅捐稽徵法第19條第1項、行政程序法第73條、第83條、第86條至第90條規定之：A.有辨別事理能力之同居人、受僱人，或應送達處所之接收郵件人員，B.指定代收人，C.依法受囑託送達之人，如（服兵役之納稅義務人之）軍事機關或長官、（服刑人之）監獄所長官、外交部等。

　　綜上所述，本條第3款規定「納稅義務人拒絕接受營業稅繳款書之行為」，其行為型態如下：

　　⑴**納稅義務人「本人」拒絕接受營業稅繳款書。**

　　⑵**稽徵機關依規定向上述第一類之應受送達人**（即納稅義務人之：A.法定代理人，B.機關、法人或非法人之團體之代表人或管理人，C.法人或非法人之團體（有處理稅捐事務權限之）之經理人，D.受稅單送達之權限未受限制之意定代理人）**遞送營業稅繳款書，而該應受送達人拒絕接受者，應論為「納稅義務人本人」拒絕接受營業稅繳款書；**其理據在於此類應受送達人拒絕接受繳款書之行為，在法律上即是納稅義務人本人之行為之故。

　　⑶**稽徵機關依規定向上述第二類之應受送達人**（即服兵役之納稅義務人之：A.父母，B.配偶）**遞送營業稅繳款書，而該應受送達人拒絕接受者，應論為「納稅義務人本人」拒絕接受繳款書；**其理據在於此類應受送達人拒絕接受繳款書之行為，在法律上「擬制」為納稅義務人本人之行為之故[14]。

　　⑷**稽徵機關依規定向上述第三類之應受送達人**（即：A.有辨別事理能力之同居人、受僱人，或應送達處所之接收郵件人員，B.指定代收人，C.依法受囑託送達之人，如軍事機關或長官、監獄所長官、外交部等）**遞送營業稅繳款書，而該應受送達人拒絕接受者，則不得論為「納稅義務人本人」拒絕接受營業稅繳款書。**蓋此類應受送達人雖依法律規定有「**接受繳款書送達之協力負擔**」，惟如其拒絕接受送達，則並不得加以處

----

14 張昌邦，稅捐稽徵法論，3版，1984年7月，69-70頁。張昌邦認為依稅捐稽徵法第19條規定，應受送達人（指納稅義務人本人）在服役中，即得逕向其父母或配偶為送達稅單，而發生送達效力，不問向納稅義務人本人送達之可能性。惟納稅義務人本人之父母、配偶並非納稅義務之當事人，而稅捐稽徵法第19條卻賦予此一接受稅單送達之義務，且直接對納稅義務人本人發生送達效力，因而在法理上，惟有解為其父母、配偶拒絕接受稅單之行為，在法律上「擬制」為納稅義務人本人之行為，此一規定方有「實質正當性」。

罰[15]；稽徵機關可另外採取「留置送達」、「寄存送達」「公示送達」之方式以為送達（參見行政程序法第73條第3項、第74條、第78條）[16]。如第三類之應受送達人同意收受營業稅繳款書，則需將之再交付或轉交納稅義務人本人收受。因此，**倘如納稅義務人本人再向稽徵機關為「拒絕收受營業稅繳款書之意思表示」者**（例如將營業稅繳款書送回而表明不收受之意思，或以郵遞方式寄回營業稅繳款書而表明不收受之意思等），**則屬本條第3款規定之納稅義務人拒絕接受營業稅繳款書之行為**，並無疑問。

　　應注意者，上述經認定屬納稅義務人拒絕接受營業稅繳款書之行為，並非必然構成本條第3款規定之「拒絕接受稅單違序」；其是否構成拒絕接受稅單違序，則應視其拒絕有無「法律上之正當理由」而定，詳如下面3、所述。

　　3.對於稽徵機關交付或交由郵政機構遞送營業稅繳款書時，納稅義務人本人及前述第一、二類應受送達人，無法律上之正當理由，而為拒絕收受或受領者，方始構成拒絕接受繳款書違序。

　　所謂**無法律上之正當理由**，係指營業稅繳款書之送達，並無拒絕收受之法律上理由而言。行政程序法第84條規定：「送達，除第六十八條第一項規定交付郵政機關或依第二項之規定辦理者外，不得於星期日或其他休息日或日出前、日沒後為之。但應受送達人不拒絕收領者，不在此限。」於此規定之時間外為營業稅繳款書之送達，該送達並非當然違法、無效，而僅生應受送達人得拒絕受領之效果。此時應受送達人即有法律上之正當理由，而得拒絕接受；稽徵機關或送達實施機構不得依行政程序法第73條規定實施寄存送達或留置送達[17]。又行政程序法第68條第1項及第2項係規定：「（第1項）送達由行政機關自行或交由郵政機關送達。（第2項）行政機關之文書依法規以電報交換、電傳文件、傳真或其他電子文件行之者，視為自行送達。」解釋上，任何稅捐之繳款書均不得以電報交換、電傳文件、傳真或其他電子文件之方式為送達，故此一規定

---

15 蔡茂寅對於應受送達人之收受行政法上之文書，認為有「忍受送達之義務」（見蔡茂寅等四人，註11書，210頁）。本書認為應受送達人之接受稅單送達，並非忍受義務；蓋其對於送達必然有接受或拒絕之行為，並非僅是消極之忍受（不作為）。對於納稅義務人本人及第一類應受送達人而言，接受稅單送達係其所負「納稅義務」之「附隨義務」（其性質係「自身協力義務」），而營業稅法第46條第3款對納稅義務人拒絕接受稅單之處罰規定，因而具有「實質正當性」。惟對於第三類應受送達人受領送達之規定，應僅係接受稅單送達之「協力負擔」而已；蓋其既不負納稅義務，如法規規定有接受稅單送達之「協力義務」，並進而規定拒絕接受稅單之處罰，則其規定雖有「形式合法性，然而欠缺「實質正當性」，應屬無效。

　　「負擔」與「義務」有異，人民違反法律規定之負擔，僅產生對其不利之效果，不生處罰問題；而人民違反法律規定之義務，則產生對其處罰之效果；參見林錫堯，行政程序上職權調查主義，載於當代公法理論——翁岳生教授六秩誕辰祝壽論文集，翁岳生教授祝壽論文集編輯委員會，1993年5月，327-328頁。

16 行政程序法第75條尚有「公告送達」之規定，惟在法理上，任何稅捐之繳款書之送達應不適用「公告送達」之方式。

17 參見蔡茂寅等四人，註11書，231頁。

對於營業稅繳款書之送達，不得適用。

　　另外，稽徵機關對於非法規規定之應受送達人為營業稅繳款書送達，亦屬拒絕接受營業稅繳款書之法律上理由。

　　4.稽徵機關所填發之**營業稅繳款書**，應包括：⑴稽徵機關依本法第21條但書、第22條但書、第23條及第40條關於「查定課徵」規定所填發者；⑵海關依本法第41條「進口貨物代徵營業稅」規定所填發者；⑶稽徵機關依本法第43條「逕行核定應納稅額」規定所填發者。

　　在實務上，稽徵機關可能單獨填發「滯報金繳款書」、「怠報金繳款書」與「滯納金繳款書」，因而可能有納稅義務人本人及前述第一、二類應受送達人拒絕接受之情形。在此情形，是否亦屬於本條第3款規定之拒絕接受營業稅繳款書之行為，有待澄清。按此一問題繫於本條第3款所稱之營業稅繳款書，除**本稅之「營業稅繳款書」**外，是否包括稽徵機關依本法第49條與第50條規定填發之**「滯報金繳款書」、「怠報金繳款書」與「滯納金繳款書」**在內而定。對於此一問題，尚乏行政解釋或司法判決可據。由於滯報金、怠報金與滯納金均係以營業稅為基礎而加徵，故以作肯定解釋為妥。因此，**納稅義務人本人及前述第一、二類應受送達人，無法律上之正當理由，而拒絕接受稽徵機關填發之「滯報金繳款書」、「怠報金繳款書」或「滯納金繳款書」，亦構成拒絕接受繳款書違序。**

　　另應注意者，稽徵機關填發之「營業人逾期未自動報繳營業稅欠稅催繳通知書」，則應認為並不在本條第3款規定之「營業稅繳款書」範圍之內。

　　5.拒絕接受繳款書之初次違序之成立，必須違序之行為具有**「構成要件該當性」**；違序之行為在何一時日方成為**「構成要件該當行為」**，自應予以審究。

　　關於拒絕接受繳款書之初次違序之構成要件該當行為成立時日，於下面㈡、1、說明。

　　拒絕接受繳款書之連續違序之成立，必須違序之行為具有**「構成要件該當性」**；違序之行為在何一時日方成為**「構成要件該當行為」**，自應予以審究。

　　關於**拒絕接受繳款書之連續違序之構成要件該當行為成立時日**，於下面㈡、2、說明。

　　㈡**拒絕接受繳款書違序之構成要件該當行為成立時日：**

　　1.接受繳款書（包括營業稅繳款書、滯報金繳款書、怠報金繳款書與滯納金繳款書）義務之**發生**，其**要件**應為「繳款書已依法送達，而不存在得拒絕接受之法律上正當理由」。**義務履行期限**為「繳款書依法送達之日」。

　　為確定接受繳款書義務之履行期限，必須先確定納稅義務人本人及前述第一類應受送達人拒絕接受繳款書之日期。

　　接受繳款書義務履行期限為「繳款書依法送達之日」，因此，納稅義務人本人及前述第一、二類應受送達人在「繳款書依法送達之日」明示或默示拒絕接受，而其拒絕係

出於故意或過失者，**其行為即具有構成要件該當性，而屬「拒絕接受繳款書稅單之初次違序」之構成要件該當行為**。

　　2.本法施行細則第51條規定：「本法……第四十七條……規定限期改正或補辦事項，其期限不得超過通知送達之次日起十五日。」，因此，**補辦**（即接受繳款書）**義務之發生**，其**要件**係主管稽徵機關之通知業已送達。**義務履行時限**係「稽徵機關補辦通知送達之次日起第15日」，所稱送達，當然係指合法送達而言。

　　為確定補辦義務之履行期限，必須先確定主管稽徵機關補辦通知之送達日期。

　　補辦（即接受）繳款書義務履行期限為「稽徵機關補辦通知送達之次日起第15日」，因此，納稅義務人本人及前述第一類應受送達人在「補辦通知送達之次日起第15日」明示或默示拒絕接受繳款書，而其拒絕係出於故意或過失者，**其行為即具有構成要件該當性，而屬「拒絕接受繳款書之連續違序」之構成要件該當行為**。

三、主觀構成要件

　　㈠關於獨資商號之營業人與其他組織型態之營業人，其拒絕接受繳款書違序之行為是否出於故意或過失，稽徵機關應以何人之行為審究之，上面本章第一目、壹、三、㈡所述亦適用於此一違序。

　　㈡對於本條第3款規定之拒絕接受繳款書違序，依行政罰法第7條第1項規定，稽徵機關應審究納稅義務人本人及前述第一類應受送達人之拒絕接受繳款書，是否出於故意或過失。

四、法律效果

　　㈠對納稅義務人拒絕接受繳款書之**初次違序**，處3,000元以上30,000元以下（國幣1,000元以上10,000元以下）**罰鍰**。

　　稽徵機關在「3,000元以上30,000元以下」範圍內，有罰鍰金額之裁量權。

　　㈡對納稅義務人拒絕接受繳款書之**連續違序，得連續處罰，至補辦（即接受各種繳款書）為止**。此一連續處罰之規定，並無處罰次數之限制。解釋上，此一連續處罰應類推適用本法第46條「得連續處罰至補辦為止」之規定，否則即不符「比例原則」。

　　稽徵機關對於連續處罰，有「處罰與否」之裁量權。稽徵機關依裁量而決定予以處罰時，關於連續處罰之如何實施，本條第3款未有明文。解釋上，連續處罰之每次處罰種類及內容，應仍是「3,000元以上30,000元以下罰鍰」；而在「3,000元以上30,000元以下」範圍內，稽徵機關有罰鍰金額之裁量權。

　　惟稽徵機關對本條第3款規定連續處罰罰鍰金額之裁量權，實際上受限於財政部訂定之「稅務違章案件裁罰金額或倍數參考表」中關於本條裁罰金額統一裁量之規定，其規定為：處3,000元罰鍰。

　　㈢**營業人有上面㈠、㈡之違序者，除處以罰鍰外，並得同時裁處停止營業之處罰**；

蓋罰鍰與停止營業係不同種類之處罰，可以併罰（參見行政罰法第24條第2項前段）。

稽徵機關對於停止營業，有「處罰與否」之裁量權。

本法第53條規定：「（第1項）主管稽徵機關，依本法規定，為停止營業處分時，應訂定期限，最長不得超過六個月。但停業期限屆滿後，該受處分之營業人，對於應履行之義務仍不履行者，得繼續處分至履行義務時為止。（第2項）前項停止營業之處分，由警察機關協助執行，並於執行前通知營業人之主管機關。」。

財政部訂定「稽徵機關辦理營業人違反營業稅法停止營業處分作業要點」，其訂定目的係「使稽徵機關對違法之營業人，依法執行停止營業處分之處理一致」。營業人拒絕接受繳款書違序之行為，其**處以停止營業之標準**係：拒絕接受繳款書，經稽徵機關二次通知限期補辦，逾期仍未補辦者（要點四、㈠）。

有關停止營業作業之要點，參見上面本章第二目、壹、四、㈢之說明，不再贅述。

參、附論：滯納金之加徵與停止營業

本法第50條第1項規定：「納稅義務人，逾期繳納稅款或滯報金、怠報金者，應自繳納期限屆滿之次日起，每逾二日按滯納之金額加徵百分之一滯納金；逾三十日仍未繳納者，除移送法院強制執行外，並得停止其營業。」。依本項規定，納稅義務人逾期繳納稅款或滯報金、怠報金之行為，其法律效果有二，一為應加徵滯納金，一為稽徵機關得依裁量而予以停止營業。

按行政罰法施行後，法務部與財政部均已持滯納金之性質應非屬行政罰之見解，前面本書第二篇第一章、壹、二、㈣、3、已詳為說明。因此，本法第50條第1項規定之「滯納金」，並非租稅行政罰。然而同項規定之「停止營業」，行政法第2條第1款係明定其屬行政罰之一種。

本法第53條規定：「（第1項）主管稽徵機關，依本法規定，為停止營業處分時，應訂定期限，最長不得超過六個月。但停業期限屆滿後，該受處分之營業人，對於應履行之義務仍不履行者，得繼續處分至履行義務時為止。（第2項）前項停止營業之處分，由警察機關協助執行，並於執行前通知營業人之主管機關。」。

惟對於本法第50條第1項規定之停止營業，財政部訂定之「稽徵機關辦理營業人違反營業稅法停止營業處分作業要點」，其要點四、「停止營業之標準」並未將「納稅義務人逾期繳納稅款或滯報金、怠報金」列入；因此，宜認為係有意排除。**從而對於本法第50條第1項規定之停止營業，稽徵機關原有之「處罰與否」之裁量權，受稽徵機關辦理營業人違反營業稅法停止營業處分作業要點四、之限制，不得行使。**

按本法第50條第1項「應加徵滯納金」與「稽徵機關得依裁量而予以停止營業」之規定，實有檢討餘地。蓋納稅義務人逾期繳納營業稅，如稅額甚鉅，則加徵滯納金之外，得再施以停止營業之處罰，尚非全然不合理。然而納稅義務人逾期繳納滯報金，

滯報金最高金額僅為12,000元（國幣4,000元），逾期繳納怠報金，怠報金最高金額僅30,000元（國幣10,000元）（參見本法第49條），而竟得施以停止營業之處罰，鑑於停止營業是相當嚴重之處罰，是以如此之規定實屬輕重失衡，明顯與「比例原則」有違。總之，本法第50條第1項關於停止營業之規定，既然如上所述實務上並不執行，且其規定顯然有違比例原則，實應予以廢除或修正。

第四目　關於繳納義務之違序與其處罰

緒　　說

一、關於繳納義務之違序種類與其處罰之性質

本法規定之違序與其處罰，其中與「**繳納營業稅義務**」有關者，可合稱為「**關於繳納義務之違序與其處罰**」之類型，然而其條文，僅有第51條一條而已。惟第51條計有七款，雖然規定之處罰種類及內容均相同，然而處罰之構成要件則亦有七種不同內容。因此，本目即予分為貳、至捌、之七個子目，分別說明解析。

本類型違序之處罰，均係併處以「罰鍰」與「停止營業」。「**罰鍰**」之性質係漏稅罰，詳見下面壹、一、所述。由於行政罰法並不採主罰、從罰之區分，故罰鍰與停止營業均係主罰。惟本法第51條係規定「處××罰鍰，並得停止其營業」，停止營業與否稽徵機關有裁量權，足見處罰係以罰鍰為主，停止營業為輔。因此，與罰鍰併處之「**停止營業**」，性質亦應認為係屬漏稅罰。本目以下各子目中即均不再一一指明。

倘如行為人之違序因有違法阻卻事由或依法規規定等而免除罰鍰之處罰，稽徵機關得否仍予裁處停止營業，似有疑義，而本法並無明文，亦乏行政解釋可據。依本書之見解，既然主要處罰之罰鍰已經免除，表示其行為不具有「可非難性」；因此，應解為亦應免除停止營業之處罰，方符制裁之法理。

本法第51條各款規定之各種違序，均係違反本法規定之稅捐「**繳納義務**」，而繳納義務主要之法律依據係本法第35條至第38條、第40條等。由於本條規定之各種違序，係以同法第35條至第38條、第40條等條文之義務規定為構成要件，故屬「**非真正之空白構成要件**」，本法第51條規定則係「**結合指示**」（參見前面本書第二篇第一章，參、一、㈢、2、之說明）。本目以下貳、至捌、之各子目中即均不再一一說明。

二、行為人之責任能力、不知法規之責任與有無免責事由

在本類型違序中，行為人（亦是受罰人）均是納稅義務人，納稅義務人或為自然人，或為營業人。行為人之「**責任能力**」、「**不知法規之責任**」與「**有無免責事由**」，分別說明如下：

1.**行為人（受罰人）為自然人者**，依照行政罰法第9條規定，應審究自然人之責任

能力（年滿十八歲與否以及精神狀態）。上面本章第一目、緒說、二、㈠關於自然人之獨資資本主如何適用行政罰法第9條責任能力規定之解析說明，適用於本類型中之各種違序。又本章第一目、緒說、二、㈡及㈢關於「不知法規之責任」與「免責事由」之解析說明，亦同樣適用於本類型中之各種違序。本目以下貳、至捌、各子目中即均不再一一說明。

2.**行為人（受罰人）為營業人**者，上面本章第一目、緒說、二、關於營業人之「責任能力」、「不知法規之責任」與「免責事由」之整體解析說明，同樣適用於營業人之有本類型中之各種違序。本目以下貳、至捌、之各子目中即均不再一一說明。

壹、本法第51條各款規定共同問題之解析探討

本法第51條（以下稱**「本條」**）規定之七種違序，有若干共同問題，在此先予解析說明，以作為本目以下貳、至捌、之各子目論述之基礎。

一、漏稅罰構成要件描述之完整性

㈠由本條條文觀察，其中第2款：「逾規定期限30日未申報銷售額或統一發票明細表，亦未按應納稅額繳納營業稅者」，第6款：「逾規定期限30日未依第36條第1項規定繳納營業稅者」，二款文字已明確表達因有「違序行為與漏稅事實」而予處罰。其次，第7款：「其他有漏稅事實者」，明指有「漏稅事實」而予處罰。**凡此足見乃因行為人違反「繳納義務」而予處罰，故其性質係屬漏稅罰，自無疑問。**

惟第1款：「未依規定申請營業登記而營業」，第3款：「短報或漏報銷售額」，第4款：「申請註銷登記後，或經主管稽徵機關依本法規定停止其營業後，仍繼續營業」及第5款：「虛報進項稅額」，並未有「有漏稅事實者」之明文。因此，極易將各款規定理解為：祇要納稅義務人有第1款、第3款至第5款條文所描述之行為，不論是否導致漏稅，即應依各該款規定處罰。司法院大法官會議釋字第337號解釋所審理之案件，即是一個代表性之例。

在83.2.4釋字第337號解釋公布以前，財稅主管機關一向認為納稅義務人有虛報進項稅額者，不論是否導致漏稅，即應依本條第5款規定處罰（參見財政部76.5.6台財稅第7637376號函）。此一法律見解，經釋字第337號解釋判定違憲；其解釋闡明**對於「虛報進項稅額者」之處罰，係以「有漏稅事實」為要件，應以納稅義務人有逃漏稅款者，始得據以追繳稅款及處罰。**釋字第337號解釋雖係針對本條第5款規定而作，實則其見解亦適用於同條第1款、第3款及第4款，亦即此三款規定之違序，亦應因其行為導致「有漏稅事實」，方可予以處罰。

其實由法律解釋方法，即可得出與釋字第337號解釋相同之結論。本條條文之型態，係對其所設置之「對於漏稅之處罰」之概念，進一步以若干類型為例來闡明；其規定為：「納稅義務人，有下列情形之一者，除追繳稅款外，按所漏稅額處一倍至十倍

罰鍰，並得停止其營業：一、未依規定申請營業登記而營業者。二、逾規定期限三十日未申報銷售額或統一發票明細表，亦未按應納稅額繳納營業稅者。三、短報或漏報銷售額者。四、申請註銷登記後，或經主管稽徵機關依本法規定停止其營業後，仍繼續營業者。五、虛報進項稅額者。六、逾規定期限三十日未依第三十六條第一項規定繳納營業稅者。七、其他有漏稅事實者。」。本條條文之立法型態，係對其所設置之「對於漏稅之處罰」之概念，進一步以若干類型為例（即明定為第1款至第6款之各種特定違序之行為）來闡明。本條之第7款中所稱之「有漏稅事實」，實是本條所規定之處罰之共同構成要件，而第1款至第6款則是本條針對導致「有漏稅事實」之「違序之行為型態」所明定之例子。因此，依照「同法條中例示規定之構成要件，應先於概括規定而實施涵攝」之規則，納稅義務人之行為已導致漏稅者，必須先以本條第1款至第6款規定處罰之構成要件涵攝，而其行為無法為第1款至第6款規定處罰之構成要件所涵攝時，方得認定與本條第7款規定「其他有漏稅事實」之構成要件合致，而可依本條第7款規定處罰。因此，必須納稅義務人因有本條條文中第1款至第6款描述之特定違序行為，而導致「有漏稅事實」，方得予以處罰[18]。上述財政部76年第7637376號函之釋示，根本是錯誤之法律解釋；然因財稅主管機關一再堅持其錯誤見解，以致引發爭訟，終而由大法官會議公布釋字第337號解釋以糾正之，而其間有多少納稅義務人遭受委屈或冤屈，則實不堪聞問。

　　綜上所述，本條第1款、第3款至第5款條文，實應予以修正，增列「有漏稅事實」，俾使各款處罰之構成要件之描述，完整清晰，而無疑義。**在未修改此四款條文之前，四款條文均應做如下之理解，方為正確**。至於其他各款因條文已敘明漏稅事實，則無須修正，維持原貌即可：

　　第1款：未依規定申請營業登記而營業，**有漏稅事實者**。

　　第2款：逾規定期限30日未申報銷售額或統一發票明細表，亦未按應納稅額繳納營業稅者。

　　第3款：短報或漏報銷售額，**有漏稅事實者**。

　　第4款：申請註銷登記後，或經主管稽徵機關依本法規定停止其營業後，仍繼續營業，**有漏稅事實者**。

　　第5款：虛報進項稅額，**有漏稅事實者**。

　　第6款：逾規定期限30日未依第36條第1項規定繳納營業稅者。

　　第7款：其他有漏稅事實者。

　　綜上所述，**本法第51條各款規定「罰鍰」之處罰，其性質確實均屬「漏稅罰」**；本

18　與本法第51條規定型態相同之條文，應採此法律解釋方法，參見黃異，法學方法，2009年3月，51頁；黃茂榮，法學方法與現代民法，3版，1993年7月，346頁；以及黃茂榮，加值型營業稅之漏稅罰的結果要件（上），植根雜誌，26卷5期，2010年5月，23-24頁。

目以下貳、至捌、之各子目中，即均不再一一說明。

（二）上面㈠所述之「有漏稅事實」，其意係指「已發生漏稅之結果」。惟如何方是已發生漏稅之結果，如何判定，尚有待解明。

按本法之納稅義務人如無違反申報義務在先，則其單純遲延給付營業稅稅款，並不即論為稅捐逃漏；必須其應納稅額已屆至繳納期限，而又逾越「滯納期間」仍未繳納應納稅額，始應處以本條各款規定之漏稅罰。蓋本法對於應納稅額之繳納，設有「**滯納期間**」，滯納期間係法定或稽徵機關設定的繳納期限之翌日起30日（參見本法第50條、稅捐稽徵法第20條），不論是自動報繳抑係查定課徵之稅捐，皆然。在自動報繳之情形，其自動報繳行為超過單純之納稅行為，含有「繳納稅捐之協力義務」，更應給予30天滯納期間之寬限。是以「有漏稅事實」，應解為係「**逾滯納期間仍未繳納應納稅額**」。本條第1款、第3款至第5款及第7款條文對此雖無明文，法理上應作是解，否則條此五款之構成要件，即與本條第2款及第6款以「逾規定期限30日未繳納應納稅額」為構成要件，形成差別待遇，而並無合理之理由。因此，「**逾滯納期間未繳納應納稅額**」，應論為「有漏稅事實」之構成要素，亦即有本條各款所描述之行為者，逾滯納期間仍未繳納應納稅額，方是「已發生漏稅之結果」，而構成漏稅之違序行為[19]。

二、各款違序行為所違反之義務與各款適用之順序

本法規定之**課稅方式**有二種：⑴第一種稱為「**自動報繳**」，即由納稅義務人以2個月或1個月為一期，於次期15日前自行填寫繳款書繳納應納稅額（即「自動繳納應納稅額」）。由於應納稅額係以「銷售額」基礎而計算，因此應同時「自動申報銷售額及應納稅額」。納稅義務人適用自動報繳之課稅方式者，有「自動申報銷售額義務」及「自動繳納應納稅額義務」（二者分別簡稱「**自動申報義務**」、「**自動納稅義務**」，**而可合稱「自動報繳義務」**）。自動報繳之法律依據係本法第35條至第38條等。⑵第二種稱為「**查定課稅**」，即由稽徵機關以3個月或1個月為一期，查定營業人之銷售額及應納稅額後，填發核定稅額之繳款書，通知納稅義務人繳納（即「稽徵機關查定應納稅額而通知納稅義務人繳納」）。納稅義務人適用查定課徵之課稅方式者，僅於稽徵機關送達核定稅額之繳款書後，方發生「依稽徵機關通知而繳納應納稅額之義務」，亦即**僅有「被動納稅義務」**，而並無自動申報銷售額之義務，即並無「自動申報義務」。查定課稅之法律依據係本法第21條但書、第22條但書、第23條及第40條等。

本條第1款：「未依規定申請營業登記而營業，**有漏稅事實**者」，第4款：「申請註銷登記後，或經主管稽徵機關依本法規定停止其營業後，仍繼續營業，**有漏稅事實**

---

9 黃茂榮，註12書，728-729，737頁。惟其後黃茂榮於另一文中又謂本法第51條第1款及第4款之漏稅，無30日之滯納期限的寬限，然而未說明理據；參見黃茂榮，註18文，18, 22頁。如依後一見解，形成差別待遇，恐非妥適。

者」，納稅義務人有此二款規定之違序者，由於納稅義務人未辦營業登記等，故其課稅方式如何，根本不明；是則此二款規定之處罰，是否以納稅義務人違反上述「**自動申報義務**」、「**自動納稅義務**」或「**被動納稅義務**」之行為為構成要件，似有疑義。

觀察本法第51條第1款及第4款條文，其與同條第2款、第3款及第6款條文，有一個差異，即第2款、第3款及第6款規定之違序，由其條文明顯可見其違反之義務係「自動申報義務及納稅義務」（如第2款、第3款），或「自動納稅義務」（如第6款）；至於第1款及第4款規定之違序，由其條文明顯可見其違反之義務係「營業登記義務」、「不繼續營業之義務」，而均未將申報義務或納稅義務之違反納入構成要件中。因此，**應解為本法第51條第1款及第4款規定違序之行為，無須論及納稅義務人是否違反「自動申報義務」、「自動納稅義務」或「被動納稅義務」，僅須納稅義務人違反「營業登記義務」、「不繼續營業之義務」（致有漏稅事實），即為已足**[20]。

至於本條第7款規定之違序，僅以納稅義務人「有其他漏稅事實」，即為已足，其違序之行為如何，則非處罰之構成要件。然而正因如此，**本條七款規定，僅在納稅義務人違序之行為已造成漏稅，而無法為第1款至第6款規定之構成要件所涵攝時，方得適用第7款規定而處罰之**；蓋本條前六款條文對於納稅義務人違序之行為均已具體描述，相對於第7款具有特別規定之意涵，此亦是適用法律時，應遵守「**同法條中例示規定之構成要件，應先於概括規定而實施涵攝**」之規則。

三、違序行為之性質與「真實義務」

(一)本條各款規定之處罰，以有違反「申報義務及（或）納稅義務之行為」（「**報繳行為**」），以致發生漏稅之結果為前提；至於違序之行為，其性質如何，在此解析說明：

1.第1款至第4款、第6款則係納稅義務人違反申報義務或納稅義務之各種行為，其性質可分為「未為報繳行為」與「短少報繳行為」二類：

第1款規定違序之行為係「**未為報繳行為**」，即納稅義務人擅自營業，從而完全未繳納營業稅。

第2款規定違序之行為係「**未為報繳行為**」，即納稅義務人逾規定期限30日，完全未報繳營業稅。

----

20 由此觀察本法第43條第1項第3款規定：「營業人有下列情形之一者，主管稽徵機關得依照查得之資料，核定其銷售額及應納稅額並補徵之：三、未辦妥營業登記，即行開始營業，……而未依規定申報銷售額者。」，即有疑義。按由於納稅義務人未辦營業登記等，故其課稅方式是「自動報繳」抑是「查定課徵」，根本不明。然而本款規定以「未依規定申報銷售額」為補徵稅款之要件，豈非認為擅自營業之納稅義務人已先有「自動報繳」之義務，形成矛盾；蓋納稅義務人是使用「自動報繳」或「查定課徵」之課稅方式，需先經稽徵機關指定；擅自營業之納稅義務人既未經稽徵機關指定「自動報繳」之課稅方式，何來申報銷售額義務之可言。為消除此一疑義，本款中之「未依規定申報銷售額」宜改為「未繳納營業稅」。

第3款規定違序之行為係**「短少報繳行為」**，即納稅義務人短報或漏報銷售額，致有短少繳納營業稅。

第4款規定違序之行為係**「未為報繳行為」**，即納稅義務人已註銷登記，或經主管稽徵機關停止營業後，仍繼續營業，從而完全未繳納營業稅。

第6款規定違序之行為係**「未為報繳行為」**，即納稅義務人未依本法第36條第1項規定繳納營業稅。

2.本條第5款規定違序之行為係虛報進項稅額，其行為之性質較為特殊，茲分別說明如下：

(1)依本法第15條第1項規定，**加值型營業稅納稅義務人**計算應納稅額時，進項稅額應扣抵銷項稅額。同法第35條第1項規定，申報銷售額時，**「應檢附退抵稅款文件」**，退抵稅款文件之一即是「載有進項稅額之統一發票或其他文件」，是以形成**「申報進項稅額」**之行為。惟應注意，「申報銷售額」是納稅義務人之義務。至於**「進項稅額之扣抵」**則是納稅義務人之權利（扣抵同期銷項稅額之權利），故而**「進項稅額之申報」**僅是納稅義務人之行使扣抵權利之**「負擔」**（Last），**而非義務**，進項稅額扣抵之申報僅具**「抵銷效力確認」**之意義而已[21]。嚴格言之，進項稅額之申報乃是「行使扣抵權利之意思表示」。然而因進項稅額之扣抵，應納稅額同額減少；是以如進項稅額虛報，必然導致同額短少繳納應納稅額。因此，**虛報進項稅額本身雖非義務之違反，然而最終極可能形成「短少繳納應納稅額」，導致違反納稅義務。**是以由實質面論之，加值型營業稅納稅義務人虛報進項稅額乃是**間接之「短少報繳行為」**。

(2)依本法第23條規定**查定課稅之營業人**，得依同法第25條規定以進項稅額扣抵查定稅額；而依本法施行細則第44條規定，查定課徵之營業人應**申報其進項憑證**。按查定課數之課稅方式，原不適用扣抵進項稅額之規定；是以本法第25條以進項稅額扣抵查定稅額，有**「納稅義務減輕」**之效果，其規定係屬**租稅減免優惠**規定，而「載有進項稅額憑證」之申報，僅係其享受租稅減免優惠之**「負擔」**。查定課徵之營業人虛報進項稅額直接導致短少繳納查定稅額，其行為係**「短少報繳行為」**。

3.本條第7款規定之處罰，僅以納稅義務人「有其他漏稅事實」，即為已足，其違序之行為如何，則非處罰之構成要件，故無須討論。

(二)不論是違序之行為係「未為報繳行為」或「短少報繳行為」，其共同之處在於納稅義務人均係違反**「真實義務」**（或**「誠實義務」**，Wahrheitpflicht）。**「真實義務」**可謂係法規範要求之基本義務，即法規之條文中縱然未有「按照真實事實而行

---

[21] 國內稅法學界明確指出「進項稅額扣抵銷項稅額」係營業人之權利者，似為黃茂榮，其稱為「稅額抵繳權」；參見黃茂榮，稅捐法專題研究（各論部分），2001年12月，313，374頁。另外黃源浩則稱為「進項稅額扣抵權」，參見黃源浩，論進項稅額扣抵權之成立及行使，月旦法學雜誌，140期，2007年1月，91-115頁。
　　關於「義務」與「負擔」之性質差異，參見註15。

為」之明文，然而其施行均期待行為人之法律行為以眞實事實爲基礎而爲之。所謂眞實，意謂「正確而完整」。納稅義務人對於租稅徵收之事實，負有合於眞實之揭露、報告義務。**租稅法規定納稅義務人之各項行為義務（廣義之行為義務，包括稅捐繳納義務），均期待納稅義務人以眞實事實爲基礎而履行。是以營業稅法規定之報繳義務，當然係涵蘊納稅義務人以「眞實之銷售額、進項稅額等」而爲報繳之要求**。我國租稅法中雖無眞實義務之明文，然而司法院大法官會議第521號解釋等，即表明人民負有誠實申報義務[22]。「未爲報繳行為」完全隱瞞課稅事實，根本不履行報繳義務，係違反眞實義務之最極端行爲型態。「短少報繳行為」係雖已履行義務，然而對於課稅事實有所隱瞞或虛僞報告。

　　本條前六款條文對於納稅義務人違序之行爲，其中「未爲報繳行爲」係根本不履行報繳義務，其違反眞實義務無須再加審究。至於「短少報繳行爲」因納稅義務人已履行報繳義務，則應審究其有無違反眞實義務；**如報繳時並未違反眞實義務，縱然有短少繳納營業稅之事實，應僅予補徵稅款，而不應予以處罰。易言之，納稅義務人必須出於故意或過失而隱瞞或虛僞申報課稅事實，致發生漏繳營業稅之結果，方應依本條各款規定處罰**[23]。

　　㈢應注意者，本條規定之「漏稅罰」，係以發生「漏稅之結果」爲其構成要件。稅捐稽徵法第41條有**「逃漏稅罪」**，亦以發生「漏稅之結果」爲其構成要件。是則本條之「漏稅罰」與稅捐稽徵法第41條之「逃漏稅罪」，如何區分，應予辨明。

　　按逃漏稅罪之全部構成要件爲「以詐術或其他不正當方法逃漏稅捐」，而漏稅罰之全部構成要件爲「由於本法第51條第1款及第6款規定之特定行爲，以致有漏稅事實」、「有本法第51條第7款規定之漏稅事實」因此，行爲人之行爲並非「詐術或其他不正當方法」之行爲者，應不得論以逃漏稅罪。蓋所謂詐術或其他不正當方法，詐術等於詐欺，即故意以欺罔之手段使人陷於錯誤；而其他不正當方法，最高法院74年台上第5497號判例謂：「……所謂詐術或其他不正當方法逃漏稅捐，必具有與積極之詐術同一型態，始與立法之本旨符合，如僅單純之不作爲，而別無逃漏稅捐之積極行爲，即不能認與詐術漏稅之違法特性同視，……。」。

22　參見黃源浩，營業稅法上協力義務及違反義務之法律效果，財稅研究，35卷5期，2003年9月，136頁（註4）
　　　日本國稅通則法第68條即明文規定：納稅義務人事實上為隱瞞全部或部分，或基於假裝行為進行不足申報者，處以「重加算稅」（「加算稅」性質為「過料」，過料相當於我國之「罰鍰」；故「重加算稅」相當於「加重罰鍰」）。其立法時將「真實義務」明文化，可為解析闡釋我國租稅法中漏稅處罰規定之參考。
23　課稅要件事實已誠實申報者，雖有短少繳納稅款，因僅予以補徵稅款，而不予處罰，特別是在徵納雙方對於課稅要件事實之「法律上評價」不同，以及納稅義務人對於課稅要件事實有「認識錯誤」之情形亦然，租稅法學者概均持此一見解；參見葛克昌，行政程序與納稅人基本權，2002年10月，219頁；黃茂榮，註21書，483-484頁；以及陳清秀，稅法總論，4版，2006年10月，639頁。

就營業稅之漏稅而言，不開立統一發票、不依規定申報銷售額等（致有漏稅），其行為並非詐術或其他不正當方法；必須諸如製作假單據、設置偽帳、偽造統一發票、開立大頭小尾之統一發票（即同一份統一發票之收執聯記載真實金額，而存根聯記載較小金額）等之行為（而逃漏營業稅），方屬詐術或其他不正當方法[24]。

貳、擅自營業致漏稅違序與其處罰

納稅義務人未依規定申請營業登記而營業，而有漏稅事實，構成**擅自營業致漏稅違序**，除追繳稅款外，按所漏稅額處1倍至10倍罰鍰，並得停止其營業（本法第51條第1款）。

一、受罰人

本法第51條（以下稱「**本條**」）第1款規定處罰之受罰人為「納稅義務人」。納稅義務人範圍規定於本法第2條：「營業稅之納稅義務人如下：一、銷售貨物或勞務之營業人。二、進口貨物之收貨人或持有人。三、外國之事業、機關、團體、組織，在中華民國境內無固定營業場所者，其所銷售勞務之買受人。但外國國際運輸事業，在中華民國境內無固定營業場所而有代理人者，為其代理人。」其中第1款所稱之營業人，係指本法第6條規定：「有下列情形之一者，為營業人：一、以營利為目的之公營、私營或公私合營之事業。二、非以營利為目的之事業、機關、團體、組織，有銷售貨物或勞務者。三、外國之事業、機關、團體、組織，在中華民國境內之固定營業場所。」。

本條第1款規定之受罰人，初視之似係「納稅義務人」，其實應僅係「**有申請營業登記義務之營業人**」；蓋處罰之構成要件係「未依規定申請營業登記而營業」，則其前提要件自係「從事銷售活動者之情狀已足以認為為營業人」與「營業人依法有申請業登記之義務」，方可能存在「未依規定申請營業登記而營業」之情形。**以下即直接以「營業人」取代「納稅義務人」。**

關於受罰人之認定，詳見上面本章第一目、壹、一、㈠之說明解析。

從事銷售活動者之情狀，如何得以認定為營業人，取決於營業人之概念，關於營業人之概念，詳見上面本章第一目、壹、一、㈡及㈢之說明解析。

關於有申請營業登記義務之營業人，詳見上面本章第一目、壹、二、㈡、1、之說明。

二、客觀構成要件

㈠營業人依法有申請營業登記之義務，未依規定申請而營業，而有漏稅事實，成立「**擅自營業致漏稅違序**」。

---

[24] 參見最高法院73年第4次刑事庭會議決議。

茲說明如下：

1.本條第1款規定之構成要件，初視之係「未依規定申請營業登記而營業」；其實應加上「有漏繳營業稅之事實」，其處罰之構成要件方始完整。

擅自營業致漏稅違序之行為，係違反本法所規定之二個義務：**「申請營業登記義務」**及**「繳納應納稅額義務」**；惟按之實際，係違反申請營業登記義務在先，而違反繳納應納稅額義務在後。擅自營業之營業人在先既未履行營業登記之義務，通常亦不會在後履行繳納營業稅之義務。

關於「申請營業登記義務」規定之內容，詳見上面本章第一目、壹、二、㈡之說明。

2.納稅義務人如無違反營業登記義務在先，則其單純遲延給付稅款，並不即論為稅捐逃漏；**必須違反營業登記義務在先，而其逾越「滯納期間」仍未繳納稅款，方成立擅自營業致漏稅違序**（參見上面本目、壹、一、㈡之說明）。此亦可由本條第2款及第6款規定均以「逾規定期限30日未繳納應納稅額」為構成要件，獲得印證[25]。

3.財政部77.12.10台財稅第770602165號函：「……對於未辦登記擅自營業者，如經查獲其未滿1個月之銷售額，應換算為全月銷售額，如換算之全月銷售額未達起徵點者，既無應納稅額，無須按漏稅處罰。」。此一釋函指示「無須按漏稅處罰」固然妥適，然而未說明其理據在於：營業人之全月銷售額未達起徵點，係屬小規模營業人，而依本法第26條與「小規模營業人營業稅起徵點」規定，**銷售額未達起徵點者免予課稅，故其並無「繳納應納稅額義務」**，從而與本條第1款規定處罰之構成要件並不合致。此一釋函未作此說明，析疑欠明且論證欠缺，大失闡釋之功能。

其他營業人雖違反「申請營業登記義務」，然而並未違反「繳納應納稅額義務」之情形，例如未辦妥登記即開始營業，惟至稽徵機關查獲時，尚未有銷售行為致無銷售額，從而並無應納稅額，即屬之。

4.營業人亦有免辦理營業登記之義務者，其法律依據為本法第29條。此類營業人自無成立「擅自營業致漏稅違序」之可言。

關於「免辦理營業登記義務之營業人」之規定，詳見上面本章第一目、壹、二、㈤之說明。

5.擅自營業之營業人繳納應納稅額之義務，其法律依據為本法第35條、第38條、第40條及第42條等。其規定內容，詳見下面㈡所述。

6.擅自營業致漏稅違序之成立，必須違序之行為具有**「構成要件該當性」**；違序之行為在何一時日方成為**「構成要件該當行為」**，自應予以審究。

關於擅自營業致漏稅違序之構成要件該當行為成立時日，於下面㈣說明。

7.擅自營業致漏稅違序與本法第45條規定之「擅自營業違序」之關係如何，是否有

---

25 同註19。

行政罰法第24條第1項「一行為不二罰」規定之適用等，乃值得探討之問題，詳見下面本篇第四章、參、四、㈠、1、之討論，此處略之。

㈡營業人繳納應納稅額之義務：

營業人繳納應納稅額之義務，分見於下列本法各條規定：

第35條第1項及第2項：「（第1項）營業人除本法另有規定外，不論有無銷售額，應以每二月為一期，於次期開始十五日內，填具規定格式之申報書，檢附退抵稅款及其他有關文件，向主管稽徵機關申報銷售額、應納或溢付營業稅額。其有應納營業稅額者，應先向公庫繳納後，檢同繳納收據一併申報。（第2項）營業人銷售貨物或勞務，依第七條規定適用零稅率者，得申請以每月為一期，於次月十五日前依前項規定向主管稽徵機關申報銷售額、應納或溢付營業稅額。但同一年度內不得變更。」。本條第2項所稱之「同一年度」，係指日曆年度，即1月1日起至同年12月31日止（財政部77.8.2台財稅第770660300號函）。本條適用於課徵加值型營業稅之營業人，亦適用於課徵非加值型營業稅之營業人非核定查定課徵者。**此係「自動報繳義務」之規定。**

第38條：「（第1項）營業人之總機構及其他固定營業場所，設於中華民國境內各地區者，應分別向主管稽徵機關申報銷售額、應納或溢付營業稅額。（第2項）依第四章第一節規定計算稅額之營業人，得向財政部申請核准，就總機構及所有其他固定營業場所銷售之貨物或勞務，由總機構合併向所在地主管稽徵機關申報銷售額、應納或溢付營業稅額。」。本條適用之對象與第35條適用之對象相同。**此係「自動報繳義務」之規定。**

第40條第1項及第2項：「（第1項）依第二十一條規定，查定計算營業稅額之典當業及依第二十三條規定，查定計算營業稅額之營業人，由主管稽徵機關查定其銷售額及稅額，每三個月填發繳款書通知繳納一次。（第2項）依第二十二條規定，查定計算營業稅額之營業人，由主管稽徵機關查定其銷售額及稅額，每月填發繳款書通知繳納一次。」。本條適用於課徵非加值型營業稅之營業人核定使用「查定課稅」者。**此係「被動納稅義務」之規定。**

第42條第1項：「依本法規定，由納稅義務人自行繳納之稅款，應由納稅義務人填具繳款書向公庫繳納之。依本法規定，由主管稽徵機關發單課徵或補徵之稅款……，應由主管稽徵機關填發繳款書通知繳納，納稅義務人，應於繳款書送達之次日起，十日內向公庫繳納之。」。**此係「自動納稅義務」與「被動納稅義務」之規定。**

㈢營業登記及納稅義務發生之要件暨義務履行期限：

擅自營業致漏稅違序之行為，如上面㈠、1、所述，係同時違反本法所規定之「**營業登記義務**」及「**納稅義務**」。此二義務發生之要件暨義務履行期限，分述如下：

1.**營業登記義務發生之要件**，係營業人「設立組織準備開始營業」、「設立組織準備對外營業」；至於**義務履行期限**，則係「開始營業日之前1日」、「開始對外營業日之前一日」，已於上面本章第一目，壹、二、㈡、2、詳述。

2.**繳納營業稅義務發生之要件**，應視擅自營業之營業人之營業性質或每月銷售額而定：

⑴除下面⑵或⑶所述情形外，**經查明每月銷售額已達使用統一發票標準，而係屬應自動報繳者**，由於本法第35條規定每2個月為一期[26]，於次期15日前自動申報銷售額；是以在解釋上，在「每期開始」即發生各期之申報義務。因此，此一義務**發生之要件**係「每期開始」，**義務履行期限**係「次期15日」。

⑵**經查明每月銷售額未達使用統一發票標準，而係屬適用查定課稅方式者**，由於本法第40條規定查定課稅係每3個月或1個月為一期，通知納稅一次，而通常繳納期間為10日；是以在解釋上，在「每期開始」即發生各期之納稅義務。因此，此一義務**發生之要件**係「每期開始」，**義務履行期限**係稽徵機關填發之稅單所載「繳納期間之末日」[27]。

⑶**營業性質特殊而屬適用查定課稅方式者**，不論查明是否每月銷售額已達使用統一發票標準（參見財政部89.5.3台財稅第890452799號函），其認定同⑵，

⑷所營行業係應課徵非加值型營業稅，而該行業得免用統一發票，但銷售額依規定應自動申報者，其認定同⑴。

由上述可知，擅自營業之營業人所違反之義務，其中營業登記義務之履行期限必然早於納稅義務之履行期限。是則倘如擅自營業之營業人開業後，在次期納稅義務之履行期限前即為稽徵機關查獲，由於查獲時已逾登記義務之履行期限，然而卻尚未逾納稅義務之履行期限，**如營業人及時在次期15日前、繳納期間末日前自行繳納稅款，則僅構成本法第45條規定之「擅自營業違序」而已。**

擅自營業之營業人開業後，且在次期15日以後為稽徵機關查獲，其時已逾二個義務之履行期限。其時僅審究開業後第一期之申、納稅義務之履行期限即可，至於營業登記義務之履行期限則可以不問，蓋其必然逾義務之履行期限無疑。

為確定擅自營業之營業人第一期申報、納稅義務之履行期限，必須先確定營業人之

----

26 本法第35條第2項有「以一個月為一期，每月申報及納稅一次」之規定，惟其應申請經稽徵機關核准，方得採用。擅自營業之營業人自無適用此一規定之可能；故其自動申報及納稅義務，必然僅能是本法第35條第1項規定之「以二個月為一期，每二個月申報及納稅一次」。

27 此類擅自營業之營業人，如其已依規定辦理營業登記，依本法第21條但書、第22條但書、第23條及第4條等規定，稽徵機關當係核定其使用「查定課稅」之方式。查定課稅之營業人，僅於稽徵機關送達核定稅額之繳款書後，方發生「依稽徵機關通知而繳納應納稅額之義務」，亦即僅有「被動納稅義務」，而並無自動申報銷售額之義務，即並無「自動申報義務」。然而因營業人未辦理營業登記，導致稽徵機關無從核定其使用「查定課稅」方式。此一情形即「行為人違反義務，致使稽徵機關不能知悉關於租稅課徵之重要事項，而發生漏繳稅款之結果」；因此，基於課稅公平原則及核實課稅原則，營業人即無論係違反查定課稅方式下之納稅義務，其義務之履行期限，自應以查定課稅方式下之營業稅繳納期限為準。

關於「行為人違反義務，致使稽徵機關不能知悉關於租稅課徵之重要事項，而發生漏繳稅款之結果」，成立漏稅之違序而應處罰；參見陳清秀，註23書，638頁。德國租稅通則第370條及第378條即將此一情形明定為「短漏租稅」而應處罰，見陳敏譯，德國租稅通則（Abgabenordnung'77），1985年月，393，409頁。

開業日期。

(四)**擅自營業致漏稅違序之構成要件該當行為成立時日：**

擅自營業之營業人開業後，且在次期15日以後、繳納期間末日以後為稽徵機關查獲，如上面(三)所述，其開業後第一期之申報、納稅義務之履行期限，係「開業日之次期第15日、繳納期間末日」。因此，營業人在開業日之次期第15日、繳納期間末日後之滯納期間屆滿前仍未繳納應納稅額，而其係出於故意或過失者，**其行為即具有構成要件該當性，而屬「擅自營業致漏稅違序」之構成要件該當行為。**

三、主觀構成要件

關於「擅自營業致漏稅違序」之主觀構成要件，暨其前提：如何認定從事銷售活動者已成為營業人，上面本章第一目、壹、三、關於「擅自營業違序」之行為是否故意或過失之解析說明，均可適用，蓋此二違序之行為同係「違反營業登記義務」之故。

應注意者，擅自營業之營業人尚有「違反納稅義務」之行為，故尚有查明擅自營業之營業人違反納稅義務之行為，是否出於故意或過失之問題。

如上面二、(一)、1、所述，擅自營業之營業人所違反之義務，其中營業登記義務之履行期限必然早於納稅義務之履行期限。是以「未辦理營業登記」與「未繳納營業稅」畢竟是二個行為，因此，是否查究一個或二個故意、過失，非無疑問，而實務上多未過問，亦乏實務見解可據。依本書之見解，既然兩個行為可以分離，稅法要求履行義務之期限亦異，則查究二個故意、過失為宜。惟二個故意、過失密切相關，在事理上，擅自營業之營業人「違反繳納義務」之行為係出於故意或過失者，則其前「違反營業登記義務」之行為亦是出於故意或過失，殆屬必然。因此，**稽徵機關僅須查明擅自營業之營業人「違反繳納義務」之行為係出於故意或過失即可。**

四、法律效果

(一)對營業人擅自營業致漏稅違序，除追繳稅款外，**按漏繳稅額處1倍至10倍罰鍰**。稽徵機關在「漏繳稅額處1倍至10倍」範圍內，有處罰倍數之裁量權。

惟稽徵機關對本條第1款規定處罰罰鍰金額之裁量權，實際上受限於財政部訂定之「稅務違章案件裁罰金額或倍數參考表」中關於本條第1款裁罰金額統一裁量之規定，其規定如下：

1.第一次處罰日以前之違章行為，按所漏稅額處2倍之罰鍰。但於裁罰處分核定前已補辦營業登記或不再繼續營業，並已補繳稅款、以書面或於談話筆（紀）錄中承認違章事實及承諾繳清罰鍰者，處1倍之罰鍰。

2.第一次處罰日後至第二次處罰日以前之違章行為，按所漏稅額處4倍之罰鍰。但於裁罰處分核定前已補辦營業登記，並已補繳稅款、以書面或於談話筆（紀）錄中承認違章事實及承諾繳清罰鍰者，處2倍之罰鍰。

　　3.第二次處罰日後再發生之違章行為，每次按所漏稅額處6倍之罰鍰。但於裁罰處分核定前已補辦營業登記，並已補繳稅款、以書面或於談話筆（紀）錄中承認違章事實及承諾繳清罰鍰者，處3倍之罰鍰。

　　㈡對營業人擅自營業致漏稅違序，**除處以罰鍰外，並得同時裁處停止營業之處罰**；蓋罰鍰與停止營業係不同種類之處罰，可以併罰（參見行政罰法第24條第2項前段）。

　　稽徵機關對於停止營業，有「處罰與否」之裁量權。

　　本法第53條規定：「（第1項）主管稽徵機關，依本法規定，為停止營業處分時，應訂定期限，最長不得超過六個月。但停業期限屆滿後，該受處分之營業人，對於應履行之義務仍不履行者，得繼續處分至履行義務時為止。（第2項）前項停止營業之處分，由警察機關協助執行，並於執行前通知營業人之主管機關。」。

　　惟對於本條第1款規定之停止營業，財政部訂定之「稽徵機關辦理營業人違反營業稅法停止營業處分作業要點」，其要點四、「停止營業之標準」並未將之列入，因此，宜認為係有意排除。**從而對於本條第1款規定之停止營業，稽徵機關原有之「處罰與否」之裁量權，受稽徵機關辦理營業人違反營業稅法停止營業處分作業要點四、之限制，不得行使。**

　　㈢如上面二、㈠、3、所述，下述情形並未構成擅自營業致漏稅違序，不得依本條第1款規定予以處罰：

　　1.擅自營業之營業人經查獲其未滿一個月之銷售額，應換算為全月銷售額，如換算之全月銷售額未達起徵點者（財政部77.12.10台財稅第770602165號函）。

　　2.未辦妥登記即開始營業，至稽徵機關查獲時，均未有銷售行為致無銷售額者。

　　㈣本法規定之營業稅有二種，一種是「加值型營業稅」，另一種是「非加值型營業稅」。本條第1款處罰規定之罰鍰，係以「漏稅額」（即漏未繳納之營業稅稅額）為計算基準；因此，漏稅額須先確定，而所謂確定，不外是漏稅額如何計算之問題。關於漏稅額如何計算，涉及應課徵之營業稅係加值型營業稅或係非加值型營業稅之問題。

　　擅自營業之營業人屬應課徵**非加值型營業稅**者，稽徵機關對漏稅額，即得以下式計算之：「**未納稅之銷售金額×稅率＝應納稅額（即漏稅額）**」，並無疑義[28]。

　　擅自營業之營業人屬應課徵**加值型營業稅**者，由於加值型營業稅之應納稅額，係依下式計算：「**銷項稅額－進項稅額＝應納稅額**」；是以稽徵機關在計算漏稅額時，**營業人已取得合法憑證之進項稅額可否自銷項稅額減除，即成疑問**。關於此一問題，不僅有

---

[28] 其實在此尚有一個問題，即倘如擅自營業之營業人係本法第23條規定查定課稅之小規模營業人等，稽徵機關計算其漏稅額時，可否依本法第25條規定，扣減其進項稅額之10%。依本書之見解，應作否定解釋。蓋查定課稅之課稅方式，原不適用扣抵進項稅額之規定，是以本法第25條以進項稅額扣抵查定稅額之，有「納稅義務減輕」之效果，其規定係屬租稅減免優惠規定；因此，本法施行細則第44條乃規定應申報「載有進項稅額憑證」，此一申報係其享受租稅減免優惠之條件。擅自營業之營業人未申報進項稅憑證，自不得適用此一租稅減免優惠規定。

在於擅自營業致漏稅違序之處罰案件，本條其他各款之漏稅罰案件亦同有此一問題。爲節省篇幅，此一問題於下面肆、四、㈢詳予探討說明，此處略之。

　　㈤本條第1款規定之擅自營業致漏稅違序，稽徵機關應予補徵稅款，補徵稅款係行政處分，惟並非租稅行政罰，然而卻是所處罰鍰之計算基礎。

　　關於補徵稅額之如何計算，有一特殊問題，即擅自營業之營業人既未辦理營業登記，其銷售額應適用本法第三章所定之何種稅率，自然不明。實務上財政部乃有下列行政解釋：

　　75.8.11台財稅第7554563號函：「營業人課徵營業稅之稅率，應按其業別或規模，分別適用營業稅法第10條至第13條之規定；查獲未辦營業登記擅自營業案件，補徵營業稅時亦同。」。

　　85.6.5台財稅第851906819號函：「主旨：營業人未辦營業登記，擅自承攬工程，其施工前後月份均未滿月，應按查獲銷售額除以實際營業日數，再乘以30天計算每月銷售額，並依其每月銷售額是否達使用統一發票銷售額標準，決定應適用營業稅法第10條或第13條規定之稅率。」。

　　87.3.19台財稅第871934657號函：「主旨：有關營業人未依法辦理營業登記及娛樂業登記，擅自經營電動玩具業務，其應補徵營業稅……之稅額計算基礎，請依說明二……辦理。說明：二、營業稅部分：查電動玩具遊樂場所屬營業性質特殊之營業人，主管稽徵機關查定其每月銷售額時，其銷售額得不受使用統一發票標準之限制，前經本部75/07/09台財稅第7526125號函核釋有案。本案營業人未辦營業登記，擅自經營電動玩具業務，如其未兼營銷售其他貨物或勞務者，應依營業稅法第13條及第23條規定，尤主管稽徵機關查獲之銷售額按1%稅率計算營業稅額。……」。

　　歸納上開解釋，可謂擅自營業之營業人應以「倘如其已依法辦妥營業登記時，應適用之稅率」，以計算應納稅額。

五、免予處罰之例外規定暨其評析

　　對於本條第1款規定之擅自營業致漏稅違序，法規中有免予處罰之規定，行政解釋□有免予處罰之釋示，茲摘述如下，並予以評析。

　　㈠稅務違章案件減免處罰標準第15條第1項第1款規定：「依加值型及非加值型營業稅法第五十一條規定應處罰鍰案件，其漏稅金額符合下列規定之一者，免予處罰：一、每期漏稅額在新台幣二千元以下者。」。所稱每期所漏稅額，係指如一次查獲數期者，每期所漏稅額（財政部83.3.23台財稅第831587725號函）。又同標準第23條規定：「稅務違章案件應處罰鍰金額在新台幣二千元以下者，免予處罰。」。

　　按稅務違章案件減免處罰標準係財政部依據稅捐稽徵法第48條第2項之授權而制定者，故上開二個免罰規定，優先於本條第1款之處罰規定而適用。

　　惟應注意，同標準第24條復規定：「納稅義務人……有下列情事之一者，不適用本

標準……免予處罰：一、一年內有相同違章事實三次以上者。二、故意違反稅法規定者。三、以詐術或其他不正當方法逃漏稅捐者。」。所稱違章事實次數，係指查獲次數（財政部83.3.23台財稅第831587725號函）。此一規定又係同標準第15條第1項第1款、第23條之特別規定，優先適用。

　　㈡財政部86.12.18台財稅第861930270號函：「主旨：營業人經設籍課稅後，就其設籍課稅前之銷售額，於未經檢舉及查獲前，已自動於銷售貨物或勞務當期補開統一發票，並於當期法定申報期限內依法報繳者，其於報繳前經查獲該補開統一發票之銷售額部分，可免按營業稅法第51條第1款及稅捐稽徵法第44條規定處罰。」。

　　此一釋函所述情形，免予處罰之理據，應是如下二者：⑴營業人未辦妥營業登記，而經稽徵機關設籍課稅者，視為已依規定辦理登記（參面上面本章第一目、壹、二、㈣）；因此，並不具備本條第1款規定處罰之構成要件中「違反營業登記之義務」之要素。⑵稽徵機關於當期法定報繳期限之前查獲補開統一發票，因尚未屆至納稅義務之履行期限，故不具備本條第1款規定處罰之構成要件中「違反繳納應納稅額義務」之要素。既然營業人之行為與本條第1款規定處罰之構成要件並不合致，自不得予以處罰。

　　綜而言之，此一釋函未有關於免罰理由之任何說明，其結論跳空而至，大失法律闡釋之功能。

參、逾30日未報繳致漏稅違序與其處罰

　　納稅義務人逾規定期限30日未申報銷售額或統一發票明細表，亦未按應納稅額繳納營業稅，構成**逾30日未報繳致漏稅違序**，除追繳稅款外，按所漏稅額處1倍至10倍罰鍰，並得停止其營業（本法第51條第2款）。

一、受罰人

　　本法第51條（以下稱「**本條**」）第2款規定處罰之受罰人為「納稅義務人」。納稅義務人範圍規定於本法第2條，已如前述。

　　按本法第35條及第38條規定，營業人有「申報銷售額義務」及「繳納應納稅額義務」（即「**自動報繳義務**」）。本條第1款規定之受罰人，初視之似係「納稅義務人」，其實應僅係依本法第35條及第38條規定而**有自動報繳義務之營業人**，而不包括「查定課稅」之營業人；蓋處罰之構成要件係「逾規定期限30日未申報及納稅」，則其前提要件自係「營業人依法有申報及納稅義務」，方可能存在「逾規定期限30日未申報及納稅」之情形。**以下即直接以「營業人」取代「納稅義務人」。**

　　關於受罰人之認定，詳見上面本章第一目、壹、一、㈠之說明解析。

　　關於營業人之概念，詳見上面本章第一目、壹、一、㈡及㈢之說明解析。

二、客觀構成要件

㈠逾規定期限30日未申報銷售額或統一發票明細表，亦未按應納稅額繳納營業稅，成立「**逾30日未報繳致漏稅違序**」。

茲說明如下：

1.營業人之銷售額係以「申報書」申報，而非以統一發票明細表申報。統一發票明細表之內容是銷售額之明細，僅是銷售額之證明文據。本法第35條第3項規定：「前二項營業人，使用統一發票者，並應檢附統一發票明細表。」，此僅係一個「**稽徵機關調查證據之協力義務**」，並非申報義務。因此，本條第2款規定處罰之構成要件，其中「未申報統一發票明細表」之要素，並非必要。如營業人已申報銷售額，而未檢附統一發票明細表，不能論為違序；反之，如雖已提供統一發票明細表，而未申報銷售額（惟此一情形極為罕見），則應論為違序。

2.逾30日未報繳致漏稅違序之成立，前提要件係營業人有「申報銷售額義務」與「繳納應納稅額義務」，即有「**自動報繳義務**」。

關於營業人之自動報繳義務規定之內容，於下面㈡說明。

3.財政部76.12.28台財稅第760256749號函釋示：本條第2款規定之處罰，係以逾規定期限30日未申報銷售額，亦未繳納應納稅額為構成要件（76.8.25台財稅第760075752號函意旨相同）。又同部83.5.18台財稅第831594764號函釋示：本條第2款處罰之規定，係指**一逾規定期限30日未申報銷售額或統一發票明表及未按應納稅額繳納營業稅，其違章行為即屬成立**。所謂「規定期限」，係指本法第35條規定之報繳期限。又所謂「逾規定期限30日」，應不包括「規定期限後第30日」在內，亦即營業人在規定期限後第30日履行報繳義務者，並不構成逾30日未報繳致漏稅違序。

4.逾30日未報繳致漏稅違序之行為，**應指營業人逾規定期限30日「全部銷售額未申報，全部應納稅額亦未繳納」**。如已提出申報及納稅，而僅係逾規定期限30日「部分銷售額未申報，部分應納稅額亦未繳納」，應論為係本條第3款規定之「短報或漏報銷售額致漏稅違序」。

5.營業人除係稽徵機關核定查定課徵者外，每期不論有無銷售額，均有自動報繳義務；惟實務上有特定營業人「免予申報銷售額」行政解釋。營業人如係依法令免申報銷售額者，自無逾30日未報繳致漏稅違序之可言。

關於「免予申報銷售額」行政解釋，於下面㈤說明。

6.逾30日未報繳致漏稅違序之成立，必須違序之行為具有「**構成要件該當性**」；違序之行為在何一時日方成為「**構成要件該當行為**」，自應予以審究。

關於逾30日未報繳致漏稅違序之構成要件該當行為成立時日，於下面㈢說明。

7.依本條第2款規定，營業人「一逾規定期限30日未報繳」即成立違序而應處罰；如未逾規定期限30日而報繳，僅須依本法第49條規定加徵滯報金；立法上作此不同規

定之理論依據如何，並非清楚。此或基於營業稅之課稅期為2個月或1個月，期間甚短，故經**立法裁量**，規定一逾規定期限30日未報繳即論為漏稅而予處罰，一方面使營業人警惕，而另一方面期能快速順利徵起各期應徵收之營業稅。

　　㈡**營業人之自動報繳義務與義務發生之要件暨履行期限：**

　　1.營業人之「自動報繳義務」，本法規定於第35條、第36條第2項、第37條、第38條及第42條等，如下：

　　第35條：「（第1項）營業人除本法另有規定外，不論有無銷售額，應以每二月為一期，於次期開始十五日內，填具規定格式之申報書，檢附退抵稅款及其他有關文件，向主管稽徵機關申報銷售額、應納或溢付營業稅額。其有應納營業稅額者，應先向公庫繳納後，檢同繳納收據一併申報。（第2項）營業人銷售貨物或勞務，依第七條規定適用零稅率者，得申請以每月為一期，於次月十五日前依前項規定向主管稽徵機關申報銷售額、應納或溢付營業稅額。但同一年度內不得變更。（第3項）前二項營業人，使用統一發票者，並應檢附統一發票明細表。」本條第2項所稱之「同一年度」，係指日曆年度，即1月1日起至同年12月31日止（財政部77.8.2台財稅第770660300號函）。本條適用於課徵加值型營業稅之營業人，亦適用於課徵非加值型營業稅之營業人非核定查定課徵者。**此係「自動報繳義務」之規定。**

　　第36條第2項：「外國國際運輸事業，在中華民國境內，無固定營業場所而有代理人在中華民國境內銷售勞務，其代理人應於載運客、貨出境之次期開始十五日內，就銷售額按第十條規定稅率，計算營業稅額，並依第三十五條規定，申報繳納。」**此係「自動納稅義務」之規定。**

　　第37條：「（第1項）外國技藝表演業，在中華民國境內演出之營業稅，應依第三十五條規定，向演出地主管稽徵機關報繳。但在同地演出期間不超過三十日者，應於演出結束後十五日內報繳。（第2項）外國技藝表演業，須在前項應行報繳營業稅之期限屆滿前離境者，其營業稅，應於離境前報繳之。」**此係「自動報繳義務」之規定。**

　　第38條：「（第1項）營業人之總機構及其他固定營業場所，設於中華民國境內各地區者，應分別向主管稽徵機關申報銷售額、應納或溢付營業稅額。（第2項）依第四章第一節規定計算稅額之營業人，得向財政部申請核准，就總機構及所有其他固定營業場所銷售之貨物或勞務，由總機構合併向所在地主管稽徵機關申報銷售額、應納或溢付營業稅額。」本條適用之對象與第35條適用之對象相同。**此係「自動報繳義務」之規定。**

　　第42條第1項：「依本法規定，由納稅義務人自行繳納之稅款，應由納稅義務人填具繳款書向公庫繳納之。……」**此係「自動納稅義務」之規定。**

　　有關自動報繳義務之行政解釋：

　　財政部81.11.2台財稅第810858524號函：「合作社依法經營銷售與社員之貨物或勞

務及政府委託其代辦之業務，應依營業稅法第35條第1項規定按期申報銷售額。」。

財政部84.8.30台財稅第841643364號函：「主旨：關於貴轄××工程行申請暫停營業，其當期銷售額之申報期限，應依營業稅法第35條規定辦理，不適用同法施行細則第33條之規定。說明：三、營業稅法施行細則第33條第1項係對營業人有合併、轉讓、解散或廢止營業行為所為之規範，申請停業既不在上開規定範圍，自無該條文之適用。」。

財政部96.11.2台財稅第9604555550號函：「經核准依加值及非加值型營業稅法第38條第2項規定由總機構合併申報銷售額、應納或溢付營業稅額之營業人，擬依同法第35條第2項前段規定以每月為1期辦理申報者，應由營業人之總機構向所在地主管稽徵機關提出申請，經核准後由總機構所在地主管稽徵機關通報各分支機構所在地稽徵機關辦理異動，免由各分支機構分別提出申請。其依同條項但書申請變更時，亦同。」。

2.本法第35條規定每二個月或一個月為一期，於次期15日前營業人應自動申報銷售額及繳納應納稅額；是以在解釋上，在「每期開始」即發生各期之報繳義務。因此，此一義務**發生之要件**係「每期開始」，**義務履行期限**係「次期15日」。

(三)**逾30日未報繳致漏稅違序之構成要件該當行為成立時日：**

營業人報繳義務之履行期限，固然是次期15日；惟本條第2款明定「逾規定期限30日而未報繳」方構成違序。因此，營業人係在「次期15日後第30日」前仍未申報及納稅，而其不作為係出於故意或過失者，**其行為即具有構成要件該當性，而屬「擅自營業致漏稅違序」之構成要件該當行為。**

(四)實務上，營業人因無法在報繳期限前籌足稅款，又考慮不申報將受處罰，乃欲在未自行繳稅之情形下提出申報，而為稽徵機關主辦人員拒絕，以致形成本條第2款規定之違序而受罰。此一情形並不罕見，惟營業人在行政救濟程序中，對於遭稽徵機關主辦人員拒絕受理申報之事實，完全無法舉證；蓋稽徵機關主辦人員之拒絕受理申報通常未以書面表示（均係出於口頭），而倘如稽徵機關主辦人員出庭作證（不論是被迫或自願），亦將否認之故。

事實上，財政部76.8.25台財稅第760075752號函即釋示：「主旨：營業人於營業稅法規定申報期限屆滿前，因故未能及時繳納稅款檢同繳納收據辦理申報，如已依照規定格式填具銷售額申報書或統一發票明細表者，稽徵機關可先行受理申報，其應補稅款，除應加強催繳外，並就其逾期繳納稅款部分加徵滯納金及利息。……」。由此函意旨可知，營業人在未自行繳稅之情形下提出申報，稽徵機關不得拒絕。此一釋函謂「稽徵機關可先行受理申報」，其語氣稍見猶豫。其實稽徵機關是「應受理申報」，方屬正確；蓋營業人欲履行租稅法上義務，縱然僅是履行部分義務，稽徵機關並無拒絕之權限。

(五)營業人除係稽徵機關核定查定課稅者外，每期不論有無銷售額，均有自動報繳義務。惟實務上有下列「免予申報銷售額」行政解釋：

財政部75.10.9台財稅第7569749號函：「××股份有限公司因係管理決策機構，如經查明確無對外銷售貨物或勞務，同意免予申報銷售額。」。

財政部79.4.18台財稅第790625021號函：「專營投資證券業務之營業人，出售股票及所取得之股利收入，依法既准免徵營業稅並得免開立統一發票，其每月之銷售額，應准免予申報，以資簡化。但其取得之進項憑證所支付之進項稅額，應不得申請退還。」。

三、主觀構成要件

㈠關於獨資商號之營業人與其他組織型態之營業人，其逾30日未報繳致漏稅違序之行為是否出於故意或過失，稽徵機關應以何人之行為審究之，上面本章第一目、壹、三、㈡所述亦適用於此一違序。

㈡對於本條第2款規定之逾30日未報繳致漏稅違序，依行政罰法第7條第1項規定，應以營業人有「故意或過失」而致未報繳，方得加以處罰。

下列行政解釋中之情形，可作為逾30日未報繳致漏稅違序之行為「非出於故意、過失」之例示：財政部79.12.11台財稅第790437705號函：「貴轄××實業有限公司憑證遭火燒毀，既於申報期限內向主管稽徵機關報備，其因故未能如期申報78年11、12月份銷售額、應納或溢付稅額乙案，准予補稅免罰。」。

㈢我國之中小企業將其報稅有關之事務，委託「記帳代理業者」（包括記帳士、記帳及報稅業務代理人）處理之情形，非常普遍。在逾30日未報繳致漏稅違序之案件，時有營業人辯稱其違序係因記帳代理業者之未辦報繳，或逾規定限30日方予報繳之故。由於營業稅之報繳，係以營業人之名義為之，其效力係歸屬於營業人，故逾30日未報繳致漏稅違序係處罰營業人。營業人如確有委託記帳代理業者報繳，則其對於記帳代理業者履行報繳義務而發生違序之危險，依行政罰法第10條第2項規定，負有防止義務（參見前面本書第二篇第二章、肆、二、㈢、2、）。因此，對於逾30日未報繳致漏稅違序之案件，稽徵機關應查明受託之記帳代理業者之未報繳行為，是否出於故意、過失。如並無故意、過失，自不得處罰委託之營業人。如確有故意、過失，則應進一步查明委託之營業人有無違反防止義務之行為，如有之，其行為是否出於故意、過失；如屬肯定，自應予以處罰。

實務上有下述案例：營業人（公司）委託記帳代理業者報繳營業稅，記帳代理業者於申報期限末日上午持申報文件擬辦申報，因未繳清應納稅額，稽徵機關主辦人員表示繳稅後下午下班前再來報繳。惟因公司無法力繳納稅額，記帳代理業者終未於下午辦理申報，並將情形電告營業人之職員，請轉告其公司董事長，而公司並未作任何因應。稽徵機關予以處罰，營業人依法提出行政訴訟，最高行政法院95年判第629號判決、96年判第1726號判決與台北高等行政法院94年訴第4016號判決均認為：營業人對記帳代理業者以上作為是否屬申報行為理應存疑，並應積極查閱相關法令規定，或向相關專業機構

及人員查詢，於獲得正確及充分之資訊後因應之，其應注意、能注意，而不注意，即難謂過失責任。三個判決中之案件，均係發生行政罰法施行前。**如係行政罰法施行後發生之案件，則即應明指委託之營業人因過失以致違反防止義務，故應受罰。**

　　(四)同上面(三)所述營業人委託記帳代理業者報繳營業稅，在逾30日未報繳致漏稅違序之案件，時有營業人辯稱其違序係因記帳代理業者侵吞稅款、偽造申報書及繳款書等，致有逾30日未報繳致漏稅違序。在此情形，委託之營業人仍有防止義務，如上面(三)所述。

　　實務上有下述案例：營業人（公司）委託記帳代理業者報繳營業稅，記帳代理業者侵吞稅款、偽造申報書及繳款書等，而以影印本交付營業人。稽徵機關予以處罰，營業人依法提出行政訴訟。台北高等行政法院93年訴第2775號與96年訴第2449號判決認為：營業人未索取申報書及繳款書存根聯正本，未監督並確認所申報及繳納稅款金額確為多少，致生違章情事，雖非故意，仍難謂無過失。二個判決中之案件，均係發生行政罰法施行前。**如係行政罰法施行後發生之案件，則即應明指委託之營業人因過失以致違反防止義務，故應受罰。**

　　上開案例中稽徵機關及行政法院之見解，均認為委託之營業人「僅索取申報書及繳款書存根聯影本，未索取正本」以確認所申報及繳納稅款金額確為多少，故難謂無過失。衡以我國社會之現實情形，倘如營業人一向如此，行之多年無事，則責以某期應索取申報書及繳款書存根聯正本，是否過苛，似不無商榷餘地。

四、法律效果

　　(一)對營業人逾30日未報繳致漏稅違序，除追繳稅款外，**按漏繳稅額處1倍至10倍罰鍰。**

　　稽徵機關在「漏繳稅額處1倍至10倍」範圍內，有處罰倍數之裁量權。

　　惟稽徵機關對本條第2款規定處罰罰鍰金額之裁量權，實際上受限於財政部訂定之「稅務違章案件裁罰金額或倍數參考表」中關於本條第2款裁罰金額統一裁量之規定：按所漏稅額處3倍之罰鍰。但於裁罰處分核定前已補繳稅款、以書面或於談話筆（紀）錄中承認違章事實及承諾繳清罰鍰者，處1倍之罰鍰。

　　(二)對營業人逾30日未報繳致漏稅違序，**除處以罰鍰外，並得同時裁處停止營業之處罰**；蓋罰鍰與停止營業係不同種類之處罰，可以併罰（參見行政罰法第24條第2項前段）。

　　稽徵機關對於停止營業，有「處罰與否」之裁量權。

　　本法第53條規定：「（第1項）主管稽徵機關，依本法規定，為停止營業處分時，應訂定期限，最長不得超過六個月。但停業期限屆滿後，該受處分之營業人，對於應履行之義務仍不履行者，得繼續處分至履行義務時為止。（第2項）前項停止營業之處分，由警察機關協助執行，並於執行前通知營業人之主管機關。」

　　財政部訂定「稽徵機關辦理營業人違反營業稅法停止營業處分作業要點」，其訂定目的係「使稽徵機關對違法之營業人，依法執行停止營業處分之處理一致」。營業人逾30日未報繳致漏稅違序，其**處以停止營業之標準**係：稅額與滯報金或怠報金合計金額達250,000元者（要點四、㈡）。

　　有關停止營業作業之要點如下：

　　1.應經稽徵機關裁量：依營業稅法規定得停止營業處分之案件，於經稽徵機關審理後，認有停止營業處分之必要者，依本要點之規定辦理（要點三）。

　　2.裁罰前之通知：稽徵機關於依要點四、㈠之標準核定停止營業處分前，應將營業人已符合上開停止營業處分標準之事實通知營業人，並限於10日內就要點四、㈠改正或補辦者，始得核定停業處分。

　　3.停止營業之期限：

　　⑴營業人於一年內第一次受停止營業之處分者，其期限為7日至14日；第二次為停止營業之處分者，其期限為14日至18日；第三次以後為停止營業之處分者，其期限為2個月以上，最長不得超過6個月。

　　惟財政部臺北市國稅局訂定之「辦理營業人違反加值型及非加值型營業稅法停止營業處分注意事項」一、則規定：「停止營業之期限為：營業人於一年內第一次受停止營業處分者，其期限為10日；第二次為停止營業之處分者，其期限為20日，第三次以後為停止營業之處分者，其期限為4個月。」。

　　⑵營業人於一年內受停止營業處分達三次以上者，次年再為停止營業處分，不受前項規定之限制，其期限為3個月以上，但最長仍不得超過6個月。

　　⑶前開⑴、⑵各項所訂停止營業期限屆滿後，受處分人對於應履行之義務仍不履行者，得繼續處分至履行義務時為止。

　　⑷所稱一年為每年1月1日起至12月31日止。

　　4.停止營業處分後，如營業人繳清應繳款項或已依法提供足額擔保，則免予執行停業，其已開始執行停業者，應即停止執行。

　　㈢對逾30日未報繳致漏稅違序之處罰，其受罰人係有自動報繳義務之營業人；而營業人屬應課徵**加值型營業稅**者，由於加值型營業稅之應納稅額，係依下式計算：「**銷項稅額－進項稅額－前期留抵稅額＝應納稅額**」；是以稽徵機關在計算漏稅額時，**營業人所有之進項稅額、前期留抵稅額可否分別自銷項稅額減除，即成疑問**。關於此一問題，於下面本目、肆、四、㈢及㈣分別詳予探討說明，此處略之。

　　㈣依本法第35條及第38條規定有自動報繳義務之營業人，逾規定期限30日未報繳（或逾限30日後方始報繳）者，本法有二個法律效果之規定：

　　1.依本條第2款規定「處以漏稅罰」。

　　2.依本法第49條規定「加徵怠報金」。

　　按本條第2款與第49條規定之情形，均係營業人之一個行為（「未履行自動報繳

義務」之不作為），違反一個義務（「自動報繳義務」），故二個規定既非「想像競合」，亦非「法規競合」（蓋二者均係指一個行為違反數個義務規定，參見前面本書第二篇第五章、壹、一、㈡之說明）。**本條第2款與第49條規定之情形，實際上係對一個未履行自動報繳義務之行為，同時規定二個不同之法律效果，形成法律效果之互斥，係屬立法錯誤。**然而財政部85.11.6台財稅第851922008號函乃釋示：「勿庸併罰，應擇一從重處罰」，顯然是誤認其係「想像競合」，並非正確。

　　根本解決此一立法錯誤之道，應修法刪除本條第2款規定，而保留第49條加徵怠報金之規定（在所得稅法之立法即係如此，可供參考）。**未修法之前，基於「疑則有利於被告」**（in dubio pro reo），**應在此二規定中，適用較輕之法律效果；亦即視應加徵之怠報金與應處之罰鍰，選擇較輕者處理之。**

五、免予處罰之例外規定

　　對於本條第2款規定之逾30日未報繳致漏稅違序，稅務違章案件減免處罰標準第15條第1項第1款、第23條與第24條有免罰及其例外之規定，與本條第1款規定之擅自營業致漏稅違序適用者相同，詳見上面本目、貳、五、㈠之說明，不再複述。

肆、短報漏報銷售額致漏稅違序與其處罰

　　納稅義務人短報或漏報銷售額，而有漏稅事實者，構成**短報漏報銷售額致漏稅違序**，除追繳稅款外，按所漏稅額處1倍至10倍罰鍰，並得停止其營業（本法第51條第3款）。

一、受罰人

　　本法第51條（以下稱「**本條**」）第3款規定處罰之受罰人為「納稅義務人」，其實應僅係依本法第35條及第38條規定**「有自動報繳義務之營業人」**，與本條第2款規定處罰之受罰人相同，參見上面本目，參、一、之說明。**以下即直接以「營業人」取代「納稅義務人」。**

　　關於受罰人之認定，詳見上面本章第一目、壹、一、㈠之說明解析。
　　關於營業人之概念，詳見上面本章第一目、壹、一、㈡及㈢之說明解析。

二、客觀構成要件

　　㈠短報或漏報銷售額，而有漏稅事實，成立**「短報漏報銷售額致漏稅違序」**。
　　茲說明如下：
　　1.短報漏報銷售額致漏稅違序之成立，前提要件係營業人有「申報銷售額義務」與「繳納應納稅額義務」，即有**「自動報繳義務」**。
　　關於營業人之「自動報繳義務」，詳見上面本目、參、二、㈡所述。

申請暫停營業之營業人，停業期間仍應依本法第35條規定辦理營業稅自動報繳（財政部84.8.30台財稅第841643364號函）。申請暫停營業，未申請復業而恢復營業，其營業期間之銷售額如未自動報繳，應論為短報漏報銷售額致漏稅違序。

2.「申報銷售額義務」與「繳納應納稅額義務」，一為**「申報義務」**，一為**「納稅義務」**，性質有異雖應同時履行，然而二者係可分離之義務。故可能發生未違反申報義務而卻違反納稅義務，或是違反申報義務而並未違反納稅義務，此二情形均不構成短報漏報銷售額致漏稅違序。**必須營業人同時未履行此二義務，而逾「滯納期間」仍未繳納應納稅額，方成立短報漏報銷售額致漏稅違序**（參見上面本目、壹、一、㈡之說明）。

實務上亦同持上述見解，例如營業人已依照規定格式填具銷售額申報書，因故未能及時繳納稅款者，稽徵機關可先行受理申報。此一情形僅構成本法第50條之「逾期未繳納稅款」，僅生逾期繳納稅款部分加徵滯納金及利息問題（參見財政部76.8.25台財稅第760075752號函）。

財政部84.10.11台財稅第841648676號函釋示：「業人已依規定期限申報銷售額及統一發票明細表，如所報之銷售額正確，但稅額錯誤，以致短繳營業稅者，應依營業稅法第51條第7款之規定處罰。」，此一釋示，有待商榷。函中所述營業人之行為，因已依規定申報銷售額，故應以本條第3款規定構成要件：「短報或漏報銷售額，有漏稅事實」實施涵攝，而不得逕以本條第7款規定構成要件：「其他有漏稅事實」實施涵攝。營業人已申報真實之銷售額，並未有所隱瞞，其行為並無「短報或漏報銷售額」；其行為雖符合「有漏稅事實」之要素，然而並不符合「短報或漏報銷售額」之要素，與本條第3款規定之全體構成要件並不合致，因而並不構成違序，自不得處罰（應僅予以補徵稅款）。

3.本條第3款規定之營業人**「短報或漏報銷售額」**，應是指營業人已依規定提出某期銷售額之申報，由於故意或過失，而有所短報或漏報而言。短報銷售額通常是由於故意或過失，而對某筆或某部分交易短少開立銷售憑證等所導致之故。漏報銷售額通常是由於故意或過失，而對某筆或某部分交易不予開立銷售憑證等所導致之故。

相對而言，營業人由於故意或過失，**就某期全部銷售額未提出申報，則應歸類為本條第2款規定之「逾30日未報繳致漏稅違序」**。

4.本法上之「銷售額」，有**「應稅銷售額」**、**「零稅率銷售額」**與**「免稅銷售額」**。本條第3款規定之營業人「短報或漏報銷售額」，應是**營業人已依規定提出銷售額之申報，而有所短報或漏報而言**。所謂銷售額，**似應兼指三種銷售額**。惟三種銷售額之短報或漏報，並非均構成本條第3款規定之違序，茲解析如下：

⑴短報或漏報應稅銷售額：成立短報漏報銷售額致漏稅違序，自屬當然。

⑵短報或漏報零稅率銷售額：零稅率銷售額並無應納稅額，故其短報或漏報，並不構成漏稅，與短報漏報銷售額致漏稅違序之構成要件並不合致。

(3)短報或漏報免稅銷售額：由於免稅銷售額並無應納稅額，故其短報或漏報，並不構成漏稅，與短報漏報銷售額致漏稅違序之構成要件並不合致。

綜上解析可知，即便本條第3款中之「銷售額」解為兼指三種銷售額，**然而事實上，僅於「短報或漏報應稅銷售額」之情形，方能成立短報漏報銷售額致漏稅違序**。惟應注意者，(2)及(3)之情形，仍可能導致漏稅，則應適用本條第7款規定論處之。

5.營業人除係稽徵機關核定查定課徵者外，每期不論有無銷售額，均有自動報繳義務；惟實務上有特定營業人「免予申報銷售額」行政解釋。營業人如係依法令免申報銷售額者，自無短報漏報銷售額致漏稅違序之可言。

關於「免予申報銷售額」行政解釋，參見上面本目、參、二、(五)之說明。

6.短報漏報銷售額致漏稅違序之成立，必須違序之行為具有**「構成要件該當性」**；違序之行為在何一時日方成為**「構成要件該當行為」**，自應予以審究。

本法第35條規定每2個月或1個月為一期，於次期15日前營業人應自動申報銷售額及繳納應納稅額；是以在解釋上，在「每期開始」即發生各期之報繳義務。因此，此一義務**發生之要件**係「每期開始」，**義務履行期限**係「次期15日」。

營業人報繳義務之履行期限為次期15日，因此，營業人在次期15日已申報銷售額而有短報漏報，並且在滯納期間屆滿前仍未繳納短繳之應納稅額，而其係出於故意或過失者，**其行為即具有構成要件該當性，而屬「短報漏報銷售額致漏稅違序」之構成要件該當行為。**

(二)短報漏報銷售額之行為，型態頗為多樣，論者曾詳予檢視，歸納成若干類別，予以說明[29]，茲略加修正整理後，解析說明如下：

1.未開立銷售憑證，導致短報漏報銷售額；其「未開立銷售憑證」之型態可細分如下：

(1)不開立。

(2)某類或某次銷售額未全額開立。

(3)踰越時限未開立。

(4)自信為非營業人而不開立。

(5)下列行為所產生之收入，自認非屬應課稅之銷售額而不開立：代收代付、包工不包料、無對外營業、金融業者換匯收益、損害賠償、入會費、保證金（約定日後不退還者）、聯立契約之對價、房屋與土地互易、承攬與租賃互易、轉口貿易、一時貿易等。

2.有開立銷售憑證，而發生短報漏報銷售額；其行為之型態可細分如下：

(1)內部會計人員或外部記帳代理業者誤計誤算銷售額或銷項稅額。

(2)就實際交易當事人有爭議，如假借負責人名義銷售、借牌營業、跳開統一發

---

29 參見黃茂榮，註21書，413-483頁。

票、聯合採購、聯合承攬等。

(3)就應有之銷售額有爭議，如銷售價格顯著偏低、銷貨折讓、銷貨退回、購買後部份委託經營、折讓爲名銷售額互抵爲實、第三人僞開統一發票等。

(4)因遭遇財務困難而未申報或未足額申報。

3.於開立憑證無關之短報漏報銷售額：如申請暫停營業，未申請復業而營業，其營業期間之銷售額未自動報繳。

三、主觀構成要件

㈠關於獨資商號之營業人與其他組織型態之營業人，其短報漏報銷售額致漏稅違序之行爲是否出於故意或過失，稽徵機關應以何人之行爲審究之，上面本章第一目、壹、三、㈡所述亦適用於此一違序。

㈡對於本條第3款規定之短報漏報銷售額致漏稅違序，依行政罰法第7條第1項規定，應以營業人有「故意或過失」而致未報繳，方得加以處罰。

下列行政解釋中之情形，可作爲短報漏報銷售額致漏稅違序之行爲「非出於故意、過失」之例示：

財政部79.12.11台財稅第790437705號函：「貴轄××實業有限公司憑證遭火燒毀，既於申報期限內向主管稽徵機關報備，其因故未能如期申報78年11、12月份銷售額、應納或溢付稅額乙案，准予補稅免罰。」。

財政部84.7.25台財稅第841638141號函：「貴轄××有限公司84年元月份統一發票因案被法院扣押，致無法正確申報當期銷售額與稅額，僅以估計方式申報乙案，如當月有關帳冊憑證亦同被扣押，確無法據以申報者，同意嗣後如發現短漏報情事，准予補稅免罰。」。

㈢營業人委託「記帳代理業者」（包括記帳士、記帳及報稅業務代理人）處理報稅有關之事務，發生短報漏報銷售額致漏稅違序，營業人或有辯稱係因記帳代理業者之短報漏報銷售額致漏稅，或係因記帳代理業者侵吞稅款、僞造申報書及繳款書等而短報漏報銷售額致漏稅。此類案件，委託之營業人之責任如何，亦與其故意、過失之有無相關，其如何認定與處理，以及行政法院之見解等，參見上面本目、參、三、㈢及㈣）所述，不予贅述。

四、法律效果

㈠對營業人短報漏報銷售額致漏稅違序，除追繳稅款外，**按漏繳稅額處1倍至10倍罰鍰**。

稽徵機關在「漏繳稅額處1倍至10倍」範圍內，有處罰倍數之裁量權。惟在實務上，稽徵機關處罰倍數之裁量權受到限制：

1.稽徵機關對本條第3款規定處罰罰鍰金額之裁量權，受限於「稅務違章案件減免

處罰標準」第15條第2項第6款及第9款規定：「依加值型及非加值型營業稅法第五十一條規定應處罰鍰案件，有下列情事之一者，減輕……處罰：六、開立電子發票之份數占該期申報開立統一發票總份數之比率在百分之二十以上之營業人，其少報之銷項稅額占該期全部銷項稅額之比率在百分之十以下，除符合前款規定者外，按所漏稅額處○‧五倍之罰鍰。……九、申報書短報、漏報銷售額，致短報、漏報營業稅額，而申報時檢附之統一發票明細表並無錯誤或短、漏載者，按所漏稅額處○‧五倍之罰鍰。」。按稅務違章案件減免處罰標準係財政部依據稅捐稽徵法第48條第2項之授權而制定者，故此一減輕處罰規定，優先於本條第3款之處罰規定而適用。又注意此一規定優先於下面2、所述「稅務違章案件裁罰金額或倍數參考表」之規定而適用（參見稅務違章案件裁罰金額或倍數參考表使用須知」二、）。

　　2.稽徵機關對本條第3款規定處罰罰鍰金額之裁量權，亦受限於財政部訂定之「稅務違章案件裁罰金額或倍數參考表」中關於本條第3款裁罰金額統一裁量之規定，其規定如下：

　　⑴銷貨時已依法開立發票，惟於申報當期銷售額時有短報或漏報銷售額情事，按所漏稅額處2倍罰鍰。但於裁罰處分核定前已補繳稅款及以書面或於談話筆（紀）錄中承認違章事實及承諾繳清罰鍰者，處1倍之罰鍰。

　　⑵銷貨時未依法開立發票，且於申報當期銷售額時亦未列入申報，按所漏稅額處3倍之罰鍰。但於裁罰處分核定前已補繳稅款及以書面或於談話筆（紀）錄中承認違章事實及承諾繳清罰鍰者，處2倍之罰鍰；其屬下列違章情事者，減輕處罰如下：

　　A.一年內經第一次查獲及承諾繳清罰鍰者，處1倍之罰鍰。

　　B.一年內經第二次以上查獲，其漏稅額在10,000元以下及承諾繳清罰鍰者，處1倍之罰鍰。

　　C.一年內經第二次以上查獲，其漏稅額逾10,000元至100,000元及承諾繳清罰鍰者，處1.2倍之罰鍰。

　　D.一年內經第二次以上查獲，其漏稅額逾100,000元至200,000元及承諾繳清罰鍰者，處1.5倍之罰鍰。

　　⑶銷貨時依法免開立發票，惟於申報當期銷售額時有短報或漏報銷售額情事，按所漏稅額處3倍之罰鍰。但於裁罰處分核定前已補繳稅款及以書面或於談話筆（紀）錄中承認違章事實及承諾繳清罰鍰者，處2倍之罰鍰；其屬下列違章情事者，減輕處罰如下：

　　A.一年內經第一次查獲及承諾繳清罰鍰者，處1倍之罰鍰。

　　B.一年內經第二次以上查獲，其漏稅額在10,000元以下及承諾繳清罰鍰者，處1倍之罰鍰。

　　C.一年內經第二次以上查獲，其漏稅額逾10,000元至100,000元及承諾繳清罰鍰者，處1.2倍之罰鍰。

　　D.一年內經第二次以上查獲，其漏稅額逾100,000元至200,000元及承諾繳清罰鍰者，處1.5倍之罰鍰。

　　(4)以詐術或其他不正當方法短報或漏報銷售額者，按所漏稅額處10倍之罰鍰。

　　(5)以其前手開立之統一發票交付與實際交易之買受人，而未依規定統一發票者，按所漏稅額處3倍之罰鍰。但於裁罰處分核定前已補繳稅款及以書面或於談話筆（紀）錄中承認違章事實及承諾繳清罰鍰者，處2倍之罰鍰；其屬下列違章情事者，減輕處罰如下：

　　A.漏稅額在10,000元以下及承諾繳清罰鍰者，處1倍之罰鍰。

　　B.漏稅額逾10,000元至100,000元及承諾繳清罰鍰者，處1.2倍之罰鍰。

　　C.漏稅額逾100,000元至200,000元及承諾繳清罰鍰者，處1.5倍之罰鍰。

　　(6)重複申報銷貨退回或折讓者，按所漏稅額處1倍之罰鍰。

　　(7)因銷項稅額百分點移位錯誤致漏報銷售額者，於裁罰處分核定前已補繳稅款及以書面或於談話筆（紀）錄中承認違章事實及承諾繳清罰鍰者，處1倍之罰鍰。

　　㈡對營業人短報漏報銷售額致漏稅違序，**除處以罰鍰外，並得同時裁處停止營業之處罰**；蓋罰鍰與停止營業係不同種類之處罰，可以併罰（參見行政罰法第24條第2項前段）。

　　稽徵機關對於停止營業，有「處罰與否」之裁量權。

　　本法第53條規定：「（第1項）主管稽徵機關，依本法規定，為停止營業處分時，應訂定期限，最長不得超過六個月。但停業期限屆滿後，該受處分之營業人，對於應履行之義務仍不履行者，得繼續處分至履行義務時為止。（第2項）前項停止營業之處分，由警察機關協助執行，並於執行前通知營業人之主管機關。」。

　　財政部訂定「稽徵機關辦理營業人違反營業稅法停止營業處分作業要點」，其訂定目的係「使稽徵機關對違法之營業人，依法執行停止營業處分之處理一致」。營業人短報漏報銷售額致漏稅違序，其**處以停止營業之標準**係：短報或漏報銷售額，其逃漏稅額一年內合計金額達250,000元業已確定，且所漏稅額及罰鍰尚未繳清者（要點四、㈢）。

　　有關停止營業作業之要點，參見上面本目、參、四、㈡之說明，不再贅述。

　　㈢本法規定之營業稅有二種，一種是「加值型營業稅」，另一種是「非加值型營業稅」。本條第1款處罰規定之罰鍰，係以「漏稅額」（即漏未繳納之營業稅稅額）為計算基準；因此，漏稅額須先確定，而所謂確定，不外是漏稅額如何計算之問題。關於漏稅額如何計算，涉及應課徵之營業稅係加值型營業稅或係非加值型營業稅之問題。

　　短報漏報銷售額之營業人屬應課徵**非加值型營業稅**者，稽徵機關對漏稅額，即得以下式計算之：「未納稅之銷售金額×稅率＝應納稅額（即漏稅額）」，並無疑義。

　　短報漏報銷售額之營業人屬應課徵**加值型營業稅**者，由於加值型營業稅之應納稅額，依據本法第15條第1項規定，係依下式計算：「銷項稅額－進項稅額＝應納稅

額」；是以稽徵機關在計算漏稅額時，**營業人已取得合法憑證之進項稅額可否自銷項稅額減除，即成疑問**。進項稅額減除與否，對課徵加值型營業稅之營業人之權利義務影響至鉅；蓋其對漏稅額之大小，影響重大，並且進而對罰鍰金額之大小或有無，發生連鎖之重大影響。

　　對於上述問題，本法並無明文。惟本法施行細則第52條第2項第1款則規定：「本法第五十一條第一款至第六款之漏稅額，依下列規定認定之：一、第一款至第四款及第六款，以經主管稽徵機關依查得之資料，核定應補徵之應納稅額為漏稅額。」。此一規定似甚明確，其實不然。此一規定中之「依查得之資料，核定應補徵之應納稅額為漏稅額」，並不明確，可以**嚴格解釋**為「查得之資料係指查得之銷售額及銷項稅額」，故而：「漏稅額＝查得之銷售額×稅率」（即漏稅額＝銷項稅額）。然而亦可**寬鬆解釋**為「查得之資料係指查得之銷售額及銷項稅額、進項稅額」，故而：「漏稅額＝查得之銷項稅額－查得之銷售額及銷項稅額」。稽徵機關傾向嚴格解釋，而各種型態漏稅違序之營業人傾向寬鬆解釋，殆屬必然，而其成為諸多行政爭訟之爭點之一，更不待言。

　　對於此一問題，財政部89.10.19台財稅第890457254號函釋示：「主旨：關於營業稅法施行細則第52條第2項第1款所稱之漏稅額，如何認定乙案。說明：……三、又依營業稅法第35條第1項規定，營業人不論有無銷售額，應按期填具申報書，檢附退抵稅款及其他有關文件，向主管稽徵機關申報銷售額、應納或溢付營業稅額。準此，營業人之進項稅額准予扣抵或退還，應以已申報者為前提，故營業人違反營業稅法第51條第1款至第4款及第6款，據以處罰之案件，營業人如於經查獲後始提出合法進項憑證者，稽徵機關於計算其漏稅額時尚不宜准其扣抵銷項稅額。……」。又最高行政法院96年判字1403號判決謂：計算本法第51條第3款漏稅額時所得扣減者，限於稽徵機關查獲時已申報之進項稅額，蓋亦持相同見解。

　　依據上開實務見解，本條第1款至第4款及第6款規定之漏稅案件，其漏稅額之計算為：「**應納稅額（漏稅額）＝查得之銷售額×稅率**」，亦即「**漏稅額＝銷項稅額**」。

　　稽徵機關對於短報漏報銷售額致漏稅案件，一概依據上開釋函，否准扣減進項稅額，縱使營業人能提出合法憑證以證明其有支付進項稅額之事實，亦然。乃有營業人依去提出行政訴訟，而敗訴後，依法請求釋憲疑義之解釋。

　　98.5.22司法院大法官會議作成釋字第660號解釋，其解釋文與理由書如下：

　　解釋文：「財政部中華民國八十九年十月十九日台財稅字第八九○四五七二五四號函，就加值型及非加值型營業稅法施行細則第五十二條第二項第一款有關如何認定同法第五十一條第三款漏稅額之規定，釋示納稅義務人短報或漏報銷售額，於經查獲後始提出合法進項稅額憑證者，稽徵機關於計算其漏稅額時不宜准其扣抵銷項稅額部分，符合該法第三十五條第一項、第四十三條第一項第四款及第五十一條第三款之立法意旨，與憲法第十九條之租稅法律主義尚無牴觸。」

　　理由書：「憲法第十九條規定，人民有依法律納稅之義務，係指國家課人民以繳納

稅捐之義務或給予人民減免稅捐之優惠時，應就租稅主體、租稅客體、稅基、稅率等租稅構成要件，以法律定之。惟主管機關於職權範圍內適用之法律條文發生疑義者，本於法定職權就相關規定予以闡釋，如係秉持一般法律解釋方法，且符合相關憲法原則，即與租稅法律主義無違（本院釋字第六〇七號、第六二二號、第六二五號、第六三五號解釋參照）。

加值型及非加值型營業稅法（下稱營業稅法）第五十一條第三款規定，納稅義務人有「短報或漏報銷售額者」，除追繳稅款外，按所漏稅額處一倍至十倍罰鍰，並得停止其營業。所謂漏稅額，依同法施行細則第五十二條第二項第一款規定係「以經主管稽徵機關依查得之資料，核定應補徵之應納稅額為漏稅額。」主管機關財政部就如何認定「短報或漏報銷售額」之漏稅額，作成八十九年十月十九日台財稅字第八九〇四五七二五四號函（下稱系爭函）說明三謂：「又依營業稅法第三十五條第一項規定，營業人不論有無銷售額，應按期填具申報書，檢附退抵稅款及其他有關文件，向主管稽徵機關申報銷售額、應納或溢付營業稅額。準此，營業人之進項稅額准予扣抵或退還，應以已申報者為前提，故營業人違反營業稅法第五十一條第一款至第四款及第六款，據以處罰之案件，營業人如於經查獲後始提出合法進項憑證者，稽徵機關於計算其漏稅額時尚不宜准其扣抵銷項稅額。」依此函釋，准予扣抵之進項稅額，以納稅義務人已依同法第三十五條第一項規定申報者為限，納稅義務人於查獲短報或漏報銷售額後始提出之合法進項稅額憑證，不得依同法第十五條第一項規定：「營業人當期銷項稅額，扣減進項稅額後之餘額，為當期應納或溢付營業稅額。」作為扣抵之依據，而應依所查得之銷項資料及已申報之進項稅額計算應納稅額。

營業稅法第十五條第一項規定當期銷項稅額得扣減之「進項稅額」，以依法登記之營業人須取得同法第三十三條所列之合法要式憑證，且於申報期限內檢附向主管稽徵機關申報扣減，而據以計算當期應納或溢付營業稅額為前提要件（同法第十九條第一項第一款、第三十五條第一項、第四十三條第一項第四款、同法施行細則第三十八條第一項第一、三、四款等規定參照）。營業人若未依上開第三十五條第一項規定據實申報銷售額，致有短報、漏報銷售額之情形，即得適用同法第四十三條第一項第四款規定，依照查得之資料（包含已申報之進項稅額憑證）核定該期銷售額及應納稅額，故申報加值型營業稅，限營業人已經申報進項稅額憑證之進項稅額，始能與當期銷項稅額扣抵，以結算當期應納或溢付之營業稅額。主管稽徵機關關於依照「查得之資料」，核定其銷售額及應納稅額時，將當期迄未申報之進項稅額憑證予以排除，係為貫徹同法第三十五條第一項規定由營業人當期自動申報繳納之意旨。又營業稅法第五十一條第三款規定，納稅義務人短報或漏報銷售額者，除追繳稅款外，按所漏稅額處一倍至十倍罰鍰，並得停止其營業，此漏稅額之認定方式，依同法施行細則第五十二條第二項第一款規定，亦以經主管稽徵機關依「查得之資料」，核定應補徵之應納稅額為漏稅額，尚不許營業人於查獲後始提出合法進項稅額憑證，而主張扣抵銷項稅額。至當期未申報扣抵之進項稅額憑

證，依同法施行細則第二十九條規定：「本法第四章第一節規定計算稅額之營業人，其進項稅額憑證，未於當期申報者，得延至次期申報扣抵。次期仍未申報者，應於申報扣抵當期敘明理由。」尚能延期於他期申報扣抵，故不發生重複課稅之問題。

系爭函關於營業稅法第五十一條第三款納稅義務人短報或漏報銷售額者，於經查獲後始提出合法進項稅額憑證者，稽徵機關於計算其漏稅額時不宜准其扣抵銷項稅額部分，觀其旨趣，乃係綜合適用營業稅法第十五條第一項、第三十五條第一項、第四十三條第一項第四款、第五十一條第三款及同法施行細則第二十九條、第三十八條第一項第一款、第三款、第四款、第五十二條第二項第一款所為之當然解釋，與上述法律規定之內涵及目的無違，符合一般法律之解釋方法，尤未增加法律或法律授權訂定之命令所無之限制，於租稅法律主義尚無違背。」。

按本號解釋欠妥之處不少，依本書見解，其根本及最大問題在於誤認為「進項稅額申報」係營業人之義務，故而認為在短報漏報銷售額致漏稅案件，營業人既未申報進項稅額，自不得扣抵銷項稅額。**實則「進項稅額扣抵銷項稅額」係營業人之權利，而進項稅額申報係營業人享受此一權利之「負擔」，並非義務，因未申報進項稅額僅發生不利之結果：進項稅額不准扣抵，並無處罰之故。**復且本法施行細則第29條規定：「本法第四章第一節規定計算稅額之營業人，其進項稅額憑證，未於當期申報者，得延至次期申報扣抵。次期仍未申報者，應於申報扣抵當期敘明理由。」，足證進項稅額扣抵銷項稅額係營業人之權利，否則當期不申報扣抵，即應發生**「失權效果」**，而非以後各期仍可申報扣抵。進項稅額扣抵銷項稅額係營業人之權利，源自加值型營業稅「對加值額課稅」之內在結構，不待本法之明文規定，方可承認。蓋**加值型營業稅係「對加值額課稅」**，而「加值額之稅額（即應納稅額）＝銷項稅額－進項稅額」。**倘如進項稅額不得扣抵銷項稅額，則所課徵之營業稅即變質為「非加值型營業稅」，完全違背本法所設定之加值型營業稅制度之規範意旨**[30]。

應另予說明者，營業人擅自營業，最高行政法院93年判第1602號判決（93.12.16）則肯認其進項稅額之扣抵權：「……未辦妥營業登記之營業人有進貨、銷貨之事實，實質上與辦妥營業登記之營業人之進貨、銷貨，既無不同，基於平等原則，即不得為差別之待遇，而應一體適用行為時營業稅法第十五條第一項之規定，准其以進項稅額扣抵銷項稅額。……」，旨哉斯言！

(四)短報漏報銷售額之營業人屬應課徵**加值型營業稅**者，由於加值型營業稅之應納稅額，依據本法第15條第1項以及第39條第1項規定規定，係依下式計算：「**銷項稅額－進**

---

[30] 對於本號解釋，黃茂榮及許玉秀大法官分別提出不同意見書，認為財政部89.10.19台財稅第890457254號函違反加值型營業稅制度之精神，與憲法第19條規定相牴觸，其見解極值得參考。又辛建良批評本號解釋只是行政釋示之翻版，如此何勞大法官費時審查；見李建良，釋字第660號解釋簡評，台灣法學，130期，2009年6月，245-251頁。

另外，黃茂榮認為進項稅額之申報是義務（見黃茂榮，註18文，26頁），似有待商權。

項稅額－前期留抵稅額＝應納稅額」；「前期留抵稅額」係前期之進項稅額大於同期之銷項稅額，而依本法第39條第1項規定，應留抵下期銷項稅額之金額。論其性質，**前期留抵稅額實係國家（以稽徵機關代表）對於營業人「應退而未退之稅款」**，本法將之規定為「留抵下期銷項稅額」，然而並不因之改變其性質。

短報漏報銷售額致漏稅違序案件，稽徵機關在計算漏稅額時，除進項稅額扣抵之問題外，尚有另一問題，**即營業人前期留抵稅額可否自銷項稅額減除**。前期留抵稅額減除與否，對課徵加值型營業稅之營業人之權利義務影響至鉅；蓋其對漏稅額之大小或有無，影響重大，並且進而對罰鍰金額之大小，發生連鎖之重大影響。

對於此一問題，本法並無明文。惟有下列財政部之行政解釋，要點為：營業人如有「前期留抵稅額」，而大於「短報漏報銷售額×稅率」，該「前期留抵稅額」之數額即不得列入漏稅額。蓋前期留抵稅額之自銷項稅額減除，類似民法第400條規定之「交互計算」，營業人既然尚有前期留抵稅額，則就前期留抵稅額之部分而言，不致發生短繳稅捐之結果，因而不能論為漏稅，自屬應然[31]。故各號解釋，尚屬妥適：

89.10.19台財稅第890457254號函：「主旨：關於營業稅法施行細則第52條第2項第1款所稱之漏稅額，如何認定乙案。說明：二、營業稅法施行細則第52條第2項第2款規定，營業稅法第51條第1款至第4款及第6款，以經主管稽徵機關依查得之資料，核定應補徵之應納稅額為漏稅額。上開漏稅額之計算，參酌本部79/12/07台財稅第790410750號函及85/02/07台財稅第851894251號函規定，應扣減營業人自違章行為發生日起至查獲日（調查基準日）止經稽徵機關核定之各期累積留抵稅額之最低金額為漏稅額。……」。

財政部90.8.24台財稅第900455546號令：「主旨：關於營業人誤將應稅銷售額申報為免稅銷售額，涉嫌逃漏營業稅之案件，應依本部89/10/19台財稅第890457254號函規定計算漏稅額；尚不受該營業人因未將留抵稅額併入計算當期應納稅額，致產生各期均繳納營業稅，並逐期申報留抵稅額之影響。」。

財政部97.1.18台財稅第9704507620號函：「營業人逃漏營業稅，為計算漏稅額，於扣除自違章行為發生日起至查獲日止，經稽徵機關核定之各期累積留抵稅額之最低金額為漏稅額時，如各期累積留抵稅額，因營業人申報後經稽徵機關多次核定更正者，應以載至查獲日止各期最後更正之累積留抵稅額作為比較之稅額。」。

五、免予處罰之例外規定

對於本條第3款規定之短報漏報銷售額致漏稅違序，稅務違章案件減免處罰標準第15條第1項第1款規定：「依加值型及非加值型營業稅法第五十一條規定應處罰鍰件，其漏稅金額符合下列規定之一者，免予處罰：一、每期漏稅額在新台幣二千元以下

---

31 黃茂榮，註21書，489頁。

者。」。又第15條第2項第5款規定：「依加值型及非加值型營業稅法第五十一條規定應處罰鍰案件，有下列情事之一者，……免予處罰：五、開立電子發票之份數占該期申報開立統一發票總份數之比率在百分之二十以上之營業人，其少報之銷項稅額占該期全部銷項稅額之比率在百分之七以下者，免予處罰。」。所謂免予處罰，參照稅務違章案件裁罰金額或倍數參考表中關於本條裁罰金額之規定，應係指「免除初次處罰」而言。又同標準第23條規定：「稅務違章案件應處罰鍰金額在新台幣二千元以下者，免予處罰。」。

按稅務違章案件減免處罰標準係財政部依據稅捐稽徵法第48條第2項之授權而制定者，故上開免罰規定，優先於本條第2款之處罰規定而適用。

惟應注意，同標準第24條復規定：「納稅義務人……有下列情事之一者，不適用本標準……免予處罰：一、一年內有相同違章事實三次以上者。二、故意違反稅法規定者。……」，此一規定又係同標準第15條、第23條之特別規定，優先適用。

伍、註銷、停止營業後繼續營業致漏稅與其處罰

納稅義務人申請註銷登記後，或經主管稽徵機關依本法規定停止其營業後，仍繼續營業，而有漏稅事實者，構成**註銷、停業後繼續營業致漏稅**，除追繳稅款外，按所漏稅額處1倍至10倍罰鍰，並得停止其營業（第51條第4款）。

一、受罰人

本法第51條（以下稱**「本條」**）第4款規定處罰之受罰人為「納稅義務人」，其實應分別而論：⑴就「申請註銷登記後仍繼續營業」者而言，應僅係**「有申請營業登記義務之營業人」**；蓋處罰之構成要件係「申請註銷登記後仍繼續營業」，則營業人申請註銷登記後，既有繼續營業之事實，即應依本法第28條等規定，再行申請營業登記；而其違反申請營業登記義務，方可能形成**「註銷後繼續營業致漏稅」**。因此，與本條第1款規定處罰之受罰人相同，參見上面本目，貳、一、之說明。⑵就「經主管稽徵機關依本法規定停止其營業後仍繼續營業」者而言，應僅係**「經主管稽徵機關依本法規定停止其營業之營業人」**。以下即直接以「營業人」取代「納稅義務人」。

關於受罰人之認定，詳見上面本章第一目、壹、一、㈠之說明解析。

關於營業人之概念，詳見上面本章第一目、壹、一、㈡及㈢之說明解析。

二、客觀構成要件

註銷、停止營業後繼續營業致漏稅違序之行為，有二個型態，一為「申請註銷登記後仍繼續營業，而有漏稅事實」，另一為「經主管稽徵機關依本法規定停止其營業後仍繼續營業，而有漏稅事實」。

茲說明如下：

㈠申請註銷登記後仍繼續營業，而有漏稅事實，成立「**註銷後繼續營業致漏稅**」。

此一違序之行為，實質上等同於「擅自營業致漏稅違序」之行為；因此，其處罰之客觀構成要件，與擅自營業致漏稅違序之客觀構成要件相同。

關於擅自營業致漏稅違序之客觀構成要件，詳見上面本目、貳、二、所述，不贅。

㈡經主管稽徵機關依本法規定停止其營業後仍繼續營業，而有漏稅事實，成立「**停止營業後繼續營業致漏稅**」。

1.此一違序之行為，其前提係營業人經稽徵機關依據「稽徵機關辦理營業人違反營業稅法停止營業處分作業要點」第四點規定，對違反本法第47條第1、3款，第51條第2、3、5款，第52條規定之營業人，予以停止營業。由於營業人原係經合法登記，僅在停止營業期間受限不得營業，而於停止營業期間屆滿之翌日，即得恢復營業。因此，**此一違序之行為，應僅限於「經稽徵機關停止營業期間內仍繼續營業，而有漏稅事實」，方得依本條第4款規定處罰**。倘如停止營業期間屆滿之翌日起恢復營業，而營業人有未辦理申報及納稅之情事，則係違反本條第2款或第3款之行為，應予辨明。所謂有漏稅事實，係指「已發生漏稅之結果」，亦即其應納稅額已屆至繳納期限，而又逾「滯納期間」仍未繳納應納稅額（參見上面本目、壹、一、㈡之說明）。

2.本條第4款規定適用於有「自動申報義務」及「自動納稅義務」（即「**自動報繳義務**」）之營業人，亦適用於經稽徵機關核定使用查定課稅方式而有「**被動納稅義務**」之營業人。

關於營業人之「自動報繳義務」，詳見上面本目、參、二、㈡所述。

關於營業人之「被動納稅義務」，詳見上面本目、參、二、㈡所述。

3.停業後繼續營業致漏稅之成立，必須違序之行為具有「**構成要件該當性**」；違序之行為在何一時日方成為「**構成要件該當行為**」，自應予以審究。

違序人係有**自動報繳義務**之營業人者，其報繳義務之履行期限為次期15日。因此，營業人在次期15日仍未申報，並且滯納期間屆滿前仍未納稅，而其不作為係出於故意或過失者，**其行為即具有構成要件該當性，而屬「註銷繼續營業致漏稅」之構成要件該當行為**。

違序人係有**被動納稅義務**之營業人者，其納稅義務之履行期限，係稽徵機關填發之稅單所載「繳納期間末日」。因此，營業人在繳納期間末日後之滯納期間屆滿前仍未繳納應納稅額，而其不作為係出於故意或過失者，**其行為即具有構成要件該當性，而屬「停業後繼續營業致漏稅」之構成要件該當行為**。

三、主觀構成要件

㈠關於獨資商號之營業人與其他組織型態之營業人，其註銷、停業後繼續營業致漏稅違序之行為是否出於故意或過失，稽徵機關應以何人之行為審究之，上面本章第一

目、壹、三、㈡所述亦適用於此一違序。

　㈡對於本條第4款規定之註銷、停止營業後繼續營業致漏稅違序，依行政罰法第7條第1項規定，應以營業人有「故意或過失」而致未申報與納稅，方得加以處罰。

四、法律效果

　㈠對營業人註銷、停止營業後繼續營業致漏稅違序，除追繳稅款外，**按漏繳稅額處1倍至10倍罰鍰**。

　稽徵機關在「漏繳稅額處1倍至10倍」範圍內，有處罰倍數之裁量權。

　惟稽徵機關對本條第4款規定處罰罰鍰金額之裁量權，實際上受限於財政部訂定之「稅務違章案件裁罰金額或倍數參考表」中關於本條第4款裁罰金額統一裁量之規定，其規定如下：

　　1.申請註銷登記尚未核准前繼續營業者，按所漏稅額處3倍之罰鍰。但於裁罰處分核定前已補繳稅款及以書面或於談話筆（紀）錄中承認違章事實及承諾繳清罰鍰者，處2倍之罰鍰；其屬下列違章情事，減輕處罰如下：

　　⑴漏稅額在10,000元以下及承諾繳清罰鍰者，處1倍之罰鍰。

　　⑵漏稅額逾10,000元至100,000元及承諾繳清罰鍰者，處1.2倍之罰鍰。

　　⑶漏稅額逾100,000元至200,000元及承諾繳清罰鍰者，處1.5倍之罰鍰。

　　2.經主管稽徵機關執行停業後仍繼續營業者；按所漏稅額處10倍之罰鍰。但於裁罰處分核定前已補繳稅款及以書面或於談話筆（紀）錄中承認違章事實及承諾繳清罰鍰者，處5倍之罰鍰。

　㈡對註銷、停業後繼續營業致漏稅違序，**除處以罰鍰外，並得同時裁處停止營業之處罰**；蓋罰鍰與停止營業係不同種類之處罰，可以併罰（參見行政罰法第24條第2項前段）。

　稽徵機關對於停止營業，有「處罰與否」之裁量權。

　本法第53條規定：「（第1項）主管稽徵機關，依本法規定，為停止營業處分時，應訂定期限，最長不得超過六個月。但停業期限屆滿後，該受處分之營業人，對於應履行之義務仍不履行者，得繼續處分至履行義務時為止。（第2項）前項停止營業之處分，由警察機關協助執行，並於執行前通知營業人之主管機關。」

　惟對於本條第4款規定之停止營業，財政部訂定之「稽徵機關辦理營業人違反營業稅法停止營業處分作業要點」，其要點四、「停止營業之標準」並未將之列入，因此，宜認為係有意排除。**從而對於本條第4款規定之停止營業，稽徵機關原有之「處罰與否」之裁量權，受稽徵機關辦理營業人違反營業稅法停止營業處分作業要點四、之限制，不得行使**。

　㈢稅務違章案件裁罰金額或倍數參考表中關於本條第4款裁罰金額統一裁量之規定，尚有一個規定：申請暫停營業後，未依規定申請復業而營業者，按所漏稅額處3倍

之罰鍰。但於裁罰處分核定前已補繳稅款及以書面或於談話筆（紀）錄中承認違章事實及承諾繳清罰鍰者，處2倍之罰鍰；其屬下列違章情事，減輕處罰如下：⑴漏稅額在10,000元以下及承諾繳清罰鍰者，處2倍之罰鍰。⑵漏稅額逾10,000元至100,000元及承諾繳清罰鍰者，處1.2倍之罰鍰。⑶漏稅額逾100,000元至200,000元及承諾繳清罰鍰者，處1.5倍之罰鍰。

按本條第4款規定之「**停業後繼續營業致漏稅**」，其所謂停業，係「營業人經主管稽徵機關依本法規定停止其營業」，並不包括「營業人申請停業」之情形。因此，關於「申請暫停營業後，未依規定申請復業而營業，而有漏稅事實」之行為，並非本條第4款規範之客體。**是以上開罰鍰裁量規定，並無本法之依據，應屬無效。**

究實論之，「申請暫停營業後，未依規定申請復業而營業，而有漏稅事實」之行為，如係有**自動報繳義務**之營業人所為，應係違反本條第2款規定之逾30日未報繳致漏稅違序之行為，或第3款規定之短報漏報銷售額致漏稅之行為；如係僅有**被動納稅義務**之營業人（即**查定課稅**之營業人）所為，應係違反本條第7款規定其他有漏稅事實之行為，蓋其並無「申報義務」之故，應予辨明。

五、免予處罰之例外規定暨其評析

對於本條第4款規定之註銷、停止營業後繼續營業致漏稅違序，稅務違章案件減免處罰標準第15條第1項第1款、第23條與第24條有免罰及其例外之規定，與本條第1款規定之擅自營業致漏稅違序適用者相同，詳見上面本目、貳、五、㈠之說明，不再複述。

陸、虛報進項稅額致漏稅與其處罰

納稅義務人虛報進項稅額，而有漏稅事實者，構成**虛報進項稅額致漏稅**，除追繳稅款外，按所漏稅額處1倍至10倍罰鍰，並得停止其營業（本法第51條第5款）。

一、受罰人

本法第51條（以下稱「**本條**」）第5款規定處罰之受罰人為「納稅義務人」，其實應僅係本法第2條第1款規定之營業人。**以下即直接以「營業人」取代「納稅義務人」。**

關於受罰人之認定，詳見上面本章第一目、壹、一、㈠之說明解析。

關於營業人之概念，詳見上面本章第一目、壹、一、㈡及㈢之說明解析。

二、客觀構成要件

㈠虛報進項稅額，而有漏稅事實，成立「**虛報進項稅額致漏稅違序**」。

茲說明如下：

1.所謂**虛報進項稅額**，係指下列情形之一：⑴申報缺乏進項憑證之進項稅額，

(2)申報得扣抵銷項稅額而事實上不存在之進項稅額，(3)申報依規定不得扣抵銷項稅額之進項稅額。由於申報進項稅額係意在扣抵銷項稅額，因此，必然是進項稅額有「多報」或「溢報」，方有造成短少繳納應納稅額（即漏稅）之可能；故虛報進項稅額並不包括「少報」或「短報」進項稅額在內。

所謂有漏稅事實，係指「已發生漏稅之結果」，亦即其應納稅額已屆至繳納期限，而又逾「滯納期間」仍未繳納應納稅額（參見上面本目、壹、一、㈡之說明）。

2.本條第5款規定之虛報進項稅額，應包括「加值型營業稅之營業人」與「查定課稅之營業人」虛報進項稅額之情形。惟兩種身分之申報進項稅額，其申報行為之性質有異，應予辨明。

⑴依本法第15條第1項規定，**加值型營業稅之營業人**計算應納稅額時，進項稅額應扣抵銷項稅額。同法第35條第1項、第36條第2項、第37條規定，申報銷售額時，「應檢附退抵稅款文件」，退抵稅款文件之一即是「載有進項稅額之統一發票或其他文件」，是以形成「申報進項稅額」之行為。惟應注意，「申報銷售額」是營業人之義務；至於「進項稅額之扣抵」則是營業人之權利（扣抵同期銷項稅額之權利），故而「進項稅額之申報」僅是營業人之行使扣抵權利之「負擔」（Last），**而非義務，進項稅額扣抵之申報僅具「抵銷效力確認」之意義而已**。

應注意者，加值型營業稅之營業人虛報進項稅額之行為本身，並非直接造成漏稅；然而因進項稅額之扣抵銷項稅額，應納稅額同額減少；是以如進項稅額虛報，即可能導致同額短少繳納應納稅額之結果。因此，**虛報進項稅額本身雖非義務之違反，然而最終極可能形成「短少繳納應納稅額」，導致違反納稅義務**。

⑵依本法第23條規定**查定課稅之營業人**，得依同法第25條規定以進項稅額扣抵查定稅額。依本法施行細則第44條規定，查定課徵之營業人應申報其進項憑證。按查定課徵之課稅方式，原不適用扣抵進項稅額之規定；是以本法第25條以進項稅額扣抵查定稅額，有「**納稅義務減輕**」之效果，其規定係屬**租稅減免優惠**規定，而「載有進項稅額憑證」之申報，僅係其享受租稅減免優惠之「負擔」，故縱然未申報，亦不生違序問題。然而**查定課稅之營業人如虛報進項稅額，將直接導致「短少繳納應納稅額」，違反納稅義務**。

在實務上，「查定課徵之營業人虛報進項稅額」之情形，極為罕見；通常所謂虛報進項稅額，概均係指「加值型營業稅之營業人虛報進項稅額」；因此，以下即僅以後一情形而論述之。

3.虛報進項稅額之情形，本法施行細則第52條第1項定有明文：「本法第五十一條第五款所定虛報進項稅額，包括依本法規定不得扣抵之進項稅額、無進貨事實及偽造憑證之進項稅額而申報退抵稅額者。」。按之實際，此一規定仍嫌過於概括。較為詳細之虛報進項稅額之行為型態，以及其所違反之法令規定內容，於下面㈢及㈣詳予說明。

4.虛報進項稅額致漏稅違序之成立，必須違序之行為具有「**構成要件該當性**」；違

序之行為在何一時日方成為「**構成要件該當行為**」，自應予以審究。

　　進項稅額之申報，係與銷售額之申報同時為之，故其違序之行為在何一時日方成為「**構成要件該當行為**」，即與短報漏報銷售額相同，亦即營業人在次期15日前已申報進項稅額而有虛報，並且滯納期間屆滿前仍未繳納短繳之應納稅額，而其不作為係出於故意或過失者，**其行為即具有構成要件該當性，而屬「虛報進項稅額致漏稅違序」之構成要件該當行為**。

　　㈡營業人虛報進項稅額，並非必然造成短少繳納應納稅額之結果；必須已造成短少繳納應納稅額之結果，方成立本條第5款規定之違序。司法院大法官會議釋字第337號解釋明示，**應以營業人有虛報進項稅額，並因而逃漏稅款者，始得據以追繳稅款及處罰**。本法施行細則第52條第2項第2款規定：「本法第五十一條第一款至第六款之漏稅額，依下列規定認定之：二、第五款，以經主管稽徵機關查獲因虛報進項稅額而實際逃漏之稅款為漏稅額。」，即明示斯旨。

　　由於營業人虛報進項稅額之所以並非必然造成短少繳納應納稅額之結果，乃因營業人如有「前期留抵稅額」，而其大於「因虛報進項稅額而扣抵銷項稅額以致減少之應納稅額」者，營業人既然尚有前期留抵稅額，**則就減少應納稅額相當於前期留抵稅額之部分而言，不致發生短繳稅捐之結果，因而不能論為漏稅**。就此情形，財政部遲至97年方始以97.1.18台財稅第9704507620號函明確釋示：「營業人逃漏營業稅，為計算漏稅額，於扣除自違章行為發生日起至查獲日止，經稽徵機關核定之各期累積留抵稅額之最低金額為漏稅額時，如各期累積留抵稅額，因營業人申報後經稽徵機關多次核定更正者，應以載至查獲日止各期最後更正之累積留抵稅額作為比較之稅額。」。

　　另外，財政部76.6.15台財稅第7622656號函：「兼營營業人取得虛設行號之統一發票作為進項憑證申報扣抵銷項稅額者，依營業稅法施行細則第52條第2款規定之意旨，應按該進項稅額減除當月份依規定之比例計算不得扣抵數額之餘額（即實際扣抵稅額）為漏稅額，……。」。

　　下列財政部釋函之解釋免罰，應係基於「虛報進項稅額而未造成短繳應納稅額」之理由：

　　溢報進項稅額如僅虛增留抵稅額，尚未辦扣抵或退稅者，免罰（財政部83.12.6台財稅第831624401號函）。

　　以媒體申報而漏報發票明細及退抵稅款，如尚有留抵稅額者，免罰（財政部84.7.19台財稅第841636562號函）。

　　另外，同筆交易購貨及退貨均未申報進項稅額及扣減進項稅額者，免補稅處罰（財政部76.2.27台財稅第7630354號函）。此一情形，根本未申報進項稅額，更無虛報進項稅額之可言。

　　㈢虛報進項稅額之行為，型態頗為多樣，論者曾詳予檢視，歸納成若干類別，予以

說明[32]，茲略加修正整理，並摘引有關之本法規定及行政解釋，解析說明如下：

　　1.**申報缺乏進項憑證之進項稅額。**

　　本法第19條第1項第1款規定：「營業人下列進項稅額，不得扣抵銷項稅額：一、購進之貨物或勞務未依規定取得並保存第三十三條所列之憑證者。」，蓋既無足資證明進項稅額之憑證，自不得申報扣抵。違反此一規定而申報，其係出於故意或過失者，構成虛報進項稅額致漏稅違序。

　　下列情形亦形成申報缺乏進項憑證之進項稅額：(1)申報扣抵之進項稅額含有遺失的進項憑證之進項稅額，(2)申報扣抵之進項稅額含有作廢的進項憑證之進項稅額，(3)申報扣抵之進項稅額含有同一進項憑證重複申報扣抵之進項稅額，(4)申報扣抵之進項稅額含有因作業錯誤而誤記之進項稅額，(5)申報扣抵之進項稅額含有溢計之進項稅額，(6)申報扣抵之進項稅額含有偽造或變造之進項憑證所載之進項稅額。在實務上，概均認為已構成虛報進項稅額致漏稅違序[33]。在行政罰法施行後，上開各行為應以係出於故意或過失者，方始構成虛報進項稅額致漏稅違序。惟在(1)之情形，應依稅捐稽徵法第44條規定處以「未保存憑證違序」之行為罰，並且事實上並未造成漏稅，故再處以漏稅罰，顯然處罰過當[34]。

　　2.**購買之貨物或勞務係供消費或非供營業使用，而申報進項稅額扣抵。**

　　本法第19條第1項第2款至第5款規定：「營業人下列進項稅額，不得扣抵銷項稅額：二、非供本業及附屬業務使用之貨物或勞務。但為協助國防建設、慰勞軍隊及對政府捐獻者，不在此限。三、交際應酬用之貨物或勞務。四、酬勞員工個人之貨物或勞務。五、自用乘人小汽車。」。所稱交際應酬用之貨物或勞務，包括宴客及與推廣業務無關之餽贈；所謂自用乘人小汽車，係指非供銷售或提供勞務使用之九座以下乘人小汽車（本法施行細則第26條）。此一規定之理由，即因其所購買之貨物或勞務均係供消費或非供營業使用之故。違反此一規定而申報，其係出於故意或過失者，構成虛報進項稅額致漏稅違序。

　　上開規定雖似詳明，惟在實務上仍多疑問，故有關之行政解釋（均係財政部所發布）不少，其所購貨物或勞務之進項稅額經釋示不得申報扣抵者如下（發文字號略之）：辦理員工伙食、對外國政府捐贈、支付外國技術人員來台提供技術協助之住宿費、支付會計師赴外埠查帳之住宿費、贈送股東之紀念品、員工惜別茶會費用、供員工住宿支出之租金水電瓦斯費。

　　另外，汽車經銷商購置供試車活動使用之乘人小汽車之進項稅額，以及保全公司購置9人座以下供保全人員巡邏偵防使用之乘人小汽車之進項稅額，財政部釋示不得申報

----

32 參見黃茂榮，註21書，318-365頁；以及陳合發、簡素貞，營業稅行政訴訟之研究—以營業人虛報進項為例，財稅研究，38卷3期，2006年5月，190-193頁。

33 黃茂榮，註21書，320-321頁。

34 黃茂榮，註21書，321頁。

扣抵（76.1.10台財稅第7586313號函、85.3.13台財稅第851899022號函），則有欠妥，蓋此二情形實不能謂非供營業使用[35]。

3.非加值型營業稅銷售相關之進項稅額，而申報進項稅額扣抵。

本法第19條第2項規定：「營業人專營第八條第一項免稅貨物或勞務者，其進項稅額不得申請退還。」。此一規定之條文中雖無「進項稅額不得扣抵」之文字，而財政部之有關釋函均釋示「進項稅額不得扣抵或退還」，係屬法律補充中之**目的性擴張**。蓋依照加值型營業稅制度之內在結構，進項稅額之扣抵係以銷項稅額之存在為前提，免稅之銷售額既無銷項稅額，自然進項稅額自然不得扣抵或退還。此一規定原應將「進項稅額不得扣抵」列入，而有闕漏，自得依使用「目的性擴張」以填補其闕漏。違反此一規定者，構成虛報進項稅額致漏稅違序。

下列免稅營業人之進項稅額，財政部釋示不得申報扣抵（發文字號略之）：專營投資之營業人、專營證券投資業務者、專營土地開發出售之營業人、文化藝術事業免徵營業稅者等。違反此一規定而申報，其係出於故意或過失者，構成虛報進項稅額致漏稅違序。

4.申報進項稅額超過得扣抵（銷項稅額之）比例。

此一型態之虛報進項稅額致漏稅違序，有兩種類型，分述如下：

⑴**「各期申報」**虛報進項稅額致漏稅違序：

本法第19條第3項規定：「營業人因兼營第八條第一項免稅貨物或勞務，或因本法其他規定而有部分不得扣抵情形者，其進項稅額不得扣抵銷項稅額之比例與計算辦法，由財政部定之。」。財政部依據此一授權，發布「兼營營業人營業稅額計算辦法」，辦法中規定「因免稅銷售而不得扣抵之進項稅額」之計算。申報進項稅額踰越得扣抵（銷項稅額之）比例，其係出於故意或過失者，構成虛報進項稅額致漏稅違序。

關於「因免稅銷售而不得扣抵之進項稅額」之計算，上開辦法規定視兼營營業人之情況，採「比例扣抵法」或「直接扣抵法」計算，詳見該辦法第3條、第4條、第8條之1及第8條之2，不贅。

採比例扣抵法之兼營營業人，係以「當期進項稅額×（1－當期不可扣抵比例）」計算可申報扣抵之進項稅額；而**當期不可扣抵比例**係指當其免稅銷售淨額及當期課徵非加值型營業稅部分之銷售淨額，占當期全部銷售淨額之比例（但土地及各級政府發行之債券及依法應課徵證券交易稅之證券之銷售額不列入計算（指分子及分母均不列入））。兼營營業人有進口菸酒或其他本法第9條規定進口免徵營業稅之貨物，因進、銷均免稅，故計算「當期不可扣抵比例」時，進口菸酒或其他進口免徵營業稅之貨物之價額，不必列入計算公式中。惟進口菸酒或其他進口免徵營業稅之貨物的銷管費用有關之進項稅額，則應適用當期不得扣抵比例（其計算時，進口菸酒或其他進口免徵營業稅

之貨物之價額，應加入計算公式），單獨計算其不得扣抵之進項稅額，而自全部進項稅額中扣減（參見行政法院84年10月份、86年3月份庭長評事聯席會議決議）。否則即造成多申報扣抵之進項稅額，循致短繳稅額，其係出於故意或過失者，構成虛報進項稅額致漏稅違序。

(2)「全年調整申報」虛報進項稅額致漏稅違序：

由於兼營營業人之營業狀況於年度內經常變動，每期不得扣抵比例容有不同，但進項稅額憑證並無申報期限，易為人利用不得扣抵比例規避稅負，故除按當期不得扣抵比例計算得扣抵進項稅額外，於報繳當年度（指會計年度）最後一期營業稅時，應按當年度不得扣抵比例調整稅額，併同最後一期營業稅額辦理申報繳納，以求公平、合理。

職是之故，兼營營業人營業稅額計算辦法第6條、第7條及第8條之2乃規定，兼營營業人於報繳當年度（指會計年度）最後一期營業稅時，應按「**當年度不得扣抵比例**」計算「**調整稅額**」，併同最後一期營業稅額辦理申報繳納。計算出來之「調整稅額」，係「全年各期合計已申報扣抵之進項稅額」大於「全年總計可扣抵之進項稅額」之差額，其涵義是「**調整減列之全年溢報扣抵之進項稅額**」；因此，要求營業人繳納「調整稅額」，亦即繳納「調整減列之全年溢報扣抵之進項稅額」。從而**如當年度最後一期申報調整稅額時，漏報或短報調整稅額以致短繳稅款，其係出於故意或過失者，構成虛報進項稅額致漏稅違序**。此一違序，對於「各期申報之虛報進項稅額致漏稅違序」而言，係另外一個獨立之違序行為[36]。其係出於故意或過失者，則係構成本條第7款規定之漏稅違序。

營業人年度新設立或於年度中成為兼營營業人，實際營業期間未滿9個月者，則當年度免辦調整，而併入下一會計年度最後一期調整。年度中辦理停、復業者，縱使實際營業期間未滿9個月，仍應辦理調整（參見財政部85.7.29台財稅第890455162號函）。又兼營營業人營業稅額計算辦法第8條之1第2項規定：「前項兼營營業人於年度中，經採用直接扣抵法計算營業稅額者，其當年度已經過期間，應於改採直接扣抵法前報繳稅款之當期，視為當年度最後一期，……。」，而應辦理調整稅額申報及納稅。

上述中之「**當年度不得扣抵比例**」，係指全年免稅銷售淨額及全年課徵非加值型營業稅部分之銷售淨額，占全年全部銷售淨額之比例。但土地及各級政府發行之債券及依法應課徵證券交易稅之證券之銷售額不列入計算（指分子及分母均不列入）。兼營投資業務之營業人取得之股利收入（包括現金股利、盈餘轉增資之股票股利，但不包括資本公積轉增資之股票股利），作為免稅銷售額，但暫免列入各期申報，而於當年度最後一期，計算當年度不得扣抵比例時，將全年股利收入列入計算公式中（財政部78.5.22台財稅第780651695號函、91.5.15台財稅第910452843號令）。倘如計算當年度不得扣抵比例時未將股利收入列入，即可能造成少計調整稅額，循致短繳稅額，其係出於故意或過失

者，構成虛報進項稅額致漏稅違序。

　　按股利收入並非目前加值型營業稅之課稅客體，然而上開財政部解釋函令則將其論為免稅銷售額，而認為計算當年度不可扣抵比例時，應列入計算公式中。兼營營業人對此有所爭議，依法聲請釋憲。司法院大法官會議釋字第397號解釋謂：財政部釋函[37]，僅釋示兼營營業人股利收入如何適用兼營營業人營業稅額計算辦法計算其依法不得扣抵之進項稅額，非在增加其銷項稅額，亦非認股利收入係屬營業稅課稅範圍，而對股利收入課徵營業稅。按釋字第397號解釋既肯認股利收入非屬營業稅課稅範圍，卻同意財政部釋函將股利收入論為免稅銷售額，更未明見依財政部釋函計算將使可扣抵之進項稅額大幅減少，相對增加營業人之應納稅額（而非增加銷項稅額），其認識不明，說理不詳，實尚有待檢討。孫森焱大法官所提之不同意見書即指出：依財政部釋函將使可扣抵之進項稅額大幅減少，相對增加營業人之稅負，有違租稅法律主義，亦非公平。另外，論者指出，其它開徵加值型營業稅之日本、荷蘭、德國、英國等國家，計算不可扣抵比例時，均將股利收入排除[38]。

　　財政部85.8.29台財稅第850031118號函：「兼營營業人依「兼營營業人營業稅額計算辦法」規定，於每年度最後一期按當年度不得扣抵比例調整計算稅額時，如有逃漏稅者，應就該期之所漏稅額，依法處罰，不得將該漏稅額平均分攤於當年度各期分別計算。」。

　　財政部85.2.7台財稅第851915516號函：「兼營應稅及免稅貨物或勞務之營業人，如因經核准放棄適用免稅規定等原因，致變更其兼營營業人身分而成為專營應稅營業人或專營免稅營業人者，則應於報繳變更前最後一期營業稅款時，視為當年度最後一期，依兼營營業人營業稅額計算辦法之規定辦理調整。」。

5.有進貨退出或折讓，而申報時而未扣減進項稅額。

　　本法第15條第2項後段規定：「……營業人因進貨退出或折讓而收回之營業稅額，應於發生進貨退出或折讓之當期進項稅額中扣減之。」。違反此一規定，其係出於故意或過失者，構成虛報進項稅額致漏稅違序。

　　財政部92.1.10台財稅第910456851號令：「主旨：一、依加值型及非加值型營業稅法（以下簡稱營業稅法）第15條第2項後段規定，營業人因進貨退出或折讓而收回之營業稅額，應於發生進貨退出或折讓之當期進項稅額中扣減之。營業人進口貨物由海關代徵之營業稅額，同時亦為其可扣抵之進項稅額，營業人得依法申報扣抵銷項稅額，至營業人取得海關核退進口貨物溢繳之營業稅額，則屬進項稅額之減少，其與營業人因進貨

---

37 釋字第397號解釋之標的是財政部77.7.8台財稅第761153919號函，該函已經廢棄，惟目前適用之財政部78.5.22台財稅第780651695號函（本書引用者），其解釋內容相同。

38 關於股利收入列入當年度不可扣抵比例計算公式，其有關問題與釋字第397號解釋之探討等之詳細論，詳見施博文，從租稅課徵之憲法原則探討股利應否依「兼營營業人營業稅額計算辦法」計算調整營業稅，東吳大學法律專業碩士班論文，2000年7月。此處所稱各國之作法，見該論文147-148頁。

退出或折讓而收回之營業稅額性質相同，故營業人已持憑海關代徵營業稅繳納證扣抵聯申報扣抵銷項稅額者，自92年3月起取得海關核退進口貨物溢繳之營業稅額，應自行填具『海關退還溢繳營業稅申報單』（請各國稅局依式印製供營業人使用），於發生退稅當期（月）之進項稅額中扣減之。營業人如漏未申報上開退稅資料，應依營業稅法第51條第5款規定處罰。……」。

6. **以違章補開之進項憑證申報進項稅額扣抵。**

本法施行細則第30條規定：「統一發票扣抵聯經載明『違章補開』者，不得作為扣抵銷項稅額或扣減查定稅額之憑證。但該統一發票係因買受人檢舉而補開者，不在此限。」。違反此一規定，其係出於故意或過失者，構成虛報進項稅額致漏稅違序。

有疑問者為，本法施行細則第30條是否超出本法第59條之授權。鑑於進項稅額扣抵僅屬於加值型營業稅應納稅額之計算方法，而非稅捐之優惠。此一規定沿襲稅捐優惠制度上「有違序行為即取消租稅優惠」之立法模式，並不合理；復且進項稅額扣抵權之剝奪已涉及實體事項，除非本法有明確之授權，逕以施行細則限制之，亦有違稅捐法定主義的要求[39]。

7. **申報進項稅額扣抵之進項憑證有瑕疵：**

(1)無交易事實而取得虛開之進項統一發票，而申報進項稅額扣抵。

　　A.取得之進項統一發票係由虛設行號所開立者。

　　B.取得之進項統一發票係由虛設行號以外其他非實際交易對象所開立者。

(2)有交易事實而取得虛開之進項統一發票，而申報進項稅額扣抵。

　　A.取得交易相對人之前手（即間接交易相對人）所開立之進項統一發票者。

　　B.取得之進項統一發票係由虛設行號所開立者

　　C.取得之進項統一發票係由虛設行號以外其他非實際交易對象所開立者。

此類情形之虛報進項稅額之行為，較為複雜，於下面（四）另行說明。

(四)關於申報進項稅額扣抵之進項憑證有瑕疵，而申報進項稅額扣抵，依其行為之型態，分別解析如下：

1. **無交易事實而取得虛開之進項統一發票，而申報進項稅額扣抵：**

無交易事實而取得虛開之進項統一發票之行為，通常係營業人基於虛增成本、費用以降低營利事業所得，而購買無交易事實之統一發票。此一情形之特徵為：根本無系爭憑證所表彰之交易事實。營業人取得所購買載有進項稅額之統一發票，據而申報進項稅額扣抵，即屬於無交易事實而取得虛開之進項統一發票而申報進項稅額扣抵之行為。

對於此類行為，98.1.27以前係依據財政部83.7.9台財稅第831601371號函、84.5.23台財稅第841624947號函、86.3.18台財稅第861888061號函及95.5.23台財稅第9504535500號令之釋示，以認定其申報進項稅額扣抵是否成漏稅違序，茲解析並予補充說明如下：

---

39 黃茂榮，註21書，354頁。

(1)營業人取得之進項統一發票係由「虛設行號」所開立者：

所謂虛設行號，並非一個法律名詞，因此並無一明確之定義。在實務上，基於與單純跳開統一發票、漏開統一發票之逃漏稅行爲區別之需要，對於無進貨或無銷貨事實，純以販售方式來開立不實統一發票，供其他營業人列報成本或費用，以幫助他人逃稅之公司行號，稱爲虛設行號。易言之，虛設行號係指已辦理營業登記之營業人，惟其並未實際從事營業行爲，而係藉由虛進或虛銷之方式，收受或開立統一發票交付他人使用，並藉此方式逃漏營業稅或營利事業所得稅等之不法目的，以獲取利益者。財攻部所訂定之營業稅稽徵作業手冊第四章第一節中，訂有虛設行號之調查處理規定。按照該章節第五點規定，凡有下列情形之一，以逃漏或幫助他人逃漏營業稅論處：A.依法登記之營業人，無進貨事實，而同意由他人利用其名義以他人之進貨作爲其本身之進貨者。B.營業人無銷貨之事實，而代他人開立銷貨統一發票或將空白統一發票交付他人使用，以他人之銷貨作爲本身之銷貨者。C.營業人無銷貨之事實，而開立統一發票供他人作爲進貨或費用憑證者。由以上規定可知，財政部係以符合上述三要件作爲認定虛設行號之標準[40]。

申報進項稅額扣抵之營業人除應依刑法行使僞造文書罪及稅捐稽徵法第41條之規定論處外，應依本法第51條第5款規定補稅並處罰（83年第831601371號函說明二、㈠、1、）。惟如無法查明申報進項稅額扣抵之營業人確無向「涉嫌虛設行號」進貨，且該涉嫌虛設行號已依規定按期申報進、銷項資料，並按其應納稅額繳納者，應免予補稅處罰（95年第9504535500號令）。

按行政罰法施行後，如已依刑法行使僞造文書罪及稅捐稽徵法第41條之規定訴究申報進項稅額扣抵之營業人之刑事責任，則依行政罰法第26條規定，須經不起訴或緩起訴處分、無罪、免訴、不受理、不付審理之裁判確定者，方得依本法第51條第5款規定補稅並處罰。

(2)營業人取得之進項統一發票係由「虛設行號以外其他非實際交易對象」所開立者：

營造廠出借牌照予實際承攬人，向定作人（如建設公司）承攬營造工程，並開立統一發票予定作人，該營造廠　屬於「虛設行號以外其他非實際交易對象」（參見84年第841624947號函）[41]。又如查明營業人係他人購進廢棄物，而取得台灣省廢棄物運銷合作社開立之統一發票，台灣省廢棄物運銷合作社　屬於「虛設行號以外其他非實際交易對象」（參見86年第861888061號函）。

申報進項稅額扣抵之營業人應依本法第51條第5款規定補稅並處罰（83年第

---

40 關於虛設行號之涵義、型態、調查與刑責及罰責，詳見賴志鏹，虛設行號案件調查蒐證之研究中原大學財經法律學系碩士論文，2005年，7月。此處所引虛設行號之涵義，見該論文5頁。

41 參見黃茂榮，註21書，332頁，惟黃茂榮未說明財政部見解之出處；而其引用之財政部69.8.8台財稅第36624號函，僅說明中盤商、供應商應受處罰，而未說明零售商是否處罰。

831601371號函說明二、㈡、1以及86年第861888061號函說明㈢）。

　　在稽徵實務上，向來對於「取得虛設行號所開立之憑證申報扣抵」處以較重之處罰。依95年第9504535500號令釋示，如無法查明申報進項稅額扣抵之營業人確無向「涉嫌虛設行號」進貨，且該涉嫌虛設行號已依規定按期申報進、銷項資料，並按其應納稅額繳納者，應免予補稅處罰。是則對於「取得虛設行號以外其他非實際交易對象所開立之憑證申報扣抵」，如其他非實際交易對象之營業人已依規定按期申報進、銷項資料，並按其應納稅額繳納者，對於申報進項稅額扣抵之營業人反而並無「免予補稅處罰」之相同待遇，實有欠公平。

2.有交易事實而取得虛開之進項統一發票，而申報進項稅額扣抵：

　　對於此類行為，98.12.7以前係依據財政部83.7.9台財稅第831601371號函、84.3.24台財稅第841614038號函、84.3.24台財稅第841614038號函、84.5.23台財稅第841624947號函、86.3.18台財稅第961888061號函及95.5.23台財稅第9504535500號令，以及（最高）行政法院87年7月份庭長評事聯席會議（87.7.7）決議之釋示，以認定其申報進項稅額扣抵是否成漏稅違序，茲解析並予補充說明如下：

(1)營業人取得「交易相對人之前手」（即間接交易相對人）所開立之進項統一發票者：

　　此一情形，實務上稱為「**跳開統一發票**」，主要發生在中盤商銷售貨物，自己不開立統一發票（或係因未辦營業登記，無法開立統一發票），而指示前手之供應商直接對購買之營業人（零售商）開立統一發票。在此情形，財政部認為：除開立統一發票之供應商違反稅捐稽徵法第44條規定外，零售商所持之統一發票亦屬由間接交易相對人所開立。依營業稅法第19條第1項第1款，零售商不得以該統一發票所載進項稅額扣抵銷項稅額。違反者，其進項稅額之扣抵構成虛報進項稅額[42]。

(2)營業人取得之進項統一發票係由「虛設行號」所開立者：

　　A.申報進項稅額扣抵之營業人因進貨部分未取得實際銷貨人出具之憑證，應依稅捐稽徵法第44條規定處以行為罰（83年第831601371號函說明二、㈠、2、(1)以及84年841624947號函）。

　　B.申報進項稅額扣抵之營業人能證明確有支付進項稅額予實際銷貨人，且經查明開立發票之虛設行號已依規定按期申報進、銷項資料，並按其申報之應納稅額繳納者，應依本法第19條第1項第1款規定，就其取得不得扣抵憑證扣抵銷項稅額部分，追補稅款，不再處以漏稅罰（83年第831601371號函說明二、㈠、2、(2)、84年第841614038號函以及84年841624947號函。另外，財政部84.3.24台財稅第841614038號函亦同此意旨）。

　　此外，（最高）行政法院87年7月份庭長評事聯席會議（87.7.7）決議，意旨相同：

------

42 關於營造業借牌營業之營業稅法上違章行為之詳細探討，詳見陳衍任，營建業借牌營運之營業稅法上之違章行為，台灣大學法律學研究所碩士論文，2006年7月。

「按『營業人左列進項稅額，不得扣抵銷項稅額：一、購進之貨物或勞務未依規定取得並保存第三十三條所列之憑證者。』『營業人以進項稅額扣抵銷項稅額者，應具有載明其名稱、地址及統一編號之左列憑證：一、購進貨物或勞務時，所取得載有營業稅額之統一發票。』營業稅法第十九第一項第一款及第三十三條第一款定有明文。營業人雖有進貨事實，惟不依規定取得交易對象開立之進項憑證，而取得非交易對象開立之進項憑證，申報扣抵銷項稅額時，該項已申報扣抵之銷項營業稅額顯未依法繳納，仍應依營業稅法第十九條第一項第一款規定，就其取得不得扣抵憑證扣抵銷項稅額部分，追補該項不得扣抵之銷項稅款。又我國現行加值型營業稅係就各個銷售階段之加值額分別予以課稅之多階段銷售稅，各銷售階段之營業人皆為營業稅之納稅義務人。故該非交易對象之人是否已按其開立發票之金額報繳營業稅額，並不影響本件營業人補繳營業稅之義務。」。

C.如無法查明申報進項稅額扣抵之營業人確無向「涉嫌虛設行號」進貨，且該涉嫌虛設行號已依規定按期申報進、銷項資料，並按其應納稅額繳納者，應免予補稅處罰（95.5.23台財稅第9504535500號令）。

D.申報進項稅額扣抵之營業人不符B、及C、所述者，應依本法第51條第5款規定補稅並處罰（83年第831601371號函說明二、㈠、2、(2)）。

按D、之不同於B、及C、之處理，其理據在於營業稅為法定間接稅，購買人信賴營業稅法之規定，而依法對於銷售人支付進項稅額，其信賴應受到制度之保障。是故只要系爭統一發票係由真正交易相對人所開立者，縱使開立者未繳納該統一發票所載稅款，取得該統一發票之購買人應仍得依據該統一發票所載進項稅領扣抵其銷項稅額。然而倘如該統一發票是由非真正交易相對人所開立者，則縱使取得該統一發票之購買人已對開立統一發票者或真正交易相對人給付包括進項稅額之價金，則必須該統一發票所載稅額已經繳納，取得該統一發票之購買人始得依據該統一發票所載進項稅額扣抵其銷項稅額；蓋在此情形，因統一發票非由實際交易相對人開立，購買人不得主張前述關於間接稅之信賴保護[43]。

(3)營業人取得之進項統一發票係由「虛設行號以外其他非實際交易對象」所開立者：

A.申報進項稅額扣抵之營業人因進貨部分未取得實際銷貨人出具之憑證，應依稅捐稽徵法第44條規定處以行為罰（83年第831601371號函說明二、㈡、2、(1)以及84年841624947號函）。

B.如查明開立發票之營業人已依法申報繳納該應納之營業稅額者，依本法第19條第1項第1款規定，應就取得不得扣抵憑證扣抵銷項稅額部分，對申報進項稅額扣抵之營業

43 參見黃茂榮，註21書，350-351頁。黃茂榮此一「間接稅之信賴保護」之見解，可謂係折衷之見解。論者有謂：縱然虛開統一發票之營業人（包括所謂之虛設行號）未申報及納稅，取得統一發票之營業人申報進項稅額扣抵，仍不應論為構成虛報進項稅額之違序，如黃士洲，虛設行號認定困難問題重重，稅務旬刊，1976期，2006年8月，8-10頁。

人追補稅款，不予處罰（83年第831601371號函說明二、㈡、2、(2)以及84年841624947號函）。

　　C.如查明開立發票之營業人並未依法申報繳納該應納之營業稅額者，對申報進項稅額扣抵之營業人應依本法第51條第5款規定補稅並處罰（83年第831601371號函說明二、㈡、2、(2)、以及84年841624947號函）。

　　關於C、之不同於B、之處理，理由同上。

　　對於此類情形之虛報進項稅額之行為，營業人提起行政訴訟，行政法院之判決大抵依從上開財政部之行政解釋之見解，故不再贅引有關判決。所應深思者，依照財政部95.5.23台財稅第9504535500號令釋示，稽徵機關應先查明取得統一發票營業人有無向「涉嫌虛設行號」進貨，以及查明該涉嫌虛設行號是否已依規定按期申報進、銷項資料，並按其應納稅額繳納，作為補稅處罰與否之依據。惟按之實際，目前因稽徵機關並未確實遵照函釋辦理，故爭執賡續存在，行政爭訟始終不斷。行政法院亦未深入瞭釋取得統一發票之營業人交易情形，先入為主認定虛設行號即不可能有銷貨事實。殊不知財政部95年第9504535500號令之所以謂「無法查明申報進項稅額扣抵之營業人確無向「涉嫌虛設行號」進貨」等，正是了解所謂之涉嫌虛設行號，仍然可能存在實際銷貨之情形，故而釋示必須查明「確無向涉嫌虛設行號進貨」。稽徵機關之敷衍了事，行政法院之因循舊思，造成與其有進貨交易之營業人，極大困擾。為避免爭訟發生，浪費行政、司法資源，實應積極改進[44]。

　　應特別說明者，財政部於98.12.7發布台財稅字第09804577370號令，廢止83.7.9台財稅第831601371號函、84.3.24台財稅第841614038號函、84.5.23台財稅第841624947號函及95.5.23台財稅字第9504535500號令，而重新釋示：「主旨：一、營業人以不實進項稅額憑證申報扣抵銷項稅額，而觸犯加值型及非加值型營業稅法（以下簡稱營業稅法）第51條第款規定之案件，參照司法院釋字第337號解釋意旨，應以虛報進項稅額之營業人是否逃漏稅款為處罰要件，與開立憑證者之營業稅申報繳納情形無涉。二、營業人以不實進項稅額憑證申報扣抵銷項稅額之案件，如經查明有進貨事實者，應依營業稅法第19條第1項第1款、第51條第5款及稅捐稽徵法第44條規定補稅及擇一從重處罰；如經查明無進貨事實者，除依營業稅法第15條第1項、第3項及第51條第5款規定補稅處罰外，尚查獲有以詐術或其他不正當方法逃漏稅捐之事證，應依本部95年2月6日台財稅字第09504508090號函發布『稅捐稽徵法第41條所定納稅義務人逃漏稅行為移送偵辦注意事項』規定移送偵辦刑責。」。此一新解釋，其旨有欠清楚，反而趨於籠統，並未能一舉釐清並解決其所廢止之諸號解釋函令之複雜狀態，尚有待在實務適用上逐漸澄清之。

---

4 參見洪敦睦，虛號發票處罰應統一標準，稅務旬刊，2072期，2009年4月，9頁。

三、主觀構成要件

　　㈠關於獨資商號之營業人與其他組織型態之營業人，其虛報進項稅額致漏稅違序之行為是否出於故意或過失，稽徵機關應以何人之行為審究之，上面本章第一目、壹、三、㈡所述亦適用於此一違序。

　　㈡對於本條第5款規定之虛報進項稅額致漏稅違序，依行政罰法第7條第1項規定，應以營業人有「故意或過失」而致未報繳，方得加以處罰。

　　㈢營業人委託**「記帳代理業者」**（包括記帳士、記帳及報稅業務代理人）處理報稅有關之事務，發生虛報進項稅額致漏稅違序，營業人或有辯稱係因記帳代理業者之虛報進項稅額致漏稅等。此類案件，委託之營業人之責任如何，亦與其故意、過失之有無相關，其如何認定與處理，以及行政法院之見解等，參見上面本目、參、三、㈢及㈣）所述，不予贅述。

四、法律效果

　　㈠對營業人虛報進項稅額致漏稅違序，除追繳稅款外，**按漏繳稅額處1倍至10倍罰鍰。**

　　稽徵機關在「漏繳稅額處1倍至10倍」範圍內，有處罰倍數之裁量權。惟在實務上，稽徵機關處罰倍數之裁量權受到限制：

　　1.稽徵機關對本條第5款規定處罰罰鍰金額之裁量權，受限於稅務違章案件減免處罰標準第15條第2項第2款、第4款、第8款及第10款規定：

　　「依加值型及非加值型營業稅法第五十一條規定應處罰鍰案件，有下列情事之一者，減輕……處罰：二、使用電磁紀錄媒體申報營業稅之營業人，因登錄錯誤，其多報之進項稅額占該期全部進項稅額之比率及少報之銷項稅額占該期全部銷項稅額之比率，均在百分之七以下，除符合前款規定者外，按所漏稅額處〇‧五倍之罰鍰。……四、使用網際網路申報營業稅之營業人，因登錄錯誤，其多報之進項稅額占該期全部進項稅額之比率及少報之銷項稅額占該期全部銷項稅額之比率，均在百分之十以下，除符合前款規定者外，按所漏稅額處〇‧五倍之罰鍰。……八、接收電子發票之份數占該期申報進項統一發票總份數之比率在百分之二十以上之營業人，其多報之進項稅額占該期全部進項稅額之比率在百分之七以下，除符合前款規定者外，按所漏稅額處〇‧五倍之罰鍰。……十、營業人依兼營營業人營業稅額計算辦法規定，於每期或每年度最後一期按當期或當年度不得扣抵比例調整計算稅額時，因計算錯誤，致短報、漏報稅額者，按所漏稅額處〇‧五倍之罰鍰。」。所稱「登錄錯誤」，係泛指使用媒體申報之營業人登錄進銷項資料所發生之各種錯誤，包括資料登錄錯誤、漏登錄及重複登錄等情形（財政部83.12.7台財稅第831624396號函）。

　　按稅務違章案件減免處罰標準係財政部依據稅捐稽徵法第48條第2項之授權而制定

者，故此一減輕處罰規定，優先於本條第5款之處罰規定而適用。又注意此一規定優先於下面2、所述「稅務違章案件裁罰金額或倍數參考表」之規定而適用（參見稅務違章案件裁罰金額或倍數參考表使用須知」二、）。

　　台北高等行政法院91年訴第1454號判決（92.5.29）：「……本件係因原告公司其會計人員疏忽於電腦登錄時將進項金額誤鍵為該公司統一編號致進項稅額有誤；再者，原告非如稅捐機關可透過電腦稽核交易雙方之憑證資料，而能輕易即能查對出錯誤之所在，另參酌稅捐機關以電腦來稽核納稅義務人以媒體申報稅款者，因資料齊全，倘報稅者誤報，即能輕易勾稽出錯誤，從而本件原告應無漏報稅之動機。原告多報之進項稅額占該期全部進項稅額之比率經計算後高達百分之四十六點六，金額誤差明顯，雖不能予以免罰；惟揆諸上開原告錯誤情節，尚屬甚為輕微，處以一倍罰鍰亦屬過重，自應由被告參酌稅捐稽徵法第四十八條之二之規定予以減輕，始待實際。……」。

　　2.稽徵機關對本條第5款規定處罰罰鍰金額之裁量權，亦受限於財政部訂定之「稅務違章案件裁罰金額或倍數參考表」中關於本條第5款裁罰金額統一裁量之規定，其規定如下：

　　⑴有進貨事實者：

　　A.以本法第19條第1項第1款至第5款規定不得扣抵之進項稅額申報扣抵者，按所漏稅額處2倍之罰鍰。但於裁罰處分核定前已補繳稅款及以書面或於談話筆（紀）錄中承認違章事實及承諾繳清罰鍰者，處1倍之罰鍰。

　　B.作廢發票提出扣抵、重複申報進項稅額或漏未申報因進貨退出折讓而收回之稅額者，按所漏稅額處1倍之罰鍰。

　　C.兼營營業人未依「兼營營業人營業稅額計算辦法」規定計算調整應納稅額者，按所漏稅額處1倍之罰鍰。

　　⑵無進貨事實者：

　　按所漏稅額處5倍之罰鍰。但於裁罰處分核定前已補繳稅款及以書面或於談話筆（紀）錄中承認違章事實及承諾繳清罰鍰者，處3倍之罰鍰；於復查決定前，已補繳稅次及以書面或於談話筆（紀）錄中承認違章事實及承諾繳清罰鍰者，處4倍之罰鍰。

　　⑶以其他營業人之進項憑證申報扣抵銷項稅額者：

　　A.實際進貨之營業人未申報該筆稅額者，按所漏稅額處2倍之罰鍰，但於裁罰處分核定前已補繳稅款及以書面或於談話筆（紀）錄中承認違章事實及承諾繳清罰鍰者，處倍罰鍰。

　　B.實際進貨之營業人已申報該筆稅額者，按所漏稅額處3倍之罰鍰，但於裁罰處分核定前已補繳稅款及以書面或於談話筆（紀）錄中承認違章事實及承諾繳清罰鍰者，處倍之罰鍰。

　　⑷因進項稅額百分點位移錯誤致虛報進項稅額者，於裁罰處分核定前已補繳稅次、以書面或於談話筆（紀）錄中承認違章事實及承諾繳清罰鍰者，處1倍之罰鍰。

(二)對營業人虛報進項稅額致漏稅違序，**除處以罰鍰外，並得同時裁處停止營業之處罰**；蓋罰鍰與停止營業係不同種類之處罰，可以併罰（參見行政罰法第24條第2項前段）。

稽徵機關對於停止營業，有「處罰與否」之裁量權。

本法第53條規定：「（第1項）主管稽徵機關，依本法規定，為停止營業處分時，應訂定期限，最長不得超過六個月。但停業期限屆滿後，該受處分之營業人，對於應履行之義務仍不履行者，得繼續處分至履行義務時為止。（第2項）前項停止營業之處分，由警察機關協助執行，並於執行前通知營業人之主管機關。」。

財政部訂定「稽徵機關辦理營業人違反營業稅法停止營業處分作業要點」，其訂定目的係「使稽徵機關對違法之營業人，依法執行停止營業處分之處理一致」。營業人虛報進項稅額致漏稅違序，其**處以停止營業之標準**係：虛報進項稅額一年內合計金額達250,000元業已確定，且所漏稅額及罰鍰尚未繳清者（要點四、(四)）。

有關停止營業作業之要點，參見上面本目、參、四、(二)之說明，不再贅述。

五、免予處罰之例外規定暨其評析

對於本條第5款規定之虛報進項稅額致漏稅違序，法規中有免予處罰之規定，行政解釋中有免予處罰之釋示，茲摘述如下，並予以評析。

(一)對於本條第5款規定之虛報進項稅額致漏稅違序，稅務違章案件減免處罰標準第15條第1項第1款規定：「依加值型及非加值型營業稅法第五十一條規定應處罰鍰案件，其漏稅金額符合下列規定之一者，……免予處罰：一、每期漏稅額在新台幣二千元以下者。」。又第15條第2項第1款、第3款及第7款規定：「依加值型及非加值型營業稅法第五十一條規定應處罰鍰案件，有下列情事之一者，……免予處罰：一、使用電磁紀錄媒體申報營業稅之營業人，因登錄錯誤，其多報之進項稅額占該期全部進項稅額之比率及少報之銷項稅額占該期全部銷項稅額之比率，均在百分之五以下者，免予處罰。……三、使用網際網路申報營業稅之營業人，因登錄錯誤，其多報之進項稅額占該期全部進項稅額之比率及少報之銷項稅額占該期全部銷項稅額之比率，均在百分之七以下者，免予處罰。……七、接收電子發票之份數占該期申報進項統一發票總份數之比率在百分之二十以上之營業人，其多報之進項稅額占該期全部進項稅額之比率在百分之五以下者，免予處罰。」。所稱「登錄錯誤」，係泛指使用媒體申報之營業人登錄進銷項資料所發生之各種錯誤，包括資料登錄錯誤、漏登錄及重複登錄等情形（財政部83.12.7台財稅第831624396號函）。所謂免予處罰，參照稅務違章案件裁罰金額或倍數參考表中於本條裁罰金額之規定，應係指「免除初次處罰」而言。

又稅務違章案件減免處罰標準第23條規定：「稅務違章案件應處罰鍰金額在新台幣二千元以下者，免予處罰。」。

按稅務違章案件減免處罰標準係財政部依據稅捐稽徵法第48條第2項之授權而制定

者,故上開免罰規定,優先於本條第2款之處罰規定而適用。

惟應注意,同標準第24條復規定:「納稅義務人……有下列情事之一者,不適用本標準……免予處罰:一、一年內有相同違章事實三次以上者。二、故意違反稅法規定者。……」,此一規定又係同標準第15條、第23條之特別規定,優先適用。

(二)財政部84.3.3台財稅第841609670號函:「○○企業社82年7、8月銷售額及應納營業稅額逾規定期限30日未申報亦未繳納,並有進貨退出或折讓未申報處罰疑義乙案,同意按營業稅法第51條第2款規定補稅處罰,免再依同法條第5款處罰。」。此一釋函之理由,在於本條係規定「按所漏稅額」之一定倍數罰之,而既應「按所漏稅額」之一定倍數處罰,則漏稅罰之成立,自以不報、短報漏報銷售額、虛報進項稅額等所有違序之行為,在各期報繳時已同時混合導致一個短繳營業稅之漏稅結果為要件。此可解為漏稅額之認定,係採「**各期報繳結果說**」或「**交互計算結果說**」[45]。

柒、逾30日未納稅致漏稅違序與其處罰

納稅義務人逾規定期限30日未依第36條第1項規定繳納營業稅者,構成**逾30日未納稅致漏稅違序**,除追繳稅款外,按所漏稅額處1倍至10倍罰鍰,並得停止其營業(本法第51條第6款)。

一、受罰人

本法第51條(以下稱「本條」)第6款規定之受罰人,初視之似係「納稅義務人」,其實應僅係本法第2條第3款規定之營業人(即國外勞務買受人)中之:(1)課徵加值型營業稅之兼營營業人,(2)課徵非加值型營業稅之營業人,(3)免稅營業人;詳見下面(二)、1、之解析說明。**以下即直接以「國外勞務買受人」取代「納稅義務人」。**

關於受罰人之認定,詳見上面本章第一目、壹、一、(一)、1、之說明解析。

二、客觀構成要件

(一)逾規定期限30日未依第36條第1項規定繳納營業稅,成立「**逾30日未納稅致漏稅違序**」。

茲說明如下:

1.逾30日未納稅致漏稅違序之成立,前提要件係**國外勞務買受人**有「繳納應納稅額義務」,即有「**自動納稅義務**」。

本法第2條第3款規定:「營業稅之納稅義務人如下:三、外國之事業、機關、團體、組織,在中華民國境內無固定營業場所者,其所銷售勞務之買受人。……。」,第36條第1項規定:「外國之事業、機關、團體、組織,在中華民國境內,無固定營業場

所而有銷售勞務者，應由勞務買受人於給付報酬之次期開始十五日內，就給付額依第十條或第十一條但書所定稅率，計算營業稅額繳納之。但買受人為依第四章第一節規定計算稅額之營業人，其購進之勞務，專供經營應稅貨物或勞務之用者，免予繳納；其為兼營第八條第一項規定免稅貨物或勞務者，繳納之比例，由財政部定之。」。

首應說明者，本法第2條第3款明定國外勞務買受人係納稅義務人，然而其係在其給付予外國之事業、機關、團體、組織（以下簡稱「**外國之事業等**」）之勞務報酬中，扣取應納稅額而繳納之，**其繳納稅款行為之本質，乃是「扣繳」**。國外勞務買受人因本法第2條第3款及第36條第1項規定，乃有（為外國之事業等之勞銷售額）繳納營業稅之義務，此一稅額實係**外國之事業等之勞務銷售額應繳納之「銷項稅額」**。惟應注意，國外勞務買受人為外國之事業等之勞務銷售額繳納之營業稅，同時亦是**國外勞務買受人本身之「進項稅額」**。

其次，國外勞務買受人之身分，有課徵加值型營業稅之營業人、課徵加值型營業稅之兼營營業人、課徵非加值型營業稅之營業人與免稅營業人；其購買國外勞務之進項稅額，有可扣抵與不可扣抵之分。

四種營業人購買國外勞務時，其納稅義務說明解析如下：

(1)本法第36條第1項但書規定，國外勞務買受人係依本法第4章第1節規定計算稅額之營業人（即**課徵加值型營業稅之營業人**），**而其購進之國外勞務「屬專供經營應稅貨物或勞務之用」者，免予為外國之事業等之勞務銷售額繳納銷項稅額**（自亦無本條第6款規定逾30日未納稅致漏稅違序之行為可言）。其購進之國外勞務如係「非屬專供經營應稅貨物或勞務之用」者，則應為外國之事業等之勞務銷售額繳納繳銷項稅額。

(2)國外勞務買受人係**課徵加值型營業稅之兼營營業人**，依本法第36條第1項但書規定，其購買國外勞務免予為外國之事業等之勞務銷售額繳納繳銷項稅額。惟兼營營業人因係有部分非屬課徵加值型營業稅之銷售額，該部分銷售之銷項稅額不得以進項稅額扣減之。然而事實上兼營營業人並未為外國之事業等之勞務銷售額繳納銷項稅額，故而應將外國之事業等之非屬課徵加值型營業稅之銷售額中之銷項稅額，予以繳納。本條之立法理由謂：「一、……但兼營免稅貨物或勞務者，進項稅額因採比例扣抵，爰授權財政部訂定繳納之比例。……」，即係此意。

購買國外勞務之兼營營業人應依照財政部所訂定之兼營營業人營業稅額計算辦法第6條、第7條第2項及第3項、第8條之2第4款規定，計算繳納「當期稅額」與「全年調整稅額」。

關於購買國外勞務之兼營營業人「當期稅額」與「全年調整稅額」之計算與繳納等，參見上面本目、陸、二、(三)、4、之說明，不贅。

(3)國外勞務買受人係依本法第4章第2節規定計算稅額之營業人（即**課徵非加值型營業稅之營業人**）與**免稅營業人**，其購買之國外勞務不論是否供經營應稅貨物或勞務之用，均應為外國之事業等之勞務銷售額繳納繳銷項稅額（而其本身進項稅額則不得扣抵

或退還）。

　　2.上述國外勞務買受人之納稅義務，係以銷售勞務之外國之事業等在我國境內無固定營業場所，亦無營業代理人為前提。外國之事業等在我國境內雖有營業代理人，而買受人購買之勞務不在營業代理人代理之業務範圍者，亦應由國外勞務買受人負擔此一納稅義務（參見本法第36條第2項，以及財政部75.9.23台財稅第7522795號函、77.9.17台財稅第770661420號函與87.4.1台財稅第871936481號函）。

　　3.上述國外勞務買受人之納稅義務，係以購買國外勞務為前提。如何認定購買國外勞務，於下面㈡說明。

　　4.應注意者，本條第3款條文以「逾規定期限30日未申報銷售額，亦未按應納稅額繳納營業稅」為處罰之構成要件；然而本條第6款條文則係以「逾規定期限30日未依第36條第1項規定繳納營業稅」為處罰之構成要件，並未規定「未申報外國之事業等之勞務銷售額」。對照本條第3款條文可知，第6款之未規定「未申報外國之事業等之勞務銷售額」，當非法律疏漏，然而立法時並未說明其如此規定之理由。

　　按國外勞務買受人係在其給付予外國之事業等之勞務報酬中，扣取應納稅額而繳納之，本法雖將國外勞務買受人規定為納稅義務人，然而其繳納稅款行為之本質，乃是「扣繳」，與所得稅法中規定之「扣繳」性質完全相同。此或係本法第36條第1項前段僅規定僅規定「納稅義務」，而未規定「申報義務」之理由。

　　5.逾30日未納稅致漏稅違序之成立，必須違序之行為具有**「構成要件該當性」**；違序之行為在何一時日方成為**「構成要件該當行為」**，自應予以審究。

　　關於逾30日未納稅致漏稅違序之構成要件該當行為成立時日，於下面㈢說明。

　　㈡本法第36條第1項前段規定：「外國之事業、機關、團體、組織，在中華民國境內，無固定營業場所而有銷售勞務者，……。」；另外參酌前述財政部75年第7522795號函、77年第770661420號函與87年第871936481號函之釋示，上面㈠、1、所述營業人**「購買國外勞務」**之精確涵義，是**「營業人購買」「於我國境內無無固定營業場所亦無營業代理人之外國事業等在我國境內銷售之勞務」**。進而言之，由於本法第4條第2項規定：「有下列情形之一者，係在中華民國境內銷售勞務：一、銷售之勞務係在中華民國境內提供或使用者。二、國際運輸事業自中華民國境內載運客、貨出境者。三、外國保險業自中華民國境內保險業承保再保險者。」，是以外國事業等銷售之勞務，不論是「在我國境內提供」或是「在我國境內使用」而取得代價，均係「在我國境內銷售勞務」，而應繳納我國之營業稅（而依本法第36條規定，係由國外勞務買受人代為繳納）。

　　稽徵實務上，關於外國事業等銷售之勞務，如何認定係「在我國境內提供」或「在我國境內使用」，財稅主管機關並無類似認定原則之規定或解釋，徵納雙方常生爭議。最高行政法院97年判第870號判決（97.9.25）、97年判第1117號判決（97.12.11），其關於此一問題之見解，似可供參考：「……既係為取得香港公司提供有關投資、轉讓

及再投資國外公司之評估等諮詢服務，使其得以順利在國外從事海外投資事業，上訴人並據以在國外下單投資股票等金融商品，亦即上訴人向國外事業即香港公司購買諮詢勞務，而使用該諮詢資訊作為其在國外從事海外投資之決策依據，並據以作成決策，其勞務使用地自在中華民國境內，且銷售前開勞務之香港公司在我國境內亦無固定之營業場所，依營業稅法第2條1項第3款規定，應由該勞務買受人即上訴人為納稅義務人，依同法第36條第1項前段規定報繳營業稅。……」，「……依一般經驗法則，上訴人取得香港公司之評估諮詢資訊後，需對評估諮詢資訊加以充分瞭解並判斷其資訊是否可行後，方據以作成攸關公司經營盈虧之各種投資交易決定即決策行為，始交由其海外公司執行，應非將香港公司之評估諮詢資訊直接交其海外公司執行。……」。據此二判決之見解反面解釋，如上訴人向外國之事業等購買評估諮詢勞務，而該評估諮詢資訊係直接交其海外子公司使用，則其購買之國外勞務，既非屬「在我國境內提供」，亦非「在我國境內使用」。

　　㈢依本法第36條第1項規定，國外勞務買受人於給付報酬之次期開始15日內，應自動繳納（外國之事業等之勞務銷售額之）應納稅額；是以在解釋上，在「每次給付報酬之日」即發生各次之納稅義務。因此，此一義務**發生之要件**係「給付勞務報酬」，**義務履行期限**係「給付報酬之次期15日」。

　　國外勞務買受人之納稅義務之履行期限，固然是給付報酬之次期15日；惟本條第6款明定「逾規定期限30日而未納稅」方構成違序。因此，國外勞務買受人係在「給付報酬之次期15日後第30日」仍未繳納稅款，而其不作為係出於故意或過失者，**其行為即具有構成要件該當性，而屬「逾30日未納稅致漏稅違序」之構成要件該當行為**。

　　㈣依本條第6款規定，國外勞務買受人「一逾規定期限30日未報繳」即成立違序而應處罰。倘如未逾規定期限30日而納稅，則並不成立本條第6款規定之違序，不得處罰。惟國外勞務買受人未逾規定期限30日而納稅，是否依本法第49條規定加徵滯報金或怠報金，似有疑問。按本法第49條明定適用之主體係「營業人」，適用之客體係「未依本法規定期限申報銷售額或統一明細表」。然而國外勞務買受人並非營業人，亦無申報（外國之事業、機關、團體、組織之）勞銷售額之義務。因此，應解為國外勞務買受人未逾規定期限30日而納稅，並無本法第49條加徵滯報金或怠報金規定之適用。

三、主觀構成要件

　　㈠關於獨資商號之營業人與其他組織型態之營業人，其逾30日未納稅致漏稅違序之行為是否出於故意或過失，稽徵機關應以何人之行為審究之，上面本章第一目、壹、三、㈡所述亦適用於此一違序。

　　㈡對於本條第6款規定之逾30日未納稅致漏稅違序，依行政罰法第7條第1項規定，應以營業人有「故意或過失」而致未報繳，方得加以處罰。

　　㈢營業人委託**「記帳代理業者」**（包括記帳士、記帳及報稅業務代理人）處理報稅

有關之事務，發生逾30日未納稅致漏稅違序，營業人或有辯稱係因記帳代理業者之逾30日未納稅致漏稅等。此類案件，委託之營業人之責任如何，亦與其故意、過失之有無相關，其如何認定與處理，以及行政法院之見解等，參見上面本目、參、三、(三)及(四)) 所述，不予贅述。

四、法律效果

(一)對營業人逾30日未納稅致漏稅違序，除追繳稅款外，**按漏繳稅額處1倍至10倍罰鍰**。

稽徵機關在「漏繳稅額處1倍至10倍」範圍內，有處罰倍數之裁量權。

稽徵機關對本條第6款規定處罰罰鍰金額之裁量權，實際上受限於財政部訂定之「稅務違章案件裁罰金額或倍數參考表」中關於本條第6款裁罰金額統一裁量之規定：按所漏稅額處1倍之罰鍰。

(二)對逾30日未納稅致漏稅違序，**除處以罰鍰外，並得同時裁處停止營業之處罰；**蓋罰鍰與停止營業係不同種類之處罰，可以併罰（參見行政罰法第24條第2項前段）。

稽徵機關對於停止營業，有「處罰與否」之裁量權。

本法第53條規定：「（第1項）主管稽徵機關，依本法規定，為停止營業處分時，應訂定期限，最長不得超過六個月。但停業期限屆滿後，該受處分之營業人，對於應履行之義務仍不履行者，得繼續處分至履行義務時為止。（第2項）前項停止營業之處分，由警察機關協助執行，並於執行前通知營業人之主管機關。」。

惟對於本條第6款規定之停止營業，財政部訂定之「稽徵機關辦理營業人違反營業稅法停止營業處分作業要點」，其要點四、「停止營業之標準」並未將之列入，因此，宜認為係有意排除。**從而對於本條第6款規定之停止營業，稽徵機關原有之「處罰與否」之裁量權，受稽徵機關辦理營業人違反營業稅法停止營業處分作業要點四、之限制，不得行使。**

五、免予處罰之例外規定

對於本條第6款規定之逾30日未納稅致漏稅違序，稅務違章案件減免處罰標準第15條第1項第1款、第23條與第24條有免罰及其例外之規定，與本條第1款規定之擅自營業致漏稅違序適用者相同，詳見上面本目、貳、五、(一)之說明，不再複述。

捌、其他漏稅違序與其處罰

納稅義務人有其他有漏稅事實者，構成**其他漏稅違序**，除追繳稅款外，按所漏稅額處1倍至10倍罰鍰，並得停止其營業（本法第51條第7款）。

一、受罰人

本法第51條（以下稱「**本條**」）第7款規定處罰之受罰人為「納稅義務人」。納稅義務人範圍規定於本法第2條，已如前述。

注意此一違序之受罰人，或為營業人，或為自然人；例如在「與進口貨物應課徵稅額有關之漏稅行為」，受罰人即可能是自然人。

關於受罰人之認定，詳見上面本章第一目、壹、一、㈠、1、之說明解析。

關於營業人之概念，詳見上面本章第一目、壹、一、㈡及㈢之說明解析。

二、客觀構成要件

㈠有本條第1款至第6款規定以外之其他未繳納營業稅之行為，成立「**其他漏稅違序**」。

茲說明如下：

1.本條之第7款中所稱之「有漏稅事實」，實是本條所規定之處罰之構成要件；而第1款至第6款則是本條針對導致「有漏稅事實」之「違序之行為型態」所明定之例子。**所謂有漏稅事實，係指「已發生漏稅之結果」，亦即其應納稅額已屆至繳納期限，而又逾「滯納期間」仍未繳納應納稅額**（參見上面本目、壹、一、㈡之說明）。

本條條文之立法型態，係對其所設置之「對於漏稅之處罰」之概念，進一步以若干類型為例（即明定為第1款至第6款之各種特定違序之行為）來闡明。因此，**依照「同法條中例示規定之構成要件，應先於概括規定而實施涵攝」之規則，納稅義務人之行為已導致漏稅者，必須先以本條第1款至第6款規定處罰之構成要件涵攝，而其行為無法為第1款至第6款規定處罰之構成要件所涵攝時，方得認定與本條第7款規定「其他有漏稅事實」之構成要件合致，而可依本條第7款規定處罰**（參見上面本目、壹、一、㈠）。

2.財政部84.10.11台財稅第841648676號函釋示：「營業人已依規定期限申報銷售額及統一發票明細表，如所報之銷售額正確，但稅額錯誤，以致短繳營業稅者，應依營業稅法第51條第7款之規定處罰。」，此一釋示，有待商權。函中所述營業人之行為，因已依規定申報銷售額，故應以本條第3款規定構成要件：「短報或漏報銷售額，有漏稅事實」實施涵攝，而不得逕以本條第7款規定構成要件：「其他有漏稅事實」實施涵攝。

3.可認定與本條第7款規定其他有漏稅事實之構成要件合致，而應依本條第7款規定處罰之行為型態不少，各行為型態暨其違反之法規，於下面㈡解析說明。

4.其他漏稅違序之成立，必須違序之行為具有「**構成要件該當性**」；違序之行為為何一時日方成為「**構成要件該當行為**」，自應予以審究。

關於其他漏稅違序之構成要件該當行為成立時日，於下面㈡說明。

㈡其他漏稅之行為，型態頗為多樣，茲分成「與銷售額、銷項稅額有關之漏稅行

為」、「與進項稅額有關之漏稅行為」與「與進口貨物應課徵稅額有關之漏稅行為」三類，再就各種行為予以解析說明，並摘引有關之本法規定及行政解釋如下；其**構成要件該當行為成立時日**亦一併說明之：

1.**與銷售額、銷項稅額有關之漏稅行為**：此類行為可細分如下：

(1)銷售額種類申報錯誤：

營業人誤將「應稅銷售額」申報為「免稅銷售額」時，將導致短少繳納應納稅額。又營業人誤將「應稅銷售額」申報為「零稅率銷售額」時，將造成多退稅或虛增留抵稅額。稅務違章案件裁罰金額或倍數參考表中，將此二情形列為本條第7款規定之「其他有漏稅事實」中之二種違序行為。

(2)營業人經營登記營業項目以外之業務，其銷售額未報繳或納稅：

A.使用統一發票營業人未依規定辦理營業項目變更，即擅自經營登記營業項目以外之業務，其銷售額未報繳營業稅，屬於本條第7款規定其他漏稅違序之行為（參見財政部88.7.14台財稅第881923017號函）。

B.營業人實際經營特種飲食業，如申報銷售額時未按本法第12條規定稅率計算繳納營業稅致逃漏稅款者，屬於本條第7款規定其他漏稅違序之行為（參見財政部84.1.28台財稅第841604202號函）。舞廳實際經營特種飲食業，有相同情事者，亦然（財政部95.7.25台財稅第9504539770號函）。

C.課稅區營業人取得免稅區營業人冒稱購買用途之事實並予簽證統一發票扣抵聯，致發生逃漏營業稅，屬於本條第7款規定其他漏稅違序之行為（財政部93.7.19台財稅第9304525242號函）。

以上A、至C、之違序，其構成要件該當行為成立之日，與本條第3款規定短報漏報銷售額之行為相同，即在次期15日已申報銷售額而有短報漏報，並且在滯納期間屆滿仍未繳納短繳之應納稅額，而其係出於故意或過失者，**其行為即具有構成要件該當性，而屬「其他漏稅違序」之構成要件該當行為。**

D.小規模營業人經營登記項目以外之其他業務，未依規定辦理營業項目變更登記被查獲者，其增加之其他業務銷售額，應按其業別或規模，分別適用本法第10條至第13條規定之稅率補稅，並予處罰（財政部90.6.21台財稅第900454039號令），此應解為屬於本法第7款規定其他漏稅違序之行為。

此一違序之構成要件該當行為成立之日，應視其是否已成為應使用統一發票之營業人而定。如係已成為應使用統一發票之營業人，其構成要件該當行為成立之日，與A、至C、相同。如仍屬查定課稅之小規模營業人，由於本法第40條規定查定課稅係每3個月或1個月為一期，納稅一次，而通常繳納期間為十日；是以在解釋上，在「每期開始」即發生各期之納稅義務。因此，此一義務**發生之要件**係「每期開始」，**義務履行**

期限係稽徵機關填發之稅單所載「繳納期間之末日」[46]；因此，**營業人在繳納期間末日後之滯納期間仍未繳納應納稅額，而其係出於故意或過失者，在滯納期間終了日之翌日，其行為具有構成要件該當性，而屬「其他漏稅違序」之構成要件該當行為。**

(3)申請暫停營業後，未依規定申請復業而營業，其銷售額未報繳或納稅。

2.**與進項稅額有關之漏稅行為：**

未辦理年終全年進項稅額調整申報，致短繳調整稅額，屬於本法第7款規定其他漏稅違序之行為。

營業人在當年度（指會計年度）最後一期間次期15日未報繳全年調整稅額，並且逾滯納期間仍未繳納短繳之應納稅額，而其係出於故意或過失者，在滯納期間終了日之翌日，其行為具有構成要件該當性，而屬「其他漏稅違序」之構成要件該當行為。

3.**與進口貨物應課徵稅額有關之漏稅行為：**

(1)財政部78.1.10台財稅第770667593號函：「進口貨物違反海關緝私條例之規定，該貨物收貨人或持有人，其營業稅之徵免與處罰依左列原則辦理：……㈡進口不屬營業稅法第9條規定免徵營業稅之貨物，經查獲涉嫌違反海關緝私條例者，依左列事實分別認定處分之：1.依照海關緝私條例第36條（現為第36條第3項）、第37條、第38條、第39條及第43條之規定，處分沒入貨物或處以罰鍰併沒入貨物之案件，其貨物既予沒入，無須依營業稅法第51條規定補稅處罰。2.依照海關緝私條例第37條、第39條第2項及第43條規定，未經沒入僅處以漏稅罰鍰之案件，應按營業稅法第51條第7款規定，追繳稅款並按所漏稅額處5倍至20倍（編註：現行規定為1倍至10倍）罰鍰。3.進口免徵關稅之貨物，除關稅法第26條（現為第49條）規定者外，其應課徵營業稅者，如有短漏報而發生逃漏營業稅情事，應依營業稅法第51條第7款規定補稅處罰。」。

(2)財政部91.11.1台財稅第910456120號函：「主旨：廠商以三角貿易方式向海關同時申報進、出口報單報運貨物進出口，經查有短報貨物數量情事，違反海關緝私條例第37條第1項規定者，其營業稅之徵免與處罰原則，應依本部78/01/10台財稅第770667593號函規定辦理。」。

(3)財政部95.1.19台財稅第9504504900號函：「進口貨物違反海關緝私條例第37條第3項規定，轉據同條例第36條第1項、第3項規定應處以罰鍰併沒入貨物案件，因貨物已放行，無法依規定沒入，而加處貨價1倍罰鍰者，如經查明有逃漏營業稅情事，應依加值型及非加值型營業稅法第51條第7款規定補稅處罰。」。

以上(1)至(3)之違序，其構成要件該當行為成立之日，有待說明。按海關係依據本法第41條規定代徵進口貨物之營業稅，而依關稅法第16條及第43條規定，進口人應向海關申報進口貨物，再由海關填發稅款繳納證（繳納期間為14日），通知進口人繳納稅款。是以在解釋上，進口人在「貨物進口時」即發生各次之營業稅納稅義務。因此，此一義

務發生之要件係「貨物進口」，**義務履行期限係「繳納期間之末日」**[47]。因此，**進口人在繳納期間末日後之滯納期間仍未繳納應納稅額，而其係出於故意或過失者，在滯納期間終了日之翌日，其行為具有構成要件該當性，而屬「其他漏稅違序」之構成要件該當行為。**

　　(4)財政部93.5.31台財稅第930451178號函：「……說明：……三、90年12月31日以前，進口屬營業稅法第9條第2款免徵營業稅之貨物，且進口時不符合營業稅法第41條第2項免徵營業稅規定者，及91年1月1日以後進口屬營業稅法第9條第2款免徵營業稅之貨物，嗣後轉讓或變更用途，致與減免關稅之條件或用途不符時，……未於限期內向海關申辦補繳關稅，依行為時關稅法第71條（現行條文第76條）第2項規定補徵關稅並處罰鍰者，除依營業稅法第9條第2款但書規定補徵營業稅外，並按營業稅法第51條第7款規定處罰；……。」。

　　此一違序之構成要件該當行為成立之日，有待說明。依關稅法第55條第1項規定：「減免關稅之進口貨物，轉讓或變更用途時，原進口時之納稅義務人或現貨物持有人自轉讓或變更用途之翌日起三十日內，向原進口地海關按轉讓或變更用途時之價格與稅率，補繳關稅；……。」，而同法第43條規定由海關填發稅款繳納證（繳納期間為14日），通知繳納稅款[48]。因此，**原進口時之納稅義務人或現貨物持有人在繳納期間末日後之滯納期間仍未繳納應納稅額，而其係出於故意或過失者，在滯納期間終了日之翌日，其行為具有構成要件該當性，而屬「其他漏稅違序」之構成要件該當行為。**

三、主觀構成要件

　　(一)關於獨資商號之營業人與其他組織型態之營業人，其其他漏稅違序之行為是否出於故意或過失，稽徵機關應以何人之行為審究之，上面本章第一目、壹、三、(二)所述亦適用於此一違序。

　　(二)對於本條第7款規定之其他漏稅違序，依行政罰法第7條第1項規定，應以納稅義務人有「故意或過失」而致未報繳，方得加以處罰。

　　(三)納稅義務人委託「**記帳代理業者**」（包括記帳士、記帳及報稅業務代理人）或「**報關人**」處理報稅有關之事務，發生其他漏稅違序，納稅義務人或有辯稱係因記帳代理業者、報關人之逾30日未納稅致漏稅等。此類案件，委託之納稅義務人之責任如何，

---

17 因進口人未申報進口貨物，導致海關無從核定應代徵之營業稅。此一情形即「行為人違反義務，致使稽徵機關不能知悉關於租稅課徵之重要事項，而發生漏繳稅款之結果」；因此，基於課稅公平原則及核實課稅原則，進口人即應論為違反納稅義務，其義務之履行期限，自應以核定稅額通知繳納方式下之營業稅繳納期限為準。

　　關於「行為人違反義務，致使稽徵機關不能知悉關於租稅課徵之重要事項，而發生漏繳稅款之結果」，成立漏稅之違序而應處罰；參見陳清秀，註23書，639頁。德國租稅通則第370條及第378條即將此一情形明定為「短漏租稅」而應處罰，見陳敏譯，註27書，393，409頁。

18 同註47。

亦與其故意、過失之有無相關，其如何認定與處理，以及行政法院之見解等，參見上面本目、參、三、㈢及㈣）所述，不予贅述。

四、法律效果

㈠對納稅義務人其他漏稅違序，除追繳稅款外，**按漏繳稅額處1倍至10倍罰鍰**。

稽徵機關或海關在「漏繳稅額處1倍至10倍」範圍內，有處罰倍數之裁量權。惟在實務上，稽徵機關或海關處罰倍數之裁量權受到限制：

1.海關對本條第7款規定處罰罰鍰金額之裁量權，受限於稅務違章案件減免處罰標準第15條第2項第5款規定：「依加值型及非加值型營業稅法第五十一條規定應處罰鍰案件，有下列情事之一者，減輕或免予處罰：十一、申報進口貨物短報或漏報完稅價格，致短報或漏報營業稅額，而申報進口時依規定檢附之相關文件並無錯誤者，按所漏稅額處○‧五倍之罰鍰。但報關人主動向海關申報以文件審核或貨物查驗通關方式進口貨物之案件，免予處罰。」。按稅務違章案件減免處罰標準係財政部依據稅捐稽徵法第48條第2項之授權而制定者，故此一減輕處罰規定，優先於本條第7款之處罰規定而適用。又注意此一規定優先於下面2、所述「稅務違章案件裁罰金額或倍數參考表」之規定而適用（參見稅務違章案件裁罰金額或倍數參考表使用須知」二、）。

2.稽徵機關或海關對本條第7款規定處罰罰鍰金額之裁量權，亦受限於財政部訂定之「稅務違章案件裁罰金額或倍數參考表」中關於本條第7款裁罰金額統一裁量之規定，其規定如下：

⑴經營登記項目以外之其他業務未依規定辦理變更登記者：

A.第一次處罰日以前之違章行為，按所漏稅額處2倍之罰鍰。但於裁罰處分核定前已補辦變更登記，並已補繳稅款及以書面或於談話筆（紀）錄中承認違章事實及承諾繳清罰鍰者，處1倍之罰鍰。

B.第一次處罰日後至第二次處罰日以前之違章行為，按所漏稅額處4倍之罰鍰。但於裁罰處分核定前已補辦變更登記，並已補繳稅款及以書面或於談話筆（紀）錄中承認違章事實及承諾繳清罰鍰者，處2倍之罰鍰。

C.第二次處罰日後再發生之違章行為，按所漏稅額處6倍之罰鍰。但於裁罰處分核定前已補辦變更登記，並已補繳稅款及以書面或於談話筆（紀）錄中承認違章事實及承諾繳清罰鍰者，處3倍之罰鍰。

⑵進口貨物逃漏營業稅者，按所漏稅額處3倍之罰鍰。但於裁罰處分核定前已補繳稅款及以書面或於談話筆（紀）錄中承認違章事實及承諾繳清罰鍰者，處2倍之罰鍰；其屬下列違章情事者，減輕處罰如下：

A.漏稅額在10,000元以下及承諾繳清罰鍰者，處1倍之罰鍰。

B.漏稅額逾10,000元至100,000元及承諾繳清罰鍰者，處1.2倍之罰鍰。

C.漏稅額逾100,000元至200,000元及承諾繳清罰鍰者，處1.5倍之罰鍰。

⑶營業人將應稅銷售額申報爲免稅銷售額，致短繳營業稅額者，按所漏稅額處2倍之罰鍰。但於裁罰處分核定前已補繳稅款及以書面或於談話筆（紀）錄中承認違章事實及承諾繳清罰鍰者，處1倍之罰鍰。

⑷營業人將應稅銷售額申報爲零稅率銷售額，致短繳營業稅額者：

A.一年內經第一次查獲者，按所漏稅額裁處2倍之罰鍰。但於裁罰處分核定前已補繳稅款及以書面或於談話筆（紀）錄中承認違章事實及承諾繳清罰鍰者，處1倍之罰鍰。

B.一年內經第二次以上查獲者，按所漏稅額裁處3倍之罰鍰。但於裁罰處分核定前已補繳稅款及以書面或於談話筆（紀）錄中承認違章事實及承諾繳清罰鍰者，處2倍之罰鍰。

⑸申請暫停營業後，未依規定申請復業而營業者，按所漏稅額處3倍之罰鍰。但於裁罰處分核定前已補繳稅款及以書面或於談話筆（紀）錄中承認違章事實及承諾繳清罰鍰者，處2倍之罰鍰；其屬下列違章情事，減輕處罰如下：

A.漏稅額在10,000元以下及承諾繳清罰鍰者，處1倍之罰鍰。

B.漏稅額逾10,000元至100,000元及承諾繳清罰鍰者，處1.2倍之罰鍰。

C.漏稅額逾100,000元至200,000元及承諾繳清罰鍰者，處1.5倍之罰鍰。

⑹其他有漏稅事實者，按所漏稅額處3倍之罰鍰。於裁罰處分核定前已補繳稅款及以書面或於談話筆（紀）錄中承認違章事實及承諾繳清罰鍰者，處2倍之罰鍰；其屬下列違章情事者，減輕處罰如下：

A.漏稅額在10,000元以下及承諾繳清罰鍰者，處1倍之罰鍰。

B.漏稅額逾10,000元至100,000元及承諾繳清罰鍰者，處1.2倍之罰鍰。

C.漏稅額逾100,000元至200,000元及承諾繳清罰鍰者，處1.5倍之罰鍰。

㈡對其他漏稅違序，**除處以罰鍰外，並得同時裁處停止營業之處罰**；蓋罰鍰與停止營業係不同種類之處罰，可以併罰（參見行政罰法第24條第2項前段）。

稽徵機關對於停止營業，有「處罰與否」之裁量權。

本法第53條規定：「（第1項）主管稽徵機關，依本法規定，為停止營業處分時，應訂定期限，最長不得超過六個月。但停業期限屆滿後，該受處分之營業人，對於應履行之義務仍不履行者，得繼續處分至履行義務時為止。（第2項）前項停止營業之處分，由警察機關協助執行，並於執行前通知營業人之主管機關。」。

惟對於本條第7款規定之停止營業，財政部訂定之「稽徵機關辦理營業人違反營業稅法停止營業處分作業要點」，其要點四、「停止營業之標準」並未將之列入，因此，宜認為係有意排除。**從而對於本條第7款規定之停止營業，稽徵機關原有之「處罰與否」之裁量權，受稽徵機關辦理營業人違反營業稅法停止營業處分作業要點四、之限制，不得行使。**

五、免予處罰之例外規定暨其評析

對於本條第7款規定之其他漏稅違序，法規中有免予處罰之規定，行政解釋中有免予處罰之釋示，茲摘述如下，並予以評析。

㈠對於本條第7款規定之虛報進項稅額致漏稅違序，稅務違章案件減免處罰標準第15條第1項第2款規定：「依加值型及非加值型營業稅法第五十一條規定應處罰鍰案件，其漏稅金額符合下列規定之一者，減輕或免予處罰：二、海關代徵營業稅之進口貨物，其所漏稅額在新台幣五千元以下者。」。又第15條第1項第11款規定：「依加值型及非加值型營業稅法第五十一條規定應處罰鍰案件，有下列情事之一者，減輕或免予處罰：十一、申報進口貨物短報或漏報完稅價格，致短報或漏報營業稅額，而申報進口時依規定檢附之相關文件並無錯誤者，按所漏稅額處○‧五倍之罰鍰。但報關人主動向海關申報以文件審核或貨物查驗通關方式進口貨物之案件，免予處罰。」。所謂免予處罰，參照稅務違章案件裁罰金額或倍數參考表中關於本條裁罰金額之規定，應係指「免除初次處罰」而言。又同標準第23條規定：「稅務違章案件應處罰鍰金額在新台幣二千元以下者，免予處罰。」。

按稅務違章案件減免處罰標準係財政部依據稅捐稽徵法第48條第2項之授權而制定者，故上開免罰規定，優先於本條第2款之處罰規定而適用。

惟應注意，同標準第24條復規定：「納稅義務人……有下列情事之一者，不適用本標準……免予處罰：一、一年內有相同違章事實三次以上者。二、故意違反稅法規定者。……」，此一規定又係同標準第15條、第23條之特別規定，優先適用。

㈡免予處罰之行政解釋：

1.財政部96.3.30台財稅第9604520870號函：「二、依促產條例第9條之1第2項規定，屬科學工業之公司進口免徵關稅及營業稅之機器、設備，於進口後5年內，因轉讓或變更用途，致與減免之條件或用途不符者，除轉讓與設於科學工業園區、加工出口區及其他屬科學工業公司者外，應予補徵進口稅捐及營業稅。該等公司如未依關稅法第55條規定於限期內向海關申辦補繳關稅，並一併補繳營業稅者，不論是否已於轉讓或變更用途時開立統一發票報繳營業稅，海關均應依促產條例第9條之1第2項規定補徵其進口之營業稅，並免依營業稅法第51條第7款規定處罰。……四、屬科學工業之公司依促產條例第9條之1規定免稅進口之機器、設備，於進口5年內復運出口，如屬轉售出口者，應依促產條例第9條之1第2項規定補繳進口營業稅，未依規定補繳者，海關除應依法補徵其進口營業稅外，免依營業稅法第51條第7款規定予以處罰；……。」。此一釋函明示「僅予補稅，免予處罰」，其理由何在，未見說明。

2.財政部96.12.18台財稅第9600509450號函：「營業人委託依快遞貨物通關辦法向海關登記之快遞業者及整合型航空貨運業者運送離岸價格逾新臺幣5萬元之貨物出口，未依快遞貨物簡易申報通關作業規定，按一般出口貨物通關方式辦理而申報適用零稅率

之案件，如經查明確無虛增零稅率銷售額之情事者，應按查得之實際交易金額核定補徵營業稅額，並免依加值型及非加值型營業稅法第51條第7款規定處罰。」。此一釋函明示「僅予補稅，免予處罰」，其理由何在，未見說明。

3.財政部98.3.11台財稅第9800062780號令：「進口人進口貨物未將關稅法第29條第3項各款規定之費用，計入完稅價格內申報，經海關調整計入關稅完稅價格課徵關稅而據以補徵營業稅案件，除繳驗偽造、變造或不實之發票或憑證經海關依海關緝私條例第37條第1項規定處罰者外，免依加值型及非加值型營業稅法第51條第7款規定處罰。」。此一釋令明示「非屬繳驗偽造、變造或不實之發票或憑證者，僅予補稅，免予處罰」，其理由何在，未見說明。

4.財政部87.10.23台財稅第871971048號函：「營業人以土地及其定著物合併銷售時，其銷售價格未按土地與定著物分別載明，經稽徵機關依營業稅法施行細則第21條規定，計算房屋銷售額並補徵稅額者，其補徵稅額部分，應免按……營業稅法第51條規定論處。」。

第二章

所得稅法規定之租稅行政罰

　　本章以義務內容之類型爲準，將所有所得稅法規定之租稅行政罰歸納爲四個類型，再就各類型中之各種處罰分別論述。每種處罰均賦予一個定名，例如「××××違序」，以簡潔顯示該「違反秩序」（即「**違序**」）之「行爲內容與特徵」，以便於指稱及論述（參見前面本書第二篇第一章、貳、一、㈠之說明）。

　　本章以下文中之「**本法**」，係指「所得稅法」。其次，本章以下文中之「**所得稅法上違序行爲**」或「**違序行爲**」，係指「違反所得稅法上義務之行爲」，復次，本章以下文中之「**元**」，係指「新台幣」，均不再一一說明。

第一目　關於課稅資料報告與告知義務之違序與其處罰

緒　　說

一、關於課稅資料報告與告知義務之違序種類與其處罰之性質

　　本法規定之義務，主要可分爲二大類，一類是「行爲義務」，一類是「繳納義務」（包括「納稅義務」與「給付義務」）。行爲義務又可分爲二小類，一小類是「課稅資料報告與告知義務」，另一小類是「其他行爲義務」。

　　本法規定之違序與其處罰，其中與「課稅資料報告與告知義務」有關者，可合稱爲「關於課稅資料報告與告知義務之違序與其處罰」之類型；其中與「其他行爲義務」有關者，可合稱爲「關於其他行爲義務之違序與其處罰」之類型；前者於本目論述，後者於下面本章第二目論述，合先說明。

　　「**關於課稅資料報告與告知義務之違序與其處罰**」之類型，其中違序之型態，計有如下十三種（依本法規定之條文次序排列）：⑴未申報分配股利盈餘違序，⑵未申報分配損益違序，⑶未報告客戶堆存貨物違序，⑷漏報短報、未申報所得額違序，⑸未依限、未據實填報免扣繳憑單違序，⑹未依限、未據實填發免扣繳憑單違序，⑺未依限、未據實申報信託有關文件違序，⑻未依限填發信託所得之扣繳或免扣繳憑單違序，⑼未依限、未按實填報扣繳憑單違序，⑽未依限、未按實填發扣繳憑單違序，⑾未依限、未按實填報股利憑單違序，⑿未依限、未按實填發股利憑單違序，⒀未依限、未據實申報扣抵稅額帳戶變動明細資料違序。

　　在本目中，上開各種違序依下述分立子目論述：

1.下列三種違序：⑴未申報分配股利盈餘違序，⑵未申報分配損益違序，⑶未報告客戶堆存貨物違序，併成一子目「**未報告分配股利盈餘、分配損益、客戶堆存貨物違序**」論述。

2.⑷漏報短報、未申報所得額違序，立一子目論述。

3.下列二種違序：⑸未依限、未據實申報免扣繳憑單違序，⑹未依限填發免扣繳憑單違序，併成一子目「**未依限、未據實申報、填發所得免扣繳憑單違序**」論述。

4.下列二種違序：⑺未依限、未據實申報信託有關文件違序、⑻未依限填發信託所得之扣繳或免扣繳憑單違序，併成一子目「**未依限、未據實申報、填發信託所得相關文件、扣繳憑單等違序**」論述。

5.下列二種違序：⑼未依限、未按實填報所得扣繳憑單違序，⑽未依限、未按實填發所得扣繳憑單違序，併成一子目「**未依限、未按實填報、填發所得扣繳憑單違序**」論述。

6.下列二種違序：⑾未依限、未按實填報股利憑單違序，⑿未依限、未按實填發股利憑單違序，併成一子目「**未依限、未按實填報、填發股利憑單違序**」論述。

7.⒀未依限、未據實申報扣抵稅額帳戶變動明細資料違序，立一子目論述。

上述1、係因三種違序之處罰相同，而3、至6、係因二種違序之受罰人相同，處罰相同，故予合併為一子目，以節省篇幅。

對⑷漏報短報、未申報所得額違序之處罰，規定於本法第110條第3項及第4項，其處罰之性質，應予說明。按本法第110條第1項及第2項規定，對納稅義務人「漏報短報、未申報所得額致漏稅違序」之處罰，因其違序之行為已導致有漏稅事實，故其處罰之性質係「漏稅罰」，並無疑問。惟同條第3項及第4項規定：「（第1項）營利事業因受獎勵免稅或營業虧損，致加計短漏之所得額後仍無應納稅額者，應就短漏之所得額依當年度適用之營利事業所得稅稅率計算之金額，分別依前二項之規定倍數處罰。但最高不得超過九萬元，最低不得少於四千五百元。（第4項）第一項及第二項規定之納稅義務人為獨資、合夥組織之營利事業者，應就稽徵機關核定短漏之課稅所得額依當年度適用之營利事業所得稅稅率計算之金額，分別依第一項及第二項之規定倍數處罰，不適用前項規定。」，此二項規定所規範之違序行為，係獨資、合夥組織以外之營利事業「漏報短報、未申報所得額」，**其處罰之性質則係屬「行為罰」；蓋其違序行為並未導致有漏稅事實，故其處罰自非屬於漏稅罰。**

本類型違序均係處以「罰鍰」，其性質均係行為罰，蓋其違反之義務均係「行為義務」。因此，行為人之行為構成本類型中各種違序者，無待任何結果之發生（例如發生漏稅等），稽徵機關即得予以處罰，本目以下各子目中即均不再一一指明。

本類型中各種違序，係違反本法規定之**「各種行為義務」，而**各種行為義務主要之法律依據係本法第20條、第66條之1、第76條、第89條、第90條、第91條、第92條、第92條之1、第102條之1等。由於本類型各種違序，大部分係以本法第20條等條文之義

務規定為構成要件，故屬「**非真正之空白構成要件**」，而各該處罰規定則係「**結合指示**」（參見前面本書第二篇第一章，參、一、㈢、2、之說明），本目之各子目中即均不再一一說明。**惟尚有小部分行為義務係與處罰規定在同一法條中，並無獨立之義務規定，此類情形即分別在各該子目中加以說明。**

二、行為人之責任能力、不知法規之責任與有無免責事由

在本類型違序中，行為人（亦是受罰人）或為自然人，或為組織（如營利事業、非法人團體等），關於其「**責任能力**」、「**不知法規之責任**」與「**有無免責事由**」，在此先行說明，本目以下各子目即均不再一一說明。

㈠責任能力：

1.本類型違序之**行為人係自然人**者，受罰人自係自然人本身，依照行政罰法第9條規定，應審究行為人之責任能力（年滿18歲與否以及精神狀態）。茲分述如下：

1.年齡年滿18歲與否：

⑴行為人滿18歲者，有責任能力，其各種違序自應依法受罰。

⑵行為人未滿18歲者，並無行政程序之行為能力，故其各種行為義務，應由法定代理人代為履行（參見行政程序法第22條）。在此情形，行為人之責任能力如何，依前面本書第二篇第二章、肆、一、㈣、4、所述（參照96.4.27法務部行政罰法諮詢小組第8次會議之多數意見），說明如下：

A.法定代理人之故意、過失，其效果不得歸屬於未滿18歲之行為人，亦即不得論為行為人之故意、過失，自不得處罰（並無適用行政罰法第9條第1項、第2項規定與否之問題）。

B.法定代理人未代為履行各種行為義務，縱然法定代理人有故意或過失，因法無處罰之明文，亦不得處罰法定代理人。

惟應注意者，行政院94.8.8台規字第940020908號函發布「行政機關因應行政罰法施行應注意之法制事項」，其中第5點規定：「各機關就主管法律或自治條例訂定行政罰時，有關責任能力部分，應檢視下列情形：㈠未滿14歲人之行為，不予處罰。㈡18歲以下之未成年人，違反行政法上義務行為，於監督不周或行使親權、管教不當時，得以其「法定代理人」為處罰對象。」。對於未滿18歲之行為人之各種違序，可否依此規定逕行處罰其法定代理人，依本書之見解，應作否定解釋。蓋此一「得逕行處罰法定代理人」之規定，並未說明法律依據為何，實有違反行政罰法第4條之「處罰法定原則」。在法務部行政罰法諮詢小組第8次會議作成修法之建議後[49]，此一規定實以刪除為宜。

---

9 同註5。

2.精神狀態：

⑴行為人滿18歲者，有完全責任能力，其各種違序自應依法受罰。因而在具體個案中，應查明行為人有無行政罰法第9條第3項規定「無責任精神狀態」與第4項規定「精神狀態減弱」之情形，以決定是否免除或減輕處罰。又應查明其有無同條第5項規定「故意或過失而自陷於精神障礙」之情形，以決定可否適用同條第3項或第4項免除或減輕處罰之規定。

⑵行為人未滿18歲者，如上面1、⑵所述，其各種違序不予處罰，則自無須再審究其有無行政罰法第9條第3項至第5項所規定之情事。

2.本類型違序之**行為人係組織**者，受罰人係組織本身，因而並無行政罰法第9條所定自然人責任能力問題。

惟有一個例外，組織中獨資商號係以出資之資本主（自然人）為受罰人（參見前面本書第二篇第一章第一目、壹、一、㈠、1、所述）；因此，**獨資商號有本類型中各種違序者，有無行政罰法第9條規定之適用，即須就獨資資本主本身審究**。既然獨資資本主是自然人，自應審究獨資資本主之責任能力（年滿18歲與否以及精神狀態）；而其審究即如同上面1、所述，不予複述。

㈡不知法規之責任：

行政罰法第8條規定：「不得因不知法規而免除行政處罰責任。但按其情節，得減輕或免除其處罰。」。本類型中各種違序之行為人（受罰人），限於「有具體特殊情況存在，而導致無法得知各種行為義務之法規存在」之「不能避免之禁止錯誤」，方得依行政罰法第8條但書規定免除其處罰；如係原可避免而乃發生錯誤，則可減輕處罰。

各種違序之行為人（受罰人）在何種情形之行為，可認為存在不能避免之法律錯誤，無可歸責而不應處罰，參見前面本書第二篇第二章、貳、一、㈢所述。

㈢有無免責事由：

行政罰法第11條至第13條規定「依法令及依上級命令之行為」、「正當防衛」及「緊急避難」之免責事由。在行為人（受罰人）有本類型中之各種違序時，應審究有無存在行政罰法第11條至第13條規定免責事由之情事，乃屬當然。

壹、未報告分配股利盈餘、分配損益、客戶堆存貨物違序與其處罰

（甲）公司組織之營利事業負責人、合作社之負責人，違反本法第76條規定，屆期不申報已分配與股東或社員之股利或盈餘，構成**未報告分配股利盈餘違序**，除由該管稽徵機關限期責令補報外，處以1,500元以下罰鍰（本法第106條第2款）。

（乙）合夥組織之營利事業負責人，違反本法第76條規定，不將合夥人之姓名、住址、投資數額及分配損益之比例，列單申報，構成**未申報分配損益違序**，除由該管稽徵機關限期責令補報外，處以1,500元以下罰鍰（本法第106條第3款）。

（丙）倉庫負責人違反本法第91條第1項規定，不將規定事項報告，構成**未報告客**

戶堆存貨物違序，除由該管稽徵機關限期責令補報外，處以1,500元以下罰鍰（本法第106條第5款）。

一、受罰人

(一)本法第第106條（以下稱「**本條**」）第2款所規定之未申報分配股利盈餘違序，其行為人係公司組織之營利事業負責人、合作社之負責人，受罰人亦同，而其均係自然人。

公司之負責人應依公司法第8條規定認定之。合作社之負責人應依合作社法第32條、第34條，以及信用合作社法第6條等規定認定之。

(二)本條第3款所規定之未申報分配損益違序，其行為人係合夥組織之營利事業負責人，受罰人亦同，而其係自然人。

合夥組織之負責人應依商業登記法第10條規定認定之。

(三)本條第5款所規定之未報告客戶堆存貨物違序，係以「倉庫負責人」為受罰人。惟依本法第91條第1項規定負有「報告客戶堆存貨物」之義務者係「倉庫」，而非「倉庫負責人」，是則違反義務之人自然亦是倉庫，何以本條第5款卻規定受罰人為倉庫負責人，而非違反義務之行為人（即倉庫）？如此規定，形成「倉庫之違序，轉而處罰其負責人」之「**轉嫁罰**」，其理據何在，實難索解。按刑事罰有徒刑及拘役，係限制或奪人身自由之處罰，組織犯罪，無從處以徒刑或拘役，故在刑事罰方有實施「轉嫁罰」之必要。稅捐稽徵法第47條徒刑之轉嫁罰規定，正是其例。對於組織之違序，行政罰法基於「**自己責任原則**」，並不採轉嫁罰之制度。對照言之，本法第76條以公司之負責人、合作社之負責人與合夥組織之負責人為負有報告義務之人，而其違反報告義務時，本條第2款及第3款以其為受罰人之規定，符合「自己責任原則」。

茲暫置上述疑義不論，本法第91條第1項規定之倉庫，應係指「持有倉庫所有權或使用權之營利事業」；從而**倉庫負責人應解為係「持有倉庫所有權或使用權之營利事業之負責人」**。持有倉庫所有權或使用權之營利事業如係公司、合作社，其負責人之認定，如上面(一)所述。如係獨資、合夥組織，應依商業登記法第10條規定認定之。

行政罰法第15條第1項規定：「私法人之董事或其他有代表權之人，因執行其職務或為私法人之利益為行為，致使私法人違反行政法上義務應受處罰者，該行為人如有故意或重大過失時，除法律或自治條例另有規定外，應並受同一規定罰鍰之處罰。」。依照此一規定，在倉庫負責人有故意或重大過失時，對於倉庫（持有倉庫所有權或使用權之營利事業）與倉庫負責人，得予併同處罰。惟此一條文中有「除法律或自治條例另有規定外」之除書規定，是以本法第106條第5款僅對倉庫負責人處罰之規定，當可認為係屬「法律或自治條例另有規定」，故而僅可處罰倉庫負責人。惟在法理上，此一規定似無維持之必要，實應考慮修法改正。

二、客觀構成要件

　　㈠本法第106條第2款至第4款規定三個行為，即未申報已分配股利或盈餘、未申報應分配損益與未報告客戶堆存貨物。

　　1.三個行為所成立之違序，分別說明如下：

　　⑴首應說明者，本法第106條第2款規定：公司組織之營利事業負責人、合作社之負責人「違反本法第76條規定，屆期不申報**應分配或已分配**與股東或社員之股利或盈餘」；惟按本法第76條第2項係規定公司、合作社之負責人應申報「**已給付**」之股利或盈餘數額，並未包括「應分配」之股利或盈餘數額在內。是以本法第106條第2款條文中之「應分配或」四字，係屬立法時之疏忽所加之贅詞，應予刪除。

　　公司之負責人、合作社之負責人違反本法第76條規定，屆期不申報已分配與股東或社員之股利或盈餘，成立「**未申報已分配股利盈餘違序**」。

　　⑵合夥之負責人違反本法第76條第2項規定，不將合夥人之姓名、住址、投資數額及分配損益之比例，列單申報，成立「**未申報應分配損益違序**」。

　　本法第76條第2項係規定，公司之負責人、合作社之負責人與合夥之負責人，依限申報分配股利盈餘、分配損益之義務，其規定內容於下面㈡說明。

　　⑶倉庫負責人違反本法第91條第1項規定，不將堆存貨物之客戶名稱、地址、貨物名稱、種類、數量、估價、倉租及入倉、出倉日期等事項報告，成立「**未報告客戶堆存貨物違序**」。

　　本法第91條第1項係規定，倉庫依限申報客戶堆存貨物之義務，其規定內容於下面㈡說明。

　　三個違序合稱「**未報告分配股利盈餘、分配損益、客戶堆存貨物違序**」。

　　2.未報告分配股利盈餘、分配損益、客戶堆存貨物違序之成立，必須違序之行為具有「**構成要件該當性**」；違序之行為在何一時日方成為「**構成要件該當行為**」，自應予以審究。

　　關於未報告分配股利盈餘、分配損益、客戶堆存貨物違序之構成要件該當行為成立時日，於下面㈢說明。

　　3.應注意者，本條中雖有「由該管稽徵機關限期責令補報」之規定，惟如公司之負責人、合作社之負責人、合夥組織之負責人與倉庫負責人不依限補報，本條並無處罰規定。因此，公司之負責人等不依限補報應行報告事項者，並不構成違序。

　　㈡公司之負責人、合作社之負責人、合夥組織之負責人與倉庫負責人報告分配股利盈餘、分配損益、客戶堆存貨物之義務：

　　1.本法第76條規定：「（第1項）納稅義務人辦理結算申報，應……。（第2項）公司及合作社負責人於申報營利事業所得稅時，應將股東或社員之姓名、住址、已付之股利或盈餘數額；合夥組織之負責人應將合夥人姓名、住址、出資比例及分配損益之比

例，列單申報。」，茲解析如下：

　　⑴本條第2項之公司、合作社，應係指依我國有關法規登記設立者，而不包括其分支機構在內。

　　⑵公司之負責人、合作社之負責人與合夥組織之負責人，報告分配股利盈餘、分配損益之義務，係以本法第76條第2項為其法律依據。

　　關於公司之負責人、合作社之負責人與合夥組織之負責人之認定，上面本目、一、㈠及㈡已有說明，不贅。

　　⑶本條第2項之「申報」，應解為與同條第1項之「結算申報」相同。

　　所謂結算申報，係指本法第四章（稽徵程序）第四節（「結算申報，條文自第71條至第79條）規定之所得額及應納稅額結算申報。依該節之規定，**公司、合作社與合夥組織之所得額及應納稅額結算申報之型態**，有如下四種：

　　A.本法第71條第1項規定之結算申報（以**「年度決算申報」**稱之）。

　　B.本法第74條規定之申報（以**「年中變更會計年度決算申報」**稱之）。

　　C.本法第75條第1項及第6項規定之決算申報（以**「年中解散等決算申報」**稱之）。

　　D.本法第75條第2項規定之**「清算申報」**[50]。

　　在實務上，公司、合作社與合夥組織辦理年度決算申報、年中變更會計年度決算申報與年中解散等決算申報時，係要求以填寫「營利事業所得稅結算申報書」之附表**「投資人明細及盈餘分配表」**之方式，履行此一報告義務；而辦理清算申報時，係要求以填寫「清算申報書」之附表**「清算人（股東、獨資資本主、合夥人）清算分配表」**之方式，履行此一報告義務。

　　然而「投資人明細及盈餘分配表」，有下列問題：⑴該二表要求「營利事業」及「負責人、代表人或管理人」蓋章，並須填寫「營利事業統一編號」。按本法第76條第2項係要求「公司之負責人、合作社之負責人與合夥組織之負責人」填報，而非要求營利事業填報，故該表要求營利事業蓋章，並須填寫營利事業統一編號，於法無據。⑵該二表中之「組織種類」有「獨資」一種，然而本法第76條第2項並無獨資組織之負責人報告之規定，故該表要求獨資組織之負責人填報，於法無據。

　　至於「清算人（股東、獨資資本主、合夥人）清算分配表」，亦有相同之問題。

　　上述實務作業要求超越法律規定之不當現象，存在已久，實應儘速修正此二表格，以符本法之規定。倘如財稅主管機關認為實務上有維持現行此二表格之必要，則應修正本法第76條第2項條文，以祛除實務作業要求超越法律規定之不當現象。

　　2.倉庫負責人報告客戶堆存貨物之義務，規定於本法第91條第1項：「各倉庫應將堆存貨物之客戶名稱、地址、貨物名稱、種類、數量、估價、倉租及入倉、出倉日期等

---

50 關於營利事業所得稅之年度決算申報、年中變更會計年度決算申報、年中解散等決算申報與清算申報，其詳細說明參見吳金柱，所得稅法之理論與實用，下冊，2008年4月，631-632頁。

於貨物入倉之日起三日內，依規定格式報告該管稽徵機關。」。

本項規定「倉庫」之報告義務，惟本條第2款規定係處罰「倉庫之負責人」。

關於倉庫之涵義、倉庫負責人之認定，於上面一、㈢已有說明，不贅。

㈢未報告分配股利盈餘、分配損益、客戶堆存貨物違序之構成要件該當行為成立時日：

1.本法第76條規定：「（第1項）納稅義務人辦理結算申報，應……。（第2項）公司及合作社負責人於申報營利事業所得稅時，應將股東或社員之姓名、住址、已付之股利或盈餘數額；合夥組織之負責人應將合夥人姓名、住址、出資比例及分配損益之比例，列單申報。」。**公司、合作社與合夥組織**（所得額及應納稅額）**各種型態結算申報之申報期限**，分述如下：

⑴年度決算申報之申報期限，係「次年5月31日」（參見本法第71條第1項）。

⑵年中變更會計年度決算申報之申報期限，係「變更之日起一個月內」（參見本法第74條）。

⑶年中解散等決算申報之申報期限，係「解散、廢止、合併或轉讓之日起45日內」、「宣告破產法院公告債權登記期間截止10日內」（參見本法第75條第1項及第6項）。

⑷清算申報之申報期限，係「清算結束之日起30日內」（參見本法第75條第2項）。

2.報告分配股利盈餘、分配損益義務之**履行期限**，係與營利事業所得稅各種型態結算申報之時限相同。因此，公司之負責人、合作社之負責人與合夥組織之負責人在「營利事業所得稅各種型態結算申報之時限終了日」仍未報告「本法第71條第2項規定應報告事項」（在實務上即未申報「投資人明細及盈餘分配表」、「清算人（股東、獨資資本主、合夥人）清算分配表」），而其不作為係出於故意或過失者，**其行為即具有構成要件該當性，而屬「未報告分配股利盈餘、分配損益違序」之構成要件該當行為。**

3.報告客戶堆存貨物義務之**履行期限**，係「客戶貨物入倉之日起第三日」。因此，倉庫負責人在「客戶貨物入倉之日起第三日」仍未申報「本法第90條規定應報告事項」，而其不作為係出於故意或過失者，**即其行為具有構成要件該當性，而屬「未報告客戶堆存貨物違序」之構成要件該當行為。**

三、主觀構成要件

未報告分配股利盈餘、分配損益違序之行為，行為人與受罰人均係公司之負責人、合作社之負責人與合夥組織之負責人，故其行為是否出於故意、過失，自應就公司之負責人、合作社之負責人與合夥組織之負責人之行為而審究之。

未報告客戶堆存貨物違序之行為，行為人係倉庫（應係指「持有倉庫所有權或使用

權之營利事業」），而受罰人則係倉庫負責人，行為人與受罰人既然不同，則違序行為是否出於故意、過失，應就行為人抑或就受罰人之行為而審究，即生疑問。

按行政罰法第7條第2項規定：「法人、設有代表人或管理人之非法人團體、中央或地方機關或其他組織違反行政法上義務者，其代表人、管理人、其他有代表權之人……之故意、過失，推定為該等組織之故意、過失。」違反報告客戶堆存貨物義務之行為人係倉庫（持有倉庫所有權或使用權之營利事業），然而其行為係由（有代表權之）倉庫負責人代表為之；因此，未報告客戶堆存貨物違序之行為，其行為是否出於故意、過失，仍應就倉庫負責人之行為而審究之。

四、法律效果

(一)對未報告分配股利盈餘、分配損益、客戶堆存貨物違序，除由該管稽徵機關限期責令補報外，**處以1,500元以下罰鍰**。

稽徵機關對於罰鍰金額，有裁量權。

惟稽徵機關對本條第2款、第3款及第5款規定罰鍰金額之裁量權，實際上受限於財政部訂定之「稅務違章案件裁罰金額或倍數參考表」中有本條第2款、第3款及第5款規定裁罰金額統一裁量之規定，其規定如下：

　1.第一次違序，處500元罰鍰。

　2.第二次違序，處1,000元罰鍰。

　3.第三次及以後各次違序，每次處1,500罰鍰。

由於本條規定之法定罰鍰最高為1,500元，故有行政罰法第19條第1項「3,000元以下罰鍰職權不處罰」規定之適用，亦即稽徵機關如認為「情節輕微，以不處罰為適當者」，即得裁處免罰。稽徵機關裁處免罰時，依行政罰法第19條第2項規定，稽徵機關導對公司之負責人、合作社之負責人、合夥組織之負責人或倉庫負責人施以糾正或勸導，並做成紀錄，命其簽名。

(二)應注意者，本條中雖有「由該管稽徵機關限期責令補報」之規定，惟如公司之負責人、合作社之負責人、合夥組織之負責人與倉庫負責人不依限補報，本條並無處罰規定，因此，稽徵機關不得以公司之負責人、合作社之負責人、合夥組織之負責人與倉庫負責人不依限補報為理由，而予處罰。

貳、漏報短報、未申報所得額違序與其處罰

本法第110條規定：「（第1項）納稅義務人已依本法規定辦理結算、決算或清算申報，而對依本法規定應申報課稅之所得額有漏報或短報情事者，處以所漏稅額二倍以下之罰鍰。（第2項）納稅義務人未依本法規定自行辦理結算、決算或清算申報，而經稽徵機關調查，發現有依本法規定課稅之所得額者，除依法核定補徵應納稅額外，應照補徵稅額，處三倍以下之罰鍰。（第3項）營利事業因受獎勵免稅或營業虧損，致加計短

漏之所得額後仍無應納稅額者，應就短漏之所得額依當年度適用之營利事業所得稅稅率計算之金額，分別依前二項之規定倍數處罰。但最高不得超過九萬元，最低不得少於四千五百元。（第4項）第一項及第二項規定之納稅義務人為獨資、合夥組織之營利事業者，應就稽徵機關核定短漏之課稅所得額依當年度適用之營利事業所得稅稅率計算之金額，分別依第一項及第二項之規定倍數處罰，不適用前項規定。」。

此一條文之第1項及第2項規定，係對納稅義務人「**漏報短報、未申報所得額致漏稅違序**」之處罰，因其違序之行為已導致有漏稅事實，故其處罰之性質係「**漏稅罰**」，並無疑問（參見下面本章第三目、壹、一、所述）。

至於同條第3項及第4項規定，則係對獨資、合夥組織以外之營利事業「**漏報短報、未申報所得額**」之處罰，其處罰之性質則係屬「**行為罰**」，蓋其違序行為並未導致有漏稅事實之故。

由於此一條文規範之二類違序行為，其「漏報短報、未申報所得額」部分相同（不同之處為「有無導致漏稅事實」），故二類違序行為關係密切。為節省篇幅及論述之方便，關於「漏報短報、未申報所得額違序與其處罰」之說明解析，與下面本章第三目、貳、論述「漏報短報、未申報所得額致漏稅違序與其處罰」時合併為之，此處略之。

參、未依限、未據實申報、填發免扣繳憑單違序與其處罰

（甲）政府機關、公立學校或公營事業違反本法第89條第3項規定，未依限或未據實申報免扣繳憑單，構成**未依限、未據實申報免扣繳憑單之初次違序**，應通知其主管機關議處該機關或學校之責應扣繳單位主管或事業之負責人（本法第111條前段）。

私人團體、私立學校、私營事業、破產財團或執行業務者，違反本法第89條第3項規定，未依限或未據實申報免扣繳憑單，構成**未依限、未據實申報免扣繳憑單之初次違序**，處該團體或學校之責應扣繳單位主管、事業之負責人、破產財團之破產管理人或執行業務者1,500元之罰鍰，並通知限期補報或填發；屆期不補報或填發，構成**未依限、未據實申報免扣繳憑單之二次違序**，應按所給付之金額，處該團體或學校之責應扣繳單位主管、事業之負責人、破產財團之破產管理人或執行業務者5%之罰鍰。但最高不得超過90,000元，最低不得少於3,000元（本法第111條中段及後段）。

（乙）政府機關、公立學校或公營事業違反本法第89條第3項規定，未依限填發免扣繳憑單，構成**未依限填發免扣繳憑單之初次違序**，應通知其主管機關議處該機關或學校之責應扣繳單位主管或事業之負責人（本法第111條前段）。

私人團體、私立學校、私營事業、破產財團或執行業務者，違反本法第89條第3項規定，未依限填發免扣繳憑單，構成**未依限填發所得免扣繳憑單之初次違序**，處該團體或學校之責應扣繳單位主管、事業之負責人、破產財團之破產管理人或執行業務者1,500元之罰鍰，並通知限期填發；屆期不填發，構成**未依限填發免扣繳憑單之二次違**

序，應按所給付之金額，處該團體或學校之責應扣繳單位主管、事業之負責人、破產財團之破產管理人或執行業務者5%之罰鍰。但最高不得超過90,000元，最低不得少於3,000元（本法第111條中段及後段）。

一、受罰人

(一)本法第111條（以下稱**「本條」**）所規定之未依限、未據實申報、填發所得免扣繳憑單違序，其受罰人有二類，一類係政府機關、公立學校之責應扣繳單位主管，公營事業之負責人，一類係私人團體、私立學校之責應扣繳單位主管，私營事業之負責人，破產財團之破產管理人，執行業務者。二類受罰人均係自然人。

關於「責應扣繳單位主管」如何認定，依財政部88.7.8台財稅第881924323號函釋示：「……，所稱「責應扣繳單位主管」，由各機關首長或團體負責人自行指定之。機關團體已在各類所得扣繳稅額繳款書、各類所得資料申報書或各類所得扣繳暨免扣繳憑單之「扣繳義務人」欄載明扣繳義務人者，視為該機關首長或團體負責人指定之扣繳義務人；未經指定者，以機關首長或團體負責人為扣繳義務人。」。

所謂「公營事業、私營事業」，係指公司、合作社、合夥組織、獨資組織等，即本法第11條第2項規定之「營利事業」：「本法稱營利事業，係指公營、私營或公私合營，以營利為目的，具備營業牌號或場所之獨資、合夥、公司及其他組織方式之工、商、農、林、漁、牧、礦冶等營利事業。」。所謂「公營事業、私營事業之負責人」，應分別依公司法第8條、合作社法第32條、第34條、信用合作社法第6條、商業登記法第10條等規定認定之。

所謂「私人團體」，係指本法第11條第2項規定營利事業以外之組織，例如公有事業、財團法人、非財團法人之團體（包括祭祀公業在內，參見最高行政法院96年判第1071號判決）等。

所謂「執行業務者」，本法第11條第1項規定：「本法稱執行業務者，係指律師、會計師、建築師、技師、醫師、藥師、助產士、著作人、經紀人、代書人、工匠、表演人及其他以技藝自力營生者。」。

(二)應注意者，**依本法第89條第3項規定負有「申報、填發所得免扣繳憑單」之義務者，係「機關、團體、學校、事業、破產財團」**，而非「（機關、團體、學校之）責應扣繳單位主管，（事業之）負責人與（破產財團之）破產管理人」。**是則違反義務之行為人係機關、團體、學校、事業、破產財團。**「機關、團體、學校、事業、破產財團」與「責應扣繳單位主管、負責人與破產管理人」係不同之法律主體，然而本條第3項卻規定受罰人為責應扣繳單位主管、負責人與破產管理人，而非違反義務之行為人（即機關、團體、學校、事業、破產財團），如此規定，形成「機關、團體、學校、事業、破產財團之違序，轉而處罰其責應扣繳單位主管、負責人破產管理人」之**「轉嫁罰」**，其理據何在，實難索解。按刑事罰有徒刑及拘役，係限制或奪人身自由之處

罰，組織犯罪，無從處以徒刑或拘役，故在刑事罰方有實施「轉嫁罰」之必要。稅捐稽徵法第47條徒刑之轉嫁罰規定，正是其例。對於組織之違序，行政罰法基於**「自己責任原則」**，並不採轉嫁罰之制度（對照而言，本法第89條第3項同時規定「執行業務者」負有「申報所得免扣繳憑單」之義務，違反此一義務時，本條第3項則規定受罰人為執行業務者，符合「自己責任原則」）。

行政罰法第15條第1項規定：「私法人之董事或其他有代表權之人，因執行其職務或為私法人之利益為行為，致使私法人違反行政法上義務應受處罰者，該行為人如有故意或重大過失時，除法律或自治條例另有規定外，應並受同一規定罰鍰之處罰。」。依照此一規定，在（事業之）負責人與（破產財團之）破產管理人有故意或重大過失時，對於事業與破產財團以及其負責人與破產管理人，得予併同處罰。惟此一條文中有「除法律或自治條例另有規定外」之除書規定，是以本法第111條僅對負責人與破產管理人處罰之規定，當可認為係屬「法律或自治條例另有規定」，故而僅可處罰負責人與破產管理人。（機關、團體、學校之）責應扣繳單位主管如係有代表權之人，亦應同此理解與處理。惟在法理上，此一規定似無維持之必要，實應考慮修法改正。

行政罰法第15條第2項規定：「私法人之職員、受僱人或從業人員，因執行其職務或為私法人之利益為行為，致使私法人違反行政法上義務應受處罰者，私法人之董事或其他有代表權之人，如對該行政法上義務之違反，因故意或重大過失，未盡其防止義務時，除法律或自治條例另有規定外，應並受同一規定罰鍰之處罰。」。依照此一規定，在（機關、團體、學校之）責應扣繳單位主管係職員、受僱人，而其有故意或重大過失時，對於（機關、團體、學校之）有代表權之人與（機關、團體、學校之）職員、受僱人，得予併同處罰。惟此一條文中有「除法律或自治條例另有規定外」之除書規定，是以本法第111條僅對（機關、團體、學校之）責應扣繳單位主管處罰之規定，當可認為係屬「法律或自治條例另有規定」，故而僅可處罰（機關、團體、學校之）責應扣繳單位主管。惟在法理上，此一規定似無維持之必要，實應考慮修法改正。

二、客觀構成要件

㈠本條規定之違序行為係「未依限或未據實申報或未依限填發免扣繳憑單」，故其包括三種違序行為，一是**「未依限申報免扣繳憑單違序」**，二是**「未據實申報免扣繳憑單違序」**（二者合稱**「未依限、未據實申報免扣繳憑單」**），三是**「未依限填發免扣繳憑單違序」**。注意本條並無「未據實填發免扣繳憑單」之規定，此並非法律之疏漏。

本條規定之處罰包括「初次處罰」與「二次處罰」，故其處罰之構成要件亦有**「初次違序」**與**「二次違序」**之分。其違序之行為如下：

1.違反本法第89條第3項規定，未依限、未據實申報免扣繳憑單，成立**「未依限、未據實申報免扣繳憑單之初次違序」**。

茲說明如下：

⑴未依限、未據實申報免扣繳憑單違序之行為，包括「**未依限申報免扣繳憑單**」與「**未據實申報免扣繳憑單**」。前者係指未於本法規定之期限內，向稽徵機關申報免扣繳憑單之行為；後者係指已於本法規定之期限內向稽徵機關申報免扣繳憑單，而其申報之免扣繳憑單內容不實之行為。所稱**免扣繳憑單，係指「所得之免扣繳憑單」**（在實務上，「免扣繳憑單」係與「扣繳憑單」合併訂成「扣繳憑單暨免扣繳憑單」）。

逾越本法規定之時限向稽徵機關申報免扣繳憑單，而有申報不實之情事者，應論以「未依限申報免扣繳憑單違序」；蓋本條後段規定稽徵機關應通知機關、學校、團體、破產財團或執行業務者（即申報人）補正（參見下面四、㈣所引述之財政部各釋函），如申報人如實補正，則仍存在「未依限」申報所得免扣繳憑單之情事之故。

倘如經稽徵機關要求補正，而仍有不實，實務上仍論以一個違序行為，而科以一個處罰。既然行為人有「未依限申報」且「未按實申報」免扣繳憑單之二個違序行為，則實務上科以一個處罰，其理由如何，似值探討。此一問題另於下面本篇第四章、貳、㈡、5、解析說明，此處略之。

⑵本法第89條第3項係規定，政府機關、公立學校、公營事業、私人團體、私立學校、私營事業、破產財團與執行業務者，依限向稽徵機關申報免扣繳憑單之義務，其規定內容於下面㈢、詳述。

⑶未依限、未據實申報免扣繳憑單初次違序之成立，必須違序之行為具有「**構成要件該當性**」；違序之行為在何一時日方成為「**構成要件該當行為**」，自應予以審究。

關於未依限、未據實申報免扣繳憑單初次違序之構成要件該當行為成立時日，於下面㈣、1、及2、說明。

2.違反本法第89條第3項規定，未依限填發免扣繳憑單，成立「**未依限填發免扣繳憑單之初次違序**」。

茲說明如下：

⑴本法第89條第3項係規定，政府機關、公立學校、公營事業、私人團體、私立學校、私營事業、破產財團與執行業務者，依限填發免扣繳憑單予納稅義務人（即所得人）之義務，其規定內容於下面㈢詳述。

⑵未依限填發免扣繳憑單違序之成立，必須違序之行為具有「**構成要件該當性**」；違序之行為在何一時日方成為「**構成要件該當行為**」，自應予以審究。

關於未依限填發免扣繳憑單違序之構成要件該當行為成立時日，於下面㈣、3、說明。

㈡私人團體、私立學校、私營事業、破產財團或執行業務者有上面㈠所述違序之一，經主管稽徵機關通知限期補報或填發者，逾期仍未補報或填發，成立「**未依限、未據實申報、填發所得免扣繳憑單之二次違序**」。

茲說明如下：

1.依據稽徵機關依法所作「通知限期補報或填發免扣繳憑單」之行政處分，私人團

體、私立學校、私營事業、破產財團或執行業務者**負有補報或填發之義務**。

2.本條規定未依限、未據實申報、未依限填發免扣繳憑單者，應「限期補報或填發」，其中「限期補報」係針對未依限申報者而言，「限期填發」係針對未依限填發者而言，自屬應然。至於**針對未據實申報者，則應「限期補正」，然而本條對之並無明文，實有疏漏**。實務上財政部之若干行政解釋，即均明示「經徵機關應限期補正」（參見下面四、㈣所引述之行政解釋）。

此一法律疏漏，應予修法增列「限期補正」；在未修法之前，**本條中之「限期補報」，應「目的性擴張」而解為包括「限期補正」在內**，以填補其疏漏。

3.本條中之「逾期仍未補報或填發」，承上面2、所述，應解為包括**逾期仍不補報、補正或填發」與「雖已補報、補正，而仍有申報不實」**之情形。

4.未依限、未據實申報、填發免扣繳憑單二次違序之成立，必須違序之行為具有**「構成要件該當性」**；違序之行為在何一時日方成為**「構成要件該當行為」**，自應予以審究。

關於未依限、未據實申報、填發免扣繳憑單二次違序之構成要件該當行為成立時日，於下面㈤說明。

5.觀察本條中段及後段條文：「私人團體、私立學校、私營事業、破產財團或執行業務者，違反第八十九條第三項規定，未依限填報或未據實申報或未依限填發免扣繳憑單者，處該團體或學校之責應扣繳單位主管、事業之負責人、破產財團之破產管理人或執行業務者一千五百元之罰鍰，並通知限期補報或填發；屆期不補報或填發者，應按所給付之金額，處該團體或學校之責應扣繳單位主管、事業之負責人、破產財團之破產管理人或執行業務者百分之五之罰鍰。但最高不得超過九萬元，最低不得少於三千元。」，可知僅私人團體、私立學校、私營事業、破產財團與執行業務者，方有其適用。依據稽徵機關依法所作「通知限期補報或填發免扣繳憑單」之行政處分，**私人團體、私立學校、私營事業、破產財團與執行業務者負有補報或填發之義務**；違反補報或填發之義務時，構成二次違序。

從而亦可知，對於**政府機關、公立學校、公營事業未依限、未據實填報、填發所得免扣繳憑單，本條並無稽徵機關通知限期補報或填發免扣繳憑單之規定；因此，政府機關、公立學校、公營事業自亦無成立二次違序之可言**。

政府機關、公立學校、公營事業未依限、未據實填報、填發免扣繳憑單者，在事理上亦應要求其補報或填發免扣繳憑單，違之者，予以處罰。由此可見，本條對此情形缺乏規定，似有法律漏洞。解決之道，宜予修法增訂。在修法之前，似可採**「目的性擴張」**之法律填補方法，要求政府機關、公立學校、公營事業補報或填發免扣繳憑單。惟應注意者，關於二次違序之處罰，則不得作目的性擴張，蓋其違反行政罰法第4條規定之「處罰法定原則」。

(三)申報、填發免扣繳憑單之義務：

　　1.本法第89條第3項規定：「機關、團體、學校、事業、破產財團或執行業務者每年所給付依前條規定應扣繳稅款之所得，及第十四條第一項第十類之其他所得，因未達起扣點，或因不屬本法規定之扣繳範圍，而未經扣繳稅款者，應於每年一月底前，將受領人姓名、住址、國民身分證統一編號及全年給付金額等，依規定格式，列單申報主管稽徵機關；並應於二月十日前，將免扣繳憑單填發納稅義務人。」茲析述如下：

　　(1)義務內容有二，一為「向主管稽徵機關申報免扣繳憑單」，一為「對納稅義務人（即所得人）填發免扣繳憑單」。

　　(2)申報、填發之客體為「免扣繳憑單」，其中係填載「依法免予扣繳之所得」，並包括所得人之年籍身分等資料。依法免予扣繳之所得，係：A.**應扣繳稅款之所得而未達起扣點者**；B.**不屬本法規定之扣繳範圍之本法第14條第1項第10類之其他所得，即個人之其他所得**。所謂「應扣繳稅款之所得而未達起扣點者」，本法並無明文，而係散見於本法之子法「各類所得扣繳率標準」等，詳見下面2、所引述之有關規定。

　　(3)申報、填發之期限：按本法第89條第3項中「每年所給付依前條規定應扣繳稅款之所得」……「應於每年1月底前」申報……「並應於2月10日前」填發等，用詞有欠清楚；**應解為申報免扣繳憑單之期限係「給付所得之次年1月底」，填發免扣繳憑單之期限係「給付所得之次年2月10日」**。

　　財政部65.12.3台財稅第37994號函釋示：營利事業之會計年度採非曆年制者，申報免扣繳憑單之期限，仍為給付所得之次年1月底，理由是配合個人綜合所得稅之及申報資料之處理。此一解釋亦應適用於機關、團體、學校、執行業務者之申報所得免扣繳憑單。

　　(4)按本法第92條第1項但書規定：「但營利事業有解散、廢止、合併或轉讓，或機關、團體裁撤、變更時，扣繳義務人應隨時就已扣繳稅款數額，填發扣繳憑單，並於十日內向該管稽徵機關辦理申報。」，而第89條第3項並未有相同之規定；因此，營利事業有解散、廢止、合併或轉讓，或機關、團體裁撤、變更時，**其前已給付之應扣繳稅款之所得而未達起扣點者與個人之其他所得，營利事業或機關、團體並無申報或填發免扣繳憑單之義務，自然亦無違序之可言**。在解釋上，在此情形似可「類推適用」本法第92條第1項但書規定，要求營利事業或機關、團體申報或填發免扣繳憑單。**惟縱然可作此類推適用，然而應注意營利事業有解散、廢止、合併或轉讓，或機關、團體裁撤、變更，未申報或填發免扣繳憑單者，不得依本條規定處罰，否則違反行政罰法第4條規定之「處罰法定原則」**。如認為在此情形仍有處罰之必要，唯一根本解決之道，乃是仿照本法第92條第1項但書規定，修正本法第89條第3項，增列營利事業有解散、廢止、合併或轉讓，或機關、團體裁撤、變更時申報、填發免扣繳憑單之義務。

　　2.關於本條規定之「應扣繳稅款之所得而未達起扣點者」，依本法之有關子法規定，其中有「應申報所得免扣繳憑單」者，亦有「不必申報免扣繳憑單」者，**關於後**

者，自無違序之可言；茲分述如下：

(1)**應申報免扣繳憑單之未達起扣點所得：**

A.小額給付免扣繳之適用對象，以我國境內居住者之個人為限（參見財政部85.10.2台財稅第851918973號函）。其項目如下：

（A）碼頭車站搬運工及營建業等按日計算並按日給付之臨時工之工資（各類所得扣繳率標準第2條第1項第1款第1目）。

（B)軍、公、教退休（伍）金優惠存款之利息（各類所得扣繳率標準第2條第1項第3款第2目）。

(C)有第2條規定之所得，每次應扣繳稅額不超過2,000元者（但短期票券之利息、依金融資產證券化條例及不動產證券化條例規定發行之受益證券或資產基礎證券分配之利息、公債公司債及金融債券之利息、政府舉辦之獎券中獎獎金及告發或檢舉獎金、與證券商或銀行從事結構型商品交易之所得等，仍應依規定扣繳，不在此限）（各類所得扣繳率標準第13條第1項、第2項）。

(D)薪資所得依「薪資所得扣繳稅額表」未達起扣標準者（薪資所得扣繳辦法第4條第1項但書）。

(E)薪資所得依本辦法規定每月應扣繳稅額不超過2,000元者（薪資所得扣繳辦法第8條第1項）。

B.我國境內居住者之納稅義務人及與其合併申報綜合所得稅之配偶暨受其扶養之親屬，有金融機構存款之利息及儲蓄性質信託資金之收益者，得向稽徵機關申請核發「儲蓄免扣證」，持交扣繳義務人於給付時登記者，即得免予扣繳（但郵政存簿儲金之利息及依法律規定分離課稅之利息，不在此限）（儲蓄免扣證實施要點一、五）。

C.非我國境內居住者之個人之稿費、版稅、樂譜、作曲、編劇、漫畫、講演之鐘點費之收入，每次給付額不超過5,000元者（各類所得扣繳率標準第3條第1項第8款）。

D.我國境內居住者及非我國境內居住者之個人之政府舉辦之獎券中獎獎金，每聯（組、注）獎額不超過2,000元者（各類所得扣繳率標準第2條第1項第7款，第3條第1項第7款）。

(2)**不必申報免扣繳憑單之未達起扣點所得：**

A.對同一納稅義務人全年給付第2條規定所得，不超過1,000元者（各類所得扣繳率標準第13條第3項）。

B.對同一納稅義務人全年給付薪資金額，不超過1,000元者（薪資所得扣繳辦法第8條第2項）。

3.本法第89條第3項僅有「申報時限」之要求，而第111條則有「未依限」與「未據實」申報免扣繳憑單違序與其處罰之二個規定。因此，**似應解為「據實」申報免扣繳憑單義務之法律依據，即是本法第111條**。質言之，第111條中關於「未據實申報免扣繳憑單違序與其處罰」之規定，乃是「在法規中以同一條文規定義務內容與處罰內容」之其

範形式（參見前面本書第二篇第一章、壹、二、㈡之說明）。又本法第89條第3項並無機關、團體、學校、事業、破產財團與執行業務者，「應按實列單申報」之明文；惟其規定「依限申報」，**在規範意旨上，應涵蘊「按實申報」之要求在內**。復且第111條規定「未據實申報免扣繳憑單，處以罰鍰」，**在規範意旨上，亦應涵蘊「按實申報」之要求在內**。是以依本法第89條第3項與第111條規定之規範意旨，機關、團體、學校、事業、破產財團與執行業務者有**「按實申報免扣繳憑單之義務」**，尚無疑義。

為符合**「法律明確性原則」**，本法第89條第3項條文中之「列單申報」，宜增加「按實」二字（增加後成為「按實列單申報」），以臻明確，俾可杜絕疑義。

㈣未依限、未據實申報、填發免扣繳憑單初次違序之構成要件該當行為成立時日：

1.機關、團體、學校、事業、破產財團及執行業務者申報免扣繳憑單義務之**履行期限**，係「給付所得之次年1月底」。因此，機關、團體、學校、事業、破產財團及執行業務者在「給付所得之次年1月底」仍未申報所得免扣繳憑單，而其不作為係出於故意或過失者，**其行為即具有構成要件該當性，而屬「未依限申報免扣繳憑單初次違序」之構成要件該當行為**。

2.機關、團體、學校、事業、破產財團及執行業務者申報免扣繳憑單義務之**履行期限**，係「給付所得之次年1月底」。因此，機關、團體、學校、事業、破產財團及執行業務者在給付所得之次年1月底前已申報免扣繳憑單，而「申報內容不實」，其係出於故意或過失者，**其行為即具有構成要件該當性，而屬「未據實申報免扣繳憑單初次違序」之構成要件該當行為**。

3.機關、團體、學校、事業、破產財團及執行業務者填發免扣繳憑單義務之**履行期限**，係「給付所得之次年2月10日」。因此，機關、團體、學校、事業、破產財團及執行業務者在「給付所得之次年2月10日」仍未填發免扣繳憑單，而其不作為係出於故意或過失者，**其行為即具有構成要件該當性，而屬「未依限填發免扣繳憑單初次違序」之構成要件該當行為**。

㈤對於私人團體、私立學校、私營事業、破產財團或執行業務者，未依限、未據實申報、填發免扣繳憑單，本條僅規定稽徵機關「通知限期補報或填發」，而未明定補報或填發之期限，故應由稽徵機關自行決定之。因此，補報或填發免扣繳憑單義務之履行期限，係「稽徵機關通知文書中所定之期限」；而為審究是否構成違序，應先予確認此一期限。因此，在「通知文書中所定之期限」仍未補報或填發免扣繳憑單，其不作為係出於故意或過失者，**其行為即具有構成要件該當性，而屬「未依限、未據實申報、填發免扣繳憑單之二次違序」之構成要件該當行為**。

三、主觀構成要件

㈠未依限、未據實申報、填發免扣繳憑單**初次違序**之行為，行為人係機關、團體、

學校、事業、破產財團，而受罰人則係（機關、團體、學校之）責應扣繳單位主管、（事業之）負責人與（破產財團之）破產管理人，行為人與受罰人既然不同，則違序行為是否出於故意、過失，應就行為人抑或就受罰人之行為而審究，即生疑問。

　　按行政罰法第7條第2項規定：「法人、設有代表人或管理人之非法人團體、中央或地方機關或其他組織違反行政法上義務者，其代表人、管理人、其他有代表權之人或實際行為之職員、受僱人或從業人員之故意、過失，推定為該等組織之故意、過失。」。違反申報、填發免扣繳憑單義務之行為人係事業、破產財團，然而其行為係由（有代表權之）負責人、破產管理人代表為之；因此，未依限、未據實申報、填發免扣繳憑單違序之行為，其行為是否出於故意、過失，仍應就負責人、破產管理人之行為而審究之。

　　至於機關、團體、學校之責應扣繳單位主管，不論其係有代表權之人或係職員、受僱人，均與上述相同，未依限、未據實申報、填發免扣繳憑單違序之行為，其行為是否出於故意、過失，仍應就責應扣繳單位主管之行為而審究之。

　　㈡未依限、未據實申報、填發免扣繳憑單**二次違序**之行為，行為人係私人團體、私立學校、私營事業、破產財團與執行業務者；上面㈠關於審究行為是否出於故意、過失之說明，同樣適用，不予複述。

四、法律效果

　　㈠對政府機關、公立學校或公營事業未依限、未據實申報、填發免扣繳憑單之**初次違序**，應通知其主管機關**議處該機關或學校之責應扣繳單位主管或事業之負責人**。此一「議處」，其性質亦係行政罰，詳見下面本章第四目、緒說之說明，不贅。

　　㈡對私人團體、私立學校、私營事業、破產財團或執行業務者，未依限、未據實申報、填發免扣繳憑單之**初次違序，處**1,500元之罰鍰，並通知限期補報或填發。

　　稅務違章案件減免處罰標準第5條第2款及第3款規定：「依所得稅法第一百一十條規定應處罰案件，依下列規定減輕……處罰：二、私人團體、私立學校、私營事業、破產財團或執行業務者未依限填報或未據實申報或未依限填發免扣繳憑單，已自動補報或填發免扣繳憑單而不符前款規定，其給付總額在新台幣一千五百元以下者，按給付總額之二分之一處罰；其給付總額逾新台幣一千五百元者，按應處罰鍰減輕二分之一。三、私人團體、私立學校、私營事業、破產財團或執行業務者未依限填報或未據實申報或未依限填發免扣繳憑單，其給付總額在新台幣一千五百元以下，經於稽徵機關通知限期內補報或填發者，按給付總額處罰。」。按稅務違章案件減免處罰標準係財政部依稅捐稽徵法第48條第2項之授權而制定者，故此二減輕處罰規定，優先於本條之處罰規定而適用。

　　由於本條規定對初次違序之法定罰鍰最高為1,500元，故有行政罰法第19條第1項規定3,000元以下罰鍰職權不處罰之適用，亦即稽徵機關如認為「情節輕微，以不處罰為

適當者」，即得裁處免罰。稽徵機關裁處免罰時，依行政罰法第19條第2項規定，稽徵機關得對私人團體、私立學校、私營事業、破產財團或執行業務者施以糾正或勸導，並做成紀錄，命其簽名。

⑤對私人團體、私立學校、私營事業、破產財團或執行業務者，有未依限、未據實申報、填發免扣繳憑單之**二次違序，應按所給付之金額，處5%之罰鍰。但最高不得超過90,000元，最低不得少於**3,000元。

對於私人団体、私立學校、私營事業、破產財團或執行業務者之此一處罰，僅能裁處一次。應注意者，倘如處罰後，私人團體、私立學校、私營事業、破產財團或執行業務者仍不依通知期限補報或填發免扣繳憑單，亦不得再次處罰。

㈣有關本條處罰之行政解釋：

1.財政部69.5.3台財稅第33540號函：「扣繳義務人申報之……免扣繳憑單因無法歸戶，經退還扣繳義務人查對更正後，仍無法歸戶者，稽徵機關除應剔除其成本費用，補徵營利事業所得稅或綜合所得稅外，並查明其……未依限申報免扣繳憑單之事證，分別依所得稅法……第111條及稅捐稽徵法第43條規定送罰。」。釋函謂「查對更正後，仍無法歸戶」，其行為應屬「未據實申報所得免扣繳憑單之二次違序」，而非「未依限申報免扣繳憑單」。雖然「未依限申報」與「未據實申報」之處罰完全相同，然而在法律之適用上，其違序行為之型態必須予以區分，不得混同。此一處罰係指依二次違序之處罰規定而予處罰。

2.財政部69.8.28台財稅第37245號函：「主旨：……免扣繳憑單經通知限期補正仍無法歸戶者，應分別依所得稅法第111條……規定送罰。說明：……三、政府機關、團體、學校、事業，依所得稅法第89條第3項規定之期限內填報之免扣繳憑單，經審核後，如發現有漏列或誤列受領人之姓名、住址、國民身分證統一編號等情事，以致無法歸戶者，應退還原填報單位限期補正。逾期未補正或經補正後仍無法歸戶者，應視同未依限申報；依同法第111條第2項前段規定通知其主管機關議處。至私人團體或事業，有上述情事者，應依同法第111條第2項後段規定送罰。」。此函釋示「應視同未依限申報」有待商榷，蓋其係「已在期限內申報」，而有申報不實，經通知逾期未補正或經補正後仍無法歸戶，其行為應屬「未據實申報免扣繳憑單之二次違序」。此一處罰應係指衣二次違序之處罰規定而予處罰。

3.財政部72.2.2台財稅第30787號函：「個人各類所得資料，如經發現所得人國民身分證統一欄號不合邏輯時，應先退還扣繳義務人查明更正。扣繳義務人如未確實更正，而仍以錯誤之統一編號回復，致財稅資料處理中心再建檔處理仍無法歸戶，始編造「個人各類所得資料無法歸戶清單」，送稽徵機關移罰。移罰時，有關免扣繳部分，其屬私人團體或事業者，應依所得稅法第111條第2項後段規定，按所給付金額處5%罰鍰；……。」。此一釋函明示「按所給付金額處5%罰鍰」，顯然係二次違序之處罰。

4.財政部73.4.11台財稅第52487號函：「扣繳義務人申報……免扣繳憑單因無法

歸戶，經退還扣繳義務人查對更正後，仍無法歸戶者，稽徵機關應剔除該營利事業或執行業務者之成本、費用，補徵營利事業所得稅或綜合所得稅。……但扣繳義務人不按實填報……免扣繳憑單者，仍均應依照本部69台財稅第37245號……函釋之規定辦理。……」。

　　上述1、3及4、之行政解釋，均有一相同之問題，即依法規規定無須扣繳之所得，方有所謂「免扣繳憑單」，而既然未有扣繳，何來「扣繳義務人」。然而行政解釋均謂「通知扣繳義務人應補正」等，實存有牛頭馬嘴之謬誤。實則1、3及4、之行政解釋中之「扣繳義務人」，應改爲**「免扣繳憑單申報人」**（即本法第89條第3項規定給付免扣繳所得之機關、團體、學校、事業、破產財團）方屬正確。由此可見財稅主管機關爲行政解釋時，將**「免扣繳憑單申報人」**與**「扣繳憑單填報人」**（即本法第89條第1項及第92條規定之扣繳義務人）混爲一談，實屬粗心。

　　(五)依照本法第89條第3項規定，免予扣繳之所得而應申報免扣繳憑單，限於應扣繳稅款之所得而未達起扣點者，以及免扣繳之個人之其他所得。惟在實務上，有若干原應扣繳所得稅之**股利所得、執行業務所得、利息所得、租金**，財政部則釋示免予扣繳，而**應申報免扣繳憑單**（分見63.5.25台財稅第33690號、66.4.13台財稅第32341號、66.4.22台財稅第32618號、66.10.21台財稅第37125號、81.3.23台財稅第801254871號、84.2.22台財稅第841604253號、89.9.11台財稅890455936號等函，以及財政部賦稅署95.11.3台稅一發第9504108380號函等之釋示）。**如此之行政解釋，顯然超越本法第89條第3項規定**。倘如團體、事業等未依財政部之釋示申報免扣繳憑單，是否論爲違序而予以處罰，將生手執；而如予處罰，必然違反行政罰法第4條規定之**「處罰法定原則」**。

五、免予處罰之例外規定

　　(一)稅務違章案件減免處罰標準第5條第1款規定：「依所得稅法第一百一十條規定應處罰案件，依下列規定……免予處罰：一、私人團體、私立學校、私營事業、破產財團或執行業務者未依限填報或未據實申報或未依限填發免扣繳憑單，於填報或填發期限屆滿後十日內自動補報或填發，且補報或填發之給付總額未超過應填報或填發之免扣繳憑單給付總額之百分之三十者，免予處罰。」。所謂免予處罰，應係指「免除初次處罰」而言。按稅務違章案件減免處罰標準係財政部依據稅捐稽徵法第48條第2項之授權而制定者，故此一免罰規定，優先於本條之處罰規定而適用。

　　惟應注意，同標準第24條復規定：「……扣繳義務人……有下列情事之一者，不適用本標準……免予處罰：一、一年內有相同違章事實三次以上者。二、故意違反稅法規定者。……」，此一規定又係同標準第5條第1款之特別規定，優先適用。本條所稱扣繳義務人，解釋上應包括「免扣繳憑單申報人」。

　　(二)財政部73.4.11台財稅第52487號函：「扣繳義務人申報……免扣繳憑單因無法歸戶，經退還扣繳義務人查對更正後，仍無法歸戶者，稽徵機關應剔除該營利事業或執

業務者之成本、費用，補徵營利事業所得稅或綜合所得稅。……但扣繳義務人不按實填報……免扣繳憑單者，仍均應依照本部69台財稅第37245號……函釋之規定辦理。至於營利事業或執行業務者列報之薪資，如係虛報並經查明無給付之事證者，依上述剔除補稅確定後，應依所得稅法第110條規定送罰，惟扣繳義務人部分免再依填報不實罰辦。」。

肆、未依限、未據實申報、填發信託所得相關文件、扣繳憑單等違序與其處罰

（甲）信託行為之受託人未依限或未據實申報本法第92條之1規定之相關文件或扣繳憑單或免扣繳憑單及相關憑單，構成**未依限、未據實填報信託所得相關文件之初次違序**，應處該受託人7,500元之罰鍰，並通知限期補報；屆期不補報，構成**未依限、未據實填報信託所得相關文件之二次違序**，應按該信託當年度之所得額，處受託人5%之罰鍰。但最高不得超過300,000元，最低不得少於15,000元（第111條之1第3項）。

（乙）信託行為之受託人未依限填發本法第92條之1規定之扣繳憑單或免扣繳憑單及相關憑單，構成**未依限填發信託所得扣繳憑單等之初次違序**，應處該受託人7,500元之罰鍰，並通知限期填發；屆期不填發，構成**未依限填發信託所得相關文件之二次違序**，應按該信託當年度之所得額，處受託人5%之罰鍰。但最高不得超過300,000元，最低不得少於15,000元（第111條之1第3項）。

一、受罰人

本法第111條之1（以下稱**「本條」**）第3項所規定之未依限、未據實申報、填發信託所得相關文件、扣繳憑單等違序，其行為人係信託行為之受託人，受罰人亦同。按信託法第21條規定：「未成年人、禁治產人及破產人，不得為受託人。」，因此，信託行為之受託人應為有行為能力之個人，或係非破產之組織。

二、客觀構成要件

㈠本條第3項規定之違序行為係「未依限或未據實申報或未依限填發第92條之1規定之相關文件或扣繳憑單或免扣繳憑單或相關憑單」，故其包括三種違序行為，一是**「未依限申報信託所得相關文件違序」**，二是**「未據實申報信託所得相關文件違序」**（二者合稱**「未依限、未據實申報信託所得相關文件」**），三是**「未依限填發扣繳憑單等違序」**。注意本條第3項並無「未據實填發扣繳憑單等」之規定，此並非法律之疏漏。

本條第3項規定之處罰包括「初次處罰」與「二次處罰」，故其處罰之構成要件亦有**「初次違序」**與**「二次違序」**之分。其違序之行為如下：

1.違反本法第92條之1規定，未依限或未據實申報信託所得相關文件，成立**「未依限、未據實申報信託所得相關文件之初次違序」**。

茲說明如下：

⑴未依限、未據實申報信託所得相關文件違序之行為，包括「**未依限申報信託所得相關文件**」與「**未據實申報信託所得相關文件**」。前者係指未於本法規定之期限內，向稽徵機關申報信託所得相關文件之行為；後者係指已於本法規定之期限內向稽徵機關申報信託所得相關文件，而其申報之信託所得相關文件內容不實之行為。

逾越本法規定之期限向稽徵機關申報信託所得相關文件，而有申報不實之情事者，應論以「未依限申報信託所得相關文件違序」；蓋本條後段規定稽徵機關應通知信託行為之受託人（即申報人）補報，如申報人補報，則仍存在「未依限」申報信託所得相關文件之情事之故。

倘如經稽徵機關要求補正，而仍有不實，實務上仍論以一個違序行為，而科以一個處罰。既然行為人有「未依限申報」且「未據實申報」信託所得相關文件之二個違序行為，則實務上科以一個處罰，其理由如何，似值探討。此一問題另於下面本篇第四章、貳、㈡、5、解析說明，此處略之。

⑵本法第92條之1係規定，信託行為之受託人依限向該管稽徵機關申報信託所得相關文件之義務，其規定內容於下面㈢、1、詳述。

⑶未依限、未據實申報信託所得相關文件初次違序之成立，必須違序之行為具有「**構成要件該當性**」；違序之行為在何一時日方成為「**構成要件該當行為**」，自應予以審究。

關於未依限、未據實申報信託所得相關文件初次違序之構成要件該當行為成立時日，於下面㈣、1、及2、說明。

2.違反本法第92條之1規定，未依限填發信託所得扣繳憑單等，成立「**未依限填發信託所得扣繳憑單等之初次違序**」。

茲說明如下：

⑴本法第92條之1係規定，信託行為之受託人依限填發信託所得扣繳憑單等予受益人（即納稅義務人，亦即所得人）之義務，其規定內容於下面㈢、1、詳述。

⑵未依限填發信託所得扣繳憑單等違序之成立，必須違序之行為具有「**構成要件該當性**」；違序之行為在何一時日方成為「**構成要件該當行為**」，自應予以審究。

關於未依限填發信託所得扣繳憑單等違序之構成要件該當行為成立時日，於下面㈣、3、說明。

㈡信託行為之受託人有上面㈠所述違序之一，經主管稽徵機關通知限期補報或填發（即補發）者，逾期不補報或填發，成立「**未依限、未據實申報、填發信託所得相關文件、扣繳憑單等之二次違序**」。

茲說明如下：

1.依據稽徵機關依法所作「通知限期補報或填發信託所得相關文件、扣繳憑單等」之行政處分，信託行為之受託人**負有補報或填發之義務**。

2.本條第3項規定未依限、未據實申報、未依限填發信託所得相關文件、扣繳憑

單等者，應「限期補報或填發」，其中「限期補報」係針對未依限申報者而言，「限期填發」係針對未依限填發者而言，自屬應然。至於針對未據實申報者，則應「**限期補正**」，然而本條對之並無明文，實有疏漏。此一法律疏漏，應予修法增列「限期補正」；在未修法之前，**本條中之「限期補報」，應「目的性擴張」而解為包括「限期補正」在內**，以填補其疏漏。

　　3.本條第3項中之「逾期仍未補報或填發」，承上面2、所述，應解為包括「**逾期仍不補報、補正或填發**」與「**雖已補報、補正，而仍有申報不實**」之情形。

　　4.未依限、未據實申報、填發信託所得相關文件、扣繳憑單等二次違序之成立，必須違序之行為具有「**構成要件該當性**」；違序之行為在何一時日方成為「**構成要件該當行為**」，自應予以審究。

　　關於**未依限、未據實申報、填發信託所得相關文件、扣繳憑單等二次違序之構成要件該當行為成立時日**，於下面㈤說明。

　　㈢申報、填發信託所得相關文件、扣繳憑單等之義務：

　　1.本法第92條之1規定：「信託行為之受託人應於每年一月底前，填具上一年度各信託之財產目錄、收支計算表及依第三條之四第一項、第二項、第五項、第六項應計算或分配予受益人之所得額、第八十九條之一規定之扣繳稅額資料等相關文件，依規定格式向該管稽徵機關列單申報；並應於二月十日前將扣繳憑單或免扣繳憑單及相關憑單填發納稅義務人。」。

　　本法施行細則第83條之1規定：「（第1項）信託行為之受託人以信託財產投資於依本法第六十六條之一規定應設置股東可扣抵稅額帳戶之營利事業者，該營利事業應以受託人為納稅義務人，依本法第一百零二條之一第一項規定填發股利憑單。（第2項）前項受託人應將獲配之股利淨額或盈餘淨額，依本法第三條之四第一項規定計算受益人之所得額，併同前項股利憑單上所載之可扣抵稅額，於本法第九十二條之一規定期限內，填發股利憑單予受益人；受益人有二人以上者，受託人應依本法第三條之四第二項規定之比例計算各受益人之所得額及可扣抵稅額。（第3項）前項受益人為非中華民國境內居住之個人或總機構在中華民國境外之營利事業者，受託人應就前項所得額，依本法第八十九條之一第三項規定辦理扣繳，並依本法第九十二條之一規定填發扣繳憑單，免填發股利憑單。」。

　　茲析述如下：

　　⑴申報義務之內容為「向主管稽徵機關申報信託所得相關文件」，而其申報客體為：（本法第92條之1規定之）上一年度各信託之財產目錄、收支計算表、應計算或分配予受益人之所得額之計算文件、扣繳稅額資料，以及（本法施行細則第83條之1第2項規定之）股利憑單等。

　　⑵填發義務之內容為：「對納稅義務人（即信託行為之受益人，亦即所得人）填發信託所得扣繳憑單等」，而其填發客體為：扣繳憑單或免扣繳憑單及相關憑單。

⑶申報、填發之期限：申報之期限係「次年1月底」，填發之時限係「次年2月10日」。

2.財政部91.1.21台財稅第910450548號令釋示：「一、信託契約之受託人為信託業，且其受益人均為符合所得稅法第11條第4項及行政院頒訂『教育文化公益慈善機關或團體免納所得稅適用標準』（以下簡稱免稅標準）規定之機關團體者，其信託財產發生之收入，扣繳義務人於依所得稅法第89條之1第1項規定辦理扣繳時，如驗明受託人提示之信託契約及其受益人所取得稽徵機關核發之免扣繳證明後，可於給付時免予扣繳所得稅款，但仍應以受託人為納稅義務人依同法第89條第3項規定填報免扣繳憑單。二、符合所得稅法第4條之3各款規定之公益信託，受託人實際分配信託利益，並依同法第89條之1第4項規定辦理扣繳時，其受益人如為符合所得稅法第11條第4項及免稅標準規定之機關團體，並提示稽徵機關核發之免扣繳證明者，受託人可免予扣繳所得稅款，但仍應依同法第92條之1規定填報免扣繳憑單。」。

3.本法施行細則第85條之1第2項及第3項規定：「（第2項）受託人依本法第九十二條之一規定填報扣繳憑單或免扣繳憑單及相關憑單，應將所得人姓名或名稱、住址、統一編號、所得年度、給付總額、扣繳稅額或可扣抵稅額等，依規定格式詳實填列。（第3項）前項規定所稱給付總額，指受託人依本法第三條之四規定計算或分配予受益人之所得額。」。

4.本法第92條之1僅有「申報期限」之要求，而第111條之1第3項則有「未依限」與「未據實」申報信託所得相關文件違序與其處罰之二個規定。因此，**似應解為「據實」申報信託所得相關文件義務之法律依據，即是本法第111條之1第3項**。質言之，第111條之1第3項中關於「未據實申報信託所得相關文件違序與其處罰」之規定，乃是「在法規中以同一條文規定義務內容與處罰內容」之規範形式（參見前面本書第二篇第一章、壹、二、㈡之說明）。又本法第92條之1並無信託行為之受託人「應按實列單申報」之明文；惟其規定「依限申報」，**在規範意旨上，應涵蘊「按實申報」之要求在內**。是以依本法第92條之1與第111條之1第3項規定之規範意旨，信託行為之受託人有**「按實申報信託所得相關文件之義務」**，尚無疑義。

為符合**「法律明確性原則」**，本法第92條之1條文中之「列單申報」，宜增加「按實」二字（增加後成為「按實列單申報」），以臻明確，俾可杜絕疑義。

順便說明者，本法第92條之1並無信託行為之受託人按實填發扣繳憑單等之要求，並且本法第111條之1第3項亦無未按實填發扣繳憑單等應處以罰鍰之明文。然而本法施行細則第85條之1第2項乃有應依規定格式「詳實填列」之明文；應該有規定者缺漏，而無須規定者乃作規定，並非妥適。

㈣未依限、未據實申報信託所得相關文件初次違序之構成要件該當行為成立時日：

1.信託行為之受託人申報信託所得相關文件義務之**履行期限**，係「次年1月底」。

因此，信託行為之受託人在「次年1月底」仍未申報本年度信託所得相關文件，而其不作為係出於故意或過失者，**其行為即具有構成要件該當性，而屬「未依限申報信託所得相關文件初次違序」之構成要件該當行為。**

2.信託行為之受託人申報信託所得相關文件義務之**履行期限**，係「次年1月底」。因此，信託行為之受託人在次年1月底前已申報本年度信託所得相關文件，而「申報內容不實」，其係出於故意或過失者，**其行為即具有構成要件該當性，而屬「未據實申報信託所得相關文件初次違序」之構成要件該當行為。**

3.信託行為之受託人信託所得扣繳憑單等填發義務之**履行期限**，係「次年2月10日」。因此，信託行為之受託人在「次年2月10日」仍未填發本年度信託所得扣繳憑單等，而其不作為係出於故意或過失者，**即其行為具有構成要件該當性，而屬「未依限填發信託所得扣繳憑單等初次違序」之構成要件該當行為。**

㈤對於信託行為之受託人未依限、未據實申報、填發信託所得相關文件、扣繳憑單等，本條第3項僅規定稽徵機關「通知限期補報或填發」，而未明定補報或填發之期限，故應由稽徵機關自行決定之。因此，補報信託所得相關文件、填發扣繳憑單等義務之履行期限，係「稽徵機關通知文書中所定之期限」；而為審究是否構成違序，應悉予確認此一期限。因此，在「通知文書中所定之期限」仍未補報信託所得相關文件、填發扣繳憑單等，其不作為係出於故意或過失者，**即其行為具有構成要件該當性，而屬「未依限、未據實申報、填發信託所得相關文件、扣繳憑單等之二次違序」之構成要件該當行為。**

三、主觀構成要件

信託行為之受託人如係個人，而有未依限、未據實申報、填發信託所得相關文件、扣繳憑單等，其違序之行為是否出於故意、過失，自應就受託人之個人而審究之。

信託行為之受託人如係法人組織（例如公司），依行政罰法第7條第2項規定，組織之故意、過失係以其有代表權之人或其職員等之故意、過失推定之。因此，信託行為之受託人未依限、未據實申報、填發信託所得相關文件、扣繳憑單等違序，其行為是否出於故意、過失，如組織說明或主張違序之行為係由其有代表權之人或其職員等所為，稽徵機關應不得逕予否認，而應審究其有代表權之人或其職員等是否確實負責處理信託業務，而其未依限、未據實申報、填發信託所得相關文件、扣繳憑單等，是否存有故意、過失，以推定組織之是否故意、過失（如依代表之法理，其實有代表權之人之行為即應視為組織之行為，無須推定；參見前面本書第二篇第二章、壹、一、㈤、2、之說明）。

四、法律效果

(一)對信託行為之受託人未依限、未據實申報、填發信託所得相關文件、扣繳憑單等之**初次違序，處**7,500元**之罰鍰**，並通知限期補報或填發。

稅務違章案件減免處罰標準第5條之1第3款規定：「依所得稅法第一百十一條之一規定應處罰鍰案件，有下列情事之一者，按應處罰鍰減輕二分之一：三、信託行為之受託人未依限或未據實申報或未依限填發所得稅法第九十二條之一規定之相關文件或扣繳憑單或免扣繳憑單及相關憑單，已自動補報或填發。」。按稅務違章案件減免處罰標準係財政部依據稅捐稽徵法第48條第2項之授權而制定者，故此一減輕處罰規定，優先於本條第3項之處罰規定而適用。

(二)對信託行為之受託人有未依限、未據實申報、填發信託所得相關文件、扣繳憑單等之**二次違序，應按該信託當年度之所得額，處**5%**之罰鍰。但最高不得超過**300,000**元，最低不得少於**15,000元。

對於信託行為之受託人之此一處罰，僅能裁處一次。應注意者，倘如處罰後，信託行為之受託人仍不依通知期限補報信託所得相關文件或填發扣繳憑單等，亦不得再次處罰。

伍、未依限、未按實填報、填發扣繳憑單違序與其處罰

（甲）扣繳義務人已依本法扣繳稅款，而未依本法第92條規定之期限按實填報扣繳憑單，構成**未依限、未按實填報扣繳憑單之初次違序**，除限期責令補報外，應按扣繳稅額處20%之罰鍰。但最高不得超過20,000元，最低不得少於1,500元；逾期自動申報者，減半處罰；經稽徵機關限期責令補報扣繳憑單，扣繳義務人未依限按實補報，構成**未依限、未按實填報扣繳憑單之二次違序**，應按扣繳稅額處3倍之罰鍰。但最高不得超過45,000元，最低不得少於3,000元（第114條第2款）。

（乙）扣繳義務人已依本法扣繳稅款，而未依本法第92條規定之期限按實填發扣繳憑單，構成**未依限、未按實填發扣繳憑單之初次違序**，除限期責令填發外，應按扣繳稅額處20%之罰鍰。但最高不得超過22,500元，最低不得少於1,500元；逾期自動填發者，減半處罰；經稽徵機關限期責令填發扣繳憑單，扣繳義務人未依限按實填發，構成**未依限、未按實填發扣繳憑單之二次違序**，應按扣繳稅額處3倍之罰鍰。但最高不得超過45,000元，最低不得少於3,000元（第114條第2款）。

一、受罰人

(一)本法第114條（以下稱**「本條」**）第2款所規定之未依限、未據實填報、填發扣繳憑單違序，其行為人係扣繳義務人，受罰人亦同。

所謂扣繳義務人，本法第7條第5項有定義性規定：「本法稱扣繳義務人，係指依本

法規定，應自付與納稅義務人之給付中扣繳所得稅款之人。」。至於**何人為扣繳義務人**，本法及其他法規之具體規定如下[51]：

1.本法第89條第1項：

「前條各類所得稅款，其扣繳義務人……如下：

一、公司分配予非中華民國境內居住之個人及總機構在中華民國境外之營利事業之股利淨額；合作社分配予非中華民國境內居住之社員之盈餘淨額；獨資、合夥組織之營利事業分配或應分配予非中華民國境內居住之獨資資本主或合夥組織合夥人之盈餘，其扣繳義務人為公司、合作社、獨資組織或合夥組織負責人；……。

二、薪資、利息、租金、佣金、權利金、執行業務報酬、競技、競賽或機會中獎獎金或給與、退休金、資遣費、退職金、離職金、終身俸、非屬保險給付之養老金、告發或檢舉獎金、結構型商品交易之所得，及給付在中華民國境內無固定營業場所或營業代理人之國外營利事業之所得，其扣繳義務人為機關、團體、學校之責應扣繳單位主管、事業負責人、破產財團之破產管理人及執行業務者；……。

三、依前條第一項第三款規定之營利事業所得稅扣繳義務人，為營業代理人或給付人；……。

四、國外影片事業所得稅款扣繳義務人，為營業代理人或給付人；……。」。

上開第3款中之「前條（即第88條）第1項第3款規定」，其內容為：「三、第二十五條規定之營利事業，依第九十八條之一之規定，應由營業代理人或給付人扣繳所得稅款之營利事業所得。」。第98條之1之規定內容見下面4。

本條第1項第1款及第2款規定之扣繳義務人**為公司、合作社、獨資組織或合夥組織之負責人，以及機關、團體、學校之責應扣繳單位主管、事業之負責人、破產財團之破產管理人及執行業務者**，其均係自然人。本條第1項第3款及第4款規定之扣繳義務人為**營業代理人或給付人**，其可能係自然人，亦可能係組織（如公司等）。

2.本法第89條第2項：「獨資、合夥組織之營利事業依第七十一條第二項或第七十五條第四項規定辦理結算申報或決算、清算申報，有應分配予非中華民國境內居住之獨資資本主或合夥組織合夥人之盈餘總額者，應於該年度結算申報或決算、清算申報法定截止日前，由扣繳義務人依規定之扣繳率，扣取稅款，並依第九十二條規定繳納；其後實際分配時，不適用前項第一款之規定。」。本項規定之扣繳義務人為**獨資組織或合夥組織之負責人**，其均係自然人

本法施行細則第82條第4項：「本法第八十八條第二項所定獨資、合夥組織之營利事業，依法辦理結算、決算或清算申報，或於申報後辦理更正，經稽徵機關核定增加營利事業所得額；或未依法自行辦理申報，經稽徵機關核定營利事業所得額，致增加獨資

---

51 關於所得稅之扣繳義務人，其詳細說明及有關問題之探討，參見吳金柱，所得稅法之理論與實用，上冊，2008年4月，142-160頁。

資本主或合夥組織合夥人之盈餘總額者，扣繳義務人應於核定通知書送達之次日起三十日內，就應分配予非中華民國境內居住之獨資資本主或合夥組織合夥人之新增盈餘總額，依規定之扣繳率扣取稅款，並依本法第九十二條規定繳納。」。

3.本法第89條之1第3項至第5項：「（第3項）受益人為非中華民國境內居住之個人或在中華民國境內無固定營業場所之營利事業者，應以受託人為扣繳義務人，就其依第三條之四第一項、第二項規定計算之該受益人之各類所得額，依第八十八條規定辦理扣繳。……（第4項）受益人為總機構在中華民國境外而在中華民國境內有固定營業場所之營利事業，其信託收益中屬獲配之股利淨額或盈餘淨額者，準用前項規定。（第5項）第三條之四第五項、第六項規定之公益信託或信託基金，實際分配信託利益時，以受託人為扣繳義務人，……。」。此一規定之扣繳義務人為**信託行為之受託人**，其可能係組織（如公司等），亦可能係自然人。

4.本法第98條之1第2款及第3款：「總機構在中華民國境外之營利事業，依第二十五條規定經財政部核准或核定適用該條規定計算其中華民國境內之營利事業所得額者，應依下列規定繳納其應納營利事業所得稅：二、在中華民國境內未設分支機構而有營業代理人者，應由營業代理人負責扣繳。營業代理人依約定不經收價款者，應照有關扣繳規定負責報繳或報經主管稽徵機關核准由給付人扣繳。三、在中華民國境內未設分支機構及營業代理人者，應由給付人於給付時扣繳。」。此一規定之扣繳義務人為**營業代理人或給付人**，其可能係自然人，亦可能係組織（如公司等）。

　　(二)有關扣繳義務人與受罰人之行政解釋：

　　1.財政部70.8.12台財稅第36704號函：「依法登記之公司有登記之負責人及執行業務之實際負責人，違反扣繳義務時，按登記之負責人為受處分主體。」。

　　2.財政部66.2.14台財稅第31110號函：「公司籌備處係由公司發起人所組成，係屬團體性質，如有支付屬扣繳範圍內之所得，應即向該管稽徵機關洽取扣繳義務人統一編號，並以公司籌備處名義，依所得稅法第88條及89條之規定扣繳稅款。」。

　　3.前臺灣省稅務局73.3.7稅法第22249號函：「所得稅法第114條規定之處罰主體為扣繳義務人，公司分配股利，扣繳義務人依同法第89條第1項第1款規定為公司負責人，如扣繳義務人違反扣繳義務需依稅捐稽徵法第24條第2項規定辦理假扣押時，依同法第50條規定應對扣繳義務人之財產為之。」。

　　4.財政部79.10.18台財稅第791198437號函：「主旨：申請設立商業銀行者，依「商業銀行設立標準」第13條規定，以籌備處名義開立專戶儲存指定銀行之股款，銀行給付之利息，應以籌備處名義為扣繳對象，辦理扣繳並填發扣繳憑單。

　　說明：二、銀行籌備處，應向該管稽徵機關（國稅局）洽取扣繳義務人統一編號，如有支付屬扣繳範圍內之所得，應依所得稅法第88條及89條之規定扣繳稅款。」。

　　(三)下列法規亦有扣繳義務人扣繳義務之規定，惟條文中並無填報、填發扣繳憑單之規定：

1.各類所得扣繳率標準第6條：「（第1項）本法第三條之二第一項至第三項規定之受益人，如為在中華民國境內無固定營業場所及營業代理人之營利事業，或為本條例第二十五條第四項規定在臺灣地區無固定營業場所及營業代理人之大陸地區法人、團體或其他機構，應於信託成立、變更或追加時，由委託人按該受益人享有信託利益之權利價值或權利價值增加部分扣取百分之二十。（第2項）前項受益人如為非中華民國境內居住之個人，或為本條例第二十五條第四項規定於一課稅年度內在臺灣地區居留、停留合計未滿一百八十三天之大陸地區人民，應於信託成立、變更或追加年度，就其享有信託利益之權利價值或權利價值增加部分，按百分之二十扣繳率申報納稅。」。此一規定之**扣繳義務人為信託契約之委託人**，其係營利事業；蓋此一規定係配合本法第3條之2規定之信託契約而訂定，而本法第3條之2規定信託契約之委託人係營利事業。

2.金融資產證券化條例第41條：「（第1項）特殊目的信託財產之收入，減除成本及必要費用後之收益，為受益人之所得，按利息所得課稅，不計入受託機構之營利事業所得額。（第2項）前項利息所得於實際分配時，應以受託機構為扣繳義務人，依規定之扣繳率扣繳稅款分離課稅，不併計受益人之綜合所得總額或營利事業所得額。」。此一規定之**扣繳義務人為受託機構**，其係營利事業。

3.金融資產證券化條例第101條：「……第四十一條……之規定，於特殊目的公司準用之。」，此一準用，應係指特殊目的公司分配予基礎證券持有人之利益、孳息或其他收益（參見金融資產證券化條例第78條第1項），按利息所得課稅。此一利息所得於實際分配時，應以特殊目的公司為扣繳義務人，依規定稅率扣繳稅款，分離課稅，不併計基礎證券持有人之綜合所得總額或營利事業所得額。此一規定之扣繳義務人為**特殊目的公司**，其係營利事業。

4.不動產證券化條例第50條：「（第1項）依本條例規定募集或私募之受益證券，其信託利益應每年分配。……（第3項）第一項利息所得於分配時，應以受託機構為扣繳義務人，依規定之扣繳率扣繳稅款分離課稅，不併計受益人之綜合所得稅總額或營利事業所得額。」。此一規定之**扣繳義務人為受託機構**，其係營利事業。

按本條第2款明定：「扣繳義務人已依本法扣繳稅款，而未依第92條規定期限按實填報、填發扣繳憑單，……應予處罰」；而本法第92條明定：「第88條各類所得稅款之扣繳義務人，應於每年1月底前填報扣繳憑單，2月10日前填發扣繳憑單」，其填報、填發扣繳憑單之義務人，係本法第88條規定之扣繳義務人。然而上開各規定之扣繳義務人均非本法第88條規定之扣繳義務人，自無從適用本法第92條依限按實填報、填發扣繳憑單規定之餘地。惟依扣繳之規範意旨論之，上開各規定之扣繳義務人既已扣繳稅款，自然亦應要求其填報、填發扣繳憑單，如本法第92條所規定者然，是以顯有法律疏漏。因此，**可類推適用本法第92條，要求上開各規定之扣繳義務人填報、填發扣繳憑單**。實務上，對於上該各規定之扣繳義務人，亦均要求填報、填發扣繳憑單，惟似均是直接適用本法第92條所規定，在法律適用上，並非正確。**惟如上開各規定之扣繳義務人未依限、**

未按實填報、填發扣繳憑單，則不得依本條第2款規定予以處罰，否則違反行政罰法第4條規定之「處罰法定原則」。

二、客觀構成要件

㈠本條規定之違序行為係「已依本法扣繳稅款，未依限或未按實填報或未依限填發扣繳憑單」，故其包括四種違序行為，一是「**未依限填報扣繳憑單違序**」，二是「**未按實填報扣繳憑單違序**」（二者合稱「**未依限、未按實填報扣繳憑單**」），三是「**未依限填發扣繳憑單違序**」，四是「**未按實填發扣繳憑單違序**」（二者合稱「**未依限、未按實填發所得扣繳憑單**」）。

本條規定之處罰包括「初次處罰」與「二次處罰」，故其處罰之構成要件亦有「**初次違序**」與「**二次違序**」之分。其違序之行為如下：

1.違反本法第92條規定，未依限按實填報扣繳憑單，成立「**未依限、未據實填報扣繳憑單之初次違序**」。

茲說明如下：

⑴未依限、未據實填報扣繳憑單違序之行為，包括「**未依限填報扣繳憑單**」與「**未按實填報所得扣繳憑單**」。前者係指未於本法規定之期限內，向稽徵機關填報扣繳憑單之行為；後者係指已於本法規定之期限內向稽徵機關填報扣繳憑單，而其填報之扣繳憑單內容不實之行為。所稱**扣繳憑單，係指「所得之扣繳憑單」**（在實務上，「扣繳憑單」係與「免扣繳憑單」合併訂成「扣繳憑單暨免扣繳憑單」）。

逾越本法規定之期限向稽徵機關填報扣繳憑單，而有填報不實之情事者，應論以「未依限填報扣繳憑單違序」；蓋本條後段規定稽徵機關應通知扣繳義務人（即填報人）補正（參見下面四、㈣所引述之財政部各釋函），如填報人補正，則仍存在未依限填報扣繳憑單之情事之故。

倘如經稽徵機關要求補正，而仍有不實，實務上仍論以一個違序行為，而科以一個處罰。既然行為人有「未依限申報」且「未按實申報」扣繳憑單之二個違序行為，則實務上科以一個處罰，其理由如何，似值探討。此一問題另於下面本篇第四章、貳、㈡、5、解析說明，此處略之。

⑵本法第92條係規定，扣繳義務人依限向該管稽徵機關填報扣繳憑單之義務，其規定內容於下面㈢詳述。

⑶未依限、未按實填報扣繳憑單初次違序之成立，必須違序之行為具有「**構成要件該當性**」；違序之行為在何一時日方成為「**構成要件該當行為**」，自應予以審究。

關於未依限、未按實填報扣繳憑單初次違序之構成要件該當行為成立時日，於下面㈣、1、及2、說明。

2.違反本法第92條規定，未依限按實填發扣繳憑單，成立「**未依限、未按實填發扣繳憑單之初次違序**」。

茲說明如下：

(1)未依限、未據實填發扣繳憑單違序之行為，包括「**未依限填發扣繳憑單**」與「**未按實填發扣繳憑單**」。前者係指未於本法規定之期限內，填發扣繳憑單予納稅義務人（即所得人）之行為；後者係指已於本法規定之期限內，填發扣繳憑單予納稅義務人（即所得人），而其填發之扣繳憑單內容不實之行為。

(2)本法第92條係規定，扣繳義務人依限填發扣繳憑單予納稅義務人（即所得人）之義務，其規定內容於下面㈣詳述。

(3)未依限、未按實填發扣繳憑單違序之成立，必須違序之行為具有「**構成要件該當性**」；違序之行為在何一時日方成為「**構成要件該當行為**」，自應予以審究。

關於未依限、未按實填發扣繳憑單違序之構成要件該當行為成立時日，於下面㈣、3、及4、說明。

㈡扣繳義務人有上面㈠所述違序之一，經主管稽徵機關通知限期責令補報或填發（即補發）者，逾期仍未補報或填發，成立「**未依限、未據實申報、填發扣繳憑單之二次違序**」。

茲說明如下：

1.依據稽徵機關依法所作「通知限期補報或填發扣繳憑單」之行政處分，扣繳義務人**負有補報或填發之義務**。

2.本條第2款規定未依限、未按實填報、填發扣繳憑單者，應「限期補報或填發」，其中「限期補報」係針對未依限填報者而言，「限期填發」係針對未依限填發者而言，自屬應然。至於**針對未據實填報、填發者，則應「限期補正」，然而本條對之並無明文，實有疏漏**。實務上財政部之若干行政解釋，即均明示「經徵機關應限期補正」（參見下面四、㈣所引述之行政解釋）。

此一法律疏漏，應予修法增列「限期補正」；在未修法之前，**本條中之「限期補報」，應「目的性擴張」而解為包括「限期補正」在內**，以填補其疏漏。

3.本條中之「逾期仍未補報或填發」，承上面2、所述，應解為包括「**逾期仍不補報、補正或填發**」與「**雖已補報、補正或填發，而仍有填報、填發不實**」之情形。

4.未依限、未按實填報、填發扣繳憑單二次違序之成立，必須違序之行為具有「**構成要件該當性**」；違序之行為在何一時日方成為「**構成要件該當行為**」，自應予以審究。

關於未依限、未按實填報、填發扣繳憑單二次違序之構成要件該當行為成立時日，於下面㈤說明。

㈢填報、填發所得扣繳憑單之義務：

1.本法第92條第1項及第2項規定：「（第1項）第八十八條各類所得稅款之扣繳義務人，應於每月十日前將上一月內所扣稅款向國庫繳清，並於每年一月底前將上一年內扣繳各納稅義務人之稅款數額，開具扣繳憑單，彙報該管稽徵機關查核；並應於二月十

日前將扣繳憑單填發納稅義務人。但營利事業有解散、廢止、合併或轉讓，或機關、團體裁撤、變更時，扣繳義務人應隨時就已扣繳稅款數額，填發扣繳憑單，並於十日內向該管稽徵機關辦理申報。（第2項）非中華民國境內居住之個人，或在中華民國境內無固定營業場所之營利事業，有第八十八條規定各類所得時，扣繳義務人應於代扣稅款之日起十日內，將所扣稅款向國庫繳清，並開具扣繳憑單，向該管稽徵機關申報核驗後，發給納稅義務人。」。茲析述如下：

　　⑴義務內容有二，一為「向主管稽徵機關申報扣繳憑單」，一為「對納稅義務人（即所得人）填發免扣繳憑單

　　⑵申報、填發之客體為「所得扣繳憑單」。

　　關於應扣繳所得稅之所得項目，規定於本法第88條、各類所得扣繳率標準等，請自行參閱。

　　⑶填報、填發扣繳憑單之期限：

　　A.除下面B、及C、之情形外，填報扣繳憑單之期限係「**給付所得日之次年1月底**」，填發扣繳憑單之期限係「**給付所得日之次年2月10日**」。

　　B.在營利事業有解散、廢止、合併或轉讓，或機關、團體裁撤、變更之情形，申報扣繳憑單之期限係「**代扣稅款日起10日內**」。至於填發扣繳憑單之期限，本法第92條第2項係規定「扣繳憑單申報該管稽徵機關核驗後，發給納稅義務人」，並未明訂期限，亦乏行政解釋可據。在解釋上，應類推適用同條第1項規定，即最遲不得逾越「**給付所得日之次年2月10日**」。

　　關於營利事業有解散、廢止、合併或轉讓，或機關、團體裁撤、變更時，申報扣繳憑單之期限係「**代扣稅款日起10日**」，**其應如何起算**，有財政部81.5.6台財稅第810147156號函、87.3.26台財稅第871935947號函及97.1.24台財稅第9604136230號函之補充釋示，茲說明如下：

　　(A)公司組織之營利事業以主管機關核准解散核准文書發文日之次日起算。所謂「主管機關」，係公司登記、商業登記或機關團體登記（或立案）之主管機關，而非主管稽徵機關，以下亦同。

　　(B)獨資及合夥之營利事業以主管機關核准註銷營業登記核准文書發文日之次日起算。

　　(C)機關團體以主管機關核准裁撤或變更核准文書發文日之次日起算。

　　C.營利事業於清算期間內有應扣繳申報事項者，以清算完結之日為準。清算期間如跨越兩個年度，其給付各類所得之扣繳憑單，仍應按不同年度分別依限填報。但其屬清算完結年度之上一年度給付之各類所得，至遲不得超過清算完結年度之1月31日報。」。

　　D.在給付應扣繳之所得予非我國境內居住之個人，或在我國境內無固定營業場所之營利事業之情形，申報扣繳憑單之期限係「**代扣稅款日起10日內**」。至於填發之時限，

本法第92條第2項僅規定「扣繳憑單申報該管稽徵機關核驗後，發給納稅義務人」，然並未明訂填發期限，亦乏行政解釋可據。在解釋上，應類推適用同條第1項規定，即最遲不得踰越「給付所得日之次年2月10日」[52]。

　　財政部65.12.3台財稅第37994號函釋示：營利事業之會計年度採非曆年制者，申報扣繳憑單之期限，仍為給付所得之次年1月底，理由是配合個人綜合所得稅之及申報資料之處理。此一解釋亦應適用於營利事業以外之組織、執行業務者等之申報扣繳憑單。

　　⑷上述「給付所得日之次年1月底」、「代扣稅款日起10日內」、「給付所得日之次年2月10日」，**均繫於「給付所得日」、「代扣稅款日」係何時而定**，而「給付所得日」、「代扣稅款日」二者即是「**應扣繳稅款之日**」。本法關於「應扣繳稅款之日」之規定，於下面本章第三目、肆、二、㈡、2、之說明。

　　2.本法施行細則第85條之1第1項規定：「扣繳義務人依本法第92條第1項規定填報扣繳憑單，應將所得人姓名或名稱、住址、統一編號、所得年度、給付總額、扣繳稅額等，依規定格式詳實填列。」。

　　3.本法92條僅有「申報期限」之要求，而第114條第2款則有「未依限」與「未按實」填報、填發扣繳憑單違序與其處罰之二個規定。因此，**似應解為「按實」填報、填發扣繳憑單義務之法律依據，即是本法第114條第2款**。質言之，第114條第2款中關於「未按實填報、填發扣繳憑單違序與其處罰」之規定，乃是「在法規中以同一條文規定義務內容與處罰內容」之規範形式（參見前面本書第二篇第一章、壹、二、㈡之說明）。又本法第92條並無扣繳義務人「應按實開具扣繳憑單彙報、填發」之明文；惟其規定「依限申報」，**在規範意旨上，應涵蘊「按實填報、填發」之要求在內**。其次，本法施行細則第85條之1第1項有「填報扣繳憑單，應依規定格式詳實填列」之明文。是以依本法第92條、第114條第2款與本法施行細則第85條之1第1項規定之規範意旨，扣繳義務人有「**按實填報、填發所扣繳憑單之義務**」，尚無疑義。

　　為符合「**法律明確性原則**」，本法第92條條文中之「開具扣繳憑單彙報、填發」，宜增加「按實」二字（增加後成為「按實開具扣繳憑單彙報、填發」），以臻明確，俾可杜絕疑義。

　　4.財政部96.2.6台財稅第9604509880號函：「在中華民國境內居住之個人有告發或檢舉獎金之所得，扣繳義務人應於每月10日前將上1月內所扣稅款向國庫繳清，並於每年1月底前將上1年內扣繳之稅款數額，開具扣繳憑單，彙報該管稽徵機關查核。惟得免依所得稅法第92條第1項規定寄發扣繳憑單予檢舉人，如檢舉人提出申請時，再予

----

52 所得人為非我國境內居住之個人，或在我國境內無固定營業場所之營利事業，有應扣繳之所得者，因其無須辦理所得稅結算申報，故扣繳義務人不填發所得扣繳憑單，並不發生任何影響；惟本法第92條第2項既有填發之明文，終究須作此類推適用。

補發。」。

　　㈣未依限、未據實填報、填發扣繳憑單初次違序之構成要件該當行為成立時日：

　　　1.扣繳義務人填報扣繳憑單義務之**履行期限**，如上面1、⑶所述，視情形分別為「給付所得之次年1月底」、「代扣稅款之次日起10日」。因此，扣繳義務人在給付所得之次年1月底前、代扣稅款之次日起10日內仍未填報扣繳憑單，而其不作為係出於故意或過失者，**其行為即具有構成要件該當性，而屬「未依限填報扣繳憑單初次違序」之構成要件該當行為。**

　　　2.扣繳義務人填報扣繳憑單義務之**履行期限**，如上面1、⑶所述，視情形分別為「給付所得之次年1月底」、「代扣稅款之次日起10日」。因此，扣繳義務人在給付所得之次年1月底前、代扣稅款之次月10日內已填報扣繳憑單，而「填報內容不實」，其係出於故意或過失者，**其行為即具有構成要件該當性，而屬「未按實填報扣繳憑單初次違序」之構成要件該當行為。**

　　　3.扣繳義務人填發扣繳憑單義務之**履行期限**，如上面1、⑶所述，均係「給付所得之次年2月10日」。因此，扣繳義務人在給付所得之次年2月10日前仍未填發扣繳憑單，而其不作為係出於故意或過失者，**其行為即具有構成要件該當性，而屬「未依限填發扣繳憑單初次違序」之構成要件該當行為。**

　　　4.扣繳義務人填發扣繳憑單義務之**履行期限**，如上面1、⑶所述，均係「給付所得之次年2月10日」。因此，扣繳義務人在給付所得之次年2月10日前已填發扣繳憑單，而「填發內容不實」，其係出於故意或過失者，**其行為即具有構成要件該當性，而屬「未按實填發扣繳憑單初次違序」之構成要件該當行為。**

　　㈤對於扣繳義務人未依限、未按實填報、填發扣繳憑單，本條僅規定稽徵機關「通知限期補報或填發」，而未明定補報或填發之期限，故應由稽徵機關自行決定之。因此，補報或填發扣繳憑單義務之履行期限，係「稽徵機關通知文書中所定之期限」；而為審究是否構成違序，應先予確認此一期限。因此，扣繳義務人在「通知文書中所定之期限」仍未補報或填發所得扣繳憑單，其不作為係出於故意或過失者，**其行為即具有構成要件該當性，而屬「未依限、未按實填報、填發扣繳憑單之二次違序」之構成要件該當行為。**

三、主觀構成要件

　　扣繳義務人如係個人，而有未依限、未按實填報、填發扣繳憑單，其違序之行為是否出於故意、過失，自應就扣繳義務人之個人而審究之。

　　扣繳義務人如係組織（例如公司），依行政罰法第7條第2項規定，組織之故意、過失係以其有代表權之人或其職員等之故意、過失推定之。因此，營利事業未依限、未按實填報、填發扣繳憑單違序，其行為是否出於故意、過失，如營利事業說明或主張

違序之行為係由其有代表權之人或其職員等所為，稽徵機關應不得逕予否認，而應審究其有代表權之人或其職員等是否確實負責處理所得稅扣繳事務，而其未依限、未按實填報、填發扣繳憑單，是否存有故意、過失，以推定營利事業之是否故意、過失（如依代表之法理，其實有代表權之人之行為即應視為營利事業之行為，無須推定；參見前面本書第二篇第二章、壹、一、㈤、2、之說明）。惟如營利事業係獨資商號，則係以其出資之資本主（自然人）為受罰人（參見上面本篇第一章第一目、壹、一、㈠、1、所述）；因此，應直接審究資本主（自然人）之有無故意、過失，而無須再適用行政罰法第7條第2項推定故意、過失之規定。

四、法律效果

㈠對扣繳義務人未依限、未按實填報、填發扣繳憑單之**初次違序**，除限期責令補報或填發外，**應按扣繳稅額處20%之罰鍰。但最高不得超過20,000元，最低不得少於1,500元；逾期自動申報或填發者，減半處罰**。

稅務違章案件減免處罰標準第6條第2項第5款及第6款規定：「依所得稅法第一百十四條第二款規定應處罰鍰案件，有下列情事之一者，減輕……處罰：五、非中華民國境內居住之個人，或在中華民國境內無固定營業場所之營利事業，有所得稅法第八十八條第一項規定之各類所得時，扣繳義務人如未於代扣稅款之日起十日內申報扣繳憑單，而於次年一月底前已自動申報者，按應扣繳稅額處百分之五之罰鍰。六、營利事業解散、廢止、合併、轉讓或機關、團體裁撤、變更時，扣繳義務人如未於十日內申報扣繳憑單，而於次年一月三十一日前已自動申報者，按應扣繳稅額處百分之五之罰鍰。」按稅務違章案件減免處罰標準係財政部依據稅捐稽徵法第48條第2項之授權而制定者，故此二減輕處罰規定，優先於本條第2款之處罰規定而適用。

財政部91.5.28台財稅第910452195號函：「關於所得稅法第114條第2款規定，逾期自動申報或填發者，減半處罰，係指應按扣繳稅額處10%之罰鍰，但最高不得超過新台幣（以下同）11,250元，最低不得少於750元。又依上開規定應處罰鍰之案件，如屬稅務違章案件減免處罰標準第6條第2項第5款規定之情事者，自應依該標準之規定計罰，惟其罰鍰金額最高不得超過11,250元，最低金額不受750元之限制。」本函中之11,250元，應配合本法第114條第2款規定之20,000元而改為10,000元。

㈡對扣繳義務人未依限、未按實填報、填發扣繳憑單之**二次違序，應按扣繳稅額處3倍之罰鍰。但最高不得超過45,000元，最低不得少於3,000元**。

稅務違章案件減免處罰標準第6條第2項第4款規定：「依所得稅法第一百十四條第二款規定應處罰鍰案件，有下列情事之一者，減輕……處罰：四、經限期責令補報或填發扣繳憑單，未在期限內按實補報或填發，於裁罰處分核定前已按實補報或填發者，按扣繳稅額處一倍之罰鍰。」按稅務違章案件減免處罰標準係財政部依據稅捐稽徵法第48條第2項之授權而制定者，故此一減輕處罰規定，優先於本條第2款之處罰規定而

適用。

　　對於扣繳義務人之此一處罰，僅能裁處一次。應注意者，倘如處罰後，扣繳義務人仍不依通知期限補報或填發扣繳憑單，亦不得再次處罰。

　　(三)有關本條處罰之行政解釋：

　　1.財政部69.5.3台財稅第33540號函：「扣繳義務人申報之扣繳憑單……因無法歸戶，經退還扣繳義務人查對更正後，仍無法歸戶者，稽徵機關除應……查明其短漏報所得額，不按實填報扣繳憑單……之事證，分別依所得稅法……第114條及稅捐稽徵法第43條規定送罰。」此一處罰係指依二次違序之處罰規定而予處罰。

　　2.財政部69.8.28台財稅第37245號函：「主旨：扣繳扣繳憑單……經通知限期補正仍無法歸戶者，應分別依所得稅法……第114條規定送罰。說明：二、扣繳義務人依所得稅法第92條規定之期限內填報之扣繳憑單，經審核後，如發現扣繳義務人未詳實填列所得人之國民身份證統一編號，以致無法歸戶者；應退還扣繳義務人限期補正，逾期未補正或經扣繳義務人補列後仍無法歸戶者，依同法施行細則第85條之1，稽徵機關應按本法第114條規定辦理。……」。此一處罰應係指依二次違序之處罰規定而予處罰。

　　3.財政部69.10.29台財稅第38885號函：「個人各類所得資料，如經發現所得人國民身分證統一編號不合邏輯時，應先退還扣繳義務人查明更正。扣繳義務人如未確實更正，而仍以錯誤之統一編號回復，致財稅資料中心再建檔處理仍無法歸戶，始編造各人各類所得資料無法歸戶清單，送稽徵機關移罰，扣繳義務人於稽徵機關審理移罰過程中，始提出所得人之正確國民身分證統一編號者，可免予送罰，應依下列原則辦理：……(二)如國民身分證影本之統一編號與無法歸戶資料清單內之統一編號不同者，如為筆誤，扣繳義務人當可於第一次接到退查更正時，據實更正。扣繳義務人不據實更正，而仍填列不實之統一編號回復，自應認屬『填報不實』，依法送罰。」。此一處罰應係指依二次違序之處罰規定而予處罰。

　　4.財政部72.2.2台財稅第30787號函：「個人各類所得資料，如經發現所得人國民身分證統一欄號不合邏輯時，應先退還扣繳義務人查明更正。扣繳義務人如未確實更正，而仍以錯誤之統一編號回復，致財稅資料處理中心再建檔處理仍無法歸戶，始編造『個人各類所得資料無法歸戶清單』，送稽徵機關移罰。移罰時，……有關扣繳部分，應依同法114條第2款後段規定，處應扣繳稅額三倍之罰鍰。」。此一釋函明示「處應扣繳稅額三倍之罰鍰」，顯然係二次違序之處罰。

　　5.財政部73.4.11台財稅第52487號函：「扣繳義務人申報扣繳憑單……因無法歸戶，經退還扣繳義務人查對更正後，仍無法歸戶者，稽徵機關應剔除該營利事業或執行業務者之成本、費用，補徵營利事業所得稅或綜合所得稅。……但扣繳義務人不按實填報扣繳憑單……者，仍均應依照本部69台財稅第37245號及38885號函釋之規定辦理。…」。

　　(四)財政部71.5.4台財稅第33156號函釋示：承租人給付租金扣繳後倒閉，出租人可

代行補報扣繳憑單，此類補報之扣繳憑單得不以逾期申報處理。財政部89.6.9台財稅第890454002號函釋示：營利事業給付執行業務者報酬後倒閉，所得人（即執行業務者）亦適用同部71年第33156號函之釋示。倘如此二釋函之出租人、執行業務者未依限填報所得扣繳憑單，由於其並非本法規定之扣繳義務人，故不得予以處罰。

五、免予處罰之例外規定

(一)稅務違章案件減免處罰標準第6條第2項第1款至第3款規定：「依所得稅法第一百十四條第二款規定應處罰鍰案件，有下列情事之一者，減輕……處罰：一、已自動補報或填發扣繳憑單，其扣繳稅額在新台幣六千元以下者，免予處罰。二、已於填報或填發扣繳憑單期限屆滿後十日內自動補報或填發扣繳憑單，且補報或填發之給付總額未超過應填報或填發之扣繳暨免扣繳憑單給付總額百分之三十者，免予處罰。三、經限期責令補報或填發扣繳憑單，已依限補報或填發，其扣繳稅額在新台幣四千元以下者，免予處罰。」。又同標準第23條規定：「稅務違章案件應處罰鍰金額在新台幣三百元以下者，免予處罰。」。

按稅務違章案件減免處罰標準係財政部依據稅捐稽徵法第48條第2項之授權而制定者，故上開免罰規定，優先於本條第2款之處罰規定而適用。

惟應注意，同標準第24條復規定：「……扣繳義務人……有下列情事之一者，不適用本標準……免予處罰：一、一年內有相同違章事實三次以上者。二、故意違反稅法規定者。……」，此一規定又係同標準第6條第2項第1款至第3款及第23條之特別規定，優先適用。

(二)其他免予處罰之行政解釋：

1.財政部73.4.11台財稅第52487號函：「扣繳義務人申報扣繳憑單……因無法歸戶，經退還扣繳義務人查對更正後，仍無法歸戶者，稽徵機關應剔除該營利事業或執行業務者之成本、費用，補徵營利事業所得稅或綜合所得稅。……但扣繳義務人不按實填報扣繳憑單……者，仍均應依照本部69台財稅第37245號及38885號函釋之規定辦理。至於營利事業或執行業務者列報之薪資，如係虛報並經查明無給付之事證者，依上述剔除補稅確定後，應依所得稅法第110條規定送罰，惟扣繳義務人部分免再依填報不實罰辦。」。

2.財政部69.10.29台財稅第38885號函：「個人各類所得資料，如經發現所得人國民身分證統一編號不合邏輯時，應先退還扣繳義務人查明更正。扣繳義務人如未確實更正，而仍以錯誤之統一編號回復，致財稅資料中心再建檔處理仍無法歸戶，始編造各人各類所得資料無法歸戶清單，送稽徵機關移罰，扣繳義務人於稽徵機關審理移罰過程中，始提出所得人之正確國民身分證統一編號者，可免予送罰，應依下列原則辦理：(一)如國民身分證影本之統一編號與無法歸戶資料清單內之統一編號相同者，則該統一編號不合邏輯而無法歸戶之責任在戶政機關，免予送罰。……」。

陸、未依限、未按實填報、填發股利憑單違序與其處罰

（甲）營利事業未依本法第102條之1第2項規定之期限按實填報股利憑單，構成**未依限、未按實填報股利憑單之初次違序**，除限期責令補報外，應按股利憑單所載可扣抵稅額之總額處20%之罰鍰。但最高不得超過30,000元，最低不得少於1,500元；逾期自動申報者，減半處罰；經稽徵機關限期責令補報股利憑單，營利事業未依限按實補報，構成**未依限、未按實填報股利憑單之二次違序**，應按可扣抵稅額之總額處3倍之罰鍰。但最高不得超過60,000元，最低不得少於3,000元（第114條之3第1項）。

（乙）營利事業未依本法第102條之1第2項規定之期限按實填發股利憑單，構成**未依限、未按實填發股利憑單之初次違序**，除限期責令填發外，應按股利憑單所載可扣抵稅額之總額處20%之罰鍰。但最高不得超過30,000元，最低不得少於1,500元；逾期自動填發者，減半處罰；經稽徵機關限期責令填發股利憑單，營利事業未依限按實填發，構成**未依限、未按實填發股利憑單之二次違序**，應按可扣抵稅額之總額處3倍之罰鍰。但最高不得超過60,000元，最低不得少於3,000元（第114條之3第1項）。

一、受罰人

本法第114條之3（以下稱**「本條」**）第1項所規定之未依限、未據實填報、填發股利憑單違序，其行為人係營利事業，受罰人亦同。

所謂營利事業，本法第11條第2項有定義性規定：「本法稱營利事業，係指公營、私營或公私合營，以營利為目的，具備營業牌號或場所之獨資、合夥、公司及其他組織方式之工、商、農、林、漁、牧、礦冶等營利事業。」。

營利事業之構成要件，依此一定義性規定，由「組織」一詞，得以推論出「組織性」及「獨立性」之構成要件要素；由「以營利為目的」一詞，得以推論出「營利性」之構成要件要素；由「組織」一詞，同時考慮營利事業所得稅之年度稅性質，得以推論出「持續性」之構成要件要素。至於營業牌號或場所，則宜納入「組織性」之構成要件要素中。因此，營利事業之構成要件，要素有四，即「組織性」、「獨立性」、「營利性」及「持續性」。營利事業實應解為係「基於營利目的，持續及獨立從事營業、理財等經濟活動之組織」[53]。

本條第1項規定之行為人（受罰人）係營利事業，而營利事業之組織型態有獨資、合夥、公司、合作社及其他方式之組織（如營利社團法人等）。注意依本法之有關規定，僅限於**「總機構在我國境內之公司、合作社、營利社團法人」**，並非所有組織型態之營利事業均有填報、填發股利憑單之義務，詳見下面二、㈢、1、⑴之說明。

---

53 關於本法之營利事業，其概念內涵、構成要件等之詳細探討，參見吳金柱，註51書，83-89頁。

二、客觀構成要件

㈠本條第1項規定之違序行為係「未依限按實填報或填發股利憑單」，故其包括四種違序行為，一是**「未依限填報股利憑單違序」**，二是**「未按實填報股利憑單違序」**（二者合稱**「未依限、未按實填報股利憑單」**），三是**「未依限填發股利憑單違序」**，四是**「未按實填發股利憑單違序」**（二者合稱**「未依限、未按實填發股利憑單」**）。

本條規定之處罰包括「初次處罰」與「二次處罰」，故其處罰之構成要件亦有**「初次違序」**與**「二次違序」**之分。其違序之行為如下：

1.違反本法第102條之1第1項規定，未依限按實填報股利憑單，成立**「未依限、未按實填報股利憑單之初次違序」**。

茲說明如下：

⑴未依限、未按實填報股利憑單違序之行為，包括**「未依限填報股利憑單」**與**「未按實填報股利憑單」**。前者係指未於本法規定之期限內，向稽徵機關填報股利憑單之行為；後者係指已於本法規定之期限內向稽徵機關填報股利憑單，而其填報之股利憑單內容不實之行為。

逾越本法規定之時限向稽徵機關填報股利憑單，而有填報不實之情事者，應論以「未依限填報股利憑單違序」；蓋本條第1項後段規定稽徵機關應通知營利事業（即填報人）補正，如填報人補正，則仍存在未依限填報股利憑單之情事之故。

倘如經稽徵機關要求補正，而仍有不實，實務上仍論以一個違序行為，而科以一個處罰。既然行為人有「未依限填報」且「未按實填報」股利憑單之二個違序行為，則實務上科以一個處罰，其理由如何，似　探討。此一問題另於下面本篇第四章、貳、㈡、5、解析說明，此處略之。

⑵本法第102條之1第1項係規定，營利事業依限向該管稽徵機關填報股利憑單之義務，其規定內容於下面㈢詳述。

⑶未依限、未按實填報股利憑單初次違序之成立，必須違序之行為具有**「構成要件該當性」**；違序之行為在何一時日方成為**「構成要件該當行為」**，自應予以審究。

關於未依限、未按實填報股利憑單初次違序之構成要件該當行為成立時日，於下面㈣、1、及2、說明。

2.違反本法第102條之1第1項規定，未依限按實填發股利憑單，成立**「未依限、未按實填發股利憑單之初次違序」**。

茲說明如下：

⑴未依限、未按實填發股利憑單違序之行為，包括**「未依限填發股利憑單」**與**「未按實填發股利憑單」**。前者係指未於本法規定之期限內，填發股利憑單予所得人之行為；後者係指已於本法規定之期限內填發股利憑單予納稅義務人（即所得人），而其

填發之股利憑單內容不實之行為。

逾越本法規定之時限向填發股利憑單，而有填發不實之情事者，應論以「未依限填發股利憑單違序」；蓋本條第1項後段規定稽徵機關應通知營利事業（即填報人）補正，如填報人補正，則仍存在未依限填發股利憑單之情事之故。

⑵本法第102條之1第1項係規定，營利事業依限填發股利憑單之義務，其規定內容於下面㈢詳述。

⑶未依限、未按實填發股利憑單初次違序之成立，必須違序之行為具有「**構成要件該當性**」；違序之行為在何一時日方成為「**構成要件該當行為**」，自應予以審究。

關於未依限、未按實填發股利憑單初次違序之構成要件該當行為成立時日，於下面㈣、3、及4、說明。

㈡營利事業有上面㈠所述違序之一，經主管稽徵機關通知限期責令補報或填發（即補發）者，逾期仍未補報或填發，成立「**未依限、未按實填報、填發股利憑單之二次違序**」。

茲說明如下：

1.依據稽徵機關依法所作「通知限期補報或填發股利憑單」之行政處分，營利事業**負有補報或填發之義務**。

2.本條第1項規定未依限、未按實填報、填發股利憑單者，應「限期補報或填發」，其中「限期補報」係針對未依限填報者而言，「限期填發」係針對未依限填發者而言，自屬應然。至於針對未據實填報、填發者，則應「限期補正」，然而本條第1項對之並無明文，**實有疏漏**。

此一法律疏漏，應予修法增列「限期補正」；在未修法之前，**本條第1項中之「限期補報」，應「目的性擴張」而解為包括「限期補正」在內**，以填補其疏漏。

3.本條中之「逾期仍未補報或填發」，承上面2、所述，應解為包括「**逾期仍不補報、補正或填發**」與「**雖已補報、補正或填發，而仍有填報、填發不實**」之情形。

4.未依限、未按實填報、填發股利憑單二次違序之成立，必須違序之行為具有「**構成要件該當性**」；違序之行為在何一時日方成為「**構成要件該當行為**」，自應予以審究。

關於未依限、未按實填報、填發股利憑單二次違序之構成要件該當行為成立時日，於下面㈤說明。

㈢填報、填發股利憑單之義務及其義務人：

1.本法第102條之1第1項規定：「依第六十六條之一規定，應設置股東可扣抵稅額帳戶之營利事業，應於每年一月底前，將上一年內分配予股東之股利或社員之盈餘，填具股利憑單、全年股利分配彙總資料，一併彙報該管稽徵機關查核；並應於二月十日前將股利憑單填發納稅義務人。但營利事業有解散或合併時，應隨時就已分配之股利或盈餘填具股利憑單，並於十日內向該管稽徵機關辦理申報。」。

又本法第92條第3項規定：「總機構在中華民國境外而在中華民國境內有固定營業場所之營利事業，其獲配之股利淨額或盈餘淨額，準用前項規定。」。按同條前項係規定：「非中華民國境內居住之個人，或在中華民國境內無固定營業場所之營利事業，有第88條規定各類所得時，扣繳義務人應於代扣稅款之日起10日內，將所扣稅款向國庫繳清，並開具扣繳憑單，向該管稽徵機關申報核驗後，發給納稅義務人。」，準用時須除去性質不相容之處之部分，是以準用之結果，應成為：「非中華民國境內居住之個人，或在中華民國境內無固定營業場所之營利事業，有股利、盈餘所得時，營利事業應於發放股利、盈餘之日起十日內，並開具股利憑單，向該管稽徵機關申報核驗後，發給納稅義務人」。

茲析述如下：

⑴填報、填發股利憑單之義務人，係「依本法第66條之1規定，應設置股東可扣抵稅額帳戶之營利事業」。

按本法第66條之1規定：「（第1項）凡依本法規定課徵營利事業所得稅之營利事業，應自八十七年度起，在其會計帳簿外，設置股東可扣抵稅額帳戶，用以記錄可分配予股東或社員之所得稅額，並依本法規定，保持足以正確計算該帳戶金額之憑證及紀錄，以供稽徵機關查核。新設立之營利事業，應自設立之日起設置並記載。（第2項）下列營利事業或機關、團體，免予設置股東可扣抵稅額帳戶：一、總機構在中華民國境外者。二、獨資、合夥組織。三、第十一條第四項規定之教育、文化、公益、慈善機關或團體。四、依其他法令或組織章程規定，不得分配盈餘之團體或組織。」。依此一規定可知，**填報、填發股利憑單之義務人係「總機構在我國境內之公司、合作社、營利社團法人」**（財政部88.1.7台財稅第881894408號函即釋示：合作社依法分配股息，應申報股利憑單）；而其有「未依限、未按實填報、填發股利憑單違序」之行為者，即為受罰人。

⑵填報股利憑單之期限：

A.除下面B、及C、之情形外，填報股利憑單之期限係**「分配股利、盈餘之次年1月底」**。

財政部65.12.3台財稅第37994號函釋示：營利事業之會計年度採非曆年制者，申報所得扣繳憑單之時限，仍為給付所得之次年1月底，理由是配合個人綜合所得稅之及申報資料之處理。此一解釋亦應類推適用於上述營利事業之申報股利憑單。

B.營利事業有解散或合併時，應隨時就已分配之股利或盈餘填具股利憑單，並於10日內向該管稽徵機關辦理申報；亦即填報之期限係**「分配股利、盈餘之次日起10日內」**。

關於10日之起算，財政部88.12.4台財稅第880450276號函及97.1.24台財稅第9604136230號函釋示：營利事業遇有解散或合併情事時，依據本法第102條之1第1項但書規定，應隨時就已分配之股利或盈餘填具股利憑單，並於10日內向該管稽徵機關辦理

申報；10日之期限，以主管機關核准文書發文日之次日起算。注意釋函中所謂「主管機關」，係公司登記與商業登記之主管機關，而非主管稽徵機關。

C.在給付股利所得予非我國境內居住之個人，或在我國境內無固定營業場所之營利事業之情形，填報股利憑單之期限係「**分配股利、盈餘之次日起10日內**」。

(3)填發股利憑單之期限：

A.除下面B、及C、之情形外，填發股利憑單之期限係「**分配股利、盈餘之次年2月10日**」。

財政部64.5.27台財稅第33782號函：「××公司63年度分配盈餘及以未分配盈餘轉增資，因部分股東從未領取股息及股票，如無法查明確實住址及身分證統一編號資料，准俟上述股東領取股息或股票時，再行補送扣繳憑單（註：分配87年度以後之盈餘改為股利憑單），並由股東併入實際領取年度，申報所得稅。」。依此一解釋，填發股利憑單之期限可例外延後至股東領取股息或股票時。

B.營利事業有解散或合併時，其已分配股利或盈餘，填發股利憑單之期限，本法第102條之1第1項並未規定，亦乏行政解釋可據。在解釋上，應類推適用同條第1項規定，即最遲不得踰越「**分配股利、盈餘之次年2月10日**」。

C.在給付股利所得予非我國境內居住之個人，或在我國境內無固定營業場所之營利事業之情形，依本法第92條第3項規定準用第2項，準用結果形成「股利憑單申報該管稽徵機關核驗後，發給納稅義務人」，然並無填發股利憑單之期限，亦乏行政解釋可據。在解釋上，應類推適用同條第1項規定，即最遲不得逾越「**分配股利、盈餘之次年2月10日**」[54]。

2.本法施行細則第83條之1規定：「（第1項）信託行為之受託人以信託財產投資於依本法第六十六條之一規定應設置股東可扣抵稅額帳戶之營利事業者，該營利事業應以受託人為納稅義務人，依本法第一百零二條之一第一項規定填發股利憑單。（第2項）前項受託人應將獲配之股利淨額或盈餘淨額，依本法第三條之四第一項規定計算受益人之所得額，併同前項股利憑單上所載之可扣抵稅額，於本法第九十二條之一規定期限內，填發股利憑單予受益人；受益人有二人以上者，受託人應依本法第三條之四第二項規定之比例計算各受益人之所得額及可扣抵稅額。（第3項）前項受益人為非中華民國境內居住之個人或總機構在中華民國境外之營利事業者，受託人應就前項所得額，依本法第八十九條之一第三項規定辦理扣繳，並依本法第九十二條之一規定填發扣繳憑單，免填發股利憑單。」。依照此一規定，有填報、填發股利憑單之義務者，一為第1項規定之營利事業（參照本法第66條之1規定，實即「總機構在我國境內之公司、合作

---

[54] 所得人為非我國境內居住之個人，或在我國境內無固定營業場所之營利事業，有股利、盈餘應所得者，因其無須辦理所得稅結算申報，故營利事業不填發所得扣繳憑單，並不發生任何影響；惟依本法第92條第3項準用第2項之結果，既有填發之明文，終究須作此類推適用。

社、營利社團法人」），另一為第2項及第3項規定信託行為之受託人。由於信託行為之受託人可能是組織，亦可能是個人。**信託行為之受託人係組織者，當然亦限於「總機構在我國境內之組織（如公司、合作社等）」**；而其有「未依限、未據實填報、填發股利憑單違序」之行為者，即為受罰人。信託行為之受託人係個人者，其有「未依限、未據實填報、填發股利憑單違序」之行為，**由於本法第114條之3第1項規定之受罰人明定為「營利事業」**，因而不得處罰個人身分之信託行為之受託人。在此可見本法第114條之3第1項所規定以營利事業為受罰人，實有法律漏洞，而基於行政罰法第4條「**處罰法定原則**」之規定，此一法律漏洞不得依「目的性擴張」而填補之。如認為對於個人身分之信託行為之受託人「未依限、未據實填報、填發股利憑單違序」之行為，仍應予處罰，唯一之根本解決之道是修正本法第114條之3第1項，增列信託行為之受託人為受罰人。

3.本法施行細則第85條之1第4項規定：「營利事業依本法第一百零二條之一第一項規定填報股利憑單，應將所得人姓名或名稱、住址、統一編號、所得年度、股利總額或盈餘總額、可扣抵稅額、股利淨額或盈餘淨額等，依規定格式詳實填列。」。

4.本法第102條之1第1項僅有「申報期限」之要求，而第114條之3第1項則有「未依限」與「未按實」填報、填發股利憑單違序與其處罰之二個規定。因此，**似應解為「按實」填報、填發股利憑單義務之法律依據，即是本法第114條之3第1項**。質言之，第114條之3第1項中關於「未按實填報、填發股利憑單違序與其處罰」之規定，乃是「在法規中以同一條文規定義務內容與處罰內容」之規範形式（參見前面本書第二篇第一章、壹、二、㈡之說明）。又本法第102條之1第1項並無營利事業「應按實開具股利憑單申報、填發」之明文；惟其規定「依限申報」，**在規範意旨上，應涵蘊「按實填報、填發」之要求在內**。其次，本法施行細則第85條之1第4項有「填報股利憑單，應依規定格式詳實填列」之明文。是以依本法第102條之1第1項、第114條之3第1項與本法施行細則第85條之1第4項規定之規範意旨，營利事業有「**按實填報、填發股利扣繳憑單之義務**」，尚無疑義。

為符合「**法律明確性原則**」，本法第102條之1第1項條文中之「開具股利憑單彙報、填發」，宜增加「按實」二字（增加後成為「按實開具股利憑單彙報、填發」），以臻明確，俾可杜絕疑義。

5.關於股利憑單之填發，財政部88.12.4台財稅第880450276號函有詳細說明與要求：「主旨：營利事業分配屬87年度或以後年度之盈餘時，應將依所得稅法第66條之6規定計算之稅額扣抵比率及併同盈餘分配之可扣抵稅額，通知其股東。說明：二、所得稅法第66條之6規定，營利事業分配屬87年度或以後年度之盈餘時，應以股利或盈餘分配日之稅額扣抵比率，按各股東或社員獲配股利淨額或盈餘淨額計算其可扣抵之稅額，併同股利或盈餘分配。依此，營利事業於寄送發放股利通知書時，除應於通知書上記載該股東獲配之股利淨額外，尚應將依上揭規定計算之稅額扣抵比率及併同分配之可扣抵稅額，一併填載通知其股東；營利事業未印製發放股利通知書者，仍應依上揭規

定，將上開通知書應記載事項，函知其股東。其股東為營利事業者，可憑上開通知書或函件所載之可扣抵稅額，依所得稅法第66條之3第1項第2款規定，計入當年度股東可扣抵稅額帳戶餘額；該股東於上開通知書或函件寄送前已解散或合併者，可函請被投資之營利事業提供上開資料，並依其復函作為計入之憑證。……」。

6.財政部93.10.13台財稅第9304549630號函釋示：「符合所得稅法第4條第1項第14款規定免納營利事業所得稅之消費合作社，其分配予同一社員之交易分配金，全年給付金額不超過新台幣一千元者，得免依同法第102條之1第1項規定填報股利憑單。」。

　　㈣未依限、未按實填報、填發股利憑單初次違序之構成要件該當行為成立時日：

　　1.營利事業填報股利憑單義務之**履行期限**，如上面㈢、1、⑵所述，係「分配股利、盈餘之次年1月底」、「分配股利、盈餘之次日起10日」。因此，營利事業在分配股利、盈餘之次年1月底或分配股利、盈餘之次日起10日前」仍未填報所得扣繳憑單，而其不作為係出於故意或過失者，**其行為即具有構成要件該當性，而屬「未依限填報股利憑單初次違序」之構成要件該當行為。**

　　2.營利事業填報股利憑單義務之**履行期限**，如上面㈢、1、⑵所述，係「分配股利、盈餘之次年1月底」、「分配股利、盈餘之次日起10日內」。因此，營利事業在分配股利、盈餘之次年1月底或分配股利、盈餘之次日起10日前已填報股利憑單，而「填報內容不實」，其係出於故意或過失者，**其行為即具有構成要件該當性，而屬「未按實填報股利憑單初次違序」之構成要件該當行為。**

　　3.營利事業填發股利憑單義務之**履行期限**，係「分配股利、盈餘之次年2月10日」。因此，扣繳義務人在分配股利、盈餘之次年2月10日前仍未填發股利憑單，而其不作為係出於故意或過失者，**其行為即具有構成要件該當性，而屬「未依限填發股利憑單初次違序」之構成要件該當行為。**

　　4.營利事業填發股利憑單義務之**履行期限**，係「分配股利、盈餘之次年2月10日」。因此，營利事業在分配股利、盈餘之次年2月10日前已填發股利憑單，而「填發內容不實」，其係出於故意或過失者，**其行為即具有構成要件該當性，而屬「未按實填發股利憑單初次違序」之構成要件該當行為。**

　　㈤對於營利事業未依限、未按實填報、填發股利憑單，本條第1項僅規定稽徵機關「限期責令補報或填發」，而未明定補報或填發之期限，故應由稽徵機關自行決定之。因此，補報或填發所得扣繳憑單義務之履行期限，係「稽徵機關通知文書中所定之期限」；而為審究是否構成違序，應先予確認此一期限。因此，營利事業在「通知文書中所定之期限」仍未補報或填發股利憑單，其不作為係出於故意或過失者，**其行為即具有構成要件該當性，而屬「未依限、未按實填報、填發股利憑單之二次違序」之構成要件該當行為。**

三、主觀構成要件

有填報股利憑單之義務者係**營利事業，營利事業係組織**，依行政罰法第7條第2項規定，組織之故意、過失係以其有代表權之人或其職員等之故意、過失推定之。因此，營利事業未依限、未按實填報、填發股利憑單違序，其行為是否出於故意、過失，如營利事業說明或主張違序之行為係由其有代表權之人或其職員等所為，稽徵機關應不得遽予否認，而應審究其有代表權之人或其職員等是否確實負責處理股利事務，而其未依限、未按實填報、填發股利憑單，是否存有故意、過失，以推定營利事業之是否故意、過失（如依代表之法理，其實有代表權之人之行為即應視為營利事業之行為，無須推定；參見前面本書第二篇第二章、壹、一、㈤、2、之說明）。

四、法律效果

(一)對營利事業未依限、未按實填報、填發股利憑單之**初次違序**，除限期責令補報或填發外，**應按股利憑單所載可扣抵稅額之總額處20%之罰鍰。但最高不得超過**30,000元，**最低不得少於**1,500元；**逾期自動申報或填發者，減半處罰。**

(二)對營利事業未依限、未按實填報、填發股利憑單之**二次違序，應按可扣抵稅額之總額處3倍之罰鍰。但最高不得超過**60,000元，**最低不得少於**3,000元。

對於營利事業之此一處罰，僅能裁處一次。應注意者，倘如處罰後，營利事業仍不依通知期限補報或填發股利憑單，亦不得再次處罰。

五、免予處罰之例外規定

稅務違章案件減免處罰標準第8條第1款及第2款規定：「依所得稅法第一百十四條之三規定應處罰鍰案件，有下列情事之一者，……免予處罰：一、已自動補報或填發股利憑單，其可扣抵稅額，在新台幣六千元以下，免予處罰。二、經限期責令補報或填發股利憑單，已依限補報或填發，其可扣抵稅額，在新台幣四千元以下，免予處罰。」。又同標準第23條規定：「稅務違章案件應處罰鍰金額在新台幣三百元以下者，免予處罰。」。

按稅務違章案件減免處罰標準係財政部依據稅捐稽徵法第48條第2項之授權而制定者，故上開免予處罰規定，優先於本條第1項之處罰規定而適用。

惟應注意，同標準第24條復規定：「納稅義務人……有下列情事之一者，不適用本標準……免予處罰：一、一年內有相同違章事實三次以上者。二、故意違反稅法規定者。……」，此一規定又係同標準第8條第1款至第3款及第23條之特別規定，優先適用。本條所稱納稅義務人，解釋上應包括「有填報、填發股利憑單義務之營利事業」。

柒、未依限、未據實申報股東可扣抵稅額
帳戶變動明細資料違序與其處罰

　　營利事業違反本法第102條之1第2項規定，未依限申報或未據實申報股東可扣抵稅額帳戶變動明細資料，構成**未依限、未據實申報股東可扣抵稅額帳戶變動明細資料之初次違序**，處7,500元之罰鍰，並通知限期補報；逾期不補報，構成**未依限、未據實申報股東可扣抵稅額帳戶變動明細資料之連續違序**，得按月連續處罰至依規定補報爲止（本法第114條之3第2項）。

一、受罰人

　　本法第114條之3（以下稱**「本條」**）第2項所規定之未依限、未據實申報股東可扣抵稅額帳戶變動明細資料違序，其行爲人係營利事業，受罰人亦同。

　　本條第2項規定之營利事業，與同條第1項之規定營利事業相同，僅限於**「總機構在我國境內之公司、合作社、營利社團法人」**，詳見上面本目、陸、一、及二、㈢、1、⑴之說明。

二、客觀構成要件

　　㈠本條第2項規定之違序行爲係「未依限或未據實申報股東可扣抵稅額帳戶變動明細資料」，故其包括二種違序行爲，一是**「未依限申報股東可扣抵稅額帳戶變動明細資料違序」**，二是**「未據實申報股東可扣抵稅額帳戶變動明細資料違序」**，二者合稱**「未依限、未據實申報股東扣抵稅額帳戶變動明細資違序」**。

　　本條規定之處罰包括「初次處罰」與「連續處罰」，故其處罰之構成要件亦有**「初次違序」**與**「連續違序」**之分。其違序之行爲如下：

　　1.違反本法第102條之1第2項規定，未依限或未據實申報股東可扣抵稅額帳戶變動明細資料，成立**「未依限、未據實申報股東可扣抵稅額帳戶變動明細資料之初次違序」**。

　　茲說明如下：

　　⑴未依限、未據實申報股東可扣抵稅額帳戶變動明細資料違序之行爲，包括**「未依限申報股東可扣抵稅額帳戶變動明細資料未依限」**與**「未據實申報股東可扣抵稅額帳戶變動明細資料」**。前者係指未於本法規定之期限內，向稽徵機關申報股東可扣抵稅額帳戶變動明細資料之行爲；後者係指已於本法規定之期限內向稽徵機關申報股東可扣抵稅額帳戶變動明細資料，而其申報之股東可扣抵稅額帳戶變動明細資料內容不實之行爲。

　　逾越本法規定之時限向稽徵機關申報股東可扣抵稅額帳戶變動明細資料，而有申報不實之情事者，應論以「未依限申報股東可扣抵稅額帳戶變動明細資料違序」；蓋本條

第2項後段規定稽徵機關應通知營利事業（即申報人）補報，如申報人補報，則仍存在未依限申報股東可扣抵稅額帳戶變動明細資料之情事之故。

倘如經稽徵機關要求補正，而仍有不實，實務上仍論以一個違序行為，而科以一個處罰。既然行為人有「未依限申報」且「未據實申報」股東可扣抵稅額帳戶變動明細資料之二個違序行為，則實務上科以一個處罰，其理由如何，似　探討。此一問題另於下面本篇第四章、貳、㈡、5、解析說明，此處略之。

⑵本法第102條之1第2項規定，營利事業依限向該管稽徵機關申報股東可扣抵稅額帳戶變動明細資料違序之義務，其規定內容於下面㈡詳述。

⑶未依限、未據實申報股東可扣抵稅額帳戶變動明細資料初次違序之成立，必須違序之行為具有「**構成要件該當性**」；違序之行為在何一時日方成為「**構成要件該當行為**」，自應予以審究。

關於未依限、未據實申報可扣抵稅額帳戶變動明細資料初次違序之構成要件該當行為成立時日，於下面㈢、1、及2、說明。

2.營利事業有上面1.所述違序之一，經主管稽徵機關通知限期補報者，逾期仍未補報，成立「**未依限、未據實申報股東可扣抵稅額帳戶變動明細資料之連續違序**」。

茲說明如下：

⑴依據稽徵機關依法所作「通知限期補報股東可扣抵稅額帳戶變動明細資料」之行政處分，營利事業**負有補報之義務**。

本條第2項後段規定：「……並通知限期補報，逾期不補報者，得按月連續處罰至依規定補報為止。」，由於係規定按月連續處罰，故其係「**按月連續違序**」，而非二次違序。至於主管稽徵機關是否須「按月通知限期補報，至依規定補報為止」，則有欠清楚。解釋上，**主管稽徵機關似應每月為一次之限期補報通知。**

⑵本條第1項規定未依限、未據實申報股東可扣抵稅額帳戶變動明細資料者，應「限期補報」，其中「限期補報」係針對未依限填報者而言，自屬應然。至於**針對未據實申報者，則應「限期補正」**，然而本條第2項對之並無明文，實有疏漏。此一法律疏漏，應予修法增列「限期補正」；在未修法之前，**本條第2項中之「限期補報」，應「目的性擴張」**而解為包括「限期補正」在內，以填補其疏漏。

⑶未依限、未據實申報股東可扣抵稅額帳戶變動明細資料連續違序之成立，必須違序之行為具有「**構成要件該當性**」；違序之行為在何一時日方成為「**構成要件該當行為**」，自應予以審究。

關於未依限、未據實申報股東可扣抵稅額帳戶變動明細資料連續違序之構成要件該當行為成立時日，於下面㈣說明。

㈡申報股東可扣抵稅額帳戶變動明細資料之義務及其義務人：

1.本法第102條之1第2項及第3項規定：「（第2項）前項規定之營利事業（指依第6條之1規定，應設置股東可扣抵稅額帳戶之營利事業）應於辦理結算申報時，依規定

格式填列上一年內股東可扣抵稅額帳戶變動明細資料，併同結算申報書申報該管稽徵機關查核。但營利事業遇有解散者，應於清算完結日辦理申報；其為合併者，除屬第六十六條之三第一項第五款情形外，應於合併生效日辦理申報。（第3項）前項所稱股東可扣抵稅額帳戶變動明細資料，係指股東可扣抵稅額帳戶之期初餘額、當年度增加金額明細、減少金額明細及其餘額。」。

茲解析如下：

⑴申報股東可扣抵稅額帳戶變動明細資料之義務人，係「依本法第66條之1規定，應設置股東可扣抵稅額帳戶之營利事業」，亦即**申報股東可扣抵稅額帳戶變動明細資料之義務人，係「總機構在我國境內之公司、合作社、營利社團法人」**（詳見上面本目、陸、一、及二、㈢、1、⑴之說明）；其有「未依限、未據實申報股東可扣抵稅額帳戶變動明細資料違序」之行為者，即為受罰人。

⑵申報之期限：

本法第102條之1第2項規定之申報期限有三：辦理結算申報時；營利事業有解散者，應於清算完結日辦理申報；營利事業遇有合併者，除屬本法第66條之3第1項第5款情形外，應於合併生效日辦理申報。茲析述如下：

所謂「結算申報」，應係指本法第四章（稽徵程序）第四節（「結算申報，條文自第71條至第79條）規定之所得額及應納稅額結算申報。依該節之規定，**營利事業之所得額及應納稅額結算申報之型態與其申報期限如下**[55]：

A.本法第71條第1項規定之**「年度決算申報」**，申報期限係「次年5月31日」。

B.本法第74條規定之**「年中變更會計年度決算申報」**，申報期限係「變更之日起一個月內」。

C.本法第75條第1項規定之**「年中解散等決算申報」**，申報期限係「解散、廢止、合併或轉讓之日起45日內」。惟本法第102條之1第2項但書明定**「營利事業有解散者，應於清算完結日辦理申報」**，因而應排除本法第75條第1項年中解散決算申報期限規定之適用。

D.本法第75條第2項規定之**「清算申報」**申報期限係「清算結束之日起30日內」。惟本法第102條之1第2項但書明定**「營利事業遇有合併者，除屬本法第66條之3第1項第五款情形外，應於合併生效日辦理申報」**。按本法第66條之3第1項第5款規定為：「營利事業下列各款金額，應計入當年度股東可扣抵稅額帳戶餘額：五、因合併而承受消滅公司之股東可扣抵稅額帳戶餘額。……」。是則因合併而消滅之營利事業，即無須辦理股東可扣抵稅額帳戶變動明細資料申報，是為例外。

所謂「合併生效日」係指何日，本法並未明定。本法施行細則第48條之6規定：「本法第六十六條之三第二項第五款、第六十六條之五第三項所稱合併生效日，係指合

併消滅之營利事業，依本法第七十五條第一項規定辦理當期決算申報之日。」，本法第102條之1第3項規定之合併生效日，既然不在其列，自無法適用。惟在解釋上，應可**類推適用**本法施行細則第48條之6規定，因而亦**以清算完結日為申報之時限**。從而亦排除本法第75條第1項年中合併決算申報期限規定之適用。

2.在實務上，營利事業辦理年度決算申報、年中變更會計年度決算申報與年中解散等決算申報時，係要求以填寫「營利事業所得稅結算申報書」之附表**「股東可扣抵稅額帳戶變動明細申報表」**之方式，履行此一申報義務。

至於營利事業所得稅年中解散等決算申報與清算申報，在實務上，均要求填寫「股東可扣抵稅額帳戶變動明細申報表」。**然而如上面1、⑵、C、所述，營利事業解散、合併時，其股東可扣抵稅額帳戶變動明細資料申報之時限係「清算完結日」；而清算完結日既非年中解散等決算申報之時限，亦非清算申報之時限；是則在實務上，年中解散等決算申報與清算申報均要求填寫「股東可扣抵稅額帳戶變動明細申報表」，並無本法之依據。**如要踐履本法第102條之1第2項但書規定之申報義務，必須在「清算完結日」單獨提出「股東可扣抵稅額帳戶變動明細申報表」而申報，方屬符合本法之規定。此一法律規定與實務作法脫節之情形，實應及早改正（或修法，或變更實務作法）。

3.本法第102條之1第2項僅有「申報期限」之要求，而第114條之3第2項則有「未依限」與「未按實」申報股東可扣抵稅額帳戶變動明細資料違序與其處罰之二個規定。因此，**似應解為「按實」申報股東可扣抵稅額帳戶變動明細資料義務之法律依據，即是本法第114條之3第2項**。質言之，第114條之3第2項中關於「未按實申報股東可扣抵稅額帳戶變動明細資料違序與其處罰」之規定，乃是「在法規中以同一條文規定義務內容與處罰內容」之規範形式（參見前面本書第二篇第一章、壹、二、㈡之說明）。又本法第102條之1第2項並無營利事業「應按實申報股東可扣抵稅額帳戶變動明細資料」之明文；惟其規定「依限申報」，**在規範意旨上，應涵蘊「按實申報」之要求在內**。是以依本法第102條之1第2項與第114條之3第2項規定之規範意旨，營利事業有**「按實申報股東可扣抵稅額帳戶變動明細資料之義務」**，尚無疑義。

為符合**「法律明確性原則」**，本法第102條之1第2項條文中之「填列股東可扣抵稅額帳戶變動明細資料申報」，宜增加「按實」二字（增加後成為「按實填列股東可扣抵稅額帳戶變動明細資料申報」），以臻明確，俾可杜絕疑義。

㈢未依限、未據實申報股東可扣抵稅額帳戶變動明細資料初次違序之構成要件該當行為成立時日：

1.營利事業申報股東可扣抵稅額帳戶變動明細資料義務之**履行時限**，如上面㈡、、所述。因此，營利事業在「上面㈡、1、⑵所述之各種時限終了日」前仍未申報股東可扣抵稅額帳戶變動明細資料，而其不作為係出於故意或過失者，**其行為即具有構成要件該當性**，而屬「未依限申報股東可扣抵稅額帳戶變動明細資料初次違序」之構成要件

該當行為。

2.營利事業申報股東可扣抵稅額帳戶變動明細資料義務之**履行期限**，如上面㈡、1、所述。因此，營利事業在上面㈡、1、(2)所述之各種時限終了日前已申報股東可扣抵稅額帳戶變動明細資料，而「填報內容不實」，其係出於故意或過失者，**其行為即具有構成要件該當性，而屬「未據實申報股東可扣抵稅額帳戶變動明細資料初次違序」之構成要件該當行為。**

㈣對於營利事業未依限、未據實申報之股東可扣抵稅額帳戶變動明細資料，本條第2項僅規定稽徵機關「通知限期補報」，而未明定補報之期限，故應由稽徵機關自行決定之。因此，補報股東可扣抵稅額帳戶變動明細資料義務之履行期限，係「稽徵機關通知文書中所定之期限」；而為審究是否構成違序，應先予確認此一期限。因此，營利事業在「通知文書中所定之期限」仍未補報股東可扣抵稅額帳戶變動明細資料，其不作為係出於故意或過失者，**其行為即具有構成要件該當性，而屬「未依限、未據實申報股東可扣抵稅額帳戶變動明細資料之連續違序」之構成要件該當行為。**

三、主觀構成要件

同上面本目、陸、三、之說明、

四、法律效果

㈠對營利事業未依限、未據實申報股東可扣抵稅額帳戶變動明細資料之**初次違序，處7,500元之罰鍰**，並通知限期補報。

稅務違章案件減免處罰標準第8條第4款規定：「依所得稅法第一百十四條之三規定應處罰鍰案件，有下列情事之一者，減輕……處罰：四、營利事業未依限申報或未據實申報股東可扣抵稅額帳戶變動明細資料，不符前款規定，而於申報期限屆滿後十五日內自動補報，按應處罰鍰減輕二分之一。」。按稅務違章案件減免處罰標準係財政部依據稅捐稽徵法第48條第2項之授權而制定者，故此一減輕處罰規定，優先於本條第2項之處罰規定而適用。

㈡對營利事業未依限、未據實申報股東可扣抵稅額帳戶變動明細資料之**連續違序，得按月連續處罰至依規定補報為止。**

稽徵機關對於連續處罰，有「處罰與否」之裁量權。稽徵機關依裁量而決定予以處罰時，關於連續處罰之如何實施，本條未有明文。依照「稅務違章案件裁罰金額或倍數參考表」中關於本條第2項裁罰金額之規定，係「**每月處7,500元罰鍰，至補報為止**」。

五、免予處罰之例外規定

稅務違章案件減免處罰標準第8條第3款規定：「依所得稅法第一百十四條之三規定應處罰鍰案件，有下列情事之一者，……免予處罰：三、營利事業未依限申報股東可扣

抵稅額帳戶變動明細資料，而該帳戶當期應計入或應減除金額在新台幣三千元以下，致期初、期末餘額資料變動在新台幣三千元以下，免予處罰。」按稅務違章案件減免處罰標準係財政部依據稅捐稽徵法第48條第2項之授權而制定者，故此一免予處罰規定，

第二目　關於其他行為義務之違序與其處罰

緒　說

一、關於其他行為義務之違序種類與其處罰之性質

　　本法規定之違序與其處罰，其中與課稅資料報告與告知義務以外之**「其他行為義務」**有關者，可合稱為**「關於其他行為義務之違序與其處罰」**之類型；其中違序之型態，計有如下十種（依本法規定之條文次序排列）：⑴代客買賣貨物未記帳違序，⑵未提送帳簿文據違序，⑶拒絕接受繳款書違序，⑷短漏報信託收入違序，⑸虛報信託有關支耗違序，⑹信託所得未正確歸類違序，⑺未依規定比例計算信託所得違序，⑻未設置、未記載股東扣抵稅額帳戶違序，⑼超額分配股東可扣抵稅額違序，⑽違規分配股東可扣抵稅額違序。

　　在本目中，上開各種違序依下述分立子目論述：

　　1.下列四種違序：⑴代客買賣貨物未記帳違序、⑵未提送帳簿文據違序、⑶拒絕接受繳款書違序，各立一子目論述。

　　2.下列三種違序：⑷短漏報信託收入違序，⑸虛報信託有關支耗違序，⑹信託所得未正確歸類違序，併成一子目**「信託收入與支耗列報不實、信託所得未正確歸類違序」**論述。

　　3.下列二種違序：⑺未依規定比例計算信託所得違序，⑻未設置、未記載股東扣抵稅額帳戶違序，各立一子目論述。

　　4.下列二種違序：⑼超額分配股東可扣抵稅額違序、⑽違規分配股東可扣抵稅額違序，併成一子目**「超額、違規分配股東可扣抵稅額違序」**論述。

　　上述2、及4、係因三種、二種違序之受罰人相同，處罰相同，故予合併為一子目，以節省篇幅。

　　關於對「超額、違規分配股東可扣抵稅額違序」之處罰，其處罰之性質，應予說明。本法第114條之2係規定對營利事業**「超額、違規分配股東可扣抵稅額違序」之處罰**，論者有謂其性質係屬漏稅罰[56]，**本書則認為其性質宜認為係「行為罰」**。蓋依照本法第114條之3第2項規定，營利事業雖有申報股東可扣抵稅額帳戶變動明細資料之義

---

56 洪家殷即將對「超額、違規分配可扣抵稅額違序」之處罰，歸類為漏稅罰，惟未說明理由；見洪家殷，註1文，85-86頁。

務，惟其分配股東可扣抵稅額之營利事業本身並不負有繳納任何稅款之義務。營利事業之受罰，係因其有超額、違規分配股東可扣抵稅額之「行為」，而非營利事業本身有漏繳或短繳所得稅之故。本法第114條之2有「超額、違規分配股東可扣抵稅額者，稽徵機關應就其超額、違規分配之股東可扣抵稅額，責令營利事業限期補繳」之規定，依此規定營利事業所負補繳稅款之責任，實近乎**「賠繳義務」**[57]，而並非要求其履行其原有之「納稅義務」或「給付義務」，因而其處罰自非屬漏稅罰。

　　本類型中各種違序之處罰，其性質均係行為罰，蓋其違反之義務均係「行為義務」。因此，行為人之行為構成本類型中各種違序者，無待任何結果之發生（例如發生漏稅等），稽徵機關即得予以處罰，本目以下各子目中即均不再一一指明。

　　本類型中各種違序均係違反本法規定之**「行為義務」**，而其行為義務主要之法律依據係本法第3條之4、第66條之1至第66條之6、第83條、第90條等，由於本類型各種違序（除「拒絕接受繳款書違序」外），係以本法第3條之4等條文之義務規定為構成要件，故屬**「非真正之空白構成要件」**，而各該處罰規定則係**「結合指示」**（參見前面本書第二篇第一章，參、一、㈢、2、之說明），本目之各子目中，即均不再一一說明。**惟尚有部分行為義務係與處罰規定在同一法條中，並無獨立之義務規定，此類情形即分別在各該子目中加以說明。**

二、行為人之責任能力、不知法規之責任與有無免責事由

　　在本類型違序中，行為人（亦是受罰人）或為自然人，或為組織（如營利事業、非法人團體等），與上面本章第一目「關於課稅資料報告與告知義務之違序與其處罰」類型之受罰人相同。因此，上面本章第一目、緒說、二、關於行為人（受罰人）**「責任能力」**、**「不知法規之責任」**與**「有無免責事由」**之解析說明，自亦適用於本類型之各種違序，本目以下各子目即均不再一一說明。

壹、代客買賣貨物未記帳違序與其處罰

　　營利事業負責人違反本法第90條規定，不將規定事項詳細記帳，構成**代客買賣貨物未記帳違序**，除由該管稽徵機關限期責令補記外，處以1,500元以下罰鍰（本法第106條第4款）。

---

57 本法第114條之2第2項及第3項規定，有超額、違規分配股東可扣抵稅額時，由營利事業補繳，營利事業有歇業、倒閉或他遷不明，向股東或社員（即所得人）追繳。此一規定類似本法第94條規定之應由扣繳義務人補繳稅款，不得再向納稅義務人（即所得人）追繳。然而扣繳義務人原有繳納所扣稅款之義務（「給付義務」），而分配股東可扣抵稅額之營利事業則原無繳納稅款之義務。因此，營利事業之應補繳稅款，僅能謂類似扣繳義務人之「賠繳義務」，而尚非完全相同。

一、受罰人

　　本法第第106條（以下稱「**本條**」）第4款所規定之代客買賣貨物未記帳違序，係以「營利事業負責人」為受罰人。惟依本法第90條規定負有「代客買賣記帳及保存憑證」之義務者係「營利事業」，而非「營利事業負責人」，是則違反義務之人自然亦是營利事業，何以本條第4款卻規定受罰人為營利事業負責人，而非違反義務之行為人（即營利事業）？如此規定，形成「倉庫之違序，轉而處罰其負責人」之「**轉嫁罰**」，其理據何在，實難索解。按刑事罰有徒刑及拘役，係限制或奪人身自由之處罰，組織犯罪，無從處以徒刑或拘役，故在刑事罰方有實施「轉嫁罰」之必要。稅捐稽徵法第47條徒刑之轉嫁罰規定，正是其例。對於組織之違序，行政罰法基於「**自己責任原則**」，並不採轉嫁罰之制度。對照言之，本法第76條第2項以公司之負責人、合作社之負責人與合夥組織之負責人為負有報告義務之人，而其違反報告義務時，本條第2款及第3款以其為受罰人之規定，符合「自己責任原則」。

　　茲暫置上述疑義不論，本條第4款規定之營利事業負責人之認定，說明如下：(1)營利事業如係公司，其負責人應依公司法第8條規定認定之。(2)營利事業如係合作社，其負責人應依合作社法第32條、第34條，以及信用合作社法第6條等規定認定之。(3)營利事業如係獨資與合夥組織，其負責人應依商業登記法第10條規定認定之。(4)營利事業如係營利社團法人，其負責人應依其登記或立案之法規認定之。

　　行政罰法第15條第1項規定：「私法人之董事或其他有代表權之人，因執行其職務或為私法人之利益為行為，致使私法人違反行政法上義務應受處罰者，該行為人如有故意或重大過失時，除法律或自治條例另有規定外，應並受同一規定罰鍰之處罰。」。依照此一規定，在營利事業負責人有故意或重大過失時，對於營利事業與其負責人，得予併同處罰。惟此一條文中有「除法律或自治條例另有規定外」之除書規定，是以本法第106條第4款僅對營利事業負責人處罰之規定，當可認為係屬「法律或自治條例另有規定」，故而僅可處罰營利事業負責人。惟在法理上，此一規定似無維持之必要，實應考慮修法改正。

二、客觀構成要件

　　違反本法第90條規定，不將買賣客戶姓名、地址、貨物名稱、種類、數量、成交價格、日期及佣金等詳細記帳，成立「**代客買賣未記帳違序**」。

　　茲說明如下：

　　1.本法第90條規定：「營利事業代客買賣貨物，應將買賣客戶姓名、地址、貨物名稱、種類、數量、成交價格、日期及佣金等詳細記帳，並將有關文據保存。」。所謂詳細記帳，係指於營利事業於其本身應設之帳簿外，另外設帳，詳細紀錄買賣客戶姓名、地址、貨物名稱、種類、數量、成交價格、日期及佣金等事項。

　　應注意者，本法第90條規定之義務有二，一是記帳義務，一是保存憑證義務。惟本條第4款規定之違序行為僅係「營利事業違反本法第90條規定，不將規定事項詳細記帳」；**故營利事業如有「未保存代客買賣貨物之憑證」之情事，並不構成違序。**

　　2.代客買賣貨物未記帳違序之成立，必須違序之行為具有「**構成要件該當性**」；違序之行為在何一時日方成為「**構成要件該當行為**」，自應予以審究。

　　本法第90條僅規定「應詳細記帳」，然而應於何時記帳，則無明文，實有法律漏洞。按此一代客買賣貨物記帳之規定，考其立法意旨，當係顧客之委託出售貨物或購入貨物，涉及其收入或成本費用，進而涉及顧客本身所得稅之課徵。由於所得稅係年度稅，因此，代客買賣貨物自應分別會計年度而記帳。惟會計年度最後月分之記帳，事理上無法要求在最後月分之終了日紀錄。參照「稅捐稽徵機關管理營利事業會計帳簿憑證辦法」第17條第1項規定：「營利事業設置之帳簿，應按會計事項發生之次序逐日登帳，至遲不得超過二個月。」，既然同屬記帳事務，則在解釋上，似可類推適用，**即代客買賣貨物記帳義務之履行期限，應為代客買賣貨物之次會計年度第二個月底**。根本解決之道，應修正本法第90條，增訂記帳期限（或於本法施行細則明定之）。

　　代客買賣貨物記帳義務之履行期限，既宜解為係次會計年度第二個月底。因此，營利事業在「代客買賣貨物之次會計年度第2個月底」前仍未記帳，而其不作為係出於故意或過失者，**即其行為具有構成要件該當性，而屬「代客買賣貨物未記帳違序」之構成要件該當行為。**

三、主觀構成要件

　　代客買賣貨物未記帳違序之行為，行為人係營利事業，而受罰人則係營利事業負責人，行為人與受罰人既然不同，則違序行為是否出於故意、過失，應就行為人抑或就受罰人之行為而審究，即生疑問。

　　按行政罰法第7條第2項規定：「法人、設有代表人或管理人之非法人團體、中央或地方機關或其他組織違反行政法上義務者，其代表人、管理人、其他有代表權之人⋯⋯之故意、過失，推定為該等組織之故意、過失。」。違反代客買賣貨物記帳義務之行為人係營利事業，然而其行為係由（有代表權之）負責人代表為之；因此，代客買賣貨物未記帳違序之行為，其行為是否出於故意、過失，仍應就營利事業負責人之行為而審究之。

四、法律效果

　　㈠對代客買賣貨物未記帳違序，除由該管稽徵機關限期責令補報外，**處以1,500元以下罰鍰。**

　　稽徵機關對於罰鍰金額，有裁量權。

　　惟稽徵機關對本條第4款規定罰鍰金額之裁量權，實際上受限於財政部訂定之「稅

務違章案件裁罰金額或倍數參考表」中有本條第4款規定裁罰金額統一裁量之規定，其規定如下：

　　1.第一次違序：處500元罰鍰。

　　2.第二次違序：處1,000元罰鍰。

　　3.第三次及以後各次違序：每次處1,500罰鍰。

　　由於本條規定之法定罰鍰最高為1,500元，故有行政罰法第19條第1項「3,000元以下罰鍰職權不處罰」規定之適用，亦即稽徵機關如認為「情節輕微，以不處罰為適當者」，即得裁處免罰。稽徵機關裁處免罰時，依行政罰法第19條第2項規定，稽徵機關得對營利事業之負責人施以糾正或勸導，並做成紀錄，命其簽名。

　　(二)應注意者，本條中雖有「由該管稽徵機關限期責令補記」之規定，惟營利事業負責人不依限補記帳簿，本條並無處罰規定，因此，稽徵機關不得以營利事業負責人不依限補記為理由，而再予處罰。

貳、未提送帳簿文據違序與其處罰

　　納稅義務人違反本法第83條之規定，不按規定時間提送各種帳簿、文據，構成**未提示帳簿文據違序**，稽徵機關應處以1,500元以下之罰鍰（本法第107條第1項）。

一、受罰人

　　(一)本法第107條（以下稱**「本條」**）第1項所規定之未提送帳簿文據違序，行為人係納稅義務人，受罰人亦同。

　　所稱納稅義務人，本法第7條第3項規定：「本法稱納稅義務人，係指依本法規定，應申報或繳納所得稅之人。」。由於依據本法所課徵之所得稅，本法第1條明定係「綜合所得稅」與「營利事業所得稅」，因此，納稅義務人自係兼指「綜合所得稅納稅義務人」與「營利事業所得稅納稅義務人」而言。

　　依本法第2條規定，綜合所得稅納稅義務人係個人（即自然人）

　　依法第3條規定，營利事業所得稅納稅義務人係營利事業。

　　另外，教育、文化、慈善、公益機關或團體有銷售貨物或勞務者，亦應課徵營利事業所得稅（參見教育文化慈善公益機關或團體免納所得稅適用標準第3條，本法第71條之1第3項），故教育、文化、慈善、公益機關或團體亦為營利事業所得稅之納稅義務人。

　　所得稅之納稅義務人依本法有關規定應設置帳簿，方有成立「未提送帳簿文據違序」之可能。依本法有關規定，下列納稅義務人應設置帳簿：

　　1.綜合所得稅納稅義務人之個人，僅**執行業務者**依本法第14條第1項第1類第2款規定，有設置帳簿之義務；其餘個人並無設置帳簿之規定，自無設置帳簿之義物。

　　2.營利事業所得稅納稅義務人之**營利事業**，依本法第21條及稽徵機關管理營利事業

會計帳簿憑證辦法（以下簡稱「管理營利事業會計帳證辦法」）第2條至第5條等規定，有設置帳簿之義務。

又本法第41條規定：「營利事業之總機構在中華民國境外，其在中華民國境內之固定營業場所或營業代理人，應單獨設立帳簿，並計算其營利事業所得額課稅。」，按條文中之「我國境內固定營業場所或營業代理人」，事實上亦為營利事業。

3.教育、文化、慈善、公益機關或團體有銷售貨物或勞務者，亦有繳納營利事業所得稅義務，然而本法並無要求其設置帳簿之規定，在此情形實有法律漏洞。縱然目前為填補此一闕漏，其銷售貨物或勞務業務得類推適用管理營利事業會計帳證辦法，而要求其設置帳簿[58]。然如經稽徵機關通知而未提送帳簿文據，則不得加以處罰；蓋行政罰法第4條明定：「違反行政法上義務之處罰，以行為時之法律或自治條例有明文規定者為限。」，故處罰規定不得類推適用。

4.依照本法第6條之2規定，信託行為之受託人就各信託應分別設置帳簿；以及依照本法第90條規定，代客買賣貨物之營利事業應就有關代客買賣貨物事項詳細記帳，自應解為就有關代客買賣貨物事項，其有設置帳簿之義務。惟按本法第83條規定納稅義務人應提示帳簿文據，目的係在於稽徵機關調查納稅義務人之所得額。然而信託行為之受託人、代客買賣貨物之營利事業，就信託、代客買賣貨物事項設帳、記帳，並不涉及其本身之所得額，故縱有拒不提送（信託、代客買賣貨物事項之）帳簿文據之情事，亦不得依本條第1項規定處罰信託行為之受託人、代客買賣貨物之營利事業[59]。

另外，本法第97條規定：「第八十三條……之規定，對於扣繳稅款準用之。」。因此，準用結果，稽徵機關可通知扣繳義務人提示帳簿文據，因而扣繳義務人亦可能成立本法第107條第1項規定之未提送帳簿文據違序，而成為受罰人。

綜上所述，**本條第1項所規定之未提送帳簿文據違序，其行為人（受罰人）實僅為執行業務者、營利事業與扣繳義務人而已。以下文中所稱納稅義務人，僅係指執行業務者與營利事業**，不再一一指明。

關於執行業務者、營利事業之定義，參見上面本章第一目，參、一、㈠之說明，不再複述。

㈡受罰人係營業事業時，固然係指「以營業事業本身為受罰人」，惟營業事業為「獨資商號」者，實務見解均認為「獨資商號」與「出資之個人」係同一之權義主體；從而**獨資商號未提送帳簿文據，即應以出資之個人（或商業負責人）為受罰人**。此一實務見解，已於上面本篇第一章第一目，壹、一、㈠、1、詳述，不贅。

---

58 教育、文化、慈善、公益機關或團體設帳之問題與其解決，參見吳金柱，註51書，585頁。
59 惟稽徵機關得依稅捐稽徵法第30條第1項規定，要求信託行為之受託人、代客買賣貨物之營利事業提示有關文件，其拒不提示者，可依稅捐稽徵法第46條第1項規定處罰信託行為之受託人、代客買賣貨物之營利事業，則係屬另事。

二、客觀構成要件

(一)違反本法第83條之規定，不按規定時間提送各種帳簿、文據，成立**「未提送帳簿文據違序」**。

茲說明如下：

1.本法第83條係規定，稽徵機關進行調查或復查時，或辦理結算申報後稽徵機關進行調查時，納稅義務人應提示有關各種證明所得額之帳簿、文據。

關於提示帳簿文據之義務，於下面(二)說明。

2.本條第1項之「不按規定時間提送各種帳簿、文據」，析述如下：

(1)所稱「規定時間」，係指稽徵機關依職權所指定之提送帳簿文據之時間。所稱「不按規定時間」，在文義上，逾規定時間而提送者，亦屬不按規定時間。

(2)所稱「各種帳簿、文據」，其範圍如何，前台灣省財政廳54.10.4財稅一第71082號令釋示：「查所得稅法第83條所稱「帳簿文據」一詞，係泛指有關證明納稅義務人所得額之各種帳簿表冊暨一切足以證明所得額發生之對外及內部之文件單據而言。……」。

管理營利事業會計帳證辦法第2條至第5條等，有明定營利事業應設置之帳簿種類，亦有定為「其他必要之補助帳簿」。解釋上，是否設置其他必要之補助帳簿，係營利事業之自由，稽徵機關不得指定應設置何種必要之補助帳簿。因此，稽徵機關通知提示帳簿，當然以上開辦法明定營利事業應設置之帳簿種類為範圍，至於其他必要之補助帳簿，則以營利事業有設置者，方得要求其提示。

依本法第14條第1項第1類第2款規定，執行業務者僅應設置日記帳。因此，稽徵機關通知提示帳簿，當然以日記帳為限。惟執行業務者設有其他帳簿（如總分類帳），則稽徵機關亦得要求其提示。

稽徵機關如係依本法第97條、第102條之4規定準用第83條規定，通知扣繳義務人、營利事業提送帳簿文據，自然應限於與扣繳稅款、未分配盈餘有關之帳簿文據。

營利事業依照本法第66條之1、信託基金受託人依本法施行細則第8條之10規定規定所設置之「股東可扣抵稅額帳戶」、「受益人可扣抵稅額帳戶」，並非本法第83條所稱之帳簿，蓋其與營利事業之所得額無關[60]。

3.未提送帳簿文據違序之成立，必須違序之行為具有**「構成要件該當性」**；違序之行為在何一時日方成為**「構成要件該當行為」**，自應予以審究。

關於未提送帳簿文據違序之構成要件該當行為成立時日，於下面(三)說明。

4.稽徵機關已通知提送帳簿文據，而依法准予延期提送者，僅在延期後之時限仍未

---

60 惟稽徵機關得依稅捐稽徵法第30條第1項規定，要求營利事業、信託基金受託人提示股東可扣抵稅額帳戶、受益人可扣抵稅額帳戶，其拒不提示者，可依稅捐稽徵法第46條第1項規定處罰營利事業、信託基金受託人，則係屬另事。

提送，方構成未提送帳簿文據違序。

稽徵機關依法免除提示帳簿文據者，自無未提送帳簿文據違序之可言。

稽徵機關依法得准予延期提示帳簿文據，以及依法得免除提示帳簿文據之情形，於下面㈣說明。

㈡提示帳簿文據之義務：

本法第83條規定：「（第1項）稽徵機關進行調查或復查時，納稅義務人應提示有關各種證明所得額之帳簿、文據；其未提示者，稽徵機關得依查得之資料或同業利潤標準，核定其所得額。（第2項）前項帳簿、文據，應由納稅義務人依稽徵機關規定時間，送交調查；其因特殊情形，經納稅義務人申請，或稽徵機關認有必要，得派員就地調查。（第3項）納稅義務人已依規定辦理結算申報，但於稽徵機關進行調查時，通知提示有關各種證明所得額之帳簿、文據而未依限期提示者，……。」。

本法第97條規定：「第八十三條……之規定，對於扣繳稅款準用之。」。

本法第102條之4規定，稽徵機關接到未分配盈餘申報書後，應派員調查，核定其未分配盈餘及應加徵之稅額，其調查核定，亦準用第83條之規定。注意僅「營利事業」方適用此一規定（參見本法第102條之2）。

茲析述如下：

1.依據上開三法條規定，稽徵機關為調查或復查納稅義務人之所得額、營利事業之未分配盈餘、扣繳義務人之扣繳稅款，可通知納稅義務人、扣繳義務人提示帳簿文據。

納稅義務人、扣繳義務人依稽徵機關之通知，有提示帳簿文據之義務，然而其前提是納稅義務人、扣繳義務人依本法有關規定有設置帳簿知義務。

如上面一、㈠所述，（納稅義務人中）僅執行業務者與營利事業有設置帳簿之義務；從而亦**僅執行業務者與營利事業有提示帳簿文據之義務**。

次按扣繳義務人可能是個人，可能是組織。扣繳義務人大部分係個人，而個人僅「執行業務者」有設置帳簿義務（見上面一、㈠所述），其餘並無此義務，故在事理上，**對於無設帳義務之扣繳義務人**（實即執行業務者以外之個人），**僅有依稽徵機關之通知提示（有關扣繳稅款之）文據之義務而已**[61]。扣繳義務人如係組織，僅營利事業有設置帳簿之義務，其自有依稽徵機關之通知提示（有關扣繳稅款之）帳簿文據之義務；至於營利事業以外之組織（如學校、團體等），如同上面一、㈠、3、所述，本法並無要求其設置帳簿之規定，縱然目前得類推適用管理營利事業會計帳證辦法而要求其設置帳簿，然如其未依本法第83條規定提示帳簿文據，則不得加以處罰。

---

61 造成此一情形之原因，在於本法規定之扣繳義務人絕大部分扣繳義務人並非給付所得之人，且大部分係個人，並無設置帳簿之義務（執行業務者除外）。因此，稽徵機關為調查或復查扣繳稅款，大部分扣繳義務人當然無從提示帳簿。

　　2.本法第83條第3項明示「納稅義務人辦理結算申報後，稽徵機關進行調查時，應提示帳簿文據」，是以同條第1項規定（暨依據本法第97條準用規定）之「稽徵機關進行調查或復查時，納稅義務人、扣繳義務人應提示帳簿文據」，自應解係指第3項規定情形以外之調查或復查（例如稽徵機關對納稅義務人申請復查之調查、對申報核定後依法規規定實施之稽查或抽查、對扣繳義務人扣繳報告之隨時調查、對平時接獲檢舉之調查等）時之納稅義務人、扣繳義務人提示帳簿文據之義務。

　　3.稽徵機關係依據本法第83條規定，通知納稅義務人、扣繳義務人提示帳簿文據，其通知方式，依稅捐稽徵法第11條第1項規定，應以書面為之，並表明要求提示帳簿文據之事由及範圍。納稅義務人依稽徵機關之通知，方負有提示帳簿文據之義務。

　　(三)本法第83條僅規定稽徵機關「通知」納稅義務人、扣繳義務人提示帳簿文據，而未明定提示之期限，故應由稽徵機關自行決定之。納稅義務人、扣繳義務人提示帳簿文據義務之**履行期限**，係「稽徵機關通知文書（或補送通知書）中所定之期限」；而為審究是否構成違序，應先予確認此一期限。

　　因此，納稅義務人、扣繳義務人在「通知文書（或補送通知書）中所定之期限」仍未提示帳簿文據，其不作為係出於故意或過失者，**其行為即具有構成要件該當性，而屬「未提示帳簿文據違序」之構成要件該當行為**。

　　(四)提示帳簿文據之延期與提送義務之免除：

　　1.提示帳據之時間，係依照稽徵稽關之要求，被通知人有依時前往之義務。惟因下述原因，被通知人得延期提示帳據：

　　(1)申請延期：

　　營利事業、執行業務者在規定送交調查時間以內申請延期提示帳據，稽徵機關應予受理，但延長之期限最長不得超過1個月，並以一次為限（營利事業所得稅查核準則第6條第3項，執行業務所得查核辦法第8條但書）。

　　(2)當然延期：

　　營利事業之帳簿文據如因有關機關調閱而未能如期提示者，稽徵機關得先予書面審核核定。但營利事業應於調閱機關發還所調閱之帳簿憑證後一個月內，提送稽徵機關（營利事業所得稅查核準則第6條第4項）。

　　執行業務所得查核辦法無類似之規定，惟在解釋上，如確有上開情事，稽徵機關似應類推適用查核準則有關規定，准予延期提示。

　　又扣繳義務人係個人者（除執行業務者以外），本法並無要求設置「帳簿」之規定，然稽徵機關仍得要求提示「文據」。如確有上開情事，則稽徵機關亦應類推適用上開規定，予以相同之處理，否則有違程序上之平等原則。

　　2.提示帳據義務之免除：

　　(1)營利事業「帳簿憑證」滅失，營利事業所得稅查核準則11條第2項至第4項僅就其所得額如何核定規定，並未明文規定免予提示帳簿文據。惟帳簿憑證既已滅失，再要求

營利事業提示，乃屬課以不可能履行之義務，故自應解為應免除其提示之義務。茲分述如下：

　　A.「帳簿憑證」滅失者，不論其滅失之原因如何，其提示事實上已不可能，自應免除其提示之義務。

　　B.「原始憑證」滅失者，縱其「帳簿」未滅失，依營利事業所得稅查核準則第11條第2項規定，將其定性為與帳簿憑證一齊滅失者相同。蓋帳簿係根據原始憑證記載，原始憑證既滅失，則帳簿記載內容之真實性無法證明，故可視同與帳簿憑證一齊滅失。原始憑證滅失，不論滅失之原因如何，其提示事實上已不可能，應免除提示原始憑證，而自當一併免除帳簿之提示義務。至於憑證滅失，是否構成稅捐稽徵法第44條規定之「未保存憑證違序」，仍應審究，惟係屬另事。

　　C.「帳簿」滅失而原始憑證未滅失者，則因仍可根據原始憑證重新記載於新帳簿，而無損於記載內容之真實性；故營利事業所得稅查核準則第11條第1項規定，得報經稽機關核准另行設置新帳，重新記載後提示帳據。至其提示時間，得由稽徵機關依職權裁量改訂提送時間，自不待言。

　　(2)執行業務者「帳簿憑證」滅失者，並無類似營利事業所得稅查核準則之規定可資遵循；惟就調查之目的言，應可類推適用上開營利事業所得稅查核準則之有關規定處理。因屬程序之類推適用，不及於課稅之實體事項，故並無違反「租稅法定原則」之虞。

三、主觀構成要件

　　執行業務者與個人身分之扣繳義務人未提送帳簿文據，其違序之行為是否出於故意、過失，自應就執行業務者與扣繳義務人之個人而審究之。

　　營利事業係組織，依行政罰法第7條第2項規定，組織之故意、過失係以其有代表權之人或其職員等之故意、過失推定之。因此，營利事業未提送帳簿文據違序，其行為是否出於故意、過失，如營利事業說明或主張違序之行為係由其有代表權之人或其職員等所為，稽徵機關應不得逕予否認，而應審究其有代表權之人或其職員等是否確實負責處理帳務及稅務事項，而其未提送帳簿文據，是否存有故意、過失，以推定營利事業之是否故意、過失（如依代表之法理，其實有代表權之人之行為即應視為營利事業之行為，無須推定；參見前面本書第二篇第二章、壹、一、(五)、2、之說明）。惟如營利事業係獨資商號，則係以其出資之資本主（自然人）為受罰人（參見上面本篇第一章第一目、壹、一、(一)、1、所述）；因此，應直接審究資本主（自然人）之有無故意、過失，而無須再適用行政罰法第7條第2項推定故意、過失之規定。

四、法律效果

　　(一)對未提送帳簿文據違序，**處以1,500元以下罰鍰**。

稽徵機關對於罰鍰金額，有裁量權。

　　惟稽徵機關對本條第1項規定罰鍰金額之裁量權，實際上受限於財政部訂定之「稅務違章案件裁罰金額或倍數參考表」中關於本條第1項款規定裁罰金額統一裁量之規定，其規定如下：

　　　　1.第一次違序，處500元罰鍰。

　　　　2.第二次違序，處1,000元罰鍰。

　　　　3.第三次及以後各次違序，每次處1,500罰鍰。

　　由於本條規定之法定罰鍰最高為1,500元，故有行政罰法第19條第1項「3,000元以下罰鍰職權不處罰規定之適用，亦即稽徵機關如認為「情節輕微，以不處罰為適當者」，即得裁處免罰。稽徵機關裁處免罰時，依行政罰法第19條第2項規定，稽徵機關得對公司之負責人、合作社之負責人、合夥組織之負責人或倉庫負責人施以糾正或勸導，並做成紀錄，命其簽名。

　　㈡本條第1項對「未提送帳簿文據違序」之處罰規定，與稅捐稽徵法第46條第1項對「拒不提示有關課稅資料文件違序」之處罰規定，內容類似，二個處罰規定適用之分際，於下面本篇第三章第二目、壹、六、說明，此處即予略之。

參、拒絕接受繳款書違序與其處罰

　　納稅義務人未經提出正當理由，拒絕接受繳款書，構成**拒絕接受繳款書違序**，（稽徵機關除依行政程序法有關規定送達外，）並處以1,500元以下之罰鍰（本法第107條第2項）。

一、受罰人

　　㈠本法第107條（以下稱**「本條」**）第2項所規定之拒絕接受繳款書違序，行為人係納稅義務人，受罰人亦同。

　　所稱納稅義務人，本法第7條第3項規定：「本法稱納稅義務人，係指依本法規定，應申報或繳納所得稅之人。」。由於依據本法所課徵之所得稅，本法第1條明定係「綜合所得稅」與「營利事業所得稅」，因此，納稅義務人自係兼指「綜合所得稅納稅義務人」與「營利事業所得稅納稅義務人」而言。

　　依本法第2條規定，綜合所得稅納稅義務人係個人（即自然人）

　　依本法第3條規定，營利事業所得稅納稅義務人係營利事業。又本法第41條規定：「營利事業之總機構在中華民國境外，其在中華民國境內之固定營業場所或營業代理人，應單獨設立帳簿，並計算其營利事業所得額課稅。」，按條文中之「我國境內固定營業場所或營業代理人」，事實上亦為營利事業。

　　另外，教育、文化、慈善、公益機關或團體有銷售貨物或勞務者，亦應課徵營利事業所得稅（參見教育文化慈善公益機關或團體免納所得稅適用標準第3條，本法第71

條之1第3項），故教育、文化、慈善、公益機關或團體亦為營利事業所得稅之納稅義務人。

　　㈡受罰人係營業事業時，固然係指「以營業事業本身為受罰人」，惟營業事業為「獨資商號」者，實務見解均認為「獨資商號」與「出資之個人」係同一之權義主體；從而**獨資商號拒絕接受繳款書，即應以出資之個人（或商業負責人）為受罰人**。此一實務見解，已於上面本篇第一章第一目，壹、一、㈠、1，詳述，不贅。

二、客觀構成要件

　　㈠稽徵機關所填發之繳款書，應受送達人無正當理由，而拒絕接受，成立「**拒絕接受稅單違序**」。

　　茲說明如下：

　　1.納稅義務人依法有接受繳款書之義務者，而未依接受，**成立「拒絕接受繳款書違序」**。

　　所得稅法在本條第2項規定外，別無規定納稅義務人有接繳款書義務之條文。因此，**應認為接受繳款書義務之法律依據，即是本條第2項本身**。質言之，本條第2項條文乃是「在法規中以同一條文規定義務內容與處罰內容」之規範形式（參見前面本書第二篇第一章、壹、二、㈡之說明）。

　　2.本條第2項規定之受罰人係納稅義務人，因此，**納稅義務人「本人」拒絕接受繳款書**，即屬本條第2項規定納稅義務人拒絕接受繳款書之行為，並無疑問。惟依照稅捐稽徵法第19條與行政程序法第69條至第71條、第73條、第83條等規定，**繳納稅捐之文書**（即「××稅繳款書」）**得以納稅義務人本人以外之人為「應受送達人」**，是則如稽徵機關依規定向「納稅義務人本人以外之應受送達人」遞送繳款書，而該應受送達人拒絕接受，則是否論為「納稅義務人本人」拒絕接受營業稅繳款書之行為，即有疑義，宜先辨明。

　　按稅捐稽徵法與行政程序法中關於納稅義務人本人以外之應受送達人，其資格可分為三類，分別如下：

　　第一類是應受送達人之接受或拒絕繳款書送達之行為，即是納稅義務人本人之行為。此類應受送達人有稅捐稽徵法第19條第1項、行政程序法第69條第1項及第2項、第71條規定之：A.法定代理人，B.機關、法人或非法人之團體之代表人或管理人，C.法人或非法人之團體（有處理稅捐事務權限之）之經理人，D.受稅單送達之權限未受限制之代理人。

　　第二類是應受送達人接受或拒絕繳款書送達之行為，法律上「擬制」為納稅義務人本人之行為。此類應受送達人有稅捐稽徵法第19條第1項規定服兵役之納稅義務人之：A.父母，B.配偶。

　　第三類則是應受送達人之接受或拒絕繳款書送達之行為，並不直接對納稅義務人本

人發生效力，亦不「擬制」為納稅義務人本人之行為。此類應受送達人有稅捐稽徵法第19條第1項、行政程序法第73條、第83條、第86條至第90條規定之：A.有辨別事理能力之同居人、受僱人，或應送達處所之接收郵件人員，B.指定代收人，C.依法受囑託送達之人，如（服兵役之納稅義務人之）軍事機關或長官、（服刑人之）監獄所長官、外交部等。

綜上所述，本條第2項規定「納稅義務人拒絕接受繳款書之行為」，其行為型態如下：

⑴納稅義務人「本人」拒絕接受繳款書。

⑵稽徵機關依規定向上述第一類之應受送達人（即納稅義務人之：A.法定代理人，B.機關、法人或非法人之團體之代表人或管理人，C.法人或非法人之團體（有處理稅捐事務權限之）之經理人，D.受稅單送達之權限未受限制之意定代理人）遞送繳款書，而該應受送達人拒絕接受者，應論為「納稅義務人本人」拒絕接受繳款書；其理據在於此類應受送達人拒絕接受繳款書之行為，在法律上即是納稅義務人本人之行為之故。

⑶稽徵機關依規定向上述第二類之應受送達人（即服兵役之納稅義務人之：A.父母，B.配偶）遞送繳款書，而該應受送達人拒絕接受者，應論為「納稅義務人本人」拒絕接受繳款書；其理據在於此類應受送達人拒絕接受繳款書之行為，在法律上「擬制」為納稅義務人本人之行為之故[62]。

⑷稽徵機關依規定向上述第三類之應受送達人（即：A.有辨別事理能力之同居人、受僱人，或應送達處所之接收郵件人員，B.指定代收人，C.依法受囑託送達之人，如軍事機關或長官、監獄所長官、外交部等）遞送繳款書，而該應受送達人拒絕接受者，則不得論為「納稅義務人本人」拒絕接受繳款書。蓋此類應受送達人雖依法律規定有「接受繳款書送達之協力負擔」，惟如其拒絕接受送達，則並不得加以處罰[63]；稽徵機關可另外採取「留置送達」、「寄存送達」「公示送達」之方式以為送達（參見行政程序法第73條第3項、第74條、第78條）[64]。如第三類之應受送達人同意收受繳款書，則需將之再交付或轉交納稅義務人本人收受。因此，倘如納稅義務人本人再向稽徵機關為「拒絕收受繳款書之意思表示」者（例如將繳款書送回而表明不收受之意思，或以郵遞方式寄回繳款書而表明不收受之意思等），則屬本條第3款規定之納稅義務人拒絕接受繳款書之行為，並無疑問。財政部67.10.13台財稅第36874號函即明示斯旨：「××公司負責人雖因案服刑，但對於所得稅法規定之納稅義務並不因而免除，其未經提出正當理由，拒絕接受已送達之繳款書，仍應依所得稅法第107條第2項規定辦理。」。

應注意者，上述經認定屬納稅義務人拒絕接受繳款書之行為，並非必然構成本條第

----

62 同註15。

63 同註16。

64 同註17。

3款規定之「**拒絕接受稅單違序**」；其是否構成拒絕接受稅單違序，則應視其拒絕有無「**法律上之正當理由**」而定，詳如下面3、所述。

　　3.對於稽徵機關交付或交由郵政機構遞送繳款書時，納稅義務人本人及前述第一、二類應受送達人，無正當理由而為拒絕收受或受領者，方始構成拒絕接受繳款書違序。

　　所謂**無正當理由**，應解為「**無法律上之正當理由**」，係指繳款書之送達，並無拒絕收受之法律上理由而言。行政程序法第84條規定：「送達，除第六十八條第一項規定交付郵政機關或依第二項之規定辦理者外，不得於星期日或其他休息日或日出前、日沒後為之。但應受送達人不拒絕收領者，不在此限。」。於此規定之時間外為繳款書之送達，該送達並非當然違法、無效，而僅生應受送達人得拒絕受領之效果。此時應受送達人即有法律上之正當理由，而得拒絕接受；稽徵機關或送達實施機構不得依行政程序法第73條規定實施寄存送達或留置送達（註61）。

　　行政程序法第68條第1項及第2項係規定：「（第1項）送達由行政機關自行或交由郵政機關送達。（第2項）行政機關之文書依法規以電報交換、電傳文件、傳真或其他電子文件行之者，視為自行送達。」。解釋上，任何稅捐之繳款書均不得以電報交換、電傳文件、傳真或其他電子文件之方式為送達，故此一規定對於繳款書之送達，不得適用。

　　另外，稽徵機關對於非法規規定之應受送達人為繳款書送達，亦屬拒絕接受繳款書之法律上理由。

　　4.本條第2項規定之繳款書，係指稽徵機關依本法有關規定填發之所有「**所得稅繳款書**」。

　　在實務上，稽徵機關可能單獨填發「滯報金繳款書」、「怠報金繳款書」與「滯納金繳款書」，因而可能有納稅義務人本人及前述第一、二類應受送達人拒絕接受之情形。在此情形，是否亦屬於本條第2項規定之拒絕接受繳款書之行為，有待澄清。按此一問題繫於本條第2項所稱之繳款書，除**本稅之「所得稅繳款書」**外，是否包括稽徵機關依本法第108條、第108條之1與第112條規定填發之「**滯報金繳款書**」、「**怠報金繳款書**」與「**滯納金繳款書**」在內而定。對於此一問題，尚乏行政解釋或司法判決可據。由於滯報金、怠報金與滯納金均係以所得稅為基礎而加徵，故以作肯定解釋為妥。因此，**納稅義務人本人及前述第一、二類應受送達人，無法處勝之正當理由，而拒絕接受稽徵機關填發之「滯報金繳款書」、「怠報金繳款書」或「滯納金繳款書」，亦構成拒絕接受繳款書違序。**

　　另應注意者，稽徵機關填發之「逾期未自動報繳所得稅欠稅催繳通知書」，則應認為並不在本條第2項規定之「繳款書」範圍之內。

　　5.拒絕接受繳款書違序之成立，必須違序之行為具有「**構成要件該當性**」；違序之行為在何一時日方成為「**構成要件該當行為**」，自應予以審究。

關於拒絕接受繳款書違序之構成要件該當行為成立時日，於下面㈡說明。

㈡拒絕接受繳款書違序之構成要件該當行為成立時日：

接受繳款書（包括所得稅繳款書、滯報金繳款書、怠報金繳款書與滯納金繳款書）義務之發生，其**要件**應為「繳款書已依法送達，而不存在得拒絕接受之法律上正當理由」。**義務履行期限**為「繳款書依法送達之日」。

為確定接受繳款書義務之履行期限，必須先確定納稅義務人本人及前述第一類應受送達人拒絕接受繳款書之日期。

接受繳款書義務履行期限為「繳款書依法送達之日」，因此，納稅義務人本人及前述第一、二類應受送達人在「繳款書依法送達之日」明示或默示拒絕接受，而其拒絕係出於故意或過失者，**其行為即具有構成要件該當性，而屬「拒絕接受繳款書稅單違序」之構成要件該當行為。**

三、主觀構成要件

納稅義務人如係個人，對於本條第2項規定之拒絕接受繳款書違序，依行政罰法第7條第1項規定，稽徵機關應審究納稅義務人本人及前述第一類應受送達人之拒絕接受繳款書，是否出於故意或過失。

納稅義務人如係營利事業或教育、文化、慈善、公益機關或團體（簡稱「公益組織」），二者係組織，依行政罰法第7條第2項規定，組織之故意、過失係以其有代表權之人或其職員等之故意、過失推定之。因此，營利事業或公益組織違序之行為是否出於故意、過失，如營利事業或公益組織說明或主張違序之行為係由其有代表權之人或其職員等所為，稽徵機關應不得逕予否認，而應審究其有代表權之人或其職員等是否確實負責處理稅務事項，而其拒絕接受繳款書，是否存有故意、過失，以推定營利事業或公益組織之是否故意、過失（如依代表之法理，其實有代表權之人之行為即應視為營利事業或公益組織組織之行為，無須推定；參見前面本書第二篇第二章、壹、一、㈤、2、之說明）。惟在獨資商號之拒絕接受繳款書違序，係以其出資之資本主（自然人）為受罰人（參見上面本篇第一章第一目、壹、一、㈠、1、所述）；因此，應直接審究資本主（自然人）之有無故意、過失，而無須再適用行政罰法第7條第2項推定故意、過失之規定。

四、法律效果

對拒絕接受繳款書違序，稽徵機關除依行政程序法有關規定送達外，**處以1,500元以下罰鍰。**

應注意者，本條第2項中有「依稅捐稽徵法第18條規定送達」一段，原係指所得稅繳款書遭拒絕後，稽徵機關應再依96.12.12修正前之稅捐稽徵法第18條第1項至第3項「寄存送達」、「公示送達」之規定送達繳款書；惟該第1項至第3項規定，業於

96.12.12修正稅捐稽徵法第18條時刪除。是以目前應改為再依照行政程序法第73條第3項、第74條、第78條等規定之「留置送達」、「寄存送達」「公示送達」之方式以為送達。

　　稽徵機關對於罰鍰金額，有裁量權。

　　惟稽徵機關對本條第2項規定罰鍰金額之裁量權，實際上受限於財政部訂定之「稅務違章案件裁罰金額或倍數參考表」中關於本條第2項款規定裁罰金額統一裁量之規定，其規定如下：

　　　1.第一次違序，處500元罰鍰。

　　　2.第二次違序，處1,000元罰鍰。

　　　3.第三次及以後各次違序，每次處1,500罰鍰。

　　由於本條規定之法定罰鍰最高為1,500元，故有行政罰法第19條第1項「3,000元以下罰鍰職權不處罰」規定之適用，亦即稽徵機關如認為「情節輕微，以不處罰為適當者」，即得裁處免罰。稽徵機關裁處免罰時，依行政罰法第19條第2項規定，稽徵機關得對納稅義務人施以糾正或勸導，並做成紀錄，命其簽名。

肆、信託收入與支耗列報不實、信託所得未正確歸類違序與其處罰

　　信託行為之受託人短漏報信託財產發生之收入或虛報相關之成本、必要費用、損耗，致短計本法第3條之4第1項、第2項、第5項、第6項規定受益人之所得額，或未正確按所得類別歸類致減少受益人之納稅義務，構成**信託收入與支耗列報不實、信託所得未正確歸類違序**，應按其短計之所得額或未正確歸類之金額，處受託人5%之罰鍰。但最高不得超過300,000元，最低不得少於15,000元（本法第111條之1第1項）。

一、受罰人

　　本法第111條之1（以下稱**「本條」**）第1項所規定之信託收入與支耗列報不實或信託所得未正確歸類違序，其行為人係信託行為之受託人，受罰人亦同。按信託法第21條規定：「未成年人、禁治產人及破產人，不得為受託人。」，因此，信託行為之受託人應為有行為能力之個人，或係非破產之組織。

二、客觀構成要件

　　㈠本條第1項規定之違序行為係「**短漏報信託財產發生之收入或虛報相關之成本、必要費用、損耗，致短計本法第3條之4第1項、第2項、第5項、第6項規定受益人之所得額，或未正確按所得類別歸類致減少受益人之納稅義務**」，故其包括三種違序行為，一是「**信託收入列報不實違序**」，二是「**支耗列報不實違序**」，三是「**信託所得未正確歸類違序**」，三者合稱「**信託收入與支耗列報不實、信託所得未正確歸類違序**」。信託行為之受託人如有三種行為之一，即成立此一違序。

茲說明如下：

　　1.本法第3條之4第1項、第2項、第5項、第6項係規定信託行為之受託人之下列義務：應於所得發生年度，按所得類別依本法規定計算分別計算受益人之各類所得額（俾使受益人持以申報納稅）。

　　關於此一義務之內容，於下面㈡說明。

　　2.短漏報信託財產發生之收入或虛報相關之成本、必要費用、損耗，必然導致短計受益人之所得額，而構成違序；其是否導致減少受益人之納稅義務，則在所不問。至於未正確按所得類別歸類，並不致短計受益人所得額之總額，則必須導致減少受益人之納稅義務，方始構成違序。

　　3.信託收入與支耗列報不實或信託所得未正確歸類違序之成立，必須違序之行為具有「**構成要件該當性**」；違序之行為在何一時日方成為「**構成要件該當行為**」，自應予以審究。

　　關於信託收入與支耗列報不實或信託所得未正確歸類違序之構成要件該當行為成立時日，於下面㈢說明。

　　㈡本法第3條之4第1項、第2項、第5項及第6項規定：「（第1項）信託財產發生之收入，受託人應於所得發生年度，按所得類別依本法規定，減除成本、必要費用及損耗後，分別計算受益人之各類所得額，由受益人併入當年度所得額，依本法規定課稅。（第2項）前項受益人有二人以上時，受託人應按信託行為明定或可得推知之比例計算各受益人之各類所得額；其計算比例不明或不能推知者，應按各類所得受益人之人數平均計算之。……（第5項）符合第四條之三各款規定之公益信託，其信託利益於實際分配時，由受益人併入分配年度之所得額，依本法規定課稅。（第6項）依法經主管機關核准之共同信託基金、證券投資信託基金，或其他經財政部核准之信託基金，其信託利益於實際分配時，由受益人併入分配年度之所得額，依本法規定課稅。」。茲析述如下：

　　1.本條第1項中之「**短漏報信託財產發生之收入或虛報相關之成本、必要費用、損耗**」，實係指「**在計算受益人之各類所得額之時或之前，短列、漏列信託收入，或虛列相關之成本、必要費用、損耗**」，以致短計受益人之所得額。其使用「短漏報、虛報」之詞，易致誤解為信託行為之受託人有向稽徵機關之申報信託財產發生之收入或相關之成本、必要費用、損耗之義務，實則本法未有此一義務之規定，其用詞實宜修改。

　　2.受益人信託所得額之計算，依「信託財產發生之收入－成本、必要費用及損耗」之公式計算，但下面3、所述之信託利益除外。應注意者，信託行為之受託人必須**依收入之種類**（如租金收入、利息收入、股利收入、財產交易收入等）**分別計算「各類所得額」**（如租金所得、利息所得、股利所得、財產交易所得等），方符合本條第1項規定「正確按所得類別歸類」之意旨。

受益人如有多人，信託行為之受託人應按信託行為明定或可得推知之比例計算各受益人之各類所得額；其計算比例不明或不能推知者，應按各類所得受益人之人數平均計算之。

3.公益信託、共同信託基金、證券投資信託基金之信託利益，直接以實際分配金額作為受益人之所得額。

4.附帶說明，如因信託行為之受託人有信託收入與支耗列報不實、信託所得未正確歸類違序之行為，最終致使受益人有短報所得額之情事，稽徵機關應依本法第110條第1項規定論究受益人有無漏稅，惟其係屬另事。

㈢本法第3條之4第1項、第2項、第5項、第6項規定受託人計算各類信託所得之義務，而其義務履行期限，則乏明文。按本法第92條之1規定，受託人應於信託所得年度之次年1月底前申報信託所得相關文件等，是則在解釋上，受託人計算各類信託所得義務之**履行期限**，至遲應為「信託所得年度之次年1月底」。因此，信託行為之受託人在「信託所得年度之次年1月底」前，有託收入與支耗列報不實、信託所得未正確歸類之行為，而其行為係出於故意或過失者，**其行為即具有構成要件該當性，而屬「信託收入與支耗列報不實、信託所得未正確歸類違序」之構成要件該當行為。**

三、主觀構成要件

同上面本章第一目、肆、三、之說明。

四、法律效果

對信託收入與支耗列報不實、信託所得未正確歸類違序，**應按其短計之所得額或未正確歸類之金額，處受託人5%之罰鍰。但最高不得超過**300,000元，**最低不得少於**15,000元。

稅務違章案件減免處罰標準第5條之1第1款規定：「依所得稅法第一百十一條之一規定應處罰鍰案件，有下列情事之一者，按應處罰鍰減輕二分之一：一、信託行為之受託人短漏報信託財產發生之收入或虛報相關之成本、必要費用、損耗，致短計所得稅法第三條之四第一項、第二項、第五項、第六項規定受益人之所得額，或未正確按所得類別歸類致減少受益人之納稅義務，已自動補報或更正。」。按稅務違章案件減免處罰標準係財政部依據稅捐稽徵法第48條第2項之授權而制定者，故此一減輕處罰規定，優先於本條第1項之處罰規定而適用。

伍、未依規定比例計算信託所得違序與其處罰

信託行為之受託人未依第3條之4第2項規定之比例計算各受益人之各類所得額，構成**未依規定比例計算信託所得違序**，應按其計算之所得額與依規定比例計算之所得額之差額，處受託人5%之罰鍰。但最高不得超過300,000元，最低不得少於15,000元（本法

第111條之1第2項）。

一、受罰人

本法第111條之1（以下稱「**本條**」）第2項所規定之未依規定比例計算信託所得違序，其行為人係信託行為之受託人，受罰人亦同。按信託法第21條規定：「未成年人、禁治產人及破產人，不得為受託人。」，因此，信託行為之受託人應為有行為能力之個人，或係非破產之組織。

二、客觀構成要件

(一)信託行為之受託人未依本法第3條之4第2項規定之比例計算各受益人之各類所得額，成立**未依規定比例計算信託所得違序**。

茲說明如下：

1.本法第3條之4第2項係規定信託行為之受託人之下述義務：信託之受益人有二人以上時，應按比例或人數平均計算各受益人之各類所得額。

關於上開義務之內容，於下面(二)說明。

2.未依規定比例計算信託所得違序之成立，必須違序之行為具有「**構成要件該當性**」；違序之行為在何一時日方成為「**構成要件該當行為**」，自應予以審究。

關於未依規定比例計算信託所得違序之構成要件該當行為成立時日，於下面(三)說明。

(二)關於信託行為之受託人「應按比例或人數平均計算各受益人之各類所得額」之義務，本條第2項雖僅述及本法第3條之4第2項規定，其實涉及本法第3條之4第1項、第2項、第5項及第6項規定，各該項條文如上面本目、肆、二、(二)引述。此一義務析述如下：

1.受益人如有多人，其信託所得額應依下述順序計算：

(1)先依「信託財產發生之收入－成本、必要費用及損耗」之公式計算，但下面2、所述之信託利益除外。應注意者，信託行為之受託人必須依**收入之種類**（如租金收入、利息收入、股利收入、財產交易收入等）**分別計算「各類所得額」**（如租金所得、利息所得、股利所得、財產交易所得等）。

(2)公益信託、共同信託基金、證券投資信託基金之信託利益，以實際分配金額直接作為受益人之所得額。

(3)將(1)計出之各類所得額，及(2)實際獲配之信託利益，按信託行為明定或可得推知之比例，計算各受益人之各類所得額；其計算比例不明或不能推知者，應按各類所得受益人之人數平均計算之。

2.附帶說明，如因信託行為之受託人未依規定比例計算信託所得違序之行為，最終致使受益人有短報所得額之情事，稽徵機關應依本法第110條第1項規定論究受益人有無

漏稅，惟其係屬另事。

　　㈢未依規定比例計算信託所得違序之構成要件該當行為成立時日，與上面本目、肆、二、㈢所述之「信託收入與支耗列報不實、信託所得未正確歸類違序之構成要件該當行為成立時日」相同。

三、主觀構成要件

　　同上面本章第一目、肆、三、之說明。

四、法律效果

　　對未依規定比例計算信託所得違序，**應按其計算之所得額與依規定比例計算之所得額之差額，處受託人5%之罰鍰。但最高不得超過300,000元，最低不得少於15,000元。**

　　稅務違章案件減免處罰標準第5條之1第2款規定：「依所得稅法第一百十一條之一規定應處罰鍰案件，有下列情事之一者，按應處罰鍰減輕二分之一：二、信託行為之受託人未依所得稅法第三條之四第二項規定之比例計算各受益人之各類所得額，已自動更正。」。按稅務違章案件減免處罰標準係財政部依據稅捐稽徵法第48條第2項之授權而制定者，故此一減輕處罰規定，優先於本條第2項之處罰規定而適用。

陸、未設置、未記載股東可扣抵稅額帳戶違序與其處罰

　　營利事業依規定應設置股東可扣抵稅額帳戶而不設置，或不依規定記載，構成**未設置、未記載扣抵稅額帳戶之初次違序**，處3,000元以上7,500元以下罰鍰，並應通知限於一個月內依規定設置或記載；期滿仍未依照規定設置或記載，構成**未設置、未記載扣抵稅額帳戶之連續違序**，處7,500元以上15,000元以下罰鍰，並再通知於一個月內依規定設置或記載；期滿仍未依照規定設置或記載者，得按月連續處罰，至依規定設置或記載時為止（本法第114條之1）。

一、受罰人

　　本法第114條之1（以下稱**「本條」**）所規定之未設置、未記載股東可扣抵稅額違序，其行為人係營利事業，受罰人亦同。

　　本條規定之營利事業，僅限於**「總機構在我國境內之公司、合作社、營利社團法人」**，詳見上面本章第一目、陸、一、及二、㈢、1、⑴之說明。

二、客觀構成要件

　　㈠本條規定之違序行為係「依規定應設置股東可扣抵稅額帳戶而不設置，或不依規定記載」，故其包括二種違序行為，一是**「未設置股東可扣抵稅額帳戶違序」**，二是**「未記載股東可扣抵稅額帳戶違序」**，二者合稱**「未設置、未記載股東可扣抵稅額帳戶**

違序」。

本條規定之處罰包括「初次處罰」與「連續處罰」，故其處罰之構成要件亦有**「初次違序」**與**「連續違序」**之分。其違序之行為如下：

1.依規定應設置股東可扣抵稅額帳戶而不設置，或已設置而不依規定記載，成立**「未設置、未記載股東可扣抵稅額帳戶之初次違序」**。

茲說明如下：

⑴未設置、未記載股東可扣抵稅額帳戶初次違序之成立，自係營利事業有設置股東可扣抵稅額帳戶之義務，並有記載該帳戶之義務。

關於此一義務之內容，於下面㈡說明。

⑵未設置、未記載股東可扣抵稅額帳戶初次違序之成立，必須違序之行為具有**「構成要件該當性」**；違序之行為在何一時日方成為**「構成要件該當行為」**，自應予以審究。

關於未設置、未記載股東可扣抵稅額帳戶初次違序之構成要件該當行為成立時日，於下面㈢、1、及2、說明。

2.營利事業有上面1、所述違序，經主管稽徵機關通知限期設置或補記者，逾期仍未設置或補記，成立**「未依限、未據實申報可扣抵稅額帳戶變動明細資料之連續違序」**。

茲說明如下：

⑴依據稽徵機關依法所作「通知限於一個月內依規定設置或記載」之行政處分，營利事業**負有設置或補記之義務**。

本條第2項後段規定：「……並應通知限於一個月內依規定設置或記載；期滿仍未依照規定設置或記載，……並再通知於一個月內依規定設置或記載；期滿仍未依照規定設置或記載者，得按月連續處罰，至依規定設置或記載時為止。」，由於係規定按月連續處罰，故其違序係**「按月連續違序」**，而非二次違序。至於主管稽徵機關是否須「按月通知限於1個月內依規定設置或記載，至依規定設置或補記為止」，則有欠清楚。解釋上，**主管稽徵機關似應每月為一次之通知設置或補記**。

⑵未設置、未記載股東可扣抵稅額帳戶連續違序之成立，必須違序之行為具有**「構成要件該當性」**；違序之行為在何一時日方成為**「構成要件該當行為」**，自應予以審究。

關於未設置、未記載股東可扣抵稅額帳戶連續違序之構成要件該當行為成立時日，於下面㈢、3、說明。

㈡設置、記載股東可扣抵稅額帳戶之義務：

1.本法第66條之1規定：「（第1項）凡依本法規定課徵營利事業所得稅之營利事業，應自八十七年度起，在其會計帳簿外，設置股東可扣抵稅額帳戶，用以記錄可分配予股東或社員之所得稅額，並依本法規定，保持足以正確計算該帳戶金額之憑證及紀

錄，以供稽徵機關查核。新設立之營利事業，應自設立之日起設置並記載。（第2項）下列營利事業或機關、團體，免予設置股東可扣抵稅額帳戶：一、總機構在中華民國境外者。二、獨資、合夥組織。三、第十一條第四項規定之教育、文化、公益、慈善機關或團體。四、依其他法令或組織章程規定，不得分配盈餘之團體或組織。」茲析述如下：

⑴營利事業（僅限於「**總機構在我國境內之公司、合作社、營利社團法人**」）有在其會計帳簿外自87年度起設置股東可扣抵稅額帳戶並記載之義務。

新設立之營利事業，應自設立之日起設置並記載。

⑵股東可扣抵稅額戶是否應依會計年度而每年設置，似非清楚。解釋上，營利事業可自行決定依會計年度而每年設置，或設置後繼續跨年使用，至使用完畢後再重新設置。

　2.本法施行細則第8條之10第1項規定：「本法第三條之四第六項規定之信託基金，其受託人依本法第六條之二規定應設置之帳簿，包括按信託財產發生之所得類別，設置受益人已扣繳稅款帳戶及受益人可扣抵稅額帳戶，用以記錄可分配予受益人之扣繳稅款及可扣抵稅額。」。此一規定中之「受益人可扣抵稅額帳戶」，其名稱雖與本法第66條之1規定之股東可扣抵稅額帳戶不同，然而其性質則為相同。因此，股東可扣抵稅額帳戶之範圍，應作目的性擴張，解為包括「受益人可扣抵稅額帳戶」在內。

依照此一規定，要求**信託基金之受託人**設置並記載「**受益人可扣抵稅額帳戶**」，其法律依據似為本法第6條之2；至於其他信託之受託人則無設置「受益人可扣抵稅額帳戶」之規定[65]。**由於本法第114條之1規定之受罰人明定為「營利事業」，因而不得處罰信託基金之受託人**。在此可見本法第114條之1所規定以營利事業為受罰人，實有法律漏洞，而基於行政罰法第4條「處罰法定原則」之規定，此一法律漏洞不得依「目的性擴張」而填補之。如認為對於信託基金之受託人「未設置、未記載受益人可扣抵稅額帳戶違序」之行為，仍應予處罰，唯一之根本解決之道是修正本法第114條之1，增列信託基金之受託人為受罰人。

㈢未設置、未記載股東可扣抵稅額帳戶違序之構成要件該當行為成立時日：

　1.股東可扣抵稅額帳戶設置義務之**履行期限**，係「新開業之日」、「每會計年度開始日」。因此，營利事業在新開業之日前、每會計年度開始日之前仍未設置股東可扣

---

65 其他信託之受託人無須設置受益人可扣抵稅額帳戶，僅須依本法施行細則第83條之1第1項及第2項規定處理：「（第1項）信託行為之受託人以信託財產投資於依本法第六十六條之一規定應設置股東可扣抵稅額帳戶之營利事業者，該營利事業應以受託人為納稅義務人，依本法第一百零二條之一第一項規定填發股利憑單。（第2項）前項受託人應將獲配之股利淨額或盈餘淨額，依本法第三條之四第一項規定計算受益人之所得額，併同前項股利憑單上所載之可扣抵稅額，於本法第九十二條之一規定期限內，填發股利憑單予受益人；受益人有二人以上者，受託人應依本法第三條之四第二項規定之比例計算各受益人之所得額及可扣抵稅額。」。

抵稅額帳戶，而其不作爲係出於故意或過失者，**其行為即具有構成要件該當性，而屬「未設置、未記載股東可扣抵稅額帳戶初次違序」之構成要件該當行為**。

　　2.股東可扣抵稅額帳戶記載義務之履行期限，則無明文，實有法律漏洞。按本法第102條之1第2項及第3項規定，應設置股東可扣抵稅額帳戶之營利事業，每年應向該管稽徵機關申報股東可扣抵稅額帳戶變動明細資料。因此，股東可扣抵稅額帳戶自應分別會計年度而記帳。惟會計年度最後月分之記帳，事理上無法要求在最後月分之終了日紀錄。參照「稅捐稽徵機關管理營利事業會計帳簿憑證辦法」第17條第1項規定：「營利事業設置之帳簿，應按會計事項發生之次序逐日登帳，至遲不得超過二個月。」，既然同屬記帳事務，則在解釋上，似可類推適用，**即股東可扣抵稅額帳戶記帳義務之履行期限，應為所得年度之次會計年度第2個月底**。根本解決之道，應修正本法第66條之1，增訂記帳期限（或於本法施行細則明定之）。

　　因此，在解釋上，營利事業在「所得年度之次會計年度第2個月底」前仍未記帳，而其不作爲係出於故意或過失者，**其行為即具有構成要件該當性，而屬「未設置、未記載股東可扣抵稅額帳戶之初次違序」之構成要件該當行為**。

　　3.本條第2項後段規定：「……並應通知限於一個月內依規定設置或記載；期滿仍未依照規定設置或記載，……並再通知於一個月內依規定設置或記載；……。」由於係規定按月連續處罰，故其按月連續違序，而非二次違序。至於主管稽徵機關是否須「按月通知限期設置或記載，至依規定設置或記載爲止」，則有欠清楚。解釋上，主管稽徵機關似應每月爲一次之通知限期設置或記載。所稱「1個月內」，如稽徵機關於通知中並未明定1個月之起迄日期，則應解爲通知送達日起1個月。是以營利事業設置或補記股東可扣抵稅額帳戶義務之**履行期限**，即應爲稽徵機關通知所定一個月或通知送達日起1個月之末日；而爲審究是否構成違序，應先予確認此一期限。

　　因此，營利事業在「稽徵機關通知所定1個月或通知送達日起1個月之末日」仍未設置或補記股東可扣抵稅額帳戶，其不作爲係出於故意或過失者，**其行為即具有構成要件該當性，而屬「未設置、未記載股東可扣抵稅額帳戶連續違序」之構成要件該當行為**。

三、主觀構成要件

　　同上面本章第一目、陸、三、之說明。

四、法律效果

　　㈠對營利事業未設置、未記載股東可扣抵稅額帳戶之**初次違序，處3,000元以上7,500元以下罰鍰**，並通知限於一個月內依規定設置或記載。

　　稽徵機關在「3,000元以上7,500元以下」範圍內，有罰鍰金額之裁量權。

　　惟稽徵機關對本條規定處罰罰鍰金額之裁量權，實際上受限於財政部訂定之「稅

務違章案件裁罰金額或倍數參考表」中關於本條裁罰金額統一裁量之規定，其規定如下：處5,000元罰鍰（並應通知限於一個月內依規定設置或記載）。

　　(二)對營利事業未設置、未記載股東可扣抵稅額帳戶之**連續違序，處**7,500**元以上**15,000**元以下罰鍰**，並再通知於一個月內依規定設置或記載；期滿仍未依照規定設置或記載者，**得按月連續處罰**，至依規定設置或記載時為止。

　　稽徵機關對於**按月連續處罰**，有「處罰與否」之裁量權。稽徵機關依裁量而決定予以處罰時，關於按月連續處罰之罰鍰金額，似非清楚。

　　惟稽徵機關對本條規定按月連續處罰罰鍰金額之裁量權，實際上受限於財政部訂定之「稅務違章案件裁罰金額或倍數參考表」中關於本條裁罰金額統一裁量之規定，其規定如下：

　　1.期滿仍未依照規定設置或記載者，處10,000元罰鍰（並再通知於一個月內依規定設置或記載）。

　　2.期滿仍未依照規定設置或記載者，得按月連續處罰，每月處15,000元罰鍰，至依規定設置或記載時為止。

柒、超額、違規分配股東可扣抵稅額違序與其處罰

　　（甲）營利事業有下列各種情形之一，構成**超額分配股東可扣抵稅額違序**，應就其超額分配之可扣抵稅額，責令營利事業限期補繳，並按超額分配之金額，處1倍以下之罰鍰；營利事業有歇業、倒閉或他遷不明之情形者，稽徵機關應就該營利事業超額分配或不應分配予股東或社員扣抵之可扣抵稅額，向股東或社員追繳：

　　1.違反本法第66條之2第2項、第66條之3或第66條之4規定，虛增股東可扣抵稅額帳戶金額，或短計第66條之6規定之帳載累積未分配盈餘帳戶金額，致分配予股東或社員之可扣抵稅額，超過其應分配之可扣抵稅額。

　　2.違反本法第66條之5第1項規定，分配予股東或社員之可扣抵稅額，超過股利或盈餘之分配日其股東可扣抵稅額帳戶餘額。

　　3.違反本法第66條之6規定，分配股利淨額所適用之稅額扣抵比率，超過規定比率，致所分配之可扣抵稅額，超過依規定計算之金額（本法第114條之2第1項、第3項）。

　　（乙）營利事業違反本法第66條之7規定，分配可扣抵稅額予其股東或社員，扣抵其應納所得稅額，構成**違規分配股東可扣抵稅額違序**，應就其分配之可扣抵稅額，責令營利事業限期補繳，並按分配之金額，處1倍以下之罰鍰；營利事業有歇業、倒閉或他遷不明之情形者，稽徵機關應就該營利事業違規分配予股東或社員扣抵之可扣抵稅額，向股東或社員追繳（本法第114條之2第2項、第3項）。

一、受罰人

㈠本法第114條之2（以下稱「**本條**」）第1項所規定之**超額分配股東可扣抵稅額違序**，其行爲人係營利事業，受罰人亦同。

本條規定之營利事業，僅限於「**總機構在我國境內之公司、合作社、營利社團法人**」，詳見上面本章第一目、陸、一、及二、㈢、1、⑴之說明。

㈡本條第2項所規定之**違規分配股東可扣抵稅額違序**，條文中明定其行爲人（受罰人）係營利事業。惟此一規定有待商榷。

按本條第2項規定爲：「營利事業」違反本法第66條之7規定，分配可扣抵稅額予其股東或社員，扣抵其應納所得稅額，構成**違規分配股東可扣抵稅額違序**。然而本法第66條之7係規定：「依第六十六條之一第二項規定，免予設置股東可扣抵稅額帳戶者，不得分配可扣抵稅額予其股東或社員扣抵其應納所得稅額。但獨資、合夥組織之營利事業，另依本法有關規定辦理。」，參照本法第66條之1第2項免予設置股東可扣抵稅額帳戶者之規定，可知下述三類組織不得分配可扣抵稅額予其股東或社員：⑴總機構在我國境外之營利事業，⑵教育、文化、公益、慈善機關或團體，⑶依其他法令或組織章程規定，不得分配盈餘之團體或組織。故如三類組織分配股東可扣抵稅額予其股東或社員，自屬「違規分配股東可扣抵稅額違序」。因此，三類組織方可能是「違規分配股東可扣抵稅額違序」之行爲人，而應受處罰。

由上述可見，本條第2項規定之行爲人（受罰人）爲「營利事業」，然而違反本法第66條之7規定之行爲人則係上述三類組織，此二條文規定之行爲人範圍不同。如將本法第66條之7規定置之不問，僅以本條第2項規定爲依據，則即不得對「教育、文化、公益、慈善機關或團體」、「依其他法令或組織章程規定不得分配盈餘之團體或組織」加以處罰；蓋「教育、文化、公益、慈善機關或團體」與「依其他法令或組織章程規定不得分配盈餘之團體或組織」，並非營利事業之故。**然而由處罰之規範意旨論之，顯然「違規分配股東可扣抵稅額違序」之行爲人（受罰人），應以本法第66條之7規定之範圍爲準，方屬妥適。**因此，在解釋上，本條第2項關於「受罰人爲營利事業」之規定，一方面「營利事業」宜作「**目的性限縮**」，僅限於「總機構在我國境外之營利事業爲受罰人」；另一方面受罰人範圍宜作「**目的性擴張**」，包括「教育、文化、公益、慈善機關或團體」與「依其他法令或組織章程規定，不得分配盈餘之團體或組織」在內。根本解決之道是修正本條第2項關於「受罰人爲營利事業」之規定。

至於獨資及合夥組織，依據本法第66條之7但書規定，同時參照本法第14條第1項第1類第2款規定，本即無須設置設置股東可扣抵稅額帳戶，並無須分配股東可扣抵稅額，從而獨資及合夥組織原即不在本條第2項規定行爲人（受罰人）範圍內。

綜上所述，**本條第2項所規定之違規分配股東可扣抵稅額違序，其行爲人（受罰人）應爲**：⑴總機構在我國境外之營利事業，⑵教育、文化、公益、慈善機關或團

體，(3)**依其他法令或組織章程規定不得分配盈餘之團體或組織。**

二、客觀構成要件

(一)本條規定之違序行為，一類係（三種型態之）超過依法律規定得分配之股東可扣抵稅額而分配，一類係違反不得分配股東可扣抵稅額之規定而分配，二者合稱「超額、違規分配股東可扣抵稅額違序」。茲分別說明如下：

1.違反本法第66條之2第2項、第66條之3或第66條之4規定，虛增股東可扣抵稅額帳戶金額，成立**「超額分配股東可扣抵稅額違序」**。又短計第66條之6規定之帳載累積未分配盈餘帳戶金額，以致分配予股東或社員之可扣抵稅額，超過其應分配之可扣抵稅額，成立**「違規分配股東可扣抵稅額違序」**。二者合稱**「超額、違規分配股東可扣抵稅額違序」**。

(1)營利事業形成虛增股東可扣抵稅額帳戶金額，進而有超過其應分配之可扣抵稅額之情形，分述如下：

A.本法第66條之2第2項係規定本年度股東可扣抵稅額帳戶期初餘額，應等於其上年度期末餘額（新開業者應等於零）；**如期初餘額大於上年度期末餘額**，即形成虛增股東可扣抵稅額帳戶金額。因而分配予股東或社員之可扣抵稅額時，即有超過其應分配之可扣抵稅額之情形。

B.本法第66條之3規定應計入股東可扣抵稅額帳戶之項目為：(1)繳納結算申報應納稅額及加徵之稅額，(2)投資其他營利事業獲配之可扣抵稅額，(3)短期票券利息所得之扣繳稅額，(4)以法定盈餘公積等充資本時，其之前提列法定盈餘公積等時所減除之可扣抵稅額，應再予計入，(5)承受消滅公司之可扣抵稅額，(6)其他經財政部核准之項目及金額。**如有不應計入之項目及金額而予計入**，即形成虛增股東可扣抵稅額帳戶金額。因而分配予股東或社員之可扣抵稅額時，即有超過其應分配之可扣抵稅額之情形。

C.本法第66條之4規定應自股東可扣抵稅額帳戶減除之項目為：(1)分配股利或盈餘所含之可扣抵稅額，(2)經稽徵機關調查核定減少之稅額，(3)依法提列盈餘公積等所含之可扣抵稅額，(4)分配董監事職工之紅利所含之可扣抵稅額，(5)其他經財政部核准之項目及金額。**如有應減除之項目及金額而不予減除**，即形成虛增股東可扣抵稅額帳戶金額。因而分配予股東或社員之可扣抵稅額時，即有超過其應分配之可扣抵稅額之情形。

(2)本法第66條之6係規定股東或社員可獲分配股利淨額或盈餘淨額之計算等，而其計算涉及「帳載累積未分配盈餘帳戶金額」（按本法第66條之6第3項規定，所稱帳載累積未分配盈餘帳戶金額，係指營利事業依商業會計法規定處理之87年度或以後年度之累積未分配盈餘）。**如短計帳載累積未分配盈餘帳戶金額**，即形成高計「稅額扣抵比率」。由於「稅額扣抵比率＝股東可扣抵稅額帳戶餘額÷帳載累積未分配盈餘帳戶金額」，而「股東或社員之可扣抵稅額＝股利、盈餘淨額×稅額扣抵比率」。故「稅額扣

抵比率」高計時，據以分配予股東或社員之可扣抵稅額，即有超過其應分配之可扣抵稅額之情形。

　　2.違反本法第66條之5第1項規定，分配予股東或社員之可扣抵稅額，超過股利、盈餘之分配日股東可扣抵稅額帳戶餘額，成立「**超額、違規分配股東可扣抵稅額違序**」。

　　本法第66條之5第1項係規定得分配予股東或社員之可扣抵稅額，以股利、盈餘之分配日股東可扣抵稅額帳戶餘額為限；超過股東可扣抵稅額帳戶餘額而分配，自屬違序。

　　3.違反本法第66條之6規定，分配股利淨額所適用之稅額扣抵比率，超過規定比率，致所分配之可扣抵稅額，超過依規定計算之金額，成立「**超額、違規分配股東可扣抵稅額違序**」。

　　本法第66條之6係規定股東或社員可獲分配股利淨額或盈餘淨額之計算、「實際稅額扣抵比率」之計算，以及「稅額扣抵比率上限」。

　　所稱「**超過規定比率分配**」，在正確之實際稅額扣抵比率小於稅額扣抵比率上限時，係指**超過正確之實際稅額扣抵比率而分配**；而在正確之實際稅額扣抵比率大於稅額扣抵比率上限時，係指**超過稅額扣抵比率上限而分配**。超過規定比率而分配股東可扣抵稅額，自屬違序。

　　4.違反本法第66條之7規定，分配可扣抵稅額予其股東或社員，扣抵其應納所得稅額，成立「**超額、違規分配股東可扣抵稅額違序**」。

　　本法第66條之7規定：「依第六十六條之一第二項規定，免予設置股東可扣抵稅額帳戶者，不得分配可扣抵稅額予其股東或社員扣抵其應納所得稅額。但獨資、合夥組織之營利事業，另依本法有關規定辦理。」，參照本法第66條之1第2項規定可知，下述三類組織不得分配可扣抵稅額予其股東或社員：(1)總機構在我國境外之營利事業，(2)教育、文化、公益、慈善機關或團體，(3)依其他法令或組織章程規定不得分配盈餘之團體或組織。故如三類組織分配股東可扣抵稅額予其股東或社員，自屬違序（參見上面一、㈡所述）。

　　5.在**超額分配股東可扣抵稅額違序**方面，依本法第102條之1第2項及第3項規定，應設置「股東可扣抵稅額帳戶」之營利事業，應於辦理結算申報時，填報「股東可扣抵稅額帳戶變動明細資料」，其中即有營利事業分配股利、盈餘予其股東或社員之資料。稽徵機關依據其內部資料（如退稅資料等）與「股東可扣抵稅額帳戶變動明細資料」查核，即可能獲悉營利事業超額分配股東可扣抵稅額違序之行為。

　　至於在**違規分配股東可扣抵稅額違序**方面，由於總機構在我國境外之營利事業，教育、文化、公益、慈善機關或團體，以及依其他法令或組織章程規定不得分配盈餘之團體或組織，因其依法免予設置股東可扣抵稅額帳戶，是以稽徵機關須依據其他資料或資訊（如檢舉文件等），方可能獲悉三類組織違規分配股東可扣抵稅額違序之行為。

　　6.超額、違規分配股東可扣抵稅額違序之成立，必須違序之行爲具有「**構成要件該當性**」；違序之行爲在何一時日方成爲「**構成要件該當行爲**」，自應予以審究。

　　關於超額、違規分配股東可扣抵稅額違序之構成要件該當行爲成立時日，於下面㈡說明。

　　㈡**超額、違規分配股東可扣抵稅額違序之構成要件該當行爲成立時日：**

　　依本法第66條之6第1項規定，營利事業分配股利、盈餘予其股東或社員時，應同時分配股東可扣抵稅額予其股東或社員。是以不得超額、違規分配股東可扣抵稅額之不作爲義務，其**履行期限**係「股利、盈餘分配之日」。

　　所稱股利、盈餘分配之日，依本法施行細則第48條之8規定，係指營利事業分派股息及紅利之基準日；其未定分派股息及紅利之基準日或分派股息及紅利之基準日不明確者，以營利事業股東會決議分派股息及紅利之日爲準。

　　爲確定股利、盈餘分配之日，必須依據營利事業分派股息及紅利之有關紀錄文件以認定之。

　　營利事業（限於總機構在我國境內之公司、合作社、營利社團法人）在「股利、盈餘分配之日」，超額分配股東可扣抵稅額予其股東或社員，而其作爲係出於故意或過失者，**其行爲即具有構成要件該當性，而屬「超額分配股東可扣抵稅額違序」之構成要件該當行爲。**

　　其次，總機構在我國境外之營利事業，教育、文化、公益、慈善機關或團體，以及依其他法令或組織章程規定不得分配盈餘之團體或組織，在「股利、盈餘分配之日」，違反規定而分配股東可扣抵稅額予其股東或社員，而其作爲係出於故意或過失者，**其行爲即具有構成要件該當性，而屬「違規分配股東可扣抵稅額違序」之構成要件該當行爲。**

　　㈢股利分配超過公司法或章程規定，致超額分配可扣抵稅額者，非屬本法第114條之2第1項規定範圍，尚無責令補繳並予處罰問題。應由公司依公司法或章程規定，重新計算各股東正確之獲配股利淨額及其可扣抵稅額，自行更正股東可扣抵稅額帳戶餘額，同時向稽徵機關申請更正已申報之股利憑單、全年股利分配彙總資料申報書及未分配盈餘申報書，並將更正後正確之股利憑單填發納稅義務人。惟如公司同時有同法條第1項各款規定情形之一者，稽徵機關即應依規定責令補繳並予處罰（財政部91.1.28台財稅第900458245號令）。

三、主觀構成要件

　　同上面本章第一目、陸、三、之說明。

四、法律效果

　　㈠對超額、違規分配股東可扣抵稅額違序，**應按超額、違規分配之金額，處1倍以**

下之罰鍰。

　　稽徵機關在「超額、違規分配之金額1倍」範圍內，有處罰倍數之裁量權。惟在實務上，稽徵機關處罰倍數之裁量權受到限制：

　　1.稽徵機關對本條第1項規定處罰罰鍰金額之裁量權，受限於稅務違章案件減免處罰標準第7條第4款規定：「依所得稅法第一百十四條之二規定應處罰鍰案件，有下列情事之一者，減輕……處罰：四、營利事業依所得稅法第七十五條規定辦理當期決算或清算申報，嗣經稽徵機關查獲有超額分配可扣抵稅額或不應分配可扣抵稅額而予分配情事，其於股東之綜合所得稅結算申報法定申報日開始前已向稽徵機關更正股利憑單或已依稽徵機關責令補繳期限補繳超額分配稅款，按應處罰鍰減輕二分之一。」。按稅務違章案件減免處罰標準係財政部依據稅捐稽徵法第48條第2項之授權而制定者，故此一減輕處罰規定，優先於本條之處罰規定而適用。又注意此一規定優先於下面2、所述「稅務違章案件裁罰金額或倍數參考表」之規定而適用（參見稅務違章案件裁罰金額或倍數參考表使用須知」二、）。

　　2.稽徵機關對處罰倍數之裁量權，受限於財政部訂定之「稅務違章案件裁罰金額或倍數參考表」中關於本條第1項及第2項規定處罰倍數統一裁量之規定，其規定如下：

　　⑴超額、違規分配之金額在30,000元以下者，按超額、違規分配之金額處0.2倍之罰鍰。

　　⑵超額、違規分配之金額超過30,000至100,000元者，按超額、違規分配之金額處0.5倍之罰鍰。

　　⑶超額、違規分配之金額超過100,000元者，按超額、違規分配之金額處1倍之罰鍰。

　　㈡對超額、違規分配股東可扣抵稅額違序，**應就其超額、違規分配之可扣抵稅額，責令營利事業限期補繳**。營利事業有歇業、倒閉或他遷不明之情形者，稽徵機關應就該營利事業超額分配或不應分配予股東或社員扣抵之可扣抵稅額，向股東或社員追繳。

　　如上面一、所述，上述營利事業，在「**違規分配股東可扣抵稅額違序**」之情形，係指總機構在我國境內之公司、合作社、營利社團法人，在「**違規分配股東可扣抵稅額違序**」之情形，係指總機構在我國境外之營利事業，教育、文化、公益、慈善機關或團體，以及依其他法令或組織章程規定不得分配盈餘之團體或組織。

五、免予處罰之例外規定

　　稅務違章案件減免處罰標準第7條第1款至第3款規定：「依所得稅法第一百十四條之二規定應處罰鍰案件，有下列情事之一者，……免予處罰：一、超額分配可扣抵稅額在新台幣三千元以下，免予處罰。二、不應分配可扣抵稅額而予分配，其分配之可扣抵稅額在新台幣三千元以下，免予處罰。三、營利事業超額分配可扣抵稅額或不應分配可

扣抵稅額而予分配,如其股份係由非中華民國境內居住之個人或總機構在中華民國境外之營利事業百分之百持有,免予處罰。」。按稅務違章案件減免處罰標準係財政部依據稅捐稽徵法第48條第2項之授權而制定者,故此三免予處罰規定,優先於本條之處罰規定而適用。

捌、附論:滯納金之加徵與停止營業

本法第112條規定:「(第1項)納稅義務人逾限繳納稅款、滯報金及怠報金者,每逾二日按滯納之金額加徵百分之一滯納金;逾期三十日仍未繳納者,除由稽徵機關移送法院強制執行外,其為營利事業者,並得停止其營業至納稅義務人繳納之日止。(第2項)前項應納之稅款、滯報金、怠報金、及滯納金應自滯納期限屆滿之次日起至納稅義務人繳納之日止依第一百二十三條規定之存款利率,按日加計利息,一併徵收。(第3項)本法所規定之停止營業處分,由稽徵機關執行,並由警察機關協助之。」。依本項規定,納稅義務人逾期繳納稅款或滯報金、怠報金之行為,其法律效果有二,一為應加徵滯納金,一為稽徵機關得依裁量而予以停止營業。

按行政罰法施行後,法務部與財政部均已持滯納金之性質應非屬行政罰之見解,前面本書第二篇第一章、壹、二、㈣、3、已詳為說明。因此,本法第50條第1項規定之「滯納金」,並非租稅行政罰。然而同項規定之「停止營業」,行政法第2條第1款係明定其屬行政罰之一種。

本法第112條「應加徵滯納金」與「稽徵機關得依裁量而予以停止營業」之規定,實有檢討餘地。蓋納稅義務人逾期繳納所得稅,如稅額甚鉅,則加徵滯納金之外,得再施以停止營業之處罰,尚非全然不合理。然而納稅義務人逾期繳納滯報金,滯報金最高金額僅為30,000元,逾期繳納怠報金,怠報金最高金額僅90,000元(參見本法第108條、第108條之1),而竟得施以停止營業之處罰,鑒於停止營業是相當嚴重之處罰,是以如此之規定實屬輕重失衡,明顯與「比例原則」有違。總之,本法第112條關於停止營業之規定,其規定顯然有違比例原則,實應予以廢除或修正。

第三目　關於繳納義務之違序與其處罰

緒　說

一、關於繳納義務之違序種類與其處罰之性質

本法規定之違序與其處罰,其中與「**繳納所得稅義務**」有關者,可合稱為「**關於繳納義務之違序與其處罰**」之類型;其中違序之型態,計有如下六種(依本法規定之條文次序排列):⑴漏報短報所得額致漏稅違序,⑵未申報所得額致漏稅違序,⑶漏報短報未分配盈餘致漏稅違序,⑷未申報未分配盈餘致漏稅違序,⑸未扣繳所得稅致漏稅違

序，(6)短扣繳所得稅致漏稅違序。

　　在本目中，上開各種違序依下述分立子目論述：

　　1.下列二種違序：(1)漏報短報所得額致漏稅違序，(2)未申報所得額致漏稅違序二者，併成一子目「**漏報短報、未申報所得額致漏稅違序**」論述。

　　2.下列二種違序：(3)漏報短報未分配盈餘致漏稅違序，(4)未申報未分配盈餘致漏稅違序，併成一子目「**漏報短報、未申報未分配盈餘致漏稅違序**」論述。

　　3.下列二種違序：(5)未扣繳所得稅致漏稅違序、(6)短扣繳所得稅致漏稅違序二者，併成一子目「**未扣繳、短扣繳所得稅致漏稅違序**」論述。

　　上述1、係因二種違序之受罰人相同，而2、及3、係因二種違序之受罰人相同，處罰相同，故予合併為一子目，以節省篇幅。

　　本類型違序均係處以「罰鍰」，其性質均係漏稅罰，蓋其違反之義務均係「**繳納義務**」（包括「**納稅義務**」與「**給付義務**」）。因此，必須行為人有本法有關規定所描述之特定違序行為，而導致「有漏稅事實」，稽徵機關方得予以處罰（參見司法院大法官會議釋字第337號、第339號解釋），本目以下各該子目中均不再一一指明。

　　本類型中各種違序，均係違反本法規定之「**納稅義務**」，而納稅義務主要之法律依據係本法第71條、第71條之1、第72條、第73條、第73條之1、第75條、第88條、第102條之2等。由於本類型各種違序，係以本法第71條等條文之義務規定為構成要件，故屬「**非真正之空白構成要件**」，而各該處罰規定則係「**結合指示**」（參見前面本書第二篇第一章，參、一、(三)、2、之說明）。本目之各子目中即均不再一一說明。

二、行為人之責任能力、不知法規之責任與有無免責事由

　　在本類型違序中，行為人（亦是受罰人）或為自然人，或為組織（如營利事業、非法人團體等），與上面本章第一目「關於課稅資料報告與告知義務之違序與其處罰」類型之受罰人相同。因此，上面本章第一目、緒說、二、關於行為人（受罰人）「**責任能力**」、「**不之法規之責任**」與「**有無免責事由**」之解析說明，自亦適用於本類型之各種違序，本目以下各子目即均不再一一說明。

壹、本法漏稅罰規定共同問題之解析探討

　　關於繳納義務違序，本法之有關規定有若干共同問題，在此先予解析說明，以作為本目以下貳、至伍、之各子目論述之基礎。

一、漏稅罰構成要件描述之完整性

　　(一)關於繳納義務之違序，本法係規定於第110條、第110條之2及第114條第1款。觀察各條條文結構，可見到有一共同之處，即其規定處罰之構成要件，均未明指行為人之行為已導致「有漏稅事實」而予處罰。例如本法第110條第1項及第2項規定：「（第

1項）納稅義務人已依本法規定辦理結算、決算或清算申報，而對依本法規定應申報課稅之所得額有漏報或短報情事者，處以所漏稅額二倍以下之罰鍰。（第2項）納稅義務人未依本法規定自行辦理結算、決算或清算申報，而經稽徵機關調查，發現有依本法規定課稅之所得額者，除依法核定補徵應納稅額外，應照補徵稅額，處三倍以下之罰鍰。」，條文中謂「有漏報、短報、未申報所得額情事者，處以所漏稅額2倍、3倍以下之罰鍰」，並未明示漏報、短報、未申報所得額，導致**「有漏稅事實者」**，應予處罰。本法第110條之2及第114條第1款，其條文結構，均是如此。

以本法第110條第1項及第2項規定而言，對於納稅義務人漏報、短報、未申報所得額之行為，在條文中必須標明納稅義務人之行為已導致「有漏稅事實」，其理據在於納稅義務人有漏報、短報、未申報所得額情事者，並非必然導致「有漏稅事實」。因此，**在繳納義務違序之處罰規定中，必須明定納稅義務人之行為已導致「有漏稅事實」，方得賦予「漏稅罰」之法律效果，漏稅罰構成要件之描述，如此方稱完整**。基於相同之法理，本法第110條之2、第114條第1款及第114條之2規定，亦均應在條文中標明納稅義務人、扣繳義務人之行為已導致「有漏稅事實」，方得賦予「漏稅罰」之法律效果。

由於本法第110條第1項及第2項、第110條之2及第114條第1款（以下簡稱「第110條等各條」）條文中，均無「有漏稅事實」之明文；因此，極易將各條規定理解為：祇要納稅義務人、扣繳義務人有各該條條文所描述之行為，不論是否導致漏稅，即應依各該條規定處罰。

謹按司法院大法官會議釋字第337號解釋，闡明營業稅法第51條第5款規定對「虛報進項稅額者」之處罰，係以「有漏稅事實」為要件，應以納稅義務人有逃漏稅款者，始得據以追繳稅款及處罰。又其第339號解釋，闡明對貨物稅條例第18條第1項第12款規定對「未實貼完稅或免稅照證者」之處罰，係以「有漏稅事實」為要件，始得據以處罰。此二號解釋雖係針對營業稅、貨物稅而作，然而其解釋之效力亦適用於所得稅繳納稅義務之違序與其處罰，乃屬當然之義。

綜上所述，本法第110條等各條條文，實應予以修正，增列「有漏稅事實」，俾使各條處罰之構成要件之描述，完整清晰，而無疑義。**在未修改各該條條文之前，各該條處罰之構成要件，均應加上「有漏稅事實」，方為正確**；本目以下貳、至肆、之各子目中，即均不再一一說明。

㈡上面㈠所述之「有漏稅事實」，其意係指「已發生漏稅之結果」。如何方是已發生漏稅之結果，如何判定，有待解明。

按本法之納稅義務人、扣繳義務人單純遲延給付所得稅稅款，並不即論為稅捐逃漏；必須其應納稅額已屆至繳納期限，而又逾越「滯納期間」仍未繳納應納稅額，始應處以本法第110條等各條規定之漏稅罰。蓋本法對於應納稅額之繳納，設有**「滯納期間」，滯納期間係法定或稽徵機關設定的繳納期限之翌日起30日**〈參見本法第112條、

稅捐稽徵法第20條）。所得稅係採自動報繳，其自動報繳行為超過單純之納稅行為，含有「繳納稅捐之協力義務」，更應給予30天滯納期間之寬限。是以「有漏稅事實」，應解為係「逾滯納期間仍未繳納應納稅額」。因此，**「逾滯納期間未繳納應納稅額」，應論為「有漏稅事實」之構成要素，亦即有本法第110條等各條所描述之行為者，逾滯納期間仍未繳納應納稅額，方是「已發生漏稅之結果」，而構成漏稅之違序行為**[66]。

二、違序之行為性質與「真實義務」

(一)本法第110條等各條規定之處罰，以有違反「申報義務及（或）納稅義務、給付義務之行為」（「報繳行為」），以致發生漏稅之結果為前提；至於違序之行為，其性質則可分為**「短少報繳行為」與「未為報繳行為」**，說明如下：

1.第110條第1項及第110條之2第1項規定違序之行為，係**「短少報繳行為」**；前者係納稅義務人短報或漏報所得額，導致短少繳納所得稅（綜合所得稅或營利事業所得稅），後者係營利事業短報或漏報未分配盈餘，導致短少繳納應加徵之營利事業所得稅。

2.第110條第2項及第110條之2第2項規定違序之行為，係**「未為報繳行為」**；前者係納稅義務人未申報所得額，導致未報繳所得稅（綜合所得稅或營利事業所得稅），後者係營利事業未申報未分配盈餘，導致未報繳應加徵之營利事業所得稅。

3.第114條第1款規定違序之行為，包含**「未為報繳行為」與「短少報繳行為」**；前者係扣繳義務人未扣繳所得稅，後者係扣繳義務人短少扣繳所得稅。

不論是違序之行為係「未為報繳行為」或「短少報繳行為」，其共同之處在於納稅義務人、扣繳義務人均係**「違反真實義務」**（或**「誠實義務」**）。「未為報繳行為」隱瞞課稅事實，不履行報繳義務。「短少報繳行為」係雖已履行義務，然而對於課稅事實有所隱瞞或虛偽報告。本法第110條等各條條文對於納稅義務人、扣繳義務人違序之行為，其中「未為報繳行為」係不履行報繳義務，其違反真實義務無須再加審究。至於「短少報繳行為」因納稅義務人、扣繳義務人已履行報繳義務，則應審究其有無違反真實義務；**如報繳時並未違反真實義務，縱然有短少繳納所得稅之事實，應僅予補徵稅款，而不應予以處罰**。易言之，**納稅義務人、扣繳義務人必須出於故意或過失而隱瞞或虛偽申報課稅事實，致發生漏繳所得稅之結果，方應依本法第110條等各條規定處罰**（參見上面本篇第一章第四目，壹、三、(二)之說明）。

(二)應注意者，本法第110條等各條規定之「漏稅罰」，係以發生「漏稅」之結果為其構成要件。稅捐稽徵法第41條有**「逃漏稅罪」**，亦以發生「漏稅」之結果為其構成要件。是則本法第110條等各條之「漏稅罰」與稅捐稽徵法第41條之「逃漏稅罪」，如何

區分，應予辨明。

　　按逃漏稅罪之全部構成要件為「以詐術或其他不正當方法逃漏稅捐」，而漏稅罰之全部構成要件為「由於本法第110條等各條規定之特定行為，以致有漏稅事實」。因此，本法第110條等各條規定之特定行為，並未符合「詐術或其他不正當方法」之行為者，應不得論以逃漏稅罪。蓋所謂詐術或其他不正當方法，詐術等於詐欺，即故意以欺罔之手段使人陷於錯誤；而其他不正當方法，最高法院74年台上第5497號判例謂：「……所謂詐術或其他不正當方法逃漏稅捐，必具有與積極之詐術同一型態，始與立法之本旨符合，如僅單純之不作為，而別無逃漏稅捐之積極行為，即不能認與詐術漏稅之違法特性同視，……。」。

　　就所得稅之漏稅而言，不開立收入憑證（如統一發票、普通收據）、不依規定申報所得額或未分配盈餘等（致有漏稅），其行為並非詐術或其他不正當方法；必須諸如製作假單據、製作虛偽之報表（如虛偽之成本表）、設置偽帳、偽造統一發票等之行為等（致有漏稅），方屬詐術或其他不正當方法[67]。

貳、漏報短報、未申報所得額致漏稅違序與其處罰 ——兼述漏報短報、未申報所得額違序與其處罰

　　（甲）納稅義務人已依本法規定辦理結算、決算或清算申報，而對依本法規定應申報課稅之所得額有漏報或短報情事，構成**漏報短報所得額致漏稅違序**，處以所漏稅額2倍以下之罰鍰（本法第110條第1項）。

　　（乙）納稅義務人未依本法規定自行辦理結算、決算或清算申報，而經稽徵機關調查，發現有依本法規定課稅之所得額，構成**未申報所得額致漏稅違序**，除依法核定補徵應納稅額外，應照補徵稅額，處3倍以下之罰鍰（本法第110條第2項）。

　　（丙）獨資、合夥組織以外之營利事業因受獎勵免稅或營業虧損，致加計短漏之所得額後仍無應納稅額，構成**漏報短報、未申報所得額違序**，應就短漏之所得額依當年度適用之營利事業所得稅稅率計算之金額，分別依前二項之規定倍數處罰（即分別處2倍以下、3倍以下罰鍰）。但最高不得超過90,000元，最低不得少於4,500元（本法第110條第3項及第4項）。

　　（丁）獨資、合夥組織因受獎勵免稅或營業虧損，致加計短漏之所得額後仍無應納稅額，構成**漏報短報、未申報所得額違序**，應就稽徵機關核定短漏之課稅所得額依當年度適用之營利事業所得稅稅率計算之金額，分別依第1項及第2項之規定倍數處罰（即分別處2倍以下、3倍以下罰鍰）。

　　【（甲）、（乙）之「漏報短報、未申報所得額致漏稅違序」（本法第110條第1項

---

67 同註24。

及第2項所所規範者），與（丙）、（丁）之「漏報短報、未申報所得額違序」（本法第110條第3項及第4項所所規範者），雖在性質上係不同類之違序行為，其各自之處罰性質亦不相同（對前一違序之處罰係**漏稅罰**，對後一違序之處罰係**行為罰**），然而其「漏報短報、未申報所得額」部分相同（不同之處為「有無導致漏稅事實」），故二類違序行為關係密切，因而在本子目合併論述之。】

一、受罰人

（一）本法第110條（以下稱**「本條」**）第1項及第2項所規定之**漏報短報、未申報所得額致漏稅違序**，行為人係納稅義務人，受罰人亦同。

所稱納稅義務人，本法第7條第3項規定：「本法稱納稅義務人，係指依本法規定，應申報或繳納所得稅之人。」。由於依據本法所課徵之所得稅，本法第1條明定係「綜合所得稅」與「營利事業所得稅」，因此，納稅義務人自係兼指「綜合所得稅納稅義務人」與「營利事業所得稅納稅義務人」而言。

依本法第2條規定，綜合所得稅納稅義務人係個人（即自然人）

依本法第3條規定，營利事業所得稅納稅義務人係營利事業。本法第11條第2項規定：「本法稱營利事業，係指公營、私營或公私合營，以營利為目的，具備營業牌號或場所之獨資、合夥、公司及其他組織方式之工、商、農、林、漁、牧、礦冶等營利事業。」。

另外，教育、文化、慈善、公益機關或團體有銷售貨物或勞務者，亦應課徵營利事業所得稅（參見教育文化慈善公益機關或團體免納所得稅適用標準第3條，本法第71條之1第3項），故教育、文化、慈善、公益機關或團體亦為營利事業所得稅之納稅義務人[68]。

（二）本條第3項及第4項所規定之**漏報短報、未申報所得額違序**，行為人係「獨資、合夥組織以外之營利事業」，受罰人亦同。

漏報短報、未申報所得額違序之受罰人，限於（獨資、合夥組織以外之）營利事業。因此，教育、文化、慈善、公益機關或團體縱有本條第3項及第4項所規定之情事，亦不得處罰（參見財政部78.7.20台財稅第781148105號函）。

（三）受罰人係營業事業時，固然係指「以營業事業本身為受罰人」，惟營業事業為「獨資商號」者，實務見解均認為「獨資商號」與「出資之個人」係同一之權義主體；從而**獨資商號漏報短報、未申報所得額，即應以出資之個人（或商業負責人）為受**

---

[68] 按本法第3條規定營利事業所得稅納稅義務人係營利事業。教育、文化、慈善、公益機關或團體並非營利事業，然而依本法第71條之1第3項規定，教育、文化、慈善、公益機關或團體需辦理營利事業所得稅結算申報，其不合免稅要件者，仍應課稅，兩條規定似未一致。在目前實務上，概均認定教育、文化、慈善、公益機關或團體係營利事業所得稅之納稅義務人，此處係從實務見解。惟在法理上，實務見解尚有疑義。關於此一問題之探討，詳見吳金柱，註51書，97-101頁。

罰人。此一實務見解，已於上面本篇第一章第一目，壹、一、㈠、1、詳述，不贅。

㈣關於受罰人之認定，有時存有疑義，對此有若干行政解釋可據，茲引述如下：

1.綜合所得稅方面：

⑴財政部69.4.30台財稅第33449號函：「夫妻分開申報而未於申報書寫明配偶關係，致稽徵機關無法歸戶其所得合併課稅者，應依所得稅法第110條第1項歸戶補稅送罰。……」。在此情形，應以何人為受罰人，存有疑義。實務上似均以夫為受罰人。按依現行本法第15條第1項規定，夫妻有選定一方為納稅義務人之**選擇權**，本號解釋係現行本法第15條第1項規定施行前之解釋，目前似應再補充解釋，以符現行本法第15條第1項規定。

⑵財政部77.3.25台財稅第770653347號函：「夫妻分居無法合併申報綜合所得稅，如僅一方據實於結算申報書內載明配偶姓名、身分證統一編號單獨申報，不論有無說明「業已分居」字樣，均准以未辦結算申報之一方為違章主體，依所得稅法第110條規定補稅送罰。」。又80.7.25台財稅第800248957號函：「納稅義務人陳ＸＸ及其配偶均未辦理綜合所得稅結算申報，如經查明夫妻確已分居，且陳君當年度所得符合免辦結算申報標準時，准以未依法辦理結算申報之妻方作為補稅及送罰之違章主體。」。按依現行本法第15條第1項規定，夫妻有選定一方為納稅義務人之**選擇權**，此二解釋係現行本法第15條第1項規定施行前之解釋，目前似應再變更解釋，以符現行本法第15條第1項規定。

⑶財政部86.7.3台財稅第861903168號函：「非中華民國境內居住之個人，如有非屬所得稅法第88條規定扣繳範圍之所得，而未依同法第73條第1項等規定申報納稅，或雖申報但有短漏報所得情事者，仍有同法第110條規定之適用。」。

⑷財政部87.2.19台財稅第871927162號函：「主旨：未成年人之父母無所得，而未成年人本人之所得已超過當年度規定之免稅額、標準扣除額之合計數，其父母如未依規定為其辦理綜合所得稅結算申報，應以該未成年人之父母為違章主體，依所得稅法第110條規定補稅處罰。說明：二、所得稅法第7條第4項規定，本法稱納稅義務人，係指依本法規定，應申報或繳納所得稅之人。是以所得稅法之納稅義務人包括「應申報所得稅」及「應繳納所得稅」之人。而同法第15條第1項規定，受扶養親屬有所得者，應由納稅義務人合併報繳。我國綜合所得稅制，係以家庭為課稅單位之合併申報制，未成年子女之父母即有為其申報所得之義務，屬於所得稅法第7條第4項之納稅義務人。是以未成年人之父母從無所得，而無應繳納之稅款，但其應合併申報之未成年子女有所得時，亦有申報之義務。」。

2.營利事業所得稅方面：

財政部68.11.21台財稅第38234號函：「主旨：ＸＸ君以卡車五輛登記過戶於ＸＸ汽車貨運行參加營運，其因營運行為發生之營業收入，應由ＸＸ汽車貨運行合併報繳各項稅捐，如有涉嫌違章情事，自應以ＸＸ汽車貨運行負責人ＸＸ君為處分對象。說明：

二、靠行車車主以所有車輛向公路監理機關登記過戶為××汽車貨運行參加營運，為現行運輸管理法規所允許，該靠行車既經登記為營利事業所有，即屬營利事業之資產，其因營運而發生之各項稅捐繳納義務，自應以經登記之營利事業為納稅義務人。」。

二、客觀構成要件

(一)本條第1項規定：「納稅義務人已依本法規定辦理結算、決算或清算申報，而對依本法規定應申報課稅之所得額有漏報或短報情事者，處以所漏稅額二倍以下之罰鍰。」。

茲說明如下：

1.已依本法規定辦理結算、決算或清算申報，漏報或短報依規定應申報課稅之所得額，而有漏稅事實，成立「**漏報短報所得額致漏稅違序**」。

所稱**漏報或短報所得額**，係指納稅義務人已依規定申報結算、決算或清算之所得額，由於故意或過失，而所得額有所漏報或短報。「漏報」所得額通常是由於故意或過失，而未列報某筆收入或所得等之故。「短報」所得額通常是由於故意或過失，而短少列報某筆收入或所得，或溢列、虛列成本或費用等之故。

2.**必須因漏報短報所得額「而有漏稅事實」，方成立漏報短報所得額致漏稅違序**。所謂「有漏稅事實」，係指應納稅額已屆至繳納期限，而又逾越「滯納期間」仍未繳納應納稅額（參見上面本目、壹、一、之說明）。

夫妻分居兩地，分別向其戶籍所在地稽徵機關辦理結算申報，而未填明配偶關係，致使稽徵機關無法歸戶合併課徵，此一情形，係已履行申報義務而無漏報短報所得額，然而在納稅義務方面，則短少繳納應納稅額。財政部59.1.30台財稅第20855號令以及69.4.30台財稅第33449號函就此情形釋示：「顯有以其他不正當方法逃漏所得稅之累進稅負，應依本法第110條規定處罰」。此二解釋，有待商榷；蓋釋函中未說明夫妻有漏報短報所得額之情形，是以雖具備「有漏稅事實」之構成要件要素，然並未具備「漏報短報所得額」之構成要件要素，故而**其行為並未全部該當處罰之構成要件，不成立「漏報短報所得額致漏稅違序」**（因此，實宜僅補徵稅款，而不得予以處罰）。

財政部64.6.18台財稅第35219號函釋示：「營利事業涉嫌漏開統一發票經稽徵機關查獲，於當年度營利事業所得稅結算申報時，該項涉嫌逃漏之營業額，雖尚未經稽徵機關審定，仍應就實際營業額依法申報納稅；如已列入申報，而未自繳稅款者，除短繳自繳稅款部分應依法加滯納金外，免依所得稅法第110條規定處罰。」。此一免罰之解釋，其理據在於其情形雖具備「逾滯納期間未繳納應納稅額」之構成要件要素，然而未具備「漏報短報所得額」之構成要件要素，故而**其行為並未全部該當處罰之構成要件，不成立「漏報短報所得額致漏稅違序」**。

此外，關於**所得稅之「稅捐規避」**（或稱「**脫法避稅**」）**之行為，是否構成漏報短報所得額致漏稅違序**，學理見解與實務見解相異，徵納雙方之爭議迭起，值得詳加探

討。此一問題於下面㈦探討解析。

　　3.本法對於所得稅之課徵，有「扣繳」制度，納稅義務人在年中已先由扣繳義務人「扣繳稅款」（參見本法第88條、第89條、第92條等）。又本法有「股東可扣抵稅額」（參見本法第3條之1）。納稅義務人辦理結算、決算或清算申報時，「扣繳稅額」與「股東可扣抵稅額」可抵減「應納稅額」（參見本法第71條、第100條等）。因此，納稅義務人有漏報短報所得額時，關於其因而「短少繳納之稅額」，在計算時，自應減除漏報短報之所得額（已被扣繳之）「扣繳稅額」與（已由營利事業分配之）「股東可扣抵稅額」。**倘如漏報短報之所得額本身之「扣繳稅額」與「股東可扣抵稅額」大於「短少繳納之稅額」，自不得認爲有漏稅事實**；蓋「扣繳稅額」與「股東可扣抵稅額」已預先繳納於國庫，自不得將該二部分金額再論爲漏稅額。

　　4.漏報短報所得額致漏稅違序之成立，前提要件係納稅義務人有「結算、決算或清算申報所得額義務」與「繳納應納稅額義務」。

　　關於納稅義務人之「結算、決算或清算申報所得額義務」與「繳納應納稅額義務」，於下面㈣說明。

　　5.漏報短報所得額致漏稅違序之成立，必須違序之行爲具有「**構成要件該當性**」；違序之行爲在何一時日方成爲「**構成要件該當行爲**」，自應予以審究。

　　關於漏報短報所得額致漏稅違序之構成要件該當行爲成立時日，於下面㈥說明。

　　㈡本條第2項規定：「納稅義務人未依本法規定自行辦理結算、決算或清算申報，而經稽徵機關調查，發現有依本法規定課稅之所得額者，除依法核定補徵應納稅額外，應照補徵稅額，處三倍以下之罰鍰。」。

　　茲說明如下：

　　1.關於本條第2項規定之適用，應注意本法下列規定：

　　第75條第5項、第6項：「（第5項）營利事業未依第一項及第二項規定期限申報其當期決算所得額或清算所得者，稽徵機關應即依查得資料核定其所得額及應納稅額；……。（第6項）營利事業宣告破產者，應於法院公告債權登記期間截止十日前，向該管稽徵機關提出當期營利事業所得稅決算申報；其未依限申報者，稽徵機關應即依查得之資料，核定其所得額及應納稅額。」。

　　第79條：「（第1項）納稅義務人未依規定期限辦理結算申報者，稽徵機關應即填具滯報通知書，送達納稅義務人，限於接到滯報通知書之日起十五日內補辦結算申報；其屆期仍未辦理結算申報者，稽徵機關應依查得之資料或同業利潤標準，核定其所得額及應納稅額，並填具核定稅額通知書，連同繳款書，送達納稅義務人依限繳納；嗣後如經調查另行發現課稅資料，仍應依稅捐稽徵法有關規定辦理。其屬獨資、合夥組織之營利事業者，稽徵機關應於核定其所得額後，將其營利事業所得額直接歸併獨資資本主或合夥組織合夥人之營利所得，依本法規定課徵綜合所得稅。（第2項）綜合所得稅納稅義務人及小規模營利事業，不適用前項催報之規定；其屆期未申報者，稽徵機關應

即依查得之資料核定其所得額及應納稅額，通知依限繳納；嗣後如經稽徵機關調查另行發現課稅資料，仍應依稅捐稽徵法有關規定辦理。」

對於本法第75條、第79條規定之適用，財政部有三則解釋如下：

71.10.23台財稅第37810號函：「主旨：營利事業未依規定期限辦理結算申報，經稽徵機關依所得稅法第79條第1項規定填具滯報通知書通知補辦結算申報，其逾限仍未辦理結算申報者，除應依查得之資料或同業利潤標準核定其所得額及應納稅額並加徵怠報金外，不適用同法第110條第2項處罰之規定。說明：納稅義務人逾所得稅法第79條規定之補報期限，仍未辦理結算申報者，應依查得資料或同業利潤標準核定其所得額及應納稅額，並另徵怠報金，分別為所得稅法第79條及第108條所明定。對於逾補報期限自行申報或逾補報期限未辦理申報者，應一律視為未依規定期限辦理申報，稅法並無不同處理之規定。至逾限未辦理申報者，應否適用所得稅法第110條第2項規定辦理，應視其有無同法第79條第1項「經調查另行發現課稅資料」之情事而定。」此一釋函係澄清未辦理申報是否適用本法第110條第2項處罰規定之疑義。

76.8.1台財稅第7623320號函：「主旨：貴廳函報依據「合作社法」及「設置合作農場辦法」規定成立之合作農場，未依規定辦理年度營利事業所得稅結算申報，稽徵機關亦未依規定程序填發滯報通知書，嗣後查獲漏報出售財產增益，可否依所得稅法第110條第2項規定補稅送罰乙案，核復如說明。說明：二、稽徵機關如未依所得稅法第79條第1項規定程序填發滯報通知書，亦未依查得資料或同業利潤標準核定其所得額及應納稅額，並加徵怠報金，應依本部（71）台財稅第37810號函釋辦理，不適用同法第110條第2項送罰之規定。但稽徵機關如已依上開法條規定程序辦理，並依查得資料或同業利潤標準核定其所得額及應納稅額，並填具核定通知書連同繳款書（加徵怠報金）送達納稅義務人依限繳納，則嗣後所查獲之漏報出售財產增益，應屬「經調查另行發現課稅資料」，仍應依同法第110條第2項規定補稅並送罰。」此一釋函係對本法第79條規定之補充解釋。

99.7.9台財稅第9900220630號令：「營利事業未依所得稅法第75條第1項及第2項規定期限辦理當期決算申報或清算申報，經稽徵機關依查得資料按同業利潤標準核定其所得額及應納稅額者，不適用所得稅法第110條第2項處罰之規定。但嗣後經稽徵機關調查另行發現課稅資料者，不在此限」。

分析本法第75條第5項及第6項、第79條規定內容與上開三則解釋內容，可獲得如下結論：

(1)**綜合所得稅納稅義務人未依規定期限辦理結算申報**（包括全年決算申報、年中死亡決算申報、年中離境決算申報）者，由稽徵機關依查得之資料核定其所得額及應納稅額，通知依限繳納，**而不適用同法第110條第2項處罰之規定。**

(2)**小規模營利事業未依規定期限辦理結算申報**（包括全年決算申報、年中離境決算申報、年中變更會計年度決算申報、年中解散等決算申報、清算申報）者，由稽徵機關

依查得之資料核定其所得額及應納稅額，通知依限繳納，**而不適用同法第110條第2項處罰之規定**。

　　⑶**營利事業**（小規模營利事業除外）**未依規定期限辦理結算申報**（包括全年決算申報、年中離境決算申報、年中變更會計年度決算申報、年中解散等決算申報、清算申報）者，稽徵機關應即填具滯報通知書，限營利事業於接到滯報通知書之日起15日內補辦結算申報。其屆期仍未辦理結算申報者，稽徵機關應依查得之資料或同業利潤標準，核定其所得額及應納稅額，通知依限繳納，**而不適用同法第110條第2項處罰之規定**。

　　解釋上，教育、文化、慈善、公益機關或團體亦適用此一規定。

　　⑷稽徵機關如上面⑴至⑶所述，已依查得之資料或同業利潤標準，核定納稅義務人所得額及應納稅額，**其後如經調查另行發現納稅義務人之課稅資料，應依稅捐稽徵法有關規定辦理**。所謂「稅捐稽徵法有關規定」，係指稅捐稽徵法第21條第2項規定：「在前項核課期間內，經另發現應徵之稅捐者，仍應依法補徵或並予處罰，在核課期間內未經發現者，以後不得再補稅處罰。」；**其中所稱「處罰」，在未申報所得額及應納稅額案件，自係指本法第110條第2項規定之處罰**。

　　由上面之分析可知，**在未申報所得額之情形，本法第79條規定乃是本條第2項之特別規定**。從而本條第2項規定中之**「未申報所得額」**，應指納稅義務人**「未辦理結算、決算或清算申報，經稽徵機關逕行核定所得額及應納稅額後，另行發現有依規定應課稅之所得額」**。因此，「未辦理結算、決算或清算申報，經稽徵機關逕行核定所得額及應納稅額後，另行發現有依規定應課稅之所得額，而有漏稅事實」，方構成**「未申報所得額致漏稅違序」**。漏報短報所得額致漏稅違序與未申報所得額致漏稅違序合稱**「漏報短報、未申報所得額致漏稅違序」**。

　　2.所謂「有漏稅事實」，係指應納稅額已屆至繳納期限，而又逾越「滯納期間」仍未繳納應納稅額（參見上面本目、壹、一、㈡之說明）。

　　納稅義務人未申報所得額時，關於其因而「短少繳納之稅額」，在計算時，自應減除人未申報之所得額（已被扣繳之）「扣繳稅額」與（已由營利事業分配之）「股東可扣抵稅額」。**倘如未申報之所得額本身之「扣繳稅額」與「股東可扣抵稅額」大於「短少繳納之稅額」，自不得認為有漏稅事實**（參見上面㈠、3、之說明）。

　　3.未申報所得額致漏稅違序之成立，前提要件係納稅義務人有「結算、決算或清算申報所得額義務」與「繳納應納稅額義務」。

　　關於納稅義務人之「結算、決算或清算申報所得額義務」與「繳納應納稅額義務」，於下面㈣說明。

　　4.未申報所得額致漏稅違序之成立，必須違序之行為具有**「構成要件該當性」**；違序之行為在何一時日方成為**「構成要件該當行為」**，自應予以審究。

　　關於未申報所得額致漏稅違序之構成要件該當行為成立時日，於下面㈥說明。

　　㈢本條第3項及第4項規定：「（第3項）營利事業因受獎勵免稅或營業虧損，致加計短漏之所得額後仍無應納稅額者，應就短漏之所得額依當年度適用之營利事業所得稅稅率計算之金額，分別依前二項之規定倍數處罰。但最高不得超過九萬元，最低不得少於四千五百元。（第4項）第一項及第二項規定之納稅義務人為獨資、合夥組織之營利事業者，應就稽徵機關核定短漏之課稅所得額依當年度適用之營利事業所得稅稅率計算之金額，分別依第一項及第二項之規定倍數處罰，不適用前項規定。」。

　　茲說明如下：

　　1.本條第3項及第4項規定之處罰，其構成要件係：⑴有「短漏之所得額」（應包括「短報漏報之所得額」與「未申報之所得額」）；⑵因受獎勵免稅或營業虧損，而無漏稅額。是以第3項及第4項所規範之違序行為，係**「漏報短報、未申報所得額違序」**（而因其違序行為並未導致發生漏稅事實，故其**處罰之性質係屬行為罰**）。**倘如營利事業雖有短漏之所得額，而其無漏稅額並非係「受獎勵免稅或營業虧損」所致，則並不該當全部處罰之構成要件，自不得予以處罰**。例如該短漏之所得額，已由扣繳義務人扣繳所得稅，而扣繳稅款大於該短漏所得額之應納稅額，即無漏稅額；在此情形，既不成立漏報短報所得額違序，亦不成立漏報短報所得額致漏稅違序。

　　2.漏報短報、未申報所得額違序之行為，包括「短報漏報所得額」與「未申報所得額」，其涵義如上面㈠、1、及㈡、1、所述。

　　3.漏報短報、未申報所得額違序之成立，前提要件係納稅義務人有「結算、決算或清算申報所得額義務」。

　　關於營利事業之結算、決算或清算申報所得額義務，於下面㈣說明。

　　4.漏報短報、未申報所得額違序之成立，必須違序之行為具有**「構成要件該當性」**；違序之行為在何一時日方成為**「構成要件該當行為」**，自應予以審究。

　　關於漏報短報、未申報所得額違序之構成要件該當行為成立時日，於下面㈥說明。

　　㈣結算、決算或清算申報所得額與繳納應納稅額之義務：

　　1.本條第1項以「已依本法規定辦理結算、決算或清算申報，而所得額有漏報或短報」為構成要件要素，第2項以「未依本法規定辦理結算、決算或清算申報，而經調查發現有所得額」為構成要件要素。所稱**「結算、決算或清算申報」，應係指本法第四章第二節「結算申報」一節所涵蓋之六種型態之申報**，即：⑴本法第71條第1項規定全年所得額及應納稅額之「結算申報」（以**「年度決算申報」**稱之）。⑵第71條之1第1項規定（個人）死亡前所得額及應納稅額之「結算申報」（以**「年中死亡決算申報」**稱之）。⑶第71條之1第2項及第73條第1項規定離境前所得額及應納稅額之「結算申報」（以**「年中離境決算申報」**稱之）。⑷本法第74條規定（營利事業）變更會計年度前所得額及應納稅額之「申報」（以**「年中變更會計年度決算申報」**稱之）。⑸本法第75條第1項及第6項規定（營利事業）解散、廢止、合併、轉讓或宣告破產前所得額及應納稅

額之「決算申報」（以「**年中解散等決算申報**」稱之）。(6)本法第75條第2項規定（營利事業）清算所得額及應納稅額之「**清算申報**」[69]。

2.依本法有關條文規定，納稅義務人有六種型態之「申報所得額及應納稅額之義務」及「繳納應納稅額之義務」；其規定分別如下：

(1)「申報**全年所得額及應納稅額**之義務」及「繳納應納稅額之義務」規定於第71條：「（第1項）納稅義務人應於每年五月一日起至五月三十一日止，填具結算申報書，向該管稽徵機關，申報其上一年度內構成綜合所得總額或營利事業收入總額之項目及數額，以及有關減免、扣除之事實，並應依其全年應納稅額減除暫繳稅額、尚未抵繳之扣繳稅額及可扣抵稅額，計算其應納之結算稅額，於申報前自行繳納。但依法不併計課稅之所得之扣繳稅款，及營利事業獲配股利總額或盈餘總額所含之可扣抵稅額，不得減除。（第2項）獨資、合夥組織之營利事業應依前項規定辦理結算申報，無須計算及繳納其應納之結算稅額；其營利事業所得額，應由獨資資本主或合夥組織合夥人依第十四條第一項第一類規定列為營利所得，依本法規定課徵綜合所得稅。（第3項）中華民國境內居住之個人全年綜合所得總額不超過當年度規定之免稅額及標準扣除額之合計數者，得免辦理結算申報。但申請退還扣繳稅款及可扣抵稅額者，仍應辦理結算申報。（第4項）第一項及前項所稱可扣抵稅額，指股利憑單所載之可扣抵稅額。」。此一規定之義務人係**所有納稅義務人**，義務**履行期限**為「次年5月31日」。

又本法下列條文係依附本法第71條規定，其義務亦是「申報**全年所得額及應納稅額**之義務」及「繳納應納稅額之義務」，義務**履行期限**均為「次年5月31日」，惟其義務人則為**特定之納稅義務人**：

---

[69] 由法規範之結構論之，本法既然在第四章第四節以「結算申報」為節名，則結算申報自應涵括該節中所有種類之申報，而為上位概念，至於該節中各種申報，應為下位概念。然而本法第71條第1項規定之申報卻又稱為「結算申報」，混淆上位概念與下位概念。又本法第74條規定之申報，即未作定名，指稱不便。本法第四章第四節規定之所有種類之申報，應依學理予以賦名，俾使法律概念體系清晰，名實相符，並便於區別。關於此一問題之說明及梳理，參見吳金柱，註51書，24-26頁。

應予指明者，財政部89.5.8台財稅第890450921號函：「主旨：營利事業已依規定辦理決、清算申報，但對依法應申報課稅之所得額有漏報或短報情事者，或營利事業未依規定辦理決、清算申報，經稽徵機關依查得資料核定其所得額，嗣後如經調查另行發現課稅資料者，除依法核定補徵應納稅額外，尚無所得稅法第110條第1項及第2項有關處罰規定之適用。說明：二、所得稅法第110條第1項及第2項短漏報所得額處罰之規定，係適用於依所得稅法規定自行辦理結算申報或未依規定辦理結算申報者；營利事業依同法第75條規定辦理決、清算申報，尚無首揭法條處罰規定之適用。」。按此一解釋，乃是將（98.5.27修正前）本條第1項及第2項條文中之「結算申報」一詞，解為係本法第71條條文中之「結算申報」，而不及其他種類之申報；因而乃有「依同法第75條規定辦理之決、清算申報，有漏報短報、未申報所得額者，不適用本法第110條處罰規定」之解釋。如推行此一解釋之意旨，則本法第71條之1第1項規定之「年中死亡決算申報」，第71條之1第2項及第73條第1項規定之「年中離境決算申報」，第74條規定之「年中變更會計年度決算申報」，均無本條處罰規定之適用。其實（98.5.27修正前）本條第1項及第2項條文中之「結算申報」一詞，應解為係本法第四章第四節之節名「結算申報」，而可涵括該節中所規定之六種型態之申報在內，方始妥適。

A.第3條之4第3項：「受益人不特定或尚未存在者，其於所得發生年度依前二項規定計算之所得，應以受託人為納稅義務人，於第七十一條規定期限內，按規定之扣繳率申報納稅，其依第八十九條之一第二項規定計算之已扣繳稅款，得自其應納稅額中減除；其扣繳率由財政部擬訂，報請行政院核定發布之。」。此一規定之義務人為信託之受託人。

B.第71條之1第2項：我國境內居住之個人，於年度中廢止我國境內之住所或居所離境者，應於離境前就該年度之所得辦理結算申報納稅，「但其配偶如為中華民國境內居住之個人，仍繼續居住中華民國境內者，應由其配偶依第七十一條規定，合併辦理結算申報納稅。」。此一但書規定之義務人為（我國境內居住之個人年中離境者之）配偶在我國境內居住者。

C.第71條之1第3項：「合於第四條第十三款規定之教育、文化、公益、慈善機關或團體及其作業組織，應依第七十一條規定辦理結算申報；其不合免稅要件者，仍應依法課稅。」。此一規定之義務人為教育、文化、公益、慈善機關或團體。

D.第73條第1項後段：「非中華民國境內居住之個人，及在中華民國境內無固定營業場所及營業代理人之營利事業，在中華民國境內……如有非屬第八十八條規定扣繳範圍之所得，……其於該年度所得稅申報期限內尚未離境者，應於申報期限內依有關規定申報納稅。」。此一規定之義務人為非我國境內居住之個人，以及在我國境內無固定營業場所及營業代理人之營利事業。

又第72條第2項規定：「……第七十三項規定之納稅義務人，如有特殊情形，不能依限或自行辦理申報納稅者，得報經稽徵機關核准，委託中華民國境內居住之個人負責代理申報納稅；……」。

E.第73條第2項：「在中華民國境內無固定營業場所，而有營業代理人之營利事業，除依第二十五條及第二十六條規定計算所得額，並依規定扣繳所得稅款者外，其營利事業所得稅應由其營業代理人負責，依本法規定向該管稽徵機關申報納稅。」。此一規定之義務人為（外國營利事業之）營業代理人。

F.第73條之1：「國際金融業務分行對中華民國境內之個人、法人、政府機關或金融機構授信之收入，除依法免稅者外，應由該分行於第七十一條規定期限內，就其授信收入總額按規定之扣繳率申報納稅。」。此一規定之義務人為（銀行之）國際金融業務分行。

(2)「申報**死亡前所得額及應納稅額**之義務」及「繳納應納稅額之義務」規定於第71條之1第1項：「中華民國境內居住之個人於年度中死亡，其死亡及以前年度依本法規定應申報課稅之所得，除依第七十一條規定免辦結算申報者外，應由遺囑執行人、繼承人或遺產管理人於死亡人死亡之日起三個月內，依本法之規定辦理結算申報，並就其遺產範圍內代負一切有關申報納稅之義務。但遺有配偶為中華民國境內居住之個人者，仍應由其配偶依第七十一條之規定，合併辦理結算申報納稅。」。此一規定義務人分別為遺

囑執行人、繼承人或遺產管理人，我國境內居住之配偶。

又第72條第1項規定：「第七十一條之一第一項規定之申報期限，遺囑執行人、繼承人或遺產管理人，如有特殊情形，得於結算申報期限屆滿前，報經稽徵機關核准延長其申報期限。但最遲不得超過遺產稅之申報期限。」，故其義務**履行期限**為「死亡人死亡之日起3個月內」或「死亡人死亡之日起6個月內」（因遺產及贈與稅法第23條第1項規定，遺產稅之申報期限為死亡人死亡之日起6個月內）。

(3)「申報**離境前所得額及應納稅額**之義務」及「繳納應納稅額之義務」之規定有二：

A.第71條之1第2項前段：「中華民國境內居住之個人，於年度中廢止中華民國境內之住所或居所離境者，應於離境前就該年度之所得辦理結算申報納稅。……」。此一規定之義務人為我國境內居住之個人年中離境者。

B.第73條第1項：「非中華民國境內居住之個人，及在中華民國境內無固定營業場所及營業代理人之營利事業，在中華民國境內……如有非屬第八十八條規定扣繳範圍之所得，並於該年度所得稅申報期限開始前離境者，應離境前向該管稽徵機關辦理申報，依規定稅率納稅；……」。此一規定之義務人為非我國境內居住之個人年中離境者，以及在我國境內無固定營業場所及營業代理人之營利事業年中離境者。

又第72條第2項規定：「第七十一條之一第二項及第七十三條規定之納稅義務人，如有特殊情形，不能依限或自行辦理申報納稅者，得報經稽徵機關核准，委託中華民國境內居住之個人負責代理申報納稅；……。」，故其義務**履行期限**為「離境前」或「稽徵機關核准申報期限前」。

(4)「申報**變更會計年度前所得額及應納稅額**之義務」及「繳納應納稅額之義務」規定於第74條：「營利事業報經該管稽徵機關核准變更其會計年度者，應於變更之日起一個月內，將變更前之營利事業所得額，依規定格式申報該管稽徵機關，並依本法第四十條規定計算其應納稅額，於提出申報書前自行繳納之。」。此一規定之義務人為營利事業於年中變更會計年度者，其義務**履行期限**為「變更會計年度之日起1個月內」。

(5)「申報**解散、廢止、合併、轉讓或宣告破產前所得額及應納稅額**之義務」及「繳納應納稅額之義務」之規定有二：

A.第75條第1項、第3項及第4項：「（第1項）營利事業遇有解散、廢止、合併或轉讓情事時，應就截至解散、廢止、合併或轉讓之日止，辦理當期決算，於四十五日內，依規定格式，向該管稽徵機關申報其營利事業所得額及應納稅額，並於提出申報前自行繳納之。……（第3項）前項所稱清算期間，其屬公司組織者，依公司法規定之期限；其非屬公司組織者，為自解散、廢止、合併或轉讓之日起三個月。（第4項）獨資、合夥組織之營利事業應依第一項……第二項規定辦理當期決算……，無須計算及繳納其應納稅額；其營利事業所得額，應由獨資資本主或合夥組織合夥人依第十四條第一項第一類規定列為營利所得，依本法規定課徵綜合所得稅。」。此一規定之義務人為營

利事業於年中解散、廢止、合併或轉讓者，其義務**履行期限**為「解散、廢止、合併或轉讓之日起45日內」（依財政部97.1.24台財稅第9604136230號令釋示，其45日係自主管機關核准解散等文書發文日之次日起算）。

B.第75條第6項：「營利事業宣告破產者，應於法院公告債權登記期間截止十日前，向該管稽徵機關提出當期營利事業所得稅決算申報；其未依限申報者，稽徵機關應即依查得之資料，核定其所得額及應納稅額。」。此一規定之義務人為營利事業於年中宣告破產者，其義務**履行期限**為「公告債權登記期間截止10日內」。

(6)「申報**清算結束前所得額及應納稅額**之義務」及「繳納應納稅額之義務」規定於第75條第2項至第4項：「（第2項）營利事業在清算期間之清算所得，應於清算結束之日起三十日內，依規定格式書表向該管稽徵機關申報，並於申報前依照當年度所適用之營利事業所得稅稅率自行計算繳納。但依其他法律得免除清算程序者，不適用之。（第3項）前項所稱清算期間，其屬公司組織者，依公司法規定之期限；其非屬公司組織者，為自解散、廢止、合併或轉讓之日起三個月。（第4項）獨資、合夥組織之營利事業應依……第二項規定辦理……清算申報，無須計算及繳納其應納稅額；其營利事業所得額，應由獨資資本主或合夥組織合夥人依第十四條第一項第一類規定列為營利所得，依本法規定課徵綜合所得稅。」。此一規定之義務人為（獨資、合夥組織以外之）營利事業於年中因解散等而辦理清算者，其義務**履行期限**為「清算結束之日起30日內」。獨資、合夥組織之營利事業，依上開第4項規定並無納稅義務，則其漏報、短報、未申報清算所得，既不造成漏稅結果，並不構成違序，自不得依本法第110條第1、2或4項規定處罰。至於獨資資本主、合夥人是否漏報、短報、未申報營利所得致漏稅，則係另事。

(五)有關應辦申報與申報義務履行與否之行政解釋：

1.有關應辦申報之行政解釋：

(1)營利事業在建廠期間雖未對外營業，惟如有財務收入或其他收入，仍應依本法第71條規定申報其當年度所得額，依法核課。在同一會計年度內兼有「建廠期間」及「正式營業期間」兩種情形者，應將建廠期間之收入併同正式營業期間之收入，依照本法第71條規定辦理所得稅結算申報。（財政部60.3.3台財稅第32331號函）。

(2)商業銀行籌備期間，如有營業外收入，應依本法第71條規定辦理結算申報；在同一會計年度內，有「籌備期間」及「正式營業期間」兩種情形者，應將籌備期間之收入併同正式營業期間之收入，依照本法第71條規定辦理結算申報。於未獲設立許可或經本部撤銷設立許可時，其籌備期間之收入應依本法第75條規定辦理決算、清算申報（財政部804.27台財稅第800689813號函）。

(3)各級學校員生消費合作社應依本法第71條規定辦理結算申報，並依同法第77條規定使用營利事業所得稅結算申報書（財政部87.10.14台財稅第8711969523號函）。

2.有關申報義務履行與否之行政解釋：

⑴納稅義務人於申報期限內提出結算申報，不論申報內容如何，不得按未申報論處。至於已申報案件，經查核發現該納稅義務人有所得而未申報者，自得依本法第110條規定論罰（財政部61台財稅第31626號令）。

⑵綜合所得稅納稅義務人已於結算申報期限內自行繳納結算申報應補繳之稅款，並於查獲前自行向稽徵機關申報者，應視同已如期辦理結算案件處理（財政部62.5.14台財稅第33564號函、63.9.11台財稅第36731號函）。

⑶納稅義務人如於綜合所得稅結算申報期限內，申請撤銷其該年度已辦之結算申報，可予同意，並視為未曾申報（財政部66.4.25台財稅第32679號函）。

㈥漏報短報、未申報所得額致漏稅違序與漏報短報、未申報所得額違序之構成要件該當行為成立時日：

1.納稅義務人各種申報與納稅義務之履行期限，如上面㈣、2、所述；因此，納稅義務人在上面㈣、2、所述各種義務之履行期限前，已申報而有漏報短報所得額，並且在滯納期間屆滿前仍未繳納短繳或未繳之應納稅額，而其係出於故意或過失者，**其行為即具有構成要件該當性，而屬「短報漏報所得額致漏稅違序」之構成要件該當行為。**

2.納稅義務人各種申報與納稅義務之履行期限，如上面㈣、2、所述；因此，納稅義務人在上面㈣、2、所述各種義務之履行期限前未辦理申報，而於稽徵機關逕行核定所得額及應納稅額後，發現有依法應課稅之所得額，而在滯納期間屆滿前仍未繳納短繳或未繳之應納稅額，其係出於故意或過失者，**其行為即具有構成要件該當性，而屬「未申報所得額致漏稅違序」之構成要件該當行為。**

3.納稅義務人各種申報義務之履行期限，如上面㈣、2、所述；因此，納稅義務人在上面㈣、2、所述各種義務之履行期限前，已申報而有漏報短報所得額，或未申報所得額，而其係出於故意或過失者，**其行為即具有構成要件該當性，而屬「短報漏報、未申報所得額違序」之構成要件該當行為。**

㈦關於所得稅之「**稅捐規避**」（或稱「**脫法避稅**」）之行為，是否構成漏報短報所得額致漏稅違序，而應予以處罰，學理見解與實務見解相異，徵納雙方之爭議迭起，故有探究之必要。

對於納稅義務人所操作的所得稅之「稅捐規避」之行為，學理上概均認為：稅法之課稅規定，僅在描述課稅之「**實體要件**」與「**程序要件**」，並非作為「預定或指示人民應採何種交易方式」始得進行合法租稅規劃之行為準則。稽徵機關固然可以「實質課稅原則」為依據，在稅法上否認納稅義務人原行為所達成之稅法上效果（通常是無須或減少繳納稅捐金額），而透過「經濟觀察法」之運用，改由與「經濟實質」相當之稅法上效果，取而代之；如與經濟實質相當之稅法上效果係「應課徵所得稅或課徵較高之所得稅」，則可予以補徵稅款。**然而稽徵機關在否認納稅義務人原行為所達成之稅法上效果，而予補徵稅款之餘，是否可進一步認定納稅義務人有「漏報短報所得額致漏稅違序」，而依本條規定予以處罰，則應視納稅義務人有無違反「真實義務」**（例如虛報

交易價格、偽造憑證、在憑證上為不實記載等），**以致完全未繳納或短少繳納所得稅而定**。在稅捐規避案件，儘管納稅義務人在法律事實之形成的安排上，有與稽徵機關不同的見解，倘如在行為過程中，即便有自由濫用法律事實形成之情事，如並未從事掩飾或隱藏與正確核定稅捐相干之法律事實，則即僅得予以補稅，而不應予以處罰[70]。

在實務上，在台北高等行政法院對於「黃任中等人綜合所得稅稅捐規避案」作成**「除應補徵稅款外，尚應依所得稅法第110條規定予以處罰」**之指標性判決（91年訴第2254號判決（91.10.24））之後，對於所得稅之「稅捐規避」之行為，稽徵機關與各級行政法院概均認為除應補徵稅款外，尚應依本條第1項規定予以處罰。該判決之理由為：「原告故意違反租稅法之立法意旨，濫用法律上之形式或法律行為，蓄意製造外觀上或形式上存在之法律關係或法律狀態，使之不具備課稅構成要件，以減輕或免除其應納之租稅，該交易行為，係故意以不正當方法逃漏稅捐之虛偽安排，為求租稅公平，自亦應以其實質上經濟事實關係及所產生之實質經濟利益為準，就已具備課稅構成要件之實質經濟行為來加以課稅」，因而加以補稅及處罰。

比較上述學理見解與實務見解，可以發現實務見解之前半部（即稅捐規避之涵義）與學理見解相同；至於實務見解之後半部（即稅捐規避應否處罰）則與學理見解相異。學理見解之後半部所論證之「稅捐規避應否處罰，應以有無違反真實義務為斷」，在實務見解（以91年訴第2254號判決代表）上則對之（有意或無意的）略而不問，而代之以「納稅義務人之行為，係故意以不正當方法逃漏稅捐虛偽安排」，作為應予處罰之理據。**論者指出實務見解有下列欠妥之處：**(1)忽略稅捐規避行為性質上係脫法行為，私法上濫用法律形式本身並不違法（因其係屬於私法上形成自由之範圍），僅是稅法上得加以否認而已；(2)稅捐規避行為在私法上效力仍應維持，而判決將「稅捐規避行為」與私法上「通謀虛偽意思表示之無效行為」混為一談；(3)判決認為稅捐規避行為係漏稅行為，處以漏稅罰，然而並未說明處罰之構成要件是否該當，判決理由實有不足。稽徵機關與各級行政法院遵循上述判決之結果，只要納稅義務人為節稅規劃時之法律見解與稽徵機關不同，便難逃「補稅及處罰」命運，對於對於納稅義務人之私法上形成自由過度干涉，不合法理[71]。其實對於所得稅之「稅捐規避」案件，稽徵機關及行政法院既然認定「納稅義務人之行為，係故意以不正當方法逃漏稅捐虛偽安排」，則納稅義務人之行為應該論為稅捐稽徵法第41條規定之「納稅義務人以不正當方法逃漏稅捐」，而以「逃漏稅罪」相繩，法律之適用方較正確。惟斯時即有行政罰法第26條「刑事罰優先原則」規定之適用，自不待言。

---

70 國內學者對於「稅捐規避」之討論不少，而概均持不得處罰之見解；此處係綜合及摘述各學者之見解；其詳參見黃士洲，掌握稅務官司的關鍵，2005年1月，365-380頁（尤其是377-378頁）；陳清秀，註23書，237-263頁（尤其是252-253頁）；以及黃茂榮，論稅捐罰則，註12書，762-767頁。

71 陳清秀，註23書，254頁；以及黃士洲，註70書，397-398頁。

(八)有關免除申報義務之規定及行政解釋:

1.本法有關免除申報義務之規定:

(1)本法第71條第3項規定:「中華民國境內居住之個人全年綜合所得總額不超過當年度規定之免稅額及標準扣除額之合計數者,得免辦理結算申報。但申請退還扣繳稅款及可扣抵稅額者,仍應辦理結算申報。」。

又本法施行細則第57條之1規定:「個人於年度中死亡或於年度中廢止在中華民國境內居所或住所離境者,除依法由配偶合併申報課稅者外,其應申報課稅之所得,如不超過當年度規定之免稅額及標準扣除額,按本法第十七條之一規定換算後之合計數者,准按本法第七十一條第二項規定,免辦結算申報。」。

(2)本法第75條第2項規定,營利事業在清算期間之清算所得,應於清算結束之日起30日內,向該管稽徵機關清算申報,「但依其他法律得免除清算程序者,不適用之。」。

依公司法第24條規定,解散之公司,除因合併、分割或破產而解散外,應行清算。又依信用合作社法第35條規定,解散之信用合作社,除因合併、破產而解散者外,應行清算。因此,公司因合併、分割或破產而解散者,以及信用合作社因合併、破產而解散者,即無須辦理清算申報。

2.實務上有關免除申報義務之行政解釋:

(1)教育、文化、慈善、公益機關或團體,無任何營業或作業組織收入(包括無銷售貨物或勞務之收入),僅有收取會員會費、捐贈或基金存款利息者,免依本法第71條規定辦理申報(財政部85.5.29台財稅第851906576號函、86.3.19台財稅第861887715號函、87.3.16台財稅第871934711號函、87.7.17台財稅第871955018號函、91.6.13台財稅第910453648號令等)。

(2)符合儲蓄互助社法第8條規定免徵所得稅之儲蓄互助社,可免依本法第71條規定辦理結算申報(財政部90.3.27台財稅第900451555號函)。

(3)獨資之營利事業改組為合夥組織,依商業登記法核准變更登記者,免依本法第75條規定辦理決算及清算申報(財政部62.6.13台財稅第34381號函)。

(4)重整之公司應於法院公告債權登記期間截止10日前,向該管稽徵機關提出當期營利事業所得稅決算申報。執行重整計劃時,其跨年度者,仍應分別辦理年度結算申報。(財政部68.7.5台財稅第34536號函)。

(5)有限公司變更組織為股份有限公司,可免依本法第75條規定辦理當期決算申報(財政部69.8.20台財稅第36946號函)。

(6)公司經法院宣告破產後繼續營業者,如有營業收入,仍應歸屬破產財團,以供清償全部債務之用,故上項營業及處分財產收入或屬別除權標的物之財產經法院拍賣之增益部分,均免辦結算申報。公司經破產宣告者,即不適用公司法規定清算程序,無須辦理清算申報(財政部76.1.8台財稅第7563117號函)。

(7)教育、文化、公益、慈善機關或團體，尚無因解散而須向稽徵機關辦理當期決算及清算申報之規定（財政部83.4.9台財稅第861890732號函）[72]。

(九)財政部81.2.17台財稅第811658642號函發布「稽徵機關辦理綜合所得稅違章案件審核要點」，其中要點一規定屬於「漏報短報所得額」之情形：

「一、納稅義務人結算申報案件，如有左列各項情形之一者，應依所得稅法第一百十條第一項之規定處罰：

(一)盈餘分配、薪資、利息、租金、佣金、權利金、競技、競賽或機會中獎之獎金或給與及執行業務者之報酬等各類所得，扣繳義務人於給付時不論有無依法扣繳，納稅義務人未據實申報，致有漏報、短報所得額及應納稅額情事者。

(二)非扣繳所得，經稽徵機關調查發現有漏報、短報所得額及應納稅額情事者。

(三)納稅義務人之配偶及其所扶養之親屬，有所得稅法第十四條所規定之各類所得，未由納稅義務人合併申報者。

(四)獨資資本主或合夥組織合夥人，漏報各該事業之營利所得或應分配之盈餘者。

(五)獨資資本主或合夥組織合夥人，依該事業帳載所得額，核計營利所得，併同其他各類所得，先行辦理綜合所得稅結算申報（核計結果免辦申報者亦同），嗣後營利事業所得稅結算申報案件，如按擴大書面審核實施要點規定之純益率申報，該資本主或合夥人未重新核計其營利所得，補報個人綜合所得稅者。

(六)執行業務者未填報執行業務收入總額、必要費用及所得額，經稽徵機關依查得資料核定其有執行業務所得者。

(七)納稅義務人未填報本人或配偶經營補習班或不符合所得稅法第四條第一項第十三款規定之幼稚園、托兒所之所得，經稽徵機關依查得資料核定有所得者。

(八)納稅義務人提示偽造、變造或其他不實之帳簿文據逃漏所得稅者。

(九)在核課期間內，經調查發現另有逃漏所得稅之課稅資料者。」。

此一審核要點係發佈於行政罰法施行之前，在行政罰法施行後，其所述各該「漏報短報所得額」之情形，均須審究是否出於故意或過失所致，自不待言。

(十)短報漏報所得額之行為，型態頗為多樣，除上面(九)例示之型態外，茲例示其**較為特殊之型態如下**：

1.個人所得額方面：

(1)個人承包工程，未辦營業登記，逃漏營業稅及營利事業所得稅者，個人未將承包工程之所得列入綜合所得稅申報書內（參見財政部66.7.7台財稅第34393號函）。

(2)扣繳義務人（指執行業務者）申報之扣繳或免扣繳憑單因無法歸戶，經退還查對更正後，仍無法歸戶者，有虛列費用等情事，屬短漏報所得額（參見財政部69.5.3台財

72 依法理而論，教育、文化、公益、慈善機關或團體仍應辦理「年中解散等決算申報」；此一問題之探討，詳見吳金柱，註50書，675頁。

稅第33540號函）。

⑶轉讓原符合緩課規定之股票，未申報股票交易所得（財政部70.9.23台財稅第38112號函）。

⑷夫妻分居無法合併申報，而有一方未辦申報，屬短漏報所得額（參見財政部77.3.25台財稅第770653347號函）。

⑸出租財產所收取押金，未於申報書揭露押金金額及用途，且未申報其運用所產生之所得（參見財政部88.12.24台財稅第880450676號函）。

⑹重複列報免稅額。

⑺虛列免稅額、扣除額。

⑻以他人名義分散所得。

2.營利事業所得額方面：

⑴扣繳義務人申報之扣繳或免扣繳憑單，因無法歸戶，經退還查對更正後，仍無法歸戶者，有虛列費用等情事，屬短漏報所得額（參見財政部69.5.3台財稅第33540號函）。按此一解釋有一問題，即未說明係認定給付所得之「營利事業」（而非「扣繳義務人」）有短報所得額。

⑵小規模營業人經營登記項目以外之其他業務銷售額，被查獲者，屬短漏報所得額（參見財政部81.2.28台財稅第810756713號函）。

⑶虛列應收帳款、應收票據，而超列備抵呆帳，有虛列呆帳損失情事（參見財政部64.8.26台財稅第36217號函）。

⑷購買資產，虛增資產成本，以致虛提折舊費用（參見財政部65.9.6台財稅第36013號函）。

⑸將未經核准免稅之生產設備產銷之產品、非免稅之收入等，列報為免稅所得（參見財政部69.1.19台財稅第30564號函、69.11.15台財稅第39441號函）。

⑹無購買商品、原料或勞務之事實，而取得他人虛開之憑證列報成本或費用。

三、主觀構成要件

同上面本章第二目、參、三、之說明。

四、法律效果

㈠對「納稅義務人」漏報短報所得額致漏稅違序，除依法核定補徵應納稅額外，處以所漏稅額2倍以下之罰鍰。

對照本條第1項與第2項規定，第1項條文中並無「除依法核定補徵應納稅額外」一句，而第2項條文則有「除依法核定補徵應納稅額外」一句。由於並無理由不對漏報短報所得額致漏稅違序之納稅義務人「依法核定補徵應納稅額」，故應解為當係立法之疏忽。解釋上，納稅義務人漏報短報所得額致漏稅違序，當然亦應依法核定補徵應納

稅額。

　　稽徵機關在「漏稅額2倍」範圍內，有處罰倍數之裁量權。

　　惟稽徵機關對本條規定處罰倍數之裁量權，實際上受限於財政部訂定之「稅務違章案件裁罰金額或倍數參考表」中關於本條第1項處罰倍數統一裁量之規定，其規定如下：

　　1.綜合所得稅方面：

　　⑴短漏報所得屬裁罰核定處分前已填報扣免繳憑單及股利憑單之所得，且無下面⑷情形者，處所漏稅額0.2倍之罰鍰。

　　⑵短漏報所得屬應填報緩課股票轉讓所得申報憑單之所得，且無下面⑷情形者，處所漏稅額0.2倍之罰鍰。

　　⑶短漏報所得屬前二點以外之所得，且無下面⑷情形者，處所漏稅額0.5倍之罰鍰。（短漏報所得如同時有屬⑴至⑶之所得者，其所漏稅額之處罰倍數分別按各該所得比例計算。）

　　⑷有下列情形之一者，處所漏稅額1倍之罰鍰：

　　A.夫妻所得分開申報逃漏所得稅者。

　　B.虛報免稅額或扣除額者。

　　C.以他人名義分散所得者。

　　⑸逾期辦理結算申報，符合稅捐稽徵法第48條之1規定，惟嗣後經查明有短漏報所得情事者，按本條第1項規定之倍數處罰。

　　2.營利事業稅方面：

　　⑴漏稅額在100,000元以下者，處所漏稅額0.5倍之罰鍰。但於裁罰處分核定前，以書面或於談話筆（紀）錄中承認違章事實，並願意繳清稅款及罰鍰者，處所漏稅額0.4倍之罰鍰。

　　⑵漏稅額超過100,000元者，處所漏稅額1倍之罰鍰。但於裁罰處分核定前，以書面或於談話筆（紀）錄中承認違章事實，並願意繳清稅款及罰鍰者，處所漏稅額0.8倍之罰鍰。

　　⑶逾期辦理結算申報，符合稅捐稽徵法第48條之1規定，惟嗣後經查明有短漏報所得情事者，按本條第1項規定之倍數處罰。

　　財政部89.12.8台財稅第890458566號函：「二、營利事業短、漏報所得額，經依所得稅法第110條規定處罰，其於裁罰處分核定前不願承諾違章事實，嗣於復查改更正時始以書面承諾違章事實，並願意繳清稅款及罰鍰之案件，原屬復查案件，應依復查程序辦理，稽徵機關如因故改以更正程序辦理，係屬核定以後之更正，尚難變更其已為核定之事實，亦與『稅務違章案件裁罰金額或倍數參考表』規定『於裁罰處分核定前以書面承諾違章事實，並願意繳清稅款及罰鍰』之情形不符，故不得適用上開參考表之規定，處較低倍數之罰鍰。三、至前開復查改更正之案件，如係稽徵機關原核定有誤之案

件，稽徵機關可本諸職權依『稅務違章案件裁罰金額或倍數參考表』使用須知第四點規定辦理。」。

(二)**對「納稅義務人」未申報所得額致漏稅違序**，除依法核定補徵應納稅額外，**應照補徵稅額，處3倍以下之罰鍰。**

稽徵機關在「漏稅額3倍」範圍內，有處罰倍數之裁量權。

惟稽徵機關對本條規定處罰倍數之裁量權，實際上受限於財政部訂定之「稅務違章案件裁罰金額或倍數參考表」中關於本條第2項處罰倍數統一裁量之規定，其規定如下：

　1.綜合所得稅方面：

(1)未申報所得屬裁罰核定處分前已填報扣免繳憑單及股利憑單之所得，且無下面(4)情形者，處所漏稅額0.4倍之罰鍰。

(2)未申報所得屬應填報緩課股票轉讓所得申報憑單之所得，且無下面(4)情形者，處所漏稅額0.4倍之罰鍰。

(3)未申報所得屬前二點以外之所得，且無下面(4)情形者，處所漏稅額1倍之罰鍰。（未申報所得如同時有屬(1)至(3)之所得者，其所漏稅額之處罰倍數分別按各該所得比例計算。）

(4)有以他人名義分散所得者，處所漏稅額1.5倍之罰鍰。

　2.營利事業稅方面：

(1)漏稅額在100,000元以下者，處所漏稅額0.75倍之罰鍰。但於裁罰處分核定前，以書面或於談話筆（紀）錄中承認違章事實，並願意繳清稅款及罰鍰者，處所漏稅額0.6倍之罰鍰。

(2)漏稅額超過100,000元者，處所漏稅額1.5倍之罰鍰。但於裁罰處分核定前，以書面或於談話筆（紀）錄中承認違章事實，並願意繳清稅款及罰鍰者，處所漏稅額1.2倍之罰鍰。

(三)**對「獨資、合夥組織以外之營利事業」之漏報短報、未申報所得額違序**，應就短漏之所得額依當年度適用之營利事業所得稅稅率計算之金額，**分別依本條第1項及第2項之規定倍數處罰**（即分別處2倍以下、3倍以下罰鍰）。**但最高不得超過90,000元，最低不得少於4,500元。**

稽徵機關在「短漏所得額依當年度適用之營利事業所得稅稅率計算之金額2倍、3倍」範圍內，有處罰倍數之有限度裁量權，其裁量限度即90,000元，最低4,500元。

惟稽徵機關對本條規定處罰倍數之裁量權，實際上受限於財政部訂定之「稅務違章案件裁罰金額或倍數參考表」中關於本條第3項處罰倍數統一裁量之規定，其規定如下：

　1.申報案件：

(1)已依限辦理結算申報，惟經查明有短漏報所得情事者，處所計算金額0.5倍之

罰鍰。但於裁罰處分核定前以書面或於談話筆（紀）錄中承認違章事實，並願意繳清稅款及罰鍰者，處所計算金額0.4倍之罰鍰。但最高不得超過90,000元，最低不得少於4,500元。

⑵逾期辦理結算申報，符合稅捐稽徵法第48條之1規定，惟嗣後經查明有短漏報所得情事者，按本條第1項規定之倍數處罰。但最高不得超過90,000元，最低不得少於4,500元。

　2.未申報案件：

⑴所計算金額在100,000以下者，處所計算金額0.75倍之罰鍰。但於裁罰處分核定前以書面或於談話筆（紀）錄中承認違章事實，並願意繳清稅款及罰鍰者，處所計算金額0.6倍之罰鍰。但最高不得超過90,000元，最低不得少於4,500元。

⑵所計算金額超過100,000者，處所計算金額1.5倍之罰鍰，但於裁罰處分核定前以書面或於談話筆（紀）錄中承認違章事實，並願意繳清稅款及罰鍰者，處所計算金額1.2倍之罰鍰。但最高不得超過90,000元，最低不得少於4,500元。

（四）**對「獨資、合夥組織」之漏報短報、未申報所得額違序**，應就稽徵機關核定短漏之課稅所得額依當年度適用之營利事業所得稅稅率計算之金額，**分別依本條第1項及第2項之規定倍數處罰**（即分別處2倍以下、3倍以下罰鍰）。

稽徵機關在「短漏所得額依當年度適用之營利事業所得稅稅率計算之金額2倍、3倍」範圍內，有處罰倍數之裁量權。

惟稽徵機關對本條規定處罰倍數之裁量權，實際上受限於財政部訂定之「稅務違章案件裁罰金額或倍數參考表」中關於本條第4項處罰倍數統一裁量之規定，其規定如下：

　1.申報案件：

⑴所計算金額在100,000以下者，處所計算金額0.5倍之罰鍰。但於裁罰處分核定前以書面或於談話筆（紀）錄中承認違章事實，並願意繳清稅款及罰鍰者，處所計算金額0.4倍之罰鍰。

⑵所計算金額超過100,000元者，處所計算金額1倍之罰鍰。但於裁罰處分核定前以書面或於談話筆（紀）錄中承認違章事實，並願意繳清稅款及罰鍰者，處所計算金額0.8倍之罰鍰。

⑶逾期辦理結算申報，符合稅捐稽徵法第48條之1規定，惟嗣後經查明有短漏報所得情事者，按本條第1項規定之倍數處罰。

　2.未申報案件：

⑴所計算金額在100,000元以下者，處所計算金額0.75倍之罰鍰。但於裁罰處分核定前以書面或於談話筆（紀）錄中承認違章事實，並願意繳清稅款及罰鍰者，處所計算金額0.6倍之罰鍰。

⑵所計算金額超過100,000元者，處所計算金額1.5倍之罰鍰。但於裁罰處分核定前

以書面或於談話筆（紀）錄中承認違章事實，並願意繳清稅款及罰鍰者，處所計算金額1.2倍之罰鍰。

　　㈤漏報短報、未申報所得額與短漏繳應納稅額之計算：

　　關於漏報短報、未申報所得額及短漏繳應納稅額之計算，本法及本法施行細則均無明文，而僅有營利事業所得稅查核準則第112條，就**營利事業**漏報短報所得額及短漏繳應納稅額之計算，作下列規定：「漏報或短報所得額之申報案件，應先就申報部分進行查核，以求得申報部分核定所得額，並依下列公式計算漏稅額：

　　申報部分核定所得額×稅率－累進差額＝申報部分核定應納稅額

　　（申報部分核定所得額＋漏報或短報所得額）×稅率－累進差額＝全部核定應納稅額

　　全部核定應納稅額－申報部分核定應納稅額－漏報或短報所得額之扣繳稅款＝漏稅額」。

　　（按98.5.27修正本法時，本法第5條第5項規定營利事業所得稅之稅率，已由「累進稅率」修改為「比例稅率」，故目前計算稅額時，已不存在「累進差額」。惟上述營利事業所得稅查核準則第112條條文，尚未配合修改）

　　事實上，由於綜合所得稅係採「家戶合併報繳制」，夫妻及受扶養親屬之所得均應合併申報，夫妻之薪資所得可選擇分計稅，而所得中又可能有分離課稅之所得或免稅之所得等；而營利事業之所得中，可能有分離課稅之所得或免稅之所得，又需考慮其成本費用之減除與否等，故不論是綜合所得稅或營利事業所得稅，其漏報短報、未申報所得額及短漏繳應納稅額之計算，極為複雜。因此，就漏報短報、未申報所得額之計算，或就漏報短報、未申報所得額及短漏繳應納稅額之計算，財稅主管機關發布不少行政解釋，由於其內容甚為繁複，在此僅將發文文號及要旨引述如下（財政部發布者，發文文號之前略去「財政部」字樣），至其解釋之內容，即請自行參閱。

　　1.綜合所得稅方面：

　　⑴69.4.30台財稅第33449號函（夫妻分開申報而未於申報書寫明配偶關係者其漏稅額之計算）。

　　⑵73.9.3台財稅第59051號函（綜合所得稅漏稅額之計算公式）。

　　⑶74.8.7台財稅第20112號函（在核定補稅退稅前查獲違章案件之漏稅額計算公式）。

　　⑷74.12.23台財稅第26619號函（經調查核定之部分所得額係免罰者其漏稅額之計算方式）。

　　⑸75.12.19台財稅第7518606號函（已辦結算申報而漏報分離課稅所得之計算公式）。

　　⑹76.8.15台財稅第761112491號函（漏報課稅所得額之計算不包括核定應稅免罰部分所得額）。

(7)81.3.20台財稅第810044039號函（短漏報或未申報所得採配偶薪資分開計稅之漏稅額計算公式）。

(8)90.12.24台財稅第900456675號令（利用他人名義分散所得者其漏稅額之計算規定）。

　2.營利事業所得稅方面：

(1)前台灣省財政廳60.9.7財稅一第95314號令（匿報銷貨收入其漏報所得額之計算方式）。

(2)67.5.15台財稅第33186號函（營利事業加計短漏報所得仍無應納稅額其計算處罰之基礎）。

(3)67.5.18台財稅第33241號函（申報虧損而經查獲短漏報所得額者其漏稅額之計算事宜）。

(4)69.4.15台財稅第33041號函（按申報所得額核定之書面審核案件嗣後發現漏報銷貨收入之處理）。

(5)69.10.3台財稅第38271號函（藍色申報或會計師簽證申報案件漏報銷貨收入之處理規定）。

(6)71.12.20台財稅第39186號函（生產事業將非獎勵設備產品申報免稅其短報所得之計算公式）。

五、免予處罰之例外規定暨其評析

對於本條規定之短報漏報、未申報所得額致漏稅違序，法規中有免予處罰之規定，行政解釋中有免予處罰之釋示，茲摘述如下，並予以評析。

(一)稅務違章案件減免處罰標準第3條規定：

「營利事業所得稅納稅義務人未申報或短漏報所得額，有下列情事之一者，免予處罰：

一、依所得稅法第一百十條第一項及第二項規定應處罰鍰案件，經調查核定所漏稅額在新臺幣一萬元以下。但使用藍色申報書或委託會計師查核簽證申報案件，經調查核定所漏稅額在新台幣二萬元以下。

二、依所得稅法第一百十條第四項規定應處罰鍰案件，經調查核定短漏之課稅所得額依當年度適用之營利事業所得稅稅率計算之金額在新台幣一萬元以下。但使用藍色申報書或委託會計師查核簽證申報案件，經調查核定短漏之課稅所得額依當年度適用之營利事業所得稅稅率計算之金額在新台幣二萬元以下。

綜合所得稅納稅義務人依所得稅法第一百十條規定應處罰鍰案件，有下列情事之一者，免予處罰：

一、納稅義務人透過網際網路辦理結算申報，其經調查核定短漏報之課稅所得，符合下列情形：(一)屬扣繳義務人、營利事業或信託行為之受託人依法應彙報稽徵機關之各

類所得扣繳暨免扣繳憑單（不包括執行業務所得格式代號9A之各類所得扣繳暨免扣繳憑單）、股利憑單、緩課股票轉讓所得申報憑單、信託財產各類所得憑單及信託財產緩課股票轉讓所得申報憑單之所得資料。㈡屬納稅義務人依規定向財政部財稅資料中心或稽徵機關查詢，而該機關未能提供之所得資料。

二、納稅義務人未申報或短漏報之所得不屬前款規定情形，而其經調查核定有依規定應課稅之所得額在新台幣二十五萬元以下或其所漏稅額在新臺幣一萬五千元以下，且無下列情事之一：㈠夫妻所得分開申報逃漏所得稅。㈡虛報免稅額或扣除額。㈢以他人名義分散所得。」。

又同標準第23條規定：「稅務違章案件應處罰鍰金額在新台幣二千元以下者，免予處罰。」。

按稅務違章案件減免處罰標準係財政部依據稅捐稽徵法第48條第2項之授權而制定者，故上開免罰規定，優先於本條之處罰規定而適用。

惟應注意，同標準第24條復規定：「納稅義務人……有下列情事之一者，不適用本標準……免予處罰：一、一年內有相同違章事實三次以上者。二、故意違反稅法規定者。三、以詐術或其他不正當方法逃漏稅捐者。」。所稱違章事實次數，係指查獲次數（財政部83.3.23台財稅第831587725號函）。此一規定又係同標準第3條、第23條之特別規定，優先適用。

㈡財政部81.2.17台財稅第811658642號函發布「稽徵機關辦理綜合所得稅違章案件審核要點」，其中要點二至五規定若干情形免按漏報短報所得額論處：

「二、納稅義務人結算申報案件，其屬下列情形者，免按漏報短報所得額論處：

㈠獨資資本主或合夥組織合夥人，申報其所經營事業之營利事業所得額，少於經稽徵機關核定之應得盈餘或應分配盈餘者。

㈡經稽徵機關就蒐集納稅義務人一時貿易交易之資料，依照部頒標準核定其所得額者。

㈢經就公司未分配盈餘依本法七十六條之一規定強制歸戶課稅者。

㈣執行業務者申報之收入額少於經稽徵機關依部頒收入標準按件計算之收入額者。

㈤經稽徵機關依本法第十四條第一項第五類第四、五款規定，參照當地一般租金情況計算或調整其租賃所得者。

㈥納稅義務人出售房屋，如自行計算並無財產交易所得，致未將其財產交易所得填報於綜合所得稅結算申報書，或填報之財產交易所得金額，經稽徵機關依查得資料，就房屋稅課稅現值按本部規定標準計算增列財產交易所得，而核定應補徵稅款者。

㈦執行業務者已填報執行業務所得或納稅義務人已填報本人或配偶經營補習班或不符合本法第四條第一項第十三款規定之幼稚園、托兒所之所得，經稽徵機關調查核定調整增列其所得額非屬短漏報收入或虛列成本、損費者。

(八)納稅義務人經營小規模營利事業，經稽徵機關依查定之營業額核算其營利所得者。

(九)納稅義務人從事自力耕作、漁、牧、林、礦，經稽徵機關按土地賦額計算或依查得資料減除必要費用標準核算而提高其所得額者。

三、小規模營利事業負責人於稽徵機關辦理綜合所得稅個案調查時，自承其各該年度之營利事業所得額高於稽徵機關依查得資料核定之營利事業所得額，除視為「另行發現課稅資料」，補徵該事業之營利事業所得稅及個人綜合所得稅外，免依本法第110條規定送罰。

四、納稅義務人依本法規定應辦理結算申報而未辦理申報，除依本要點或其他法令規定免予送罰者外，應依本法第一百一十條第二項規定送罰。

五、納稅義務人已依規定辦理結算申報，但有漏報或短報所得額情事，或依規定應辦理結算申報而自行辦理申報，經調查發現有依規定應課稅之所得額，未超過新臺幣十萬元，或雖超過新臺幣十萬元而其所漏稅額未超過新臺幣六千元者，均暫免移送法院裁罰，但下列以不正當方法逃漏稅捐者，不論其逃漏金額大小，應一律移送院裁罰。

(一)夫妻所得分開申報規避累進稅率，逃漏所得稅者。

(二)虛報已死亡親屬之扶養親屬免稅額者。

(三)以偽造變造證明文件虛報扶養親屬免稅額者。

(四)以偽造變造證明文件虛報列舉扣除額者。」。

按本法第76條之1業已刪除，故上開要點二、(三)之規定應隨同廢止。其次，上開要點五、之規定，上面(一)所引述之稅務違章案件減免處罰標準第3條第1項第2款，已另有規定，故亦應廢止。

(三)財政部高雄市國稅局92.,9.1財高國稅法字第0920062391號函發佈「營利事業所得稅短漏報所得揭露免罰之處理原則」，內容如下：

「一、營利事業短漏報之所得，如未於結算申報書（損益表及稅額計算表）或會計師簽證報告書適當表達，而僅於其他頁次（含產負債表）揭露或僅附憑證而而未填報於申報書，核屬漏報所得，應依所得稅法第110條規定處罰。

二、營利事業短漏報之所得，已於結算申報書（損益表及稅額計算表）或會計師簽證報告書適當表達，且有下列情形之一，經審查單位依據違章情節或屬會計師簽證案件會計師已進行相當之查核程序，可證明無過失責任者，免依所得稅法第110條規定處罰：

1.其他收益因法令未有明文規定致對收益性質認知差異，而未於申報書（損益表及稅額計算表）自行依法調整欄計列繳稅，惟已於帳載結算金額欄相關科目項下填報者。

2.其他收益或應課稅之所得，因法令未有明文規定致對所得性質認知差異而誤報於申報書（損益表及稅額計算表）未分配盈餘加減項目之免徵或免稅所得科目，經查核通

知補證內容時，據實提示資料供核者。

　　3.短漏報課稅所得，其屬會計師簽證案件，如已於申報書（損益表及稅額計算表）帳載結算金額列報為課稅所得，而會計師簽證報告因法令未有明文規定致對所得性質認知差異，敘明理由調整減列致漏報者。

　　4.其他因法令未有明文規定致對所得性質認知差異而未申報課稅所得，但經查明已於結算申報書（損益表及稅額計算表）或會計師簽證報告書中申報或揭露者。」。

　　在實務上，各市、各區國稅局似均採用此一免罰處理原則。

　　㈣未申報免予處罰之行政解釋：

　　1.綜合所得稅方面：

　　⑴財政部80.12.12台財稅第800760267號函釋示：綜合所得稅納稅義務人漏報或短報其所經營小規模營利事業之營利所得，除應依法補徵其綜合所得稅外，得免依本法第110條規定送罰，「其屬未辦理結算申報案件，比照辦理。」。此一免罰之法律依據為本法第79條第2項前段。

　　⑵財政部83.11.2台財稅第831619058號函釋示：獨資資本主或合夥組織合夥人，已申報綜合所得稅而漏報其經營事業之盈餘或應分配之盈餘者，其漏報所得額之計算以該事業自行申報之稅後盈餘為準，屬營利事業所得稅結算申報經稽徵機關核定調整部分，免按漏報所得額處罰，「納稅義務人未辦理綜合所得稅結算申報之案件，亦一併適用。」。此一免罰之理據，在於獨資資本主或合夥組織合夥人並無「未申報所得額」情事，其行為並未全部該當處罰之構成要件，不成立未申報所得額致漏稅違序，自不得予以處罰。

　　2.營利事業所得稅方面：

　　⑴財政部71.10.23台財稅第37810號函及76.8.1台財稅第7623320號函釋示：納稅義務人未依限辦理結算申報者，由稽徵機關依查得之資料或同業利潤標準核定其所得額及應納稅額，通知依限繳納，而不適用本條第2項處罰之規定（詳見上面二、㈡、1、之說明）。

　　㈤其他免予處罰之行政解釋：

　　1.綜合所得稅方面（均是財政部發布者）：

　　⑴66.4.28台財稅第32754號函：「綜合所得稅納稅義務人，因其所經營之獨資或合夥事業結算申報虧損，乃於其綜合所得稅結算申報書營利所得項目內填報所得額為零或未填列，嗣後如因稽徵機關核定其所經營之事業有所得額時，除應發單補徵外，免依短報或漏報處罰。」。此一免罰之理據，在於獨資資本主或合夥組織合夥人並無「漏報短報所得額」情事，其行為並未全部該當處罰之構成要件，不成立未申報所得額致漏稅違序，自不得予以處罰。

　　⑵68.1.23台財稅第30475號函：「綜合所得稅納稅義務人未依規定辦理結算申報，而有違章情事者，如尚未經稽徵機關裁罰確定前，納稅義務人業已死亡，因該違章主

體已不存在，可對其配偶補稅，免再予處罰。」。又89.9.26台財稅第890454037號函：「綜合所得稅未申報違章案件，於稽徵機關處罰確定前，原核定納稅義務人之配偶死亡，尚不影響原核定及原處分；另夫妻一方單獨申報後死亡，他方經人扶養，因有漏報所得而申請分開申報時，得依本部68/01/23台財稅第30475號函釋規定辦理，以生存之一方為納稅義務人補稅免罰。」。

　　此二釋函所稱「未依規定辦理結算申報，而有違章情事」、「未申報違章案件」，應指經稽徵機關逕行核定所得額及應納稅額後，另行發現有依規定應課稅之所得額之案件而言，否則與本法第79條規定有悖。

　　(3)71.2.2台財稅第30682號函：「主旨：共有物之出租，其租賃所得應按各共有人之應有部分計算，課徵綜合所得稅。說明：二、本案甲、乙、丙等三人共有房屋一幢於68年由甲出租，並申報全數租金所得，為其個人所得，其他共有人如未申報其應有部分之所得時，稽徵機關應依主旨規定辦理，依法退補各共有人之所得稅；但可免按漏報所得規定處罰。」。此係從寬解釋「未申報所得額」。

　　(4)73.2.7台財稅第50811號函：「主旨：各稽徵機關受理執行業務者綜合所得稅結算申報案件時，如發現納稅義務人僅填報『執行業務所得額』，而漏未填報『執行業務收入總額』及『必要費用』各欄金額者，應即輔導其補填後，始予受理申報。說明：二、綜合所得稅納稅義務人申報其執行業務所得，但未依法設帳記載及保存憑證，或未提供證明所得額之帳簿文據，經稽徵機關依本部頒訂之標準，核定增加其所得額者，補稅免罰。但如經各稽徵機關進行調查，查獲有短漏報執行業務所得之證據資料者，除應補徵其綜合所得稅外，應依所得稅法第110條規定送罰。……」。此係從寬解釋「漏報短報所得額」。

　　(5)80.12.12台財稅第800760267號函：「綜合所得稅納稅義務人漏報或短報其所經營小規模營利事業之營利所得，除應依法補徵其綜合所得稅外，得免依所得稅法第110條規定送罰，……。」。此係從寬解釋「漏報短報所得額」。

　　(6)81.5.12台財稅第811708593號函：「主旨：納稅義務人涉嫌以虛偽安排將其所持有之緩課股票移轉予國外法人之已查僑外資案件，如國外法人自行撤回其投資案，並將股權回復原狀者，其移轉當年度綜合所得稅依規定重行核計結果，如無應補徵稅額者，免予送罰。說明：二、納稅義務人涉嫌以虛偽安排，將其所持有之緩課股票移轉予國外法人之已查僑外資案件，如國外法人自行撤回其投資案，並將股權回復原狀者，應依本部85/05/27台財稅第801275079號函規定，重行歸課其移轉年度之所得稅，至於其是否涉嫌違章，應依本部73/09/03台財稅第59051號函規定辦理。」。

　　(7)83.11.2台財稅第831619058號函：「主旨：獨資資本主或合夥組織合夥人，已申報綜合所得稅而漏報其經營事業之盈餘或應分配之盈餘者，其漏報所得額之計算以該事業自行申報之稅後盈餘為準，屬營利事業所得稅結算申報經稽徵機關核定調整部分，免按漏報所得額處罰。……。」。此一免罰之理據，在於獨資資本主或合夥組織合夥人並

無「漏報短報所得額」情事，其行為並未全部該當處罰之構成要件，不成立未申報所得額致漏稅違序，自不得予以處罰。

　　2.營利事業所得稅方面（均是財政部發布者）：

　　⑴下列數函令中之案情，均係經稽徵機關查獲有收入，然而自行於申報書中列報相關之所得額：

　　A.56.12.5台財稅發第12339號令：「營利事業所得稅結算申報書，對於稽徵機關審定其漏開發票營業額，雖未於銷貨金額欄內計列，但既已另於原申報書自行調整欄內，將上項稽徵機關審定漏開發票營業額註明，已無匿報情事，應免依匿報所得處罰。」。

　　B.59.1.12台財稅發第20258號令：「查納稅義務人漏報短報所得額之處罰，應以結算申報為要件，所得稅法第110條第1項已有明定，本案ＸＸ五金行漏開統一發票營業額，如已在當年度所得稅結算申報時併入申報，自不應適用上開法條之規定處罰。」。

　　C.64.6.18台財稅第35219號函：「營利事業涉嫌漏開統一發票經稽徵機關查獲，於當年度營利事業所得稅結算申報時，該項涉嫌逃漏之營業額，雖尚未經稽徵機關審定，仍應就實際營業額依法申報納稅；如已列入申報，而未自繳稅款者，除短繳自繳稅款部分應依法加滯納金外，免依所得稅法第110條規定處罰。」。

　　D.92.5.6台財稅第920453012號令：「營利事業領取政府發給之拆遷補償費，未依本部84/08/16台財稅第841641639號函規定申報課稅，其已於營利事業所得稅結算申報書帳載結算金額欄內註明揭露上述所得者，可免依所得稅法第110條規定處罰。惟該營利事業既未於辦理所得稅結算申報時，就該補償費部分依規定計算應納稅額自行繳納，該項短繳之稅款，應依所得稅法第112條規定，加徵滯納金及利息一併徵收。」。

　　上開函令釋示免罰之理據，均在於營利事業並無「漏報短報所得額」情事，其行為並未全部該當處罰之構成要件，不成立未申報所得額致漏稅違序，自不得予以處罰。

　　⑵59.10.9台財稅第27908號令：「……至該局另案查獲該行57年涉嫌違章逃漏營業額所得額，其屬於使用發票設帳期間者，應依所得稅法第110條規定按逃漏論罰；其屬1至6月份免用發票期間私帳所記載之銷貨收入245,641.70元，既較同期查定課徵營業稅之營業額183,350元為大，應依所得稅法第79條規定，應按其超過部分依法核計所得額補稅，准免依所得稅法第110條第2項之規定論罰。」。

　　⑶62.6.27台財稅第34834號函：「外銷品原料退稅收入，已自原料成本中減除或沖銷者，縱當年度營業成本係按利潤標準核定，亦未便再予調整增列當期所得，補稅送罰。」。此一釋函符合本法第79條規定之規範意旨。

　　⑷66.7.5台財稅第34334號函：「二、營利事業所得稅結算申報案件，經稽徵機關依同業利潤標準核定所得額後，嗣後如發現有虛列進貨成本情事，如與原核定所得額比較尚無短漏所得額，應不適用所得稅法第110條規定處罰。三、茲例示如次：設某營利

事業當年度結算申報自行申報收入10,000,000元，成本6,000,000元，費用3,000,000元，所得額為1,000,000萬元，經稽徵機關依同業利潤標準核定其所得額為2,400,000元（成本為5,100,000元，費用為2,500,000元）。如嗣後發現虛列成本1,000,000元，將該項虛列成本剔除後，原申報之所得額為2,000,000元，與原核定之所得額2,400,000元比較，尚無短漏所得額。但如虛列成本2,000,000元，則將該項虛列成本剔除後，原申報所得額為3,000,000元，與原核定所得額2,400,000元比較，其超過原核定所得額部分600,000元，應視為匿報所得額，依查核準則第112條規定計算其漏稅額，適用所得稅法第110條之規定處罰。」。

(5)67.12.20台財稅第38361號函：「營利事業未將書寫錯誤之統一發票收執聯保存者，除依營利事業所得稅結算申報查核準則第21條規定按銷貨認定外，免依所得稅法第110條規定處罰。……」。此係從寬解釋「漏報短報所得額」。

(6)69.8.25台財稅第37111號函：「營利事業之開辦費，未依規定逐年攤提，而於以後年度補提，經稽徵機關剔除核定補徵稅款者，除依規定加計利息外，免依所得稅法第110條規定處罰。」。此係從寬解釋「漏報短報所得額」。

(7)84.3.15台財稅第841609905號函：「依規定得免辦理結算申報之教育、文化、公益、慈善機關或團體，如其自行辦理結算申報，經稽徵機關查獲短、漏報收入且不符本部83/06/01台財稅第831595361號函規定：「……短漏報收入不超過新臺幣十萬元或短漏報收入占核定全年收入之比例不超過百分之十，且非以詐術或其他不正當方法逃漏稅捐有關短漏報情節輕微標準者，核與『教育文化公益慈善機關或團體免納所得稅適用標準』第2條第1項第9款規定不合，應依法核定課稅，惟免依所得稅法第110條第1項規定處罰。」。此係從寬解釋「漏報短報所得額」。

(8)92.5.6台財稅第920453012號令：「營利事業領取政府發給之拆遷補償費，未依本部84/08/16台財稅第841641639號函規定申報課稅，其已於營利事業所得稅結算申報書帳載結算金額欄內註明揭露上述所得者，可免依所得稅法第110條規定處罰。惟該營利事業既未於辦理所得稅結算申報時，就該補償費部分依規定計算應納稅額自行繳納，該項短繳之稅款，應依所得稅法第112條規定，加徵滯納金及利息一併徵收。」。

參、漏報短報、未申報未分配盈餘致漏稅違序與其處罰

（甲）營利事業已依本法第102條之2規定辦理申報，但有漏報或短報未分配盈餘者，構成**漏報短報未分配盈餘致漏稅違序**，處以所漏稅額1倍以下之罰鍰（第110條之2第1項）。

（乙）營利事業未依本法第102條之2規定自行辦理申報，而經稽徵機關調查，發現有應依規定申報之未分配盈餘者，構成**漏報短報、未申報未分配盈餘致漏稅違序**，除依去補徵應加徵之稅額外，應照補徵稅額，處1倍以下之罰鍰（第110條之2第2項）。

一、受罰人

本法第110條（以下稱「**本條**」）之2所規定之**漏報短報、未申報未分配盈餘致漏稅違序**，行為人係營利事業，受罰人亦同。

本條規定之行為人（受罰人）係營利事業，而其僅限於「**總機構在我國境內之公司、合作社、營利社團法人**」，並非所有組織型態之營利事業均有填報、填發股利憑單之義務，詳見上本章第一目、五、一、及二、㈢、1、⑴之說明。

二、客觀構成要件

㈠本條第1項規定：「*營利事業已依第一百零二條之二規定辦理申報，但有漏報或短報未分配盈餘者，處以所漏稅額一倍以下之罰鍰*」。

茲說明如下：

1.已依本法第102條之2規定辦理申報，但有漏報短報未分配盈餘，而有漏稅事實者，成立「**漏報短報未分配盈餘致漏稅違序**」。

所稱**漏報短報未分配盈餘**，係指營利事業已依本法第102條之2規定辦理申報，由於故意或過失，而未分配盈餘有所漏報或短報。「漏報」通常是由於故意或過失，而未列報某筆未分配盈餘之故。「短報」通常是由於故意或過失，而短少列報某筆未分配盈餘之故。

2.**必須因漏報短報未分配盈餘「而有漏稅事實」，方成立漏報短報未分配盈餘致漏稅違序**。所謂「有漏稅事實」，係指未分配盈餘所應加徵稅額已屆至繳納期限，而又逾越「滯納期間」仍未繳納應納稅額（參見上面本目、壹、一、之說明）。

3.漏報短報未分配盈餘致漏稅違序之成立，前提要件係營利事業有「申報未分配盈餘義務」與「繳納應加徵稅額義務」；此二義務均規定於本法第102條之2，其規定內容於下面㈢說明。

4.漏報短報、未申報未分配盈餘致漏稅違序之成立，必須違序之行為具有「**構成要件該當性**」；違序之行為在何一時日方成為「**構成要件該當行為**」，自應予以審究。

關於漏報短報未分配盈餘致漏稅違序之構成要件該當行為成立時日，於下面㈣說明。

㈡本條第2項規定：「*營利事業未依第一百零二條之二規定自行辦理申報，而經稽徵機關調查，發現有應依規定申報之未分配盈餘者，除依法補徵應加徵之稅額外，應照補徵稅額，處一倍以下之罰鍰。*」。

茲說明如下：

1.關於本條第2項規定之適用，應注意本法第102條之3規定：「（第1項）稽徵機關應協助營利事業依限辦理未分配盈餘申報，並於申報期限屆滿前十五日填具催報書，揭示延遲申報之責任。催報書得以公告方式為之。（第2項）營利事業未依規定期限，辦

理未分配盈餘申報者，稽徵機關應即填具滯報通知書，送達營利事業，限於接到滯報通知書之日起十五日內補辦申報；其逾限仍未辦理申報者，稽徵機關應依查得資料，核定其未分配盈餘及應加徵之稅額，並填具核定稅額通知書，連同繳款書，送達營利事業依限繳納；嗣後如經調查另行發現課稅資料，仍應依稅捐稽徵法有關規定辦理。」。

對於本法第102條之3規定之適用，財政部91.12.11台財稅第910456524號令釋示：「營利事業未依規定期限辦理未分配盈餘申報，經稽徵機關依所得稅法第102條之3第2項規定填具滯報通知書通知補辦未分配盈餘申報，其逾限仍未辦理申報者，除應依查得之資料核定其未分配盈餘及應加徵之稅額，並依同法第108條之1第2項規定另徵怠報金外，不適用同法第110條之2第2項處罰之規定。但嗣後如經調查另行發現課稅資料，仍應依所得稅法第110條之2第2項規定處罰。」。

分析本法第102條之3規定內容與上開解釋內容，可獲得如下結論：

(1)營利事業**未依規定期限辦理未分配盈餘申報**（指本法第102條之2所規定之各種申報）者，稽徵機關應即填具滯報通知書，限營利事業於接到滯報通知書之日起15日內補辦未分配盈餘申報。其屆期仍未辦理申報者，稽徵機關應依查得之資料，核定其未分配盈餘及應加徵稅額，通知依限繳納，**而不適用同法第110條之2第2項處罰之規定**。

(2)稽徵機關如上面(1)所述，已依查得之資料核定營利事業未分配盈餘及應加徵稅額，**其後如經調查另行發現納稅義務人之課稅資料，應依本法第110條之2第2項規定處罰**。

由上面之分析可知，**在未申報未分配盈餘之情形，本法第102條之3規定乃是本條第2項之特別規定**。從而本條第2項規定中之「**未申報未分配盈餘**」，應指營利事業「**未辦理本法第102條之2所規定之各種申報，經稽徵機關逕行核定未分配盈餘及應加徵稅額後，另行發現有依規定應課稅之未分配盈餘**」。因此，「未辦理申報，經稽徵機關逕行核定未分配盈餘及應加徵稅額後，另行發現有依規定應課稅之未分配盈餘，而有漏稅事實」，方構成「**未申報未分配盈餘致漏稅違序**」。漏報短報未分配盈餘致漏稅違序與未申報未分配盈餘致漏稅違序，合稱「**漏報短報、未申報未分配盈餘致漏稅違序**」。

2.所謂「有漏稅事實」，係指未分配盈餘所應加徵之稅額已屆至繳納期限，而又逾越「滯納期間」仍未繳納應納稅額（參見上面本目、壹、一、㈡之說明）。

3.未申報未分配盈餘致漏稅違序之成立，前提要件係營利事業有「申報未分配盈餘義務」與「繳納應加徵稅額義務」；此二義務均規定於本法第102條之2，其規定內容於下面㈢說明。

4.未申報未分配盈餘致漏稅違序之成立，必須違序之行為具有「**構成要件該當性**」；違序之行為在何一時日方成為「**構成要件該當行為**」，自應予以審究。

關於未申報未分配盈餘致漏稅違序之構成要件該當行為成立時日，於下面㈣說明。

(三)申報未分配盈餘義務與繳納應加徵稅額義務：

本法第102條之2規定：「（第1項）營利事業應於其各該所得年度辦理結算申報之次年五月一日起至五月三十一日止，就第六十六條之九第二項規定計算之未分配盈餘填具申報書，向該管稽徵機關申報，並計算應加徵之稅額，於申報前自行繳納。其經計算之未分配盈餘為零或負數者，仍應辦理申報。（第2項）營利事業於依前項規定辦理申報前經解散或合併者，應於解散或合併日起四十五日內，填具申報書，就截至解散日或合併日止尚未加徵百分之十營利事業所得稅之未分配盈餘，向該管稽徵機關申報，並計算應加徵之稅額，於申報前自行繳納。營利事業未依規定期限申報者，稽徵機關應即依查得資料核定其未分配盈餘及應加徵之稅額，通知營利事業繳納。（第3項）營利事業於報經該管稽徵機關核准，變更其會計年度者，應就變更前尚未申報加徵百分之十營利事業所得稅之未分配盈餘，併入變更後會計年度之未分配盈餘內計算，並依第一項規定辦理。……」。本條計規定三種未分配盈餘申報之義務，茲析述如下：

1.全年未分配盈餘及應加徵稅額之「結算申報」（以「**年度決算申報**」稱之），申報期限係「辦理所得額結算申報之次年5月31日」。由於辦理所得額結算申報之期限係次年5月31日，故未分配盈餘及應加徵稅額之申報期限及成為再次年之5月31日（例如99年之所得額係於100年5月31日申報，而99年之未分配盈餘則係於101年5月31日申報）。

2.年中解散或合併前未分配盈餘及應加徵之稅額之「申報」（以「**年中解散等決算申報**」稱之），申報期限係「解散或合併日起45日」。規定過於簡略，是以財政部有89.4.11台財稅第890450265號函及97.1.24台財稅第9604136230號令補充規定如下：

(1)營利事業解散或合併，於主管機關核准解散或合併文書發文日之次日起45日內辦理年中解散等決算申報時，上年度及當年度之未分配盈餘免予申報。

(2)解散之營利事業，於解散日所屬會計年度結束前尚未辦理清算完結者，其上年度之未分配盈餘，於解散年度之次年5月31日前辦理申報。但在次年5月31日前清算完結者，應於清算完結日前申報。

(3)合併而消滅之營利事業，其合併年度及上年度未分配盈餘，應由合併後存續或另立之營利事業，按該盈餘所屬之所得年度，於「年度決算申報」時限內，辦理申報（財政部90.9.25台財稅第90455182號函釋示：合併後營利事業應將本身與消滅之營利事業之未分配盈餘，分開申報）。

3.年中變更會計年度前未分配盈餘及應加徵之稅額之「申報」（以「**年中變更會計年度決算申報**」稱之），申報期限係「變更會計年度後次會計年度之年度決算申報之期限」，亦即新會計年度之第5個月之31日（並非5月31日）（例如新年度係7月1日開始，則其申報期限係11月30日）。

至於解散日所屬會計年度開始日至解散日之未分配盈餘，以及清算期間之未分配盈餘（二者其實是所得額），本法第102條之2與上開釋函中未有進一步規定與說明；推論其意，應係免予申報，而併入清算程序中之剩餘財產分配處理之。

(四)漏報短報、未申報未分配盈餘致漏稅違序之構成要件該當行為成立時日：

1.營利事業各種未分配盈餘之申報與納稅義務之履行期限，如上面(三)所述；因此，營利事業在上面(三)所述各種義務之履行期限前，已申報而有漏報短報未分配盈餘，並且在滯納期間屆滿前仍未繳納短繳或未繳之應加徵稅額，而其係出於故意或過失者，**其行為即具有構成要件該當性，而屬「漏報短報未分配盈餘致漏稅違序」之構成要件該當行為。**

2.營利事業各種各種未分配盈餘之申報與納稅義務之履行期限，如上面(三)所述；因此，納稅義務人在上面(三)所述各種義務之履行期限前未辦理申報，而於稽徵機關逕行核定未分配盈餘及應加徵稅額後，發現有依法應課稅之未分配盈餘，而在滯納期間屆滿前仍未繳納短繳或未繳之應加徵稅額，其係出於故意或過失者，**其行為即具有構成要件該當性，而屬「未申報未分配盈餘致漏稅違序」之構成要件該當行為。**

(五)免予申報未分配盈餘之行政解釋：

財政部91.10.30台財稅第910456521號令釋示：「營利事業如係百分之百由左列之機關、團體或組織個別或共同投資成立者，免依所得稅法第66條之9及第102條之2規定計算未分配盈餘申報：(一)各級政府機關。(二)所得稅法第11條第4項規定之教育、文化、公益、慈善機關或團體。(三)依其他法律規定不得分配盈餘之團體或組織。」。

(六)財政部96.10.2台財稅第9600364650號令發布「94年度或以後年度營利事業未分配盈餘申報案件之違章認定原則」，作為各稽徵機關認定「各種漏報或短報未分配盈餘」之準據，其規定內容如下：

「未分配盈餘申報書」項次	財務報表非經會計師簽證案件	財務報表經會計師簽證案件
1.稅後純益	一、申報之數額＜當年度依商業會計法規定處理之稅後純益之差額，依違章論罰。 二、當度營利事業所得稅結算申報案件經稽徵機關核定短漏報所得，且營利事業同年度稅後純益亦同步發生短漏情形者，依違章論罰；惟營利事業同年度未分配盈餘申報之稅後純益，於稽徵機關調查該筆短漏報所得之調查基準日前，已依稅捐稽徵法第48條之1規定，自動向稅捐稽徵機關補報並補繳所漏稅款者，免予處罰。	一、申報之數額＜會計師財務簽證稅後純益之差額，依違章論罰。 二、申報之稅額＝會計師財務簽證稅後純益之金額，惟經主管機關查核通知調整者，申報之數額＜調整更正後數額之差額，依違章論罰。 三、當度營利事業所得稅結算申報案件經稽徵機關核定短漏報所得，且經通報主管機關查核通知調整之稅後純益亦同步發生短漏情形者，依違章論罰；惟營利事業同年度未分配盈餘申報之稅後純益，於稽徵機關調查該筆短漏報所得之調查基準日前，已依稅

「未分配盈餘 申報書」項次	財務報表非經 會計師簽證案件	財務報表經會計師 簽證案件
		捐稽徵法第48條之1規定，自動向稅捐稽徵機關補報並補繳所漏稅款者，免予處罰。
2.加：於94年度或以後年度依所得稅法第66條之9第2項第5款及第7款規定限制或提列之盈餘，於限制原因消滅年度之次一會計年度結束前未作分配之金額。	申報之數額＜94年度或以後年度實際依規定限制或提列之盈餘於限制原因消滅年度之次一會計年度結束前未由股東會決議作分配之金額之差額（即短列數），依違章論罰。	（同左）
6.減：彌補以往年度之虧損。	申報之數額＞以「當年度稅後純益」實際彌補以往年度之虧損之差額（即虛列數），依違章論罰。	（同左）
7.減：彌補經會計師查核簽證之次一年度虧損額。	一、次一年度財務報表非經會計師簽證者，無本項之適用，如申報之數額＞0之差額（即虛列數），依違章論罰。 二、次一年度財務報表經會計師簽證者，申報之數額＞會計師簽證次一年度稅後純損之差額，依違章論罰。	（同左）
8.減：已由當年度盈餘分配之股利淨額或盈餘淨額。	申報之數額＞由當年度股東會決議盈餘分配之股利淨額或盈餘淨額之差額，依違章論罰。但屬計算或小數點尾差產生者，不予處罰。	（同左）
9.減：已依公司法或其他法律規定由當年度盈餘提列之法定盈餘公積、或已依合作社法規定提列之公積金及公益金。	申報之數額＞由當年度稅後盈餘實際提列之差額（例如：減除非當年度盈餘所提列法定盈餘公積、股東會議事錄並未決議提列法定盈餘公積而逕予減除）（即虛列數），依違章論罰。 備註： 一、如盈餘未彌補虧損即提列法定盈餘公積者，依經濟部函釋係屬股東會決議無效，須回復原狀，故無涉是否違章。 二、提列法定盈餘公積或特別盈餘公積係將保留盈餘加以限制或凍結，且股東可扣抵稅額帳戶應減除所含之當年度已納營利事業所得稅額，故原則上除掌握確實證據（如：減除非當年	（同左）

「未分配盈餘申報書」項次	財務報表非經會計師簽證案件	財務報表經會計師簽證案件
	度盈餘所提列之法定盈餘公積、股東會議事錄並未決議提列法定盈餘公積而逕予減除）外，不予處罰。	
10.減：依本國與外國所訂之條約，或依本國與外國或國際機構經濟救助或貸款協議中，規定應提列之償債基金準備，或對於分配盈餘有限制者，其已由當年度盈餘提列或限制部分。	申報之數額＞由當年度稅後盈餘實際提列或限制金額之差額（即虛列數），依違章論罰。備註：第9項次備註二準用之。	（同左）
11.減：已依公司或合作社章程規定由當年度盈餘給付之董、理、監事職工紅利或酬勞金。	申報之數額＞由當年度稅後盈餘分配並實際給付金額之差額（即虛列數），該差額未於股東會會議紀錄決議分配者，依違章論罰。	（同左）
12.減：依其他法律規定，由主管機關命令自當年度盈餘已提列特別盈餘公積或限制分配部分。	申報之數額＞依其他法律規定由當年度稅後盈餘實際提列數或限制金額之差額（即虛列數），依違章論罰。備註：第9項次備註二準用之。	（同左）
13.減：依其他法律規定，應由稅後純益轉為資本公積者。	申報之數額＞依其他法律規定由當年度稅後盈餘實際轉為資本公積金額之差額（即虛列數），依違章論罰。	（同左）
14.減：其他經財政部核准之項目。	申報本項目或金額，屬虛列數、重複減列數等者，依違章論罰。	（同左）

　　上表係發佈於行政罰法施行之前，在行政罰法施行後，表中所述未分配盈餘之「加項少列」或「減項虛列」之情形，規定「依違章論罰」，均須審究「加項少列」或「減項虛列」之情形是否出於故意或過失所致，自不待言。

三、主觀構成要件

　　營利事業係組織，依行政罰法第7條第2項規定，組織之故意、過失係以其有代表權之人或其職員等之故意、過失推定之。因此，營利事業漏報短報、未申報未分配盈餘致漏稅，其行為是否出於故意、過失，如營利事業說明或主張違序之行為係由其有代表權之人或其職員等所為，稽徵機關應不得逕予否認，而應審究其有代表權之人或其職員等

是否確實負責處理帳務及稅務事項,而其漏報短報、未申報未分配盈餘,是否存有故意、過失,以推定營利事業之是否故意、過失(如依代表之法理,其實有代表權之人之行為即應視為營利事業之行為,無須推定;參見前面本書第二篇第二章、壹、一、㈤、2、之說明)。

四、法律效果

對納稅義務人**漏報短報、未申報未分配盈餘致漏稅違序**,除依法核定補徵應加徵稅額外,**處以所漏稅額1倍以下之罰鍰**。

對照本條第1項與第2項規定,第1項條文中並無「除依法核定補徵應加徵之稅額外」一句,而第2項條文則有「除依法核定補徵應加徵之稅額外」一句。由於並無理由不對漏報短報未分配盈餘致漏稅違序之營利事業「依法核定補徵應加徵之稅額」,故應解為當係立法之疏忽。解釋上,營利事業人漏報短報未分配盈餘致漏稅違序,當然亦應依法核定補徵應加徵之稅額。

稽徵機關在「漏稅額1倍」範圍內,有處罰倍數之裁量權。

惟稽徵機關對本條規定處罰倍數之裁量權,實際上受限於財政部訂定之「稅務違章案件裁罰金額或倍數參考表」中關於本條處罰倍數統一裁量之規定,其規定如下:

㈠漏報短報未分配盈餘致漏稅違序:

1.漏稅額在50,000元以下者,處所漏稅額0.25倍之罰鍰。但於裁罰處分核定前,以書面或於談話筆(紀)錄中承認違章事實,並願意繳清稅款及罰鍰者,處所漏稅額0.2倍之罰鍰。

2.漏稅額超過50,000元者,處所漏稅額0.5倍之罰鍰。但於裁罰處分核定前,以書面或於談話筆(紀)錄中承認違章事實,並願意繳清稅款及罰鍰者,處所漏稅額0.4倍之罰鍰。

㈡未申報未分配盈餘致漏稅違序:

1.漏稅額在50,000元以下者,處所漏稅額0.5倍之罰鍰。但於裁罰處分核定前,以書面或於談話筆(紀)錄中承認違章事實,並願意繳清稅款及罰鍰者,處所漏稅額0.4倍之罰鍰。

2.漏稅額超過50,000元者,處所漏稅額1倍之罰鍰。但於裁罰處分核定前,以書面或於談話筆(紀)錄中承認違章事實,並願意繳清稅款及罰鍰者,處所漏稅額0.8倍之罰鍰。

五、免予處罰之例外規定

稅務違章案件減免處罰標準第4條規定:「營利事業所得稅納稅義務人未申報或短漏報未分配盈餘,依所得稅法第一百十條之二規定應處罰鍰案件,經調查核定所漏稅額在新台幣一萬元以下者,免予處罰。但使用藍色申報書或委託會計師查核簽證申報

案件，經調查核定所漏稅額在新台幣二萬元以下者，免予處罰。」。又同標準第23條規定：「稅務違章案件應處罰鍰金額在新台幣二千元以下者，免予處罰。」。按稅務違章案件減免處罰標準係財政部依據稅捐稽徵法第48條第2項之授權而制定者，故此二免罰規定，優先於本條之處罰規定而適用。

　　惟應注意，同標準第24條復規定：「納稅義務人……有下列情事之一者，不適用本標準……免予處罰：一、一年內有相同違章事實三次以上者。二、故意違反稅法規定者。三、以詐術或其他不正當方法逃漏稅捐者。」。所稱違章事實次數，係指查獲次數（財政部83.3.23台財稅第831587725號函）。此一規定又係同標準第4條、第23條之特別規定，優先適用。

肆、未扣繳、短扣繳所得稅致漏稅違序與其處罰

　　扣繳義務人未依本法第88條規定扣繳稅款，構成**未扣繳、短扣繳所得稅致漏稅之初次違序**，除限期責令補繳應扣未扣或短扣之稅款及補報扣繳憑單外，並按應扣未扣或短扣之稅額處1倍以下之罰鍰；其未於限期內補繳應扣未扣或短扣之稅款，或不按實補報扣繳憑單，構成**未扣繳、短扣繳所得稅致漏稅之二次違序**，應按應扣未扣或短扣之稅額處3倍以下之罰鍰（本法第114條第1款）。

一、受罰人

　　(一)本法第114條（以下稱**「本條」**）第1款所規定之未扣繳、短扣繳所得稅致漏稅違序，其行為人係扣繳義務人，受罰人亦同。

　　關於扣繳義務人之定義，以及本法及其他法規對於何人為扣繳義務人之具體規定，詳見上面本章第一目、肆、一、(一)、及(二)所述，不贅。

　　有關受罰人之行政解釋：

　　1.前台灣省財政廳58.4.5財稅一第37511號令：「本案該處查獲××經營西藥買賣，未辦營業登記，除應按不依規定申報營業登記而營業者之規定罰辦外，其利息支出○○元，如係該未辦登記之營利事業所支付，而未依法扣繳利息所得稅款者，應仍依所得稅法第114條第1項第1款規定罰辦。」。

　　2.財政部67.4.26台財稅第32686號函：「薪資所得之扣繳義務人為事業負責人，所得稅法第89條第1項第2款訂有明文，依此規定營利事業負責人始為扣繳義務人，倘於事業存續期間未履行同法第88條規定之扣繳義務，自應依行為時有關違反扣繳義務之處罰規定辦理；並不因嗣後公司已經合法清算致法人資格消滅，而得免除其扣繳義務人之責任。」。

　　(二)本條第1款明定：「扣繳義務人未依第88條規定扣繳稅款或短扣稅款，……應予處罰」，亦即違序之行為人（受罰人），係本法第88條規定之扣繳義務人。然而正如上面本章第一目、肆、一、(三)所述，各類所得扣繳率標準第6條、金融資產證券化條例

第41條、金融資產證券化條例第101條與不動產證券化條例第50條所規定之扣繳義務人（分別為信託契約之委託人、受託機構、特殊目的公司與受託機構），並非本法第88條規定之扣繳義務人。因此，**如上開各規定之扣繳義務人未扣繳稅款或短扣稅款，不得依本條第1款規定予以處罰，否則違反行政罰法第4條規定之「處罰法定原則」**。

二、客觀構成要件

㈠本條第1款規定之違序行為係「未依本法第88條規定扣繳稅款或短扣繳稅款」，故其包括二種違序行為，一是**「未扣繳所得稅致漏稅違序」**，二是**「短扣繳所得稅致漏稅違序」**，二者合稱**「未扣繳、短扣繳所得稅致漏稅違序」**。

本條第1款規定之處罰包括「初次處罰」與「二次處罰」，故其處罰之構成要件亦有**「初次違序」**與**「二次違序」**之分。其違序之行為如下：

1.違反本法第88條規定扣繳稅款，成立**「未扣繳、短扣繳所得稅致漏稅之初次違序」**。

茲說明如下：

⑴**「未扣繳所得稅致漏稅」**係指完全未依本法規定扣繳所得稅之行為；**「短扣繳所得稅致漏稅」**係指雖已扣繳所得稅而有短少扣繳款之行為。

扣繳所得稅之行為，分為二個階段，首先係「扣」，即「扣取稅款」，其次是「繳」，即「繳納所扣稅款」。扣繳義務人有「未繳納、短少繳納所扣稅款」之事實，即該當未扣繳、短扣繳所得稅致漏稅初次違序；至於其事實上「有否扣取稅款」或「是否短少扣取稅款」，則在所不問。

⑵**必須因未扣繳、短扣繳所得稅「而有漏稅事實」，方成立未扣繳、短扣繳所得稅致漏稅違序**。所謂「有漏稅事實」，係指應納之所扣稅額已屆至繳納期限，而又逾越「滯納期間」仍未繳納（參見上面本目、壹、一、之說明）。

⑶本法第88條係規定，扣繳義務人扣繳所得稅之義務，其規定內容於下面㈡詳述。

⑷未扣繳、短扣繳所得稅致漏稅初次違序之成立，必須違序之行為具有**「構成要件該當性」**；違序之行為在何一時日方成為**「構成要件該當行為」**，自應予以審究。

關於未扣繳、短扣繳所得稅致漏稅初次違序之構成要件該當行為成立時日，於下面㈢、1、說明。

2.扣繳義務人有上面1、所述違序之一，經主管稽徵機關通知限期責令補繳應扣未扣或短扣之稅款及補報扣繳憑單者，未於限期內補繳應扣未扣或短扣之稅款，或不按實補報扣繳憑單，成立**「未扣繳、短扣繳所得稅致漏稅之二次違序」**。

茲說明如下：

⑴依據稽徵機關依法所作「通知限期補繳應扣未扣或短扣之稅款及補報扣繳憑單」之行政處分，扣繳義務人**負有補繳及補報之義務**；而其不補繳未扣或短扣之稅款，或不按實補報扣繳憑單時，構成二次違序。

⑵本條第1款前段規定：「主管稽徵機關通知限期責令……補報扣繳憑單」，而後段則規定：「不按實補報扣繳憑單，……應予處罰」，前、後規定似無法完全配合。蓋稽徵機關通知「限期責令補報扣繳憑單」，而扣繳義務人可能「未依限補報」或「不按實補報」；然而後段則僅規定「不按實補報，應予處罰」，至於「未依限補報」則無處罰之明文，顯然有法律疏漏。**惟基於行政罰法第4條「處罰法定原則」之規定，稽徵機關通知「限期責令補報扣繳憑單」，而扣繳義務人「未依限補報」者，不得論為未扣繳、短扣繳所得稅致漏稅之二次違序**，自不得予以處罰。如認為扣繳義務人未依限補報，亦應處罰，唯一解決之道係在本條第1款中增訂「未依限補報，應予處罰」之明文。

⑶未扣繳、短扣繳所得稅致漏稅二次違序之成立，必須違序之行為具有**「構成要件該當性」**；違序之行為在何一時日方成為**「構成要件該當行為」**，自應予以審究。

關於未扣繳、短扣繳所得稅致漏稅二次違序之構成要件該當行為成立時日，於下面㈢、2、說明。

㈡扣繳所得稅之義務：

1.扣繳義務人扣取稅款及繳納所扣稅款之義務，規定於本法第88條第1項、第2項以及第92條第1項、第2項：

第88條第1項及第2項：

「（第1項）納稅義務人有下列各類所得者，應由扣繳義務人於給付時，依規定之扣繳率或扣繳辦法，扣取稅款，並依第九十二條規定繳納之：

一、公司分配予非中華民國境內居住之個人及總機構在中華民國境外之營利事業之股利淨額；合作社、合夥組織或獨資組織分配予非中華民國境內居住之社員、合夥人或獨資資本主之盈餘淨額。

二、機關、團體、學校、事業、破產財團或執行業務者所給付之薪資、利息、租金、佣金、權利金、競技、競賽或機會中獎之獎金或給與、退休金、資遣費、退職金、離職金、終身俸、非屬保險給付之養老金、告發或檢舉獎金、結構型商品交易之所得、執行業務者之報酬，及給付在中華民國境內無固定營業場所或營業代理人之國外營利事業之所得。

三、第二十五條規定之營利事業，依第九十八條之一之規定，應由營業代理人或給付人扣繳所得稅款之營利事業所得。

四、第二十六條規定在中華民國境內無分支機構之國外影片事業，其在中華民國境內之營利事業所得額。

（第2項）獨資、合夥組織之營利事業依第七十一條第二項或第七十五條第四項規定辦理結算申報或決算、清算申報，有應分配予非中華民國境內居住之獨資資本主或合夥組織合夥人之盈餘總額者，應於該年度結算申報或決算、清算申報法定截止日前，由扣繳義務人依規定之扣繳率，扣取稅款，並依第九十二條規定繳納；其後實際分配

時，不適用前項第一款之規定。」。

第92條：「（第1項）第八十八條各類所得稅款之扣繳義務人，應於每月十日前將上一月內所扣稅款向國庫繳清，……並於每年一月底前將上一年內扣繳各納稅義務人之稅款數額，開具扣繳憑單，彙報該管稽徵機關查核；並應於二月十日前將扣繳憑單填發納稅義務人。但營利事業有解散、廢止、合併或轉讓，或機關、團體裁撤、變更時，扣繳義務人應隨時就已扣繳稅款數額，填發扣繳憑單，並於十日內向該管稽徵機關辦理申報。（第2項）非中華民國境內居住之個人，或在中華民國境內無固定營業場所之營利事業，有第八十八條規定各類所得時，扣繳義務人應於代扣稅款之日起十日內，將所扣稅款向國庫繳清，……。」。本條第1項但書規定，未有「扣繳義務人應於何時繳清扣稅款」之明文。解釋上，似應解爲「應於代扣稅款日起10日內，將所扣稅款向國庫繳清」。

綜觀上述規定，扣繳義務人**繳納所扣稅款之期限**，正常情形是「扣取稅款日之次月10日前」。如係：(1)營利事業有解散、廢止、合併或轉讓，或機關、團體裁撤、變更，(2)所得人係非我國境內居住之個人，(3)所得人係在我國境內無固定營業場所之營利事業，則扣繳義務人繳納所扣稅款之期限係「代扣稅款日起10日內」。

2.上述「扣取稅款日之次月10日前」、「代扣稅款日起10日內」之**繳納所扣稅款期限**，均繫於「應扣取稅款之日」係何時而定。

按本法第88條第1項明定：「納稅義務人有下列各類所得者，應由扣繳義務人於給付時，依規定之扣繳率或扣繳辦法，扣取稅款」，是以**「應扣取稅款之日」即是「給付（所得）時」**。

所謂「給付（所得）時」，本法施行細則第82條第1項及第2項有解釋性規定：「（第1項）本法第八十八條第一項所稱給付時，係指實際給付、轉帳給付或匯撥給付之時。（第2項）公司之應付股利，於股東會決議分配盈餘之日起，六個月內尚未給付者，視同給付。」。

有關「給付（所得）時」（即應扣取稅款之日）之行政解釋（均係財政部所發布）：

(1)48台財稅發第4135號令：「民間借貸款項按月計利，如因債務人未能按期清償每月應付利息，經商得債權人同意改換借據，而將此項應付利息再行滾入爲原本者，該項利息，再滾入爲本金時已構成給付之事實，扣繳義務人即應按其數額依法扣繳稅款。」。

(2)55.5.4台財稅發第4173號令：「查依照戡亂時期在台公司淪陷區股東股權行使條例（註：現行在台公司大陸地區股東股權行使條例）第五條第一項前段規定：『保留股之股利或其他收益以保留股專戶存儲於各該公司』，故保留股之股利依上開規定轉爲專戶時，就公司言，雖未『實際給付』，但已『轉帳給付』，所請因未對淪陷區股東爲『實際給付』暫緩扣繳一節，核與所得稅法施行細則第82條……之規定不符，未便照

准。」。

(3)64.5.26台財稅第33765號函：「公司組織之營利事業，利用盈餘增資配發非中華民國境內居住之個人或在中華民國境內無固定營業場所之營利事業之股票股利，扣繳義務人應在增資股票交付時扣繳稅款，如在增資年度結束前未將股票交付，至遲應於增資年度之次一年度三月底前，依增資年度之扣繳率辦理扣繳稅款。」。

(4)65.7.26台財稅第34969號函：「營利事業員工年終獎金如在年度結束以前，已有權責發生，得以當年度「應付費用」列帳，俟實際給付時，再依法扣繳所得稅款。」。

(5)66.4.13台財稅第32341號函：「二、執行業務者因執行業務收取營利事業給付之非即期支票作為報酬，如該支票之交付日期與發票日期在同一年度（1月1日至12月31日之曆年）者，應由扣繳義務人於交付該項支票時，依法扣繳所得稅款。……三、前項支票之交付日與該支票所載發票日如不在同一年度者，營利事業於交付該支票時，免予扣繳所得稅款，但應於該支票所載發票日之年度依照所得稅法第89條第3項規定，列單申報該管稽徵機關，……。」。

(6)66.10.5台財稅第36761號函：「營利事業於年度結束時，如有已到期之利息或租金，雖已列帳，惟尚未給付或轉入債權人帳戶者，免視同給付，亦免扣繳所得稅。」。

(7)95.9.1台財稅第9500265000號令：「主旨：一、營利事業以非即期支票給付應扣繳範圍之所得，應由扣繳義務人於該支票所載發票日，依法扣繳所得稅。……」。

(8)98.11.5台財稅第9804109680號令：「一、公司辦理員工紅利轉增資發行股票，自99年1月1日起，應於交付股票日依所得稅法第88條規定辦理扣繳。所稱「交付股票日」，股票之交付採帳簿劃撥者，為公司或其代理機構指定之帳簿劃撥交付日；非採帳簿劃撥者，為公司或其代理機構規定可領取股票之首日。

……」。

3.扣繳義務人扣繳所得稅，應以**「給付所得總額」**為基礎，計算應扣稅額。財政部86.9.18台財稅第861914097號函釋示，即申明斯旨：「……說明：二、所得稅法第88條規定，納稅義務人有該條所列之各類所得者，應由扣繳義務人於給付時，依各類所得扣繳率標準規定，扣取稅款。其扣繳稅款之計算，係以包括扣繳稅款在內之給付總額為基礎。我國營利事業與外國營利事業簽訂借貸或技術合作契約，雖約定外國營利事業取得之利息、權利金或技術服務報酬應納之所得稅，由我國營利事業負擔，扣繳義務人於給付時，應以外國營利事業實際取得之利息、權利金或技術服務報酬，加計其應負擔之扣繳稅款後之給付總額，作為計算扣繳稅款之基礎。」。此一解釋雖僅就利息、權利金或技術服務報酬而作，但其他類別之所得亦應可類推適用。

(三)未扣繳、短扣繳所得稅致漏稅違序之構成要件該當行為成立時日：

1.扣繳義務人繳納所扣稅款義務**之履行期限**，如上面(二)、1、及2、所述。因此，扣

繳義務人在上面㈡、1、及2、所述繳納所扣稅款義務履行期限後之滯納期間屆滿前，仍未繳納短繳所扣稅款，而其不作為係出於故意或過失者，**其行為即具有構成要件該當性，而屬「未扣繳、短扣繳所得稅致漏稅之初次違序」之構成要件該當行為。**

　　2.對於扣繳義務人，本條第1款僅規定稽徵機關「限期責令補繳稅款及補報扣繳憑單」，而未明定補繳稅款及補報之期限，故應由稽徵機關自行決定之。因此，補繳稅款及補報扣繳憑單義務之履行期限，係「稽徵機關通知文書中所定之補繳期限及補報期限」；而為審究是否構成違序，應先予確認此一期限。因此，扣繳義務人在「通知文書中所定之期限」仍未補繳稅款，或不按實補報扣繳憑單，其不作為係出於故意或過失者，**其行為即具有構成要件該當性，而屬「未扣繳、短扣繳所得稅致漏稅之二次違序」之構成要件該當行為。**

　　㈣扣繳、短扣繳所得稅致漏稅違序之成立，其前提係給付人給付之所得，依本法規定應由扣繳義務人扣繳稅款。因此，**辨明給付人給付之所得應否扣繳所得稅，極端重要，而扣繳義務人與稽徵機關雙方對於成立未扣繳、短扣繳所得稅致漏稅違序與否之爭執，概亦集中在此。**給付人給付所得，如依法無須扣繳所得稅，則自無「未扣繳、短扣繳所得稅致漏稅違序」之可言。

　　茲由所得人方面觀察，在此將**所得人取得所得免予扣繳所得稅之項目**，分述如下：

　　⑴所得係非我國來源之所得。

　　所得是否為我國來源之所得，應依本法第8條規定認定之；財政部並訂定「所得稅法第八條規定中華民國來源所得認定原則」（98.9.3台財稅第9804900430號令），作為認定之準則。

　　⑵所得係我國來源之所得，而屬於下述情形者：

　　A.依法律規定免徵所得稅之所得：

　　(A)本法第89條之1第1項規定：「第三條之四信託財產發生之收入，扣繳義務人應於給付時，以信託行為之受託人為納稅義務人，依前二條規定辦理。但扣繳義務人給付第三條之四第五項規定之公益信託之收入，除短期票券利息所得、政府舉辦之獎券中獎獎金外，得免依第八十八條規定扣繳稅款。」。蓋因源自公益信託之收入之所得，依本法第4條之3規定免稅之故。

　　(B)本法施行細則第83條第1項規定：「依本法第八十八條應扣繳所得稅款之各類所得，如有依本法第四條第一項各款規定免納所得稅者，應免予扣繳。但採定額免稅者，其超過起扣點部分仍應扣繳。」。

　　(C)依其他法律規定免徵所得稅之所得，雖法無明文，亦應免予扣繳，自屬當然。

　　B.應課稅之所得而法規明定免予扣繳稅款者：

　　本法施行細則第83條第2項規定：「銀行業貸放款之利息所得及營利事業依法開立統一發票之佣金、租賃及權利金收入，均免予扣繳。」。下列擇引「免扣繳所得稅」之

行政解釋，均係本於此一規定：

(A)營利事業兼營租賃業務，雖未登記，租金收入仍免予扣繳（財政部58.12.30台財稅發第15429號令）。

(B)文教節目設計費收入，如已依法開立統一發票，免辦扣繳（財政部72.1.22台財稅第30465號函）。

(C)醫院出租財產取得之租金收入，應課營業稅，免予扣繳（財政部88.9.23台財稅第881945819號函）。

(D)營利事業銷售貨物或勞務，因買方延遲付款而加收之利息，應開立統一發票，免予扣繳（財政部89.1.10台財稅第880450644號函）。

(E)保險業依規定辦理貸放款業務之利息所得，可免予扣繳（財政部96.4.16台財稅第9604505040號令）。

C.所得給付人為個人者（但執行業務者除外）。

D.應扣繳稅款之所得而未超過起扣點者：詳見上面本章第一目、參、二、㈢、2、之說明。

E.所得人係我國境內居住者之個人者，取得下列所得免予扣繳稅款：股利、盈餘、財產交易所得、自利耕作漁牧林礦所得、其他所得。

個人是否為我國境內居住者，應依本法第7條第2項及第3項規定認定之：「（第2項）本法稱中華民國境內居住之個人，指下列兩種：一、在中華民國境內有住所，並經常居住中華民國境內者。二、在中華民國境內無住所，而於一課稅年度內在中華民國境內居留合計滿一百八十三天者。（第3項）本法稱非中華民國境內居住之個人，係指前項規定以外之個人。」。

F.所得人係在我國境內有固定營業場所之營利事業者，取得下列所得免予扣繳稅款：股利、盈餘、財產交易所得、其他所得。

G.所得人係在我國境內無固定營業場所而有營業代理人之營利事業者，取得下列所得免予扣繳稅款：財產交易所得。

三、主觀構成要件

同上面本章第一目、肆、三之說明。

四、法律效果

㈠對未扣繳、短扣繳所得稅致漏稅之**初次違序**，除限期責令補繳應扣未扣或短扣之稅款及補報扣繳憑單外，**並按應扣未扣或短扣之稅額處1倍以下之罰鍰。**

財政部65.9.18台財稅第36317號函釋示：「扣繳義務人給付各類所得，不依法扣繳稅款，如經稽徵機關查明納稅義務人確已將是項應扣繳稅款之所得，合併其取得年度之綜合所得申報繳稅者，得免再責令扣繳義務人補繳，惟仍應依法送罰。」。

稽徵機關在「應扣未扣或短扣之稅額1倍」範圍內，有處罰倍數之裁量權。

惟稽徵機關對本條第1款規定處罰倍數之裁量權，實際上受限於財政部訂定之「稅務違章案件裁罰金額或倍數參考表」中關於本條處罰倍數統一裁量之規定，其規定如下：

1.扣繳義務人未依本法第88條規定扣繳稅款，已於限期內補繳應扣未扣或短扣之稅款及按實補報扣繳憑單：

(1)應扣未扣或短扣之稅額在新200,000元以下者，處0.5倍之罰鍰。

(2)應扣未扣或短扣之稅額超過200,000元者，處1倍之罰鍰。

2.扣繳義務人未依本法第88條規定扣繳稅款，已於限期內補繳應扣未扣或短扣之稅款及補報扣繳憑單，惟憑單內容填報不實，於裁罰處分核定前，已自動更正者，處1.2倍之罰鍰。

3.扣繳義務人未依本法第88條規定扣繳稅款，經限期責令補繳及補報扣繳憑單而未於限期內補繳應扣未扣或短扣之稅款，或不按實補報扣繳憑單，除符合上面2、情形者外：

(1)應扣未扣或短扣之稅額在200,000元以下者，處2倍之罰鍰。

(2)應扣未扣或短扣之稅額超過200,000元者，處3倍之罰鍰。

另外，稅務違章案件減免處罰標準第6條第2款及第3款規定：「依所得稅法第一百十四條第一款規定應處罰鍰案件，有下列情事之一者，減輕……處罰：二、扣繳義務人已於期限內補繳應扣未扣或短扣之稅款，未在期限內補報扣繳憑單，於裁罰處分核定前已按實補報者，按應扣未扣或短扣之稅額處一‧五倍之罰鍰。三、扣繳義務人已於期限內補報扣繳憑單，未於期限內補繳應扣未扣或短扣之稅款，於裁罰處分核定前已按實補繳者，按應扣未扣或短扣之稅額處一‧五倍之罰鍰。」。按稅務違章案件減免處罰標準係財政部依據稅捐稽徵法第48條第2項之授權而制定者，故此一減輕處罰規定，優先於本條第1款之處罰規定而適用。

㈡對未扣繳、短扣繳所得稅致漏稅之**二次違序，按應扣未扣或短扣之稅額處3倍以下之罰鍰**。

稽徵機關在「應扣未扣或短扣之稅額3倍」範圍內，有處罰倍數之裁量權。

對於扣繳義務人之此一處罰，僅能裁處一次。應注意者，倘如處罰後，扣繳義務人仍不依通知期限補繳稅款補報扣繳憑單，亦不得再次處罰。

㈢未扣繳、短扣繳所得稅致漏稅之二次違序，依本條第1款後段規定，其行為係扣繳義務人「未於限期內補繳應扣未扣或短扣之稅款」，或「不按實補報扣繳憑單」（在此必然是已補繳應扣未扣或短扣之稅款，方有不按實補報扣繳憑單之可言），而其處罰同為「按應扣未扣或短扣之稅額處3倍以下之罰鍰」。此一處罰規定，似有待商榷。

由於未於限期內補繳應扣未扣或短扣之稅款者，其「違反繳納所扣稅款義務」之

行為持續，至於（已補繳應扣未扣或短扣之稅款而）不按實補報扣繳憑單者，則變成「違反行為義務」，是以科以相同之處罰，與租稅行政罰之法理不符。其次，以違序之程度言之，未於限期內補繳應扣未扣或短扣之稅款之行為，較（已補繳應扣未扣或短扣之稅款而）不按實補報扣繳憑單之行為嚴重；然而卻科以相同之處罰，實有違「比例原則」與「平等原則」。

五、免予處罰之例外規定

稅務違章案件減免處罰標準第6條第1款規定：「依所得稅法第一百十四條第一款規定應處罰鍰案件，有下列情事之一者，……免予處罰：一、應扣未扣或短扣之稅額在新台幣三千元以下，經限期責令補繳稅款及補報扣繳憑單，已依限繳納及補報者，免予處罰。」。又同標準第23條規定：「稅務違章案件應處罰鍰金額在新台幣二千元以下者，免予處罰。」。按稅務違章案件減免處罰標準係財政部依據稅捐稽徵法第48條第2項之授權而制定者，故此二免罰規定，優先於本條之處罰規定而適用。

惟應注意，同標準第24條復規定：「……扣繳義務人……有下列情事之一者，不適用本標準……免予處罰：一、一年內有相同違章事實三次以上者。二、故意違反稅法規定者。三、以詐術或其他不正當方法逃漏稅捐者。」。所稱違章事實次數，係指查獲次數（財政部83.3.23台財稅第831587725號函）。此一規定又係同標準第4條、第23條之特別規定，優先適用。

第四目　代理人與政府機關人員之違序與其處罰

緒　　說

本法除對於納稅義務人、扣繳義務人等之違序行為，分別定有「稽徵機關」科以處罰（處罰種類為「罰鍰」）之規定外，在下列各條文中，另有對行為人之「處罰」、「議處」或「懲處」規定：⑴第113條規定「稽徵機關」對本法第73條規定之代理人及營業代理人之**「處罰」**（適用有關納稅義務人之罰則處罰之）。⑵第118條規定「財政部」對會計師或其他合法代理人之**「懲處」**。⑶第119條規定「主管長官」對稽徵人員、政府機關人員之**「懲處」**。⑷第120條規定「主管長官」對稽徵人員之**「懲處」**。

另外，政府機關、公立學校之責應扣繳單位主管，以及公營事業之負責人，係本法規定之扣繳義務人；然而對其違反填報免扣繳憑單義務，本法第111條則規定稽徵機關應通知其「主管機關」**「議處」**責應扣繳單位主管、事業負責人。

本法上開規定中，除本法第113條外，第111條、第118條、第119條與第120條規定之**「懲處」**或**「議處」**，均非由稽徵機關懲處或議處，而是由其主管長官或主管機關為之；是以主管機關或主管長官之懲處或議處，其性質是否屬於行政罰法第1條、第2條規

定之行政罰範圍，應先辨明。茲分別解析如下：

㈠本法第111條、第118條與第119條規定之「議處」或「懲處」，雖並非均由稽徵機關直接作成之處罰，惟其係源於違反本法有關規定，而本法已課以其主管機關或主管長官應予議處或懲處之義務，且會對受議處者或受懲處者發生不利之效果，並具有裁罰性，亦應認為係屬行政罰法上之行政罰之一種，從而自亦屬於本法上之租稅行政罰[73]。蓋如前面本書第二篇、壹、一、㈡所述，法規使用之名稱（形式名稱），雖然和行政罰法第1條及第2條所定者不同，惟如在實質上與行政罰相同，亦應認為屬於行政罰。上開議處或懲處，正是法務部行政罰法諮詢小組第7次會議（96.4.20）結論所謂之「係因違反行政法上義務而予制裁者，應屬行政罰」（參見法務部96.6.22法律字第960700463號函）。

㈡本法第120條規定稽徵人員違反本法第68條、第78條、第86條或第103條之規定者，應予以懲處。本條規定之「懲處」，其性質是否行政罰，論者未有論及，亦乏實務見解。依本書之見解，似不可一概而論。

按本法第68條係規定「稽徵機關之核定暫繳稅款」，第78條係規定「稽徵機關應催促辦理結算申報」，第86條係規定「稽徵機關調閱相對人帳簿文據之期限」，第103條規定內容有二，一是「稽徵機關之核發檢舉獎金及應為舉發人保守秘密」，一是「不得核發檢舉獎金予公務員」。應注意者，此四條文之規範對象均係「稽徵機關」，並非稽徵人員。是則同法第120條所定「稽徵人員」違反上開四法條之規定，其意涵應解為係「稽徵人員基於稽徵機關之屬員（公務員）身分執行職務時，因故意或疏忽，致未執行或履行上開四法條規定之任務或義務」。因此，應分別以論：

1.稽徵人員基於稽徵機關之屬員（公務員）身分執行職務時，因故意或疏忽，致有「未為舉發人保守秘密」之行為，其應負責之對象包括稽徵機關與舉發人二者；是則依據本法第120條規定對稽徵人員之懲處，應如同本法第119條規定稽徵機關人員、政府機關人員之未履行保密義務之懲處、議處然，宜解為其性質係屬行政罰法上之行政罰，從而自亦屬於本法上之租稅行政罰。

2.稽徵人員違反上開四法條之規定，除未為舉發人保守秘密部分外，均係基於職務上身分而發生，其應負責之對象係稽徵機關，故而稽徵機關之主管長官得處以公務員管理法規（如公務員懲戒法等）規定之懲罰。因此，其懲處之性質，應解為係「懲戒

---

73 洪家殷認為所得稅法第111條所規定之「議處」，性質係屬行政罰（見洪家殷，行政罰法之施行對租稅法規之影響，財稅研究，38卷1期，2006年1月，15頁）。又依據本法第118條規定對會計師之懲處，係由會計師懲戒委員會及會計師懲戒覆審委員會為之，而二會隸屬於行政機關（參見會計師法第67條），其所為懲戒性質仍為行政機關所為之行政處分（見行政訴訟法逐條釋義（盛子龍撰第2條釋義），翁岳生主編，2002年11月，50-51頁），是以其性質係行政罰。綜而論之，本法第111條、第118條至第120條所規定之「懲處」或「議處」，性質均屬於行政罰，應無疑義。又娛樂稅法第13條亦有稽徵機關通知主管機關「懲處」機關、團體、公營機構或學校之負責人之規定，其性質亦應相同。

罰」，而非行政罰法上之行政罰，從而自亦非本法上之租稅行政罰。

本法第111條、第113條、第118條、第119條與第120條規定之內容，除第111條部分已於上面本章第一目、參、解析論述外，其餘規定之內容，本目分立四個子目：⑴代理人之違序與其處罰，⑵會計師、其他合法代理人之違序與其處罰，⑶稽徵人員、政府機關人員洩密之違序與其處罰，⑷稽徵人員之違序與其處罰，分別解析論述。

<h1 style="text-align:center">壹、代理人之違序與其處罰</h1>

本法第113條（以下稱「**本條**」）規定：「本法第七十三條規定之代理人及營業代理人，違反本法有關各條規定時，適用有關納稅義務人之罰則處罰之。」。

茲說明解析如下：

㈠本條規定應受處罰之人為「第73條規定之代理人及營業代理人」，惟本法第73條有兩項，其第1項條文中並無「代理人」，其第2項有「營業代理人」，但並無「代理人」；是以本條條文中之「代理人」，似屬贅詞。因此，**本條關於代理人部分之規定，即成無的之矢**，可置而不論。

㈡本條規定之營業代理人，在本法第10條第2項有定義規定：「本法所稱營業代理人，係指合於左列任一條件之代理人：一、除代理採購事務外，並有權經常代表其所代理之事業接洽業務並簽訂契約者。二、經常儲備屬於其所代理之事業之產品，並代表其所代理之事業將此項貨品交付與他人者。三、經常為其所代理之事業接受訂貨者。」。事實上，**營業代理人係指國外營利事業在我國境內之營業代理人**。此一條文中所列三款之行為，均屬營業活動之性質。代理人是否屬於本法所稱營業代理人，應依照此一規定之要件，予以辨別認定之。又本法施行細則第10條規定，國外營利事業所派調查商情及報價接洽之聯絡人員，並不代表其事業簽訂契約或交付定貨者，不屬營業代理人。

㈢本條規定營業代理人違反本法規定之各種繳義務時，應適用有關納稅義務人之罰則處罰之。然而此一規定，有待商榷，茲解析如下：

1.本法第25條、第89第1項第3款及第98條之1第2款規定，總機構在我國境外之營利事業，在我國境內經營國際運輸、承包營建工程、提供技術服務或出租機器設備等業務，其在我國境內未設分支機構而有營業代理人，因其成本費用分攤計算困難，經向財政部申請核准或由財政部核定，以法定利潤率計算所得額者，其營利事業所得應由營業代理人負責扣繳。營業代理人依約定不經收價款者，應照有關扣繳規定報繳，或報經稽徵機關核准由給付人扣繳（即就源扣繳）[74]。

依照上開規定，**營業代理人負有「扣繳義務」，其即係「扣繳義務人」**。是以如其未依定扣繳所得稅，或已扣取所得稅而未依規定期限或未按實填報、填發扣繳憑單，則

---

[74] 關於本法第25條等規定之營業代理人，其扣繳義務之內容等之說明，詳見吳金柱，註51書，147頁。

應依本法第114條第1款或第2款規定，予以處罰。在此情形，既可直接處罰，何須再依本條規定「適用有關納稅義務人之罰則處罰」？事實上，亦無法「適用有關納稅義務人之罰則處罰」，蓋營業代理人未依定扣繳所得稅，或已扣取所得稅而未依規定期限或未按實填報、填發扣繳憑單時，本法根本無處罰納稅義務人（即國外營利事業）之規定。**從而無須適用本條之規定，乃自明之理。**

　　2.本法第26條規定在我境內無分支機構之國外影片事業，提供影片供我國營利事業放映使用，經約定不得重製及提供他人使用，且於一定期限放映者，其就出租影片收入按法定利潤率計算之營利事業所得額，本法第89條第1項第4款規定，以營業代理人或給付人為扣繳義務人（財政部94.1.28台財稅第9404512020號函）[75]。

　　依照上開規定，**營業代理人負有「扣繳義務」，其即係「扣繳義務人」**。在此情形，**無須適用本條之規定**，同上面1、所述。

　　3.本法第41條規定：「營利事業之總機構在中華民國境外，其在中華民國境內之固定營業場所或營業代理人，應單獨設立帳簿，並計算其營利事業所得額課稅。」。營業代理人如其係違反此一設帳之行為義務，則既可直接依照稅捐稽徵法第45條第1項規定，予以處鍰，何須再依本條規定「適用有關納稅義務人之罰則處罰」？事實上，亦無法「適用有關納稅義務人之罰則處罰」，蓋營業代理人未依規定設帳時，本法根本無處罰納稅義務人（即國外營利事業）之規定。**從而無須適用本條之規定，乃自明之理。**

　　4.本法第73條第2項規定：「在中華民國境內無固定營業場所，而有營業代理人之營利事業，除依第二十五條及第二十六條規定計算所得額，並依規定扣繳所得稅款者外，其營利事業所得稅應由其營業代理人負責，依本法規定向該管稽徵機關申報納稅。」[76]。依照此一規定，**營業代理人負有「報繳義務」**，惟條文使用「負責」之字樣，故其義務性質應屬由法律直接規定之**「法定之代理義務」**，而非將所得歸屬於營業代理人而使其負報繳義務。實務上，財政部69.11.13台財稅第39371號函及74.9.20台財稅第22406號函，均表明營業代理人**「代為申報」**等，見解相同。

　　營業代理人如係違反本法規定之報繳義務（例如有漏報所得額）及相關義務，方得依照本條規定，「適用有關納稅義務人之罰則處罰」。其適用情形，約如下述：

　　⑴稽徵機關依本法第83條規定，得通知納稅義務人提示帳簿文據。國外營利事業係納稅義務人，然而設帳義務人則係營業代理人。因此，稽徵機關應通知營業代理人提示帳簿文據。營業代理人拒絕提示帳簿文據，則依本條規定，稽徵機關可依本法第107條第1項處罰納稅義務人之規定，對營業代理人予以處罰。

　　⑵納稅義務人未經提出正當理由，拒接受繳款書，稽徵機關可依本法第107條第2項

規定處罰納稅義務人。營業代理人未經提出正當理由，拒接受繳款書，稽徵機關可依本法第107條第2項處罰納稅義務人之規定，對營業代理人予以處罰。

(3)營業代理人如係違反本法規定之報繳義務（例如有漏報所得額），則依本條規定，稽徵機關可依本法第110條第1項處罰納稅義務人之規定，對營業代理人予以處罰。

在此情形，適用本條時尚有一疑問。對營業代理人科以本法第110條之處罰時，究係對營業代理人補徵稅款，並處以罰鍰，抑或僅對之處以罰鍰，由本條條文觀之，並無補徵稅額之明文，似可解爲僅予處罰。惟由於營業代理人負有稅款之報繳義務，理論上似應對營業代理人補徵稅款，並處以漏稅罰，較爲妥適。果作此解，爲免引起誤解，似宜在條文中，增訂對營業代理人補徵稅款之明文。

本條規定營業代理人違反本法有關各條規定時，適用有關納稅義務人之罰則處罰，似係因營業代理人之報繳義務係由法律直接規定之「法定之代理義務」，故於營業代理人違反本法有關各條規定時，令其承擔與納稅義務人相同之違章責任。惟本法既非將其所代理之國外營利事業之所得「歸屬」於營業代理人而使其負報繳義務[77]，是則使營業代理人承擔與納稅義務人相同之補稅及處罰責任，在稅法學理上是否妥適，有無違反「比例原則」，尚有檢討餘地。

綜上所述，本條規定中「適用有關納稅義務人之罰則處罰」部分，應做限縮解釋。根本解決之道是修正本條條文，以符實際。

貳、會計師、其他合法代理人之違序與其處罰

本法第118條（以下稱「**本條**」）規定：「會計師或其他合法代理人，為納稅義務人代辦有關應行估計、報告、申報、申請複查、訴願、行政訴訟，證明帳目內容及其他有關稅務事項，違反本法規定時，得由該管稽徵機關層報財政部依法懲處。」。

茲說明解析如下：

(一)會計師爲納稅義務人代辦本法有關稅務事項之情形：

按本法中並無關於會計師代辦稅務事項之任何規定，或代辦稅務事項時應履行何種義務，因此**本條中之「會計師……違反本法規定」**，究係何指，無從索解。

惟財政部94.12.30台財稅第9404585700號令發布之「會計師代理所得稅事務違失移付懲戒作業要點」，其內容有二部分，一部分係明定會計師應移付懲戒之14種情事，另一部分是各地區國稅局函報金融監督管理委員會交付懲戒之程序（按會計師之主管機關原係財政部，故本法第118條規定由該管稽徵機關層報財政部依法懲處。目前主管機關已改爲金融監督管理委員會，而本法第118條迄未配合修正）此一作業要點顯然與本

---

[77] 比較綜合所得稅之家戶合併報繳制，係將配偶及受扶養親屬之所得「歸屬」於納稅義務人，故納稅義務人係就所「歸屬」之全部所得，自負報繳義務，並自負違序之責任。國外營利事業之營業代理人，並非如此。

法第118條規定有關,然則此一作業要點是否可解爲係本法第118條中之「本法規定」,答案顯然應屬否定。其次,此一作業要點一、雖明定:「本要點依據會計師法第41條及所得稅法第118條規定訂定之」,然而本法第118條及會計師法第41條(現爲第61條),均無就處罰之構成要件授權以法規命令定之之明文,是以此一作業要點之規範性質,僅係行政程序法第159條規定之「行政規則」,依行政罰法第4條規定,不得作爲「懲處」會計師之依據。**從而關於會計師為納稅義務人代辦本法有關稅務事項之情形,本條規定似無適用之餘地。**

(二)其他合法代理人爲納稅義務人代辦本法有關稅務事項之情形:

本條所稱「其他合法代理人」,應包括**「記帳士」**與取得稅務代理人資格之**「律師」**。

按本法中並無關於其他合法代理人代辦稅務事項之任何規定,或代辦稅務事項時應履行何種義務,因此,**本條中之「其他合法代理人……違反本法規定」,究係何指,無從索解。因此,關於其他合法代理人為納稅義務人代辦本法有關稅務事項之情形,本條規定似無適用之餘地。**

尚應說明者,在租稅稽徵實務上所承認之**「記帳及報稅業務代理人」**,與「記帳士」相同,亦可代理納稅義務人辦理所得稅事務。惟本法中並無關於記帳及報稅業務代理人代辦稅務事項之任何規定,或代辦稅務事項時應履行何種義務。因此,同上所述,本條規定似無適用之餘地。

參、稽徵人員、政府機關人員之洩密違序與其處罰

本法第119條(以下稱**「本條」**)規定:「(第1項)稽徵機關人員對於納稅義務人之所得額、納稅額及其證明關係文據以及其他方面之陳述與文件,除對有關人員及機構外,應絕對保守秘密,違者經主管長官查實或於受害人告發經查實後,應予以嚴厲懲處,觸犯刑法者,並應移送法院論罪。(第2項)前項除外之有關人員及機構,係指納稅義務人本人及其代理人或辯護人、合夥人、納稅義務人之繼承人、扣繳義務人、稅務機關、監察機關、受理有關稅務訴願訴訟機關以及經財政部核定之機關與人員。(第3項)稽徵機關對其他政府機關為統計目的而供應之資料,並不洩漏納稅義務人之姓名者,不受保密之限制。(第4項)政府機關人員對稽徵機關所提供第1項之資料,如有洩漏情事,比照同項對稽徵機關人員洩漏秘密之處分議處。」。

一、稽徵機關人員洩漏納稅義務人之所得額等資料違序與其處罰

(一)受罰人:本條第1項規定之處罰,受罰人係稽徵機關人員,其應指具有公務人員資格之人員而經稽徵機關依公務人員任用法正式任用者。至於未具有公務人員資格而由稽徵機關聘雇之人員,是否包括在內,似乏行政解釋可據。解釋上,應屬否定,蓋聘雇之人員無從予以懲處之故。

(二)**客觀構成要件**：

1.對於納稅義務人之所得額、納稅額及其證明關係文據以及其他方面之陳述與文件，未保守秘密。納稅義務人之所得額、納稅額及其證明關係文據以及其他方面之陳述與文件，在解釋上，不論係納稅義務人所提供者，或除此之外由稽徵機關蒐集而獲得者，均屬之。

2.稽徵機關人員對納稅義務人本人及其代理人或辯護人、合夥人、納稅義務人之繼承人、扣繳義務人、稅務機關、監察機關、受理有關稅務訴願訴訟機關以及經財政部核定之機關與人員，無保密義務。

3.稽徵機關對其他政府機關為統計目的而供應之資料，並不洩漏納稅義務人之姓名者，不受保密之限制。

4.關於納稅義務人之秘密範圍，有下列行政解釋（均是財政部發布者）：

(1).審查報告屬稽徵機關內部文件，不宜由納稅義務人抄閱（56.8.10台財稅發第7862號令）。

(2).在課稅核定前，尚在調查中資料，不得提供查閱（58.5.1財稅一第48163號令）。

(3).公司檢查人尚不得查閱公司之課稅資料（62.7.10台財稅第35152號函）。

(4).議員在議會質詢納稅義務人之所得額、納稅額等資料，應予拒絕（64.1.17台財稅第30441號函）。

(5).營利事業已否登記及營業項目，不屬保密範圍（69.7.14台財稅第35652號函）。

(6).納稅義務人可查詢核定營利事業所得稅稅額通知書各項目核定額及調整理由（89.6.16台財稅第890454497號函）。

(三)**主觀構成要件**：稽徵機關人員之洩密，其行為出於故意或過失者，方予懲處。

(四)**法律效果**：本條第1項僅規定「主管長官予以嚴厲懲處」；既然稽徵機關人員係公務員，其懲處即應依據「公務員懲戒法」之懲處規定為之，主管長官對於懲處，似應有裁量權。

應說明者，本條第1項、第2項規定，與稅捐稽徵法第33條第1項規定，內容類似，二個規定適用之分際，於下面本篇第三章第三目、壹、二、詳予說明，此處略之。

應說明者，本條第4項規定關於稽徵機關人員洩密違序之處罰部分，與稅捐稽徵法第33條第3項規定，內容類似，二個規定適用之分際，另於下面本篇第三章第三章第三目、壹、二、詳予說明，此處略之。

二、政府機關人員洩漏納稅義務人之所得額等資料違序與其處罰

(一)**受罰人**：本條第4項規定之處罰，受罰人係稽徵機關人員以外之政府機關人員，其應指具有公務人員資格之人員而經政府機關依公務人員任用法正式任用者。至於未具有公務人員資格而由政府機關聘雇之人員，是否包括在內，似乏行政解釋可據。解釋上，應屬否定，蓋聘雇之人員無從予以懲處之故。

㈡**客觀構成要件**：對於稽徵機關所提供之納稅義務人之所得額、納稅額及其證明關係文據以及其他方面之陳述與文件，未保守秘密。但對納稅義務人本人及其代理人或辯護人、合夥人、納稅義務人之繼承人、扣繳義務人、稅務機關、監察機關、受理有關稅務訴願訴訟機關以及經財政部核定之機關與人員，不在此限。

㈢**主觀構成要件**：政府機關人員之洩密，其行為出於故意或過失者，方予懲處。

㈣**法律效果**：本條第4項規定之處罰係比照本條第1項規定，而第1項僅規定「主管長官予以嚴厲懲處」；既然政府機關人員係公務員，其懲處即應依據「公務員懲戒法」之懲處規定為之，主管長官對於懲處，似應有裁量權。

肆、稽徵人員之違序與其處罰

本法（以下稱「**本條**」）第120條規定：「稽徵人員違反第六十八條、第七十八條、第八十六條或第一百零三條之規定者，應予懲處。」。

茲說明解析如下：

如上面本子目、緒說所述，稽徵人員基於稽徵機關之屬員（公務員）身分執行職務時，因故意或疏忽，致有「未為舉發人保守秘密」之行為，其應負責之對象包括稽徵機關與舉發人二者；其餘稽徵人員違反本法第68條、第78條、第86條規定部分，係稽徵人員與其任用之稽徵機關間之職務關係。是則依據本條規定對稽徵人員之懲處，僅其違反第103條「為舉發人保守秘密」規定之懲處，方應如同本法第119條規定稽徵機關人員、政府機關人員之未履行保密義務之懲處、議處然，解為其性質係屬行政罰法上之行政罰，從而自亦屬於本法上之租稅行政罰。

在此僅就稽徵人員違反第103條為舉發人保守秘密規定之懲處，予以說明。其餘稽徵人員違反本法第68條、第78條、第86條規定之懲處，因其並非行政罰，故置而不論。

本法第103條規定：「（第1項）告發或檢舉納稅義務人或扣繳義務人有匿報、短報或以詐欺及其他不正當行為之逃稅情事，經查明屬實者，稽徵機關應以罰鍰百分之二十，獎給舉發人，並為舉發人絕對保守秘密。（第2項）前項告發或檢舉獎金，稽徵機關應於裁罰確定並收到罰鍰後三日內，通知原舉發人，限期領取。（第3項）舉發人如有參與逃稅行為者不給獎金。（第4項）公務員為舉發人時，不適用本條獎金之規定。」。

㈠**受罰人**：本條規定之處罰，受罰人係稽徵人員，稽徵人員應與本法第119條規定之「稽徵機關人員」相同，其應指具有公務人員資格之人員而經稽徵機關依公務人員任用法正式任用者。至於未具有公務人員資格而由稽徵機關聘雇之人員，是否包括在內，似乏行政解釋可據。解釋上，應屬否定，蓋聘雇之人員無從予以懲處之故。

㈡**客觀構成要件**：對於告發或檢舉納稅義務人或扣繳義務人有匿報、短報或以詐欺及其他不正當行為之逃稅情事，未保守舉發人之秘密。

　　法院為受理偽造文書案件，要求稅捐稽徵機關提供檢舉書參辦，應在不洩漏檢舉人姓名之情況下，准予提供（財政部84.2.22台財稅第840079775號函）。依據此一釋函之意旨，除對上級機關、直屬長官外，對任何人均應保守舉發人之秘密；而所謂舉發人之秘密，應係指舉發人之身分、年籍、住址等，但應不包括有關告發或檢舉獎金之資料。

　　(三)主觀構成要件：稽徵人員之洩密，其行為出於故意或過失者，方予懲處。

　　(四)法律效果：本條僅規定「應予懲處」，應指由其主管長官懲處；既然稽徵人員係公務員，其懲處即應依據「公務員懲戒法」之懲處規定為之，主管長官對於懲處，似應有裁量權。

第三章

稅捐稽徵法規定之租稅行政罰與減免處罰規定

本章以義務內容之類型為準，將所有稅捐稽徵法規定之租稅行政罰歸納為三個類型，再就各類型中之各種處罰分別論述。每種處罰均賦予一個定名，例如「××××違序」，以簡潔顯示該「違反秩序」（即「違序」）之「行為內容與特徵」，以便於指稱及論述（參見前面本書第二篇第一章、貳、一、㈠之說明）。

在租稅行政罰之規定外，稅捐稽徵法尚有「自動補報補繳免罰」、「輕微違序案件減輕、免除處罰」與「裁罰適用從新從輕原則」之規定，因其均與租稅行政罰有密切關係，故另立一目解析說明。

本章以下文中之「**本法**」，係指「稅捐稽徵法」。其次，本章以下文中之「**稅捐稽徵法上違序行為**」或「**違序行為**」，係指「違反稅捐稽徵法上義務之行為」，復次，本章以下文中之「**元**」，係指「新台幣」，均不再一一說明。

第一目　關於帳簿憑證義務之違序與其處罰

緒　　說

一、關於帳簿憑證義務之違序種類與其處罰之性質

本法規定之違序與其處罰，其中與「帳簿憑證義務」有關者，可合稱為「**關於帳簿憑證義務之違序與其處罰**」之類型；其中違序之型態，計有如下八種（依本法規定之條文次序排列）：⑴未給予他人憑證違序，⑵未自他人取得憑證違序，⑶未保存憑證違序，⑷未設置帳簿違序，⑸未記載帳簿違序，⑹未驗印帳簿違序，⑺未保存帳簿違序，⑻未留置帳簿於營業場所違序。

在本目中，上開各種違序依下述分立子目論述：

1. 下列三種違序：⑴未給予他人憑證違序，⑵未自他人取得憑證違序，⑶未保存憑證違序，併成一子目「**未給予、未取得、未保存憑證違序**」論述。

2. 下列二種違序：⑷未設置帳簿違序，⑸未記載帳簿違序，併成一子目「**未設置、未記載帳簿違序**」論述。

3. ⑹未驗印帳簿違序，立一子目論述。

4. 下列二種違序：⑺未保存帳簿違序，⑻未留置帳簿於營業場所違序，併成一子目「**未保存、未留置帳簿違序**」論述。

上述1、之三種違序，2、與4、之二種違序，係因其違序之受罰人相同，處罰相同，故予合併為一子目，以節省篇幅。

本類型違序均係處以「罰鍰」，其性質均係行為罰，蓋其違反之義務均係「**行為義務**」。因此，行為人之行為構成本類型中各種違序者，無待任何結果之發生（例如發生漏稅等），稽徵機關即得予以處罰，本目以下各子目中即均不再一一指明。

本類型中各種違序，係違反本法規定之「**各種行為義務**」，而各種行為義務主要之法律依據係營業稅法第32條、所得稅法第21條暨依據其授權而訂定之法規命令（如稅捐稽徵機關管理營利事業會計帳簿憑證辦法）等。由於本類型各種違序，均係以營業稅法第30條等條文之義務規定為構成要件，故屬「**非真正之空白構成要件**」，而各該處罰規定則係「**結合指示**」（參見前面本書第二篇第一章，參、一、㈢、2、之說明），本目之各子目中即均不再一一說明。

二、行為人之責任能力、不知法規之責任與有無免責事由

在本類型違序中，行為人（亦是受罰人）或為自然人，或為組織（如營利事業、非法人團體等），與上面本篇第二章第一目「關於課稅資料報告與告知義務之違序與其處罰」類型之受罰人相同。因此，上面本篇第二章第一目、緒說、二、關於行為人（受罰人）「**責任能力**」、「**不知法規之責任**」與「**有無免責事由**」之解析說明，自亦適用於本類型之各種違序，本目以下各子目即均不再一一說明。

壹、未給與、未取得、未保存憑證違序與其處罰

（甲）營利事業依法規定應給與他人憑證而未給與，構成**未給與憑證違序**，應就其未給與憑證經查明認定之總額，處5%罰鍰。處罰金額最高不得超過1,000,000元（本法第44條）。

（乙）營利事業依法規定應自他人取得憑證而未取得，構成**未取得憑證違序**，應就其未取得憑證經查明認定之總額，處5%罰鍰。處罰金額最高不得超過1,000,000元。但營利事業取得非實際交易對象所開立之憑證，如經查明確有進貨事實及該項憑證確由實際銷貨之營利事業所交付，且實際銷貨之營利事業已依法處罰者，免予處罰（本法第44條）。

（丙）營利事業依法規定應保存憑證而未保存者，構成**未保存憑證違序**，應就其未保存憑證經查明認定之總額，處5%罰鍰。處罰金額最高不得超過1,000,000元（本法第44條）。

一、受罰人

㈠本法第44條（以下稱「**本條**」）所規定之未給予、未取得、未保存憑證違序，其行為人係營利事業，受罰人亦同。

本條所稱之營利事業，其範圍如何，應予闡明。

首先，所得稅法第11條第2項規定：「本法稱營利事業，係指公營、私營或公私合營，以營利為目的，具備營業牌號或場所之獨資、合夥、公司及其他組織方式之工、商、農、林、漁、牧、礦冶等營利事業。」；而同法第21條規定：「（第1項）營利事業應保持足以正確計算其營利事業所得額之帳簿憑證及會計紀錄。（第2項）前項帳簿憑證及會計紀錄之設置、取得、使用、保管、會計處理及其他有關事項之管理辦法，由財政部定之。」，而依本條授權而訂定之「稅捐稽徵機關管理營利事業會計帳簿憑證辦法」（以下簡稱「管理營利事業會計帳證辦法」）第21條及第24條即分別規定**「營利事業給與、取得與保存憑證之義務」**。是以違反此三義務之行為人（受罰人）自係包括所得稅法上之「營利事業」在內。

其次，加值型及非加值型營業稅法（以下簡稱「營業稅法」）第6條規定：「有下列情形之一者，為營業人：一、以營利為目的之公營、私營或公私合營之事業。二、非以營利為目的之事業、機關、團體、組織，有銷售貨物或勞務者。三、外國之事業、機關、團體、組織，在中華民國境內之固定營業場所。」；同法第32條第1項規定：「營業人銷售貨物或勞務，應依本法營業人開立銷售憑證時限表規定之時限，開立統一發票交付買受人。但營業性質特殊之營業人及小規模營業人，得掣發普通收據，免用統一發票。」，此係明定**「營業人給與原始憑證之義務」**。又同法第34條規定：「營業人會計帳簿憑證之管理辦法，由財政部定之。」，而管理營利事業會計帳證辦法第1條第2項規定：「加值型及非加值型營業稅法第三十四條規定營業人有關會計帳簿憑證之管理準用本辦法之規定。」，依此一準用規定，營業人遂有該辦法第24條規定之**「保存憑證之義務」**[78]。違反此三義務之行為人（受罰人）自亦包括營業稅法上之「營業人」在內。

綜上所述，**本條所稱之營利事業，應做廣義解釋，包括所得稅法上之「營利事業」與營業稅法上之「營業人」**。以下文中述及之營利事業，如未特別指明時，均係兼括二者。

所得稅法第14條第1項第2類第2款雖有「執行業務者之業務支出應取得確實憑證」之規定，然而執行業務者並非營利事業，其縱有未給與、未取得、未保存憑證之行為，亦不適用本條之處罰規定，財政部69.6.5台財稅第34526號函即明示斯旨。又教育、文化、公益、慈善機關或團體，亦非營利事業，其縱有未給與、未取得、未保存憑證之行為，亦不適用本條之處罰規定，財政部70.7.22台財稅第35977號函亦明示斯旨。

(二)受罰人係營業事業，固然係指「以營業事業本身為受罰人」，惟營業事業為「獨資商號」者，實務見解均認為「獨資商號」與「出資之個人」係同一之權義主體；從而**獨資商號未給與、未取得、未保存憑證，即應以出資之個人（或商業負責人）為受罰**

---

78 惟營業人並無「取得憑證之義務」，蓋營業稅法無此規定；復且就事物本質而言，營業稅係對銷售行為課稅，故原即無須過問營業人之購買行為是否取得憑證。

人。此一實務見解，已於上面本篇第一章第一目，壹、一、㈠、1、詳述，不贅。

㈢管理營利事業會計帳證辦法第21條第4項規定：「經核准免用統一發票之小規模營利事業，於對外營業事項發生時，得免給與他人憑證。」，故小規模營利事業銷售貨物或勞務等，未給予他人憑證，並無違序可言，自不再受罰人之列。

二、客觀構成要件

㈠本條所規定之違序行為係「依法規定應給與他人憑證而未給與，應自他人取得憑證而未取得，或應保存憑證而未保存」，故其包含三種行為，一是「依法規定應給與他人憑證而未給與」，即**「未給予憑證違序」**；二是「依法規定應自他人取得憑證而未取得」，即**「未取得憑證違序」**；三是「依法規定應保存憑證而未保存」，即**「未保存憑證違序」**；三者合稱**「未給予、未取得、未保存憑證違序」**。

茲說明如下：

1.營利事業有應給與他人憑證而未給與、應自他人取得憑證而未取得、應保存憑證而未保存三種行為之一，成立**「未給與、未取得、未保存憑證違序」**。

2.逾法規規定時限而給與、取得憑證，在實務見解上，仍然成立未給與、未取得憑證違序。

3.司法院大法官會議釋第642號解釋（97.5.9）：「解釋文：稅捐稽徵法第四十四條規定營利事業依法應保存憑證而未保存者，應就其未保存憑證經查明認定之總額，處百分之五罰鍰。營利事業如確已給與或取得憑證且帳簿記載明確，而於行政機關所進行之裁處或救濟程序終結前，提出原始憑證或取得與原應保存憑證相當之證明者，即已符合立法目的，而未違背保存憑證之義務，自不在該條規定處罰之列。……」。

4.未給與、未取得、未保存憑證違序之成立，前提要件有二，其一是營利事業有「給予、取得與保存憑證之義務」；其二是營利事業未在「法規規定之時限」給與、取得、保存憑證。

關於給與、取得與保存憑證義務，於下面㈡說明。

關於給與、取得、保存憑證之時限，於下面㈢說明。

5.未給與、未取得、未保存憑證違序之成立，必須違序之行為具有**「構成要件該當性」**；違序之行為在何一時日方成為**「構成要件該當行為」**，自應予以審究。

關於未給與、未取得、未保存憑證違序之構成要件該當行為成立時日，於下面㈣說明。

㈡**給與、取得與保存憑證之義務：**

營利事業給與、取得與保存憑證之義務，其規定散見於營業稅法、所得稅法及管理營利事業會計帳證辦法。

1.營業稅法及所得稅法之規定：

營業稅法第32條第1項規定：「營業人銷售貨物或勞務，應依本法營業人開立銷

售憑證時限表規定之時限，開立統一發票交付買受人。但營業性質特殊之營業人及小規模營業人，得掣發普通收據，免用統一發票。」，此係明定「營業人給與憑證之義務」。又營業稅法第34條規定：「營業人會計帳簿憑證之管理辦法，由財政部定之。」。

　　所得稅法第21條規定：「（第1項）營利事業應保持足以正確計算其營利事業所得額之帳簿憑證及會計紀錄。（第2項）前項帳簿憑證及會計紀錄之設置、取得、使用、保管、會計處理及其他有關事項之管理辦法，由財政部定之。」。

　　2.管理營利事業會計帳證辦法之規定：

　　基於營業稅法第34條、所得稅法第21條之授權，財政部乃訂定管理營利事業會計帳證辦法，而其第1條規定：「（第1項）為促使營利事業保持足以正確計算其銷售額及營利事業所得額之帳簿憑證及會計記錄，依所得稅法第二十一條第二項規定，訂定本辦法。（第2項）加值型及非加值型營業稅法第三十四條規定營業人有關會計帳簿憑證之管理準用本辦法之規定。」。

　　值得注意者，管理營利事業會計帳證辦法第1條第2項明定營業人有關會計帳簿憑證之管理「準用」本辦法規定；因此，管理營利事業會計帳證辦法中之規定，如有性質不相容者，即應予除外而不予準用。

　　⑴**給與、取得憑證義務之規定：**

　　A.第21條第1項、第2項及第4項：「（第1項）對外營業事項之發生，營利事業應於發生時自他人取得原始憑證，如進貨發票，或給與他人原始憑證，如銷貨發票。給與他人之憑證，應依次編號並自留存根或副本。以網際網路或其他電子方式開立、傳輸或接收之電子發票，應儲存於媒體檔案（第2項）前項所稱營業事項包括營利事業之貨物、資產、勞務等交易事項。……（第4項）經核准免用統一發票之小規模營利事業，於對外營業事項發生時，得免給與他人原始憑證。」。

　　此一規定有待解析。首先，營利事業「發生對外營業事項」時，有「自他人取得原始憑證」或「給與他人原始憑證」之義務。惟應注意，**所得稅法上之「營利事業」**，有**「給與他人原始憑證」及「自他人取得原始憑證」之義務**。至於**營業稅稅法上之「營業人」**，則僅有**「給與他人原始憑證」之義務**。蓋營業稅法第32條第1項規定「營業人給予憑證之義務」，除此之外，同法並無「取得憑證義務」之規定。營業稅法第35條雖有「申報時檢附退抵稅款文件」之規定，然其性質並非取得憑證義務之規定。復且就事物本質而言，營業稅係對銷售行為課稅，故原即無須過問營業人之購買行為是否取得憑證；是以上開第21條第1項規定中之「自他人取得原始憑證義務」，不得準用於營業人。

　　其次，上開第21條第1項中之**對外營業事項**，係指營利事業與他人間有關貨物、資產、勞務等之交易事項。對外營業事項不外「向他人購買（或實質上等於購買之行為，如交換等）貨物、資產、勞務等」，或「出售（或實質上等於出售之行為，如交換

等）貨物、資產、勞務等予他人」二類。**發生前一行為時，應自他人（即銷售人）取得原始憑證；發生後一行為時，應給與他人（即購買人）原始憑證。**

　　復次，上開第21條中之**原始憑證**，其種類如何，營業稅法、所得稅法及管理營利事業會計帳簿憑證辦法，均乏明文。惟上開第21條第1項已有「進貨發票」、「銷貨發票」之例示。又參照營業稅法第32條第1項規定：「營業人銷售貨物或勞務，應依本法營業人開立銷售憑證時限表規定之時限，開立統一發票交付買受人。但營業性質特殊之營業人及小規模營業人，得掣發普通收據，免用統一發票。」，是以**原始憑證應係指「統一發票」與「普通收據」**。統一發票係財政部印製，發售與營利人事業使用者，或經主管稽徵機關核准由營業事業自行印製使用者（參見營業稅法第32條第3項及第4項）。普通收據係通稱，由營利事業自行印製使用，或名為「發票」（如國際貿易上使用之「Invoice」，中文即稱為「發票」），或名為「收據」等，均屬普通收據。

　　B.營利事業「應自他人取得原始憑證」、「應給與他人原始憑證」之時間，係「發生對外營業事項時」，此一規定僅有原則性規定之作用；實際上營業稅琺支付表「營業人開立銷售憑證時限表」與統一發票使用辦法中，對此有極為詳細之規定；因其規定內容不少，故另於下面㈢詳述。

　　⑵**保存憑證義務之規定：**

　　第23條：「（第1項）實施商業會計法之營利事業，應根據前二條原始憑證編製傳票，根據傳票登入帳簿。但原始憑證已符合記帳需要者，得不另製傳票，而以原始憑證代替記帳憑證。（第2項）不屬於實施商業會計法之營利事業，除轉帳事項外，均得以原始憑證加蓋會計科目戳記後，作為記帳憑證。」。

　　第24條：「各項會計憑證，除為權責存在或應予永久保存者，應另行保管外，應依事項發生之時序或按其事項之種類，依次編號黏貼或裝訂成冊。其給與他人之憑證，如有誤寫或收回作廢者，應黏附於原號存根或副本之上。」。

　　第27條：「（第1項）營利事業之各項會計憑證，除應永久保存或有關未結會計事項者外，應於會計年度決算程序辦理終了後，至少保存五年。（第2項）前項會計憑證，於當年度營利事業所得稅結算申報經主管稽徵機關調查核定後，除應永久保存或有關未結會計事項者外，得報經主管稽徵機關核准後，以縮影機或電子計算機磁鼓、磁碟、磁片、磁帶、光碟等媒體將會計憑證按序縮影或儲存後依前項規定年限保存，其原始憑證得予銷燬。但主管稽徵機關或財政部指定之調查人員依法進行調查時，如須複印憑證及有關文件，該營利事業應負責免費複印提供。」。

　　上開第24條及第27條中之「**會計憑證**」，其種類如何，營業稅法、所得稅法及管理營利事業會計帳證辦法，均乏明文。惟參照商業會計法第15條規定，**會計憑證包括「原始憑證」及「記帳憑證」**。原始憑證即上開第21條中之「原始憑證」，而記帳憑證即上開第23條第1項中之「傳票」及第2項中之「記帳憑證」（傳票即是記帳憑證）。

　　第28條：「（第1項）因合併而消滅之營利事業，其帳簿憑證及會計紀錄之保管，

應由合併後存續或另立之營利事業負責辦理。（第2項）因分割而消滅之營利事業，其帳簿憑證及會計紀錄之保管，應由受讓營業之出資範圍最高之既存或新設之營利事業負責辦理。但經協議保管人者，從其協議。」。

　　3.本條所稱之未給予、未取得、未保存憑證，其「憑證」之範圍，是否包括「原始憑證」與「記帳憑證」，似非清楚；在解釋上，**憑證之範圍應作限縮解釋，僅指「原始憑證」，而不包括「記帳憑證」（傳票）在內**。管理營利事業會計帳證辦法第24條、第27條規定應保存「會計憑證」，亦應作限縮解釋，僅指「保存原始憑證」為妥。憑證範圍應作限縮解釋之理據在於：記帳憑證（傳票）係營利事業內部製作，僅供記帳之用，並無「自外取得」或「給予他人」之情形；又如未保存記帳憑證，除非原始憑證亦同時未保存，否則即可再依據原始憑證製作傳票，故課以保存記帳憑證之義務，並無必要。因此，本條所稱之未給予、未取得、未保存「憑證」之情形，其憑證無須包括記帳憑證在內。下面㈥引述之財政部之部分解釋，即持相同見解（例如財政部83.6.8台財稅第831597364號函）。

　　4.管理營利事業會計帳證辦法第21條第4項規定：「經核准免用統一發票之小規模營利事業，於對外營業事項發生時，得免給與他人憑證。」，是以經核准免用統一發票之小規模營利事業，其對外營業事項發生時，雖有「未給與憑證」之行為，並不構成違序。從而其雖有「未保存憑證」之行為，應解為亦不構成違序。所謂「經核准免用統一發票」，應視「使用統一發票標準」如何而定；而財政部75.7.21台財稅第7526254號函規定：「主旨：訂定營業人使用統一發票銷售額標準為平均每月新台幣二十萬元，……。」。

　　另外，財政部78.7.24台財稅第780211903號函及82.12.29台財稅第821506255號函釋示：已達使用統一發票標準而未辦營業登記之營利事業，其未給與、未取得憑證之行為，仍應處罰。**依據此二釋函反面解釋，未達使用統一發票標準之未辦營業登記營利事業，即是小規模營利事業，故其未給與、未取得憑證之行為，應解為不構成違序**。從而其雖有「未保存憑證」之行為，亦應解為亦不構成違序。

　　㈢給與、取得、保存憑證之時限：

　　1.營利事業**給與原始憑證、取得原始憑證義務之履行期限**，依管理營利事業會計帳證辦法第21條第1項規定，係**「對外營業事項發生時」**，亦即「出售（或實質上等於出售之行為，如交換等）貨物、資產、勞務等予他人」之日，為**「給與憑證之時限」**；或「向他人購買（或實質上等於購買之行為，如交換等）貨物、資產、勞務等」之日，為**「取得憑證之時限」**。惟此一規定極為籠統，根本無法適應行業繁多、交易複雜之社會現實。

　　按營業稅法第32條第1項規定：「營業人銷售貨物或勞務，應依本法營業人開立銷售憑證時限表規定之時限，開立統一發票交付買受人。但營業性質特殊之營業人及小規模營業人，得掣發普通收據，免用統一發票。」。現行「營業人開立銷售憑證時限

表」（總統府88.6.28華總(一)義字第8800150080號令公布）則按照行業類別分別規定「開立銷售憑證之時限」。所稱**「銷售憑證」**，係指營業人銷售貨物、勞務等時，開立交付買受人之統一發票或普通收據；因而**「開立銷售憑證之時限」**，**實質上即是「給與憑證之時限」**。所謂「開立」，原則上自係指以手寫方式為之；惟統一發票使用辦法第7條第3項規定：「……各種統一發票，得向主管稽徵機關申請核准以網際網路或其他方式開立、傳輸或接收之。」。

由於營業人銷售貨物、勞務等，必然有買方；因此，賣方之營業人開立銷售憑證之時限（即給與憑證之時限）事實上同時亦是買方之營業人「取得購買憑證之時限」，亦即「取得憑證之時限」。**是以在實務上，均係以「營業人開立銷售憑證時限表」作為營利事業「給與憑證時限」、「取得憑證時限」之規範依據。**

營業人開立銷售憑證時限表之內容如下：

業別	範　　　　　圍	開立憑證時限
買賣業	銷售貨物之營業。	1.以發貨時為限。但發貨前已收之貨款部分，應先行開立。 2.以書面約定銷售之貨物，必須買受人承認買賣契約始生效力者，以買受人承認時為限。
製造業	凡使用自行生產或購進之原料，以人工與機械製銷產品之營業。	同買賣業
手工業	凡使用自行生產或購進之原料材料，以人工技藝製銷產品之營業。包括裁縫、手工製造之宮燈、編織品、竹製品、藤製品、刺繡品、貝殼品、雕塑品、金屬裝飾品及其他產品等業。	同買賣業
新聞業	包括報社、雜誌社、通訊社、電視台、廣播電台等。	1.印刷費等以交件時為限。但交件前已收之價款部分，應先行開立。 2.廣告費以收款時為限。 3.銷售貨物部分，按買賣業開立。
出版業	凡用機械印版或用化學方法印製之書籍、圖畫、錄音帶、發音片、錄影帶、影碟片，並由出版商名義發行出售之營業。包括書局、印書館、圖書出版社、唱片製造廠等業。	同買賣業。
農林業	凡投資利用土及器械從事植物生產之營業。包括農業、林場、茶園、花圃、果園及菇類培養場等。	同買賣業。
畜牧業	凡投資利用牧場或其他場地，從事養殖動物之營業。包括牲畜、家禽、鳥類、蠶、蜜蜂等。	同買賣業。

業別	範　　　　　圍	開立憑證時限
水產業	凡投資利用漁船、漁具或漁塭從事水產動植物之採捕或養殖之營業。包括漁業公司、水產公司。	同買賣業。
礦冶業	凡以人工與機械開採或冶煉礦產品或採取砂石之營業。	同買賣業。
包作業	凡承包土木建築工程、水電煤氣裝置工程及建築物之油漆粉刷工程，而以自備之材料或由出包入作價供售材料施工者之營業。包括營造業、建築業、土木包作業、路面舖設業、鑿井業、水電工程業、油漆承包業等。	依其工程合約所載每期應收價款時為限。
印刷業	凡用機械印版或用其他方法承印印刷品之營業。	以交件時為限。但交件前已收之價款部分，應先行開立。
公用事業	凡經營供應電能、熱能、給水之營業。包括電燈公司、電力公司、電話公司、煤氣公司、自來水公司等業。	以收款時為限。但經營本業以外之營業部分，應按性質類似之行業開立。
娛樂業	凡以娛樂設備或演技供人視聽玩賞以娛身心之營業。包括： 1.音樂院、戲劇院、電影院、說書場、遊藝場、俱樂部、撞球場、導遊社、桌球場、網球場、高爾夫球場、保齡球場、溜冰場、釣魚場、兒童樂園、花園及其他遊藝場所等業。 2.戲班、劇團、歌舞團、馬戲團、魔術團、技術團、音樂隊、角力、拳擊、球類等比賽及臨時性影映等業。 3.舞廳、歌廳等營業。	以結算時為限。
照相業	包括攝影、繪像、沖印等業。	以交件時為限，銷售器材按買賣業開立。
裝潢業	凡經營室內裝潢設計製作，庭園設計施工，櫥窗舖面設計修飾之營業。包括裝潢行及其他經營裝潢業務之組織。	以收款時為限。
廣告業	凡經營廣告招牌繪製，各種廣告圖片、海報、幻燈片之設計製作，各種廣告節目製作之營業。包括廣告業、傳播業等。	以收款時為限。
修理業	凡為客戶修理物品、器具、舟車、工具、機器等，使其恢復原狀或加強效能者之營業。包括修理車、船、飛機、工具、機械、水電、鐘錶、眼鏡、自來水筆、電器、舊衣服織補及其他物品器具之修理等業。	以交件時為限。但交件前已收之價款部分，應先行開立。
加工業	凡由客戶提供原料委託代為加工，經加工後以加工品交還委託人，而收取加工費之營業。包括碾米廠、榨油廠、磨粉廠、整理廠、漂染廠等業。	同修理業。

業別	範　　　　圍	開立憑證時限
旅宿業	凡以房間或場所供應旅客住宿或休憩之營業。包括旅館、旅社、賓館、公寓、客棧、附設旅社之飯店、對外營業之招待所等業。	以結算時為限。
理髮業	包括理髮店、美容院等業。	以結算時為限。
沐浴業	凡以洗滌設備供顧客沐浴之營業。包括浴室、浴池、澡堂等業。	以結算時為限。
勞務承攬業	凡以提供勞務為主，約定為人完成一年工作之營業。包括貨物運送或起卸承攬、農林作物採伐承攬、錄音、錄影、打字、繪圖、晒圖、洗衣、清潔服務、白蟻驅除及其他勞務承攬等業。	以收款時為限。
倉庫業	凡為他人堆藏及保管貨物而受報酬之營業。包括專營或兼營之倉庫、堆棧、冷藏庫等業。	以收款時為限。
租賃業	凡以動產、不動產、無形資產出租與人交付使用，收取租賃費或報酬金之營業。包括出租工具、機械、器具、車輛、船舶、飛機、集會禮堂、殯儀館、婚喪禮服、儀仗及出租營業權、商標權、礦產權、出版權等業。	以收款時為限。
代辦業	凡受人委託為其辦理業務之營業。包括報關行、船務行、催工介紹所等業。	按約定應收介紹費、手續費、報酬金時為限。
行紀業	凡代客買賣或居間買賣貨物之營業。包括委託行、經紀行、拍賣行、代理行等業。	按約定應收佣金、手續費、報酬金時為限。
技術及設計業	凡為他人作技術上之服務及為他人在生產技術、土木、機械、化學工程專業調查研究方案等方面，提供設計之營業。包括公共關係服務業、機械化學工程設計業、中外技術合作及提供專利或發明與他人使用之營業人等業。	按約定應收報酬金、設計費時為限。
一般飲食業	凡供應食物或飲料品之營業。包括冷熱飲料店、專營自助餐廳、飯店、食堂、餐廳、無女性陪侍之茶室、酒吧、咖啡廳、對外營業之員工福利社食堂，及娛樂業、旅宿業等兼營飲食供應之營業。	1.憑券飲食者，於售券時開立。2.憑券飲食者，於結算時開立。3.外送者，於送出時開立。
特種飲食業	包括酒家、夜總會、有娛樂節目或女性陪侍之餐飲店、茶室、咖啡廳及酒吧等業。	1.憑券飲食者，於售券時開立。2.非憑券飲食者，於結算時開立。
公證業	凡辦理保險標的物之查勘、鑑定及估價與賠款之理算，洽商而予證明，並收取費用之營業。包括公證行、公證公司及其他經營公證業務之組織。	按約定應收公證費、手續費、報酬金時為限。
銀行業	凡經營存放款、匯兌、兌換之營業。包括銀行、信用合作社及農、漁會等兼營銀錢營業之信用部。	以收款時為限。

業別	範　　　　　圍	開立憑證時限
保險業	凡經營保險業務之營業。包括人壽保險公司、產物保險公司、再保險公司及其他經營保險業務之事業。	以收款時為限。但經營不動產及其他非專屬保險業之銷售收入，分別按買賣業或其他性質類似之行業開立。
信託投資業	凡以受託人之地位，按照特定目的，收受、經理及運用信託資金與經營信託財產，或以投資中間人之地位，從事資本市場有關目的之投資之營業。包括信託公司及兼營信託投資業務之事業。	以收款時為限。
證券業	經證券主管機關核准經營證券業務之營業。包括證券承銷商、證券經紀商、證券自營商及證券交易所等。	以收款時為限。
典當業	凡經營貸款於客戶並取得典質權之營業。包括典舖、當舖、質押舖等。	以收款時為限。但流當品以交貨時為限。

說明：一、經核定使用統一發票者，除另有規定免開統一發票外，不得開立普通收據。
　　　二、本表未規定之業別，其開立銷售憑證之時限，比照性質類似之業別辦理，無類似之業別者，由財政部核定之。

2.統一發票使用辦法亦有開立統一發票時限之規定。使用統一發票之營業人銷售貨物、勞務等，應開立統一發票交付買受人；因此，賣方之營業人開立統一發票之時限（即**給與憑證之時限**）事實上同時亦是買方之營業人「取得統一發票之時限」，亦即**「取得憑證之時限」。是以在實務上，均係以「營業人開立統一發票之時限」作為營利事業「給與憑證時限」、「取得憑證時限」之規範依據。**

統一發票使用辦法中開立統一發票時限之規定如下：

第11條：「（第1項）外國國際運輸事業在中華民國境內無固定營業場所而有代理人者，其在中華民國境內載貨出境，應由代理人於船舶開航日前開立統一發票，並依左列規定填載買受人：一、在中華民國境內收取運費者，以付款人為買受人。二、未在中華民國境內收取運費者，以國外收貨人為買受人。（第2項）前項第二款未在中華民國境內收取運費者，得以每航次運費收入總額彙開統一發票，並於備註欄註明航次及彙開字樣。」。

第12條：「營業人以貨物或勞務與他人交換貨物或勞務者，應於換出時，開立統一發票。」。

財政部84.5.24台財稅第841624289號函釋示：「二、地主與建方合建分屋，除地主自始至終均未曾列名為起造人，且建方於房屋興建完成辦理總登記後，始將地主應分得房屋之所有權移轉與地主者，應以房屋所有權移轉與地主之登記日為房屋換出日外，其餘均應以房屋使用執照核發日為房屋換出日。建方並應於上述換出日起三日內開立統一發票。三、合建雙方如未同時換出房、地者，應分別於房屋或土地之換出日起三日內依規定開立憑證。依營業稅法施行細則第十八條之規定，其後換出者之時價如較先換出者

為低時，後換出之一方應從高按先換出者之時價開立憑證；至於先換出者之時價如較後換出者為低時，先換出者應於後換出之一方開立憑證時，就差額部分補開立憑證。四、建方或地主如將其應分得之房地銷售與第三人，係另一契約行為，其屬應辦理營業登記者，應就其出售所分得之房地部分，依相關規定開立憑證與買受人，不得以尚未換入土地或房屋而拒絕或延遲開立憑證。」。

第13條：「營業人派出推銷人員攜帶貨物離開營業場所銷售者，應由推銷人員攜帶統一發票，於銷售貨物時開立統一發票交付買受人。」。

第14條：「（第1項）營業人發行禮券者，應依左列規定開立統一發票：一、商品禮券：禮券上已載明憑券兌付一定數量之貨物者，應於出售禮券時開立統一發票。二、現金禮券：禮券上僅載明金額，由持有人按禮券上所載金額，憑以兌購貨物者，應於兌付貨物時開立統一發票。（第2項）前項第二款現金禮券，訂明與其他特定之營業人約定憑券兌換貨物者，由承兌之營業人於兌付貨物時開立統一發票。」。

第15條：「（第1項）營業人每筆銷售額與銷項稅額合計未滿新台幣五十元之交易，除買受人要求者外，得免逐筆開立統一發票。但應於每日營業終了時，按其總金額彙開一張統一發票，註明『彙開』字樣，並應在當期統一發票明細表備考欄註明『按日彙開』字樣，以供查核。（第2項）營業人使用收銀機開立統一發票或使用收銀機收據代替逐筆開立統一發票者，不適用前項規定。」。

第15條之1：「（第1項）營業人具備左列條件者，得向所在地主管稽徵機關申請核准後，就其對其他營業人銷售之貨物或勞務，按月彙總於當月月底開立統一發票：一、無積欠已確定之營業稅及罰鍰、營利事業所得稅及罰鍰者。二、最近二年度之營利事業所得稅係委託會計師查核簽證或經核准使用藍色申報書者。（第2項）營業人依前項規定申請按月彙總開立統一發票與其他營業人時，應檢附列有各該買受營業人之名稱、地址及統一編號之名冊，報送所在地主管稽徵機關，並由該主管稽徵機關於核准時副知各買受人所在地主管稽徵機關。（第3項）營業人經核准按月彙總開立統一發票後，如有違反第一項之條件者，主管稽徵機關得停止其按月彙總開立統一發票，改按逐筆交易開立統一發票。」。

第16條：「依本法營業人開立銷售憑證時限表規定，以收款時為開立統一發票之時限者，其收受之支票，得於票載日開立統一發票。」。

第17條：「（第1項）營業人經營代購業務，將代購貨物送交委託人時，除按佣金收入開立統一發票外，應依代購貨物之實際價格開立統一發票，並註明『代購』字樣，交付委託人。（第2項）營業人委託代銷貨物，應於送貨時依合約規定銷售價格開立統一發票，並註明『委託代銷』字樣，交付受託代銷之營業人，作為進項憑證。受託代銷之營業人，應於銷售該項貨物時，依合約規定銷售價格開立統一發票，並註明『受託代銷』字樣，交付買受人。（第3項）前項受託代銷之營業人，應依合約規定結帳期限，按銷售貨物應收手續費或佣金開立統一發票及結帳單，載明銷售貨物品名、數

量、單價、總價、日期及開立統一發票號碼，一併交付委託人，其結帳期間不得超過二個月。（第4項）營業人委託農產品批發市場交易之貨物，得於結帳時按成交之銷售額開立統一發票，交付受託交易之批發市場。」。

第18條：「（第1項）營業人以分期付款方式銷售貨物，除於約定收取第一期價款時一次全額開立外，應於約定收取各期價款時開立統一發票。（第2項）營業人以自動販賣機銷售貨物，應於收款時按實際收款金額彙總開立統一發票。」。

3.營利事業**保存原始憑證義務之履行期限，實質上即憑證之保存期限**。管理營利事業會計帳證辦法第27條有憑證保存期限之規定，惟過於簡略；茲解析如下：

⑴性質上應永久保存者，應永久保存。

⑵應於會計年度決算程序辦理終了之日起，保存5年。所謂「會計年度決算程序辦理終了之日」，管理營利事業會計帳證辦法並無明文。參照商業會計法第68條第1項規定：「商業負責人應於會計年度終了後六個月內，經商業之決算報表提請商業出資人、合夥人或股東承認。」。因此，應以商業出資人、合夥人或股東於會計年度終了後6個月內實際承認決算報表之日，為會計年度決算程序方告辦理終了之日。

⑶會計年度決算程序辦理終了日，原始憑證有關之會計事項尚未結束者，在解釋上，應於其會計事項結束之日起，保存5年。

⑷營利事業合併、分割時，其因合併、分割而消滅的營利事業之原始憑證，亦應依照上面⑴至⑶以決定其保存期限。

㈣營利事業取得、給與及保存原始憑證義務之履行期限，如上面㈢所述。因此，營利事業在上面㈢所述之給與、取得及保存原始憑證義務之履行期限，未給予、未取得或未保存原始憑證，而其行為係出於故意或過失者，**即其行為具有構成要件該當性，而屬「未給與、未取得或未保存憑證違序」之構成要件該當行為**。

㈤原始憑證之代替：

1.營利事業所得稅查核準則（以下簡稱「查核準則」）第12條規定：「對外會計事項，應取得外來憑證或給與他人憑證；其應取得外來憑證者，除第六十八條、第七十四條第三款第二目之3及之4、第七十八條第二款第六目、第八目及第九目、第七十九條第二款第一目、第八十條第四款第二目及第三目、第八十八條第三款第二目規定，得以內部憑證認定者外，不得以內部憑證代替；其以內部憑證代替者，應不予認定。」。**依據此一規定，得以「內部憑證」替代「外來憑證」者，其未取得外來憑證，自不構成未取得憑證違序。**

營利事業得以「內部憑證」替代「外來憑證」者，限於購買查核準則第68條、第74條第3款第2目之3及之4、第78條第2款第6目、第8目及第9目、第79條第2款第1目、第80條第4款第2目及第3目、第88條第3款第2目規定之貨物或勞務之情形。茲分述如下：

⑴金融事業支付存款人之利息，係直接轉入存款人在該事業或金融同業存款帳戶，或經於原存款單簽名蓋章，或在利息支出傳票背面蓋章（查核準則第68條）。

(2)出差人乘坐火車、汽車、計程車之車資所出具之證明（查核準則第74條第3款第2目之3及之4）。

(3)以本身產品或商品作為樣品、贈品或獎品者，應於帳簿中載明。贈送國外廠商者，運寄之證明文件及清單。銷貨附贈物品，應於銷貨發票加蓋贈品贈訖戳記，並編製書有統一發票號碼、金額、贈品名稱、數量及金額之贈品支出日報表（查核準則第78條第2款第6目、第8目及第9目）。

(4)以本事業之產品或商品贈送者，應於帳簿中載明贈送物品之名稱、數量及成本金額（查核準則第79條第2款第1目）。

(5)自備飯食宴客者，應有經手人註明購買菜餚名目及價格之清單為憑。以本身產品或商品餽贈者，應於帳簿中載明贈送物品之名稱、數量及成本金額（查核準則第80條第4款第2目及第3目）。

(6)伙食費中之蔬菜、魚類、肉類，應由經手人出具證明（查核準則第88條第3款第2目）。

2.查核準則第70條規定國內子公司分攤國外總公司之營業費用或利息，解釋上亦免取得外來原始憑證（而得以其他文件代替之）。又第71條之1規定關係企業合併辦公而分攤之共同費用，解釋上亦免取得外來原始憑證（而得以其他文件代替之）。

3.有關給與、取得憑證之行政解釋，為數極夥，其內容絕大多數在指示特定交易應取得或給予何種特定憑證（指原始憑證），此處不一一引述。以下僅引述有關**「得代替原始憑證之文據」**之解釋：

(1)實務上訂有「個人一時貿易資料申報表」，而依據財政部80.7.17台財稅第801251536號函規定，僅限於營利事業向依法免辦營業登記，且非經常買賣商品之個人購買商品者使用。又查核準則第45條第2款第7目規定：「向應依法辦理營利事業登記而未辦理者進貨或進料，應取得書有品名、數量、單價、總價、日期、出售人姓名或名稱、地址、身分證統一編號及蓋章之收據及其通報歸戶清單（申報書）存根。」，其中所謂「通報歸戶清單（申報書）」，似即指個人一時貿易資料申報表而言。因此，個人一時貿易資料申報表亦屬於原始憑證。

(2)營利事業、保險公司等經由金融機構匯撥或繳交房租押金或契約保證金、福利金、賠款、利息、佣金或其他款項等，取得書有受款人名稱及金額之銀行送金單、匯款憑單（證）、撥帳回條、匯款申請書回條、郵撥儲金存款收據、銀行蓋章證明存入之清單等為原始憑證（財政部68.7.12台財稅第34773號函，69.7.10台財稅第35567號函，70.1.24台財稅第30643號函，79.12.6台財稅第790387791號函，82.6.25台財稅第821724856號函，83.6.20台財稅第831598557號函，84.1.11台財稅第841601335號函，90.12.24台財稅第900457398號函）。

(3)外銷貨品應退稅捐之原始憑證海關進口稅單及貨物稅完稅照，應准以經辦機關出具之證明代替（財政部51台財稅發第02222號令）。

　⑷廠商免費更換零件應取得載有服務之客戶姓名（並簽章）、地址、日期、機種品名及購買日期、保證期間，與更換零件種類、數量等免費服務證明（財政部65.1.26台財稅第30507號函）。

　⑸金融機構將存款利息及保險給付直接匯入存款戶者，以所製轉帳傳票核實認定，免再取得憑證（財政部68.5.15台財稅第33184號函，83.6.20台財稅第831598557號函）。

　⑹公司變更組織，原組織之原材料、存貨及固定資產移轉於新組織，得以改組基準日原組織之原材料、存貨及固定資產明細表作為新組織之入帳憑證，准免開立統一發票或收據（財政部68.12.13台財稅第38930號函）。

　⑺國外代理行之借項通知單（DEBIT NOTE）係費用或付款之通知單，不得做為費用及損失之原始憑證。依國際慣例，國外費用之原始憑證應為國外發票（INVOICE）（財政部72.4.6台財稅第32218號函）。

　⑻電子機票與登機證得作為列報成本費用之憑證（財政部87.12.29台財稅第871982661號函）。

　㈥有關未給與、未取得、未保存憑證違序之行政解釋：

　關於未給與、未取得、未保存憑證違序，實務上有下列行政解釋（均係財政部發布者），茲摘引如下，並作必要之說明：

　1.67.11.17台財稅第37631號函：「使用統一發票之營利事業，銷貨時如未依規定開立統一發票交付買受人，僅給予普通收據作為銷貨憑證，應依稅捐稽徵法第44條規定，按「營利事業依法規定應給與他人憑證而未給予」論處。」。由於營利事業使用統一發票應經稽徵機關核定（參見統一發票使用辦法第3條），而營業稅法第47條第1款並有處罰拒絕使用統一發票之規定。因此，使用統一發票之營利事業出售（或實質上等於出售之行為，如交換等）貨物、資產、勞務等，有開立統一發票給與購買人之義務，而不得開立普通收據。是以行政罰法施行後，使用統一發票之營利事業銷貨，由於故意或過失，未依規定開立統一發票交付買受人，僅給予普通收據，構成未給與憑證違序。

　相對言之，72.7.11台稅第34775號函：「營利事業向使用統一發票之營利事業進貨，未取得統一發票而僅取得普通收據作為憑證，自非屬依法規定應自他人取得之合法憑證，應有稅捐稽徵法第44條規定之適用。」。行政罰法施行後，應以買方之營利事業係故意或過失而未取得統一發票，方構成未取得憑證違序。

　惟85.6.8台稅第851908196號函：「主旨：××電器行向使用統一發票之營業人進貨，未依規定取具三聯式統一發票，而以取得二聯式統一發票作為進項憑證，如載有應行記載事項，得免依稅捐稽徵法第44條規定處罰。……」[79]。

----

79 現行稅法中，貨物稅條例第28條第4款與菸酒稅法第16條第3款，亦有未保存憑證應予處罰之規定。由於本書係以營業稅與所得稅稽徵上之租稅行政罰為論述範圍，故在此所述，不包含貨物稅與菸酒稅稽徵上之未保存憑證違序與其處罰之規定在內。實際上，貨物稅法上之貨物產製廠商、菸酒稅法上之菸酒產製

　　2.69.8.8台財稅第36624號函：「××木業股份有限公司於66年度銷售合板予經銷商蔡××君，未依規定以蔡君為買受人開立統一發票，又蔡君將合板轉售予客戶，亦未以客戶為買受人開立統一發票，而由××木業公司逕以蔡君之客戶為買受人開立統一發票，……××木業公司未依規定給予蔡君合法憑證，應依稅捐稽徵法第44條規定論處。」。此一釋函並經司法院大法官會議釋字第252號解釋（79.2.16）：與稅捐稽徵法第44條規定，係為建立營利事業正確課稅憑證制度之意旨相符，與憲法尚無牴觸；大法官會議釋字第337號解釋（83.2.4）之理由書，並再重申此一見解。

　　3.從事房地產投資，其購入土地係屬貨品之交易事項，如未自土地出售人取得進貨發票、或普通收據等原始憑證，而以該公司或銀行之送款單及匯款回條代替，構成未取得憑證違序（70.5.22台財稅第34147號函）。

　　4.未給與、未取得或未保存憑證應處罰鍰之規定，根據管理營利事業會計帳證辦法第21條規定，限於對外營業事項之發生，未給與或未取得憑證者，以及限於對外營業事項之發生，應自他人取得之憑證及給與他人憑證之存根或副本部分未保存者，始有其適用。所稱營業事項，應包括營利事業之貨物、資產、勞務等交易事項營利事業向股東等借款，係屬對外會計事項，尚非對外營業事項（71.8.27台財稅第36392號函、83.6.8台財稅第831597364號函）。

　　5.未辦理營業登記之營利事業，其每月銷售額已達使用統一發票標準，經查獲有未依法取得進貨憑證或未給與他人憑證者，構成未取得或未給與憑證違序，應予處罰；尚不因該未辦營業登記之營利事業係經營何種行業，其取得或給與他人憑證有無困難而受影響（78.8.11台財稅第780211903號函、82.12.29台財稅第821506255號函）。

　　按管理營利事業會計帳證辦法第21條第4項規定：「經核准免用統一發票之小規模營利事業，於對外營業事項發生時，得免給與他人憑證。」，又財政部66.4.4台財稅第34526號函規定：「經核准免用統一發票之小規模營利事業，在輔導設帳期間，如於對外營業事項發生時未給與或未取得憑證，仍應暫免處罰。……」。是以擅自營業之營利事業每月銷售額未達使用統一發票標準者，即為小規模營業人，其對外營業事項發生時未給與或未取得憑證，則依上開規定自應不予處罰。

　　惟擅自營業之營利事業每月銷售額已達使用統一發票標準者，其銷售貨物或勞務等時，依上開二則釋函之意旨，似認為仍應給與他人統一發票。然而此一見解時有待商榷，**蓋既然營利事業擅自營業，則法律上不可能使用統一發票（因稽徵機關無從核定其使用統一發票之故），而在事實上亦無統一發票可資開立，是則如何責以未給與他人統一發票，殊難索解。**

　　6.收受訂金時未開立統一發票報繳稅款者，如查獲時已解約，仍構成未給與憑證違序（85.6.5台財稅第850255871號函）。

　　廠商有未保存憑證違序之行為者，亦應適用稅捐稽徵法第44條第1項規定處罰，合應說明。

　　7.營業人進貨未依規定取得進貨憑證，並於銷貨時漏開統一發票，分別構成未取得憑證違序與未給與憑證違序（85.6.19台財稅第850290814號函）。

　　8.98.12.7台財稅第9804577370號令：「主旨：一、營業人以不實進項稅額憑證申報扣抵銷項稅額，而觸犯加值型及非加值型營業稅法（以下簡稱營業稅法）第51條第5款規定之案件，參照司法院釋字第337號解釋意旨，應以虛報進項稅額之營業人是否逃漏稅款為處罰要件，與開立憑證者之營業稅申報繳納情形無涉。二、營業人以不實進項稅額憑證申報扣抵銷項稅額之案件，如經查明有進貨事實者，應依營業稅法第19條第1項第1款、第51條第5款及稅捐稽徵法第44條規定補稅及擇一從重處罰；如經查明無進貨事實者，除依營業稅法第15條第1項、第3項及第51條第5款規定補稅處罰外，倘查獲有以詐術或其他不正當方法逃漏稅捐之事證，應依本部95年2月6日台財稅字第09504508090號函發布「稅捐稽徵法第41條所定納稅義務人逃漏稅行為移送偵辦注意事項」規定移送偵辦刑責。」。

三、主觀構成要件

　　有給與、取得與保存憑證之義務者係**營利事業，營利事業係組織**，依行政罰法第7條第2項規定，組織之故意、過失係以其有代表權之人或其職員等之故意、過失推定之。因此，營利事業未給與、未取得，未保存憑證違序，其行為是否出於故意、過失，如營利事業說明或主張違序之行為係由其有代表權之人或其職員等所為，稽徵機關應不得遽予否認，而應審究其有代表權之人或其職員等是否確實負責處理稅務及會計事務，而其未給與、未取得，未保存憑證，是否存有故意、過失，以推定營利事業之是否故意、過失（如依代表之法理，其實有代表權之人之行為即應視為營利事業之行為，無須推定；參見前面本書第二篇第二章、壹、一、㈤、2、之說明）。惟如營利事業係獨資商號，則係以其出資之資本主（自然人）為受罰人（參見前上面本篇第一章第一目、壹、一、㈠、1、所述）；因此，應直接審究資本主（自然人）之有無故意、過失，而無須再適用行政罰法第7條第2項推定故意、過失之規定。

四、法律效果

　　㈠對未給與、未取得，未保存憑證違序，**應就其未給與憑證、未取得憑證或未保存憑證，經查明認定之總額，處5%罰鍰。處罰金額最高不得超過**1,000,000元。

　　所稱**「經查明認定之總額」**，視情況而定：

　　1.未依規定給與他人憑證者，應以經實際查核認定之「銷售額」為準（財政部84.11.15台財稅第841659007號函）。

　　2.未依規定取得進貨憑證者，應以經實際查核認定之「進貨金額」為準。惟如營利事業未能提示相關證明文件，經以實際查得之資料或依本法第27條、第83條及本法施行細則第81條規定，逕行核定其進貨成本時，以「該項金額」為準（財政部84.8.9台財稅

第841640632號函）。

　　3.未依規定保存憑證者，並無行政解釋。解釋上，應以經實際查核認定之「未保存憑證之金額」為準。

　　㈡本條規定：「（第1項）營利事業依法規定應給與他人憑證而未給與……者，應就其未給與憑證……，經查明認定之總額，處百分之五罰鍰。……（第2項）前項處罰金額最高不得超過新台幣一百萬元。」。

　　另外，營業稅法第52條規定：「營業人漏開統一發票或於統一發票上短開銷售額經查獲者，應就短漏開銷售額按規定稅率計算稅額繳納稅款外，處一倍至十倍罰鍰。一年內經查獲達三次者，並停止其營業。」。

　　關於此二規定適用之分際，依據財政部78.7.24台財稅第781148237號函釋示：「主旨：營業人漏、短開統一發票銷售額經查獲者，依營業稅法第52條規定應就其銷售額按規定稅率計算補稅並處所漏稅額5倍至20倍罰鍰（現行法為1倍至10倍），1年內經查獲達3次者，並停止其營業，免再併依稅捐稽徵法第44條規定處罰。說明：二、營業稅法第52條規定營業人漏、短開統一發票與稅捐稽徵法第44條規定營利事業應給予他人憑證而未給予之處罰要件雷同，係屬法條競合，可採從重處罰，不宜分別適用各有關法條之規定同時處罰。」。

　　此一釋函顯然認為本條（未給與憑證規定部分）與營業稅法第52條規定之處罰同為「行為罰」，故而釋示「係屬法條競合，可採從重處罰」。惟此一解釋其實有待商榷，蓋如就「可採從重處罰」而言，表示此二處罰規定係成立「想像競合」，然而釋函中又謂此二處罰規定係「係屬法條競合」（即「法規競合」）；事實上此二處罰規定當然不可能同時構成「想像競合」與「法條競合」。因此，此一釋函並非妥適。

　　惟營業稅法第52條規定之處罰，實宜認定為係屬「漏稅罰」（參見上面本篇第一章、第二目、肆、之說明），則營業稅法第51條與同法第52條之關係如何，即有待探討；此一問題另於下面本篇第四章、貳、四、㈡、1、解析，此處略之。

　　㈢關於「未給與憑證違序」中之「漏開短統一發票違序」之行為，**如依上述財政部78年**第781148237**號函之解釋，應優先適用營業稅法第52條之處罰規定，則其處罰有二，一為處所漏稅額1倍至10倍罰鍰，另一為得依裁量科以停業之處罰**；而二者得予併罰，蓋罰鍰與停止營業係不同種類之處罰，可以併罰（參見行政罰法第24條第2項前段）。

　　財政部訂定之「稽徵機關辦理營業人違反營業稅法停止營業處分作業要點」，其訂定目的係「使稽徵機關對違法之營業人，依法執行停止營業處分之處理一致」。對於營業稅法第52條規定之停止營業，其**處以停止營業之標準**係：漏開統一發票或於統一發票上短開銷售額，一年內經查獲達三次者（要點四、㈤）。

　　有關停止營業作業之要點，參見上面本篇第一章第二目、壹、四、㈢之說明，不再贅述。

五、免予處罰之例外規定暨其評析

對於本條規定之未給與、未取得，未保存憑證違序，法規中有免予處罰之規定，行政解釋中有免予處罰之釋示，茲摘述如下，並予以評析。

(一)本法第44條但書規定：「但營利事業取得非實際交易對象所開立之憑證，如經查明確有進貨事實及該項憑證確由實際銷貨之營利事業所交付，且實際銷貨之營利事業已依法處罰者，免予處罰。」。

(二)稅務違章案件減免處罰標準第2條規定：

「依本法第四十四條規定應處罰鍰案件，有下列情事之一者，免予處罰：

一、每案應處罰鍰在新台幣二千元以下。

二、營利事業購進貨物或勞務時，因銷售人未給與致無法取得合法憑證，在未經他人檢舉及未經稽徵機關或財政部指定之調查人員進行調查前，已提出檢舉或已取得該進項憑證者；或已誠實入帳，且能提示送貨單及支付貨款證明，於稽徵機關發現前，由會計師簽證揭露或自行於申報書揭露，經稽徵機關查明屬實。

三、營利事業銷售貨物或勞務時，未依規定開立銷售憑證交付買受人，在未經他人檢舉及未經稽徵機關或財政部指定之調查人員進行調查前，已自動補開、補報，其有漏稅情形並已補繳所漏稅款及加計利息。

四、營利事業銷售貨物或勞務時，誤用前期之統一發票交付買受人，在未經他人檢舉及未經稽徵機關或財政部指定之調查人員進行調查前，已自動向主管稽徵機關報備，其有漏報繳情形並已補報、補繳所漏稅款及加計利息。」。

又同標準第23條規定：「稅務違章案件應處罰鍰金額在新台幣二千元以下者，免予處罰。」。

按稅務違章案件減免處罰標準係財政部依據稅捐稽徵法第48條第2項之授權而制定者，故上開免罰規定，優先於本條之處罰規定而適用。

惟應注意，同標準第24條復規定：「納稅義務人……有下列情事之一者，不適用本標準……免予處罰：一、一年內有相同違章事實三次以上者。二、故意違反稅法規定者。三、以詐術或其他不正當方法逃漏稅捐者。」。所稱違章事實次數，係指查獲次數（財政部83.3.23台財稅第831587725號函）。此一規定又係同標準第3條、第23條之特別規定，優先適用。

(三)查核準則第14條規定：「原始憑證未依規定保存者，除本準則另有規定外，應依稅捐稽徵法第四十四條規定處罰。但取得買受人簽章證明與其所持有之憑證相符之影本，或經原出具憑證之營利事業簽章證明與其自留之存根聯相符之影本，或保留自行蓋章證明之扣抵聯影本以及統一發票經核定添印副聯，其副聯已送稽徵機關備查，其經取具該稽徵機關之證明者，免予處罰，並准予認定。」。此一規定應解為營利事業未保存憑證，仍然構成違序；惟如符合下述規定情形者，免予處罰：

　　1.營利事業遺失其所開立之原始憑證，而：

　　⑴取得買受人簽章證明與其所持有之憑證相符之影本。

　　⑵統一發票經核定添印副聯，其副聯已送稽徵機關備查，其經取具該稽徵機關之證明。

　　2.營利事業遺失其所取得之原始憑證，而者：

　　⑴取得經原出具憑證之營利事業簽章證明與其自留之存根聯相符之影本。

　　⑵保留自行蓋章證明之扣抵聯影本（惟應注意「普通收據」並無扣抵聯）。

　　㈣未給與、未取得，未保存憑證免予處罰之行政解釋：

　　1.管理營利事業會計帳證辦法第21條第4項規定：「經核准免用統一發票之小規模營利事業，於對外營業事項發生時，得免給與他人憑證。」，是以經核准免用統一發票之小規模營利事業，其對外營業事項發生時，雖有「未給與憑證」之行為，並不構成違序。從而其雖有「未保存憑證」之行為，應解為亦不構成違序。因此，自不得予以處罰。

　　財政部66.4.4台財稅第34526號函規定：「經核准免用統一發票之小規模營利事業，在輔導設帳期間，如於對外營業事項發生時未給與或未取得憑證，仍應暫免處罰。……」。

　　此一釋函內容，其「未給與憑證」部分，與上開管理營利事業會計帳證辦法第21條第4項規定重覆，並無必要。

　　至於其中「未取得憑證」部分，應解為經核准免用統一發票之小規模營利事業，在輔導設帳期間，如於對外營業事項發生時未取得憑證，仍然構成違序，惟得免予處罰。然而所稱「輔導設帳期間」，本法、營業稅法、所得稅法與管理會計帳憑證辦法均無明文，亦乏行政解釋，故此一「暫免處罰」之規定，如何適用，難以索解。

　　2.財政部71.1.8台財稅第30127號函：「營利事業進貨及購置設備所取得之原始憑證，未書明抬頭（買受人），如經查明該項憑證係由原銷貨之營利事業所開具，免依稅捐稽徵法第44條規定處罰；至如係向另一營利事業取得者，應依上開法條規定處罰。」。

　　3.財政部75.3.14台財稅第7522194號函：「冷凍鰻加工業及活成鰻輸出業所需之原料鰻如係向養鰻戶直接購入，應由養鰻戶出具收據以憑核定。如未能取具養鰻戶出具之進貨憑證，稽徵機關可依營利事業所得稅結算申報查核準則第45條第3款（現行準則第2款）第3目之規定，免依稅捐稽徵法第44條規定處罰。」。

　　4.財政部86.12.18台財稅第861930270號函：「主旨：營業人經設籍課稅後，就其設籍課稅前之銷售額，於未經檢舉及查獲前，已自動於銷售貨物或勞務當期補開統一發票，並於當期法定申報期限內依法報繳者，其於報繳前經查獲該補開統一發票之銷售額部分，可免按營業稅法第51條第1款及稅捐稽徵法第44條規定處罰。」。此一釋函未指明免予處罰之法律依據，應是稅捐稽徵法第48條之1第1項。

5.財政部87.10.23台財稅第871971048號函：「營業人以土地及其定著物合併銷售時，其銷售價格未按土地與定著物分別載明，經稽徵機關依營業稅法施行細則第21條規定，計算房屋銷售額並補徵稅額者，其補徵稅額部分，應免按稅捐稽徵法第44條及營業稅法第51條規定論處。」。

貳、未設置、未記載帳簿違序與其處罰

依規定應設置帳簿而不設置，或不依規定記載，構成**未設置、未記載帳簿之初次違序**，處3,000元以上7,500元以下罰鍰，並應通知限於一個月內依規定設置或記載；期滿仍未依照規定設置或記載，構成**未設置、未記載帳簿之二次違序**，處新台幣7,500元以上15,000元以下罰鍰，並再通知於一個月內依規定設置或記載；期滿仍未依照規定設置或記載，構成**未設置、未記載帳簿之三次違序**，應予停業處分，至依規定設置或記載帳簿時，始予復業（本法第45條第1項）。

一、受罰人

㈠本法第45條（以下稱**「本條」**）第1項所規定之未設置、未記載帳簿違序，係以「依規定應設置帳簿而不設置，或不依規定記載者」為行為人，亦為受罰人。是以必須尋找現行稅法中「設帳、記帳義務之規定暨其義務人」，方能確定本條第1項所定未設置、未記載帳簿違序之行為人（受罰人）。

營業稅法第34條規定：「營業人會計帳簿憑證之管理辦法，由財政部定之。」，營業人之範圍如營業稅法第6條規定。又所得稅法第21條規定：「（第1項）營利事業應保持足以正確計算其營利事業所得額之帳簿憑證及會計紀錄。（第2項）前項帳簿憑證及會計紀錄之設置、取得、使用、保管、會計處理及其他有關事項之管理辦法，由財政部定之。」，營利事業之涵義及範圍如所得稅法第11條第2項規定。

依此二法條之授權，財政部乃訂定「稽徵機關管理營利事業會計帳簿憑證辦法」（以下簡稱「管理營利事業會計帳證辦法」）；該辦法第二章（第2條至第9條）及第4章（第17條至第20條）分別規定「營利事業之設帳、記帳義務」（此之營利事業，包括所得稅法上之「營利事業」與營業稅法上之「營業人」，詳見上面本目、壹、一、㈠之說明）。另外，所得稅法第41條亦有設置帳簿之規定。因此，在營業稅及所得稅稽徵上，本條第1項所定未設置、未記載帳簿違序之行為人（受罰人），即為「營利事業」。

其次，所得稅法第11條第1項規定：「本法稱執行業務者，係指律師、會計師、建築師、技師、醫師、藥師、助產士、著作人、經紀人、代書人、工匠、表演人及其他以技藝自力營生者。」，而同法第14條第1項第2類第2款規定：「執行業務者至少應設置日記帳一種，……；帳簿、憑證之設置、取得、保管及其他應遵行事項之辦法，由財政部定之。」。依此授權，財政部乃訂定「執行業務者帳簿憑證設置取得保管辦法」

（以下簡稱「執行業務者帳證辦法」）。該辦法第二章（第2條至第5條）及第4章（第6條至第8條）分別規定「執行業務者之設帳、記帳義務」。該辦法第1條第2項並規定：「私人辦理之補習班、幼稚園、托兒所、養護、療養院（所）不符免稅規定者，有關會計帳簿憑證之設置、取得及保管準用本辦法之規定。」。因此，在所得稅稽徵上，本條第1項所定未設置、未記載帳簿違序之行為人（受罰人），尚應包括「執行業務者」與「辦理補習班、幼稚園、托兒所、養護、療養院（所）之個人」在內。

　　綜上所述，**本條第1項所定未設置、未記載帳簿違序之行為人（受罰人），應係指營利事業**（包括所得稅法上「營利事業」與營業稅法上之「營業人」，但不包括「攤販之營利事業」）、**執行業務者與辦理補習班、幼稚園、托兒所、養護、療養院（所）之個人**[80]。

　　以下文中述及**營利事業**，如未特別指明時，均係兼括所得稅法上「營利事業」與營業稅法上之「營業人」二者，惟不包括攤販之營利事業在內。又執行業務者與辦理補習班、幼稚園、托兒所、養護、療養院（所）之個人，以下文中以**「執行業務者等」**稱之。

　　㈡教育、文化、慈善、公益機關或團體有銷售貨物或勞務者，亦有繳納營利事業所得稅義務，然而所得稅法並無要求其設帳、記帳之規定，在此情形實有法律漏洞。縱然目前為填補此一闕漏，其銷售貨物或勞務業務得類推適用管理營利事業會計帳證辦法，而要求其設帳、記帳[81]。然如其未設帳、未登帳，則不得加以處罰；蓋行政罰法第4條明定：「違反行政法上義務之處罰，以行為時之法律或自治條例有明文規定者為限。」，故處罰規定不得類推適用。

　　㈢受罰人如係營業事業，固然係指「以營業事業本身為受罰人」，惟營業事業為「獨資商號」者，實務見解均認為「獨資商號」與「出資之個人」係同一之權義主體；從而**獨資商號未設置、未記載帳簿，即應以出資之個人（或商業負責人）為受罰人**。此一實務見解，已於上面本篇第一章第一目，壹、一、㈠、1、詳述，不贅。

　　㈣管理營利事業會計帳證辦法第6條規定：「攤販得免設置帳簿。」，故攤販之營利事業未設帳、未記帳，並無違序可言，自不在受罰人之列。

---

80 此一釋函同時解釋：在此情形下賣方之營利事業，應依營業稅法第48條規定之「開立統一發票應行記載事項未依規定記載或所載不實」論罰。其實將之論為營業稅法第47條第1款規定之「核定應使用統一發票而不使用」，似較妥適；蓋其實質係「應使用三聯式統一發票開立，而使用二聯式統一發票開立」，實際上並不存在所謂「未依規定記載或所載不實」之行為。

81 現行稅法中，貨物稅條例第22條及第28條、貨物稅稽徵規則第60條、第61條以及菸酒稅法第11條及第16條、菸酒稅稽徵規則第20條，亦有設帳、記帳義務與違反者處罰之規定。由於本書係以營業稅與所得稅稽徵上之租稅行政罰為論述範圍，故在此所述，不包含貨物稅與菸酒稅稽徵上之未設置、未記載帳簿違序與其處罰之規定在內。實際上，貨物稅法上之貨物產製廠商、菸酒稅法上之菸酒產製廠商有未設置、未記載帳簿違序之行為者，亦應適用稅捐稽徵法第45條第1項規定處罰，合應說明。

二、客觀構成要件

㈠本條所規定之違序行為係「依規定應設置帳簿而不設置，或不依規定記載」，故其包含二種行為，一是「依法規定應設置帳簿而不設置」，即**「未設置帳簿違序」**；二是「帳簿不依規定記載」，即**「未記載帳簿違序」**；二者合稱**「未設置、未記載帳簿違序」**。

本條規定之處罰包括「初次處罰」、「二次處罰」與「三次處罰」，故其處罰之構成要件亦有**「初次違序」**、**「二次違序」**與**「三次違序」**之分。其違序之行為如下：

1.依規定應設置帳簿而不設置，或不依規定記載，成立**「未設置、未記載帳簿違序之初次違序」**。

茲說明如下：

⑴未設置、未記載帳簿違序之成立，前提要件係營利事業與執行業務者等有「設帳、記帳之義務」。

關於設帳、記帳之義務，於下面㈡至㈣說明。

⑵所得稅法第66條之1有「營利事業應在其會計帳簿外，設置股東可扣抵稅額帳戶，用以記錄可分配予股東或社員之所得稅額」之規定，其違反此一規定者，所得稅法第114條之1並有處罰規定（參見上面本篇第二章第二目、陸、之論述）。因此，營利事業未設置、未記載股東可扣抵稅額帳戶，非屬本條第1項規定之未設置、未記載帳簿違序。

⑶逾法規規定時限而設置、記載帳簿，在實務見解上，仍然成立未設置、未記載帳簿違序。

依法規規定應設置之帳簿，均應依規定記載；故如有部分帳簿未記載，亦構成未記載帳簿違序。財政部65.4.1台財稅第32056號函釋示：「××公司××年度總分類帳全年均未予過帳，應依規定送罰。」，可為參證。

⑷未設置、未記載帳簿初次違序之成立，必須違序之行為具有**「構成要件該當性」**；違序之行為在何一時日方成為**「構成要件該當行為」**，自應予以審究。

關於未設置、未記載帳簿初次違序之構成要件該當行為成立時日，於下面㈤、1、說明。

2.營利事業與執行業務者等有上面1、之初次違序，經主管稽徵機關通知限於一個月內依規定設置或記載帳簿，期滿仍未規定設置或記載，成立**「未設置、未記載帳簿違序之二次違序」**。

茲說明如下：

⑴依據主管稽徵機關依法所作「通知限於一個月內依規定設置或記載帳簿」之行政處分，營利事業與執行業務者等**負有設置或記載帳簿之義務**。

⑵未設置、未記載帳簿二次違序之成立，必須違序之行為具有**「構成要件該當**

性」；違序之行為在何一時日方成為「**構成要件該當行為**」，自應予以審究。

關於未設置、未記載帳簿二次違序之構成要件該當行為成立時日，於下面(五)、2、說明。

3.營利事業與執行業務者等有上面2、之二次違序，經主管稽徵機關再通知限於一個月內依規定設置或記載帳簿，期滿仍未規定設置或記載，成立「**未設置、未記載帳簿違序之三次違序**」。

(1)依據主管稽徵機關依法所作「再通知限於一個月內依規定設置或記載帳簿」之行政處分，營利事業與執行業務者等**負有設置或記載帳簿之義務**。

(2)未設置、未記載帳簿三次違序之成立，必須違序之行為具有「**構成要件該當性**」；違序之行為在何一時日方成為「**構成要件該當行為**」，自應予以審究。

關於未設置、未記載帳簿三次違序之構成要件該當行為成立時日，於下面(五)、3、說明。

(二)營利事業之設帳義務：

1.管理營利事業會計帳證辦法中關於營利事業之設帳義務規定如下：

第2條：

「凡實施商業會計法之營利事業，應依左列規定設置帳簿：

一、買賣業：(一)日記簿：得視實際需要加設特種日記簿。(二)總分類帳：得視實際需要加設明細分類帳。(三)存貨明細帳。(四)其他必要之補助帳簿。

二、製造業：(一)日記簿：得視實際需要加設特種日記簿。(二)總分類帳：得視實際需要加設明細分類帳。(三)原物料明細帳（或稱材料明細帳）。(四)在製品明細帳。(五)製成品明細帳。(六)生產日報表：記載每日機器運轉時間、直接人工人數、原料領用量、及在製品與製成品之生產數量等資料。(七)其他必要之補助帳簿。

三、營建業：(一)日記簿：得視實際需要加設特種日記簿。(二)總分類帳：得視實際需要加設明細分類帳。(三)在建工程明細帳：得視實際需要加設材料、物料明細帳及待售房地明細帳。(四)施工日報表：記載工程每日有關進料、領料、退料、工時及工作記錄等資料。(五)其他必要之補助帳簿。

四、勞務業及其他各業：(一)日記簿：得視實際需要加設特種日記簿。(二)總分類帳：得視實際需要加設明細分類帳。(三)營運量紀錄簿：如貨運業之承運貨物登記簿（運輸單）、旅館業之旅客住宿登記簿、娛樂業之售票日計表、漁撈業之航海日程統計表等是。(四)其他必要之補助帳簿。」

所稱「實施商業會計法之營利事業」，其涵義如何，管理營利事業會計帳證辦法並無明文。按商業會計法第2條第1項規定：「本法所稱商業，指以營利為目的之事業；其範圍依商業登記法、公司法及其他法律之規定。」，則「**實施商業會計法之營利事業**」似應解為即此一規定中之「**商業**」。商業登記法規範之對象係「以營利為目的，以獨資或合夥方式經營之事業」（見商業登記法第3條）；公司法規範之對象係「公

司」。至於其他法律，既未指明，則唯有個別認定。經濟部92.4.1經商第9200052180號函釋示：財團法人非屬商業會計法上之商業。又經濟部96.2.14經商第9600513910號令釋示：信用合作社係屬商業會計法上之商業，惟此一解釋又引用所得稅法上之「營利事業」以爲說明，不免有循環解釋之嫌。解決之道，宜在管理營利事業會計帳證辦法中作定義性規定，俾能杜絕疑義。

營建業須設置施工日報表，惟實務上其耗用材料可由其相關之工程合約（包括所附之工程項目、建築圖說）、建築師或技師所計算之材料耗用明細表及材料明細帳等資料查明認定；支付人工費用可由工資單、印領清冊及扣（免）繳憑單等資料核認；故營建業者耗用材料及人工費用，如已提示上開有關帳簿文據供查核者，得免提示施工日報表（財政部83.2.16台財稅第831583517號函）。

海運業者設有海運運費收入明細帳，內載包括航次、貨運數量、單價、起訖地點、航次總金額等，同時備有提貨單位查核者，可替代營運量登記簿（財政部75.3.31台財稅第7522614號函）。

第3條（格式附件略之）：「不屬實施商業會計法範圍而須使用統一發票之營利事業，應依左列規定設置帳簿：一、買賣業：(一)日記簿。(二)總分類帳。(三)存貨明細帳或存貨計數帳。二、製造業：(一)日記簿。(二)總分類帳。(三)原物料明細帳或原物料計數帳。(四)生產紀錄簿。三、勞務業及其他各業：(一)日記簿。(二)總分類帳。(三)營運量紀錄簿。」。

第4條：「營利事業總機構以外之其他固定營業場所採獨立會計制度者，應依第二條、第三條規定設置帳簿，其未採獨立會計制度者，應按其業別設置左列帳簿：一、買賣業：(一)零用金（或週轉金）登記簿。(二)存貨明細帳。二、製造業：(一)零用金（或週轉金）登記簿。(二)原物料明細帳。(三)製成品明細帳或生產紀錄簿。(四)生產日報表。三、營建業：(一)零用金（或週轉金）登記簿。(二)在建工程明細帳。(三)施工日報表。四、勞務業及其他各業：(一)零用金（或週轉金）登記簿。(二)營運量紀錄簿。」。

第5條（格式附件略之）：「凡經核定免用統一發票之小規模營利事業，得設置簡易日記簿一種。」。

第7條：「營利事業設置之日記簿及總分類帳兩種主要帳簿中，應有一種為訂本式。但採用電子計算機處理帳務者，不在此限。」。

第8條：「適用商業會計法之營利事業，其會計組織健全，使用總分類帳科目日計表者，得免設置日記帳。」。

第9條：「營利事業使用電子計算機處理帳務，應依商業會計法第四十條及商業使用電子計算機處理會計資料辦法之規定辦理。」。

按商業會計法第40條第1項規定：「商業得使用電子方式處理全部或部分會計資料；其有關內部控制、輸入資料之授權與簽章方式、會計資料之儲存、保管、更正及其他相關事項之辦法，由中央主管機關定之。」。又按商業使用電子計算機處理會計資料辦法（現稱爲商業使用電子方式處理會計資料辦法）第7條規定：「（第1項）商業之

會計憑證、會計帳簿及財務報表等，得以電子方式輸出或以資料儲存媒體儲存。（第2項）商業使用電子方式輸出之會計帳簿，應按順序編號，彙訂成冊。（第3項）使用資料儲存媒體保存會計資料之商業，應提供處理會計資料之會計軟體及資料儲存媒體，並列印資料儲存媒體內之會計資料，以供查核。」。

關於上開條文「應設置其他必要之補助帳簿」之規定，在解釋上，是否設置其他必要之補助帳簿，係營利事業之自由，稽徵機關並無指定應設置何種必要之補助帳簿之權限。因此，營利事業未設置稽徵機關所認為之「其他必要之補助帳簿」，並不構成未設置帳簿違序。

2.所得稅法第41條規定：「營利事業之總機構在中華民國境外，其在中華民國境內之固定營業場所或營業代理人，應單獨設立帳簿，並計算其營利事業所得額課稅。」。此一規定未明定設置何種帳簿，在解釋上，應依照管理營利事業會計帳證辦法規定，按照其行業別而設置（如上面1、引述之規定）；蓋外國營利事業在我國境內之固定營業場所或營業代理人，均屬營利事業。

(三)營利事業之記帳義務：

管理營利事業會計帳證辦法中關於營利事業之記帳義務規定如下：

第17條：「（第1項）營利事業設置之帳簿，應按會計事項發生之次序逐日登帳，至遲不得超過二個月。（第2項）前項期限自會計事項發生書立憑證之次日起算。其屬其他固定營業場所之計事項，應自其他固定營業場所報表或憑證送達之日起算。」。

第18條：「（第1項）帳簿中之人名帳戶，應載明其自然人、法人或營利事業之真實姓名或名稱，並應在分戶帳內，註明其地址。其屬共有人之帳戶，應載明代表人真實姓名或名稱及地址。（第2項）帳簿中之財物帳戶，應載明其名稱、種類、價格、數量及其存放地點。」。

第19條：「（第1項）帳簿之記載，除記帳數字適用阿拉伯字外，應以中文為主。但需要時得加註或併用外國文字。（第1項）記帳本位，應以新臺幣為主，如因業務需要而以外國貨幣記帳，仍應在其決算表中將外國貨幣折合新臺幣。」。

(四)執行業務者等之設帳、記帳義務：

執行業務者帳證辦法中關於執行業務者等之設帳、記帳義務之規定如下：

1.關於設帳義務之規定：

第1條第2項：「私人辦理之補習班、幼稚園、托兒所、養護、療養院（所）不符免稅規定者，有關會計帳簿憑證之設置、取得及保管準用本辦法之規定。」。

第2條：「（第1項）執行業務者至少應設置日記帳一種，詳細記載其業務收支項目。同時執行兩個以上不同性質之業務，得使用同一套帳簿，惟應分別記載有關執行業務收支等事項。（第2項）執行業務者使用總分類帳科目日計表者，視為已依前項規定辦理。」。

第3條：「執行業務者設置之日記帳應為訂本式。但使用電子計算機處理帳務或使

用個人電腦記帳者，不在此限。」。

第4條：「（第1項）聯合執行業務者，應以聯合事務所為主體設置帳簿，記載其全部收支。（第2項）執行業務者主事務所與分所，依前二條規定分別設置帳簿者，其年度結算時，應由主事務所合併編製結算收支報告表。」。

第5條：「（第1項）執行業務者使用電子計算機處理帳務者，應於使用前自行訂定或經會計師證明足以允當表達其損益之會計制度大綱及電子計算機處理帳務作業手冊，報經主管稽徵機關備查。（第2項）執行業務者使用前項以外之個人電腦記帳，應於使用前報經主管稽徵機關備查。」。

2.關於記帳義務之規定：

第1條第2項：「私人辦理之補習班、幼稚園、托兒所、養護、療養院（所）不符免稅規定者，有關會計帳簿憑證之設置、取得及保管準用本辦法之規定。」。

第6條：「（第1項）執行業務者應依規定設帳及記載，帳簿並應依序逐頁編號。（第2項）執行業務者設置之帳簿，應按會計事項發生之次序逐日登帳，至遲不得超過二個月。（第3項）前項期限，自現金收付時之次日起算；其屬依執行業務所得查核辦法第十條規定報經稽徵機關核准採權責發生制計算所得者，自會計事項發生書立憑證之次日起算。」。

第7條：「（第1項）帳簿中之人名帳戶，應載明該自然人、法人或營利事業之真實姓名或名稱，並應在分戶帳內，註明其地址。其屬共有人之帳戶，應載明代表人真實姓名或名稱及地址。（第2項）帳簿中之財物帳戶，應載明其名稱、種類、價格、數量及其存放地點。」。

第8條：「（第1項）帳簿之記載，除記帳數字適用阿拉伯字外，應以中文為主。但需要時，得加註或併用外國文字。（第2項）記帳本位，應以新臺幣為主，如因業務需要而以外國貨幣記帳，仍應在其結算收支報告表中將外國貨幣折合新臺幣。」。

第10條第1項：「執行業務者應根據前條原始憑證編製傳票，根據傳票登入帳簿。但原始憑證已符合記帳需要者，得不另製傳票，而以原始憑證代替記帳憑證。」。

(五)未設置、未記載帳簿違序之構成要件該當行為成立時日：

1.未設置、未記載帳簿初次違序之構成要件該當行為成立時日：

(1)營利事業與執行業務者等**設置帳簿義務之履行期限**，管理營利事業會計帳證辦法與執行業務者帳證辦法均無明文，亦乏行政解釋可據。解釋上，營利事業與執行業務者等新開業，似應在開業前設置帳簿；而在營業（執業）中者，似應於會計年度開始前設置帳簿。惟設帳之用意在於記載收入、成本、費用等會計事項，而管理營利事業會計帳證辦法第17條與執行業務者帳證辦法第6條均規定「應於會計事項發生之次日起至遲2個月，按會計事項發生之次序逐日登帳」。因此，在解釋上，**開業之日起至遲2個月應設置帳簿，或會計年度開始之日起至遲2個月應設置帳簿**，似較適宜。

營利事業與執行業務者等設置帳簿義務之履行期限，既然宜解為「開業之日起、會

計年度開始之日起至遲2個月」；因此，營利事業與執行業務者等在「開業之日起、會計年度開始之日起2個月內」未設帳，而其不作為係出於故意或過失者，**即其行為具有構成要件該當性，而屬「未設置帳簿初次違序」之構成要件該當行為。**

(2)管理營利事業會計帳證辦法第17條規定：「（第1項）營利事業設置之帳簿，應按會計事項發生之次序逐日登帳，至遲不得超過二個月。（第2項）前項期限自會計事項發生書立憑證之次日起算。其屬其他固定營業場所之會計事項，應自其他固定營業場所報表或憑證送達之日起算。」。執行業務者帳證辦法第6條規定：「（第1項）執行業務者應依規定設帳及記載，帳簿並應依序逐頁編號。（第2項）執行業務者設置之帳簿，應按會計事項發生之次序逐日登帳，至遲不得超過二個月。（第3項）前項期限，自現金收付時之次日起算；其屬依執行業務所得查核辦法第十條規定報經稽徵機關核准採權責發生制計算所得者，自會計事項發生書立憑證之次日起算。」。

營利事業與執行業務者等記載帳簿義務之履行期限，既係「會計事項發生之次日起至遲2個月」；因此，營利事業與執行業務者等在「會計事項發生之次日起2個月內」未記帳，而其不作為係出於故意或過失者，**即其行為具有構成要件該當性，而屬「未記載帳簿初次違序」之構成要件該當行為。**

2.未設置、未記載帳簿二次違序之構成要件該當行為成立時日：

本條第1項中段規定：「……並應通知限於一個月內依規定設置或記載；期滿仍未依照規定設置或記載，處新台幣七千五百元以上一萬五千元以下罰鍰，……。」，所稱「1個月內」，如稽徵機關於通知中並未明定1個月之起迄日期，則應解為通知送達日起1個月。是以營利事業與執行業務者等設置或補記帳簿義務之**履行期限**，即應為稽徵機關通知所定1個月或通知送達日起1個月之末日；而為審究是否構成違序，應先予確認此一期限。

因此，營利事業與執行業務者等在「稽徵機關通知所定1個月或通知送達日起1個月之末日」仍未設置或補記帳簿，其不作為係出於故意或過失者，**即其行為具有構成要件該當性，而屬「未設置、未記載帳簿二次違序」之構成要件該當行為。**

3.未設置、未記載帳簿三次違序之構成要件該當行為成立時日：

本條第1項後段規定：「……並再通知限於一個月內依規定設置或記載；期滿仍未依照規定設置或記載，應予停業處分，……。」，所稱「1個月內」，如稽徵機關於通知中並未明定1個月之起迄日期，則應解為通知送達日起1個月。是以營利事業設置或補記帳簿義務之**履行期限**，即應為稽徵機關通知所定一個月或通知送達日起1個月之末日；而為審究是否構成違序，應先予確認此一期限。

因此，營利事業與執行業務者等在「稽徵機關再通知所定1個月或再通知送達日起1個月之末日」仍未設置或補記帳簿，其不作為係出於故意或過失者，**即其行為具有構成要件該當性，而屬「未設置、未記載帳簿三次違序」之構成要件該當行為。**

(五)管理營利事業會計帳證辦法第6條規定：「攤販得免設置帳簿。」。此似係唯一

免予設置帳簿之規定；而既免予設置帳簿，自亦無記載帳簿之義務可言。

按財政部61.7.4台財稅第35507號函釋示：「查肩挑負販沿街叫售者免徵營業稅，為營業稅法第7條第15款（現行法為第8條第1項第18款）所規定。至於固定性之攤販，其營業性質業已逾越肩挑背負之範圍。自非上開規定免稅之對象，依法仍應課徵營業稅。」又依照「攤販銷售額查定要點」（財政部84.1.25台財稅第841602927號函發布）二、規定，凡經直轄市暨縣（市）政府核發攤販營業許可證之攤販及無證固定攤販，均應予以設立稅籍，依本要點之規定課徵營業稅。因而在實務上乃有「固定攤販」與「流動攤販」之分，「流動攤販」並未課徵營業稅（隨之亦未課徵營利事業所得稅）。所謂流動攤販，係指隨處擺放貨架或於地上陳列，可隨時移動而零售商品者。因此，管理營利事業會計帳證辦法第6條規定**免予設置帳簿之攤販，應指「攤販營業許可證之攤販」及「無證固定攤販」。**

三、主觀構成要件

營利事業係組織，依行政罰法第7條第2項規定，組織之故意、過失係以其有代表權之人或其職員等之故意、過失推定之。因此，營利事業未設置、未記載帳簿違序，其行為是否出於故意、過失，如營利事業說明或主張違序之行為係由其有代表權之人或其職員等所為，稽徵機關應不得逕予否認，而應審究其有代表權之人或其職員等是否確實負責處理帳務及稅務事項，而其未設置、未記載帳簿違序，是否存有故意、過失，以推定營利事業之是否故意、過失（如依代表之法理，其實有代表權之人之行為即應視為營利事業之行為，無須推定；參見前面本書第二篇第二章、壹、一、㈤、2、之說明）。惟如營利事業係獨資商號，則係以其出資之資本主（自然人）為受罰人（參見前上面本篇第一章第一目、壹、一、㈠、1、所述）；因此，應直接審究資本主（自然人）之有無故意、過失，而無須再適用行政罰法第7條第2項推定故意、過失之規定。

執行業務者等未設置、未記載帳簿違序，其違序之行為是否出於故意、過失，自應就執行業務者等而審究之。

四、法律效果

㈠對未設置、未記載帳簿違序之初次違序，**處3,000元以上7,500元以下罰鍰，並應通知限於一個月內依規定設置或記載。**

稽徵機關在「3,000元以上7,500元以下」範圍內，有罰鍰金額之裁量權。

財政部90.4.17台財稅第900450622號函釋示：「○○有限公司於87年2月20日委託廣告社刊登央報廣告，將其取得之廣告費發票遺失，致應保存之進項憑證含稅金額1,000元未依規定保存，亦未依規定記載帳簿，其遺失憑證、未保存憑證及未記載於帳簿間具有必然之因果關係，參酌本部85/04/26台財稅第851903313號函釋意旨，可就其分別觸犯稅捐稽徵法第44條及第45條規定，擇一從重處罰。」。

按此一解釋雖對營利事業有利,然而其解釋「擇一從重處罰」之妥適性,並非無疑,其詳細探討見下面本篇第四章、肆、三、㈡、4、⑶所述,此處略之。

㈡對未設置、未記載帳簿違序之二次違序,**處7,500元以上15,000元以下罰鍰,並再通知限於一個月內依規定設置或記載。**

稽徵機關在「7,500元以上15,000元以下」範圍內,有罰鍰金額之裁量權。

㈢對未設置、未記載帳簿違序之三次違序,**應予停業處分,至依規定設置或記載帳簿時,始予復業。**

五、免予處罰之例外規定暨其評析:

㈠財政部66.4.4台財稅第32147號函釋示:「經核准免用統一發票之小規模營利事業,……未設置簡易日記簿或進貨簿者,在輔導設帳期間,准暫免依本法第45條規定處罰。」。此一釋函應解為經核准免用統一發票之小規模營利事業,在輔導設帳期間,未設置帳簿,仍然構成違序,惟得免予處罰。惟所稱「輔導設帳期間」,本法、營業稅法、所得稅法與管理會計帳憑證辦法均無明文,亦乏行政解釋,故此一「暫免處罰」之規定,如何適用,難以索解。

㈡財政部83.8.17台財稅第831606223號函釋示:「主旨:營業人未依時序入帳,而於稽徵機關察閱帳簿前已自動補登帳簿者,適用稅捐稽徵法第48條之1規定,免按該法第45條第1項規定處罰。」。在此情形,實際上並不存在違序行為,自不得處罰,而無依本法第48條之1規定予以免罰之必要。

參、未驗印帳簿違序與其處罰

依規定應驗印之帳簿,未於規定期限內送請主管稽徵機關驗印,構成**未驗印帳簿之初次違序**,除通知限期補辦外,處1,500元以上15,000元以下罰鍰;逾期仍未補辦者,構成**未驗印帳簿之連續違序**,得連續處罰至補辦為止(本法第45條第2項)。

一、受罰人

㈠本法第45條(以下稱**「本條」**)第2項所規定之未驗印帳簿違序,係以「依規定應驗印之帳簿,未於規定期限內送請主管稽徵機關驗印者」為行為人,亦為受罰人;是以必定是「依規定應設置帳簿者」,方可能是未驗印帳簿違序之行為人(受罰人)。

現行法規中,僅在依據營業稅法第34條與所得稅法第21條第2項授權而由財政部訂定之「稽徵機關管理營利事業會計帳簿憑證辦法」(以下簡稱「管理營利事業會計帳證辦法」)中,其第三章有「營利事業」依規定設置之帳簿「受檢加蓋查驗章」(通稱「帳簿驗印」)之規定。是以**未驗印帳簿違序之行為人(受罰人)為營利事業。**所稱營利事業,如上面本目、貳、一、㈠所述,**包括所得稅法上「營利事業」與營業稅法上之**

「營業人」，但不包括「攤販之營利事業」[82]。

(二)教育、文化、慈善、公益機關或團體有銷售貨物或勞務者，亦有繳納營利事業所得稅義務，然而所得稅法並無要求其設帳、記帳之規定，在此情形實有法律漏洞。縱然目前為填補此一闕漏，其銷售貨物或勞務業務得類推適用管理營利事業會計帳證辦法，而要求其設帳、記帳。然如其帳簿未驗印，則不得加以處罰；蓋行政罰法第4條明定：「違反行政法上義務之處罰，以行為時之法律或自治條例有明文規定者為限。」，故處罰規定不得類推適用。

(三)受罰人如係營業事業，固然係指「以營業事業本身為受罰人」，惟營業事業為「獨資商號」者，實務見解均認為「獨資商號」與「出資之個人」係同一之權義主體；從而**獨資商號未驗印帳簿，即應以出資之個人（或商業負責人）為受罰人**。此一實務見解，已於上面本篇第一章第一目，壹、一、(一)、1、詳述，不贅。

二、客觀構成要件

(一)本條第2項所規定之處罰包括「初次處罰」與「連續處罰」，故其處罰之構成要件亦有**「初次違序」**與**「連續違序」**之分。其違序之行為如下：

1.依規定應驗印之帳簿，未於規定期限內送請主管稽徵機關驗印，成立**「未驗印帳簿違序之初次違序」**。

茲說明如下：

(1)未驗印帳簿違序之成立，前提要件係營利事業有「設帳之義務」，而帳簿有驗印之規定，以及有「帳簿送請主管稽徵機關驗印之義務」。

關於設帳義務之規定內容，詳見上面本目、貳、二、(二)至(四)之說明。

關於應驗印之帳簿、帳簿送請驗印之義務，於下面(二)說明。

(2)本條第2項規定之「未於規定期限內送請主管稽徵機關驗印」，析述如下：

A.所稱「規定期限」，係指主管稽徵機關依職權所指定查驗帳簿之期限。

B.所稱「未於規定期限內」，在文義上，逾規定期限而送請驗印者，亦屬未於規定期限內驗印。

C.營利事業係於主管稽徵機關依職權要求時，方始發生帳簿送請驗印之義務，主管稽徵機關應以書面通知帳簿送請驗印之時間、地點等。

(3)未驗印帳簿初次違序之成立，必須違序之行為具有**「構成要件該當性」**；違序之行為在何一時日方成為**「構成要件該當行為」**，自應予以審究。

---

82 貨物稅稽徵規則第60條、菸酒稅稽徵規則第20條均有貨物產製廠商、菸酒產製廠商「應依管理營利事業會計帳證辦法規定設置並保存帳簿、憑證及會計紀錄」之規定，惟其條文並無包括「帳簿驗印」在內；因此，貨物產製廠商、菸酒產製廠商依照貨物稅條例、菸酒稅法明文規定應設置之帳簿，並無未驗印帳簿違序之可言；惟其依照管理營利事業會計帳證辦法規定應設置之帳簿，則可能發生未驗印帳簿違序之行為。

關於未驗印帳簿初次違序之構成要件該當行為成立時日，於下面㈢、1、說明。

⑷稽徵機關已通知帳簿驗印，經營利事業申請延期，而依職權准予延期驗印者，僅在延期後之期限仍未送請驗印，方構成未驗印帳簿違序。

2.營利事業有上面1、之初次違序，經主管稽徵機關通知限期補辦，逾期仍未補辦，成立**「未驗印帳簿違序之連續違序」**。

茲說明如下：

⑴依據主管稽徵機關依法所作「通知限期補辦」之行政處分，營利事業等**負有補辦帳簿驗印之義務**。

⑵未驗印帳簿連續違序之成立，必須違序之行為具有**「構成要件該當性」**；違序之行為在何一時日方成為**「構成要件該當行為」**，自應予以審究。

關於未驗印帳簿連續違序之構成要件該當行為成立時日，於下面㈢、2、說明。

㈡**應驗印之帳簿、帳簿送請驗印之義務：**

管理營利事業會計帳證辦法中關於營利事業應驗印之帳簿、帳簿送請驗印義務規定如下：

第10條：「營利事業依規定設帳及記載，並應於帳簿使用前依序逐頁編號。主管稽徵機關得於年度中輔導檢查營利事業帳簿憑證，並於受檢帳簿加蓋查驗章。」。依照此一規定，**營利事業依規定應設置之帳簿，事實上均屬「依規定應驗印之帳簿」**。

第12條：「（第1項）營利事業之其他固定營業場所與總機構分屬不同稽徵機關管轄者，其他固定營業場所之帳簿憑證應由其主管稽徵機關負責輔導檢查並加蓋查驗章。（第2項）前項其他固定營業場所之主管稽徵機關應將輔導檢查報告表通報總機構之主管稽徵機關備查。」。

第15條：「營利事業經輔導檢查並加蓋查驗章之帳簿，當年度因故不能繼續使用時，應報請主管稽徵機關備查。」。

㈢**未驗印帳簿違序之構成要件該當行為成立時日：**

1.本條第2項僅規定稽徵機關「規定期限」驗印帳簿，而未明定期限，故應由稽徵機關自行決定之。因此，營利事業驗印帳簿義務之**履行期限**，係「稽徵機關通知文書中所定之期限」；而為審究是否構成違序，應先予確認此一期限。

因此，營利事業在「通知文書中所定之期限」仍未將帳簿送請稽徵機關驗印，其不作為係出於故意或過失者，**即其行為具有構成要件該當性，而屬「未驗印帳簿之初次違序」之構成要件該當行為。**

2.營利事業補辦帳簿驗印義務之履行期限，係「稽徵機關補辦通知文書中所之補辦期限」；而為審究是否構成違序，應先予確認此一期限。

營利事業在稽徵機關「補辦通知文書中所定之補辦期限」仍未補辦帳簿驗印，其不作為係出於故意或過失者，**其行為即具有構成要件該當性，而屬「未驗印帳簿之連續違序」之構成要件該當行為。**

三、主觀構成要件

營利事業係組織，依行政罰法第7條第2項規定，組織之故意、過失係以其有代表權之人或其職員等之故意、過失推定之。因此，營利事業未驗印帳簿違序，其行為是否出於故意、過失，如營利事業說明或主張違序之行為係由其有代表權之人或其職員等所為，稽徵機關應不得逕予否認，而應審究其有代表權之人或其職員等是否確實負責處理帳務及稅務事項，而其未驗印帳簿違序，是否存有故意、過失，以推定營利事業之是否故意、過失（如依代表之法理，其實有代表權之人之行為即應視為營利事業之行為，無須推定；參見前面本書第二篇第二章、壹、一、㈤、2、之說明）。惟如營利事業係獨資商號，則係以其出資之資本主（自然人）為受罰人（參見前上面本篇第一章第一目、壹、一、㈠、1、所述）；因此，應直接審究資本主（自然人）之有無故意、過失，而無須再適用行政罰法第7條第2項推定故意、過失之規定。

四、法律效果

㈠對營利事業未驗印帳簿之**初次違序，處**1,500元以上15,000元以下罰鍰。

稽徵機關在「1,500元以上15,000元以下」範圍內，有罰鍰金額之裁量權。

惟稽徵機關對本條第2項規定處罰罰鍰金額之裁量權，實際上受限於財政部訂定之「稅務違章案件裁罰金額或倍數參考表」中關於本條第2項裁罰金額統一裁量之規定，其規定之罰鍰為5,000元。

㈡對營利事業未驗印帳簿之**連續違序，得連續處罰**，至補辦為止。

稽徵機關對於連續處罰，有「處罰與否」之裁量權。稽徵機關依裁量而決定予以處罰時，關於連續處罰之如何實施，本條未有明文。參照「稅務違章案件裁罰金額或倍數參考表」中關於本條第2項裁罰金額之規定，通知限期補辦帳簿驗印一次而逾期未補辦者，即得處罰一次；又連續處罰之每次處罰種類及內容，均係「10,000元罰鍰」。

五、本條第2項與營業稅法第46條第3款規定適用之分際

本法第45條第2項規定：「依規定應驗印之帳簿，未於規定期限內送請主管稽徵機關驗印者，除通知限期補辦外，處新台幣一千五百元以上一萬五千元以下罰鍰；逾期仍未補辦者，得連續處罰至補辦為止。」。

營業稅法第46條第3款規定：「營業人有下列情形之一者，除通知限期改正或補辦外，處五百元以上五千元以下罰鍰；逾期仍未改正或補辦者，得連續處罰至改正或補辦為止：三、使用帳簿未於規定期限內送請主管稽徵機關驗印者。」；

觀察本法第45條第2項與營業稅法第46條第3款條文，二者規定處罰之構成要件完全相同，而其所欲達成之目的：「促使營業人保持足以正確計算其銷售額之帳簿憑證及會計紀錄」（參見管理營利事業會計帳證辦法第1條），亦完全相同，則依據本法第1條

規定，二者之間係屬於「**特別關係**」之「**法規競合**」（參見前面本書第二篇第五章、壹、一、㈡、2、之說明）；**是以對於營業人未依規定送請驗印帳簿之行為，本法第45條第2項規定係特別規定，應優先於營業稅法第46條第3款而適用。**

肆、未保存、未留置帳簿違序與其處罰

不依規定保存帳簿或無正當理由而不將帳簿留置於營業場所，構成**未保存、未留置帳簿違序**，處15,000元以上60,000元以下罰鍰（本法第45條第3項）。

一、受罰人

㈠本法第45條（以下稱「**本條**」）第3項規定之未保存、未留置帳簿違序，係以「不依規定保存帳簿或無正當理由而不將帳簿留置於營業場所者」為行為人，亦為受罰人。是以必須尋找現行稅法中「設帳義務之規定暨其義務人」，方能確定本條第3項所定未保存、未留置帳簿違序之行為人（受罰人）。

上面本目、貳、一、已詳述現行稅法中設帳義務之規定暨其義務人，以及未設置、未記載帳簿違序之行為人（受罰人）。**未保存、未留置帳簿違序之行為人（受罰人）**，與上面本目、貳、一、㈠所述之未設置、未記載帳簿違序之行為人（受罰人），完全相同，**即營利事業**（包括所得稅法上「營利事業」與營業稅法上之「營業人」，但不包括「攤販之營利事業」）、**執行業務者與辦理補習班、幼稚園、托兒所、養護、療養院（所）之個人。**

以下文中述及**營利事業**，如未特別指明時，均係兼括所得稅法上「營利事業」與營業稅法上之「營業人」二者，惟不包括攤販之營利事業在內。又執行業務者與辦理補習班、幼稚園、托兒所、養護、療養院（所）之個人，以下文中以「**執行業務者等**」稱之。

㈡教育、文化、慈善、公益機關或團體有銷售貨物或勞務者，亦有繳納營利事業所得稅義務，然而所得稅法並無要求其設帳、記帳之規定，在此情形實有法律漏洞。縱然目前為填補此一闕漏，其銷售貨物或勞務業務得類推適用管理營利事業會計帳證辦法，而要求其設帳、記帳。然如其未保存、未留置帳簿，則不得加以處罰；蓋行政罰法第4條明定：「違反行政法上義務之處罰，以行為時之法律或自治條例有明文規定者為限。」，故處罰規定不得類推適用。

㈢受罰人如係營業事業，固然係指「以營業事業本身為受罰人」，惟營業事業為「獨資商號」者，實務見解均認為「獨資商號」與「出資之個人」係同一之權義主體；從而**獨資商號未保存、未留置帳簿，即應以出資之個人（或商業負責人）為受罰人。**此一實務見解，已於上面本篇第一章第一目，壹、一、㈠、1、詳述，不贅。

二、客觀構成要件

㈠本條第3項所規定之違序行為係「不依規定保存帳簿或無正當理由而不將帳簿留置於營業場所」，故其包含二種行為，一是「不依規定保存帳簿」，即**「未保存帳簿違序」**；二是「無正當理由而不將帳簿留置於營業場所」，即**「未留置帳簿違序」**；二者合稱**「未保存、未留置帳簿違序」**。

茲說明如下：

1.營利事業與執行業務者等有不依規定保存帳簿或無正當理由而不將帳簿留置於營業場所二種行為之一，成立**「未保存、未留置憑證違序」**。

2.未保存帳簿違序之成立，前提要件係營利事業與執行業務者有「保存帳簿之義務」。未留置帳簿違序之成立，前提要件係營利事業與執行業務者有「將帳簿留置於營業場所之義務」。

關於保存帳簿義務與帳簿留置於營業場所義務，於下面㈡說明。

3.本條第3項所稱**「不依規定保存」**帳簿，係指在法規規定期限內不保存。惟依照管理營利事業會計帳證辦法第27條第1項、執行業務者帳簿憑證設置取得保管辦法（以下簡稱「執行業務者帳證辦法」）第12條第1項規定，因不可抗力之災害而毀損或滅失，報經主管稽徵機關查明屬實者，不構成違序。

4.本條第3項所稱**「無正當理由」**而不將帳簿留置於營業場所，**應係指無法律上之正當理由**。其為**營利事業**者，依管理營利事業會計帳證辦法第26條規定，因緊急避免不可抗力災害損失、有關機關因公調閱或送交合格會計師查核簽證，而將帳簿移留於營業場所之外，屬於「有正當理由而不將帳簿留置於營業場所」，在此情形，自不構成違序。其為**執行業務者等者**，依執行業務者帳證辦法第11條規定，因緊急避免不可抗力災害損失、有關機關因公調閱或送交合格之會計師、記帳士、記帳及報稅代理業務人處理帳務，而將帳簿移留於執業場所之外，屬於「有正當理由而不將帳簿留置於執業場所」，在此情形，自不構成違序。

本條第3項所稱**「營業場所」**，其為**營利事業**者，參照財政部63.12.30台財稅第39467號函釋示：所稱「營業場所」，依照本法第10條第1項規定，包括管理處，分支機構、事務所、工廠、工作場、棧房等。故營利事業在保存期間內得將以往年度帳簿、憑證留置於其倉庫。其為執行業務者等者，執行業務者帳證辦法第11條規定，執行業務者等之帳簿應留置於「執業場所」。

因此，**本條第3項所稱之營業場所，由規範意旨言之，似應作擴張解釋，包括營利事業之「營業場所」與執行業務者等之「執業場所」在內。**

應注意者，管理營利事業會計帳證辦法第25條與執行業務者帳證辦法第11條雖均規定「帳簿」及「憑證」應留置於營業場所（執業場所），惟本條第3項規定僅係對「無正當理由而不將帳簿留置於營業場所（執業場所）」之行為處罰。因此，**未將「憑**

證」應留置於營業場所（執業場所），並無違序可言（自不得處罰）。

　　5.未保存、未留置帳簿違序之成立，必須違序之行為具有「**構成要件該當性**」；違序之行為在何一時日方成為「**構成要件該當行為**」，自應予以審究。

　　關於未保存、未留置帳簿違序之構成要件該當行為成立時日，於下面㈢說明。

　　㈡保存帳簿之義務與帳簿留置於營業場所之義務：

　　1.營利事業保存帳簿之義務與帳簿留置於營業場所之義務，管理營利事業會計帳證辦法之規定如下：

　　第25條：「營利事業之帳簿憑證，除為緊急避免不可抗力災害損失、或有關機關因公調閱或送交合格會計師查核簽證外，應留置於營業場所，以備主管稽徵機關隨時查核。」。分公司原始憑證如不影響分公司所在地稽徵機關之查核者，得留置總公司保管（財政部68.8.7台財稅第35444號函）。

　　第26條：「（第1項）營利事業設置之帳簿，除有關未結會計事項者外，應於會計年度決算程序辦理終了後，至少保存十年。但因不可抗力之災害而毀損或滅失，報經主管稽徵機關查明屬實者，不在此限。（第2項）前項帳簿，於當年度營利事業所得稅結算申報經主管稽徵機關調查核定後，除有關未結會計事項者外，得報經主管機關核准後，以縮影機或電子計算機磁鼓、磁碟、磁片、磁帶、光碟等媒體，按序縮影或儲存後依前項規定年限保存，其帳簿得予銷毀。但主管稽徵機關或財政部指定之調查人員依法進行調查時，如須複印帳簿，該營利事業應負責免費複印提供。」。

　　以機器貯存體中紀錄視為會計簿籍者，如將機器貯存體中之紀錄列印成書面之電腦帳表保存10年，該機器貯存體仍應保存5年（財政部73.3.27台財稅第52138號函）。又採用電子計算機處理帳務者，得免列印記載有關調整及結帳內部會計事項之轉帳傳票，而以儲存於電子計算磁資料儲存媒體替代，並依管理營利事業會計帳證辦法第27條第1項規定保存（財政部84.2.8台財稅第841604717號函）。

　　第28條：「（第1項）因合併而消滅之營利事業，其帳簿憑證及會計紀錄之保管，應由合併後存續或另立之營利事業負責辦理。（第2項）因分割而消滅之營利事業，其帳簿憑證及會計紀錄之保管，應由受讓營業之出資範圍最高之既存或新設之營利事業負責辦理。但經協議保管人者，從其協議。」。

　　2.執行業務者等保存帳簿之義務與帳簿留置於執業場所之義務，執行業務者帳證辦法辦法之規定如下：

　　第1條第2項：「私人辦理之補習班、幼稚園、托兒所、養護、療養院（所）不符免稅規定者，有關會計帳簿憑證之設置、取得及保管準用本辦法之規定。」。

　　第11條：「執行業務者之帳簿憑證，除為緊急避免不可抗力災害損失、或有關機關因公調閱或送交合格之會計師、記帳士、記帳及報稅代理業務人處理帳務外，應留置於執業場所，以備主管稽徵機關隨時查核。」。

　　第12條：「（第1項）執行業務者設置之帳簿，除應永久保存或有關未結會計事項

者外,應於年度結算終了後,至少保存十年。但因不可抗力之災害而毀損或滅失,報經主管稽徵機關查明屬實者,不在此限。(第2項)前項帳簿,於當年度綜合所得稅結算申報經主管稽徵機關調查核定後,除有關未結會計事項者外,得報經主管稽徵機關核准後,以縮影機或電子計算機磁鼓、磁碟、磁片、磁帶、光碟等媒體,按序縮影或儲存後依前項規定年限保存,其帳簿得予銷毀。但主管稽徵機關或財政部指定之調查人員依法進行調查時,如須複印帳簿,該執行業務者應負責免費複印提供。」。

　　3.營利事業與執行業務者等**保存帳簿義務之履行期限**,管理營利事業會計帳證辦法第26條第1項、執行業務者帳證辦法辦法第12條第1項有關保存帳簿期限之規定,過於簡略;茲解析如下:

　　⑴性質上應永久保存者,應永久保存。

　　⑵營利事業應於會計年度決算程序辦理終了之日起,保存5年。所謂「會計年度決算程序辦理終了之日」,管理營利事業會計帳證辦法並無明文。參照商業會計法第68條第1項規定:「商業負責人、合夥人或股東應於會計年度終了後六個月內,經商業之決算報表提請商業出資人、合夥人或股東承認。」。因此,不論商業出資人、合夥人或股東何時承認決算報表,均應以實際承認決算報表之日,為會計年度決算程序方告辦理終了之日。

　　⑶執行業務者等應於年度結算終了之日起,保存5年。所謂「年度結算終了之日」,執行業務者帳證辦法並無明文,亦乏行政解釋可據。

　　按執行業務者等如係以「法人」或「合夥組織」型態執業,則其即有上開商業會計法第68條第1項規定之適用;亦即年度結算終了之日應解為係指合夥人或股東於會計年度終了後6個月內實際承認決算報表之日。

　　執行業務者等如係個人執業,因其並非獨資商號,並非商業會計法所規範之對象。在解釋上,似得以「辦理綜合所得稅年度決算申報期限之末日」(即次年5月31日)為年度結算終了之日;蓋為辦理綜合所得稅年度決算申報,執行業務者等必須於次年5月31日以前完成年度結算之故。為防杜適用上之疑義,宜在執行業務者帳證辦法中明文規定。

　　⑷會計年度決算程序辦理終了日、會計年度結算終了日,有關未結會計事項之帳簿,在解釋上,應於其會計事項結束之日起,保存5年。

　　4.營利事業、執行業務者等**帳簿留置於營業場所、執業場所義務之履行期限**,實質上在其營業期間、執業期間,均有此一義務。

　　⑸營利事業合併、分割時,其因合併、分割而消滅之營利事業的帳簿,應留置於管理營利事業會計帳證辦法第28條規定之保管人的營業場所。

　　㈢未保存、未留置帳簿違序之構成要件該當行為成立時日

　　1.營利事業與執行業務者等保存帳簿義務之履行期限,如上面㈡、3、所述。因此,營利事業在上面㈡、3、所述之保存帳簿義務之履行期限內,未保存帳簿,而其行

為係出於故意或過失者，**即其行為具有構成要件該當性，而屬「未保存帳簿違序」之構成要件該當行為。**

　　2.營利事業、執行業務者等帳簿留置於營業場所義務之履行期限，如上面㈡、4、所述。因此，營利事業在上面㈡、4、所述期間內，未將帳簿留置於營業場所，而其行為係出於故意或過失者，**即其行為具有構成要件該當性，而屬「未留置帳簿違序」之構成要件該當行為。**

三、主觀構成要件

　　同上面本目、貳、三、之說明。

四、法律效果

　　㈠對未保存、未留置帳簿違序，**處15,000元以上60,000元以下罰鍰。**
　　稽徵機關在「15,000元以上60,00元以下」範圍內，有罰鍰金額之裁量權。
　　惟稽徵機關對本條第3項規定處罰罰鍰金額之裁量權，實際上受限於財政部訂定之「稅務違章案件裁罰金額或倍數參考表」中關於本條第3項裁罰金額統一裁量之規定，其規定如下：
　　　1.不依規定保存帳簿，處30,000元罰鍰。
　　　2.無正當理由而不將帳簿留置於營業場所，處15,000元罰鍰。
　　㈡財政部94.6.10台財稅第9404538280號函釋示：「營利事業未依法保存憑證及未依法保存帳簿，係屬二個行為違反二個不同之行政義務，二者之處罰目的及要件並不相同，應分別依稅捐稽徵法第44條及第45條第3項規定處罰。」。

第二目　關於接受調查義務之違序與其處罰

緒　　說

一、關於接受調查義務之違序種類與其處罰之性質

　　本法規定之違序與其處罰，其中與「接受調查義務」有關者，可合稱為**「關於接受調查義務之違序與其處罰」**之類型；其中違序之型態，計有如下三種（依本法規定之條文次序排列）：⑴拒絕調查違序，⑵拒不提示有關課稅資料等違序，⑶拒絕備詢違序。

　　在本目中，上開各種違序分立子目論述：
　　　1.下列二種違序：⑴拒絕調查違序，⑵拒不提示有關課稅資料等違序，併成一子目**「拒絕調查、拒不提示課稅資料違序」**論述。此係因其違序之受罰人相同，處罰相同，故予合併為一子目，以節省篇幅。

　　2.拒絕詢問違序，立一子目論述。

　　本類型違序均係處以「罰鍰」，其性質均係行為罰，蓋其違反之義務均係「行為義務」。因此，行為人之行為構成本類型中各種違序者，無待任何結果之發生（例如發生漏稅等），稽徵機關即得予以處罰，本目以下各子目中即均不再一一指明。

　　本類型中各種違序，係以違反本法第33條規定之「接受調查義務」為構成要件，故屬「非真正之空白構成要件」，而各該處罰規定則係「結合指示」（參見前面本書第二篇第一章，參、一、㈢、2、之說明），本目之各子目中即均不再一一說明。

二、行為人之責任能力、不知法規之責任與有無免責事由

　　在本類型違序中，行為人（亦是受罰人）或為自然人，或為組織（如營利事業、非法人團體等），與上面本篇第二章第一目「關於課稅資料報告與告知義務之違序與其處罰」類型之受罰人相同。因此，上面本篇第二章第一目、緒說、二、關於行為人（受罰人）「責任能力」、「不知法規之責任」與「有無免責事由」之解析說明，自亦適用於本類型之各種違序，本目以下各子目即均不再一一說明。

壹、拒絕調查、拒不提示課稅資料違序與其處罰

　　拒絕稅捐稽徵機關或財政部賦稅署指定之調查人員調查，或拒不提示有關課稅資料、文件，構成拒絕調查、拒不提示課稅資料違序，處3,000元以上30,000元以下罰鍰（本法第46條第1項）。

一、受罰人

　　㈠本法第46條（以下稱「本條」）第1項規定之拒絕調查、拒不提示課稅資料違序，係以「拒絕稅捐稽徵機關或財政部賦稅署指定之調查人員調查，或拒不提示有關課稅資料、文件者」為行為人，亦為受罰人；亦即以「被調查者」為行為人（受罰人）。

　　所謂被調查者，依本法第31條第1項規定，係「有關機關、團體或個人」；

　　機關係指政府機關，個人係指自然人，並無疑義；然而「團體」之涵義與範圍如何，則有疑義。按法律關係之主體，不外自然人與組織[83]。又按65年本法第31條立法理由說明：當時之營業稅法、所得稅法等均有稽徵機關得向「任何有關公私組織或個人」進行調查之規定，本法第31條係意在統一各稅法之規定，然而卻改用「有關機關、團體」一詞，其故安在，令人難以索解。政府機關即是一種組織，營利事業是一種組織，財團法人、非法人之公益團體等團體亦均是一種組織，是以原來營業稅法、所得稅法等使用「公私組織」，實較妥適。因此，本法第31條第1項規定中之「有關機關、團

---

83 曾世雄，民法總則之現在與未來，1993年6月，87-88頁。

體或個人」，**應解為係指「有關機關、公私組織或個人」，較為符合規範意旨**。

　　（二）受罰人如係營業事業，固然係指「以營業事業本身為受罰人」，惟營業事業為「獨資商號」者，實務見解均認為「獨資商號」與「出資之個人」係同一之權義主體；從而**獨資商號拒絕調查，即應以出資之個人（或商業負責人）為受罰人**。此一實務見解，已於上面本篇第一章第一目，壹、一、（一）、1、詳述，不贅。

二、客觀構成要件

　　（一）本條第1項所規定之違序行為係「拒絕稅捐稽徵機關或財政部賦稅署指定之調查人員調查，或拒不提示有關課稅資料、文件」，故其包含二種行為，一是「拒絕稅捐稽徵機關或財政部賦稅署指定之調查人員調查」，即**「拒絕調查違序」**，二是「拒絕稅捐稽徵機關或財政部賦稅署指定之調查人員要求提示有關課稅資料、文件」，即**「拒不提示課稅資料違序」**；二者合稱**「拒絕調查、拒不提示課稅資料違序」**。

　　茲說明如下：

　　1.依據本條第1項及第30條第1項規定實施調查之**「調查者」**，限於「稅捐稽徵機關」，以及「財政部賦稅署指定之調查人員」。

　　依據本法第30條規定賦予之權限，上述調查者得實施調查；相對言之，被調查者有接受調查之義務。

　　本法第30條規定內容，於下面（二）說明。

　　2.本法規定之「調查」，其性質係**「行政調查」中之「強制性調查」**；蓋對於拒絕調查之被調查者，本法有科予行政罰之規定。此一調查不得以具有物理上之強制性、侵入性與干預性之「行政檢查」之方式行之（例如印花稅法第21條規定之「印花稅檢查」）[84]。調查方式包括「要求提示有關課稅資料、文件」、「通知到達備詢」、「要求填報有關報表」等。

　　惟本條第1項將「拒絕調查」與「拒不提示有關課稅資料、文件」分列，復且本條第2項將「拒不到達備詢」獨立列為一項，**是以本條第1項中之「拒絕調查」，應作限縮解釋，係指除「拒不提示有關課稅資料、文件」、「拒不到達備詢」二者以外情形之拒絕行為**，例如下列行政解釋所述之拒絕行為：

　　（1）財政部71.7.10台財稅第35177號函：「納稅義務人申報被繼承人遺產稅時，列報有保管箱項目，經稽徵機關函請依法開啟及通知會同點驗登記，而未予照辦者，……可依照稅捐稽徵法第30條規定通知納稅義務人於指定時間會同開啟保管箱進行調查，違者即依同法第46條規定處罰。」。

　　（2）財政部82.9.7台財稅第821496322號函：「主旨：稅捐稽徵機關為調查課稅資料製

---

84 「行政調查」與「行政檢查」之概念與二者之區分，詳見陳文貴，行政調查與行政檢查及行政搜索之法律關係，法令月刊，60卷3期，2009年3月，67-87頁；又「強制性調查」之概念，見同文72-73頁。

訂各類補習班、幼稚園、托兒所等業之調查表，經合法送達，而業者未依式在限期內填報者，可依稅捐稽徵法第46條第1項前段「拒絕稅捐稽徵機關或財政部賦稅署指定之調查人員調查」予以處罰。……」。

3.所謂「**拒絕調查**」、「**拒不提示有關課稅資料、文件**」，應不僅指有積極拒絕調查之行為而言，其對稽徵機關之通知置之不理，或因無正當理由未將帳簿憑證放置營業場所而不予提示者，無異於消極拒絕之行為，亦應屬之[85]。惟如被調查者逾調查者指定之時間而提示，在實務上，似均認為亦屬拒絕提示。所謂「**有關課稅資料、文件**」，不限於帳簿、憑證，亦不限於何種形式。惟調查者**要求提示之資料、文件，必須與「課稅有關」**；故與課稅無關之資料、文件，被調查者拒絕提示，應不構成違序。

4.本法第32條規定：「稅捐稽徵機關或財政部指定之調查人員依法執行公務時，應出示有關執行職務之證明文件；其未出示者，被調查者得拒絕之。」，被調查者以調查者未出示有關執行職務之證明文件而拒絕調查，自亦不構成違序。

5.拒絕調查、拒不提示課稅資料違序之成立，必須違序之行為具有「**構成要件該當性**」；違序之行為在何一時日方成為「**構成要件該當行為**」，自應予以審究。

關於拒絕調查、拒不提示課稅資料違序之構成要件該當行為成立時日，於下面(三)說明。

6.調查者已通知調查、通知提示有關課稅資料、文件，被調查者申請延期，稽徵機關准予延期者，僅在延期後之時限仍未接受調查、提示有關課稅資料、文件，方構成拒絕調查、拒不提示課稅資料違序。

(二)實施調查之規範依據：

1.本法第30條規定：「（第1項）稅捐稽徵機關或財政部賦稅署指定之調查人員，為調查課稅資料，得向有關機關、團體或個人進行調查，要求提示有關文件，……被調查者不得拒絕。（第2項）被調查者以調查人員之調查為不當者，得要求調查人員之服務機關或其上級主管機關為適當之處理。（第3項）納稅義務人及其他關係人提供帳簿、文據時，該管稽徵機關或財政部賦稅署應掣給收據，除涉嫌違章漏稅者外，應於帳簿、文據提送完全之日起，七日內發還之；其有特殊情形，經該管稽徵機關或賦稅署首長核准者，得延長發還時間七日。」。

茲析述如下：

(1)調查者限於「稅捐稽徵機關」（包括各國稅局、各縣（市）稅捐稽徵處或稅務局等），以及「財政部賦稅署指定之調查人員」。依照財政部71.11.4台財稅第38070號函釋示之意旨，警察機關、調查局不在第30條規定調查者之範圍內。

(2)調查之目的限於「調查課稅資料」，如非為調查課稅資料，即無適用本法第30條規定之餘地。

---

85 張昌邦，稅捐稽徵法論，3版，1984年7月，153頁。

　　又調查者實施調查時，應遵守本法第11條之5第1項規定：「稅捐稽徵機關或財政部賦稅署指定之調查人員，於進行調查前，除通知調查將影響稽徵或調查目的者外，應以書面通知被調查者調查……之事由及範圍。……」。惟此一規定之性質應屬「**訓示規定**」，調查者未遵守此一規定，被調查者尚不得拒絕調查，但得要求調查者表明「調查之事由及範圍」。被調查者依稽徵機關之書面通知，方負有接受調查之義務。

　　⑶本法第30條第1項規定調查者「為調查課稅資料，得向被調查者進行調查，要求提示有關文件」，似乎調查之方式即為「要求提示有關文件」。

　　惟本條第1項則係規定「拒絕調查，或拒不提示有關課稅資料、文件」，顯然「拒絕調查」與「拒不提示有關課稅資料、文件」係二個違序行為，故調查者之「進行調查」與「要求提示有關課稅資料、文件」係二個行為，且要求提示之客體包括「資料」及「文件」。

　　合併觀察本法第30條之義務規定與本條第1項之處罰規定，二法條文字實無法完全配合。由事務本質而論，調查之方式顯然不限於要求提示有關文件（見上面㈠、2、之說明）；而要求提示之客體包括「資料」（如電子資訊、照片、圖畫等）及「文件」（指以文字為主要內容之書面），實較周全。因此，本法第30條條文實有修正之必要，俾與本條第1項規定之文字一致，以杜疑義。

　　⑷本法第30條第2項及第3項規定，與拒絕調查、拒不提示課稅資料違序行為之成立與否，並無直接關係，而是調查程序之規定，故不予進一步說明。

　　2.本法第30條第1項規定之調查，除下述行政解釋所規定之情形外，稅捐稽徵機關或財政部賦稅署指定之調查人員得依職權為之：

　　⑴財政部70.12.3台財稅第40060號函：「稅捐稽徵機關或財政部指定之人員（現行法修正為：稅捐稽徵機關或財政部賦稅署指定之調查人員），依稅捐稽徵法第30條規定，向各金融機構調查納稅義務人與各該金融機構之資金往來紀錄，以作為課稅資料時，應一律報經本部核准後，始得向金融機構進行調查。」。

　　⑵財政部71.1.29台財稅第30607號函：「稅捐稽徵機關依稅捐稽徵法第30條規定，向郵政儲金機關調查與納稅義務人有關之郵政劃撥帳戶紀錄，以作為課稅資料時，仍應報經本部核准後辦理。」。

　　⑶財政部82.10.19台財融第822216536號函：「……說明三、金融機構對稅務機關，因辦案需要，正式備文查詢與該案有關客戶之存放款資料，應予照辦，前經本部71/07/02台財融第18326號函規定在案。惟本部70/12/03台財稅第40060號函就稅捐稽徵機關依稅捐稽徵法第30條規定，向各金融機構調查納稅義務人與該金融機構之資金往來紀錄，以作為課稅資料時，規定稅捐機關應先敘明案情並說明必須調查理由，報經本部核可後，始得向金融機構進行調查。是以金融機構對稅捐稽徵機關依稅捐稽徵法第30條規定，正式備文要求提供有關客戶存放款資料，應於稅捐稽徵機關註明本部核准文號，始可照辦，以保障客戶之權益。……」。

(4)財政部賦稅署95.7.7台稅六發第9504529490號函：

「檢送行政院金融監督管理委員會銀行局95年6月7日銀局(一)字第09510002220號函送該局召開「研商財政部70年12月3日（70）台財稅第40060號函有關資金往來之執行疑義」會議紀錄乙份。

附件1：

行政院金融監督管理委員會銀行局95/06/07銀局(一)字第09510002220號函檢送本局召開「研商財政部賦稅署70年12月3日（70）台財稅第40060號函有關資金往來之執行疑義」會議紀錄乙份。

附件2：

研商「財政部賦稅署70年12月3日（70）台財稅字第40060號函有關資金往來之執行疑義」會議紀錄

會議結論：

有關稅捐稽徵機關因課稅需要，依據稅捐稽徵法第30條規定，向各金融機構查詢納稅義務人有關資料及同案衍生應查核其他帳戶資料之處理原則如下：

(一)應報經財政部核准者：納稅義務人與銀行間之資金往來紀錄涉及第三人者。

(二)由各區國稅局首長核定（由局長決行）發函向銀行查詢者：1.向兼營票券商、證券經紀商之銀行，查詢納稅義務人於一定期間之買賣債、票券及有價證券之交易紀錄及相關憑證資料。2.依(一)報經財政部核准查詢資金往來紀錄案件，其同案因衍生之應查核帳戶（包括：同案受查詢之納稅義務人於同一家銀行或在其他銀行之往來帳戶；同案同一銀行另發現與受查詢之納稅義務人有往來之第三人帳戶）。

(三)由稅捐稽徵機關發函直接向銀行查詢者（查詢上開(一)(二)項以外之資料）：1.納稅義務人於銀行開戶之基本資料、特定時點之帳戶（含存、放款）餘額。2.被繼承人及其生存配偶於「繼承事實發生日」之銀行存、放款餘額。3.為強制執行欠稅人之不動產，向銀行查詢欠稅人不動產設定抵押貸款情形。

(四)同案衍生須查核與納稅義務人有往來之第三人於不同銀行資料時，稅捐稽徵機關應另依上述(一)至(三)處理原則辦理。」。

3.本法第32條規定：「稅捐稽徵機關或財政部指定之調查人員依法執行公務時，應出示有關執行職務之證明文件；其未出示者，被調查者得拒絕之。」。因此，**調查者「出示有關執行職務之證明文件」，係調查行為合法之要件；其未出示者，被調查者無接受調查之義務。**

(三)調查者依據本法第30條第1項規定，對被調查者進行調查，或要求提示有關課稅資料、文件，自應指定接受調查或提示有關課稅資料、文件之時間，俾被調查者履行義務。被調查者接受調查或提示有關課稅資料、文件義務之**履行期限**，係「稽徵機關通知文書中所定之期限」；而為審究是否構成違序，應先予確認此一期限。

因此，納稅義務人在「通知文書中所定之期限」仍未接受調查或拒絕提示有關課稅

資料、文件，其行為係出於故意或過失者，**其行為即具有構成要件該當性，而屬「拒絕調查、拒不提示課稅資料違序」之構成要件該當行為。**

三、主觀構成要件

被調查者如係個人，而有拒絕調查、拒不提示課稅資料，其違序之行為是否出於故意、過失，自應就被調查者之個人而審究之。

被調查者如係機關、公私組織，依行政罰法第7條第2項規定，組織之故意、過失係以其有代表權之人或其職員等之故意、過失推定之。因此，機關、公私組織拒絕調查、拒不提示課稅資料違序，其行為是否出於故意、過失，如機關、公私組織說明或主張違序之行為係由其有代表權之人或其職員等所為，稽徵機關應不得逕予否認，而應審究其有代表權之人或其職員等是否確實負責處理稅務或帳務事務，而其拒絕調查、拒不提示課稅資料，是否存有故意、過失，以推定機關、公私組織之是否故意、過失（如依代表之法理，其實有代表權之人之行為即應視為機關、公私組織之行為，無須推定；參見前面本書第二篇第二章、壹、一、㈤、2、之說明）。惟如營利事業係獨資商號，則係以其出資之資本主（自然人）為受罰人（參見前上面本篇第一章第一目、壹、一、㈠、1、所述）；因此，應直接審究資本主（自然人）之有無故意、過失，而無須再適用行政罰法第7條第2項推定故意、過失之規定。

四、法律效果

對拒絕調查、拒不提示課稅資料違序，**處3,000元以上30,000元以下罰鍰。**

稽徵機關在「3,000元以上30,000元以下」範圍內，有罰鍰金額之裁量權。

惟稽徵機關對本條第1項規定處罰罰鍰金額之裁量權，實際上受限於財政部訂定之「稅務違章案件裁罰金額或倍數參考表」中關於本條第1項裁罰金額統一裁量之規定，其規定如下：

1.經通知拒絕，第一次裁罰者，處3,000元罰鍰。

2.連續拒絕，第二次裁罰者，處新台幣9,000元罰鍰。

3.連續拒絕，第三次及以後各次裁罰者，每次處30,000元罰鍰。

由於本條第1項並無連續處罰之規定，因此，上述「連續拒絕」應指第一次通知遭拒絕後，再次通知而遭拒絕，餘類推。至於「第二次、第三次及以後各次裁罰」，如何計算及界定次數，參考表中並無明示，實有疑義，恐難免爭執，實有清楚界定之必要。

五、免予處罰之例外規定

實務上，有下列免罰財政部之解釋：

1.67.9.19台財稅第36365號函釋示：「主旨：××企業行雖未於該管稽徵機關第一

次通知期限內提示帳簿憑證備查，惟該管稽徵機關並未送罰，後又再度通知限期提示帳簿憑證，該行既已依第二次通知期限提示備查，應免依稅捐稽徵法第46條第1項之規定處罰。……」。

　　2.77.6.22台財稅第770133629號函釋示：「營業人因不服稽徵機關核定營業稅之處分，提起行政救濟，經訴願決定原處分撤銷發回重查中，稽徵機關函請業者提示有關課稅資料，逾期不提示者，得依法逕為復查之決定，無庸再以拒不提示課稅資料移罰。」。

六、本條第1項與所得稅法第107條第1項適用之分際

　　本法第46條第1項規定：「拒絕稅捐稽徵機關或財政部賦稅署指定之調查人員調查，或拒不提示有關課稅資料、文件者，處新台幣三千元以上三萬元以下罰鍰。」，此係處罰規定；至於義務規定則為本法第30條第1項：「稅捐稽徵機關或財政部賦稅署指定之調查人員，為調查課稅資料，得向有關機關、團體或個人進行調查，要求提示有關文件，……被調查者不得拒絕。」。

　　所得稅法第107條第1項：「納稅義務人違反第八十三條之規定，不按規定時間提送各種帳簿，文據者，稽徵機關應處以一千五百元以下之罰鍰。」，此係處罰規定；至於義務規定則為同法第83條第1項及第3項：「（第1項）稽徵機關進行調查或復查時，納稅義務人應提示有關各種證明所得額之帳簿、文據；其未提示者，稽徵機關得依查得之資料或同業利潤標準，核定其所得額。……第3項）納稅義務人已依規定辦理結算申報，但於稽徵機關進行調查時，通知提示有關各種證明所得額之帳簿、文據而未依限期提示者，稽徵機關得依查得之資料或同業利潤標準核定其所得額；嗣後如經調查另行發現課稅資料，仍應依法辦理。」。又同法第97條規定：「第八十三條……之規定，對於扣繳稅款準用之。」；以及同法第102條之4規定，稽徵機關接到未分配盈餘申報書後，應派員調查，核定其未分配盈餘及應加徵之稅額，其調查核定，亦準用第83條之規定。

　　觀察上開二規定之內容，僅有類似之處，而非完全相同，則此二規定適用之分際如何，有待探討。

　　關於所得稅法第107條第1項規定，以及同法第83條第1項及第3項、第97條與第102條之4規定，其如何適用，上面本篇第二章第二目、貳、已詳為說明。概括言之，所得稅法第83條第3項（暨依據本法第97條準用規定）明示「納稅義務人、扣繳義務人依規定辦理申報後，稽徵機關進行調查時，應提示帳簿文據」，是以同條第1項規定之「稽徵機關進行調查或復查時，納稅義務人、扣繳義務人應提示帳簿文據」，自應解係指同條第3項規定情形以外之調查或復查（例如稽徵機關對納稅義務人申請復查之調查、對申報核定後依法規規定實施之稽查或抽查、對扣繳義務人扣繳報告之隨時調查、對平時接獲檢舉之調查等）時之納稅義務人、扣繳義務人提示帳簿文據之義務。因此，所得稅法第107條第1項規定，係適用於稽徵機關為調查或復查納稅義務人所得稅、未分配盈餘

加徵稅額與扣繳義務人扣繳所得稅事項，而納稅義務人、扣繳義務人拒絕提示帳簿文據之違序行為。

　　至於本法第46條第1項及本法第30條第1項規定，析言之，調查者為「稅捐稽徵機關或財政部賦稅署指定之調查人員」，調查目的係「調查課稅資料」，被調查者係「有關機關、團體（應指公私組織）或個人」，要求提示之客體係「課稅有關資料、文件」。相較於所得稅法第107條第1項等規定，本法第46條第1項等規定之規範目的較為廣泛，適用對象較多，要求提示之客體則不限於帳簿文據。由法理言之，稽徵機關為調查或復查所得稅、未分配盈餘加徵稅額與扣繳所得稅案件，亦非不得依據本法第30條第1項規定，要求納稅義務人、扣繳義務人提示帳簿文據。是則所得稅法第107條第1項規定，似無保留之必要。

　　惟進一步論之，既然所得稅法第107條第1項規定仍然保留，而其構成要件較本法第46條第1項嚴格，則二者之間實屬存有「**特別關係**」之「**法規競合**」（參見前面本書第二篇第五章、壹、一、㈡、2、之說明）；**是以稽徵機關為調查或復查納稅義務人之所得稅、未分配盈餘加徵稅額與扣繳義務人扣繳之所得稅事項，對於所得稅納稅義務人、扣繳義務人拒絕提示帳簿文據之行為，所得稅法第107條第1項規定係特別規定，應優先於本法第46條第1項而適用。**除此之外，有關所得稅事項之調查，方始適用本法第46條第1項規定。

　　依據上述探討之結論，檢視下列行政解釋（均係財政部發布者），似均有待商榷：

　　1.70.1.26台財稅第30693號函：「營利事業結算申報所得額原經稽徵機關查帳核定者，於事後稽核時，如不依限提示帳簿文據，應依稅捐稽徵法第46條規定處罰，不適用同業利潤標準核定其所得額。……」。所得稅申報後，稽徵機關依法規規定實施之稽核，仍係針對所得稅申報案件實施之調查，是以稽徵機關事後稽核時，納稅義務人如不依限提示帳簿文據，仍以依據所得稅法第107條第1項規定處罰，在法律適用上較為妥適。

　　2.74.10.29台財稅第24071號函：「二、私立幼稚園、托兒所已設帳記載及保存憑證，且依照規定辦理結算申報，稽徵機關應通知提示有關帳簿文據以供查核，惟其對於關係收入之學生名冊如不予提示者，核屬帳證不全，應按所得稅法第83條規定，就未提示帳證部分，依查得資料予以核定。三、其所得額經稽徵機關查帳核定，於事後抽查時，拒不提示原有之帳簿文據備查，應依稅捐稽徵法第46條規定處罰。」。如同上面1、所述，本案例之情形，應依據所得稅法第107條第1項規定處罰，在法律適用上較為妥適。

　　3.79.11.28台財稅第790367340號函釋示：「……說明：二、查現行所得稅法第83條第3項既已刪除「不得提出異議」之規定，營利事業於行政救濟時，如已提示符合法令規定之帳簿及文據，申請查帳核定者，稽徵機關應予受理，以符修法意旨。惟稽徵機

關於進行調查時，可視情節依所得稅法107條第1項或稅捐稽徵法第46條第1項規定予以處罰。」。此一釋示未明示何種情形下，依所得稅法107條第1項規定處罰，又何種情形下，依本法第46條規定處罰，並未發揮闡明法律適用疑義之作用。如同上面1、所述，本案例中之事後抽查時拒不提示帳據，應依據所得稅法第107條第1項規定處罰，在法律適用上較為妥適。

貳、拒絕備詢違序與其處罰

　　納稅義務人經稅捐稽徵機關或財政部賦稅署指定之調查人員通知到達備詢，納稅義務人本人或受委任之合法代理人，如無正當理由而拒不到達備詢，構成**拒絕備詢違序**，處3,000元以下罰鍰（本法第46條第2項）。

一、受罰人

　　㈠本法第46條（以下稱**「本條」**）第2項規定之拒絕備詢違序，係以「對稅捐稽徵機關或財政部賦稅署指定之調查人員通知到達備詢，無正當理由而拒不到達備詢之納稅義務人或受委任之合法代理人」為行為人，亦為受罰人。**惟本條第1項將「受委任之合法代理人」亦列為違序之行為人（受罰人），依代理之法理，其規定無實質正當性，並非妥適。**何況本條係以本法第30條第1項之義務規定為基礎，而第30條第1項係規定「通知納稅義務人備詢」，乃本條第2項將「受委任之合法代理人」亦列為違序之行為人（受罰人），並無法律依據。因此，**應解為拒絕備詢違序之之行為人（受罰人）僅為納稅義務人。**

　　應注意者，本法第50條規定：「本法對於納稅義務人之規定，除第四十一條規定外，於扣繳義務人、代徵人、代繳人及其他依本法負繳納稅捐義務之人準用之。」。因此，稅捐稽徵機關或財政部賦稅署指定之調查人員亦可通知「扣繳義務人、代徵人、代繳人及其他依本法負繳納稅捐義務之人」到達備詢；而如有無正當理由而拒不到達備詢者，**扣繳義務人、代徵人、代繳人及其他依本法負繳納稅捐義務之人，亦為拒絕詢問違序之行為人（受罰人）。**

　　所謂**「他依本法負繳納稅捐義務之人」**，係指本法第12條至第15條規定之共有財產之納稅義務人、清算人、遺囑執行人、合併後存續或另立之營利事業。

　　㈡受罰人如係營業事業，固然係指「以營業事業本身為受罰人」，惟營業事業為「獨資商號」者，實務見解均認為「獨資商號」與「出資之個人」係同一之權義主體；從而**獨資商號拒絕調查，即應以出資之個人（或商業負責人）為受罰人。**此一實務見解，已於上面本篇第一章第一目，壹、一、㈠、1、詳述，不贅。

二、客觀構成要件

　　㈠經稅捐稽徵機關或財政部賦稅署指定之調查人員通知到達備詢，無正當理由而拒

不到達備詢，成立「拒絕備詢違序」。

　　茲說明如下：

　　1.依據本條第1項及第30條第1項規定實施調查之「調查者」，限於「稅捐稽徵機關」，以及「財政部賦稅署指定之調查人員」。

　　依據本法第30條規定賦予之權限，上述調查者得通知到達備詢；相對言之，被調查者有到達備詢之義務。

　　本法第30條規定內容，於下面㈡說明。

　　2.通知備詢之性質，係**「行政調查」中之「強制性調查」**；蓋對於拒不到達備詢之被調查者，本法有科予行政罰之規定。又依本法第30條第1項規定，被調查者**備詢之處所，限於「調查者之辦公處所」**。備詢之處所如非調查者之辦公處所，被調查者拒絕備詢，並不構成違序。

　　3.所謂**「無正當理由」**，反面言之，納稅義務人有不在國內、因病行動不便或住院、因遷移而未接獲通知等情事，應可認為「有正當理由」，其未到達備詢，應不構成違序。

　　惟如被調查者無正當理由，而逾調查者指定之時間而到達備詢，在實務上，似均認為亦屬拒絕備詢。

　　4.調查者實施調查時，應遵守本法第11條之5第1項規定：「稅捐稽徵機關或財政部賦稅署指定之調查人員，於進行調查前，除通知調查將影響稽徵或調查目的者外，應以書面通知被調查者……備詢之事由及範圍。……」。惟此一規定之性質應屬**「訓示規定」**，調查者未遵守此一規定，被調查者尚不得拒絕備詢，但得要求調查者表明「備詢之事由及範圍」。

　　4.本法第32條規定：「稅捐稽徵機關或財政部指定之調查人員依法執行公務時，應出示有關執行職務之證明文件；其未出示者，被調查者得拒絕之。」，被調查者以調查者未出示有關執行職務之證明文件而拒絕備詢，自不構成違序。

　　5.拒絕備詢違序之成立，必須違序之行為具有**「構成要件該當性」**；違序之行為在何一時日方成為**「構成要件該當行為」**，自應予以審究。

　　關於拒絕備詢違序之構成要件該當行為成立時日，於下面㈢說明。

　　6.調查者已通知備詢，被調查者申請延期，稽徵機關准予延期者，僅在延期後之時限仍未到達備詢，方構成拒絕備詢違序。

　　㈡通知到達備詢之規範依據：

　　1.本法第30條第1項及第2項：「（第1項）稅捐稽徵機關或財政部賦稅署指定之調查人員，為調查課稅資料，得……通知納稅義務人，到達其辦公處所備詢，被調查者不得拒絕。（第2項）被調查者以調查人員之調查為不當者，得要求調查人員之服務機關或其上級主管機關為適當之處理。」。

　　茲析述如下：

⑴調查者、調查之目的，以及調查者之應遵守本法第11條之5第1項規定，同上面本目、壹、二、㈠、1、⑴至⑶所述，不再複述。

⑵本法第30條第2項規定，與拒絕備詢違序行為之成立與否，並無直接關係，而是調查程序之規定，故不予進一步說明。

2.本法第30條第1項規定之調查，稅捐稽徵機關或財政部賦稅署指定之調查人員得依職權為之。

3.本法第32條規定：「稅捐稽徵機關或財政部指定之調查人員依法執行公務時，應出示有關執行職務之證明文件；其未出示者，被調查者得拒絕之。」。因此，**調查者「出示有關執行職務之證明文件」，係調查行為合法之要件；其未出示者，被調查者無接受詢問之義務。**

㈢調查者依據本法第30條第1項規定，通知被調查者到達備詢，自應指定到達備詢之時間，俾被調查者履行義務。被調查者到達備詢義務之**履行期限**，係「稽徵機關通知文書中所定之期限」；而為審究是否構成違序，應先予確認此一期限。

因此，納稅義務人在「通知文書中所定之期限」仍未到達備詢，其行為係出於故意或過失者，**其行為即具有構成要件該當性，而屬「拒絕備詢違序」之構成要件該當行為。**

㈣調查者於對被調查者實施詢問時，如認為有必要，可否同時要求被調查者提示課稅有關資料、文件？本法並無明文，亦乏行政解釋可據。由於被調查者之「備詢」，僅有答覆詢問之義務而已。又本法第30條第1項係分別規定調查者「要求提示課稅有關資料、文件」與「通知到達備詢」之權限。是以在此情形，依本書之見解，調查者應另以書面通知提示課稅有關資料、文件，方屬符合規範意旨。倘如調查者實施詢問時即要求被調查者提示課稅有關資料、文件，而被調查者拒絕，應不構成拒絕備詢違序，亦不構成拒不提示課稅資料違序。

三、主觀構成要件

被調查者如係個人，而有拒絕調查、拒不提示課稅資料，其違序之行為是否出於故意、過失，自應就被調查者之個人而審究之。

被調查者如係組織，依行政罰法第7條第2項規定，組織之故意、過失係以其有代表權之人或其職員等之故意、過失推定之。因此，組織拒絕調查、拒不提示課稅資料違序，其行為是否出於故意、過失，如組織說明或主張違序之行為係由其有代表權之人或其職員等所為，稽徵機關應不得逕予否認，而應審究其有代表權之人或其職員等是否確實負責處理稅務或帳務事務，而其拒絕調查、拒不提示課稅資料，是否存有故意、過失，以推定組織之是否故意、過失（如依代表之法理，其實有代表權之人之行為即應視為組織之行為，無須推定；參見前面本書第二篇第二章、壹、一、㈤、2、之說明）。惟如營利事業係獨資商號，則係以其出資之資本主（自然人）為受罰人（參見前上面本

篇第一章第一目、壹、一、㈠、1、所述）；因此，應直接審究資本主（自然人）之有無故意、過失，而無須再適用行政罰法第7條第2項推定故意、過失之規定。

四、法律效果

對拒絕備詢違序，**處3,000元以下罰鍰**。

稽徵機關對於罰鍰金額，有裁量權。

惟稽徵機關對本條第2項規定罰鍰金額之裁量權，實際上受限於財政部訂定之「稅務違章案件裁罰金額或倍數參考表」中有本條第2項規定裁罰金額統一裁量之規定，其規定如下：

1.經通知拒絕，第一次裁罰者，處1,000元罰鍰。

2.連續拒絕，第二次裁罰者，處2,000元罰鍰。

3.連續拒絕，第三次及以後各次裁罰者，每次處3,000元罰鍰。

由於本條第2項並無連續處罰之規定，因此，上述「連續拒絕」應指第一次通知遭拒絕後，再次通知而遭拒絕，餘類推。至於「第二次、第三次及以後各次裁罰」，如何計算及界定次數，參考表中並無明示，實有疑義，恐難免爭執，實有清楚界定之必要。

本條第2項規定之法定罰鍰最高為3,000元，故有行政罰法第19條第1項「3,000元以下罰鍰職權不處罰」規定之適用，亦即稽徵機關如認為「情節輕微，以不處罰為適當者」，即得裁處免罰。稽徵機關裁處免罰時，依行政罰法第19條第2項規定，稽徵機關得對營利事業之負責人施以糾正或勸導，並做成紀錄，命其簽名。

第三目　關於其他情形之違序與其處罰

緒　說

本法除對於納稅義務人或其他主體等之違序行為，分別定有「稽徵機關」科以處罰（處罰種類為「罰鍰」）之規定外，在下列各條文中，另有對行為人之「處罰」、「議處」或「懲處」規定：⑴第43條第1項及第33條規定「稽徵機關」對本法第33條規定之稅務稽徵人員、特定機關、特定人員之**「罰鍰」**。⑵第34條第1項規定「財政部或經其指定之稅捐稽徵機關」對欠稅人或重大逃漏稅捐人之**「公告姓名或名稱與內容」**。⑶第48條規定「財政部」對逃漏稅捐情節重大之納稅義務人之**「停止其享受獎勵之待遇」**。

上開本法第43條第1項規定之「罰鍰」，係行政罰之一種，並無疑問。至於本法第34條第1項規定之「公告姓名或名稱與內容」，屬於行政罰法第2條第3款規定之**「影響名譽之處分」**；而本法第48條規定之「停止其享受獎勵之待遇」，屬於行政罰法第2條

第2款規定之**「消滅權利之處分」**；二者之性質均屬行政罰。

　　本法第43條第1項、第34條第1項與第48條規定規定之內容，本目分立三個子目：⑴**洩漏秘密違序與其處罰**，⑵**公告姓名或名稱之處罰**，⑶**停止享受獎勵之處罰**，分別解析論述。

壹、洩漏秘密違序與其處罰

　　本法第43條（以下稱**「本條」**）第3項規定：「稅務稽徵人員違反第三十三條規定者，除觸犯刑法者移送法辦外，處一萬元以上五萬元以下罰鍰。」。

　　本法第33條規定：「（第1項）稅捐稽徵人員對於納稅義務人提供之財產、所得、營業及納稅等資料，除對下列人員及機關外，應絕對保守秘密，違者應予處分；觸犯刑法者，並應移送法院論罪：一、納稅義務人本人或其繼承人。二、納稅義務人授權代理人或辯護人。三、稅捐稽徵機關。四、監察機關。五、受理有關稅務訴願、訴訟機關。六、依法從事調查稅務案件之機關。七、經財政部核定之機關與人員。八、債權人已取得民事確定判決或其他執行名義者。（第2項）稅捐稽徵機關對其他政府機關為統計目的而供應資料，並不洩漏納稅義務人之姓名或名稱者，不受前項之限制。（第3項）經財政部核定獲得租稅資訊之政府機關或人員不可就其所獲取之租稅資訊，另作其他目的之使用，且第一項第四款至第七款之機關人員及第八款之人，對稽徵機關所提供第一項之資料，如有洩漏情事，準用同項對稽徵人員洩漏秘密之規定。」。

一、本條第3項規定之說明解析

　　㈠**處罰機關**：本條第3項規定之處罰，條文中並未明定處罰機關；解釋上，自應以稅務稽徵人員所隸屬之稽徵機關為處罰機關。

　　㈡**受罰人**：有洩漏秘密違序行為之下列主體（即違序行為人），為受罰人：

　　1.稅捐稽徵人員：稅捐稽徵人員應指具有公務人員資格之人員而經稽徵機關依公務人員任用法正式任用者。至於未具有公務人員資格而由稽徵機關聘雇之人員，是否包括在內，似乏行政解釋可據。解釋上，應屬否定，蓋聘雇之人員無從予以懲處之故。

　　2.依本法第33條第3項準用規定之下列人員：

　　⑴特定機關：包括監察機關、受理有關稅務訴願訴訟機關、依法從事調查稅務案件之機關、經財政部核定之機關。

　　⑵特定人員：包括經財政部核定之人員、債權人已取得民事確定判決或其他執行名義者。

　　㈢**客觀構成要件**：

　　本條第3項規定之洩漏秘密違序，其成立以違序行為人有本法第33條規定保守秘密之義務為前提。本法第33條規定內容，見本子目之上端。

　　茲說明如下：

　　1.稅捐稽徵人員保守秘密義務之對象及客體爲「納稅義務人提供之財產、所得、營業及納稅等資料」。至於稽徵機關蒐集而獲得之納稅義務人之財產、所得、營業及納稅等資料，不在本法第33條規定保守秘密範圍[86]

　　2.稅捐稽徵人員對於下列機關及人員，無保守秘密之義務：納稅義務人本人或其繼承人、納稅義務人授權代理人或辯護人、稅捐稽徵機關、監察機關、受理有關稅務訴願訴訟機關、依法從事調查稅務案件之機關、經財政部核定之機關與人員、債權人已取得民事確定判決或其他執行名義者。

　　3.稅捐稽徵機關對其他政府機關爲統計目的而供應資料，並不洩漏納稅義務人之姓名或名稱者，不在此限。

　　4.依本法第33條第3項規定，監察機關、受理有關稅務訴願訴訟機關、依法從事調查稅務案件之機關、經財政部核定之機關、經財政部核定之人員、債權人已取得民事確定判決或其他執行名義者，對於稅捐稽徵人員所提供之「納稅義務人提供之財產、所得、營業及納稅等資料」，亦有保守秘密之義務。

　　㈣主觀構成要件：稅捐稽徵人員、特定機關與特定人員之洩密，其行爲出於故意或過失者，方予處罰。

　　㈤法律效果：

　　1.洩漏秘密違序之行爲人，本條第3項規定「處10,000元以上50,000元以下罰鍰」，而本法第33條第1項則係規定「應予處分」，二個規定不一致，應以本條第3項規定爲準。

　　2.洩漏秘密違序之行爲人，本條第3項規定「除觸犯刑法者移送法辦外，處……罰鍰」，本法第33條第1項規定「觸犯刑法者，並應移送法院論罪」；在95.2.1行政罰法施行後，應依照其第26條**「形事罰優先原則」**之規定，先行訴究違序人之刑事責任；如經判刑，稽徵機關即不得再處以罰鍰。經進行刑事訴訟程序，如**檢察官不起訴、緩起訴處分確定，或經法院為無罪、免訴、不受理、不付審理之裁判確定**者，稽徵機關則可裁處罰鍰（參見前面本書第二篇第五章、貳、二、㈦之說明）。稽徵機關在「10,000元以上50,000元以下」之範圍內，有罰鍰金額之裁量權。

二、本條第3項與所得稅法第119條第1項、第2項及第4項規定適用之分際

　　所得稅法第119條第1項、第2項及第4項規定：「（第1項）稽徵機關人員對於納稅義務人之所得額、納稅額及其證明關係文據以及其他方面之陳述與文件，除對有關人員及機構外，應絕對保守秘密，違者經主管長官查實或於受害人告發經查實後，應予以

---

86 注意所得稅法第119條規定之保密義務之客體為「納稅義務人之所得額、納稅額及其證明關係文據以及其他方面之陳述與文件」，而其不以納稅義務人所提供者為限。因此，稅務稽徵人員對於稽徵機關蒐集而獲得之所得額、納稅額及其證明關係文據以及其他方面之陳述與文件，未保守秘密，仍有所得稅法第119條處罰規定之適用。

嚴厲懲處，觸犯刑法者，並應移送法院論罪。（第2項）前項除外之有關人員及機構，係指納稅義務人本人及其代理人或辯護人、合夥人、納稅義務人之繼承人、扣繳義務人、稅務機關、監察機關、受理有關稅務訴願訴訟機關以及經財政部核定之機關與人員。……（第4項）政府機關人員對稽徵機關所提供第1項之資料，如有洩漏情事，比照同項對稽徵機關人員洩漏秘密之處分議處（本法第119條第4項）。」。

觀察本法第43條第3項與所得稅法第119條第1項、第4項，三條文規定內容有類似之處，其適用之分際如何，有待探討。

三條文規定既有類似之處，則是否存有法規競合，應予辨明。三條文規定之內容，除刑事罰方面之法律效果同為「觸犯刑法者應移送法院論罪」外，有下列差異：

1.受罰主體：本法第43條第3項（連同同法第33條第3項）規定之受罰主體，係「稅務稽徵人員、監察機關之人員、受理有關稅務訴願訴訟機關之人員、依法從事調查稅務案件之機關之人員、經財政部核定之機關之人員、經財政部核定之人員、已取得民事確定判決或其他執行名義之債權人」。所得稅法第119條第1項規定之受罰主體，係「稽徵機關人員」，第4項係規定「政府機關人員」。

2.客觀構成要件：本法第43條第3項則係規定「對於納稅義務人提供之財產、所得、營業及納稅等資料，未予絕對保守秘密」。所得稅法第119條第1項、第4項係規定「對於納稅義務人之所得額、納稅額及其證明關係文據以及其他方面之陳述與文件，未予絕對保守秘密」。

3.法律效果：本第43條第3項則係明定處以「罰鍰」。所得稅法第119條第1項、第4項係規定「主管長官予以懲處、議處」，並未明定處罰種類。

綜上所述，**本法第43條第3項之構成要件，無法包括所得稅法第119條第1項、第4項之構成要件，反之亦然，彼此之間並未存在「特別關係」；而亦未存在「補充關係」或「吸收關係」**。因此，三條文應各別適用。

在立法政策與立法技術上，既然本第43條第3項與所得稅法第119條之規範目的，均意在最大限度上維護納稅義務人財產及納稅之隱私權，則所得稅法第119條規定並無繼續維持之必要，實應予以廢止，而本法第43條第3項連同第33條規定，則有必要予以適度修訂，使其規定內容足以完全涵蓋所得稅法第119條規定內容，以消除二者之歧異，避免疑義。

貳、公告姓名或名稱之處罰

本法第34條（以下稱**「本條」**）第1項規定：「財政部或經其指定之稅捐稽徵機關，對重大欠稅案件或重大逃漏稅捐案件經確定後，得公告其欠稅人或逃漏稅捐人姓名或名稱與內容，不受前條第一項限制。」。

一、本條第1項規定之說明解析

(一)**處罰機關**：財政部或經其指定之稅捐稽徵機關（包括各國稅局、各縣（市）稅捐稽徵處或稅務局等）。

財政部79.5.7台財稅第790132815號函規定：「台北市國稅局、高雄市國稅局（註：台灣省已另成立北、中、南三區國稅局）、台北市稅捐稽徵處、高雄市稅捐稽徵處及台灣省各縣市稅捐稽徵處，對經確定之重大欠稅案件或重大逃漏稅捐案件，得公告其欠稅人或逃漏稅捐人姓名或名稱與內容。」。按目前之「各縣（市）稅務局」等，即原來之各縣（市）稅捐稽徵處。

(二)**受罰人**：欠稅人或逃漏稅捐人。欠繳或逃漏之稅捐種類，並無限制。

(三)**客觀構成要件**：重大欠稅案件或重大逃漏稅捐案件，業經確定。

關於「重大」之認定與公告之事項範圍，財政部91.12.5台財稅第910454400號函規定：「主旨：請就轄內個人欠稅1,000萬元及營利事業欠稅1億元以上之確定案件，依說明二事項公告欠稅人資料，並將辦理情形復知本部。說明：二、為作業一致起見，本次公告以按稅目別之欠稅（含罰鍰），個人累計在1,000萬元或營利事業累計在1億元以上，且符合稅捐稽徵法第34條第3項規定之確定案件為範圍；公告內容應含：納稅義務人姓名或名稱、地址、欠稅年度、稅目別、欠稅或罰鍰金額及追繳情形等；納稅義務人為營利事業者一併公告其負責人之姓名及地址，上述公告內容屬自然人地址者，其門牌號碼可予簡略，僅公告至街道或村里名稱。三、爾後對重大欠稅案件或重大逃漏稅捐案件經確定34條及本部79/05/07台財稅第790132815號函規定，本諸職權辦理。」。

所稱「確定」，本法34條第3項規定有明文規定：「第一項所稱確定，係指下列各種情形：一、經稅捐稽徵機關核定之案件，納稅義務人未依法申請復查者。二、經復查決定，納稅義務人未依法提起訴願者。三、經訴願決定，納稅義務人未依法提起再訴願者。四、經再訴願決定，納稅義務人未依法提行政訴訟者。五、經行政訴訟判決者。」。

(四)**主觀構成要件**：本條第1項規定之處罰，是以「重大欠稅案件或重大逃漏稅捐案件，業經確定」之**狀態**，而非以欠稅人或逃漏稅捐人之何種行為，作為處罰之客觀構成要件，「案件之狀態」實無故意、過失與否可言。

(五)**法律效果**：得公告其欠稅人或逃漏稅捐人姓名或名稱與內容，不受前條第1項限制。

財政部或經其指定之稅捐稽徵機關對公告姓名或名稱與內容與否，有裁量權。

所稱「不受前條第1項限制」，係指不受本法第33條第1項保守納稅義務人納稅資料秘密之義務規定之限制。

二、本條第1項規定之檢討

行政罰法於95年2月5日施行後，本條第1項規定，實有待檢討，茲分述之。

首先，行政罰係因行為人之「違反規規定義務之行為」（「違序行為」）而科以處罰；然而本條第1項規定之處罰，則是以行為人之「重大欠稅案件或重大逃漏稅捐案件，業經確定之狀態」，而科以處罰，已與行政罰之立法意旨不符。

其次，行為人之欠稅之行為，不論如何重大，對於欠稅之行為，稅法上已有「加徵滯納金」、「加計利息」之規定（參見營業稅法第50條、所得稅法第112條等）。欠稅而加徵之滯納金，已非行政罰之性質，而在加徵滯納金之後，又科以「公告欠稅人姓名或名稱與內容」之「影響名譽之處分」之行政罰，行政罰重於滯納金，故形成前輕後重之處遇，有悖規範意旨及事理邏輯。

復次，行為人逃漏稅捐之行為，不論如何重大，對於逃漏稅捐之行為，稅法上已有「處罰」（裁處罰鍰、停止營業）之規定（參見營業稅法第51條、所得稅法第110條等）。逃漏稅捐而處罰（裁處罰鍰、停止營業）之後，又科以「公告逃漏稅捐人姓名或名稱與內容」的「影響名譽之處分」之行政罰，實質上是道地的「一行為而二個處罰」，違反行政罰法第24條「一行為不二罰」規定。行為人逃漏稅捐之行為果真重大，則稽徵機關本即可依職權裁量加重其罰鍰金額，即足以產生加重制裁之目的，無再作第二次處罰之必要。

最後，違序行為之處罰，必須具備主觀構成要件，行政罰法第7條定有明文。本條第1項規定之處罰，無從審就行為之主觀構成要件；因此，實無科以處罰之餘地。

綜上所述，本條第1項規定，實應予以廢止。

參、停止享受獎勵之處罰

本法第48條（以下稱「**本條**」）規定：「納稅義務人逃漏稅捐情節重大者，除依有關稅法規定處理外，財政部並得停止其享受獎勵之待遇。」。

一、本條規定之說明解析

㈠**處罰機關**：本條明定處罰機關為財政部，故稽徵機關無此權限。

㈡受罰人：

1.**納稅義務人**。按本法第2條規定：「本法所稱稅捐，指一切法定之國、省（市）及縣（市）稅捐。但不包括關稅及礦稅。」，是以本條規定之納稅義務人，**自係指所有內地稅法上之納稅義務人**。

2.本法第50條規定：「本法對於納稅義務人之規定，除第四十一條規定外，於扣繳義務人、代徵人、代繳人及其他依本法負繳納稅捐義務之人準用之。」。扣繳義務人、代徵人、代繳人及其他依本法負繳納稅捐義務之人是否亦準用本條規定，有待辨

明,茲析述如下:

(1)**扣繳義務人**本身有繳納扣繳之所得稅之義務(參見所得稅法第88條第1項、第92條),固然可能發生「逃漏稅捐情節重大」之情形;然而扣繳義務人並無享受獎勵待遇之規定,**自無準用本條規定之可言**。

(2)營業稅法及所得稅法均無**代徵人、代繳人**之規定,**自無準用本條規定之可言**[87][88]。

(3)其他依本法負繳納稅捐義務之人,係指本法第12條至第15條規定之共有財產之納稅義務人、清算人、遺囑執行人、合併後存續或另立之營利事業:

A.**清算人、遺囑執行人**並無享受獎勵待遇之規定,**自無準用本條規定之可言**。

B.共有財產之納稅義務人本身即是納稅義務人,可能享受獎勵待遇,而又發生「逃漏稅捐情節重大」之情形,**可準用本條之規定**。

C.合併後存續或另立之營利事業,係概括承受合併後消滅之營利事業之稅法上權利義務,是以本身即是納稅義務人,可能享受獎勵待遇,而又發生「逃漏稅捐情節重大」之情形,**可準用本條之規定**。

(三)**客觀構成要件**:逃漏稅捐情節重大。關於「重大」之認定,本條並無規定,在解釋上,應可適用(或類推適用)本法34條第3項規定及財政部91.12.5台財稅第910454400號函規定(詳見上面本目、貳、一、(三))。

(四)**主觀構成要件**:本條規定之處罰,是以「逃漏稅捐情節重大」之**狀態**,而非以逃漏稅捐人之何種行為,作為處罰之客觀構成要件,「逃漏稅捐情節重大之狀態」實無故意、過失與否可言。

(五)**法律效果**:得停止其享受獎勵之待遇。

財政部停止其享受獎勵待遇與否,有裁量權。

所稱「享受獎勵之待遇」,依本條立法理由說明,係指「享受(立法當時之獎勵投資條例所規定之)免稅待遇」;以目前而言,獎勵投資條例業已廢止,因而應指逃漏稅捐時,各該稅法以外之特別法所規定之免稅待遇。

二、本條規定之檢討

行政罰法於95年2月5日施行後,本條規定,實有待檢討。

首先,行為人逃漏稅捐之行為,不論如何重大,對於逃漏稅捐之行為,稅法上已有「處罰」(裁處罰鍰、停止營業)之規定(參見營業稅法第51條、所得稅法第110條等)。逃漏稅捐而處罰(裁處罰鍰、停止營業)之後,又科以「停止其享受獎勵待

---

[87] 證券交易稅條例、期貨交易稅條例與娛樂稅法有代徵人之規定,代徵人本身有繳納代徵之稅款之義務,故可能發生「逃漏稅捐情節重大」之情形。

[88] 土地稅法與房屋稅條例有代繳人之規定,惟代繳人僅係「代繳稅款」,故就代繳稅款而言,不可能發生「逃漏稅捐情節重大」之情形。

遇」的「消滅權利之處分」之行政罰，實質上是道地的「一行爲而二處罰」，違反行政罰法第24條「一行爲不二罰」規定。行爲人逃漏稅捐之行爲果眞重大，則稽徵機關本即可依職權裁量加重其罰鍰金額，即足以產生加重制裁之目的，無再作第二次處罰之必要。因此，本條第1項規定，實應予以廢止。

其次，違序行爲之處罰，必須具備主觀構成要件，行政罰法第7條定有明文。本條規定之處罰，無從審就行爲之主觀構成要件；因此，實無科以處罰之餘地。

綜上所述，本條規定實應予以廢止。倘如考慮行爲人既已有重大逃漏稅捐之行爲，復容許其繼續享受免稅之優惠，有失公平，則較爲妥適之規範方式，應是在租稅優惠之法規範中，以「在優惠期間內無重大逃漏稅捐行爲」作爲享受受獎勵待遇之條件。

第四目　減免處罰規定與處罰從新從輕原則之適用

壹、自動補報補繳稅款之免罰

本法第48條之1（以下稱「**本條**」）規定：「（第1項）納稅義務人自動向稅捐稽徵機關補報並補繳所漏稅款者，凡屬未經檢舉、未經稽徵機關或財政部指定之調查人員進行調查之案件，下列之處罰一律免除；其涉及刑事責任者，並得免除其刑：一、本法第四十一條至第四十五條之處罰。二、各稅法所定關於逃漏稅之處罰。（第2項）前項補繳之稅款，應自該項稅捐原繳納期限截止之次日起，至補繳之日止，就補繳之應納稅捐，依原應繳納稅款期間屆滿之日郵政儲金匯業局之一年期定期存款利率按日加計利息，一併徵收。」。

按本條規定不僅適用營業稅及所得稅，亦適用於於所有其他內地稅，又其免罰範圍除租稅行政罰外，刑事罰亦可免除。爲論述之方便，並期能完全了解本條規定之內容，**以下係就所有內地稅稽徵上之租稅行政罰說明解析之，不限於營業稅及所得稅稽徵上之租稅行政罰**，合先說明。

一、本條之立法目的、規範性質與適用原則

本條之立法目的，依照68.8.6本條立法理由之說明係：「納稅義務人有短漏稅捐情事者，除已經人檢舉及已經稽徵機關或財政部指定之調查人員進行調查者外，如能自動向稽徵機關補繳所漏稅捐者，自宜經常加以鼓勵，俾能激勵自新。……」；其後經79.1.24修正（修正加計利息之利率）及82.7.16修正（於原定租稅行政罰之免罰外，增加刑事罰之免罰），此一立法目的並無變動。從本條之立法意旨上觀察，主要係藉由此種免罰規定，以激勵行爲人自動補報補繳稅捐，使國家得以收到所不知悉之稅捐，節省國家稽徵成本，有益於回歸課稅公平及租稅正義，故最初及中心目的應仍在於「**租稅政**

策目的」。當然由於此種免罰規定之存在，亦有補救犯罪偵查之困難，以及獎勵中止違序行為之作用，故「刑事政策目的」及「處罰法目的」，亦有其重要性，應無排斥之必要，而可一併歸入本條之立法目的[89]。

本法第41條至第43條刑事罰之規定，具有特別刑法性質。是以本條規定對第41條至第43條所定刑事罰之免罰，即得依刑法第11條但書之規定，視為其他法令之特別規定，而排除刑法總則之適用。惟就自動補報補繳稅款而予免罰，其自動補報補繳稅款之行為，類似刑法上之「中止犯」及「自首」。如同時考慮本條所定租稅行政罰之免罰，而由本條之立法理由：「如能自動向稽徵機關補繳所漏稅捐者，自宜經常加以鼓勵，俾能激勵自新」觀察，則較接近「自首」之意義[90]。由於行政罰法並無違序人自首之規定，故在行政罰方面，本條租稅行政罰之免罰規定，不受行政罰法影響。

本條之規範性質，一方面獎勵行為人悔過自新，並節省稽徵成本，另一方面亦可防止逃漏以增益稅收，故應不限於單單只是中止或自首，可認為已兼具兩者之特徵，並屬於內地稅法上之一種特別規定。雖然其與刑法總則上之規定未盡相符，但基於稅法上特殊目的之考量，自得由立法者基於其形成自由而規定在稅法上，以免除租稅刑罰與租稅行政罰之處罰[91]。

關於適用本條時，有如下之重要原則：

1.無須審究行為人之主觀情狀：

由本條生效要件之客觀性顯示出，給與免罰與行為人之主觀要件無關。因此，其是否是出於錯誤之補報，並不影響本條免罰規定之適用。又是否行為人在法定繳納時點無補繳之資力，亦無須審究。其次，基於法安定性之考量，行為人補報之動機究係出於後悔或自顛，並不重要，因此，免罰與否與行為人是否出於自願並無關連。如果立法者對於補報之生效以自願為要件時，將會存在甚多不確定性因素；蓋其補報究係是否出於自願，須精確地探究行為人之動機，而此點甚難證明。進而由於此種不確定性，會使有補報意願之行為人承受過多之負擔，而阻離其補報之決定，故此應非本條立法之本意。

2.疑則有利於被告原則：

由於本條涉及直接之「可罰性」問題，因此必須適用「疑則有利於被告」（in dubio pro reo）原則，亦即對於行為人之補報補繳行為是否與本條規定之要件合致存有疑義時，宜作有利於行為人之解釋，以符合本條之立法目的。例如本條第1項中之消極要件：「未經檢舉、未經稽徵機關或財政部指定之調查人員進行調查」，即不得任意擴張解釋，而減少行為人獲得免罰之機會[92]。

----

89 洪家殷，我國稅捐稽徵法第四十八條之一有關自動補報補繳免罰規定之檢討，台大法學論叢，30卷3期，2001年5月，238-241頁；以及陳清秀，註23書，691-692頁。

90 洪家殷，註89文，242頁。

91 同註90。

92 洪家殷，註89文，243-244頁。

二、適用免罰規定之對象

　　㈠依本條第1項規定，免罰規定之適用對象係**「納稅義務人」**。按本法第2條規定：「本法所稱稅捐，指一切法定之國、省（市）及縣（市）稅捐。但不包括關稅及礦稅。」，是以本條第1項規定之納稅義務人，**自係指內地稅法上之納稅義務人**。

　　㈡本法第50條規定：「本法對於納稅義務人之規定，除第四十一條規定外，於扣繳義務人、代徵人、代繳人及其他依本法負繳納稅捐義務之人準用之。」。扣繳義務人、代徵人、代繳人及其他依本法負繳納稅捐義務之人是否亦準用本條規定，有待辨明，茲析述如下：

　　1.**扣繳義務人**本身有繳納扣繳之所得稅之義務（參見所得稅法第88條第1項、第92條），是以可能發生「逃漏稅捐」之情形，**故可準用本條之規定**。

　　財政部74.10.29台財稅第24073號函同此見解：「二、扣繳義務人於給付各類所得時，未依法扣繳稅款，在未經檢舉及未經稽徵機關進行調查前，自動補扣並繳納稅款者，尚不發生滯納問題，亦免依所得稅法第114條規定處罰，惟應適用稅捐稽徵法第48條之1規定，加計利息一併徵收。……」。

　　2.**代徵人**本身有繳納代徵之證券交易稅、期貨交易稅、娛樂稅等之義務（參見證券交易稅條例第3條及第4條、期貨交易稅條例第3條、娛樂稅法第3條第2項），是以可能發生「逃漏稅捐」之情形，**故可準用本條之規定**。

　　財政部68.9.8台財稅第36569號函同此見解：「稅捐稽徵法第50條規定：……。依此一規定，同法第48條之1條文納稅義務人自動補報免罰之規定，於筵席及娛樂稅法第25條第2項（即現行娛樂稅法第14條）所定之「代徵人」，自在準用之列。」，同部85.3.13台財稅第851898832號函解釋亦同。

　　3.**代繳人**係依規定代他人繳納地價稅、土地增值稅、房屋稅等之人，就其應代繳之捐而言，不可能發生「逃漏稅捐」之情形，**自無準用本條規定之可言**。

　　4.其他依本法負繳納稅捐義務之人，係指本法第12條至第15條規定之共有財產之納稅義務人、清算人、遺囑執行人、合併後存續或另立之營利事業：

　　⑴**清算人**在違反本法第13條第1項之規定，而依同條第2項規定應自負納稅義務時，以及**遺囑執行人**在違反本法第14條第1項之規定，而依同條第2項規定應自負納稅義務時，可能發生「逃漏稅捐」之情形，**故可準用本條之規定**。

　　⑵共有財產之納稅義務人本身即是納稅義務人，可能發生「逃漏稅捐」之情形，**故可準用本條之規定**。

　　⑶合併後存續或另立之營利事業，係概括承受合併後消滅之營利事業之稅法上權利義務，是以本身即是納稅義務人，可能發生「逃漏稅捐」之情形，**故可準用本條之規定**。

　　為行文之便，以下將本條規定之「納稅義務人」及上述「可準用本條免罰規定之

人」，合稱為「**納稅義務人等**」。

㈢本條規定屬於一種「**人身之免罰事由**」，僅有合乎納稅義務人等之人自動補報補繳其本身所逃漏之稅捐，始生免罰之效果[93]。

財政部70.11.24台財稅第39860號函釋示：「稅捐稽徵法第48條之1規定之適用，以納稅義務人在未經檢舉或查獲前自動向稅捐稽徵機關補報為要件，貴局辦理×××等人違反遺產及贈與稅法案，其中由被繼承人×××之債權人代位申報之遺產部分，係該債權人以自己名義代位申報，而非納稅義務人自動向稅捐稽徵機關補報，與該法條規定要件不符，故本案由債權人代位申報之遺產，仍應依遺產及贈與稅法第44條規定送罰。」，此一釋函之理據，即在於本條規定屬於一種「人身之免罰事由」。

三、適用免罰規定之要件

㈠**積極要件：納稅義務人同時「自動補報」及「自動繳納稅款」，為適用免罰規定之積極要件**。茲分述如下：

1.**自動補報**：補報應係一種「資料提供」（Materiallierferung），即納稅義務人等清楚且完整地提出有關租稅事務之說明，並告知其逃漏稅之事實。稽徵機關本於職權主義仍得進行相關之調查程序，並不受納稅義務人等自動補報之影響，乃屬當然。茲析述如下：

⑴補報之主體：由納稅義務人等本身補報。至於委託代理人補報，亦屬適格；此種補報之委託不須具備任何形式，因此口頭上之委託即為已足，當然基於證據明確性之要求，自以書面方式為優。惟無論如何，必須有特定的代為補報委託之授與，方為已足[94]。

⑵補報之對象：限於向「稅捐稽徵機關」為之，始生補報之效力。

稅捐稽徵機關之範圍，本法並無明文，亦乏行政解釋可據。按本法第3條規定：「稅捐由各級政府主管稅捐稽徵機關稽徵之，必要時得委託代徵；其辦法由行政院定之。」，而不同之稅捐係分由不同之機關管轄，即使同一稅捐亦有不同之土地管轄，如國稅與地方稅之稽徵機關即有差異。因此，補報行為是否須向主管該逃漏稅捐之稽徵機關提出，或任何稽徵機關皆可，即有疑義。此會涉及補報時點及調查基準日之認定問題。若採較最嚴格之觀點，為有利於該稽徵機關即時開始調查起見，應以向主管該稅捐之稽徵機關提出，始有效力。**惟基於前述「疑則有利於被告」原則」之適用，應採取對行為人為較有利之解釋，則應以所有稅捐稽徵機關皆得為補報之對象，較為妥適**。此外，稽徵機關收到非管轄事項之補報時，依行政程序法第17條規定，亦有移送有管轄權機關之義務，故縱使時間有所延滯，應亦不至過久。其次，若向稽徵機關之人員或

---

93 洪家殷，註89文，267頁。
94 洪家殷，註89文，246-247頁。

財政部指定之調查人員提出時，則以此種人員具有受埋補報權能時爲限，始生補報之效力[95]。

⑶補報之客體：**補報之客體應指「未依規定向主管稽徵機關報告之課稅基礎事實」**。所謂課稅基礎事實，係指納稅義務人等所獲得、持有或已實現而應課稅之稅基，諸如營業稅法上之銷售額、所得稅法上之所得額、遺產及贈與稅法上之遺產金額及贈與金額、土地稅法上之課稅地價及土地移轉現值、房屋稅條例上之房屋現值、契稅條例上之契價等等。質言之，所有內地稅法規定應課稅之稅基，均在補報客體之範圍內。

所謂未依規定向主管稽徵機關報告之課稅基礎事實，除**「已依規定報告而短報漏報部分課稅基礎事實」**外，是否包括**「全部未依規定報告課稅基礎事實」**（例如未申報某年度所得稅）之情形，論者有持否定之見解，認爲將使現行各稅法所定之自動申報制度遭受破壞，並使申報期間之規定失其強制力而成爲具文[96]。惟在實務上，則持肯定見解，如財政部69.2.29台財稅第31747號函即釋示：「*納稅義務人未依法辦理遺產稅或贈與稅之申報，如在未經檢舉及未經稽徵機關或本部指定之調查人員進行調查前，納稅義務人自動提出補報者，准依稅捐稽徵法第48條之1自動補報免罰之規定辦理。*」（按此一釋函之意旨，應亦適用於所有自動申報課稅基礎事實之租稅）。**肯定之見解符合本條鼓勵自新之規範意旨，較爲妥適。**

至於「漏未繳納之稅額」，並非補報之客體，其故在於所有內地稅中，雖有部分稅目之應納稅額係應由納稅義務人等自行申報並繳納者（如營業稅、所得稅、貨物稅、菸酒稅、證券交易稅、期貨交易稅等）；然而部分稅目係由納稅義務人等申報課稅基礎事實後，再由稽徵機關核定應納稅額，並通知納稅義務人等繳納（如遺產稅、贈與稅、土地增值稅、契稅等），因而縱然有漏報課稅基礎事實之情事，納稅義務人等亦不知漏未繳納之稅額之確數，自無從報補報漏未繳納之稅額。因此，應解爲補報客體不包括漏未繳納之稅額。

依本條規定之意旨，自會期待納稅義務人等在補報時，其補報內容必須滿足原應履行申報行爲之要求。惟亦無須採取嚴格之標準，要求其盡最大能力作完全正確之補報，其只須告知在租稅上之重要事實，即爲已足。易言之，只要納稅義務人等所爲之補報，其內容足以使稽徵機關發現迄今所隱藏之稅源，並已使得稽徵機關得基於此基礎從事進一步之調查，且無須再借助其他人之協助，即可充分地澄清該事實，並確認及計算所逃漏之稅額時，其補報內容應可認爲已滿足此項要求[97]。

⑷補報之時限：納稅義務人等之補報，應在「未經檢舉及未經稽徵機關或財政部

---

95 洪家殷，註89文，247-248頁。
96 張昌邦，註85文，158頁。
97 洪家殷，註89文，251-252頁。

指定之調查人員進行調查之前」,亦即補報應在實務上所謂之「檢舉日」及「調查基準日」之前。檢舉日、調查基準日之涵義,詳見下面2、⑴之說明。

納稅義務人等之逃漏行為如已逾稅捐稽徵法第21條第1項規定之5年或7年之核課期間者,由於該條第2項已規定不得再行補稅處罰,故此時之補報,亦失其意義。因此,解釋上,補報行為之最後期限,係稅捐核課期間之終了日。

⑸補報之方式:補報得以口頭、書面或其他方式(如傳真或電子郵件等)為之,似仍以採書面方式較為明確。惟實務上似均要求以書面方式補報。自本條規定之立法意旨觀之,並基於於行為人利益之考量,應採從寬之見解為宜[98]。

⑹部分補報:如納稅義務人等僅就部分逃漏事實補報,依本條規定之意旨,實無排除部分補報之必要,而其免罰部分當然只限於其所補報部分,嗣經調查發現尚有漏、短報應課稅之事實者,該漏、短報部分仍應處罰,乃屬當然。實務上財政部及行政法院則均持此一見解(參見財政部89.3.28台財稅第890450258號函、91.1.23台財稅第90045457369號函,(最高)行政法院87年判第85號判決等)。

⑺補報之撤回:納稅義務人等在自動補報後,可能基於某些原因而將其已提出之補報撤回。既然撤回回補報,則原有之補報自因此而失其效力,當然不發生適用本條免罰之效果[99]。

2.**自動補繳稅款**:所稱稅款,係指納稅義務人等漏未繳納之本稅而言。

財政部83.5.18台財稅第831594764號函釋示:「……依稅捐稽徵法第48條之1規定,納稅義務人對所漏稅款,在未經查獲前自動補報並補繳者,免予處罰,至納稅義務人雖已自動補報,但未同時補繳所漏稅款者,應不適用上開補稅免罰之規定。……」,即明示必須具備此一要件。

茲析述如下:

⑴補繳之主體:由納稅義務人等補繳,但由第三人代為繳納亦可;蓋繳納稅款係事實行為,並無一身專屬性質。

⑵補繳之期限:本條第1項規定:「納稅義務人自動向稅捐稽徵機關補報並補繳所漏稅款者,凡屬未經檢舉、未經稽徵機關或財政部指定之調查人員進行調查之案件,……。」,似係要求在「未經檢舉、未經稽徵機關或財政部指定之調查人員進行調查」之前自動補繳稅款;惟按之實際,則並無法如此要求。實務上係如下要求納稅義務人等補繳稅款:

A.應納稅額係應由納稅義務人等自行申報並繳納者(如營業稅、所得稅、貨物稅、菸酒稅、證券交易稅、期貨交易稅等,並包括應自行貼用印花稅票之印花稅),納稅義

---

98 洪家殷,註89文,249頁指出:(最高)行政法院88年判第114號判決,即認為以電話補報,與本條規定尚有未合。
99 洪家殷,註89文,252頁。

務人等之補繳稅款，應在「未經檢舉及未經稽徵機關或財政部指定之調查人員進行調查之前」，亦即補繳稅款之期限為實務上所謂之「檢舉日」及「調查基準日」之前。檢舉日、調查基準日之涵義，詳見下面2、(1)之說明。

　　納稅義務人等自動補報時，應檢附自動補繳稅款之繳款書（收據聯）之影本，是乃當然。

　　B.應納稅額稅係由納稅義務人等申報課稅基礎事實後，再由稽徵機關核定，並通知納稅義務人等繳納者，納稅義務人等應在稽徵機關核發之補徵稅額繳款書所載繳納期限以前，繳清稅款。

　　例如土地增值稅之補繳，係由稽徵機關核定，並通知繳納納稅義務人等繳納。依照財政部81.9.29台財稅第811679070號函釋示：「主旨：依法取得免徵土地增值稅之農業用地，其有不繼續耕作情形者，雖依本部（79）台財稅790372433號函釋規定自動補報，但如未於限繳日期內補繳稅款，則仍應依土地稅法第55條之2規定移罰（罰鍰已改由稽徵機關自行處分）。說明：二、按稅捐稽徵法第48條之1規定之自動補報免罰，其要件須為自動補報並補繳稅款，二者缺一不可。故依法取得免徵土地增值稅之農業用地，取得者有不繼續耕作情形，雖自動補報，但如未依限補繳稅款，尚無稅捐稽徵法第48條之1自動補報免罰之適用。」[100]。

　　又（最高）行政法院84年判第752號判決：「……稅捐稽徵法第四十八條之一規定之自動補報免罰，其要件須為自動補報並補繳稅款，二者缺一不可，本件原告雖曾於八十一年十二月二十八日向被告申請自動補報，並經被告以八十二年一月六日彰稅財字第一〇〇四七二號函送自動補繳稅款繳款書，限期於文到七日內持往公庫繳納，惟原告遲至八十二年九月二十二日被告會同有關機關查獲違章時，仍未繳納，尚無稅捐稽徵法第四十八條之一補報免罰之適用。……」。

　　C.補繳之方式：補繳之方式與一般稅款之繳納方式應無不同，如以現金、支票或轉帳等之方式均可。對於加值型營業稅之補繳，實務上並准以累積留抵稅額抵繳（參見財政部83.10.19台財稅第831615281號函）。

　　D.補繳之數額：補繳之數額係所漏之稅款。如僅補交應納稅額之一部，則其未補繳之稅額部分，不得免罰。財政部83.10.19台財稅第831615281號函即釋示：「……說明：二、營業人應補報並補繳之營業稅額如大於可供抵繳之累積留抵稅額者，其差額部分仍應由營業人先向公庫繳納後並補報，否則該差額部分，仍無稅捐稽徵法第48條之1免罰規定之適用。」。

　　(二)**消極要件**：納稅義務人等必須在「未經檢舉、未經稽徵機關或財政部指定之調查人員進行調查之前」，亦即在**「檢舉日及調查基準日之前」，自動補報及自動繳納稅**

---

100 89年11月編印之稅捐稽徵法令彙編，將本號解釋免列（等同廢止），其免列理由係：土地稅法第55條之2業已刪除，並非因解釋內容欠妥而刪除，故對於本條之適用，其解釋內容仍有參考之價值。

款，方得適用免罰規定。此為適用免罰規定之消極要件。易言之，**納稅義務人等自動補報及自動繳納稅款時，如其逃漏稅捐之情事係已屬於「經檢舉之案件」或「已進行調查之案件」，則即不符消極要件，並無本條免罰規定之適用**。規定此一消極要件之意旨，應在於租稅政策之考量。蓋如稽徵機關已自行或經由其他管道知逃漏稅捐之情事時，納稅義務人等之事後補報對稅收之取得已無意義，故必須在稽徵機關尚未知悉時之補報，始可獲得免罰之優惠。其次，由於該逃漏案件尚未經稽徵機關發覺，此時自動補報亦可避免稽徵機關陷於錯誤，並節省不必要之稽徵成本，故予免罰始有實益[101]。茲分述如下：

1. **經檢舉之案件：**

⑴檢舉人與受理檢舉之機關：

所稱「**檢舉**」，係指由納稅義務人等以外之第三人，向稽徵機關或其他有權調查之機關，舉發納稅義務人等逃漏稅捐情事之謂。因此，只要是納稅義務人等以外之第三人（包括自然人、機關、公司組織），皆得為檢舉人。至於檢舉之方式，應無限制，得以書面或口頭等，使受理機關知悉有逃漏之事實即可。

其次，本條並未規定檢舉之受理對象，實務上認為檢舉之受理對象，並不限於稽徵機關或財政部指定之調查人員，尚應包括其他職司調查之機關（如法務部調查局及其所屬機關，參見財政部69.6.30台財稅第35179號函）、有權處理機關（指對違章漏稅案件有審核、調查、處分等權限之機關，參見財政部70.2.19台財稅第31318號函、83.2.29台財稅第831585153號函）。審計部亦屬有權處理機關（參見財政部82.12.22台財稅第821506069號函）。行政法院概均支持財政部之見解。

其次，逃漏稅捐情事如係經有權處理機關主動察覺或查獲者，實務上亦認為亦屬經檢舉之案件。例如財政部82.12.22台財稅第821506069號函釋示，審計部主動察覺逃漏稅捐情事後，納稅義務人始自動補開並補報，亦屬經檢舉之案件。然而此種解釋無異於擴張「檢舉」之範圍。最高行政法院93年判第1635號判決，亦持相同見解。按所謂檢舉，自係基於他人提供逃漏稅捐之事實，而引起嗣後之調查及處置。若未經任何人之舉發，完全依行政關之職權所主動發現，則是否仍能稱為檢舉，實有待斟酌。目前行政實務上擴張檢舉之概念，雖為不得已之作法，惟其法理基礎，實嫌薄弱[102]。

2. **已進行調查之案件：**

⑴進行調查之涵義：所謂「**進行調查**」，係指有充分之事實，足以顯示稽徵機關等已對有異常情形之特定個案，採取特定之措施或開始進行進一步瞭解之行為而言；惟如係為一般性之查核行為，尚不足以構成本條規定之進行調查[103]。例如稽徵機關針對已

101　洪家駿，註89文，257頁。
102　洪家駿，註89文，258-259頁。
103　洪家駿，註89文，260頁。

知的某筆交易是否依規定開立統一發票及報繳營業稅，發函通知銷售之營業人提供帳簿憑證查核，方屬本條規定之進行調查。

財政部69.9.22台財稅第37931號函釋示：「……(三)遺產及贈與稅法第28條所定，稽徵機關或鄉鎮公所應於查悉死亡事實或接獲死亡報告後1個月內通知納稅義務人依限申報，係為催促納稅義務人及時申報，以免受罰之便民措施，並非稅捐稽徵法第48條之1所稱之「進行調查」通知申報，當非進行調查。」。

最高行政法院90年判第1147號判決（90.6.27），亦同此見解：「……所稱「稽徵機關或財政部指定之調查人員進行調查之案件」，係指各稅捐稽徵機關或財政部指定之稽核人員已察覺納稅義務人有可疑之違章事實，並進行調查者而言。倘無具體可疑之違章事實，僅係例行瞭解及查核納稅義務人之課稅資料，即難認符合上開條文所稱「稽徵機關或財政部指定之調查人員進行調查」之要件。……」。最高行政法院94年判第2036判決，亦持相同見解。

(2)進行調查之主體：進行調查案件之主體，限於「稽徵機關或財政部所指定之人員」。其他機關所查獲處理之案件，即非本條規定之進行調查。

(3)調查基準日：

逃漏稅捐案件如何確認其係「已進行調查」，對於適用本條免罰規定與否，關係重大。因此，應以何一時日作為「開始調查時日」，即有明定之必要，惟本條對此並無明文。

在實務上，財政部為求慎重、明確並統一各機關之適用，目前訂有「稅捐稽徵法第四十八條之一所稱進行調查之作業步驟及基準日之認定原則」，**該原則係規定「調查基準日」，而以其作為「開始調查時日」**。該認定原則針對各種不同之租稅，規定其進行本條所稱進行調查之「作業步驟」，以及「調查基準日之認定原則」。此外，財政部並發布有關數則調查基準日之解釋。

A.起始調查之調查基準日之認定：

(A)稅捐稽徵法第48條之1所稱進行調查之作業步驟及基準日之認定原則（財政部80.8.16台財稅第801253598號函發布）：

稅捐稽徵法第四十八條之一所稱進行調查之作業步驟及基準日之認定原則		
稅目	項目	作業步驟及基準日之認定原則
營利事業所得稅	未列選之查帳案件及擴大書面審核案件。	一、審查人員應就非屬擴大書面審核查審案件派查調案清單，及擴大書面審核結算申報案件退查審核清冊，依次序進行審查，並將審查情形於清冊或清單上註明，按日呈報單位主管（股長）核章，以資管制。 二、經審查無異常之案件，應於當日填具未列選清單回復財稅資料中心。

稅捐稽徵法第四十八條之一所稱進行調查之作業步驟及基準日之認定原則		
稅目	項目	作業步驟及基準日之認定原則
		三、經審查發現有異常之案件，應於當日發函通知營利事業限期提供帳簿憑證等相關資料接受調查，以確認異常事項，並以函查日（即發文日）為調查基準日。
綜合所得稅	漏報、短報、未申報，其漏報課稅所得在新台幣100,000元以上且漏課稅額在新台幣6,000元以上之案件。（註：依現行規定課稅所得為250,000元以上，漏稅額為15,000元以上）	一、審查人員應就財稅資料中心送查之徵收底冊，依次序進行審查，並將審查情形於底冊上註明，按日呈報單位主管（股長）核章，以資管制。 二、已達移送法院裁罰標準之案件，應於當日填發核定通知書及繳款書，並通知申辯；除列選案件外，應以通知申辯日（即發文日）為調查基準日。（註：現已無通知申辯程序，其調查基準日應改依財政部82/11/03台財稅第821501458號函核示原則認定）
營業稅	1.進銷項憑證資料顯示不同之案件。 2.異常資料之案件（例如以遺失、作廢、列管為虛設行號開立之發票、作為進、銷項憑證）	一、稽徵機關單位主管應視責任區經辦人員每人每日可辦理件數，分批交查簽收。經辦人員簽收後應依以下規定辦理。 二、左列案件，經辦人員應於簽收當日簽報並敘明涉嫌違章情節與事項，發函通知營業人限期提供帳簿憑證等相關資料接受調查，以確認涉嫌違章事實並以函查日（即發文日）為調查基準日。 　1.進項憑證為取得不實之統一發票（例如遺失、作廢、空白、虛設行號開立統一發票等）申報扣、退稅者。 　2.短、漏報銷售額者。 　3.進、銷項稅額不符者。 三、左列案件，經調卷或調閱相關資料，即可查核確認營業人涉嫌違章事實，經辦人員應於簽收當日填報「營業人涉嫌逃漏稅交查資料簽收暨進行調查報告單」，前調卷或調閱相關資料，敘明涉嫌違章事實通知營業人申辯（註：現已無通知申辯程序），並以調卷或調閱相關資料之日期為調查基準日。 　1.重複申報扣抵進項稅額者。 　2.重複申報銷貨退回或折讓證明單、或進貨退出或折讓證明單未申報扣減進項稅額者。 　3.其他具體之案件。
土地增值稅免稅案件	定期選案調查或清查案件。	一、稽徵機關單位主管應視經辦人員每人每日考辦理件數，分批交查簽收。 二、經辦人員應按交查次序，於調查或清查作業期間內，排定日期函請有關單位派員會同調查或勘查，並以發函日為調查基準日。
使用牌照稅		以稽徵機關或有關機關查獲資料之時或車輛總檢查被查獲之日為調查基準日。

稅捐稽徵法第四十八條之一所稱進行調查之作業步驟及基準日之認定原則		
稅目	項目	作業步驟及基準日之認定原則
其他各稅	列選條件、個案調查案件，其他涉嫌漏稅案件、臨時交辦調查案件	一、稽徵機關單位主管應視經辦人員每人每日可辦理件數，分批交查簽收。 二、經辦人員應於交查簽收當日立即進行函查、調卷、調閱相關資料或其他相同作為，並應詳予記錄以資查考，藉昭公信。 三、進行調查之作為有數個時，以最先作為之日為調查基準日。 四、調查基準日以前補報並補繳或核定之日以後，就核定內容以外補報並補繳者，適用自動補報並補繳免罰之規定。

(B)財政部82.11.3台財稅第821501458號函：「……說明：二、綜合所得稅納稅義務人如短漏報所得或未依法辦理結算申報已達裁罰標準之漏稅案件，除列選案件外，應以寄發處分書日（發文日）為調查基準日。惟若於寄發處分書前經稽徵機關進行函查、調卷、調閱相關資料或其他調查作為者，稽徵機關應詳予記錄以資查考，並以最先作為之日為調查基準日。」。

(C)財政部83.11.3台財稅第831618957號函：「關於稅捐稽徵法第48條之1所稱進行調查之基準日，於印花稅案件，應以稽徵機關實施檢查日為準。」。

(D)財政部90.5.14台財稅第900451758號函：「……說明：二、違規車輛行駛公路被警方查獲，車輛所有人於監理機關違章建檔前自動補繳欠稅，應屬查獲欠稅資料之前補繳稅款，准予適用稅捐稽徵法第48條之1，免再按使用牌照稅法第28條規定處罰，前經本部87/04/01台財稅第871936961號函釋有案。上開函釋係針對逾期未完稅之交通工具，在滯納期滿後違規行駛公路被警方查獲者，如其自動補繳欠稅係在監理機關違章建檔前即監理機關查獲欠稅資料之前者，可適用稅捐稽徵法第48條之1免再按使用牌照稅法第28條規定處罰。……」。

(E)財政部高雄市國稅局訂定「綜合所得稅調查基準日判斷基準」，其規定內容如下：

「壹、依據：

一、財政部82.11.3台財稅第821501458號函。

二、85年7月修訂之財稅資訊處理手冊。

三、87.6.16簽奉局長核准之綜所稅調查基準日認定原則研簽案。

貳、目的：

為減少徵納雙方爭議，並使各稽徵所對於調查基準日之認定有所遵循，將各種不同情況明訂，作為作業依據。

參、處理原則：

一、已申報違章（核定狀況註記U）案件，調查基準日認定原則。

(a)向財稅中心或其他機關單位查調原始資料，由於均須發文查調，故以該發文日為調查基準日。但屬夫妻分開申報及虛報免稅額者，得以查調戶籍日為調查基準日。

(b)就地向資訊科查調微縮軟片。由於查調日期於電腦上有紀錄，故以該查調日期為調查基準日。

(c)核定通知書所得細項備註欄有『C』註記代號之媒體申報案件，可由稽徵所逕行列印套版紙之扣繳憑單，加印查調日期，即以電傳系統日期於調印所得資料時一併帶出列印日期，作為調查基準日。（惟尚需徵詢各區國稅局同意方可向中心提需求，故目前暫以有做人工加註查調日期蓋職章者為調查基準日）。

(d)涉嫌違章案件若已前述(a)、(b)、(c)三種調查作為者，則免再繕發「違章通知函」。惟僅對財稅中心交查時已列印完整所得資料案件，因違章事証明確，不必另做調查者，始繕發『違章通知函』（格式如附件）予納稅人查對，並以發文日期作為調查基準日依據。

(e)對前述各階段調查作為，如證據上有明顯瑕疵存在，致無以憑供確定調查基準日之案件，其調查基準日，以寄發處分書日為準。

二、未申報違章案件調查基準日判斷基準，比照辦理。」。

B.起始調查中發現牽連案件之調查基準日之認定：

財政部79.6.5台財稅第780706120號函：「……說明：二、查本案檢舉人於78年2月2日向宜蘭縣稅捐稽徵處檢舉該轄××建材五金行經營建材買賣，涉嫌違章漏稅，該處於是日下午查獲該行兩本未驗印進銷帳冊，經核對後另發現高雄市××實業等八家公司77、78年間有漏開發票情事，而於78年4月8日通報高雄市稅捐稽徵處。由於××實業等八家公司漏開統一發票涉嫌違章案，係檢舉案件之牽連案件，因此其調查基準日應以宜蘭縣稅捐稽徵處查獲違章證物之日為準。」。

最高行政法院94年判第290號判決（94.3.3）：「……又於『牽連案件』之情形，即經由原先檢舉或查獲之逃漏稅案件再行發現之其他逃漏稅案件，其調查基準日之認定，自應以稽徵機關或有權調查機關（如法務部調查局）因此而查獲具體違章證物之日為準。……」，亦持同上財政部之見解。

由上足見對於所有逃漏稅捐案件因檢舉而起始調查，調查中發現牽連案件之調查基準日之認定，不得以「檢舉日」為調查基準日，而應以稽徵機關或有權調查機關「查獲違章證物之日」為準。

C.行政法院對於認定「調查基準日」之見解，亦不乏與財政部、稽徵機關不一致者，例如下列判決：

（最高）行政法院85年判第1084號、85年判第1375號判決，均以車輛行駛超速之照相日，為逃漏使用牌照稅之查獲日。按上開稅捐稽徵法第48條之1所稱進行調查之作業步驟及基準日之認定原則中，使用牌照稅係「以稽徵機關或有關機關查獲資料之時或

車輛總檢查被查獲之日爲調查基準日」，所謂查獲，應係指查獲或知悉有逃漏使用牌照稅之情事。倘如僅查獲駕駛違規或超速行駛遭照相，而未同時發現有逃漏使用牌照稅之情事時，因非屬逃漏使用牌照稅之查獲，實不宜以「違規查獲日」或「照相日」作爲本條規定之調查基準日。上開二判決對於逃漏使用牌照稅案件查獲日之認定，實有待商榷。

高雄高等行政法院93年訴更第26判決（93.6.30）：「……所稱『經稽徵機關或財政部指定之調查人員進行調查』，應係指稽捐稽徵機關對某一特定事件已產生懷疑，而針對該特定事件已開始發動調查程序，展開調查，且從已掌握之證據資料中，對違章事實之存在產生高度可能存在之合理推測之情況。至於調查程序之發動有無對外宣示或表徵，或已否產生構成違章事實之明確認定，則非所問。……」；對此一判決，最高行政法院94年判第2036號判決，予以維持。按上開稅捐稽徵法第48條之1所稱進行調查之作業步驟及基準日之認定原則中，概以「發函調查日」、「寄發處分書之日」爲調查基準日之規定，此一判決之見解，與之並不一致。

行政法院與財政部、稽徵機關對於認定「調查基準日」之見解不一致，實應避免，以免人民無所適從。

四、法律效果

納稅義務人等之補報補繳行爲符合上面㈡所述之積極要件與消極要件者，發生如下法律效果：

㈠依本條第1項後段規定，**下列之處罰一律免除；其涉及刑事責任者，並得免除其刑**。茲分述如下：

　1.**免除本法第41條至第43條規定之租稅刑事罰**：

⑴**免除本法第41條至第43條之租稅刑事罰**，亦即對納稅義務人觸犯「逃漏稅捐罪」、代徵人或扣繳義務人觸犯「違反徵或扣繳義務罪」與教唆人或幫助人觸犯「教唆或幫助逃漏稅捐罪」之處罰，均予以免除。**此一租稅刑事罰之免除，係採義務主義與強制主義，即必須概予免除，而無裁量之餘地**[104]

在此有一問題，本條第1項後段規定教唆人或幫助人觸犯之「教唆或幫助逃漏稅捐罪」之處罰，亦可免除；惟由於教唆人或幫助人本身並未逃漏稅捐，而係其教唆或幫助之納稅義務人、代徵人、扣繳義務人逃漏稅捐，是則教唆人或幫助人如何方能該當免罰之構成要件中之「自動補報補繳稅捐」，即有疑義[105]。倘如教唆人或幫助人以自己名義代位補報，則依照財政部70.11.24台財稅第39860號函之解釋，不得適用本條免罰之規

---

104 洪家殷謂教唆人或幫助人如符合本條規定之補報補繳等要件時，亦得免受處罰（見洪家殷，註89文，268頁），惟未說明及此一問題。

105 參見王振興，特種刑法實用，第五冊，1986年1月，475頁。

定。依本書之見解，教唆人或幫助人觸犯之「教唆或幫助逃漏稅捐罪」之處罰，在解釋上，似須其教唆或幫助之納稅義務人、代徵人、扣繳義務人逃漏稅捐，而已該當免罰之所有構成要件，其觸犯之「逃漏稅捐罪」、「違反徵或扣繳義務罪」之處罰可以免除時，教唆人或幫助人觸犯「教唆或幫助逃漏稅捐罪」之處罰，方可免除。易言之，**免除教唆人或幫助人觸犯「教唆或幫助逃漏稅捐罪」之處罰，應為被教唆或被幫助之納稅義務人、代徵人、扣繳義務人之「逃漏稅捐罪」、「違反徵或扣繳義務罪」可以免除為前提要件。**

其次，稽徵機關審究納稅義務人之自動補報補繳行為，已該當本條規定免除租稅刑事罰之要件時，本法第41條至第43條所定租稅刑事罰之免除，應由何一機關為之，本條既無明文，亦乏行政解釋。由於租稅刑事罰之訴追，係由稽徵機關移送檢察機關偵辦，檢察機關起訴後，再由法院判決是否科以刑罰。因此，**在實務上之操作，可能形成如下三種情形，而均屬適法：**

(1)稽徵機關不予移送檢察機關偵辦，事實上形成免除租稅刑事罰。

(2)稽徵機關移送檢察機關偵辦，而檢察機關不予處理，或作成不起訴處分。

(3)稽徵機關仍予移送檢察機關偵辦，檢察機關起訴，而法院諭知無罪之判決。

實務上，似不乏係採稽徵機關不予移送檢察機關偵辦之作法[106]。所應注意者，同一逃漏稅捐之情事，如稽徵機關已確定不予移送檢察機關偵辦，則檢察機關亦不宜再主動偵辦，縱然接獲檢舉，亦然；惟檢察機關應向稽徵機關查證納稅義務人之自動補報補繳行為，確否已該當本條規定免罰之要件。如檢察機關已予起訴，則法院應向稽徵機關查證納稅義務人之自動補報補繳行為，確否已該當本條規定免罰之要件。

2.免除本法第44條、第45條之租稅行政罰中之行為罰：

本條第1項第1款明定**免除本法第44條、第45條係對「未給與、未取得、未保存憑證違序」、「未設置、未記載、未驗印及未保存帳簿違序」之處罰，二者均係租稅行政罰中之行為罰。** 至於本法規定之其他行為罰、所有稅法規定之行為罰，則均不在本條免罰規定之列。財政部72.2.2台財稅第30788號函、77.12.19台財稅第770392683號函即明示斯旨：貨物稅條例第28條對違反稅法規定應辦手續所加之行為罰、扣繳義務人未依限填報扣繳憑單行為之處罰，不適用本條自動補報繳免罰規定，。

惟財政部83.8.17台財稅第831606223號函乃釋示：「主旨：營業人未依時序入帳，而於稽徵機關察閱帳簿前已自動補登帳簿者，適用稅捐稽徵法第48條之1規定，免按該法第45條第1項規定處罰。」。此一釋函之內容過於簡略，令人疑惑如係單獨成立未記帳違序，其處罰之性質係行為罰，為何可以免罰。必也營業人有漏報銷售額而逃漏營業稅，同時該銷售額未依規定記入帳簿，茲因營業人自動補報補所漏之營業稅，其行為已

---

106 王振興則似主張：在具體適用上，屬於刑罰部分，由法院諭知無罪之判決（參見王振興，註105書，475-476頁）。

該當本條規定免罰之構成要件，故而除可免除漏稅罰外，亦可免除未記帳違序之行為罰。如僅係未依時序入帳而自動補登，根本無須適用本條之免罰規定，而可直接不予處罰。

3.**免除各稅法所定關於逃漏稅之處罰**，亦即免除該逃漏稅捐情事原應裁處之**漏稅罰**；例如營業稅法第51條、所得稅法第110條規定、遺產及贈與稅法第44條、貨物稅條例第32條等規定之處罰。

4.**涉及刑事責任者，並得免除其刑**。此之刑事責任，係指本法第41條至第43條規定以外之刑事責任，如刑法規定之刑責（偽造文書罪責等）、商業會計法規定之刑責等。

對此類刑事責任，本條係規定「得免除其刑」，因此，此類刑事責任之免除，並非必須免除，**免除與否，須經裁量而決定之**。惟此類刑事責任究係由何一機關依裁量而予免除，則本條既無明文，亦乏行政解釋。由於此類刑事罰之訴追，係由稽徵機關移送檢察機關偵辦，檢察機關起訴後，再由法院判決是否科以刑罰。因此，**似宜解為僅法院有依裁量而予免除此類刑事罰之權能**；惟法院應向稽徵機關查證納稅義務人之自動補報補繳行為，確否已該當本條規定免罰之要件。究應如何處理，在稽徵實務上似未有明確之規定。

本條一方面對此類刑事責任之免除，採「裁量主義」，而另一方面對本法第41條至第43條所定租稅刑事罰之免除，則採「義務主義」與「強制主義」，形成不同之待遇，以本條之規範意旨衡之，為德不卒，立法似非妥當；實應修法，一律採義務主義與強制主義為宜。

⑵**補繳之稅款加計利息**：依本條第2項規定：「前項補繳之稅款，應自該項稅捐原繳納期限截止之次日起，至補繳之日止，就補繳之應納稅捐，依原應繳納稅款期間屆滿之日郵政儲金匯業局之一年期定期存款利率按日加計利息，一併徵收。」此一加計利息之規定，司法院大法官會議釋第311號解釋（81.12.23）謂：「乃因納稅義務人遲繳稅款獲有消極利益之故，與憲法尚無牴觸」。

茲分述如下：

1.本條第2項雖規定「原繳納期限截止之次日起算至補繳之日止」，事實上，如何確定加計利息之起算日與截止日，非無疑義。又加計利息時採用之利率暨如何計算利息，本條亦未有規定。實務上乃有下列行政解釋（均係財政部發布者）：

⑴原繳納期限截止之「次日」之認定：

69.9.22台財稅第37931號函：「茲核釋如下：⑵稅捐稽徵法第四十八條之一但書『其補繳之稅款，應自該項稅捐原繳納期限截止之次日至補繳之日止』中所稱原繳納期限截止之『次日』，係指左列日期而言：

1.依法應由納稅義務人在規定期間內申報並自行繳納之稅款，係指規定申報期間屆滿日之次日。

2.依法應由納稅義務人申報,而由稽徵機關核定徵收之稅款,已由納稅義務人在規定期間內申報,其由稽徵機關核定應納稅款通知書所載限繳日期或核定免稅日,係在規定申報期間屆滿前者,係指規定申報期間屆滿日之次日。但其由稽徵機關核定應納稅款通知書所載限繳日期或核定免稅日,係在規定申報期間屆滿後者,係指稽徵機關核定應納稅款通知書所載限繳日期屆滿日之次日或核定免稅日之次日。

3.依法應由納稅義務人申報,而由稽徵機關核定徵收之稅款,納稅義務未在規定期間內申報者,係指規定申報期間屆滿之次日。

4.實貼之印花稅,係指依法應貼用印花稅票日之次日。

5.依法由稅捐稽徵機關按稅籍底冊或查得資料核定徵收之稅捐,係指該稅捐所屬徵期屆滿日之次日。……」。

(2)加計利息之截止日期:

A.70.2.19台財稅第31316號函:「主旨:凡逾期申報、漏報或短報之遺產稅或贈與稅案件,由納稅義務人自動補報,而依稅捐稽徵法第48條之1但書(現為第2項)規定加計利息者,其加計利息之截止日期,計至納稅義務人自動補申報之日截止。……」。此一釋函應適用於所有「由稽徵機關核定應補徵稅額而通知繳納之稅捐」。

B.98.6.19台財稅第9800148590號令:「主旨:納稅義務人於適用地價稅特別稅率之原因、事實消滅時,未於規定期限內向主管稽徵機關申報之案件,在未經檢舉、未經稽徵機關或財政部指定之調查人員進行調查前,自行申請並經核定改按一般用地稅率課稅,其依法加計利息之截止日期,計至自行申請改課之日止。說明:二、……惟納稅義務人未於規定期限內申請改課地價稅,而係逾期後自行申請改課者須由稽徵機關核定始能發單徵收,於依上開規定計算所應加計之利息時,因其補繳日期尚無法確定,為免徵納雙方爭議,允參照本部70/02/19台財稅第31316號函釋,計至自行申請改課之日止。」。此一釋函應適用於自動申請房屋稅改課之情形。

(3)加計利息時採用之利率暨利息之計算:

A.79.5.18台財稅第790105915號函:「主旨:79年1月1日起逾期繳納各項稅款,依法應行加計利息之利率標準,依該年1月1日郵政儲金匯業局一年期定期存款之利率辦理。…」。

B.83.6.20台財稅第830876677號函:「依稅法規定應適用郵政儲金匯業局1年期定期存款利率按日加計利息,該項1年期定期存款利率如有固定及機動兩種利率時,一律按固定利率計息。」。

C.83.7.29台財稅第831603143號函:「依稅法規定應適用郵政儲金業局1年期定期存款利率按日加計利息者,其日利率之計算,自83年7月1日起,應按1年作365為計算日利率基礎。」。

D.90.1.18台財稅第900400710號函:「主旨:91年1月1日郵政儲金匯業局1年期定期儲金牌告固定利率為年息5.0%,應作為各稅款經收單位對90年度逾期繳納稅款者加計

利息之依據。」。

E.90.2.20台財稅第900402116號函：「主旨：郵政儲金匯業局1年期定期儲金年息，自90年2月8日起調整為固定利率4.9%，請轉知各代收稅款（庫）處。」。

2.納稅義務人等補繳稅款，而未同時繳納應加計之利息者，應如何處理，財政部83.10.19台財稅第831615281號函釋示：「主旨：營業人短漏報應納營業稅額，於依稅捐稽徵法第48條之1規定補報並補繳所漏稅款時，其應補繳之稅款准以累積留抵稅額抵繳；至應加計之利息如未繳納者，應由該管稽徵機關發單補徵，通知其限期繳納。……」。此一釋函之意旨，應適用於所有種類之稅捐。

3.納稅義務人等於自動補報補繳稅款時，因其逃漏期間較久，故所須加計之利息，已超過查獲時原應裁處之罰鍰，此時對納稅義務人等反而不利，似有失公平。是以財政部86.2.20台財稅第861883094號函釋示：「納稅人義務人依稅捐稽徵法第48條之1自動補報補繳，所加計之利息如較被查獲後所科處之罰鍰為高，納稅義務人申請改按短漏報處罰者，宜由納稅義務人撤回自動補報後，由稽徵機關另按違章處罰，並將利息超過所處罰鍰部分予以退還。」。

在此情形，稽徵機關宜詢明納稅義務人等之意願，如其仍願加計較高之利息，則稽徵機關不得擅自按違章處理；蓋有時納稅義務人等基於其他考慮（例如不願留下漏稅違序之紀綠等）寧可繳納較高之利息。

㈢免予加徵滯納金：

依稅法規定應自動申報繳納之稅捐，納稅義務人等未於稅法規定之期限繳納應納稅額，即形成滯納，應加徵滯納金（參見營業稅法第50條、所得稅法第112條等）。納稅義務人等逃漏依稅法規定應自動申報繳納之稅捐，而嗣後自動補報補繳稅捐，符合本條免罰規定之要件者，其補繳之稅款應否加徵滯納金，本條並無明文（自動補報後由稽徵機關核定而通知繳納之稅捐，則無此[問題）。

在實務上，財政部72.10.22台財稅第37511號函釋示：「納稅義務人未依所得稅法第71條規定期限辦理申報，亦未經申請延期申報，如在未經密告檢舉及未經稽徵機關或本部指定人員進行調查前，自動補報並補繳稅款者，可適用稅捐稽徵法第四十八條之一規定，免依所得稅法第110條規定處罰及加徵滯納金；惟應依當地銀行業（註：現行法為郵政儲金匯業局）通行之1年期定期存款利率按日加計利息，一併徵收。」。

又財政部74.10.29台財稅第24073號函亦釋示：「二、扣繳義務人於給付各類所得時，未依法扣繳稅款，在未經檢舉及未經稽徵機關進行調查前，自動補扣並繳納稅款者，尚不發生滯納問題，……。」。

自動補報補繳依稅法規定應自動申報繳納之稅捐，本條雖無免予加徵滯納金之明文，而實務上則一概適用上開解釋。**是以「免予加徵滯納金」事實上成為自動補報補繳稅捐行為之法律效果之一。**此一實務見解雖對納稅義務人有利，惟論者有質疑免予加徵

滯納金缺乏法律依據者[107]。爲杜絕此一質疑，實有必要於本條增訂免予加徵滯納金之明文，較爲妥適。

五、有關「不適用自動補報繳免罰規定之情形」之行政解釋

自動補報是否適用本條免罰規定，納稅義務人等未必能清楚辨別。是以實務上財政部有若干關於「不適用自動補報繳免罰規定之情形」之行政解釋，以下摘述各該行政解釋之要點。

1.未依限填報部分扣繳及免扣繳憑單，自動補辦申報，無免罰規定之適用（68.10.2台財稅第37391號函）。

2.房屋實際買賣日期與申報所載日期不符，逾限申報，無免罰規定之適用（72.1.7台財稅第30049號函）。

3.貨物稅條例第28條對違反稅法規定應辦手續所加之行爲罰，不適用本條自動補報繳免罰規定（72.2.2台財稅第30788號函）。

4.已扣取稅款而未依規定期限向公庫繳納稅款，嗣後自動補繳，無免罰規定之適用（74.10.29台財稅第24073號函）。

5.扣繳義務人未依限填報扣繳憑單行爲之處罰，不適用本條自動補報繳免罰規定（77.12.19台財稅第770392683號函）。

6.營業人應補報並補繳之營業稅額如大於可供抵繳之累積留抵稅額者，其差額部分仍應由營業人先向公庫繳納後並補報，否則該差額部分，仍無本條免罰規定之適用（83.10.19台財稅第831615281號函）。

貳、輕微違序案件之減免處罰

一、「稅務違章案件減免處罰標準」規定之減免處罰

本法第48條之2（以下稱**「本條」**）規定：「（第1項）依本法或稅法規定應處罰鍰之行為，其情節輕微，或漏稅在一定金額以下者，得減輕或免予處罰。（第2項）前項情節輕微、金額及減免標準，由財政部擬訂，報請行政院核定後發布之。」。依據此一授權，財政部訂定發布**「稅務違章案件減免處罰標準」**（以下簡稱「減免處罰標準」），性質係屬於行政程序法第150條規定之**「法規命令」**。

茲析述如下：

㈠減免處罰標準就本法、所得稅法、所得稅基本稅額條例、證券交易稅條例、貨物稅條例、菸酒稅法、遺產及贈與稅法、營業稅法、土地稅法、房屋稅條例、契稅條例、娛樂稅法所規定之**部分**違序之處罰，分別規定其**免除處罰之情節輕微情狀**，以及**減**

---

107 洪家殷，註89文，270-271頁。

輕處罰之情節輕微情狀及減輕之比例或程度。

　　宜注意者，**減免處罰標準僅適用於租稅行政罰中之「罰鍰」**；至於租稅行政罰中之其他種類之處罰（如停止營業等），即無減免處罰標準之適用。

　　㈡關於本法、所得稅法與營業稅法所規定的部分違序之處罰，在本篇本章、第一章及第二章中，已分別就減免處罰標準中所規定各種違序行為情節輕微、一定金額以下之如何減輕或免除其罰鍰，一一說明，故在此即不再複述。至於其他稅法部分，因其並非本書論述之範圍，是以予以略之。

　　㈢減免處罰標準與行政罰法第18條規定之關係如何，有待說明。

　　行政罰法第18條第1項至第3項規定：「（第1項）裁處罰鍰，應審酌違反行政法上義務行為應受責難程度、所生影響及因違反行政法上義務所得之利益，並得考量受處罰者之資力。（第2項）前項所得之利益超過法定罰鍰最高額者，得於所得利益之範圍內酌量加重，不受法定罰鍰最高額之限制。（第3項）依本法規定減輕處罰時，裁處之罰鍰不得逾法定罰鍰最高額之二分之一，亦不得低於法定罰鍰最低額之二分之一；同時有免除處罰之規定者，不得逾法定罰鍰最高額之三分之一，亦不得低於法定罰鍰最低額之三分之一。但法律或自治條例另有規定者，不在此限。」。現行減免處罰標準係依據稅捐稽徵法第48條之2授權所制定之法規命令，即為專門適用於各稅（包括營業稅與所得稅）之減輕或免除罰鍰之規定，是以依行政罰法第18條第3項但書規定，應優先適用。

　　至於行政罰法所設在一定條件下「得減輕其處罰」之規定（如行政罰法第9條第2項及第4項等），或在一定條件下「得減輕或免除其處罰」之規定（如行政罰法第8條但書、第12條但書及第13條但書等），於各稅（包括營業稅與所得稅）之租稅行政罰案件當然有其適用。從而行政罰法第18條第3項前段規定之統一減輕標準，自亦適用於各稅（包括營業稅與所得稅）之租稅行政罰案件。

　　㈣關於減免處罰標準之適用與其規定內容，尚有探討餘地，茲析述如下：

　　1.本條授權財政部訂定「情節輕微、金額及減免標準」，而財政部於減免處罰標準中分條一一明定各種情節輕微、金額及減免標準。惟如行為人之違序行為情節，不在減免處罰標準所明定之情節輕微、金額及減免標準項目範圍內，則稽徵機關是否得直接依據本條規定，予以減輕或免除罰鍰，似非無疑義，而尚乏行政解釋。

　　按台北高等行政法院91年訴第1454號判決（92.5.29）：「……本件係因原告公司其會計人員疏忽於電腦登錄時將進項金額誤鍵為該公司統一編號致進項稅額有誤；再者，原告非如稅捐機關可透過電腦稽核交易雙方之憑證資料，而能輕易即能查對出錯誤之所在，另參酌稅捐機關以電腦來稽核納稅義務人以媒體申報稅款者，因資料齊全，倘報稅者誤報，即能輕易勾稽出錯誤，從而本件原告應無漏報稅之動機。原告多報之進項稅額占該期全部進項稅額之比率經計算後高達百分之四十六點六，金額誤差明顯，雖不能予以免罰；惟揆諸上開原告錯誤情節，尚屬甚為輕微，處以一倍罰鍰亦屬過重，自應由被告參酌稅捐稽徵法第四十八條之二之規定予以減輕，始符實際。……」。

此一判決中之違序行為情節，不在減免處罰標準所明定之情節輕微、一定金額以下之項目範圍內，而此一判決即揭示「稽徵機關仍得直接依據本條規定予以減輕或免除處罰」之見解，應屬妥適。既然違序行為情節不在減免處罰標準所明定之情節輕微、金額及減免標準項目範圍內，則應解為依本條第1項規定，稽徵機關得依裁量而直接依據本條規定，予以減輕或免除罰鍰，方符本條之規範意旨。財政部雖已訂定減免處罰標準，然而不得認為稽徵機關即完全無減免處罰之裁量權；蓋減免處罰標準並未窮盡「違序行為情節輕微」之情狀之故。

2.行為人之違序行為該當處罰之「客觀構成要件」及「主觀構成要件」，方得裁處租稅行政罰。是以行為人之違序行為是否「情節輕微」，一方面要考察其「客觀行為之情狀」，另一方面，亦須審視其「主觀心態」，即其行為係出於故意或出於過失而為之。行為人違序之客觀行為之情狀毋論矣，違序行為出於過失而為之者，其可罰性低於或小於違序行為出於故意而為之者，係屬自明之理。

本條授權財政部訂定「情節輕微標準」，然而觀察減免處罰標準所規定之各種「違序行為情節輕微」，均係以行為人之客觀行為之情狀而設定「認定違序行為情節輕微之標準」。至於由行為人之主觀心態（即故意、過失）認定違序行為情節輕微之標準，則完全付之闕如。減免處罰標準如此之設定情節輕微之標準，僅取行為人之客觀行為，完全忽略主觀心態，誠非妥適。

行政罰法第18條第1項規定：「裁處罰鍰，應審酌違反行政法上義務行為應受責難程度、所生影響及因違反行政法上義務所得之利益，並得考量受處罰者之資力。」，其中「審酌違序行為應受責難程度」乙節，即是同時考量行為人「主觀之惡性」及「客觀之行為」，應給予多少之不利益，始屬允當之處罰。反面言之，減免處罰標準既要設定「認定違序行為情節輕微之標準」，則僅取行為人之客觀行為，完全忽略主觀心態，適足以顯示其僅取一端之不妥。行政罰法第7條規定故意、過失為責任要件之規範意旨，裁處租稅行政罰時絕不可視若無睹，依法要減輕或免除處罰，亦然；否則行政罰、租稅行政罰之法制之健全發展，必將大受影響。

二、「稅務違章裁罰金額或倍數參考表」規定之減免處罰

在實務上，財政部訂定發布**「稅務違章裁罰金額或倍數參考表」**（以下簡稱「裁罰參考表」）並附「稅務違章裁罰金額或倍數參考表使用須知」（以下簡稱「裁罰參考表使用須知」）。此表之制定並無法律之授權，乃是財政部用以協助下級機關或屬官行使裁量權之**「裁量基準」**，故其規範性質屬於行政程序法第159條規定之**「行政規則」**。

茲析述如下：

(一)裁罰參考表就本法、所得稅法、遺產及贈與稅法、證券交易稅條例、期貨交易稅條例、貨物稅條例、菸酒稅法、營業稅法、印花稅法、使用牌照稅法、土地稅法、房屋稅條例、契稅條例、娛樂稅法所規定之**所有**違序之處罰，分別規定「違章情形」

及「裁罰金額或倍數」，明定違序人各種違序行為之情狀暨各該情狀之裁罰金額或倍數。

宜注意者，如同減免處罰標準然，**裁罰參考表僅適用於租稅行政罰中之「罰鍰」**；至於租稅行政罰中之其他種類之處罰（如停止營業等），即無裁罰參考表之適用。

(二)關於本法、所得稅法與營業稅法所規定的所有違序之處罰，在本篇本章、第一章及第二章中，已分別就裁罰參考表中所規定各種違序之情狀暨該情狀之裁罰金額或倍數，一一說明，故在此即不再複述。至於其他稅法部分，因其並非本書論述之範圍，是以予以略之。

(三)關於裁罰參考表之如何適用，裁罰參考表使用須知規定如下：

「一、為使辦理裁罰機關對違章案件之裁罰金額或倍數有一客觀之標準可資參考，爰訂定本稅務違章案件裁罰金額或倍數參考表（以下簡稱參考表）。

二、稅務違章案件符合減輕或免予處罰標準者，適用該標準，不適用參考表。

三、前點以外之應處罰鍰案件，其裁罰之金額和倍數，應參照本表辦理。

四、參考表訂定之裁罰金額或倍數未達稅法規定之最高限或最低限，而違章情節重大或較輕者，仍得加重或減輕其處罰，至稅法規定之最高限或最低限為止，惟應於審查報告敍明其加重或減輕之理由。」。

裁罰參考表既係行政規則，其僅拘束制定之行政機關本身及下級機關，對人民不直接發生規範效力，對行政法院尤無拘束力可言（參見行政程序法第161條）。裁罰參考表並非行政罰法第4條規定之「法律」，行政機關自不得直接援引未經法律授權所定之裁罰參考表作為對人民處罰之規範依據。在具體個案上，稽徵機關適用裁罰參考表時，僅能在裁罰處分理由中說明系爭個案何以得出如援用裁罰參考表所訂裁罰金額或倍數之結論，或裁量引用某一裁罰金額或倍數之理由，否則僅在理由中引用裁罰參考表而未加說明，仍有「裁量怠惰」之違法之虞，蓋單純引用裁罰參考表，尚不能謂已盡說明理由之義務[108]。

(四)裁罰參考表與減免處罰標準、行政罰法第18條規定之關係如何，有待說明。

1.減免處罰標準係「法規命令」，而裁罰參考表則係「行政規則」，故減免處罰標準應優先適用。裁罰參考表使用須知二、規定：「二、稅務違章案件符合減輕或免予處罰標準者，適用該標準，不適用參考表。」，乃是符合其規範位階之規定。

2.裁罰參考表雖係專門適用於各稅（包括營業稅與所得稅）之租稅行政罰案件，惟因其性質係**「裁量基準」之行政規則**，故其**「效力位階」**低於行政罰法第18條，乃屬當

---

108 參見蔡進良，行政裁罰標準之規制、適用與司法審查，月旦法學雜誌，141期，2007年2月，65頁。惟亦有論者認為裁量理由與裁罰參考表相同者，在裁罰處分書上可以省略，見葛克昌，行政程序與納稅人基本權，2002年10月，368頁。

然。然而在實務上，行政罰法第18條係原則性規定，而裁罰參考表則係細節性規定；故在實務上之**「適用順序」**，裁罰參考表反而先於行政罰法第18條而適用，僅在裁罰參考表所未明定之情形，方應適用行政罰法第18條。

㈤裁罰參考表規定內容之問題，與減免處罰標準類似，即其規定之各種「違章情形」，均係以行為人之客觀行為之情狀輕重或漏稅金額大小，而設定「不同之違章情形」，再以之作為不同裁罰金額或倍數之依據。至於由行為人之主觀心態（即故意、過失）認定不同之違章情形，則完全付之闕如。裁罰參考表如此之設定，僅取行為人之客觀行為，完全忽略主觀心態，誠非妥適：亦與行政罰法第18條第1項規定之意旨有間，上面一、㈣、2、已有詳論，不贅。

㈥本法第1條之1規定：「財政部依本法或稅法所發布之解釋函令，對於據以申請之案件發生效力。但有利於納稅義務人者，對於尚未核課確定之案件適用之。」。裁罰參考表修正減輕罰鍰金額或倍數，對於尚未裁罰定之違序案件，是否有此一規定之適用，有待探討。此一問題之關鍵，在於裁罰參考表是否屬於此一規定中之「解釋函令」。

對於裁罰參考表是否屬於解釋函令，雖無公開之行政解釋可據，惟在稽徵實務上，財政部、稽徵機關似均持否定之見解。行政法院之判決，雖有持肯定見解者（如台北高等行政法院92年訴第4238號判決、高雄高等行政法院93年訴第73號判決等），而大部分判決係持否定之見解。否定見解之理據，無非認為解釋函令係行政程序法第159條第2項第2款所定行政規則中之「解釋性規定」，而裁罰參考表係行政規則中之「裁量基準」，二者有別之故。

應予說明者，在實務上之操作，則以不同之方式處理裁罰參考表修正減輕罰鍰金額或倍數之適用問題。在違序案件未核定處罰前，或在復查、訴願階段，裁罰參考表修正減輕罰鍰金額或倍數，而對受罰人有利時，由於處罰之核定尚未確定，是以稽徵機關皆會本於職權逕行予以變更原罰鍰金額或倍數。至於在行政訴訟中之違序案件，稽徵機關通常亦會以行政訴訟答辯狀，請行政法院就超過修正後之罰鍰金額或倍數部分予以撤銷，而行政法院亦皆以被告機關之「認諾」核與公益無違，而本於其認諾為判決。應注意者，稽徵機關、行政機關均非以裁罰參考表係本法第1條之1規定中之解釋函令為理由，而予以變更原罰鍰金額或倍數。對於違序案件之罰鍰，行政法院可否本於「認諾」而為稽徵機關全部或部分之敗訴判決，在學理上，論者認為罰鍰主要係對受罰人之警惕作用，其輕重應對公益不甚影響，是以自得容許稽徵機關依修正後之罰鍰金額或倍數而為認諾[109]。是以實務上之操作，無悖於學理，應可容許。究實言之，實務上之如此操作，與適用本法第48條之3「從新從輕原則」規定之結果相同。

---

109 蔡進良，註108文，76頁。

參、處罰從新從輕原則之適用

一、租稅行政罰從新從輕原則適用之法規競合

關於租稅行政罰之採「從新從輕原則」，除本法第48條之3規定外，尚有營業稅法第53條之1與行政罰法第5條規定。

本法第48條之3（以下稱**「本條」**）規定：「納稅義務人違反本法或稅法之規定，適用裁處時之法律。但裁處前之法律有利於納稅義務人者，適用最有利於納稅義務人之法律。」。本條明定所有租稅行政罰以「裁處時法律」爲基準，而非以「行爲時法規爲」基準。本條所稱之「裁處」，財政部85.8.2台財稅第851912487號函釋示：「……說明：一、85年7月30修正公布之稅捐稽徵法第48條之3規定……，上開法條所稱之『裁處』，依修正理由說明，包括訴願、再訴願（註：現已無再訴願程序）及行政訴訟之決定或判決。準此，稅捐稽徵法第48條之3修正公布生效時仍在復查、訴願、再訴願及行政訴訟中，尚未裁罰確定之案件均有該條之適用。」。又最高行政法院89年9月份第1次庭長法官聯席會議決議（89.9.13）：「按八十五年七月三十日修正公布之稅捐稽徵法第四十八條之三規定：『納稅義務人違反本法或稅法之規定，適用裁處時之法律。但裁處前之法律有利於納稅義務人者，適用最有利於納稅義務人之法律』，上開法條所稱之『裁處』，依修正理由說明，包括訴願、再訴願及行政訴訟之決定或判決。……」，意旨相同。據此而言，租稅行政罰在最初裁處後，在復查決定、訴願決定或行政判決前，如處罰規定已有變更，而對受罰人有利，則即應適用復查決定、訴願決定或行政判決時之處罰規定，此係處罰之「從新原則」。惟本條但書同時揭示處罰之「從輕原則」。是以合而言之，**本條係揭示所有租稅行政罰採「從新從輕原則」**。

營業稅法第53條之1規定：「營業人違反本法後，法律有變更者，適用裁處時之罰則規定。但裁處前之法律有利於營業人者，適用有利於營業人之規定。」，此一規定係揭示**營業稅稽徵上之租稅行政罰採「從新從輕原則」**。從新從輕原則之涵義，同上所述。

行政罰法第5條規定：「行為後法律或自治條例有變更者，適用行政機關最初裁處時之法律或自治條例。但裁處前之法律或自治條例有利於受處罰者，適用最有利於受處罰者之規定。」。此係明定所有行政罰以「最初裁處時法規」爲基準，而非以「行爲時法規爲」基準，故係採處罰之「從新原則」；但書則揭示處罰之「從輕原則」。合言之，此係明定**所有行政罰罰採「從新從輕原則」**。

本條規定與上開二個規定，均係採「從新從輕原則」；惟應注意，**本條及營業稅法第53條之1規定之「從新從輕原則」，其「新法規」係指復查決定、訴願決定或行政判決時之處罰規定**（「舊法規」則係指第一次裁處時之處罰規定）；而行政罰法第5條規定之「從新從輕原則」，其「新法規」係指最初裁處時之處罰規定（「舊法規則」係指行爲時之處罰規定），不可混淆。

　　本條規定與上開二個規定，存有**「特別關係」之「法規競合」**，其適用之優先順序如下：

　　首先，依行政罰法第1條但書規定，本條係特別規定，應優先於行政罰法第5條而適用。實務上，亦採相同見解，如法務部95.7.25法律字第950028035號函：「……稅捐稽徵法第48條之3規定：『……』，其所謂『裁處時之法律』與本法第5條之『最初裁處時之法律或自治條例』有所不同，依本法首揭規定，稅捐稽徵法第48條之3應屬本法第5條之特別規定而優先適用之。貴部來函說明三有關納稅義務人違反稅捐稽徵法或稅法於行為後，稅捐稽徵法或稅法發生變更，涉及從新從輕原則部分，優先適用稅捐稽徵法第48之3規定之結論，本部敬表贊同。」（函中所稱「貴部來函」，係指財政部95.7.12台財稅字第9504536440號函）。

　　其次，依行政罰法第1條但書規定，營業稅法第53條之1規定亦係特別規定，應優先於行政罰法第5條而適用。

　　最後，本法第1條規定：「稅捐之稽徵，依本法之規定，本法未規定者，依其他有關法律之規定。」，是以依據此一規定，**關於租稅行政罰之「從新從新原則」，本條規定應優先於營業稅法第53條之1、行政罰法第5條而適用。**

二、本條規定內容解析

　　本條規定不僅適用營業稅及所得稅稽徵上之租稅行政罰，亦適用於於所有其他內地稅稽徵上之租稅行政罰。為論述之方便，並期能完全了解本條規定之內容，**以下係就所有內地稅稽徵上之租稅行政罰說明解析之，不限於營業稅及所得稅稽徵上之租稅行政罰**，合先說明。茲析述如下：

　　㈠本條適用之主體為納稅義務人，惟本法第50條規定：「本法對於納稅義務人之規定，除第四十一條規定外，於扣繳義務人、代徵人、代繳人及其他依本法負繳納稅捐義務之人準用之。」，是以**本條除適用於納稅義務人外，亦準用於扣繳義務人、代徵人及其他依本法負繳納稅捐義務之人**（惟代繳人之代繳稅款，並無發生處罰之可能，故無本條規定之準用）。其他依本法負繳納稅捐義務之人，係指本法第12條至第15條規定之共有財產之納稅義務人、清算人、遺囑執行人、合併後存續或另立之營利事業。

　　㈡**本條規定僅適用於「違反租稅法上義務而裁處罰鍰之案件」**，財政部85.10.9台財稅第851919465號函即釋示：「85年7月30日總統令公布增訂稅捐稽徵法第48條之3，……揆其立法意旨，應僅適用於違章裁處罰鍰之案件，至於課徵本稅部分尚無該法條之適用。」。行政法院亦持相同見解，如行政法院86年1月份庭長評事聯席會議決議（86.1.22）：「修正後之遺產及贈與稅法關於稅率、扣除額及免稅額均較修正前有利於納稅義務人，惟依中央法規標準法第十三條規定，應自八十四年一月十五日起生效，則依『實體從舊』之法律適用原則，自無適用修正後有關核稅新規定之餘地。至於增訂稅捐稽徵法第四十八條之三『從新從輕』之規定，應僅適用於罰鍰金額或其他行政罰之重

新核定，而不適用以重新核課遺產稅及贈與稅稅額，此觀該條明定『納稅義務人違反本法或稅法之規定』（租稅負擔之核定，無此問題），作為適用該法條之前提要件，以及立法理由敘明：『……行政法上的『實體從舊』原則，其目的是要確定法律關係，所以納稅義務人對於租稅負擔，不能用『從新從輕』原則』，自能明瞭。」又86年2月份行政法院庭長評事聯席會議，就本稅以外之裁處應適用之法律，補充作成決議，並於86年4月份修正該決議爲：「稅捐稽徵法第四十八條之三從新從輕原則僅適用於違反作爲或不作爲義務而裁處之行政罰，如罰鍰金額或倍數修正之情形，尚不及於除此以外之事項。課徵本稅有關之法律規定或漏稅額之計算等，雖於行爲後法律經修正，本稅及據以科處之行政罰所涉及之漏稅額計算，如免稅額、扣除額、稅率等，均適用行爲時法律。」。

(三)本條但書規定之「最有利於納稅義務人之法律」，包括「免予處罰之法律規定」，以及「法律修正時刪除處罰規定」之情形；在後一情形，行政法院89年9月份庭長評事聯席會議決議(二)（89.9.13）：「……查土地稅法第五十五條之二有關農地取得者不繼續耕作時，處以罰鍰之規定，於民國八十九年一月二十六日經修正刪除，刪除前依該法科處罰鍰尚未確定者，依上開說明，應適用有利於當事人之法律予以免罰。」；又（最高）行政法院89年判第3444號判決（89.12.7）：「……依稅捐稽徵法第四十八條之三前段『納稅義務人違反本本法或稅法之規定適用裁處時之法律』之規定，該（舊）土地稅法第五十五條之二之處罰條文既經刪除，則原處分據以處罰之法律條文即失所依據，……。」，均明示此一見解。

(四)參酌行政罰法第5條規定，法律變更應包括法規命令變更，惟不包括行政規則變更（參見前面本書第二篇第一章、肆、一、(二)、之說明）。

「稅務違章案件減免處罰標準」係依本法第48條第2項規定授權訂定之法規命令，故租稅行政罰在最初裁處後，在復查決定、訴願決定或行政判決前，如減免處罰標準之規定已有變更，而對受罰人有利，則即有本條「從新從輕原則」規定之適用，亦即應適用復查決定、訴願決定或行政判決時之減免處罰標準。

至於「稅務違章裁罰金額或倍數參考表」，因其性質係行政規則，故其規定內容修正，縱然對受罰人有利，亦無適用本條「從新從輕原則」規定之餘地。（應予明辨者，如上面本目、貳、二、(六)所述，在違序案件未核定處罰前，或在復查、訴願階段，裁罰參考表修正減輕罰鍰金額或倍數，而對受罰人有利時，稽徵機關本於職權逕行予以變更原罰鍰金額或倍數；以及在行政訴訟中之違序案件，稽徵機關以行政訴訟答辯狀，請行政法院就超過修正後之罰鍰金額或倍數部分予以撤銷，而行政法院以被告機關之「認諾」核與公益無違，而本於其認諾爲判決，則係屬另事，與本條規定之適用無涉。）。

第四章

租稅行政罰之法規競合、想像競合與不罰之前後行為

壹、「禁止重複處罰原則」之揭櫫與其適用

司法院大法官會議釋字第337號解釋（83.2.4）及第503號解釋（89.4.20）係專就「一行為不二罰」原則之適用問題所作之解釋。釋字第337號解釋解釋理由書：「……營業人買受貨物，不向直接出賣人取得統一發票，依同一法理，適用稅捐稽徵法第四十四條處罰，與上開解釋意旨相符。此項行為罰與漏稅罰，其處罰之目的不同，處罰之要件亦異，前者係以有此行為即應處罰，與後者係以有漏稅事實為要件者，非必為一事。其違反義務之行為係漏稅之先行階段者，如處以漏稅罰已足達成行政上之目的，兩者應否併罰，乃為適用法律之見解及立法上之問題，併予說明。」。本號解釋之重點在於表明：「**違反義務之行為係漏稅之先行階段者，如處以漏稅罰已足達成行政上之目的，兩者應否併罰，乃為適用法律之見解及立法上之問題**」之立場，惟其已提出「**違反義務之行為係漏稅之先行階段**」之觀念。

釋字第503號解釋之解釋文：「納稅義務人違反作為義務而被處行為罰，僅須其有違反作為義務之行為即應受處罰；而逃漏稅捐之被處漏稅罰者，則須具有處罰法定要件之漏稅事實方得為之。二者處罰目的及處罰要件雖不相同，惟其行為如同時符合行為罰及漏稅罰之處罰要件時，除處罰之性質與種類不同，必須採用不同之處罰方法或手段，以達行政目的所必要者外，不得重複處罰，乃現代民主法治國家之基本原則。是違反作為義務之行為，同時構成漏稅行為之一部或係漏稅行為之方法而處罰種類相同者，如從其一重處罰已足達成行政目的，即不得再就其他行為併予處罰，始符憲法保障人民權利之意旨。本院釋字第三五六號解釋，應予補充。」。

解釋理由書：「……違反租稅義務之行為，涉及數處罰規定時可否併合處罰，因行為之態樣、處罰之種類及處罰之目的不同而有異，如係實質上之數行為違反數法條而處罰結果不一者，其得併合處罰，固不待言。惟納稅義務人對於同一違反租稅義務之行為，同時符合行為罰及漏稅罰之處罰要件者，例如營利事業依法律規定應給與他人憑證而未給與，致短報或漏報銷售額者，就納稅義務人違反作為義務而被處行為罰與因逃漏稅捐而被處漏稅罰而言，其處罰目的及處罰要件，雖有不同，前者係以有違反作為義務之行為即應受處罰，後者則須有處罰法定要件之漏稅事實始屬相當，除二者處罰之性質與種類不同，例如一為罰鍰、一為沒入、或一為罰鍰、一為停止營業處分等情形，必須採用不同方法而為併合處罰，以達行政目的所必要者外，不得重複處罰，乃現代民主法治國家之基本原則。從而，違反作為義務之行為，如同時構成漏稅行為之一部或係漏稅

行為之方法而處罰種類相同者，則從其一重處罰已足達成行政目的時，即不得再就其他行為併予處罰，始符憲法保障人民權利之意旨。本院釋字第三五六號解釋雖認營業人違反作為義務所為之制裁，其性質為行為罰，此與逃漏稅捐之漏稅罰乃屬兩事，但此僅係就二者之性質加以區別，非謂營業人違反作為義務之行為罰與逃漏稅捐之漏稅罰，均應併合處罰。在具體個案，仍應本於上述解釋意旨予以適用。本院前開解釋，應予補充。」。

本號解釋舉例說明：稅捐稽徵法第44條規定之行為罰與營業稅法第51條第3款規定之漏稅罰，揭櫫**「禁止重複處罰原則」**，茲申論如下

㈠依其解釋意旨，上開二個處罰，係「納稅義務人違反租稅義務之行為，同時符合行為罰及漏稅罰之處罰要件」，二者「處罰目的「及「處罰要件」，雖有不同，而如：

1.**二者處罰之性質與種類相同者，不得重複處罰。**

2.**二者處罰之性質與種類不同者**，例如一為罰鍰、一為沒入、或一為罰鍰、一為停止營業處分等，因科以不同種類之「處罰之行政目的」不同，是以**得為併合處罰**。

3.上開解釋中之「處罰目的」與「處罰之行政目的」，其涵義應有區別。所謂**「處罰目的」**，應指「處罰規定本身所欲達成之目的」；而所謂**「處罰之行政目的」**，應指「科以特定處罰種類預期達到之目的」，例如罰鍰係以「剝奪財產權」為處罰之行政目的，又如停止營業係以「防止進一步損害營業稅請求權之實現」為處罰之行政目的。

㈡一般認為釋字第503號解釋揭櫫**「禁止重複處罰」**之意旨，確立行政罰上**「想像競合」**應適用**「一行為不二罰」**原則，隨後行政罰法並以之定為明文（即行政罰法第24條）。

惟釋字第503號解釋雖已揭櫫**「禁止重複處罰原則」**，然而解釋文對於「營利事業依法律規定應給與他人憑證而未給與，致短報或漏報銷售額，其處罰種類相同，不得重複處罰」，是否認為「營利事業未給與憑證」與「營利事業短報或漏報銷售額」係屬「一行為」，而對於二者（同為罰鍰）之處罰，是否構成**「想像競合」**（Idealkonkurrenz），似未清楚說明。其次，解釋文所謂「違反作為義務之行為，同時構成漏稅行為之一部，或係漏稅行為之方法，而處罰種類相同者，如從其一重處罰已足達成行政目的，即不得再就其他行為併予處罰」，是否認為「違反作為義務之行為同時構成漏稅行為之一部，或違反作為義務之行為係漏稅行為之方法」係屬「一行為」，而對於二者（同為罰鍰）之處罰，是否構成**「想像競合」**，亦未清楚說明。

依本書見解，釋字第503號解釋明確揭櫫**「禁止重複處罰」**之原則，但並無「僅在**一行為**而有不同之行政罰規定（但處罰種類相同），構成**「想像競合」**時，方應禁止重複處罰」之意。事實上，**一行為**而有不同之行政罰規定（但處罰種類相同），如構成**「法規競合」**（Gesetzeskonkurrenz）時，基於**「雙重評價禁止原則」**

（Doppelbewertungsverbot），亦應禁止重複處罰。進一步言之，**數行為**雖有不同之行政罰規定（但處罰種類相同），而如其中之一行為係另一行為之一部，或係另一行為之方法等情形，宜將該行為定性為**「不罰之前行為」**（Straflose Vortat）或**「不罰之後行為」**（Straflose Nachrtat），亦適用「禁止重複處罰原則」，而僅對「後行為」或「前行為」予以處罰。是以釋字第503號解釋揭櫫之「禁止重複處罰原則」，均可作為存在**「法規競合」**、**「想像競合」**或**「不罰之前行為」**、**「不罰之後行為」**之情形時，僅裁處一個處罰之規範依據。

前面本書第二篇第五章、壹、一、㈡已說明行為人之**一行為**違反行政法規定之義務，而有複數處罰規定時，應依照**「法規競合」**或**「想像競合」**之法理，僅科以一個處罰；此一理念當然亦適用於營業稅與所得稅稽徵上之租稅行政罰。本章就此問題於貳、及參、分別詳予說明探討。

另外，行為人之**數行為**，違反加值型及非加值型營業稅法（以下簡稱「營業稅法」）、所得稅法與稅捐稽徵法規定之義務，而營業稅法等三法有複數處罰規定時，依行政罰法第25條規定，固得分別處罰。惟如數行為之間，其中一個行為必然或通常會因另一個在前或在後之行為的存在（或發生）而隨同存在（或發生）等時，其是否仍應分別處罰，涉及學理上之**「不罰之前行為」**與**「不罰之後行為」**。此一問題在營業稅與所得稅稽徵上之租稅行政罰，亦值得探究。本章嘗試就此問題於肆、詳予說明探究。

貳、租稅行政罰之法規競合

營業稅法、所得稅法與稅捐稽徵法對於**一個行為而有二個處罰規定時**，如前面本書第二篇第五章、壹、一、㈡所述，**可能成立「法規競合」或「想像競合」**。一個行為而有二個處罰規定時，**應先考察有無「法規競合」之問題**，以決定處罰規定之適用。如無法規競合問題，**則再考察有無「想像競合」之問題**，以決定處罰規定之適用。

營業稅法等三法對於一個行為而有二個處罰規定時，如成立「法規競合」時，處罰規定如何適用，在此作一解析說明。至如成立「想像競合」時，處罰規定如何適用，則另於下面參、探討說明。

㈠在學理上，行為人之一行為而有二個處罰規定（或二個以上處罰規定，以下不再指明），而：⑴構成要件相同或彼此存有重疊關係，⑵處罰種類相同，⑶所欲達成之目的相同或彼此可相互包涵，三者同時具備時，成立**「法規競合」**（或稱**「法律單數」**（Gesetzeseinheit））。

關於營業稅法等三法對於一行為而有二個處罰規定，而成立「法規競合」時，處罰規定之如何適用，由於在前面本書第二篇第五章、壹、一、㈡已作學理上之說明，並於上面本篇各章中隨處予以說明，故在此僅摘述其重點。

由各處罰規定之構成要件觀察，行為人之一行為同時該當數個構成要件，該當之數個構成要件存有重疊關係，即構成**法規競合**，而僅生一個處罰之結果。如該二法規均予

適用，將失去法規特別規定之意義，或將造成相同非難之不當重疊，即牴觸**「雙重評價禁止原則」**。在此情形，僅適用最妥適之構成要件即為已足，其餘該當之構成要件，即被排斥而不適用。**法規競合係構成要件之重疊現象，僅涉及「數個構成要件間之選擇適用」問題，而非「擇一從重處罰」**。在法規競合關係，應優先適用其中一個處罰規定（應優先適用之規定，縱使其處罰雖較其他規定為輕，亦應優先適用）。不被適用之處罰規定，在處罰決定無須特別表明。惟本應優先適用之處罰規定，因有一定事由依法不予適用時，其他處罰規定仍得適用之。此外，應優先適用之處罰規定如僅有罰鍰，而無停止營業、沒入規定，則其他處罰規定之停止營業、沒入，亦仍得適用之。

二個處罰規定成立法規競合之型態，有如下數種情形：

1.**特別關係**：二法存在「特別法」（或「特別規定」）與「普通法」（或「普通規定」）之關係。

2.**補充關係**：二法存在「基本規定」與「補充規定」之關係。

3.**吸收關係**：指某一處罰規定，依其性質與含義，可吸納另一處罰規定，因而應優先適用。另一處罰規定，則僅於前者不適用時，始予以補充適用。

在法規競合之判斷上，首先應判斷是否為「特別關係」；如否，再判斷是否為「補充關係」，僅在既非特別關係亦非補充關係之情況下，方進一步判斷是否為「吸收關係」。

㈡營業稅法等三法對於一個行為而有二個處罰規定時，成立法規競合之情形，茲舉數例說明之。

1.營業稅法第48條第1項規定：「營業人開立統一發票，應行記載事項未依規定記載或所載不實者，除通知限期改正或補辦外，按統一發票所載銷售額，處百分之一罰鍰，其金額最低不得少於五百元，最高不得超過五千元。經主管稽徵機關通知補正而未補正或補正後仍不實者，連續處罰之。」。

營業人開立統一發票應依規定記載之事項，雖然包括「銷售額之記載」（參見統一發票使用辦法第9條），惟統一發票未記載、記載不實違序之行為，並不包括「未記載銷售額」或「銷售額記載不實」之行為；蓋未記載銷售額等於「未開立統一發票」，而如係短載銷售額之不實，等於「短開統一發票」，而此二行為另外構成營業稅法法第52條規定之「漏開或短開統一發票違序」，以及稅捐稽徵法第44條規定之「未給與憑證違序」，此三處罰規定之構成要件相同，三者所擬保護者為相同之法益或所欲達成之目的亦相同；因此，三者之關係是**「法規競合」**中之**「特別關係」**。在此情形，營業稅法第52條之處罰規定應優先適用；而稅捐稽徵法第44條之處罰規定，依稅捐稽徵法第1條規定亦應優先適用（至於營業稅法第52條與稅捐稽徵法第44條規定二者之關係，亦屬法規競合，惟係屬另事）。

2.營業稅法第52條規定：「營業人漏開統一發票或於統一發票上短開銷售額經查獲者，應就短漏開銷售額按規定稅率計算稅額繳納稅款外，處一倍至十倍罰鍰。年內經

查獲達三次肴，並停止其營業。」。財政部78.7.24台財稅第781148237號函釋示：「主旨：營業人漏、短開統一發票銷售額經查獲者，依營業稅法第52條規定應就其銷售額按規定稅率計算補稅並處所漏稅額5倍至20倍罰罰鍰（現行法為1倍至10倍），一年內經查獲達3次者，並停止其營業，免再併依稅捐稽徵法第44條規定處罰。說明：二、營業稅法第52條規定營業人漏、短開統一發票與稅捐稽徵法第44條規定營利事業應給予他人憑證而未給予之處罰要件雷同，係屬法條競合，可採從重處罰，不宜分別適用各有關法條之規定同時處罰。」。

　　按稅捐稽徵法第44條規定之處罰係「行為罰」，財政部此一釋函顯然認為本條規定之處罰亦係「行為罰」，而二者處罰要件雷同，因而係屬**法條競合**（即**法規競合**）。行政法院亦肯認財政部之見解（如高雄高等行政法院95年訴第1065號判決等）。然而上開財政部78年第781148237號函釋示「係屬法條競合，可採從重處罰」，並非正確，蓋**「想像競合」**方有從重處罰之可言。

　　惟查本條之立法理由謂：「……在當月份經稽徵機關查獲漏短開統一發票，雖合併該月份銷售額申報，仍應認定有漏稅之事實，按漏稅處罰，爰增訂本條以資適用。……」，**顯然立法原意係視其為「漏稅罰」**。倘如採此見解，則本法第51條與本法第52條之關係如何，即有待探討；此一問題另於下面本章、貳、四、㈡、1、解析，此處略之。

　　3.營業稅法第46條第3款規定：「營業人有下列情形之一者，除通知限期改正或補辦外，處五百元以上五千元以下罰鍰；逾期仍未改正或補辦者，得連續處罰至改正或補辦為止：三、使用帳簿未於規定期限內送請主管稽徵機關驗印者。」。

　　稅捐稽徵法第45條第2項規定：「依規定應驗印之帳簿，未於規定期限內送請主管稽徵機關驗印者，除通知限期補辦外，處新台幣一千五百元以上一萬五千元以下罰鍰；逾期仍未補辦者，得連續處罰至補辦為止。」。

　　觀察此二規定之內容，其處罰之構成要件完全相同，而其所欲達成之目的：「促使營業人保持足以正確計算其敲售額之帳簿憑證及會計紀錄」（參見管理營利事業會計帳證辦法第1條），亦完全相同，則依據稅捐稽徵法第1條規定，二者之間係屬於**「特別關係」**之**「法規競合」**，稅捐稽徵法第45條第2項規定應優先適用。

　　4.所得稅法第107條第1項規定：「納稅義務人違反第八十三條之規定，不按規定時間提送各種帳簿，文據者，稽徵機關應處以一千五百元以下之罰鍰。」，而同法第83條第1項及第3項規定：「（第1項）稽徵機關進行調查或復查時，納稅義務人應提示有關各種證明所得額之帳簿、文據；其未提示者，稽徵機關得依查得之資料或同業利潤標準，核定其所得額。……第3項）納稅義務人已依規定辦理結算申報，但於稽徵機關進行調查時，通知提示有關各種證明所得額之帳簿、文據而未依限期提示者，稽徵機關得依查得之資料或同業利潤標準核定其所得額；嗣後如經調查另行發現課稅資料，仍應依法辦理。」。

稅捐稽徵法第46條第1項規定：「拒絕稅捐稽徵機關或財政部賦稅署指定之調查人員調查，或拒不提示有關課稅資料、文件者，處新台幣三千元以上三萬元以下罰鍰。」。

觀察上開二規定之內容，僅有類似之處，而非完全相同，則此二規定之關係如何，有待探討。

關於所得稅法第107條第1項規定，以及同法第83條第1項及第3項規定，其如何適用，上面本篇第二章第二目、貳、二、已詳為說明。概括言之，所得稅法第83條第3項明示「納稅義務人依規定辦理申報後，稽徵機關進行調查時，應提示帳簿文據」，是以同條第1項規定之「稽徵機關進行調查或復查時，納稅義務人應提示帳簿文據」，自應解係指同條第3項規定情形以外之調查或復查（例如稽徵機關對納稅義務人申請復查之調查、對申報核定後依法規規定實施之稽查或抽查、對平時接獲檢舉之調查等）時之納稅義務人提示帳簿文據之義務。因此，所得稅法第107條第1項規定，係適用於稽徵機關為調查或復查納稅義務人所得稅事項，而納稅義務人拒絕提示帳簿文據之違序行為。

至於稅捐稽徵法第46條第1項規定，調查者為「稅捐稽徵機關或財政部賦稅署指定之調查人員」，調查目的係「調查課稅資料」，被調查者係「有關機關、團體（應指公司組織）或個人」，要求提示之客體係「課稅有關資料、文件」。相較於所得稅法第107條第1項等規定，本法第46條第1項等規定之規範目的較為廣泛，適用對象較多，要求提示之客體則不限於帳簿文據。由法理言之，稽徵機關為調查或復查所得稅案件，亦非不得依據本法第30條第1項規定，要求納稅義務人提示帳簿文據。是則所得稅法第107條第1項規定，似無保留之必要。

惟進一步論之，既然所得稅法第107條第1項規定仍然保留，而其構成要件較稅捐稽徵法第46條第1項嚴格，則二者之間實屬存有**「特別關係」之「法規競合」**；是以稽徵機關為調查或復查納稅義務人之所得稅事項，對於所得稅納稅義務人拒絕提示帳簿文據之行為，所得稅法第107條第1項規定係特別規定，應優先於稅捐稽徵法第46條第1項而適用。除此之外，有關所得稅事項之調查，方始適用稅捐稽徵法第46條第1項規定（此一問題參見上面本篇第三章第二目、壹、六、之詳細探討）。

　5.所得稅法中有不少課稅資料報告與告知義務之規定，如下所述：
　⑴第111條規定之「未依限、未據實申報免扣繳憑單」之義務。
　⑵第111條規定之「未依限、未據實填發免扣繳憑單」之義務。
　⑶第111條之1規定之「未依限、未據實申報信託有關文件」之義務。
　⑷第114條規定之「未依限、未按實填報扣繳憑單」之義務。
　⑸第114條規定之「未依限、未按實填發扣繳憑單」之義務。
　⑹第114條之3第1項規定之「未依限、未按實填報股利憑」單之義務。
　⑺第114條之3第1項規定之「未依限、未按實填發股利憑單」之義務。
　⑻第114條之3第2項規定之「未依限、未據實申報扣抵稅額帳戶變動明細資料」之

義務。

　　上述義務規定有一個特色，即在**同一條文中規定「未依限」與「未按實」履行申報（填報）、填發課稅資料義務之處罰**。倘如義務人（扣繳義務人等）僅係「未依限」或僅係「未按實」履行申報（填報）、填發課稅資料義務，則裁處一個處罰（均係罰鍰），自無問題。惟如義務人係「逾限」且又「未按實」履行申報（填報）、填發課稅資料義務（亦即其係逾越限期始提出申報（填報）、填發，而其申報（填報）、填發內容有不實），則其行為係違反二個義務規定，而有二個處罰規定（處罰內容相同）。實務上對於此依情形之處理，概均裁處一個罰鍰。既然義務人有「未依限」且「未按實」申報（填報）、填發課稅資料之二個違序，而實務上概予裁處一個罰鍰，其理由何在，似乏明確之實務見解可據。

　　按在此情形行為人（即義務人）係以「一個申報（填報）、填發課稅資料之行為」而同時觸犯「二個處罰規定」，自亦有上面壹、所述「禁止重複處罰原則」之適用，故實務上僅裁處一個罰鍰，尚無不妥。惟此之裁處一個罰鍰，究係以「法規競合」、「想像競合」或「不罰之前、後行為」中之何一理論為據，則有待探究，而文獻上似未見有論者論及者。

　　依本書之見解，由於**對「未依限」與「未按實」申報（填報）、填發課稅資料之處罰規定所欲保護之法益，同為「確實、及時掌握第三人之每期報告與個之之稅源資料」**（參見前面本書第一篇第二章、壹、二、㈢、2、(4)），因此，對於同時違反「依限」及「按實」申報（填報）、填發課稅資料義務之行為，其二個處罰規定可論為**「吸收關係」之「法規競合」**，亦即對「未依限」申報（填報）、填發課稅資料之處罰規定，依其性質與含義，可吸納對「未按實」申報（填報）、填發課稅資料之處罰規定，因而應優先適用。惟如「未依限」申報（填報）、填發課稅資料之處罰規定，因故而不適用時，則「未按實」申報（填報）、填發課稅資料之處罰規定，即得予以補充適用。

參、租稅行政罰之想像競合

一、想像競合之成立與一行為不二罰原則

　　在學理上，參酌上面壹、所述大法官會議503號解釋揭櫫之「禁止重複處罰原則」，可以構建「想像競合」之概念。行為人之一行為而實現二個處罰之構成要件，而二個處罰之構成要件相同或不同，二個處罰種類相同，惟二個處罰規定所欲保護之法益或所欲達成之目的不同，而科以最重之同種類處罰已足以達成處罰之行政目的時，成立**「想像競合」**。行為人之一行為違反「多數相同」或「多數不同」之行政法上義務所形

成之競合，前者為「**同種想像競合**」，後者為「**異種想像競合**」[110]。

　　對於行為人之一行為，營業稅法、所得稅法與稅捐稽徵法有二個處罰規定，成立「**想像競合**」，有「**一行為不二罰**」（ne bis in idem）**原則**（或稱「**禁止雙重處罰原則**」（der Prinzip des Doppelbestrafungsverbot））之適用。此係基於憲法上「比例原則」之考量，原則上應不得重複處罰，而在複數處罰中「擇一從重處罰」。

　　行政罰法第24條規定：「（第1項）一行為違反數個行政法上義務規定而應處罰鍰者，依法定罰鍰額最高之規定裁處。但裁處之額度，不得低於各該規定之罰鍰最低額。（第2項）前項違反行政法上義務行為，除應處罰鍰外，另有沒入或其他種類行政罰之處罰者，得依該規定併為裁處。但其處罰種類相同，如從一重處罰已足以達成行政目的者，不得重複裁處。（第3項）一行為違反社會秩序維護法及其他行政法上義務規定而應受處罰，如已裁處拘留者，不再受罰鍰之處罰。」。此係「複數行政罰之想像競合」適用「一行為不二罰」原則之明文化，營業稅法等三法規定之租稅行政罰，自同有其適用。應先說明者，**凡是「複數處罰規定」成立想像競合者，均有一行為不二罰原則之適用**，故「不二罰」係代表存在「複數處罰規定」，並非僅限於存在「二個處罰規定」而已。

　　關於行政罰上之「一行為」如何認定、「不二罰」之概念如何等，前面本書第二篇第五章、壹、一、已作詳細說明；同時在同章、壹、二、已就行政罰法第24條及第25條規定之如何適用於營業稅與所得稅稽徵上租稅行政罰，做一總括性之探討說明。在此即以前面本書第二篇第五章、壹、二、之論述為基礎，細緻地探討一行為不二罰原則如何適用於營業稅與所得稅稽徵上之租稅行政罰。惟為顧及討論之周全，有時亦論及其他稅捐稽徵上之租稅行政罰，合應先予說明。

二、想像競合成立要件解析

　　(一)如上面一、所述**二個處罰規定成立想像競合之要件**，析分之有五：

　　1.一行為而實現二個處罰之構成要件。

　　2.二個處罰之構成要件相同或不同。

　　3.二個處罰種類相同。

　　4.二個處罰規定所欲保護之法益或所欲達成之目的不同。

　　5.科以最重之同種類處罰已足以達成處罰之行政目的（應注意此與「處罰規定本身所欲達成之目的」不同」）。

110　「想像競合」之概念，詳見林山田，刑法通論（下冊），10版，2008年1月，292，307-316，319-320頁；陳敏，註2書，714頁；以及洪家殷，註2書，229-231頁（其稱為「行為單一」（Tateinheit））。關於想像競合之涵義，陳敏謂：一行為同時該當數行政罰之構成要件，而有關之各處罰規定，所保護之法益或所欲達成之目的不同時，構成法理上之想像競合。此一見解，重在法益或目的之區別，概念較為清晰。

對於行為人之一行為，營業稅法、所得稅法與稅捐稽徵法有二個處罰規定者，自然須符合此五要件，方能成立「**想像競合**」，乃屬當然。

在成立想像競合之五個要件中，關於「2.二個處罰規定之構成要件相同或不同」，係法規解釋之問題，在此可置而不論。關於「3.二個處罰種類相同」，概係一目瞭然之事，應無須陜如何深入之探究。又關於「5.最重之同種類處罰」，前面本書第二篇第一章、肆、一、㈤中，已對「處罰輕重之比較」有所說明。至於「1.一行為」與「4.處罰規定所欲達成之目的是否不同」則不然，其問題極為複雜，故有待詳細探究。

㈡實現二個處罰構成要件之「一行為」之認定：

關於營業稅法等三法所規定之租稅行政罰上違序之「一行為」之認定，由於已於前面本書第二篇第五章、壹、二、㈠至㈥詳予說明，故在此僅摘述其重點。至於「處罰規定所欲達成之目的不同」之認定，則另於下面㈢、說明之。

營業稅法等三法所規定之租稅行政罰上「一行為」之認定，宜採「**同一意思決定說**」；而在「**同一意思決定說**」之基本判斷標準下，應再益以如下之輔助判斷標準：違序行為之「行為個數」應先經**第一層次**及**第二層次**之判定，即「**其違序行為係違反何一稅法或何一種類稅捐繳納義務**」，以及「**其違序行為係違反週期性或非週期性之義務**」。通常此二層次之判斷並無困難，惟仍應予以釐清。行為人之行為經依上述第一層次及第二層次之判斷，判定係「一行為」者，最後如經查明該「**一行為**」與不同處罰規定之構成要件均相合致，而不同處罰規定所擬保護者為不同之法益或所欲達成之目的不同者，即形成「**一行為違反數個租稅法上義務而有不同處罰規定**」，構成「想像競合」。

成立想像競合之五個要件中，「一行為」是最基本之要件，如違序人實現營業稅法等三法所規定之數個違序行為，而其並非以「同一意思決定」而實施，則自非一行為。**如經判定並非一行為，自無構成想像競合之可能，從而其餘四個要件實現與否，自亦無須再予審究。**

㈢二個處罰規定所欲達成之目的不同之認定：

正如前面本書第一篇第二章、壹、二、所指出者，為了確保「國家、地方自治團體在法定期間順暢完整實現其租稅請求權（此係「**法益**」）」，乃有租稅行政罰規範之存在。簡言之，租稅行政罰規範所欲達成之總體目的，係「助成國家與地方自治團體租稅請求權之實現」（此係由租稅債權方面言之），以及「促成全體社會中所有個人間正當合理的租稅負擔分配之實現」（此係由租稅債務方面言之）。

租稅行政罰規範之存在，乃是希冀其對租稅法之「**法益**」發生「**助成作用**」（此係由租稅債權方面言之）**與「促成作用」**（此係由租稅債務方面言之）（由於「租稅債權」與「租稅債務」係一事之兩面，故「促成作用」即可略而不提）。因此，欲探究租稅法中處罰規定「所欲達成之目的」，自須由探究處罰規定所欲保護之「法益」

入手；蓋脫離處罰規定所欲保護之法益，處罰規定本身並不存有獨立之目的。判斷多個處罰規定之目的是否相同，實質上即是在判斷其所欲保護之法益是否相同。因此，應將「法益」作為「目的」之實質理由[111]。

關於租稅法之法益，國內文獻上之討論，均嫌過於籠統。事實上，法益有層次之分，由上而下，「整體租稅法」、「個別租稅法」、「每種稅捐繳納義務規定」及「每類行為義務規定」、「每期或每次稅捐繳納義務規定」及「每期或每次行為義務規定」、「每一義務規定」，均存在「法益」。**從而處罰規定所欲達成之「目的」，自然隨之而有層次之分。**

在前面本書第一篇第二章、壹、二、已指出租稅法之**處罰規定所欲保護之「法益」有四個層次**，故而租稅法中處罰規定**所欲達成之目的，亦隨之而有四個層次**：第**一層次**係「全部租稅法中處罰規定」所欲達成之目的：「助成租稅正義之實現」；第**二層次**係「個別稅法中處罰規定」所欲達成之目的：「助成個別租稅請求權之圓滿實現」；**第三層次**係「各類處罰規定」所欲達成之目的：「助成每期每種稅捐請求權之圓滿實現」及「助成每期、每次每類事務性質相同之行為義務之依限如實履行」；**第四層次**係「個別處罰規定」所欲達成之目的：「保護法條益」，而法條益則應個別確定之。

上述之「全部租稅法中處罰規定」所欲達成之第一層次目的，以及「個別稅法中處罰規定」所欲達成之第二層次目的，均不宜採用為想像競合之成立要件，至為明顯。蓋第一層次目的涵蓋範圍過廣，如以之為準，則就整體租稅法而言，訂定一個處罰規定即得，斯時自不存在「一行為二罰」之問題，然而此與租稅法之實定法現狀不符。第二層次目的涵蓋範圍亦嫌過廣，如以之為準，則就每部租稅法而言，訂定一個處罰規定即得，斯時就每一租稅法而言即無「一行為二罰」問題，然而此與每一租稅法之實定法現狀不符。

其次，上述之「個別處罰規定」所欲達成之第四層次目的，固然可以採用為想像競合之成立要件，然而與採用處罰規定所欲達成之第一、二層次目的之不妥，相對成為另一個極端；蓋既然每一處罰規定之法條均有其本身所欲保護之法條益，是則凡有一行為，而處罰規定與其有關者，即均成立想像競合，則想像競合幾乎無所不在，此亦與租稅法之實定法現狀不符。

由上所述可知，處罰規定所欲達成之第一、第二及第四層次目的，既然均不宜採用為想像競合之成立要件，**則應採用處罰規定所欲達成之第三層次目的為想像競合之成立要件**。此外，採用處罰規定所欲達成之第三層次目的為想像競合之成立要件，尚有一個理由，即正可與上面㈡、所述，「一行為」之認定宜以「其違序行為係違反何一稅法或何一種類稅捐繳納義務」，以及「其違序行為係違反週期性或非週期性之義務」為

準，相互配合。

三、一行為不二罰原則適用之實務見解

對於營業稅法、所得稅法與稅捐稽徵法規定之租稅行政罰，如何適用「一行為不二罰原則」，在行政罰法施行前，司法解釋、司法判決與行政解釋即已有明確之見解，而行政罰法施行後，其見解似未有明顯之變更。以下依時間順序，羅列司法解釋、司法判決與行政解釋之見解（不限於營業稅法等三法上之租稅行政罰）之內容。至於所有實務見解之理據如何，以及其見解之妥適性，則於下面四、解析探討之。

(一)司法解釋：

1.司法院大法官會議解釋：

(1)釋字第337號解釋及第503號解釋，其內容見上面壹、之引述。一般認為此二號解釋亦係關於一行為不二罰之解釋。

2.最高行政法院決議（肯定見解）：

(1)84年3月份庭長評事聯席會議決議（84.3.8）：「營業稅法第四十五條前段之規定屬行為罰，同法第五十一條第一款之規定乃漏稅罰，兩者處罰之條件固不盡相同，惟均以「未依規定申報營業登記而營業」為違規構成要件，第四十五條係就未達漏稅階段之違規為處罰，第五十一條第一款則係對已達漏稅階段之違規為處罰，祇依第五十一條第一款處罰鍰已足達成行政上之目的，勿庸二者併罰。」。

(2)84年7月份第2次庭長評事聯席會議決議（84.7.12）：「按海關緝私條例第三十七條第一項第二款，係以報運貨物進口有虛報所運貨物之品質、價值或規格為處罰前提，而貨物稅條例第三十二條第十款則以國外進口之應稅貨物未依規定申報為科罰要件，兩者之處罰要件相同，係屬法條競合，應從一重處罰。」。

(3)84年9月份第1次庭長評事聯席會議決議（84.9.13）：「稅捐稽徵法第四十四條規定係屬行為罰，營業稅法第五十一條第三款及第五款之規定係屬漏稅罰。兩者處罰之條件固不盡相同，惟稅捐稽徵法第四十四條與營業稅法第五十一條第三款之情形，通常以「漏開或短開統一發票」致生短報或漏報銷售額之結果，又稅捐稽徵法第四十四條與營業稅法第五十一條第五款之情形，亦皆以「應自他人取得統一發票而未取得」致以不實發票生虛報進項稅額之結果，稅捐稽徵法第四十四條係就未達漏稅階段之違規為處罰，營業稅法第五十一條第三款或第五款則係對已達漏稅階段之違規為處罰，祇依營業稅法第五十一條第三款或第五款規定處罰鍰已足達成行政上之目的，勿庸二者併罰。」。

2.最高行政法院決議（否定見解）：

(1)85年6月份庭長評事聯席會議決議（85.6.19）：「按稅法上關於行為罰與漏稅罰屬不同之處罰範疇。一行為分別違反法令所定義務，同時觸犯數個行為罰或漏稅罰之處罰規定者，有無一事不二罰法理之適用，應視其是否屬同一行為，且其規範之對象及所

欲達成之行政目的是否同一而定。稅捐稽徵法第四十四條規定以營利事業依規定應給與他人憑證而未給與，應自他人取得憑證或應保存憑證而未保存為構成要件，屬行為罰，而營業稅法第五十一條第一款規定為漏稅罰，以未依規定申請營業登記而營業為構成要件，二者構成要件截然不同，自非屬同一行為。則以個別之行為分別觸犯此二種處罰之規定者，應併予處罰，並無一事不二罰法理之適用。」。

(2)85年9月份庭長評事聯席會議決議（85.9.18）：「海關緝私條例第三十七條第一項第三款，係以繳驗偽造、變造或不實之發票或憑證致逃漏進口稅為其處罰要件，而貨物稅條例第三十二條第十款則以國外進口之應稅貨物未依規定申報致逃漏貨物稅為科罰要件，兩者處罰之目的（一為進口稅，一為貨物稅）違規構成要件及處罰要件均非相同，自應併罰。（本院八十五年度判字第六六三號判決。另參照七十五年度判字第五六〇號判決－刑法上牽連犯、連續犯之規定不適用於行政罰；七十七年度判字第一三〇八號判決－刑法連續犯之規定不適用於行政罰）。」。

(3)85年11月份庭長評事聯席會議決議（85.11.20）：「關稅係對通過國境之貨物所課徵之進口稅；貨物稅係凡屬現行貨物稅條例規定之貨物，不論國內產製或自國外進口，均應於貨物出廠或進口時，依法課徵貨物稅；而營業稅係對國內銷售貨物或勞務，及進口貨物所課徵之稅捐。三者性質迥異，且各有其獨立之稅法，其漏稅之處罰，均為漏稅罰，並無行為罰與漏稅罰之法條競合問題。既不能引用『高度行為吸收低度行為』、『實害行為吸收危險行為』等法條競合吸收法理；且不具『特別法與普通法』之關係或『全部法與一部分法』之關係，亦無法條競合擇一之適用。尤其參諸司法院院字第四八七號解釋：「行政罰無適用刑法總則關於合併論罪規定之餘地」，亦行政罰原則不採競合吸收。」。

(4)91年6月份庭長法官聯席會議決議（91.6.24）：「司法院釋字第五〇三號解釋僅就原則性為抽象之解釋，並未針對稅捐稽徵法第四十四條所定為行為罰，與營業稅法第五十一條第一款規定之漏稅罰，二者競合時，應如何處罰為具體之敘明，尚難遽認二者應從一重處罰。按稅捐稽徵法第四十四條所定為行為罰，以依法應給與他人憑證而未給與為構成要件，與營業稅法第五十一條第一款規定之漏稅罰，以未依規定申請營業登記而營業為構成要件，二者性質構成要件各別，非屬同一行為，且其處罰之目的各異，原告等以個別之行為分別違反此兩種處罰之規定，併予處罰，並無違背一事不二罰之法理，自無司法院該號解釋之適用。本院就此問題於八十五年四月十七日庭長評事聯席會議之決議仍予援用，不予廢止。」。

按85年4月17日行政法院庭長評事聯席會議決議之內容，與上面(1)85年6月份決議內容完全相同（不詳其故）[112]，故不再予引述。

---

112 經進入司法院「法學資料檢索系統」（判解函釋－行政法院聯席會議決議）搜尋，查無85年4月17日行政法院庭長評事聯席會議決議（搜尋日期99.3.10）。

(二)司法判決（摘述其要點）：

1. （最高）行政法院85年判第378號判決（85.2.15）「……再按稅捐稽徵法第四十四條係對營利事業依法規定應給與他人憑證而未給與者所處之行為罰，營業稅法第五十一條第一款係對未依規定申請營業登記而營業就其漏稅所處之漏稅罰，二者之立法目的及處罰條件各不相同，不生法條競合之關係，參照司法院釋字第三五六號解釋，被告分別予以處罰，要無不合。……」。

2. 最高行政法院91年判第1280號判決（91.7.19）：「……然依上開司法院釋字第五○三號解釋理由書明載：『……』足證司法院釋字第五○三號解釋之意旨，並非在變更司法院釋字第三五六號解釋意旨，而係在補充解釋，其補充解釋之意旨係認為須『行為之態樣、處罰之種類及處罰之目的均相同者』，方不得重複處罰。故從其明揭『如實質上之數行為違反數法條而處罰結果不一者，其得併合處罰，固不待言』，足證如係實質上數行為違反數法條者，自得併合處罰。經查本院八十五年度判字第二一四七號判決理由已明載：『次按稅法上關於行為罰與漏稅罰屬不同之處罰範疇。行為人分別違反法令所定義務，同時觸犯數個行為罰或漏稅罰之處罰規定者，有無一事不二罰法理之適用，應視其是否屬同一行為，且其規範之對象及所欲達成之行政目的是否同一而定。稅捐稽徵法第四十四條規定以營利事業依規定應給與他人憑證而未給與，應自他人取得憑證而未取得或應保存憑證而未保存為構成要件，屬行為罰，而營業稅法第五十一條第一款規定為漏稅罰，以未依規定申請營業登記而營業為構成要件，二者構成要件截然不同，自非屬同一行為。則以個別之行為分別觸犯此二種處罰之規定者，應併予處罰，並無一事不二罰法理之適用。原判決以稅捐稽徵法第四十四條與營業稅法第五十一條第一款二者之立法目的及處罰條件各不相同，不生法條競合之關係，認再審被告分別予以處罰，要無不合，尚無違誤，亦未違反大法官會議釋字第三三七號解釋意旨。……』足證本件再審原告係實質上有法定構成要件不同之行為而違反數法條規定，各該規定具有不同之處罰目的，因而受不同之處罰，依上開司法院釋字第五○三號解釋意旨，仍應併合處罰。……」。

3. 最高行政法院91年判第1313號判決（91.7.19）：「……釋字第五○三號解釋，以『違反作為義務之行為，同時構成漏稅行為之一部或係漏稅行為之方法而處罰種類相同者，如從其一重處罰已足達成行政目的之時，即不得再就其他行為併予處罰，始符合憲法保障人民權利之意旨。本院釋字第三五六號解釋，應予補充。』核該號解釋意旨並未就本件違反稅捐稽徵法第四十四條與營業稅法第五十一條第一款規定，應採從一重或併合處罰，作明確之宣示，僅就行為罰與漏稅罰之間應否從其一重處罰為抽象之原則性之解釋。查稅捐稽徵法第四十四條之立法意旨在於建立營利事業正確課稅憑證制度，其用意係為憑證管理之方便，與營業稅法第五十一條第一款在於制裁逃漏營業稅之立法意旨，二者立法之行政目的不同，且已依規定申請營業登記者，亦可能因應給與他人憑證而未給與致違反稅捐稽徵法第四十四條之規定。故違反稅捐稽徵法第四十四條與營業稅

法第五十一條第一款之行為,尚非當然有『同時構成漏稅行為之一部或係漏稅行為之方法』之關聯,尚無司法院釋字第五○三號解釋之適用,此為本院庭長法官聯席會議所作成之決議。……」。

4.最高行政法院91年判第2326號判決(91.12.20):「……然按營業人有進貨未依規定取得憑證,之後銷貨未依規定給與憑證及短漏報銷售額而逃漏營業稅之行為者,因銷貨未依規定給與憑證,通常致生短漏報銷售額而逃漏營業稅之結果,二者雖各有稅捐稽徵法第四十四條及行為時營業稅法第五十一條第三款之處罰規定,祇從一重依行為時營業稅法第五十一條第三款之規定處罰已足達成行政上之目的,勿庸二者並罰(參見本院八十四年九月十三日庭長評事聯席會議決議)。至於進貨未依規定取得憑證部分,則應依稅捐稽徵法第四十四條規定,併予處罰。……」。

(三)行政解釋(均係財政部發布之解釋函令)

1.肯定見解:

(1)78.7.24台財稅第781148237號函:「主旨:營業人漏、短開統一發票銷售額經查獲者,依營業稅法第52條規定應就其銷售額按規定稅率計算補稅並處所漏稅額5倍至20倍(現已改為1至10倍)罰鍰,一年內經查獲達3次者,並停止其營業,免再併依稅捐稽徵法第44條規定處罰。說明:二、營業稅法第52條規定營業人漏、短開統一發票與稅捐稽徵法第44條規定營利事業應給予他人憑證而未給予之處罰要件雷同,係屬法條競合,可採從重處罰,不宜分別適用各有關法條之規定同時處罰。」。

(2)85.4.26台財稅第851903313號函:「主旨:納稅義務人同時觸犯租稅行為罰及漏稅罰相關罰則之案件,依本函規定處理。說明:二、案經本部85年3月8日邀集法務部、本部相關單位及稽徵機關開會研商,並作成左列結論,應請參照辦理:

(一)納稅義務人觸犯營業稅法第45條或第46條,如同時涉及同法第51條各款規定者,參照行政法院84年5月10日5月份第2次庭長評事聯席會議決議意旨,勿庸併罰,應擇一從重處罰。

(二)營業人觸犯營業稅法第51條各款,如同時涉及稅捐稽徵法第44條規定者,參照行政法院84年9月20日9月份第2次庭長評事聯席會議決議意旨,勿庸併罰,應擇一從重處罰。

(三)納稅義務人觸犯營業稅法第45條或第46條,如同時涉及稅捐稽徵法第44條及營業稅法第51條各款規定者,參照上開行政法院庭長評事聯席會議決議意旨,勿庸併罰,應擇一從重處罰。

(五)納稅義務人觸犯貨物稅條例第28條第1款,如同時涉及同條例第32條第1款規定者,參照上開行政法院庭長評事聯席會議決議意旨,勿庸併罰,應擇一從重處罰。

(六)代徵人觸犯娛樂稅法第12條,如同時涉及同法第14條及稅捐稽徵法第44條規定者,參照上開行政法院庭長評事聯席會議決議意旨,勿庸併罰,應擇一從重處罰。

(七)本部以往相關函釋與上開規定牴觸者,自本函發布日起不再適用。」。

　　(3)90.4.17台財稅第900450622號函：「××有限公司於87年3月20日委託廣告社刊登夾報廣告，將其取得之廣告費發票遺失，致應保存之進項憑證含稅金額1,000元未依規定保存，亦未依現定記載帳簿，其遺失憑證、未保存憑證及未記載於帳簿間具有必然之因果關係，參酌本部85/04/26台財稅第851903313號函釋意旨，可就其分別觸犯稅捐稽徵法第44條及第45條規定，擇一從重處罰。」。

　　(4)93.5.17台財稅第930450267號函：「經查明該營業人進貨未取得實際銷貨人之憑證，而以虛設行號之發票作為進項憑證申報扣抵，且有進貨事實，則已同時觸犯營業稅法第51條第5款及稅捐稽徵法第44條之規定，按本部85/04/26台財稅第851903313號函規定，應採全案擇一從重處罰。（註：即以全案之行為罰合併計算再與漏稅罰擇一從重處罰）」。

　　(5)97.6.30台財稅第9704530660號令：「營業人觸犯加值型及非加值型營業稅法（以下簡稱營業稅法）第51條各款，同時違反稅捐稽徵法第44條規定者，依本部85/04/26台財稅第851903313號函規定，應擇一從重處罰。所稱擇一從重處罰，應依行政罰法第24條第1項規定，就具體個案，按營業稅法第51條所定就漏稅額處最高10倍之罰鍰金額與按稅捐稽徵法第44條所定經查明認定總額處5%之罰鍰金額比較，擇定從重處罰之法據，再依該法據及相關規定予以處罰。」。

　　(6)98.12.7台財稅第9804577370號令：「主旨：……二、營業人以不實進項稅額憑證申報扣抵銷項稅額之案件，如經查明有進貨事實者，應依營業稅法第19條第1項第1款、第51條第5款及稅捐稽徵法第44條規定補稅及擇一從重處罰；如經查明無進貨事實者，除依營業稅法第15條第1項、第3項及第51條第5款規定補稅處罰外，倘查獲有以詐術或其他不正當方法逃漏稅捐之事證，應依本部95/02/06台財稅字第9504508090號函發布「稅捐稽徵法第41條所定納稅義務人逃漏稅行為移送偵辦注意事項」規定移送偵辦刑責。……」。

　　(7)99.5.10台財稅第9900076690號令：「營業人開立統一發票時，將應稅銷售額開立為免稅銷售額或零稅率銷售額，同時觸犯加值型及非加值型營業稅法第48條第1項及第51條規定者，應依行政罰法第24條第1項規定，擇一從重處罰。」。所稱營業稅法第51條規定，財政部發布時同時說明係指「第51條第7款」（即「其他有漏稅事實」）。

　　2.否定見解：

　　(1)85.6.19台財稅第850290814號函：「關於營業人進貨未依規定取得進貨憑證，並於銷貨時漏開統一發票之漏進漏銷案件，其銷貨漏開統一發票，同時觸犯稅捐稽徵法第44條及營業稅法第51條第3款規定部分，應依本部85/04/26台財稅第851903313號函釋採擇一從重處罰。至其進貨未依規定取得進貨憑證部分，仍應依稅捐稽徵法第44條規定處罰。」。

　　(2)90.8.29台財稅第900453155號函：「主旨：關於××公司進貨已取具進貨憑證，惟未依規定記載帳簿，又銷貨漏開統一發票乙案，因該公司進貨未依規定記載帳簿與銷

貨未依規定給與他人憑證係屬二種違反作為義務之行為，而其二行為間又無必然之因果關係，故尚無擇一從重處罰之適用，仍應分別依稅捐稽徵法第44條及第45條之規定予以處罰。」。

(3)94.6.10台財稅第9404538280號函：「營利事業未依法保存憑證及未依法保存帳簿，係屬二個行為違反二個不同之行政義務，二者之處罰目的及要件並不相同，應分別依稅捐稽徵法第44條及第45條第3項規定處罰。」。

四、實務見解之解析與檢討

如上面二、所述，**二個處罰規定成立想像競合之要件，析分之有五**：(1)一行為而實現二個處罰之構成要件。(2)二個處罰之構成要件相同或不同。(3)二個處罰種類相同。(4)二個處罰規定所欲保護之法益或所欲達成之目的不同（關於「所欲保護之法益或所欲達成之目的」，應以第三層次之目的為準，詳見上面二、(三)，以及前面本書第一篇第二章、壹、二、(三)之說明）。(5)科以最重之同種類處罰已足以達成「處罰之行政目的」。**二個處罰規定成立想像競合，方可適用行政罰法第24條規定之「一行為不二罰」原則，而擇一從重處罰**（應說明者，凡是「**複數處罰規定**」成立想像競合者，均有一行為不二罰原則之適用，故「不二罰」係代表存在「**複數處罰規定**」，並非僅限於存在「二個處罰規定」而已）。

上面三、已將關於複數處罰規定（不限於營業稅法、所得稅法與稅捐稽徵法上之處罰規定）擇一從重處罰與否之司法解釋、司法判決與行政解釋之見解之內容，盡可能搜羅引述。在此以**複數處罰規定之法條為主軸**，就所有引述之司法解釋、司法判決與行政解釋之見解，依據上述**想像競合之成立要件**一一檢視各實務見解之理據，以判斷見解之妥適性。

由於財政部85.4.26台財稅第851903313號函所釋示之處罰規定之法條範圍最廣，故首先以之為基礎，一一檢視該函釋示見解與有關之司法機關實務見解之理據，以判斷見解之妥適性（如下面(一)）。至於未在該函所列之處罰規定之法條範圍者，再續而一一解析探討（如下面(二)、(三)）。

(一)**財政部**85.4.26**台財稅第**851903313**號函釋示：參照行政法院**84**年5月份第2次、84年9月份第2次庭長評事聯席會議決議意旨，六類複數處罰規定勿庸併罰，應擇一從重處罰**。然而經查並無函中引用之二個決議[113]，是以函釋應擇一從重處罰之理據不明。

由邏輯上言之，由於**擇一從重處罰係「複數處罰規定成立想像競合時之法律適用」**，是以謂「複數處罰規定應擇一從重處罰」，而未加以任何說明，則自可解為是默認一行為而有複數處罰規定業已成立想像競合。因此，財政部85年第851903313號函所

---

[113] 經進入司法院「法學資料檢索系統」（判解函釋–行政法院聯席會議決議）搜尋，查無此二決議（搜尋日期99.3.10）。

列示之六類複數處罰規定，即可一一探究其是否符合想像競合之成立要件，以了解其釋示應擇一從重處罰之妥適與否。另外，對於此一釋函所列六類中部分複數處罰規定，其有司法解釋、司法判決者，亦可一併探究之。

　　1.**同時觸犯營業稅法第45條**（對擅自營業之處罰）**規定與同法第51條各款**（應僅是第1款之「對擅自營業致漏稅之處罰」）**規定：**

　　甲、行政解釋：

　　本類複數處罰規定是否符合想像競合之成立要件，解析如下：

　　⑴出於「同一意思決定」之一個「擅自營業」之行為，同時實現「擅自營業之處罰」及「擅自營業致漏稅之處罰」之構成要件，符合要件一。

　　⑵此二個處罰之構成要件中「擅自營業」部分相同，而第51條第1款多一個「發生漏稅」之構成要件，符合要件二。

　　⑶二個處罰之種類均係「罰鍰」，符合要件三。惟營業稅法第51條第1款多一個「停止營業」之處罰。

　　⑷二個處罰規定所欲達成之目的不同：營業稅法第45條係「助成每次確認真正擁有或獲得稅捐財之人」（參見前面本書第一篇第二章、壹、二、㊂、1、⑴），營業稅法第51條係「助成每期營業稅請求權之圓滿實現」（參見前面本書第一篇第二章、壹、二、㊂、1、），符合要件四。

　　⑸二個處罰規定均科以「罰鍰」，此種處罰之行政目的同為「剝奪財產權」，符合要件五。至於科以「停止營業」之行政目的則為「防止進一步損害營業稅請求權之實現」，與罰鍰不同。

　　結論：此類複數處罰規定中之「罰鍰」部分，符合想像競合之成立要件，自應擇一從重處罰（係指應依照營業稅法第51條第1款規定處以罰鍰）。**惟「停止營業」與「罰鍰」的處罰之行政目的不同，二者自得併予處罰**（即罰鍰先從重擇一，再與停止營業併予處罰；最終即為應依照營業稅法第51條第1款規定處以罰鍰及停止營業）。

　　乙、司法解釋：

　　（最高）行政法院84年3月份庭長評事聯席會議決議：勿庸二者併罰，其理由暨是否符合想像競合之成立要件，解析如下：

　　⑴此二處罰之構成要件雖不盡相同，然而「未依規定申報營業登記而營業」之構成要件部分則相同。此符合要件二。

　　⑵營業稅法第45條與同法第51條第1款規定之處罰，有如下之關係：前者係「未達漏稅階段之違規處罰」，而後者係「已達漏稅階段之違規為處罰」；衹依營業稅法第51條第1款處以罰鍰，已足達成行政上之目的。決議中謂「處以罰鍰已足達成行政上之目的」，其所謂「處罰之行政目的」，應解為係指「特定處罰種類預期達到之目的」，例如罰鍰係以「剝奪財產權」為處罰之行政目的，又例如停止營業係以「防止進一步損害營業稅請求權之實現」為處罰之行政目的。營業稅法第45條與同法第51條第1款規定之

處罰種類均為罰鍰，是以「從一重處罰」即已足達成剝奪財產權之目的。此符合要件三及四。

本決議雖未說明，然其決議實以「一個「擅自營業」之行為而實現二個處罰之構成要件」為前提，故而想像競合之成立要件一。

2.**同時觸犯營業稅法第46條規定，與同法第51條各款規定**：

按營業稅法第46條有三款，而同法第51條有七款，在事理上，不可能同時觸犯營業稅法第46條三款與同法第51條七款，自屬當然；然而財政部85年第851903313號函並未說明究竟同時觸犯營業稅法第46條何款與同法第51條何款，而應擇一從重處罰。因此，應先辨明事實上可能同時觸犯營業稅法第46條何款與同法第51條何款。

營業稅法第46條計有三款，分別為對「未依規定申請變更、註銷登記或申報暫停營業、復業」、「申請營業、變更或註銷登記之事項不實」與「使用帳簿未於規定期限內送請主管稽徵機關驗印」之處罰，其中應係對「未依規定申請變更、註銷登記或申報暫停營業、復業」（第1款）與「申請營業、變更或註銷登記之事項不實」（第2款）之處罰，方可能與漏稅發生關聯。同法第51條計有七款，其中與「未依規定申請變更、註銷登記或申報暫停營業、復業」、「申請營業、變更或註銷登記之事項不實」有關者，事實上應僅有第2款規定之「逾規定期限30日未申報銷售額或統一發票明細表，亦未按應納稅額繳納營業稅」，以及第3款規定之「短報或漏報銷售額」。**從而本類之複數處罰規定，應包括如下四種情形**：

⑴**同時觸犯營業稅法第46條第1款**（對未依規定申請變更、註銷登記或申報暫停營業、復業之處罰）**規定與同法第51條第2款**（對逾規定期限30日未申報銷售額或統一發票明細表，亦未按應納稅額繳納營業稅）**規定**。此一情形應係指因未依規定申請變更、註銷登記而有未自動報繳營業稅之情形，以及因未申報暫停營業、復業而有未自動報繳營業稅之情形。

⑵**同時觸犯營業稅法第46條第2款**（對申請營業、變更或註銷登記之事項不實之處罰）**規定與同法第51條第2款**（對逾規定期限30日未申報銷售額或統一發票明細表，亦未按應納稅額繳納營業稅）**規定**。此一情形應係指因申請營業、變更或註銷登記之事項不實，而有未自動報繳營業稅之情形。

⑶**同時觸犯營業稅法第46條第1款**（對未依規定申請變更、註銷登記或申報暫停營業、復業之處罰）**與同法第51條第3款**（對短報或漏報銷售額致漏稅之處罰）**規定**。此一情形應係指因未依規定申請變更、註銷登記而有短報或漏報銷售額致漏稅之情形，以及因未申報暫停營業、復業而有短報或漏報銷售額致漏稅之情形。

⑷**同時觸犯營業稅法第46條第2款**（對申請營業、變更或註銷登記之事項不實之處罰）**與同法第51條第3款**（對短報或漏報銷售額致漏稅之處罰）**規定**。此一情形應係指因申請營業、變更或註銷登記之事項不實，而有短報或漏報銷售額致漏稅之情形。

本類複數處罰規定，類似上面1、所述同時觸犯營業稅法第45條（對擅自營業之

處罰）規定與同法第51條第1款（對擅自營業致漏稅之處罰）之情形，其違反行為義務之行為（未依規定申請變更、註銷登記或申報暫停營業、復業，以及申請營業、變更或註銷登記之事項不實），與違反納稅義務之行為（未申報或短報、漏報銷售額致漏稅），係出於「同一意思決定」之一行為，其構成想像競合之解析，可類推之。

　　結論：此類複數處罰規定，符合想像競合之成立要件，自應擇一從重處罰（係指應依照營業稅法第51條第2款或第3款處以罰鍰及停止營業）。

　　3.同時觸犯營業稅法第45條（對擅自營業之處罰）規定，與同法第51條各款（應僅是第1款之「對擅自營業致漏稅之處罰」）規定及稅捐稽徵法第44條（應包括「對未給與憑證之處罰」與「對未取得憑證之處罰」）規定：

　　⑴關於營業稅法第45條與同法第51條第1款規定之處罰，二個處罰規定符合想像競合之成立要件，自應擇一從重處罰（係指應依照營業稅法第51條第1款處以罰鍰及停止營業），上面1、甲、已有說明。

　　⑵承上⑴，繼之係稅捐稽徵法第44條（對未給與憑證之處罰）與營業稅法第51條第1款規定之處罰，其「未給與憑證」之行為與「擅自營業致漏稅」之行為，似難以認定係出於「同一意思決定」之一個行為，實係存在二個行為，並不構成想像競合。因此，財政部85年第851903313號函釋示此一情形之複數處罰規定勿庸併罰，應擇一從重處罰，實有待商榷。

　　惟營業人之此二行為，其未給與憑證之行為在先，而其係達成後面「漏繳、短繳營業稅」此一「結果」之「過程行為」。在此情形，未給與憑證之行為定性為「不罰之前行為」，較為妥適。雖然結果亦是僅就「擅自營業致漏稅」之行為科以一個處罰，然而其理由有異。此一問題，於下面肆、（尤其是其中之三、㈡、⑵）另行探討說明。

　　⑶承上⑴，繼之係稅捐稽徵法第44條（對未取得憑證之處罰）與營業稅法第51條第1款規定之處罰，其「未取得憑證」之行為與「擅自營業致漏稅」之行為，似難以認定係出於「同一意思決定」之一個行為，實係存在二個行為，並不構成想像競合。因此，財政部85年第851903313號函釋示此一情形之複數處罰規定勿庸併罰，應擇一從重處罰，實有待商榷。

　　惟營業人之此二行為，其未取得憑證之行為在先，而其係達成後面「漏繳、短繳營業稅」此一「結果」之「過程行為」。在此情形，未給與憑證之行為定性為「不罰之前行為」，較為妥適。雖然結果亦是僅就「擅自營業致漏稅」之行為科以一個處罰，然而其理由有異。此一問題，於下面肆、（尤其是其中之三、㈡、⑵）另行探討說明。

　　⑷此外，財政部78.8.11台財稅第780211903號函釋示：「未辦理營業登記之營利事業，其每月銷售額已達使用統一發票標準，經查獲有未依法取得進貨憑證或未給予他人憑證者，應依稅捐稽徵法第44條之規定，處所漏列金額（註：現行法修正為「認定之總額」）5%罰鍰。」。又部82.12.29台財稅第821506255號函釋示：「主旨：未申請營業登記之營利事業經營股市空中交易，每月取得之手續費及佣金收入已達使用統一發票

654   租稅處罰法釋論——以營業稅所得稅之租稅行政罰為範圍

標準，其經查獲未依規定給與或取得他人憑證者，應依稅捐稽徵法第44條規定處罰。說明：二、按「未辦理營業登記之營利事業，其每月銷售額已達使用統一發票標準，經查獲有未依法取得進貨憑證或給予他人憑證者，應依稅捐稽徵法第44條規定，處所漏列金額百分之五罰鍰」，為本部78.8.11.台財稅字第780211903號函所明釋，上開規定尚不因該未辦營業登記之營利事業係經營何種行業，其取得或給予他人憑證有無困難而受影響。」。

上開二則解釋，與財政部85年第851903313號函釋示「……(七)本部以往相關函釋與上開規定牴觸者，自本函發布日起不再適用」牴牾，何以仍未廢止，不詳其故。

4.**同時觸犯營業稅法第46條規定，與同法第51條各款規定及稅捐稽徵法第44條之處罰規定**：

(1)關於營業稅法第46條第1款或第2款與同法第51條第2款或第3款規定之處罰，符合想像競合之成立要件，自應擇一從重處罰（係指應依照營業稅法第51條第2款或第3款處以罰鍰及停止營業），上面2、已有說明。

(2)承上(1)，繼之係稅捐稽徵法第44條（對未給與憑證之處罰）與營業稅法第51條第2款或第3款規定之處罰，其「未給與憑證」之行為與「未申報或短報、漏報銷售額致漏稅」之行為，似難以認定係出於「同一意思決定」之一個行為，實係存在二個行為，並不構成想像競合。因此，財政部85年第851903313號函釋示此一情形之複數處罰規定勿庸併罰，應擇一從重處罰，實有待商榷。

惟營業人之此二行為，其「未給與憑證」之行為在先，而其係達成「未申報或短報、漏報銷售額致漏稅」此一「結果」之「方法」。在此情形，未給與憑證之行為定性為「不罰之前行為」，較為妥適。雖然結果亦是僅就「未申報或短報、漏報銷售額致漏稅」之行為科以一個處罰，然而其理由有異。此一問題，於下面肆、（尤其是其中之三、(二)、1、(1)）另行探討說明。

(3)承上(1)，繼之係稅捐稽徵法第44條（對未取得憑證之處罰）與營業稅法第51條第2款或第3款規定之處罰，按營業稅法並無營業人應取得憑證之義務規定，對於未取得憑證知行為，亦無處罰規定。是以並不存在稅捐稽徵法第44條（對未取得憑證之處罰）與營業稅法第51條第2款或第3款規定之複數處罰之問題，故可置之不論。

5.**同時觸犯營業稅法第51條各款規定，與稅捐稽徵法第44條規定**：

由於營業稅法第51條計有七款，事實上，實務見解中出現同時觸犯其特定款次與稅捐稽徵法第44條規定之處罰，有如下三種情形（其餘同時觸犯之情形，可能性甚低，故在此略之不論）：

甲、**同時觸犯營業稅法第51條第1款**（對擅自營業致漏稅之處罰）**與稅捐稽徵法第44條**（應僅係指「對未給與憑證之處罰」）**規定**：

此一複數處罰規定，行政解釋認為勿庸併罰，應擇一從重處罰；惟最高行政法院之決議及判決則認為「此二處罰應併予處罰，無一事不二罰法理之適用」，形成不同

見解。

（甲）、行政解釋：

此一情形，與上面3、⑵所述情形相同，故其結論亦相同，不再複述。

（乙）司法解釋及判決：

茲將有關之司法解釋及判決之理據解析如下，並一一檢討其妥適性：

⑴（最高）行政法院85年6月份庭長評事聯席會議決議：稅捐稽徵法第44條規定（對未給與、未取得、未保存憑證）之行為罰，以及營業稅法第51條第1款規定（擅自營業致漏稅）之漏稅罰，**無一事不二罰法理之適用；其理由為**：此二處罰之構成要件截然不同，非屬同一行為。

謹按本決議既然認為此二處罰之構成要件截然不同，非屬同一行為，則達成「無一事不二罰法理之適用」之結論，乃是自然之事。然而以複數處罰之構成要件相同與否，作為認定是否同一行為之依據，並非妥適，前面本書第二篇第五章、壹、一、㈤、1、⑴已有詳論。是以其論斷一行為之理據不妥，則其「無一事不二罰法理之適用」之結論，自亦有欠妥適。

⑵最高行政法院91年6月份庭長法官聯席會議決議，明示以「稅捐稽徵法第44條規定（對未給與憑證）之行為罰，以及營業稅法第51條第1款規定（擅自營業致漏稅）之漏稅罰」為研討對象，認為**此二處罰應併予處罰，無一事不二罰法理之適用**。本決議結論之理據，除與上面⑴之85年9月份決議相同外，增加一個理由：此二處罰之目的各異。另外，本決議與最高行政法院91年判第1313號判決，均認為司法院釋字第503號解釋僅就原則性為抽象之解釋，並未針對稅捐稽徵法第44條所定為行為罰，與營業稅法第51條第1款規定之漏稅罰，二者競合時，應如何處罰為具體之敘明，尚難遽認二者應從一重處罰。

謹按所謂「二處罰之目的各異」，其涵義如何，決議中並未有清楚之說明。參照司法院大法官會議釋字第503號解釋，「處罰之目的」應係指「**處罰之行政目的**」，即「**科以特定處罰種類預期達到之目的**」，例如科以罰鍰係以「剝奪財產權」為處罰之行政目的，又例如科以停止營業係以「防止進一步損害營業稅請求權之實現」為處罰之行政目的（應注意此與「**處罰規定本身所欲達成之目的**」不同」）。因此，稅捐稽徵法第44條與營業稅法第51條第1款規定之處罰種類同為「罰鍰」，是則即不能謂此二處罰之目的各異（營業稅法第51條另有停止營業之處罰種類，然係另事）。

其次，本決議認為釋字第503號解釋僅就原則性為抽象之解釋，並未針對稅捐稽徵法第44條所定為行為罰與營業稅法第51條第1款規定之漏稅罰，二者競合時，應如何處罰為具體之敘明，尚難遽認二者應從一重處罰。惟按釋字第503號解釋以此二處罰規定為例，說明二者係「納稅義務人同一違反租稅義務之行為，同時符合行為罰及漏稅罰之處罰要件」，二者處罰目的（即「處罰規定本身所欲達成之目的」）及處罰要件，雖有不同，如二者處罰之性質與種類相同者，不得重複處罰，解釋意旨為極為清晰明確。本

決議卻以「釋字第503號僅抽象之解釋，未具體敘明如何處罰」，而認為尚難遽認二者應從一重處罰，誠不知如何方為「解釋具體」。

(3)（最高）行政法院85年判第378號及最高行政法院91年判第1313號判決：二則判決均**應分別予以處罰，其理由除**與上面(2)之91年6月份庭長法官聯席會議決議相同：二者之立法目的及處罰條件各不相同，不生法條競合之關係。

按成立想像競合須具備五個要件，此二判決以此二處罰規定之立法目的（應係指「處罰規定本身所欲達成之目的」）不同，以及處罰條件（應係指「處罰之構成要件」）不同，已述及二個要件符合，然而其餘三要件未有論述，是以其「應分別予以處罰」之結論，顯然論證不足，其見解之妥適性不能無疑。

(4)91年判第1313號判決認為**應分別予以處罰，尚有一個理由：**已依規定申請營業登記者，亦可能因應給與他人憑證而未給與致違反稅捐稽徵法第44條之規定。故違反稅捐稽徵法第44條與營業稅法第51條第1款之行為，尚非當然有「同時構成漏稅行為之一部或係漏稅行為之方法」之關聯，無司法院釋字第503號解釋之適用。

謹按對未申請營業登記者，因稽徵機關根本無從核定其使用統一發票，故其根本無統一發票可資開立，是以銷售貨物等時，通常不會也不可能給與（買受人）「統一發票」，進而不會自動報繳營業稅。因此，**擅自營業者以不開立「統一發票」之行為，而達成漏繳營業稅之目的或結果，不能不說是「未給與憑證之行為係漏稅行為之過程行為」**。確切言之，已申請營業登記者以不開立統一發票之行為，而達成漏繳營業稅之目的或結果，同樣是「未給與憑證之行為係漏稅行為之過程行為」。或謂：未申請營業登記者仍可以亦應該開立「普通收據」給與買受人，此言甚是。然而應開立「普通收據」者，表示其係營業稅法第32條第1項規定之「小規模營業人」；因此，稽徵機關應先確認其是否小規模營業人。惟縱然如此，上述結論仍然相同：**未申請營業登記之小規模營業人以不開立「普通收據」之行為，而達成漏繳營業稅之目的或結果，同樣是「未給與憑證之行為係漏稅行為之過程行為」**。總之，此一理由之論斷，並非妥適。

由上述可見，營業人未給與他人憑證之行為，與營業人擅自營業致漏稅之行為，係不同之違序行為。**在擅自營業之案件中，未給與憑證之行為在先，而其係達成「漏繳、短繳營業稅」此一「結果」之「過程行為」。在此情形，未給與憑證之行為定性為「不罰之前行為」，較為妥適。此一問題，於下面肆、（尤其是其中之三、㈡、2、(2)）**另行探討說明。

乙、同時觸犯營業稅法第51條第3款（對短報或漏報銷售額致漏稅之處罰）**規定與稅捐稽徵法第44條**（對未給與憑證之處罰）**規定：**

（甲）行政解釋：

此一情形，與上面4、(2)所述情形相同，故其結論亦相同，不再複述。

（乙）司法機關之解釋、決議及判決：

下列司法機關之決議解釋、判決等，因其與行政解釋之見解相同，故僅解析其理

據：

⑴大法官會議釋字第503號解釋係專就「一行為不二罰」原則之適用問題所作之解釋。其舉例說明：稅捐稽徵法第44條規定之行為罰，以及營業稅法第51條第3款規定之漏稅罰，二個處罰係「納稅義務人同一違反租稅義務之行為，同時符合行為罰及漏稅罰之處罰要件」，二者處罰目的及處罰要件，雖有不同，**然其處罰種類同係罰鍰，不得重複處罰。**

按釋字第503號解釋理由書謂：「……違反作為義務之行為，如同時構成漏稅行為之一部或係漏稅行為之方法而處罰種類相同者，則從其一重處罰已足達成行政目的時，即不得再就其他行為併予處罰。……」，在此即以「未給與憑證與」與「漏報或短報銷售額」二個行為說明。已依法辦理營業登記之營業人，如銷售貨物等時未給與（買受人）憑證（指「統一發票」或「普通收據」）[114]，通常該未給與憑證之銷售額不會自動報繳營業稅（惟並非必然如此，蓋因每二個月申報銷售額報繳營業稅一次，營業人銷售時雖未開立統一發票，而可能在申報前自行發現，乃將未開立統一發票之銷售額列入申報）。因此，營業人**以不開立憑證之方法，而達成漏繳營業稅之目的或結果，不能不說是「未給與憑證之行為係漏稅行為之方法」。**稅捐稽徵法第44條規定係「未達漏稅階段之違規處罰」，而營業稅法第51條第3款規定係「已達漏稅階段之違規為處罰」，其中同種類之處罰（即罰鍰），擇一從重處罰即足以達到科以罰鍰以「剝奪財產權」之目的。然而事實上釋字第503號解釋終究未清楚說明「未給與憑證與」之形為與「漏報或短報銷售額」之行為，是否為「一行為」。

⑵（最高）行政法院84年9月份第1次庭長評事聯席會議決議：**勿庸二者併罰，其理由如下：**

A.此二處罰之構成要件雖不盡相同，然而「漏開或短開統一發票」之構成要件部分則相同。

B.稅捐稽徵法第44條規定與營業稅法第51條第3款規定之處罰，有如下之關係：前者係「未達漏稅階段之違規處罰」，而後者係「已達漏稅階段之違規為處罰」。

C.祇依營業稅法第5151條第3款處以罰鍰，已足達成行政上之目的。

⑶最高行政法院91年判第2326號判決，與上面⑵完全相同。

---

114 核定使用統一發票之營業人銷售時，依照營業稅法第32條第1項規定，有開立「統一發票」之義務。非屬小規模營業人而經核准免用統一發票者，銷售時仍有開立「普通收據」之義務。惟經核准免用統一發票之小規模營業人銷售時，依照稅捐稽徵機關管理營利事業會計帳簿憑證辦法第21條第4項規定，得免給與他人憑證；故不存在「免用統一發票之小規模營業人觸犯稅捐稽徵法第44條未給與憑證處罰規定」之情形。

（丙）本書之見解：

按詳查釋字第503號解釋，（最高）行政法院84年9月份第1次庭長評事聯席會議決議，以及最高行政法院91年判第2326號判決，均未清楚說明「未給與憑證與」之行為與「漏報或短報銷售額致漏稅」之行為，究竟是否為「一行為」；是以對此二行為之不同處罰，是否構成想像競合，實非無疑問。

依本書之見解，稅捐稽徵法第44條（對未給與憑證之處罰）與營業稅法第51條第3款規定之處罰，其「未給與憑證」之行為與「短報或漏報銷售額致漏稅」之行為，似難以認定係出於「同一意思決定」之一個行為，實係存在二個行為，並不構成想像競合，而應不得擇一從重處罰。

惟營業人之此二行為，其「未給與憑證」之行為在先，而其係達成「未申報或短報、漏報銷售額致漏稅」此一「結果」之「方法」。在此情形，未給與憑證之行為定性為「不罰之前行為」，較為妥適。雖然結果亦是僅就「未申報或短報、漏報銷售額致漏稅」之行為科以一個處罰，然而其理由有異。此一問題，於下面肆、（尤其是其中之三、㈡、1、(1)）另行探討說明。

丙、同時觸犯稅捐稽徵法第44條（對未取得憑證之處罰）規定與營業稅法第51條第5款（對虛報進項稅額致漏稅之處罰）規定：[115]

（甲）行政解釋：

按營業稅法對於營業人並無應取得憑證之義務規定，對於未取得憑證之行為，亦無處罰規定。是以同時並不存在稅捐稽徵法第44條（對未取得憑證之處罰）與營業稅法第51條第5款（對虛報進項稅額致漏稅之處罰）規定之複數處罰之問題。

惟財政部93.5.17台財稅第930450267號函及同部98.12.7台財稅第9804577370號令釋示：**應採全案擇一從重處罰。**此二釋函重申85.4.26台財稅第851903313號函之意旨。事實上，此三則行政解釋之結論，缺乏論證，論據不明。

（乙）司法機關之決議：

下列司法機關之決議，因其與行政解釋之見解相同，故僅解析其理據：

（最高）行政法院84年9月份第1次庭長評事聯席會議決議：**勿庸二者併罰，其理由如下：**

(1)此二處罰之構成要件雖不盡相同，然而「應自他人取得統一發票而未取得」之構成要件部分則相同。

(2)稅捐稽徵法第44條法第45條與營業稅法第51條第5款規定之處罰，有如下之關係：前者係「未達漏稅階段之違規為處罰」，而後者係「已達漏稅階段之違規為處

---

115 營業人如根本未取得進項憑證（即統一發票或普通收據），則即無進項憑證可用以申報進項稅額。因此，在此所謂同時實現二個處罰之構成要件，事實上係指「取得非實際銷售人給與之統一發票，而持以申報進項稅額」或類似之情形；亦即「取得非實際銷售人給與之統一發票」或類似情形，實務上係論為「未取得憑證」之違序行為。

罰」。

　　⑶衹依營業稅法第51條第5款處以罰鍰，已足達成行政上之目的。

　　（丙）本書之見解：

　　按詳查上開財政部三則解釋及（最高）行政法院84年9月份第1次庭長評事聯席會議決議，均未清楚說明「未取得憑證與」之行為與「虛報進項稅額致漏稅」之行為，究竟是否為「一行為」；是以對此二行為之不同處罰，是否構成想像競合，實非無疑問。

　　依本書之見解，稅捐稽徵法第44條（對未取得憑證之處罰）與營業稅法第51條第5款規定之處罰，其「未取得憑證」之行為與「虛報進項稅額致漏稅」之行為，似難以認定係出於「同一意思決定」之一個行為，實係存在二個行為，並不構成想像競合，而應不得擇一從重處罰。

　　惟營業人之此二行為，其「未取得憑證」之行為在先，而其係達成「虛報進項稅額致漏稅」此一「結果」之「方法」。在此情形，未取得憑證之行為定性為「不罰之前行為」，較為妥適。雖然結果亦是僅就「虛報進項稅額致漏稅」之行為科以一個處罰，然而其理由有異。此一問題，於下面肆、（尤其是其中之三、㈡、1、(2)）另行探討說明。

　　6.同時觸犯貨物稅條例第28條第1款之（行為罰）規定，與同條例第32條第1款之（漏稅罰）規定。（因非屬營業稅與所得稅稽徵上租稅行政罰，故解析與檢討略之）。

　　7.同時觸犯娛樂稅法第12條之（行為罰）規定，與同法第14條之（漏稅罰）規定及稅捐稽徵法第44條之（行為罰）規定。（因非屬營業稅與所得稅稽徵上租稅行政罰，故解析與檢討略之）。

　　㈡其他關於複數處罰規定「應擇一從重處罰」之實務見解：

　　1.同時觸犯營業稅法第52條（漏開或短開統一發票之處罰）規定與稅捐稽徵法第44條「（未給與憑證之處罰）規定：

　　財政部78.7.24台財稅第781148237號函釋示：**可採從重處罰，理由**是處罰要件雷同，係屬法條競合。

　　此一釋函認為營業稅法第52條與稅捐稽徵法第44條（未給與憑證規定部分）之適用，係「係屬法條競合，可採從重處罰」。惟此一理據其實有待商榷，蓋如就「可採從重處罰」而言，表示此二處罰規定係成立「想像競合」，然而函中又謂此二處罰規定係「係屬法條競合」（即「法規競合」），事實上此二處罰規定當然不可能同時構成「想像競合」與「法條競合」；因此，此一釋函並非妥適。

　　由法理言之，營業稅法第52條規定之處罰與同法第51條第3款或第7款規定之處罰，**如認為均是行為罰**，則即與「想像競合」無關，**而係構成「法規競合」中之「吸收關係」**，應僅依照稅捐稽徵法第44條規定處罰。蓋稅捐稽徵法第44條規定之構成要件較廣，而可吸收營業稅法第52條規定之構成要件之故；復且稅捐稽徵法第44條規定（依稅

捐稽徵法第1條規定）應優先適用。

2.**同時觸犯稅捐稽徵法第44條**（未保存憑證之處罰）**規定與同法第45條第1項**（未記載帳簿之處罰）**規定：**

財政部90.4.17台財稅第900450622號函釋示：**可擇一從重處罰，理由為：**二個違序行為間具有必然之因果關係。

此一釋函僅謂「二個違序行為間具有必然之因果關係」，即獲得「擇一從重處罰」之結論，是以似係默認一個「未保存憑證」之行為，實現「未保存憑證之處罰」及「未記載帳簿之處罰」之構成要件。另外處罰種類同為罰鍰；二個處罰規定所欲達成之目的有異。因此，符合想像競合之成立要件，自應擇一從重處罰。

謹按以「二個違序行為間具有必然之因果關係」作為「擇一從重處罰」之理由，似非妥當之論據。在此情形，未保存憑證之行為與未記載帳簿之行為，係不同之違序行為，然而二者具有「行為階段發展」之關係。**未保存憑證之行為，必然導致未記載帳簿之行為。在此情形，未記載帳簿之行為，宜定性為「不罰之後行為」，而僅依照稅捐稽徵法第44條規定，對營業人（營利事業）裁處罰鍰。**此一問題，於下面肆、（尤其是其中之三、㈡、4、⑶）**另行探討說明。**

3.**同時觸犯營業稅法第48條第1項**（對開立統一發票不實之處罰）**規定與同法第51條第7款**（對其他漏稅知處罰）**規定：**

財政部99.5.10台財稅第9900076690號令釋示：**擇一從重處罰，**而未說明理由（惟其發布時附帶之說明舉行政罰法第24條第1項而說明）。

依照財政部發布時附帶之說明，此一解釋係針對「營業人開立統一發票時，將應稅銷售額開立為免稅銷售額或零稅率銷售額，其後又將應稅銷售額申報為免稅銷售額或零稅率銷售額，致短繳營業稅額」之行為而釋示；財政部釋示擇一從重處罰，顯然係認為在此情形係「一行為而有二個處罰規定」構成「想像競合」。

按營業人開立統一發票係對買受人為之，而於次期之15日向稽徵機關申報銷售額；因此，「開立統一發票時將應稅銷售額開立為免稅銷售額或零稅率銷售額」之行為，與「將應稅銷售額申報為免稅銷售額或零稅率銷售額，致短繳營業稅額」，實應論為係不同之違序行為，自不構成「想像競合」，而應不得擇一從重處罰。

惟營業人之此二行為，其「開立統一發票時將應稅銷售額開立為免稅銷售額或零稅率銷售額」之行為在先，而其係達成「其他漏稅」此一「結果」之「方法」。在此情形，開立統一發票不實之行為定性為「不罰之前行為」，較為妥適。雖然結果亦是僅就「其他漏稅」之行為科以一個處罰，然而其理由有異。此一問題，於下面肆、（尤其是其中之三、㈡、1、⑶）**另行探討說明。**

4.**同時觸犯海關緝私條例第37條第1項第2款**（虛報所運貨物之品質、價值或規格之處罰）**規定與貨物稅條例第32條第10款**（未依規定申報進口貨物之處罰）**規定：**

84年7月份第2次庭長評事聯席會議決議：**應從一重處罰，**理由是兩者之處罰要件相

同，係屬法條競合。（因非屬營業稅與所得稅稽徵上租稅行政罰，故檢討略之）。

㈢其他關於複數處罰規定「應分別處罰」之實務見解：

1.**同時觸犯稅捐稽徵法第44條**（未取得憑證之處罰）**規定與同條**（未給與憑證之處罰）**規定**：

財政部85.6.19台財稅第850290814號函釋示：**應分別處罰**，然未說明其理由如何。最高行政法院91年判第2326號判決見解相同，然亦未說明其理由如何。其實其理由甚明，即「未取得憑證」與「未給與憑證」之行為，係二個行為，故二個處罰規定並不構成想像競合，自無「一行為不二罰」原則之適用，釋函與判決於此反而未予明示。

按稅捐稽徵法第44條關於未取得憑證（包括「取得不實憑證」）之處罰，其違反之義務係所得稅法第21條所定應取得憑證義務。同條關於未給與憑證之處罰，其違反之義務係營業稅法第32條及所得稅法第21條所定應給與憑證義務。是以「未取得憑證」與「未給與憑證」之行為，宜論為係二個行為。

2.**同時觸犯稅捐稽徵法第44條**（銷貨未給與憑證之處罰）**規定與同法第45條**（未記載帳簿之處罰）**規定**：

90.8.29台財稅第900453155號函釋示：**尚無擇一從重處罰之適用，仍應分別處罰，其理由為**：⑴二行為係二種違反作為義務之行為。⑵二行為間無必然之因果關係。

按僅憑第一個理由（即此係二個行為），即可謂不成立想像競合，自無「一行為不二罰」原則之適用。再加上第二個理由作為「擇一從重處罰」之理由，並非必要。然而此一釋函謂此二違序行為應分別處罰，仍有待商榷。

按殊難想像營業人（營利事業）既然銷貨未給憑證，而卻將該銷貨交易記載於帳簿（此係指稅捐稽徵機關管理營利事業會計帳簿憑證辦法規定應設置之帳簿），以自曝其先前未給與憑證之違序行為。由行為之發展過程觀察，「銷貨未給與憑證之行為」必然會導致發生「未記載帳簿之行為」。給與憑證係與對外營業交易有關之行為，而記載帳簿則係內部行為，是以「未給與憑證」與「未記載帳簿」應是二個行為；因此，二個處罰規定不成立想像競合之論斷，尚無不妥。

惟未給與憑證之行為與未記載帳簿之行為，雖係不同之違序行為，然而二者具有「行為階段發展」之關係。未給與憑證之行為，必然導致未記載帳簿之行為。在此情形，未記載帳簿之行為，宜定性為「不罰之後行為」，而僅依照稅捐稽徵法第44條規定，對營業人（營利事業）裁處罰鍰。此一問題，於下面肆、（尤其是其中之三、㈡、4、⑴）另行探討說明。

3.**同時觸犯稅捐稽徵法第44條**（未保存憑證之處罰）**規定與同法第45條第3項**（未保存帳簿之處罰」**規定**：

94.6.10台財稅第9404538280號函釋示：**應分別處罰，其理由為**：⑴二者之處罰目的不同。⑵二者之處罰要件不同。

按二者之處罰目的不同、處罰要件不同，固然符合成立想像競合之要件；其實最重

要者在於「未保存憑證」與「未保存帳簿」之行為，係二個行為，僅此一端，即可否定想像競合之成立，自無「一行為不二罰」原則之適用，此一釋函於此反而未予強調，解釋失其焦點，未見其妥適。

4.**同時觸犯海關緝私條例第37條第1項第3款**（虛報所運貨物之品質、價值或規格之處罰）**規定，與貨物稅條例第32條第10款**（繳驗偽造、變造或不實之發票或憑證之處罰）**規定**：85年9月份庭長評事聯席會議決議：**此二處罰應予併罰，其理由為**：(1)此二處罰之目的不同。(2)此二處罰之違規構成要件不同。(3)此二處罰之處罰要件不同。（因非屬營業稅與所得稅稽徵上租稅行政罰，故檢討略之）。

5.**同時觸犯關稅、貨物稅、營業稅之漏稅之處罰**：85年11月份庭長評事聯席會議決議：**此三處罰無行為罰與漏稅罰之法條競合問題，其理由為**：(1)三種稅捐性質迥異。(2)三種稅捐各有其獨立之稅法。(3)對其漏稅之處罰，均為漏稅罰。（因非屬營業稅與所得稅稽徵上租稅行政罰，故檢討略之）。

　　最後應說明者，國內稅法學界對於**「行為罰與漏稅罰應否併罰」**有較多之討論，概均持**「擇一從重處罰，不應併罰」**之見解；至於不應併罰之理由，有從行為人基於概括犯意為同一漏稅目的而實施，有從行為罰係漏稅罰之補充規定，有從「危害行為」相對於「實害行為」具有補充性的觀點立論。第一個見解，以目的意思的單複決定行為數；第二個見解，以稅捐債務中「繳納義務」為主，「行為義務」為輔，決定其違序行為之處罰關係；第三個見解，以行為之「危害性」與「實害性」之關聯決定其違序行為之處罰關係。歸納言之，皆分別含有以一定之規範目的，而非單純以行為目的的，整合違序人之行為範圍之思想，以將法律構成要件規定之數行為吸收為裁罰上之一個行為[116]。上述見解未具體說明各種行為義務究與繳納義務係何種關係，抑且如強調應僅處罰實害之違序行為，是則所有危害行為之處罰規定，即似無存在之必要，此與實證法脫節。又上述見解僅集中在「行為罰與漏稅罰不應併罰」方面，自有不足。

　　依本書之見解，由於擇一從重處罰係「複數處罰規定成立想像競合時之法律適用」，是則前提係複數處罰規定成立想像競合，而想像競合有其成立要件。**是以倘如行為人之行為同時觸犯複數處罰規定，而非屬於上面所述各種情況者，即宜由「想像競合之成立要件」逐一加以解析，檢視複數處罰規定成立想像競合與否，則應否擇一從重處罰，結論自明。**對於行政解釋、司法解釋、司法判決等之實務見解，上面所述即是由審究「想像競合之成立要件」著眼，一一加以解析，終能獲得明確之結論。如此進路之論證，較為客觀週全，而不致使「複數規定應否併罰」之理據失去焦點，淪於一偏，或缺乏判準，淪於各說各話。

---

116 此係引用黃茂榮之綜合觀察與說明，見黃茂榮，註12書，791-792頁。

肆、租稅行政罰的不罰之前行為及不罰之後行為

一、不罰之前行為及不罰之後行為的概念

在行政罰規範評價上，可能存在下述行為結構：行為人之二個行為，其中一個行為實現某一行政罰之構成要件，會涵蓋另一個「前行為」之違序內涵及罰責，或涵蓋另一個「後行為」之違序內涵及罰責，而發生排斥前行為之處罰規定之現象，或排斥後行為之處罰規定之現象；此即學理上之「不罰之前行為」（Straflose Vortat）及「不罰之後行為」（Straflose Nachrtat）理論。由於**不罰之前行為**係指對後行為之處罰，實質上同時已對（形式上不予處罰之）前行為加以處罰，故其亦可稱為「**與罰之前行為**」（（Mitbestrafte Vortat）。又由於**不罰之後行為**係指對前行為之處罰，實質上同時已對（形式上不予處罰之）後行為加以處罰，故其亦可稱為「**與罰之後行為**」（Mitbestrafte Nachrtat）。雖然存有前後兩個行為，在表面上似是「處罰確定前有兩個違序行為」而屬行為複數之複數處罰（實質競合）；然而事實上，前行為僅是後行為之方法或過程階段，或前行為之結果必然或通常造成後行為之存在或發生，屬於一種假性之實質競合，故與「法規競合」（「法律單數」）同屬一種不純正競合，而可準用法規競合中的「補充關係」或「吸收關係」，加以處理[117]。二個以上之複數行為，亦可能存有相同之現象。

營業稅法、所得稅法與稅捐稽徵法中所規定之租稅行政罰，既然其性質屬於行政罰，則其應該亦存在如上所述之「不罰之前行為」及「不罰之後行為」之行為結構。然而營業稅法等三法對此均無明文，國內稅法學界似亦罕有論及，而實務見解則頗為隱晦不明，殊值探究。

二、租稅法所定各種違序行為之關係與不罰之前行為及不罰之後行為的形成

由租稅法所規定之各種違序行為之形態細加觀察，各種違序行為彼此間有如下數種關係：

第一種關係是數個行為中之一個行為，係另一個或數個行為之「方法」，方法性質之行為係**前行為**。

第二種關係是數個行為中之一個行為，係另一個或數個行為之「過程之一部」，過程之一部之行為係**前行為**。

第三種關係是數個行為中一個行為係另一個行為之「一部分」，一部分行為係**前行為**，或為後行為。

由營業稅法等三法觀之，租稅法立法時將納稅義務人等生活中連續不斷之**經濟行**

---

[117] 刑法之學理上，對於不罰之前行為及不罰之後行為，有詳細之討論，見林山田，註110書，367-372頁。此處所述係參考其論述。

664 租稅處罰法釋論──以營業稅所得稅之租稅行政罰爲範圍

為歷程（如銷售貨物或提供勞務、收付對價或報酬等），基於評價而予剪裁，以法條文字描述爲「**個別之法定行爲義務**」（此係廣義之行爲義務，包括「行爲義務」與「繳納義務」；繳納義務實質上亦是一種行爲義務，僅因其特別重要而獨立爲一類而已），如「申請登記」、「設置帳簿」、「記載帳簿」、「取得憑證」、「給與憑證」、「申報銷售額」、「申報所得額」、「繳納稅捐」、「接受調查」等等義務，進而將違反各種義務之行爲以法條文字描述爲「**個別處罰之構成要件**」。在設定個別處罰之構成要件時，如剪裁經濟行爲歷程過於苛細，即發生將「行爲之方法與結果」、「行爲之一部分過程與全部過程」或「行爲本身之一部分與全部」分別設定行爲義務之現象；從而納稅義務人等違反有關義務時，即造成各種違序行爲彼此間存在第一、二種或第三種關係。

此外，營業稅法等三法所定各種違序行爲彼此之間，尚存在**第四種關係**。數行爲之間雖不存在「行爲之方法與結果」、「行爲之一部分過程與全部過程」或「行爲本身之一部分與全部」之關係，然而數個行爲彼此間具有「**階段發展性**」，必也其中一個違序行爲已實施完成或已經存在（此爲**前行爲**），另一個或數個違序行爲（即後行爲）方能實施或存在。此係營業稅法等三法立法設定個別處罰之構成要件時，未充分考慮數個行爲之間具有「階段發展性」，而將有直接或密切關聯之不同行爲，同時設定數個行爲義務；從而納稅義務人等違反有關義務時，即造成各種違序行爲彼此間存在第四種關係之情形，而存在**不罰之後行爲**。

在複數違序行爲彼此間之第四種關係，對於不罰之後行爲不應處罰，其理據在於，就不罰之後行爲而言，其義務之遵守在法律上實無「**期待可能性**」，自不宜處罰，否則處罰欠缺法規範之「**實質正當性**」。例如既然未保存憑證，則該遺失或滅失之憑證內容，自無從再要求記載於帳簿（此係指稅捐稽徵機關管理營利事業會計帳簿憑證辦法規定應設置之帳簿），自不宜予以處罰。

上述四種複數行爲各有其處罰規定，其各個處罰規定之構成要件均不相同，而所欲保護之法益或處罰所欲達成之目的，則係相同或係不相同；**惟如其處罰之性質與種類相同，基於行政罰上「數個處罰之性質與種類相同者不得重複處罰」之法理，各種違序行爲彼此間第一、二種或第三種關係中，數個行爲中之「前行爲」宜定性爲「不罰之前行爲」，而僅處罰數行爲中之「後行爲」爲已足。基於相同之法理，各種違序行爲彼此間第四種關係中，數個行爲中之「後行爲」宜定性爲「不罰之後行爲」，而僅處罰數行爲中之「前行爲」爲已足。**

三、營業稅法等三法所定各種違序行爲中不罰之前行爲及不罰之後行爲之檢視

(一)企業之經營過程，係設立組織，展開銷售行爲，交付銷售之貨物或勞務等、收取貨價或報酬等，繳納應納之營業稅、營利事業所得稅等，如此週而復始進行。此即**經濟行爲之歷程**。

　　由營業稅法、所得稅法及稅捐稽徵法觀察，立法時將企業之經營過程基於評價而予剪裁，規定各種不同之行為義務（廣義，以下同），故其各種不同之行為義務有密切之關聯。茲就營業稅法等三法規定較為重要之各種行為義務之關聯，分別說明如下：

　　1.營業稅法規定營業人之各種行為義務，其較重要之各種行為義務之關聯，如下所示（箭頭左邊係前行為，右邊係後行為，以下同）：

　　　　營業登記義務 ⟶ 經核定而領用統一發票義務 ⟶ 對外銷售時給與憑
　　　　證義務 ⟶ 保存統一發票義務 ⟶ 設帳義務
　　⟶ 記帳義務┬⟶ 帳簿驗印義務 ⟶ 保存帳簿業務
　　　　　　　　└⟶ 申報每期銷售額及繳納應納稅額義務

　　營業人違反上開各階段行為義務，營業稅法與稅捐稽徵法則配合而訂定處罰；因此，其違序行為自然隨之具有「方法」或「過程」與「結果」之關係，或是各行為之間具有發展性及階段性之關聯。

　　2.所得稅法規定營利事業之各種行為義務，其較重要之各種行為義務之關聯，如下所示（箭頭左邊係前行為，右邊係後行為，以下同）：

　　　　經核定而領用統一發票義務 ⟶ 對外銷售時給與統一發票義務┐
　　　　向 外 購 買 時 取 得 憑 證 義 務 ┘⟶
　　　　保存憑證義務 ⟶ 設帳義務 ⟶ 記帳義務 ⟶
　　　　　　　　　　　┌⟶ 保存帳簿義務
　　帳簿驗印義務 ⟶ ┼⟶ 申報每期所得額及繳納應納稅額義務
　　　　　　　　　　　└⟶ 申報每期未分配盈餘及繳納應納稅額義務

　　（領用統一發票義務、設帳義務、記帳義務、帳簿驗印義務及保存帳簿
　　義務，與營業稅法規定者係同一之義務）

　　營利事業違反上開各階段義務，所得稅法與稅捐稽徵法則配合而訂定處罰；因此，其違序行為自然隨之具有「方法」或「過程」與「結果」之關係，或是各行為之間具有發展性及階段性之關聯。

　　3.所得稅法規定扣繳義務人之各種行為義務，其較重要之各種行為義務之關聯，如下所示（箭頭左邊係前行為，右邊係後行為，以下同）：

　　　　扣繳所得稅義務 ⟶ 依限、按實（向稽徵機關）填報扣繳憑單義務
　　　　⟶ 依限、按實填發扣繳憑單（予所得人）義務

　　扣繳義務人之違反上開各階段義務，所得稅法法則配合而訂定處罰；因此，其違序行為自然隨之具有相同之發展性及階段性之關聯。

　　㈡茲以營業稅法等三法規定之各種違序行為為範圍，試予尋繹上面二、所述之各種

違序行為之四種關係，並說明「不罰之前行為」或「不罰之後行為」之存在情形。

1.數個違序行為彼此間之**第一種關係**，見諸營業稅法等三法中者，有如下述：

⑴**同時觸犯稅捐稽徵法第44條**（對未給與憑證之處罰）**與營業稅法第51條第2款或第3款**（對漏繳、短繳營業稅之處罰）**規定：**

使用統一發票之營業人銷售貨物或勞務時，應就其銷售額開立統一發票給與買受人；非使用統一發票之營業人，如其非屬小規模營業人，則其銷售貨物或勞務等時，應就其銷售額開立普通收據給與買受人；並應依規定期限自動申報銷售額及繳納營業稅。稅捐稽徵法第44條所規定之與營業稅法第51條第2款或第3款規定之處罰同為罰鍰（但營業稅法第51條第2款或第3款尚有停止營業之處罰規定），而此二處罰規定所欲保護之法益或所欲達成之目的則不同。

上述營業人漏開、短開統一發票或未給與普通收據之行為，與其漏繳、短繳營業稅之行為，係不同之違序行為。漏開、短開統一發票或未給與普通收據者，其銷售額通常（但並非必然）隨之而漏報、短報以致漏繳營業稅。**惟營利事業（營業人）之此二行為，其漏開、短開統一發票、未給與普通收據之行為在先，而其係達成「漏繳、短繳營業稅」此一「結果」之「方法」。在此情形，漏開、短開統一發票或未給與普通收據之行為，宜定性為「不罰之前行為」，而僅依照營業稅法第51條第2款或第3款規定，對營業人裁處罰鍰及停止營業。**

⑵**同時觸犯稅捐稽徵法第44條**（對未取得憑證（包括取得不實憑證）之處罰）**與營業稅法第51條第5款**（對虛報進項稅額致漏稅之處罰）**規定：**

營利事業違反所得稅法第21條規定取得憑證之義務，應依照稅捐稽徵法第44條所規定之未取得憑證（包括「取得不實憑證」）處以罰鍰。營業人未取得憑證（包括「取得不實憑證」），而竟然申報進項稅額（以扣抵銷項稅額），構成「虛報進項稅額致漏稅」，應依營業稅法第51條第5款規定處以罰鍰及停止營業，而此二處罰規定所欲保護之法益或所欲達成之目的則不同。

營利事業（營業人）「未取得憑證（包括取得不實憑證）」之行為與「虛報進項稅額致漏稅」之行為，係不同之違序行為。**惟營利事業（營業人）之此二行為，其「未取得憑證（包括取得不實憑證）」之行為在先，而其係達成「虛報進項稅額致漏稅」此一「結果」之「方法」。在此情形，未取得憑證之行為宜定性為「不罰之前行為」，而僅依照營業稅法第51條第5款規定，對營業人裁處罰鍰及停止營業**[118]。

----

[118] 洪家殷謂：漏進（指進貨等未取得憑證）、漏銷（指銷貨等未給與憑證）與逃漏營業稅（指虛報進項稅額致漏稅）之行為，係屬數個行為，無一事不二罰原則之適用，然因此三種階段距有緊密之關連性，且前兩階段之行為僅係一種租稅危害行為，最後之逃漏營業稅始屬租稅實害行為，故對前階段行為所施之行為罰係後階段漏稅罰之補充，因此，當處罰之種類相同，而對漏稅行為之處罰已足達其處罰之目的時，即應不得再就前階段之行為加以處罰；見洪家殷，對營業人漏進、漏銷及逃漏營業稅之處罰——行政法院八十九年度判字第三六四號判決及司法院大法官釋字第五〇三號解釋評釋，台灣本土

　　⑶**同時觸犯營業稅法第48條第1項**（對開立統一發票不實之處罰）**規定與同法第51條第7款**（對其他漏稅之處罰）**規定：**

　　營業人開立統一發票時將應稅銷售額開立為免稅銷售額或零稅率銷售額，應依照營業稅法第48條第1項所規定處以罰鍰。營業人將應稅銷售額申報為免稅銷售額或零稅率銷售額，致短繳營業稅額，應依照營業稅法第51條第7款規定處以罰鍰及停止營業。，而此二處罰規定所欲保護之法益或所欲達成之目的則不同。

　　營業人「開立統一發票時將應稅銷售額開立為免稅銷售額或零稅率銷售額」之行為，與「將應稅銷售額申報為免稅銷售額或零稅率銷售額，致短繳營業稅額」，係不同之違序行為。**惟營業人之此二行為，其「開立統一發票不實」之行為在先，而其係達成「其他漏稅」此一「結果」之「方法」。在此情形，開立統一發票不實之行為宜定性為「不罰之前行為」，而僅依照營業稅法第51條第7款規定，對營業人裁處罰鍰及停止營業。**

　　⑷**同時觸犯營業稅法第52條**（對漏開、短開統一發票之處罰）**與營業稅法第51條第2款或第3款**（對漏繳、短繳營業稅之處罰之處罰）**規定：**

　　營業人漏開、短開統一發票之行為，與漏繳、短繳營業稅之行為，係不同之違序行為，前一違序行為應依照營業稅法第52條處罰，後一違序行為應依營業稅法第51條第2款或第3款規定處罰；對於此二違序行為之處罰種類同為罰鍰及停止營業，而此二處罰規定所欲保護之法益或所欲達成之目的相同。

　　按營業稅法第51條所定對漏繳、短繳營業稅之處罰為「漏稅罰」，而**倘如將營業稅法第52條所定對漏開、短開統一發票之處罰亦定性為「漏稅罰」**（其理據詳見上面本章、貳、㈡、2、之說明），**則漏開、短開統一發票之行為在先，而其係達成「漏繳、短繳營業稅」此一「結果」之「方法」。在此情形，漏開、短開統一發票之行為宜定性為「不罰之前行為」，而僅依照營業稅法第51條第2款或第3款規定，對營業人裁處罰鍰及停止營業。**

　　⑸**同時觸犯稅捐稽徵法第44條**（對未給與憑證之處罰）**與所得稅法第110條**（對漏繳、短繳營利事業所得稅之處罰）**規定：**

　　使用統一發票之營利事業銷售貨物或勞務時，應就其銷售額開立統一發票給與買受人；非使用統一發票之營業人，如其非屬小規模營業人，則其銷售貨物或勞務等時，應就其銷售額開立普通收據給與買受人；並應依規定期限自動報繳營利事業所得稅。稅捐稽徵法第44條對漏開、短開統一發票或未給與普通收據之處罰為罰鍰，所得稅法第110條所規定之對漏繳、短繳營利事業所得稅之處罰亦為罰鍰，而此二處罰規定所欲保護之法益或所欲達成之目的則不同。

　　營利事業漏開、短開統一發票或未給與普通收據之行為，與其漏繳、短繳營利事

業所得稅之行為，係不同之違序行為。營業人漏開、短開統一發票或未給與普通收據者，其所得額通常（但並非必然）隨之而漏報、短報以致漏繳營利事業所得稅。**惟營利事業之此二行為，其漏開、短開統一發票、未給與普通收據之行為在先，而其係達成「漏繳、短繳營利事業所得稅」此一「結果」之「方法」。在此情形，漏開、短開統一發票或未給與普通收據之行為，宜定性為「不罰之前行為」，而僅依照所得稅法第110條規定，對營利事業裁處罰鍰。**

2. 數個違序行為彼此間之**第二種關係**，見諸營業稅法等三法中者，有如下述：

⑴**同時觸犯營業稅法第47條第1款**（對不使用統一發票之處罰）**與同法第51條第3款**（對漏繳、短繳營業稅之處罰）**規定：**

依營業稅法有關規定稽徵機關應核定使用統一發票之營業人，如拒不使用統一發票，則其銷售額通常（但非必然）亦不會自動報繳營業稅。營業稅法第47條第1款與同法第51條第3款規定之處罰同為罰鍰（但營業稅法第51條第3款尚有停止營業之處罰規定），而此二處罰規定所欲保護之法益或所欲達成之目的則不同。

上述營業人不使用統一發票之行為，與其未自動報繳營業稅之行為，係不同之違序行為。**惟營業人之此二行為，其不使用統一發票之行為在先，而其係達成「漏繳、短繳營業稅」此一「結果」之「過程行為」。在此情形，不使用統一發票之行為，宜定性為「不罰之前行為」，而僅依照營業稅法第51條第3款規定，對營業人裁處罰鍰及停止營業**[119]。

⑵**同時觸犯稅捐稽徵法第44條、第45條**（對違反憑證、帳簿相關義務之處罰）**與營業稅法第51條第1款**（對擅自營業致漏稅之處罰）**規定：**

營業人未辦理營業登記而營業（即擅自營業），則其銷售額通常（但非必然）亦不會自動報繳營業稅。營業稅法第45條所規定之對擅自營業之處罰為罰鍰，營業稅法第51條第1款所規定之對擅自營業致漏稅之處罰亦為罰鍰。依照財政部85.4.26台財稅第851903313號函之說明二、㈠釋示，勿庸依照營業稅法第45條及第51條第1款規定併予處罰，應擇一從重處罰（即僅依照營業稅法第51條第1款規定處罰）；蓋二個處罰規定存在**「想像競合」**之故[120]。

擅自營業之營業人通常（但非必然）不會履行下列行為義務：A.銷售貨物或勞務等時，開立普通收據給與買受人[121]；B.進貨或購買勞務等時取得進貨憑證；C.設置帳簿（此係指稅捐稽徵機關管理營利事業會計帳簿憑證辦法規定應設置之帳簿）；D.記載帳

---

119 惟如不使用統一發票之營業人在拒用期間並無銷售額，則自無漏繳營業稅之可言，從而自亦無依照營業稅法第51條第3款處罰之可言。在此情形，則自應依照營業稅法第47條第1款規定予以處罰。

120 既然擅自應業之營業人未辦理營業登記，稽徵機關自亦無從核定其使用統一發票；因此，在此情形，僅存在開立普通收據與否之問題。

121 惟如擅自營業之營業人在擅自營業期間並無銷售額，則自無漏繳營業稅之可言，從而自亦無依照營業稅法第51條第3款處罰之可言。在此情形，則自應依照營業稅法第45條規定予以處罰。

簿；E.保存憑證；F.保存帳簿等。易言之，擅自營業之營業人通常（但非必然）同時違反A、至F、等之行為義務。稅捐稽徵法第44條、第45條對違反各該行為義務者，分別定有處罰。

營業人未辦理營業登記之行為，與營業人違反上述A、至F、等之行為義務，係不同之違序行為。由是即發生下列問題：擅自營業之營業人除依照營業稅法第51條第1款規定處罰外，應否另外就其違反A、至F、等之行為義務，分別依第44條、第45條有關規定予以處罰（均是罰鍰）？

在稽徵實務上，對於上述A、及B、二個行為義務，財政部78.8.11台財稅第780211903號函釋示：「未辦理營業登記之營利事業，其每月銷售額已達使用統一發票標準，經查獲有未依法取得進貨憑證或未給予他人憑證者，應依稅捐稽徵法第44條之規定，處所漏列金額（註：現行法修正為『認定之總額』）5%罰鍰。」。又部82.12.29台財稅第821506255號函釋示：「主旨：未申請營業登記之營利事業經營股市空中交易，每月取得之手續費及佣金收入已達使用統一發票標準，其經查獲未依規定給與或取得他人憑證者，應依稅捐稽徵法第44條規定處罰。說明：二、按『未辦理營業登記之營利事業，其每月銷售額已達使用統一發票標準，經查獲有未依法取得進貨憑證或給予他人憑證者，應依稅捐稽徵法第44條規定，處所漏列金額百分之五罰鍰』，為本部78.8.11.台財稅字第780211903號函所明釋，上開規定尚不因該未辦營業登記之營利事業係經營何種行業，其取得或給予他人憑證有無困難而受影響。」。至於C、至F、等之行為義務，則乏行政解釋可據。

按營業人擅自營業，就營業稅法而言，其終局之結果係「擅自營業致漏稅之行為」（即實現營業稅法第51條第1款規定之構成要件）。**營業人違反上述A、至F、等之行為義務在先，而其係達成「漏繳、短繳營業稅」此一「結果」之「過程行為」。在此情形，違反上述A、至F、等義務之行為，宜定性為「不罰之前行為」，而僅依照營業稅法第51條第1款規定，對營業人裁處罰鍰及停止營業。**

(3)同時觸犯稅捐稽徵法第44條、第45條（對違反憑證、帳簿相關義務之處罰）**與所得稅法第110條**（對漏繳、短繳營利事業所得稅之處罰）**規定：**

營利事業未辦理營業登記而營業（即擅自營業），則其所得額通常（但非必然）亦不會自動報繳營利事業所得稅。

此外，擅自營業之營利事業通常（但非必然）不會履行上面(2)所述A、至F、等之行為義務。營利事業未辦理營業登記之行為，與營利事業違反上面(2)所述A、至F、等之行為義務，係不同之違序行為。由是即發生下列問題：擅自營業之營利事業除依照所得稅法第110條規定處罰外，應否另外就其違反上面(2)所述A、至F、等之行為義務，分別與以處罰（均是罰鍰）？在稽徵實務上，似均不另外就其違反A、至F、等之行為義務，分別予以處罰；惟此一實務作法之規範依據何在，似非清楚。

按營利事業擅自營業，就所得稅法而言，其終局之結果係「擅自營業致漏稅之行

為」（即實現所得稅法第110條規定之構成要件）。**營利事業違反上述A、至F、等之行為義務在先，而其係達成「漏繳、短繳營利事業所得稅」此一「結果」之「過程行為」**。在此情形，違反上面(2)所述A、至F、等義務之行為，宜定性為「不罰之前行為」，而僅依照所得稅法第110條規定，對營利事業裁處罰鍰。

　　3.數個違序行為彼此間之**第三種關係**，見諸營業稅法等三法中者，有如下述：

　　同時觸犯稅捐稽徵法第46條第1項（對拒絕提示課稅資料、文件之處罰）**與同條第2項**（對拒絕備詢之處罰）**規定：**

　　稽徵機關為調查課稅資料，依照稅捐稽徵法第30條第1項規定，通知受調查人提示有關課稅資料、文件，受調查人拒絕。稽徵機關再依同項規定通知受調查人到達稽徵機關辦公處所備詢，受調查人仍然拒絕。稅捐稽徵法第46條第1項與第2項規定之處罰同為罰鍰，而二個處罰規定所欲保護之法益或所欲達成之目的相同。。

　　反之，與上面(1)所述之過程相反，受調查人先拒絕備詢，繼之再拒絕提示有關課稅資料、文件，其處罰同上所述。

　　上述受調查人拒絕提示有關課稅資料、文件之行為，與拒絕備詢之行為，係不同之違序行為。**受調查人拒絕備詢之行為在後，而其係「拒絕調查」此一「總體行為」之「一部分行為」**。在此情形，拒絕備詢之行為，宜定性為「不罰之後行為」，而僅依照稅捐稽徵法第46條第1項規定，對受調查人裁處罰鍰。

　　4.數個違序行為彼此間之**第四種關係**，見諸營業稅法等三法中者，有如下述：

　　⑴**同時觸犯稅捐稽徵法第44條**（對未給與憑證之處罰）**與同法第45條第1項**（對未記載帳簿之處罰）**規定：**

　　營業人（營利事業）銷售貨物或勞務等時，未就該銷售額給與買受人銷售憑證者，該銷售額必然不記載於其帳簿（此係指稅捐稽徵機關管理營利事業會計帳簿憑證辦法規定應設置之帳簿）。稅捐稽徵法第44條與第45條第1項規定之處罰同為罰鍰，而二個處罰規定所欲保護之法益或所欲達成之目的則不同。。

　　上述營業人（營利事業）未給與憑證之行為，與未記載帳簿之行為，係不同之違序行為，然而二者具有「行為階段發展」之關係。**營業人（營利事業）未給與憑證之行為，必然導致未記載帳簿之行為。在此情形，未記載帳簿之行為，宜定性為「不罰之後行為」，而僅依照稅捐稽徵法第44條規定，對營業人（營利事業）裁處罰鍰。**

　　⑵**同時觸犯稅捐稽徵法第44條**（對未取得憑證之處罰）**與同法第45條第1項**（對未記載帳簿之處罰）**規定：**

　　營業人（營利事業）購買貨物或勞務等時，未就該購買金額向銷售人取得購買憑證者，該購買金額必然不記載於其帳簿（此係指稅捐稽徵機關管理營利事業會計帳簿憑證辦法規定應設置之帳簿）。稅捐稽徵法第44條與第45條第1項規定之處罰同為罰鍰，而二個處罰規定所欲保護之法益或所欲達成之目的則不同。。

　　上述營業人（營利事業）未取得憑證之行為，與未記載帳簿之行為，係不同之違

序行為，然而二者具有「行為階段發展」之關係。**營業人（營利事業）未取得憑證之行為，必然導致未記載帳簿之行為。在此情形，未記載帳簿之行為，宜定性為「不罰之後行為」，而僅依照稅捐稽徵法第44條規定，對營業人（營利事業）裁處罰鍰。**

(3)**同時觸犯稅捐稽徵法第44條**（對未保存憑證之處罰）**與同法第45條第1項**（對未記載帳簿之處罰）**規定：**

營業人（營利事業）未保存憑證者，該銷售額通常（但非必然）不記載於其帳簿（此係指稅捐稽徵機關管理營利事業會計帳簿憑證辦法規定應設置之帳簿）。稅捐稽徵法第44條與第45條第1項規定之處罰同為罰鍰，而二個處罰規定所欲保護之法益或所欲達成之目的則不同。

上述營業人（營利事業）未保存憑證之行為，與未記載帳簿之行為，係不同之違序行為，然而二者具有「行為階段發展」之關係。**營業人（營利事業）未保存憑證之行為，必然導致未記載帳簿之行為。在此情形，未記載帳簿之行為，宜定性為「不罰之後行為」，而僅依照稅捐稽徵法第44條規定，對營業人（營利事業）裁處罰鍰。**

90.4.17台財稅第900450622號函：「××有限公司於87年3月20日委託廣告社刊登夾報廣告，將其取得之廣告費發票遺失，致應保存之進項憑證含稅金額1,000元未依規定保存，亦未依規定記載帳簿，其遺失憑證、未保存憑證及未記載於帳簿間具有必然之因果關係，參酌本部85/04/26台財稅第851903313號函釋意旨，可就其分別觸犯稅捐稽徵法第44條及第45條規定，擇一從重處罰。」按此一情形並非構成「想像競合」，故其「擇一從重處罰」之釋示，並非妥適

(5)**同時觸犯稅捐稽徵法第45條第1項**（對未設置帳簿之處罰）**與同項**（對未記載帳簿之處罰）**之規定。**

(6)**同時觸犯稅捐稽徵法第45條第1項**（對未設置帳簿之處罰）**與同條第2項**（對帳簿未驗印之處罰）**之規定。**

(7)**同時觸犯稅捐稽徵法第45條第1項**（對未設置帳簿之處罰）**與同條第3項**（對未保存帳簿之處罰）**之規定。**

(8)**同時觸犯稅捐稽徵法第45條第1項**（對未設置帳簿之處罰）**與同條第3項**（對帳簿未留置營業場所之處罰）**之規定。**

上述(5)至(8)之情形，係營利事業既然未設置帳簿（此係指稅捐稽徵機關管理營利事業會計帳簿憑證辦法規定應設置之帳簿）之行為，則必然隨之有不記載帳簿、帳簿未驗印、未保存帳簿、帳簿未留置營業場所之行為。稅捐稽徵法第45條各項規定之處罰同為罰鍰，而二個處罰規定所欲保護之法益或所欲達成之目的相同。

上述營利事業未設置帳簿之行為，與其未記載帳簿帳簿未驗印、未保存帳簿、帳簿未留置營業場所之行為，係不同之違序行為，然而二者具有「行為階段發展」之關係。**惟營利事業未設置帳簿之行為，必然導致未記載帳簿、帳簿未驗印、未保存帳簿、帳簿未留置營業場所之行為。在此情形，未記載帳簿、帳簿未驗印、未保存帳**

簿、帳簿未留置營業場所之行爲，宜分別定性爲「不罰之後行爲」，而僅依照稅捐稽徵法第45條第1項規定，對營利事業未設置帳簿之行爲裁處罰鍰。

(9)同時觸犯所得稅法第114條第第1款（對未扣繳所得稅之處罰）與同條第2款（對未依限填報扣繳憑單之處罰）規定：

扣繳義務人應扣繳而未扣繳所得稅者，就未扣繳所得稅部分必然不會填報扣繳憑單。所得稅法第114條第1款與同條第2款規定之處罰同爲罰鍰，而二個處罰規定所欲保護之法益或所欲達成之目的相同。

扣繳義務人未扣繳所得稅之行爲，與未填報扣繳憑單之行爲，係不同之違序行爲。由是即發生下列問題：扣繳義務人未扣繳所得稅之行爲，除依照所得稅法第114條第1款規定處罰外，應否另外就其未填報扣繳憑單之行爲，再依照同條第2款規定處罰？在稽徵實務上，似不另外就其未填報扣繳憑單之行爲予以處罰；惟此一實務作法之規範依據何在，似非清楚。

按上述扣繳義務人未扣繳所得稅之行爲，與未填報扣繳憑單之行爲，二者具有「行爲階段發展」之關係。**扣繳義務人未扣繳所得稅之行爲，與未填報扣繳憑單之行爲。在此情形，未填報扣繳憑單之行爲，宜定性爲「不罰之後行爲」，而僅依照所得稅法第114條第1款規定，對扣繳義務人裁處罰鍰。**

(10)同時觸犯所得稅法第114條第第1款（對短扣繳所得稅之處罰）與同條第2款（對未按實填報扣繳憑單之處罰）規定：

扣繳義務人已扣繳所得稅而有短扣稅額者，則其填報之扣繳憑單必然填報不實。所得稅法第114條第1款與同條第2款所規定之處罰同爲罰鍰，而二個處罰規定所欲保護之法益或所欲達成之目的相同。

扣繳義務人短扣繳所得稅之行爲，與未按實填報扣繳憑單之行爲，係不同之違序行爲。由是即發生下列問題：扣繳義務人短扣繳所得稅之行爲，除依照所得稅法第114條第1款規定處罰外，應否另外就其未按實填報扣繳憑單之行爲，再依照同條第2款規定處罰？在稽徵實務上，似不另外就其未按實填報扣繳憑單之行爲予以處罰；惟此一實務作法之規範依據何在，似非清楚。

按上述扣繳義務人短扣繳所得稅之行爲，與未按實填報扣繳憑單之行爲，二者具有「行爲階段發展」之關係。**扣繳義務人短扣繳所得稅之行爲，與未按實填報扣繳憑單之行爲。在此情形，未按實填報扣繳憑單之行爲，宜定性爲「不罰之後行爲」，而僅依照所得稅法第114條第1款規定，對扣繳義務人裁處罰鍰。**

第五章

調查及裁罰程序

目前規範租稅行政罰裁處程序之法規，主要有四，一是行政罰法中關於裁處程序之規定，二是行政程序法，三是各稅法中關於裁處程序之規定，四是財政部90.2.16台財稅第900450462號函發布之「各級稽徵機關處理違章漏稅及檢舉案件作業要點」。

早在行政程序法、行政罰法制定公布之前，財政部基於實務之需要，即已制定處理違章案件作業要點。就法規範之效力位階言之，處理違章案件作業要點之性質僅係「行政規則」，故其效力最低，其規定如有與稅法、行政罰法或行政程序法知規定不同或牴牾者，自應排斥不用，乃屬當然。然而在稽徵實務上，處理違章案件作業要點與稅法中關於裁處程序之規定則應先予適用，其次適用行政罰法中關於裁處程序之規定，而行政程序法最後補充之。

關於營業稅與所得稅稽徵上租稅行政罰之裁處程序，為便於完整解析說明，特將「各級稽徵機關處理違章漏稅及檢舉案件作業要點」（以下簡稱「**處理違章案件作業要點**」）與行政罰法中裁處程序規定如何適用於營業稅與所得稅稽徵上租稅行政罰，集中於本章，一併解說。

壹、「各級稽徵機關處理違章漏稅及檢舉案件作業要點」之解說與探討

一、規定內容之解說

處理違章案件作業要點之內容，計有四十七點，分為七部分，即壹、總則（要點一至十一），貳、受理及稽查（要點十二至二十二），參、審理（要點二十三至二十八），肆、審議及裁罰（要點二十九至三十七），伍、行政救濟（要點三十八至四十），陸、執行劃解及違章證物處理（要點四十一至四十五），柒、附則（要點四十六至四十七）。由全部規定觀之，其範圍除「裁罰」（即「審議及裁罰」）程序外，尚包括裁罰前之「調查」（即「稽查」）程序，以及裁罰後之後續程序（即「執行劃解及違章證物處理」）等。整體而言，其規定之作用有二，一是重申稅法原有之特定法條之規定，而作更詳細具體之規定；二是補充稅法所缺乏之具體作業規定。

以下以處理違章案件作業要點為主，按其要點次序逐一做必要之析述，營業稅法等三法及行政程序法之有關規定，則於相關要點配合引述說明。

（壹、總則）

「一、財政部為使各級稽徵機關處理違章漏稅及檢舉案件一致起見，特訂定本要點。」

由此一規定可知處理違章案件作業要點並非依據法律授權所制定者，故其規範性質係行政程序法第159條第1項第1款規定關於「稽徵機關內部之組織、事務之分配、業務處理方式」之「行政規則」。

「二、本要點除關稅外，對中央暨地方各項稅捐之違章漏稅及檢舉案件，均適用之。」

此係規定本要點適用之範圍為「關稅以外所有稅捐」稽徵上之租稅行政罰案件（即「違章漏稅案件」），並包括案件成立前之檢舉處理，惟不適用於租稅刑事罰案件。

「三、違章漏稅及檢舉案件依下列程序處理之：㈠受理，㈡稽查，㈢審理，㈣審議及裁罰，㈤行政救濟，㈥罰鍰執行，㈦罰鍰劃解，㈧違章證物處理。」

「四、違章漏稅及檢舉案件處理時限如下：

㈠受理：一天。

㈡稽查：受理後二個月內查報完竣。但遇有下列情事時得簽報本機關首長核准展延之：1.蒐集資料費時者。2.會同其他機關調查者。3.重大案件籌設專案小組辦理者。4.其他原因費時者。

㈢審理：1.簡易及行為罰案件應於分案後十日內審結。2.一般案件，應於分案後兩個月內審結。3.案情複雜，牽涉較廣之案件，得專案簽報本機關首長核准，指派高級人員成立專案小組審理，於分案後四個月內審結。4.前三目所定時限，如因該案事證尚欠明確，須繼續查證或囑託他機關調查者，得扣除查證、調查期間計算；如因特殊原因未能依限審結時，應簽報本機關首長核准展期。

㈣審議及裁罰：1.審理單位對於應提裁罰審議小組審議之案件，應於審結後七日內提請審議。2.審理單位應於審查報告核定或裁罰審議小組決議送請核定後十日內撰寫處分書移業務單位。3.業務單位接到處分書後，應於一個月內填寫稅額繳款書及（或）罰鍰繳款書，並連同核定稅額通知書、處分書送達受處分人。

㈤行政救濟：依行政救濟有關時限之規定辦理。

㈥罰鍰執行：罰鍰經處分確定後，即由稽徵機關之配合執行單位移請執行機關辦理。

㈠罰鍰劃解：於收到罰鍰繳款書報核聯後，編製財務罰鍰處理月報表，分別劃解。

㈧違章證物處理：1.違章證物除有附卷存檔之必要者外，應於處分確定後十日內發還，但涉及刑責案件，應俟結案後為之。2.檢舉人提供之違章證物，於結案後，應以密件存檔保管，並於結案日起五年後，依法銷燬。惟如檢舉人索回，應予准許。」

此一規定之各項期限，性質係「訓示期間」，稽徵機關縱有延遲，並不影響其處理之效力。

「五、各級稽徵機關對於違章漏稅及檢舉案件之處理，應分設稽查及審理單位分別

辦理。」

　　所稱「稽查單位」，實務上或係稽徵機關內主辦稅目（如營業稅、所得稅等）之單位（科或課），或係稽徵機關專設之內部單位（如財稅警聯合稽查小組）。所稱「審理單位」，係指稽徵機關內之法務科（或法務室）。

　　稽查單位主辦要點十二至二十二等規定之「受理、稽查」事務；審理單位主辦要點二十三至二十八、三十四、三十六、三十七等規定之「審理」事務。

　　「六、稽查或審理違章漏稅及檢舉案件，為調查事實及證據之必要得以書面通知受稽查人，攜帶有關帳據限期到達辦公處所，以供查核並備詢，通知書應記載訊問目的、時間、地點、得否委託他人到場及不到場所生之效果；逾期無正當理由拒不應詢或提供帳據者，得逕依查得資料依法核辦。」

　　此一規定之稽查作業未限定由何一單位實施，故在實務上，稽查、審理單位均得實施要點六規定之調查作業。

　　此一稽查作業，應依稅捐稽徵法第30條規定行之，其通知書應記載「訊問目的、時間、地點、得否委託他人到場及不到場所生之效果」等事項，不得省略。如未記載或記載有欠缺，解釋上，受稽查人得拒絕調查。至如受稽查人要求補正或說明者，稽徵機關則不得拒絕；

　　「七、稽查或審理單位如發現非屬於本機關轄區之違章漏稅及檢舉案件，應即移送該管稽徵機關處理，並副知檢舉人或原移送機關。」

　　租稅行政罰案件（即「違章漏稅案件」）之「管轄權」並無疑義者，為此一規定適用之前提。如「管轄權」有疑義，應依照行政罰法第29條至第31條規定處理之（詳見前面本書第二篇第七章、壹、至參、之解析說明）。

　　「八、凡經稽查或審理認為無違章漏稅等情事之案件，應將查證事實及理由通知檢舉人或原移送機關，敘明「如有新事證，應於文到十日內提出，逾期即行結案。」

　　檢舉人或原移送機關逾文到10日後始提出新事證者，稽徵機關仍應本於職權詳予查證。蓋一則要點八規定之10日，僅係訓示期間，並非法律規定之期限，二者基於行政程序法第36條規定之「職權調查主義」，稽徵機關本即有主動調查之責任。

　　「九、承辦違章漏稅及檢舉案件人員，對檢舉人姓名及檢舉事項，應嚴守秘密，違者應予嚴處。如認其有涉及刑事者，並應移送司法機關依法偵辦。」

　　按所得稅法第103條第1項規定稽徵機關應為「舉發人」（指「告發或檢舉逃漏所得稅情事之人」）絕對保守秘密，同法第120條並有懲處「稽徵人員」洩漏舉發人祕密之規定（其懲處之性質為行政罰，參見前面本書第二篇第一章、壹、二、㈣、4、之說明）。

　　惟應注意，營業稅法及稅捐稽徵法並無類似規定，因此，倘如告發或檢舉者僅係所得稅以外之稅捐逃漏，即缺乏懲處稽徵人員洩密之法規依據。

　　「十、稽查或審理違章漏稅案件，應注意人、時、地、事等要件，慎重查核，公正

判斷，對當事人有利及不利事項應一律注意。簽擬意見及適用法令均應具體明確，不得推測臆斷。稽查、審理人員或審議委員如有行政程序法第三十二條規定之情事者，應自行簽請迴避。」

關於事實及證據之查核，行政程序法第36條規定：「行政機關應依職權調查證據，不受當事人主張之拘束，對當事人有利及不利事項應一律注意。」。

關於迴避，行政程序法第32條規定：「公務員在行政程序中，有下列各款情形之一者，應自行迴避：一、本人或其配偶、前配偶、四親等內之血親或三親等內之姻親或曾有此關係者為事件之當事人時。二、本人或其配偶、前配偶，就該事件與當事人有共同權利人或共同義務人之關係者。三、現為或曾為該事件當事人之代理人、輔佐人者。四、於該事件，曾為證人、鑑定人者。」。稽查、審理人員或審議委員有本條規定情事者，應自行簽請迴避。

又行政程序法第33條規定：「（第1項）公務員有下列各款情形之一者，當事人得申請迴避：一、有前條所定之情形而不自行迴避者。二、有具體事實，足認其執行職務有偏頗之虞者。（第2項）前項申請，應舉其原因及事實，向該公務員所屬機關為之，並應為適當之釋明；被申請迴避之公務員，對於該申請得提出意見書。（第3項）不服行政機關之駁回決定者，得於五日內提請上級機關覆決，受理機關除有正當理由外，應於十日內為適當之處置。（第4項）被申請迴避之公務員在其所屬機關就該申請事件為准許或駁回之決定前，應停止行政程序。但有急迫情形，仍應為必要處置。（第5項）公務員有前條所定情形不自行迴避，而未經當事人申請迴避者，應由該公務員所屬機關依職權命其迴避。」。稽查、審理人員或審議委員有本條第1項規定情事者，受稽查人得依照本條規定申請稽查、審理人員或審議委員迴避。

「十一、受理之案件，如國稅、地方稅互有牽連，應於收案後影印有關文件相互移送核辦或採會審方式進行，由收案單位負責主辦，以後違章事項有變更時亦同，並得自訂連繫作業規定。」

（貳、受理、稽查）

「十二、受理違章漏稅及檢舉案件，應設置專簿登記。」

所稱「專簿」，即要點二十四第1項規定之「違章漏稅案件處理登記簿」。

「十三、（第1項）檢舉人向稽徵機關檢舉案件時，稽徵機關應注意查明下列事項㈠：檢舉人姓名及住址。㈡被檢舉者之姓名及地址，如係公司或商號，其名稱、負責人姓名及營業地址。㈢所檢舉違章漏稅之事實及可供偵查之資料與線索。（第2項）以言詞檢舉之案件，稽徵機關應將檢舉之事實作成筆錄，經向檢舉人朗讀或使閱覽，確認其內容無誤後由其簽名或蓋章。（第3項）稽徵機關對其他查緝機關移送有關檢舉違章漏稅案件準用前二項規定。」

「十四、檢舉違章漏稅案件有下列情形之一者，得不予處理。㈠匿名或未具真實姓名、地址或經查明身分不實者。但檢舉內容具體者，仍應予以調查。㈡同一檢舉事由，

經適當處理，並已明確答覆後，仍一再檢舉者。(三)非主管檢舉之稽徵機關，接獲檢舉人以同一檢舉事由分向各機關檢舉者。」

「十五、受理之違章漏稅及檢舉案件附有違章證物者，應詳細清點、編號，並加蓋受理單位之騎縫章，如有不符者，應即通知檢舉人或移案機關補正。」

「十六、檢舉書應詳予查核其是否具備第十三點所規定之事實，如經調查不實者，應通知檢舉人限期補正或提供新事證，逾期不提供者，或認無調查必要者，得免議存查，並將決定及理由告知檢舉人。」

「十七、稽查人員執行任務前，應蒐集有關資料，分析研究實地稽查時可能發生之情況及處理方法，必要時並得訪問或約請檢舉人說明詳情，再行著手稽查。」

「十八、稽查人員執行任務，應出示稅務稽查證或指定任務之證明文件，必要時得命受稽查人提出國民身分證或其他證明文件，於受稽查人營業場所及營業時間內為之。但依稅捐違章性質必須在營業時間外稽查，或徵得受稽查人之同意，或已在營業時間內開始稽查，而必須繼續至營業時間外者，不在此限。對逃漏所得稅、營業稅及貨物稅涉有犯罪嫌疑之案件，得依法向當地司法機關聲請搜索票，會同管區警察或自治人員進入藏置帳簿、文件或證物之處所實施搜查，並由稽徵機關派高級人員監督進行，必要時，得洽請檢察官蒞場執行。」

按稅捐稽徵法第32條規定：「稅捐稽徵機關或財政部指定之調查人員依法執行公務時，應出示有關執行職務之證明文件；其未出示者，被調查者得拒絕之。」。要點十八前段一方面重申稅捐稽徵法第32條前段規定內容，另一方面係限定稽查之地點與時間。

又稅捐稽徵法第31條第1項規定：「稅捐稽徵機關對逃漏所得稅及營業稅涉有犯罪嫌疑之案件，得敘明事由，聲請當地司法機關簽發搜索票後，會同當地警察或自治人員，進入藏置帳簿、文件或證物之處所，實施搜查；……。」。要點十八後段一方面重申稅捐稽徵法第32條規定內容（其中貨物稅案件搜索之法律依據，係貨物稅條例第27條），一方面增加「必要時得洽請檢察官蒞場執行搜索」之規定。

「十九、搜索、扣押之帳簿文件或證物，應攜回該管稽徵機關依法處理，並將搜索票繳回司法機關。有關搜索扣押事項，除依稅捐稽徵法及貨物稅條例規定外，準用刑事訴訟法之規定。」

「二十、（第1項）稽查人員查獲有關違章漏稅之帳簿憑證及其他有關資料，應由稽查人員填列清冊三份（無協助查緝機關者二份），以一份交由受稽查人收執，一份交協助查緝機關（無協助查緝機關者免），一份攜回於二十四小時內簽報處理。（第2項）依前項規定作成之違章證物清冊，應由稽查人員、會辦人員及受稽查人簽章，並將該文件或證物予以密封攜回另行清理。清理時，應會同原密封人員、受稽查人或其合法之代理人辦理啟封手續，並作成啟封筆錄。（第3項）前項情形受稽查人拒不簽章者，由稽查人員及會辦人員逕予簽章，並書明受稽查人拒不簽章之事實，其無會辦人員，得邀請警察或自治人員到場證明。啟封時受稽查人拒不到場辦理手續者，得由稽徵機關辦

理啟封清理,並派高級人員監視。」

此係規定稽查時「證據保全」措施。

營業稅法施行細則第48條規定:「主管稽徵機關查獲營業人涉嫌違章漏稅之證件,如為營業人所需用,得依下列規定處理:一、帳簿:由該營業人向主管稽徵機關申請,自行抄錄或影印之,並依照本法第三十四條有關帳簿管理之規定,另設新帳繼續使用。二、會計憑證及其他證件:如以影本代替原本足資證明其違章責任者,由該營業人於影本上簽名蓋章證明與原本無異,經主管稽徵機關核對無訛後,將影本附案,原本發還。」,本條規定亦屬「證據保全」之措施。

「二十一、違章案件經稽查發現事實具體明確後,應取具受稽查人或其合法代理人之承諾或作成談話筆錄,並敘明查獲經過、違章事實、違反及適用法條,連同違章證物、啟封筆錄及違章證物清冊、涉嫌違反法條,簽移違章案件審理單位辦理,經查並無違章事實者,亦應於限期內將稽查情形簽報。」

此係規定稽查人員稽查後應為之作業,惟規定內容過於簡略。行政程序法第37條至第42條關於調查事實及證據之規定反較周備,稽查人員必須注意其程序上之要求,其規定如下:

第37條:「當事人於行政程序中,除得自行提出證據外,亦得向行政機關申請調查事實及證據。但行政機關認為無調查之必要者,得不為調查,並於第四十三條之理由中敘明之。」。

第38條:「行政機關調查事實及證據,必要時得據實製作書面紀錄。」。

第39條:「行政機關基於調查事實及證據之必要,得以書面通知相關之人陳述意見。通知書中應記載詢問目的、時間、地點、得否委託他人到場及不到場所生之效果。」。

第40條:「行政機關基於調查事實及證據之必要,得要求當事人或第三人提供必要之文書、資料或物品。」。

第41條:「(第1項)行政機關得選定適當之人為鑑定。(第2項)以書面為鑑定者,必要時,得通知鑑定人到場說明。」。

第42條:「(第1項)行政機關為瞭解事實真相,得實施勘驗。(第2項)勘驗時應通知當事人到場。但不能通知者,不在此限。」。

「二十二、查獲違章案件,如涉嫌違章人拒不承認,亦不於談話筆錄簽章時,稽查人員應將具體事實,詳為記錄(會查案件由會查人員證明),簽移審理單位辦理。」

此係規定對於受稽查人抗拒製作書面記錄時,稽查人員不得強制排除抗拒,而應由稽查人員另為補充處置之方法。

(參、審理)

「二十三、違章漏稅案件之審理,由審理單位辦理。」

「二十四、(第1項)違章漏稅案件於登記掛號後,應即交由登記人員按收文先後

順序編號，登入違章漏稅案件處理登記簿。（第2項）前項登記簿應按違章漏稅案件核定、補稅、裁罰、行政救濟、罰鍰執行、罰鍰劃解及憑證處理等程序，分別記載，或登錄電腦列管。並得視業務之需要，另設違章人名索引卡，以供參考。」

「二十五、違章人對於其所提供之文件或稽查人員查獲之帳證及有關之談話筆錄，得以書面敘明理由申請閱覽、抄寫、複印或攝影。其閱覽、抄寫、複印或攝影時，審理單位應派員監視行之。」

行政程序法第46條規定：「（第1項）當事人或利害關係人得向行政機關申請閱覽、抄寫、複印或攝影有關資料或卷宗。但以主張或維護其法律上利益有必要者為限。（第2項）行政機關對前項之申請，除有下列情形之一者外，不得拒絕：一、行政決定前之擬稿或其他準備作業文件。二、涉及國防、軍事、外交及一般公務機密，依法規規定有保密之必要者。三、涉及個人隱私、職業秘密、營業秘密，依法規規定有保密之必要者。四、有侵害第三人權利之虞者。五、有嚴重妨礙有關社會治安、公共安全或其他公共利益之職務正常進行之虞者。（第3項）前項第二款及第三款無保密必要之部分，仍應准許閱覽。（第4項）當事人就第一項資料或卷宗內容關於自身之記載有錯誤者，得檢具事實證明，請求相關機關更正。」。此一規定更為周備，審理單位必須注意其程序上之要求。

「二十六、違章漏稅案件之審理，以收文順序輪流派案為原則，但為應實際需要，得視案件之繁簡或審理人員之專長，分稅設組順序輪派。」

「二十七、因事證尚欠明確，無法確定是否違章，而有繼續調查必要之案件，應由審理人員敘明尚待查明之事項，移由稽查單位查明。」

「二十八、違章漏稅案件審理完竣後，審理人員應將查獲經過、違章事實、違反及適用法條、所漏稅額及處理意見，填具違章案件簽辦單（審查報告），層轉審核。各級審核人員對審理人員所簽違章事證、所引法條、計算方法及處理意見，應詳加審核，並簽註意見送核。」

行政程序法第43條：「行政機關為處分或其他行政行為，應斟酌全部陳述與調查事實及證據之結果，依論理及經驗法則判斷事實之真偽，……。」。

（肆、審議及裁罰）

「二十九、（第1項）各稽徵機關得設置裁罰審議小組，審議各項稅捐應處罰鍰案件。裁罰審議小組至少由五人組成，其中一人為主任委員，由各機關首長或副首長兼任。其餘委員由機關首長就本機關內與業務相關之人員遴選充任。（第2項）合於免罰標準及簡易、明確違章案件得不提審議小組審議。（第2項）前項簡易、明確標準由各稽徵機關自行訂定。」

財政部台北市國稅局定有「違章案件提送裁罰審議小組提案標準」（92.2.20制定，文號欠明），規定內容如下，可供參考：

「一、違章移罰金額達新台幣一百萬元以上之案件。但依稅捐稽徵法第四十四條規

定處罰及依所得稅法第一百十四條第二款規定，已扣繳稅款但逾期申報或填發扣繳憑單惟已自動補報或填發應處罰鍰之案件，其移罰金額雖達上列標準得免提送審議。

二、違章案件是否處罰或適用裁罰標準有疑義之案件。

三、免予處罰標準以外之免議案件。

四、經法務科審理與原查單位意見不一之案件。

五、適用裁罰金額或倍數表應從重處罰，或擬低於該表規定從輕處罰之案件。但依本局違章情節較輕處罰倍數參考表第二點規定，已申報案件，適用所得稅法第一百十條第三項規定處罰且所計算金額未達一百萬元者，免提送審議。

六、案情特殊經專案簽奉核准提送審議之案件。」。

「三十、稽徵機關對於應處罰鍰案件，應依據稅務違章案件減免處罰標準或稅務違章案件裁罰金額或倍數參考表規定裁罰。」

「三十一、非屬本轄之應處罰鍰案件，應退回審理單位迅移管轄稽徵機關辦理。」

租稅行政罰案件（即「違章漏稅案件」）之「管轄權」並無疑義者，為適用此一規定之前提，與要點七規定之適用相同。

「三十二、裁罰審議小組對提請審議之案件應依序輪派委員審查，主審委員如係原稽查人員者，應予迴避，依序改分。」

「三十三、主審委員對主審案件需詳閱案卷，研析事實及應行適用法條，除有繼續調查必要，應敘明尚待查明之事項，退回審理單位處理外，即應簽具意見，提請裁罰審議小組議決。」

「三十四、審理單位應於審查報告核定或裁罰審議小組決議送請核定後十日內撰寫處分書載明受處分人姓名、國民身分證統一編號或商號名稱、統一編號、負責人姓名、國民身分證統一編號、以及有關之住（地）址、違章事實、查獲經過、違反及適用法條、核定稅額、罰鍰金額或倍數，暨不服本處分之救濟方法、期間及其受理機關，並將處分書正本移業務單位送達受處分人。處分書副本應抄送會查機關或移案機關及有關單位。」

稅捐稽徵法施行細則第15條第1項規定：「稅捐稽徵機關依本法第五十條之二規定為罰鍰處分時，應填具裁處書及罰鍰繳款書送達受處分人。」。此一規定中之「裁處書」，即上開要點三十四中之「處分書」。

行政程序法第43條規定：「行政機關為處分或其他行政行為，應斟酌全部陳述與調查事實及證據之結果，依論理及經驗法則判斷事實之真偽，並將其決定及理由告知當事人。」。將處罰之「理由」告知當事人（即受處分人）乙節，在程序上非常重要，要點三十四之規定對此有所欠缺。審理單位應嚴格遵守「告知理由」之程序規定。

裁處書（即處分書）之送達，應適用行政程序法第67條至第91條之規定。

「三十五、業務單位接到處分書後，應於一個月內填寫同一限繳日期之稅額繳款書

及（或）罰鍰繳款書，連同處分書送達受處分人。」

　　稅捐稽徵法施行細則第15條第1項規定：「稅捐稽徵機關依本法第五十條之二定為罰鍰處分時，應填具裁處書及罰鍰繳款書送達受處分人。」。

　　稅額繳款書及（或）罰鍰繳款書之送達，應適用行政程序法第67條至第91條之規定。

　　「三十六、違章漏稅案件經處分後，審理單位登記人員應於收到處分書副本三日內，將處分內容記入違章漏稅案件處理登記簿或登錄電腦。」

　　「三十七、違章漏稅案件經核定、議決或行政救濟確定不罰者，審理單位應通知原查單位或移案機關，如屬檢舉案件並由原查單位或移案機關通知檢舉人。」

（伍、行政救濟）

　　「三十八、違章漏稅案件之復查，不得由原審理人員辦理。」

　　「三十九、受理復查單位應於受理違章漏稅案件之復查後，迅即通知審理單位，審理單位登記人員應於違章漏稅案件處理登記簿上註記申請復查日期。」

　　「四十、違章漏稅案件行政救濟程序終結後，受理復查單位應將決定書或判決書影本送審理及業務單位。」

（陸、執行劃解及違章證物處理）

　　「四十一、違章漏稅案件罰鍰金額確定後，如受處分人未依限繳納時，由業務單位將處分書、決定書或判決書影本連同送達回證移送配合執行單位移送執行機關強制執行。」

　　「四十二、受處分人無財產可供執行，經執行機關發給債權憑證時，由移送單位保管，並應定期清查受處分人財產，如發現受處分人有可供執行之財產，即查明是否已繳清罰鍰，如尚未繳納，即檢送財產目錄移請執行機關強制執行。」

　　「四十三、執行程序未終結前，發現受處分人有毀損、隱匿財產、虛造債務或其他不法情事，意圖使罰鍰無法受償或減低罰鍰受償之金額時，配合執行單位，應依法訴追。」

　　「四十四、稽徵機關於收到受處分人繳納之罰鍰後，應依第四點第七款規定分別劃解，並登記於違章漏稅案件處理登記簿內或登錄電腦。同時填入違章漏稅案件罰鍰處理分配表，按期彙報，並將提成獎金通知檢舉人限期領款及分別劃解有關機關。依法提起行政救濟之違章漏稅案件所繳納罰鍰，應保留至處分確定後，再依前項規定辦理。」

　　「四十五、裁罰確定案件之違章證物，除國、地方稅稽徵機關受理之案件互有牽連，應互相移送外，如發還受處分人時，應限期通知受處分人具領，逾六個月不領或受處分人之行方不明，通知無法送達，經公示送達後六個月仍不具領者，稽徵機關不負保管責任。」

（柒、附則）

　　「四十六、違章漏稅案件審理、補稅、裁罰及執行等情形，審理單位應按規定，編

造違章漏稅案件處理情形報表,以憑查核。」

「四十七、本要點規定應行送達檢舉人或違章人之各項主要文書,均應取具送達證明書或回執聯附卷備查。」

二、規定內容之探討

㈠處理違章案件作業要點之規定內容,絕大部分係程序規定,已解析說明如上述。其規定內容綜應不足或周全之處,則營業稅法等三法、行政罰法及行政程序法亦可補充之。然而行政罰法施行至今已過數年,處理違章案件作業要點在90.2.16修訂後,亦已近十年,是以其規定內容實有必要再行檢討修訂,使其更趨完備。

㈡實務上對於要點三十四規定內容之適用情形,是否妥適,有必要進一步檢討。

處理違章案件作業要點三十四定:「審理單位應於審查報告核定或裁罰審議小組決議送請核定後十日內撰寫處分書載明受處分人姓名、國民身分證統一編號或商號名稱、統一編號、負責人姓名、國民身分證統一編號、以及有關之住(地)址、違章事實、查獲經過、違反及適用法條、核定稅額、罰鍰金額或倍數,暨不服本處分之救濟方法、期間及其受理機關,並將處分書正本移業務單位送達受處分人。……」。此一關於撰寫處分書(即裁處書)之規定,似乎甚為周全,其實係其規定缺漏一個極重要之部分,即「應載明受處分人之違序行為係出於故意或過失」。

按行政罰法第第7條明定行政罰之責任條件:「(第1項)違反行政法上義務之行為非出於故意或過失者,不予處罰。(第2項)法人、設有代表人或管理人之非法人團體、中央或地方機關或其他組織違反行政法上義務者,其代表人、管理人、其他有代表權之人或實際行為之職員、受僱人或從業人員之故意、過失,推定為該等組織之故意、過失。」。對於租稅行政罰案件,稽徵機關、司法機關必須查明受處分人之違序行為係出於故意,抑係出於過失;其理由在於:⑴稽徵機關對於責任條件(即受處分人之主觀心態,亦即受處分人之違序行為係出於故意或出於過失)負有舉證責任;⑵受處分人之違序行為出於過失者,相對於出於故意者,應裁處較輕之處罰,否則即無區分並查明違序行為出於故意或出於過失之必要。

然而95.2.5行政罰法施行前,由於一則所有內地稅法均無違序行為出於故意或出於過失應為不同處罰之明文;二則在稽徵實務上,長久以來(至少)對租稅法上違序行為均不問係出於故意或過失,一概處罰,行政法院並予支持。三則現行「稅務違章案件減免處罰標準」及「稅務違章案件裁罰金額或倍數參考表」,其中規定裁罰輕、重之斟酌標準,並非以主觀心態之故意、過失為標準。數個因素交互糾結呼應,以致稽徵機關在租稅行政罰裁處之實務上,對於處罰之責任條件的查證,毫不措意,而行政法院對於租稅行政罰案件中責任條件之審查,則幾至完全輕忽不論。

在行政罰法施行後,稽徵機關對於租稅行政罰案件中責任條件之查證,可謂大抵一仍舊貫地不予注意。茲舉現實案例之裁處書之記載,以明此一不當現象:

　　例一：某國稅局分局在98年5月間所作某一「虛報進項稅額案件」裁處書記載之「違章事實」：「受處分人於於98年1-2月間無進貨事實，卻取得虛開不實發票營業人「××服飾有限公司」開立之統一發票2紙，金額計×××元（不含稅），作為進項憑證扣抵銷項稅額，虛報進項稅額×××元，違反加值型及非加值型營業稅法第15條第1、3項規定，案經本分局查獲，有下列證據可憑，違章事證明確。」。

　　例二：某國稅局在96年1月間所作某一「短扣繳所得稅案件」裁處書記載之「違章事實」：「一、受處分人為××公司之負責人，亦即所得稅法第89條規定之扣繳義務人，對於該單位於93年1月1日至93年12月31日給付在中華民國境內無固定營業場所之營利事業其他所得××××元，未依同法第88條、第92條規定扣繳所得稅款，計短漏扣繳稅額×××元，經本局及本局××稽徵所查獲，有下列證據可據，違章事證明確。二、經本局××稽徵所責令補繳短扣繳稅款及補報扣繳憑單，已依限補繳及補報。」。

　　在此二例中，可以清楚看出稽徵機關在裁處書中僅係陳述違章事實，說明法律上義務規定而已；至於稽徵機關有無查證受處分人之違序行為係出於故意或出於過失，查證結果如何等，在裁處書中完全未置一詞。何以如此，其故在於稽徵機關在稽查、審理階段中，均未對受處分人違序行為之主觀心態加以查證。由是可知稽徵機關對於租稅行政罰案件中責任條件之查證，其態度是毫不措意，對於行政罰法第7條責任條件之規定，完全視若無睹，其漠視態度誠令人浩嘆。

　　租稅行政罰案件裁處後，受處分人對於「違序行為係出於故意或出於過失」乙節加以指摘，稽徵機關大多無法說明，則概以「受處分人之行為縱非故意，亦難謂無過失」之詞應付。至於行政法院對於租稅行政罰案件中責任條件之審查，或係出於司法之較為用心，或係出於被動回應納稅義務人之指摘，則有稍為詳細之論證或說理。然而在部分判決中，仍可發現行政法院照抄稽徵機關「受處分人之行為縱非故意，亦難謂無過失」之詞，作為判決理由，忘卻其正應對稽徵機關此一說詞加以審查之責任。另外，在部分判決中，仍可發現行政法院將稽徵機關關於法律上義務規定之說明、違序事實之陳述等，誤認為係對主觀心態如何之查證，忘卻其應對稽徵機關有無對受處分人之主觀心態加查證，查核結果又係如何等，詳予審查，類此判決實有判決理由不備之嫌。

　　上述二問題，在前面本書第二篇第二章、壹、二、㈠、1、已有詳論，併可參看。

貳、行政罰法裁處程序規定在營業稅與所得稅稽徵上租稅行政罰之適用

一、行政罰法第33條規定之適用

　　行政罰法第33條：「行政機關執行職務之人員，應向行為人出示有關執行職務之證明文件或顯示足資辨別之標誌，並告知其所違反之法規。」。

　　茲解析說明如下：

　　營業稅法、所得稅法與稅捐稽徵法中，有稅捐稽徵法第32條規定：「稅捐稽徵機關或財政部指定之調查人員依法執行公務時，應出示有關執行職務之證明文件；其未出示者，被調查者得拒絕之。」[122]，類似行政罰法第33條前段規定。

　　另外，處理違章案件作業要點十八第1項規定：「稽查人員執行任務，應出示稅務稽查證或指定任務之證明文件，必要時得命受稽查人提出國民身分證或其他證明文件，於受稽查人營業場所及營業時間內為之。但依稅捐違章性質必須在營業時間外稽查，或徵得受稽查人之同意，或已在營業時間內開始稽查，而必須繼續至營業時間外者，不在此限。」，此一規定一方面重申稅捐稽徵法第32條規定內容，另一方面係限定稽查之地點與時間，應先予適用。

　　應注意者，並非限於獲知有違反租稅法上義務之**「開始嫌疑」**之存在而實施稽查時，稽查人員方須遵守稅捐稽徵法第32條之規定。在未發現有違序行為之嫌疑，而實施**「例行調查」**（如所得稅法第80條第1項及第3項、第83條規定之調查）等時，稽查人員亦須遵守稅捐稽徵法第32條規定。

　　依據稅捐稽徵法第32條、處理違章案件作業要點十八第1項與行政罰法第33條規定，因獲知有違反營業稅法等三法上義務之「開始嫌疑」之存在，稽徵機關有關人員或財政部指定之調查人員實施稽查時：

　　1.稽查人員應向受稽查人出示有關執行職務之證明文件，如識別證、服務證、稽查證、檢查證等（縱然在稽徵機關、財政部辦公處所內執行職務，亦然），或稽徵機關或財政部之公函（應載明實施調查之意旨），或顯示足以辨別其身分之標誌，如制服、標章、標誌等。惟目前稽徵機關及財政部似無專用之標章、標誌等，其人員亦無穿著制服之規定[123]。

　　2.有確認受稽查人身分之必要時，得命受稽查人提出國民身分證或其他證明文件（參見行政罰法第34條第1項第4款，並詳見下面二、㈠、4、所述）。

　　3.應於受稽查人營業場所內實施稽查。惟如法規有得在營業場所外實施稽查之明文者，自應從其規定[124]。稽查人員得在機關辦公處所內實施稽查，則屬當然。

　　4.應於受稽查人營業時間內實施稽查。但依稅捐違章性質必須在營業時間外稽查，或徵得受稽df查人之同意，或已在營業時間內開始稽查，而必須繼續至營業時間外

---

122 類似之規定，有海關緝私條例第15條：「海關緝私職員執行緝私職務時，應著制服或佩徽章或提示足以證明其身分之其他憑證。」蓋稅捐稽徵法不適用於關稅，故海關緝私條例另作此一規定，惟其規定則較為詳細。

123 內地稅法中，似僅有使用牌照稅法第22條規定，檢查人員執行該法第21條規定之車輛總檢查時，應配戴臂章。另外，海關緝私條例第15條規定海關緝私職員查緝走私時，應著制服或佩徽章；蓋法令上有海關關員穿著制服或佩徽章之要求。

124 使用牌照稅法第21條規定：「使用牌照稅徵收期滿後，應由主管稽徵機關，會同警察機關派員組織檢查隊，舉行車輛總檢查；並得由主管稽徵機關或警憲隨時突擊檢查。」。此一檢查，除在受檢查人之營業場所為之外，亦得在營業場所以外之任何場所為之，乃屬當然。

者，不在此限。

　　5.應告知受稽查人所違反之租稅法規。所謂「違反之租稅法規」，應指違反何一稅法及該稅法之何一法條。惟因租稅法規內容繁雜，稽查時未必均能確認受稽查人違反之稅法及法條條次，在此情形，稽查人員至少應說明可能違反之稅法及法條範圍。

　　另外應予說明者，稅捐稽徵法第31條第1項規定：「稅捐稽徵機關對逃漏所得稅及營業稅涉有犯罪嫌疑之案件，得敘明事由，聲請當地司法機關簽發搜索票後，會同當地警察或自治人員，進入藏置帳簿、文件或證物之處所，實施搜查；……。」。**注意此一規定並不適用於逃漏所得稅及營業稅「涉有租稅行政罰」之案件**，其僅適用於逃漏所得稅及營業稅「涉有犯罪嫌疑」之案件。惟由於「涉有犯罪嫌疑」之違法程度高於「涉有租稅行政罰」，是則舉重明輕，搜索人員（包括稽徵機關人員、警察或自治人員）亦應向被搜索人（自然人或組織）出示有關執行職務之證明文件或顯示足資辨別之標誌，並告知其所違反之法規，方屬適法[125]。

二、行政罰法第34條及第35條之適用

　　行政罰法第34條：「（第1項）行政機關對現行違反行政法上義務之行為人，得為下列之處置：一、即時制止其行為。二、製作書面紀錄。三、為保全證據之措施。遇有抗拒保全證據之行為且情況急迫者，得使用強制力排除其抗拒。四、確認其身分。其拒絕或規避身分之查證，經勸導無效，致確實無法辨認其身分且情況急迫者，得令其隨同到指定處所查證身分；其不隨同到指定處所接受身分查證者，得會同警察人員強制為之。（第2項）前項強制，不得逾越保全證據或確認身分目的之必要程度。」。

　　第35條：「（第1項）行為人對於行政機關依前條所為之強制排除抗拒保全證據或強制到指定處所查證身分不服者，得向該行政機關執行職務之人員，當場陳述理由表示異議。（第2項）行政機關執行職務之人員，認前項異議有理由者，應停止或變更強制排除抗拒保全證據或強制到指定處所查證身分之處置；認無理由者，得繼續執行。經行為人請求者，應將其異議要旨製作紀錄交付之。」。

　　茲解析說明如下：

　　㈠茲就營業稅法所得稅法與捐稽徵法、處理違章案件作業要點與此二法條規定有關之部分，配合予以說明。

---

125 貨物稅條例第27條第1項、菸酒稅法第15條第1項，亦有類似稅捐稽徵法第31條第1項之規定。又遺產及贈與稅法第39條規定：「稽徵機關進行調查，如發現納稅義務人有第四十六條所稱故意以詐欺或不正當方法逃漏遺產稅或贈與稅時，得敘明事由，申請當地司法機關，實施搜索、扣押或其他強制處分。」。注意上開規定並不適用於逃漏貨物稅、菸酒稅、遺產稅及贈與稅「「涉有租稅行政罰」之案件，其僅適用於逃漏貨物稅、菸酒稅、遺產稅及贈與稅「涉有犯罪嫌疑」之案件。此類搜索，搜索人員亦應向被搜索人出示有關執行職務之證明文件或顯示足資辨別之標誌，並告知其所違反之法規，方屬適法。

關於行政罰法第34條規定之適用，分述如下：

1.第1項第1款之**即時制止其行為**：

營業稅法等三法與處理違章案件作業要點中，並無「即時制止行為」之規定，故稽徵機關有關人員調查營業稅與所得稅稽徵上之租稅行政罰案件，可直接適用行政罰法第34條第1項第1款即時制止其行為之規定。其事例諸如：⑴稽徵機關接獲檢舉營業人漏開統一發票，派人前往調查，而對於營業人正進行中之銷貨，調查人員在現場制止不開立發票（其實是命令其依規定開立發票，此係即時制止其發生違序行為）。至如執法人員到達現場前，營業人銷貨而漏開發票行為已經終了者，自仍應依法予以裁處。⑵稽徵機關收受營業人之銷售額申報書時，發現營業人申報書中有溢列進項稅額，在現場要求營業人重行計算正確列報。⑶稽徵機關收受所得稅申報書時，發現納稅義務人有某項所得漏未列入申報書中，在現場要求納稅義務人列入。

2.第1項第2款之**製作書面記錄**：

營業稅法等三法對此均乏明文，而處理違章案件作業要點有如下規定：

⑴要點二十一：「違章案件經稽查發現事實具體明確後，應取具受稽查人或其合法代理人之承諾或作成談話筆錄，並敘明查獲經過、違章事實、違反及適用法條，連同違章證物、啟封筆錄及違章證物清冊、涉嫌違反法條，簽移違章案件審理單位辦理，經查並無違章事實者，亦應於限期內將稽查情形簽報。」。

⑵要點二十二：「查獲違章案件，如涉嫌違章人拒不承認，亦不於談話筆錄簽章時，稽查人員應將具體事實，詳為記錄（會查案件由會查人員證明），簽移審理單位辦理。」。此係對於受稽查人抗拒製作書面記錄時，稽查人員不得強制排除抗拒，而規定稽查人員另為補充處置之方法。

上開二個規定甚為詳細，應先予適用。

3.第1項第3款之**為保全證據之措施與強制排除抗拒**：

所得稅法與稅捐稽徵法對此均乏明文，而處理違章案件作業要點及營業稅法施行細則則有相關規定：

⑴處理違章案件作業要點二十：「（第1項）稽查人員查獲有關違章漏稅之帳簿憑證及其他有關資料，應由稽查人員填列清冊三份（無協助查緝機關者二份），以一份交由受稽查人收執，一份交協助查緝機關（無協助查緝機關者免），一份攜回於二十四小時內簽報處理。（第2項）依前項規定作成之違章證物清冊，應由稽查人員、會辦人員及受稽查人簽章，並將該文件或證物予以密封攜回另行清理。清理時，應會同原密封人員、受稽查人或其合法之代理人辦理啟封手續，並作成啟封筆錄。（第3項）前項情形受稽查人拒不簽章者，由稽查人員及會辦人員逕予簽章，並書明受稽查人拒不簽章之事實，其無會辦人員，得邀請警察或自治人員到場證明。啟封時受稽查人拒不到場辦理手續者，得由稽徵機關辦理啟封清理，並派高級人員監視。」。此一規定係屬「證據保全」措施。

(2)營業稅法施行細則第48條：「主管稽徵機關查獲營業人涉嫌違章漏稅之證件，如為營業人所需用，得依下列規定處理：一、帳簿：由該營業人向主管稽徵機關申請，自行抄錄或影印之，並依照本法第三十四條有關帳簿管理之規定，另設新帳繼續使用。二、會計憑證及其他證件：如以影本代替原本足資證明其違章責任者，由該營業人於影本上簽名蓋章證明與原本無異，經主管稽徵機關核對無訛後，將影本附案，原本發還。」。此一規定係屬「證據保全」之措施。

上開規定甚為詳細，應先予適用。惟上開規定中「稽查人員攜回文件或證物」及「稽徵機關留置文件或證物」部分，屬於「證物之扣留」，應注意行政罰法第36條至第41條有詳細之規定（詳見下面三、所述）。

4.第1項第4款之**確認身分與強制到指定處所查證身分**：

營業稅法等三法對此均乏明文，而處理違章案件作業要點十八則僅簡略規定：「稽查人員執行任務，應出示稅務稽查證或指定任務之證明文件，必要時得命受稽查人提出國民身分證或其他證明文件，……。」，此一規定應配合行政罰法第34條第1項第4款確認身分與強制到指定處所查證身分之規定，一併適用。

5.稽徵機關依據上面1、至4、所述有關規定為各種「即時處置」之措施時，應注意恪守行政罰法第34條第2項規定，不得逾越保全證據或確認身分目的之必要程度，自屬當然。

(二)受稽查人對於稽查人員依據處理違章案件作業要點二十規定所為之「製作違章證物清冊」，以及「將該文件或證物予以密封攜回」等之保全證據措施，營業稅法等三法與處理違章案件作業要點中，均無關於如何救濟及對救濟之處理的規定，故應直接適用行政罰法第35條**即時處置之救濟及處理**之規定。

三、行政罰法第36條至第41條之適用

行政罰法第36條：「（第1項）得沒入或可為證據之物，得扣留之。（第2項）前項可為證據之物之扣留範圍及期間，以供檢查、檢驗、鑑定或其他為保全證據之目的所必要者為限。」。

第37條：「對於應扣留物之所有人、持有人或保管人，得要求其提出或交付；無正當理由拒絕提出、交付或抗拒扣留者，得用強制力扣留之。」。

第38條：「（第1項）扣留，應作成紀錄，記載實施之時間、處所、扣留物之名目及其他必要之事項，並由在場之人簽名、蓋章或按指印；其拒絕簽名、蓋章或按指印者，應記明其事由。（第2項）扣留物之所有人、持有人或保管人在場或請求時，應製作收據，記載扣留物之名目，交付之。」。

第39條：「（第1項）扣留物，應加封緘或其他標識，並為適當之處置；其不便搬運或保管者，得命人看守或交由所有人或其他適當之人保管。得沒入之物，有毀損之虞或不便保管者，得拍賣或變賣而保管其價金。（第2項）易生危險之扣留物，得毀棄

之。」。

第40條：「（第1項）扣留物於案件終結前無留存之必要，或案件為不予處罰或未為沒入之裁處者，應發還之；其經依前條規定拍賣或變賣而保管其價金或毀棄者，發還或償還其價金。但應沒入或為調查他案應留存者，不在此限。（第2項）扣留物之應受發還人所在不明，或因其他事故不能發還者，應公告之；自公告之日起滿六個月，無人申請發還者，以其物歸屬公庫。」。

第41條：「（第1項）物之所有人、持有人、保管人或利害關係人對扣留不服者，得向扣留機關聲明異議。（第2項）前項聲明異議，扣留機關認有理由者，應發還扣留物或變更扣留行為；認無理由者，應加具意見，送直接上級機關決定之。（第3項）對於直接上級機關之決定不服者，僅得於對裁處案件之實體決定聲明不服時一併聲明之。但第一項之人依法不得對裁處案件之實體決定聲明不服時，得單獨對第一項之扣留逕行提起行政訴訟。（第4項）第一項及前項但書情形，不影響扣留或裁處程序之進行。」。

茲解析說明如下：

㈠現行營業稅法、所得稅法與稅捐稽徵法均無「沒入」之規定（其他各內地稅法似亦均無沒入之規定），又不得僅以行政罰法第21條至第23條有沒入之規定，即引為裁處沒入之法律依據。因此，行政罰法第36條至第41條中有關「得沒入之物之扣留」部分之規定，對於營業稅與所得稅稽徵上之租稅行政罰，並無適用餘地，故可存而不論。

㈡營業稅法等三法與處理違章案件作業要點中，有若干與「**證物之扣留**」有關之規定，茲就與行政罰法第36條至第41條規定有關之部分，配合予以說明。

　1.第36條規定之**證物之扣留及其限制**：

稅捐稽徵法第30條第3項規定：「納稅義務人及其他關係人提供帳簿、文據時，該管稽徵機關或財政部賦稅署應掣給收據，除涉嫌違章漏稅者外，應於帳簿、文據提送完全之日起，七日內發還之；其有特殊情形，經該管稽徵機關或賦稅署首長核准者，得延長發還時間七日。」依本項中之除書規定，涉嫌違章漏稅之帳簿、文據，可以扣留；惟其扣留範圍及期間，應恪遵行政罰法第36條第2項「以供檢查、檢驗、鑑定或其他為保全證據之目的所必要者為限」之規定。

頗為奇特者，營業稅法施行細則第48條規定：「主管稽徵機關查獲營業人涉嫌違章漏稅之證件，如為營業人所需用，得依下列規定處理：一、帳簿：由該營業人向主管稽徵機關申請，自行抄錄或影印之，並依照本法第三十四條有關帳簿管理之規定，另設新帳繼續使用。二、會計憑證及其他證件：如以影本代替原本足資證明其違章責任者，由該營業人於影本上簽名蓋章證明與原本無異，經主管稽徵機關核對無訛後，將影本附案，原本發還。」對於營業稅稽徵上之租稅行政罰案件，此一規定固有必要。然而由於營業稅法本身並無任何扣留涉嫌違章漏稅之證件的規定，故其施行細則憑空作此一規定，不免奇特。其次，此一規定僅適用於營業稅稽徵上之租稅行政罰案件，實則所有稅

法之租稅行政罰案件，均有此一規定之需要，是以實應規定於稅捐稽徵法或其施行細則中，立法上較為妥適。

2.第37條規定之**證物之強制扣留**：

營業稅法等三法與處理違章案件作業要點中，並無規定，故稽徵機關有關人員調查營業稅與所得稅稽徵上之租稅行政罰案件，可直接適用行政罰法第37條證物之強制扣留之規定。

3.第38條規定之**證物之扣留紀錄與收據**：

處理違章案件作業要點二十規定：「（第1項）稽查人員查獲有關違章漏稅之帳簿憑證及其他有關資料，應由稽查人員填列清冊三份（無協助查緝機關者二份），以一份交由受稽查人收執，一份交協助查緝機關（無協助查緝機關者免），一份攜回於二十四小時內簽報處理。（第2項）依前項規定作成之違章證物清冊，應由稽查人員、會辦人員及受稽查人簽章，並將該文件或證物予以密封攜回另行清理。清理時，應會同原密封人員、受稽查人或其合法之代理人辦理啟封手續，並作成啟封筆錄。（第3項）前項情形受稽查人拒不簽章者，由稽查人員及會辦人員逕予簽章，並書明受稽查人拒不簽章之事實，其無會辦人員，得邀請警察或自治人員到場證明。啟封時受稽查人拒不到場辦理手續者，得由稽徵機關辦理啟封清理，並派高級人員監視。」。此係「證物之扣留紀錄」之規定，應配合行政罰法第38條第1項規定，一併適用。至於「扣留證物之收據」部分，此一規定並未及之，故應直接適用行政罰法第38條第2項規定。

4.第39條規定之**扣留證物之處理**：

營業稅法等三法與處理違章案件作業要點中，並無規定，故稽徵機關有關人員調查營業稅與所得稅稽徵上之租稅行政罰案件，可直接適用行政罰法第39條扣留證物之處理之規定。

5.第40條規定之**扣留證物之發還**：

處理違章案件作業要點三、㈧規定：「（第1項）違章證物除有附卷存檔之必要者外，應於處分確定後十日內發還，但涉及刑責案件，應俟結案後為之。（第2項）檢舉人提供之違章證物，於結案後，應以密件存檔保管，並於結案日起五年後，依法銷燬。惟如檢舉人索回，應予准許。」。又要點四十五規定：「裁罰確定案件之違章證物，除國、地方稅稽徵機關受理之案件互有牽連，應互相移送外，如發還受處分人時，應限期通知受處分人具領，逾六個月不領或受處分人之行方不明，通知無法送達，經公示送達後六個月仍不具領者，稽徵機關不負保管責任。」。此二規定，應配合行政罰法第40條扣留證物之發還之規定，一併適用。

6.第41條規定之**證物扣留之救濟及發還**：

營業稅法等三法與處理違章案件作業要點中，並無規定，故稽徵機關有關人員調查營業稅與所得稅稽徵上之租稅行政罰案件，可直接適用行政罰法第41條證物扣留之救濟及發還之規定。

四、行政罰法第42條及第43條之適用

行政罰法第42條：「行政機關於裁處前，應給予受處罰者陳述意見之機會。但有下列情形之一者，不在此限：一、已依行政程序法第三十九條規定，通知受處罰者陳述意見。二、已依職權或依第四十三條規定，舉行聽證。三、大量作成同種類之裁處。四、情況急迫，如給予陳述意見之機會，顯然違背公益。五、受法定期間之限制，如給予陳述意見之機會，顯然不能遵行。六、裁處所根據之事實，客觀上明白足以確認。七、法律有特別規定。」。

第43條：「行政機關為第二條第一款及第二款之裁處前，應依受處罰者之申請，舉行聽證。但有下列情形之一者，不在此限：一、有前條但書各款情形之一。二、影響自由或權利之內容及程度顯屬輕微。三、經依行政程序法第一百零四條規定，通知受處罰者陳述意見，而未於期限內陳述意見。」。

茲解析說明如下：

營業稅法、所得稅法與稅捐稽徵法中之租稅行政罰，現行營業稅法等三法與處理違章案件作業要點中，均無行政機關裁處前給予受處分人陳述意見機會與舉行聽證之規定。是以行政罰法第42條及第43條規定，在租稅行政罰之裁處程序中，應直接適用之。分言之：

(一)稽徵機關裁處前，除非已有行政罰法第42條但書規定之各款情形，否則均應主動給予受處分人陳述意見之機會，亦即應不待受處分人之申請，而應於裁罰前主動通知受處分人陳述意見（或提出申辯、說明等）[126]。

另外，稅捐稽徵法施行細則第14條第1款規定：「本法第五十條之二所稱不適用稅法處罰程序之有關規定，指不適用下列處罰程序：一、稅捐稽徵機關通知受處分人限期提出申辯者。」。事實上營業稅法等三法均無「通知受處分人限期提出申辯」之規定，故此一規定並無適用餘地。

關於受處分人陳述意見之程序，行政程序法第104條至第106條有詳細之規定，稽徵機關應遵守之，其規定如下：

第104條：「（第1項）行政機關依第一百零二條給予相對人陳述意見之機會時，應以書面記載下列事項通知相對人，必要時並公告之：一、相對人及其住居所、事務所或營業所。二、將為限制或剝奪自由或權利行政處分之原因事實及法規依據。三、得依第一百零五條提出陳述書之意旨。四、提出陳述書之期限及不提出之效果。五、其他必要事項。（第2項）前項情形，行政機關得以言詞通知相對人，並作成紀錄，向相對人朗

---

126 行政罰法施行後，其第42條係行政程序法第103條第7款之特別規定。行政罰法施行第42條但書之七款「不給予受罰者陳述意見」之例外規定，並未包括行政程序法第103條第7款規定之「相對人於提出訴願前依法應向行政機關聲請復查或其他先行程序者，得不給予陳述意見之機會」在內。因此，行政罰法施行後，所有租稅行政罰案件應優先適用行政罰法第42條規定。

讀或使閱覽後簽名或蓋章；其拒絕簽名或蓋章者，應記明其事由。」。

第105條：「（第1項）行政處分之相對人依前條規定提出之陳述書，應為事實上及法律上陳述。（第2項）利害關係人亦得提出陳述書，為事實上及法律上陳述，但應釋明其利害關係之所在。（第3項）不於期間內提出陳述書者，視為放棄陳述之機會。」。

第106條：「（第1項）行政處分之相對人或利害關係人得於第一百零四條第一項第四款所定期限內，以言詞向行政機關陳述意見代替陳述書之提出。（第2項）以言詞陳述意見者，行政機關應作成紀錄，經向陳述人朗讀或使閱覽確認其內容無誤後，由陳述人簽名或蓋章；其拒絕簽名或蓋章者，應記明其事由。陳述人對紀錄有異議者，應更正之。」。

㈡稽徵機關裁處「限制或禁止行為之處分」（如停止營業）及「剝奪或消滅資格、權利之處分」（如停止其所得稅減免等之優惠）之租稅行政罰前，除非已有行政罰法第43條但書規定之各款情形，否則均應依行為人之申請，舉行聽證。至於罰鍰之裁處，並無行政罰法第43條規定之適用。

如應舉行聽證，應依照行政程序法第54條至第68條規定為之。

五、行政罰法第44條之適用

行政罰法第44條：「行政機關裁處行政罰時，應作成裁處書，並為送達。」。

茲解析說明如下：

㈠營業稅法、所得稅法與稅捐稽徵法中之租稅行政罰，在稅捐稽徵法施行細則與處理違章案件作業要點中，有關裁處書作成之規定如下：

1.稅捐稽徵法施行細則第15條規定：「稅捐稽徵機關依本法第五十條之二規定為罰鍰處分時，應填具裁處書及罰鍰繳款書送達受處分人。」。

2.處理違章案件作業要點三十四規定：「審理單位應於審查報告核定或裁罰審議小組決議送請核定後十日內撰寫處分書載明受處分人姓名、國民身分證統一編號或商號名稱、統一編號、負責人姓名、國民身分證統一編號、以及有關之住（地）址、違章事實、查獲經過、違反及適用法條、核定稅額、罰鍰金額或倍數，暨不服本處分之救濟方法、期間及其受理機關，並將處分書正本移業務單位送達受處分人。處分書副本應抄送會查機關或移案機關及有關單位。」。

3.處理違章案件作業要點三十五規定：「業務單位接到處分書後，應於一個月內填寫同一限繳日期之稅額繳款書及（或）罰鍰繳款書，連同處分書送達受處分人。」。

注意上開規定僅適用於稽徵機關裁處「罰鍰」之租稅行政罰，而除「裁處書」（處分書）以外，稽徵機關尚須作成「罰鍰繳款書」，一併送達受罰人。上開規定甚為詳細，應先於行政罰法第44條規定而適用，乃屬當然。關於裁處書及罰鍰繳款書之送達，營業稅法等三法並無規定，應適用行政程序法第67條至第91條之規定為之。

　　法務部95.5.9法律決字第950700354號書函釋示：「……二、按行政罰法第44條規定：「行政機關裁處行政罰時，應做成裁處書，……。」本條明定行政機關為裁處時，應作成裁處書，其立法目的乃為與其他行政處分區別；……。三、……其所稱「處分書」似包括不具裁罰性之不利處分及裁罰性不利處分，如屬裁罰性之不利處分，宜儘量以「裁處書」稱之，俾人民知悉該處分書係屬行政罰。」。準此釋示，處理違章案件作業要點中使用之「處分書」，宜修改為「裁處書」，以資明確。

　　㈡稽徵機關裁處營業稅法等三法所規定之**「停止營業、公告姓名或名稱、停止獎勵、議處或懲處」之租稅行政罰**（參見前面本書第二篇第一章、壹、二、㈣），營業稅法等三法與處理違章案件作業要點中，均未有規定，則應依行政罰法第44條規定，做成裁處書。裁處書之記載事項，應適用行政程序法第96條之規定（或類推適用處理違章案件作業要點三十四規定）為之；裁處書之送達，則應適用行政程序法第67條至第91條之規定為之。

國家圖書館出版品預行編目資料

租稅處罰法釋論：以營業稅所得稅之租稅行
政罰為範圍／吳金柱著. ─ 初版. ─ 臺北
市：五南, 2010.09
　　　面；　　公分.
ISBN 978-957-11-6045-0（平裝）

1.稅法　2.租稅處罰 3.行政罰

567.023　　　　　　　　　　99013730

1U93

租稅處罰法釋論
以營業稅所得稅之租稅行政罰為範圍

作　　　者 ─ 吳金柱(67.3)

發 行 人 ─ 楊榮川

編 編 輯 ─ 龐君豪

主　　　編 ─ 劉靜芬　林振煌

責任編輯 ─ 李奇蓁

封面設計 ─ P.Design視覺企劃

出 版 者 ─ 五南圖書出版股份有限公司

地　　　址：106台北市大安區和平東路二段339號4樓

電　　　話：(02)2705-5066　傳　　　真：(02)2706-6100

網　　　址：http://www.wunan.com.tw

電子郵件：wunan@wunan.com.tw

劃撥帳號：01068953

戶　　　名：五南圖書出版股份有限公司

台中市駐區辦公室／台中市中區中山路6號

電　　　話：(04)2223-0891　傳　　　真：(04)2223-3549

高雄市駐區辦公室／高雄市新興區中山一路290號

電　　　話：(07)2358-702　傳　　　真：(07)2350-236

法律顧問　元貞聯合法律事務所　張澤平律師

出版日期　2010 年 9 月初版一刷

定　　　價　新臺幣800元